뉴패러다임 브랜드

비즈니스와 브랜드의
통합적 구축 전략

매니지먼트

LES MARQUES CAPITAL DE L'ENTREPRISE 4ÉD.
(THE NEW STRATEGIC BRAND MANAGEMENT)

Translation from the French language edition of:
Les Marques capital de l'entreprise 4ed
by Jean-Noel Kapferer
© Editions d'Organisation, Paris, France.
All rights reserved

Korean Translation Copyright © 2009 by KIM & KIM BOOKS
Korean translation rights arranged with Editions d'Organisation
through Eric Yang Agency

뉴패러다임 브랜드 매니지먼트

비즈니스와 브랜드의
통합적 구축 전략

장 노엘 캐퍼러 지음

윤경구·김상률·손일권 옮김

김앤김
북스

| 옮긴이 소개 |

윤경구

십 수년간 여러 브랜드 전문사에 근무하면서 정보통신, 생활가전, 금융보험, 식음료, 유통서비스 업종, 공공기관의 브랜드전략 컨설팅, 기업이미지통합CI, 신규 브랜딩BI 개발 전략 플래닝 업무를 담당해 온 브랜드경영 전문가이다. 경희대학교 대학원에서 경영학 박사학위를 받았으며, 경희대학교 경영학부 등에 출강하고 있다. 브랜드 매니지먼트 전략이론의 대가로 일컬어지는 '브랜드 빅3'의 핵심전략과 활용사례를 담은 『아커·켈러·캐퍼러 브랜드 워크숍』을 저술하였다.

김상률

유나이티드브랜드 서울오피스 대표, 우송대학교 컴퓨터디자인학과 브랜드마케팅 겸임교수이며, 한국산업인력공단마케팅-브랜딩 분야 전문위원이다. 경희대학교에서 브랜드마케팅전공 MBA를, 컬럼비아써던대학에서 마케팅전공MBA를 취득하였다. Melbourne 경영대학원 및 INSEAD 유럽경영대학원에서 Executive Programme(marketing)을 수료하였고, 건국대학교 대학원에서 경영공학 박사학위를 받았다. 성균관대, 한양대, 광운대, 서울여대 등 대학과 한국생산성본부 등의 교육기관에서 브랜드 관리론 및 브랜드 개발에 관해 강의하고 있다. 지서로는 『브랜드 네이밍』, 『브랜드 개발 전략론』 등이 있다.

손일권

경영 컨설턴트로 국내 대기업 및 정부/공공조직의 중장기전략, 기업문화, 경영혁신, 마케팅과 브랜드 전략 및 가치평가 등 다양한 분야의 컨설팅 프로젝트를 수행해왔다. 유나이티드브랜드 컨설팅 이사, 브랜드스톡 연구소장, 한양여대 겸임교수로 활동하고 있다. 중소기업진흥공단 글로벌브랜드사업 운영위원, 기획예산처 혁신컨설팅단 위원, MBC문화방송 브랜드 자문위원, 중소기업청 홍보지원 심사위원, 문화재청혁신컨설팅위원 및 국민제안심사위원으로 활동했다. 저서로는 『브랜드 아이덴티티』, 『과학적 조사방법론』 등이 있다.

뉴 패러다임 브랜드 매니지먼트

초판 1쇄 발행 2009년 11월 1일
초판 2쇄 발행 2018년 9월 1일

지은이 장 노엘 캐퍼러
옮긴이 윤경구·김상률·손일권
펴낸이 김건수
펴낸곳 김앤김북스
출판등록 2001년 2월 9일(제2015-000138호)
주소 서울시 마포구 월드컵로42길 40, 326호
이메일 apprro@naver.com
전화 02) 773-5133 **팩스** 02) 773-5134
ISBN 978-89-89566-46-5 03320

우리는 이제 브랜드가 기업의 가치평가의 주요 측면이라는 것을 안다. 현재의 비즈니스를 대변하고 고객을 행태적으로 세분화하는 고객 에쿼티customer equity 와는 달리 브랜드 에쿼티brand equity는 그 이상의 것이다. 브랜드 에쿼티는 지속적인 영향을 미친다. 또한 진정한 고객 충성도는 보상이나 인센티브, 로열티 카드에 기반한 것이 아니라 브랜드와의 진정한 감성적 연결에 기초하고 있다. 그리고 그러한 감성적 연결은 브랜드에 대한 고도로 만족스러운 경험과 가치 커뮤니티의 느낌을 통해 단단히 짜여진다. 한편 데이터베이스는 고객을 깊이 이해하고 그들의 특정한 니즈에 맞는 혁신과 가치 제안을 제공할 수 있게 한다. 이것은 전통적인 마케팅처럼 보이지만 현대 기술과 데이터마이닝이 허용하는 것보다 훨씬 더 낮은 수준에서 실행되고 있다.

브랜드는 좋은 소식good news의 이름이고, 소비자의 니즈를 정확히 충족시키는 뛰어난 혁신의 이름이다. 또한 일련의 가치와 핵심 역량의 영역 내에서 고객에게 봉사하는 열정의 이름이다. 잘 알려지고 존경 받는 브랜드가 매력과 애착을 유도하는 핵심 레버lever라고 한다면, 적극적이고 주의 깊게 관리될 필요가 있다. 비즈니스 의사결정은 장기적 관점에서 그리고 수익성 있는 독점 영업권franchise

의 구축을 염두에 두고 내려져야 한다.

이 책은 진정으로 성장하길 원하고 강력한 브랜드를 육성하기를 원하는 기업의 비즈니스 의사결정에 관한 책이다. 브랜딩은 디자인, 그래픽, 커뮤니케이션 그 이상의 것이다. 브랜딩은 기업 내부에 있는 모든 구성원들에게 부여된 책임이며, 모두가 브랜드에 기여해야 한다.

기업의 의사결정을 돕기 위해 우리는 브랜딩과 그것의 많은 시사점들에 대한 철저한 분석으로 이 책을 시작한다. 그리고 나서 우리는 브랜드 아이덴티티의 중심 컨셉에 초점을 맞추면서 이러한 아이덴티티의 단면들을 탐색한다. 오늘날의 브랜드는 문화적 요소를 갖추고 있어야 한다. 탁월함 이상으로, 그것이 지향하는 가치가 대내외적으로 엄청난 중요성을 갖고 있다. 브랜드의 아이덴티티는 매니지먼트의 중심 컨셉으로서 이미지와 포지셔닝을 대체해왔다. 그것은 브랜드에 명확한 방향성을 제시하고, 또한 육신과 영혼을 제공한다.

그 다음에 우리는 브랜드 출시에서부터 쇠퇴, 재활성화, 회생까지 브랜드 수명 주기에 따라 모든 의사결정들을 분석한다. 최종적으로 브랜드에 대한 재무적 가치평가가 심도 있게 탐구된다.

현대의 경영은 글로벌화를 비즈니스 발전의 초기 단계로 여긴다. 따라서 그것은 이 책의 중요한 장이 될 자격이 있다. 한국 기업들의 니즈를 충족시키기 위해 우리는 기업의 최고 임원진들, MBA, 관리자 후보들을 위한 실제적으로 유용하고 혁신적인 책을 만들려고 시도했다.

- B2B에서부터 럭셔리 제품까지, 서비스에서부터 음식, 의약품까지, 내구재에서부터 일반소비재FMCG에 이르는 모든 영역의 사례들을 다룬다.
- 관리자들을 위한 독특한 실무 모델이 개발되었는데, 이는 브랜드 의사결정의 다면체적 성질을 인정하면서 타당한 의사결정에 이르는 길을 제공한다.
- 이론과 사례를 결합한다. 즉 이론은 필요한 배경을 제공하고 사례는 설명을 제공한다.
- 많은 컨퍼런스와 책들에서 이미 사용된 고전적인 사례들을 피한다.
- 세계 문화와 웹2.0을 고려한다. 이러한 것들은 브랜드 구축과 고객 자산 구

축을 변화시키고 있다.

- 오늘날 브랜드를 구축하고 강화할 수 있는 많은 방식들을 제시한다. 그것은 B2B구축, e브랜드나 럭셔리 브랜드와는 거리가 먼 'TV 광고 + 프로모션'이라는 단일 모델의 종말을 의미한다.

- 모든 영역에서 많은 브랜드들의 메이저 경쟁자가 되어가고 있는 소매업체 브랜드를 심도 있게 분석한다. 소매업체 브랜드는 실제 브랜드가 되는 것을 목표로 한다. 그리고 그것은 현재 저원가 경쟁에 직면해 있다.

우리는 브랜드에 대한 주요한 도전들을 분석한다. 저원가 경쟁자들, 성숙 시장에서 소비자의 가격 민감성, 모방제품과 모조 제품 그리고 주요 제품의 위기가 그것이다.

이 책은 컨설턴트의 역할을 할 것이다. 특정한 의사결정을 내려야 하거나 어떤 문제에 직면했을 때 해당 내용과 관련된 장을 찾아 보라. 이 책은 권한을 가지고 있으면서 노no라고 말할 수 있는 관리자들에게 유용하다. 브랜드 관리는 때때로 브랜드 구축, 즉 장기적 수익성을 위해 노no라고 말하는 것이 필요하다.

이 책은 현재 미국, 유럽, 일본을 포함한 전세계 MBA에서 사용되고 있으며, 전세계에서 열리는 많은 실무 관리자 세미나에서 교재로 쓰이고 있다. 이들 세미나는 이 책의 컨텐츠를 풍부하게 해주었고 독특한 국제적 문화를 제공해 주었다. 여러분은 어떤 의견 개진이나 개선을 위해 kapferer@hec.fr에 참여할 수 있다. HEC Paris는 유럽의 최고 비즈니스 스쿨로서, 파이낸셜 타임즈가 운영하고 있다. 이는 고등교육 역시 브랜드로서 관리되어야 한다는 것을 보여준다. 비즈니스 스쿨의 진정한 시장은 글로벌이다.

JN Kapferer

비즈니스와 브랜드의 통합

이 책은 전략적 브랜드 관리에 관한 책이다. 제1판과 제2판의 성공에 힘입어 세상에 나오게 되었다. 마케터, 광고주, 변호사, MBA 학생 등 전 세계 독자들을 통해 파악한 바에 의하면, 이러한 성공은 다음의 6가지 특성에 기반하고 있다. 물론 이런 특성들은 제3판*에서도 그대로 유지된다.

- 독창적이다. 이 책은 브랜드 관리를 다룬 그 어떤 책과도 다르다. 그 차이는 이론과 실제 사례 간의 독특한 균형에 있다. 이러한 예들 대부분은 실제 컨설팅 작업에서 가져온 것들이다.
- 연관성이 있다. 이 책에서 소개된 사례와 표들은 새롭고, 흔치 않으며, 잘 알려져 있지 않은 것들이다. 그것들은 코카콜라Coke, 스타벅스Starbucks, 시스코Sisco, 페덱스Fedex, BMW 등과 같은 대부분의 브랜드 서적들에 나오는 고전적인 기업들을 사용한 예들보다 독자들이 좀더 쉽게 이해하고 연관성

---

* 제1판 『Strategic Brand Management: New Approaches to Creating and Evaluating Brand Equity』, The Free Press, 1992. 제2판 『Strategic Brand Management: Creating and Sustaining Brand Equity Long Term』, Kogan page, 1997. 제3판 『The New Strategic Brand Management: Creating and Sustaining Brand Equity Long Term』, Kogan page, 2004. 본서는 제3판을 옮긴 것이다. — 옮긴이

을 발견하게 될 비즈니스 상황들을 대표한다.
- 광범위하다. 이 책에서는 브랜드들이 직면하게 되는 주요 이슈들을 망라하고 있다.
- 깊이 있는 접근을 한다. 브랜드 관리의 모든 측면이 깊이 있게 분석되었으며, 그 결과가 이 거대한 분량의 제3판이다.
- 다양한 분야를 다룬다. 우리의 사례는 범용제품뿐만 아니라 일반소비재FMCG, B2B 브랜드, 의약품 브랜드, 럭셔리 브랜드, 서비스 브랜드, e-브랜드 그리고 유통업체 브랜드를 포괄한다.
- 국제적이다. 미국, 유럽, 아시아의 사례들을 다룬다.

제3판은 단순히 개정판의 수준이 아니다. 오늘날의 브랜드를 이해하고 오늘날 시장에서 그 브랜드들을 효율적으로 관리하는 것에 관한 전혀 새로운 책이다. 초판이 나온 지 15년이 흘렀다. 그동안 브랜드의 세계에서는 많은 변화들이 일어났다. 그리고 그 변화들 때문에 이번 개정판이 철저하게 재구성되고, 변형되고, 풍부해진 것이다. 물론 본서에서 소개하는 모델이나 방법론들의 본질essence은 변하지 않았다. 그러나 현재의 경쟁 상황을 충분히 반영하여 구성되었다.

국제화와 글로벌화(이를 실제로 수행하는 방법), 포트폴리오 집중화(브랜드 전이와 전환의 관리), 브랜드 확장을 통한 메가 브랜드 형성, 적절한 브랜드 포트폴리오를 통한 경쟁 우위와 지배적인 포지션의 개발 그리고 브랜드, 기업, 제품간 효과적인 관계의 관리(브랜드 아키텍처의 문제) 등이 이번 제3판에서 보다 집중적으로 다루는 주제들이다.

그 밖에도 이번 제3판에는 새로운 브랜딩 환경을 반영하는 많은 중요하고 새로운 특성들이 있다.

- 유통업체 브랜드들(즉 주요 소매업체의 브랜드들)은 어디에나 존재하며 종종 지배적인 시장 점유율을 차지하고 있기 때문에 별도의 장에서 다루어진다. 아울러 각 장에서는 해당 권고들이 이 유통업체 브랜드들에 어떻게 적용되고, 적용되지 않는지 깊이 있게 다룬다.

- 제3판에서는 혁신innovation이라는 새로운 영역을 다루고 있다. 의아하게도 브랜드와 혁신이라는 주제는 대부분의 브랜딩 서적에서 거의 누락되어 있다. 혁신과 브랜딩이 기업들에게 가장 중요한 주제가 되었다는 점을 고려할 때 이상한 일이 아닐 수 없다. 사실상 브랜드는 혁신으로부터 자라나고, 혁신은 브랜드가 생존하는 데 필수적인 요소이다. 더 나아가 혁신은 흔히 말해지거나 생각되어지는 것처럼, 단순히 창의성creativity에 관한 것이 아니라 브랜드의 재창조reinventing에 관한 것이다.
- 이 새로운 개정판은 또한 오늘날 대부분의 시장이 이미 포화 상태라는 사실을 주목한다. 브랜드들이 어떻게 이런 경쟁 상황에서 성장을 계속할 수 있을 것인가? 이 책의 한 장 전체가 성장에 관한 내용에 할애되었다. 그리고 그 장은 기존 고객에 기초한 브랜드 성장의 문제에서 시작한다.
- 기업 브랜드의 이슈와 그것의 커져가는 중요성이 집중적으로 다루어지며, 전통적인 브랜드 관리와의 관계 역시 검토된다.
- 또한 무엇보다 실행 측면에 더욱 무게를 두었다. 즉, 브랜드의 판매를 지원하고 주목도가 높은 브랜드를 구축하는, 강력하고 창조적인 광고를 촉진할 수 있는 흥미로운 브랜드 플랫폼을 구축하는 방법, 브랜드를 활성화하는 방법, 브랜드를 고객 접점에서 활기차게 만드는 방법, 그리고 더 긴밀한 유대를 형성하는 방법을 다룬다.

이 책은 또한 더욱 진전된 필자의 생각을 반영한다. 브랜드에 관한 관점은 상당한 변화를 겪었으며, 브랜딩의 전 영역이 점차 독립적 분야가 되고 있음을 느낄 수 있다. 아마도 자기 본위적self-centered이고 나르시시즘적인narcissistic 쪽으로 기우는 위험이 따를 수도 있다. 기업의 성공과 실패의 역사에서도 그 성공이나 실패의 모든 정황을 고려하지 않은 채 브랜드라는 한 단면만을 바라보는 일은 너무나 자주 있어 왔다. 브랜드는 비즈니스를 수익적으로 성장시키는 도구이다. 브랜드는 그런 목적으로 창조되어 왔다. 하지만 비즈니스가 브랜드에 한정될 수는 없다. 비즈니스 전략과 브랜드 전략의 상호관계에 대한 보다 더 많은 관심이 필요하다. 그것이 바로 기업이 작동하는 방식이기 때문이다.

결과적으로, 우리는 브랜드 에쿼티를 전혀 별개인 두 개의 접근으로 분리하는 것에서 벗어난다. 하나는 고객에 기반한 것이고 다른 하나는 현금 흐름에 기반한 것이다. 추가적인 현금 흐름을 만들어내지 못하는 브랜드는 그것이 가진 이미지나 대중적인 인지도와 상관 없이 아무런 가치가 없음을 기억하는 것이 매우 중요하다.

사실상 브랜드를 '성공 가능한 경제적 방정식에 의해 지원되는 위대한 공유 아이디어a great shared idea supported by a viable economic equation' 로서 생각해야 할 때이다. 이번 3판에서는 시시때때로 브랜드 의사결정을 비즈니스의 경제적 방정식과 연결시키는 시도를 한다.

오늘날 모든 기업들은 자신만의 브랜드를 소유하기를 원한다. 그것은 그림이나 조각상을 소유하는 것처럼 단순히 브랜드 자체를 소유하려는 것이 아니라 비즈니스가 더 큰 수익을 창출하도록 하기 위한 것이다. 이 책이 독자들에게 큰 도움을 줄 수 있기를 바란다. 이 책의 독자들이 다국적 기업에서 일하든, 소규모 회사에서 일하든, 글로벌 브랜드를 담당하고 있든, 로컬 브랜드를 담당하고 있든 모두에게 유익하기를 바란다.

한국에서 브랜드 이론과 관련해 기업의 실무 관리자들에게 가장 큰 영향을 미치는 이름은 데이비드 아커David A. Aaker 교수와 케빈 켈러Kevin L. Keller 교수이다. 아커 교수가 브랜드 관리 분야의 권위자라는 데는 이견이 없을 것이다. 일찍이 그는 소비자의 태도와 행동을 모두 반영한 브랜드 인지도, 지각된 품질, 연상 이미지, 브랜드 충성도, 기타 독점적 자산이라는 브랜드 자산 구축을 위한 주요 요인을 제시했다. 그의 저서들은 대부분 한국에 소개되었고, 많은 사람들이 읽고 있다.

아커 교수의 브랜드 이론은 경쟁우위론적 마케팅 전략의 기본 틀Framework을 따르고 있다는 점이 특징이다. 이른바 3C 분석(자사 분석, 경쟁사 분석, 고객 분석)을 시작으로 경영과 마케팅의 기본적 접근이라 할 수 있는 Plan(계획수립) – Do(실행) – See(점검) 절차에 의거한다. 그는 브랜드 관리를 위한 전략적 계획인 '브랜드 아이덴티티 시스템'울 구축하여 가치 제안, 신뢰성, 고객과의 브랜드 관계를 구축할 것을 제시했다.

결국 사랑받는 브랜드를 창조하고 관리하는 아커 교수의 방식은 전략적 시장 접근에 의한 브랜드 지배력의 강화이다. 즉 강력한 브랜드 자산을 구축하는 것이다.

켈러 교수 역시 소비자 기반 브랜드 관리 분야의 권위자라는 데 이견이 없을 것이다. 그는 브랜드 자산의 원천이 고객의 마인드셋에 달려있다고 강조하면서 회상recall과 재인recognition으로 분류되는 '인지도'와 기능적 혜택, 경험적 혜택, 상징적 혜택의 유형으로 나뉘는 '연상이미지'라는 2가지 요인을 브랜드 자산 구축을 위한 소비자의 태도론적 주요 요인으로 제시했다.

켈러 교수의 브랜드 이론은 인지심리학적인 관점을 기본 틀로 한다. 그는 인지심리학의 소비자 정보처리이론에서 말하는 Stimulus(자극) - Organization(유기체) - Response(반응)의 단계적 과정을 기본 메커니즘 구조로 브랜드에 대한 소비자의 인지적 과정을 설명하고 있다. 즉, 브랜드 아이덴티티 구성요소와 브랜드 아이덴티티 선택 기준을 통한 기업의 마케팅 활동 프로그램이 소비자의 지식구조를 변화시켜 브랜드에 대한 소비자의 인지도와 연상이미지의 강도에 영향을 미치고, 소비자는 브랜드에 대해 반응을 보여 기업의 성과 또는 브랜드 경쟁력으로 이어진다는 것이다. 특히 브랜드에 대한 소비자의 지식구조는 기억의 연상 네트워크 이론에 의거해 소비자의 두뇌 속에서 작용한다고 설명한다. 결국 켈러 교수가 말하는 사랑받는 브랜드를 창조하고 관리하는 방식은 소비자의 머리와 마음을 지배하는 것이다.

캐퍼러Kapferer 교수는 지금까지는 소장학자들을 제외하고 많이 알려지지 않았지만 그의 이론과 접근은 이미 필수 코스가 되고 있다. 캐퍼러 교수는 유럽에서 통하는 몇 안 되는 저명 학자 가운데 한 사람이다. 유럽경영대학원, 인시아드Insead에서는 그의 아이덴티티 프리즘 모델을 활용한 브랜드 사례 분석이 이루어지고 있고, 국내의 몇몇 경영대학원의 브랜드 관리 과목에서도 강의가 진행되고 있다. 주요 대학의 마케팅 교수들도 캐퍼러 교수의 이론을 학술연구지와 저술서에 포함시키고 있다. 본서를 번역하게 된 역자 역시 브랜드 전략컨설팅 프로젝트를 수행하면서 캐퍼러 교수의 아이덴티티 프리즘 모델을 활용해 브랜드 아이덴티티 전략 시스템을 적용하고 있다.

캐퍼러 교수의 브랜드 이론은 브랜드 진화론적 마케팅 전략의 기본 틀을 따르고 있다. 보다 진전된 저자의 관점을 반영한 본서의 브랜드 아이덴티티 체계는 커뮤니케이션과 사회문화적 관점에 기반한 접근이다. 그는 6방면체로 구성된

'아이덴티티 프리즘 모델identity prism model'로 다면적인 브랜드 아이덴티티 구축 방안을 제시한다. 그러나 전반적인 브랜드 관리 전략에 접근하는 데 있어서는 아커 교수와 마찬가지로 경영과 마케팅의 기본적 접근이라 할 수 있는 Plan(계획 수립) – Do(실행) – See(점검) 절차에 의거한다. 즉 브랜드 관리를 위한 전략적 계획인 '브랜드 플랫폼'과 '브랜드 차터'를 명문화하고, 아이덴티티와 에센스, 포지셔닝을 명확히 설정하고, 브랜드 컨셉과 원형, 의미를 구체화시켜 혁신을 통한 브랜드 라이프사이클을 관리하라고 말한다. 더욱이 시장의 글로벌화와 유통업체, 소매업체와의 본격 경쟁과 관련해 브랜드 포트폴리오 관리의 중요성을 역설한다.

캐퍼러Kapferer 교수는 또한 브랜드는 기업의 성장과 수익성을 위한 하나의 비즈니스 도구로 관리되어야 한다고 강조한다. 브랜딩에는 기업의 장기적인 관여와 높은 수준의 자원 및 기술이 요구된다고 하면서, 브랜드는 지속성과 가치 제안의 반복을 통해서만 소비자의 믿음을 얻는 약속이라고 말한다. 그는 고객에게 혜택을 주지 못하고, 수익을 창출하지 못하는 브랜드는 자산asset으로서 가치가 없다고 단호히 말한다. 따라서 브랜드의 에쿼티, 자본화, 브랜드 혁신, 성숙시장에서의 브랜드 포트폴리오 관리는 장기적인 브랜드 관리의 주요 이슈이자 과제가 된다.

결국 캐퍼러 교수가 말하는 사랑받는 브랜드를 창조하고 관리하는 방식은 지속적인 혁신을 통해 브랜드를 재창조함으로써 소비자에게 다가가는 것이다. 한가지, 캐퍼러 교수는 아커 교수나 켈러 교수처럼 브랜드 자산의 구성요인을 제시하지 않았다는 점을 기억하기 바란다. 20세기의 브랜드 전략과 21세기의 브랜드 전략은 같을 수 없다. 새로운 환경의 21세기에 적응해 나가는 실천적 브랜드 관리 방식을 제시하는 본서를 통해 캐퍼러 교수는 브랜드 관리자들에게 그들의 사고, 컨셉, 기술, 방식 그리고 전략들을 업그레이드하라고 촉구한다.

동시대의 브랜드 창조자들, 브랜드 전략가들, 브랜드 관리자들과 함께 만나는 본서는 브랜드에 관한 여러분의 지식과 영감을 강화하는 데 기여하는 꽤 괜찮은 지침서가 될 것으로 확신한다.

번역한 내용 가운데 혹시라도 잘못 파악된 용어나 의미가 있을까 조심스러운 마음이 앞선다. 그런 내용이 있다면 이는 전적으로 옮긴이의 미약한 지식에서 비롯된 것이라는 점을 밝힌다.

옮긴이를 대표하여 윤경구.

CONTENTS

1부 브랜딩은 왜 전략적이어야 하는가

01 브랜드 에쿼티란 무엇인가

02 브랜딩의 전략적 함의

03 브랜드와 비즈니스의 구축

2부 현대 시장의 도전

04 브랜드 관리의 새로운 규칙

05 브랜드 아이덴티티와 포지셔닝

06 소매 브랜드의 논리

3부 브랜드 에쿼티의 창출과 유지

07 브랜드의 출시

08 성숙 시장에서 성장의 도전

12 브랜드 아키텍처: 브랜드와 제품 관계의 관리

13 멀티 브랜드 포트폴리오

4부 브랜드 가치평가

17 브랜드의 재무적 가치평가와 회계

You Can't Build The Brand Without Building The Business

비즈니스 구축 없이는
브랜드 구축도 없다

최근 많은 예언가들과 전문가들이 브랜드에 미래가 없다고 주장했음에도 불구하고 브랜드들이 끊임없이 관심을 불러일으키는 것을 보면 놀라울 따름이다. 오늘날의 비즈니스 관리자들이라면 고객관계관리, 충성도 프로그램, 관계 마케팅, 고객 데이터베이스 관리, e릴레이션십, 그리고 근접 마케팅에 관한 컨퍼런스에 참석해 보았을 것이다. 이 새로운 도구들은 낡은 브랜드 컨셉old brand concept을 비판하면서 가장 수익이 되는 고객들을 상대로 한 가장 효과적인 테크닉에 초점을 맞춘다. 그리고 새로운 고객층을 개척하는 일은 더 이상 큰 가치가 없다고 주장한다. 즉 수익은 기존 고객에 대한 일대일 테크닉one-to-one techniques을 마스터하는 데서 나온다는 것이다.

그럼에도 불구하고, 관리자들은 계속해서 브랜드 관리에 관한 컨퍼런스에 참석한다. 왜 그들은 브랜드 관리가 한물간 낡은 도구라는 것을 받아들이지 않는가? 이들은 이 모든 테크닉들이 지속적인 경쟁 우위를 창조하는 잠재력을 곧 잃게 되리라는 것을 알고 있기 때문이다. 이 테크닉들이 확산되고 공유되면 될수록 그것들은 점점 더 모든 경쟁자들에 의해 사용되는 표준이 된다.

기업에게 오래 지속되는 경쟁 우위를 제공할 수 있는 전략적 자산strategic

assets은 손에 꼽을 정도이며, 더욱이 이런 우위점의 수명timespan은 점점 더 짧아지고 있다. 브랜드는 연구개발, 소비자 지향, 효율성 중시 문화(비용 절감), 내부 구성원 참여, 변화에 빠르게 대처하는 능력과 함께 전략적 자산들 중 하나이다. 이것은 닛산Nissan의 카를로스 곤Carlos Ghosn이나 월마트Wal-Mart의 만트라mantra이다.

관리자들은 또한 가격 충성도price loyalty나 할인 충성도bargain loyalty가 초기 조치로서 고객의 이탈을 막는 장벽을 형성하는 데 유용하지만 그보다는 브랜드 충성도가 최고의 충성도임을 재발견했다. 마지막으로 에렌베르크Ehrenberg (1972)는 40년간의 패널 데이터 분석을 통해 제품 침투가 구매 빈도와 상관관계가 있음을 보여주었다. 다시 말해 빅 브랜드들big brands은 높은 침투율과 높은 구매 빈도 모두를 가지고 있다는 것이다. 성장은 반드시 이 2가지 경로를 거치게 되며, 단지 고객 충성도에 의해서만 촉발되는 것은 아니다.

오늘날 물질주의적 사회materialistic societies에서 사람들은 자신들의 소비에 의미를 부여하고 싶어한다. 제품에 가치를 더하고 그 구매자에 대한 이야기를 하며, 비물질적인 가치의 사다리에 스스로를 위치시키는 브랜드만이 이런 의미를 제공할 수 있다.

브랜드의 시대

오늘날 모든 조직들이 브랜드를 갖기를 원한다. 브랜드들이 치열하게 경쟁하는, 일반소비재 분야의 생산자와 유통업체들로 이루어진 자연적인 브랜드 세계를 넘어, 브랜딩branding은 모든 분야에서 전략적 이슈가 되었다. 즉 하이테크, 로우테크, 범용제품, 설비, 부품, 서비스, B2B, 제약 연구, 비정부 기구, 비영리 기구 모두가 브랜딩의 유용성을 확인하고 있다.

놀랍게도, 모든 조직이나 심지어 개인들까지도 이제는 브랜드처럼 관리되기를 원한다. 영국 축구 스타인 데이비드 베컴David Beckham이 그 좋은 예이다. 스페인의 축구 클럽인 레알 마드리드는 이 축구 영웅을 영입하는 데 2450만 파운드(약 4100만 유로)를 지불했다. 레알 마드리드는 이 영입 비용을 전세계에 팔리는 데이비드 베컴의 이름, 얼굴, 서명을 사용한 라이센스 제품들에서 나오는 수익으로 만회할 것이라고 예측한다. 데이비드 베컴이 취하는 모든 행동은 그의 이미지와 아이덴티티를 높이는 데 초점이 맞춰진다. 그렇게 함으로써 '베컴 브랜드 Beckham brand' 를 팔아 수익을 창출한다.

최근 가장 유명한 리비에라의 휴양 도시들Riviera resorts 가운데 하나인 쌍 트로페St Tropez의 시장은 이 지역을 하나의 브랜드 도시town as a brand로 정의하고, 이 브랜드가 수익을 내도록 운영할 것이라는 결정을 내렸다. 쌍 트로페St Tropez라는 이름은 전 세계적으로 등록되었으며, 라이센싱 정책이 만들어졌다. 다른 많은 지역들이 이 선례를 따랐다. 프랑스의 쿠쉐빌Courchevel이나 이탈리아의 포르토피노Portofino도 그 중 하나이다. 최근 저자는 아르헨티나의 브랜딩 작업에 대한 도움을 요청 받았다. 여러 국가들이 스스로를 브랜드로 생각한다(Kotler 등, 2002). 그리고 그런 태도는 적절한 것이다. 그들이 원하던 원하지 않던 간에 그들은 사실상 브랜드로 기능하며, 독특한 가치와 혜택의 총체가 된다. 아르헨티나는 2가지 중 하나를 선택할 수 있다. (아마도 부정적으로 작용할 수 있는) 통제되지 않는 소식과 정보들이 세계 여론에 영향을 미치는 것을 그대로 방치하거나 또는 시장에서 차별화될 수 있는 일련의 공통된 전략적 가치들(그 브랜드 의미)을 홍보함으로써 그 이미지를 관리하는 것이다. 전통적인 브랜드가 수익성 있는 고객들을 얻기 위해 경쟁하는 것처럼 많은 국가들 역시 다수의 시장에서 경쟁한다. 민간 경제 및 재무적 투자 시장, 원료와 농산물 시장, 여행 시장, 이민 시장 등이 여기에 해당한다.

브랜드 구축에는
브랜딩 그 이상이 필요하다

모든 분야의 기업들과 조직들이 브랜드가 자신들의 비즈니스를 군건히 하고, 수익성을 높일 수 있는지 여부를 묻는다. 그리고 하나의 브랜드를 창조하거나 하나의 기업 브랜드가 되기 위해 무엇을 해야 하는지를 묻는다. 어떤 단계를 밟아야 하는가? 어떤 투자가 이루어져야 하고, 어떤 기술을 사용해야 하는가? 실질적인 목표나 기대에는 어떤 것이 있는가? 생산이나 물류에 정통함으로써 성공을 거둔 그들은 자신들이 브랜드 창조 계획brand creation plan을 실행하는 데 필요한 방법이나 노하우를 결여하고 있다고 느낄 수 있다. 그들은 또한 그것이 단순히 커뮤니케이션의 문제가 아님을 느낀다. 커뮤니케이션이 브랜드를 창조하는 데 필수적인 것이기는 하지만 절대 그것만으로 충분한 것은 아니다. 확실히 브랜드는 그 이름name과 그 시각적 심벌 속에 클라이언트나 가망 고객이 그 기업과 그 기업의 제품, 유통경로, 매장, 커뮤니케이션, 직원들에 대해 갖게 되는 긍정적인 경험들에 의해 형성되는 모든 평판goodwill을 함축한다. 그러나 이것은 이런 접점(제품이나 서비스로부터 경로 관리, 광고, 인터넷 사이트, 입소문, 기업 윤리 등)들을 통합적이고 집중된 방법으로 관리할 필요가 있음을 의미한다. 이것은 핵심 기술core skill이 요구된다. 본서에서 브랜딩 의사결정들에 관한 깊이있는 탐구를 하면서도 브랜드를 창조하는 '비브랜딩non-branding' 측면들을 강조하는 이유가 여기에 있다. 역설적으로 말해 하나의 브랜드를 구축하는 데는 브랜딩 이상의 것이 필요하다.

비즈니스와 브랜드 모두를 구축하기

브랜드의 재무적 가치(브랜드 에쿼티brand equity)에 관한 인기 순위는 정기적으로 비즈니스, 재무 및 경제 잡지를 통해 발표된다. 누군가 그 타당성에 어떤 의문들을 갖느냐에 상관없이 그런 순위는 최소한 브랜드 구축 배후에 있는 본질적으로 재무적인 목적들을 강조한다. 기업들은 작가들이 자사에 관한 책을 쓰도록 하기 위해 브랜드를 구축하는 것은 아니다. 그렇다고 빌보드 광고로 거리를 더욱 활기차게 만들기 위한 것도 아니다. 기업들은 단지 비즈니스를 한층 더 수익성 있게 키우기 위해 그렇게 하는 것이다. 기업들은 브랜드가 아닌 제품을 팔아서는 돈을 벌지 못한다. 즉 그들은 유형적이면서 무형적인 독특한 일련의 가치들을 팔아야 한다.

우리의 느낌은 브랜딩이 조금씩 독립된 분야로 자리를 잡아 왔다는 것이다. 그러나 브랜딩 커뮤니티가 그 자신의 이미지와 사랑에 빠질 위험이 있어 보인다. 즉 출간된 상당히 많은 수의 브랜드 관련 서적들과 가장 최근의 브랜드 에쿼티

가치brand equity values 목록을 볼 때 브랜드가 유일무이한 중요 이슈라고 생각할 수 있다. 실제로 브랜딩 전문가들이 브랜드에 열중해 정작 브랜드 에쿼티의 원천들, 즉 생산, 서비스, 직원, 유통, 혁신, 가격, 광고를 잊기도 한다. 이 원천들 모두가 고객의 장기 기억에 간직될 가치 연상과 영향을 형성하는 데 도움을 주는 것이다.

인기 순위에 오른 스타들 가운데 하나인 델Dell을 살펴보면 한 가지 궁금증이 생긴다. 델의 성공은 그 브랜드에 기인하는가? 아니면 그 비즈니스 모델에 기인하는가? 좀더 광범위한 의미에서 델 브랜드Dell brand가 아닌 델의 활동들Dell activities이라고 주장할 수 있을 것이다. 델은 2003년 가을, 더 큰 폭의 가격 인하를 발표하면서 휴렛팩커드Hewlett-Packard가 델과 IBM이라는 2마리의 큰 '보아뱀' 사이에 끼게 되는 상황을 맞이하게 만들었다.

브랜드가 전부가 아니다. 브랜드가 명성을 손에 쥘 수는 있지만 그 명성은 비즈니스 모델을 통해서 가능한 것이다. 브랜드의 성공과 실패에 대한 고려에서 균형을 다시 잡아야 할 때이다. 동화fairy tales는 끝났다. 공정한 계산의 시대를 열도록 하자.

본서에서 우리는 지속적으로 브랜드를 비즈니스와 연결시킬 것이다. 이 둘은 아주 가깝게 상호 연계되어 있기 때문이다. 우리는 계속해서 브랜딩 결정이 어떻게 비즈니스 모델에 의해 결정되며 이런 관점 없이는 이해될 수 없다는 것을 설명할 것이다. 실제로 점점 더 많은 수의 선진 기업들에서 고위 관리자들의 급여가 3가지 중요한 기준, 즉 판매, 수익성 그리고 브랜드 에쿼티에 기초하고 있다. 그것들은 부분적으로 이러한 관리자들이 브랜드라 불리우는 전략적이고 경쟁적인 자산asset을 얼마나 빨리 구축하느냐에 의해 결정된다. 전략의 목표는 경쟁에서 지속 가능한 우위점을 구축하는 것이고, 브랜드는 이를 획득할 수 있는 몇 안되는 방법 가운데 하나이다. 비즈니스 모델은 또 다른 방법이다. 이는 브랜드, 제품 또는 기업을 추적조사tracking하는 것이 중요한 이유이다.

브랜드를
전략적 자산으로 바라보라

1980년대는 브랜드에 대한 인식에 있어 하나의 전환점이 되었다. 관리자들은 회사의 주요한 자산principal asset이 사실 그 브랜드 네임들brand names이라는 것을 깨닫게 되었다. 미국과 유럽 언론의 몇몇 기사들이 '브랜드 에쿼티brand equity' 혹은 브랜드의 재무적 가치financial value의 발견에 관한 내용들을 다루기 시작했다. 사실, 종전에는 그런 개념을 거부하였거나 생소했던 여러 활동 영역(산업계, 은행업, 서비스 분야 등)들에서 브랜드의 출현은 브랜드의 새로운 중요성을 보증했다. 이것은 수많은 유통업체들이 그들의 자체 브랜드의 프로모션을 중시한다는 사실에 의해 더욱 확고해진다.

수십 년 간 한 기업이 갖는 가치는 기업 소유의 건물과 토지 그리고 그 유형 자산(공장과 장비)에서 평가되었다. 우리가 외부에 존재하는 잠재 고객들의 마음속에 존재하는 그 진정한 가치real value를 깨닫게 된 것은 최근의 일이다. 1990년 7월, 아디다스Adidas company를 인수한 사람은 그 이유를 한 문장으로 다음과 같이 요약했다. "아디다스Adidas는 코카콜라Coca-Cola와 말보로Marlboro 다음으로 세계에서 가장 잘 알려진 브랜드이다."

많은 관찰자들이 단순히 영리한 언급으로 받아들이는 이 말에 담긴 진실은 1985년 이래로 점차 분명해졌다. 단일화된 미래 유럽 시장에서 유리한 위치를 점유하고자 하는 시도에 의해 촉발된 인수합병의 물결 속에서 시장 거래는 예상했던 것보다 더 높게 값을 끌어올렸다. 예를 들어 네슬레Nestle는 그 주식 시장 가치의 3배, 그 수익의 26배에 이르는 높은 가격으로 론트리Rowntree를 인수했다. 뷔토니 그룹Buitoni group은 그 수익의 35배로 팔렸다. 그때까지, 매매 가격은 인수되는 회사 수익의 8배에서 10배의 규모로 형성되어 있었다.

역설적이게도, 이런 가격과 새로운 기준을 정당화하는 것은 눈에 보이는 것이 아니며, 회사의 대차대조표 어디에도 나타나지 않는다는 것이다. 기업의 대차대조표에서 확인되는 유일한 자산assets은 고정되고 유형적인 것으로, 기계 설비나 재고 같은 것들이다. 거기에는 매수자가 그 순 자산 가치보다 훨씬 많은 액수를 제공한 브랜드에 관한 언급은 어디에도 없다. 인수 기업들은 일반적으로 이런 여분의 가치extra value나 영업권goodwill을 그들의 통합 계정에 게시했다. 이런 거대한 인수합병의 실질적인 목표는 보이지 않고 무형적이며 기록되지 않는 어떤 것이었다. 그들은 바로 브랜드 획득을 목표로 했다.

1980년대가 흐르는 동안 바뀐 것이 있다면 그것은 인지도awareness이다. 이전에는 공개매수나 인수합병에서 매수자는 파스타 제조업체, 초콜릿 제조업체, 전자레인지나 연마재 제조업체를 인수했다. 이제 기업들은 뷔토니Buitoni, 론트리Rowntree(즉 킷캣KitKat, 애프터 에이트After Eight), 물리넥스Moulinex나 오지Orange를 사고 싶어한다. 하이네켄Heineken 같은 기업이 가진 강점은 오로지 맥주를 양조하는 방법을 안다는 것에만 있는 것이 아니라 하이네켄을 마시고 싶어하는 전세계 사람들인 것이다. 이런 논리는 IBM, 소니, 맥도날드, 바클레이즈 은행Barclays Bank이나 디오르Dior에게도 똑같이 적용된다.

매수자들은 브랜드를 가진 기업들에게 높은 가격을 지불함으로써 실제로는 잠재 고객들의 마음속에 있는 포지션을 구매하는 것이다. 브랜드 인지도, 이미지, 신뢰, 명성은 모두 몇 년에 걸쳐 공을 들인 결과로 형성된 것으로 미래 수익을 보장하는 최고의 수단이며, 이는 그 브랜드에 지불되는 가격을 정당화한다. 브랜드 가치는 그런 현금 흐름을 생성하는 능력에 있다.

이런 경영 혁명management revolution이 일어나자마자 브랜드 에쿼티의 현실성 및 내구성durability과 관련해 상반되는 주장들이 제기되었다. 유통업체 자체 브랜드의 지속적인 증가와 함께 브랜드의 능력이 과장되어 왔다고 주장되었다. 1993년 4월 미국에서 말보로Marlboro 담배 가격의 하락은 월스트리트를 공황 상태에 빠뜨렸으며, 모든 소비재 회사 주식 가격의 하락을 가져왔다. 이 작은 진주만은 건강함을 입증했다. 불경기가 한창일 때 우리는 가치를 창조하는 것이 등록 상표인 브랜드가 아니라 기업이 수행하는 마케팅과 커뮤니케이션이라는 사실을 깨달았다. 소비자들은 단순히 브랜드 네임을 구매하는 것이 아니라 소비자들은 기업의 노력으로 창조된 유형적이고 무형적인 혜택을 약속하는 브랜드화된 제품을 구매하는 것이다. 브랜드가 수많은 연상, 품질 특성, 차별점들을 끌어낼 수는 있겠지만 이것들만으로 전체 오퍼whole offer를 구성하는 것은 아니다. 지도 한

장으로 기본 영토를 구성할 수는 없는 것이다.

1990년대 불경기와 포화 상태의 시장 상황 때문에 강조점이 브랜드에서 고객 에쿼티customer equity로 옮겨갔다. 일대일 타깃팅one-to-one targeting을 기반으로 하는 새로운 기법들이 그때까지 강조되던 전통적인 미디어 광고를 대신했다. 그 기법들은 유효성을 증명할 수 있었으며, 다량 구매자heavy buyers를 타깃으로 했다.

몇몇 사람들이 브랜드의 파워를 과장했던 것과 마찬가지로 브랜드에 대해 지나치게 반대했던 것도 오래가지 못했다. 브랜드의 가치는 끊임없이 가치를 더하고 수익을 내는 브랜드의 능력에서 나오는 것이다. 또 다른 질문은 과연 누가 브랜드를 사용하기에 가장 좋은 위치에 있느냐 하는 것이다. 생산자인가? 아니면 유통업체인가?

이념적인 선호들에 대해서는 매우 주의할 필요가 있다. 예를 들어, 가구 시장에는 이탈리아 디자이너들의 브랜드를 제외하고 제조업체 브랜드는 소수이며, 모두가 유통업체인 해비태트Habitat나 이케아Ikea에 관해 이야기한다. 그들은 먼저 강한 부가가치의 스타일을 제공하고, 두 번째로 경쟁력 있는 가격과 젊음의 호소력을 제공하는 판매자agent로 보여진다.

브랜드는 분명 비즈니스 자산이지만 브랜드 관리는 많은 부문에서 여전히 초기 단계에 머물러 있다. 지금의 현실은 어쩌다 하나의 이름을 갖게 된 제품을 관리하는 경우가 대부분이다. 그러나 브랜드 관리는 각기 다른 특정한 논거와 접근들을 필요로 한다. 이것이 이 책에서 다룰 논의의 초점이 될 것이다. 매니지먼트 저서들과 마케팅 바이블들은 아직까지도 브랜드 혁명이 가진 완전한 함의를 소화해내지 못하고 있다. 마케팅 저서들은 신제품을 출시하는 과정에 초점을 맞춘다. 그리고 브랜드는 단순히 전술적이고 최종적인 의사결정으로 간주된다. 그러나 실제 상황은 매우 다르다. 앞으로 기업들은 활동 영역을 확장하는 방법으로 기존 브랜드들을 통하거나 아니면 (창조하거나 인수한) 새로운 브랜드들을 통해서 어느 쪽이든 성장을 이루어야 하는 전략적 이슈와 직면하게 될 것이다.

전통적인 전략적 모델은 제품 포트폴리오에 관해 이야기하는 반면 현실에서 기업들은 브랜드 포트폴리오를 관리해야만 한다. 몇몇 기업들에는 제품 매니저들이 있지만 브랜드 매니저가 있는 기업은 소수이다. 이런 상황은 브랜드가 점점 더 차별화된 카테고리들로 확장되고, 그 결과 몇몇 비즈니스 단위들로 가치의 관리를 위임하는 한 몇 가지 문제를 초래할 것이다. 중기적으로 이것은 브랜드 에 쿼티를 떨어뜨리게 될 것이다. 왜냐하면 개별적인 의사결정이 창조되고 있는 브랜드 의미의 통합 없이 내려지기 때문이다.

브랜드는 제품은 아니지만 제품에 의미를 부여하고, 제품의 아이덴티티를 정의한다. 기업들은 브랜드 에쿼티가 관리되고 육성되고 통제되어야 함을 깨닫고 있다. 브랜딩은 관리자들에게 새로운 질문들을 던진다. 몇 개의 브랜드가 필요한가? 어떻게 브랜드 포트폴리오를 운영할 것인가? 브랜드를 어떻게 확장할 수 있고, 이런 확장에는 어떤 제품이나 서비스들이 포함될 수 있고 포함되어야 하는가? 아니면 한편으로 팔릴 것이라고 예상되는 것이더라도 어떤 분야로는 브랜드를 확장해서는 안 되는가? 너무 멀리 나가는 것은 브랜드 에쿼티를 약화시킬 수 있다. 어떻게 기술, 제품, 소비자가 바뀌더라도 오랜 시간에 걸쳐 브랜드를 관리하고 최신으로 유지할 것인가? 동일성을 유지하면서 어떻게 변화할 것인가? 단일 브랜드single brand 아래 팔리는 제품들의 시너지를 어떻게 일관되게 관리하고, 그것으로부터 혜택을 얻을 것인가? 어떻게 제품과 그 브랜드의 관계를 최대한으로 활용할 것인가? 브랜드는 지리적으로 어느 정도까지 확장될 수 있는가? 브랜드가 전 세계에서 동질적인 글로벌 브랜드가 될 가능성을 갖고 있는가? 아니면 전혀 불가능하고 바람하지도 않은 것인가? 몇몇 기업들은 자신의 브랜드와 동일한 이름(폭스바겐Volkswagen, 네슬레Nestle, IBM, BT 등)을 갖는데, 브랜드 이미지와 기업 이미지를 관리하는 것은 차이는 무엇인가? 마지막으로, 브랜드가 가치를 갖는다고 할 때 그 가치는 어떻게 측정될 수 있는가? 브랜드는 그 진정한 경제적 가치를 주주들, 투자자들, 재무적인 파트너들에게 보여주기 위해 대차대조표에 포함되어야 하는가?

이런 질문들은 모두 새롭게 제기된 것들로, 각 질문들이 한 장 전체를 차지한다 해도 이상할 것이 없다. 오랫동안 이 질문들에 대한 답은 직관에 의해 얻어졌으며, 모든 의사결정이 시행착오를 기반으로 내려졌다. 이 책의 목적은 독자에게 종합적인 반영과 분석 그리고 그를 통해 해답을 찾은 합리적인 수단을 위한 틀

framework을 제공하는 것이다. 이 책에서 제시된 분석과 의사 결정 모델들은 모두 연구 결과들이며, 실제 컨설팅 상황에서 테스트되고 검증되어진 것이다. 수많은 사례 연구들에서 보여지는 것처럼 이 모델들은 산업에서 서비스, 럭셔리 제품과 패션 제품, 소비재와 유통업체 자체 브랜드, 하이테크에서 공공 설비와 범용 제품까지 모든 브랜드들에 관심을 기울인다.

너무나 자주 브랜드는 그 구성요소들을 통해 조사되고 있다. 이런 구성요소들에는 브랜드 네임, 브랜드 로고, 디자인이나 포장, 광고나 스폰서십, 이미지와 브랜드 인지도의 수준 등이 있으며, 더 최근에는 재무적 가치평가도 포함되고 있다. 그러나 실질적인 브랜드 관리는 그보다 훨씬 이전에 전략과 일관되고 통합된 비전에서 시작된다. 그 중심적인 컨셉은 브랜드 이미지가 아닌 브랜드 아이덴티티이다. 이 아이덴티티는 정의되고 관리되어야 하며, 브랜드 관리의 심장부에 있다. 이를 위해서는 새로운 사고방식과 연구조사 방식들이 요구된다. 본서에서는 이러한 내용들을 상세하게 다룬다.

1부

브랜딩은 왜 전략적이어야 하는가

THE *NEW* STRATEGIC BRAND MANAGEMENT

01 *Brand Equity in Question*
브랜드 에쿼티란 무엇인가

브랜드는 현대 사회에서 메이저 플레이어major player로 부상했다. 브랜드는 어디에나 있다. 우리 삶의 모든 부문, 즉 경제, 사회, 문화, 스포츠, 심지어 종교에 이르기까지 침투하지 않은 곳이 없다. 이런 침투성 때문에 브랜드를 향한 비판이 고조되고 있는 것도 사실이다(Klein, 1999). 오늘날의 경제와 포스트모더니즘 사회의 중요한 상징이 된 브랜드는 다양한 관점에서 분석될 수 있으며, 또 분석되어야만 한다. 이런 관점에는 거시 경제학과 미시 경제학, 사회학, 심리학, 문화인류학, 역사학, 기호학 그리고 철학 등이 포함될 수 있다. 사실 브랜드에 관한 우리의 최초의 책은 이런 모든 분야의 저명한 학자들의 에세이를 모은 것이었다 (Kapferer and Thoenig, 1989).

본서는 관리적 측면에 초점을 맞춘다. 즉 브랜드를 관리하는 가장 효율적인 방법이 무엇인가를 다룬다. 오늘날 브랜드는 기업 자본capital의 일부(브랜드 에쿼티 brand equity의 컨셉은 여기에서 출발한다)로 간주되기 때문에 그것은 활용되어야 할 대상이다. 브랜드는 무형 자산intangible assets이며, 이 자산은 비즈니스를 위한 부가적 혜택을 창출한다. 이것은 전략적 브랜드 관리의 영역으로, 올바른 브랜드 관리를 통해 가치를 창출하는 방법을 찾는 것이다. 본론으로 들어가기에 앞서 브랜드 컨셉brand concept을 명확하게 정의하는 것이 필요하다.

브랜드란 무엇인가

전문가들 사이에서 가장 의견이 분분한 쟁점 가운데 하나가 바로 브랜드의 정의에 관한 것이다. 전문가들은 각자 자기 나름의 정의를 제시한다. 문제는 측정 즉 어떻게 브랜드 강도brand strength를 측정할 것인가에서 더욱 첨예해진다. 이른바 브랜드 에퀴티brand equity라고 불리우는 것을 측정하는 데 사용될 수 있는 지표의 숫자는 얼마로 제한해야 하는가? 뿐만 아니라 2가지 패러다임 사이에 큰 분열major schism이 존재한다. 그 패러다임 가운데 하나는 고객에 기반한 것으로 고객과 브랜드의 관계(완전한 무관심, 애착, 충성도, 우월감과 감성적 신념에 근거해 자발적으로 구매 또는 재구매하고자 하는 의지)에 전적으로 초점을 맞춘다. 다른 하나는 달러나 유로화, 엔화와 같은 형태로 가치를 측정하는 것이다. 2가지 모두 나름의 장점을 갖는다. 이런 2가지 접근을 조화시키는 것이 이 책의 목적이다.

고객에 기반한 정의

재무적인 접근은 브랜드가 창출하는 부가적인 순 현금 흐름net additional cash flows만을 분리해냄으로써 브랜드 가치brand value를 측정한다. 이런 부가적인 순 현금 흐름은 경쟁 브랜드가 더 싸더라도 그것이 아닌 특정 브랜드만을 구매하는 고객의 자발적인 의지의 결과이다. 그러면 고객이 더 많은 돈을 지불하고도 그 브랜드를 구매하는 이유는 무엇인가? 그것은 브랜드 마케팅을 통해 오랜 시간을 두고 고객들의 마음속에 생긴 믿음beliefs과 유대bonds 때문이다. 다시 말해 고객 에퀴티customer equity는 재무적 에퀴티financial equity의 서막이다. 브랜드가 재무적 가치를 갖는 것은 고객과 유통업체, 전문가 그리고 여론 주도자의 마음속에 자산assets을 형성해 놓았기 때문이다. 이런 자산에는 브랜드 인지도, 혜택의 독점성과 우월성에 대한 믿음, 그리고 감성적 유대가 있다. 브랜드의 전통적인 정의가 표현하는 것이 바로 이것이다. '브랜드란 고객들이 갖는 정신적 연상의 세트'(Keller, 1998)로, 이는 제품이나 서비스의 지각된 가치perceived value 에 더해진다. 이런 연상은 독특하고(독점적이며), 강력하고(현저하며), 긍정적인 (바람직한) 것이다.

이 정의는 브랜드가 가져오는 지각된 가치perveived value의 이득에 초점을 맞춘다. 고객이 자동차가 폭스바겐Volkswagen이나 푸조Peugeot 혹은 도요타Toyota 라는 것을 알았을 때 자동차에 대한 고객의 평가는 어떻게 바뀔까? 이 정의에서 제품 자체는 브랜드의 범위에 포함되지 않는다. 여기서 '브랜드'는 부가된 지각 들의 세트이다. 그 결과 브랜드 관리는 하나의 커뮤니케이션 과제로 간주된다. 이 것은 올바르지 않은 견해이다. 현대의 브랜드 관리는 지각된 가치의 가장 중요한 요소vector로서 제품과 서비스에서 시작된다. 반면에 커뮤니케이션은 유형적 지 각tangible perceptions을 구축하고 그 방향을 인도하며, 무형적 지각intangible perceptions을 더하는 데 목적이 있다.

다음으로는 브랜드와 제품의 관계를 분석할 것이다. 두 번째로 고려해야 할 점 은 켈러Keller의 전통적 정의가 (심리적 연상으로서의) '인식cognition'에 초점을 맞춘다는 것이다. 그러나 이것만으로는 충분하지 않다. 강력한 브랜드는 매우 강 한 감성적 요소emotional component를 지니고 있다.

조건적 자산으로서 브랜드

재무담당자와 회계 담당자들은 브랜드의 가치를 금전적으로 계산해왔다(17장 참조). 브랜드와 브랜드 에쿼티brand equity를 정의하는 데 재무적 관점은 어떻게 도움을 주는가?

첫째, 브랜드는 무형 자산이다. 결국 대차대조표에 여러 종류의 무형 자산(특허 권, 데이터 베이스 등도 포함하는 카테고리) 가운데 하나로 기록된다.

둘째, 브랜드는 조건적 자산conditional asset이다. 지금까지는 간과되어 온 요 점이기도 하다. 자산은 장기간에 걸쳐 혜택benefits을 창출할 수 있는 요소이다. 그렇다면 브랜드가 조건적 자산인 이유가 무엇일까? 그것은 브랜드의 혜택, 즉 재무적 가치를 전달하기 위해서는 생산 설비와 같은 다른 유형 자산과 결합하여 작업해야 하기 때문이다. 제품이나 서비스 없이 혜택을 제공할 수 있는 브랜드는 없다. 이것은 재무적 가치평가 방법론에 있어 중요한 결과를 가져온다(제17장 참조). 이런 사실은 우리에게 무엇보다도 겸손한 태도를 요구한다. 많은 사람들이 브랜드가 전부라고 주장하지만 지원(제품이나 서비스) 없이는 결코 존재할 수 없다. 결국 제품과 서비스를 통해서만 브랜드가 실체를 갖게 되는 것이다. 이와 함께 제품과 서비스는 브랜드 가치평가의 중요한 원천이 된다. 브랜드가 만족할 만한 제품이나 서비스를 제공하는가? 제공하지 않는가?

브랜드 관리는 브랜드를 구현하는 제품이나 서비스, 장소를 창조하는 것에서 시작된다. 흥미롭게도 등록 상표trademark와 브랜드에 관한 법적인 접근은 또한 그 조건적인 성질을 강조한다. 우리는 브랜드 네임을 명사가 아닌 특정 이름에 붙는 형용사로만 사용해야 한다. 볼보Volvo가 아닌 '볼보 자동차 Volvo car처럼 말이다.

셋째, 혜택benefits 없이는 브랜드 가치도 있을 수 없다. 혜택을 창출하지 못하는 브랜드는 '고객에 기반한 자산'(브랜드 인지도, 브랜드 이미지, 브랜드 애착, 브랜드 선호도)이 어느 정도든 상관 없이 재무적 가치가 전혀 없다. 따라서 이런 자산들은 또 다른 면에서 조건적일 수밖에 없다. 이런 자산들이 가치를 갖기 위해서는 실행 가능한 경제적인 비즈니스 모델과 연결되어야 한다. 만약 비즈니스가 브랜드를 가지고 수익을 낼 수 없다면 그 브랜드가 가치가 있는 것인지 의심할 필요가 있다. 브랜드가 소비자들의 마음속에 있는 연상들로 평가될 수 있는 큰 잠재력을 가질 수는 있다. 그러나 이 잠재력이 현실화되기 위해서는 수익성 있는 경제적 방정식을 필요로 한다.

법적 관점

세계적으로 일치된 브랜드에 대한 법적인 정의란 존재하지 않는다. 다시 말해 '제품이나 서비스의 출처를 보증하고, 다른 경쟁 제품과 구별해주는 기호sign 내지 기호 체계sign system'가 없다. 역사적으로 브랜드는 절도로부터 생산자를 보호하기 위해 만들어졌다. 예를 들어 가축 브랜드는 짐승의 가죽에 기호를 새겨 그 소유주를 증명하고, 가축이 도난 당했을 때 소유주가 누구인지를 쉽게 알 수 있게 했다. '브랜드'나 상표는 고대 그리스의 양 손잡이가 달린 항아리에 담긴 올리브유나 와인의 생산지를 밝혀주었으며, 그 올리브유나 와인의 생산자나 유통업자에 대한 명성을 구축해 구매자가 확인할 수 있는 가치를 창출했다.

이런 법적인 정의에서 요점은 브랜드에는 등록일을 기준으로 하는 '탄생일' 이 있다는 것이다. 그날로부터 브랜드는 하나의 재산이 되어 권리 침해나 모방으로부터 보호를 받게 된다. 브랜드는 완전하게 보호받지 못하거나 등록이 갱신되지 않을 때 권한이 상실된다. 브랜드 권한이 상실되는 원인 가운데 하나는 '퇴보degenerescence' 이다. 이것은 특유의 브랜드 네임이 일반 용어generic term가 되도록 방치할 때 일어난다.

비록 법적인 접근이 기업이 자사 제품의 모방을 방지하는 가장 유용한 방법이지만 그것이 브랜드 관리의 기반이 되어서는 안 된다. 법적인 정의가 주장하는 것과는 대조적으로 브랜드는 태어나는 것이 아니라 만들어지는 것이다. 우리는 브랜드 출시에 관해 말하지만 하나의 브랜드가 만들어지기까지는 오랜 시간이 걸린다. 사실 이 브랜드 출시는 제품이나 서비스의 출시를 의미하는 것이다. 결국 그것이 브랜드가 되지만 동시에 도중에 사라질 수도 있다. 브랜드를 인식가능하게 만드는 것은 무엇인가? 우리는 언제 하나의 이름이 브랜드의 지위에 도달했는지 알 수 있는가? 본질적으로, 브랜드는 구매자에게 영향을 주는 이름으로, 하나의 구매 기준이 된다.

브랜드는 구매자에게 영향을 주는 이름이다

이 정의는 브랜드의 본질을 포착하고 있다. 즉 브랜드는 구매자에게 영향을 미칠 수 있는 파워를 가진 이름이다. 물론 이름 자체의 선택에 관한 문제가 아니다. 좋은 이름이 도움이 되는 것만은 분명하다. 다시 말해 좋은 이름은 전세계 누구나 쉽게 발음할 수 있고, 그에 따라 바람직한 연상을 불러일으키는 이름이다. 그러나 어떤 이름이 진정으로 브랜드가 되도록 하는 것은 이런 연상에 수반되는 현저성, 차별성, 강렬함과 신뢰이다. 그 이름이 불러일으키는 혜택들이 (a) 현저하고 (b) 배타적이며 (c) 신뢰할만 한가?

우리는 오늘날 관심의 경제attention economy에 살고 있다. 소비자가 선택을 하기 전에 비교하는 데 시간을 보낼 수 없을 만큼 엄청나게 많은 선택의 여지와 애매함이 존재한다. 소비자들에게는 시간이 없으며, 행여 있다하더라도 자신에게 맞는 제품이나 서비스를 결정할 수 있다는 확신이 없다. 브랜드는 확실성, 즉 신뢰를 제공해야 한다. 브랜드는 시간과 위험을 줄이는 도구이다. 솔직히 위험이 없는 곳에는 브랜드도 없다. 우리는 이런 사실을 오래 전에 강조한 바 있다 (Kapferer & Laurent, 1995). 지각된 위험은 경제적, 기능적, 심리적, 사회적인 것일 수 있다. 이는 브랜드 인지도의 일부인 현저성saliency과 이런 신뢰(브랜드의 독특한 혜택에 대한 믿음)를 구축하는 데 오랜 시간이 걸리는 이유이다.

구매자에게 영향을 미치는 브랜드 파워*는 표상representation과 관계relation-ship에 달려 있다. 표상은 정신적인 연상들의 '체계system'이다. 이 '체계'라는 말이 중요한데, 이런 연상들이 서로 연결되어 있기 때문이다. 이 연상들은 하나의 네트워크를 구성하며, 따라서 어떤 한 가지에 변화가 생기면 다른 것에도 영향을 준다. (이른바 브랜드 이미지라고 불리는) 이런 연상들에는 다음과 같은 측면들이 포함된다.

- 브랜드의 영역은 무엇인가(지각된 역량, 전형적인 제품이나 서비스, 특정 노하우)?
- 브랜드의 품질 수준은 무엇인가(낮음, 중간, 프리미엄, 럭셔리)?
- 브랜드의 특성들은 무엇인가?
- (지각된 포지셔닝이라고 불리우는) 가장 차별적인 특성이나 혜택은 무엇인가?
- 브랜드가 영향을 주는 전형적인 구매 고객은 누구인가? 브랜드 개성과 브랜드 이미지는 무엇인가?

정신적인 연상 이외에, 하나의 이름이 갖는 파워는 또한 그것이 발전시키는 감성적 관계의 특정한 성질에 기인한다. 브랜드는 소비자의 마음 속에 자리잡은 무관심에서 벗어난non-indiffernce 태도라고 말할 수 있다. 이런 태도는 감성적 공감에서 호감, 환기 제품군evoked set 또는 구매 고려 제품군에의 소속, 선호, 애

---

* 브랜드 파워는 브랜드가 시장에서 소비자의 구매행동에 미치는 영향력의 강도를 말하며, 소비자들이 특정 브랜드에 대해서 현재 인식하고 있는 브랜드의 명성을 의미한다. – 옮긴이

| 그림 1.1 | 브랜드 체계

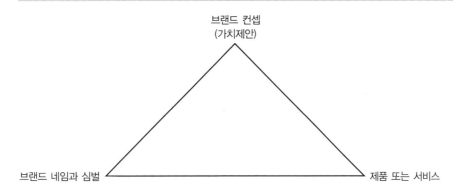

착, 지지, 열광으로 나아간다. 마지막으로 특허와 저작권은 당연히 핵심 자산이다. 그것들은 오랜 기간에 걸쳐 경쟁 우위를 제공한다.

한 마디로, 브랜드는 시장에 영향을 미칠 수 있는 파워를 획득할 때만 존재한다. 이런 획득은 오랜 시간이 걸린다. 온라인 브랜드와 패션 브랜드 그리고 10대를 위한 브랜드는 그 기간이 짧은 반면 자동차 브랜드와 기업 브랜드의 경우는 더 길다. 이런 파워는 브랜드가 경쟁자와 비교해 잘못 관리될 때는 상실될 수 있다. 비록 브랜드가 여전히 브랜드 인지도와 이미지, 시장 점유율을 갖고 있더라도 더 이상 시장에 영향을 주지 못할 수도 있다. 소비자들과 유통업체들은 브랜드로부터의 독점적인 혜택을 의식하기 때문이 아니라 순전히 가격 때문에 제품을 구매할 수 있다.

이름이 브랜드 파워를 획득하도록 만드는 것은 제품이나 서비스, 그리고 시장이나 가격, 장소, 커뮤니케이션 등 모든 누적적인 브랜드 경험의 원천들의 접점에 있는 사람들이다. 브랜드를 3개의 기둥, 즉 제품이나 서비스, 이름 그리고 컨셉으로 이루어진 '살아 있는 체계living system'라고 말해야 하는 이유가 여기에 있다(그림 1.1. 참조).

브랜드에 관해 이야기할 때 우리는 종종 지적재산권 변호사들이 하듯이 이름이나 로고 같은 단일 측면만을 지적한다. 그러나 브랜드 관리에서 우리는 고유의 가치를 가진 컨셉을 이름과 독점적인 표시(즉 로고나 다른 심벌)로 식별되는 제품과 서비스에 연결시키면서 전체 체계에 관해 이야기한다. 이런 체계는 우리에게 브랜드 자산의 조건적 성질을 상기시킨다. 즉 제품이나 서비스가 존재할 때만 브랜드가 존재한다는 것이다. 차별성은 브랜드 컨셉, 즉 브랜드의 가치 제안을 구성하는 (유형적이고 무형적인) 속성들의 고유한 세트로 요약된다.

브랜드가 시장 점유율과 리더십을 차지하기 위해서는 다음의 조건을 갖춰야 한다.

- 제품, 서비스, 장소를 통해 구체화되어야 한다.
- 접점에 있는 사람들에 의해 실행되어야 한다.
- 행동과 실천으로 활성화되어야 한다.
- 커뮤니케이션되어야 한다.
- 유통되어야 한다.

브랜드 삼각형brand triangle은 대부분의 브랜드 관리의 이슈를 정리하는 데 도움이 된다.

- 유형적이고 무형적인 혜택의 어떤 균형과 함께 어떤 컨셉을 선택해야 하는가? 이는 아이덴티티와 포지셔닝의 문제이다. 브랜드 컨셉은 시간에 따라 진화해야 하는가? 혹은 국경을 넘어 진화해야 하는가(글로벌화의 이슈)?
- 브랜드 컨셉은 제품과 서비스, 장소에서 어떻게 구체화되어야 하는가? 브랜드 제품이나 서비스는 어떻게 다르거나 다르게 보여야 하는가? 이 같은 브랜드 컨셉에 포함될 수 있는 제품에는 어떤 것들이 있는가? 이것은 브랜드 확장brand extension 내지 브랜드 스트레치brand stretch의 문제이다.
- 제품이나 서비스의 아이덴티티는 어떻게 식별되어야 하는가? 그리고 어디에서 식별되어야 하는가? 브랜드 네임이나 오늘날 나이키처럼 로고만으로 식별되어야 하는가? 기업은 제품이나 서비스 라인에서의 내적 차이를 나타내는 수단으로 차별화된 로고나 이름을 만들어야 하는가?

- 그 컨셉을 국제적으로 전달하려면 어떤 이름이나 표시를 선택해야 하는가?
- 브랜드 심벌은 얼마나 자주 바뀌고 변경되거나 현대화되어야 하는가?
- 브랜드 네임은 반드시 바뀌어야 하는가?(제14장 참조)
- 국제화와 관련하여, 이름(즉 전 세계적으로 똑같은 이름을 사용) 또는 로고 또는 제품(표준화된 제품 vs 맞춤화된 제품) 또는 컨셉(동일한 글로벌 포지셔닝을 목표로 하는)을 글로벌화해야 하는가? 아니면 브랜드 체계에 있는 3개의 기둥 모두, 아니면 2개만으로 충분한가?

브랜드는 시장에 영향을 미칠 수 있는 파워를 지닌 이름이라는 점에서 보다 많은 사람들이 그 이름을 알고 있고 확신을 갖고 있으며 신뢰할 때 그 파워가 보다 강해진다. 브랜드 관리는 브랜드 컨셉이 더 널리 알려지고, 더 많이 팔리고, 더 많이 공유되도록 함으로써 파워를 얻는 것이다.

요약하면, 브랜드는 제품이나 서비스, 장소 또는 경험에 구체화된, 바람직하며 독점적인 공유 아이디어이다. 이런 아이디어가 보다 광범위한 사람들에게 공유될수록 브랜드의 파워는 더욱 증가된다. BMW란 브랜드가 엄청난 파워를 갖는 이유는 모든 사람이 BMW와 그 아이디어, 즉 그것이 나타내는 바를 알고 있고, 심지어 BMW 자동차를 구입하지 않는 사람들까지도 알고 있다는 사실에 있다.

'아이디어'란 말은 중요한 의미를 갖는다. 우리는 제품이나 서비스를 판매하는가 아니면 가치를 파는가? 물론 답은 가치다. 예를 들어, '볼보Volvo'에는 안전성이 가장 뛰어난 자동차라는 아이디어에 연결되어 있다. '앱솔루트Absolut'는 또 다른 아이디어를 상기시키는데, 매우 인기 있는 보드카vodka라는 것이다. '리바이스Levi's'는 반항자의 진jeans으로 간주되어 왔다.

브랜드 자산, 강도, 가치의 구별

이제 브랜드와 그것의 강도brand strength 그리고 브랜드 에쿼티brand equity 측정과 관련된 많은 용어들을 정리할 시간이다. 어떤 이들은 브랜드 에쿼티라는 용어 사용을 브랜드가 소비자의 정신적 연상에 미치는 영향의 측면에서 그것을 측정하는 맥락에 한정한다(Keller, 1992). 다른 사람들은 행동을 언급한다. 예를 들어 아커Aaker의 초기 척도measures(1991)에는 행동이 포함되어 있으며, 브랜드 충성도 또한 고려한다. 아커는 자신의 후기 저서들에서 브랜드 에퀴티의 10개 척도*에 시장 점유율과 유통 그리고 가격 프리미엄을 포함시켰다(1996). 브랜드 에퀴티에 대한 마케팅 사이언스Marketing Science**의 공식적인 정의는 '브랜드 네임이 없이 할 때보다 브랜드가 더 큰 규모의 매출과 마진을 얻게 하는 브랜드 소비자, 유통업체 그리고 모 기업 측에서의 연상과 행동의 세트'이다(Leuthesser, 1988).

이 매우 흥미로운 정의는 너무 빨리 망각되었다. 이것은 굉장히 포괄적이며, 유통업체가 브랜드 에퀴티에서 매우 중요하다는 사실을 상기시킨다. 이 정의는 또한 특정하게 마진을 브랜드 연상과 고객 행동에 연계시킨다. 그것은 브랜드 창조의 결과로서 높은 매출과 높은 마진이 없을 때는 브랜드 가치가 없다는 것을 의미하는가? 이것은 명확하지 않은데, 왜냐하면 '마진'이라는 용어는 단지 총이익만을 가리키는 것처럼 보이는 반면에 브랜드의 재무적 가치는 법인세 차감전 이익EBIT(earnings before interest and tax)의 수준에서 측정되기 때문이다.

다양한 정의와 컨셉, 평가 방법 등에서 유발된 브랜드 에퀴티란 용어를 둘러싼 기존 혼란(Feldwick, 1996)을 제거하기 위해서는 고객 기반 접근과 재무적 접근이 서로 어떻게 연결되어 있는지 보여주고, 제한된 범위를 가진 명확한 용어를 사용하는 것이 중요하다. 소비자 연구조사는 고립된 채로 존재할 수 없다. 즉 브랜드는 비즈니스의 도구인 것이다. 브랜드는 수익성 있는 비즈니스를 창출할 때만 존재한다. 그러므로 수익성 있는 비즈니스를 창조할 수 없는 브랜드는 아무런 가치가 없다. 간단히 말해 이제 브랜드와 그 경제적 방정식economic equation을 연결할 때이다. 브랜드는 수익성 있는 경제적 방정식의 지원을 받는 강력한 아이

| 표 1.1 | 인지도에서 재무적 가치로

브랜드 자산 ───▶	브랜드 강도 ───▶	브랜드 가치
브랜드 인지도 브랜드 명성(속성, 혜택, 역량, 노하우 등) 브랜드 개성 브랜드의 심층 가치 브랜드 이미지 브랜드 선호도와 애착 특허권과 저작권	시장 점유율 시장 리더십 시장 침투 구매목록 점유율SOR 성장율 충성도율 가격 프리미엄	생산 및 기업 운영에 투자된 자본 비용과 마케팅 비용을 지불한 후 브랜드에 귀속될 수 있는 할인된 순현금 흐름

디어이다. 과연 브랜드가 재무적 성과가 없을 때에도 브랜드 에쿼티에 관해 말할 수 있을까? 이 이슈를 분명히 하기 위해서는 3가지 분석 수준을 구별할 필요가 있다.(표 1.1)

- 브랜드 자산brand assets. 브랜드의 영향력(인지도/현저성, 이미지, 고객과의 관계 유형)과 특허권의 원천이다.

- 브랜드 강도brand strength. 특정 시장과 경쟁 상황 내에서 이런 자산들의 결과로서 특정한 시점에서의 브랜드 강도를 의미한다. 만약 '브랜드 에쿼티'라는 용어의 사용을 브랜드 자산에만 국한시킬 경우, 브랜드 강도는 '브랜드 에쿼티 결과brand equity outcomes'이다. 브랜드 강도는 행동과 관련된 경쟁 지표에 의해 포착된다. 즉 시장 점유율, 시장 리더십, 충성도율, 가격 프리미엄(가격 프리미엄 전략을 따를 경우)이 이런 지표에 해당한다.

- 브랜드 가치brand value. 브랜드가 수익을 낼 수 있는 능력을 의미한다. 브랜드는 수익을 낼 때만 가치가 있다. 수익이 없는 것은 브랜드의 문제가 아닌 비즈니스의 문제라고 말하는 것은 브랜드와 비즈니스를 분리시키는 것으로, 일종의 지적 유혹intellectual temptation이다. 브랜드는 분명 사회학이나 심리학, 문화인류학, 철학 등의 관점에서 분석될 수 있지만, 역사적으로는 비즈니스 목적으로 만들어졌으며 수익성을 창출하는 측면에서 관리된다.

브랜드 자산, 강도, 가치를 구별하는 것으로 브랜드 에쿼티 영역에서의 혼란을 끝낼 수 있다. 브랜드 가치는 브랜드의 수익 잠재력이다.

표 1.1에서 화살표는 직접적이 아닌 조건적 결과를 가리킨다. 같은 브랜드 자산이라도 시간에 따라 브랜드 강도가 다르게 나타날 수 있다. 이런 결과는 경쟁이나 유통 압력의 차이에서 비롯된다. 이러한 정의상 동일한 자산이 아무런 가치를 갖지 않을 수도 있다. 만약 기업이 충분한 시장 점유율과 가격 프리미엄의 구축을 통해서도 브랜드가 수익을 낳도록 만드는 데 실패한다면 말이다. 예를 들어 시장 점유율과 가격 프리미엄을 유지하기 위해 들어가는 마케팅 비용이 지나치게 높아 수익을 남기지 못한다면 그 브랜드는 가치가 없다. 버진Virgin이라는 이름이 콜라 업계에서 거의 가치가 없다고 판명된 것도 그 때문이다. 즉 이 브랜드의 자산에도 불구하고 버진 콜라Virgin Cola는 판매를 시도한 여러 나라에서 지속적이고 수익성 있는 비즈니스를 구축하는 데 성공하지 못했다.

표 1.1은 또한 브랜드 자산, 강도, 가치라는 3가지 컨셉의 이면에 있는 시간적 차원을 보여준다. 브랜드 자산은 습득된 정신적 연상과 감정affect이다. 브랜드 자산은 시간이 흐르면서 과거의 집적 또는 간접적인, 물질적인 또는 상징적인 브랜드와의 상호작용을 통해 획득된다. 브랜드 강도는 브랜드의 현재 위상에 대한 척도이다. 그것은 행동적인 면이 매우 강하다(시장 점유율, 리더십, 충성도, 가격 프리미엄). 이 모든 브랜드 위상이 브랜드 자산에 기인하는 것은 아니다. 몇몇 브랜드는 두드러진 브랜드 인지도 없이도 선도적인 시장 점유율을 보인다. 이런 브랜드들에서는 가격이 선호의 가장 중요한 요인driver이 된다. 또한 시장에서의 강도에 비해 자산이 월등한 브랜드들도 있다. 즉 이 브랜드들은 시장에서 그들이 차지하는 포지션보다 훨씬 강한 이미지를 갖고 있다(미쉐린Michelin을 예로 들 수 있다). 많은 소매업체의 자체 라벨 브랜드own-label brands에서 볼 수 있듯이 그 반대의 경우도 사실이 될 수 있다.

브랜드 가치는 미래에 대한 예측이다. 브랜드의 재무적 가치평가는 브랜드의 값worth을 측정하는 데 목적이 있다. 다시 말해, 미래에 그 브랜드가 창출하게 될 수익을 의미한다. 브랜드가 가치를 지니기 위해서는 반드시 경제적 부가가치 economic value added를 창출해야 한다. 이런 경제적 부가가치의 일부는 브랜드 자체에서 기인해야 하며, 다른 무형 자산(특허, 노하우 또는 데이터베이스)에서 나와서는 안 된다. 이것은 미래에 대처하는 비즈니스 모델의 능력에 크게 좌우될 것이다. 한 가지 예로, 노키아Nokia는 2004년 4월에 증권거래소에서 상당한 주가하락을 경험했다. 시장은 세계 제일의 휴대전화 브랜드의 미래가 어두울 것이라고 판단한 것이다. 선진국에서는 휴대전화를 가지지 않은 사람이 거의 없다. 기업은 이 같은 포화 상태의 시장에서 어떻게 계속 수익을 낼 수 있을까? 만약 노키아가 신흥 국가에 휴대전화를 판매한다면 가격이 첫 번째 구매 기준이 되며, 탈지역화(즉 중국이나 싱가포르 같은 나라에서 제품을 생산하는)가 필수 조건이라는 것을 발견할 것이다. 이전까지 노키아는 핀란드에 있는 생산 시설을 기반으로 성장해 왔다. 노키아의 현재 브랜드 강도는 높을지 모르지만 과연 그 가치적인 측면은 어떠할까?

이제 관리 목적을 위한 브랜드 에쿼티의 추적연구에 관한 주제로 이동할 때이다. 경영자는 무엇을 정기적으로 측정해야 하는가? 물론 고객 패널로부터 얻는 연구 자료가 경쟁자들에 둘러 싸인 브랜드의 강도에 관한 정보를 줄 수 있다. 그러나 왜 이런 강도가 올라가거나 내려가는지 그리고 어떻게 상황을 개선할 수 있는지 정확한 진단을 내리기 위해서는 브랜드 자산 수준에서의 측정이 반드시 필요하다. 사용과 태도 연구는 시장이 브랜드와 그 경쟁자에 관해 갖고 있는 연상들을 포착할 수 있다. 그러나 효율성을 위해서는 변화를 신속하게 진단하고 빠른 대응책을 일러줄 수 있는 단순화된 추적연구가 필요하다. 이런 연구에는 조사기관의 수만큼이나 많은 제안들이 존재한다. 지금부터 그것들의 종합에 기초한 제안을 다루도록 한다.

브랜드 에쿼티의 추적연구

브랜드란 무엇인가? 그것은 구매자들에게 영향을 주는 하나의 이름이다. 그 영향력의 원천은 무엇인가? 그것은 고객 또는 유통업체들 사이에 오랫동안 형성된 정신적인 연상 및 관계의 세트이다. 브랜드 추적연구brand tracking는 이런 브랜드 파워의 원천들을 측정하는 것을 목표로 해야 한다. 경영자의 역할은 브랜드와 비즈니스를 구축하는 것이다. 이것은 브랜드 관리자들도 마찬가지이다. 또한 일반적인 비즈니스 개발뿐 아니라 이런 경쟁 자산competitive asset의 개발을 책임지고 있는 로컬 또는 지역 매니저들도 마찬가지이다. 선진 기업들이 관리자들의 급여 수준을 판매와 수익의 증가뿐만 아니라 브랜드 에쿼티에도 연결시키는 이유가 여기에 있다. 그러나 이런 제도는 브랜드 에쿼티를 추적연구할 수 있는 시스템이 있고, 따라서 매년 그 진전이 평가될 수 있다는 것을 전제로 한다. 이런 시스템은 타당하고, 신뢰할 수 있는 것이어야 하며, 지나치게 복잡하거나 많은 비용이 들어서도 안 된다. 브랜드 에쿼티의 평가를 위해 최소한 측정해야 하는 것은 무엇인가?

광고 에이전시 DDB가 실시한 한 흥미로운 조사는 마케팅 디렉터들에게 그들이 생각하는 강력한 브랜드의 특징이 무엇인지를 물었다. 중요하다고 생각하는 순서로 답변을 나열해보았다.

- 브랜드 인지도(65%)
- 브랜드 포지셔닝의 강도, 컨셉, 개성, 정확하고 명확한 이미지(39%)
- 소비자들의 기호 인지 강도(로고, 코드codes, 패키지)(36%)
- 소비자들에 대한 브랜드의 권위, 브랜드 호감, 브랜드의 지각된 위상, 소비자 충성도(24%)

브랜드 가치(브랜드 에쿼티)를 측정하는 여러 유형의 조사 방법이 존재한다. 그것들은 대개 브랜드 에쿼티를 구성하는 요소들 중 단지 한 가지에 기초해 국내 또는 국제적 평가순위를 제공한다. 브랜드 인지도, 브랜드 선호도, 품질 이미지, 품격, 가장 선호하는 브랜드를 구할 수 없을 때의 첫 번째나 두 번째 구매 선호도 등이 브랜드 에쿼티의 구성요소들이다. 어떤 기관들은 2개의 요소들을 합하기도 한다. 예를 들어 랜도Landor 사는 '브랜드 파워'라는 지표를 만들었다. 이 지표의 척도는 브랜드 보조 인지도brand-aided awareness와, 브랜드-소비자 관계의 감성적인 요소인 호감esteem을 결합해 만들어졌다. 영앤루비캄Young & Rubicam은

'브랜드 자산 모니터Brand Asset Monitor' 라는 연구를 실시했다. 이 연구는 브랜드를 2개의 축 위에 위치시킨다. 하나는 인지 축cognitive axis으로 소비자들 사이에서 브랜드의 지각된 차별성perceived difference의 정도와 현저성salience의 조합이다. 다른 하나인 감성 축emotional axis은 친근성familiarity과 호감 척도의 조합이다. 프랑스의 소프레스Sofres는 메가브랜드 시스템Megabrand System이라는 연구에서 브랜드들을 비교하기 위해 6개의 파라미터들, 즉 브랜드 인지도, 진술된 유용성, 진술된 선호도, 지각된 품질, 글로벌 평가 점수 그리고 브랜드 이미지의 강도를 측정하는 항목을 사용했다.

어떤 기관들은 모든 시장들에 걸쳐 이루어지는 브랜드 비교가 합당하지 않다고 믿는다. 이 기관들은 단일 시장 접근에 집중하고 각 브랜드에 있어 수용 가능한 가격차와 같은 것을 측정한다. 그들은 글로벌 방식으로 나아가거나(IBM PC와 도시바 PC 또는 탠디Tandy PC 사이에는 어떤 가격차가 존재하는가?) 브랜드 네임의 순부가가치를 분리해내는 트레이드오프trade-off 방법을 사용한다. 마케팅 디렉터들은 너무 많은 다른 방식이 존재한다는 사실에 당황하기도 한다.

학문적 연구들 간에는 그래도 의견 일치를 이루는 면이 많다. 새틀러(Sattler, 1994)는 브랜드 에쿼티에 관한 연구로 미국인과 유럽인을 대상으로 49개의 조사 자료를 분석했으며, 브랜드 에쿼티를 측정하는 최소 26가지의 다른 방식을 제시했다. 이런 방식들은 몇 개의 차원에 따라 달라진다.

- 척도가 금전적인 것인가 아닌가? 척도의 많은 부분이 비금전적인 용어(브랜드 인지도, 태도, 선호도 등)로 분류된다.
- 측정이 시간 요인을 포함하는가? 즉 시장에서의 브랜드의 미래를 말하고 있는가?
- 브랜드가 경쟁을 고려하는가? 즉 시장에서 다른 제품과 관련해 지각된 가치를 고려하는가? 대부분은 그렇지 않다.
- 브랜드의 마케팅 믹스를 포함해 측정하는가? 브랜드 가치를 측정할 때 브랜드 네임에 국한된 가치만을 포함하는가? 대부분의 측정은 마케팅 믹스(과거의 광고 지출, 유통의 수준 등)를 포함하지 않는다.

- 브랜드 가치를 측정할 때 기존 브랜드 포트폴리오와 함께 존재하는 시너지 (유통, 생산, 물류 등의 시너지) 덕분에 사용자나 매수자가 얻을 수 있는 수익을 포함하는가? 대부분의 측정 방식은 그것이 주요 요인임에도 불구하고 포함하지 않는다. 시그램Seagram은 다른 무엇보다도 아시아 지역에서 유통 경로를 확보하기 위해 마르텔Martell을 50억 프랑을 지불하고 인수했는데, 이는 이 지역에서 시바스Chivas처럼 다른 브랜드들의 판매를 개척할 수 있게 했다.
- 브랜드 에쿼티의 측정이 브랜드의 기존 시장 밖으로의 브랜드 확장의 가능성을 포함하는가? 일반적으로 그렇지 못하다.
- 마지막으로, 브랜드 에쿼티의 측정이 지리적 확장이나 글로벌화의 가능성을 고려하는가? 다시 이야기하지만 대부분 대답은 아니오이다.

여기서 우리는 브랜드 자산(에쿼티)의 4가지 지표를 추천한다.

- 브랜드 보조인지도aided brand awareness. 브랜드가 최소한의 공감 resonance을 얻고 있는지를 측정한다.
- 자발적 브랜드 인지도spontaneous brand awareness. 제품이 주어졌을 때의 현저성saliency, 즉 마음속의 점유율share of mind에 대한 척도이다.
- 환기 제품군evoked set 또는 구매 고려 제품군consideration set. 브랜드가 고객이 틀림없이 구매를 고려하는 2개 또는 3개 브랜드에 포함되는가?
- 브랜드가 이미 소비된 적이 있는가? 그렇지 않은가?

일부 기업은 가장 선호하는 브랜드 같은 다른 항목들을 추가하기도 한다. 실증적 연구를 보면 이 항목이 자발적 브랜드 인지도와 상호 관련되어 있음을 알 수 있다. 자발적 브랜드 인지도는 단순히 인지적 척도 이상의 것으로 사람에 대한 근접성을 포착한다. 가장 자주 소비되는 항목을 추가하는 기업들도 있다. 물론 이는 일반소비재에 전형적이다. 그리고 이런 항목은 내구성과는 관련이 없다. 아울러 실증적 연구에서 이 항목은 환기 제품군과도 상호 관련되어 있다. 잊지 말

| 표 1.2 | 브랜드 추적연구 결과

	브랜드 X	
	일본	멕시코
보조 인지도	99%	97%
비보조 인지도	48%	85%
환기 제품군	24%	74%
브랜드 소비	5%	40%

아야 할 것은 추적 연구들이 소비자의 기억에 유의한다는 사실이다. 이런 기억은 그 자체가 매우 추론적이다. 사람들은 자신들이 마지막으로 구입한 브랜드가 무엇인지 정말 기억하는 것일까? 그들은 자신의 선호로부터 그것이 논리적으로 브랜드 X나 혹은 Y이었어야 한다고 추론한다.

표 1.2는 한 브랜드에 대한 추적연구의 전형적인 결과를 보여준다.

표에서 브랜드 에쿼티 수치를 보는 방법에는 2가지가 있다. 첫 번째는 가로 값으로 나라별 비교이다. 보조 인지도에서 거의 비슷한 수준을 보이고 있지만 이 브랜드는 두 나라에서 매우 다른 위상을 갖는다. 두 번째는 세로 값으로 '변환율 transformation ratios'에 초점을 맞춘다. 일본에서는 환기 제품군이 자발적 브랜드 인지도의 50%인 데에 반해 멕시코는 87%인 것이 눈에 띈다.

첫째 줄에서 마지막 줄까지 수치가 감소하는 일정한 형태를 보이지만 이것이 모든 경우에 해당되는 것은 아니다. 예를 들어 유럽에서 펩시콜라Pepsi Cola는 강력한 브랜드가 아니다. 펩시콜라의 시장 점유율은 푸시 마케팅push marketing과 유통업체에 대한 오퍼offers를 통해 확보된다. 그 결과, 펩시콜라는 그 비즈니스를 성장시키기는 하지만 본질적인 상황은 달라지지 않는다. 추적연구에서 펩시콜라는 브랜드 선호도율(환기 제품군)보다 훨씬 더 높은 시험 구매율을 보였다.

이 스펙트럼의 정반대 편에는 소비율에 비해 월등한 에쿼티를 가진 브랜드들이 있다. 유럽에서 미쉐린Michelin은 이미지에 관한 한 경쟁 타이어 브랜드들을 확실히 앞선다. 그러나 사람들이 미쉐린 브랜드를 좋아하지만 그런 가격에 그런 품질을 가진 타이어를 구매하는 것이 정당화되기 어렵다고 생각한다면 브랜드 이미지는 시장 점유율로 전환되지 못한다.

브랜드 추적연구는 단순히 통제를 위한 도구가 아니라 진단과 행동을 위한 도구이다. '변환율'은 우리가 어디에서 조치를 취해야 하는지를 말해준다.

영업권: 재무와 마케팅의 수렴

1980년대는 브랜드의 역할에 대한 이해에 있어서 코페르니쿠스 혁명이 목격되었다. 그 전까지는 인수합병에서 7:1이나 8:1이 보통이었다. 즉 기업 인수에 지불되는 금액이 그 회사 수익의 7배 내지 8배가 되었다는 의미이다. 1980년이후에 이런 배수는 크게 증가해 그 절정에 이르렀다. 예를 들어 다농 그룹Danone Groupe은 25억 달러를 지불하고 나비스코 유럽Nabisco Europe을 인수했는데 이 금액은 그 배수가 27배에 이르는 금액이었다. 네슬레Nestle는 론트리 매킨토시 Rowntree Macintosh를 주식시장 가격의 3배, 순이익의 26배에 이르는 금액을 지불하고 인수했다. 20~25 배수가 일반적인 기준이 되고 있다.

경기 후퇴의 여파로 재무적 가치 평가가 더욱 신중해진 오늘날에도 강력한 브랜드의 존재는 여전히 기업에 부가가치를 부여한다. 1980년대 초와 말 사이에는 어떤 일이 일어났을까? 재무 분석가들의 방법으로는 이런 급격한 변화에 어떤 설명이 가능할까? 단일 유럽 시장의 전망이 지대한 역할을 했다는 것은 분명해 보인다. 이것은 대기업들이 유럽, 더 나아가 글로벌 브랜드로 성장할 수 있는 브랜드를 찾고 있던 것에서 확인할 수 있는 사실이다. 네슬레가 뷔토니Buitoni를, 레버Lever가 부르생Boursin을, 로레알L'Oreal이 랑방Lanvin을, 시그램Seagram이 마르텔Martell을 인수한 것도 같은 이유이다.

배수가 높아진 것은 시장에 매물로 나온 소수의 선도 브랜드를 인수하기 위해 라이벌 회사들이 입찰 가격을 높인 데에도 어느 정도 원인이 있다. 유럽적인 요인 외에도 시장에서 경쟁하는 대기업들의 브랜드에 대한 태도에도 큰 변화가 있었다. 1980년 이전에는 기업들이 초콜릿이나 파스타 제조회사를 인수하려 했다. 그러나 1980년 이후부터 기업들은 킷캣KitKat이나 뷔토니Buitoni를 인수하려 했다. 이런 변화는 매우 중요한 의미를 갖는다. 전자는 생산 능력을 사려한 것이고,

| 표 1.3 | 브랜드의 재무 가치 평가

순위	브랜드	가치(10억달러)
1	Coca-Cola	69
2	Microsoft	64
3	IBM	51
4	GE	41
5	Intel	31
6	Nokia	30
7	Disney	29
8	McDonald's	26
9	Marlboro	24
10	Mercedes	21
11	Ford	20
12	Toyata	20
13	Citybank	18
14	Hewlett-Packard	17
15	American Express	16
16	Cisco	16
17	AT&T	16
18	Honda	15
19	Gillette	15

※ 출처: 비즈니스 위크 / JP 모간 / 인터브랜드(2003)

후자는 소비자의 마음에 자리 잡고 있는 브랜드를 사려한 것이다.

오직 유형 자산만이 가치가 있다는 과거의 시각으로부터 이제는 무형적인 그리고 비물질적인 브랜드가 기업의 가장 중요한 자산으로 평가되는 시각으로 변화했다(표 1.3 참조). 이런 무형 자산은 켈로그Kellogg 가치의 61%, 사라 리Sara Lee 가치의 57%, 제너럴 밀즈General Mills 가치의 52%를 차지한다. 이것은 적자 기업이라고 할지라도 잘 알려진 브랜드가 있다면 그 기업은 매우 높은 금액으로 팔릴 수 있다는 역설적인 사실을 설명한다.

1980년 이전에 브랜드의 가치가 기업의 수익에 포함되었다면 그것은 거의 인정 받지 못했을 것이다. 오늘날 브랜드 가치는 기업의 순가치net value와 독립적으로 결정되기 때문에 종종 브랜드 가치가 기업의 부진한 재무적 결과에 의해 가려질 수 있다. 기업의 당기순이익은 모든 재무적 활동의 총합이며, 그 결과가 긍정적이든 부정적이든 그것은 브랜드의 효과를 포함한다. 1996년, 애플Apple이 적자를 낸 이유는 브랜드가 약해서라기보다는 기업 전략이 나빴기 때문이다. 그러므로 단순히 브랜드가 부가가치를 창출하지 못하기 때문에 기업이 적자를 낸다고 말할 수는 없다. 미국과 스위스의 합작 그룹인 에벨-엘리넥Ebel-Jellinek이 룩Look이라는 브랜드를 인수했을 때 경영자들은 다음과 같이 이야기했다. "회사는 적자이지만 브랜드는 여전히 잠재력을 잃지 않았다. 대차대조표는 과거의 잘못된 경영 의사결정을 반영하지만 브랜드는 잠재적인 미래 소득원이다. 이런 잠재력은 그것이 실행 가능한 경제적 방정식을 충족시킬 때만 실질적인 수익이 될 수 있다.

회계와 재무에서 영업권goodwill이 실제 지불된 금액과 기업 장부가치의 차이라는 것을 이해하는 것이 중요하다. 그 차이는 소비자, 유통업체 그리고 그 유통경로에 있는 모든 행위자들의 심리적 호의, 즉 우호적인 태도와 성향으로부터 유발된다. 그러므로 브랜드의 재무 분석과 마케팅 분석 간에는 밀접한 관계가 있다. 회계 영업권accounting goodwill은 브랜드가 그 이름에 대한 명성 구축을 돕는 커뮤니케이션 투자와 제품 만족에 대한 일관된 집중을 통해 오랜 시간에 걸쳐 형성해 온 심리적 호의의 금전적 가치이다.

그러면 이러한 소비자와 유통업체 호의가 갖는 효과는 정확히 무엇인가?

- 브랜드 선택에 있어 유통업체들의 호의적인 태도. 이제는 관행이 되어버린 납품가 할인이라든가 납품 수수료 그리고 다른 비용 측면에서 유통업체들의 요구는 여전하겠지만 기대되는 회전율 때문에 그 브랜드가 선택된다. 실제로 소매상의 경우 유명 브랜드를 갖추어놓지 못하면 고객을 잃을 수도 있다. 다시 말해 고객들은 그 브랜드를 찾아 다른 곳으로 가버릴 수 있다. 이런 영업권은 판매점에서 브랜드가 진열되도록 보장한다. 이것은 소비재뿐만 아니라 내구재를 판매하는 데 있어서도 핵심이다.
- 회전율이 낮은 제품 시장이나 산업재 시장에서 도매상의 지원. 이는 브랜드가 고객의

눈에 독점적인 브랜드로 보여질 때 특히 진실이다.

- 구매 고객이나 최종 소비자의 제품 구매 욕구. 여기에서 말하는 욕구는 우호적인 태도와 애착으로 표현될 수 있으며, 브랜드에 대한 충성도라고 할 수 있다. 이 욕구는 향후 매출의 열쇠가 된다. 브랜드와 그 경쟁자들 간에 가격차가 벌어지면 브랜드 충성도가 최소 수준으로 줄어들 수 있지만 브랜드 애착은 그렇게 빨리 사라지지 않는다. 즉, 그것은 시간에 대한 저항력을 갖는다.

브랜드는 구매자가 브랜드 제품과 유통 경로, 직원 그리고 커뮤니케이션을 접하면서 오랫동안 형성한 모든 긍정적이고 부정적인 인상impressions의 중심점에 있다. 나아가 모든 브랜드의 마케팅 노력이 단일 이름single name에 집중됨으로써 이 이름은 독점성의 아우라를 획득한다. 브랜드는 그 특허 기간이 끝난 후에도 일정 기간 동안은 품질의 대명사로서 계속 남게 된다. 브랜드 덕분에 특허의 수명이 사실상 연장되는 것으로, 이는 제약이나 화학 산업에서 브랜드가 얼마나 중요한지를 설명한다.

브랜드는 소비자의 마음속에서 경제적 기능을 수행하며, 그에 따라 기업의 활동에 지속적이고 인상적인 영향을 미친다. 또한 브랜드가 회계 관점에서 자산asset으로 간주되는 것도 이 때문이다. 브랜드의 경제적 효과economic effects는 단순한 제품의 소비를 훨씬 뛰어 넘어 확장한다.

(유통, 인지도 그리고 이미지를 모두 보유한) 강력한 브랜드가 어떤 방법으로 성장과 수익을 가져오는지를 이해하기 위해서는 먼저 브랜드가 소비자들에 대해 행하는 기능과 그리고 그들의 소중한 호의의 원천이 무엇인지를 이해해야 한다. 이런 기능들이 가치를 갖는다면, 소비자는 그 브랜드를 찾고 애착을 가지며 충성심을 보인다. 그리고 그에 따라 그 브랜드 제품에 더 많은 돈을 지불할 준비가 되어 있다. 반면 이런 기능들이 경쟁 브랜드에 비해 덜 충족되거나 대중으로부터 그 가치를 인정 받지 못할 때는 브랜드화된 제품의 매력은 감소하고, 프리미엄 가격은 더 이상 받아들여지지 않는다. 그렇게 되면 시장은 소매상들의 자체 브랜드나 할인 제품들이 지배하게 된다.

어떻게 브랜드가 고객을 위해
가치를 창조하는가

비록 이 책이 무엇보다 브랜드와 그것의 최적화에 대해 다루고 있지만 브랜드가 반드시 모든 시장에 존재하는 것은 아니라는 사실을 분명히 하는 것이 중요하다. 브랜드가 존재한다 할지라도 그것이 항상 소비자의 구매 의사결정 과정에서 역할을 담당하는 것은 아니다. 그보다 더 중요한 다른 요인들이 있을 수 있다. 예를 들어 '브랜드 민감성brand sensitivity (Kapfere and Laurent, 1988)'에 관한 연구는 몇몇 제품 카테고리에서는 구매자가 의사결정을 할 때 브랜드를 염두에 두지 않는다는 사실을 보여준다. 편지지나 지우개, 매직 펜, 마커 펜을 살 때 누가 브랜드에 신경을 쓰겠는가? 개인은 물론 회사도 신경 쓰지 않을 것이다. 설탕이나 양말 시장과 같은 곳에는 강력한 브랜드가 존재하지 않는다. 독일에서는 밀가루 브랜드에 내셔널 브랜드national brand*는 없다. 심지어 맥주 역시 대부분이 로컬 브랜드local brand이다.

브랜드는 지각된 위험perceived risk을 감소시킨다. 그리고 지각된 위험이 나타나자마자 존재한다. 구매자가 지각하는 위험이 사라지고 나면 브랜드는 더 이상 어떤 혜택도 갖지 않게 된다. 브랜드는 단순히 제품에 붙여진 이름일 뿐이며, 따라서 더 이상 선택의 단서가 될 수도, 부가가치를 창출하는 원천이 될 수도 없다. 제품 가격이 더 높아지거나 잘못된 선택의 결과가 더 심각해진다면 지각된 위험은 더 커진다. 따라서 내구재의 구매는 장기적인 확약commitment이 있어야 한다. 더욱이 인간은 사회적 동물이기 때문에, 우리는 자신이 내린 어떤 선택에 기초해 스스로를 판단한다. 이것은 우리의 사회적 아이덴티티의 상당 부분이 우리가 입는 로고와 브랜드를 중심으로 형성되는 이유를 설명한다. 음식물의 경우에는 우리가 그것을 섭취해 몸안으로 들어오게 할 때마다 어느 정도의 내재적 위험intrinsic risk이 있다. 브랜드의 기능은 이런 불안감을 극복하는 것인데, 이는 예

---

* 내셔널 브랜드는 통상적으로 제조업체 브랜드 혹은 생산자 브랜드를 말하며, 대량으로 제품을 생산하여 전국의 넓은 지역에 있는 소비자들을 대상으로 자사 제품에 부착하는 브랜드이다. ― 옮긴이

를 들어 보드카vodka나 진gin 같은 술 시장에서 브랜드의 중요성을 설명한다.

브랜드의 정당성을 창출하는 요인으로서 지각된 위험의 중요성은 유통업체의 자체 브랜드가 지배하는 카테고리들(예를 들면 야채 통조림이나 우유, 오렌지 주스, 냉동 피자, 생수, 휴지, 휘발유)에 의해 부각된다. 동시에 생산자 브랜드들은 커피나 차, 시리얼, 치약, 방취제, 신선한 파스타, 유아식, 미용제품, 세제와 같은 제품 카테고리에서 여전히 지배적인 포지션을 갖고 있다. 물리적이든 심리적이든 간에 이런 제품들은 소비자가 높은 관여도를 갖는 제품들로, 소비자들은 그 어떤 위험도 감수하려고 하지 않는다.

영원히 획득되는 것은 아무것도 없으며, 지각된 위험의 정도는 시간이 지나면서 변한다. 일부 영역에서는 기술이 보편화되면서 모든 제품들이 품질 기준을 충족시키게 된다. 그에 따라 우리는 어떤 제품은 '불합격'으로, 또 어떤 제품은 '합격'으로 판단하던 상황에서 이제는 모든 제품들이 기본적으로 우수하지만 어떤 제품이 다른 제품보다 더 우수하다는 쪽으로 옮겨가고 있다.

지각된 위험의 정도는 상황에 따라 달라질 수 있다. 예를 들어 온더록스on the rocks 럼rum이나 보드카vodka보다 칵테일용 럼이나 보드카를 사는 것이 덜 위험하다. 마지막으로, 모든 소비자들이 동일한 관여도invelvement의 수준을 보이는 것은 아니다. 높은 관여도를 가진 소비자들은 제품들의 작은 차이에도 신경을 쓰거나 자신들의 선택으로부터 최대의 효과를 얻기 원한다. 이런 소비자들은 자신들이 구입한 제품, 예를 들어 컴퓨터나 어떤 커피 브랜드의 장점을 몇 시간이고 이야기할 것이다. 비교적 관여도의 정도가 덜한 소비자들은 그리 비싸지 않는 기본적인 제품에 만족한다. 잘 알려지진 않았지만 가격에 비해 좋은 가치를 가진 것처럼 보이고 동네 가게에서 파는 진gin이나 위스키whisky가 그 예이다. 실수를 할까봐 두려워하거나 어느 정도의 위험 부담을 느끼는 구매자들에게 공통되는 문제는 많은 제품들이 불확실하다opaque는 것이다. 즉 소비자들이 일단 제품을 사서 사용해보고 나서야 그 품질을 알 수 있다는 것이다. 그러나 많은 소비자들은 이런 단계를 거치는 것을 꺼린다. 그러므로 불확실한 제품들opaque products이 가진 내적 품질을 나타내는 외적 표시external signs가 절대적으로 필요하다. 명성을 가진 브랜드는 이런 외적 표시들이 가장 효과적인 브랜드를 말한다. 다른 외적 지표의 예들로는 가격, 품질 표시, 제품이 팔리고 품질을 보장하는 소매점, 포장의 디자인과 스타일 등이 있다.

브랜드 인지도가 가치를 의미하는 방식

최근의 마케팅 연구는 브랜드 인지도가 단순히 인지적 측정만은 아니라는 것을 보여준다. 브랜드 인지도는 사실 다른 많은 가치 있는 이미지 차원들과 상관관계가 있다. 인지도는 안심reassuring의 메시지를 전한다. 비록 그것이 개인적인 차원에서 평가된다 할지라도 브랜드 인지도는 실제 집단적인 현상이다. 어떤 브랜드가 알려질 때 각 개인은 그것이 알려져 있음을 안다. 이것은 자연스러운 추론을 끌어낸다. 표 1.4에서 볼 수 있는 것처럼 인지도는 대개 좋은 품질 대비 가격 비율, 고품질, 믿음, 신뢰, 고객친화성, 접근성과 전통적인 스타일 같은 측면들과 상관관계를 갖는다. 그러나 그것은 혁신이나 고급 제품, 스타일, 매력과는 상관관계가 전혀 없다. 만약 이와 같은 것들이 브랜드의 핵심적인 차별화 단면들이라고 한다면 그것은 스스로의 능력으로 획득되어야 한다.

확실한 제품과 불확실한 제품

이쯤에서 넬슨(Nelson, 1970), 다비와 카르니(Darby and Karni, 1973)가 생각했던 분류를 상기해보는 것은 흥미로운 일일 것이다. 이들은 제품 특성을 3가지 유형으로 구분 짓는다.

- 구매 전에 접촉을 통해 인식되는 품질
- 구매 후 경험을 통해 인식되는 품질
- 소비 이후에도 확인되지 않고 믿음으로만 구매할 수밖에 없는 신용 품질 credence quality

첫 번째 유형의 품질은 남자 양말 한 켤레를 사는 의사결정에서 볼 수 있다. 이때 선택은 육안으로 알 수 있는 패턴, 스타일, 재질, 감촉, 신축성 그리고 가격 같은 특성에 따라 이루어진다. 이런 시장에서는 브랜드가 반드시 있어야 할 필요가

| 표 1.4 | 브랜드 인지도가 가치를 창조하는 방식과 이미지 차원들(인지도와 이미지간의 상관관계)

좋은 품질/가격 비율	0.52
신뢰	0.46
믿음직한	0.44
품질	0.43
전통적인	0.43
최고	0.40
실제적인	0.37
고객 지향	0.37
고객친화성	0.35
접근가능한	0.32
색다른	0.31
리더	0.29
인기있는	0.29
재미있는	0.29
독창적인	0.27
활기찬	0.25
고객친화적인	0.25
실행하는	0.22
매력적인	0.08
혁신적인	0.02

(기준: 9,739명, 507개 브랜드)
※ 출처: Schuiling and kapferer, 2004

없다. 실제로 브랜드가 존재하지만 시장 점유율이 매우 낮으며, (구매 이전에는 알수 없는) 내구성이 증명된 제품을 찾거나 유행을 쫓는 사람들을 겨냥한다. 벌링턴 Burlington 양말이 세련된 스타일의 대명사로 성공을 이룬 것이 하나의 예가 될수 있다. 생산자 브랜드가 분명 존재하지만 유통업체 브랜드(막스 앤 스펜서Marks & Spencer 또는 C&A)와 비교할 때 그들만의 차별적 우위점은 그리 크지 않다. 특히 유통업체 브랜드가 경쟁력 있는 가격으로 세련된 스타일의 다양한 제품들을 제공할 때는 더욱 그러하다.

두 번째 유형의 품질의 좋은 예는 자동차 시장이다. 물론 성능이나 연비, 스타일은 모두 구매 이전에 평가될 수 있다. 뿐만 아니라 옵션 종류와 실내 장식도 알 수 있다. 그러나 자동차의 주행성, 운전의 즐거움, 신뢰성, 품질은 한 번의 시험 주행으로 완전히 알 수가 없다. 그 반응은 브랜드 이미지로부터 나온다. 그리고 이러한 브랜드 이미지는 그 자신이나 가까운 사람들의 경험, 입소문과 광고에 의해 오랜 시간에 걸쳐 형성된 집합적 표현이다.

마지막으로 고급 승용차 시장에서, BMW를 소유하는 것에서 오는 성취와 개인적 성공의 느낌은 전형적으로 순수한 믿음의 결과이다. 그런 감정은 구매 이후의 어떤 주행 경험으로 만들어질 수 있는 것이 아니다. 그것은 구매자와 비구매자들이 어느 정도 공유하고 있는 집단적인 신념이다. 말보로Marlboro 담배를 피우는 것으로부터 기대되는 진정함과 내적인 남성다움의 느낌에도 똑같은 논리가 적용된다.

브랜드의 역할은 이와 같이 추구하는 품질의 분류를 통해 더욱 분명해진다. 브랜드는 제품의 이면에 있는 품질을 밝혀주는 기능을 가진 외적 표시이다. 즉 접촉(시각, 촉각, 청각, 후각)이 불가능하고, 실제 사용 경험을 통해서만 품질을 알 수 있지만 소비자가 그런 위험 부담을 원치 않는 제품들의 숨겨진 품질을 밝혀주는 것이다. 마지막으로, 브랜드가 잘 알려지면 그 소비에 브랜드만의 느낌을 더한다. 진정한 미국과 반항하는 젊음을 상징하는 리바이스Levi's, 거친 남성성을 표현하는 말보로Marlboro, 영국풍의 던힐Dunhill, 캘리포니아 신화를 표현하는 애플Apple을 예로 들 수 있다.

브랜드의 정보 전달 역할은 제품이나 서비스, 소비 상황, 개인에 따라 매우 다양하다. 그러므로 브랜드가 항상 유용한 것은 아니다. 반면에 소비자가 전통적인 준거점reference points을 잃게 될 때 브랜드는 더욱 필요한 것이 된다. 브랜드화된 와인branded wine의 수요가 증가하는 이유가 여기에 있다. 소비자들은 품질도 천차만별이고 수량도 한정되어 있으며, 가끔씩 별로 달갑지 않은 놀라움을 주기도 하는 너무 많은 종류의 소규모 샤또chateaux 와인들에 지쳐 있었다. 이것이 바로 제이콥스 크릭Jacob's Creek과 갈로Gallo 같은 브랜드들에게 길을 열어주게 된 이유이다.

브랜드는 (궁극적으로 그 가치를 드러내는) 정보의 원천을 제공할 뿐만 아니라 구매자들에 의해 가치 있게 여겨질 때 그것의 매력과 높은 가격을 정당화하는 몇 가지 다른 기능을 수행한다. 그러면 이런 기능에는 어떤 것들이 있을까? 소비자들의 눈에 비치는 브랜드 가치는 어떻게 창출되는 것일까? 브랜드의 8가지 기능이 표 1.5에 소개되어 있다. 처음의 두 기능은 기계적인 기능으로 브랜드의 본질과 관련 있다. 즉 선택을 용이하게 하고 시간을 아낄 수 있도록 인식된 심벌로서 기능한다. 그 다음 3가지 기능은 지각된 위험을 줄여준다. 마지막 3가지 기능은 좀 더 유쾌한 면을 가지고 있다. 윤리성ethics은 구매자들이 자신이 선택한 브랜드로부터 점점 더 책임 있는 행동을 기대한다는 것을 보여준다. 많은 스웨덴의 소비자들은 네슬레가 분유를 가난하고 교육 받지 못한 아프리카 주부들에게 팔고 있다는 이유 때문에 여전히 네슬레 제품을 상대로 불매 운동을 벌인다.

　이런 기능들은 법이나 당연한 권리가 아니다. 그리고 자동적인 것도 아니다. 다만 늘 지켜져야 하는 것이다. 품질, 연구개발, 생산성, 커뮤니케이션 그리고 수요 변화 예측을 위한 시장조사 등에 투자를 해서 각 시장에서 성공하는 브랜드는 극히 소수에 불과하다. 그리고 누구도 이런 기능들을 생산자 브랜드에만 국한시킬 수는 없다. 게다가 몇몇 생산자 브랜드는 이런 기능들을 수행하지 않는다. 영국에서는 막스앤스펜서Marks & Spencer(세인트 마이클St Michael)가 중요한 브랜드로 간주되고 이런 기능들을 수행하듯이 스위스에서는 미그로스Migros가 그리고 그밖에 갭Gap, 자라Zara, 이케아Ikea 등이 이런 기능을 수행한다.

　이런 기능들의 유용성은 제품 카테고리에 따라 달라진다. 제품이 확신을 줄 때(즉 제품의 내재적 품질이 접촉을 통해 감지되는 경우)때는 준거점이나 위험을 줄이는 요소는 크게 필요하지 않다. 예를 들면 새로 나온 값싼 주방용 두루마리 휴지나 알루미늄 호일을 사서 써보는 것과 같이 사소해 보이는 구매나 저관여 제품의 경우 가격 프리미엄은 최소로 낮아지고 시험 구매 비용도 매우 낮아진다. 어떤 종류의 매장들은 주로 위에 언급된 기능의 일부만을 이행하는 것을 목표로 한다. 예를 들면 650여 가지 제품 라인을 가지고 있지만 브랜드 제품은 없고, 가장 저렴한 가격과 가격 대비 우수한 품질의 생필품들을 취급하는 초염가 할인매장hard discounter들이 있다. 이런 방식은 표 1.5의 처음 5가지 기능들에 대한 대안을 제시한다. 즉 판매진열대에서의 뛰어난 식별성, 실용성, 보증성, 선택된 가격 수준에서의 최적화, 개성화characterisation(마케팅에 의해 조종되는 것에 대한 거부)가 그

| 표 1.5 | 소비자를 위한 브랜드의 기능들

기능	소비자 혜택
식별성	확실하게 알아보고, 제공하는 것의 의미를 이해하고, 찾고 있는 제품을 신속하게 확인할 수 있게 한다.
실용성	동일한 재구매와 충성도를 통해 시간과 에너지를 절약하게 도와준다.
보증성	언제 어디서 제품이나 서비스를 구매하더라도 동일한 품질을 찾을 수 있음을 확신시킨다.
최적화	동일 카테고리 내에서 최고 제품이며, 특정한 목적에 맞는 가장 알맞은 제품을 구매한다는 확신을 준다.
뱃지Badge	자아 이미지나 다른 사람에게 보이고 싶은 이미지를 확인해준다.
연속성	오랫동안 사용해 왔던 브랜드와 친근하고 친밀한 관계를 가짐으로써 얻어지는 만족.
쾌락성	브랜드 자체의 매력이나, 브랜드 로고 또는 브랜드 커뮤니케이션과 브랜드 경험의 보상과 연결된 매혹.
윤리성	사회(생태환경, 고용, 시민의식, 충격을 주지 않는 광고)와의 관계에서 브랜드의 책임있는 행동과 연결된 만족

것이다. 다른 기능들의 부재는 매우 저렴한 가격으로 보상된다.

브랜드 역할의 기능적 분석은 유통업체 브랜드가 증가하는 이유를 설명해준다. 브랜드가 단순히 상표trademark이고, 오로지 인식 신호recognition signal나 품질의 보증으로만 작용한다면 오히려 유통업체 브랜드가 보다 저렴한 가격으로 위의 기능들을 충족시킬 수 있다. 표 1.6은 브랜드 역할과 유통업체 자체 브랜드의 시장 점유율간의 관계를 간단하게 설명한다.

어떻게 브랜드가 기업을 위해 가치를 창조하는가

· 재무 분석가들이 강력한 브랜드를 소유한 기업을 선호하는 이유가 무엇일까? 그것은 위험성이 적기 때문이다. 따라서 브랜드는 소비자에게와 마찬가지로 재무 분석가에게도 동일한 방식으로 효과적이다. 즉 브랜드는 위험을 제거한다. 확실성과 보증, 위험의 제거는 그 가격에 포함된다. 재무 분석가는 브랜드를 소

유한 기업에 높은 금액을 지불하면서 거의 확실한 미래 현금 흐름future cashflows을 잡아낸다.

브랜드가 강력하면 높은 충성도와 그로 인한 미래 판매의 안정성으로부터 혜택을 얻는다. 미네랄워터인 볼빅Volvic은 구매자의 10%가 고정적이고 충실한 고객들이며, 이들은 브랜드 총매출의 50%를 차지한다. 브랜드의 명성은 수요와 지속적인 매력의 원천이며, 우월한 품질 이미지와 부가가치는 프리미엄 가격을 정당화시킨다. 지배적인 브랜드dominant brand는 동일 제품 카테고리 내에서 하나의 준거reference로서의 역할을 한다는 점에서 경쟁자들에게는 진입 장벽이 된다. 만약 그 지배적인 브랜드가 고급품이거나 스타일에서 유행을 선도한다면 라이센스를 부여함으로써 상당한 로열티를 창출할 수 있다. 예를 들어 디자이너 브랜드 나프나프Naf-Naf는 최고 절정기에 순수 로열티로만 6백만 파운드 이상을 벌어들였다. 브랜드가 잘 알려지고, 품질의 상징으로 인식되며, 시장에서 가치를 인정받아 어떤 전망이 보일 때 그 브랜드는 다른 시장으로 진입할 수 있다. 팜올리브Palmolive 브랜드는 부드러움의 상징이 되었으며, 비누뿐만 아니라 샴푸와 면도 크림, 세제까지 다수 시장으로 확장되었다. 이것은 브랜드 확장(제11장 참조)으로 알려져 있으며, 이러한 각각의 시장에 새로운 제품을 출시할 때 인지도를 창출해야 하는 필요성을 덜어준다.

| 표 1.6 | 브랜드의 기능들과 유통업체/제조업체 경쟁

브랜드의 기능/역할	전형적인 제품 카테고리/브랜드	제조업체 브랜드의 파워
인식의 단서	우유, 소금, 밀가루	매우 약함
선택의 실용성	양말	약함
품질 보증	식품류, 기본 식료품	약함
선택의 최적화, 높은 품질 성능의 표시	자동차, 화장품, 전기제품, 페인트, 서비스	강함
선택의 개별화	향수, 의류	강하나 도전받음
성능, 결속력, 친밀한 관계	신뢰 브랜드	강함
쾌락성	다중 감각 브랜드	강함
윤리성과 사회적 책임	준거 브랜드, 기업 브랜드	강하나 도전받음

브랜드의 재무적 가치를 결정하면서 전문가는 강력한 브랜드의 존재로 인해 발생하는 모든 부가적인 수익을 고려해야 한다. 부가적인additional 구매자들은 다른 제품과 동일해 보이지만 평판이 좋은 브랜드 네임을 가진 제품에 더 매료되기 마련이다. 강력한 브랜드는 규모의 경제와 시장 지배력에 기인한 부가 마진 added margin을 제공할 뿐만 아니라 가격 프리미엄을 누릴 수 있다. 신규 시장으로의 브랜드 확장은 로열티나 중요한 레버리지leverage* 효과를 가져올 수 있다. 이러한 가치를 계산하기 위해서는 브랜드 관리에 든 비용들, 즉 품질 관리 비용과 연구개발 투자비용, 국내외 판매 인력 비용, 광고비용, 법적 등록비용, 자본 투자비용 등을 빼야 한다. 브랜드의 재무적 가치는 브랜드로 발생된 여분의 이익 extra revenue과 향후 몇 년 동안의 관련 비용을 현재 가치로 할인한 금액 간의 차이이다. 기간은 가치 평가자(잠재 고객, 회계감사인)의 비즈니스 계획에 따라 결정된다. 이런 미래 현금 흐름을 예측하는 데 쓰이는 할인율은 투자자가 이 예측에 대해 얼마나 확신을 갖고 있는지로 결정된다. 그러나 중요한 사실은 강력한 브랜드일수록 위험이 더 적다는 것이다. 그러므로 미래의 순현금흐름은 강력한 브랜드일수록 더 큰 확실성을 갖는다고 할 수 있다.

그림 1.2는 브랜드의 수익을 발생시키는 3가지 요소들을 보여준다. 즉 프리미엄 가격, 더 큰 매력과 충성도, 높은 마진이다. 이러한 수익 요소들effects은 브랜드의 기존 시장에 효과적이지만 다른 시장이나 다른 제품 카테고리에도 직접적인 브랜드 확장(예를 들어 볼펜을 시작으로 라이터, 일회용 면도기, 최근에는 세일보드로 비즈니스를 확장한 빅Bic)이나 라이센싱(예를 들어, 대부분의 럭셔리 브랜드luxury brand, 그리고 캐터필러Caterpillar)을 통해서 제공될 수 있다. .

일단 이런 레버들levers이 유로euros, 엔yen, 달러 같은 화폐로 측정되고 나면, 브랜드에서 기인하는 한계 수익 평가의 기초로서 역할을 할 수 있다. 그 레버들은 기업이 전략적으로 제품을 차별화하기를 원할 때만 나타난다. 이런 바람은 3가지 종류의 투자를 통해 이루어질 수 있다.

---

* 브랜드 레버리지는 특정 브랜드가 자신이 보유하고 있는 자산을 지렛대로 삼아 다른 제품 라인이나 다른 카테고리로 효과적으로 확장하는 것을 말한다. — 옮긴이

| 그림 1.2 | 브랜드 수익성의 레버들

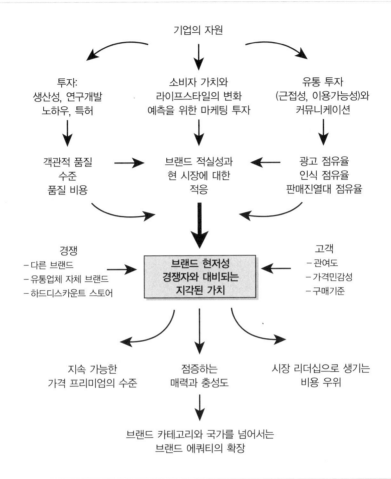

- 생산량, 생산성 그리고 연구개발에 대한 투자. 이런 투자 덕분에 기업은 쉽게 모방될 수 없고, 무형 자산인 특별한 노하우를 얻을 수 있다. 때때로 그 기업은 특허를 등록함으로써 일정 기간 그 제품을 독점할 수 있다. 이것은 제약 산업에서 마케팅의 기초(특허와 브랜드)일 뿐만 아니라 시장에서의 성공에도 불구하고 그 제품이 쉽게 모방되지 않는 페레로Ferrero 같은 기업들의 기초이기도 하다. 특허는 그 자체로 무형 자산이다. 기업의 활동은 특허로부터 지속적인 혜택을 얻을 수 있다.

- 이런 진화에 부합하는 중요한 혁신을 정의하기 위해 소비자의 기호와 라이프스타일의 변화를 예측하고 새로운 통찰을 얻기 위한 조사와 마케팅 연구에 대한 투자. 크라이슬러Chrysler의 미니밴minivan은 장성한 자녀들이 있는 베이비 붐 세대의 수요를 미리 내다보고 만들어진 제품의 예라고 할 수 있다. 유통업체들의 기대를 이해하는 것도 필요하다. 그들은 브랜드의 물리적 근접성의 가장 핵심적인 구성요소이기 때문이다. 최근 브랜드 성공의 주요 구성요소는 유통업체들의 논리를 이해하고 적응하는 것이며, 유통 경로와의 좋은 관계를 발전시키는 것이다.
- 브랜드의 특별함을 알리고 인지도, 지각된 차이와 호감을 높이기 위한 커뮤니케이션, 입점 비용, 판매 인력과 머천다이징, 거래 마케팅 등에 대한 투자. 소비와 관련된 숨겨진 내적 특성이나 무형적 가치는 브랜드 광고 없이는 알려질 수 없다.

브랜드의 가치와 브랜드 정책 이행의 정당성은 한계 수입과 브랜드 관리에 필요한 한계 비용 간의 차이에 달려 있다.

어떻게 브랜드 명성이 광고의 효과에 영향을 미치는가

브랜드는 천천히 구축되는 자본의 형태이며, 그러면서 비즈니스를 성장시킨다. 물론 그런 브랜드 자본brand capital의 형성 없이도 기업이 성장할 수는 있다. 즉, 푸시 전략push strategy이나 가격 전략은 브랜드 에쿼티의 구축 없이도 높은 매출과 시장 점유율을 가져다 줄 수 있다. 많은 자체 라벨private-label이나 자체 라벨 브랜드들own-label brands이 이런 경우에 해당한다.

프랑스 스카치위스키 시장에서 주도적인 리더 위치에 있는 것은 조니 워커Johnny walker도, 발렌타인Ballantines도, 페이머스 그라우스Famous Grouse도 아닌 바로 로컬 브랜드인 윌리엄 필William Peel이다. 윌리엄 필은 하이퍼마켓들에 주력하며 저렴한 가격에 제품을 판매한다. 이 브랜드는 현저성(자발적 브랜드 인지도)은 거의 없다.

이제 관리자들은 비즈니스와 브랜드 가치 모두를 구축해야 한다. 그들이 받는

| 그림 1.3 | 브랜딩과 판매

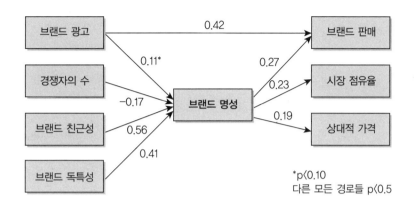

※ Advertising Research Foundation의 승인하에 2002년도 Journal of Advertising Research로부터 재인용

급여는 판매와 명성이라는 2가지 척도와 함께 달라지는 것이다. 이 2가지를 분리해서 개별적으로 바라봄으로써 일종의 정신 분열증schizophrenia에 이르는 일은 없어야 한다. 차우두리Chaudhuri의 매우 적절한 연구(2002)는 광고와 마케팅이 판매의 주요 레버key levers임을 상기시킨다. 그러나 시장 점유율과 프리미엄 가격을 부과하는 능력(브랜드 강도의 2가지 지표)에 미치는 광고와 마케팅의 영향은 직접적이 아닌 브랜드 명성을 통해 매개된다. 사실 그림 1.3의 경로계수에서 볼 수 있는 것처럼 브랜드 명성은 친근성familiarity(그 브랜드를 잘 안다, 많이 쓴다)과 브랜드의 지각된 독특성perceived uniqueness(이 브랜드는 독특하다, 다르다, 대신할 브랜드가 없다)으로 형성된다. 광고는 판매를 높이는 데 핵심적 역할을 한다. 그러나 그것은 시장 점유율과 프리미엄 가격을 얻는 데 직접적인 영향을 미치지 않는다. 이것은 매우 흥미로운 점이다. 간략히 말해, 높은 시장 점유율과 가격 프리미엄이 획득되는 것은 명성 자본reputational capital의 구축을 통해서 뿐이다.

명성은 또한 판매에 대한 광고의 효과를 제고시킨다. 브랜드가 더 많이 알려질수록 광고는 더욱 눈에 띄고 기억된다는 것은 과거 광고 캠페인에 대한 평가를 통해 잘 알려져 있다. 이제는 브랜드와 광고를 서로 대립적인 요소로 간주하는 일을 멈추어야 할 때이다

사례 연구: 어떻게 브랜딩이 처방전에 영향을 미치는가

브랜드는 기업과 그 브랜드를 사용하기로 결정하는 사람들 모두를 위해 가치를 창조한다. 이는 유형적 차원뿐만 아니라 무형적 차원에서 차별화를 추구함으로써 이루어진다. 이런 추구는 종종 동시에 일어나지 않는다. 대부분의 브랜드는 단순히 제품 혁신의 이름에서 시작한다. 이런 제품 혁신이 성공하게 되면 복제되고, 브랜드 아이덴티티의 커뮤니케이션에 의해 창조된 무형적 차원이 보호의 형태를 만들어낸다. 즉 제품들은 비슷할 수 있으나 소비자는 또 다른 것 대신에 하나의 브랜드를 선택하는 것이다. 이것은 습관, 근접성, 리더십과 개척자 아우라 pioneering aura 그리고 가장 본질적으로 안심의 필요성에서 오는 효과이다. 그러나 보호는 지속되지 않는다. 따라서 향상된 제품이나 서비스로 유형적 혜택을 제공하는 혁신에 의한 실질적인 차별화를 재창조해야 한다.

제약 분야만큼 브랜딩이 갖는 가치를 입증하는 분야도 없을 것이다. 제약 분야는 과학을 통한 진보라는 이데올로기가 지배한다. 처방약들은 합리적이고 환자를 위한 가장 최선의 선택이라고 생각되는 것으로 처방된다. 보통 이것은 제품 중심의 시장을 의미하며, 이 시장에서는 브랜드가 금지어가 된다.

그러나 최근 연구는 의약품이 모든 브랜드와 마찬가지로 개성personality을 가지고 있음을 보여준다. 관련 조사에서 일반의와 전문의 모두가 인간적인 특성을 부여하는 것이 가능하다고 답변하고 있다. 또한 통계 자료 분석도 의사들이 약에 있다고 생각하는 일부 개성이 처방 수준과 상관관계가 있음을 보여주었다 (Kapferer, 1998).

표 1.7을 보면 가장 많이 처방되는 항궤양제가 다른 형태의 약물보다 더 '역동적이고dynamic', '따뜻하고warm', '가까운close' 것으로 묘사된다는 것을 알 수 있다. 제품이나 성분이 역동적이거나 따뜻하거나 가까울 수는 없다. 그러나 브랜드는 가능하다. 따라서 제약 브랜드는 처방자의 마음속에 정신적 존재감과 영향력을 갖는다.

흥미롭게도 통계적 증거 역시 흥미로운 사실을 보여준다. 즉 응답자들은 제품 자체는 완전히 같으며 2가지 브랜드가 기능적 혜택 면에서 거의 비슷하다고 인식하면서도 한 가지 브랜드를 다른 것들에 비해 3배나 자주 처방했다. 선택받은 브

| 표 1.7 | 처방 수준과 관련된 브랜드 개성

	매우 높은 vs 낮은 비중으로 처방되는 제약 브랜드의 개성 점수(1에서 3)					
	항고혈압제		항생제		항궤양제	
	낮은 처방	높은 처방	낮은 처방	높은 처방	낮은 처방	높은 처방
역동적인	2.01	2.20+++	2.17	2.37+++	2.10	2.46+++
창조적인	1.87	1.92	1.81	1.93+	2.03	2.22+++
낙관적인	2.02	2.21+++	2.00	2.23+++	2.22	2.31
신중한	2.13	2.11	2.08	1.98	2.08+++	1.90
건장한	1.58+++	1.39	1.70+++	1.45	1.56+++	1.31
멋진	1.67+++	1.45	1.72+++	1.40	1.60+++	1.33
자상한	2.04	2.11	2.01	2.09	2.03	2.09
합리적인	2.28	2.23	2.38	2.27	2.23	2.15
관대한	1.85	1.95	1.87	2.02+++	1.93	2.02
동정적인	1.88	2.09+++	1.90	2.02++	1.99	2.01
가까운	2.06	2.09	2.16	2.25	2.08	2.13
우아한	1.97	1.97	1.99	2.04	1.92	2.03
고급	2.01	2.04	1.87	1.94	1.93	2.20+++
침착한	2.10	2.12	2.12	2.25+	2.20	2.11
차분한	2.15	2.07	2.16+	2.04	2.12+++	1.90

※ 출처: Kapferer(1988)

랜드는 덜 선택받은 것에 비해 상당히 높은 '위상status'을 부여받았다. 위상은 리더십, 존재, 의사와의 근접성, 강한 커뮤니케이션의 영향으로 형성된 무형적인 차원이다. 이것은 약이 개발되고 난 다음 마케팅에 의해 형성된다. 한번 형성된 위상은 '모방me too' 제품들에 대한 경쟁력으로 작용한다. 적어도 새로운 약이 나와 현재의 시장 리더 자리를 대체하지 않는 한 지속된다.

이러한 사례는 합리적 의사결정자에 의해 최적의 합리적 의사결정이 이루어져야 하는 하이테크 분야에서도 브랜드가 심리적 실체psychological reality라는 사실을 설명한다. 선택에는 항상 위험이 따른다. 제품이 늘어나면서 선택의 범위도 증가하며, 그 결과 지각된 위험도 커진다. 브랜드는 시장 리더에 대한 대안들을 선택할 가능성을 줄임으로써 선택을 용이하게 만든다.

여기서 '가능성likelihood'이라는 단어의 선택은 매우 흥미롭다. 왜냐하면 이

| 표 1.8 | 의약 처방전에 미치는 브랜드의 영향

	카테고리: 항궤양제	
	Brand A	모방 브랜드
제품 이미지		
효율적	2.9	2.9
빠름	2.7	2.7
재발 예방	2.7	2.7
부작용 없음	2.7	2.6
항산제 없음no anti-acid	2.6	2.6
저비용	1.4	1.4
브랜드 명성		
준거 제품	3.7+++++	3.1——
높은 명성	3.8+++++	3.3——
우월한 품질	3.3	3.1
메이저 제품	3.7+	3.6-
처방	6.7+++++	3.3——

※ 출처: Kapferer(1998)

단어가 통계적 컨셉(확률probability)과 어느 대안이 더 선택되는 매개 과정(처방 의사들이 더 '마음에 들어하는likeable') 모두를 의미하기 때문이다. 따라서 브랜딩 은 불확실한 선택 환경에서 의사결정의 문제에 대한 소비자 지향적인 대응이다. 브랜드의 자발적 인지도와 포지셔닝(니즈와 연결되는)은 의사결정에 매우 유용한 지름길이다. 브랜드는 구매 결정 편향decisional bias을 형성한다. 이를 통해 선택 을 용이하게 하고, 지각된 위험을 줄이는 것이다(Kapferer and Laurent, 1988).

이런 예들은 제품과 브랜드의 관계를 설명한다. 둘 사이에는 자연적인 상호작 용이 있다. 브랜드 미션brand mission은 어떤 제품이나 서비스가 창조되어야 하 는지를 결정한다. 가치를 부가하는 아이덴티티value-adding identity가 부여된 이 런 혁신 제품들은 뒤를 잇는 모방 제품과 저렴한 비용의 제품들에도 불구하고 매 력을 창조하며, 시험 구매를 유도하고, 판매가 계속 일어나게 하며, 충성도를 형 성한다. 그러나 새로운 파괴적 혁신disruptive innovations*이 나타나 고객의 가치를 다른 방향으로 돌려놓을 수 있으며, 따라서 그들의 선호도 역시 변할 수 있다. 이런 사실이 의미하는 것은 브랜드는 무형적 가치들만으로는 보호될 수 없다는 것이다. 매우 사랑받던 재규어 브랜드Jaguar brand조차도 파산을 피하지 못했고, 포드Ford에 매각됨으로써 오늘날 새로운 부유한 소비자들을 위한 고품질 하이테크 자동차를 만드는 역량을 회복할 수 있었다.

기업 명성과 기업 브랜드

2003년, 전 세계 1위의 지붕창 브랜드로 알려졌던 벨룩스Velux는 기업 브랜드 corporate brand를 만들어야 할 필요성을 깨닫게 되었다. 벨룩스는 전 세계적으로 점점 늘어나는 모방 제품들에 맞서 제품 브랜드만으로 경쟁하는 것이 충분하지 않다고 느꼈다. 게다가 벨룩스의 브랜드 에쿼티는 정체되어 있었다. 어떤 브랜드든 해당 카테고리에서 최초 상기도의 80% 수준에 이르게 되면 그 브랜드의 '정체상태stagnation'의 일부는 천정 효과ceiling effect 때문이다. 즉 더 올라갈 여지가 많지 않은 것이다. 그러나 이 회사는 자신의 브랜드와 고객과의 감성적 유대emotional bonding가 충분히 강하지 않다고 여겼다. 제품 브랜드만으로 이 유대를 향상시킬 수 있을까? 분석 결과는 '브랜드 뒤의 브랜드brand behind brand'를 드러내고, 기업 브랜드를 구축하는 일을 시작할 때라는 것이었다(kapferer, 2000).

오늘날 제품 브랜드를 기반으로 그들의 성공을 이루었던 많은 기업들이 기업 활동, 가치, 사명을 더욱 부각시키고 특정한 부가가치를 널리 확산시키기 위해 기업 브랜드를 창조하기로 결정하고 있다. 유니레버Unilever는 프록터앤갬블 P&G이 아시아에서 했던 것과 같이 기업 가시성corporate visibility 개발에 곧 착

---

* 클레이튼 크리스텐슨Clayton M. Christensen 하버드 비즈니스 스쿨 교수에 의하면 파괴적 혁신 disruptive innovation은 고객들이 기존에 가치를 두었던 차원에서 기존 제품을 개선하는 존속적 혁신sustaining innovation과는 대조적으로 고객들에게 전혀 새로운 차원의 성능을 소개하여 새로운 시장을 창출하는 것이다. — 옮긴이

수해야 할 것이다.

기업 브랜드가 새롭게 브랜드 관리의 주요 화제가 되는 데는 또 다른 이유가 있다. 그것은 명성reputation을 보호하는 문제이다. 기업들은 명성에 매우 민감해 졌다. 지난날에는 기업 이미지가 민감한 사안이었다. 왜 이런 변화가 생긴 것인 가? 이미지(지각)는 글로벌 평가가 이루어지는 토대가 아닌가? '이미지image' 라 는 용어가 이제 그 매력을 잃은 듯하다. 정확하게는 이미지가 나쁜 명성을 얻게 된 듯하다. 마치 이미지가 인공적인 구조물인냥 '이미지 메이커image maker' 들 이 너무 많은 선전을 해왔기 때문이다. 명성은 좀 더 깊이가 있으며, 더 많은 것 들을 포함한다. 명성은 유지될 필요가 있는 시장의 판단이다. 어쨌든 명성은 자 주 사용되는 말이 되었고, 거의 모든 국가들에서 이루어지는 가장 존경받는 기업 들에 관한 연간 조사들에서도 발견되곤 한다. 명성은 비록 기업에 다양한 이해관 계자가 있고, 각각이 (종업원, 공급자, 재무 투자자, 고객으로서) 기업의 각기 다른 단면들에 반응하기는 하지만 사실상 그들 모두가 모든 이해관계자의 기대를 충 족시키는 기업의 글로벌 능력에 민감하다는 신호를 보낸다. 명성은 기업을 전체 로서 다룬다. 명성은 기업의 모든 이해관계자와 모든 기능들을 재통합한다.

명성의 변화는 모든 이해관계자들에게 영향을 미치므로 기업은 자신들의 명성 을 면밀히 관찰하고 관리한다. 폼브런Fombrun은 글로벌한 명성이 6가지 요인 혹 은 기둥들에 기초한다고 분석했다(Fombrun, Gardberg and Sever, 2000).

- 감성적 호소력(믿음, 칭송, 호감)
- 제품과 서비스(품질, 혁신성, 가격대비 가치 등)
- 비전과 리더십
- 작업 환경(잘 관리되는 매력적인 작업장, 종업원의 재능)
- 재무 실적
- 사회적 책임

기업은 많은 투자자들의 지지와 지원 없이는 성장할 수 없으므로 그들 사이에 서 명성 자본reputational capital을 구축해야 한다. 이와 함께 글로벌 명성도 구축해야 하는데, 특수 이해관계자들조차도 기업이 모든 이해관계자들에게 반응적이기를 원하기 때문이다. 명성과 점유율 성과는 서로 연결되어 있다.

이런 명성 컨셉이 발달하게 되면서 기업들은 더 이상 모습을 드러내지 않고, 불투명한 상태로 있을 수 없음을 깨닫게 되었다. 기업들은 명성 자본을 최대화하기 위해 스스로를 그리고 활동들을 가시화하는 일을 해야 한다. 이런 명성 자본은 재무 분석가처럼 말하자면, 기업의 영업권goodwill이라고 할 수 있다. 기업 브랜드는 점점 더 전면에 부각될 것이다. 아트 스폰서십, 재단 설립, 자선 사업, 광고가 그 수단이 될 것이다. 그렇게 해서 기업은 글로벌 타깃들에게 다가가게 된다. 기업 브랜드는 기업을 대신해 이야기하고 기업의 존재를 알린다. 이제 기업들은 또한 'You'(유니레버의 리크루팅 브랜드recruiting brand) 같은 전문화된 기업 브랜드나 전문화된 캠페인(연2회의 투자설명회 같은)을 개발하고 있다.

기업 브랜드는 기업을 대신해 이야기하고, 그 존재와 활동을 알린다는 점에서 새로운 중요성을 갖게 되었다. 사람들은 점점 더 이름들과 명성들, 루머들과 입소문에 반응하게 되었다. 사람들은 더 이상 본사 건물이나 공장을 눈여겨보지 않는다. 때때로 탈지역화된 기업들은 언론, 퍼블리시티, 홍보, 광고, 재무 보고서, 노동조합 보고서, 온갖 종류의 커뮤니케이션, 그리고 제품과 서비스를 통해 그 존재를 알린다. 기업 브랜드와 그 커뮤니케이션을 관리하는 것은 기업의 프로필을 관리하는 것을 의미한다. 그 관리 방식은 특정한 것이 아니다. 그것은 모든 브랜드들이 그러하듯이 아이덴티티에 달려 있으며, 또한 시장에 달려 있다.

그렇다면 기업 브랜드 방식과 제품 브랜드 방식의 차이는 무엇인가? 아무것도 없다. 그러나 우리는 실제로 기업들이 스스로 밖으로 표현하길 원하는 프로필과 관련이 있는 내적 아이덴티티internal identity, 즉 핵심 가치들을 갖고 있다는 사실을 인식해야 있다. 기업corporation, company은 라틴어 'corpus몸'에서 유래된 말로 영혼을 지닌 육신을 의미한다. 제품 브랜드는 상상의 구조물로, 고객의 니즈를 충족시키기 위해 창조되어 온 무형적 가치에 의지한다. 랄프 로렌Ralph Lauren이나 말보로Marlboro의 무형적 가치는 순수한 구조물이다. 그것이 그 기업을 위한 가치와 같을 수는 없다.

두 번째, 브랜드 관리는 아이덴티티와 시장 모두를 지향하므로, 기업 브랜드는 자신의 프로필을 다양한 대중들의 기대에 부합하도록 만들어야 한다. 그 핵심 가치는 이 글로벌 청중들에 맞춰져야 하는데, 이들은 공급업자, 종업원, 투자자로서 그 기업을 상징적인 의미에서 '구매해야buy' 하는 사람들이다. 기업 브랜드에 대한 커뮤니케이션을 통해 그 이름의 명성을 관리하는 것의 목표는 해당 기업을 그들의 첫 번째 선택으로 만드는 것이다.

명성의 재무적 가치라는 매우 뜨거운 주제와 관련하여, 개념적인 구별이 이루어져야 한다. 기업 수준에서 이것은 영업권goodwill(장부 가치book value를 초과하는 주식 가치stock value)이라고 불린다. 현재 이 영업권의 많은 부분이 상업적 브랜드로서 브랜드의 재무적 가치에서 기인한다. 이 재무적 가치는 일반적으로 할인된 현금 흐름 방식discounted cash-flow method으로 측정된다. 이것은 제품 브랜드이든 기업 브랜드이든, 브랜드의 재무적 가치가 예상 매출을 통해서만 추적될 수 있다는 것을 보여준다(17장 참조).

어떻게 기업 브랜드는 제품 브랜드와 관련을 맺는가? 제품 브랜드는 고객의 호의를 형성하고, 성장과 수익을 구축하기 위해 존재한다. 현대의 성숙 시장에서 소비자들은 제품 브랜드와 기업 브랜드를 완전하게 구별하지 않는다. 그렇다면 특히 제품 브랜드들이 기업과 동일한 이름을 공유하거나 기업 브랜드가 가시적으로 제품 브랜드를 보증하는 경우, 기업이 제품 브랜드의 가치평가에 미치는 영향은 무엇인가? 4개의 구조적 관계 유형(독립independence, 엄브렐러umbrella, 보증endorsement, 소스source 또는 하우스 브랜드branded house)를 가진 브랜딩 아키텍처branding architecture의 문제는 12장에서 다루어진다. 그것은 확산 효과spillover effect의 측면에서(Sullivan, 1988) 그리고 제품에 대한 확신 강화의 측면에서(Brown and Dacin, 1997) 전략적인 함의를 갖고 있다.

하지만 기업과 제품 브랜드의 관계가 항상 그런 것만은 아니다. 예를 들어 럭셔리 브랜드의 세계적인 선도 그룹인 LVMH는 여전히 자사의 41개 브랜드의 커뮤니케이션과 마케팅으로부터 분리되어 있다. 그것들은 모두 독립적으로 보인다. GM은 자신의 브랜드들을 보증한다. GM의 자동차 브랜드들 뒤에는 강력하고 존경 받는 기업이 있다. GE는 엄브렐러 전략umbrella strategy을 따른다. GE 캐피털 인베스트먼트GE Capital Investment, GE 메디컬 서비스GE Medical

Services 같은 식이다. 글로벌 커뮤니케이션과 시너지의 세계에서 전통적인 전략은 기업이 자신의 최고 브랜드와 동일한 이름을 사용하는 것이다. 그런 식으로 BSN은 다농Danone이 되었고, 50년 전 도쿄 츠신 코교Tokyo Tsushin Kogyo는 소니Sony가 되었다. 뒤에서 다루겠지만 이렇게 하는 데에는 강력한 혜택이 있다.

캐논Canon, 나이키Nike, 소니Sony, 시티은행Citibank을 이야기할 때는 개념적인 문제가 발생한다. 이들은 기업 브랜드corporate brand인가, 상업적인 브랜드commercial brand인가? 기업과 브랜드가 같은 이름을 공유한다는 점에서 쉽게 단언하기 어렵다. 답은 그것들이 2가지 모두라는 것이다. 그것은 맥락, 목표 그리고 커뮤니케이션 타깃에 달려 있다. 나오미 클라인Naomi Klein은 『노 로고No logo』(1999)라는 책에서 기업으로서 나이키Nike가 자신의 상업적 브랜드의 매력적인 이미지와 스포츠 스타들 뒤에 숨기려고 하는 모든 것(아시아에서의 노동 착취, 개발도상국으로의 제조시설 이전, 비판에 대한 대응의 결여 등)에 대해 비판한다.

일부 기업들은 누가 이야기하는지, 즉 기업인지, 브랜드인지를 분명히 하기 위해 각각의 커뮤니케이션의 소스source에 대한 로고를 차별화하는 방법을 선택해 왔다. 예를 들어, 네슬레Nestle의 기업 로고는 상업적인 브랜드로서 네슬레의 로고와 다르다.

이런 문제는 서비스 기업에서 더욱 심각하다. 바클레이즈 은행Barclay's Bank이나 오렌지Orange를 하나의 브랜드로서 그리고 기업 브랜드로서 구별할 수 있는가? 커뮤니케이션의 목표나 타깃을 살펴보는 것이 도움이 된다 하더라도 양자 모두 동일한 종업원을 공유하기 때문에 문제는 더욱 어려워진다. 이것이 브랜드 얼라인먼트brand alignment*(Ind, 2001)의 이슈가 중요해진 이유이다. 기업은 자신의 브랜드 가치 위에 정렬해야align 한다. 그리고 기업의 전체 비즈니스는 브랜드가 중심이 되어야 한다.

---

* 기업 경영에서 얼라인먼트(정렬)alignment은 기업의 전사차원의 전략과 사업 단위별 전략이 일관성을 갖도록 관리, 조정하는 것을 말한다. 브랜드 얼라인먼트는 기업이 전략적 목표를 달성하기 위해 조직 내부의 필요 요소들(예를 들면 RPV: 자원Resource, 프로세스Process, 가치Values)가 조화를 이루도록 정렬시키는 것이다. ─ 옮긴이

02 브랜딩의 전략적 함의

Strategic Implication of Branding

　많은 기업들이 그들 브랜드의 근본적인 목적을 망각한다. 상당한 관심들이 마케팅 활동 자체에 집중되는데, 여기에는 디자이너, 그래픽 아티스트, 포장과 광고 에이전시 등이 참여한다. 이런 활동은 그 자체가 목적이 되며, 많은 관심을 받는다. 이 과정에서 우리는 그것이 수단에 불과하다는 사실을 잊는다. 브랜딩은 마치 마케팅과 커뮤니케이션 직원들의 독점적 특권처럼 보인다. 이 때문에 성공적인 브랜딩 정책과 비즈니스 성장을 보장하는 데 있어 기업 내부에 있는 다른 부서들의 역할이 과소평가된다.

　하지만 우리가 지금 필수불가결한 것으로 여기는 마케팅 단계는 기업의 자원과 모든 부서들을 불러모으고, 그것들을 하나의 전략적 의도, 즉 차이difference를 만드는 것에 집중시키는 과정의 최종적 단계이다. 부가가치의 모든 내부적 원천들을 동원함으로써만 기업은 경쟁자들로부터 스스로를 차별화할 수 있다.

브랜딩의 진정한 의미는 무엇인가?

브랜딩이란 단지 브랜드 네임을 부여하고 바깥 세계에 그 제품이나 서비스에 조직의 마크가 찍혀졌음을 알리는 것 이상의 의미를 지닌다. 브랜딩은 기업의 장기적인 관여long-term involvement, 높은 수준의 자원resources 및 기술skill을 요구한다.

브랜딩은 제품 카테고리를 변형시키는 것이다

브랜드는 시장 세분화와 제품 차별화 전략의 직접적인 결과이다. 기업들이 특정 소비자들의 기대를 더 잘 충족시키려고 함에 따라 그들은 이들 소비자들에게 지속적이고 반복적으로 유형적이며 무형적인, 기능적이며 오락적인, 가시적이며 비가시적인 속성들의 이상적인 결합을 실행 가능한 경제적 조건 하에서 제공하는 데 집중한다. 기업들은 다양한 영역들에 그들의 마크를 찍고, 그들의 제품에 표시를 남기기를 원한다. '브랜드'란 말이 원래 가축에 대한 소유권을 주장하기 위해 그것의 가죽에 낙인을 찍는 행위를 가리킨다는 것은 전혀 놀라운 일이 아니다. 브랜드 분석의 첫 번째 과제는 브랜드가 제품이나 서비스에 무엇을 주입하는지 그리고 브랜드가 어떻게 그것들을 변화시키는지를 정확히 정의하는 것이다.

- 어떤 속성이 나타나는가?
- 어떤 우위점이 창출되는가?
- 어떤 혜택이 발생하는가?
- 어떤 이상을 대변하는가?

이런 심충적인 브랜드 컨셉의 의미는 종종 잊혀지고 의도적으로 생략되기도 한다. 이 때문에 일부 유통업체들은 단지 그 이름에만 부가가치가 있는 많은 제조업체 브랜드에 대해 비판하면서 "우리에게 브랜드는 부차적인 것입니다. 제품 위에 무언가를 덧붙일 필요가 없어요."라고 말한다. 따라서 브랜드는 패키지 외관이나 라벨로 축소된다. 그러나 브랜딩은 어떤 것 위에 있는 것이 아니라 그 안에 있는 것이다. 그렇게 풍부해진 제품이나 서비스가 잠재 고객에게 발견되려면 그리고 기업이 다른 기업들에게 모방되기 전에 그 전략에서 혜택을 얻으려 한다면 눈에 잘 띄어야 한다.

더욱이, 라벨 없는 제품delabelled product이 상표 없는 제품generic product보다 더 값어치가 있다는 사실은 브랜딩에 관한 이런 이해를 뒷받침한다. '브랜드는 단지 겉면의 라벨이다brand is just a superficial label'라는 이론에 따르면, 라벨 없는 제품은 그것이 더 이상 브랜드 네임을 달지 않을 때, (제품이 브랜드를 그 안에 계속 담고 있는 것이 아니라면) 가정상 값어치가 없는 것이 된다. 시간이 지나면서 브랜드는 이 이론을 근본적으로 바꾸어 놓았다. '라코스테Lacoste' 라벨이 없는 라코스테 제품의 가치value, '아디다스Adidas' 라벨이 없는 아디다스 제품의 가치를 생각해보라. 그것들은 모조품들보다 훨씬 더 값어치가 있다. 왜냐하면 브랜드가 보이지 않아도 여전히 그 안에 존재하기 때문이다. 반대로 모조품에 있는 그 브랜드는 눈에 보일지라도 사실상 없는 것이나 마찬가지이다. 이는 모조품들이 아주 싼값에 팔리는 이유이다.

어떤 브랜드는 제품 카테고리의 변형이라는 그들의 기본적인 과제를 잘 알고, 이해하고 있음을 슬로건을 통해 성공적으로 전달한다. 브랜드는 단순히 시장에서 활동할 뿐 아니라 비전vision과 소명calling 그리고 어떤 카테고리가 되어야 하는지에 관한 명확한 아이디어를 가지고 그 시장을 조직하기도 한다. 너무 많은 브랜드들이 그 제품 카테고리와 완전히 동일시되기를 바라며, 그렇게 해서 그 카테고리를 통제하고 싶어 한다. 사실상 그런 브랜드들은 종종 그 안에서 사라져버리는 결말을 맞기도 한다. 폴라로이드Polaroid, 제록스Xerox, 캐디Caddy, 스카치Scotch, 크리넥스Cleenex는 이제 제네릭 용어가 되어버렸다.

브랜드는 그 목적에 따라 스스로를 설정한다. 카테고리를 변형시킨다는 것은 제품에 자신의 개별적인separate 아이덴티티를 부여하는 것을 의미한다. 제품이 '명백할transparent' 때는 브랜드가 약해진다. 예를 들어, '최초의 저온 압착 그리스산 올리브유'라는 표현은 그 제품을 명백하고, 거의 완전히 정의되고 그리고 그러한 유일한 속성들로 요약되게 만든다. 그러나 그런 종류의 오일을 마케팅할 수 있는 브랜드는 수십 개가 넘는다.

비포장 상품bulk에서 포장 상품으로의 이동은 또한 이런 현상의 징후이다. 진공포장 신선 식품 브랜드가 약한 이유 중 하나는 비록 그 포장이 소비자를 안심시키려는 의도로 디자인되었으지라도 제품을 더욱 명백하게 만든다는 것이다. 확실히, 핀두스Findus와 아이에그스Eggs, 호세스Hoses는 단순히 그들 제품을 단순히 보여주는 것이 아니라 아주 잘 보이게 한다.

이는 에실러Essilor 브랜드가 소비자들에게 약하게 지각되는 구조적인 요인이기도 하다. 소비자들은 광학 렌즈의 세계적 리더인 에실러가 그 제품이나 부가가치를 어떻게 변형시키는지에 대해 지각하지 않는다. 소비자들에게 렌즈는 단지 렌즈일 뿐이다. 부가가치는 오직 안경테 스타일이나 서비스에 의해서 창조되는 것처럼 보이는데, 둘 다 쉽게 지각된다. 보이지 않는 것은 지각될 수 없으며 그러므로 소비자들의 눈에도 존재하지 않는다.

그러나 에비앙Evian의 예는 명백한 제품을 명백하지 않게 만드는 것이 가능하다는 것을 우리에게 상기시켜준다. 주요 미네랄워터 브랜드들은 그들이 보이지 않는 것을 보여주었기 때문에 존재하고, 성장하고, 번영할 수 있었다. 우리는 더 이상 우리가 마실 물을 함부로 선택할 수 없다. 건강함과 순수함은 에비앙Evian과, 체력은 콘트렉스Contrex와, 활력은 비텔Vittel과 연관되어 있다. 이런 다양한 포지셔닝은 물에 포함된 보이지 않는 성분의 차이로 설명된다.

일반적으로 말해서, 제품 성분의 복잡성을 증가시키는 어떤 것은 그 제품에 대한 거리감이 형성하는 데 일조한다. 이런 측면에서, 코카콜라가 그 맛의 비결을 공개하지 않는 것은 올바른 일이다. 오랑지나Orangina를 페르노-리카Pernod-Ricard가 인수했을 때 오랑지나의 원액은 좀 더 복잡한 무언가와 재배합되었다. 세계적인 그룹 다농Danone의 전직 CEO인 앙뜨완느 리부Antoine Riboud는 '내가 만드는 것은 요구르트가 아니라 다농입니다.'라고 말하면서 비슷한 생각을 표출하기도 했다.

브랜드는 장기적인 비전이다
브랜드는 반드시 그 제품 카테고리에 대한 자신만의 명확한 관점을 지녀야 한다. 메이저 브랜드들은 시장에서 특정한 또는 지배적인 포지션 이상의 것을 갖고 있다. 즉 그들은 제품 카테고리에서 어떤 포지션을 점하고 있다. 이런 포지션과 사고conception은 브랜드에 활력을 불어넣고, 브랜드의 제품을 그 이상과 일치시키기 위해 시행되는 변경에 힘을 불어넣는다. 브랜드의 존재, 즉 시장에서 브랜드가 존재하는 이유를 정당화하고, 브랜드에 그것의 라이프사이클을 위한 가이드라인을 제공하는 것이 바로 이러한 사고이다.

오늘날 얼마나 많은 브랜드들이 "우리가 존재하지 않았다면 시장은 무엇을 결여하고 있을 것인가?"라는 결정적 질문에 대답할 수 있을까? 기업의 궁극적 목표는 의심할 바 없이 수익과 고용 창출이다. 그러나 브랜드의 목적은 다르다. 브랜드 전략은 너무나 자주 기업 전략으로 오인된다. 기업 전략은 대부분 '고객 만족도를 높인다' 와 같은 진부한 문구로 귀결된다. 브랜드 목적을 구체적으로 제시하는 것은 곧 브랜드의 절대적 필요성, 즉 '존재 이유raison d'etre' 를 정의하는 것이다. 브랜드 목적이라는 개념notion은 대부분의 마케팅 교재에 빠져 있다. 그것은 최근의 아이디어이고, 브랜드에 대한 새로운 사고conception를 전달한다.

파워가 있는 곳에는 에너지가 있다. 브랜드는 당연히 그 힘strength을 기업의 재무적, 인적 수단들로부터 끌어오지만, 그 에너지는 특정 니치niche, 비전vision 그리고 이상ideals으로부터 얻는다. 브랜드가 강렬한 내부적 필요성에 의해 주도된다는 느낌이 없다면 리더십을 위한 잠재력을 가질 수 없을 것이다. 브랜드 이미지라는 분석적인 개념notion은 현대 브랜드 관리에서 요구되는 이런 역동적 차원을 명확히 포착하지 못한다.

그에 따라 많은 은행들이 '고객들과 가깝고', '현대적이고', '탁월한 제품과 고객 서비스를 제공한다' 는 이미지를 내세운다. 물론 이런 특성들은 시장의 반응과 고객 만족도를 측정하는 시장 연구자들에게는 유용하다. 그러나 그런 특성들은 도대체 어떤 역동적 프로그램으로부터 나오고, 어떤 비전을 구체화하는가?

일부 은행들은 자신들의 목적이 무엇인지 구체적으로 제시한다. 즉, 어떤 은행들에게 그것은 '사람들의 돈에 대한 관계를 변화시키는 것' 인 반면 다른 은행들에게 그것은 '돈이 단순히 개인적 발전을 위한 수단임을 우리에게 상기시키는 것' 이다. 몇몇 은행은 최근 그들만의 존재 이유를 재정의하는 작업을 해왔다. 나머지 은행들도 머지않아 그렇게 해야 할 것이다. 돈에 관한 아멕스Amex의 비전이 비자Visa의 비전과 같을 수는 없다.

무엇보다도 멀티 세그먼트 브랜드들multi-segment brand은 그들 자신의 목적을 다시 결정할 필요가 있다. 자동차가 그 전형적인 예이다. 멀티 세그먼트 브랜드는 모든 시장 세그먼트를 커버하기를 원한다. 각 자동차 모델은 다양한 버전들로 확장함으로써 이론적으로는 잠재 고객의 수를 극대화한다. 문제는 각 세그먼트(최저, 중저, 중상, 상위 계열)의 핵심 기준을 계속 만족시키기 위해 수많은 다양한 버전들을 만들어내야 하고 그리고 모두를 기쁘게 하려면 한 모델의 과도한 전형화를 피해야 하기 때문에 자동차 회사들이 카멜레온 브랜드chameleon brand를 창조하는 경향이 있다는 사실이다. 자동차 보닛 위의 심벌이나 디자인의 유사성을 떠나서, 우리는 이러한 자동차들의 사고conception에서 기업의 창조적이고 생산적인 힘들을 안내하는 전반적인 계획을 더 이상 지각하지 않는다. 그래서 경쟁자들은 가격이나 그 가격에 제공되는 옵션으로 싸움을 하게 된다. 그것들은 더 이상 브랜드가 아닌, 보닛이나 딜러의 사무실 벽에 붙은 단순한 이름이 되었다. 그 말은 그 진정한 의미를 잃어버렸다. 오펠Opel이나 포드Ford가 의미하는 것이 무엇인가?

브랜드의 제품들을 통합하는 것은 그들의 상표나 일반적인 외적 표시가 아니라 그들의 '종교religion'이다. 즉 어떤 공통된 정신과 비전 그리고 이상들이 그 브랜드에 구현되어 있는가이다.

메이저 브랜드들은 피라미드에 비유될 수 있다(그림 2.1 참조). 가장 윗부분에는 브랜드의 비전과 목적, 즉 자동차에 대한 브랜드의 사고conception(이를테면, 브랜드가 창출하고자 하는 자동차 유형에 대한 아이디어)가 자리한다. 그 다음엔 슬로건으로 표현될 수 있거나 혹은 표현될 수 없는 브랜드 자신만의 가치가 온다. 그 다음 수준은 일반적인 브랜드 커뮤니케이션의 스타일을 보여준다. 실제로 브랜드 개성brand personality과 스타일style은 단어보다는 존재나 커뮤니케이션의 방식에 의해서 더 잘 전달된다. 이런 코드들codes은 크리에이티브 팀의 변덕스러운 영감에 전적으로 의존해서는 안 된다. 그것들은 브랜드의 독특한 캐릭터를 반영하도록 정의되어야 한다.

그 다음 수준은 브랜드의 전략적인 이미지 특성들을 나타낸다. 4가지나 5가지

| 그림 2.1 | 브랜드 시스템

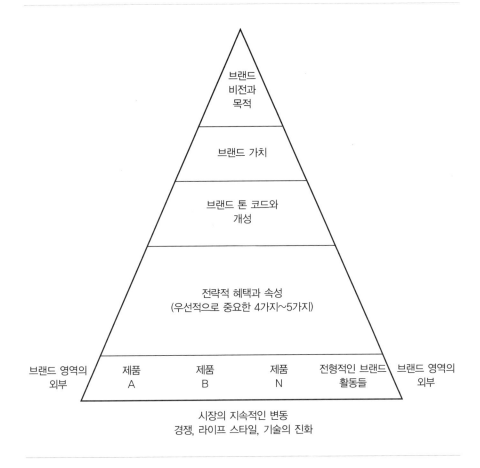

로 집약되는 이런 속성들은 전반적인 비전에서 나오며, 브랜드 제품, 커뮤니케이션, 행동들로 구체화된다. 예를 들어, 이것은 볼보Volvo의 포지셔닝에 대해 안전하고 신뢰할 수 있고, 튼튼한 브랜드라고 말하거나 BMW에 대해 역동적이면서 품격 있는 브랜드라고 말한다. 마지막으로 피라미드 가장 아래, 제품 수준은 각각의 세그먼트에 있는 각 모델들의 포지셔닝으로 구성된다.

문제는 소비자들이 피라미드를 아래에서 위로 본다는 것이다. 그들은 실질적이고 유형적인 것에서 출발한다. 피라미드의 토대가 넓을수록 소비자들은 그 모든 차들이 과연 동일한 자동차 컨셉으로부터 나온 것인지, 즉 그것들이 같은 브랜드 에센스를 갖고 있고 같은 자동차 프로젝트의 표식을 지니고 있는지를 더 의심하게 된다. 브랜드 관리는 이 경우에 있어, 자동차가 언제 그 브랜드 네임을 달 자격이 되는지 그리고 언제 더 이상 자격이 안 되는지를 결정하기 위해 피라미드의 꼭대기에서 출발하여 자동차가 그 브랜드로 인식되는 방식을 정의하는 것이다. 자격이 안 될 경우 그 자동차는 논리적으로 더 이상 브랜드 네임을 달지 않아야 하고 그것의 브랜드 영역에서 빠져나와야 한다.

자동차 역사는 위대한 성공 이후 쓰디쓴 실패들로 점철되어 있기 때문에 메이저 멀티 세그먼트 브랜드들은 정기적으로 자신들의 비전에 대해 질문을 던진다. 푸조Peugeot는 대대적으로 히트를 쳤던 모델 205와 405 이후 605의 실패와 106, 306의 저조한 판매로 인해 대내외적으로 동요가 있었다. 그 당시 "푸조가 여전히 푸조인가?"라는 기본적인 질문이 던져졌다. 그 질문에 답하는 것은 "그것이 푸조입니다It's a Peugeot."라는 선언의 장기적 의미, 즉 그 브랜드의 오래 지속되는 자동차 컨셉을 재정의하는 것을 의미했다.

브랜드 아이덴티티에 대한 내부적인 우유부단함은 슬로건을 만들 때 종종 나타난다. 이제는 '자동차 정신'과 같이 뻔하고 아무 의미없는 슬로건을 만드는 트랜드는 사라졌다. 이런 슬로건은 그 브랜드의 자동차가 갖는 이상에 관해 우리에게 말해주는 것이 아무것도 없으며 발명가나 창조자, 개발자들이 안락성과 주행성, 공기 저항성과 견고한 느낌 등의 상호 배타적인 특성들 사이에서 구체적인 선택을 하는 데 아무런 도움도 주지 못한다.

끊임없이 차이를 강화하라

우리 시대는 일시적인 우위의 시대이다. 각기 다른 브랜드의 일부 제품들은 아무런 차이가 없다는 주장이 나오고 있다. 어떤 이들은 브랜드가 차별화되지 않는 제품들로 넘쳐나는 시장에서 '허세bluff', 즉 눈에 띄기 위해 사용되는 속임수에 지나지 않는다고 결론짓기도 한다.

이런 견해는 시간 요인time factor과 역동적인 경쟁의 법칙을 고려하지 못한 것

| 그림 2.2 | 브랜드 관리의 주기

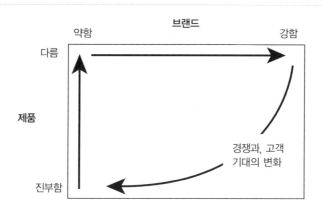

이다. 브랜드는 그들이 창조해 시장에 내놓은 신제품을 통해 관심을 끈다. 모방을 낳지 않는 브랜드 혁신은 없다. 일단 진보가 이루어지면 곧 그것은 소비자에게 익숙한 기준이 된다. 그러므로 경쟁 브랜드는 시장의 기대에 부합하려면 스스로 그런 진보를 받아들여야만 한다. 따라서 혁신적인 브랜드는 쉽게 무너질 수 있는 독점을 잠시 동안만 누릴 수 있을 뿐이며, 그 혁신이 특허받지 않았거나 받을 수 없다면 곧바로 도전받게 되어 있다. 브랜드 네임의 역할은 정확히 그런 혁신을 보호하는 것이다. 즉 브랜드 네임은 자신이 창조하는 새로운 세그먼트의 원형prototype이 됨으로써 정신적 특허mental patent의 역할을 한다. 이것이 시장 개척자가 갖는 우위점이다.

만약 시장에 대한 스냅 사진이 유사한 제품들을 보여준다면 그 시장에 대한 역동적인 관점은 누가 처음으로 혁신했는지, 그리고 누가 단순히 리더를 따라갔는지를 차례로 보여준다. 브랜드는 혁신가가 위험을 감수한 것에 대한 금전적 독점권을 부여하고 보상함으로써 그들을 보호한다. 그리고 이런 금전적 차이의 누적은 브랜드의 의미와 목적을 드러내고, 그것의 경제적 기능, 즉 가격 프리미엄을 정당화한다.

그러므로 브랜드는 제품에 있는 기호, 즉 단순히 분장용 그래픽 터치로 축소될 수 없다. 브랜드는 오늘의 신제품 A, 내일의 신제품 B와 C, 이렇게 계속해서 신

제품을 만들어내는 창조적 과정을 주도한다. 제품은 생명을 가지고 태어나 살다가 사라지지만 브랜드는 영속적이다. 브랜드에 의미와 목적, 내용과 속성을 제공하는 것은 이런 창조적 과정의 영속적인 요인들이다. 브랜드는 혁신의 축적이 의미와 목적을 낳도록 하게 위해 시간을 필요로 한다.

그림 2.2에서 볼 수 있는 것처럼 브랜드 관리는 제품 차별화와 브랜드 이미지 차별화가 번갈아 일어난다. 그 전형적인 예가 소니Sony이다. 소니의 광고는 혁신이 존재하는 때에는 그 혁신에 초점을 맞추고, 그 사이에는 브랜드 이미지에 초점을 맞춘다.

최초로 무엇을 하느냐가 가장 중요하다

브랜드는 사실상 유전자 프로그램genetic program으로서 기능한다. 최초로 이루어지는 것은 시장의 지각에 오랫동안 지속되는 영향을 미친다. 사실 브랜드를 재활성화하는 것은 종종 브랜드에서 망각된 유전자 프로그램을 재확인하는 것에서 시작된다.

표 2.1은 브랜드가 어떻게 구축되고, 고객의 기억에 장기적인 영향을 미치며, 차례로 고객의 기대와 태도 그리고 만족의 정도에 영향을 주는지를 보여준다.

브랜드 라이프사이클에서 초기의 행동들은 비록 망각된다 할지라도 매우 구조적인 영향력을 갖는다. 사실상 그 행동들은 브랜드 X나 브랜드 Y를 가리키는 이 새로운 단어의 최초이자 지속적인 의미를 주조한다. 한번 인식이 되고 나면 이런 의미는 더욱 강화되어 장기 기억 속에 저장된다. 그리고 선택적 관심, 선택적 지각 그리고 선택적 기억이라는 수많은 선택적 과정들이 그 의미를 강화한다.

이것은 왜 브랜드 이미지를 바꾸기가 어려운가를 말해준다. 브랜드 이미지는 빠르게 굳는 콘크리트처럼 작용한다.

이 과정은 여러 가지 중요한 관리상의 결과들을 갖는다. 다른 나라들로 진출할 때 그 나라들에서는 그것을 재생산한다. 장기적인 관점에서 창출하고자 하는 이

| 표 2.1 | 유전자 프로그램으로서 브랜드

초기 구축 행동(과거)	기억(현재)	기대(미래)
최초 제품	브랜드 원형	미래를 위한 적법한 확장
최초 유통경로	관련된 혜택	(신규 제품들의 다른 분야들)
최초 포지셔닝	브랜드 아이덴티티	
최초 캠페인		
최초 이벤트		
최초 CEO		
기업 비전과 가치		

미지와 관련하여 출시될 제품들을 정의하는 것이 무엇보다 중요하다. 그것들은 너무나 자주, 잘 팔릴 것이라는 이유만으로 로컬 에이전트local agents에 의해 선택된다. 제품들은 비즈니스를 구축하고, 브랜드를 구축하는 2가지 일을 모두 해야 한다. 브랜드 관리는 장기적인 효과를 단기적인 의사결정의 타당성을 평가하는 기준으로 도입한다.

새로운 세대들은 다른 시점에서 그 브랜드를 발견한다. 어떤 사람은 포드Ford를 모델 T를 통해 발견하고, 다른 사람들은 무스탕Mustang이나 몬데오Mondeo, 포커스Focus를 통해 발견한다. 브랜드 이미지가 세대마다 다르다는 것은 전혀 놀랄 일이 아니다.

기억 요인은 또한 개개인의 선호가 오랫동안 지속되는 이유를 부분적으로 설명한다. 즉 한 세대를 놓고 볼 때 사람들은 심지어 20년이 지난 후에도 자신이 7세~18세에 좋아했던 브랜드를 여전히 선호한다는 것이다(Guest, 1964; Fry et al, 1973; Jacoby and Chestnut, 1978).

브랜드가 오랫동안 지속되고 안정적인 준거로서 역할을 할 수 있는 것은 그것이 정확히 제품들의 기억이기 때문이다. 마지막으로 보게 되는 메시지가 유일하게 기억되고 가장 잘 회상되는 광고와는 달리 브랜드의 최초 행동과 메시지는 가장 깊은 인상을 남기며 그에 따라 장기적인 지각을 형성한다. 이런 관점에서 브랜드는 인지적인 여과 장치cognitive filter를 만들어낸다. 그리하여 거슬리고 예외적인 측면들은 비전형적인 것으로 간주되어 결국 제외되고 기억에서 사라진다.

비전형적인 제품atypical products으로의 브랜드 확장의 실패가 기업에 대한 투자자들의 신뢰를 동요시키기는 하지만 결국 브랜드에는 해를 끼치지 않는 이유가 바로 이것이다(Loken and Roedder-John, 1993). 향수 분야에서의 빅Bic의 실패가 좋은 예가 된다. 소비자들에게 지각되는 바에 의하면 향수 제조는 빅이 가진 노하우의 전형이 아니다. 그러나 볼펜, 라이터 그리고 면도기 매출은 꾸준한 상승세를 보였다.

비전형적이고 어울리지 않는 구성요소들을 제거한 브랜드는 사람들의 지각에 지속성과 일관성이라는 환상을 부여함으로써 선택적 기억selective memory으로서 역할을 한다. 브랜드가 자신의 제품보다 덜 탄력적인 이유가 바로 여기에 있다. 한번 형성된 브랜드는 빠르게 굳는 콘크리트처럼 바꾸기가 쉽지 않다. 따라서 브랜드 플랫폼brand platform*을 정의하는 것은 결정적 중요성을 갖는다. 창조하고자 하는 브랜드 의미가 무엇인가?

브랜드는 제품의 기억이자 미래이다. 유전자 프로그램과의 유추는 브랜드가 어떻게 기능하고 관리되어야 하는지를 이해하는 데 있어 중심적이다. 실제로 발전하는 브랜드 기억brand memory은 모든 미래의 진화, 즉 앞으로 나올 모델들의 특징과 그 모델들의 공통 특성들뿐만 아니라 그들의 다양한 개성들을 뛰어넘는 가족 유사성family resemblance에 대한 프로그램을 가지고 있다. 브랜드의 프로그램을 이해함으로써 우리는 그것의 합법적 영역뿐만 아니라 브랜드에 처음으로 생명을 준 제품을 넘어 성장할 수 있는 영역까지 밝혀낼 수 있다. 브랜드의 기초를 이루는 프로그램은 예전 제품과 미래 제품 모두의 목적과 의미를 나타낸다. 그러면 어떻게 이런 프로그램을 확인할 수 있는가?

만약 이런 프로그램이 존재한다면, 그것은 브랜드의 기초 행위, 즉 브랜드가 생겨난 이후부터의 제품, 커뮤니케이션 그리고 가장 중요한 활동들을 분석함으

---

* 브랜드 플랫폼은 브랜드가 추구하는 가치관이자 세계관으로서 브랜드의 존재이유를 함축적으로 명문화한 브랜드 가치체계brand value system이다. 브랜드 플랫폼은 기본적으로 브랜드 비전brand vision, 브랜드 미션brand mission, 브랜드 개성brand personality, 브랜드 포지셔닝brand positioning의 4단계로 개발되기도 하고, 브랜드 비전, 브랜드 미션, 브랜드 밸류brand value의 3단계로 개발되기도 한다. ─ 옮긴이

로써 밝혀질 수 있다. 어떤 지침이나 잠재적인 영속성이 존재한다면, 그것은 반드시 드러나야 한다. 브랜드 아이덴티티에 관한 연구조사는 2가지 목적을 가진다. 하나는 가장 전형적인 브랜드의 생산물production을 분석하는 것이며, 다른 하나는 반응, 즉 시장에서 되돌아오는 이미지를 분석하는 것이다. 이미지는 실제로 기억 그 자체이기 때문에 매우 안정적이며, 그래서 단기간에 수정하기 쉽지 않다. 이런 안정성은 위에서 서술한 선택적 지각selective perception의 결과이다. 이미지는 또한 소비재의 과잉 공급 속에서 소비자들을 인도하는 장기간 지속되는 준거들을 형성하는 기능을 갖고 있다. 기업이 자신의 아이덴티티, 즉 그것만으로도 구매자들을 매료시켜 왔던 아이덴티티를 버리지 말아야 하는 이유이다. 고객 충성도는 최초에 구매자들을 유혹했던 브랜드 특징들을 중시함으로써 창출된다. 만약 제품이 활기를 잃거나 약해지고 또는 투자가 부족하다는 인상을 주며, 더 이상 고객의 기대에 미치지 못하면 소비자의 기대치를 변화시키기보다는 그 기대에 다시 부응할 수 있도록 노력하는 것이 더 나은 방법이다. 고객 충성도를 형성하고 그것을 이용하기 위해 브랜드는 스스로에게 충실해야 한다. 이것을 미래로의 귀환이라고 부른다.

과거를 탐구하고, 브랜드의 기초가 되는 프로그램을 추적하는 것은 미래를 무시하는 것이 아니다. 반대로 그것은 브랜드에 기원, 합법성, 영속성 등을 부여함으로써 더 나은 미래를 준비하는 방법이다. 실수는 브랜드를 미이라처럼 보존하고, 폭스바겐 비틀VW Beetle이나 다른 복고적 혁신들retro-innovation처럼 그것이 과거에 만들었던 것을 현재에 단순히 반복하는 것이다. 경쟁자와 맞서 싸우려면 브랜드의 제품들은 항상 본질적으로 자신의 시대에, 자신만의 방식으로 속해 있어야 한다. 버버리Burberrys나 헬레나 루빈스타인Helena Rubenstein을 재활성화하는 것은 그들을 현대성과 연결시키는 것이지, 과거의 화려함을 좇아 그들을 미이라로 만드는 것이 아니다.

브랜드는 계약이다

브랜드는 지속성과 그 가치 제안의 반복을 통해서만 신뢰를 얻게 된다. 시간이 지나면서 브랜드는 문서로 작성되지 않았지만 가장 효력 있는 준계약이 된다. 이 계약은 쌍방을 묶는다. 브랜드는 그 아이덴티티를 유지하면서도 그 적실성 relevance을 지속적으로 향상시켜야 한다. 브랜드는 그 자신과 사명 그리고 그 고객에 충실해야 한다. 각각의 브랜드는 그 가치와 포지셔닝을 자유롭게 선택할 수 있다. 하지만 일단 선택되고 광고되고 나면 그것들은 고객 만족의 벤치마크 benchmark가 된다. 고객 만족의 가장 중요한 결정요인이 고객의 기대치와 경험 사이의 차이gap라는 것은 잘 알려져 있다. 브랜드의 포지셔닝은 이런 기대치들을 설정한다.

반면에 고객들은 그런 브랜드에 충성해야 한다.

이런 상호 구속mutual commitment은 일시적으로 인기가 떨어진 제품 브랜드가 사라지지는 않는 이유를 설명한다. 브랜드는 장기간에 걸쳐 판단된다. 제품의 결점은 늘 발생하기 마련인 것이다. 브랜드 지원은 제품들에 만회할 수 있는 기회를 제공한다. 이것이 사실이 아니라면 재규어Jaguar는 오래전에 사라졌을 것이다. 다른 모든 브랜드들도 1970년대 품질 저하로 인한 불리한 결과를 견뎌내지 못했을 것이다. 바로 이것이 앞에서 언급한 자본화capitalisation와 특허 효과 patent effect 이외에 브랜드가 기업에 가져다주는 혜택 가운데 하나를 설명하는 좋은 예이다.

브랜드 계약은 법적인 것이 아니라 경제적인 것이다. 이런 관점에서 브랜드는 품질인증이나 보증서 같은 품질 표시와는 다르다. 품질인증은 높은 수준의 품질을 보증하고 유사 제품과 구별하기 위해 (공공기관, 생산자, 그리고 소비자들이 공동으로) 미리 정의해 놓은 일련의 특성들을 제품이 만족시키는지를 공식적으로 그리고 법적으로 입증하는 것이다. 품질인증은 제품이 일정 조건을 만족시켰을 경우에 한해 그 제품을 인정하는 인증기관에서 관리하는 집합적 브랜드collective brand라고 볼 수 있다. 그러므로 그런 인증은 결정적인 것이 될 수 없으며 (ISO처럼) 철회될 수도 있다.

브랜드는 제품이 일련의 특성들을 만족시키는지를 법적으로 증명하지 않는다. 그러나 그런 특성들에 대한 지속적이고 반복적인 경험을 통해 브랜드는 결국 품질인증과 같은 작용을 하게 된다.

계약은 제약constraints을 의미한다. 브랜드 계약은 무엇보다도 연구개발, 생산, 절차, 물류, 마케팅, 재무 등 조직의 다양한 기능들이 모두 하나로 수렴한다converge고 가정한다. 서비스 브랜드의 경우도 마찬가지이다. 이 경우에 연구개발과 생산 측면은 분명 연관성이 없지만 브랜드의 연속성과 응집성cohesion을 보장하는 책임이 고객 관계에서 핵심적인 역할을 하는 관리자와 직원들에게 돌아간다.

브랜드 계약은 외부적 마케팅뿐만 아니라 내부적 마케팅도 필요로 한다. 품질인증과는 달리 브랜드는 자체적으로 끊임없이 높아져가는 기준을 설정한다. 그러므로 브랜드는 이런 기준을 충족시켜야 할 뿐만 아니라 계속적으로 그들의 제품을 향상시키는 노력을 기울여야 한다. 그렇게 함으로써 브랜드는 제품들이 기술적 변화를 따라잡기를 원하는 고객의 기대를 충족시킬 수 있을 것이다. 또한 브랜드가 하나의 세그먼트, 가치 또는 혜택의 원형prototype이 되려면 스스로를 외부 세계에 커뮤니케이션하고 알려야 한다. 이것은 브랜드에게 외로운 작업일 수 있지만 브랜드가 무엇으로도 대체될 수 없는 특별한 존재가 되기 위해서는 그것을 해야만 한다. 브랜드는 자신의 모든 내부적, 외부적 비용 모두를 자체적으로 지원해야 한다. 이 비용들은 다음과 같은 브랜드 요구에 의해 발생된다.

- 잠재 고객의 니즈와 기대를 자세히 예측해야 한다. 이것은 시장 조사의 목적이다. 즉 현재의 제품을 최적화하고, 아직 충족되지 않은 니즈와 기대를 발견하는 것이다.
- 비용과 성과 모두에서 경쟁력을 창출하기 위해 전문적이고 기술적인 진보에 즉각 대응해야 한다.
- 제품(혹은 서비스)의 물량과 품질 모두를 동시에 제공해야 한다. 이런 2가지가 반복구매를 유도하는 유일한 수단이기 때문이다.
- 공급의 양과 품질을 통제해야 한다.

- 제품이나 서비스를 중개업자들(유통업체)에게 시간이 지나도 일관되게 그리고 운송, 포장 그리고 전반적 조건들에 있어 그들의 요구사항에 맞게 전달해야 한다.
- 브랜드에 의미를 부여하고 그런 의미를 목표 시장에 전달해야 한다. 그렇게 함으로써 브랜드를 제품(혹은 서비스)의 아이덴티티와 독점성에 대한 신호와 준거로 사용한다. 광고 예산은 바로 이를 위한 것이다.
- 소비나 상호작용의 경험적 보상을 증가시켜야 한다.
- 윤리적이고 생태학적인 자각을 유지해야 한다.

따라서 강력한 브랜드들은 내적 동원mobilisation과 외적 연합federalisation을 가져온다. 강력한 브랜드는 기업의 위엄과 기세를 창조한다. 이는 몇몇 기업들이 자신의 이름을 가장 인기 있는 브랜드star brands로 대체하는 이유이다. 그래서 BSN은 다농Danone이 되었고, CGE는 알카텔Alcatel이 되었다. 이런 측면에서 강력한 브랜드의 영향은 대부분의 기업 전략들보다 훨씬 더 지속적이고 광범위하다. 기업 전략들은 만들어지는 동안에만 지속되며, 그 이후에는 사라지거나 건물 복도에 걸린 형식적 문구(예를 들어, '최고를 향한 열정')로 끝나곤 한다.

브랜드가 하나의 계약임을 인식하는 것은 또한 매우 빈번하게 무시되는 많은 다른 책임들을 떠맡는다는 것을 의미한다. 패션 시장에서 브랜드 창조자가 브랜드에 변화를 주고 싶어도, 그들은 브랜드가 처음으로 알려지고, 인정받고, 결국 사랑받도록 도와준 브랜드 계약을 전적으로 무시할 수는 없다. 그것을 잊는다는 것은 국제적인 브랜드 관리에서 심각한 문제를 일으킬 수 있다. 왜냐하면 동일한 브랜드라도 국가마다 지각하는 방식이 다르기 때문이다. 유럽에서는 랄프 로렌의 폴로Polo by Ralph Lauren는 보스턴 상류층 학생 스타일의 전형이다. 한편 미국에서 랄프 로렌 브랜드는 그 이전 제품 스타일과 전혀 다른 사파리Safari 향수를 출시하여 그 이미지에 중대한 변화를 가져왔다.

이론적으로, 브랜드의 슬로건slogan과 시그너처signature는 브랜드 계약을 구체화하도록 되어 있다. 그로 인해 좋은 슬로건이 종종 고위 관리자에 의해 거부되기도 하는데, 그것이 기업 입장에서 너무나 과도한 약속을 의미하고, 제품이나 서비스가 브랜드가 만들어낸 기대치에 부합하지 못한다면 오히려 반발을 불러일으킬 수 있기 때문이다. 많은 경우에 브랜드는 단지 이름으로만 간주된다. 이것은 일부 혁신 제품 위원회 회의들에서 분명하게 나타난다. 그곳에서 신 제품들은 포트폴리오의 각기 다른 브랜드들에 수없이 재배치된다. 브랜드 네임은 어떤 차이도 만들지 않는 것으로 지각된다. 브랜드를 진지하게 있는 그대로 즉, 계약으로 받아들이는 것은 상당히 까다로운 일이다. 그것은 또한 더 높은 수익을 제공하는 것이기도 하다.

제품과 브랜드

브랜드의 이론화가 시작된 이후로 브랜드가 제품과 갖는 관계에 관한 많은 논의가 있었다. 그 두 컨셉은 어떻게 다른가? 그 둘은 어떻게 서로 관계를 맺는가? 한편으로 많은 CEO들은 직원들에게 훌륭한 제품 없이는 브랜드도 없다고 반복해서 말한다. 이는 직원들의 혁신성을 자극하고 제품을 브랜드 경쟁력의 가장 중요한 레버prime lever로 생각하도록 만들기 위해서이다. 다른 한편으로는 시장 리더가 반드시 최고 제품은 아니라는 많은 증거들이 존재한다. 한 카테고리에서 '최고 제품best product' 이 된다는 것은 큰 세그먼트가 거의 존재하지 않는 프리미엄 층에서 경쟁한다는 것을 의미한다.

세탁 세제 카테고리에서 타이드Tide, 아리엘Ariel, 스킵Skip 같은 시장 리더들은 분명 강력한 세탁 성능을 갖고 있다. 그러나 다른 경우에 시장 리더는 가장 뛰어난 품질 대비 가격 비율을 갖는 브랜드이다. 델Dell이 적절한 예가 될 수 있다. 델의 컴퓨터가 최고 제품인가? 분명 아니다. 그러나 누가 진정으로 '최고의 컴퓨터' 를 필요로 하는가? 그 평가 기준이 무엇인가? '최고' 라는 것은 상대적인 컨셉으로, 비교를 하고 '최고' 를 가려내는 데 사용되는 가치 기준에 달려 있다. 사실상 컴퓨터 시장은 세분화되어 있다. 상당수의 대중들은 현대적이고 신뢰할 수 있으면서, 값싼 컴퓨터를 원한다. 델Dell은 주문 제작 비즈니스 모델로 혁신을 이루고, 그 세그먼트의 리더가 될 수 있었다. 델은 인텔과의 공동 브랜딩(Intel inside)

으로 소비자를 안심시키고 놀라운 가격과 일대일 주문제작으로 그들을 놀라게 한다. 개개인이 자신만의 컴퓨터를 갖게 하는 것이다.

스와치Swatch는 최고의 시계인가? 역시 아니다. 그러나 어떤 경우에도 스와치 구매자들은 그와 같은 의문을 갖지 않는다. 그들은 편리함과 스타일을 구매하는 것이지, 그것이 무엇을 의미하든 간에 오래 지속되는 탁월한 '성능'을 바라는 것이 아니다.

이제 브랜드와 제품의 관계를 좀 더 깊이 살펴볼 때이다. 재무와 회계는 브랜드가 조건적 자산conditional asset임을 우리에게 상기시킨다. 브랜드는 오직 제품이나 서비스와 결합되어 있을 때만 미래 현금 흐름을 만들어낼 수 있다. 이름과 그것의 정신적 연상, 감정을 현금 흐름으로 전환하는 제품이나 서비스 없이는 어떤 브랜드 가치평가도 있을 수 없다.

역사를 들여다보면, 대부분의 브랜드들이 그 경쟁자들을 압도하는 제품이나 서비스 혁신으로부터 발생한 것임을 알 수 있다. 우수한 제품은 출시 캠페인의 결정적인 요인이었다. 시간이 지나 제품 이름이 하나의 브랜드로 발전함에 따라, 비록 현실에서는 새로운 경쟁자에 의해 대등한 성능의 제품이 나온다 하더라도 소비자의 구매 이유는 여전히 그 브랜드의 '우수한 성능 이미지'일 수 있다.

이것은 폭스바겐Volkswagen의 리더십과 가격 프리미엄의 기초가 되어 왔다. 다수의 소비자들은 폭스바겐의 자동차가 가장 믿을 수 있는 차라는 믿음을 갖고 있다. 새로운 골프 파이브Golf Five(최초의 골프Golf 모델이 나온 지 30년이 흐른 2003년 9월 출시되었다)는 유럽의 두 경쟁 모델인 푸조 307과 르노 메간Renault Megane보다 10% 비쌌다. 이러한 품질 명성은 골프나 폭스바겐 모두에게 결정적으로 중요하다. 이 골프 모델은 폭스바겐 매출의 28%, 영업 이익의 거의 절반을 차지해 왔다. 골프 4의 매출이 12개월 사이 17.9%가 떨어졌을 때 폭스바겐의 영업 이익 역시 56%가 떨어졌다.

모든 성능 시험과 정비소 수리 기록이 설명해주듯이 폭스바겐의 품질은 이제 다른 경쟁사의 품질과 대등하거나 추월당하기까지 한 수준이다. 그러나 구매자에게는 지각이 곧 현실이다. 브랜드 자산brand assets은 사람들이 믿는 것을 바탕으로 만들어진다. 루머의 경우 더 많은 사람들이 그것을 믿을수록 그 믿음은 더

| 그림 2.3 | 제품과 브랜드

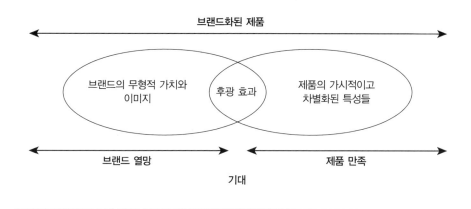

욱 강력해진다(Kapferer, 2004). 왜 그렇게 많은 사람들이 잘못된 믿음을 갖게 되는가? 도요타Toyota가 폭스바겐이 가장 믿을 만한 차라는 미국 소비자들의 믿음을 흔들어놓는데만도 20년이 걸렸다. 신뢰를 얻는 데는 시간이 필요한 것이다. 때때로 열린 마음을 지닌 새로운 세대 운전자들을 목표로 삼는 것이 빠른 길이 되기도 한다.

경쟁 행동들을 살펴보면, 브랜드들이 그들의 초점을 교대로 바꾸는 것처럼 보인다. 브랜드들은 자신의 이미지를 활용하고, 그런 다음 제품 우월성의 믿음을 재창조하거나 강화하기 위해 혁신하고, 그런 다음 다시 그 이미지를 재활용한다(그림 2.2). 소니의 광고는 이런 진자 행동pendulum behavior의 전형적인 예이다. 소니Sony는 신제품 광고와 특정 제품에 관한 내용이 포함되지 않는 순수한 이미지 광고를 교대로 내보낸다. 이런 이미지 광고는 브랜드 현저성saliency을 유지한다(Ehrenberg et al, 2002).

그림 2.3은 제품과 브랜드의 관계를 간략하게 보여준다.

한 소비자가 자신의 넷째 아이의 출산을 맞아 새 차를 구입하고 싶어 한다고 가정해보자. 이런 중요한 사건은 유형, 무형의 새로운 기대들을 형성한다. 이 소비자는 2개의 슬라이딩 도어와 효율성 높은 실내공간 그리고 믿을 만하고 확실한 브랜드를 가진 미니밴을 사고 싶어 한다. 인터넷 사이트와 잡지를 살펴보거나 판매상을 찾아가서 원하는 가시적 속성들(크기, 효율성, 슬라이딩도어)을 갖춘 모델을 확인하는 것이 가능하다. 그렇다면 경험적인 것이라든가(운전의 즐거움) 신뢰성처럼 눈에 보이지 않는 속성들은 어떻게 확인해야 하는가? 분명 이런 속성들은 브랜드의 명성 자본reputational capital에 속하기도 하고 속하지 않기도 한다. 그것들은 관찰될 수 없다. 여기에 바로 브랜드의 핵심 역할 중 하나가 있다. 그것은 브랜드 포지셔닝이라고도 불리는 브랜드의 독점적 강점exclusive strength을 구성하는 바람직한 혜택에 관해 소비자들을 안심시키고 보증하는 것이다.

심리학자들은 또한 후광효과halo effect를 브랜드에 의해 창조되는 가치의 주요 원천으로 본다. 즉 브랜드의 네임을 알고 있다는 사실이 비가시적인 우위점들invisible advantages은 말할 것도 없고, 가시적인 단서들visible cues이 나타내는 것 이상으로 제품 우위점에 관한 소비자들의 지각에 영향을 미친다.

마지막으로, 브랜드에 덧붙여진 완전히 무형적인 연상들이 존재하는데 이들은 브랜드의 가치, 비전, 철학, 브랜드의 전형적인 구매자, 브랜드 개성 등에서 연유하는 것이다. 이런 연상들은 제품 만족을 넘어 감정적 유대의 원천이 된다. 실제로 자동차 산업에서 이런 연상들은 브랜드를 소유하고자 하는 소비자 욕망의 중심에 있다. 몇몇 브랜드는 적정 가격에 좋은 제품을 팔기는 하지만 전율thrill이나 열망desire이 결여되어 있다. 이 브랜드들은 자신의 세그먼트에서 가격 프리미엄을 획득할 수 없다. 이 브랜드의 딜러들은 (브랜드 가치와 비즈니스 수익성을 떨어뜨리는) 더 많은 리베이트를 제공해야 할 것이다.

그림 2.3은 우리에게 브랜드의 이중적인 성질을 상기시킨다. 사람들은 브랜드화된 제품이나 서비스를 구매하지만 브랜딩이 마케팅을 대신하는 것은 아니다. 브랜딩과 마케팅 모두가 필요하다. 마케팅은 특정 소비자 세그먼트의 니즈를 예측하는 것을 목표로 하고, 조직으로 하여금 제품과 서비스를 소비자 니즈에 맞추도록 이끈다. 이것은 하나의 기술이다. 즉, 일부 자동차 브랜드는 슬라이딩 도어가 있는 미니밴을 제공하지만 일부는 그렇지 않다. 그러나 기꺼이 그 값을 지불하고자 하는 용의는 브랜드와의 개인적인 유대에 기초한다. 브랜드에 관여되어 있지 않은 소비자들은 많은 액수를 깎으려 할 것이지만 관여되어 있는 소비자들은 적은 액수만을 깎으려 할 것이다. 브랜드 이미지는 수익성과 직결되어 있다.

유럽에 있는 자동차 브랜드들의 이미지를 측정하는 유로모니터Euromonitor의 자동차 브랜드 추적연구에 의하면, 글로벌 의견 척도에서 한 단위의 긍정적인 변화는 고객들이 가격을 1% 덜 깍으려 한다는 것을 의미한다고 한다.

각각의 브랜드는
플래그십 제품이 필요하다

브랜드는 경쟁 브랜드들이 내놓는 유사 제품들로 위태롭게 되지는 않을 것이다. 현실적으로 어떤 모델들은 다른 브랜드의 제품 라인에서 복제되는 것을 피할 수 없다. A라는 브랜드는 내구성을, B라는 브랜드는 실용성을 그리고 C라는 브랜드는 혁신을 추구한다고 가정하자. 각 브랜드의 정신sprit은 브랜드 의미를 가장 잘 대표하거나 가장 전형적인 특정 제품에서 특별히 두드러질 것이다. 이 제품들이 브랜드의 '원형' 제품이다. 따라서 각 제품 계열range은 브랜드의 중심 가치와 집념obsession을 나타내는 제품, 즉 브랜드의 의미와 목적을 위한 플래그십flagship을 가지고 있어야 한다. 예를 들어 시트로엥Citroen은 그 최고급 차종으로, 니나리치Nina Ricci는 매혹적인 이브닝 가운으로, 라코스테Lacoste는 셔츠로, 소니Sony는 워크맨Walkman과 디지털 포켓 카메라로 가장 잘 대표된다.

그러나 특정 제품 라인 내에는 브랜드의 의도와 속성을 명확하게 표현하지 못하는 몇몇 제품들이 있다. 텔레비전 산업에서 저가 제품 경우 비용 제약으로 인해 경쟁 모델과 근본적으로 다른 모델을 생산하는 것은 상당히 어렵다. 그러나 경제적인 이유로, 브랜드들은 때때로 이런 규모가 크고 고도로 경쟁적인 시장에 참여하도록 강요받는다. 이와 마찬가지로 은행들은 다른 모든 은행들과 동일한 예금 상품을 제공해야만 했다. 그럼에도 이 모든 유사 제품들은 단지 각 브랜드 오퍼offer의 한정된 측면을 나타내야 한다(그림 2.4). 대체적으로 각 브랜드는 독자적인 제품들을 만들기 위해 초점을 유지하고 자신만의 방향으로 나아간다. 그와 같은 제품들에 대한 커뮤니케이션 작업이 너무도 중요한 이유는 그것들이 브랜드의 의미와 목적을 드러내기 때문이다.

|그림 2.4 | 브랜드들간의 제품 라인 중첩

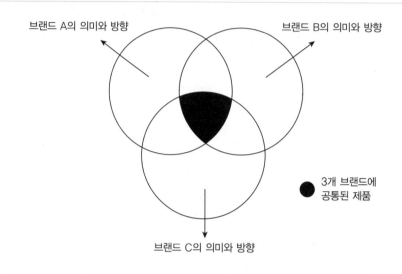

브랜드 A의 의미와 방향

브랜드 B의 의미와 방향

3개 브랜드에
공통된 제품

브랜드 C의 의미와 방향

동일 그룹 내에 있는 브랜드들이 너무 많이 중첩되는 경우, 문제가 발생한다. 한 브랜드가 자신의 아이덴티티를 주장하는 것asserting을 다른 브랜드가 방해하는 것이다. 푸조Peugeot와 시트로엥Citroen이 동일한 자동차 엔진을 사용하는 것은 '역동적인 자동차dynamic car' 이미지를 굳힌 푸조Peugeot에게 피해를 준다. 여러 개의 브랜드가 같은 제품을 파는 경우, 브랜드는 제 스스로 풍자만화가 될 수 있다. 르노Renault의 에스파스Espace나 크라이슬러Chrysler의 보이저Voyager와 경쟁하기 위해 푸조Peugeot나 시트로엥Citroen, 피아트Fiat나 란시아Lancia, 어느 브랜드도 자체 공장을 세우는 경제적 위험을 감수할 수 없었다. 포드Ford나 폭스바겐Volkswagen도 마찬가지였다. 하나의 단일한 미니밴을 푸조, 시트로엥, 피아트, 란시아가 만들었다.

이와 비슷하게, 포르투갈에 있는 포드와 폭스바겐의 합작 공장은 공동의 자동차를 생산하기 위해 세워졌다. 그러나 그 결과 공동의 자동차를 생산하는 과정에서 브랜드가 단순히 외부 부품 정도로 축소되었다. 아이덴티티 메시지는 단순히 껍데기가 되었다. 그래서 각각의 브랜드는 쉽게 눈에 띄기 위해 그것의 외관을 과장할 수밖에 없었다.

브랜드 프리즘을 통한 제품 광고

제품은 말이 없다. 그러나 브랜드는 우리에게 제품을 어떻게 읽어야 하는지를 이야기하며 제품에 의미와 목적을 부여한다. 브랜드는 제품이 해독되는 프리즘이자 확대경이다. BMW는 자신의 모델을 '남성의 즐거움을 위한 차cars for man's pleasure'로 소비자에게 각인시킨다. 한편 브랜드는 제품에 대한 소비자의 지각을 안내한다. 반면 제품은 브랜드가 자신의 아이덴티티를 보증하고 구축하기 위해 사용하는 신호signal를 돌려 보낸다. 대부분의 기술 혁신이 빠르게 모든 브랜드로 확산되는 자동차 산업이 좋은 예이다. ABS(anti-lock brake system)는 볼보Volvo뿐만 아니라 BMW에서도 제공하지만 그들이 똑같은 아이덴티티를 공유하고 있다고 말할 수는 없다. 이것은 브랜드 비일관성brand inconsistency의 경우인가? 절대로 아니다. ABS(anti-lock brake system)가 모든 차들이 갖추어야 하는 필수품이 된 것이다.

그러나 브랜드는 그 아이덴티티의 원천이자 반영인 장기적인 일관성을 통해서만 발전할 수 있다. 그러므로 같은 ABS라도 2개의 다른 자동차 메이커에게 동일한 의미를 지니는 것은 아니다. 종합적인 안전성total safty을 전형으로 하는 볼보Volvo의 경우 ABS는 브랜드의 가치와 집념을 실현하기 위한 필수 요소로서 그 브랜드의 본질을 집약한다. 고성능을 상징하는 BMW는 이런 관점에서 ABS를 설명할 수 없다. 그것은 전체 조직에 영감을 불어넣고 그 유명한 뮤니크Munich 브랜드의 모델들을 탄생시킨 BMW 이념과 가치 체계를 부정하는 것과 같기 때문이다. BMW는 ABS를 더 빨리 달릴 수 있는 방법으로 소개했다. 그렇다면 안전을 중요시하는 브랜드인 볼보는 자신이 유럽의 레저카 챔피언십에 참가하는 것을 어떻게 정당화했는가? 볼보는 다음과 같이 선전했다. "우리는 정말로 우리 제품들이 더 오래 갈 수 있다는 것을 시험하는 것입니다."

푸조Peugeot, 시트로엥Citroen, 피아트Fiat, 란시아Lancia가 공동으로 만든 미니밴은 각 브랜드에 하나의 과제를 안겨 주었는데, 바로 각 브랜드의 고유한 가치와 그것의 연관성을 강화하는 일이었다. 시트로엥의 가치는 상상과 탈출이고, 푸조는 안정된 주행과 신용, 란시아는 고품격과 세련됨, 그리고 피아트는 실용성이

|그림 2.5 | 브랜드는 혁신에 의미와 목적을 부여한다

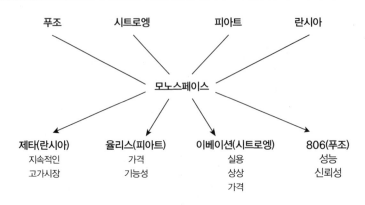

다(그림 2.5).

　그래서 브랜드 아이덴티티는 결코 지엽적 요소로부터 나오는 것은 아니다. 하지만 지엽적 요소가 포괄적인 전략을 표현하는 역할을 할 수는 있다. 지엽적 요소는 브랜드 아이덴티티와 시너지 효과가 있고 브랜드 가치를 전파하고 확대시킬 때만 브랜드 아이덴티티에 영향을 미칠 수 있다. 약한 브랜드들이 그들의 혁신을 이용하는 데 성공하지 못하는 것은 브랜드의 의미를 강화하지도, 무엇보다도 중요한 공감resonance을 창조하지도 못하기 때문이다.

　따라서 브랜드는 소비자가 제품을 해독하도록 도와주는 프리즘prism이다. 그것은 그 브랜드 네임을 지닌 제품으로부터 무엇을 얼마만큼 기대할 수 있는지를 정의한다. 예를 들면 피아트Fiat에게 매우 독창적으로 여겨지는 혁신이 포드Ford에게는 일반적인 것으로 여겨질 수 있다. 불충분한 엔진 파워는 많은 자동차 브랜드들에게는 거의 문제가 되지 않을지라도 푸조Peugeot에게는 큰 문제가 될 수 있다. 그것은 푸조의 뿌리 깊은 아이덴티티를 부정하고, 지금까지의 기대를 무너뜨린다. 그것은 푸조의 브랜드 의무brand obligation라고 불릴 수 있는 것에 부합하지 않는다.

　사실 소비자들이 혁신을 별도로 평가하는 일은 드물며, 특정 브랜드와 관련하여 평가한다. 일단 브랜드가 특정 포지셔닝이나 의미를 선택하게 되면, 그것이

의미하는 모든 것들을 책임져야 하며 약속을 이행해야 한다. 브랜드는 소비자들을 끌어당김으로써 자신이 성공할 수 있게 한 계약을 존중해야 한다. 그것은 그들의 의무이다.

브랜드와 품질에 대한 다른 표시들

브랜드는 많은 부문에서 다른 품질 기호들quality signs과 공존한다. 식품 산업을 예로 들면 브랜드뿐만 아니라 품질 인증, 규정준수 인증, 원산지 인증, 그리고 보증으로 가득 차 있다. 이런 기호들의 확산은 2가지 목적의 결과이다. 바로 판촉promote과 보호protect이다.

원산지 인증(예를 들어 진품 스카치위스키)은 농업 분야와 그 품질이 특정 지역과 노하우와 깊은 관련이 있는 제품들을 보호하기 위한 것이다. 원산지 인증은 신비스러움과 그 지역 특유의 캐릭터에 대한 암시와 함께 품질에 관한 주관적이고 문화적인 인식을 이용한다. 그것은 특정 지역에서 생산되지 않았거나 전통적인 방법으로 재배되지 않은 제품에는 원산지 인증을 주지 않음으로써 시장을 세분화한다. 그래서 유럽에서는 2003년부터 그리스산 치즈만이 페타치즈Feta cheese라는 이름을 갖게 되었다. 덴마크나 프랑스 치즈 메이커들이 그리스 이외의 지역에서 전통적인 방식으로 '페타' 치즈를 생산했다하더라도, 이 제품들은 더 이상 '페타' 라는 이름을 사용할 수 없다.

품질 인증은 프로모션 수단이다. 그것은 품질에 대한 다른 컨셉을 전달하는데, 산업적이면서 과학적인 면이 강하다. 이런 측면에서, 예를 들면 어떤 유형의 치즈는 특수 박테리아와 혼합된 특정 우유의 사용과 같은 객관적 노하우를 갖고 있다. 품질 인증은 각기 다른 수준의 객관적 품질들로 이루어진 수직적 세분화를 창조한다. 여기서 주요 문제는 전형적 특징을 제시하는 것이라기보다는 엄격한 객관적 기준들을 만족시키는 것이다.

원산지 인증에 의한 전형성의 법적 보증은 그 제품이 어디에서 왔는지를 나타내는 라벨label, 즉 단순한 원산지의 표시 그 이상의 것을 의미한다. 라벨은 자연적 또는 사회적인 특수성을 암시하지 않는다. 비록 그것이 구매자들로 하여금 그런 특수성이 있다고 오해하게 만들 수는 있어도 말이다. 더 나아가, 몇몇 현대 치즈 메이커들은 진짜와 가짜를 교묘히 섞은 다음 자신들의 신제품에 시골풍의 이미지를 심어주기 위해 마을이나 장소가 연상되는 이국적인 이름을 갖다 붙인다.

'광우병 위기'를 겪는 동안 40%나 떨어진 소고기 소비량을 회복하기 위해 유럽 국가들이 어떻게 소비자들을 안심시키려고 했는지를 보는 것도 흥미로운 일이다.

- 유럽연합 규정상 불법이지만 그들은 국가를 가리키는 원산지 표시를 다시 채택했다(예를 들면 프랑스산 소고기). 그러나 이것은 소비자들을 안심시키는 데 충분하지 못했다. 곧 프랑스 소가 그 지역 풀뿐만 아니라 영국으로부터 수입된 오염된 유기 추출물을 먹었을 것이라는 소문이 퍼졌기 때문이다.
- 원산지 인증(예를 들어 샤롤레 소고기Charollais beef)은 전형성을 부가하지만 100% 안전한 소고기라는 보증은 할 수 없다.
- 품질 인증은 존재하지 않았지만 생겨날 수밖에 없었다. 그러나 그것을 알리는 데는 여러 해가 걸린다. 소를 사육하는 전 과정에 대한 충분한 감독이 이루어지지 않는다면 결과 자체는 보증될 수 없다.
- 광우병 위기는 소고기 브랜드의 필요성을 부각시켰다. 1989년 이후, 초기 경고에 크게 긴장한 맥도날드McDonald's는 실제로 소사육자들의 사육 방법을 일일이 조사해 유럽에서 새로운 공급업자들을 구했다.
- 까르푸Carrefour 같은 소매업체는 농민들과 체결한 서면 계약을 홍보했다.

유럽에서 품질에 관한 공식적인 표시indication가 2010년까지 존재해야 하는가는 심각한 문제이다. 이 문제는 오로지 브랜드만 통용되어야 한다고 믿는 북유럽 국가들(영국, 덴마크 등)과, 브랜드와 함께 품질에 관한 공식적인 공동 표시collective signs가 병행되어야 한다는 입장을 지지하는 남부유럽 국가(프랑스, 스페인, 이태리) 사이에서 여전히 쟁점이 되고 있다(Feral, 1989).

북유럽 국가들은 브랜드 단독으로 시장을 세그먼트하고, 그들의 제품과 유통,

마케팅 노력에 힘입어 브랜드 네임을 중심으로 탁월함excellence의 명성을 구축할 수 있게 해야 한다고 주장한다. 이 국가들은 객관적인 품질의 컨셉을 선호하는 경향이 있다. 즉 그리스산이 선호되는 페타치즈Feta cheese가 네덜란드에서 만들어지거나 스미노프Smirnoff 보드카가 러시아산이나 폴란드산이 아니어도 관계 없다는 것이다.

남부유럽 국가들은 공동 표시가 브랜드가 없는 중소규모 기업들로 하여금 그들의 랭킹이나 전형적 특징을 프로모션 도구로 사용할 수 있게 한다고 믿는다. 그들 제품들은 자명하지 않기 때문에 그들의 시장 포지셔닝은 품질 인증이나 원산지 인증에 의해 보증된다. 분명, 스스로 명성을 축적해 온 브랜드가 공식적인 공동의 품질 표시와 공존해야 하는가에 관한 유럽 국가들의 논쟁 뒤에는 좀 더 근본적인 또 다른 논쟁이 자리 잡고 있다. 바로 자유경제를 지지하는 측과 경제 규제를 위해 정부의 간섭을 지지하는 측 간의 논쟁이다.

기업의 관점에서 보면 브랜드 정책brand policy과 공동 표시collective sign 가운데 하나를 선택하는 일은 전략의 문제이고, 자원 배분의 문제이다.

종종 품질 인증은 지각된 차이를 감소시킨다. 유통업체의 브랜드도 품질 인증을 받을 수 있다. 브랜드는 자신의 기준을 정의한다. 법적으로 브랜드는 아무것도 보증하지 않지만 경험적으로는 속성과 가치들을 전달한다. 그렇게 함으로써 브랜드는 유일한 준거는 아닐지라도 하나의 준거가 되려고 한다(럼rum을 대표하는 바카디Bacardy의 경우처럼). 그래서 본질적으로, 브랜드는 차이를 만들고 아주 적게 공유한다. 브랜드는 제품을 두드러지게 한다. 강력한 브랜드는 가치들을 확산시키고, 자신만의 수단으로 시장을 세분화하는 데 성공한 브랜드이다.

맥도날드McDonald's는 '광우병' 위기에 대처하면서 자신의 브랜드에만 의지해야 하는지 아니면 공동 표시나 원산지 인증에도 의지해야 하는지 고심했다.

실행의 차원에서 브랜드는 단지 광고 행위로 요약되지 않는다. 브랜드는 광고를 통한 아이덴티티 구축뿐만 아니라, 매력적인 가격, 효율적인 유통과 머천다이징 같은 그 브랜드 네임을 지닌 제품의 장기적인 특수성specificities과 관련한 권고recommendation를 포함한다. 중소 기업들의 입장에서는 상당한 재무적, 인적, 기술적, 상업적 자원들을 필요로 하는 브랜드 창조라는 힘겨운 작업을 하기보다는 엄격한 품질 노력을 통해 그 제품들 중 하나에 대해 품질 인증을 획득하는 것이 더 용이하다. 심지어 아이덴티티 없이도 중소 기업들의 제품은 부분적으로는 법적인 품질 표시 덕분에 평범함에서 벗어날 수 있다.

브랜딩의 장애물

기업 내에서 브랜드 정책은 다른 정책들과 종종 마찰을 일으키기도 한다. 이런 정책들이 문서화되지 않고 암묵적이어서 해가 없는 것처럼 보일 수 있지만 사실상 진정한 브랜드 정책에 장애가 된다.

현재의 기업 회계corporate accounting는 브랜드에 불리하다. 회계는 신중의 원칙에 의해 결정된다. 결과적으로, 자본 회수가 불분명한 지출액은 자산으로 평가되기보다는 지출에 포함된다. 일반 대중에게 브랜드 아이덴티티를 알리기 위한 커뮤니케이션에 지출되는 투자도 마찬가지이다. 연간 지출되는 커뮤니케이션 예산 가운데 어느 정도가 그 즉시 혹은 정해진 몇 년 안에 수익을 발생시키는지 정확히 측정하는 것은 불가능하므로 전체 액수가 회계연도의 수익으로부터 차감되는 운영 경비로 간주된다. 그러나 광고는 설비, 인재, 연구개발에 대한 투자와 마찬가지로 브랜드 자본brand capital을 축적하는 데 기여한다. 그러므로 회계는 브랜드 기업들을 불리하게 만드는 편견을 조장한다. 왜냐하면 그 기업들에 대한 과소평가된 이미지를 보여주기 때문이다.

브랜드 네임을 알리고 유명하게 만들기 위해 상당한 투자를 아끼지 않는 A라는 기업을 예로 들어보자. 이런 투자를 지출로 처리해버리는 것은 낮은 연간 수익과 대차대조표에 미미한 자산 가치라는 결과를 낳게 된다. 이런 현상은 대개 기업이 외부 투자가나 은행가들로부터 실질적으로 도움을 받아야 하는 시기, 즉 기업의 성장에 있어 결정적인 시기에 발생한다. 이제 기업 A를 같은 금액을 설비와 생산에만 투자하고 그 이름이나 이미지, 명성 같은 것에는 전혀 투자하지 않는 기업 B와 비교해보자. 이런 유형적인 투자는 고정자산으로 평가되고 시간이 지남에 따라 점차 감가상각되므로 기업 B는 높은 수익을 발표할 수 있게 되고,

더 큰 자산을 자랑하는 대차대조표는 실제보다 과장된 이미지를 보여줄 것이다. 그래서 기업 B는 회계상으로 볼 때 더 나아보일지 모르지만 실제로는 기업 A가 제품 차별화에 있어 더 좋은 포지션에 있다.

연간 회계 원칙 또한 브랜드 정책을 방해한다. 각 제품 관리자는 1년간의 성과와 자신의 제품에서 발생된 순이익으로 평가를 받는다. 이것은 의사결정에 있어 '단기주의'를 가져온다. 즉, 빠르고 측정 가능한 결과를 도출해내는 의사결정이 느리지만 장기적 관점에서 더욱 확실하게 브랜드 자본을 축적하는 의사결정보다 선호된다. 더욱이 제품에 기초한 회계는 제품 관리자가 추가적인 광고 노력을 기울이려는 의지를 좌절시킨다. 그런 노력은 브랜드가 다른 제품들의 엄브렐러 브랜드umbrella brand로 기능할 때 전체로서의 브랜드를 강화하는 데 기여하는 것이다. 그에 따라 관리자들은 오직 한 가지만을 신경 쓰게 된다. 즉, 전체의 이익을 위한 어떤 새로운 지출도 그들 자신의 계산서에 청구될 것이라는 사실이다.

예를 들면 팜올리브Palmolive는 액체 세제, 샴푸, 면도 크림 등 여러 가지 제품을 아우르는 브랜드이다. 팜올리브 브랜드는 그 제품들 중 대표적인 이미지 리더로 선정된 제품만을 커뮤니케이션하기로 결정했다(Balachaner, 2003). 이는 이미지 확산 상호 효과spill-over reciprocal effect를 고려한 것이었다. 그러나 커뮤니케이션 투자 금액은 단순히 그 제품의 예상 매출만으로 정당화되는 금액보다 더 높을 것이다. 이런 새로운 지출은 그 최종 목적이 엄브렐러 브랜드 아래에 있는 모든 제품들이 혜택을 받는 것이라 할지라도, 사실상 항상 그 제품에 부과된다.

대차대조표에서 보여지는 것과 같이 회계 관행에 의해 야기되는 단기적 편견과 (기업) 가치의 평가절하에 대응하기 위해 몇몇 영국 기업들은 자사의 브랜드를 대차대조표에 자산으로 기입하기 시작했다. 이 사건은 자본의 핵심적인 부분이 부동산과 설비로 이루어진 '범용품의 시대'에 생겨난 회계 관행의 근본적인 타당성에 대한 논란을 촉발시켰다. 그와 반대로, 오늘날에는 무형 자산(노하우, 상표권, 명성)이 장기적으로 차이를 만드는 요인이 되고 있다. 브랜드를 어떻게 자본화할 것인가에 대한 공개적 논쟁의 필요성 외에도, 기업들이 회계 장부에서 단기적인 브랜드 의사결정의 장기적인 장단점을 설명할 방법을 찾는 것이 그것만큼이나 중요해졌다. 이는 브랜드 의사결정자들이 너무 자주 바뀌기 때문에 더욱 중요한 문제이다.

다양한 유형의 커뮤니케이션 에이전시들이 조직화되는 방식도 올바른 브랜드 정책의 요건을 따르는 데 실패한다. 비록 광고 에이전시가 근접 마케팅, 고객관계관리CRM, e-비즈니스 등을 담당하는 파트너 업체들과의 네트워크를 갖고 있고, 그래서 통합 커뮤니케이션을 제공할 수 있다고 주장할 수 있을지라도, 네트워크의 문제는 여전히 남아 있다. 더욱이 광고 에이전시들은 오로지 1년 정도의 짧은 시간 틀에서 운영하는 캠페인의 측면에서 생각한다. 브랜드 정책은 다르다. 즉 브랜드 정책은 오랜 시간에 걸쳐 발전하며, 충분히 통합된 방식으로 모든 수단을 동시에 고려해야 할 필요가 있다.

기업들은 단순히 광고나 캠페인에 초점을 맞추기보다는 전략적 사고와 종합적인 제안에 실질적인 책임을 지고 있는 커뮤니케이션 그룹 내의 접촉 대상을 찾기 어렵다. 더욱이 광고 에이전시들은 포트폴리오에서 최적의 브랜드 수는 몇 개인가와 같은 전략적 문제를 다룰 만한 위치에 있지 못하다. 이것은 그들의 광고 책임 하에 있는 브랜드의 생존에 영향을 미치므로 에이전시들은 판사나 배심원과 같은 애매한 위치에 있게 된다. 이런 이유로 전략적 브랜드 경영 컨설팅이라는 새로운 전문직이 생겨났다. 이제는 기업이 진정으로 단 하나의 기법에만 초점을 두지 않고 브랜드 포트폴리오brand portfolio의 개발을 위한 일관되고 통합된 지침을 제공할 수 있는 중기적인 비전을 가진 전문가들과 만날 때이다.

잦은 인사 이동은 브랜드에 필요한 업무의 연속성을 파괴한다. 그러나 오늘날 기업들은 직원들을 주기적으로 서로 다른 브랜드로 순환시키는 실정이다! 그래서 브랜드는 종종 학력은 우수하지만 경험이 없는 젊은이들에게 맡겨진다. 그리고 이들이 기대하는 승진은 종종 또 다른 브랜드의 담당자로 임명되는 것이다! 결국 제품 관리자들은 단기간 내에 가시적 결과를 성취해야 한다. 이는 브랜드 확장이나 프로모션뿐만 아니라 광고 전략과 실행에서 왜 그렇게 많은 변화가 있는지를 설명한다. 즉 인사 변경이 원인인 것이다.

지속적이고 통일된 이미지를 유지해 온 브랜드들이 안정된 브랜드 의사결정자들을 가진 기업에 속해 있다는 것은 매우 의미심장한 사실이다. 럭셔리 브랜드luxury brand가 그 경우인데, 오랜 기간 설립자의 존재가 철저하고 장기적인 관리를 가능하게 한다. 주로 상급 관리자들이 커뮤니케이션을 담당하거나 적어도 최종 의사결정을 하는 메이저 소매업체의 경우도 마찬가지이다. 브랜드 관리자의 과도한 순환보직에 따른 부작용을 완화하는 수단으로 기업들은 브랜드 가치를 그들의 회계에 편입하는 것뿐만 아니라 장기적인 브랜드 이미지 차터brand image charter를 만드는 것을 목표로 삼는다. 이 브랜드 이미지 차터는 필수적인 보호 장치이자 연속성을 위한 도구이다.

때로는 비즈니스 조직 자체가 브랜드 구축의 장애가 되기도 한다. 2001년, 세계적으로 유명한 도시바Toshiba는 그때까지 존재하지 않던 새로운 부회장직을 신설했다. 일명 VP브랜드이다. 의미심장한 것은 연구개발 부서의 기존 VP가 그 자리에 임명되었다는 것이다. 세계 최고의 랩톱 컴퓨터 기업이자 텔레비전과 하이파이, 로우파이 분야의 메이저 기업이 그런 자리를 신설해야 했다는 사실은 채워지지 않은 공백에 대한 강한 인식을 보여주는 것이다. 도시바 제품의 우수성은 두말할 필요가 없다. 이런 우수성이 지금까지 일본 기업들의 주요 성공 비결이었으며 도시바의 경우는 더욱 그러하다. 도시바는 랩톱 컴퓨터 산업과 같은 경쟁이 치열한 분야에서 우월한 포지션을 누리고 있다. 그렇다면 무엇을 놓치고 있었던 것인가?

전 세계에서 실시된 연구들에 따르면 도시바 브랜드에는 그 어떤 '마법'도 존재하지 않는다는 사실이 드러났다. 그것은 종종 자문은 구해도 결코 집으로 초대해 저녁식사를 대접하는 일은 없는 직장 동료에 비유할 수 있다. 도시바는 하나의 단일한 지주single pillar 위에 세워진 브랜드였다. 거기에는 강력하고 합리적인 구성 요소가 있었지만 감정적인 호소를 위한 무형적 가치와 '마법'은 없었다. 간단히 말해 도시바는 소니Sony가 아니었다. 기업은 도시바적 틀mould 안에서 훌륭한 제품과 가격으로 리더가 될 수 있다. 또는 어떤 경쟁자보다 월등하게 효율적인 유통 시스템을 바탕으로 델Dell과 같은 리더가 될 수도 있다. 그러나 경쟁의 효과는 지각된 차이perceived difference를 서서히 침식시키므로 소비자들을 유인하고 그들의 충성을 유지할, 즉 그들을 브랜드의 고객으로 남아 있게 할 다른 수단들이 필요해진다. 이런 욕구는 안심security에 대한 니즈와 무형적인 요인들에 기초한다.

2001년까지 도시바에 브랜드 관리라는 것은 없었다. 그 기업의 조직은 사업 부문별 구조에 바탕을 두고 있었으며, 따라서 브랜드라는 기업 전체의 자원을 책임지는 사람이 아무도 없었다. 의약 부문이 도시바의 한 가지 관점을 가졌다면 컴퓨터 부문이 또 다른 관점을 가지는 식이었다. 사업 부문간의 공동 프로모션 joint promotion은 말할 것도 없고 상호 조율이나 글로벌 브랜드 플랫폼은 존재하지 않았다. (스폰서십 같은) 수평적 이니셔티브 또한 거의 없었다. 로컬 매니저의 대우는 브랜드 에퀴티가 아닌 매출에 따라 결정되었다.

또 다른 증후군은 생산과 판매 간의 관계와 관련 있다. 일렉트로룩스Electrolux 그룹을 예로 들면, 그 생산 부서들은 제품에 따라 특화되어 있다. 멀티 마켓 제품의 생산 부서들은 그 제품을 단일 마켓을 상대로 다양한 제품들을 파는 판매 부서들에 넘긴다. 문제는 각자의 브랜드를 가진 이런 자율적 판매 부서들 모두가 매출을 극대화하기 위해 최신의 혁신 제품으로부터 혜택을 얻기를 원한다는 점이다. 여기에는 브랜드 포트폴리오의 일관되고 글로벌한 비전에 따라 혁신들을 관리하고 할당하는 구조가 결여되어 있다. 나중에 보게 되겠지만 강력한 혁신을 약한 브랜드에 넘기는 것은 아무 의미가 없다. 더욱이 이것은 '차별화'라는 브랜드 컨셉의 기초를 약화시킨다.

마지막으로, 커뮤니케이션 매니저들은 브랜드의 이익에 반하는 행동들을 막을 수 있는 힘을 갖고 있어야 한다. 필립스Philips는 '필립스, 내일이 이미 여기에 있습니다Philips, tomorrow is already here'라는 이전의 브랜드 베이스라인baseline을 충분히 활용하지 못했다. 그렇게 하기 위해서는 그 주장을 평범하게 만들거나, 그것과 모순되거나 또는 그것을 단순한 선전문구로 만들어버리는 전구나 배터리 광고를 금지시키는 것이 필요했다. 오히려 현재 가장 잘 팔리는 전구보다는 미래의 전구에 관해서만 전달하는 것이 나았을 수 있다. 그러나 불행히도, 이 조직 내에는 그런 종류의 제약을 가할 만한 파워나 의지를 가진 사람이 아무도 없었다. 그러나 월풀Whirlpool 브랜드가 등장했을 때 필립스 출신의 관리자들은 진정한 브랜드 정책의 수행에 필요한 조직을 실제로 만들었다. 커뮤니케이션 부서는 일반적인 제품은 물론 심지어 가장 잘 팔리는 주력 제품에 대한 어떤 커뮤니케이션도 3년간 금지시킴으로써 월풀 브랜드의 출시를 위한 최적의 환경을 보장할 수 있었다.

혁신 관리의 실패는 브랜드 에쿼티brand equity에 매우 부정적인 영향을 미친다. 강력한 혁신 제품을 배정받지 못한 판매 부서들이 분개한다 하더라도, 약한 브랜드에 강력한 혁신 제품을 할당하는 것은 잘못이다. 약한 브랜드의 경우에는 유통업체들에게 인센티브로 매력적인 가격 조건을 제시해야 그들의 추천 목록에 포함될 수 있다. 그러나 그러한 브랜드의 구매자들은 이런 혁신 제품을 기대하지 않기 때문에 그 제품의 매출은 기대에 못미친다. 비구매자들의 경우에는 그와 같은 브랜드가 안심이 되지 않는다. 만약 몇 주 후에 그 혁신 제품이 선도 브랜드의 네임을 달고 출시된다면 유통업체들은 그것이 리더 브랜드라고 해도 가격 프리미엄을 지불하려 하지 않을 것이다. 왜냐하면 그들은 불과 얼마 전에도 동일한 기업으로부터 더 낮은 가격에 그 제품을 구매했었기 때문이다. 따라서 강력한 브랜드라 하더라도 판매 가격은 결국 깎이게 되어 있다.

다수의 강력한 브랜드들을 육성해 온 로레알L'Oreal은 브랜드 잠재력brand potency에 따라 다양한 사업체들에 신제품invention을 배분한다. 따라서 혁신 제품은 맨 처음 선택적인 유통경로에서 팔리는 고급 브랜드들prestigious brands에게 맡겨진다. 그런 제품의 높은 가격이 그동안 들어간 높은 시장조사 비용을 만회하는 데 도움이 되기 때문이다. 그에 따라 리포솜liposome은 랑콤Lancome에서, 새로운 자외선 차단제 멕소릴 SX(Mexoryl SX)는 비쉬Vichy에서 처음 상업화되었다. 신제품은 다른 유통 경로들로 확산되며, 결국에는 대형 소매업체에까지 퍼진다. 그때가 되면 선택적인 유통경로의 브랜드는 이미 또 다른 차별화된 신제품을 출시한다.

그러나 이런 과정은 혁신이 어떤 한 기업에 독점적으로 소유되는 것이 아니라는 사실에 영향을 받는다. 혁신은 경쟁사들에게 급속히 퍼지고, 이런 상황은 즉각적인 대응을 필요로 한다. 이것이 바로 플레니튀드Plenitude(하이퍼마켓에 주로 납품하는 브랜드)가 즉각적으로 리포솜liposome을 시장에 내놓은 이유이다. 같은 그룹 안에서 경쟁하는 2개의 브랜드가 동일한 혁신을 공유할 때 그들은 어떻게 해서든지 그 혁신을 각자의 특별한 방식으로 이용해야 한다. 실제로 로레알L'Oreal은 피부과 전문의가 주름을 부드럽게 펴는 데 처방하는 산성 비타민A를 화장품화한 AHAs(alpha hydroxy acids)를 시장에 내놓은 최초의 기업이 아니다. 에스티 로더Estee Lauder가 처음이었다. 로레알은 랑콤 브랜드를 이용해 대응하길 원하지 않았다. 왜냐하면 AHAs는 도전적인 이미지여서 로레알의 스타 브랜드 star brand가 상징하는 부드러움을 표현하지 못한다. 그 대신에 로레알은 비쉬 Vichy 브랜드 네임으로 노박시아Novactia라고 불리는 AHA 버전을 약품 시장에 내놓았다. 비쉬 브랜드 아이덴티티를 유지하면서 새로운 제품의 깨끗함에 메시지를 집중시켰다. 로레알은 동시에 플레니튀드 브랜드 네임으로 AHA 함유 크림을 대형 판매점에 주저 없이 내놓았다. 이것은 어느 정도 비쉬의 독특함을 약화시키기는 했지만 마찬가지로 에스티 로더Lauder도 약화시켰다. 지금까지 보았듯이 경쟁 체계는 브랜드 에쿼티 체계brand equity system에 영향을 미친다.

　같은 맥락에서, 생산자가 자신의 브랜드로 판매하는 동일한 제품을 유통업체 브랜드에 공급하게 되면 그것은 결국 생산자의 브랜드 에쿼티, 더 나아가 그 브랜드 컨셉의 품격을 손상시킬 것이다. 이것은 단순히 소비자가 브랜드에 더 많은 돈을 지불하는 것은 그 이름이지 다른 어느 것도 아니라는 의미이다. 브랜드가 자신이 강화하고 대표하는 제품으로부터 분리되었을 때 그 브랜드는 어떤 합리적인 정당성 없이 단지 피상적이고 인위적인 것이 된다. 기업은 결국에 매출이 감소하면서 그 대가를 치르게 된다. 유통업체들은 그들의 광고에서 내셔널 브랜드national brands들이 소비자들을 소외시키지만 소비자들은 유통업체의 자체 브랜드를 구매함으로써 대항할 수 있다고 주장할 기회를 잡는다. 이것은 또한 유통업체의 자체 브랜드들 사이에서 점차 증가하고 있는 모조품counterfeit products에 대한 정부 당국의 나태함을 정당화한다. 마지막으로, 그런 관행들은 오피니언 리더들에게조차 브랜드가 무엇인가에 관한 잘못된 집단적 이해를 조장하는데, 이는 결국 오늘날 모든 제품이 동일하다는 루머에 기여하는 것이다.

서비스 브랜드

　제품 브랜드와 서비스 브랜드 간에 법적인 차이는 없다. 법적인 것이 아니라 경제적인 구별이 있을 뿐이다. 법은 브랜딩 자체branding per se, 즉 표시signs에 만 초점을 맞추므로 우리가 브랜드와 브랜딩 과정이 어떻게 진행되는지 또는 다 양한 플레이어들 사이에 어떤 특정한 특성들이 있는지를 이해하는 데 큰 도움을 주지 못한다.

서비스 브랜드는 분명 존재한다. 유럽카Europcar, 헤르츠Hertz, 에코Ecco, 맨 파워Manpower, 비자Visa, 클럽 메드Club Med, 메리어트Marriott's, 메르디앙 Meridien, HEC, 하버드Harvard, BT 등이 그런 브랜드이다. 각 브랜드는 무형적 이지만 매우 구체적인 유형의 서비스에 구현된 일단의 특별한 속성들을 대표한 다. 자동차 대여, 컴퓨터 서비스, 여가 활동, 호텔 사업 또는 고등 교육이 그런 서 비스에 속한다. 그러나 일부 서비스 분야는 이제 막 브랜드 시대에 진입한 것처 럼 보인다. 그들은 스스로를 아직 브랜드의 일부로 고려하지 않거나 이제 막 그 들이 브랜드란 사실을 인식하기 시작했다. 이런 발전을 바라보는 것은 매우 흥미 롭다. 왜냐하면 그것은 브랜드 접근이 포함하는 모든 것을 조명하고, 무형의 서 비스에 대한 브랜딩의 특수성을 드러내기 때문이다.

은행 산업이 하나의 좋은 예가 된다. 만약 은행 고객들이 자신들이 알고 있는 은행 브랜드가 무엇인지 질문을 받는다면 그들은 아마도 모르거나 어떻게 답변 해야 할지 이해하지 못할 것이다. 이 고객들은 은행의 이름은 알아도 은행 브랜 드는 모른다. 이것은 매우 중요한 문제이다. 대중에게 그런 이름들은 특정 서비 스를 식별하게 하는 브랜드가 아니라 기업 이름 내지 특정 장소와 연결된 비즈니 스 표시이다.

최근까지도 은행 이름은 고객의 자금을 위탁받은 기업의 소유주(Morgan, Rothschild)나 특정 장소(Citibank) 또는 특정한 고객 그룹을 지칭하는 것이었다. 이름의 축약name contraction은 종종 브랜드 컨셉이 형성되어 있음을 나타내는 표시이기도 하다. 따라서 파리국립은행Banque Nationale de Paris이 BNP가 된 것은 하나의 좋은 예이다. 일부 관찰자들은 이것을 마치 짧은 서명이 서명자를 더 쉽게 확인할 수 있게 하는 것처럼 '말하기 쉬운 것이 기억하기 쉽다'라는 광고 원리에 따라 단지 이름을 단순화하려는 욕구로 간주한다. 그런 축약어들이 효과 가 있는 것은 분명하다. 그러나 그들은 전체 브랜딩 컨셉을 단순히 커뮤니케이션 영역 내에서 단지 쓰고, 인쇄하는 과정의 일부로 축소하는 것처럼 보인다.

이런 은행 이름들이 축약될 때는 단순히 사람이나 장소가 아닌 어떤 관계를 나타낸다. 이런 관계는 가시화되기 위해 특정한 '은행 상품bank products'의 형태를 취할 수 있다. 그러나 이런 가시적이고 모방하기 쉬운 은행 상품들은 그들이 진정한 브랜드를 구축하기로 결정한 이유를 설명하거나 정당화하지 않는다. 이런 은행 상품들은 단지 브랜드의 외적 표현에 불과하다. 은행과 보험회사는 자신들을 차별화하는 핵심 요소가 무엇인지를 이해하고 있다. 그것은 바로 브랜드의 후원 아래 발전하는 고객과 은행원 간의 관계이다.

마지막으로, 제품 브랜드와 대조를 이루는 서비스 브랜드의 한 측면은 서비스가 비가시적invisible이라는 것이다(Levitt, 1981 ; Eiglier and Langeard, 1990). 고객들이나 상담사들을 제외하고, 은행은 무엇을 보여주어야 하는가? 구조적으로, 서비스 브랜드는 쉽게 설명될 수 없다는 핸디캡이 있다. 서비스 브랜드가 슬로건을 사용하는 이유가 여기에 있다. 이는 결코 놀라운 일이 아니다. 슬로건은 구두로 전달되는 것으로 브랜드의 보카치오vocatio, 즉 브랜드의 사명vocation 내지 소명calling이 된다. 슬로건은 내적, 외적 관계에 관한 권고이다. 슬로건을 통해 브랜드는 그 행동지침을 정의내리고, 이런 지침은 고객에게 그것이 위반되었을 때 불만을 표출할 수 있는 권한을 부여한다. 미소 짓는 은행이 되겠다거나 배려하는 은행이 되겠다고 외치는 것만으로는 충분하지 않다. 이런 속성들은 서비스를 제공하는 사람들에 의해 완전히 내면화되어야 한다. 인간이 본질적으로 그리고 어쩔 수 없이 변덕스러운 존재라는 사실은 분명 서비스 산업의 브랜드 접근에 있어 하나의 도전이다.

이는 전 조직이 '브랜드를 실천하기live the brand'로 할 때 브랜드 얼라인먼트brand alignment가 그렇게 중요한 이유이다(Ind, 2001). 브랜드 얼라인먼트는 조직들이 자신을 브랜드로 생각하는 과정이다. 서비스 분야에서 브랜드 경험은 전적으로 고객 접점에서, 고객들이 기업의 직원이나 영업 사원 등과 만나는 곳에서 일어난다. 이것은 시티뱅크Citibank나 HSBC 그리고 스타벅스Starbucks도 마찬가지이다. 또한 델Dell에게도 매우 중요하다. 델은 사실상 컴퓨터 제조업체라기보다 고객의 개별적 니즈를 파악하고 그에 맞춰 제품을 조달하는 하나의 서비스 기업이다. 델에서는 연구개발 투자가 거의 없다. 고객과 그들의 소리를 보다 잘 듣고 반응하기 위해 고객 세그먼트에 따라 기업을 조직화하는 데 모든 노력이 집중된다. 이 과정에서 핵심적인 것은 기계가 아닌 사람이다.

서비스 분야에서 브랜딩은 2가지 인식을 수반한다. 기업 내부에서 직원들은 브랜드 가치를 자신들의 것으로 인식해야만 한다. 즉, 내면화 과정internalisation process이 무엇보다 중요하다. 내면화 과정은 기업 내부의 각 단위에 이런 가치를 설명하고 정당화하는 것을 의미한다. 또한 이런 가치들이 일상적인 행동을 어떻게 변화시킬 수 있는지를 스스로 발견하도록 자극하는 것을 의미한다. 고객의 차원에서 그것은 그들이 이런 가치들을 자신에게 매력적인 것으로 인식하는 것을 의미한다.

간과해서는 안 될 중요한 한 가지가 있다. 서비스 분야에서의 브랜드 관리는 차별화된 경험을 전달하는 것뿐만 아니라 그 결과로 생기는 만족이 바로 그 브랜드에 귀착되게 하는 것을 의미한다. 이는 모든 고객 접점의 디자인이나 브랜딩이 중요한 이유이다. 업무 현장, 콜센터, 웹사이트 등은 모두 브랜드를 따라야 한다. 정문에 로고를 다는 것만으로는 충분하지 않다.

03 Brand and Business Building
브랜드와 비즈니스의 구축

기업들은 어떻게 브랜드와 비즈니스 모두를 성장시킬 수 있는가? 브랜드를 구축하는 데 무엇이 필요한가? 필수적인 단계와 과정은 무엇인가? 이번 장에서는 다양한 노력들의 통합에 특별한 강조를 두면서 이런 질문들을 다룬다. 브랜드 구축은 따로 떨어져 일어나는 것이 아니다. 그것은 분명한 전략과 제품, 가격, 장소, 사람 그리고 커뮤니케이션 수준에서의 훌륭한 실행의 결과이다. 브랜드가 구축되기 이전에 필요조건들이 존재하며, 그것을 이해할 필요가 있다.

브랜드는 모든 기업을 위한 것인가?

브랜드는 그 자체가 목적이 아니다. 브랜드는 기업의 성장과 수익성을 위한 수단, 즉 비즈니스 도구로 관리되어야 한다. 브랜딩은 모든 기업에 영향을 주는가? 그렇다. 모든 기업들이 이런 사실을 인식하는가? 그렇지 않다. 많은 산업재 기업들이나 범용품 판매자에게 있어 브랜드 개념은 대량판매 시장, 대량소비 제품, 그리고 일반소비재 분야에만 적용되는 것이다. 그러나 이것은 잘못된 생각이다.

브랜드는 구매자와 처방자prescriber 모두에게 영향을 미치는 이름이다. 산업 브랜드들은 자신의 시장을 갖고 있다. 에어리퀴드Air Liquide는 기업들을 상대로 영업하고, 솜피Somfy는 원주형 모터를 윈도우 블라인드 업자와 설비공에게 판매한다. BPB(British Plaster Board)와 라파즈Lafarge는 건설 분야의 기업들과 기술자들을 상대로 영업하며, 윌리엄 피터스William Pitters는 좋은 거래 관계로 소매업체 사이에서 유명하다.

그럼에도 불구하고 이 기업들은 다양한 방식으로 브랜드의 영향을 받는다.

- 상장 기업들은 그들의 제품에 관한 확장된 인식을 관리해야만 한다. 그들의 기업 브랜드는 이런 인식을 위한 수단이다. 주식 거래는 예상을 토대로 이루어진다. 정의상, 예상은 합리적이기보다는 감정적인 요인들의 영향을 받을 수 있다. 예를 들어 인터넷 붐, 유로터널 그리고 유로 디즈니Euro Disney를 생각해보라. 수많은 사람들이 '신경제'라고 불리는 신기루, 영국과 유럽의 역사적 연결, 디즈니라는 이름의 가치를 통해 주식을 사도록 설득을 당했다. 기업 브랜드의 가시성visibility과 내용content의 관리는 이제 전략적인 관심사가 되었다.

- 범 세계적 그룹들은 하나의 이름 아래 자사의 로컬 운영자들을 통합하기 위해 범 세계적 차원의 구매자이자 유통업자로의 전환을 완성할 때가 아닌지 스스로에게 질문해야 한다.

- 중국이나 인도 기업들은 저가 제품 공급자라는 현재의 위상에서 벗어나 선진국 시장에서 마진이 큰 세그먼트들의 더 큰 부분을 차지할 방법에 대해 스스로에게 질문해야 한다. 이를 위해서는 글로벌 브랜드가 필요하다.

- 생산자들은 범용화로 위협받는 어떤 영역에서 브랜드가 차별화 요인이 될 수 있는지를 스스로에게 물어야 한다. 이런 이유로, 플라코플라트레Placoplatre 제품 브랜드를 유지하기로 결정한 BPB의 선택은 주목할 만하다. 이 로컬 브랜드는 그 제품 자체와 동의어가 되었으며, 해당 제품 시장에서 선두 자리를 차지하고 있다. 이와 유사하게 에어리퀴드Air Liquide 사가 로레알L'Oreal의 CEO인 린제이 오웬 존스Lindsay Owen-Jones에게 이사회

의 일원이 되어줄 것을 부탁한 일은 매우 흥미롭다. 수백 개의 제품 이름과 그 법적 상표들을 갖고 사업을 해 온 에어리퀴드는 자신이 어떤 진정한 가치를 형성하는 데 실패했음을 깨달았다. 에어리퀴드에게 필요한 것은 로레알과 마찬가지로 몇 개의 메가브랜드mega brand 아래 자신의 하이테크 제품 계열을 재구축하는 일이었다.

- 중간재 생산자들은 그들 고객의 소비자들 사이에서 브랜드 인지도를 확대하는 방식으로 세일즈를 할 때가 아닌지를 스스로에게 질문해야 한다. 세계적인 건설 자재 선두업체인 라파즈Lafarge 사는 일반대중에게 라파즈의 혁신 제품이 가져다 주는 진보에 관한 정보를 제공하는 데 몇 백만 유로를 투자했다. 이는 라파즈 사의 고객사들이 지은 아파트에 살거나 사무실에서 일하는 사람들 사이에서 라파즈 제품에 대한 수요를 이끌어내려는 것이었다. 중간재 업체와 유통업체들과의 관계에서 브랜드는 파워를 갖게 하는 수단이 된다. 또 다른 전형적인 예로 가정용 블라인드와 창문에 쓰이는 모터의 선두기업인 솜피Somfy가 있다. 솜피의 리더십은 인텔Intel, 라이크라Lycra, 울마크Woolmark, 그리고 그 밖의 브랜드들이 성공적으로 했던 것처럼, 주문자상표부착OEM 비즈니스 모델을 변화시키고 최종 사용자에게 브랜드의 초점을 맞춤으로써 얻어질 수 있었다. 솜피의 모터가 제품 원가의 35%를 차지하는 상황에서 그 반값에 중국으로부터 그 부품을 공급받겠다고 위협하는 윈도 블라인드 업자에게 무엇이라고 말하겠는가? 솜피는 단순한 주문자상표부착 업체의 역할로 전락하는 것을 두려워한다. 바로 여기에서 대중을 상대로 한 '솜피 파워Somfy powered' 전략이 출발한다.

많은 기업들은 여전히 성장의 동력으로서 브랜드를 과소평가한다. 인식의 부정적인 영향에 대한 두려움이 그 이유 중 하나이다. 쥘 베른Jules Verne이 언급했을 만큼 오랜 역사를 자랑하는 기업, 뷰로 베리타스Bureau Veritas는 그 이름을 인증의 세계적인 표준으로 만들 것인지를 여전히 결정하지 않고 있다. 그 대신에, BVQI에서 ISO 9000 인증을 수행하며, 아시아에서 제조된 완구는 최근 인수한 기업인 ACTS에서 평가한다.

뷰로 베리타스가 염려하는 것은 매스컴이 대대적으로 다루는 사고accident의 가능성이다. 에리카Erica, 프레스티지Prestige, 아모코 카디즈Amoco Cadiz, 토레이 캐논Torrey Canon을 검사한 책임은 어느 기업에게 있는가? 이 유조선들은 해안이나 암초에서 침몰했을 당시 싣고 있던 유독성 물질을 유출해 생태학적 재앙을 야기했다. 그런 상황에서는 희생양을 찾아야 할 필요성이 생긴다. 그리고 그 선박의 인증자가 이 역할을 해야 한다는 것에는 반박의 여지가 없다. 인증 과정의 목표는 일정한 수의 국제적, 지역적, 또는 국가적 기준들이 검사 당시에 충족되었는지를 확인하는 것이기 때문이다. 사고 전에 수행된 이런 일이 반드시 인증자에게 과실이 있음을 의미하는 것은 아니다. 유추를 하자면, 보증은 제조 과정이 기준에 부합하고 있다면 주어질 수는 있지만, 이것이 그 과정을 통해 제작된 제품을 보증하는 것과는 같지 않다. 이런 미묘한 차이를 매스컴이나 일반 대중 심지어 산업계의 고객들이 이해할 수 있겠는가? 이 높은 수익을 내는 기업의 경영진은 그럴 것이라고 확신하지 않는다.

그러나 이런 전술을 사용함으로써 뷰로 베리타스는 그 명성에 걸맞는 선두 기업이 되는 기회를 잃고 있다. 강력한 로고로 뒷받침되는 '품질 평가의 대명사', 뷰로 베리타스는 ('인텔 인사이드Intel inside'의 예를 따라서) 기업 고객들에게 가치의 대상이 될 잠재력을 가지고 있다.

그 브랜드가 알려질수록 브랜드의 지각된 가치가 높아지기 때문에 공인된 인증 기관을 찾는 기업들에게 뷰로 베리타스는 더 높은 선호의 대상이 될 것이다. 그 브랜드는 그 고객이 입찰에 참가할 수 있게 하고, 고객 자신의 고객에게 안심을 제공할 수 있게 함으로써 고객을 위한 가치를 창출한다. 그 결과는 고객 발굴, 매출, 충성도 구축의 측면에서 명성과 품질의 '선순환virtuous circle'이며, 이는 뷰로 베리타스가 단순히 반응적인 자세에서 적극적인 자세로 옮겨갈 수 있도록 할 것이다.

CGEA 트랜스포트CGEA Transport는 100년간 광고 없이 성장한, 이름조차 발음하기 힘든 알려지지 않은 기업으로 공공 운송 서비스 분야에서 시장 리더가 된 흥미로운 예이다. 그러나 2000년에 이 신중하고 매우 실용적인 기업은 코넥스Connex라는 월드 브랜드를 만들기로 결정했다. 그 동안 CGEA의 타깃은 공공 운송 서비스의 관리를 외부 운영자에게 위탁하려고 하는 도시의 시장이나 시의회였다. CGEA는 그들을 만족시키기 위해 극도의 지역화와 네트워킹에 기초한 비즈니스 모델을 고안했다. 각 도시에서 시 당국과 CGEA를 공동 설립자로 하는 지역 공동 조직이 만들어졌다. CGEA의 핵심 역량은 관리에 있었고, 생산성과 효율성을 가져오는 방법을 알고 있었다. 각 나라에서 CGEA의 핵심 자원은 그것의 네트워킹으로, 입소문과 로비에 의해 영업이 이루어졌다. 이 조직은 여전히 알려지지 않은 채로 수익을 냈다. 버스 노선에 이름이 주어지지만 모두 로컬 브랜드였으며, 거기에다 모두 시 소유였다.

어떻게 변화하는 세계에 적응할 것인가? 더욱 더 많은 도시와 나라들이 공공 서비스로 여겨졌던 몇몇 부문에서 손을 떼기를 원한다. 여기에는 과거의 공산 국가들, 중국 상하이 같은 도시들 그리고 공공 운송 시스템에 대한 규제를 부분적으로 또는 전면 폐지한 나라들(영국에서 브리티시 레일British Rail의 해체와 함께 일어난 것처럼)이 포함된다. CGEA는 기존의 네트워킹 전술이 이런 새로운 국가들이나 시장에서는 소용이 없음을 알았다. 기업은 좀 더 가시화되어야 했다. 곧 브랜드의 중요성이 제기되었다. 이 기업은 기업 브랜드일 뿐만 아니라 커머셜 브랜드가 될 글로벌 브랜드를 채택해 시장 리더로서의 지위를 뒷받침할 필요가 있었다. 그래서 CGEA는 코넥스Connex를 세계 제일의 육상 교통 브랜드로 만들기로 했다.

그 기업은 새로운 환경에 적응하기 위해 자신의 전문 지식이나 노하우는 전과 같더라도 그 비즈니스 모델의 일부를 수정해야 했다. 무엇보다 그것의 익명성 anonymity은 그 기업이 공공 서비스가 민간 운영자에게 할당될 때마다 그 의사결정 과정에 참여하는 드러나지 않은 사람들에게 접근하는 것을 어렵게 하는 장애물이 되었다. 브랜드 인지도는 가치의 원천이다. 즉 구매 과정에서 영향력을 갖고 있는 알려지지 않은 사람들에게 접근하는 것을 도울 뿐만 아니라 원천 효과 source effect를 창출한다. 그것은 기업에게 신뢰성을 부여한다.

한 조직 내에서 브랜딩은 조직을 암시적이거나 명시적인 브랜드 약속들과 정렬align시켜야 하는 필요성을 만들어낸다.

브랜드를 어떤 기업이든 쉽게 가질 수 있는 것처럼 말하는 것은 합리적이지 못하다. 일반소비재 부문에서는 3가지 전제 조건이 존재한다.

브랜드의 첫 번째 기능은 시간과 장소에 구애받지 않고 일정한 품질을 보증하는 것이고, 따라서 첫째 전제 조건은 일정한 품질의 제품이다. 생산이 증가할 때 일정한 제품 및 서비스 품질을 유지하지 못하는 것은 신흥 국가나 이전 공산 국가의 많은 기업들이 갖고 있는 분명한 핸디캡이다. 작은 기업들 또한 그러한 위험을 안고 있다.

둘째로, 커뮤니케이션이 없는 브랜드란 없다. 마케팅이나 커뮤니케이션 자원의 결핍은 브랜딩에 주요한 장애가 된다. 비록 아래에서 보는 것처럼 광고 없이도 시장 리더가 될 수는 있지만, 일단 시장 리더가 된 다음에는 프로모션과 거래 관계에 뛰어날 필요가 있다.

마지막으로, 시간이 지남에 따라 적절한 혁신 제품들을 지속적으로 만들어내고 출시할 수 있는 능력은 모든 브랜드에게 필수적이다.

광고 없이 시장의 리더 되기

브랜드를 구축하는 데 무엇이 필요한가? 브랜드 정의는 셀 수 없이 많으며, 이 분야에서 활동하는 거의 모든 저자가 자신만의 정의를 갖고 있다. 이런 정의들이 유용할 수는 있지만 브랜드를 구축하는 방법에 관해서는 많은 것을 이야기해주지 못한다. 정의들은 정적static이며, 브랜드를 당연한 것으로 여긴다. 그러나 브랜드 구축은 역동적dynamic이다.

일반적으로 경영자 세미나에서 참석자에게 시장 선도 브랜드를 구축하는 방법을 물었을 때 전형적인 대답은 광고하고, 이미지를 창출하고, 인지도를 높이는 것이다. 대답들 대부분은 커뮤니케이션에 초점이 맞춰진 것이다. 가장 훌륭한 답은 특별한 방법으로 비즈니스를 성장시키는 것이다. 어떤 방법인가?

그에 대한 답을 먼저 말하는 대신에 흥미로운 사례를 살펴보도록 하자. 어떻게 잘 알려지지 않은 호주 기업, 올랜도 윈덤Orlando Wyndham이 영국에 일류 와인 브랜드 제이콥스 크릭Jacob's Creek을 구축할 수 있었을까? 이 브랜드는 현재 판매량에서나 자발적 브랜드 인지도에서 모두 선두를 달리며, 매우 강한 이미지를 지니고 있다. 그 모든 것이 2000년이 되기 전까지는 대량 시장 광고 없이 성취되었다. 또한 1984년과 2000년 사이에 영국 와인 시장 크기가 2배로 커졌다는 사실에 주목하는 것도 매우 흥미로운 일이다. 그렇다면 영국과 같은 대량 시장에서 성공적인 와인 브랜드를 창출하는 데 필요한 것은 무엇인가?

- 첫 번째 조건은 충분한 규모volume를 갖는 것이다. 대량 시장을 상대한다는 것은 유통업체들의 기대를 충족시킬 수 있는 것을 의미한다. 복합 소매업체 multiple retaillers들은 제품이 성공할 시에 충분한 공급을 하지 못하는 기업과 거래하는 것을 원하지 않는다. 와인 제조업체에게 이것은 매우 큰 규모의 포도 생산자에 의지할 수 있어야 함을 의미한다.

- 두 번째 조건은 안정된 품질을 확보하는 것이다. 어떤 브랜드든 그 첫 번째 역할은 지각된 위험을 줄이는 것이다. 소비자 경험은 제품이 구매되는 어느 곳, 어느 때나 항상 동일해야 한다. (이것이 서비스를 브랜딩하는 것이 유형의 제품을 브랜딩하는 것보다 어려운 이유이다. 인간의 가변성은 이런 안정성과 반대로 작용한다.) 와인 제조업체에게 있어 이것은 소비자들의 기대가 배신당하지 않도록 하기 위해 블렌딩blending 기술에 정통한 것을 의미한다. 일단 소비자가 자신들이 특정 와인 맛을 좋아한다는 것을 발견하면, 위험을 줄이고 같은 맛, 같은 즐거움을 다시 찾기 위해 재구매를 하게 된다.

- 대량 시장 브랜드에게 가격은 핵심이다. 그것이 본류가 되어야 한다. 회사의 지원 부문back office 차원에서 품질이나 맛에는 변화가 없으면서 더 높은 생산성과 낮은 생산 비용을 확보하도록 모든 노력이 취해져야 한다.

- 최종 소비자를 중시하고 특정 시장에 맞는 맛을 찾는 것이 핵심적이다. 다수의 영국 소비자들은 오랫동안 와인을 마셔 온 사람들이 아니다. 그들의 입맛은 시원한 음료나 맥주에 길들여져 왔다. 이는 그들이 자신의 구미에 맞는 특정한 와인을 선호한다는 것을 의미한다. 더욱이, 지역 소비자들의 기대에 딱 맞는 와인을 내놓는다면, 그 기업은 긍정적인 홍보와 언론보도의 기회를 얻을 수 있고, 그럼으로써 유통업체의 더 많은 지원을 받게 된다.

- 또 다른 필요조건은 전국적인 판매 인력이다. 와인은 대부분 구매 시점에서 선택된다. 따라서 진열대에서의 가시성과 구매시점 광고가 중요한 성공 요인이다. 복합 소매업체들(여기서는 세인즈베리Sainsbury, 아스다Asda, 테스코Tesco 등)과 전국적인 합의를 맺는 것이 중요하다. 그리고 이런 합의들이 적절히 이루어졌다 해도 매장마다 모든 것이 적재적소에 있는지 매일매일 점검이 이루어져야 한다. 오직 전국적인 판매 인력만이 그것을 할 수 있다. 또한 소비자가 매장에서 와인을 맛볼 수 있도록 시음 기회를 제공하는 것이 중요하다. 이것 역시 전국적인 판매 인력을 필요로 한다.

시장에서 브랜드를 구축하는 이 5가지 전술은 간단하고 쉽게 따라할 수 있을 것처럼 보일 수 있다. 실제로는 그렇지 않다. 신세계 와인, 특히 호주 와인과는 달리 프랑스 와인은 이러한 조건들을 만족시키지 못했다. 각 조건들을 살펴보며 그 이유를 알아보자. 구세계 와인은 한 가지 원칙에 기초해 있다. 즉, 와인의 특성은 전적으로 특정한 토양, 태양, 기후, 공기와 같은 자연적인 요인들에 좌우된다는 것이다. 그 결과 와인 생산 지역이나 심지어 특정 포도농장에 따라 수백 가지 와인이 만들어지고 차별화된다. 각 포도 농장이 자신들의 토양이 경쟁 농장의 것보다 좋다고 주장하는 식이다. 그 결과 제품은 분화된다. 예를 들어 보르도 와인Bordeaux wine의 5,000개 하위 브랜드들 뒤에는 대개 소규모인 단일 재배자들이 있다. 이런 사실은 공급자가 브랜드 구축의 첫 번째 조건, 즉 충분한 물량을 확보하는 것을 어렵게 한다.

구세계 와인은 그들의 와인 제조 방식을 법으로 만들어 시장 리더십을 지키려고 노력해 왔다. 버건디Burgundy나 보르도 와인을 제조한다는 것은 그 법을 따르는 것을 의미한다. 품질 관리를 위해 의도되었던 것이 신흥 성장 지역의 경쟁자에 대응하기 위한 혁신에 가장 큰 걸림돌이 되고 있다.

어떤 와인이 뽀이약Pauillac이나 그라브Graves 등(보르도 지방 안에 있는 지역들)으로 불린다면 그 와인 생산자는 이 지역에서 나오는 포도와 다른 지역의 포도를 섞는 것이 허락되지 않으며, 섞더라도 매우 적은 수준이 된다. 어느 한 계절이 건조하더라도 이들은 물을 댈 수도 없고, 매년 기후 차이로 발생하는 품질의 차이를 줄일 수 있는 화학 물질을 첨가할 수도 없다. 생산자들이 이런 법규들을 준수하기 때문에 구세계 와인은 태생적으로 가변성variability을 지닐 수밖에 없다. 이 와인들은 사람이 아닌 자연의 생산물인 것이다. 유럽은 호주나 캘리포니아, 아르헨티나보다 토양의 다양성이나 매년 기후의 편차가 더 크다. 이 역시도 구세계와 다른 지역 와인 간의 차이로 이어진다.

브랜딩은 이런 가변성을 억제하는 것을 의미한다. 매년 같은 맛을 유지하기 위해서는 (포도가 적게 생산되었을 때를 대비해) 다른 토양이나 지역들에서 수확된 포도들을 블렌딩blending하는 기술에 정통해야 한다. 오랜 와인 생산의 전통을 가지고 있지 않은 호주는 와인 생산을 규제하는 법규가 거의 없다. 따라서 호주는 이런 일이 가능했다. 그러나 보르도나 버건디 와인 제조자는 그렇지 못했다.

낮은 생산 비용으로 적합한 품질을 얻는 문제에 있어서도 마찬가지이다. 프랑스 와인 생산자들은 기계화된 수확 방법을 쓰는 것이 허락되지 않는다. 그들은 직접 손으로 수확을 해야 한다. 그들은 관개를 할 수 없고 화학 비료를 사용할 수도 없다. 프랑스에서는 또한 일반적으로 와인은 통에 저장한다. 호주에서는 와인을 커다란 알루미늄 탱크에 저장하고, 나무 조각을 와인에 넣는다. 나무 표면이 와인과 접하는 면이 더욱 많아져서 와인에 적절한 '나무' 맛을 가미하는 과정을 가속시킨다. 시간은 돈이 되며, 이것은 제조 비용을 줄인다.

네 번째 조건은 목표 시장에 어필하는 적절한 맛을 얻어내는 것과 관련 있다. 신세계 와인은 지켜야 할 전통이 존재하지 않는다. 따라서 그들은 소비자에게서 출발한다. 그들은 제품을 신흥 시장, 즉 소프트드링크나 맥주를 마셔 왔던 소비자의 입맛에 맞추었다. 신세계 와인은 과일 위주이고, 매우 순하고, 매우 부드러우며, 어느 때나 쉽게 마실 수 있도록 만들어졌다. 샤르도네Chardonnay와 세미용 샤르도네Semillon Chardonnay 같은 몇몇 변종(포도 품종) 와인들은 그런 맛을 낼 수 있었다. 이것들은 보르도Bordeaux나 버건디Burgundy 와인의 명성을 만들어낸 변종이 아니었다.

고객 지향적이 되는 또 다른 차원은 언어이다. 마케팅 조사는 영국인들이 대체로 여전히 '섬 민족'임을 보여주었다. 영국인들 가운데 많은 수가 유럽 언어와 유럽 대륙의 문화 전통에 익숙하지 않다. 발음조차 힘든 수천 개의 복잡한 유럽 와인의 이름들과는 달리 제이콥스 크릭Jacob's Creek은 영어 이름이다. 거기에 와인 라벨에 사용된 문자 또한 영어이다. 최근까지도 프랑스 와인은 라벨에 영어 정보를 제공하는 일이 거의 없었다. 더욱이 호주는 영연방국가의 일부로, 몇몇 영국 사람들은 프랑스보다 호주와 더 가깝다고 느낀다.

아울러 신세계 국가들은 포도 종류가 다양하지 않다. 이것은 소비자가 프랑스 와인에 비해 쉽게 호주 와인의 맛을 예측할 수 있음을 의미한다. 호주라는 원산지는 위험을 줄이는 자신의 역할을 브랜드에 부가한다.

마지막으로 중요한 한 가지를 언급하자면, 구세계의 와인 업계는 너무 분화되어 있다. 개별 생산자들은 그들의 모국에서조차 헌신적인 판매 인력을 조달하는 일이 어렵다. 와인이 생산자 조합에서 생산될 때조차도 조합원들은 독립적이기를 원하며, 브랜드를 창조할 수 있을 만한 임계 규모에 도달하는 유일한 길임에도 더 큰 조직에 합류하기를 거부하는 경향이 있다.

그 결과, 2001년까지 16년 동안 제이콥스 크릭Jacob's Creek으로 대표되는 호주산 와인은 0%에서 시작해 영국 시장에서 양적 점유율은 16.9%, 가치 점유율은 20.1%로 증가했다. 그 사이 시장 크기는 2배로 커졌다. 흥미롭게도 가치 점유율이 양적 점유율보다 높은 것에서도 알 수 있듯이 가격은 소비자가 호주산 와인을 선택하는 주된 이유가 아니다. 신세계 와인 생산자들은 소비자들이 더 고급의 와인을 소비하도록 설득하는 데 성공했다. 이는 이전에 와인을 잘 몰랐지만 이제는 더 복잡한 와인을 탐험할 준비가 되어 있는 이들에게 어필하도록 기획된 고품질의 브랜드 확장을 제공함으로써 가능했다.

구세계 와인은 다시 돌아와 그들의 가파른 하락세를 멈출 수 있을까? 그들 내부에 자리 잡은 규제, 즉 와인 생산 법규가 완화되지 않는 한, 그리고 포도 생산자의 집중화를 촉진하지 않는 한 이 와인들은 브랜드 구축을 위한 5가지 조건을 충족시킬 수 없을 것이다. 보르도와 버건디로는 이 일을 할 수 없다. 그러나 랑그독Languedoc 와인의 생산 지역은 세계에서 가장 크다. 그렇기 때문에 이 지역은 첫 번째 조건을 만족시킨다. 이 지역은 역사적으로 보르도나 버건디에 비해 낮은 지위의 와인을 생산했지만, 그 이유로 지켜야 할 생산 법규 또한 거의 없다. 랑그독 생산자들의 손에 미래가 있다. 만약 그들이 힘을 모아 영국뿐만 아니라 일본,

한국 같은 와인 수요가 늘고 있는 나라들의 고객 요구에 부응할 수 있다면 말이다. 그들은 또한 자신들이 가진 노하우를 수출하고 미래의 시장, 즉 중국에 브랜드를 구축할 수도 있을 것이다. 이는 수많은 기업들이 중국에서 포도를 재배하고 구세계 와인 산업의 제약을 받지 않는 브랜드를 발전시키기 위해 중국 기업이나 당국과의 합작 사업에 뛰어드는 이유이다.

어떤 교훈들을 끌어내고 일반화할 수 있는가? 신세계 와인 브랜드들은 성공적이었다. 경쟁자의 소비자 수익에 관한 관습들을 깨뜨리며 혁신을 거듭했기 때문이다. 그들은 혁신과 경쟁자의 관습들을 깨뜨리는 일을 멈추지 않았다. 호주의 제이콥스 크릭Jacob's Creek은 최근 세이크리드 카우sacred cow, 즉 코르크 마개를 포기하고 리슬링Riesling 품종에 스크루 캡screw cap 마개를 선보였다. 리슬링은 몇몇 다른 포도 품종의 와인들보다 코르크 품질 문제에 영향을 받기 쉬우며, 절반 크기의 하프 보틀half-bottle은 특히 더 취약하다. 소비자와 업계 모두 이 작지만 혁명적인 혁신에 호의적으로 반응했다.

두 번째 교훈은 제이콥스 크릭이 어필하는 부분이 오랜 경쟁자의 약점 하나에 기반을 두었다는 것이다. 제이콥스 크릭은 엘리트적인 브랜드가 아니었으며, 속물적 가치snob value를 지니지도 않았다. 제이콥스 크릭은 누구에게나 가까운 브랜드였다.

이 제품의 품질 대비 가격 비율quality-price ratio은 훌륭했으며, 전문가들과 유행 선도자들의 찬사를 이끌어냈다. 이것은 끝이 없는 경주이다. 매년 브랜드는 품질을 향상시키고, 그에 따라 지속적인 홍보 효과를 얻는다. 최초의 대형 호주 와인 수출업체인 까닭에 제이콥스 크릭은 '개척자 우위pioneer advantage'의 혜택을 누릴 수 있었으며 호주 와인의 심벌이 되었다. 흥미롭게도 이 브랜드를 소유한 올란도 윈담Orlando Wyndham은 하디스Hardy's 같은 다른 호주 경쟁업체들보다 규모가 훨씬 작지만 모든 에너지와 노력을 이 단일 브랜드에 집중시켰다.

브랜드 구축
: 제품에서 가치로, 가치에서 제품으로

진정으로 강력한 브랜드를 구축하는 데는 시간이 걸린다. 2가지 길, 2가지 실행 모델이 존재한다. 하나는 제품 우위에서 무형적 가치로, 또 하나는 가치에서 제품으로의 길이다. 그러나 시간이 흐르면서 이 2가지 움직임은 모두 브랜드 관리의 본질이 된다. 즉 브랜드는 양 다리two legs를 갖고 있다.

대부분의 브랜드는 그와 같이 시작하지 않았다. 브랜드 창업자들은 단지 비즈니스를 창조하기를 원했다. 그들은 매우 구체적인 제품이나 서비스를 필요로 했다. 비즈니스를 시작하고 유통업체들의 문을 두드릴 만한 혁신이나 뛰어난 아이디어가 필요했다. 시간이 흐르면서 그들의 이름이나 그들 제품의 이름이 브랜드가 되었다. 널리 알려지고 시장 지배력market power을 부여받게 된 것이다. 브랜드는 단순히 제품이나 사람을 가리키지는 않았으며, 조금씩 이미지나 무형적인 혜택, 브랜드 개성 등과 연관되게 되었다. 지각perception은 사물로부터 혜택으로, 유형의 가치에서 무형의 가치로 옮겨갔다.

그림 3.1의 위쪽으로 향하는 화살표에서 볼 수 있듯이 대부분의 브랜드는 브랜드가 아니라 혁신적인 제품이나 서비스의 이름으로부터 시작된다. 나이키Nike는 혁신전인 러닝슈즈에 붙은 의미 없는 이름에서 시작되었다. 그 제품들이 혁신적이지 않았다면 어떤 유통업체도 처음부터 필 나이트Phil Knight에게 관심을 갖지 않았을 것이다. 시간과 함께 그 이름은 비록 존경이나 애정은 아닐지라도 인지도, 위상 그리고 신뢰를 얻게 되었다. 이것은 모든 커뮤니케이션과 비즈니스 구축을 함께 한 스타들의 결과이다. 그 과정에서 조금씩 전도inversion가 일어난다. 브랜드 인지도와 명성을 구축하는 제품 대신에(위를 향하는 영향력 화살표), 제품/서비스를 차별화하고 자신의 독특한 가치를 부여하는 것은 브랜드이다(아래쪽을 향하는 점선 화살표). 사실 이 시점에서 브랜드는 어떤 새로운 제품이 자신이 추구하는 이미지에 부합하는지를 결정하게 된다. 나이키는 이제 브랜드 확장의 단계에 와 있다. 나이키 브랜드는 러닝슈즈로부터 스포츠 의류와 골프채까지 확장되었다.

| 그림 3.1 | 시간의 흐름을 통한 브랜드 구축의 2가지 모델

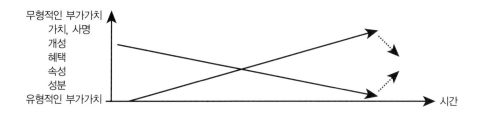

　시간이 지나면서, 브랜드 연상은 전형적으로 사다리ladder*를 올라가는 모습을 보인다. (그림 3.1의 세로축) 즉, 성분ingredient(하이드레이팅 크림이 함유된 도브 Dove)에서 속성(부드러움)으로, 혜택(보호)으로, 브랜드 개성, 브랜드 가치 그리고 최상의 무형적 가치인 사명(애플Apple과 버진Virgin은 사명을 갖고 있다)으로 이동하는 것이다.

　이것은 시간이 지나면 브랜드 관리가 물리적인 이슈와 차별화에 더 이상 신경 쓰지 않아도 된다는 것을 의미하지 않는다. 브랜드는 양 다리를 갖고 있다. 과시를 목적으로 구매되는 명품 브랜드luxury brand마저도 구매자에게 그들이 훌륭한 제품을 샀고 가격 차이가 합리적이라는 느낌을 줄 수 있어야 한다. 그러나 물리적인 차별화는 영원히 끝나지 않는 경주이다. 경쟁자들은 최상의 아이디어들을 모방한다. 브랜드를 무형적 가치에 귀착시키는 것은 가치를 더하고 대체 가능성을 방지한다. 메르세데스Mercedes의 가격 프리미엄은 제품에 기초한 광고 카피에 의해 영원히 설명되지만 또한 브랜드의 독특한 지위를 강조하는 PR 활동에 의해서도 설명된다.

---

* 미국 노스웨스턴 대학교 켈로그 경영대학원의 마케팅 교수인 타이바우트Tybout와 스턴달Sternthal은 포지셔닝 방법이 브랜드가 소비자의 목표와 어떻게 연결되는지를 명확하게 보여주고 소비자들이 브랜드의 사용 동기를 상세히 알 수 있게 해야 한다고 하였다. 이들은 브랜드 에센스brand essence와 사다리 기법laddering이라는 접근을 사용해 그것을 설명한다. 즉 구체적인 속성과 이미지에서 추상적인 혜택으로, 마치 사다리를 한 계단씩 올라가는 것과 같이 위로 올라갈수록 점점 더 추상적이고 일반적이 되며, 이는 소비자가 추구하는 어떤 목표와 관련되는 브랜드의 본질을 정의하는 혜택에 도달할 때까지 계속된다고 하였다. 『Kellogg on Marketing』, Wiley, 2000. ― 옮긴이

이 첫 번째 모델은 제품에서 시작된 브랜드와 관련된 것이다. 브랜드 구축의 두 번째 모델은 브랜드들이 컨셉이나 아이디어로서 시작하는 것이다. 모든 라이센스 브랜드(팔로마 피카소Paloma Picasso 향수, 해리 포터 제품 등), 많은 패션 브랜드 그리고 저널리즘의 정신을 담아내기 위해 뉴스News라는 이름을 붙인 담배와 같이, 주류나 담배 브랜드들이 그렇다. 분명 이런 경우 브랜드는 무형적인 의미의 수준에서 출발한다. 무형적 의미는 브랜드 혜택의 원천이다. 즉 그것은 이 세계에 대한 상징적인 참여를 파는 것이다. 비록 무형적인 차원에서 인식된다 할지라도 물리적인 제품에 관한 매우 기본적인 질문이 떠오른다. 어떤 특성이나 속성이 이런 가치와 혜택을 실제로 구체화하거나 구현해야 하는가? 브랜드는 (아래쪽을 향하는 화살표가 나타내는 것처럼) 생명을 유지하고 그 혜택들을 전하기 위해 제품/서비스를 필요로 한다.

이 모델은 또한 제품 브랜드(즉, 제품 우위점에 기초한 브랜드)를 출시할 때도 처음부터 장기적으로 그 브랜드에 귀착되도록 의도된 더 높은 차원의 의미를 포함하는 것이 중요하다는 사실을 상기시킨다. 브랜드는 단순히 축적이나 침전만으로 그 의미를 얻을 수 없다. 의미들은 시작 단계부터 계획되고 탄생 순간부터 포함되어 있어야 한다. 시작부터 이런 관점을 포함시키는 것은 제품이 브랜드가 되는 과정을 가속화한다. 이것이 제품 출시와 브랜드 출시가 같지 않은 이유이다.

이런 사실은 또한 브랜드 네임이 제품을 서술하는 것이 되어서는 안 되는 까닭이다. 첫째 이유는 경쟁자들이 동일한 제품으로 시장에 진입했을 때, 이런 서술적인 이름은 곧 일반적인 이름이 되고 만다는 것이다. 둘째 이유는 고객이 어떤 비즈니스에 관한 것인지를 금세 알게 된다는 것이다. 이름은 무형의 이야기를 전하는 것을 목표로 해야 한다. 아마존Amazon은 (아마존 강처럼) 새로움, 힘force 그리고 풍부함을 이야기한다. 그리고 오렌지Orange는 25년전에 애플 컴퓨터가 그랬던 것처럼 '확실히 비기술적임definitely non-technical'을 전한다.

마지막으로, 그래프의 두 점선 화살표로 설명되는 것처럼 브랜드 관리는 유형적인 가치와 무형적인 가치 사이를 영구적으로 오고가는 것이다. 브랜드는 양 다리의 가치 생산 시스템이다. 이것은 뛰어난 제품을 가지고 있다는 것만으로는 현대 경쟁에서 충분하지 않다는 것을 의미한다. 그렇지만 명품 브랜드이든 이미지 브랜드이든 제품의 기능적 현실을 망각할 여유를 갖고 있지는 않다.

선도 브랜드가 최고의 제품인가?

브랜드를 창조하는 것은 단순히 브랜드 차별화의 필수적인 첫 단계인 제품이나 서비스에 표시를 하는 일marking 이상을 의미한다. 그것은 가치를 소유하는 일에 관한 것이다.

때때로 1위 브랜드가 최고 제품은 아니라는 사실은 역설처럼 생각된다. 최초의 IBM PC가 당시 구할 수 있었던 최고의 PC인가? 그렇지 않다. 펜티엄Pentium이 최고의 칩인가? 누가 알겠는가? 그렇다면 델Dell 컴퓨터는 최고의 컴퓨터인가?

역설은 '최고'라는 말에서 시작되는 것이다. 누구를 위한 무엇을 위한 최고인가? 학급을 두고 유추해보자. 성적은 이해도를 척도로 해서 결정된다. 즉 뛰어난 기억력, 빠르게 문제를 풀고 정확하게 작업하고 그 작업 결과를 잘 설명할 수 있는 능력 같은 자질을 잘 보여주는 학생들이 좋은 성적을 받는다. 이 모두는 교실에서의 가치들values이다. 이와 비슷하게 각 시장 또한 가치를 가지고 있다. 어떤 시장에서든 최고가 되기 위해서는 그 시장의 가치가 무엇인지 이해하는 것이 필요하다. 물론 훌륭한 제품이나 서비스 없이는 성공을 거둘 수 없다. 그 제품을 써보게 되는 사람들이 다시 구매하고 다른 사람들에게 제품에 관해 이야기할 만큼 그 제품을 좋아해야 한다. 제품은 브랜드 충성도를 구축해야 한다.

트럭 타이어 시장에서 미쉐린Michelin은 분명 최고이다. 신차용 타이어 시장(즉 제조업체가 트럭과 함께 공급하는 타이어)의 66%를 차지한다. 그러나 이른바 애프터 마켓이라고 할 수 있는 교체용 시장에는 여전히 미쉐린이 시장 리더이기는 하지만 그 점유율은 29%로 떨어진다. 미쉐린은 이 애프터 마켓의 구매자, 즉 트럭 회사나 트럭 정비사들의 가치에 그다지 맞춰져 있지 않은 것처럼 보인다.

주류 시장에서 바카디Bacardi는 세계 최고이다. 그러나 바카디가 최고의 술인가? 물론 전혀 그런 것이 아니라고 주장하는 사람도 있을 것이다. 바카디는 아무 맛도 없으며 모든 블라인드 테스트에서 매우 형편없는 성과를 거뒀다. 그렇다면 바카디가 그처럼 많은 양이 팔리는 이유는 무엇인가? 바카디 비즈니스의 원천은 그 맛을 신중히 판단하는 전문가들이 아니라 일반 음주자들과 파티를 즐기는 사람들이다. 이들은 보통 각테일을 만들 때 잘 혼합되는 술을 원하며, 이상적인 혼합액은 매우 중립적인 맛을 지녀야 한다. 이것이 정확히 카르타 블랑카Carta Blanca가 전달하는 맛이다. 카르타 블랑카는 바카디 매출의 90%를 차지한다.

브랜딩은 소비자로부터 시작된다. 그리고 묻는다. 소비자들이 가치 있게 여기는 것은 무엇인가? 바카디는 분명 '더 좋은 것better'은 아니지만 '배터batter'라고 불릴 수는 있다. 바카디의 주요 무형적인 부가가치는 그 개성에 있으며, 그 심벌인 '박쥐bat'로 표현된다. 쿠바에 세워진 바카디의 첫 공장은 박쥐로 가득했다. 이것이 바카디에 신비로움이라는 불후의 후광을 입히며 브랜드의 심벌이 된 것이다.

또 다른 예를 교육 시장에서 찾을 수 있다. 경영학 석사 학위MBA는 성공으로 가는 비자visa이며 미국 대학에서 최초로 도입되었다. MBA를 취득하기 위해서 미국 대학의 학생들은 2년간의 집중적인 학업이 필요하다. 기본 지식을 배우는 1년과 전공 분야의 전문 지식을 익히는 1년이다.

인시아드Insead는 이제 MBA 시장에서 높이 평가받는 브랜드로 유럽에서 가장 잘 알려진 MBA가 되었다. 미국과는 달리 인시아드의 MBA 과정은 1년 미만(10.5개월)이다. 이것은 브랜딩에서 강점이 된다. 그리고 강력한 브랜드 인지도는 품질의 단서로 작용한다. 인시아드가 유럽에서 처음으로 MBA 카테고리를 만들어냈기 때문에 즉시 개척자 우위의 혜택을 누릴 수 있었다. 그 자격 조건은 경쟁자가 없는 까닭에 실질적으로 유럽 지역의 표준이 되었다. 경쟁자가 진입했을 때에도 그 표준을 바꾸기에는 너무 늦은 감이 있었다. 프랑스 경영대학교인 HEC는 1957년 시작된 인시아드와 달리 1969년 자체 MBA를 만들었다. HEC와 몇몇 다른 후발주자들은 또 다른 실수를 했다. 그들은 순전히 미국형의 MBA를 선보인 것이다. HEC의 MBA는 2년제로, 유럽 채용 시장으로서는 너무 높은 품질 수준이었다.

타깃의 가치 곡선 이해

인시아드Insead는 젊은 경영진을 고용하는 유럽 인사 담당자들의 가치 곡선 value curve을 이해함으로써 유럽에서 가장 잘 알려진 MBA가 되었다. 반면 미국 모델을 기초로 한 MBA를 제공하는 HEC 같은 우수 학교들은 이 시장의 가치 곡선을 제대로 이해하지 못했다. 유럽의 구인자들은 실제로 학생들이 캠퍼스에서 얼마나 시간을 보냈는지 신경 쓰지 않는다. 인시아드에서의 1년 미만 과정 대신 하버드Harvard, 스탠포드Stanford, 노스웨스턴Northwestern에서 2년을 보내고 받는 추가 급료는 매우 적다. 한 가지, 구인자들이 가치를 두는 것이 있다면 실질적인 국제적 프로그램에서의 집중 훈련이다. 학생들은 여기에서 서로 다른 10여 개 국가와 일하는 법을 배운다. 이것은 그들이 고용되는 업무 상황을 반영한다. 유럽 기업들은 기업이 실제로 신입사원들에게 기업 내에서 비즈니스 방법을 가르칠 수 있다고 여기며, 그런 이론적인 입문 과정은 1년이 채 안 되어도 충분하다고 여기는 경향이 있다. 마지막으로 기업들은 평생교육에 의지하는 것을 선호하며, 기업 관리자들의 업무 생활을 통해 꾸준히 계속되는 전문화된 기업 세미나를 제공한다.

모든 고객들이 같지 않으므로 각기 다른 브랜드들이 같은 영역에서 공존할 수 있다. 이 브랜드들은 각기 다른 세그먼트의 가치 곡선을 상대하기 때문이다. 이는 그룹들이 브랜드 포트폴리오brand portfolio를 구축하는 이유이다. GM은 자동차 브랜드들의 포트폴리오를 가지고 있으며, 폭스바겐 그룹Volkswagen Group도 마찬가지이다.

규칙을 깨고 신속히 대처하라

인시아드Insead의 예는 또한 또 다른 이슈를 설명한다. 브랜드를 구축하기 위해서는 (최초 인지도와 같은) 진입 장벽을 형성할 수 있는 임계 규모에 신속히 도달해야 한다는 것이다. 2년이라는 규칙을 깸으로써 인시아드는 같은 규모의 미국

학교 졸업생의 2배에 이르는 숫자를 배출할 수 있었다. 그리고 그 절반의 시간에 기업들 사이에서 보증자로 활동하는 데 필수적인 최소한의 동창생 규모에 도달할 수 있었던 것이다. 최근 인시아드는 매년 350명에서 750명으로 졸업생 숫자를 늘림으로써 전략적인 움직임을 보였다. 그에 따라 인시아드의 시장 점유율을 높이고, 그 생산성(교수 1인당 학생 숫자)을 늘릴 수 있었다. 인시아드는 또한 널리 알려진 브랜드를 이용해 아시아에 분교를 열기로 결정했다. 이런 움직임의 성공 여부는 적어도 부분적으로는 유럽 기업들의 가치 곡선과 같은 아시아 기업들의 가치 곡선에 달려 있다.

많은 교훈들이 위의 예들에서 도출될 수 있다.

- 모든 브랜드가 0의 인지도와 이미지를 가진 비브랜드non-brand 상태로 시작된다. 그러나 그 브랜드들은 성공적인 혁신을 기반으로 했다. 브랜드를 시작한다는 것은 가치 있는 혁신을 찾는 것을 의미한다.
- 둘째로, 시장을 창조하는 것은 시장을 주도하는 가장 좋은 방법이다. 이것이 잘 알려진 개척자 우위이다. 그러나 시장을 창조할 수 있으려면 시장에서 떼거리주의herdism을 만들어내는 관례와 규약들codes로부터 자유롭게 벗어날 수 있어야 한다.
- 셋째, 시간은 성공의 필수적인 요소이다. 승자는 선두에 나서서 새롭게 진입하는 경쟁자들과의 격차를 신속하게 형성할 수 있도록 빠르게 움직인다.
- 넷째, 경쟁자들과의 격차를 강화하기 위해 신속하게 임계 규모에 도달하는 것이 중요하다. 이는 광고와 커뮤니케이션, 입소문을 위한 더 많은 자원들을 만들어낸다.
- 다섯째, 종종 마케팅계에서 들리는 것처럼 브랜드가 제조업체 브랜드나 소매업체의 브랜드는 아니다. 그것은 소비자의 브랜드이다. 브랜드는 가치들을 압축하고 있지만 가치는 우리가 알고 있는 것처럼 그것을 바라보는 사람, 즉 고객의 눈에 있다. 시장에 초점을 맞추고, '타깃의 가치 곡선이 무엇인가?'라는 질문을 던지는 것이 필수적이다. 그 다음에는 경쟁자보다 더 나은 방법으로 그 가치 곡선을 다루는 방법을 질문한다. 가장 좋은 방법은 단

절disruption을 일으키고(Dru, 2002) 시장의 통념을 깨는 것이다.

브랜드 모델과 비즈니스 모델 비교
: 콜라 음료

동일한 카테고리 안에 있는 브랜드 모델과 비즈니스 모델들을 비교하는 것은 매우 흥미로운 일이다. 이는 단순히 브랜드 이미지의 측면에서 어떻게 시장 리더십을 이해할 수 없는지를 보여준다. 생산 비용, 경쟁 유형, 그 분야의 거래 구조와 같은 구조적 요인들이 분석에 포함되어야 한다. 분석의 대상으로 콜라라는 매우 상징적인 분야를 택하는 것이 어떻겠는가? 범용제품으로서 콜라는 다른 소프트드링크와 다르게 '탈범용화decommoditisation'에 크게 성공했다. 콜라 시장은 또한 세계에서 가장 거대한 브랜드, 코카콜라Coca-Cola가 활동하는 시장이다.

소프트드링크는 무엇인가? 물질적인 의미로는 물, 향료, 감미료와 탄산으로 구성된 것이다. 과일 주스 시장에서는 브랜드가 어려운 시기를 겪고 있다. 독일에서는 초염가 할인매장 라벨hard-discount labels이 시장의 50% 이상을 차지한다. 같은 과정이 영국과 유럽 전체에서 일어나고 있다. 미국에서와는 다르게 유통은 매우 집중되어 있으며, 할인 라벨discount labels이 품질이 낮은 제품을 의미하지는 않는다. 브랜드가 직면하는 문제는 오렌지 주스처럼 제네릭generic으로 보이는 제품을 차별화하는 방법이다. 게다가 오렌지 주스는 원재료비가 높다. 이는 판매 가격이 소매업체 자체 라벨 제품과 비브랜드 제네릭 제품들로부터 압력을 받을 때 마진과 그리고 그 결과로 사용 가능한 광고 예산 수준에 압박을 가하게 된다.

과일 주스 시장에서 유리한 경제적 방정식을 찾아낼 방법이 많지는 않다. 트로피카나Tropicana는 프리미엄 가격 전략을 구사하는데 계속적인 제품 혁신(예를 들어 갓 따낸 오렌지)과 프리미엄 이미지를 기초로 한다. 이것은 리터당 소비자들이 지불하는 가격을 올리는 가치 혁신이다. 이 브랜드는 프리미엄 시장 리더이자 글로벌 브랜드이지만 각 나라에서 그것은 물량 면에서 작은 브랜드이다.

P&G는 언제나 제품을 차별화하기 위해 하이테크적인 접근을 따른다. P&G는 과일 주스 시장의 경쟁 주자로 서니 딜라이트Sunny Delight를 내놓았다. 그러나 이 제품은 거의 모두가 인공 성분으로 되어 있었다(법적인 이유로 제품 속에 들어간 오렌지는 5%에 불과하다). 이런 성분들은 천연 과일 주스를 사용하는 모든 경쟁자들을 물리치는 맛과 느낌을 만들어냈다. 서니 딜라이트는 또한 엄마들에게 어필하기 위해 비타민을 첨가했다. 제품의 이름과 컬러(오렌지 그리고 다른 맛의 변형 제품) 그리고 로고(둥근 태양) 덕분에 P&G는 혁신 제품을 만들어낼 수 있었다. 바로 오렌지 주스를 연상시키며, 몇몇 소비자들에게는 분명 오렌지가 기본이 되는 것으로 생각될 제품이었다. 이 제품의 인공 화학 공식은 특허를 받을 수 있는 것으로 진입 장벽을 만들고, 제품이 곧바로 모방되는 것을 막는다. 가장 중요한 것은 비록 그 원재료비는 천연의 오렌지 주스보다 훨씬 낮지만 제품 가격은 높다는 것이다.

코카콜라는 불명확한 제품opaque product이다. 알 수 없는 비법으로 만들어진 거의 검정에 가까운 제품이다. 코카콜라는 시작부터 실제적으로나 심리적으로나 완전하게 대체할 수 없는 제품 상태로 만들어졌다. 또한 천연 제품이라기보다는 발명 제품에 가까운 까닭에 브랜드는 제품을 연상시키게 되었으며, 다른 어떤 이름으로도 설명될 수 없다. 제품은 그때부터 콜라 음료를 위한 준거 제품이 되었다. 개척자 우위의 혜택으로 한 세기가 넘는 시간 동안 코카콜라 브랜드는 하나의 단일한 목표만을, 이제 전 세계적인 규모로 추구해 왔다. 바로 콜라 카테고리를 지속적으로 성장시키는 것이다. 코카콜라는 미국에서 소다수와 처음 경쟁했으며, 다음으로 다른 소프트드링크, 이제는 실질적으로 유럽의 물과 아시아의 차를 포함해 모든 형태의 음료수와 경쟁하고 있다.

코크의 브랜드 에센스brand essence는 '어디서나 사람들간의 상쾌한 유대The refreshing bond between people everywhere'이다. 자신의 브랜드를 전세계 제1의 음료수로 만들면서, 코카콜라는 적은 비용으로 옮기기 쉬운 시럽을 원료로 하여 만들어진다는 것에서 혜택을 보았다. 이런 시럽 형태는 높은 효율성(즉 잘 농축될 수 있어서 1리터의 농축액만으로도 많은 리터의 코카콜라를 만들 수 있다)과 눈에 띄게 높은 온도와 시간에 대한 저항력(대부분의 과일 원료로 만들어진 소프트드링크

| 표 3.1 | 다양한 오렌지 맛 음료의 소비자 가격(유로/리터)

브랜드	가격
하드디스카운트 스토어	0.25
까르푸	
오렌지 주스	0.70
내셔널 브랜드	0.84
서니 딜라이트	1.08
트로피카나	2.45

와 다르게 어디서나 오랜 시간동안 저장될 수 있다)을 갖는다. 코카콜라는 명확하게 매우 물리적인 제품physical product이다. 더불어 신맛/단맛의 구성비율은 최적이어서 소비자들은 물리지 않고 많은 잔이나 캔을 연거푸 마실 수 있다. 콜라 시럽 자체는 생산 비용이 매우 저렴해서 높은 마진과, 그 결과로서 최초상기 포지션top-of-mind position을 (이 저관여 카테고리, 즉 구매 결정이 즉흥적으로 이루어지는 곳에서의 주요 경쟁 이점) 강화하기 위한 높은 마케팅 예산을 가능하게 한다. 시럽은 생산 단가의 5배로 보틀러들에게 공급되기 때문에 코카콜라는 많은 수익을 얻지만, 보틀러나 유통업체가 수익을 내려면 대량 판매 전략을 구사해야만 한다.

카테고리 확장을 통해 비즈니스를 성장시키기 위해 코카콜라의 전략은 3가지 단면에 의존한다. 이는 항상 동일한 것으로, 이용가능성availability, 접근성accessibility, 매력도attractiveness이다. 많은 사람들이 커뮤니케이션에 초점을 맞추지만 코크 지배력의 핵심은 다음 3가지 레버에 있다.

- 유통과 관련된 레버인 이용가능성availability이 가장 중요하다. "팔을 뻗으면 닿을 수 곳에는 코크를 두어라." 즉 사람들이 어디서나 코크를 찾을 수 있도록 하는 것이 목적이다. 술집, 패스트푸드 식당, 매점, 소매점, 거리나 공공장소에 있는 자동판매기, 사무실 냉장고, 곧 교실에도 있게 될 것이다. 높이 평가해야 할 가장 중요한 점은 비즈니스와 브랜드 이미지 모두를 구축하는 것이 적극적인 업소 판매와 연결되어 있다는 것이다. 업소 판매는 음료에 지위를 부여하고, 소비 습관을 형성한다. 더불어 한 가지 브랜드만을

독점적으로 판매하지는 않고 일반 소비자들이 선택권을 갖는 복합 소매업체(월마트Wal-Mart, 아스다Asda, 이캐Hka, 까르푸Carrefour, 알디Aldi 등)와 다르게 업소들은 그 브랜드에 독점적인 권리를 준다. 코크Coke가 맥도날드McDonald's나 다른 시너지를 일으키는 기업들과 글로벌 제휴global alliances를 하는 이유이다. 이 독점적인 거래 유형의 한 가지 조건은 공급자는 제공하고 업소는 그 소프트드링크 브랜드의 전체 포트폴리오를 들여놓는 것이다. 그 어떤 소프트드링크 경쟁자도 진입하지 못하도록 장벽을 형성하는 것이 목표이다.

이용가능성을 바탕으로 한 경쟁의 일부로서 보틀러에 대한 접근권을 잊지 말아야 한다. 많은 국가들에는 소수의 보틀러가 있고 궁극적으로는 오직 하나의 보틀러만 있다. 이 보틀러를 통제하는 것은 그 국가에 들어오는 경쟁자를 막는 확실한 방법이다. 반대로, 이전에 펩시Pepsi를 취급하던 베네수엘라 보틀러가 코크와 일하기로 결정했던 때처럼 그것은 경쟁자를 몰아내는 방법이기도 하다. 하루 만에 펩시는 베네수엘라에서 영업을 중단했다.

- 접근성Accessibility은 가격 요인이다. "중국, 인도에서는 코크를 차 가격으로 팔아라." 이것은 낮은 시럽 원액 생산 비용, 편리한 수송 그리고 대량 판매 전략 때문에 가능하다. 규모의 경제성은 시장 진입을 완전히 막지 못한다 하더라도 경쟁업체에 또 다른 어려움으로 작용한다. (디즈니 사가 외국에 있는 디즈니 테마파크가 수익을 내지 못하는 때에도 라이센싱 로열티로 수익을 내는 것처럼) 회사 차원에서는 수익을 내면서도, 코카콜라 사는 자신의 현지 회사들이 1인당 소비율의 빠른 증가를 위해 손해를 감수하게 할 수 있다. 더불어 (콜라 음료로 한정하든 아니면 더 크게 한정하든) 경쟁자를 시장에서 몰아내기 위해 코카콜라는 전체 시장에 상당한 가격 압력을 행사한다. 예를 들어, 유통업체가 이 회사의 다른 브랜드, 즉 환타Fanta, 미닛메이드Minute maid, 아쿠아리우스Aquarius 같은 브랜드들을 우대하면 그들에게 더 낮은 가격으로 코크를 제공하는 것처럼 보인다. 이것이 현재 코카콜라가 반경쟁적 행동을 한 혐의로 유럽 당국의 고소를 받고 있는 이유이다.
- 매력도Attractiveness는 세 번째 요인으로 커뮤니케이션과 관련된 이슈이다.

코크는 광고가 가장 두드러지지만 미디어를 활용하지 않는 커뮤니케이션 non-media communication(관계, 근접성, 음악과 스포츠 스폰서십, 업소 커뮤니케이션) 또한 예산안의 많은 부분을 차지한다. 다시 한번 상기하자면, 인지 점유율에서의 우세는 낮은 생산비로 가능해진다. 마지막으로, 코크의 이미지는 제품이 아닌 유대에서 오는 이미지이다. 코카콜라는 유형적 약속(상쾌함)과 무형적 약속(현대성, 활력, 에너지, 미국다움, 세계의 일부라는 느낌)을 모두 전달한다. 이 약속들은 이제 코카콜라 맛의 비밀 공식보다 훨씬 더 코카콜라 브랜드를 특별하게 만드는 것이다.

전 세계에서 코카콜라에게 가장 큰 도전자인 펩시콜라는 정확히 같은 브랜드 모델과 비즈니스 모델을 따르고 있다. 펩시콜라의 차이는 그것이 코크보다 최근에 시장에 나왔으며, 카테고리를 창출하지 않았다는 사실에 기초한다. 도전자로서 펩시의 브랜드 이미지와 시장 장악력은 더 낮다. 펩시는 3가지 단면, 즉 가격, 제품 그리고 이미지로 리더에게 도전한다.

- 가격 : 펩시는 소비자가 구매시 코크보다 10센트가 싸다. 그러나 이런 가격 차이는 수익성에 큰 어려움을 초래한다.
- 제품: 펩시는 준거적인 제품이 아니므로 더욱 과감하고 지속적으로 입에 맞는 맛에서 코크를 무너뜨릴 수 있는 제품 개발에 전념할 수 있다(펩시 챌린지Pepsi challenge). 펩시의 제조방식은 실제로 대부분의 블라인드 테스트에서 코크보다 더 선호되었다. 펩시는 코카콜라를 밀어붙여 1985년, 미국인의 음료인 클래식 코크Classic Coke를 대신해 뉴 코크New Coke를 출시하는 '세기의 마케팅 실수'를 범하도록 만들었다. 필연적으로 더욱 혁신적이었던 펩시는 코크 보다 먼저 다이어트 펩시Diet Pepsi 같은 라인 확장을 실행했다.
- 이미지 : 펩시는 코크보다 젊다. 코크의 고질적인 약점을 이용한 펩시의 광고 포지셔닝은 펩시를 새로운 세대가 선택하는 것으로 만들었다. 펩시의 에센스는 '오늘날의 맛과 경험에 맞는 음료the soft drink for today's taste and

experiences' 이다.

업소 시장에서 펩시콜라의 존재를 확보하고 코크가 만든 진입 장벽을 우회하기 위해서 펩시코 사는 레스토랑과 패스트푸드 체인으로 비즈니스를 다각화해야 했다.

코크의 다른 라이벌들은 더 어려운 시기를 거쳐야 했다. 2000년 2월, 버진 Virgin의 리처드 브랜슨Richard Branson은 미국에서 코카콜라와 펩시를 상대로 한 전쟁에서 패배를 인정했다. 그의 도전작을 출시하기 위해 탱크를 타고 뉴욕 타임스퀘어에 나타난 지 2년이 채 안 된 때였다. 코크와 펩시 모두에게 공통적인 브랜드 모델과 비즈니스 모델을 살펴보면 왜 버진 콜라Virgin Cola가 그 근거지인 영국을 제외하고 모든 곳에서 실패한 이유를 쉽게 이해할 수 있다. 영국에서조차 시장 점유율이 5%에 미치지 못했다. 브랜드는 충분조건이 아니다.

버진 콜라는 캐나다 기업인 코트Cott's를 인수했다. 코트는 매우 훌륭한 시럽을 만드는 기술을 갖고 있었고, 그 콜라에 로블로의 프레지던트 초이스Loblaw's President's Choice라는 자체 라벨private label을 붙여 팔았다. 그것은 코크나 펩시보다 가격이 저렴했다. 그러나 코트를 인수한 버진 콜라는 유통업체를 확보할 수도 소비자들에게 접근할 수도 없었다. 브랜슨의 생각은 광고비를 줄이고, 버진 엄브렐러 브랜드Virgin umbrella brand의 이점을 이용해 가능한 더 저렴한 가격으로 내놓는 것이었다. 제품 브랜드 정책product brand policy(한 가지 맛에 브랜드 하나)을 따르는 세계적인 탄산음료 기업 두 곳과는 달리 버진의 유일한 브랜드 자산은 버진이라는 핵심 브랜드core brand이다. 이 핵심 브랜드는 모든 카테고리로 확장되었고 그 과정에서 전 세계적인 인지도를 획득했다. 광고를 적게 하고 프로모션으로 제품을 판매하는 것 외에도 버진은 적은 수의 판매 인력을 가지고 있었다. 이는 거래 마케팅이나 각 스토어와의 직접적인 관계에서는 분명한 핸디캡이었다. 마지막으로, 버진 콜라는 그것을 지원할 충분한 소프트드링크 포트폴리오 없이는 시장에서 효과적으로 기능할 수 없었다. 이는 업소 시장에 접근하는 데 필수적인 것이며, 또한 전국적인 판매 인력이 경제적으로 가능하도록 하는 유일한 방법이기도 하다.

일반적으로 확장 실패는 브랜드가 새로운 카테고리로 확장하는 것을 불가능하게 하는 몇몇 이미지와 관련된 이유 탓으로 즉각 돌려진다. 버진 브랜드와 비즈니스의 관점은 이러한 설명이 피상적이라는 것을 보여준다. 실패의 근원이 된 것은 버진 브랜드가 아니었다. 그보다는 버진이 그 두 골리앗 경쟁자들과 같은 브랜드 모델과 비즈니스 모델로 경쟁할 수 없었다는 사실에 있다. 옛날 이야기는 옛날 이야기일 뿐이고 대부분의 경우 다윗은 죽임을 당한다.

버진 콜라는 충분한 유통 경로를 확보하는 데 실패했다. 예를 들어 유럽에서 버진은 주요 복합 소매업체를 결코 뚫지 못했다. 최신 유행의 바나 레스토랑에서 충분히 팔리지도 않았다. 유통 측면에서 좋은 성과를 올리기 위해서 버진은 실제 판매 인력과 브랜드 및 제품 포트폴리오가 필요했다. 버진이 브랜드 콜라를 찾는 소프트드링크 제조업체와의 제휴alliances를 모색해야 했다는 것에는 이론의 여지가 없다.

버진 콜라는 광고 없이 대부분 프로모션을 기반으로 판매되었다. 그런 방법이 장기적인 선호도를 형성하는지는 의문의 여지가 있다. 버진은 또한 안티 코크 anti-Coke로 지각되기를 원했다. 그러나 전 세계 시장에서 이미 펩시가 이런 역할을 하고 있었다. 마지막으로, 버진 브랜드 이미지가 영국 바깥의 젊은 세대들 사이에서 그렇게 강한가?

이 분야에 존재할 수 있는 다른 브랜드 모델과 비즈니스 모델은 무엇인가? 현재는 2가지 대체 모델들이 생존해 있다. 바로 에스닉 콜라ethnic cola와 업소용 콜라이다. 2003년 1월 12일 주말판 〈뉴욕타임스the New York Times〉에는 '미국을 향한 분노가 안티 코크 생산에 일조하다'라는 기사가 실렸다. 이 기사는 젊은 튀니지 태생의 기업가가 만든 메카 콜라Mecca Cola를 소개했다. 이 기업가는 프랑스의 이슬람교도를 목표로 삼았고, 곧 다른 나라들로 목표를 확장해나갔다. 이 브랜드는 2가지 강점을 지니고 있었다. 첫째는 이슬람 커뮤니티에서 형성된 즉각적인 호의goodwill이다. 이 브랜드의 아이덴티티는 제국주의 음료와 브랜드라고 여겨지는 것에 대한 분노와 커뮤니티의 진정한 느낌real feeling을 바탕으로 한다. 둘째는 이 커뮤니티가 차지하고 있는 특정한 유통 경로, 즉 오랜 시간 영업하는 무수히 많은 작은 편의점들에서 쉽게 찾는다는 것이다.

그 성공을 판단하는 것은 아직 너무 이른 감이 있다. 이것은 오직 장기적인 영속성durability에 의해 입증될 것이기 때문이다. 그러나 판매는 계속 치솟고 있다. 같은 접근 방식을 기반으로 한 다른 콜라들이 급증한 것은 흥미로운 일이다. 이런 콜라들은 종교적이거나 민족적이거나 지리적인 커뮤니티의 감정과 아이덴티티를 이용한다. 예를 들어 코르시카 콜라Corsica Cola와 브레이즈 콜라Breiz'h Cola(브르타뉴 지역에서 판매)가 있는데, 강력한 아이덴티티를 갖고 있고 분리독립 움직임이 있는 지역 두 곳을 목표로 삼았다. 이 모델은 다른 곳에서도 재현될 수 있다. 아일랜드 콜라? 스코틀랜드 콜라? 글로벌화 시대에서 지역적 아이덴티티regional identity는 본질, 영혼, 삶의 질의 상실로 지각되는 것에 저항하기 위해 되살아난다. 그런 시도들은 내셔널 복합 소매업체의 로컬 유통 경로 혹은 로컬 스토어를 끌어들인다. 그 어떤 스토어 주인이나 매니저도 스토어 주변에 근거지가 있는 지역사회의 감정을 자극하는 위험을 감수하기를 원하지 않는다.

모나크 베버리지Monarch Beverage 사는 흥미로운 대체 브랜드alternative brand 및 비즈니스 모델을 창조했다. 그것은 전적으로 거래 지향적인데, 그렇게 함으로써 전 세계적으로 현대적인 유통 경로에 접근할 수 있었다. 그러나 이것은 단순히 소매업체 자체 라벨용으로 콜라를 제공하는 것이 아니다. 이것은 진정한 브랜딩 접근이다.

복합 소매업체들의 숙원은 코크나 펩시의 손아귀로부터 벗어나는 일이다. 불행하게도 몇몇 예외(영국의 세인즈베리 콜라Sainsbury's Cola, 캐나다의 프레지던트 초이스 콜라President's Choice Cola)들이 있긴 하지만 자체 라벨의 시장 점유율은 매우 미미한 수준이다. 아마도 자체 라벨private labels은 진짜real thing와 비교해서 가짜 콜라처럼 보이기 때문일 것이다. 돈을 아끼기 위해 자체 라벨 콜라를 사는 부모들은 자녀들의 비난을 받게 되는 위험이 따른다. 자체 라벨은 일반 소비 재화된 카테고리에서 어떤 브랜드 이미지도 가지고 있지 않다. 코크의 아이덴티티Coke's identity는 아메리칸 드림, 진짜authenticity, 즐거움pleasure으로 요약된다. 펩시 역시 정도가 덜하기는 하지만 같은 연상을 가지며 또한 젊음을 의미하기도 한다. 자체 라벨은 젊은 다량 소비자가 바라볼 때 전혀 그런 가치를 만들어 내지 못한다. 이런 라벨들은 비호의bad will를 형성한다.

모나크 베버리지 사는 미국 애틀랜타에서 2명의 전 코카콜라 마케팅 부사장이 설립했다. 전 코카콜라 화학자의 도움을 받아 훌륭한 콜라 시럽을 제조하는 방법을 알고 있었다. 가장 중요한 사실은 모나크 베버리지가 최종 소비자에게 초점을 맞추고(버진의 실수) 대량 유통 경로에 접근하지 못하는 위험을 무릅쓰는 대신에 고객인 유통업체의 문제, 즉 자체 라벨의 점유율과 수익성을 높이는 일에 초점을 맞추었다는 것이다. 자체 라벨 콜라는 공짜로 나누어준다고 해도 모두 소비되지 않을 것이다. 이러한 콜라는 신뢰성, 품질과 맛에 대한 확신이 없으며 적절한 무형의 가치를 전달하는 데 실패한다. 모나크Monarch는 브랜드 포트폴리오를 만들었는데, 그것들은 모두 미국적으로 보이며('아메리칸 콜라American Cola'처럼) 코카콜라 본사가 있는 콜라의 메카, 애틀랜타에 근거지를 둔 진정한 미국 기업에서 나온 것이다. 모나크가 소유한 이 브랜드들은 라이센스 하에 복합 소매업체들에게 주어진다. 각 대형 복합 소매업체는 경쟁자들의 것과 다른 자체 브랜드를 갖게 되는 것이다. 예를 들어 까르푸Carrefour는 아메리칸 콜라를 가지고 있다. 모나크는 각 소매업체들의 요구사항에 맞는 시럽을 만든다. 모나크는 브랜드와 제품 모두를 제공한다. 모나크는 유통업체들에게 그들 자신의 보틀러, 가격, 프로모션을 관리할 수 있는 완전한 자유를 준다. 어떤 전국적인 판매 인력도 필요하지 않다. 협상은 카테고리 글로벌 매니저에 의해 회사 차원에서 이루어진다.

대체 브랜드 및 비즈니스 모델의 심층 비교는 커뮤니케이션과 브랜드 이미지를 넘어 경쟁 전략으로 관점을 확장하는 것의 이점을 보여준다. 브랜드 리더십은 실행 가능한 경제적 방정식 안에서 배수 레버들multiple levers의 시너지를 통해 얻게 된다. 이러한 것이 진정한 브랜드 에쿼티의 조건이다.

럭셔리 브랜드 구축을 위한
2가지 다른 접근

상업적인 성공만이 진정으로 성공이라 부를 수 있으며, 이 목적지로 가는 길은 많다. 랄프 로렌Palph Lauren, 캘빈 클라인Calvin Klein, DKNY 같은 '뉴 럭셔리 브랜드'들은 크리스챤 디오르Christian Dior, 샤넬Chanel, 지방시Givenchy처럼 오랜 전통을 지니지 않고도 럭셔리 브랜드 시장에서 순식간에 성공을 거둘 수 있음을 보여준다. 이 새로운 브랜드들은 아직까지 그 설립자의 죽음 뒤에도 유지될 수 있는 능력을 증명하지 못한 것이 사실이다. 그러나 이 브랜드들의 상업적 성공은 전 세계 소비자들에게 어필하는 매력의 증거이다. 이제 브랜드에 대한 상이한 2가지 비즈니스 모델을 구별할 필요가 있다. 하나는 자신의 배후에 '역사 history'를 가진 브랜드들을 포함하고, 다른 하나는 그와 같은 역사는 없지만 스스로 '이야기story'를 만들어낸 브랜드들을 다룬다. 이런 기업들이 미국에 근거지를 두고 있다는 사실은 전혀 놀라움으로 다가오지 않는다. 이 젊고 현대적인 나라는 이야기들로 꿈을 엮어내는 기술의 노련한 대가이다. 할리우드와 디즈니랜드는 모두 미국의 발명품이다.

게다가 진귀하고 독특한 작품들을 만들어내는 장인 전통에 뿌리를 둔 유럽 럭셔리 브랜드들은 그 성공 요인으로 실제 제품에 상당한 강조점을 둔다. 반면 미국 브랜드들은 머천다이징에 집중하고 고객 접촉과 유통의 영역에서 브랜드 전용의 아울렛에 의해 창조된 분위기와 이미지에 초점을 맞춘다. 우리가 보는 것은 '역사'와 제품을 한 편으로 하고 '이야기'와 유통을 다른 한편으로 하는 이분법의 성립이다. 이 두 브랜드와 비즈니스 모델들을 좀 더 자세히 관찰하고 비교해보자.

첫 번째 브랜드 및 비즈니스 모델은 럭셔리 피라미드luxury pyramid로 나타낼 수 있다(그림 3.2). 피라미드 맨 꼭대기에는 그리페griffe가 있다. 그리페는 단 하나뿐인 작품에 새겨 넣은 제작자의 사인signature을 의미한다. 이것은 그런 작품이 가장 두려워하는 것이 무엇인지를 설명한다. 바로 복제품이다. 반면에 브랜드들은 특히 모조품이나 위조품을 두려워한다. 피라미드의 두 번째 레벨은 작업장에서 소수의 시리즈로 제작되는 럭셔리 브랜드이다. 어원상 '제작품manufacture'을 뜻하는데, 이는 '훌륭한 작품good-facture'의 유일한 보증서로 여겨진다. 에르메스Hermes, 롤스로이스Rolls-Royce, 카르티에Cartier를 예로 들 수 있다. 세 번째 레벨은 현대적인 대량 생산 브랜드이다. 디오르Dior나 입생로랑Yves Saint Laurent 화장품과 YSL 디퓨전YSL Diffusion 의류가 여기에 속한다. 이런 산업화의

| 그림 3.2 | 럭셔리 시장에서의 브랜드 및 비즈니스 모델 피라미드

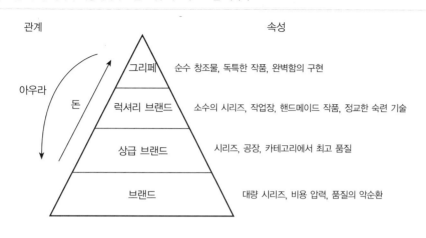

레벨에서 브랜드의 명성은 최고 품질의 고가 제품에 대한 무형적인 부가가치의 아우라를 만들어내는데 그럼에도 불구하고 점점 더 시장의 나머지 제품들과 가깝게 보이는 경향이 있다. 따라서 그 이름은 대중적 명품mass prestige과 동격이 된다.

이 피라미드 모델에서 럭셔리 관리는 세 레벨들 사이의 상호작용에 기초한다. 그리페griffe의 영구화perpetuation는 그 첫 번째 레벨을 위해 필요한 자원을 제공할 수 있는 재무적 그룹과의 통합에, 그리고 세 번째 레벨에서 전 세계적으로 제품을 출시하고 유통할 수 있는 산업 그룹들(P&G, 유니레버Unilever 로레알과 같은)에 대한 그들의 라이센싱에 달려 있다. 수익은 이 세 번째 레벨에서 발생하며, 그리페에 대한 큰 투자가 수익을 거두는 유일한 방편이다. 이런 투자는 브랜드를 중심으로 꿈을 재창출하는 데 필수적이다. 현실은 꿈을 소비한다. 우리가 점점 더 럭셔리 브랜드를 구매할수록 그것을 꿈꾸는 일은 줄어든다. 따라서 다소 역설적이게도 럭셔리 브랜드가 많이 팔리면 팔릴수록 그것의 아우라는 계속적으로 재창출되어야 한다.

이것이 정확히 LVMH 그룹이 운영되는 방식이다. 세계 최고의 럭셔리 기업으로 41개 럭셔리 브랜드를 소유하고 있는 LVMH의 CEO, 베르나르 아르노Bernard

Arnault가 한 말은 이 모델을 가장 잘 설명하고 있다. 브랜드의 성공에서 핵심 요소는 무엇인가? 아르노는 다음 순서로 요소들을 열거한다(2000 : p65).

- 제품 품질
- 창의성
- 이미지
- 기업 정신
- 스스로를 재창조하고 최고가 되려고 하는 노력

아르노는 책 초반부에서 최고의 럭셔리 브랜드인 디오르Dior에 관해 다루면서 다음과 같이 서술하고 있다. "디오르 뒤에는 경제적 성장의 잠재력은 말할 것도 없고, 정통성legitimacy……, 뿌리……, 영감을 불러일으키는 비범한 힘……, 진정한 마술이 있다."(p26).

이 피라미드 모델에서 볼 수 있듯이, 모델의 토대 부분이 (라이센싱, 확장, 덜 선택적인 유통 시스템 등을 통해) 브랜드의 전반적인 현금 흐름을 강화하기 위해 확장됨에 따라 피라미드의 정점에서는 가치의 끊임없는 재창출이 이루어져야 한다. 피라미드의 정점은 창의성, 시그너처signature 그리고 창조자creator가 브랜드에 예술적인 독창성을 제공하는 영역이다. 그곳은 단순한 스타일링이 아닌 예술의 영역이다. 각각의 쇼는 순수한 예술 행사이다. 우리가 보게 될 두 번째 브랜드 및 비즈니스 모델과는 달리 한 해 동안 입게 될 의류를 선보이는 차원이 아니다. 아르노는 그것을 이렇게 표현한다. "옷걸이에 걸려 있거나 진열실에서 볼 수 있는 옷들의 행렬을 보라고 천여 명의 손님들을 초대하지는 않는다."(p70) "대부분의 경쟁자들은 대량 생산 의류를 패션쇼 무대 위에서 과시하거나 미국식 마케팅에 빠지는 것을 좋아한다. 우리는 그런 방식에는 관심이 없다(p73). 그리고 마크 제이콥스Marc Jacobs, 존 갈리아노John Galliano, 알렉산더 맥퀸Alexander McQueen은 혁신가이고, 패션 발명가이며, 패션을 창조하는 예술가이다.(p75)"

피라미드의 정점에서 시그너처 라벨의 창의성은 이 비즈니스 모델의 중심에 있다. 디오르Dior에 존 갈리아노가 온 지 몇 년 지나지 않아 매출은 4배로 뛰어올

| 그림 3.3 | 럭셔리 브랜드의 별자리 형태 모델

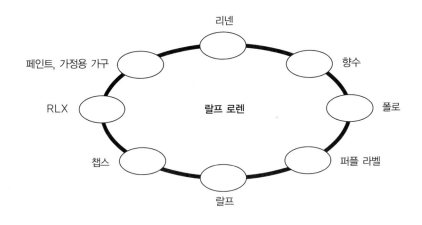

랐다. 디오르가 전 세계적으로 그렇게 많이 거론된 적은 그때까지 결코 없었다. 디오르는 여성을 위한 예술적 창조의 세계적 중심으로 돌아왔다.

결국 모든 모델이 약점을 지니지만 이 모델의 약점은 접근 가능한 2차 라인이 다른 디자이너들에게 점점 더 많이 맡겨질수록, 그리고 피라미드의 정점에서 멀어질수록 창조성이 점점 더 줄어든다는 것이다. 이 모델에서는 브랜드 확장이 브랜드 자체의 창조성을 거의 보여주지 않게 될 커다란 위험이 있다. 브랜드 확장은 단순히 그 브랜드 네임을 활용하는 것에 불과하게 된다.

두 번째 브랜드 및 비즈니스 모델은 미국에서 시작된 것이라고 할 수 있지만 우리는 아르마니Armani와 보스Boss 같은 것도 이 카테고리에 포함시켜야 한다. 이 카테고리의 특성은 평평하고 원형인 별자리 형태의 모델로 나타낼 수 있다. 그 중심에는 브랜드 이상brand ideal이 있고 브랜드의 모든 표현manifestations(확장, 라이센스 등)은 가장자리에 둥글게 자리하며 그 중심에서 거의 비슷한 거리에 위치한다. 그 결과, 이러한 브랜드 확장들은 똑같은 관심을 갖고 다루어진다. 왜냐하면 그들 각각이 그 중심에 있는 브랜드 이상에 대한 개별적인 표현expression을 각자의 목표 시장에 제공하기 때문이다. 각각이 똑같이 중요한 방식으로 브랜드를 묘사하고, 브랜드를 형성하는 데 있어 각자의 역할을 수행한다. 예를 들어,

랄프 로렌Ralph Lauren의 가정용 섬유로의 확장(침대 시트, 담요, 테이블보, 목욕 타월 등)은 귀족적인 미동부지역의 이상과 그 가치의 완전한 표현이다. 실제로 백화점 코너에서 이런 제품의 판촉 전술은 이상적인 집안의 방 모습을 재구성해놓는 것이다.

이 두 번째 모델은 랄프 로렌 하우스The House of Ralph Lauren 같은 브랜드 '장소places'를 포함한다. 이곳은 전 브랜드 계열과 다양한 컬렉션 그리고 확장 제품들을 보유하고 있을 뿐만 아니라 브랜드 이상에 실체, 구조, 의미를 부여할 수 있도록 분명하게 디자인된 슈퍼스토어이다. 랄프 로렌의 설립자인 랄프 립시츠Ralph Lifshitz는 하나의 이상 위에 자신의 브랜드를 구축했다. 바로 보스턴 상류 사회로 상징되는 미국 귀족사회이다. 랄프 로렌의 플래그십 스토어는 이러한 환상을 3차원적으로 재현해 놓은 것이다(그림 3.3).

같은 모델이 라코스테Lacoste 같은 브랜드에 의해서도 사용되고 있다. 라코스테는 데이비스컵에서 그의 친구들인 '4총사Les Mousquetaires'와 함께 우승한 테니스 챔피언이자 '악어The Crocodile'라는 별명을 가진(악어처럼 매우 끈질긴 놈이라는 의미이다) 르네 라코스테Rene Lacoste가 활동하던 1933년에 설립되었다. 그때부터 그의 유명한 슈미즈chemise(셔츠를 의미하는 것으로 단어 자체로 중요하다)에 함축된 브랜드 가치는 라코스테 패밀리와 파트너, 라이센스 생산자, 그리고 유통업체들에 의해 지지를 받아 왔다. 따라서 라코스테는 진품성authenticity과 진짜 역사를 가지고 있지만 동시에 이 두 번째 비즈니스 모델을 따르고 있다.

실제로 이 모델의 창조는 우연과는 아무런 관계가 없다. 그것은 너무 높지 않은 구입 가능한 가격대에서 지속적으로 팔려야 하는 어떤 브랜드를 위한 경제적 필요성에 의해 만들어졌다. 평균 65달러나 50달러의 가격대를 가진 브랜드가 독점적인 유통망을 유지할 수 있는 방법은 어디에도 없다. 라코스테 셔츠의 가격은 65달러 선이고, 랄프 로렌 폴로 셔츠의 가격은 50달러 선이다. 그것은 오직 복합적인 확장multiple extensions을 통해서만 경제적으로 실행 가능하다. 우리의 모델을 따르면, 복합적 확장은 2가지 방식으로 이루어질 수 있다. 첫 번째 방식은 브랜드 인식을 증가시키는 수평적 제품 확장이다. 이는 대규모 광고 예산 확보의 어려움과 여러 유통경로나 동일 백화점 내에 여러 장소로의 분산을 조건으로 한다. 이것은 브랜드의 지각된 존재presence와 위상을 높인다.

두 번째 방식은 평균 판매 가격을 높이는 수직적인 제품 확장이다. 예를 들어 오늘날 라코스테Lacoste는 제품 계열을 3그룹, 즉 스포츠, 스포츠웨어sportswear, 클럽Club으로 세분화했다. 그러나 브랜드 정통성legitimacy의 영역 밖에 있는 정장에는 관여하지 않고 있다. 이런 세분화는 소비자가 스포츠, 여가 그리고 '편한 금요일 복장'과 같은 다양한 상황에서 라코스테를 입는 것을 가능하게 한다. 동시에 평균 제품 가격은 특정 세그먼트를 따라 증가한다. 클럽Club 재킷에 고품질의 옷감이 사용되는 것도 이 때문이다. 물론 모든 라코스테 확장의 제품 계열들은 이런 동일한 세분화를 중심으로 배열된다.

랄프 로렌Ralph Lauren도 비슷한 모델을 사용한다. 최근 랄프 로렌의 퍼플 컬렉션Purple Collection은 질 좋은 옷감으로 만들어진 이탈리아산 의상으로 구성되어 있고, 그에 어울리는 가격으로 한 벌 당 6,000유로이다.

이러한 브랜드 확장 정책은 유통업체들에게 유리한 것이다. 왜냐하면 물리적 판매 영역이 확장될수록 수익률이 높아지기 때문이다. 각 스토어들은 이제 더 이상 단순한 액세서리가 아닌 스스로의 당당한 확장인 제품들의 풍부한 구색을 제공할 수 있다. 그리고 이를 통해 고객의 평균 구매액을 증가시킬 수 있다.

유의해야 할 점은 '피라미드에 기반한pyramid-based' 브랜드들이 다소 뜻하지 않은 문제에 직면한다는 사실이다. 만약 그들이 너무 많은 확장을 만들어낸다면, 판매 매장의 수익성은 떨어지게 된다. 샤넬 부티크Chanel boutique에서 소비자에게 10분을 들여 향수나 샤넬 프레씨지옹Chanel Precision 계열 제품보다는 샤넬 가방을 파는 것이 마진 면에서 훨씬 더 합리적이다. 분명, 확장 정책은 유통 정책과 분리될 수 없다.

2부

현대 시장의 도전

THE *NEW*
STRATEGIC
BRAND
MANAGEMENT

04 브랜드 관리의 새로운 규칙

The New Rules of Brand Management

현재의 브랜드 관리는 10년 전과 같아야 하는가? 수사학적 효과를 위해서는 모든 것이 변했다고 말하는 것이 유용할 것이다. 그리고 또한 브랜드 관리자들에게 그들의 사고, 컨셉, 기술, 방식 그리고 전략들을 업그레이드하라고 촉구하며, 10년 전과 현재를 대조하는 것이 유용할 것이다. 우리는 이런 판에 박은 듯한 대응 태도에 빠져서는 안 된다.

물론 책을 쓰면서 전 세계의 관리자들을 대상으로 하는 경우 일반화는 매우 어려운 일이다. 시카고에서 진실인 것이 뭄바이나 부에노스아이레스, 스톡홀름에서는 진실이 아닐 수 있다. 만약 우리가 선진 시장에 초점을 맞춘다면, 수 많은 점들이 브랜드의 새롭고 지속 가능한 환경들을 특징짓고 있으며, 그것은 새로운 관리 형태를 요구한다.

현대 시장의 새로운 도전들

관리 스타일에 큰 영향을 끼치는 현대 시장의 주요 특징들은 무엇인가?

시장은 성숙 단계에 있다. 우리는 브랜드 의사결정을 분석하면서 이 구조적 요인의 시사점들을 정기적으로 분석할 것이다. 이것이 의미하는 것은 니즈가 충족되고, 많은 제품 카테고리가 더 이상 성장하고 있지 않다는 것이다. 시장은 포화 상태이다. 휴대 전화, 광대역 인터넷, 디지털 또는 플라즈마 텔레비전과 같은 새로운 영역, 즉 소비자들로 하여금 이전의 기술이 시대에 뒤떨어진다는 느낌을 갖게 만드는 기술적 혁신들은 분명 존재한다. 그러나 일반 소비재의 맥락에서 대부분의 카테고리는 규모 면에서 더 이상 성장하지 않는다.

시장이 포화 상태라는 것은 금융 시장에서 기대하는 성장과 투자수익률ROI 수치의 문제이다. 그 첫 번째 결과는 이제 브랜드가 니즈needs에서 욕망desire으로 초점을 옮겨야 하고, 소비자의 감성적 열망emotional aspirations을 그 전보다 훨씬 더 만족시켜야 한다는 것이다. 미래 브랜드 관리의 성공 공식은 다음과 같다.

- 공유 가치shared value를 높인다(브랜드를 구매 고려군에 포함시킨다).
- 이런 가치에 부합하는 혁신들을 가지고 규칙적이고 반복적으로 고객들을 끌어당긴다.
- 성숙한 소비자들에게 계속 정당화되어야 하는 품질과 가격으로 고객 충성도customer loyalty를 발전시킨다.

윤리, 지속가능한 성장 그리고 공정한 상거래와 같은 새로운 측면들은 브랜드를 강화시키는 원천이 될 것이다. 그것들은 (바디샵이 그랬던 것처럼) 포지셔닝의 기초로서가 아니라 부가가치로서 역할을 할 것이고, 브랜드가 책임감 있고, 상업적 산물 그 이상이라는 것을 보여줄 것이다.

또 다른 결과는 시장을 자극하기 위해서는 혁신들이 놀랍고 마음을 빼앗을 만한 것이어야 한다는 것이다. 고객을 놀라게 하기 위해서는 만연하는 마케팅의 떼거리 주의herdism로부터 자유로워야 한다. 기업들은 동일한 방식을 공유하고, 동일한 자료와 설문지를 분석하고, 고객의 행동을 동일한 시각으로 바라보며 비슷한 제품들을 만들어낸다. 예측과 트렌드 파악은 브랜드에 상당히 장기적인 경쟁 우위를 제공하는 혁신의 추구에 있어 점점 더 중요해질 것이다.

마지막 결과는 직접적인 관계의 중요성이 증가할 것이라는 사실이다. 브랜드가 오직 TV와 매장 진열대에만 있을 뿐 현실에서 동떨어져 있는 느낌을 극복하려면 이전보다 훨씬 더 많은 접촉을 시도해야 할 것이다. 스토어들은 살아 있는 현실이다. 스토어들은 포화 상태에 있는 소비자들을 위해 살아 있는 흥미로운 경험이 되어야 한다. 브랜드는 제품 자체를 뛰어넘어 자신의 가치를 보다 현실적으로 만들 수 있도록 노력해야 할 것이다.

소매업체의 자체 브랜드는 점점 더 많은 분야에서 제조업체 브랜드의 주요 경쟁자가 되고 있다. 이것은 잘 알려진 사실이다. 소매업체 브랜드는 점점 더 정교해지고 있으며, 이제 3가지 층의 시장, 즉 저가 제품, 주류 제품, 프리미엄 제품 시장 모두에 위치해 있다. 그리고 심지어 틈새 제품 시장에도 있다. 소매업체 브랜드들은 상거래의 집중으로 오직 가장 좋고 규모가 큰 것들만이 경쟁하는 시장에서 스토어를 포지션시키고 차별화하기 위해 그러한 시장들에 존재한다.

더욱 문제가 되는 것은 물론 이런 브랜드가 지배적인 상거래 형태인 독일은 말할 것도 없고, 네덜란드, 프랑스, 스페인, 그리고 이탈리아 같은 유럽 국가들에서도 하드디스카운트 브랜드들이 부상하는 것을 보게 되었다는 것이다. 그리고 이제 상당한 규모로 미국에까지 수출되고 있다. 하드디스카운트 스토어는 단순히 부유하지 못한 사람들만을 겨냥한 것이 아니라 성숙 시장의 고객들을 겨냥한 거래 형태이다. 이것은 복합 소매업체들이 스스로 가격에 대한 압력을 가하게 만들고, 그 결과 공급업자들의 마진에도 압력을 가한다. 이는 공급업자들이 운영비를 줄이고, 따라서 마케팅 지출도 줄이도록 만들고 있다.

가격 압력에 대한 유일한 답은 혁신을 통해 욕구를 재창출하고, 감성적인 유대와 공유 가치를 통해 충성도를 향상시키는 것이다. 효율성의 추구 역시 매우 중요하다. 이는 브랜드들이 더 커져야 하는 이유이다. '메가 브랜드mega-brand' 라는 키워드는 엄브렐러 브랜드umbrella brand나 보증 브랜드endorsing brand 아래에 있는 더 넓은 영역의 제품들을 지원하기 위해 단 하나의 이름을 활용하는 것을 말한다.

스토어들은 자신의 고객들을 원한다. 그렇게 되면, 스토어들은 자신의 고객들의 선택에 영향을 미칠 것이다. 고객 관계 관리CRM는 이제 모든 브랜드에게 필수 사항이 되었다. 고객 관계 관리는 다른 곳에서 동일한 제품이나 서비스 제안을 접한 고객의 충성도를 증가시킬 뿐만 아니라 브랜드 가치를 전달하고 서비스를 제공하며 브랜드 커뮤니티brand community를 활성화하기 때문이다. 브랜드는 그 어느 때보다도 커뮤니티 구성원들 사이의 매개체로서 자신의 역할을 인식해야 한다.

현대 시장의 고객들은 가격 정보와 시장 지식에 접근할 수 있다. 오늘날 누구나 인터넷을 통해 가격 비교를 할 수 있다. 클릭 한번으로 시장 투명성market transparency이 창조된다. (과도한 공급에 의해 형성되는) 시장 불확실성market opacity 위에서 번성하는 브랜드들에게는 도전인 것이다. 브랜드는 예전보다 훨씬 더 많이 브랜드의 가격 차이를 정당화해야 할 것이다. 이는 물질적 부가 가치(즉 제품이나 서비스 품질)에 관한 정보의 전달뿐만 아니라 본질적인 욕구의 창출(비물질적인 가치에 의한)을 통해 이루어진다. 브랜드는 두 개의 다리에 의해 지지된다. 따라서 브랜드는 유형적 가치와 무형적 가치의 원천 모두를 관리해야 한다.

세월이 흐르면서 고객도 나이를 먹는다. 브랜드는 또한 기존 고객과 함께 매우 다른 선호도나 가치 곡선을 지닐지도 모르는 미래의 예상 고객을 동시에 관리해야 한다. 이것은 이중의 관리 방식을 필요로 한다. 이 두 집단 가운데 어느 하나만을 목표로 삼는 것은 불가능하다. 현재의 고객은 현금 흐름과 수익성의 원천이며, 미래의 고객은 생존과 변화하는 가치들에 대한 장기적인 적응의 원천이다.

마지막으로, 도처에서 세계화가 일어나고 있다. 세계화는 이제 성숙 시장에서 활동 중인 모든 형태의 기업들과 관계가 있다. 왜냐하면 그들의 성장의 주된 원천이 국내 시장 밖에 있기 때문이다. 로컬 기업과 브랜드도 글로벌 경쟁에 직면해 있다. 그들에게 열려 있는 전략 가운데 하나는 스스로를 국제화하여, 세계화가 만들어내는 많은 새로운 문제들에 대처하는 것이다. 기업들은 그들의 제품을 개조해야 하는가 아니면 있는 그대로 수출해야 하는가? 그들은 글로벌 마케팅 전략을 추구해야 하는가, 추구한다면 어느 정도까지 해야 하는가? 해외 시장에서 보다 유리하게 경쟁하기 위해 브랜드 아키텍처brand architecture를 바꾸어야 할 때인가? 브랜드 포트폴리오 가운데 국제화되어야 하는 것과 되지 말아야 할 것은 무엇인가? 브랜드 포트폴리오 안에 있는 로컬 브랜드는 어떻게 성장할 수 있는가?

윤리적 도전

많은 브랜드와 기업들이 그들에게 새로운 이해 관계자가 있다는 사실을 발견했다. 바로 비정부기구NGO들이다. 이 단체들은 기업과 브랜드들이 활동하는 곳이 세계의 어디든 간에 그 활동을 주시하며, 윤리적 문제가 확인되는 순간 즉시 전 세계에 이 사실을 알린다. 비윤리적 기업이나 브랜드 행동에 대한 감시와 비난의 글로벌화는 분명 경제와 미디어 환경의 새로운 요인이다. 쉘Shell과 나이키Nike는 큰 대가를 치르고 나서야 그런 사실을 알게 된 기업들에 속한다.

투자자의 관점에서, 연기금들이 이제 그들이 투자를 고려하는 기업의 사회, 환경 그리고 윤리적 행동에 관해 더 많이 관심을 갖게 되었다는 것은 주목할 만하다. 마지막으로 점점 더 많은 생산자, 소매업체 그리고 브랜드가 환경, 환경 친화적 개발, 공정 거래 등에 관한 그들의 관심을 홍보하고 있다.

매우 어려운 도전이다. 과연 비즈니스의 목적과 윤리를 조화시킬 수 있을 것인가? 이것은 책 한 권을 채우고도 남을 주제이며, 단 몇 줄로 요약하려 한다는 것은 터무니없는 짓이다. 그러나 그 질문에 대처하지 않으면 안 된다. 즉, 브랜드가 지속 가능한 개발에 관심을 기울이지 않고도 현대 시장에서 지속 가능함을 증명할 수 있을까?

한 가지는 분명하다. 오늘날의 커뮤니케이션 사회에서 루머는 매우 빠른 속도로 퍼진다. 루머가 사실이든 아니든 간에(Kapferer, 1991) 명성에는 큰 위협이 된다. 문제는 오늘날 미디어 세계에서 말과 이미지는 사실보다 더 큰 영향력을 가질 수 있다는 것이다. 예를 들어 세계 4대 석유 회사인 토탈Total은 미얀마에서 비윤리적인 행동을 하고, 군사 독재 정권과 유착 관계를 갖고 있는 것으로 자주 사람들 입에 오르내린다. 그러나 가장 유력한 NGO 가운데 하나인 국제 앰네스티 Amnesty International가 실시한 최근 조사에서는 그런 부정행위의 흔적은 드러나

지 않았다. 그러나 루머는 감정적인 비난을 동반한 채 계속 퍼지고 있다.

존경받는 브랜드에게 이런 윤리적 측면이 필요하게 된 이유는 무엇인가? 그것은 지속가능한 기업의 성장을 위해서는 존경받는 것이 필수 조건이기 때문이다. 사실《포춘Fortune》의 가장 존경받는 기업 연간 조사에서 환경에 대한 존중은 평가의 레버로서 그 중요성을 더해가고 있다.

기업 경영과 브랜드 관리에 있어 윤리의 도입은 전형적으로 4가지의 형태를 취한다.

- 첫 번째 형태는 반응하는 것이다. 예를 들어 쉘Shell은 브렌트 스파Brent Spar 사건과 나이지리아 위기에 관여한 것에 대해 공격받았다. 쉘은 지속가능한 개발 이사회를 만들고, 투명성을 주요한 새로운 가치 가운데 하나로 내세우면서 대응했다. 아시아의 노동 착취 공장에 생산을 아웃소싱하는 것이 밝혀진 뒤에 나이키Nike는 노동자와 커뮤니티를 위한 글로벌 연대라는 새로운 비정부기구NGO 창설에 참여해야 했다.
- 두 번째 형태는 모방하는 것이다. 즉 기업들은 경쟁업체들에 뒤떨어지지 않기 위해 트렌드를 따른다.
- 세 번째 형태는 주식평가기관, 오피니언 리더 그리고 대중의 새로운 기준과 기대에 부응하는 것이다. 여기에서 동기는 예방적인 것이다. 기업들은 명성에 위기가 닥치는 것을 피하고 싶어 한다. 같은 목적으로 기업들은 또한 언론과 인터넷 여론을 감시하는 데 점점 더 많은 돈을 투자하고 있다. 이를 위한 기술은 놀랄만큼 발달했다. 이때 기업의 관점은 단기적이고 이미지 지향적이다. 즉 기업의 말이나 행동은 기본적으로 물의를 일으키지 않고 그들의 명성 자본reputational capital에 해를 입히지 않으려는 것이 목적이다.
- 네 번째 형태는 이런 새로운 기준들을 통해 모든 이해 관계자들이 기대하는 것을 훨씬 뛰어넘어 경쟁 우위 창출의 기회를 발견하는 것이다. 기업들은 오늘날의 물질주의적인 세계에서 소비자와 고객이 기업과 빅 브랜드들로부터 더 많은 것을 기대한다는 사실을 안다. 소비자와 고객은 더 큰 브랜드가 아니라 더 좋은 브랜드를 원한다.

물질주의적 소비 풍조에 보다 깊이 빠져들면 들수록 의미에 대한 니즈는 더욱 절실해진다. 전적으로 물질주의적인 세계에서 산다는 것은 어려운 일이다. 오늘날의 공급 과잉 시장에서 소비자들은 같은 가격으로 브랜드로부터 더 많은 것을 기대할 것이다. 소비자들은 브랜드가 높이 평가받을 만하기를 기대한다. 소비자들이 제품을 고려할 때 처음 하게 되는 질문은 "그것이 무엇이냐?"라는 것이다. 그리고 묻는다. "나에게 무엇을 해줄 수 있는가(즉 유형적 또는 무형적 혜택이 무엇인가)?" 그들은 이제 또 하나의 질문을 한다. "나에게 무엇을 의미하는가?"

물론 이런 도덕적 민감성moral sensitivity를 모두가 똑같이 갖고 있는 것은 아니다. 늘 그렇듯이 선두에 서는 것은 행동주의자들이다. 즉 인터넷 상에서 재빨리 경보를 퍼뜨리는 젊은 그룹들이다. 그들은 이상과 도덕심 그리고 기대를 갖는다. 그들은 환경에 관심을 갖는다. 이제 부국과 빈국 사이의 점증하는 격차로 야기되는 세계적인 불평등에도 관심을 갖기 시작했다. 글로벌화의 영향으로 나이지리아에서 일어나는 사건들이 순식간에 네덜란드와 영국 그리고 세계 도처로 퍼진다. 이런 행동주의자들은 또한 문화적 다양성의 개념과 지역 커뮤니티에 대한 존중에 매우 집착한다. 바로 글로벌 브랜드가 지금까지 간과했던 측면들이다. 앞으로 기업과 브랜드에 관한 정보는 도덕적인 것이어야 할 것이다. 지속가능한 성장이 그것에 달려 있기 때문이다.

경쟁적 브랜딩의 주요 원칙

이런 도전들은 실제로 브랜드 관리에 어떤 영향을 주는가? 그것들은 기업들이 그들의 현재 관행 가운데 일부를 수정하도록 어떻게 요구하는가?

브랜드는 더 이상 마케팅에 속하지 않는다

브랜드 에쿼티brand equity의 컨셉이 큰 관심을 받기 시작하면서 가장 먼저 나타난 두드러진 변화는 경영진이 조직의 브랜드 포트폴리오brand portfolio에 세심한 주의를 기울이기 시작한 것이다. 처음에는 브랜드가 단순한 커뮤니케이션 문제로 여겨졌지만 그 후로는 마케팅 관리자들의 독점적인 특권으로 간주되었다. 오늘날에는 CEO들 스스로가 브랜드를 자신들의 책임으로 여긴다. 네슬레Nestle 태국, 프랑스 그리고 이탈리아 CEO를 차례로 역임한 바비외Y. Barbieux는 "브랜드는 이제 더 이상 마케팅 관리자들에게만 위임할 수 없다."라고 선언했다. 그렇게 해서 마케팅 관리자들은 브랜드 정책의 유일한 책임자의 지위에서 물러났다. 오늘날 재무, 회계, 기술, 법률 매니저 그리고 물론 경영 책임자까지 모두 이 일에 참여하고 있다. 이 새로운 상황은 또한 멀티 브랜드 그룹들이 커뮤니케이션 매니저들의 위치를 재정의하게 만들었다. 이들은 더 이상 마케팅 부서에 속하지 않으며, 경영진에 직접 보고를 한다. 월풀 유럽whirlpool Europe이 바로 그러한 예이다. 커뮤니케이션 관리자들은 그들의 새로운 직책 덕분에 시장 점유율의 제약에서 벗어나 주요 브랜드 활동을 추진할 수 있게 되었다.

조직의 측면에서 기업들은 그 구조가 종종 효율적인 브랜드 관리를 하기에는 지나치게 단기적이라는 사실을 깨닫게 되었다. 기업은 브랜드의 무형적 속성의 계속성과 존중을 보증할 수 있는 사람을 가지고 있어야 한다. 한편 기업은 하나의 브랜드가 다른 여러 기술들과 연결될 수 있음을 깨닫게 되었다. 예를 들어 뷔토니Buitoni는 냉동, 통조림 그리고 진공 포장 식품 브랜드이다. 이 모든 제품들은 각기 다른 제조 부서에서 생산되며, 각기 다른 판매 부서를 통해 판매된다. 새로운 직무, 즉 전 사업 부문을 대상으로 하는 브랜드 관리직이 필요하게 되었다. 마지막으로 전형적인 피라미드 형태의 마케팅 구조는 책임을 약화시키고, 관리자들이 브랜드의 한 가지 특정 측면에만 점점 더 전문화되는 결과를 초래했다. 이는 다농그룹이 조직 체계를 4단계에서 3단계로 줄이면서, 브랜드 마케팅 관리자에게 브랜드의 총괄 관리를 맡기고 마케팅 디렉터에게 조율coordination, 구체적으로는 '메가 브랜드들mega-brands'에 대한 책임을 맡긴 이유이다.

'메가 브랜드'의 자본화

브랜드의 새로운 내부 환경 외에도, 브랜드 에쿼티의 개념notion은 이러한 에쿼티 가치를 관리하는 것이 필수적임을 의미한다. 그렇게 하는 데 있어 핵심 단어가 '자본화capitalization'이다. 그러나 강력한 다국적 기업이 아닌 이상 동시에 여러 브랜드들을 자본화한다는 것은 불가능해 보인다. 따라서 대부분의 기업들은 브랜드 포트폴리오를 축소하고, 이른바 '메가 브랜드'라고 불리는 매우 적은 수의 브랜드에 관심을 집중한다. 사실 브랜드 포트폴리오는 종종 지나치게 과중한 짐을 떠안는데, 이는 각 브랜드가 (그들의 특정한 포지셔닝을 통해) 자신의 소비자나 (충돌을 피하기 위해) 유통 경로를 위해 해야 할 일에 대한 철저한 계획 때문이라기보다는 인수합병에 주된 원인이 있다. 이런 경향은 산업재 분야에서 더욱 두드러진다. 많은 기업들이 인수를 통한 성장을 도모한 결과로 이제는 자신들이 미처 대비하지 못한 문제뿐만 아니라 많은 로컬 브랜드나 제품 및 제품 라인 브랜드, 기업 브랜드들을 처리해야만 한다.

브랜드 포트폴리오의 축소는 한 가지 당연한 결과를 가져왔다. 오늘날 더 적은 브랜드가 더 많은 제품을 포함하게 된 것이다. 브랜드가 더 이상 존재하지 않는 제품들은 기존 브랜드로 이전되어야 한다. 예를 들어 다농Danone은 100가지 이상의 제품 라인을 커버한다. 따라서 다농의 전체 제품 영역을 조직화하기 위해 중간 브랜드intermediate brand의 창출이 필요하게 되었다. 날씬한 허리를 원하는 소비자들을 위한 따이유핀느Taillefine, 미식가 성인들을 위한 찰스 제르베Charles Gervais, 아이들을 위한 키드Kid, 건강에 신경 쓰는 이들을 위한 바이오Bio 등이 그것이다. 각 제품 라인 브랜드는 자신의 목표 시장과 포지셔닝을 갖고 있다. 이 구조가 다농에게 도움이 되고, 단지 이것저것 긁어모은 것이 되지 않도록 하기 위해서 각 제품 라인 브랜드는 자신의 브랜드 이미지 목표를 설정하면서 동시에 모두가 다농의 아이덴티티에 고유한 2가지 혜택benefit, 즉 접근성과 건강을 공유한다. 같은 방식으로, 네슬레는 제한된 숫자의 마스터 브랜드master brand를 선택했고(네스카페Nestle, 마기Maggi, 뷔토니Buitoni, 네슬레 Nestle 등), 이 브랜드들은 각각 광범위한 영역의 제품과 하위 브랜드들의 메가 브랜드로서 역할을 한다.

새로운 브랜드 확산의 종식

브랜드 자본화의 필요성은 이제까지 모든 메이저 그룹들에게 비효과적이었던 브랜드와 제품 이름의 확산에 종식을 가져왔다. 새로운 제품을 출시하는 책임을 맡은 제품 관리자라면 누구나 그 제품만의 이름, 즉 고유한 브랜드 네임을 부여하고 싶은 유혹을 느끼는 것이 사실이다. 이것은 네이밍 과정이 신제품은 물론 관리자 자신이 사람들로부터 즉각적인 인지를 얻는 유일한 방법인 산업에서는 더욱 진실이다. 이는 기업들이 제품 브랜드에 대한 고전적인 프록테리안 Procterian 이데올로기에 영향을 받아 신제품들을 위한 브랜드 네임을 다량 등록하는 이유이기도 하다. 그런 시대는 끝이 났다. 많은 비용이 들어갈 뿐만 아니라 (듀퐁 농산품은 관리하는 브랜드 네임이 거의 800개에 이르며, 많은 비용이 들어간다) 비효율적임이 입증되었다. 브랜드 네임 가운데 대부분은 알려지지 않은 가운데 법적으로만 브랜드로 정의될 뿐 구매자에게는 아무런 의미가 없었다. 가장 잘 알려진 이름들만을 남기고, 이들을 엄브렐러 브랜드로 바꾸는 것이 더 현명한 방법이었을 것이다. 이것이 브랜드를 자본화하는 유일한 방법이다.

같은 경험을 했던 네슬레Nestle는 스위스 브베Vevey에 있는 본사에 특별히 전 세계적 차원에서 신규 브랜드를 만드는 임무를 전담하는 브랜드 관리 부서를 만들기로 결정했다. 그 결과는 획기적이었다. 1991년, 네슬레는 전 세계에 101가지에 이르는 신제품을 출시했지만 5개의 신규 브랜드만을 만들었다. 따라서 96가지 혁신들은 이미 존재하는 브랜드의 엄브렐러나 보증 아래 출시되었다. 예를 들어 초콜릿 맛의 시리얼은 같은 목적에 기여하기 때문에 네스퀵Nesquik이란 브랜드 네임으로 출시되었다. 그것은 엄마들이 자녀들에게 우유를 마시도록 구슬리는 수단을 제공하는 것이다.

3M은 자신이 검열관이나 독단적인 지배자로 인식되는 것을 피하기 위해 전 세계에 내부용 자료집을 배포했다. 여기서는 새로운 브랜드 창출이 허용되는(예, 포스트-잇) 시장 조건들과 혁신 제품이 다음 3가지 네이밍 방식 중 하나를 채택해야 하는 가장 일반적인 조건 모두를 구체적으로 밝히고 있다. 3가지 네이밍 방식이란 첫째, 3M 브랜드 네임 + 제네릭 이름(3M 카세트 또는 오버헤드 프로젝터)이고, 둘째는 기존 제품 라인 브랜드 내에서의 자신의 별명surname(Magic Tape by Scotch)이고, 셋째는 제네릭 이름 + 제품 라인 브랜드(video cassettes by Scotch)이다. '브랜드 자산 관리Brand Asset Management'라는 이름이 붙은 이 문서는 몇몇 기본 경영 방침을 내부화하는 것을 가능하게 했다.

이것은 3M에서 새로운 브랜드에 대한 요청이 10년 사이 244개에서 70개로 떨

어진 이유를 설명한다. 1989년, 73개 브랜드가 채택된 것에 반해 1991년에는 오
직 4개만이 채택되었다. 이것은 어떻게 3M이 포트폴리오를 1,500에서 700개의
브랜드로 줄였는지를 말해준다. 3M에서 모든 브랜드는 본질적으로 전 세계 시장
을 대상으로 하며, 그 결과 로컬 브랜드의 창출은 이제 엄격하게 금지되어 있다.
새로운 브랜드 창출을 꾀하는 유일한 시기는 포스트-잇과 같이 새롭고 근본적인
니즈가 발견되었을 때이다. '스카치 매직Scotch's Magic'과 같이 새로운 하위 브
랜드를 창출하는 것은 브랜드 네임(이 경우에는 스카치)을 사용하는 것이 제품간
의 충분한 차별화를 만들어내지 못하는 경우에 한해 이루어질 수 있다.*

혁신을 통한 브랜드 유지

　브랜드 관리를 커뮤니케이션 관리와 동일시하는 일은 흔하게 있는 일이다. 사
실 브랜드는 혁신으로 창출되고 계속적인 혁신의 산출로 살아남는다. 혁신은 일
시적으로 경쟁 우위를 재창출하므로 이런 혁신이 계속 일어나는 것이 매우 중요
하다. 이것은 브랜드가 진정으로 라이벌들보다 더 효과적으로 소비자들의 니즈
에 응답하는 선도 브랜드라는 인식을 강화한다. 브랜드의 점유율이 줄어들 때마
다 그에 대한 진단은 언제나 같다. 브랜드의 혁신 비율이 줄어든 것이다. 그 마케
팅팀은 미래에 무방비 상태이다. 반면에 브랜드의 점유율이 뛰어오를 때는 그 혁
신 비율을 살펴보아야 한다. 2003년 2월, PSA 푸조 시트로엥PSA Peugeot Citroen
은 16.64%의 점유율을 차지한 폭스바겐 그룹Volkswagen Group에 맞서 16.87%
를 차지하며 유럽 자동차 시장에서 공동 리더가 되었다. 여기에 기적은 없었다.
1998년과 2002년 사이 28가지 새롭고 매력적인 모델을 출시함으로써 가능했던
일이다(Folz, 2003).
　한걸음 물러나서 보면, 이런 규칙은 창조적인 노력creative drive을 제약하는 것

---

* Sam Hill and Chris Laderer, 『The Infinite Asset : Managing brands to build new value』, Harvard
  Business School Press, 2001, 제16장 브랜드 포트폴리오 매니지먼트 : 3M이 브랜드 포트폴리오에서
  피라미드 구조의 제일 꼭대기에 7개의 강력한 브랜드들(Scotch, Post-it, Thinsulate, Scotchgard,
  Scotch-Brite, O-Ce-O, 3M)을 선정했음과 "권위 브랜드authority brand, 전략적 브랜드strategic
  brand, 제품 상표product trademark로 3M 브랜드 매니지먼트를 위한 전략과 정책을 개발하는 과정
  을 수록하고 있다. ― 옮긴이

처럼 보일 수 있다. 그렇지만 안에서 보면, 그것은 기존 브랜드를 다시 새롭게 하고 그들의 가치와 전 세계적인 영향력 모두를 강화하는 유일한 수단으로 입증되고 있다. 브랜드는 그들이 계속적으로 스스로를 쇄신하고 신제품이 그들의 총매출에 커다란 부분을 차지할 수만 있다면 계속 성장할 수 있다. 오늘날 많은 부문에서 이 신제품이 차지하는 비율은 25%와 33% 사이로 매우 다양하다. 브랜드는 새로운 니즈를 만족시키고 현대적 기대에 부응할 수 있는 신제품을 시장에 내놓을 수 있는 능력을 보여줌으로써 그들의 동시대적 적실성contemporary relevance을 증명한다.

그러나 항상 제품 관리자들은 새로운 브랜드 네임으로 혁신 제품을 출시하는 것을 선호한다. 이것은 기존 브랜드로부터 신제품에 의해 전달되는 현대성이라는 아우라aura를 박탈하는 것이나 다름없다. 네슬레Nestle가 그들의 신제품인 으깬 인스턴트 감자를 기업의 메가 브랜드 가운데 하나인 마기Maggi 대신 무슬린 Mousline으로 이름 지었을 때, 네슬레 관리자들은 마기 브랜드를 다소 진부하게 만듦으로써 그 브랜드 이미지를 손상시켰다. 브랜드 자본화의 관점에서 생각하는 것은 그 문제에 대해 반대의 순서로 대처할 것을 요구한다. 즉 신제품 이름의 선택은 더 이상 어떤 신제품이 기존 브랜드 네임으로 출시되어야 하는지 결정하는 문제만큼 중요하지 않다. 브랜드는 광고가 아니라 새로운 니즈에 부합하는 신제품에 의해 활력을 되찾는다. 이것이 바로 캐드버리-슈웹스Cadbury-Schweppes가 새로운 소프트음료를 '윕스Wipps' 라는 이름으로 출시하지 않은 이유이다. 대신 제품 이름은 '슈웹스의 드라이Dry by Schweppes' 가 되었으며, 결과적으로 '슈웹스 드라이Schweppes Dry' 가 되었다. 젊은이들 입장에서 보면 '윕스' 는 슈웹스를 젊은 세대와 멀어지게 하고 오히려 그들의 부모 세대와 더 많은 연관성을 갖는 브랜드로 만들 수 있었다.

'슈웹스의 드라이' 는 적어도 새로운 브랜드를 새로운 소비자들과 연결시키는 것을 목표로 했고, 그렇게 해서 슈웹스 브랜드 에쿼티에 더 나은 미래를 보장했다. 오늘날이라면 코카콜라Coca-Cola는 그 라이트 버전light version을 '탭 Tab(1964)' 이라는 이름으로 결코 출시하지 않았을 것이다. 1981년까지 기다리지 않고 즉시 다이어트 코크Diet Coke로 바꾸었을 것이다. 그동안 펩시콜라는 다이어트 펩시를 시장에 내놓고 탭에 대응했으며, 이는 브랜드에 건강을 중시하는 긍정적인 이미지를 부여했다.

다양성에 대처하기

브랜드 환경에서 가장 극적인 변화 가운데 하나는 시장의 분화fragmentation이다. 소비자들은 더 이상 단일한 집단으로 치부되지 않는다. 그들은 상황에 맞게 행동한다. 소비자들은 구매와 소비 상황에 따라 다양한 브랜드를 선택한다. 그들은 또한 절충적이 되었으며, 각기 다른 브랜드 제품을 혼합하는 데 주저함이 없다. 의류를 예로 들면 우리는 이제 '토털 룩Total look'의 종말을 보게 되었다.

대중매체 또한 훨씬 더 분화되었다. 사람들이 웹에서 더 많은 시간을 보내고 그에 따라 전통적인 매체에서 더 적은 시간을 보내게 되었을 뿐만 아니라 기존 매체도 케이블과 위성 방송으로 그 어느 때보다도 다양해졌다.

그 결과 시장은 변했다. 자동차 시장만 보더라도 클래식 세단이 이제 단종 위기에 처해 있음을 보게 된다. 사람들은 자신을 표현하는 또는 자신들이 살고 싶어 하는 방식처럼 보이는 차를 선택한다. 그에 따라 픽업 자동차pick-up, 쿠페coupe, 컨버터블convertible, 미니밴, 4륜구동, 로드스터roadster 그리고 이전에 존재하지 않았던 형태의 자동차에 대한 수요가 급격히 증가하게 되었다. 이전에 존재하지 않았던 기술이라기보다는 다양한 변형 차들의 컨셉이 등장한 것이다.

한 가지 제품이 기업 매출의 90%를 차지하는 시대는 이미 많은 분야에서 완전하게 끝이 났다. 그 대신 브랜드 매출은 여러 수요의 집합을 의미하게 되었다. 자동차 산업에서는 관련 소비자들의 관심을 끌기 위해 처음부터 다수의 크게 다른 버전들이 함께 출시된다. 또 다른 분야는 패션으로, 랄프 로렌Ralph Lauren은 고가의 퍼플 라벨Purple Lable부터 RLX, 챕스Chaps, 폴로 진Polo Jean까지 15가지의 라벨 또는 하위 브랜드가 있다. 나이키Nike는 같은 이유로 그 스니커 제품 라인의 수를 늘이고, 하나하나에 유명한 스포츠 선수의 이름을 붙였다. 소매업체 브랜드는 스스로를 세분화하고 신제품 라인을 새롭고 트렌디한 방식으로 다룬다면 버즈buzz를 형성하고 스토어 안으로 사람들을 끌어들일 수 있는 가능성이 높다는 것을 알았다. 새로운 제품 출시가 전 세계에서 승인받고 시험받는 데 적어도 1년이 걸리는 다국적 기업들과는 다르게 소매업체들은 훨씬 더 잘 반응하고 적응할 수 있다. 즉 위험도가 낮은 것이다. 그들은 돈이 아닌 시간을 투자한다.

물론 브랜드의 제품 라인에 있어 다양성에 대처하는 것에 대한 이런 관심은 글로벌 브랜드에게는 더욱 더 유효하다. 글로벌 브랜드는 시작부터 그들의 글로벌 영역에서 문화적 다양성을 통합해야 한다. 사실 특정 국가의 요구조건을 겨냥한 제품들은 다른 어느 곳에라도 수출될 수 있다는 증거가 있다. 다국적 기업들은 다양성을 글로벌화하는 장본인이 되고 있다.

혁신 제품 배분의 관리

브랜드 자본화라는 컨셉은 또한 혁신 제품이 멀티 브랜드 포트폴리오를 가진 기업 내에서 배분되는 방식에 영향을 미친다. 이미 언급되었듯이 기업이 그들의 혁신 제품을 적절히 배분하지 못하는 경우 실제로 그 혁신은 약한 브랜드의 판매를 증가시키는 데 실패하면서 동시에 강한 브랜드의 프리미엄을 손상시킨다.

그러므로 그들의 브랜드가 혁신 제품을 필요로 하는지 아닌지를 결정하는 것은 브랜드 관리자들에게 달린 것이 아니다. 각각의 브랜드의 영역territory과 범위 boundaries에 대한 명확한 시야를 가진 마케팅 관리자가 각 브랜드 계약contract 과 포지셔닝positioning에 따라 혁신 제품이 어떻게 배분되어야 하는지를 단독으로 결정해야 한다. 이것은 시장에서 각 브랜드의 기능에 대한 소비자와 유통업자의 인식을 분명히 하는 데 도움을 준다. 그것은 또한 수익성을 증가시킨다. 문제는 많은 브랜드들이 여러 세대를 거쳐 오면서 혹은 기업 인수합병의 결과 물려받게 되면서 그들이 심지어 왜 존재하는지를 더 이상 모른다는 것이다. 물론 브랜드들은 어느 정도 명확하게 정의된 이미지를 투영한다. 하지만 시장에서의 그들의 포지셔닝이나 역할은 구체적으로 제시된 적이 없다. 브랜드의 자본화는 그것이 어디로 향하는지 그리고 무엇을 위해 싸우고 있는지가 분명할 때에만 가능하다. 이는 모든 기업의 경영진들이 브랜드의 가치와 그 특정한 혜택, 속성들, 독특함 그리고 핵심 비즈니스를 단번에 정의내리는 것을 목표로 하는 브랜드 차터brand charters를 정교하게 작성하는 이유이다.

아이덴티티는 이미지를 능가한다

지금까지 브랜드 관리는 브랜드 이미지가 지배해 왔다. 그러한 브랜드의 주요 관심사는 그것이 어떻게 지각되는지를 아는 것이다. 오늘날 마케팅은 아이덴티티의 개념notion을 브랜드 관리의 핵심 컨셉으로 여긴다. 마치 우리가 어떻게 지각되는지 알기 전에 우리가 누구인지 먼저 알아야 하는 것처럼 말이다. 오직 아이덴티티만이 브랜드의 일관성과 연속성을 확보하고, 브랜드의 활용을 가능하게 하는 올바른 틀을 제공한다. 브랜드와 그 내용을 정의하는 것은 소비자가 아니라 기업이 할 일이다. 물론 기업은 시장 데이터와 소비자 의견 등을 이용할 것이다. 그러나 소비자는 브랜드와 그 소유주의 장기적인 이해나 브랜드 포트폴리오 내에서의 일관성에 대해 아무런 느낌도 갖고 있지 않다.

오늘날 내적으로나 외적으로 너무 많은 사람들이 브랜드 관리에 참여하고 있다. 참여하는 사람이 많으면 많을수록 더 많은 왜곡과 주관적 해석 그리고 스타일의 변종들이 생기게 된다. 브랜드가 시장에 진보를 가져다주면서 민주적으로 활동한다고 할지라도 브랜드는 민주주의자가 아닌 계몽된 독재자에 의해 운영되어야 한다. 누군가는 브랜드의 연속성과 아이덴티티의 우두머리boss이자 보증인guarantor이 되어야 한다. 앞서 언급한 바와 같이 이 보호자guardian는 오늘날 조직 체계의 상층부에 있는 사람이어야 한다. 즉 그는 중장기적으로 손실을 가져오지만 단기적 관점에서는 유혹적인 다양한 일상적 압력을 물리칠 수 있을 만큼 확고한 위치에 있어야 한다.

예를 들어 그는 라이센싱을 통한 브랜드 확장이라는 제안이 브랜드의 고유한 아이덴티티intrinsic identity에 부합하지 않는다면 단호히 거절할 수 있어야 한다. 고유한 아이덴티티의 구축은 시간과 연속성을 필요로 한다. 이는 브랜드의 이익이 마케팅 관리자들이 중시하는 단기 매출과 충돌하는 이유이다. 그러므로 브랜드 아이덴티티, 영속성, 일관성에 대한 보증자 역할을 하고, 모든 국가, 관리자 그리고 그것이 보증하는 제품들을 망라하는 브랜드 차터를 보유하는 것이 필수적이다. 그 브랜드 프로젝트를 상세하게 아는 것은 내부적으로나 외부적으로 브랜드 차터를 공유하고, 그럼으로써 미래로 도약하는 최상의 방법이다.

브랜드 에퀴티의 이용

브랜드의 자본화는 물론 좋은 일이지만, 브랜드는 무엇보다 비즈니스가 더 많은 수익을 내며 성장하게 하는 도구이다. 따라서 브랜드 에퀴티brand equity에 의해 발생하는 이익을 이용하는 것은 정당하다. 이것이 바로 브랜드 확장이 하는 일이다. 수십 년간 마케팅 관리자들은 단순히 P&G의 브랜드 관리 모델을 채택해왔다. 이제 그런 시대는 끝났다. 하나의 브랜드를 하나의 제품에만 국한시키는 것은 브랜드 에퀴티를 축소시키는 것을 의미한다. 이는 제품의 수명주기에 따라 결국 모든 제품은 없어지게 마련이고 종종 그들의 브랜드 역시 그러하기 때문에 브랜드를 위태로운 상황에 빠뜨릴 수 있다. 이것이 바로 폭스바겐에게 일어날 뻔한 일이다. 폭스바겐은 아주 오랫동안 유명한 '비틀Beetle' 하나에만 전적으로 연관되었고, 브랜드 운명은 이 비틀Beetle 자동차의 수명주기에 지나치게 의존적이 되었다.

모든 제품은 가끔씩 하향 국면을 맞이하기도 한다. 마찬가지로 프랑스 담배 브랜드인 골루와즈Gauloises는 하향 길에 접어든 독한 맛의 담배 시장에서 발을 빼야할 때 그리고 순한 담배의 이미지로 바꾸어야 할 때를 알았다. 브랜드 확장은 이제 반드시 필요한 조건이 되어버렸다. 니베아Nivea가 그 좋은 예이다. 니베아는 잘 알려진 다목적 기초 제품(모이스처라이징 크림)에만 국한되는 실수를 범할 뻔했다. 현재 니베아는 다양한 종류의 제품을 개발해냈다.

때때로 한 브랜드에 속한 가치들은 그 브랜드가 탄생한 곳보다 다른 세그먼트 카테고리에서 더 도움이 된다. 빅Bic은 '저렴하고 편안한 라이프스타일, 소박하고 실용적인 제품'을 상징한다. 이런 가치는 빅의 유명한 볼펜에서 처음으로 구현되었다. 이후 그런 가치들은 일회용 라이터나 면도기로 이어져 그 연관성을 증명했다. 이런 브랜드 확장은 공통점이 없는 제품들이 비슷한 유통 경로를 사용한다는 사실로 강화됨으로써 정당성을 갖게 되었다. 그러나 이런 가치들은 바디 향수와는 큰 연관성을 갖지 못했다. 공기 청정제 정도로는 성공할 수 있었을지 몰라도 결국 향수로의 확장은 실패했다. 따라서 브랜드 확장은 최소의 진입 비용으로 상당한 시장 점유율을 얻기 위해 인지도와 이미지 자산을 이용한다. 이것이 바로 에실러Essilor가 현재 교정용 안경 시장에서 세이코Seiko와 니콘Nikon이라는 전혀 예상치 못했던 새로운 진입자들의 위협을 받게 된 이유이다. 세이코가 전 세계에 전달한 정확함, 정교함 그리고 고도의 기술이 지니는 가치는 지금까지 에실러가 주도하던 큰 국제 시장에서의 세이코의 존재를 정당화한다. 우리가 알 수 있듯이 브랜드 가치는 브랜드의 재무적 가치와 가격의 정당화를 발생시킨다.

브랜드 에쿼티와 가격 전쟁

경제 위기가 그 절정에 다다름에 따라 브랜드 혼란이나 붕괴를 이야기하는 것이 아주 일상화되었다. 그런 경고의 말들은 소비재뿐만 아니라 서비스나 산업재에도 해당된다. 거기에는 브랜드 가치라는 일반적인 이슈도 포함된다. 사실상 유통업체의 자체 브랜드와 저가 제품(하드디스카운트 스토어 제품들)들은 이제 대형 소매점 진열 공간의 40%를 차지한다. 이러한 경향이 지속되면서 많은 생산자 브랜드의 생존이 관심사로 떠오르고 있다. 왜 그런 브랜드 적어도 몇몇 유명한 브랜드가 점점 매력을 잃게 되는 것일까?

이 문제의 주요 원인은 실제로 생산자 자신들이 발생시키는 가격과 가치의 불일치에 있다. 많은 생산자들이 브랜드 에쿼티를 보장된 수입원으로 당연하게 여긴다. 그래서 그들은 지각된 차이를 유지하기 위한 노력을 게을리 했으며 계속적으로 판매가를 올려 왔다. 이런 사실은 인플레이션이 심했던 시기에는 발각되지 않았다. 생산성의 증가 없이 가격 상승이 소비자들에게 전가되었다. 대신 소비자들은 점점 더 대형화되는 소매업체로 발길을 돌렸다. 전반적으로 가격이 계속 올라가 전통적이고 품질에 중점을 두는 유통업체 자체 브랜드들마저 가격 인상 추세를 따를 수밖에 없었다. 그러는 과정에서 생산자들은 지금까지 부각되지 않았던 새로운 구매자 세그먼트에 굴복하게 되었다. 즉 그들은 최대한 싼 제품을 구입하려 하고 더 많이 지불해야 하는 제품 그룹은 거들떠 보지 않은 그런 구매자들이었다. 무조건적인 브랜드 충성도는 더 이상 존재하지 않는다. 말보로 Marlboro의 반복되는 가격 인상은 언젠가 한계에 이르게 되어 있다. 가격에 대한 지각은 확실히 상대적인 개념이다. 새로운 생산자들이 40%나 싼 담배로 시장에 진입했을 때 말보로 브랜드 그리고 다른 많은 소비재 브랜드에 대한 가격 지각은 완전히 부풀려진 것이 되었다. 사실 더 이상 저렴한 제품이 저품질 제품을 의미하지는 않는다. 가격 차이는 더 이상 품질에서의 지각된 차이와 일치하지 않는다. 브랜드는 더 이상 균형을 이루고 있지 않다. 전적으로 무형적인 가치에 근거한 가격 인상은 더 이상 성공할 수 없다. 가격 차이는 여전히 소비자들에게 합리적으로 설명되어야 할 부분이다.

경제 성장과 함께 40년이 지난 후, 관리자들은 가격에 관한 잘못된 생각을 품게 되었다. 최근 몇 년간 시장의 성장과 인플레이션은 대부분의 가격 책정의 오류를 상쇄했다. 많은 경영진에게는 가격을 낮추는 것이 굴복하는 것을 의미한다. 이것은 더 이상 진실일 수 없다. 가격 경쟁력은 성과를 내는 기업들을 나타내는 표시sign가 되었다. 성장하는 델Dell의 시장 점유율은 HP와 다른 경쟁자들에게 가하는 가격 압력 덕분이다.

어떤 브랜드 전략들이 실행될 수 있는가? 2가지 주요 브랜드 유형에 따라 달라진다. 기술에 기반을 둔 브랜드들(화장품, 위생, 미용, 세제 등)은 광고를 통해 판매에 도움을 줄 수 있는 성능 차이를 다시 만들 수 있도록 연구개발에 투자해야 한다. 또 다른 형태의 브랜드는 고정비를 커버하기 위해 양적 수준을 유지하는 것보다 더 나은 옵션은 없다. 이 경우에, 주류 시장으로 돌아가 경쟁하기 위해서는 가격을 낮추는 것만이 유일한 해결책이다.

그러나 몇몇 브랜드는 모험을 감행하고 있다. 이 브랜드들은 가장 낮은 가격의 경쟁자들 수준까지 가격을 떨어뜨려야 한다고 여긴다. 그러나 그런 가격 인하는 브랜드의 충성 고객들이 브랜드의 진정한 가치에 의구심을 갖기 시작하는 경우 장기적인 브랜드 신뢰에 해를 가하게 되어 있다. 더욱이 그것은 충분한 근거가 없거나 목적이 분명하지 않을 수 있다. 시장 메커니즘은 실제로 트래멀 혹 trammel hook(높이 조절이 가능한 걸개용 고리)에 비유될 수 있다(Degon, 1994). 모든 시장에는 층이나 세그먼트의 위계hierarchy가 존재한다. 실제 경쟁은 바로 그 세그먼트 내에서 처음으로 일어난다. 각 세그먼트의 가장 싼 제품이 때때로 가장 매력적이다. 사실 거래 규모가 증가하는 유일한 제품들이다. 따라서 전략은 브랜드 이미지와 인지도 그리고 브랜드가 경쟁하는 세그먼트를 고려해 실질적인 가격 차이를 평가하는 데 있다.

브랜드 에쿼티와 유통업체의 자체 브랜드 생산

브랜드 에쿼티 컨셉은 생산자가 유통업체의 자체 브랜드DOB(distributors' own brand)를 생산해야 하는가라는 주요 문제를 다루는 방법에 영향을 준다.

먼저, 저가 세그먼트와 유통업체의 자체 브랜드 세그먼트는 때때로 특정 시장의 40%에서 50%를 차지하고 있으며, 더 이상 무시할 수 없게 되었다. 앞으로 계속 지속되고 성장하게 될 것이다. 따라서 많은 기업들이 이 두 세그먼트를 생산하지 않는 것은 불합리한 일일 것이다. 그러나 브랜드 방어brand defence는 아래에 열거된 것과 같은 주의를 요한다.

- 기술에 기반을 둔 브랜드들이 그들이 가진 기술을 양보할 이유는 없다. 그 점에서 로레알L'Oreal은 유통업체 자체 브랜드 제품을 공급하지 않는다. 로레알 브랜드의 경쟁 우위는 전적으로 연구개발과 광고에서 생겨난다. 따라서 그것을 독점적으로 지키고자 하는 것은 당연한 이치이다. 로레알은 실제로 소비자 관여도의 각 수준에 적합한 브랜드를 포함하는 브랜드 포트폴리오를 이용해 유통업체 자체 브랜드의 진입을 억제한다. 사실상 로레알에게 있어 기능적인 면에서 유통업체 자체 브랜드와 상응하는 위치에 있는 것은 니베아Nivea나 오일 오브 얼레이Oil of Ulay이다.
- 잘 알려진 생산자들은 유통업체 자체 브랜드를 생산하는 데 투자해서는 안 된다. 실제로 유통업체들의 생산자 선택은 매우 자주 바뀌는 편이므로 그 어떤 특정한 산업 투자도 위험이 따를 수 있다.
- 생산자는 그들이 가진 최고의 기술을 양보하지 않아야 한다. 경쟁업체에서 나온 것과 거의 또는 완전히 같은 것은 제외하고 말이다.
- 유통업체 자체 브랜드 공급은 본질적으로 수익성이 있어야 한다. 따라서 그런 활동이 생성하는 거래량의 증가를 고려할 때 한계 비용의 측면에서 판단하는 것을 멈추어야 한다. 그 결과로 생긴 현금 흐름은 브랜드를 방어하고 그 경쟁력을 유지하는 데 사용될 수 있다. 그러나 재무적 자료들은 자체 라벨 브랜드를 생산하지 않는 기업들이 수익성이 더 높다는 사실을 보여준다.

이와 같은 것은 기업이 자사의 소중한 브랜드 에쿼티를 창조하고 보존하고 사용해야 한다는 깨달음에서 비롯된 관리 혁명의 측면들이다. 이 혁명은 이제 막 시작되었다. 그 강박 관념은 이제 최고의 브랜드들의 자본화로 이어지고 있다. 이것은 여전히 현재의 관행에는 반대되는 것이다. 많은 기업들은 아직도 그들을 미래로 이끌어갈 것임에 틀림없는 강력한 브랜드보다는 약한 브랜드에 더 많은 시간을 소비한다. 이러한 측면에서, P&G의 전 CEO였던 에드윈 아츠Edwyn Artzt가 시트러스 힐Citrus Hill 오렌지 주스, 솔로Solo 세탁 세제, 화이트 클라우드 페이퍼White Cloud paper 등 부가 가치를 산출하지 못하는 많은 브랜드를 없애버려 '터미네이터Terminator' 라는 별명을 얻은 것은 시사하는 바가 크다. 가격 차이가 브랜드 유지에 필요한 마케팅과 광보 비용을 간신히 충당하는 정도라면 브랜드가 유지되어야 할 충분한 이유는 존재하지 않는다.

브랜드 관리 영역의 확대

브랜드 관리 자체는 마케팅 이론과 관행을 뒤흔든 혁명에 의해 영향을 크게 받고 있다. 그 혁명은 바로 단순한 거래 관점transactional perspective에서 관계 관점relational perspective으로의 전환이다. 이는 이론가들로 하여금 새로운 질문을 하게 하고, 낡은 것들을 대체할 새로운 작업 방식, 새로운 사고 모델, 새로운 도구들을 제안하도록 만들었다.

거래에서 관계로

전통적으로 마케팅은 소비자 행동에 초점을 맞추었다. 즉 소비자들의 선택에 영향을 주는 것을 목표로 한다. 마케팅은 구매와 구매를 하게 하는 선택 기준들을 이해하는 데 초점을 맞춘다. 수요에 영향을 미치기 위한 마케팅 도구는 마케팅 믹스marketing mix였다. 마케팅 믹스는 제품product, 가격price, 유통place, 판매촉진promotion이라는 신성한 4P로 이루어진다. 마케팅 조사의 목표는 구매를 예측하는 속성들을 파악하는 것이며, 전형적인 통계학적 도구는 다속성 모델

amulti-attribute model이다. 세분화는 거래 마케팅transactional marketing의 또 다른 핵심 컨셉이다. 거래는 기대가 더 높을 때 촉진되며, 대량시장은 유사한 기대를 가진 그룹이나 유형들로 세분화된다. 그런 후에 브랜드는 각각의 기대에 부합하도록 특징이 부여되고 창조될 수 있다.

경쟁은 치열하고 모방은 신속하며, 때때로 소비자들은 이러한 엄격히 맞춤화된 제안이나 브랜드에 질린 것처럼 보이기 때문에 마케팅의 초점은 고객을 획득하는 것에서 고객을 유지하는 것으로, 브랜드 자본에서 고객 자본으로 옮겨가게 되었다. 효율적인 브랜드 관리의 새로운 유행어buzz words는 구매 목록 점유율share of requirements*, 공유 충성도shared loyalty, 고객관계관리CRM이다. 여기서 초점은 시간이 지나도 지속되는 관계를 구축하는 것과 구매이후 활동들에 맞추어진다. 이 모든 것은 '관계 마케팅'이라는 개념에 포함될 수 있다. 시장 조사의 초점은 선택을 예측하는 것에서 고객이 브랜드와 맺는 다양한 유형의 관계(Fournier, 2000)나 기업들이 제품이나 서비스를 파는 것을 넘어 고객들과 갖는 다양한 유형의 상호작용(Rapp and Collins, 1994; Peppers, 1993)을 분류하는 것으로 옮겨가게 되었다.

관계 마케팅은 재무 지향적 컨셉이라는 점에 유의해야 한다. 고객들은 여전히 세분화되지만 그 차이는 행동과 관련된 것이다. 전통적인 마케팅에서 세분화는 브랜드나 기업이 그 고객들을 위해 창조하는 가치를 극대화하는 것을 목표로 한다. 관계 마케팅에서 세분화는 고객이 기업에게 가져다주는 가치에 기초한다. 오직 이익이 되는 고객들만이 반복적인 관심을 받을 수 있다. 여기에서 평생 고객 가치lifelong customer value라는 컨셉이 나온다. 인터넷 기술은 이런 중요한 고객들 각각을 추적 연구하고, 분석하고, 서비스하고 판매하는 데 있어 더 많은 효율성에 대한 요구를 충족시키는 수단들을 만들어냈다.

물론 이런 2가지 접근은 상호보완적이다. 최고의 충성도는 단순한 계산과 로열티 카드에 기초하지 않는다. 그것은 자발적인 충성도, 즉 브랜드 헌신brand commitment으로 내재화된다. 다른 한편으로 약한 브랜드는 어디선가 시작할 필

---

* 구매 목록 점유율은 구매자가 해당 카테고리 구매에서 특정 브랜드를 구매한 비율을 말한다. — 옮긴이

요가 있다. 행동 로열티 프로그램은 고객-브랜드 관계를 심화시키는 상황들을 만들어내고 고객과 브랜드 사이의 감성적 연결emotional connections을 창조한다.

구매로부터 만족과 경험적 보상까지

이런 구매 후 현상으로의 전환shift에서 비롯된 또 다른 결과는 제품/서비스 만족에 중점을 두게 된 것이다. 제품/서비스가 전달하는 것은 어떻게 소비자의 기대에 부합하는가? 이런 만족은 어떻게 끊임없이 향상될 수 있는가? 이 과정에서 소비 상황의 조건들이 고려되어야 한다. 제품은 언제나 하나의 맥락context 속에서 소비된다. 이 맥락의 성격은 '값어치 있는 경험'이라는 개념을 통해 소비자가 보고하는 만족의 정도에 영향을 준다. 사실 모든 마케터들이 이미 오래전부터 기분 좋은 분위기에서 나오는 음식이 불쾌한 환경에서 먹는 음식보다 더 맛이 좋다고 평가된다는 사실을 알고 있었다. 필립 코틀러Philip Kotler(1973)는 이런 소비의 단면들, 즉 경험적인 단면을 지적하면서 '분위기학atmospherics'이라는 용어를 만들어냈다. 오늘날 나이키타운Niketown이나 랄프 로렌 하우스the House of Ralph Lauren 같은 매장들은 이런 경험적 컨셉의 전형적인 적용 예이다(Kozinets et al, 2002). 1982년에 이미 홀브룩과 허쉬만Holbrook & Hirschman의 선구적인 논문은 현대 소비자들에게 그들의 경험적 소비에서 판타지와 느낌, 즐거움을 제공해야 할 필요성을 제기했다. 슈미트Schmitt(1999)는 '체험 마케팅experiential marketing'이라는 용어를 사용해 고객들이 기업과 브랜드를 감지하고, 느끼고, 생각하며, 행동하고, 관계를 형성하게 하는 방법에 관해 언급했다.*

열망적 가치를 통한 유대

기능적이고 경험적인 보상을 넘어 이제 브랜드는 또한 열망적이어야 한다. 태생적 아이덴티티inherited identity가 약할 때 브랜드는 무형적인 가치를 통해 소비자들이 아이덴티티를 형성하도록 돕는다. 유명하기도 하고, 정의하기 어렵기도 한 '고객 유대customer bonding'는 제품 만족과 (제품을 위한 적극적인 서비스의

---

* Bernd H. Schmitt, 『Experiential Marketing: How to get Customer to Sense, Feel, Think, Act, Relate』, The Free Press, 1999. 한국어판 『체험 마케팅』, 세종서적, 2002. — 옮긴이

| 그림 4.1 | 브랜드 관리의 확장

열망의 충족	– 이미지 광고 – 공동 브랜딩 – 후원	– 팬 대상 잡지 – 웹사이트 – 가상 커뮤니티 – 도덕적 성장	– 공동의 이벤트 (브랜드+고객)
경험적 매력	– 광고 – 매장의 활기 – 경험할 수 있는 제품들 – 스토어 접점 – 거리 마케팅	– 수집가의 애호품 혹은 이 벤트와 연관된 체계적 부 가물 (바비인형, 레고 등)	– 일대일 – 인식과 서비스 – 공동 창조
기능적 만족	– 제품 품질 – 제품 우위점 – 시험구매 프로모션	– 구매이후 프로모션	– 로열티 프로그램 (로열티 카드)

고객 유대의 깊이

관계의 시간적 관점

단기적 거래 　　　　　　　재구매 　　　　　　　장기적이고 상호적인 헌신

맞춤화를 포함해서) 멋진 소비 경험을 기반으로 한다. 이런 유대 관계는 브랜드 가치가 소비자의 가치와 일치하지 않는다면 존재할 수 없는 것이다. 어느 브랜드를 막론하고 어느 정도까지는 열망적이어야 한다. 이런 브랜드들은 물질주의적이고 쾌락주의적인 만족을 넘어 다음과 같이 말한다. "우리는 서로를 이해합니다. 우리는 동일한 가치, 동일한 정신을 공유합니다." 이것은 이런 제품에 기초하지 않는 가치들을 구체적으로 제시하는 것이 너무도 중요한 이유이다. 비전visions과 사명missions은 이런 가치들의 전형적인 원천이다.

따라서 2차원의 매트릭스에 브랜드 관리 영역의 확장을 나타내는 것이 가능하다(그림 4.1). 가로축은 추구하는 관계의 시간적 관점을 가리킨다(즉각적인 거래로부터 반복 구매와 장기적인 몰입까지). 반면에 세로축은 고객 유대의 깊이를 가리킨다. 이것은 제품 만족, 경험적인 매력, 열망적인 친밀감 또는 깊이 있는 가치의 공유라는 3가지 층으로 이루어진다. 그리고 그 중간 중간에 현대 브랜드 관리의 새로운 도구나 행동들을 위치시키는 것이 가능하다.

커뮤니티의 중요성

맨체스터 유나이티드Manchester United 축구팀은 전 세계에 얼마나 많은 팬들이 있는가? 영국에 5백만 그리고 전 세계에 5천만? 이들 가운데 대부분은 현장에서 실제로 팀 경기를 본 적이 없을 것이다. 그러나 실시간의 텔레비전 중계를 보거나 인터넷의 경기 방송에 접속한다. 이들은 티셔츠 같은 상품을 구매한다. 올드 트래포드Old Trafford 경기장에서는 영국 팬들이 오직 맨체스터 유나이티드 콜라만을 마신다. 이것이 실제 커뮤니티다. 이런 커뮤니티 덕분에 팀은 데이비드 베컴David Beckham 같은 가장 비싼 선수를 영입할 수 있다. 대부분의 유명 선수들과 관련해 판매되는 상품에서 나온 수입은 사실상 그들의 어마어마한 급료와 이적료를 책임진다.

전통적으로 소비자 조사에서는 소비자들을 개인으로 보았으며, 그들을 합한 것이 시장 세그먼트가 된다고 여겼다. 구매를 예측하는 데 목적을 두는 대부분의 다속성 모델들은 개인적인 응답에 기초한 까닭에 그러한 암묵적인 가정을 한다. 소비자는 고립된 개인들이 아니라는 주장이 있을 수 있다. 이들은 안정적이든 일시적이든 간에, 그룹groups, 종족tribes, 커뮤니티community에 속해 있다. 사실 브랜드는 개인적인 평가의 총합을 통해서가 아니라 오피니언 리더들이 결정적인 역할을 하는 준거 집단이나 커뮤니티에서의 대화를 통한 집단적인 선별을 거친 후에 의미를 얻는다.

광고 이외에, 브랜드가 수행하는 새로운 형태의 행동들이 나타났다. 즉 비상업적인 환경에서 소비자 커뮤니티와 함께 브랜드 가치를 실천하는 것이다. 이것의 고전적인 예로는 미쉐린이 후원하는 전 세계 레이스나 1년에 한 번 경영자들과 바이커들이 만나는 할리 데이비슨 랠리가 있다.

현대의 브랜드는 또한 그 자신이나 주제를 중심으로 만들어진 커뮤니티들을 활성화한다(팸퍼스Pampers의 페어런트후드parenthood, 잭다니엘Jack Daniel's의 록 음악). 인터넷 사이트, 팬진fanzine, 핫라인, 브랜드 클럽과 이벤트는 이런 새로운 태도를 실천하고 서비스 지원이나 활성화를 통해 브랜드 가치를 공유하는 전통적인 도구이다. 브랜드는 미디어를 적극 활용한다. 즉, 고객들이 인터넷이나 특정 이벤트를 통해 실제로 서로 연결될 수 있도록 돕는다. 브랜드 커뮤니티를 구축하는 것은 이제 브랜드 관리 영역의 한 부분이 되었다(Hagel, 1999). 소비자들에게 모여서 경험을 공유하는 것은 또 다른 형태의 보상이다. 피더(Feather, 2000)는 e-커뮤니티의 4가지 요소를 규정했다. e-커뮤니티는 관심 기반, 거래 기반, 관계 기반, 판타지 기반에 근거한다. 각각의 요소는 사이트, 콘텐츠, 그리고 브랜드와 깊게 관여된 대중간의 상호작용의 특정 형태를 결정한다. 그들은 단순한 구매를 넘어 브랜드 또는 다른 고객들과의 상호작용을 추구한다. 고객들은 커뮤니티의 상호작용과 교류라는 보상으로 움직인다.

접점에서의 브랜드 활성화

브랜드를 지원하는 광고의 역할에 관한 우리의 일반적인 생각은 '빅 뱅 모델big bang model' (Kapferer, 2001)에 기초한다. 적은 수의 채널들만이 존재했을 때에는 핵심 미디어가 실제로 매스미디어로 불릴 수 있었다. 그러나 이제 관심은 희소하고 분화되고 있다. 인터넷은 말할 것도 없이 다양한 미디어 채널들이 존재하기 때문이다. 대대적인 총시청률GRP 광고 캠페인의 파워와 에너지는 분산된다. 결국 이 에너지는 마케팅 채널들의 아래 쪽에 약해진 상태로 도달하게 된다. 이는 접점에서 에너지를 재창조해야 하는 이유이다. 모든 브랜드는 반드시 권유자, 오피니언 리더, 전문가, 초기 구매자, 관련 소비자 그리고 유통업체까지 그들의 가치 전송 체인value-transmitting chain을 활성화하는 데 관심을 가져야 한다. 진열대와 TV에만 존재하는 브랜드는 멀리 있는 것처럼 보이며 깊이가 없다. 어느 누구도 멀리 떨어진 상태에서 관계를 형성할 수는 없다.

그 결과, 이제 모든 브랜드는 그들의 활성화 계획을 생각해야 한다.

- 커뮤니티 내에서의 활동을 강화한다(소비자들이 이용하는 지역 스포츠 클럽과의 파트너십을 발전시킨 비텔Vittel 생수처럼).
- 기억에 남는 집단적 경험을 창조하면서 소비 지점, 즉 매장에서 활동한다.
- 권유자들(즉 채널 아래 쪽에 있는 사용자에게 브랜드를 권하는 사람들)과 함께 활동하며 그들의 명분을 강화한다.
- 브랜드를 중심으로 형성된 가상 커뮤니티와 함께 활동한다. 브랜드는 실제

이든 가상이든 간에 커뮤니티 내에서 사람들 간의 매개체가 되어야 하며, 제품 이상의 것을 제공해야 한다. 브랜드는 실제 서비스를 제공해야 한다.

라이센싱: 전략적 레버

라이센스는 급부상하고 있는 현상(Warin and Tubiana, 2003)으로 2가지 사실의 인식을 보여준다. 첫째는 브랜드가 비록 자본의 형태이지만 여전히 수익을 산출해야 한다는 것이다. 둘째는 이런 유형의 파트너십은 브랜드가 이전에는 없었던 능력과 유통을 가질 수 있게 하며, 더 크게 확장할 수 있는 여지를 준다. 그러나 라이센스와 관련한 이미지 문제는 여전히 남아 있다. 이는 브랜드가 몇몇 나라에서 다른 나라에 비해 더딘 성장을 보이는 이유를 설명한다.

예를 들어, 영어권 국가들은 라이센스 컨셉을 광범위하게 이용해 왔다. 그러나 다른 많은 국가들에서 라이센스는 여전히 명품, 스포츠 그리고 이른바 '파생' 제품derivative product, 즉 모든 영역의 '자질구레한 장신구'에 국한되어 있다. 더욱이 럭셔리 브랜드에서의 현재 트렌드는 구찌Gucci가 선언했듯이 라이센스의 수를 줄이는 것이며, 이는 라이센스에 부정적인 아우라를 강화하는 데 기여하고 있다. 몇몇 브랜드에게 그런 행동은 단지 라이센스 과잉을 바로잡고, 이를 통해 브랜드의 희소성(그리고 품질까지)을 재창출하려는 것이었다. 구찌가 바로 이 전형적인 예이다.

현실에서는, 이제 라이센스는 비즈니스 규모와 브랜드 자본, 수익성을 향상시킬 진정으로 거대한 기회가 되고 있다. 이전까지는 왜 그렇지 않았는가?

첫째, 브랜드 관리자들이 이제 관계에 중점을 두어야 함을 깨닫게 되었다. 제품 자체를 넘어 브랜드는 반드시 고객, 특히 최고의 고객들과의 연결 고리를 강화해야 하며, 그것은 신뢰와 상호 이해에 기초해야 한다. 우리가 현재 '파생' 제품이라고 말하는 것은 '고객 관계 제품'이라는 이름으로 새롭게 불려야만 한다. 예를 들어, 오랑지나Orangina가 택한 한 가지 정책은 코카콜라의 집요한 공격 앞에서 오랑지나 제품을 점점 더 외면하게 된 젊은 층과 10대와의 관계를 재구축하는 것이었다.

둘째, 오늘날의 브랜드는 "당신이 속한 커뮤니티를 말해보세요. 그러면 내가 당신이 누구인지 말해볼게요."라는 말에서 드러나듯 커뮤니티가 중심이다. 다른 말로는 브랜드가 프로모션 차원에서 하는 선택들은 그 브랜드가 속해있고 취향을 공유하는 커뮤니티를 드러낸다. 수즈 아페리티프 사Suze aperitif company가 2001년에 쟝 샤르뜨 가스텔바자크 J-C de Castelbajac 그리고 2002년에 크리스찬 라크르와Christian Lacroix와 함께 1년 한정판을 출시하기로 한 결정은 이런 원리를 보여주는 것으로, 이 캐릭터 브랜드character brand가 오랫동안 무시해 왔던 제품의 기본적인 측면을 재활성화시키면서 수즈Suze를 예술과 문학을 사랑하는 사람들을 위한 음료로 포지션했다.

셋째, 브랜드는 이제 확장을 통해 지위를 구축한다. 한 가지 제품 브랜드는 그 전성기를 누려왔으며, 브랜드는 더 이상 하나의 제품이 아닌 하나의 컨셉으로 여겨진다. 한 번 만들어진 컨셉은 확장을 통해 발전하고 강화된다. 이런 접근 하에서, 기업들은 브랜드 확장이 기업 자신이 짧은 기간 내에 소유할 수 없는 산업적, 물류적 또는 상업적 기술들을 요구한다는 사실을 인정한다. 그러나 필요한 자원들을 가지고 있는 많은 기업들이 존재하며, 브랜드가 그것들을 자유자재로 활용할 수 있다.

브랜드의 강점은 또한 지리적인 확장과도 연결되어 있다. 생산과 유통 라이센스는 중국이나 인도 같은 대륙 크기의 국가들을 이해하고 침투하기 위해 필요하다. 일본이나 한국에서 라코스테Lacoste 같은 명품 기성복 브랜드의 제품 영역은 고객의 물리적인 규모와 함께 그들이 즐기는 특정 스포츠도 고려해야 한다. 로컬 라이센시local licensee는 브랜드의 지역적 적실성을 향상시키는 컬렉션으로 확장을 개발하는 데 가장 유리한 포지션에 있다. 그러나 크리에이티브와 품질 관리는 여전히 재능있는 라이센스 소유자의 손에 있다.

집중화된 대형 유통의 위세dictate에 짓눌려 있는 분야에서는 라이센스가 어느 정도 그 압력을 해소할 수 있는 기회를 제공한다. 이는 기업들이 강력하고, 무형적인 가치에 기반한 브랜드를 창조하는 데 실패한 모든 분야에 적용된다. 강력하고, 무형적인 가치는 유통업체 브랜드가 모방할 수 없는 것 가운데 하나이기 때문이다. 이 원리는 안경테부터 남성화까지 매우 다양한 카테고리들에서 작동한다. 그것은 또한 자신의 브랜드를 창조할 자금이 없어 라이센스 아래 제조, 유통하는 중소업체들에게도 적용된다. 이것은 웨이트 와처스Weight Watchers가 전 세계적으로 유통을 확장한 방법이다.

그러나 라이센스를 단지 집중화된 대형 유통의 과도한 요구에 짓눌린 중소업체들에게 부여된 뜻밖의 행운 정도로만 보는 것은 잘못이다. 라이센스는 또한 이미 다른 업체들이 점령하고 있는 시장에 뒤늦게 진출하는 다국적 기업들에게 기회로 작용할 수 있다. 새로운 브랜드를 창조한다는 것은 경쟁을 더욱 치열하게 만들 위험이 따른다. 더 나은 전략은 기성 브랜드를 사용하여 진입 장벽을 우회하는 것이다. 이것은 로레알L' Oreal이 샴푸 브랜드인 우수아이아Ushuaia에 적용한 방법이다. 우수아이아는 프랑스 채널 1의 지구와 환경 보호에 관한 매우 유명한 TV 프로그램에서 이름을 따온 것이다. 채널 1이 소유한 라이센스는 로레알이 이전에 전혀 입지를 구축하지 못했던 샤워젤 시장에서 유니레버Unilever와 헨켈Henkel과의 경쟁을 가능하게 했다.

마지막으로, 미용과 뷰티 체인인 J 데상쥬J Dessange는 명성, 지위, 선망도를 더 높이고자 하는 전략에 있어 라이센싱의 놀라운 사용 예를 제공한다. 로레알을 모든 범위의 대형 유통 제품들을 유통하는 라이센시로 활용함으로써 이 상위 계열 또는 럭셔리 체인은 특별한 수익원을 창출했을 뿐만 아니라 라이센스를 통해 브랜드를 강화했다. 모든 프랑스인들이 J 데상쥬 프로페셔널 레인지J Dessange Professional Range와 친숙할 뿐만 아니라 이제 그것의 제품들을 구매할 수 있다 (하이퍼마켓과 슈퍼마켓 진열대에서는 가장 비싼 제품일 것이다). 그리고 그와 동시에 언젠가는 명품 전략에 의해 고가인 이 미용실을 방문할 수 있게 될 날을 꿈꾼다.

결국 서구에서 럭셔리 브랜드는 모두에게 알려지는 것에서 자신의 선망성을 이끌어내지만 소수의 사람들만이 구입 가능하다. 그리고 데상쥬Dessange는 이런 라이센스 없이는 선망의 대상이 되지 못했을 것이다. 그 회사가 '까미유 알반 Camille Albane'이라는 이름의 대형 유통 제품 라인을 내놓으면서 동시에 저가의 세컨드 헤어드레싱 살롱 브랜드(까미유 알반)를 출시한 것은 주목할 만하다. 여기에서 라이센스는 아직 까미유 알반 살롱의 숫자가 적고 잘 알려져 있지 않기 때문에 인식과 이미지를 촉진하는 동력 기관의 역할을 할 것이다.

궁극적으로, 브랜드의 성질nature이 라이센스의 결과로 변할 수 있다. 까샤렐 Cacharel은 라이센스가 브랜드의 진정한 중심이 되어 간 사례이다. 까샤렐은 1970년대에 여성용 기성복 브랜드로 시작되었으며, 로맨틱한 여성들에게 어필하도록 포지션되었다. 그 후에 까샤렐의 향수 라이센스가 세계적 베스트셀러 향수인 아나이스-아나이스Anais-Anais가 출시되자 로레알L' Oreal에게 주어졌고, 계속해서 루루Loulou, 에덴Eden 향수가 시장에 나왔다. 그 뒤로도 젊은 고객들을 대상으로 한 4가지 향수가 출시되었다. 바로 노아Noa, 네모Nemo, 글로리아Gloria, 아모르 아모르Amor Amor이다.

로레알에게 까샤렐 라이센스의 문제는 그것의 기반이 없어졌다는 점이다. 기성복 비즈니스는 그 사이 어둠 속으로 사라졌다. 아르마니Armani와 랄프 로렌 Ralph Lauren과는 정반대 경우이다. 그러나 까샤렐에게는 상황은 매우 다르다. 까샤렐 향수의 광고와 전 세계적인 유통에 의해 생성된 인지도 덕분으로 이 기업은 브랜드에 대한 다른 라이센스들을 고려할 수 있는 포지션에 있게 되었다. 이렇게 이 기업은 5년에 걸쳐 로열티를 760만 유로에서 1200만 유로로 올릴 계획을 갖고 있다(Les Echos, 7 July 2003). 까샤렐은 사실상 향수 브랜드가 되었으며, 다른 다양한 라이센스에 활용되고 있다(가정용 린넨, 란제리, 선글라스, 가죽제품, 스카프). 이것은 하나의 독창적인 비즈니스 모델이다.

라이센스는 시간이 지남에 따라(즉 출시, 성장, 강화, 성숙, 재출시) 브랜드를 관리하는 방법의 문제에 있어 많은 형태를 취할 수 있다. 그것은 경쟁자를 놀라게 하는, 접근 가능하고, 창조적인 솔루션의 원천을 제공한다. 그것은 브랜드 경쟁력을 높이는 진정한 도구이다.

라이센스의 재무적 요소에 대한 고려 없이는 그 어떤 논의도 완전할 수 없다. 많은 다국적 기업들은 그들의 로컬 자회사들로부터 브랜드, 로고, 디자인 제작물 등의 사용 댓가로 받는 로열티라는 메커니즘을 통해 본사로 수익을 이전해왔다. 예를 들어, 디즈니랜드 파리Disneyland Paris가 상업적으로는 성공을 거두었으나 재무적으로는 재앙에 가깝다는 것은 잘 알려진 사실이다. 1년에 천2백만이 넘는 방문자들이 공원 안으로 들어가기 위해 줄을 서지만 최초 투자 규모와 이자율,

그에 따른 현재의 채무를 고려할 때, 은행이 그들의 빚을 탕감해줄 때에만 비즈니스가 흑자로 돌아서기 시작할 것이다. 그럼에도 불구하고 디즈니 사는 여전히 매년 브랜드와 (모든 디즈니 캐릭터의) 상표 사용에 대한 로열티를 디즈니랜드 파리로부터 받고 있다.

뛰어난 세무 당국은 라이센싱이 한 국가에서 수익을 빨아들이면서 더 적은 세금을 내는 방법이 될 수도 있다는 사실을 안다. 그들은 진정한 서비스가 제공되고 있다는 것애 대한 증거를 요구한다. 만약 로열티들이 지급되고 있다면 그것들은 실제적이고 유형적인 부가가치를 반영해야 한다. 따라서 다른 나라에 있는 자회사들에게 기업 이름과 로고 사용에 대한 로열티를 지불하도록 요구하는 지주회사는 이러한 이름과 로고의 사용을 통해 자회사에게 제공되는 서비스의 가치에 대한 증거를 대도록 요구받게 될 수도 있다. 역설적으로, 그런 서비스에 대한 대가를 지불해야 하는 것은 지주회사 자신일 수도 있다. 지주회사의 이름은 종종 소비자에게 잘 알려져 있지 않다. 하지만 그것이 증권 거래소에 상장되어 있다면 가시적인 프로필profile이 필수적이다. 지주회사가 (LVMH 그룹의 스폰서십 프로그램과 같이) 자체 광고를 하지 않는 한 그런 가시성은 자회사들의 모든 제품에 그 이름을 붙임으로써 하위 수준에서 창출될 수밖에 없다.

공동 브랜딩의 논리

오늘날 기업들은 점점 더 빈번하게 공동 마케팅 프로젝트에 나서고 있다. 즉 각기 다른 2개의 기업이 협력 마케팅의 차원에서 서로의 브랜드를 짝짓는 것이다 (표 4.1 참조).

- 신상품 출시는 그것을 창조하고 마케팅하는 데 협력한 브랜드들을 명확히 밝히고 있다. 다농Danon과 모타Motta는 요구르트 아이스크림인 '욜카 Yolka'를 출시했는데, 포장에 그 제품을 보증하는 두 브랜드를 모두 사용했다. 이와 비슷하게 엠앤엠즈M&Ms와 필즈버리Pilsbury는 새로운 쿠키 컨셉

| 표 4.1 | 공동 브랜딩의 전략적 사용

어떻게	성장의 원천			
	고객당 구매빈도 증가시키기	타깃에 대한 근접성 강화하기	지각된 품질 강화하기	새로운 시장 창조하기
동일 제품	공동 브랜드 로열티 카드 -에어 프랑스 아멕스 -스마일스	이미지 전략 -오랑지나 리 쿠퍼 캔 -오랑지나-코카이	구성요소 광고 -공동(인텔) -독점(다마트)	
라인 확장		한정 시리즈 -푸조205 라코스테 -르노 클리오 겐조	보증 -웨이트 와처스 by 플러리 미숑 -스마트의 유통 by 메르세데스	
새로운 전체 라인		공동 제작 -제이미 올리버가 디자인한 T-팔라인 -필립스-알레시		
가치 혁신				공동 제작 -다농 (미닛 메이드-다농) -마텔-세가

을 개발했으며, 컴팩Compaq과 마텔Mattel은 각자의 전문 지식을 결합해 쌍 방향의 하이테크 장난감을 내놓았다.

• 많은 라인 확장이 파트너 브랜드의 에쿼티를 활용한다. 예를 들어 하겐다즈 Haagen Dazs는 베일리스Bailey's 맛이나는 아이스크림을 출시했다. 같은 맥 락으로, 딜리셔스Delicious 브랜드 쿠키는 현재 자신의 라인에 치키타 Chiquita 바나나 맛을 포함하고 있으며, 요플레Yoplait는 코뜨 도르Cote d' Or 초콜릿 크림을 판매한다. 그리고 새로운 도리토스Doritos 광고는 '타코 벨Taco Bel의 뛰어난 맛'이나 '피자헛Pizza Hut'을 크게 선전한다.

• 브랜드 확장의 성공률을 극대화하기 위해서 많은 기업들은 다른 기업들의 브랜드들로부터 도움을 구한다. 새로운 시장에서 그들의 브랜드 명성이 결

정적으로 작용할 수도 있다. 그에 따라 켈로그Kellogg's는 건강 지향적인 성인들을 위한 시리얼을 헬시 초이스Healthy Choice와 공동 브랜딩했다.

- 공동 브랜딩은 사용 확대에 도움이 될 수 있다. 예를 들어 유럽에서는 바카디Bacardi와 코크가 함께 광고를 한다. 이것은 광고가 바카디를 마시는 또 다른 방법을 보여주기 때문에 바카디의 시장 침투 전략에 도움을 준다. 더욱이 바카디의 위상은 이상적인 혼합 음료로서 코크를 강력하게 보증한다. 그래서 그러한 짝짓기는 또한 성인 소프트음료의 일인자로 남기를 원하는 코크에게도 도움이 된다.

- 성분 공동 브랜딩Ingredient co-branding은 이제 일반적인 것이 되었다. 예를 들어 뉴트러스위트Nutrasweet는 그 이미지를 향상시키기를 원했다. 뉴트러스위트는 고객 브랜드들의 광고 캠페인을 장려하고 비용을 분담했다. 그리고 이 고객 브랜드들은 뉴트러스위트를 보증하고 설탕의 독점적인 영역인 즐거움과 정서적인 가치라는 함축적인 의미들을 부여했다. 이것은 라이크라Lycra, 울마크Woolmark, 인텔Intel에게도 진실이다. 이 성분 브랜드들ingredient brands은 제품뿐만 아니라 광고와 프로모션 모두에서 공동 브랜딩을 강화하고 싶어한다.

- 이미지 강화 또한 공동 브랜딩의 목표가 될 수 있다. 세제 산업을 예로 들면 유명한 백색 가전(냉장고, 세탁기 등) 브랜드는 특정 세제를 보증하며, 세제 브랜드는 특정 백색 가전을 보증한다. 아리엘Ariel과 월풀Whirlpool은 최근 공동 브랜딩 광고 캠페인을 시작했다. 광고의 선전 문구는 1914년의 유명한 르누아르renoir 그림으로 묘사된 '세탁의 예술'이다. 이런 방법으로 아리엘은 시장 리더로서의 자신의 지위를 강화하고 보다 정서적인 이미지를 얻는다. 월풀로서는 캠페인을 통해 유럽으로의 진출 전략을 보강하고 세심한 배려의 이미지caring image를 창출한다. 오랑지나Orangina와 르노Renault가 2가지 예를 더 제시한다. 오랑지나는 젊은층 시장에 가까이 다가가기 위해 특별히 디자인된 캔 음료를 출시하고, 유명한 청소년 브랜드들(리 쿠퍼Lee Cooper)과 공동 브랜딩을 펼쳤다. 르노는 트윙고Twingo 자동차를 한정 시리즈로 출시했다. 이 차들에는 트윙고 겐조Twingo Kenzo, 트윙고 이지

Twingo Easy 같은 유명 디자이너의 이름이 부여되었다.

- 공동 브랜딩은 판매 프로모션에서도 나타난다. 월풀Whirlpool을 예로 들면 자사 냉장고 매뉴얼에 핀두스Findus나 버즈 아이Bird's Eye의 쿠폰을 집어 넣는다. 이와 비슷하게 기업들은 프로모션 차원의 소비자 콘테스트나 경기 에서 클럽 메드Club Med 휴가 같은 부상이 상금보다 더 큰 효력을 발휘한다 는 사실을 발견한다.

- 로열티 프로그램은 점점 더 공동 브랜딩 협정을 포함한다. 공동 브랜딩 로 열티 프로그램이 새로운 것은 아니지만(GM이 공동 브랜드 크레디트 카드로 이 컨셉을 처음 도입했다) 새로운 방식들이 나타나고 있다. 즉, 기업들이 자신의 브랜드들 사이의 로열티 프로그램의 비용을 분담하고 있다. 예를 들어, 네 슬레Nestle는 모든 네슬레 브랜드(킷캣KitKat, 뷔토니Buitoni, 페리에Perrier, 핀두스Findus)를 모아놓은 수집가용 소책자를 발간했다.

- 공동 브랜딩은 거래 마케팅 운영의 특징일 수 있다. 예를 들어 제품은 특정 하게 한 유통업체를 위해 디자인되고, 제조업체와 소매업체 모두에 의해 승 인될 수 있다. 그래서 다농Danon은 맥도날드McDonald's와 경쟁하는 유럽의 패스트푸드 체인, 퀵Quick을 위한 특별 요구르트를 만들어냈다. 요플레 Yoplait 역시 맥도날드를 위해 같은 일을 했다.

- 다수의 브랜드 사이에서 발생하는 시너지를 활용하는 것 역시 공동 브랜딩 의 목적이다. 네슬레Nestle가 바로 그 예에 해당하며, 공동 마케팅 활동으로 시너지를 얻을 수 있는 많은 브랜드를 가지고 있다(네슬레 요구르트, 네스카 페Nescafe, 네스퀵Nesquick, 헤르타 포크&베이컨Herta's pork and bacon). 켈 로그Kellogg's와 경쟁하고 아침식사 시장에서 점유율을 높이기 위해, 네슬 레는 공동 광고 캠페인을 시작했다. '건강한 아침식사'라는 테마로 모든 브 랜드를 소개한다.

공동 브랜딩이 새로운 것인가? 아니다. 이미 초기에 그런 예가 있었다. 백색 가전 브랜드의 보증을 받는 세제와 자동차 제조업체의 보증을 받는 휘발유 브랜 드가 바로 그런 예이다. 1960년대 후반, 켈로그는 스머커스 프루츠Smucker's fruits로 팝 타르트Pop Tart를 만들기 시작했다. 1967년에는 제너럴 밀즈의 베티 크로커Betty Crocker가 라인 확장으로서 선키스트 레몬 케이크를 추가했다. 마지막으로, 그랑 마니에르Grand Marnier 맛이 나는 아이스크림들은 잘 알려져 있다.

오늘날 새로운 것이 있다면 기업들이 경쟁 우위를 획득하고 유지하는 데 있어 전략적 제휴가 필수적이라는 사실을 인식하고 있다는 것이다. 브란덴버거와 네일버프Brandenburger & Nalebuff(1996)가 만들어낸 '코피티션Coopetition'이라는 새로운 단어는 이런 새로운 태도를 설명한다. 그 아이디어는 기업들은 때때로 동일한 회사와 협력하기도 하고 경쟁하기도 해야 한다는 것이다. 이런 관점에서 보면 공동 브랜딩은 가시적인 제휴이다. 더 나아가 공동 브랜딩은 제휴에 대해 소비자들이 아는 것이 부가가치라고 본다.

공동 브랜딩이 유행이 되기는 했지만 모든 제휴가 가시적인 것이어야 하는 것은 아니다.

- 사진 복사 시장에서 캐논Canon에 의해 판매되는 많은 제품들은 실제로는 리코Ricoh에서 만들어지는 것이다.
- 자동차 산업에서는 현재 로버Rover 사를 소유한 것이 BMW이지만 로버 자동차는 제품 차원에서 그 어떤 BMW 표장insignia도 나타내지 않는다. 메르세데스Mercedes와 스와치Swatch는 그들의 전문 기술이 들어간 스마트Smart라는 혁명적인 신차를 개발하고 시장에 내놓기 위해 합작회사joint venture를 만들었다. 그러나 메르세데스는 스마트라는 신차에 자신의 상표를 부착하지 않을 가능성이 높다.
- 아이스티 시장을 공략하기 위해 후발 주자인 네슬레Nestle와 코카콜라Coca-Cola는 유니레버Unilever의 립톤Lipton 계열에 맞서 협력하기로 결정했다. 네슬레가 제품 생산과 판매를, 코카콜라가 유통을 담당하기로 한 것이다. 그러나 네스티Nestea라는 이름의 이 제품은 공동 브랜드 제품이 아니다. 코카콜라는 제품 뒷면에 작게 표기되어 있을 뿐이다.

05 브랜드 아이덴티티와 포지셔닝

Brand Identity and Positioning

자신이 누구인지, 무엇을 대표하는지 그리고 무엇이 자신을 특별하게 만드는 지를 진정으로 아는 브랜드는 거의 없다. 전통적인 마케팅 도구들은 이러한 질문 에 대답하는 데 도움을 주지 못한다. 물론 모든 광고 캠페인은 카피 전략에 근거 하며, 이는 캠페인마다 다르다. 그러나 실제로 극소수의 브랜드만이 브랜드의 장 기적인 아이덴티티와 그 고유함을 정의하는 브랜드 차터brand charter를 가지고 있다. 브랜드의 외양에만 초점을 맞추는 그래픽 지침graphic guidelines에서도 해 답은 찾을 수 없다. 그러나 브랜드가 진정으로 나타내는 바를 이해하는 것은 단 순히 그래픽 훈련이 아니다. 그것은 브랜드의 가장 깊은 내면의 본질과 아이덴티 티의 다양한 단면들을 조사하는 것이다. 이번 장의 목표는 그런 단면들을 탐구하 고 브랜드 차터의 기초를 제시하는 데 있다.

현대의 경쟁은 2가지 필수적인 브랜드 관리의 도구를 필요로 한다. 하나는 브 랜드의 고유함과 가치의 단면들을 나타내는 '브랜드 아이덴티티brand identity' 이고, 다른 하나는 특정 시기에 특정 시장에서 선호도를 창출하는 주요한 차이점 인 '브랜드 포지셔닝brand positioning'이다.

기존 브랜드에게 있어 아이덴티티는 브랜드 포지셔닝의 원천이다. 브랜드 포지셔닝은 경쟁자를 누르고 시장 점유율을 높이기 위해 시장을 공략하는 브랜드에 의해 사용되는 특정한 관점을 나타낸다.

브랜드가 무엇으로 이루어졌는지 정의하는 것은 다음과 같은 일상적인 질문에 답하는 데 도움을 준다. 브랜드가 이런 저런 이벤트나 스포츠에 스폰서가 될 수 있을까? 그 광고 캠페인이 브랜드에 적합한가? 신제품 출시를 위한 기회는 브랜드 영역 안에 있는가 아니면 그 영역 밖에 있는가? 브랜드는 자신에게 충실하면서도 어떻게 커뮤니케이션 스타일을 변화시킬 수 있는가? 커뮤니케이션에서의 의사 결정이 어떻게 브랜드의 통일성brand congruence을 손상시키지 않고, 지역적으로나 국제적으로 분산될 수 있는가? 이와 같은 모든 결정은 효율적 브랜드 관리를 위한 핵심적인 전제 조건인 브랜드 아이덴티티와 정의의 문제를 제기한다.

브랜드 아이덴티티: 필수적 컨셉

브랜드 비전과 목적에 관한 아이디어들과 마찬가지로 브랜드 아이덴티티의 컨셉도 최근 생겨난 것이며 유럽에서 시작되었다(Kapferer, 1986). 그것의 압도적인 중요성에 대한 인식이 점차 세계적인 인정을 얻게 되었다. 미국에서 일찍이 출간되어 가장 널리 읽히는 브랜드 에쿼티에 관한 책(Aaker, 1991)*에서는 사실 '아이덴티티'라는 단어는 물론 그 컨셉조차도 제시되지 않았다.

오늘날 가장 앞선 마케팅 기업들은 대부분 '브랜드 키brand key'(유니레버), '발자국footprint'(존슨 앤드 존슨), '황소의 눈bulls' eyes', '브랜드 스튜어드십brand stewardship' 같은 독자적인 모델을 사용해 자사 브랜드의 아이덴티티를 표현해 왔다. 이런 모델은 브랜드 아이덴티티와 관련된 컨셉의 목록들을 특정한 양식으로 조직화한다. 그러나 이들은 체크리스트에 가깝다. 브랜드 아이덴티티는 단순히 언어적 신조어인가? 아니면 브랜드가 무엇인지를 이해하는 데 필요한 본질적 개념인가?

---

* David A. Aaker, 『Managing Brand Equity: Capitalizing on the value of a brand name』, The Free Press, 1991. 『브랜드 자산의 전략적 경영』, 비즈니스북스, 2006. — 옮긴이

아이덴티티란 무엇인가?

브랜드 관리에서 이런 의미심장한 컨셉이 의미하는 것을 올바르게 인식하기 위해서 우리는 오늘날 아이덴티티라는 단어가 사용되는 여러 쓰임새를 생각해 보는 것에서 시작할 수 있다.

예를 들어 우리가 '신분증identity cards' 이란 말을 쓸 때 개인적이고 양도 불가 능한 증서인 신분증은 우리가 누구인지, 이름이 무엇인지 그리고 즉각 알아들을 수 있도록 우리가 갖는 특징들을 몇 단어만으로 이야기해 준다. 우리는 또한 여러 사람들 사이의 '의견 동일identity of opinion' 라는 말을 듣게 되는데, 이는 그들이 동일한 관점을 갖는 것을 의미한다. 커뮤니케이션 측면에서, 아이덴티티에 대한 이 두 번째 해석은 브랜드 아이덴티티는 브랜드의 매우 다양한 제품, 활동 그리고 커뮤니케이션에서 단일 메시지를 전하는 공통 요소라는 것을 말해준다. 브랜드가 더 확장하고 다각화하면 할수록 소비자는 사실 그들이 하나의 브랜드 가 아닌 여러 개의 다른 브랜드를 접하고 있다고 느끼기 때문에 앞서 지적한 것 은 매우 중요하다. 만약 제품과 커뮤니케이션이 각자 다른 방향으로 나간다면 소 비자가 과연 어떻게 이런 서로 다른 길이 공통의 비전과 브랜드를 향해 수렴하고 있다고 인식할 수 있겠는가?

동일한 관점에 대해 이야기하는 것은 또한 영원성permanence과 지속성 continuity에 관한 문제를 제기한다. 사회적 지위와 외모가 바뀌면 신분증은 새롭 게 갱신되지만 그 소유주의 지문은 영원히 똑같이 남게 된다. 아이덴티티 컨셉은 어떻게 시간이 발신자sender, 즉 브랜드나 소매업체의 독특하고 영구적인 특성에 영향을 미칠 것인가라는 질문을 던진다. 이런 관점에서 심리학자들은 젊은이들 이 종종 겪게 되는 '아이덴티티 위기identity crisis' 에 관해 이야기한다. 10대들은 아이덴티티 구조가 아직 약하기 때문에 하나의 역할 모델에서 다른 역할 모델로 전환하려는 경향이 있다. 이런 계속적인 전환은 괴리gap를 만들어내고 '진정한 나는 무엇인가?' 라는 원초적인 질문을 하게 만든다.

마지막으로, 사회 집단이나 소수민족에 대한 연구들에서 우리는 자주 '문화적 아이덴티티cultural identity' 에 대해 이야기한다. 아이덴티티를 찾는 데 있어, 그 러한 연구들은 사실상 그들의 타고난 차이뿐만 아니라 특정한 문화적 실체의 구성원 자격이 정해지는 핵심적 기초를 찾는다.

브랜드 아이덴티티는 아마도 최근의 개념일 것이다. 그러나 많은 학자들은 이미 기업의 조직 아이덴티티organisational identity를 연구했다(Schwebig, 1988; Moingeon et al, 2003). 그런 연구에서 아이덴티티의 가장 단순한 언어적 표현은 보통 다음과 같이 말하는 것을 포함한다. "아, 네, 알겠어요, 그러나 우리 회사는 다릅니다! Oh, yes, I see, but it's not the same in our company!" 다른 말로 표현하면, 기업 아이덴티티corporate identity란 조직으로 하여금 그것이 진정으로 존재하고, 그리고 그 자신만의 역사와 장소를 가진 일관되고 고유한 존재라고 느끼게 하는 것이다.

이런 다양한 의미들로부터, 우리는 아이덴티티를 갖는다는 것이 다른 이들과 다르면서 동시에 쉽게 변치 않는 개인적 목표를 가진 진정한 자신이 되는 것을 의미한다고 유추할 수 있다. 따라서 브랜드 아이덴티티는 다음과 같은 질문들에 답함으로써 명확하게 정의될 수 있을 것이다.

- 브랜드의 특별한 비전과 목표는 무엇인가?
- 무엇이 브랜드를 다르게 만드는가?
- 브랜드는 어떤 니즈를 충족시키는가?
- 브랜드의 영원한 본질nature은 무엇인가?
- 브랜드의 가치는 무엇인가?
- 브랜드가 능력을 갖춘 분야는? 정당성을 갖는 분야는?
- 브랜드를 인식 가능하게 만드는 표시sign는 무엇인가?

위의 질문들은 실제로 브랜드 차터를 구성할 수 있다. 이런 공식 문서 형태는 중기적으로 형식과 내용 두 측면에서 브랜드 관리를 더 잘 할 수 있게 할 것이며, 미래 커뮤니케이션과 확장 이슈를 더 잘 다루게 할 것이다. 카피 전략copy strategy과 같은 커뮤니케이션 도구는 본질적으로 광고 캠페인과 연결되어 있으며, 따라서 단기적인 것이 될 수밖에 없다. 견고하고 일관된 실체를 이루는 오직 하나의 브랜드가 있다는 것을 확실히 하는 구체적인 지침이 있어야만 한다.

브랜드 아이덴티티와 그래픽 아이덴티티 차터

많은 독자들은 자신의 회사가 이미 기업이나 특정 브랜드 목적을 위해 그래픽 아이덴티티 바이블graphic identity bibles을 사용하고 있다는 점을 지적할 것이다. 우리는 실제로 많은 그래픽 아이덴티티 차터들, 표준에 관한 책자, 그리고 시각적 아이덴티티 지침들visual identity guides을 발견한다. 그래픽 아이덴티티 에이전시들의 영향으로 기업들은 자신의 브랜드들이 전달하는 메시지를 조화시키기 위해 노력해 왔다. 그러므로 이런 차터는 브랜드 컬러, 그래픽 디자인 그리고 인쇄 형태 등과 같은 브랜드의 시각적 인식을 위한 표준을 정의한다.

비록 이것이 꼭 필요한 첫 번째 단계일 수는 있어도 전부도 끝도 아니다. 오히려 이것은 주객전도의 결과를 낳을 수도 있다. 정말로 중요한 것은 우리가 전달하려는 주요 메시지이다. 형식적인 측면들, 외관, 그리고 전반적 모습들은 브랜드의 핵심 본질core substance과 고유한 아이덴티티로부터 나오는 결과이다. 심벌을 선택하는 일은 브랜드가 무엇을 의미하는지에 관한 정확한 정의가 선행되어야 한다. 하지만 그래픽 매뉴얼Graphic manual은 요즘 매우 흔해진 반면 브랜드 아이덴티티 자체에 관한 명확한 정의는 아직도 매우 드물다. 그러나 위에서 던진 본질적인 질문들(즉 전달해야 할 아이덴티티의 본질)은 우리가 그러한 커뮤니케이션이 무엇을 의미하고 외적 인식의 코드codes가 무엇이어야 하는지에 대한 토론과 정의를 시작하기에 앞서 정확하게 답해져야 한다. 브랜드의 가장 심오한 가치는 인식의 외적 표시에 반영되어야 하고, 첫눈에 명확하게 드러나야 한다. 다양한 BMW 모델 간의 패밀리 유사성family resemblance은 강력한 아이덴티티를 전달하지만 그것이 아이덴티티는 아니다. 이 브랜드의 아이덴티티와 에센스는 브랜드의 차별성, 영원성, 가치 그리고 자동차에 대한 개인적 관점의 문제들을 다룸으로써 실질적으로 정의될 수 있다.

많은 기업들은 불필요하게 그들의 브랜드를 제약한다. 왜냐하면 그들의 아이덴티티를 정립하기도 전에 그래픽 차터graphic charter를 공식화하기 때문이다. 정작 자신이 누군지도 모르면서 기업들은 예를 들어, 별로 적당하지도 않은 특정 사진 스타일 같은 것을 사용함으로써 순전히 형식적인 코드를 단순히 영속시키려한다. 그래서 나나 리치Nina Ricci의 아이덴티티는 영국 출신의 사진작가 데이비드 해밀턴David Hamilton의 스타일에 대한 그 기업의 체계적인 고수와 반드시 관련되지는 않았다.

브랜드 아이덴티티를 안다는 것은 역설적으로 특별한 표현의 자유를 준다. 왜 냐하면 브랜드 아이덴티티는 엄격하게 형식적인 특징보다 본질의 우위를 강조하 기 때문이다. 브랜드 아이덴티티는 무엇을 계속 유지시켜야 하고, 무엇을 자유롭 게 바꿀 수 있는지 정의한다. 브랜드는 살아 있는 체계이다. 그들에게는 현대 시 장의 다양성에 맞출 수 있도록 어느 정도의 자유가 보장되어야 한다.

아이덴티티: 현대적인 컨셉

아이덴티티라는 새로운 컨셉이 브랜드 이미지와 포지셔닝에 대해 이미 잘 알 고 있는 관리 분야에 부상했다는 것은 놀랄 일이 아니다. 오늘날의 문제점은 10 년, 20년 전보다 훨씬 더 복잡하다. 그래서 지금은 현실과 더 가까운 연관성을 지 닌 보다 정확한 컨셉이 필요하게 되었다.

우선 우리는 현재 커뮤니케이션에 흠뻑 젖어 있는 사회에 살고 있다는 사실을 강조하지 않을 수 없다. 현대인들은 의사소통을 하고 싶어 한다. 그 증거는 무궁 무진하다. 주요 대중매체뿐만 아니라 계속 늘어나고 있는 전문 잡지들에서의 광 고 예산은 실로 어마어마하게 증가해 왔다. 성공적으로 자신의 아이덴티티를 전 달하는 것은 말할 것도 없고 이런 혼란 속에서 살아남기조차 더욱 힘들어졌다. 커뮤니케이션은 2가지를 의미한다. 메시지를 보내고, 그 메시지가 전달되게 하는 것이다. 이제 커뮤니케이션은 더 이상 단순히 기술이 아니고, 그 자체가 탁월한 능력을 필요로 하는 성취이다.

브랜드 아이덴티티를 이해해야 하는 절박함을 설명하는 두 번째 요소는 브랜 드에게 가해지는 끊임없는 압력이다. 우리는 이제 마케팅 유사성similarity의 시대 에 접어들었다. 하나의 브랜드가 혁신을 이루면, 그것은 새로운 기준을 창조한 다. 다른 브랜드들은 경기에 계속 남아 있기를 원한다면 따라잡아야만 한다. 그 결과 유통업체가 만드는 모조품은 말할 것도 없고, 비슷한 속성을 가진 '모방' 제 품의 수가 증가하게 된다. 규제 또한 유사성이 늘어나는 원인이 된다. 예를 들어 은행 업무는 점점 더 비슷해져서 현재는 각 은행들의 개성이나 아이덴티티를 충분히 표현할 수 없게 된 상황이다. 시장조사 또한 한 분야에서 떼거리주의 herdism를 발생시킨다. 모든 기업들이 똑같은 라이프스타일 연구에 근거를 두기 때문에 기업들이 도달하는 결론은 그들이 선보이는 제품과 광고 캠페인에서 비슷하게 나타날 수밖에 없으며, 심지어 같은 단어가 사용되기도 한다.

마지막으로 기술이 그러한 유사성의 증가에 책임이 있다. 자동차는 서로 다른 제작공정에도 불구하고 왜 점점 그 모양이 비슷해지는 것일까? 자동차 메이커들 모두가 똑같이 유체역학, 차 내부의 공간 제약 그리고 경제성을 고려하며, 이런 문제들을 해결할 수 있는 다양한 방법 또한 존재하지 않기 때문이다. 더욱이 4개 자동차 브랜드(아우디Audi, 폭스바겐VW, 세아트Seat, 스코다Skoda)의 모델이 생산성이나 경쟁력을 목적으로 같은 부품(섀시, 엔진, 기어박스)들을 공동으로 사용하는 경우가 있다. 이때 각각의 자동차에 남겨진 브랜드 아이덴티티가 서로를 구분 짓게 된다.

다양성 역시 브랜드 아이덴티티에 대한 이해를 요구한다. 브랜드는 새로운 제품을 출시하고, 새로운 시장에 침투하며, 그리고 새로운 목표고객에 도달한다. 이것은 분산된 커뮤니케이션과 조각보 같은 이미지를 초래할 수 있다. 비록 우리가 여기저기에 흩어져 있는 브랜드 조각들을 식별할 수 있을지는 몰라도 그것의 글로벌하고 일관된 아이덴티티를 지각하기란 불가능하다.

왜 이미지보다 아이덴티티를 이야기하는가?

기업들은 그 이미지를 측정하는 데 엄청난 돈을 쓰고 있다. 그렇다면 아이덴티티라는 개념notion은 브랜드나 기업, 또는 소매업체의 이미지가 갖고 있지 않은 무엇을 제공해야 하는가?

브랜드 이미지는 수신자에게 달려 있다. 이미지 조사는 어떤 그룹들이 제품, 브랜드, 정치인, 기업 혹은 나라를 지각하는 방식에 초점을 맞춘다. 이미지는 이런 그룹들이 브랜드가 커버하는 제품, 서비스 그리고 커뮤니케이션으로부터 나오는 모든 신호들을 해석하는 방법을 말한다.

아이덴티티는 발신자에게 달려 있다. 이런 경우에, 목적은 브랜드 의미, 목표 그리고 자신의 이미지를 구체적으로 나타내는 것이다. 이미지는 그 결과이자 해

| 그림 5.1 | 아이덴티티와 이미지

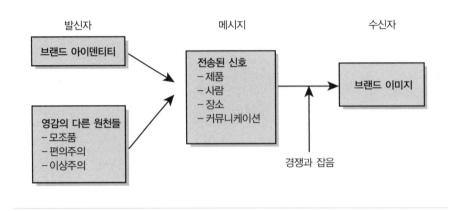

석이다. 브랜드 관리의 관점에서, 아이덴티티는 이미지에 선행한다. 대중에게 이미지를 내보내기 전에 정확히 보여주고자 하는 것이 무엇인지를 알아야 한다. 그리고 그 이미지가 도달하기 전에 무엇을 어떻게 보내야 할지 알아야 한다. 그림 5.1에서 보듯이 이미지는 브랜드 네임, 시각적 심벌, 제품, 광고, 스폰서링, 후원, 기사와 같은 모든 다양한 브랜드 메시지들에 대해 대중이 만들어내는 종합이다. 이미지는 메시지를 해독하고, 의미를 끌어내고, 기호sign를 해석한 결과이다.

이런 모든 기호는 어디에서 온 것일까? 2가지 원천이 있다. 하나는 물론 '브랜드 아이덴티티'이고, 다른 하나는 이질적인 요인들('잡음')이다. 이질적인 요인들은 브랜드의 이름으로 이야기하고 따라서 의미를 생산하지만 실제로는 그 의미와 분리되어 있을 수 있다. 이런 이질적인 요인들이란 무엇일까?

첫째, 자신의 브랜드 아이덴티티가 무엇인지에 대한 명확한 생각이 없이 그저 경쟁자를 모방하는 기업이 있다. 이런 기업은 경쟁자들에 초점을 맞추어 경쟁자들의 마케팅 커뮤니케이션을 흉내 낸다.

둘째, 모두에게 호의적으로 지각되는 매력적인 이미지를 구축하는 데 집착하는 기업이 있다. 그래서 그들은 대중의 기대 하나하나를 충족시키는 데 초점을 맞춘다. 이것은 브랜드가 항상 소비자를 즐겁게 해야 하는 게임에 빠져드는 방식이며, 결국 변화하는 사회적, 문화적 유행의 물결에 휩쓸려 다니게 된다. 어제 화려함에 빛나던 브랜드들이 오늘은 구석진 곳에 틀어박혀cocooning 있다. 내일은 과연 어떻게 될까? 그런 브랜드는 기회주의적이고 인기만을 쫓으며, 따라서 의미있는 실제가 없는 것처럼 보여질 수 있다. 브랜드는 단지 허울이나 의미 없는 위장이 된다.

'잡음noise'의 세 번째 원천은 공상적 아이덴티티fantasised identity를 가진 브랜드이다. 즉, 브랜드가 자신을 있는 그대로 보는 것이 아니라 이상적으로 보고 싶은 대로 보는 것이다. 결과적으로 나중에 우리는 광고들이 사람들로 하여금 브랜드를 기억하게 하는 데 전혀 도움이 되지 않는다는 사실을 알아차리게 된다. 광고가 브랜드와 너무 동떨어져 있거나 완전히 분리되어 있어서 혼란이나 거부감을 일으키기 때문이다.

이제 브랜드 아이덴티티는 널리 알려진 컨셉으로 인식되고 있기 때문에 이 3가지 잠재적인 커뮤니케이션 오류들은 방지될 수 있다.

따라서 아이덴티티 컨셉은 브랜드가 일개 제품 이름으로 시작했다고 하더라도 시간이 지나감에 따라 궁극적으로 독립성과 스스로의 의미를 얻게 된다는 사실을 강조하는 데 기여한다. 과거 제품과 광고에 대한 살아 있는 기억 때문에 브랜드는 쉽게 사라지지 않는다. 브랜드는 자신의 역량 범위, 잠재력, 정당성을 정의한다. 브랜드는 또한 언제 다른 영역들에서 벗어나야 하는지도 안다. 우리는 브랜드가 그 자신 외에 다른 어떤 것이 되는 것을 기대할 수 없다.

분명히 브랜드는 껍데기shell 속으로 웅크리고 들어가 대중과 시장의 진화로부터 스스로를 단절시켜서는 안 된다. 그러나 이미지에 집착하는 것은 브랜드로 하여금 에센스essence보다는 외양에 지나치게 자본을 투자하게 만들 수 있다.

아이덴티티와 포지셔닝

브랜드를 포지셔닝에 따라 구분하는 것이 일반적이다. 브랜드를 포지셔닝한다는 말은 브랜드를 경쟁 브랜드들과 차별화하고 대중에게 어필하는 차별적 특징을 강조하는 것을 의미한다. 그것은 다음 4가지 질문에 근거한 분석적 과정으로부터 도출된다.

- 무엇을 위한 브랜드인가? 이것은 브랜드 약속과 소비자 혜택 측면을 가리키는 것이다. 오랑지나Orangina는 진짜 오렌지 과육을 담고 있고, 바디샵Body Shop은 환경 친화적이며, 트윅스Twix는 배고픔을 사라지게 하고, 폭스바겐 Volkswagen은 믿을 만하다.
- 누구를 위한 브랜드인가? 이것은 목표고객 측면을 가리키는 것이다. 오랫동안 슈웹스Schweppes는 품위 있는 음료수였고, 스내플Snapple은 성인용 소프트음료였으며, 탱고Tango나 유후Yoohoo는 10대를 위한 음료였다.
- 언제 필요한 브랜드인가? 이것은 제품이 소비되는 상황을 가리키는 것이다. 예를 들어 어떤 브랜드가 '우리는 더 열심히 노력합니다we try harder'라고 말한다면 그것은 절박한 요구를 가진 소비자를 위한 것이다. J&B 위스키는 밤에 올빼미 생활을 하는 사람들을 위한 것이다.
- 누구에 대항하는 브랜드인가? 오늘날의 경쟁적 맥락에서 이런 질문은 이를테면, 우리가 사로잡을 수 있다고 생각되는 고객을 점유하고 있는 주요 경쟁자를 밝혀준다. 그래서 투보르그Tuborg와 다른 비싼 수입 맥주들은 위스키 whisky, 진gin, 보드카vodka와 경쟁한다.

포지셔닝은 매우 중요한 컨셉이다(그림 5.2 참조). 포지셔닝은 우리에게 모든 소비자 선택이 비교의 기초 위에서 이루어진다는 사실을 상기시킨다. 따라서 하나의 제품은 명백히 선택 과정의 일부일 때만 고려될 수 있다. 그러므로 위에 제시된 4가지 질문은 새로운 제품이나 브랜드를 포지셔닝하고 그들의 기여가 소비자에게 즉시 드러나도록 도와준다. 포지셔닝은 2단계의 과정이다.

- 첫째 단계는 브랜드가 어떤 카테고리와 연관되어 있고 비교되어야 하는지를 제시한다.
- 둘째 단계는 그 카테고리 내의 다른 제품과 브랜드와 비교해 브랜드의 본질적 차이와 존재 이유가 무엇인지를 제시한다.

| 그림 5.2 | 브랜드 포지셔닝

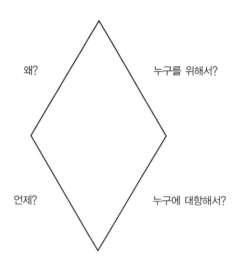

제품이 속하는 카테고리를 선택하는 것이 필수적이다. 이런 작업이 새로 나온 치약의 경우에는 꽤 쉬울지 모르지만 매우 독창적이고 독특한 제품은 그렇게 쉽지 않다. 예를 들어 게인즈 사Gaines가 출시한 게인즈 버거Gaines burger는 새로운 개 먹이로, 햄버거처럼 둥근 모양의 붉은색 다진 고기로 선보인 반건조 식품이다. 보통의 캔 제품으로 나오는 애완동물 사료와는 달리 이 제품은 냉동 보관할 필요가 없고 캔 제품을 열 때 나는 냄새도 없다.

이런 특성을 고려할 때 이 제품은 여러 다른 방법으로 포지션될 수 있다. 예를 들면 다음과 같다.

- 부유한 개 주인에게 어필함으로써 캔 제품 애완동물 먹이 시장을 공략한다. 이 메시지의 요지는 '캔 없는 캔the can without the can', 다시 말하면 고기로 생기는 불편함(냄새, 신선도 제약 등)이 없는 고기의 혜택이 될 것이다.
- 단지 실용적이지 않는다는 이유로 개에게 고기를 주지 않는 것에 대해 주인이 죄책감을 느끼지 않도록 하는 제품을 제공함으로써 건조 애완동물 먹이 세그먼트(건조 알갱이)를 공략한다. 신선하게 다져진, 둥근 모양이 이런 포

지셔닝을 정당화한다.

- (앞에 제시한 두 전략에서처럼 주식이 아니라) 완벽한 영양 보충 음식으로 게인즈를 선전함으로써 개에게 남은 음식을 먹이는 주인들을 타깃으로 삼는다.
- 개를 위한 마스 바Mars bar 같이 영양 만점 음식으로 제품을 선전함으로써 개를 키우는 모든 사람들을 타깃으로 삼는다.

위에 제시한 4가지 전략 중에서 선택하는 것은 각각을 어떤 측정 가능한 기준을 가지고 평가해봄으로써 이루어졌다(표 5.1 참조).

게인즈 사는 결국 첫째 포지셔닝을 선택하고 '게인즈 버거'라는 이름으로 제품을 출시했다.

아이덴티티 컨셉은 포지셔닝의 컨셉에 무엇을 추가하는가? 왜 우리는 또 다른 컨셉을 필요로 하는가?

무엇보다도 먼저, 포지셔닝은 제품 자체에 더 초점을 맞추기 때문이다. 그렇다면 멀티 제품 브랜드multi-product brand의 경우 포지셔닝이 의미하는 것은 무엇인가? 만약 우리가 하나의 특정 제품 카테고리에 초점을 맞추고 있지 않다면 어떻게 포지셔닝에 관한 위의 4가지 질문에 대답할 수 있는가? 우리는 스카치Scotch 비디오테이프뿐만 아니라 다양한 스카치 브라이트Scotch-brite 수세미들이 어떻게 포지션되는지 알고 있다. 그러나 3M 기업 브랜드는 말할 것도 없고, 전체로서 스카치 브랜드에게 포지셔닝 컨셉이 의미하는 것은 무엇인가? 이 부분에서 브랜드 아이덴티티의 컨셉이 여러 모로 유용하다.

다음으로, 포지셔닝은 브랜드의 풍부한 의미를 모두 드러내는 것이 아니며 브랜드의 모든 잠재력을 반영하는 것도 아니다. 일단 위의 4가지 질문으로 축소되면 브랜드는 한정되게 된다. 포지셔닝은 펩시콜라로부터 코카콜라를 충분히 차별화하는 데 도움이 되지 못한다. 따라서 위의 4가지 포지셔닝 질문은 그러 미묘한 차이를 포착해내지 못한다. 위의 질문들은 우리가 브랜드 아이덴티티와 특성을 충분히 탐색할 수 없게 한다.

더욱 나쁜 점은, 포지셔닝은 커뮤니케이션이 창의적인 변덕과 일시적 유행에 전적으로 따르도록 놔둔다는 것이다. 포지셔닝은 커뮤니케이션 스타일, 형태 또

| 표 5.1 | 브랜드 포지셔닝을 평가하고 선택하는 방법

- 제품의 현재 모습과 성분은 이 포지셔닝과 양립 가능한가?
- 이 포지셔닝 뒤에 있는 소비자 동기는 얼마나 강한가?(어떤 통찰?)
- 이 포지셔닝과 관련된 시장의 크기는 어느 정도인가?
- 이 포지셔닝은 믿을 만한가?
- 그것은 경쟁자의 실제적 혹은 잠재적 약점을 이용하는가?
- 이 포지셔닝이 요구하는 재무적 수단들은 무엇인가?
- 이 포지셔닝은 특정하고 차별적인가?
- 경쟁자들에 의해 모방될 수 없는 지속 가능한 포지셔닝인가?
- 이 포지셔닝이 실패했을 경우 가능한 차선책을 가지고 있는가?
- 이 포지셔닝이 가격 프리미엄을 정당화하는가?

는 정신에 관해서 전혀 관여하지 않는다. 표현 능력을 가진 브랜드에게 이것은 큰 결함이다. 브랜드는 제품의 객관적이고 주관적인 품질 모두를 나타낸다. 멀티미디어가 지배하는 오늘날 브랜드가 전하는 것은 단어는 물론이고 그림, 소리, 컬러, 움직임 그리고 스타일 등으로 구성된다. 포지셔닝은 단어만을 통제한다. 나머지는 창조적 직감과 사전 테스트의 예측할 수 없는 결과에 맡겨둔다. 그러나 브랜드 언어brand language는 결코 창조성만의 결과가 되어서는 안 된다. 브랜드 언어는 브랜드의 개성과 가치를 표현한다.

창조적 직감은 그것이 브랜드의 정당한 영역과 일관되는 경우에만 유용하다. 더 나아가, 비록 사전 테스트 평가가 브랜드의 메시지가 잘 수신되었는지를 입증하는 데 필요하다할지라도 대중이 브랜드 언어를 정하도록 놔둬서는 안 된다. 브랜드 언어 스타일은 브랜드 자체 내에서 발견될 필요가 있다. 브랜드 독특성은 종종 소비자의 기대로 손상되는 경향이 있고, 브랜드 아이덴티티를 잃어버릴 위험 수준까지 후퇴하기 시작한다.

브랜드의 메시지는 브랜드의 내적 본질inner substance을 외부로 표현하는 것이다. 그러므로 우리는 더 이상 브랜드 본질을 브랜드의 언어적, 시각적 그리고 음악적 속성과 같은 브랜드 스타일과 분리해 생각할 수 없다. 브랜드 아이덴티티는 전반적인 브랜드 일관성brand coherence을 위한 틀을 제공한다. 그것은 포지셔닝의 한계를 상쇄하고 표현 수단들, 통일성 그리고 지속성을 감시하는 데 기여하는 컨셉이다.

왜 브랜드는 아이덴티티와 포지셔닝이 필요한가?

브랜드의 포지셔닝은 브랜드 관리에서 핵심 컨셉이다. 그것은 한 가지 근본적인 원칙, 즉 모든 선택은 비교에 의한 것이라는 원칙에 기초한다. 아이덴티티가 브랜드의 유형적, 무형적 특징들을 표현한다는 것을 기억하라. 이 특징들은 모두가 브랜드를 브랜드답게 만드는 것이며, 그런 특징들이 없다면 브랜드는 다른 모습을 하게 되는 것이다. 아이덴티티는 브랜드의 근원roots과 유산heritage에 의지한다. 이는 브랜드에 고유한 권위와 명확한 가치와 혜택의 영역 안에서의 합법성을 부여하는 모든 것이다. 포지셔닝은 경쟁적이다. 브랜드와 관련하여 고객들은 선택을 한다. 그러나 그것은 제품 선택이며, 고객들은 비교를 한다. 이는 2가지 질문을 제기한다. 첫째, 고객들은 그 제품을 무엇과 비교하는가? 이에 답하기 위해 경쟁 분야를 살펴보아야 한다. 즉, 어떤 분야에 속하기를 원하는가? 둘째, 핵심 의사결정 요인으로서 고객에게 무엇을 제공하고 있는가?

자신의 포지션을 정하지 않는 브랜드는 이 2가지 질문에 대답하지 않고 내버려두는 것이다. 고객들 스스로가 답을 찾을 것이라고 가정하는 것은 잘못된 것이다. 고객들이 특정 브랜드를 특별하게 만드는 것을 알아내는 노력을 하기에는 오늘날 가능한 선택의 폭이 너무 넓다. 이런 정보를 알리는 책임은 브랜드에 있다. 기억하라, 제품들이 선택의 수를 증가시킨다면 브랜드는 이를 단순화시킨다. 이는 무엇인가를 의미하지 않는 브랜드가 아무것도 의미하지 않는 이유이다.

포지셔닝의 목적은 우리에게 실제 또는 지각된 우위점을 주는 강력한 구매 이유를 파악하고 소유하는 것이다. 그것은 장기적인 포지션을 차지하고 지키려는 욕망을 암시한다. 포지셔닝은 경쟁 지향적이다. 즉 경쟁자의 시장 점유율을 공략하는 가장 좋은 방법을 의미한다. 포지셔닝은 시간이 지남에 따라 바뀔 수 있다.

즉 경쟁 분야를 확장함으로써 성장한다. 아이덴티티는 더 안정적이고 오래 지속된다. 아이덴티티는 브랜드 근원과 고정된 파라미터들parameter에 묶여져 있기 때문이다. 따라서 코크의 포지셔닝은 다른 콜라들과 경쟁하는 동안에는 '오리지널the original'이었다. 비즈니스를 확장시키기 위해 코카콜라Coca-Cola는 현재 모든 소프트음료를 상대로 경쟁한다. 그에 따라 코카콜라의 포지셔닝은 '전 세계 사람들을 잇는 가장 상쾌한 유대(the most refreshing bond between people of the world)'이다. 반면 코카콜라의 아이덴티티는 여전히 '미국의 심벌이자 미국적인 삶의 방식의 에센스the symbol of America, the essence of American way of life'이다.

포지셔닝은 어떻게 얻게 되는가? 일반적인 포지셔닝 공식은 다음과 같다.

For… (목표 시장의 정의)
Brand X is… (준거 틀과 주관적 카테고리의 정의)
Which gives the most… (약속 또는 소비자 혜택)
Because of… (신뢰의 이유).

이런 요소들을 자세히 살펴보기로 하자.

타깃은 영향을 받는 개인, 즉 구매자나 잠재적인 소비자의 특성과 심리학적이고 사회학적인 프로필을 제시한다.

준거 틀은 카테고리에 대한 주관적인 정의로, 경쟁의 특성을 제시한다. 동일한 목적을 위해 효과적으로 기능하는 다른 브랜드나 제품에는 무엇이 있는가? 이것은 전략적 결정이다. 즉 '전쟁터field of battle'를 정하는 것이다. 그것은 어떤 상황에서도 제품이나 카테고리에 대한 객관적인 기술과 혼동되어서는 안 된다. 예를 들어 영국에는 실제 럼rum 시장이 없다. 그러나 바카디Bacardi의 인기는 매우 높다. 이는 바카디가 럼이라는 사실을 인식하지 않은 채 마시게 될 가능성이 매우 높기 때문이다. 바카디는 더할 나위 없는 파티용 칵테일이다.

또 다른 예는 준거 틀을 정의하는 것의 전략적인 중요성을 설명한다. 객관적으로 말하면 페리에Perrier는 탄산 미네랄워터이다. 그러나 주관적으로는 성인용 음료이기도 하다. 이런 준거 영역에 비추어 보면, 페리에는 가장 강력한 경쟁 우위를 얻는다. 즉, 약간의 자연스러운 유별남natural quirkiness이 그것이다. 우리도 알 수 있듯이 경쟁 영역의 선택은 그 영역의 전략적 가치에 관한 정보가 있어야 한다. 얼마나 크며, 얼마나 빠르게 성장하며, 얼마나 수익이 되는가? 하지만 그것은 또한 그것의 아이덴티티와 잠재력을 통해 브랜드에 경쟁 우위를 부여하기도 한다. 식탁용 생수로 지각되는 페리에는 이 시장이 매우 크다 할지라도 다른 탄산 미네랄워터에 대해 중대한 경쟁 우위를 갖지 못한다. 그러나 '성인용 음료'로 정의되는 경쟁 영역과 관련해 바라보게 되면 페리에는 다시 경쟁력을 갖게 된다. 확실하게 차별화된 우위점을 갖는 것이다. 그렇다면 페리에의 경쟁자는 누가 되는가? 여기에는 알코올음료, 다이어트 코크Diet Coke, 슈웹스Schweppes 그리고 토마토 주스가 포함된다.

세 번째 요소는 결정적인 경쟁 우위점에 대한 선호와 선택을 만들어내는 차이difference의 측면을 제시한다. 즉, 그것은 약속(예를 들어, 볼보Volvo는 모든 차 중에서 가장 튼튼하다)이나 혜택(볼보는 '안전한' 브랜드이다)의 측면에서 표현될 수 있다.

네 번째 요소는 약속이나 혜택을 강화한다. 그것은 '신뢰의 이유reason to believe'로 알려져 있다. 예를 들어, 도브Dove 브랜드의 경우 가장 보습 효과가 뛰어나다는 것을 약속하는데, 그 이유는 도브의 모든 제품이 25%의 보습 크림을 함유하고 있기 때문이다.

포지셔닝은 반드시 필요한 컨셉이다. 먼저 모든 선택이 비교에 의한 것이고 따라서 브랜드는 자신이 가장 강한 영역을 지정하면서 시작하는 것이 이치에 맞기 때문이다. 둘째로, 마케팅에서는 지각이 현실이기 때문이다. 포지셔닝은 고객이 있는 곳에 브랜드를 위치시킴으로써 고객과 함께 시작하는 컨셉이다. 브랜드의 과잉에 직면해 소비자들은 각각의 강점, 즉 브랜드를 나머지와 구별짓는 요인을 파악할 수 있을까? 이는 이상적으로는 고객들이 브랜드 포지셔닝을 다음과 같이 바꾸어 말할 수 있어야 하는 이유이다. "X 브랜드만이 나에게 이것을 해 줄 거야, 왜냐하면 그것은 …이니까."

전적으로 중립적인 도구는 없다. 위에 나온 공식은 크래프트-제너럴 푸드

Kraft-General Foods, P&G, 유니레버Unilever같은 기업들이 만들어낸 것이다. 그것은 그들 제품의 경쟁 우위를 기반으로 하는 기업들을 위해 디자인된 것으로, 로레알 그룹L'Oreal group에 완벽하게 들어맞는다. 로레알은 전 세계 2,500명의 연구원을 거느리고도 명백하게 뛰어난 성능을 보일 때에만 신제품을 출시한다. 그리고 이런 사실은 광고를 통해 선전된다.

브랜드가 아무런 약속도 하지 않거나 그 브랜드의 혜택이라는 것이 보잘 것 없는 경우가 있다. 예를 들어, 어떻게 우리는 캘빈 클라인의 옵세션Obsession 같은 향수의 포지셔닝을 그것의 진정한 성질과 참신성을 명확히 나타내는 방식으로 정의할 수 있을까? 옵세션 향수가 그 고객들에게 어떤 특정한 약속을 한다거나 고객들이 (모든 향수가 갖는 보편적인 속성인) 좋은 느낌 외에 그 제품으로부터 특별한 혜택을 얻을 수 있다고 주장하는 것은 잘못일 것이다. 옵세션의 매력은 실제로 그것의 이미지에서 나오는 것이다. 즉, 그것이 구현하는 불온한 남녀 양성성의 가상 세계말이다. 마찬가지로 무글러Mugler는 고유의 신미래적인 세계를 통해 젊은 층에게 어필하며, 샤넬Chanel은 시간을 초월한 우아함을 나타낸다.

이런 향수들을 실제로 파는 것은 브랜드의 상징적 세계에 참여하는 것에서 오는 만족감이다. 이런 사실은 주류 시장에도 적용된다. 잭 다니엘Jack Daniel's은 영원하고 길들여지지 않은 진정한 미국에의 상징적인 참여를 파는 것이다. 잭 다니엘이 가장 훌륭한 선택이라는 만족감을 팔고 있다고 말하는 것은 고객들이 일반 대중들과 자신을 차별화하는 선택을 한 것에 만족한다는 진부하고 오래된 표현(작은 브랜드가 큰 브랜드에 맞서 자신이 가진 우위점을 강조하려는 의도로 주장했던 전통적인 혜택)처럼 지극히 평범한 것이다.

이런 개념적인 딜레마에 직면했을 때, 3가지 접근 방법이 있다. 가장 먼저 브랜드를 차별화하는 모든 특징의 총합으로서 포지셔닝을 정의하는 것이다. 이것은 유니레버Unilever의 접근 방법이기도 하다. 전 세계에 걸쳐 브랜드를 정의하는 방법을 설명하는 브랜드 키Brand Key로 알려진 60쪽 분량의 소책자는 이런 문구로 시작된다. "브랜드 키는 브랜드 포지셔닝 스테이트먼트brand positioning statement 위에 세워지고 그것을 대신한다." 브랜드 키에는 8가지 항목이 있다.

1. 경쟁적인 환경

2. 타깃

3. 브랜드가 기초로 하는 소비자 통찰

4. 브랜드가 가져오는 혜택

5. 브랜드 가치와 개성

6. 신뢰의 이유

7. 차별화 요소(discriminator, 가장 강력한 단 하나의 선택 이유)

8. 브랜드 에센스

근본적으로 이러한 집합collection이 브랜드의 포지셔닝을 형성한다. 그러나 가장 엄밀한 단어의 의미에서 포지셔닝과 가장 가깝게 닮아 있는 컨셉은 여기에서는 '차별화 요소discriminator'이다. 맥도날드McDonald's 역시 비슷한 추론 과정을 채택한다(그림 5.3). 래리 라이트Larry Light는 포지셔닝이 이러한 수단-목표 사슬means-end chains*('사다리ladder'와 동일한 컨셉으로, 유형적인 것에서 무형적인 것으로 이동한다)이 완성되었을 때 정의된다는 견해를 지지한다.

우리의 입장은 브랜드를 관리하는 데는 2가지 도구가 필요하다는 것이다. 하나가 브랜드의 아이덴티티를 정의하는 반면, 다른 하나는 경쟁적이며, 주어진 시장에서 주어진 시간에 만들어진 경쟁 제안competitive proposition을 구체적으로 제시한다. 이것이 브랜드의 고유하고 강력한 경쟁 제안UCCP이다. 따라서 '브랜드 플랫폼brand platform'으로 불리우는 이 도구는 먼저 '브랜드 아이덴티티brand identity'(그 제품이 무엇이든, 전 세계 어디서나 존재하는 브랜드의 고유성uniqueness과 특이성singularity)를 구성하게 된다. 브랜드 아이덴티티는 6개의 단면들을 가지며, 따라서 단순한 포지셔닝보다 더 크다. 그 단면들은 아이덴티티 프리즘identity prism으로 표현되며, 그 한가운데에 아이덴티티가 상징하는 중심 가치, 즉 브랜드

* 수단-목표 사슬에 따르면 소비자는 제품 속성attributes이라는 수단으로부터 혜택benefit이라는 목표를 달성하고, 이 혜택은 다시 가치value라는 목표를 달성하는 과정으로 이어진다. 즉 속성 – 혜택 – 가치의 순으로 목표를 달성한다. Jonathan Gutman, "A Means-End Chain Model based on Consumer Categorization Process," Journal of Marketing, Spring, 1982, 6 - 72 ― 옮긴이

| 그림 5.3 | 맥도날드의 포지셔닝 사다리

개성

가치

보상

기능

특성

※ 출처: Larry Light

에센스brand essence가 위치한다.

다음으로, 브랜드 플랫폼은 '브랜드 포지셔닝brand positioning'을 구성한다. 즉 시장을 선택하는 것은 그 시장을 공략할 특정한 관점을 선택하는 것을 의미한다. 브랜드 포지셔닝은 반드시 이 시장과 연관 있는 고객 통찰customer insight에 기초해야 한다. 브랜드 포지셔닝은 브랜드 아이덴티티의 단면들 가운데 하나를 활용한다. 포지셔닝은 4가지 주요 질문으로 요약될 수 있다. 누구를 위해서, 왜, 언제, 누구에 대항해서? 이는 다이아몬드 형태, 즉 '포지셔닝 다이아몬드positioning diamond'로 나타낼 수 있다(그림 5.2 참조).

포지셔닝에서 브랜드/제품은 약속과 함께 제안을 한다. 그 제안은 '신뢰의 이유reason to belive'에 의해 추가적으로 뒷받침될 수도 있지만 필수적인 것은 아니다. 말보로Marlboro는 그 흡연자들을 남성으로 표현한다. 서부개척 시대의 길들여지지 않은 카우보이로 상징되는 진정한 남자다. 이 제안에는 어떤 뒷받침도 제공되지 않는다. 어떤 증거도 필요치 않다. 브랜드가 그렇게 말하므로 진실인 것이다. 그리고 그런 사실이 자주 반복되면 될수록 더욱 더 확실한 것이 된다.

이런 식으로, 특정한 시장에서 주어진 순간에, 선택된 포지셔닝의 기초를 형성하는 브랜드 제안은 브랜드의 아이덴티티 내에 포함된 다양한 '이점들rough edge'에 의해 강화될 수 있다.

- 차별화 속성: 도브Dove의 25% 수분 크림, 마스 바Mars bar의 부드러움, 페리에의 거품
- 객관적인 혜택: 아이맥iMac은 사용자 친화적이며, 델Dell은 무적의 가격 대비 가치를 제공한다.
- 주관적인 혜택: IBM은 안심할 수 있다.
- 브랜드 개성의 측면: 바카디 박쥐의 미스터리, 잭다니엘Jack Daniel's은 마초macho이고, 액스/링크스Axe/Lynx는 쿨하다.
- 상상과 이미지, 의미의 영역: (말보로의 미국 서부 개척 시대, 랄프 로렌의 올드 뉴 잉글랜드)
- 소비자 유형의 반영: 아메스Amex의 성공한 사람들
- '깊이 있는' 가치(나이키의 스포츠 정신, 네슬레의 모성애) 또는 사명(바디샵, 버진 등)

여기서 몇 가지 사항이 언급되어야 한다.

아이덴티티identity, 에센스essence 그리고 포지셔닝positioning 간의 관계는 무엇인가? 분명, 기존 브랜드에게 있어 포지셔닝은 아이덴티티로부터 도출된다. 그러나 포지셔닝은 주어진 시장에서 주어진 시점에, 특정한 경쟁자들을 상대로 아이덴티티의 특정 측면을 이용한다. 결과적으로 글로벌 브랜드의 차원에서 통합된 아이덴티티는 각기 다른 시장에 대한 다양한 공략의 관점을 만들어낼 수 있다. 예를 들어, 바카디Bacardi는 럼을 매우 적게 소비하는 북부 유럽에서는 카르타 블랑카Carta Blanca 화이트 럼white rum 제품을 장려하지만, 남부 유럽 시장에서는 미식가적인 약속과 함께, 숙성된 브라운 럼brown rum의 판촉에 주력한다.

50년 동안 마스Mars는 초콜릿 바에 지나지 않았다. 마스의 에센스는 에너지이다. 마스의 포지셔닝은 영국에서는 식사 대용, 유럽 대륙에서는 활력을 주는 스낵이다.

이것이 브랜드가 그 본질을 유지하면서 시간이 지남에 따라 변화할 수 있도록 하는 아이덴티티, 에센스, 포지셔닝 사이의 자유freedom의 정도이다. 오랜 시간에 걸쳐(40년) 에비앙Evian은 몇 차례 슬로건slogan과 베이스라인baseline을 변경

하였고, 이는 시장을 공략하는 관점의 변화를 상징했다. 실제로 시장 자체도 변화해 왔다. 시장은 점차 경쟁 브랜드들로 가득하게 되었다. 기존의 소비자들은 나이를 먹었으며, 값싼 브랜드가 점유율의 상당 부분을 빼앗아갔다. 그 때마다 이런 변화들은 시장 공략의 관점, 즉 가장 강력한 우위점에 대한 재검토로 이어졌다. 그 결과 '아기들을 위한 물water for babies'에서 '가장 깨끗한 물', '알프스에서 나온 물', '균형 잡힌 물' 그리고 현재의 '젊음의 물'로 이동해 왔다. 그러나 각 포지셔닝은 에비앙 브랜드의 에센스에 충실해 왔다. 그것은 원산지, 성분, 최초의 캠페인(아기) 등에 의해 구별되는 어떤 다른 물 이상의 것이다. 에비앙은 삶 자체에 관한 것이다.

브랜드의 포지셔닝과 그 제품의 포지셔닝 간의 관계는 무엇인가? 오늘날의 브랜드가 점차 멀티 제품multiple products에 기반하는 것은 사실이다. 도브Dove는 미국에서 비누로 처음 세상에 나왔다. 그러나 현재 샴푸, 샤워 젤, 보습 크림, 데오도란트 등을 아우르게 되었다. 도브의 에센스는 '여성성의 회복Femininity restored'이다. 그러나 도브는 수많은 경쟁자들 사이에서 자신의 영역을 확보하기 위해 싸워야 하는 하나 또는 그 이상의 제품을 통해 시장에 출시되고 있다. 그에 따라 도브 비누가 처음 출시될 때 포지셔닝은 다음과 같았다. "도브는 피부를 염려하는 성숙한 여성을 위한 프리미엄 뷰티 바bar입니다. 비누처럼 당신의 피부를 메마르게 하지 않을 것이다. 도브 비누에는 1쿼터의 보습 크림이 함유되어 있기 때문이다."

이 예는 모 브랜드parent brand가 '궁극적 가치terminal value'를 제시하는 동안 제품의 포지셔닝이 어떻게 소비자 속성이나 혜택을 알리는지에 대한 훌륭한 설명이다. 브랜드가 다수의 제품으로 구성될 때는 각각의 포지셔닝이 동일한 핵심 가치same core value(모 브랜드parent brand의 가치)를 성취하는 데 집중하도록 주의를 기울여야 한다. 그런 경우가 아니라면, 그 제품은 리포지셔닝을 필요로 하거나 또는 그것이 적절한 브랜드의 일부인지에 대한 질문이 던져져야 한다.

표 5.2는 로레알 파리 모 브랜드의 에센스와 엘세브Elseve와 스튜디오 라인 Studio Line 같은 그 제품들의 포지셔닝 간의 연결을 보여준다.

| 표 5.2 | 제품과 모 브랜드 포지셔닝

	엘세브 뉴트리-세라마이드	리바이타리프트	스튜디오 라인	로레알
목표 시장	건조하고 푸석푸석한 머리	45세이상된 여성	35세이하의 남성과 여성	모든 성인 남성과 여성
시장 세그먼트	샴푸	스킨케어 제품	헤어 스타일링 제품	미용과 위생 제품
포지셔닝	손상된 머리의 영양 공급과 재생	주름 개선과 피부 탄력	스스로 선택한 헤어스타일링	소비자의 자아 이미지 강화
	(결과)	(결과)	(결과)	(결과)

브랜드 아이덴티티의 6개 단면

우리가 속해 있는 새로운 유형의 시장을 다루기 위해서는 일단의 구체적 컨셉과 도구가 필요하다. 제품이 흔하지 않았던 시기에는 독특한 판매 제안USP이 주요 컨셉이었다. 우리는 브랜드 이미지, 포지셔닝 그리고 개성을 뒤로한 채 브랜드 아이덴티티와 포지셔닝이라는 새로운 시대로 진입하고 있으며, 아이덴티티는 포지셔닝의 원천이다.

강력한 브랜드가 되기 위해서 또는 강자로 남기 위해서 브랜드는 자신의 아이덴티티에 충실해야 한다. 브랜드 이미지의 개념notion은 순간적이며 계속 변한다. 그것은 브랜드 외관에 너무 많은 초점을 맞추고 브랜드 에센스에 대해서는 소홀히 한다. 브랜드 아이덴티티 개념은 관리자들이 기꺼이 표면적인 것을 넘어 가장 심층적인 부분에 있는 것을 파악하고자 한다는 것을 보여준다. 아이덴티티 컨셉은 다음 3가지 이유에서 매우 중요하다. 첫째로 브랜드는 내구성이 있어야 하고, 둘째로 일관된 신호와 제품을 내보내야 하며, 마지막으로 현실적이어야 한다. 따라서 아이덴티티는 이상화되고 변덕스럽고, 기회주의적인 브랜드 이미지의 위험에 대한 방어 수단이다.

브랜드 아이덴티티는 무엇으로 이루어지는가? 많은 특별 리스트들이 브랜드

문헌들에서 제안되고 있다. 이런 다양성의 한 가지 요인은 이론적인 근거의 결핍이다. 너무 분석적인 까닭에 이런 도구들 가운데 일부는 사용자들을 혼란에 빠뜨린다.

사실 전통적인 자극-반응 패러다임stimulus-response paradigm을 떠나서, 현대 브랜드 커뮤니케이션 이론은 누군가가 커뮤니케이션을 할 때, 그는 말하는 사람, 전달받는 사람, 그리고 커뮤니케이션이 그들 사이에 구축하는 어떤 특정한 관계에 대해 뭔가를 이야기한다는 사실을 우리에게 상기시킨다. 이것은 커뮤니케이션에 관한 구성주의 이론이다. 브랜드가 제품에 관해 이야기하고, 제품, 서비스, 만족의 원천sources으로 지각되기 때문에 커뮤니케이션 이론은 직접적인 관련성이 있다. 그것은 우리에게 브랜드 아이덴티티가 6개 단면을 가지고 있음을 상기시킨다. 우리는 이것을 '브랜드 아이덴티티 프리즘brand identity prism이라고 부른다.

아이덴티티 프리즘

브랜드 아이덴티티는 6각형의 프리즘으로 표현될 수 있다(그림 5.4 참조).

1. 우선, 브랜드는 물리적 특성(physique)을 갖는다. 그것은 현저하고 객관적인 특징들(브랜드가 설문조사에서 브랜드가 제시될 때 즉각적으로 떠오르는 특징)이나 새롭게 드러나는 특징들이 결합되어 만들어진다.

물리적 특성은 브랜드의 중추이며, 유형적 부가가치이다. 브랜드가 꽃이라면 물리적 특성은 줄기이다. 줄기 없이는 꽃은 죽고 만다. 줄기는 꽃의 목적이며 유형적 기초이다. 이것이 브랜딩이 전통적으로 작동하는 방식이다. 즉 어떤 핵심 제품과 브랜드 속성 및 혜택에 의지하면서, 노하우와 전통적 포지셔닝에 초점을 맞추는 것이다. 물론 물리적 외양은 중요하기는 하지만 전부는 아니다. 그럼에도 불구하고 브랜드를 개발하는 첫 단계는 브랜드의 물리적인 측면을 정의하는 것이다. 그것은 구체적으로 무엇인가? 어떤 일을 하는가? 무엇처럼 보이는가? 물리적 단면은 또한 브랜드의 원형prototype, 즉 브랜드의 특성들을 대표하는 플래그십 제품flagship product을 포함한다.

| 그림 5.4 | 브랜드 아이덴티티 프리즘

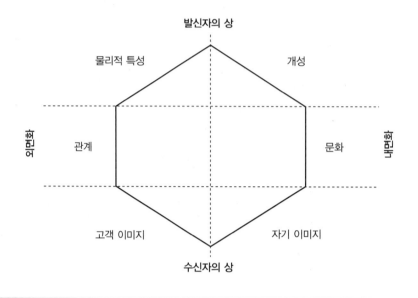

이는 오랑지나Orangina가 새로운 나라에서 제품을 선보일 때마다 작은 둥근 병이 매우 중요한 역할을 하는 이유이다. 오늘날 사용되는 병은 항상 사용해오던 것과 동일하다. 병의 독특한 모양과 육안으로 볼 수 있는 오렌지 알갱이 덕분에 오랑지나는 처음부터 확고한 위치를 가질 수 있었다. 오랑지나는 한참 후에야 표준 패밀리 사이즈의 페트병과 캔을 시장에 내놓았다. 이런 점에서 현재 모든 코크Coke 캔에 그 유명한 코카콜라 병 그림이 사용된다는 사실은 매우 의미심장하다. 현대적인 포장이 브랜드 모두를 서로의 복제품으로 만들면서 표준화하려는 경향이 있는 것이 사실이다. 그래서 코카콜라는 전통적 병 이미지를 사용하면서 우리에게 그 근원을 상기시키려고 한다.

코크의 물리적 단면과 관련하여 몇몇 미묘한 이슈들이 있다. 예를 들면, 그 어두운 컬러가 코크 아이덴티티의 일부인가? 그것은 분명 브랜드의 신비성에 대한 주요한 공헌자이다. 이 측면이 브랜드의 정수kernel, 즉 핵심 아이덴티티 특성에 속하는 것이라면 크리스털 펩시Crystal Pepsi는 있어도 무색의 크리스털 코크 Crystal Coke와 같은 것은 절대 있을 수 없다. 마찬가지로 전통적인 둥근 병 안에 들어 있는 자몽 오랑지나가 가능하겠는가?

많은 브랜드들이 기능적 부가가치가 약하기 때문에 물리적 단면에 문제를 갖고 있다. 이미지를 기반으로 하는 브랜드라 할지라도 물리적인 혜택을 전달할 수 있어야 한다. 브랜드는 양 다리를 가진 가치 부가 체계value-adding system이다.

2. 브랜드는 개성을 가지고 있다. 커뮤니케이션을 통해 브랜드는 점차적으로 자신의 캐릭터를 만들어 간다. 브랜드가 자신의 제품이나 서비스를 나타내는 방식은 만약 브랜드가 사람이라면 그것이 어떤 유형의 사람인가를 보여주는 것이다.

1970년 이래 브랜드 광고의 주요 초점은 '브랜드 개성'이었다. 수많은 미국 에이전시들은 개성을 모든 커뮤니케이션의 전제 조건으로 만들었다. 테드 베이츠 Ted Bates는 새로운 USP 즉, unique selling personality(독특한 판매 개성)를 만들어내야 했으며, 한편 그레이Grey는 브랜드 개성을 정의해야 했다. 이것은 브랜드를 대표하는 유명한 캐릭터를 갖는 것에 대한 생각이 널리 퍼진 이유이다. 즉각적인 개성을 창조하는 가장 쉬운 방법은 실제이든 상징적이든 간에 브랜드에 대변인 또는 대표 인물을 제공하는 것이다. 펩시콜라Pepsi-Cola는 종종 이런 방법을 사용하며, 향수 브랜드나 기성복 브랜드 역시 그러하다.

프리즘prism에서 브랜드 아이덴티티는 그러한 개성 단면의 원천이다. 그것은 이상적인 수신자에 대한 묘사portrayal인 고객 이미지reflection와 혼동되어서는 안 된다.

따라서 브랜드 개성은 브랜드와 관련된 그런 인간 개성의 특징들로 묘사되고 측정된다. 1996년 이래로 학문적인 연구는 아커Aaker(1995)가 이른바 '브랜드 개성 척도brand personality scale'를 만들어낸 이후 브랜드 개성에 초점이 맞춰져 왔다. 그러나 학자들 사이에 광범위하게 확산된 것에도 불구하고 이 척도는 정확한 의미에서 브랜드 개성을 측정하지는 않는다. 그보다는 브랜드 개성과 다소간 관련이 있고, 실질적으로 브랜드 아이덴티티의 다른 단면들에 해당하는 수많은 유형, 무형의 차원들을 측정한다(Azoulay and Kapferer, 2003). 최근의 실증 연구 (Romaniuk and Ehrenberg, 2003)는 이런 사실을 입증하고 있다.

예를 들어, 컴퓨터나 전자 기기는 '최신식up to date' 특성과 가장 관련이 깊은 카테고리이다. 마찬가지로 아이스크림은 '감각적인sensuous' 특성과 관련이 있고, 강장 음료는 '정력적인' 특성과 관련이 있다. 이런 데이터는 이 척도가 개성을 측정하지 않고 있음을 보여준다. 대신에 많은 특성들이 브랜드의 물리적 단면physical facet을 측정한다. 그리고 일부 다른 특성들은 아이덴티티 프리즘의 문화적 단면과 관계가 있다. 그 결과 이 분야에서 개념적 혼란이 야기되고 있다. 이는 브랜드 개성에 대한 아커Aaker의 개념화가 광고 에이전시의 낡은 습관에서 연유했기 때문이다. 즉 광고 에이전시는 그들의 크리에이티브 브리핑과 카피 전략에서 '브랜드 개성'을 제품의 유형적 혜택과 무관한 모든 것으로 묘사한다.

3. 브랜드는 문화이다. 브랜드는 자신만의 문화를 가지며, 모든 제품은 거기에서 파생되어 나온다. 제품은 이런 문화의 구체적 표현일 뿐만 아니라 커뮤니케이션 수단이기도 하다. 여기에서 문화라는 것은 브랜드의 영감을 불어넣는 일단의 가치를 의미한다. 문화는 브랜드의 열망적인 힘의 원천이다. 문화적 단면은 브랜드의 외적 신호들(제품과 커뮤니케이션)에 있어 브랜드를 지배하는 기본적 원리를 일컫는다. 이런 본질적인 측면은 브랜드의 핵심에 있다. 애플Apple은 캘리포니아가 영원히 새로운 프런티어를 상징할 것이라는 의미에서 캘리포니아 문화의 산물이다. 캘리포니아는 영원히 뉴프런티어를 상징한다. 애플은 보스턴이나 동부 해안 지역의 브랜드들과는 달리, 지리적으로 확장하는 것보다 사회를 변화시키는 데 더 많은 관심을 가졌다. 애플의 창업자가 떠난 뒤에도 모든 것이 마치 애플이 여전히 기업들과 인류에게 제공할 어떤 혁명적인 계획을 가지고 있는 것처럼 진행되었다. 애플의 사과 심벌은 애플의 기존 제품과 서비스뿐만 아니라 커뮤니케이션 방식에서 명백하게 나타나는 영감의 원천이다.

메이저 브랜드들은 확실히 문화에 영향을 받지만 또한 이러한 문화를 전달하기도 한다(예를 들어 베네통, 코카콜라, IBM 등). 문화적 단면은 아디다스, 나이키, 리복Reebok 사이의 차이 또는 아메리칸 익스프레스American Express와 비자Visa의 차이를 이해하는 열쇠가 된다. 브랜드 개성에 너무 과도하게 치우친 결과, 연구조사와 광고는 이런 본질적인 단면을 무시해 왔다(우리는 소매업체들에게서도 이를 확인하게 될 것이다. 주요 소매업체들은 개성뿐만 아니라 문화를 가지고 있다.). 메르세데스Mercedes는 독일의 가치를 구현한다. 즉 질서order가 우선한다. 시속 260km에서도 메르세데스는 완벽한 핸들링을 구현한다. 자동차 밖에서 아무리 윙 소리를 내며 지나가도 메르세데스는 안정감을 유지하고 차분하게 달린다. 대칭미symmetry가 바로 이 브랜드를 지배한다. 3개의 박스로 이루어진 차체three-box body는 메르세데스의 강력한 물리적 특징이다. 모든 메르세데스의 노우즈팁 nose-tip에 부착되는 브랜드 심벌은 더 나아가 이 질서의 정신spirit of order을 집약한다.

원산지country of origin 또한 브랜드를 위한 거대한 문화적 저수지이다. 코카콜라Coca-Cola는 미국을 대표하며 IBM, 나이키Nike, 리바이스Levis 역시 그렇다. 그러나 원산지가 무시되는 경우도 있다. 그래서 마스Mars는 쉘Shell과 같이 범 세계적인 브랜드이다. 캐논Canon과 테크닉스Technics는 일본이 원산지라는 사실을 나타내지 않으려 하는 반면 미쯔비시Mitsubishi, 도요타Toyota, 닛산Nissan은 그 사실을 강조한다. 에비앙Evian 수출에 있어 부가적 이점 중 하나는 그것이 실제로 프랑스 문화의 일부를 대표한다는 사실이다. 그러나 이것이 그것들의 가치에 추가되는 유일한 요소는 아니다. 미국인이 에비앙을 구매할 때 그들은 문화적인 단면뿐만 아니라 기본적인 소비자 혜택(갈증 해소와 건강 증진)을 비롯한 브랜드들의 6가지 단면 모두에 대가를 지불하는 것이다. 미국적 스타일의 음식은 맥케인McCain의 문화적, 상징적 준거이다. 잭 다니엘Jack Daniel의 경우에, 그것은 길들여지지 않은 진정한 미국이다.

문화는 브랜드를 기업에 연결시켜주는 역할을 한다. 브랜드와 기업이 같은 이름을 공유할 때는 더욱 그러하다. 네슬레Nestle는 자신의 문화 때문에 재미있고 즐거운 식품 브랜드 이미지를 전달하는 데 성공하지 못했다. 실제로 네슬레 브랜드 이미지는 전반적으로 엄격하고 청교도적으로 인식되는 기업 이미지와 완전히 분리될 수 없다. 브랜드 자유의 정도는 종종 기업 문화에 의해 종종 감소되는데, 브랜드는 기업 문화의 가장 가시적인 외부 신호가 된다.

브랜드 문화는 브랜드를 차별화하는 데 핵심적인 역할을 한다. 그것은 에토스 ethos(기질, 정신)를 나타내는데, 에토스의 가치들은 브랜드의 제품과 서비스에 구현된다. 랄프 로렌Ralph Lauren은 와스프WASP(앵글로 색슨계 백인 신교도)이며,

캘빈 클라인Calvin Klein의 미니멀리즘minimalism은 다른 가치들을 표현한다.

　이런 단면은 원천, 근본적 이상, 그리고 그들의 가치들을 나타내기 때문에 럭셔리 브랜드luxbury brands를 차별화하는 데 가장 큰 도움을 준다. 문화는 또한 대부분의 은행 브랜드bank brands의 기초이다. 은행을 선택한다는 것은 인간이면 누구나 가지기를 원하는 돈과의 관계를 선택하는 것을 의미한다. 비록 비자 프리미어Visa Premier와 아메리칸 익스프레스 골드 카드American Express Gold cards가 똑같은 서비스를 제공한다 하더라도 그들이 똑같은 문화적 체계에 속하는 것은 아니다. 아메리칸 익스프레스 골드카드는 역동적이고 의기양양한 자본주의를 상징한다. 돈이 보여지고 심지어 번쩍번쩍 빛나기까지 한다. 반면 비자 프리미어는 안정적이고 조용한 진보를 이루어내는 독일식과 같은, 다른 유형의 자본주의를 상징한다. 돈은 신중하지만 효율적으로, 즉 아주 조심스럽지도 않고 현란하지도 않게 다루어진다.

　4. 브랜드는 관계이다. 실제로 브랜드는 종종 사람들 사이의 거래나 교환의 핵심에 있다. 나중에 보게 되겠지만 이것은 특히 서비스 부문이나 소매업체 브랜드들에게 진실이다. 입생로랑Yves Saint Laurent 브랜드는 매혹charm을 상징한다. (남성이 등장하지 않더라도) 연애love affair라는 기본 아이디어는 그 제품과 광고 모두에 침투한다. 디오르Dior 브랜드는 또 다른 유형의 관계를 상징한다. 그 관계는 웅장하고 화려하며, 황금과 같이 빛나기를 바라는 욕망을 과시한다.

　나이키는 자신을 특정한 문화적 가치, 올림픽 경기 그리고 인체의 찬미와 연관시키는 그리스 이름을 갖고 있다. 또한 나이키는 도발적 자극에 바탕을 둔 독특한 관계를 제시한다. 나이키 브랜드는 우리가 자유롭게 행동하도록 독려한다('just do it'). IBM은 질서 정연함을 상징하는 반면, 애플은 친근함을 전달한다. 물리넥스Moulinex는 자신을 '여성의 친구'로 정의한다. 래핑 카우Laughing Cow는 어머니-자식 관계의 중심에 있다. 이런 관계의 측면은 은행들, 은행 브랜드들, 그리고 일반 서비스 분야에 결정적으로 중요하다. 서비스는 그 정의상 관계이다. 이런 단면은 대부분 브랜드를 나타내는 행동 방식을 정의한다. 이것은 브랜드가 활동하고, 서비스를 제공하고, 고객들과 관계를 맺는 방식에 있어 수많은 함의를 가지고 있다.

5. 브랜드는 '고객 이미지customer reflection'이다. 어떤 자동차 브랜드에 관한 사람들의 견해를 조사하면, 사람들은 곧바로 그 브랜드의 지각된 고객 유형을 이야기한다. 젊은 사람들을 위한 브랜드이다! 아버지들을 위한 브랜드이다! 과시형 사람들을 위한 브랜드이다! 나이 든 사람들을 위한 브랜드이다! 브랜드 커뮤니케이션과 가장 두드러진 제품은 시간이 흐르면서 자리잡기 때문에 브랜드는 항상 자신이 상대하고 싶어하는 구매자나 사용자의 상이나 이미지를 구축하려는 경향이 있다.

고객 이미지reflection와 타깃target은 종종 뒤섞인다. 타깃은 브랜드의 잠재 구매자나 사용자를 가리킨다. 고객 이미지는 타깃을 설명하지 않는다. 오히려 고객 이미지는 브랜드를 사용한 결과로 갖게 되길 바라는 모습을 반영해야 한다. 그것은 동일시할 모델을 제공한다. 예를 들어, 코카콜라는 그것이 반영하는 좁은 세그먼트(15세~18세)가 제시하는 것보다 훨씬 더 넓은 고객층을 가지고 있다. 어떻게 이 역설을 설명할 수 있을까? 젊은 세그먼트(8세~13세)에게 있어, 코카콜라 영웅들은 그들의 꿈, 즉 그들이 나중에 나이가 들어서 (그리고 강한 부모와의 관계에서 벗어나) 되기를 원하고 하고 싶어 하는 것을 구현한다. 예를 들면 그 때에는 즐거움, 스포츠, 그리고 친구들로 가득 한 독립적인 삶이 실현되는 것이다. 젊은 이들은 그런 영웅들과 자신을 동일시한다. 어른들의 경우에는 자신들을 협소하게 정의된 세대 집단이 아닌 어떤 삶의 방식이나 가치들의 대변자로서 인식한다. 그렇게 해서 코카콜라 브랜드는 30대나 40대 소비자들이 이런 특별한 삶의 방식과 스스로를 동일시하도록 만드는 데 성공한다. 가벼움과 건강함에 포지션되어 있고 저지방 제품에 기초하고 있는 많은 유제품 브랜드들은 젊고 발랄한 여성 고객 이미지를 투영한다. 그러나 사실상 그런 유제품들은 나이든 소비자들이 주로 구매한다.

고객 이미지customer reflection와 타깃간의 혼동은 매우 자주 발생되며 문제를 일으키기도 한다. 상당수의 관리자들은 타깃이 되는 구매자들을 있는 그대로 광고에서 보여주기를 끊임없이 요구한다. 사실 이 구매자들은 자신들이 그렇게 묘사되는 것을 원하지 않으며, 차라리 어떤 브랜드를 구매한 결과로서 그들이 바라는 모습으로 묘사되기를 바라는 데도 이 사실은 무시된다. 실제로 소비자들은 그들 자신의 아이덴티티를 구축하는 데 브랜드를 이용한다. 기성복 분야에서 젊어 보이는 것에 대한 집착은 브랜드의 타깃이 아니라 브랜드의 고객 이미지와 관련 있다.

모든 브랜드는 그들의 고객 이미지를 관리해야만 한다. 포르쉐Porsche는 과시형의 사람들show-offs을 위해 만들어진 것이라고 항상 반복함으로써 그 브랜드는 약해지고 있다.

6. 마지막으로 브랜드는 우리의 '자아 이미지'와 이야기 한다. 만약 고객 이미지가 타깃의 외부적 거울outward mirror이라면 자아 이미지는 타깃 자신의 내면적 거울 internal mirror이다. 어떤 브랜드에 대한 우리의 태도를 통해 우리는 실제로 우리 자신과 어떤 유형의 내적 관계를 발전시킨다.

예를 들어, 많은 포르쉐 오너들은 포르쉐를 구입하면서 단순히 자신이 그런 자동차를 살 수 있는 능력이 있음을 스스로에게 증명하고 싶어 한다. 사실상 이런 구입은 경력의 측면에서 성급해 보일 수도 있고, 경제적인 측면에서 도박이라고 볼 수도 있다. 이런 의미에서 포르쉐는 계속해서 스스로의 한계를 뛰어넘도록 다그친다(그래서 포르쉐의 슬로건은 '당신 자신과 경주하라. 그것은 결코 끝이 없는 유일한 경주이다Try racing against yourself, it's the only race that will never have an end). 우리가 확인할 수 있듯이 포르쉐의 고객 이미지는 그 실제 소비자의 자아 이미지와는 다르다. 브랜드가 그런 부정적인 고객 이미지를 강화하도록 내버려 두는 것이 중대한 문제이다.

라코스테Lacoste 고객들은 비록 그들이 아무 운동도 하지 않더라도 내면적으로는 품위 있는 스포츠클럽의 멤버인 자신의 이미지를 그린다. 이런 클럽은 인종 차별, 성 차별 혹은 나이 차별이 없는 열린 클럽이지만 멤버들에게 차별성을 부여한다. 이것이 효과적인 것은 스포츠가 범세계적인 것이기 때문이다. 게일로드 하우저Gayelord Hauser의 건강 다이어트 식품을 먹는 사람들의 특징 가운데 하나는 그들이 단순한 소비자가 아니라 개종자proselytes로서의 자신들을 그린다는 점이다. 게일로드 하우저를 애용하는 두 사람이 만나면 그들은 마치 같은 종교를 믿는 것처럼 바로 대화를 시작한다. 브랜드를 홍보하는 데 있어 사람들은 충성을 맹세하고, 사고와 자아 이미지의 공동체를 보여준다. 이는 커뮤니케이션을 촉진하고 심지어 자극한다.

이것들은 브랜드의 변화나 개발이 자유로운 범위뿐만 아니라 브랜드의 아이덴티티를 정의하는 6개의 단면들이다. 브랜드 아이덴티티 프리즘brand identity prism은 이런 단면들이 모두 서로 연계되어 있고, 잘 구성된 실체entity를 형성함을 보여준다. 한 단면의 내용은 다른 단면의 내용을 반향한다. 아이덴티티 프리즘은 한 가지 기본 컨셉에서 나온 것이다. 즉, 브랜드가 타고난 말하는 능력이 있다는 것이다. 브랜드는 오로지 커뮤니케이션을 하는 경우에만 존재한다. 사실 브랜드가 너무 오랫동안 침묵을 지키거나 사용되지 않으면 무용지물이 되어버린다. 브랜드는 그 자체가 하나의 의사전달이기 때문에(브랜드는 그것이 창조한 제품을 이야기하고, 그것의 전형이라 할 수 있는 제품을 보증한다) 결국 브랜드는 다른 의사전달이나 커뮤니케이션 형태처럼 분석될 수 있다.

기호학자들semiologists은 어떤 형태의 커뮤니케이션이든지 그 뒤에는 실제이든 조작이든 반드시 발신자sender가 있다고 말한다. 심지어 제품이나 소매업체들과 관련해서도 커뮤니케이션은 화자나 발신자의 이미지를 형성하고 그것을 우리에게 전달한다. 브랜드가 (기업 커뮤니케이션과는 달리) 실질적이고 구체적인 발신자가 없다는 측면에서 그것은 하나의 구축 과정이다. 그럼에도 불구하고 투사기법projective technique을 통해 질문을 받으면 소비자들은 브랜드의 발신자, 즉 브랜드 네임을 달고 있는 사람을 묘사하는 것을 주저하지 않는다. 브랜드의 물리적 특성과 개성은 모두 발신자를 정의하는 데 도움을 준다.

모든 형태의 커뮤니케이션은 또한 수신자의 이미지를 만들어낸다. 우리가 이야기할 때 모든 것은 마치 우리가 어떤 유형의 사람이나 청중을 지목하고 이야기하는 것처럼 보인다. 고객 이미지와 자아 이미지 단면들 모두는 이런 수신자를 정의하는 데 도움을 주고, 그렇게 형성된 수신자들은 또한 브랜드의 아이덴티티에 속한다. 마지막 두 단면인 관계와 문화는 발신자와 수신자를 잇는 가교 역할을 한다.

브랜드 아이덴티티 프리즘은 또한 수직적으로 분할될 수 있다(그림 5.4 참조). 왼쪽에 놓인 물리적 특성, 관계 그리고 고객 이미지reflection는 브랜드에 외적 표현을 부여하는 사회적인 단면들이다. 모두가 가시적인 단면들이다. 오른쪽에 있는 개성, 문화 그리고 자아 이미지는 브랜드의 내면, 즉 브랜드의 정신에 속해 있는 것들이다. 이런 프리즘은 브랜드와 소매업체 아이덴티티(버진Virgin, K-마트 K-Mart, 탤벗Talbott's) 모두의 에센스를 이해하는 데 도움이 된다.

강력한 아이덴티티 프리즘을 위한 단서들

아이덴티티는 브랜드의 장기적인 특이성singularity과 매력attractiveness의 각기 다른 단면들을 반영한다. 그러므로 아이덴티티는 간결하고concise, 명확하고 sharp, 흥미로워야interesting 한다. 브랜드 차터brand charters가 관리 도구라는 사실을 기억해보자. 브랜드 차터는 분산된 의사결정을 위해 필수적이다. 그것은 브랜드를 위해 일하는 모든 사람들이 브랜드가 모든 면에서 어떻게 특별한지 이해하는 데 도움을 주어야 한다. 또한 창조적인 아이디어를 자극해야 한다. 즉, 그것은 브랜드 활성화activation를 위한 도약대이다. 마지막으로 브랜드 차터는 하나의 행동이 브랜드 영역에 포함되는 때와 그렇지 않은 때를 결정하는 데 도움을 주어야 한다.

그 결과로, 훌륭한 아이덴티티 프리즘은 다음의 공식적인 특성에 의해 식별 가능하다.

- 각각의 단면에는 적은 수의 단어들이 있다.
- 단어들은 각기 다른 단면들에서 동일하지 않다.
- 모든 단어들은 힘을 가지고 있고 미적지근하지 않다. 아이덴티티는 브랜드를 두드러지게 만드는 것이다.

매우 빈번하게 우리의 컨설팅 활동에서 우리는 이와 반대되는 경우와 만나게 된다.

| 그림 5.5 | 브랜드 아이덴티티 프리즘 예시

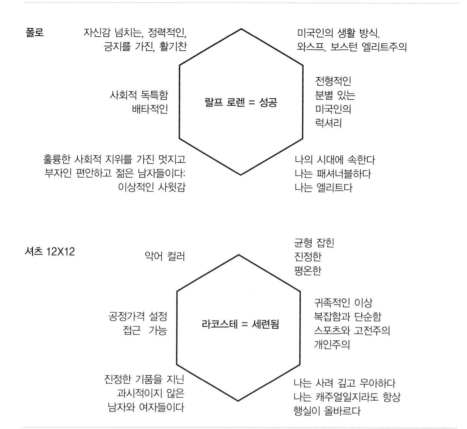

- 단면들은 과거의 사용 및 태도 연구에서 도출된 이미지 특성들로 가득하다. 아이덴티티가 이미지와 같은 것이 아님을 기억하자. 문제는 브랜드가 이런 많은 이미지 항목들 가운데 어느 것과 동일시하고자 하는가이다.
- 단면들간에는 많은 중복이 존재한다. 같은 단어들이 여러 차례 사용되는 것이다. 이것이 가능해서는 안 된다. 비록 관련이 있다 하더라도 각각의 단면은 브랜드 독특성의 각기 다른 차원들을 다룬다.
- 대부분의 단어들은 명확함보다는 합의consensus를 지향한다. 소비자들은 전략을 보는 것도 아니고 브랜드 플랫폼을 보는 것도 아니다. 그들은 브랜

드의 창조물이나 접촉을 통해서, 또는 브랜드의 장소에서 브랜드를 경험한다. 아이디어를 만들어내려면, 크리에이티브 담당자들은 살flesh을 필요로한다. 그것은 바로 영혼, 몸, 형태, 진정한 프로필(아무것도 실제로 두드러지지 않는, 평균적으로 훌륭한 프로필이 아닌)을 가진 아이덴티티이다.

아이덴티티의 원천

우리는 어떻게 브랜드의 아이덴티티를 정의할 수 있는가? 우리는 어떻게 브랜드 아이덴티티의 범위, 그 강점과 약점의 영역을 정의할 수 있는가? 잘 구축된 브랜드를 관리하는 사람이면 누구나 브랜드가 독립성과 자신만의 의미를 조금씩 얻는다는 것을 확실히 인식한다. 처음 생겨난 브랜드는 잠재 가능성만을 가진다. 즉 어느 방향으로도 발전할 가능성이 있다. 그러나 시간이 지나면서 브랜드는 어느 정도 자유를 잃는 경향이 있다. 한편 확신conviction이 늘어나면서 브랜드의 여러 단면들은 형태를 갖추고, 합법적 브랜드 영역의 윤곽을 그린다. 이런 발전적 변화는 테스트를 통해 확인된다. 어떤 제품이나 커뮤니케이션 컨셉은 이제 브랜드에게 낯설게 느껴진다. 반면 다른 컨셉들은 브랜드가 더 큰 신뢰성을 부여함으로써 보증하고 힘을 부여하기 때문에 브랜드와 완벽한 조화를 이루는 것처럼 보인다.

브랜드 이미지 조사는 이런 질문들에 어떤 만족할 만한 해답도 제공하지 못한다. 브랜드로부터 무엇을 기대하는가라는 질문을 받는 구매자들 역시 마찬가지이다. 일반적으로 그들에게는 단서가 없다. 구매자들은 기껏해야 브랜드의 현재 포지셔닝의 관점에서 대답할 뿐이다. 그에 따라 미국과 영국에는 사브Saab 자동차 구매자가 많지 않다. 사브는 유통망을 확장하고 있음에도 널리 알려지지 않은 상태이다. 이는 영국이나 미국의 사브 소유자들은 자신의 차를 외국차라기보다 특별한 차로 보는 이유이다. 그들에게 이 브랜드로부터 무엇을 기대하는지를 물어보면, 사브가 특이하고 색다른 자동차 디자인을 계속해야 한다고 대답할 것이다. 그럼으로써 그들은 브랜드가 아주 드문 소수의 사브 구매자로서 그들 자신의 독특함을 강화시켜 주길 기대한다. 그러나 분명한 것은 만약 사브가 그런 자기중심적인 기대에만 초점을 맞춘다면 시장 점유율은 분명히 제한된 상태로 남을 것이다. 그렇게 되면 사브 자동차 부문의 경제적 미래는 위협받게 될 것이다.

소비자와 가망 고객들은 종종 그들의 이상적인 브랜드ideal brand는 무엇이며, 세계적으로 인정받기 위해 어떤 속성들이 필요한지에 관해 질문을 받는다. 이런 접근은 기대들을 적절히 세그먼트하는 데 실패하며, 그렇기 때문에 평균적인 이상적 브랜드 이외의 다른 정의를 도출해내지 못한다. 소비자들이 은행에서 전문성과 관심, 이용 가능성과 능력, 근접성 그리고 노하우를 제공하기를 기대하는 것은 당연하다. 이런 기대들은 또한 종종 양립할 수 없다는 의미에서 이상적인 것이기도 하다. 이런 기대들을 추구하는 과정에서 브랜드들은 자신들의 아이덴티티를 잃고 평균 수준으로 퇴보할 수 있다. 수단방법을 가리지 않고 소비자들이 묘사하는 이상적인 브랜드를 닮도록 노력하는 과정에서 브랜드들은 종종 자신들의 차별성을 경시하고 보통 수준으로 보이기도 한다.

이런 시장의 '이상ideal'을 추구하는 것은 실수이다. 자신의 이상을 추구하는 것은 브랜드 각자의 몫이다. 상업적 압력은 자연적으로 기업이 시장에 맞추도록 요구한다. 물론 어떤 브랜드도 고통스런 삶을 살다가 죽은 후에야 비로소 유명해진 반 고흐Van Gogh의 운명을 부러워하진 않을 것이다. 그럼에도 현재의 브랜드 관리 정책은 재평가되어야 한다. 왜냐하면 불행하게도 현재의 브랜드 관리 정책은 여전히 소비자들이 브랜드 아이덴티티와 전략을 결정하는 존재masters라고 가정하기 때문이다. 소비자들은 실제로 그런 기능을 수행하는 데 상당히 무능력하다. 그러므로 기업들은 브랜드 마케팅을 받는 쪽receiving side보다 보내는 쪽sending side에 좀 더 많은 초점을 맞추어야 한다.

브랜드의 본질substance과 고유한 가치intrinsic value의 요소들을 밝히려면 당연히 진정한 브랜드가 무엇인가를 이해해야 한다. 하나의 브랜드는 하나의 계획이고, 하나의 비전이며, 하나의 프로젝트이다. 브랜드 차터brand charter를 가진 몇몇 브랜드를 제외하면 이런 계획이 명시되는 경우는 거의 없다. 그러므로 그것은 브랜드가 남긴 표식들marks 즉, 브랜드가 보증하는 제품이라든가 브랜드를 상징하는 심벌들로부터 추론될 수밖에 없다.

브랜드 아이덴티티, 즉 브랜드의 특정하고 독특한 속성의 에센스를 발견하는 것이 브랜드가 전반적으로 무엇을 의미하는지를 이해하는 가장 좋은 방법이다. 이는 아이덴티티 조사가 브랜드 네임 그 자체, 브랜드 심벌, 로고, 원산지, 광고 그리고 포장뿐만 아니라 브랜드가 보증하는 전형적인 제품(혹은 서비스)에서 시작되어야 하는 이유이다. 이 모든 것의 목적은 브랜드의 목표, 제품 그리고 심벌의 기초를 이루는 원래의 계획을 발견해냄으로써 송신 과정을 기호학적으로 분석하는 것이다.

일반적으로 이런 계획은 어디에 기록된 것도 아니고, 외부적으로 표현된 것도 아니기 때문에 다분히 무의식적이다. 그것은 일상의 의사결정에서 나타난다. 심지어 유명한 브랜드의 창조자들(크리스찬 라크르와Christian Lacroix, 입생로랑Yves Saint Laurent, 캘빈 클라인Calvin Klein 혹은 리즈 클레이본Liz Claiborne)도 그것을 의식하지 않는다. 일반적 계획에 관해 질문을 받으면 이들은 명확하게 설명하지 못한다. 하지만 그들의 브랜드가 무엇을 포괄하고, 무엇을 포괄하지 않는지는 쉽게 이야기할 수 있다. 브랜드와 창조자는 합쳐진다. 우리는 역설적으로 브랜드가 그 창조자가 죽은 다음에 비로소 존재하기 시작한다는 것을 보여주었다. 그 때에야 비로소 브랜드는 육체와 본능으로부터 계획과 프로그램으로 옮겨간다.

브랜드 아이덴티티에 관한 조사를 수행하는 과정에서 우리는 몇 가지 기초가 되는 계획들을 발견하게 될 수 있다. 실제로 브랜드의 역사는 시간이 지나면서 서로 다른 브랜드 관리자들에 의해 이루어진 의사결정의 불연속성을 반영한다. 시트로엥Citroen은 미쉐린Michelin에게 인수되었을 때 그리고 나중에 푸조Peugeot에 인수되었을 때도 변화를 겪었다. 시트로엥의 많은 자동차들은 높은 판매를 올렸음에도 어떤 족적도 남기지 못했다. 브랜드 관리자는 브랜드의 모든 제품을 이해하려는 불가능한 과제를 시도하기보다는 목표 시장에서 브랜드에 가장 효과적인 의미를 선택해야 하며 그 의미에만 초점을 맞춰야 한다.

마지막으로 약한 브랜드를 다룰 때는 일관된 계획 자체를 발견하지 못할지도 모른다. 이 경우 브랜드는 그 분야에서 실제로 활약하는 선수라기보다는 제품에 붙은 하나의 이름에 불과하다. 이런 상황은 브랜드 창조의 초기 단계와 매우 흡사하다. 즉, 그 브랜드가 시장의 기억 속에 이미 잠재적인 아이덴티티의 씨앗을 심었다 할지라도 그것은 거대한 행동의 자유와 거의 무한대의 가능성을 지닌다.

브랜드의 전형적인 제품들

제품은 브랜드 아이덴티티의 첫 번째 원천이다. 실제로 브랜드는 자신의 계획과 독특함을 자신이 보증하기로 선택한 제품(혹은 서비스)을 통해 드러낸다. 진정한 브랜드는 보통 제품 위에 인쇄되는 단지 하나의 이름, 즉 생산이나 유통 과정의 마지막 단계에 첨부되는 그래픽 장식graphic accessory에 머무르지 않는다. 실제로 브랜드는 판매 시점에 제공되는 당연한 서비스뿐만 아니라 생산과 유통 과정에 그것의 가치를 주입한다. 그러므로 브랜드 가치는 그 브랜드의 가장 상징적인 제품에 구현되어야 한다.

이 말은 약간의 주의를 필요로 한다. 인지 심리학Cognitive psychology(Kleiber, 1990; Rosch, 1978; Lakoff, 1987)은 어떤 카테고리를 정의함에 있어, 그 카테고리의 구성원이 되기 위해 필요한 제품 특징들이 무엇인지를 설명하기보다 단순히 가장 전형적인 카테고리의 구성원을 보여주는 것이 더 간단하다고 말한다. 이처럼, '게임game' 컨셉을 정의하는 것, 즉 우리가 언제 게임 상황에 있는지를 아는 데 도움을 줄 수 있는 특징들을 제시하는 것은 어렵다. 특히 서로 이질적인 제품들로 구성된 추상적 카테고리의 경우 이런 어려움은 더욱 커진다. 이런 경우에는 브랜드가 하나의 특정 제품에 독점적으로 속해 있는 것이 아닐 때에만 예시example로서 기능을 할 수 있다. 다농Danone은 무엇인가? 어떤 경우에 제품은 다농이라는 이름이 붙여질 수 있고, 어떤 경우에 그럴 수 없는가? 이는 필립스Philips나 월풀Whirlpool도 마찬가지이다.

소비자들은 이런 질문에 쉽게 답한다. 실제로 그들은 거대한 스펙트럼의 브랜드spectrum brand를 전형적으로 대표하고 완벽하게 예시하는 제품들의 역량capacity 측면에서 그 제품들을 그룹화할 수 있다. 이것은 표 5.3에 나타나 있는데 소비자의 관점에서 요플레Yoplait와 비교해 가며 다농Danone의 가장 전형적인 제품들의 순위를 매긴 것이다. 가장 대표적 제품을 '브랜드 원형brand prototype'이라 부르는데, 이는 비행기나 자동차 원형과 같은 뜻에서가 아니라 브랜드 의미의 최상의 표본이라는 뜻에서 그렇다. 이런 측면에서 다농은 유럽에서 2가지 원형 제품을 보유하고 있다. 그것은 플레인 요구르트(천연)plain yoghurt 와 냉동 디저트 크림인 다네트Danette이다.

로쉬(Rosch, 1978)를 비롯한 인지 심리학자들은 원형이라는 것이 실제 그들의 몇몇 특징을 제품 카테고리에 전이transfer시킨다고 주장한다(Kleiber, 1990). 다시 말해, 다농에 대한 정의가 없다면 대중은 아마도 다농의 가장 대표적 제품의 특성들을 살펴봄으로써 어떤 정의든 생각해낸다는 것이다. 우리는 이것을 원형 의미론prototype semantics이라고 부른다.

각각의 브랜드는 무의식적으로 특정 스타일의 커뮤니케이션뿐만 아니라 특정한 제품과 행동을 떠올리게 한다. 이런 원형 제품들은 브랜드 아이덴티티의 다양한 단면들을 대변한다. 몇몇 인지 심리학자들에 따르면 그런 제품들은 브랜드 아이덴티티를 전달하기도 하지만 무엇보다도 그것을 생성한다. 실제로 다농의 브랜드 이미지에 관한 질문을 받은 소비자들은 다농의 원형 제품들의 측면에서 대답하려는 경향이 높다.

역사적으로 다농이 예전에 천연 치료제로서 약국에서 팔렸던 플레인 요구르트 plain yoghurt로 유명하게 된 것은 상당히 의미심장하다. 다농의 건강 이미지는 바로 여기에서 기원한다. 그리고 그것은 현재 다농 재단Danone Foundation의 창설로 부활되었다. 그러나 원형의 이중성duality 역시 다농의 이미지를 부드럽게 하는 데 기여해 왔다. 다네트Danette 크림 디저트는 쾌락주의, 즐거움 그리고 풍요를 대변한다. 따라서 다농의 브랜드 아이덴티티는 이중적이다. 즉, 그것은 건강과 즐거움 모두이다(표 5.3). 이를 통해 다농은 높은 시장 점유율을 획득한다. 그리고 소비자에게 이런 균형을 제공하지 못하는 브랜드들에게 점유율의 아주 적은 부분만을 남겨준다. 이들은 다이어트 브랜드가 아니면 달콤한 제과 브랜드를 내놓는다.

이 이론이 맞는 것이라면 또 다른 질문이 생긴다. 그렇다면 전형적인 제품에서 의미를 전달하는 것이 도대체 무엇인가? 브랜드의 가치들은 그것들이 제품의 핵심에 있을 때에만 의미를 전달한다. 브랜드의 무형적이고 유형적인 실체들reality 은 서로 협력한다. 즉, 가치들은 실체를 주도하고, 실체는 이러한 가치들을 분명하게 보여준다.

| 표 5.3 | 두 메가 브랜드의 가장 전형적인 제품들

제품	다농	요플레
다네트 디저트 크림	9.33(1)	4.04
(천연) 플레인 요구르트	9.16(2)	8.93(1)
과일 요구르트	8.64(3)	8.39(5)
우유 요구르트	8.55(4)	8.88(2)
액상 요구르트	8.54(4)	8.51(4)
거품이 나는 요구르트	8.44(6)	6.76
작은 프로마즈 프레	8.13(7)	7.98
프로마즈 프레	8.11(8)	8.66(3)
거품이 나는 크림이 가미된 초콜릿/커피 딜라이트	8.07(9)	7.6

참고: 0점에서 10까지 평가
(괄호 안은 8점 이상 받은 제품의 순위)

※ 출처: Kaperer and Laurent(1996)

예를 들어 베네통Benetton 브랜드 아이덴티티의 에센스는 관용과 우정이다. 컬러는 광고의 테마 이상의 것이다. 컬러는 브랜드의 상징적, 산업적 바탕이다. 마지막 순간에 스웨터를 염색하는 기술적 혁신을 사용해, 베네통은 시즌의 새로운 컬러와 같은 최신 패션의 요건을 충족시키는 능력에 있어 경쟁사들을 앞설 수 있었다. 이것을 말하는 것은 쉬운 일이다. 가장 어려운 일은 그것을 실천하는 것이고, 베네통은 실제로 해냈다.

다른 경쟁사들과는 달리 베네통은 스웨터가 만들어지기 전이 아니라 다 만들어진 후에 염색하는 혁신을 이루었는데 이것은 귀중한 시간을 크게 절약하도록 도와주었다. 컬러를 결정하는 일을 마지막 단계에서 함으로써 패션의 변덕이나 최신 변화에 더 잘 대응할 수 있었다. 만약 여름 유행색이 마젠타로 바뀌었다면 베네통은 즉시 이에 대응하여 기대를 충족시킬 수 있었다. 그러나 컬러가 베네통 브랜드 아이덴티티의 핵심적인 물리적 단면이라 할지라도 그것은 단순히 (아이덴티티 프리즘에서) 물리적 특성의 문제가 아니다. 컬러라는 요소는 또한 프리즘의 다른 단면들, 특히 브랜드가 젊은 층을 상대로 할 때 중요한 (때로는 브랜드를 종교처럼 만들어 버리기도 하는) 문화적 단면에 영향을 미친다.

컬러는 단순히 브랜드를 포지션하는 데만 기여하는 것이 아니다(the colourful brand). 컬러는 이념의 외적 표시이며, 일련의 가치들이자 브랜드 문화이다. 금발의 백인 아이와 흑인 아이를 보여주는 포스터에서처럼, '유나이티드 컬러스 오브 베네통United Colours of Benetton' 이라는 슬로건에서 이 브랜드는 모든 피부색과 인종이 조화를 이루며 살아가는 통일된 세상의 영감과 이상적 비전을 표현한다. 결국 컬러는 더 이상 생산자를 구별하는 단순한 특징이 아닌 것이다. 그것은 표상banner, 즉 충성의 표시인 것이다. 컬러는 그것을 입은 젊은이들에 의해 찬양된다. 형제애와 문화적 관용은 이 브랜드의 가치이다. 이는 최근 베네통 광고의 도발적인 스타일이 너무 혼란스런disturbing 이유이다. 그것은 브랜드의 과거 아이덴티티와 충돌하고 있다.

오랑지나Orangina는 아이덴티티, 본질 그리고 심리적 깊이를 추구하는 브랜드의 좋은 예이다. 여러 해 동안 오랑지나는 어떤 물리적 특성과 독특한 제품 모두에 의해 대표되어 왔다. 톡 쏘는 오렌지 소프트음료가 그것이다. 오랑지나를 그처럼 두드러지게 만드는 것은 오렌지 알갱이가 의도적으로 액체 속에 남아 있다는 점이다. 이런 특징은 제품에서 매우 중요한 요소였다. 그래서 오렌지 형태의 병이 특별히 고안되었으며, 광고 역시 오랑지나의 독특하고 최상의 맛을 경험하려면 오렌지 알갱이가 퍼지도록 병을 잘 흔들어야 한다는 사실을 강조했다. 더 나아가 이 브랜드는 당시 젊은이들 사이에서 매우 인기 있던 흔들리는 비디오 클립 스타일로 제작된 TV 광고를 통해 자신만의 개성을 발전시켰다.

이런 과정의 마지막 단계는 브랜드의 완전한 의미를 전달하는 것으로 이루어져 있었는데 이를 위해 브랜드/제품의 관계가 뒤바뀌어야 했다. 그때까지 오랑지나는 오렌지 알갱이가 들어간 소프트음료의 이름에 불과했다. 따라서 현대적 스타일을 채택하는 것이 이런 관계 구조를 바꾸지는 못한다. 오늘날, 기본적 질문이 다른 방향으로 던져진다. 오렌지 알갱이를 담은 소프트음료가 구현하는 가치란 무엇인가? 13세부터 18세 소비자들 사이에서 코카콜라의 리더십은 물리적 특성과 개성만으로는 이해될 수 없다. 코카콜라는 전형적인 미국 문화 모델에 충성을 서약한 브랜드이다. 펩시콜라는 영국에서 버진Virgin이 그러하듯이 신세대의 가치를 구현한다. 버진이 버진 콜라로 시장 점유율에서 펩시의 2위 자리를 위협하는 것도 이런 이유 때문이다. 오랑지나는 그 제품이 구현할 일단의 가치뿐만 아니라 자신만의 영감의 원천을 찾아야 한다. 아이덴티티에 대한 이런 추구는 브랜드 관리의 근본적인 원리에 바탕을 두고 있다. 브랜드의 진실은 그 자신 안에 있다. 소비자를 인터뷰하거나 사회 문화적 트렌드에 대한 권위자들의 조언을 구한다고 해서 브랜드가 그 자신을 발견하게 되는 것은 아니다. 근원root은 오래 지속되지만 트렌드는 그렇지 못하다. 트렌드는 바람, 즉 소비를 자극하는 에너지의 현재 방향을 가리킬 뿐이다.

초기부터 오랑지나가 전달해 왔던 가치는 자발성, 유머 그리고 친근함이다. 오랑지나는 과즙 알갱이와 물이 혼합된 건강한 천연 음료이다. 그리고 햇빛, 생명, 따뜻함, 에너지를 상징한다. 그 모든 것들이 보이지 않게 합쳐져 남부의 전형적인 맛과 느낌을 준다(그 모든 것의 근저에는 남부의 모델이라는 공통된 모델이 있다). '모델model'이라는 단어는 강력한 브랜드가 항상 어떤 문화의 산물이고, 그렇기에 그것이 대표하고자 선택한 일단의 가치의 산물이라는 사실을 상기시킨다. 오랑지나의 경우, 남부의 가치는 북부에 대한 강력한 대안처럼 보인다. 남부에 산다는 것은 다른 방식으로 세상을 바라보고 경험한다는 것을 의미한다.

라코스테Lacoste 셔츠는 현재 기업의 세계 매출의 30%만을 차지할 뿐이다. 그럼에도 불구하고 셔츠는 라코스테 브랜드의 초기 가치original values를 전달하기 때문에 기업의 핵심 제품이다. 실제로 그 셔츠는 긴 바지와 소매를 접어 올린 셔츠를 입고 테니스를 치던 시절에 디자인되었다. 어느 날(Kapferer et all, 2002), 르네 라코스테Rene Lacoste는 그의 친구 앙드레 질리에Andre Gilliet에게 '가짜false' 셔츠를 만들어 달라고 부탁했다. 셔츠와 비슷하게 보이지만(윔블던 Wimbledon에서 여왕이 놀라지 않도록 하기 위해) 통기성이 좋고(면 소재를 선택한 이유이다) 질기고, 소매가 일직선인 좀더 실용적인 셔츠 말이다. 그래서 처음부터 그리고 우연하게도 르네 라코스테 셔츠는 용감하면서도 우아하게 개인적이고 귀족적인 삶의 이상을 구현하게 되었다. 때와 장소에 상관없이 라코스테는 항상 잘 어울린다. 전반적으로 적절한 의상 차림이 되도록 신경 쓰지만 세심한 부분까지 신경 쓰지 않는 사람에게 완벽하게 어울린다. 라코스테는 유행에 민감하지도 뒤떨어지지도 않는다. 그저 언제든지 어울리는 옷이다.

모든 주요 브랜드들은 브랜드의 의미를 전달하는 역할을 맡는 핵심 제품을 가지고 있다. 샤넬Chanel은 골드 체인gold chain , 쇼메Chaumet는 진주, 그리고 반클리프Van Cleef는 보이지 않는 홈에 보석을 장식하는 특허 기술이 있다. 이런 특성은 단순히 그 제품들을 특징짓는 것이 아니라 실제로 브랜드 가치를 구현하는 것이다. 한편 듀퐁Dupont은 특별히 관련된 것이 없어 보인다. 듀퐁은 분명 최고급 라이터들을 보증하고 있지만 그밖에 확실하게 보여줄 어떤 역동적 브랜드 컨셉이 있는가?

기성복 이야기를 하자면, 501 청바지는 리바이스Levi's 브랜드와 그것이 대표하는 자유롭고 비인습적인 이념의 핵심heart에 있다. (이 시점에서, 라코스테 셔츠와 가장 흔하게 함께 입는 제품이 청바지라는 사실은 큰 의미를 갖는다) 반대로 뉴맨Newman 같은 브랜드는 브랜드의 진정한 아이덴티티를 전달할 하나의 독점적인 핵심 제품을 만들어내지 못함으로써 시련을 겪고 있다.

이런 예들은 브랜드 신뢰성과 내구성의 주요 원리를 보여주고 있다. 즉, 브랜드 아이덴티티의 모든 단면들은 긴밀하게 연결되어 있어야 한다. 뿐만 아니라 브랜드의 무형적 단면들은 반드시 제품의 물리적 특성에 반영되어야 한다. 이런 '래더링laddering' 과정은 베네통Benetton 사례에 의해 설명된다(표 5.4). 마찬가지로 라코스테Lacoste의 아이덴티티 프리즘은 그의 유명한 셔츠 뒤에 숨겨진 이야기나 테니스라는 상징적 스포츠의 가치로부터 분리될 수 없다.

브랜드 네임의 파워

브랜드 네임은 종종 브랜드의 의도를 드러낸다. 이는 처음부터 브랜드의 어떤 주관적이거나 객관적인 특징을 전달하기 위해 특별히 선택된 이름에서 더욱 확실하게 나타난다(스틸케이스Steelcase나 팸퍼스Pampers). 그러나 또한 어떤 객관적이거나 이성적 이유보다는 주관적 이유로 선택된 이름의 경우에도 마찬가지이다. 이런 이름들 역시 브랜드의 정당한 영역을 표시할 능력capacity을 갖고 있다. 스티브 잡스Steve Jobs와 스티브 워즈니악Steve Wozniak은 왜 그들의 브랜드 네임으로 애플Apple을 선택했을까? 확실히 이 이름은 어떤 독창적 연구나 브랜드 네임 창조를 위한 컴퓨터 소프트웨어에서 나온 것이 아니다. 단지 두 창조적인

| 표 5.4 | 브랜드 래더링 과정: 베네통 사례

- 물리적 속성: 컬러와 가격
- 객관적인 우위점: 최신 패션
- 주관적인 우위점: '유행'을 따르고 싶어 하는 젊은이들을 위한 브랜드
- 가치: 관용과 형제애

천재들에게 너무나도 명백하게 보였던 이름일 뿐이다. 한마디로, 애플 브랜드 네임은 그들로 하여금 컴퓨터 과학에 혁명을 일으키도록 만든 것과 정확히 동일한 가치를 전달했다.

그들이 왜 인터내셔널 컴퓨터International Computers, 마이크로 컴퓨터 코포레이션Micro Computers Corporation 또는 심지어 아이리스Iris와 같이 그 시대의 선도적 이름 스타일을 선택하지 않았을까?. 대다수의 기업가들은 그런 선도적 유형의 이름을 선택했을 것이다. 자신들의 회사를 애플이라고 부르기로 결정하면서 잡스와 워즈니악은 이 새로운 브랜드의 비인습적 성격을 강조하고 싶었다. 과일 이름(그리고 한 입 베어 먹은 사과라는 시각적 심벌)을 사용하는 데 있어 과연 심각하게 고려해 택한 것일까? 이런 선택으로 애플 브랜드는 그 가치를 보여주었다. 컴퓨터 과학을 우상화하는 것을 거부하면서 애플은 사실상 전통적인 인간/기계의 관계를 완전히 뒤집으려 한 것이다. 실제로 기계는 숭배하거나 두려워하기보다는 즐기는 것이 되어야 했다. 명백하게 그 브랜드 네임은 중대한 혁신을 만들어내고 (지금은 우리에게 명백하게 보이는) 새로운 규범을 확립하는 데 필요한 모든 요소를 그 안에 포함하고 있었다.

애플에 통했던 것이 오렌지Orange에게도 통했다. 이 이름은 창립자의 가치, 즉 사용자 친화적인 이동 전화 서비스로 구체화된 가치를 반영했다. 이와 비슷하게 아마존Amazon은 강력함, 힘, 풍부함 그리고 영구적인 흐름permanent flow을 전달한다.

그러므로 브랜드 네임은 아이덴티티의 가장 강력한 원천 가운데 하나이다. 브랜드가 그 아이덴티티에 의문을 가질 때 가장 좋은 대답은 그 이름을 철저히 조사해서 그 이름이 만들어지게 된 이유를 이해하는 것이다. 그렇게 함으로써 브랜

드의 의도와 프로그램을 발견할 수 있다. 라틴 속담에도 이런 말이 있다. '이름이 예언이다nomen est omen.' 그러므로 브랜드 네임을 조사하는 것은 이런 예언, 즉 브랜드의 능력 범위뿐만 아니라 브랜드 프로그램, 브랜드의 합법적 영역, 노하우를 해석하는 것이라고 할 수 있다.

많은 브랜드들은 그들의 브랜드 네임이 반영하지 못하는 특성을 얻기 위해 모든 노력을 기울이거나 단순히 배제시켜 버린다. '애플'은 심각하기보다는 재미있게 들린다.

다른 브랜드들은 그들의 이름을 무시하고 앞으로 나아간다. 브랜드가 자신의 이름을 단순히 잊어버리려는 유혹은 브랜드 자율성 원칙의 성급한 해석에서 비롯되는 것이다. 경험은 실제로 브랜드가 사전적 의미가 아니라 구체적 의미를 단어에 부여하기 시작할 때 자율적이 됨을 보여준다. 따라서 '버즈 아이Bird's Eye'를 듣고 새를 생각하는 사람은 아무도 없다. 나이키Nike도 마찬가지이다. 메르세데스Mercedes는 스페인의 성자 이름이지만 이 브랜드는 자신의 브랜드 네임을 독일의 상징으로 만들어버렸다.

이런 능력은 브랜드의 특징일 뿐만 아니라 고유명사의 특징이기도 하다. 대처Thatcher 수상을 이야기할 때 우리는 지붕 올리는 일을 떠올리지는 않는다. 그러므로 강력한 브랜드는 그들 자신의 어휘 정의lexical definitions를 사전에 들어가게 만들어버린다. 강력한 브랜드들은 단어에 다른 의미를 부여하기 때문이다. 이런 과정이 발생한다는 것은 의심할 여지가 없지만 그 과정이 요구하는 시간은 그 복잡성에 따라 다양하다.

아이덴티티와 마찬가지로 이름 역시 관리되어야 한다. 어떤 이름들은 이중 의미를 가질 수도 있다. 그러면 커뮤니케이션의 목적은 하나를 선택하고, 다른 하나를 없애는 것이다. 따라서 쉘Shell은 자연적으로 폭탄bomb-shell의 의미보다 (로고에서도 나타나듯이) 조개sea-shell의 의미를 강조하기로 선택한다! 마찬가지로 국제 임시직 고용 사무소인 에코Ecco는 그 이름에서 암시되는 경제economy와의 잠재적 연결을 결코 활용하지 않았다. 반면에 에코는 고품질 서비스 분야에서 자신의 포지셔닝을 강화하는 자연스런 수단으로서 그 이름을 활용한다. 에코의 광고는 영리하게도 복제duplication라는 주제를 활용한다. 즉 에코Ecco를 통해 회사에 들어가는 사람들은 그 회사에서 나오는 사람들을 완벽하게 복제하고 되풀이한다echo.

일반적으로 말해서, 브랜드의 기본 아이덴티티뿐만 아니라 그것의 전반적 방향을 따르는 것이 최선이다. 모든 휴고 보스Hugo Boss는 보스Boss라는 하나의 간결하지만 국제적 이름에 전적으로 포함되어 있다. 보스라는 이름은 저돌적 성공, 전문가적 성취감, 확신 그리고 도시 생활을 전달한다. 렉소나Rexona는 뜬금없는 R과 날카로운 X 때문에 전 세계적으로 매우 강렬한 이름이다. 그에 따라 이 이름은 암묵적으로 효율성을 약속한다.

브랜드 캐릭터

브랜드가 기업의 자본capital이듯이 엠블렘emblem은 브랜드의 자본 에쿼티 capital equity이다. 엠블렘은 브랜드 네임과 달리 시각적 형상을 통해 브랜드 아이덴티티를 상징한다. 엠블렘은 다음과 같은 많은 기능들을 가진다.

- 브랜드를 식별하고 인식하는 데 도움을 준다. 엠블렘은 무언가를 상징하기 전에 어떤 것을 식별해야 한다. 엠블렘은 특히 아이들을 대상으로 하는 마케팅에 유용하다. 어린이들은 문자보다 그림을 더 선호하기 때문이다. 또한 전 세계적인 마케팅에도 유용하다(모든 위스키는 자신만의 엠블렘을 갖는다).
- 브랜드를 보증한다.
- 브랜드에 내구력을 재공한다. 엠블렘은 영구적인 표시이기 때문에 기업이 그것을 활용하는 것이 가능하다. 에르메스Hermes의 전설적인 말은 '에퀴파즈Equipage', '아마존Amazone' 그리고 '깔레쉬Caleche'의 엠블렘이기도 하다.
- 브랜드를 차별화하고 개성화하는 것을 돕는다. 엠블렘은 자신의 개성을 브랜드에 전이한다. 그러는 과정에서 엠블렘은 브랜드 가치를 강화한다. 그러나 엠블렘은 또한 소비자들이 관여되는 동일시identification 과정을 촉진하기도 한다.

동물 엠블렘은 이 마지막 기능을 수행하기 위해 종종 사용된다. 동물은 브랜드의 개성을 상징한다. 이런 관점에서 중국과 서양의 12궁도가 모두 동물을 이용해 인간의 성격을 나타낸다는 것은 주목할 만하다. 그리스의 동물 숭배는 영적 신비에 대한 그들의 개념을 반영했다. 동물은 브랜드 개성의 우화적인 표현일 뿐만 아니라 목표 대중의 심리적 특징이기도 하다. 야생 칠면조는 특별한 버번 위스키를 마시는 사람의 독립심과 자유정신을 상징한다. 스코틀랜드의 상징이자 희귀한 새인 붉은 뇌조는 페이머스 그라우스Famous Grouse 위스키의 엠블렘으로 선택되어 이 위스키 소비자의 심미적 이상을 반영한다.

엠블렘은 브랜드 아이덴티티 한 가지 이상의 단면을 대변한다. 이것이 바로 엠블렘이 아이덴티티 자본identity capital을 구축하는 데 매우 중요한 역할을 하는 이유이다. 위스키 세계는 그것의 자연적이고 순수하고 진정한 캐릭터를 상징하는 야생의 희귀하고 길들여지지 않은 동물들로 가득하다. 따라서 브랜드와 관련하여 소비자들이 지각하는 위험은 줄어든다.

엠블렘은 또한 앞에서도 설명했듯이 브랜드의 개성을 보여준다. 붉은 뇌조는 우아한 걸음걸이와 태도로 유명하다. 야생 칠면조는 미국에서 독립을 상징하는 고집 있고 영리한 새이다. 이런 동물들은 또한 지리적 심벌(뇌조는 스코틀랜드, 야생 칠면조는 미국을 상징한다)이거나 브랜드 핵심 자체를 가리키기 때문에 브랜드의 가치와 문화적 단면을 대표한다.

다른 많은 브랜드들이 캐릭터character로 자신을 대표해 오고 있다. 예를 들어 캐릭터는 브랜드 창시자겸 보증인(버진의 리처드 브랜슨Richard Branson)이거나 창시자가 아닌 보증인(나이키의 타이거 우즈Tiger Woods)일 수 있다. 또한 캐릭터는 브랜드 품질의 직접적인 심벌이 될 수도 있다(네슬레의 바니 토끼bunny rabbit, 미스터 클린Mr. Clean, 미쉐린의 비벤덤bibendum). 일부 캐릭터들은 브랜드와 대중 간에 어떤 관계와 감성적인 연결을 구축하는 역할을 한다(스맥Smack의 개구리, 에쏘Esso의 호랑이). 마지막으로 캐릭터는 브랜드 엠배서더brand ambassador로 활약하기도 한다. 비록 이탈리아 출신이긴 하지만, 이사벨라 로셀리니Isabella Rossellini는 랑콤이 모든 여성에게 약속하는 프랑스식 아름다움을 구현한다.

그런 캐릭터들은 브랜드 아이덴티티에 관해 많은 것을 이야기한다. 그들은 실제로 어원적인 의미에서 브랜드 초상brand portraits, 즉 브랜드의 특징trait으로 선택되었다. 캐릭터가 브랜드를 만드는 것이 아니지만 브랜드가 자신의 특징과 특성을 실현하는 방식을 정의한다.

시각적 심벌과 로고타입

누구나 메르세데스의 엠블렘, 르노Renault의 다이아몬드, 나이키Nike의 스우시Swoosh, 아디다스Adidas의 3개의 줄, 네슬레Nestle의 둥지, 요플레Yoplait의 작은 꽃, 그리고 바카디Bacardi의 박쥐를 알고 있다. 이런 심벌은 우리가 브랜드 문화와 개성을 이해하는 데 도움을 준다. 그들은 실제로 그러한 것으로서 선택된다. 즉, 그래픽 아이덴티티와 디자인 에이전시로 넘겨지는 기업의 디자인 요구사항들은 주로 브랜드의 개성적 특성과 가치와 관련 있다.

이러한 심벌과 로고에 관해 중요한 것은 심벌과 로고가 브랜드를 식별하는 것을 돕는다는 사실이 아니라 브랜드가 심벌과 로고와 동일시된다는 데 있다. 일반적으로 기업이 로고를 바꾸려 할 때, 이는 기업이나 그 브랜드가 변화하려고 한다는 것을 의미한다. 그들이 더 이상 과거 스타일과 동일시되지 않게 되자마자 로고를 수정하고 싶어 한다. 어떤 기업들은 다른 식으로 대처한다. 브랜드를 재활성화하고 아이덴티티를 재발견하기 위해 과거의 브랜드 엠블렘에서 변화에 필요한 에너지와 과감함을 짜낸다. 한 사람의 개성이 그의 사인에 반영될 수 있는 것처럼, 브랜드 에센스와 자아 이미지는 심벌에 반영될 수 있다.

지리적, 역사적 뿌리

아이덴티티는 브랜드의 초기 창립 행위들에서 탄생한다. 이런 행위들 중에는 제품, 유통 채널, 커뮤니케이션 그리고 장소가 있다.

스위스 항공Swiss air의 아이덴티티는 스위스라는 나라와 밀접하게 연관되어 있다. 유럽에 있는 에어 프랑스Air France나 바클레이Barclay 은행 역시 마찬가지이다. 미국 이외의 지역에서 크라이슬러Chrysler 브랜드는 신세계New World, 즉 미국의 자동차를 대표한다. 어떤 브랜드는 그들 원산지 국가의 아이덴티티를 자연스럽게 전달한다. 어떤 브랜드들은 완전하게 국제적이기도 하다(포드Ford, 오펠Opel, 마스Mars, 넛츠Nuts). 어떤 브랜드들은 여전히 자신의 국가적 아이덴티티를 숨기기 위해 가능한 모든 노력을 아끼지 않는다. 캐논Canon은 일본을 절대 언급하지 않으며 테크닉스Technics는 일본 기업이지만 앵글로 색슨의 아이덴티티를 채택하고 있다.

어떤 브랜드들은 그들의 지리적 뿌리에서 아이덴티티와 독특성을 끌어내기도 한다. 그들의 입장에서 그것은 의도적인 선택이라고 할 수 있다. 예를 들어 핀란디아Finlandia가 프리미엄 보드카를 출시함으로써 얻기를 기대한 이점은 무엇인가? 그것의 이름이 암시하듯이 핀란드는 땅이 끝나는 곳에 있는 나라이다. 춥고 엄숙하며 때 묻지 않은 먼 나라로 태양이 닿을 듯 스쳐 지나간다. 이런 자연발생적인 비전은 극도로 순수한 물과 보드카vodka의 창조의 밑거름이 된다.

브랜드는 그들이 태어난 토양의 가치로부터 혜택을 얻을 수 있다. 애플Apple이 캘리포니아의 사회적이고 기술적인 진보와 혁신의 가치를 채택한 이유도 그 때문이다. 이런 캘리포니아 브랜드에는 대안적 문화alternative culture의 느낌이 있다. (아타리Atari의 경우처럼, 모든 실리콘 밸리 브랜드들이 그런 것은 아니다). IBM은 동부 해안의 질서, 파워, 그리고 보수주의를 대표한다. 에비앙Evian의 상징성은 기업이 부각시키듯이 알프스 또는 알프스 이미지와 연결되어 있다. 뿌리는 알코올 음료에서도 결정적이다. 글렌피딕Glenfiddich는 사슴 계곡Deer Valley을 의미하며, 그라우스Grouse는 스코틀랜드의 영험한 새이다. 반면에 말리부Malibu 럼은 그 원산지를 어디인지 정의한 적이 없다. 최근에 들어서야 광고에서 그것의 고장이 카리브해라는 것을 밝혔을 뿐이다.

브랜드의 창조자

브랜드 아이덴티티는 창조자의 아이덴티티로부터 분리될 수 없다. 버진Virgin의 브랜드 아이덴티티에는 여전히 리처드 브랜슨Richard Branson의 아이덴티티가 많은 부분 내재되어 있다. 창조자에게서 영감을 받은 입생로랑Yves Saint Laurent의 브랜드 아이덴티티는 여성적이고 자신감 넘치며, 강한 내면을 지닌 30살 여성의 아이덴티티이다. 입생로랑 브랜드는 신체의 아름다움, 매력, 로맨스를 향한 심취를 찬양하며, 외설적 암시의 향취가 묻어난다. 팔로마 피카소Paloma

Picasso의 정열적인 지중해적 모습은 그녀의 향수 제품에 고스란히 스며들어 있으며 그녀가 남미, 미국의 선벨트(플로리다, 텍사스, 캘리포니아)와 유럽(스페인, 프랑스, 독일)에서 성공을 거둔 이유를 설명한다.

브랜드와 브랜드 창시자 간의 관계는 창시자 사후에도 지속될 수 있다. 샤넬Chanel이 그 좋은 예이다. 칼 라거펠드Karl Lagerfeld는 샤넬의 스타일을 그대로 모방하려고 하지는 않지만 현대적인 방식으로 해석하려고 노력한다. 세상은 변하고 있다. 브랜드의 가치는 존중되어야 하지만 동시에 시대에 맞게 변화되어야 한다. 이것은 존 갈리아노John Galliano와 디오르Dior, 구찌Gucci의 톰 포드Tom Ford에게도 똑같이 해당하는 것이다.

창조자가 세상을 뜨는 경우 브랜드는 자율성을 갖는다. 브랜드는 일단의 가치와 영감의 패턴 속으로 짜여들어간 창조자의 이름이다. 그래서 그 브랜드는 창조자 가족의 또 다른 구성원에 의해 사용될 수 없다. 이는 프랑스 기성복 의류 브랜드의 창시자 테드 래피두스Ted Lapidus의 아들인 올리비에 래피두스Olivier Lapidus가 '래피두스Lapidus'라는 이름의 사용권을 거부당한 1984년 법원 판결에서도 확인된다. 이런 혈족 관계조차도 누군가에게 같은 영역에서 브랜드 네임 에쿼티brand name equity를 사용할 자격을 부여하지 않는다.

광고: 내용과 형식

브랜드, 소매업체, 또는 기업의 역사를 기록하는 것이 광고라는 사실을 잊지 않도록 하자. 폭스바겐은 자신의 성공을 도와준 광고 무용담saga으로부터 분리될 수 없다. 버드와이저Budweiser나 나이키Nike의 경우도 마찬가지이다. 이것은 매우 논리적이다. 브랜드는 설득의 능력을 가지고 있으며 오직 커뮤니케이션을 통해서만 존재할 수 있다. 브랜드가 자신의 제품이나 서비스를 알리는 책임을 가지고 있는 이상 항상 큰 소리로 알려야 할 필요가 있다.

커뮤니케이션하는 데 있어 우리는 항상 자신이 말한다고 생각하는 것보다 훨씬 더 많은 것을 이야기하고 만다. 어떤 타입의 커뮤니케이션은 암묵적으로 발신자(누가 이야기하고 있는가?), 우리가 명백히 목표로 하는 수신자, 그리고 이 둘 간에 우리가 구축하려고 하는 관계에 관해 무언가를 이야기한다. 브랜드 아이덴티티 프리즘brand identity prism은 이러한 분명한 사실에 근거한다.

이러한 암묵적인 메시지는 어떻게 우리에게 전달되는가? 바로 스타일을 통해서이다. 오늘날 오디오-비주얼 매체 시대에 30초 TV 광고는 제품의 혜택만큼이나 브랜드와 타깃 고객의 스타일에 관해 많이 이야기한다. 모든 브랜드는 축척된 커뮤니케이션을 통해 역사, 문화, 개성 그리고 고객 이미지를 획득한다. 브랜드를 관리하는 것은 특정한 브랜드 이미지를 물려받기 위해 앉아서 기다리기보다 설정한 목표를 향해 이런 속성의 점진적 축적을 적극적으로 유도하는 것이다.

그러나 물려받은 것이 또한 이로운 것일 수 있다. 폭스바겐Volkswagen 경우 자신의 마케팅은 꼼꼼하게 통제하지만 커뮤니케이션은 대행사에게 전적으로 위임한다. 그래서 모든 폭스바겐 차는 국가에 관계 없이 같은 이름으로 출시된다. 하지만 폭스바겐 스타일은 명백하게 천재적인 광고인인 빌 번벅Bill Bernbach의 유산이다. 실제로 그는 전체 DDB 네트워크가 자신이 정의했던 스타일 지침서 stylistic guidelines를 따르도록 하는 데 성공했다. 그것은 브랜드의 특정한 스타일과 커뮤니케이션의 범위 모두가 자리 잡기 시작한 인상적인 폭스바겐 비틀VW Beetle 캠페인을 통해서이다.

광고 속에서 폭스바겐 브랜드는 항상 자동차와 로고 두 가지 모티브motifs를 가지고 자유롭게 연출된다. 브랜드 표현의 스타일은 유머적이거나 오로지 유머 그 자체이다. 모순되는 내용을 사용하는 것뿐만 아니라 자기 자신을 웃음거리로 만들고 경쟁자들을 향한 가짜 겸손이나 무례함 같은 것을 보면 알 수 있다. 그렇게 폭스바겐의 광고는 대중과 상당히 친근한 관계를 쌓아오고 있다. 그들은 화려한 차보다는 기능적 특성을 우선시하는 실용적인 사람들의 이미지를 반영하면서 소비자의 지성에 호소한다.

폭스바겐의 역설은 그것이 꽤 단조로운 제품을 다분히 엘리트적이지만 친밀하고 유머러스한 스타일로 이야기하는 데 성공해왔다는 것이다. 이 때문에 폭스바겐은 사소한 개선도 커다란 발전으로 소개할 수 있었다. 광고에서 강조하는 판매 포인트는 브랜드가 항상 전달해 온 제품 품질, 내구성, 날씨 저항력, 안전성, 저렴한 가격 그리고 좋은 거래 조건과 같은 사실과 어떤 가치들에 바탕을 둔다.

그러나 이런 광고 스타일은 비록 폭스바겐 외부에서 창조되었다 할지라도 단순히 인위적으로 브랜드에 덧붙여진 것은 아니다. 과연 누가 그 당시 미국 자동차 시장의 트렌드를 완전히 부정하는 그런 곤충 이름(비틀)을 가진 기괴한 자동차를 만들 수 있었을까? 그것은 장기적 비전을 가진 지극히 진실하고 정직한 창조자였을 것이다. 고객들의 구매를 유도하기 위해 폭스바겐은 고객들의 자존심ego과 지성intelligence을 추켜세워야 했을 뿐만 아니라 미국 자동차의 진부한 스타일로부터 결별하는 것에 대해 인정을 해줘야 했다. 폭스바겐은 조롱조의 스타일tongue-in-cheek style로 자신의 가치와 문화를 전하는 데 성공한다. 빌 번벅이 창조했다 해도 폭스바겐 스타일은 곧 폭스바겐이다.

브랜드 에센스

많은 기업과 광고 대행사들이 '브랜드 에센스brand essence라는 용어를 사용한다. 이런 관행을 분석하면 그것이 아이덴티티 그리고/또는 포지셔닝을 요약하고자 하는 바람에서 비롯된 것임을 알 수 있다. 몇몇 사람들은 볼보Volvo의 에센스가 안전성(그것의 포지셔닝)이라고 말할 것이다. 또 다른 사람들은 볼보의 에센스가 '사회적 책임감'(전형적인 스칸디나비아의 상위 가치)이며, 그것으로부터 재활용이 가능할 뿐 아니라 가장 안전한 자동차를 만들려는 바람이 나온다고 말할 것이다. 이와 비슷하게 마스Mars의 에센스를 캐러멜과 초콜릿이 어우러진 '자극성과 부드러움bite and smoothness'이라고 말하는 이도 있으며, '활력과 에너지'라고 말하는 사람도 있다. 본질적으로 '브랜드 에센스'의 컨셉은 시간을 떠나 글로벌한 방식으로 질문을 던진다. 무엇을 파는가? 브랜드가 제안하고, 대변하는 '핵심 가치key value는 무엇인가?

그 논의의 일부는 가치의 개념notion에 있다. 즉, '래더링laddering'(베네통 사례를 참고하라)으로 일컬어지는 전통적인 수단-목표 질문지에서 드러난 것들과 같이 몇몇 사람은 혜택을 이야기하고, 다른 몇몇 사람들은 높은 단계의 이상을 이야기한다. 사실 몇몇 브랜드의 경우 에센스는 제품 경험과 직결된 것일 수 있는 반면에 또 다른 브랜드는 그렇지 않다.

예를 하나 살펴보자. 니베아Nevia의 에센스는 무엇인가? 이에 답하기 위해서는 먼저 니베아드의 아이덴티티를 규정할 필요가 있다. 다른 장에서 이미 보았듯이 어떤 브랜드든 핵심 가치를 찾기 위해서는 그 원형prototype으로 눈을 돌려야 한다. 니베아의 경우에 그것은 니베아 크림과 니베아의 특징적인 파란색 용기이다. 이는 각 나라에 대한 진입 자격을 얻는 수단이고, 따라서 브랜드의 기초 요소이다. 둥근 용기에 담긴 니베아 크림은 단순한 제품을 넘어 엄마가 아기에게 행하는 사랑과 보호의 첫 행위들 중 하나이다. 결국, 모든 사람들이 니베아 블루Nivea blue에 의해 강화된, 이 화이트 크림의 전형적인 향, 느낌, 부드러움, 감각을 기억하지 않는가? 따라서 파란색 용기는 모든 면에서 브랜드의 진정한 토대가 된다.

- 사람들이 4살 무렵부터 그들 삶에서 처음 만나는 니베아 제품이다.
- 니베아의 가치를 담고 있다.
- 니베아 브랜드가 구축된 모든 국가에서 맨 먼저 판매되는 니베아 제품이다.

전체 체계의 시금석인 이 파란색과 플래그십flagship 보습 크림이 갖는 중요성은 무엇인가?

파란색은 미국과 캐나다를 포함해 서구 세계 인구의 반 이상이 좋아하는 컬러라는 사실을 기억하자. 파란색은 꿈(하늘), 평온함(밤), 신의, 순수한 사랑(동정녀 마리아Virgin Mary는 12세기부터 파란색으로 묘사되었다), 평화(UN 평화유지군) 그리고 블루진blue jeans의 심플하고 보편적인 호소의 컬러이다(Pastoureau, 1992). 니베아 크림의 하얀색은 순수함, 건강, 신중함, 단순함 그리고 평화(하얀 기)의 하얀색이다. 보습 크림 자체만을 보더라도 그것은 피부에 수분을 공급하는데, 이는 각자의 자연적 환경에 대한 인간적 측면의 필수적인 주입이라 할 수 있다.

이것은 브랜드의 가치를 드러낸다. 니베아의 철학은 브랜드의 핵심을 관통한다. 그것은 인간의 공존에 기초하면서, 신뢰, 관대함, 책임, 정직, 조화와 사랑 같은 강력한 도덕적 가치를 담고 있는 삶의 관점이다. 능력 측면에서 니베아는 안전성, 자연, 부드러움, 혁신을 나타낸다. 마지막으로, 니베아는 스스로를 영원하고, 단순하며, 적정 가격에 쉽게 구입할 수 있는 것으로 선전한다. 그리고 이것이 니베아 브랜드 자체가 전 세계적으로 식별되는 방식이다. 일정 순간에, 특정 그룹이나 세그먼트, 국가에서 이런 가치들이 지각되지 않는다 해도 그것들은 브랜드의 기본적인 아이덴티티를 형성하는 가치들로 남아 있다. 니베아가 본질적으로 파는 것이 무엇인가? 순수한 사랑과 보살핌이다.

브랜드의 초기 원형에서 직접적으로 비롯되는 브랜드 에센스의 다른 예들은 다음과 같다.

- 남성다운 매력(액스Axe/링스Lynx 이중 브랜드dual brand)
- 길들여지지 않은 미국(잭 다니엘)
- 가족의 보존(코닥Kodak)
- 사랑과 영양(네슬레Nestle)
- 개인적 성공의 표시(아멕스Amex)

브랜드 에센스 컨셉이 필요한가? 그것은 관리적인 효용성을 가지고 있다. 즉, 아이덴티티의 풍부함을 요약하려는 것이다. 그로써 아이덴티티를 전달하기가 용이해진다. 브랜드 에센스 컨셉의 불편함은 단어의 의미가 문화적으로 매우 특정하다는 것이다. 그에 따라 '자연적인natural' 과 같은 단순한 단어가 아시아와 유럽에서 다른 의미를 나타내며, 유럽 안에서도 남부와 북부 국가들 사이에 큰 의미 차이가 있다. 따라서 브랜드를 이해하기 위해서는 단어가 다른 것들과의 관계 속에서 의미를 획득하는 완전한 아이덴티티 프리즘full identity prism이 정말로 필요하다.

실질적으로 브랜드 에센스는 브랜드 아이덴티티 프리즘brand identity prism의 한 가운데나 브랜드 피라미드brand pyramid의 꼭대기에 쓰여질 수 있으며, 에센스essence, 가치들values, 개성personality, 그리고 속성들attributes을 이야기한다.

06 소매 브랜드의 논리

The Logic of Retail Brands

유통업체나 소매업체의 자체 라벨 브랜드는 어디를 가든 증가세에 있다. 아주 오랫동안 대량 소비재 분야에만 국한되어 왔던 이것들은 이제 모든 분야에서 경쟁적인 환경의 일부를 형성하고 있다. 여기에는 자동차 설비, 농업 협동조합, 제약 그룹 등이 포함된다. 꽤 오랫동안 가장 값싼 제품에 불과했던 자체 라벨 브랜드들은 이제 소비자에게 사회의 최신 트렌드(자연 식품, 지속가능한 성장, 공정 거래, 균형식, 고급 식품, 모험 등)와 보조를 맞추는 제품을 신속하게 제공하는 혁신자가 되고 있다. 그것들은 모노프릭스Monoprix와 세인즈베리Sainbury's 브랜드들의 선례를 따라가고 있다.

많은 경우에 유통업체 브랜드는 유통업체 자체와 분리될 수 없게 되었다. 바디숍body shop은 오직 유통업체 브랜드로만 팔린다. 이는 갭Gap도 마찬가지이다. 갭은 100% 갭 제품으로 제품 계열을 구축해 리바이스Levi's의 1순위 고객에서 1순위 경쟁자로 옮겨가면서 성공을 거두기 시작했다. 데카슬론Decathlon, 이케아Ikea, 해비타트Habitat, 로슈Roche, 보보이스Bobois는 스토어이자 브랜드이다. 사실 이들은 유통을 넘어 제품 컨셉과 디자인을 개발하므로 종합 스토어 브랜드이다. 오피스 퍼니싱 B2B 분야에서 오피스 디포Office Depot와 길버트Guilbert(직접 판매와 배달)는 유통업체 브랜드로 성공을 이루었다. 대형 기업들이 유통업체 브랜드의 부상에 불만을 표시하면서도 3M, 에셀트 다이모Esselte Dymo, 스테이빌로Stabilo, 펜텔Pentel, 빅Bic 등의 브랜드 제품을 선택하는 대신에 길버트의 나이스데이Niceday 브랜드를 구매하는 것은 뭔가 역설적이지 않은가? 다시 말해 그들은 자신들도 하고 있는 것을 소비자들이 한다는 이유로 비난하고 있는 것이다. 바로 지출을 관리하는 것 말이다.

소매 브랜드의 변화하는 성격

학문적 연구는 오랫동안 유통업체 브랜드에 충분한 관심을 기울이지 못했다. 생산자의 브랜드가 유일한 준거점으로 여겨지면서 유통업체 브랜드는 가격에 민감한 소비자를 유혹하는 비브랜드non-brand로 생각되었다. 아울러 그 문제의 규모가 유럽은 미국과는 달랐다. 미국은 월마트Wal-Mart를 제외하고는 지배적인 위치의 단일 소매업체/유통업체가 존재하지 않았다. 유통은 지역적이며, 내셔널 브랜드National brand가 여전히 유통 경로에서 파워를 가지고 있다. 이는 미국에서 유통업체의 브랜드가 오랫동안 저가의, 저품질의 대체품으로 지각된 이유이며, 현상을 완전히 고려하지 못한 평가이다.

그러나 이런 상황 역시도 최근에 와서 변화를 겪었다. 이는 약 76년전, 편의점 컨셉을 처음 만들어낸 스토어, 세븐-일레븐의 이사인 러스 클라인Russ Klein과의 최근 인터뷰에서 확인할 수 있다. "자체 라벨은 몇몇 경우에 그것을 프리미엄 브랜드로 사용하는 수준까지 변화했다(Marketing Management, Jul-Aug 2003, p19)."

전 세계적으로 유통업체 브랜드는 종종 생산자 브랜드의 유일한 경쟁자가 되기도 한다. 하이퍼마켓이나 슈퍼마켓의 진열대는 3부분, 즉 생산자 브랜드, 스토어 브랜드 그리고 가장 저가의 제품으로 나뉘어져 있다. 이는 더욱 더 행동의 긴급함을 부각시키고(Quelch and Harding, 1996), 생산자 브랜드로 하여금 확실하고 직접적으로 차별화에 집중하게 만든다. 한편에서는 혁신과 품질을 강화하고,

다른 한편에서는 감성적인 부가가치를 강화하는 것이다.

유통업체 브랜드는 가장 부유한 선진국에서 발견되며 따라서 저소득과 연결된 현상이 아니다. 전 세계에서 가장 높은 1인당 소득을 가진 스위스에서 주도적인 식품 브랜드는 미그로스Migros로, 네슬레Nestle를 앞지른다. 미그로스가 지배적인 복합 소매업체임을 감안할 때 그리 놀라운 일은 아니다. 각 마을에는 미그로스 스토어가 위치하고 있으며, 이 미그로스 스토어에서는 어김없이 미그로스 제품만을 판매한다. 유럽에서 가장 강력한 나라인 독일의 국민들은 고급 승용차를 즐기지만 식료품 대부분은 알디Aldi와 리들Lidl 하드디스카운트 스토어hard-discounter에서 구입하며, 여기서도 예외 없이 독점적으로 자체 라벨 제품들만을 판매한다. 독일인들이 저급한 품질의 제품을 사리라고는 상상할 수 없다. 로블로스Loblaw's 같은 캐나다 체인은 프레지던트 초이스President's Choice 브랜드로 명성을 구축했다. 이것은 까르푸Carrefour, 네덜란드에서 앨버트 하인Albert Heijn, 스칸디나비아에서 이카Ika에도 해당되는 이야기이다.

유통업체들은 이제 자신들의 브랜드 포트폴리오를 카테고리와 스토어를 위한 전반적인 비전의 일부로서 관리한다. 이들은 각 카테고리 세그먼트를 위한 '브랜드 믹스brand mix'를 선택해야 하며, 제공할 브랜드 유형과 관련해 그들 각각에 대한 결정을 내려야 한다. 즉 생산자 브랜드인가? 유통업체 브랜드인가? 유통업체 브랜드는 경제적인 제품 계열들, 즉 가격 대비 가치있는 제품 라인들(때때로 유통업체 자신의 이름으로)을 제공하거나 또는 포지셔닝 면에서 더 많은 융통성을 부여하는(어쩌면 진정한 프리미엄 포지셔닝까지도) 자체 브랜드(자체 라벨)를 제공할 수 있다.

관리적인 관점에서 유통업체 브랜드 또한 넓은 의미에서 다른 브랜드들과 다르지 않다. 그들은 모두 브랜드의 특성을 갖는다. 그러나 더불어 유통업체의 마케팅 믹스 안에서 자신의 자리를 찾아야 한다. 유통업체에게 있어 그것들은 이제 아이덴티티, 차별화, 충성도 창출의 핵심 요소를 의미한다(비록 스토어에 대한 고객 충성도에 끼치는 유통업체 브랜드의 영향은 아직 입증되지 않았지만 말이다. - Corstjens and Lal, 2000). 유통업체 브랜드들은 일반적으로 프리미엄 세그먼트에 포지션되었을 경우에도 가격을 자신들의 마케팅 믹스의 배후에 있는 원동력

| 표 6.1 | 브랜드 애착: 유통업자 브랜드와 생산자 브랜드

1. 질레트	57	7. 네스카페	39
2. BT	56	8. 하인즈	39
3. 팸퍼스	53	9. 켈로그	39
4. 막스앤스펜서	42	10. 부츠	37
5. 맥도날드	42	11. 콜게이트	32
6. BBC	40	12. 로열 메일	32

※ 출처: Brandz(UK)

driving force으로 사용한다.

성숙 단계에 있는 국가의 소비자들에게는 유통업체 브랜드는 항상 매력적인 가격과 결부된 이미지와 눈에 잘 띈다는 속성을 통해 진정한 브랜드genuine brands로 지각된다. 시간이 흐르면서 몇몇 유통업체 브랜드들은 전형적인 브랜드 효과를 창출할 수 있게 되었다. 이 분야에서 오랫동안 리더였던 영국의 사례가 표 6.1에 나타나 있다. 마케팅리서치 전문사인 밀워드 브라운Millward Brown의 브랜즈 연구Brandz study 연구에 따르면 브랜드에 대한 소비자들의 근접성 proximity은 존재의 느낌(인식, 익숙함)에서 연관성의 느낌('나를 위한 거야.')으로, 성능과 우위점에 대한 지각으로, 궁극적으로는 진정한 감성적 애착으로 옮겨간다. 브랜즈 연구에서 2개의 유통업체 브랜드가 영국 브랜드 10위 안에 들어간 것은 주목할 만하다. 바로 막스 앤 스펜서Marks & Spencer와 부츠Boots이다.

왜 소매 브랜드가 있어야 하는가?

'왜 유통업체 브랜드가 있어야 하는가?' 라는 질문에 답하기 위해서는 소비자가 아닌 업계, 즉 유통업체와 생산자에게 눈을 돌려야 한다.

대량 소비재 부문에서 초기 유통업체 브랜드들은 유통업체와 생산자 간의 갈등에서 생겨났다. 그들이 받는 불충분한 대우에 불만을 느낀 유통업체들이 자신들의 이름이나 자체 라벨을 붙여 다른 곳에서 제품을 생산한 것이다. 이런 갈등은 유럽을 예로 들면, 브랜드가 현재 소수의 유통업체들에 판매의 60%를 의존하는 상황에서 특히 더 지속적이다. 몇몇 부문에서는 집중화가 훨씬 더 높다. 이미 보았던 데카슬론Decathlon은 유럽 나이키 판매의 10% 이상을 차지하고 있다. 더불어 이런 유통업체 브랜드의 증가가 범 세계적인 유통업체의 성장과 함께 이루어지면서, 유통업체 브랜드들이 신흥 국가(브라질, 동유럽, 러시아, 인도 등)에서 흔히 볼 수 있는, 저렴하고 품질 좋은 제품에 대한 기대에 직면하게 만든다.

당연히 어떤 카테고리에서 유통업체 브랜드를 사려는 마음이 가장 드는지, 즉 낮은 관여도를 갖는 카테고리를 결정하는 것은 소비자들의 몫이다(Kapferer and Laurent, 1995). 브랜드는 고객이 구매에서 높은 위험을 지각하는 곳이라면 어디서나 존재한다는 사실을 기억하라. 반대로 고객들이 아무런 위험도 발견하지 못한다면 유통업체 브랜드 제품이 그들의 마음을 끌 것이다. 특히 고객들이 그 유통업체를 훌륭한 명성과 품질과 서비스의 이미지를 가진 것으로 여길 때 더욱 그러하다. 예를 들어, 버터 카테고리는 현재 유통업체 브랜드가 우위를 차지하고 있다. 그러나 새로운 저지방 버터는 다르다. 그런 특별한 제품의 개발이 중요한 관심의 원천이라할지라도, 고객들은 잘 알려진 브랜드 네임으로 확신을 얻을 필요가 있다. 소비자가 뛰어난 성능을 기대하는 모든 경우(예를 들어 화장품), 생산자 브랜드가 승리를 거둔다. 이는 제품이 심벌이나 '뱃지badge'의 지위를 가지는 경우에 언제든 사실이다. 다시 한번, 유통업체 브랜드는 (애버크롬비 앤 피치 Abercrombie & Fitch처럼) 스토어 백bag 자체가 뱃지가 아닌 한 인상을 남기는 데 실패한다.

이제 만족스러운 과거의 경험으로 용기를 얻은 소비자들은 결단을 내린다. 유통업체 브랜드는 PC, 120유로 자전거, 하이파이 장치와 가전제품에서도 존재한다. 소비자들은 그들의 거실에 둘 텔레비전으로는 소니Sony나 톰슨Thomson을 원할지도 모른다. 그러나 주방이나 아이 방에 관해서는 관여도가 낮아진다. 이들은 퍼스트 라인First Line(까르푸Carrefour의 하이파이 브랜드hi-fi brand)을 선택할지도 모른다. 가정용 컴퓨터도 마찬가지이다. 델은 PC 조립업체이며, 유통업체 브랜드로 팔린다. 그러나 델 제품은 '인텔 인사이드Intel inside'로 보증된다.

현실에서 유통업체 브랜드 현상은 수요가 아닌 공급에 기반을 둔다. 유통이 집중될 때는 언제나 공급을 수직적으로 통합하는 방법 외에는 투자 수익률ROI을 증가시키는 다른 방법이 존재하지 않는다.

한편으로 이전에 독립적인 소매 부문에서 거래 집중화가 진행됨에 따라 그 첫 단계는 구매 비용을 줄이기 위해 대량으로 구매하는 것이다. 다음으로는 공동의 상업적 스토어 네임collective commercial store name이 적용된다. 공동의 네임이 있다면 공동의 계열collective range 또한 있어야 한다. 이 공동의 계열은 스토어 제품 계열의 핵심부를 형성한다. 논리적인 마지막 단계는 이 핵심 제품 계열을 명명하는 유통업체 브랜드를 창출하는 것이다.

다른 한편으로는 시간이 지나면서 유통은 경쟁 채널이나 비즈니스 유형이 흡수되고, 경쟁자들 스스로가 그 뒤를 따르면서 집중화된다는 것을 명심하라. 이런 방식으로 유럽에서는 소규모 상인들이 하이퍼마켓과 할인점에 압도되면서 많은 카테고리에서 사라졌다. 이것이 유통업체들이 처음 성장하기 시작한 방식이다. 이런 경로의 막바지에 도달한 유통업체들은 글로벌 시장과 비용 절감으로 방향을 틀었다. 효율적인 소비자 대응, 거래 마케팅 등과 같은 비용 절감 기법들이 유행하게 되었다. 마지막 국면은 투자수익률을 향상시키는 방법으로서 유통업체 브랜드이다. 그 이유는 다음과 같다.

- 유통업체 브랜드 제품은 유통업체에게 더 나은 마진을 준다.
- 스토어 내에서 유통업체 브랜드가 증가하는 것에 대한 두려움은 유통업체의 교섭력을 증가시키고, 생산자들이 스토어에서 자사의 브랜드를 판매하는 것에 더 큰 마진을 할애하도록 유도한다. 포웰스와 스리니바산Pauwels & Srinivasan(2002)의 연구에서 이런 사실을 확인할 수 있다.
- 올바로 관리된다면 차별화와 고객 충성도를 획득할 수 있는 장기적으로 중요한 방법이 된다(일단 가격 할인 쿠폰과 티켓같은 단기 전술을 모든 경쟁자들이 채택함으로써 모두가 동등해지고 나면)(Corstjens and Lal, 2000).

소매 브랜드의 비즈니스 논리

경쟁 시장에서 유통업체 브랜드는 유통업체의 성장의 필연적인 단계이다. 그것은 다른 모든 접근들이 고갈되고 난 뒤에 투자수익률ROI을 유지하려는 니즈를 충족시킨다. 그게 아니라면, 그것은 처음부터 중요한 차별화 요소가 될 수 있다 (갭GAP, 데카슬론Decathlon 등의 경우처럼). 유통업체의 성장의 특정 국면에서 유통업체 브랜드가 왜 바람직한 단계인가를 이해하기 위해서 투자수익률ROI의 원리를 다시 한번 살펴보자.

$$투자수익률 = \frac{순\ 마진\ =\ 총마진\ -\ 비용}{재고\ 회전\ =\ 평방미터당\ 매출\ /\ 평방미터당\ 투자}$$

유통업체는 20%에서 22%로 투자수익률을 10% 증가시키기를 원할 때 무엇을 하는가? 문제의 유통업체를 2%의 순 마진과 10번의 회전율을 가진 하이퍼마켓이라고 가정하자. 2가지 가능한 옵션이 있다. 판매 지역 평방미터당 10%(11번의 회전율을 주고)로 판매를 증가시키거나, 아니면 자체 라벨을 판매하고 브랜드 생산자로부터 더욱 큰 공급가의 양보나 판촉 캠페인 이익의 일부를 요구함으로써 순 마진을 2%에서 2.2%로 증가시키는 것이다.

두 번째 옵션이 투자수익률을 증가시키는 더 쉬운 방법이다. 성숙 시장에서 평방미터당 회전율을 높이는 것이 얼마나 힘든지 모두가 알고 있다. 이는 모든 유통업체들이 최적의 이익을 내고 싶을 때 유통업체 브랜드를 선택하는 이유이다.

어떻게 소매 브랜드는 성장하는가

일단 결정이 내려지면, 성숙한 유통업체 브랜드 비즈니스를 창출하는 과정에는 두 가지 국면이 있다.

첫 번째 국면: 선도 브랜드 모방하기

첫 번째 단계는 유통업체 브랜드로 소비자를 유혹하기 위해 자체 유통업체 브랜드에 더 많은 공간을 할애하고, 주요 브랜드의 평균 가격을 증가시킴으로써 빅 브랜드들big brands로부터 시장 점유율을 가져오는 것이다(Pauwels and Srinivasan, 2002). 유통업체 브랜드의 제품 계열은 반응적으로reactively 구성된다. 브랜드 생산자의 계열들에서 틈새들이 파악되고, 그런 다음 채워진다. 유통업체 역시 그 경쟁자의 유통업체 브랜드 계열을 조사하고 모방하기 시작하며, 다른 경쟁자들이 공급하는 전형적인 제품들을 똑같이 생산한다. 이런 모방 방법으로 유통업체 브랜드의 핵심 품목이 구성된다. 우리는 이것이 또한 유통업체가 목표로 정한 브랜드 제품(일반적으로 카테고리 리더)의 포장을 특징 하나하나까지 모방하기로 선택하는 전형적인 국면이라는 것을 덧붙여야 한다. 이 이른바 '카피캣 copycat' 접근이라고 하는 것은 상표권 침해와 유사하며, 때때로 브랜드 저작권의 침해나 불공정 경쟁에 불만을 품은 생산자들에 의해 법정 분쟁이 제기된다. 그러나 대부분의 경우 디자이너들의 과도한 열정으로 생겨난 분쟁은 원만하게 해결된다. 더 나아가, 유통업체들은 이 문제가 브랜드 규범brand code이 아닌 카테고리의 선도 브랜드가 구축한 카테고리 규범category code이라는 사실에서 피난처를 찾는다.

이런 접근법(브랜드화된 제품 포장의 핵심 속성 모방)의 목적은 부주의한 소비자에게 혼란을 주어 빅 브랜드 제품 대신에 유통업체 브랜드의 제품을 선택하도록 만드는 것이다. 그런 다음 다행히 소비자들이 유통업체의 제품이 좋은 것이라는 확신을 갖게 되면 소비자 충성도를 얻게 되는 것이다.

실제로 소비자들은 하이퍼마켓에서 판매되는 대량 소비 제품들을 구매하는데 각각 7초를 소비하는 것으로 측정되었다. 구매자에게는 신속함이 중요한 문제가 된 것이다. 포장간의 강한 유사성resemblance이 있을 때 평균적인 주의지속 시간 attention span을 지닌 바쁜 구매자들은 혼동을 겪을 수 있다. 유통업체 제품에 의한 브랜드 포장(상품 외장trade dress)의 모방에 관한 조사연구(Kapferer and Thoenig, 1992)는 혼동 비율이 42%에 육박할 수 있음을 보여준다. 혼동의 요인들을 중요한 순서로 나열한 것이다.

| 표 6.2 | 유통업체의 모방 브랜드가 품질 지각에 영향을 미치는 방식

오리지널/모방(제품)이라고 생각하는 소비자 퍼센티지:	이 제품들은 같은 업체가 만들었다 확실히 그렇다 아마도 그럴 것이다		총계	나는 자체 라벨을 신뢰한다 그렇다
1 Panzani/Padori(파스타)	39	41	80	78
2 Martini/Fortini(주류)	30	31	61	56
3 Amora/Mama(케첩)	21	46	67	62
4 Ricore/Incore(커피)	16	17	33	38

1. 컬러 (혼동 효과의 절반)

2. 패키지 형태

3. 주요 디자인

4. 이름, 타이포그래피 등

표 6.2에 나타난 결과에서 알 수 있듯이 유사성이 높은 순서로 한 쌍의 제품들을 배열한 테스트에서 지각된 상품외장trade dress의 유사성이 강하면 강할수록 더 많은 소비자들이 그 제품들이 같은 것이라고 추정한다는 것을 알 수 있다. 그리고 모방 제품이 불러일으키는 확신이 더욱 높아진다.

또다른 연구에서는 우수한 유통업체 브랜드의 발견은 선도 브랜드에 대한 긍정적인 태도를 저하시키는 것으로 나타났다. 자이코프스키와 심슨Zaihkowsky & Simpson은 코카콜라를 모방한 유통업체 브랜드, 로라 콜라Lora Cola의 소비자 시음을 실시했다. 제품 맛은 한 쪽 소비자 그룹은 그 맛이 훌륭하다고 생각하고, 다른 소비자들은 나쁘다고 생각할 수 있도록 조작되었다. 그 맛이 나쁘다고 여기는 그룹에서 (로라 콜라 시음 전과 후) 2번 측정한 코카콜라 평가는 감소를 겪지 않았다(5.41 대 5.71). 그러나 모방 제품의 맛을 좋아하는 소비자들의 경우는 평가가 눈에 띄게 떨어졌다(5.67에서 5.22로 떨어짐).

두 번째 국면

두 번째 국면에서 유통업체 브랜드의 목표는 경쟁자들로부터 시장 점유율을 빼앗아오는 것이다. 유통업체 브랜드는 스토어 자체의 아이덴티티, 가치 그리고 포지셔닝을 표현하면서 전략적 차별화의 진정한 수단이 된다. 유통업체 브랜드는 (구매목록점유율share of requirements에 대한 영향을 통해) 그 자신에 대한 충성도뿐만 아니라 스토어에 대한 충성도까지 창출해야 한다.

이 국면에서 브랜드의 파워와 관리는 더 이상 구매 담당자의 손에만 달려 있지 않다. 구매 담당자는 구매와 재판매 조건들의 최적의 믹스에 열중한다. 유통업체 브랜드를 아이덴티티와 포지셔닝을 창출하는 수단으로 만드는 것은 진정한 마케팅 전략, 그리고 유통업체 자신의 가치와 아이덴티티를 전달하는 브랜드의 능력을 반영하는 계열의 구성을 전제로 한다. 여기서 요령은 혼동에 의한 구매에서 선호에 의한 구매로 전환이 이루어도록 영향을 미치는 것이다.

이런 상황에서 유통업체 브랜드는 핵심적인 포지셔닝 중요성을 갖는다. 그것의 내용, 즉 그 제품들이 (유통업체) 브랜드의 가치를 표현하기 때문이다. 이것이 유통업체 브랜드가 널리 알려지는 방식이다. 그리고 유통업체 브랜드가 저렴한 가격 이상의 것에 관한 메시지를 전달하고자 한다면 스스로 혁신해야 한다. 유통업체 브랜드는 더 이상 단순히 시장에서의 가격 차이를 메우는 방법이 아니다. 즉, 그것은 성분, 포장, 추적 가능성, 컨셉 등에 기초한 부가가치 요소들을 제공한다.

이것은 일반적으로 더 이상 브랜드의 가격이 아닌 컨셉 자체가 판매를 이끌어내는 지점이다. 종종 이들은 브랜드 제품 생산자들에게는 없는 것을 갖고 있는데, 생산자들이 특정 카테고리, 제품이나 비즈니스 영역에 전문화되어 있기 때문이다. 예를 들어 어느 생산자가 '어제의 즐거움(Pleasure of yesterday)'이란 컨셉하에 재발견된 제조 비법을 가진 지역 곳곳의 최고 제품 100가지를 묶는 엄브렐러 브랜드를 구축할 수 있겠는가? 기름, 잼, 비스킷 등을 생산하지 않는 네슬레 Nestle는 이것이 불가능할 것이다. 물론 유니레버Unilever, 필립 모리스Philip Morris, 다농Danone도 마찬가지로 불가능하다. 그러나 까르푸Carrefour는 가능하다. 까르푸가 해야 할 일이라고는 까르푸가 영업하는 각 지역의 작은 지방 기업들에게 그 컨셉을 홍보하는 것뿐이다.

소매 브랜드의 성공 요인

항상 그렇듯, 새로운 브랜드의 부상은 경쟁자가 취한 행동(또는 행동의 부재)의 결과이다. 예를 들어 독일에서 유통업체 브랜드는 화장품 분야에서 높은 시장 점유율을 갖고 있다. 프랑스는 그 반대 현상을 보인다. 두 나라 모두 선진국이다. 두 나라의 상대적인 미 개념의 차이를 제쳐두면, 경쟁 분석에서 그에 대한 한 가지 설명을 찾을 수 있다. 프랑스에서는 로레알L'Oreal이 다른 모든 브랜드들을 엄청난 광고 예산을 동원해 과학적으로 입증된 성능을 놓고 싸우는 전쟁으로 끌어들였다. 독일에서 선도적인 내셔널 브랜드는 니베아Nivea이다. 니베아는 증명된 결과라는 합리적인 접근보다는 공감, 부드러움, 친밀한 관계에 더 큰 비중을 둔다. 우리는 이것이 독일에서 유통업체 브랜드가 쉽게 진입할 수 있는 길을 찾는 이유를 설명한다고 확신한다. 독일 소비자들은 유통업체 브랜드를 니베아와 전혀 다른 것이라고 지각하지 않는다.

호치와 배너지Hoch & Banerji(1993)는 유통업체 브랜드의 시장 점유율 배후에 있는 요인들을 분석했다. 그 요인들은 다음과 같다.

- 잠재 시장의 규모
- 해당 분야의 높은 마진
- 낮은 광고 지출
- 품질 확보 능력
- 가격 민감성

그러나 호치와 배너지는 또한 시장 분화market fragmentation가 유통업체 브랜드의 성장에 장애가 되지 않는다는 생각을 갖고 있다. 시장 분화는 세분화되지 않은 '올인원all in one' 제품에 기회를 제공한다. 반대로, 유통업체 브랜드의 침투에 영향을 미치는 요인은 그 분야의 혁신율rate of innovation인 것으로 알려져 있다. 혁신율은 제품 계열들이 계속적으로 갱신되도록 하며, 거대한 규모의 광고와 연관이 있다.

지금까지 살펴본 것처럼, 이런 요인들 대부분은 생산자들의 관리 소홀, 즉 불충분한 혁신율과 높은 마진, 저조한 수준의 광고 등과 연결되어 있다. 브랜드가 '캐시 카우cash cow'로서 다루어질 때 그 문은 유통업체 브랜드에게 열려 있다. 한편, 많은 브랜드화된 기업들이 유통업체 브랜드로 제품을 생산하는 데 동의한다. 예를 들어 노라토Norauto(자동차 운전자에게 자동차 부품을 판매하고 서비스를 제공하는 스토어의 체인)의 타이어는 실제로 미쉐린 그룹Michelin group이 생산하는 것이다. 미쉐린이 낮은 품질의 제품을 만들었을 것이라고는 믿기 어렵다.

이런 식으로 유통업체 브랜드의 성공은 (유통업자 진열대의 강력한 프로모션과 빅 브랜드 제품을 흉내 내는 '모방' 제품의 창조에 의한) 공급 효과와 연결되어 있지만, 또한 높은 마진에 익숙해져 있으면서 혁신을 하지 않는 잘 알려진 브랜드들로부터의 경쟁이 부재한 결과이기도 하다.

마지막으로 그리고 분명하게 이런 침투는 특정 계열과 카테고리에 따라 달라진다. 유통업체 브랜드가 기초 제품들에서 강력한 것은 사실이지만, 더 이상 그런 제품들에 한정되지는 않는다. 캐퍼러와 로렌트Kapferer & Laurent(1995)는 유통업체 브랜드의 매력을 지속적인 의식에 있어 소비자의 관여 정도(제품에 대한 소비자들의 관심)나 또는 구매 시점에서의 일시적인 느낌으로서 소비자의 관여 정도(이 구매가 위험한 것인가? 그 구매가 뱃지badge의 가치를 갖는가? 그것이 나에게 기쁨을 줄 것인가?)와 연결시켰다. 그런 다음 유통업체 브랜드의 침투를 설명하기 위해 (식품, 위생, 미용, 의류, 내구재 같은) 20개의 제품 카테고리들과 교차 연결된 8가지 구매 상황을 다루는 프레임워크가 만들어졌다. 이런 구매 상황들은 저관여도에서부터, 대체로 합리적인 중간 관여도 그리고 고관여도까지 등급이 매겨졌다. 이런 접근은 또한 유통업체가 브랜드 유형을 선택하는 데 도움을 준다. 즉 각 제품 계열마다, 가격대마다 유통업체 브랜드는 스토어 이름을 달고 있어야 하는가, 그렇지 않은가? 결국 몇 가지의 유통업체 브랜드 유형들이 있다.

- 저가 라인. 소비자들이 하드디스카운트 스토어로 이탈하는 것을 막기 위한 것이다(생산자 브랜드보다 50% 저렴하다).
- '스토어 브랜드'(일반적으로 생산자 브랜드보다 15~20% 저렴하다).

- 마지막은 자체 라벨로 자신만의 이름과 포장을 가진 것이다. 그 수가 무제한이어서, 융통성과 세분화라는 유통업체의 니즈에 실질적인 해결책을 제공한다. 예를 들어, 한 계열이 가격대나 세그먼트에 따라 몇 개의 자체 라벨들을 포함할 수 있다. 그 목표는 스토어 자신의 이름(까르푸)이나, 아니면 개별 이름(프레지던트 초이스)을 지닌 하나의 단일 브랜드를 이용하는 것일 수 있다. 그러나 일관된 포지셔닝의 필요성은 하나의 브랜드가 모든 세그먼트와 모든 가격대를 커버하기 위해 사용될 수 없게 한다.

우리는 위의 3가지 유통업체 브랜드 유형들이 그 하이브리드를 낳을 수 있음을 덧붙여야 한다. 예를 들어 스토어 이름이나 저가 제품 라인에 의한 개별 브랜드의 보증을 막는 것은 아무것도 없다(테스코 밸류Tesco Value가 사용한 전술).

각기 다른 유통업체가 각기 다른 의사결정을 내릴 것이라는 의미에서 이것은 전략적인 결정들이다. 그러한 결정들은 경쟁 환경과 그들 이름의 파워에 있어서의 차이에서 뿐만 아니라 그들의 아이덴티티와 전략적 포지셔닝에서 연유하는 것이다. 소비자들 또한 이런 주제와 브랜드 유형에 대한 관점을 갖고 있다.

소매 브랜드 마케팅 믹스의 최적화

유통업체의 브랜드들은 동질적인 실체가 아니다. 그것들은 그들의 목적과 전략에 따라 다르다. 이는 다음과 같은 주요 측면들에 대한 그들의 마케팅 믹스와 브랜딩 접근에 있어 가시적인 차이로 이어진다.

- 제품 품질 수준(낮음, 리더 브랜드와 비슷함, 프리미엄)
- 네이밍 전략(스토어 이름을 사용할 것인가, 말 것인가?)
- 포장 스타일(시장 리더와 차별화할 것인가, 그대로 모방할 것인가?)
- 시장 리더와 하드디스카운트 스토어 제품 양자와 비교한 가격 수준
- 판매진열대의 위치와 규모

- 디스플레이 위치(경쟁자와 비교해서)

일반적인 유통업체 자체 브랜드distributor own brand를 이야기하는 것으로 이런 문제들을 다루는 것은 비현실적이 되었다. 이것은 상세히 분석되지 않는 이질적인 분야와 컨셉으로 돌아간다. 오히려 어떻게 유통업체 자체 브랜드의 특정한 마케팅 믹스가 소비자 선호도에 영향을 미치는지를 조사하는 것이 필요하다. 몇 가지 유형의 유통업체 자체 브랜드는 누구보다도 시장 리더들에게 더 위협이 될 수 있다.

최근의 한 조사연구(Lewi and Kapferer, 1996)는 4가지 기준에 따라 달라지는 유통업체 자체 브랜드 유형의 효과를 검토했다.

- 블라인드 테스트에서 나타나는 것으로서의 품질. 2가지 품질 수준이 조사연구에 사용되었다. 즉, 시장 리더와 동등한 품질과 현저하게 시장 리더보다 못한 품질.
- 시장 리더와 비교한 가격 수준. 3가지 수준이 사용되었다(20%, 35%, 50% 저렴한 가격).
- 네이밍 전략. 유통업체 자체 브랜드가 스토어 이름을 사용하는가? 아니면 자체 라벨인가?
- 시장 리더와 포장 유사성의 정도. 논의한 바와 같이 브랜드가 모방인가 아니면 분명하게 차별화된 것인가? 조사연구는 모방 브랜드가 42%에 이르는 소비자들로 하여금 그것을 시장 리더와 혼동을 일으키게 만들 수 있다는 것을 확인했다.

이 조사연구는 다음과 같은 주요 결론에 이르렀다.

- 유통업체 자체 브랜드의 객관적인 품질은 표 6.3에서 보는 바와 같이 소비자 선호도에 영향을 미친다. 몇몇 시장에서는 소규모 공급자가 시장 리더와 품질 면에서 동등한 제품을 제공하는 것이 가능하다. 물론 때때로 시장 리

| 표 6.3 | 소비자의 선택은 유통업체 자체 브랜드의 품질에 달려 있다

	유통업체 브랜드의 품질	
	리더와 동등하다	현저하게 떨어진다
유통업체 브랜드를 구매하려는 소비자 의향	34%	16%

※ Notes: p<0.01
블라인드 테스트에 기초한 품질

| 표 6.4 | 브랜드 네이밍이 소비자 구매 의향에 영향을 미치는 방식

	브랜드가 스토어 이름을 사용한다	브랜드가 자체 라벨을 사용한다 (스토어 이름에 기반하지 않은)
소매업체 브랜드를 사려는 소비자 의향	30%	20%

※ Notes: p<0.05
출처: Lewi and Kapferer, 1998

더 스스로가 그 경쟁자에게 (유통업체 자체 브랜드 제품을) 공급하는 데 동의 하기도 하며, 시장 리더 제품과 자체 브랜드 제품 간 세부적인 면에서 차이 가 거의 또는 전혀 없는 일이 빈번하다.

- 브랜드 네임 전략 또한 소비자 선호도에 영향을 끼친다. 표 6.4에서 볼 수 있듯이 스토어 이름은 자체 라벨보다 소비자에게 더 매력적으로 느껴지는 경향이 있다.

- 유통업체 브랜드의 각 유형은 자신만의 가격 탄력성을 갖는다. 조사 결과에 서 알 수 있듯이 시장 리더와의 가격 차이의 영향은 다른 브랜딩 의사결정 (브랜드 네임의 선택, 포장 등등)에 따라 달라진다. 몇몇 의사결정들은 브랜드 리더에 더 근접한 가격을 가능하게 하며, 몇몇은 그렇지 않다. 이런 3중 상 호작용의 가장 중요한 결론(표6.5 참조)은 실제 브랜드처럼 행동하는 것이 유통업체 자체 브랜드가 판매와 수익 모두를 극대화할 수 있게 한다는 것이 다. 분명한 것은 더 이상 유통업체 브랜드들을 동질적으로 다루는 것이 불 가능하다는 것이다. 결국 소비자 역시 동질적이지 않다.

| 표 6.5 | 유통업체 브랜드의 마케팅 믹스가 소비자 구매 의향에 영향을 미치는 방식

브랜드와 포장	가격 차이	유통업체/소매업체 브랜드를 사고자 하는 소비자 퍼센티지		
		−20%	−35%	−50%
스토어 브랜드 (모방 아님)		38	38	28
스토어 브랜드 (모방)		17	28	38
자체 라벨 (모방)		26	31	27
자체 라벨 (모방 아님)		21	24	31

요약하자면, 유통업체 브랜드를 사용하는 것은 마케팅 믹스(품질, 시장 리더와의 차별화 등)에 관해 올바른 결정이 취해지기만 한다면 성공적인 전략이 될 수 있다. 또한 시장 리더와의 큰 가격 차이가 유통업체 브랜드에 대한 선호도를 촉진하기 위해 필수적이라는 것이 항상 진실은 아니라는 점은 분명하다.

브랜드와 비즈니스 모델의 변경
: 데카슬론

최초의 데카슬론Decathlon 스토어는 약 25년 전에 생겨났다. 2000년 데카슬론은 인터스포츠Intersport, 월마트Wal-Mart, 베너터Venator(풋 라커Foot Locker와 챔프스Champs), 스포츠 2000에 이어 세계에서 5번째로 큰 스포츠 소매업체로, 25억 달러의 총매출액을 기록했다. 데카슬론의 컨셉은 (5,000에서 10,000평방미터에 이르는) 하나의 단일한 메가 스토어a single mega store에 35,000가지 제품을 갖추고 모든 주요 스포츠(총 70개)를 선보이는 것이다. 데카슬론의 사명mission은 일반 대중들을 위해 스포츠의 즐거움을 증가시키는 것이다. 데카슬론은 집념을 갖고 그 일을 해낸다. 즉, 시장에 가격 대비 최상의 품질로 최상의 선택을 제공하는 것이다. 이 목표를 이루기 위해 데카슬론은 자체 브랜드를 가진 디스카운트 스토어가 되었다. 스토어 브랜드는 대부분의 유명 스포츠 브랜드가 제공하지 못하는 가격 대비 품질 수준을 시장에 제공할 수 있는 유일한 방법으로 여겨졌다. 왜냐하면 이 유명 브랜드들의 가격은 대부분 제품의 실제 기술적 가치가 아니라 마케팅에 바탕을 둔 무형적 가치에 기초하고 있기 때문이다.

데카슬론 스토어 브랜드는 1987년 스토어 매출 중 23%에서 2000년 52%로 조금씩 성장해 갔다. 이는 데카슬론의 성공에서 가장 중요한 이유 가운데 하나이다. 데카슬론에서 만든 제품들(2000년 세계에서 14번째로 큰 스포츠 제품 생산자였다)은 디스카운트 스토어의 전형적인 값싼 제품이 아니라 시장에 가격 대비 최상의 가치와 전문성을 제공하는 것으로 빠르게 지각되었다. 그것들은 높은 수준의 만족감과 그 브랜드를 재구매하고자 하는 욕구를 창출한다.

이는 전혀 놀라운 일이 아니다. 데카슬론에는 100명의 제품 관리자가 있다. 그들은 창조될 제품과 개선될 제품을 정의한다. 생산원가를 줄이기 위해 데카슬론에서는 직접 원재료를 구매하고, 모든 생산 계획을 만들고 그리고 목표로 삼은 생산원가에 근거해 선택된 주문자상표부착OEM 제조업체에 그것들을 제공한다.

데카슬론에는 가격뿐만 아니라 광범위한 선택의 폭과 친근한 분위기가 있다. 이는 판매 직원들의 젊음, 전문적 지식, 서비스 지향성에 힘입은 바가 크다. 판매 후 서비스는 친절하다. 제품은 무조건 교환된다.

그 스토어 브랜드 외에 '기술적 최저 가격best price technical'이라 불리는 제한된 디스카운트 계열이 있는데, 이는 시장에 더 싼 제품들이 있더라도 이 제품들이 데카슬론의 기준을 따르는 가장 싼 제품임을 전달하기 위해 의도된 것이다. 매우 값싼 제품조차도 기술적으로 역량을 가져야 한다. 이것이 데카슬론이 스스로를 다른 순수한 하드디스카운트 스토어와 차별화시키는 방법이다. 유럽에서 데카슬론은 나이키Nike의 가장 큰 고객으로 나이키 매출의 20%를 차지한다. 그러나 나이키는 데카슬론 매출의 7%만을 차지한다.

데카슬론의 목표는 2005년까지 세계에서 자신이 전적으로 소유하는 500개의 메가 스토어를 운영하는 것이다. 데카슬론은 최근 보스턴 일대를 기반으로 하는 디스카운트 체인을 구매하는 것으로 미국에서 발판을 만들었다. 경쟁적인 미국 환경에서 그 컨셉과 운영을 시험하기 위한 것이다. 데카슬론은 만족스러운 결과에 미치지 못함에 따라 위치가 좋지 않은 스토어들의 문을 모두 닫고 최고의 스토어들만을 유지한 채 미국에서 브랜드와 비즈니스 모델의 타당성을 시험했다.

그러나 2000년에 들어서 적신호가 들어왔다. 데카슬론이 영업을 시작한 후 처음으로 스포츠 용품 구매를 고려할 때 데카슬론 스토어를 처음 방문할 것이라고 말하는 소비자 수는 여전히 높긴 했지만 약간 하락했다. 매우 반응적인 이 기업과 조직은 하락 이유들을 분석했고, 그 주요 이유가 지각된 선택의 결핍perceived lack of choice인 것을 알아냈다. 한 소매업체가 한 나라에서 지배적인 위치를 갖게 될 때 단일한 스토어 브랜드 전략은 자유의 부재나 선택의 대중화massification라는 느낌을 만들어낸다. 즉 모두가 다른 소비자들과 같은 브랜드를 사도록 강요받는 것이다. 물론 이에 대한 해답은 국제적인 브랜드들의 수를 늘리는 것이 아니다. 그 브랜드들이 구조적으로 충족시켜주지 못하는 가격 대비 품질 수준 때문이다. 그 대신 데카슬론은 25년간 그 성장과 함께해 온 브랜딩 모델을 바꾸었다. 데카슬론은 그 대신에 '열정 브랜드passion brand'라고 명명한 7가지 자체 라벨의 포트폴리오를 만들어 사실상 단순한 이름에 불과한 전통적인 자체 라벨과 차별화하기로 결정하였다.

이 열정 브랜드는 원래 15가지로 계획되었다. 그러나 데카슬론의 사명 선언mission statement을 준수하기 위해서는 더 적은 숫자에 집중해야 했다. 적은 수의 큰 브랜드들만이 대중이 열정을 가지고 스포츠를 하도록 할 것이다. 더욱이 만약 이러한 브랜드들 모두가 고급시장 브랜드들upmarket brands로만 설정되었다면, 이는 그 계열의 저가 제품 네이밍에 있어 문제를 야기했을 것이다. 만약 데카슬론의 이름이 저가 제품들에만 사용되었다면, 이는 그것에 부착된 에쿼티를 위험하게 만들었을 것이다. 그 대신에 각각의 열정 브랜드가 생태 기술적 '최저 가격' eco-technical first price 라인을 갖기로 결정되었다.

데카슬론만큼 분명하게 전체로서 비즈니스와 조직을 위한 브랜딩 모델의 변화가 주는 시사점을 보여주는 예도 드물다. 첫째, 전 세계적으로 단일 정책이 있을 수 있다는 것이다. 그 결과 새로운 국가의 데카슬론 스토어는 7가지 열정 브랜드들을 출시하게 된다. 스토어 이름과 스토어 브랜드의 네임이 동일한 데서 시너지가 극대화되는 자국 시장의 경험과는 달리, 새로운 경험이 창조되어야 했다. 데카슬론이 그 목표들(선택의 부재와 대중화라는 인상을 제거하는 것) 중 하나를 성취하려면 독립적으로 보이는 열정 브랜드들이 필요했다. 데카슬론이란 이름 자체는 (오직 안쪽 라벨을 제외하고) 더 이상 제품에 보이지 않게 되는 것이다.

둘째, 새로운 브랜드들이 감성과 열정을 지닌 진정한 브랜드가 되려고 한다면 공동 개발에서 긴밀하게 작업하는 등 각 스포츠의 오피니언 리더와 가까워질 필요가 있었다. 이는 데카슬론이 25년 이상 구축해 온 조직 형태에 급진적인 결과를 불러왔다. 그 시점까지 데카슬론은 본사에서 스토어 브랜드를 관리하는 등 매우 집중화되어 있었다. 예를 들어 케추어Quechua가 일류 겨울 스포츠 브랜드가 되려면 산을 근거지로 삼아야 했다. 이 경우는 알프스에서 모든 브랜드 담당자들, 즉 마케팅 담당자, 제품 관리자, 디자이너 등이 모여 아이디어, 컨셉, 제품들을 테스트하기 위해 전문가와 아마추어 열정가들과 함께 작업하는 것을 들 수 있다. 이는 해양 스포츠 브랜드인 트리보드Tribord와 나머지 다른 열정 브랜드에도 적용되었다. 오직 사이클cycle만 본사에서 관리되었다. (스토어 이름은 사이클링만을 위해 유지되었다. 이 기술적이고 인기 있는 제품은 데카슬론의 가치와 포지셔닝에서 매우 상징적인 것이었기 때문이다.)

이것은 전체 비즈니스 모델에 있어 진정한 도전이었다. 데카슬론은 그 도전을 과감하게 받아들였다.

어떻게 제조업체는 소매 브랜드에 맞서 경쟁해야 하는가?

브랜드 문화의 전형paragon인 코카콜라의 역사에서 중요한 해는 1994년이다. 처음으로 세인즈버리Sainsbury's 소매 아울렛에서 자체 브랜드 콜라 매출액이 코카콜라 매출액을 앞질렀는데(표 6.6 참조), 이는 어떤 가격대에서는 충성도가 더 이상 존재하지 않는다는 일종의 증거였다. 상당히 낮은 가격, 캐나다 기업인 코트Cott의 보증(농축액 품질과 맛), 위조에 가까운 포장의 유사성, 그리고 충분한 품질은 기존 코카콜라 구매자들이 코카콜라를 구매하지 않게 만들었다. 이미 잘 알려진 많은 브랜드들을 무찔러 왔던 세계 최고의 브랜드에게 무슨 일이 일어난 것인가?

앞서 살펴본 수익성 창출 요인들은 많은 분야에서 나쁘게 이용되어 왔다. 불황

| 표 6.6 | 세인즈버리 콜라 출시가 코카콜라 시장 점유율에 미치는 영향

	출시 전	출시 후
코카콜라	60%	33%
자체 라벨	18%	60%
다른 브랜드들	22%	7%
(인덱스) 카테고리 규모	100	150

은 확실히 소비자 행동을 변화시켰고 더욱 가격에 민감하게 만들었다. 하지만 유통업체 브랜드의 구매로부터 배운 교훈들은 소비자들과 유통업체들 모두에 의해 쉽게 잊혀지지 않을 것이다. 사실, 브랜드에 의해 만들어지는 수익성의 원천들을 설명하는 원리들은 또한 브랜드가 몇몇 시장에서 창출할 수 있는 애정affection의 상실을 설명한다.

다음과 같은 3가지 브랜드 수익성의 주요한 창출 요소가 있는 것이 사실이라면, 대부분의 브랜드들은 오직 가격 차이로부터 혜택을 얻는 것을 선택해왔다.

- 비브랜드화된non-branded 제품과 비교해 허용되는 가격 차이
- 매력과 충성도의 차이
- 규모의 경제와 시장 리더가 되는 것의 결과로부터 오는 마진의 차이

이것은 다농Danone의 이사들의 이런 시인을 설명한다. "소비 증가로 활력을 얻고, 높은 인플레이션에 의해 감춰지면서 생산자들은 때때로 그들의 마진을 유지하기 위한 시도로 가격을 너무 많이 올리는 경향이 있다"(IREP, 1994, p35). 미국에서 유명한 '말보로의 금요일Marlboro Friday'로 알려진 갑작스런 말보로 가격의 하락은 이 브랜드의 계속적인 가격 상승에 종지부를 찍었다. 한 기업이 이런 가격 차이를 가질 만큼 운이 좋으려면, 연구개발 투자를 통해 분명하게 월등한 제품을 갖거나(컴퓨터, 화장품, 합성 세제의 경우) 무형성intangibility을 창출하기 위해 광고에 막대한 투자를 하는 것이 필요하다. 그러나 유형과 무형의 부가가치 사이의 균형은 제품 카테고리에 따라 달라진다. 이미 보았듯이 남성용 양말 시장

에서는 무형 가치가 크게 강조되지 않으며, 따라서 이런 제품은 심리적 관여를 창출하지 않는다. 한편 나이키Nike, 아디다스adidas, 리복Reebok은 마이클 조던 Michael Jordan, 타이거 우즈Tiger Woods, 에릭 칸토나Eric Cantona 같은 우상들을 이용해 젊은 층에게 어필하려 한다. 많은 관리자들이 무형적 가치에 대한 과도한 신념을 가지고 있다. 아마도 레저 제품 시장에서의 성공에 힘입어 무형성의 논리를 너무 과장되게 확장한 것이다. 그러나 대량 판매 시장 브랜드는 스포츠 세계의 스타들로부터 태어나는 것이 아니다. 이들은 기술적 진보를 대중화한다. 강력한 브랜드들은 역사적으로 대량 생산자가 동질의 제품을 대량으로 그리고 수공업자들보다 싸게 만들어낼 수 있을 때 생겨난 것이다. 그리고 이런 진보는 광고를 통해 가능한 많은 사람들에게 알려졌다.

브랜드가 무형 자산임이 분명하다면 브랜드 이미지가 무형적인 것에 집중해야 한다는 믿음은 잘못된 것이다. 관여도가 낮은 일상용품들은 상상의 여지를 거의 남겨두지 않는다. 이런 브랜드를 위해 광고에만 투자하기로 결정한다면 브랜드를 약화시키는 위험이 따른다. 왜냐하면 광고비에 해당하는 20페니가 추가되면서 소비자들의 눈에는 1파운드 가치로만 보이더라도 1.20파운드 가격에 제품을 팔아야 하기 때문이다. 여기에서 불균형이 초래되며 이미지로는 이를 극복할 수 없다. P&G 또한 매일매일 최저 가격everyday low price 정책을 따르기로 결정한 것도 이 때문이다.

모든 브랜드가 가격 프리미엄에 의지하는 것은 아니다. 킷캣KitKat, 스와치 Swatch 심지어 코카콜라도 언제나 가능한 많은 사람들이 접근 가능한 범위 내에서 가격을 설정한다. 코카콜라의 전임 CEO, 고이제타R. Goizetta는 코크Coke가 중국차와 같은 가격이어야 한다고 말했다. 실제로 그것이 사실이다. 일본과 아시아 경쟁자들과 직면한 스와치Swatch는 신중하게 저가 정책 쪽으로 결정을 내렸다. 디자인, 다양성, 패션 어필 그리고 스위스 제품이라는 명성에 힘입어 스와치는 자신에게 유리하도록 가격/품질 관계를 극대화하는 데 성공했다. 그에 따라 그 소비자들에게 상당한 가치 매력을 선사했다.

생산자 브랜드의 위기는 우리가 기호학자semioticians가 되기 위해 너무 열심히 노력하고 산업 논리를 잊었을 때 시작되었다. 우리는 브랜드를 그 법적인 정의, 즉 그 출처origin를 보증하면서 한 기업의 제품들을 다른 기업의 제품들과 구별짓는 표시sign로 제한하지 않았는가? 많은 사람들이 광고를 통해 자극받는 그 표시만으로도 이제부터 제품을 구별할 뿐만 아니라 기적적으로 가격 프리미엄을 정당화할 것이라고 믿었다.

이 이론은 브랜드 제품만큼 기능적으로 뛰어나고 더 싼 제품들이 시장에 모습을 드러냈을 때 혼란에 빠졌다. 시장 리더의 스파게티가 프로모션 가격으로 1킬로그램에 72페니인 반면에, 알려져 있지는 않지만 진짜 이탈리아 생산자로부터 수입한 스파게티가 1킬로그램에 42페니인 것을 발견할 때 그 가격 차이는 넓어진다. 그것은 관리의 잘못이 아니라 훨씬 낮은 가격에 같은 품질을 공급할 수 있는 누군가가 시장에 등장했기 때문이다. 선도 브랜드를 구성하는 실용성 practicality, 동일시identification, 보장guarantee 그리고 영구성permanence 같은 기능들은 아마도 10페니 차이에서는 가치가 있지만 30페니에서는 그렇지 않다. 그 가격 차이는 더 이상 부가가치로 설명되지 않는다. 이것은 소비자의 눈에는 터무니없는 희생으로 여겨진다.

실제로 유통업체들은 꿈을 창조하는 것을 목표로 하지 않는다는 사실 때문에 그들은 현실, 즉 제품에 관심과 노력을 집중시켜 왔다. 초기의 자체 라벨이 평균적인 품질의 것이었다면 자체 브랜드 제품은 끊임없이 품질 향상을 이루어 왔다. 유통업체 자체 브랜드는 내셔널 브랜드들에 초점을 맞춰 그의 가격 인상을 따라가면서도 20%의 가격차를 유지해왔다. 충격은 알디Aldi나 리들Lidl 같은 독일의 하드디스카운트 스토어로부터 왔다. 이런 유통 유형은 독일 재건 중이던 1948년에 생겨난 것으로 부유한 국가 특유의 유통 형태이다. 불경기를 이유로 유럽 전체에 퍼지면서 경제가 회복되기 시작한 후에도 계속 성장하게 된다. 그러나 독일 하드디스카운트 스토어의 제품들은 내셔널 브랜드 제품보다 50%나 저렴하다. 그러나 이것이 품질을 희생시킨 결과인가? 아니다.

알디Aldi의 인스턴트 커피는 네슬레Nestle가 만든다. 거대 생산자들과 오랜 기간 구축해 온 파트너십, 규모의 경제성의 극대화 그리고 가치 사슬 전체에 걸쳐 가치를 부가하지 못하는 모든 비용의 삭감은 가격/품질 관계 측면에서 탁월한 600가지 제품들의 출시로 이어졌다.

| 표 6.7 | 최고 브랜드와 경쟁 브랜드들의 품질 순위

브랜드 또는 제품의 유형	평균 순위	주요 우위점
국제적 브랜드	전반적으로 첫 번째이나 네 번째인 경우가 25%	맛과 디자인
독일 하드디스카운트 스토어의 제품	전반적으로 두 번째이나 첫 번째인 경우가 20%	컬러와 감촉
유통업체 자체 브랜드	전반적으로 세 번째이나 두 번째인 경우가 45%	감촉과 맛
로컬 디스카운터의 제품	전반적으로 네 번째이나 다섯 번째인 경우가 25%	냄새와 맛
하이퍼마켓과 슈퍼마켓의 할인 제품	전반적으로 다섯 번째이나 두 번째인 경우가 20%	냄새

※ 출처: Nielsen

최근 50가지 소비재의 기술적 특성과 품질에 대한 비교에서 닐슨Nielsen 그룹은 조사 대상의 25%에서는 내셔널 브랜드가 월등했고, 20%에서는 독일 하드디스카운트 스토어 제품이 더 나았으며, 마지막으로 36%에서는 품질이 동일했다는 사실을 발견했다. 소매 아울렛이 스스로를 방어하기 위해 출시한 할인 제품들은 55%의 경우가 열등한 품질을 지닌 것으로 나타났다. 닐슨이 실시한 블라인드 품질 테스트에서도 같은 결과가 나왔다(표 6.7 참조). 만약 원가가 그 가격의 절반인 제품이 품질 테스트에서 두 번째라면, 내셔널 브랜드의 여분의 가격은 여분의 가치라기보다는 여분의 비용이다. 식품의 이미지에는 언제나 무형적 측면이 있다. 왜냐하면 우리 몸으로 들어가는 모든 것은 어느 정도 위험이 따르기 때문이다. 그러나 이것은 자체 브랜드를 보장하는 잘 알려진 소매업체로부터 구매하는 것에 의해 극복될 수 있다.

장기적인 문제는 하드디스카운트 스토어 제품이 품질과 가격의 측면에서 소비자들을 위한 미래의 준거가 될 수 있다는 점이다. 만약 이런 형태의 상점이 전국에 존재하고, 일상용품(한 아울렛에 600가지 제품)을 가까이서 파는 상점으로 운영될 수 있다면 가능한 일이다. 그 때에는 까르푸Carrefour 의류 브랜드인 텍스Tex보다 2배나 비싼 돈을 주고 남성용 셔츠를 사야만 하는 이유를 소비자들은 납득하기 어려울 것이다.

독일에서 판매되는 오렌지 음료의 반 이상을 알디Aldi와 리들Lidl이 만든다. (예를 들어 탱고Tango나 오랑지나Orangina처럼) 매우 뛰어난 제품이나 독특한 맛, 강한 이미지에서 오는 부가가치를 제공하지 못하는 브랜드는 사라지게 될 것이다. 트로피카나Tropicana는 분명 번창하고 있다. 그러나 그것은 니치 브랜드niche brand이다. 그 전체 카테고리가 가격 위주의 범용품이 되고 있다.

이런 경쟁의 변화는 소비자들이 인지하는 진열대에서의 가격 차이가 (전통적인 브랜드와 비교해) 20%에서 45%, 50%로 늘어나는 결과를 낳을 것이다. 따라서 수요의 하락이 있을 것임은 피할 수 없는 사실이다.

위협은 점점 더 적은 진열 공간이 내셔널 브랜드에 돌아갈 것이라는 사실에도 있다. 이 2가지 현상은 (이미 잃어 버린) 규모의 경제, 경험 곡선 그리고 리더십 우위에 의해 발생하는 마진에서 오는 이익을 급격하게 감소시킬 것이다.

몇몇 시장에서 생산자 브랜드의 미래는 위태롭다. 브랜드화된 대량 시장 제품의 제조업체들에게 가능한 전략은 2가지뿐이다.

- 첫 번째 전략은 창조성, 혁신, 품질과 연구개발에 투자해 차별화된 우위를 재창출하는 것이다. 동시에 광범위한 사람들에 대한 커뮤니케이션을 통해 브랜드와 관련된 특성의 독점성과 이미지를 극대화하는 것이다. 이는 로레알L'Oreal, P&G, 미쉐린Michelin, 질레트Gillette, 소니Sony, 페레로Ferrero, 3M, 필립스Philips 같은 브랜드들에서 특히 성공적인 전략이 되었다.
- 두 번째 전략은 가격에 대한 압력을 지탱하기 위한 시도로서 생산성 향상을 통해 비용을 절감하는 것이다. 펩시콜라Pepsi-Cola, 빅Bic, 베네통Benetton, 델Dell은 규모의 경제 또는 비즈니스 모델을 통해 비용을 줄이기 위해 노력한다. 생산자 브랜드들은 가격을 낮게 유지해 자체 브랜드의 진입을 좌절시키는 한편 엄브렐러 브랜드 정책이나 브랜드 확장을 통해 그들의 이미지를 강화한다.

이번 장을 통해 몇 가지 결론이 도출된다. 이제는 구매자의 준거인 빅 브랜드

| 그림 6.1 | 새로운 경쟁 환경이 브랜드 가치평가에 미치는 영향

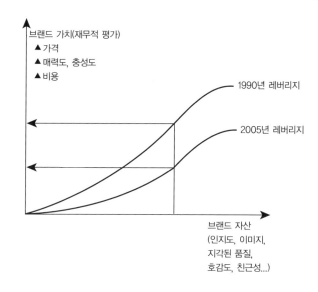

를 유지하는 것이 더 어렵고, 더 비용이 많이 들며 더 까다로운 일이 될 것이다. 오직 연구개발, 생산성 그리고 종합 품질 관리total quality control에 투자할 자원을 가지고 있고, 시장 조사를 통해 미래를 예측할 수 있고, 유통업체의 진열대에서의 가시성과 접근성에 투자할 수 있고, 그리고 강력한 제품 이미지와 브랜드의 독점성을 강화하기 위해 커뮤니케이션에 투자할 수 있는 거대 기업들만이 새로운 환경으로부터 혜택을 얻게 될 것이다. 브랜드의 강점은 바로 그 브랜드를 소유한 기업의 힘에 달려 있다.

다른 한편 가격 프리미엄은 빅 브랜드가 시장의 중심에 머물기를 원하고 프리미엄 세그먼트에서 밀려나길 원치 않는다면 결국 떨어지게 될 것이다. 현재 가격을 설정하는 것은 유통업체이기 때문이다. 일반소비재FMCG 제조업체로부터 사무기기, 가전제품, 데스크톱 컴퓨터 제조업체까지 모두가 유통업체와 관계가 있다. 이는 브랜드의 재무적 가치평가로 돌아와서, 그 최고 수준(25에서 30)까지 도달했던 배수multiple가 적정 수준으로 돌아오고 있는 이유를 설명한다. 이것의 결과는 브랜드 자산이 더 이상 1990년에 지녔던 것과 같은 가치를 지니지 않는다는 것이다. 그림 6.1에서 볼 수 있듯이 기어링 효과gearing effect는 줄어든다.(이 점은 브랜드의 재무적 가치평가와 회계 절차를 다루는 13장에서 자세히 살펴볼 것이다.)

예를 하나 들어보자. 어제의 시장에서 세 번째 혹은 네 번째 브랜드는 스스로의 실적에 대해 매우 자랑스러워했다. 오늘날 그런 브랜드는 스토어에서 진열 공간을 얻기 위해 힘든 시간을 보내고 있을 것이다. 리더가 갖는 우위점의 두드러진 증가는 PIMS(Profit Impact of Market Strategy)* 데이터베이스로부터 분명해진다. 평균적으로 시장 리더는 그들의 매출에서 12.1%의 수익을 올린다. 두 번째는 8.3%, 세 번째는 겨우 3.5%이다.

따라서 생산자 브랜드는 몇몇 시장에서 위협을 받고 있지만 기업 입장에서 브랜드는 여전히 수익을 내는 가장 좋은 방법이다. 유통업체들 스스로가 브랜드 사고에 더욱 관심을 갖는 것도 이 때문이다. 그러나 이미 보았듯이 브랜드라는 것이 제품에 붙은 이름이 아니다. 그보다는 노하우에 끊임없이 투자함으로써 유형적이고 무형적인 혜택에 대한 약속을 암시하면서, 적정 가격에 품질의 준거가 되고 그것을 계속 유지하는 것이다. 유통업체 자체 브랜드 가운데는 이미 바로 그 길에 올라 있는 것들이 있으며, 어떤 제조업체 브랜드는 그 길에서 벗어나고 있다. 소비자들에게는 오직 2가지 유형의 브랜드가 있을 뿐이다. 그들의 가격을 정당화하는 브랜드들과 그렇지 못한 것들이다. 이런 새로운 경쟁 상황은 브랜드 관리의 새로운 규칙에 강한 영향을 주었다.

소매 브랜드의 모방에 대처하기

선진국에서는 브랜드가 모방이라는 형태로 불공정한 경쟁의 희생물이 된다. 경쟁자들은 약간의 차이가 있기는 하지만 목표 브랜드 제품의 특징들과 그 특징적인 마크까지도 유사하게 모방함으로써 자신들의 '모방' 제품들의 성공 기회를

---

* R. Buzzell과 B. Gale에 의해 제안된 PIMS(Profit Impact of Market Strategy)는 제조업과 서비스업 모두에서 품질과 수익성간에 상관관계가 있음을 증명한다. Richard Buzzell and Bradley Gale, 『The PIMS Principles: Linking Strategy to Performance』, The Free Press, 1987. — 옮긴이

증가시킨다. 불공정한 위협으로 간주되기 위해서는 반드시 그 모방이 평균적인 신중함을 가진 소비자에게 혼동을 일으킬 만한 것이어야 한다.

모방은 경쟁 생산자나 그 제품의 유통업체로부터 일어날 수 있다. 그리고 그에 대한 대응은 개별 상황에 따라 달라야 한다. 대부분의 대형 기업들은 사실 자신들의 브랜드 제품과 나란히 놓인 유통업체의 브랜드 제품이 그것을 너무 유사하게 모방해 불공정한 경쟁 행위에 해당된다고 믿는다할지라 유통업체를 상대로 조치를 취하는 것을 꺼려한다. 사실상 유통업체 브랜드 정책의 이행에서 첫 단계는 일반적으로 타깃이 되는 제품의 시장 리더의 제품을 모방하는 것이다. 한 특정 그룹 내에서 유통업체 브랜드들이 서로를 모방하는 경우도 있을 수 있다. 오샹Auchan 하이퍼마켓에 판매되는 자전거는 데카슬론Decathlon의 베스트셀러(비-트윈be-twin)와 너무나 흡사한 제품을 내놓았다. 두 스토어는 같은 그룹에 속해 있다.

유통업체를 상대로 하는 실제적인 법적 소송들은 여전히 드문 일이다. 다수 제품들이 유통업체를 통해 판매되는 대형 기업들은 피루스의 승리Pyrrhic victory(상처뿐인 승리)를 두려워하고 법적 조치를 피하고 분쟁을 원만하게 해결하기 위해 관계 서류dossier를 작성하는 것을 선호한다. 그 서류는 법적 물증이 될 수 있는 증거 양식인데, 사실상 불법적인 모방을 입증하는 과학적인 접근을 고안하는 것이 가능하기 때문이다. 2가지 접근 방법이 존재한다.

첫 번째 접근 방법은 법적 정의를 가지고 작업하는 것이다. 즉 모방은 평균적인 주의력을 지닌 소비자에게 혼동을 줄 수 있을 만한 것일 때 불법으로 간주된다. 소비자들에게 모방 제품으로 혼동을 겪게 되는지 직접 묻지 않고도 그런 혼동의 위험을 입증할 수 있는 2가지 기술이 있다. 첫 번째는 태치스토스코프tachystoscope, 즉 모방 제품 사진을 소비자에게 처음에는 빠른 속도로, 다음은 그보다 느린 속도로 '순간적으로 노출시켜 보여주는' 방법을 사용하는 것이다. 그런 다음 소비자들에게 단순히 그들이 본 것을 묻는 것이다(Kapferer, 1995). 두 번째는 컴퓨터로 해상도를 낮춘 모방 제품 사진을 가지고 하는 것으로, 컴퓨터 소프트웨어를 이용해 하나씩 사진을 원상태로 복원해가는 것이다. 소비자들은 컴퓨터 스크린에서 자신들이 볼 수 있는 것이 무엇이라고 생각하는지를 진술한다. 이 2가지 방법은 제품에 노출되는 시간을 제한하거나(태치스토스코프) 낮은 해상도의 사진을 제시함으로써(컴퓨터 방식) 평균적인 주의력을 지닌 소비자의 혼동 여부를 테스트한다.

두 번째 접근 방법은 혼동의 법적인 개념을 무시한다. 실제로 판사들이 그들의 판결에서 그 개념에 말로는 동의를 표시한다 하더라도 진정으로 혼동의 개념을 사용하지는 않는다. 그보다는 명백하게 나타나는 유사성에 집중한다. 유사성에 더 많은 주의를 기울이며, (모방자의 변호인 측이 주장하는) 차이점에는 더 적은 관심을 기울인다. 과도한 유사성의 객관적인 입증은 한 소비자 그룹에게 오리지널 제품을 묘사하도록 요청하고, 그런 다음 같은 소비자 그룹에게 모방 제품을 묘사하도록 요청함으로써 얻어질 수 있다. 분석은 두 제품 각각에 관해 어떤 측면들이 첫 번째, 두 번째, 세 번째 등의 순서로 진술되었는지 그리고 각 그룹에서 첫 번째로 언급한 측면들 간의 일치 정도로 만들어진다.

유통업체들과의 접촉은 반드시 문제의 심각성을 강조하기 위해 상위 관리자 수준에서 이루어져야 한다. 더불어 이것은 장기적인 이해 관계가 가장 잘 평가되는 수준이기도 하다. 한편으로 유통업체는 빅 브랜드들이 필요하다. 그 스토어 진열대라는 동적인 측면과 브랜드가 카테고리에 가져오는 가치 혁신 그리고 그들이 유통업체에게 주는 마진이 필요하다. 다른 한편으로 제조업체는 소비자에게 접근하기 위해서는 유통업체가 필요하다. 더 낮은 관리자 수준에서는 생산자-유통업체 관계가 좀 더 적대적이다. 그런 접촉의 결과는 논란이 되고 있는 유통업체 제품들의 상품외장trade dress이나 포장의 변경을 가져오는 것이다.

일반적으로, 브랜드 관리는 반드시 이런 현상에 대비한 계획을 세워야 하며 스스로를 강력하게 방어할 수 있는 포지션에 브랜드를 두어야 한다. 따라서, 브랜드 컬러를 보호할 수 있으려면 브랜드는 그 자신이 내부적으로 저작권 코드proprietary codes의 희석으로부터 그것을 보호해야 한다. 예를 들어 브랜드의 제품 라인들은 매우 자주 세분화되고, 이는 각각의 세그먼트를 나타내는 각기 다른 컬러의 사용으로 이어진다. 이렇게 되면 브랜드가 특정 컬러로 특징지어진다고 주장할 수 있는 능력은 감소한다. 그래서 코크Coke 라벨이 빨간색이고, 코크 라이트Coke Light 라벨이 은색이라면 빨간색은 더 이상 코카콜라 브랜드의 컬러가 아니게 된다. 결국 유통업체들은 자체 콜라를 생산할 때 항상 빨간색 포장을 사용하게 된다.

일반적으로, 브랜드는 혁신과, 포장 및 특징적인 구성요소의 정기적인 변경을 통해 자신을 '움직이는 목표물moving target'로 만들어야 한다. 그러나 이런 변경의 목적은 소비자에게 더 많은 가치를 가져다주기 위함이라는 것을 언제나 기억해야 한다. 이런 지속적인 변경이 모방 제품에게 가져다 주는 어려움은 2차 효과, 즉 부산물이다.

디자인 측면에서 브랜드는 스스로를 더 잘 방어하고, 동시에 평균적인 주의력을 지닌 소비자들이 인식할 수 있도록 하기 위해 그 자신의 개별성의 표시를 강조하고 근본적으로 개혁해야 한다. 종종 모방되는 베일리스Baileys가 심지어 제품 전면 라벨에 '오리지널 아이리시 크림Original Irish Cream'과 '베일리스 더 오리지널Baileys the Original'로 '오리지널'이라는 단어를 2번이나 넣기까지 하는 것은 눈여겨볼 만하다.

저원가 혁명에 대한 대처

성숙 시장에서의 근본적인 현상으로서 하드디스카운트 스토어의 부상을 과소평가하기는 힘든 일일 것이다. 축소된 계열이나 서비스를 무적의 가격대로 제공함으로써 하드디스카운트 스토어는 이제 가격 이상의 것이 되었다. 즉 하나의 비즈니스 모델인 것이다. 하드디스카운트 스토어는 또한 소비에 관한 새로운 태도를 반영하며, 부가가치의 위기를 예고한다. 그것은 마케팅 자체를 미궁 속으로 빠뜨리며, 브랜드 역시 마찬가지다. 이는 어떤 조직도 자신이 이런 현상으로부터 안전하다고 생각하지 않아야 하는 이유이다.

하이퍼마켓이 처음으로 만들어진 나라에서조차, 그리고 그런 거래 형태가 지배적인 곳에서도 하드디스카운트 스토어는 지난 15년 동안에 가치 시장 점유율을 12% 가까이 획득하는 데 성공했다. 식품 시장(디스카운터와 선도 브랜드 간의 가격 차이가 50%에서 70%로 다양하다)만을 놓고 보면, 하드디스카운트 스토어는 물량 기준으로 18%에서 24%를 차지한다. 물론 카테고리에 따라 이런 수치들은 더 높아질 수도 있다. 예를 들어 진공포장된 냉동고기(햄) 시장에서 하드디스카운트 스토어의 가치 시장 점유율은 대략 16.5% 정도이다.

하드디스카운트 스토어는 단순한 가격 그 이상이다. 그것은 독일(리들Lidl과 알디Aldi)이나 프랑스(에드Ed), 리더 프라이스(Leader Price), 스페인(디아Dia)와 같은 그 자신만의 특정한 소매업체들을 가진, 새로운 비즈니스 방식이다. 최근의 유럽 패널 조사 수치에서는 62%의 가구가 하드디스카운트 스토어에서 식품을 사며, 이 현상은 계속 확대되는 것으로 나타났다. 식품 시장에서는 20%의 가치 시장 점유율 수치가 곧 달성될 것으로 보인다. DIY 부문에서 주요 소매업체들은 독립된 하드디스카운트 스토어 스타일의 소매 브랜드를 만들어냈다. 그 현상은 이제 직물에까지 확대된다. 전통적인 디스카운트 스토어들이 잘 알려져 있었지만 이제는 진정한 하드디스카운트 스토어 소매업체들이 나타나고 있다.

이 모든 수치들은 하드디스카운트 스토어가 단순히 저소득 그룹을 목표로 하는 현상으로서만 분류될 수 없음을 보여준다. 하드디스카운트 스토어는 사회의 최빈곤층에게 반드시 필요한 것이지만 또한 보다 잘 사는 사람들에게도 기회가 된다. 그것은 대안이 되는 삶의 방식을 제공한다. 소비자들은 그들의 집과 가까운 스토어에서, 축소된 제품 계열에서 제공하는 단순화 덕분에 10분 안에 매일 일상적인 장보기를 할 수 있다. 이런 단순화는 구매자들을 너무 많은 선택사항에서 오는 고뇌로부터 자유롭게 하는 것이다. 이것은 메이저 브랜드들에게는 진정한 도전이다. 점차 성장하는 이 유통의 형태는 그들을 디스카운터의 자체 제품들을 위해 배제시키고 있기 때문이다. 메이저 브랜드들에게 스토어 진열대에 대한 접근성의 침식은 하이퍼마켓이나 슈퍼마켓에서 이미 유통업체 브랜드를 위해 따로 마련된 공간의 확대로 생기는 문제를 더욱 악화시킨다. 실제로 소매업체 브랜드들조차 고객들을 다른 스토어로 유인하는, 점점 더 심해지는 가격 할인 경쟁으로부터 위협을 받고 있다.

라이언에어Ryanair, 버진 익스프레스Virgin Express, 아스다Asda, 알디Aldi의 공통점은 무엇인가? 이들은 모두 '저원가' 기업으로 알려져 있다. 전통적인 경쟁 상대는 어떻게 반응했는가? '최저가' 제품을 통해서이다. 여기서 용어의 차이는 규모와 관계가 있다. 저원가는 비즈니스 모델이다. 반면에 저가격은 제조업체에게 더 깊은 압력을 가함으로써 제품에 들어가는 비용을 줄이거나 대량으로 구매함으로써 성취할 수 있는 범위 내에서의 결과물이다. 50년 넘게 최저 가격에 좋은 품질의 제품을 공급하면서 알디Aldi와 리들Lidl은 불필요하다고 판단되는 모든 비용을 제거하는 것과 하나의 비전에 기초한 효율적인 비즈니스 모델을 고안했다. 그 비전은 바로 초감축된 제품 계열ultra-reduced range의 군더더기 없는 스토어 컨셉, 제조업체들과의 장기적인 합의, 이 제조업체 공장의 전용 그리고 협력적인 제품 디자인이다. 그러나 알디Aldi의 과일 주스가 독일에서 시장 리더라는 사실은 그 품질을 입증하는 것이다. 그것은 무적의 가치를 나타낸다.

반대로 고객들의 이탈을 저지하기 위해 급조된, 까르푸Carrefour의 최저가 제품은 공급자들에 대한 과중한 압력을 통해 획득되었으며, 엄밀하게 법적인 의미에서만 과일 주스라 할 수 있는 것이었다. 이는 고객 충성도가 저가 하이퍼마켓 제품이 아닌 하드디스카운트 스토어에게 돌아가는 이유이다.

이런 사실은 항공에서도 마찬가지로 적용된다. 주요 항공사들의 현대적인 운영 방식을 완전히 깨는 비즈니스 모델 없이 런던-파리간 비행이 30파운드에 제공된다는 것은 불가능한 일이다.

하드디스카운트 스토어 현상은 본격적으로 퍼지기 시작했다. 모든 사람이 그들 소비의 일부에 대해 더 영리한 구매 결정을 내림으로써 궁극적으로 고통이 없는 방식으로 그들의 구매력을 증가시킬 방법을 찾을 것이다. 이것은 전화 통신, 인터넷, 운송, 정유, 의류와 다른 분야에 영향을 끼칠 것이다. 경쟁 환경이 바뀌었기 때문에 그 어떤 기업도 이런 현상에 면역이 되어 있지 않다. 소비자들은 고도로 다재다능하고, 상황 지향적이고 실용적이 되었다. 소비자들은 같은 날 하드디스카운트 스토어와 해러즈Harrods에서 모두 쇼핑을 할 수 있는 사람들이다.

현대의 경쟁은 따라서 확대된 경쟁이다. 그것은 더 이상 동일한 수준의 브랜드들이나 유사한 경로로 제한되지 않는다. 현대의 소비자들과 마찬가지로 그것은 열려 있으며 모든 것을 포용한다. 새로운 경로를 실험하는 과정에서 소비자들은 브랜드와 브랜드들의 부가가치를 재평가하는 스스로를 발견하게 될 것이다.

이것은 어떤 유형의 마케팅이 위협을 받게 된다는 것을 의미하는가? 먼저, 우리는 침착함을 유지하고 유언비어를 퍼뜨리는 것을 자제해야 한다. '브랜드의 종말the death of the brand'이나 유사한 재앙들을 예고하는 책들이 계속해서 나타나고 있다. 그러나 하드디스카운트 스토어가 '구 유럽old Europe'을 잠식하고 있는 동안에도 모든 국가들이 소비자 사회가 되는 날을 꿈꾼다는 것을 인식해야 한다. 이에 대한 증거가 필요하다면 상하이를 방문하는 것만으로도 충분하다. 그러나 모든 현대의 마케팅은 포화 상태의 시장이라는 문제에 대응하는 것이다. 가정의 샴푸 예산이 무한히 확대될 수는 없으므로 새로운 샴푸의 지각된 가치가 증가되어야 한다. 그에 따라 계열과 신제품의 초세분화hyper-segmentation가 발생한다. 스토어 진열대의 샴푸 계열은 계속해서 증가하고, 나뉘어지고, 세분화된다. 이것은 복잡성과 제조업체, 유통업체, 소비자에게 돌아가는 비용의 원천이다. 그러나 이런 복잡성이라는 강요된 비용이 진정으로 가치를 만들어내는가? 많은 고객들은 그 대답이 '아니오'라는 것을 알게 되었다. 고객들은 자신이 선택한 시간과 장소에서 부가가치에 대한 그들의 권리를 행사할 수 있기를 원한다. 이런 선택권은 이미 사라져버렸다. 라이언에어Ryanair의 가격과 영국 항공British Airways이나 에어 프랑스Air France의 가격 차이가 후자 기업들의 진정한 부가가치에 의문을 품게 한다는 것을 인정하는 데 라이언에어의 추종자들을 필요로 하지는 않는다. 영국 항공이나 에어 프랑스의 가격은 2배에서 3배 이상 비쌀 수 있지만 과연 2배 내지 3배 더 나은 서비스를 제공하는가? 그 대답은 '아니오'이다.

하드디스카운트 스토어는 금욕주의가 아닌 현실로의 회귀를 의미한다. 어디서든 쇼핑할 수 있는 선택권을 가진 소비자들에게 그것은 단순화의 욕구, 덜 복잡한 삶과 통제력의 회복에 관해 이야기한다. 이는 낮은 부가가치를 가진 브랜드에게는 엄청난 압력이 될 것이다. 평균적인 품질을 가지고 있고, 그들 자신을 열망의 대상으로 만들지 못한 브랜드들 말이다. 하드디스카운트 스토어는 아직 자신을 이용할 필요가 없었던 여유 있는 사람들에게 일종의 무형적 가치, 즉 어떤 단순성으로의 회귀를 설교한다. 하드디스카운트 스토어는 라이프스타일이라는 측면에서 정화와 '해독 작용', 즉 강요된 속박으로부터의 자유를 추구하는 것이다.

이에 대한 우리의 대답은 무엇이어야 하는가? 암묵적인 메시지에 주의를 기울이지만 스스로에게 충실하면서, 브랜드는 상이한 무형적 요소와 가치 체계를 통해 반격해야 한다. 하이퍼마켓 역시 선택의 여지가 없다. 하이퍼마켓의 자체 브랜드는 오직 시장을 혁신하고, 창조하고, 육성하고, 소비자 사회에 참여하는 생산자 브랜드와의 관계 속에서만 존재한다.

브랜드는 그것이 제공하는 혁신들을 통해서만 스스로의 존재를 정당화할 수 있음을 기억하라. 대부분의 브랜드는 혁신에서 나오는 것이며, 혁신은 계속해서 브랜드의 산소가 된다. 혁신은 웰빙의 느낌, 즐거움, 삶의 기쁨 그리고 쾌락주의 joie de vivre를 촉진하는 데 있어 자극적이고 도취적인 효과euphoric effect를 갖는다. 그러나 이런 무형적 요소는 그 생활비를 벌기 시작해야 할 것이다. 그 첫 단계는 소비자들에 대한 존중이다. 유형의 뛰어난 품질에 뿌리를 두지 않은 무형의 혜택은 약화될 것이다. 수 많은 값비싼 폴로용polo 셔츠들이 있지만 라코스테 Lacoste는 하나뿐이다. 이러한 점이 반복적으로 강화되어야 한다. 또한 대부분의 일반소비재FMCG 기업들은 비용을 충분히 의식하지 않는다. 그들은 자신의 제품과 유통업체 자체 브랜드 제품 간에 가격 차이가 너무 크게 벌어지는 것은 아닌지 따져보지 않은 채 반복적으로 가격을 올리기 위해 혁신을 이용한다. 이는 경제의 문제이자 윤리의 문제이다.

오늘날 소비자들은 더 큰 브랜드가 아닌 더 나은 브랜드를 필요로 한다. 브랜드는 윤리적인 원칙을 채택하고 그 소비가 불필요한 낭비, 오염과 착취의 유의어가 아님을 증명해야 한다. 이것은 사회가 점차 민감하게 여기는 주제들이다. 나이키조차도 나오미 클레인Naomi Klenin의 책, 『노 로고No Logo』(1999)의 폭로 여파로 변화를 해야만 했다. 젊은이들 사이에서 아이콘적 위상을 가진 이 메가 브랜드는 계속해서 컨셉들을 창조해왔을지 모르지만 그 사회적 양심에 있어서는 부족한 면이 많았다. 이는 특히 번창하는 기업에서는 용납될 수 없는 사실이다.

하드디스카운트 스토어가 표준이 될 것이라고 믿는 것은 잘못일 것이다. 그러나 성장을 계속할 것이며, 그 과정에서 태도와 행동의 재평가를 이끌어낼 것이다. 우리 현대 사회에서 언제나 그러하듯이 상반된 경향들이 나타나고 공존하고 함께 살아가는 것을 배운다. 그러나 그들이 절대 할 수 없는 것은 서로를 무시하는 것이다.

3부

브랜드 에쿼티의 창출과 유지

THE *NEW* STRATEGIC BRAND MANAGEMENT

07 브랜드의 출시

Launching The Brand

지금까지 살펴보았던 모든 메이저 브랜드들, 즉 나이키Nike, 라코스테Lacoste, 아마존Amazon, 오렌지Orange, 로레알L'Oreal, 니베아Nivea, 아리엘Ariel은 그들이 태어났을 당시에는 물론 새로운 브랜드들이었다. 세월이 지나면서 때로는 직감적으로 혹은 우연히 그들은 메이저 브랜드, 선도 브랜드, 강력한 브랜드가 되었다.

이 브랜드들이 적어도 한 시기에는 모두 필연적으로 새로운 것이었다는 사실을 고려할 때 다른 브랜드는 갖거나 이루지 못했으나 성공한 브랜드는 갖거나 이루었던 일이 무엇인가에 의문을 가질 수 있다. 앞 장에서 우리는 주요한 제조업체 브랜드와 소매업체 브랜드에 관해 깊이 있게 살펴보았다. 모두가 강력한 아이덴티티, 즉 잘 정의된 핵심 활동, 진정한 성능, 브랜드 개성 그리고 일련의 가치들을 갖고 있다. 이런 성공한 브랜드들 모두는 특정한 의미를 갖고 있으며, 또한 그들이 기꺼이 보증하는 제품이나 서비스의 측면에서 어디를 향해 가고 있는지를 안다.

여기에 새로운 브랜드를 출시하기 위한 모든 주요 요건들이 있다. 킹(King, 1973)의 말을 빌리자면, 새로운 브랜드가 성공하기 위한 최선의 방식은 오래된 브랜드처럼 행동하는 것이다. 다시 말해, 어떻게 새로운 브랜드를 출시할가를 걱정하기보다는 어떻게 성공한 브랜드를 창조할 것인가를 고민하는 편이 더 낫다. 그러나 이런 식으로 사물을 보는 것이 현재 통용되는 방식은 아니다. 새로운 제품을 출시하는 것은 여전히 새로운 브랜드를 출시하는 것과 혼동되고 있다.

브랜드 출시와 제품 출시는 다르다

마케팅 서적들은 신제품의 정의에 많은 부분을 할애하지만 신제품의 이름을 어떻게 지을 것인가에 관해 가끔 언급하는 것을 제외하고는 신규 브랜드 출시에 관해 다루고 있지 않다. 제품과 브랜드 간의 이런 혼란은 오랫동안 있어 왔던 문제이다. 그 의미에서나 가치에 있어 풍부함을 자랑하는 유명 브랜드들은 경쟁자들과는 다른, 혁신적인 제품이나 서비스의 보통 명칭에서 출발했다. 이런 이름은 대개 어떤 사전 조사나 분석 없이 무작위로 선택된 것이었다. 코카콜라는 신제품의 성분을 나타내는 말이었으며, 메르세데스Mercedes는 다임러Daimler 사장의 딸 이름이었다. 시트로엥Citroen은 가족의 성씨였으며, 아디다스Adidas는 창업자인 아돌프 다슬러Adolphe Dassler에서 따온 것이었다. 마찬가지로 립Lip은 립만Lippman에서, 하픽Harpic은 해리 픽만Harry Picman에서 따왔다. 신제품은 새 이름을 가져야 했고 그래야 광고될 수 있었다. 광고는 소비자가 신제품으로부터 기대할 수 있는 혜택뿐만 아니라 이점을 제시하는 역할을 맡았다.

시간이 좀 흐르면 신제품은 대개 경쟁자들에 의해 모방된다. 그러면 그 제품은 더 새롭고 좋은 품질의 제품에 의해 대체되고, 종종 이런 제품들은 기존 제품 이름의 명성으로부터 혜택을 보기도 한다. 그러나 제품이 변하더라도 브랜드는 남는다. 광고는 새로운 최초의 제품(이를테면, X라고 하자)의 장점을 자랑할 것이다. 그러나 자연적으로 모든 제품은 시간이 지나면서 구식이 되기 때문에 X는 곧 더 나은 품질의 제품에 그 이름을 빌려줌으로써 업데이트되고 업그레이드된다. 그리고 이것이 바로 새로운 브랜드가 그 생명을 얻는 방법이다. 그쯤 되면, 제품을 파는 것은 더 이상 광고가 아니라 브랜드 자체이다.

시간이 지나면서 브랜드는 (제품에 관한) 커뮤니케이션 방법, 대중을 상대하는 방법 그리고 행동하는 방법 등을 발전시킴으로서 더 큰 자율성autonomy을 얻게 될 것이고, 원래의 의미(종종 회사의 설립자 이름이나 제품의 특성과 관련된)와는 점점 멀어질 것이다. '크리넥스Kleenex'라는 브랜드를 접하면서 '깨끗한clean'을 생각하는 영국 사람들은 드물며 '로터스Lotus'라는 브랜드를 듣고 연꽃잎lotus을 생각하는 프랑스인은 거의 없다. 제품 이름은 그 자체로는 의미가 없는, 고유명사가 되지만 (제품이나 서비스의) 경험, 입소문 그리고 광고를 통해 구축된 연상들이 탑재된다. 광고는 지금 실제로 커뮤니케이션하고 있는 X가 누구인지에 관한 힌트를 준다. 즉, 그것의 핵심 활동, 프로젝트, 문화적 준거, 일련의 가치체계, 개성 등이 무엇인지 그리고 이야기하는 대상이 누구인지를 전달한다. 시간이 지나면서 X가 가진 의미는 변하게 된다. 그것은 더 이상 단순한 제품 이름이 아니고 현재의 그리고 앞으로 나올 모든 X라는 제품을 의미한다. 유명해진 브랜드 X는 이제 가치의 제공자purveyor이며, 그 보증을 받은 제품은 그것으로부터 혜택을 얻을 수 있다.

브랜드 창조의 관점에서, 이것으로부터 배워야 할 단 한 가지 단순한 교훈이 있다. 만약 새로운 브랜드가 창조되고 출시되는 그 순간부터 가치를 전달하지 못한다면 메이저 브랜드가 될 가능성은 매우 희박하다는 사실이다.

운영의 차원에서, 이는 새로운 브랜드의 출시에 있어 그 무형적 가치를 아는 것이 제품의 우위점에 대한 결정을 내리는 것만큼 중요하다는 것을 의미한다. 애플Apple이 주요 브랜드로 평가된 반면 왜 아타리Atari는 그렇지 못했을까? 그것은 그들의 제품이나 소프트웨어 때문이 아니다. 520 ST, 1040, 포트폴리오 Portfolio, 메가Mega 그리고 트랜스퓨터Transputer는 매우 우수한 제품들이었다. 그것들은 문자 그대로 회사의 중심 사상이었던 제조 철학을 구체적으로 나타냈다. 아타리를 인수한 잭 트레미엘Jack Tramiel과 동료 경영진들은 실제로 가끔 이렇게 이야기 하곤 한다. '기술은 올라가고, 가격은 내려간다Technology is increasing, prices are decreasing' 그리고 레이저 프린터를 갖춘 아타리 1040이 그보다 훨씬 낮은 등급의 애플 매킨토시보다 가격이 낮았던 것이 사실이다. 아타리가 부족했던 것은 1040, 메가, 트랜스퓨터의 제조업체라는 이름 이상의 것이

되기 위해 가져야 했던 의미였다. 사실 아무도 아타리의 계획, 비전 그리고 영감의 원천이 무엇이었는지 알지 못했으며, 그들의 제품을 통해 마이크로컴퓨터 산업에 심으려했던 객관적이고, 주관적 가치가 무엇인지를 아는 사람 역시 아무도 없었다.

성공적인 출시는 새로운 브랜드가 광고에서 제시되는 단순한 제품 이름으로서가 아니라 처음부터 진정한 브랜드로 다루어져야 한다는 것을 요구한다. 새로운 브랜드를 출시한다는 것은 제품 이름이 심벌이 되기 전에 이전보다 더 넓고 깊은 의미를 가지고 활동하는 것을 의미한다. 현대의 관리는 상당히 빠르게 결과를 보여주어야만 한다. 새로운 브랜드는 기능적인 가치와 비기능적 가치 모두가 부여된 것으로 인식되어야 한다. 브랜드를 창조한다는 것은 마치 그것이 풍부한 의미를 가진, 잘 구축된 브랜드인 것처럼 곧바로 행동하는 것을 의미한다. 이것은 몇가지 기본적 원칙을 수반한다.

브랜드 플랫폼의 정의

제품 출시와 달리 브랜드 출시는 그 시작부터 장기적인 프로젝트이다. 그와 같은 출시는 기존의 질서, 가치, 카테고리의 시장 점유율을 변경하게 된다. 그것은 새로운 질서와 다른 가치체계를 정립하는 것, 그리고 장기간 시장에 영향을 미치는 것을 목표로 한다. 이 목표는 오직 사람들이 그 브랜드의 절대적 필요성에 확신을 가지고 있고, 그들이 가진 모든 것을 맡길 준비가 되어 있는 경우에 한해 성취될 수 있다. 기업이 직원, 경영진, 투자가, 고객, 오피니언 리더, 판매 사원을 장기간 동원하기 위해서는 실질적인 브랜드 프로젝트와 진정한 비전을 갖고 움직여야 한다. 실제로 진정한 비전은 내부적으로나 외부적으로 왜 브랜드가 출시되었으며, 그 핵심적인 목적이 무엇인지를 정당화하는 데 기여한다.

하나의 브랜드를 창조하는 것은 먼저 브랜드 아이덴티티와 포지셔닝의 기초가 되는 브랜드 프로그램을 설계하는 것을 의미한다. 브랜드를 프로그램 형식으로 제시하는 것은 여러모로 유익하다(표 7.1). 그것은 브랜드가 어디에서 유래되는

| 표 7.1 | 브랜드의 기초가 되는 것은 그 프로그램이다

1. 이 브랜드는 왜 존재해야 하는가?
   이 브랜드가 존재하지 않을 때 소비자들이 아쉬워할 것이 무엇인가?

2. 관점
   이 브랜드는 어떤 위치에서 말하고 있는가?

3. 비전
   제품 카테고리에서 이 브랜드의 비전은 무엇인가?

4. 우리의 가치는 무엇인가?

5. 사명
   이 브랜드가 시장에서 실현하고자 하는 구체적 사명은 무엇인가?

6. 노하우
   이 브랜드의 구체적 노하우는 무엇인가?

7. 영역
   이 브랜드가 자신의 사명을 공식적으로 수행할 곳은 어디이며, 어떤 제품 카테고리 안에서 수행할 것
   인가?

8. 전형적인 제품이나 행동
   어떠한 제품이나 행동들이 브랜드의 가치와 비전을 최상으로 구현하고 최상으로 보여줄 것인가?

9. 스타일과 언어
   브랜드의 스타일 특성은 무엇인가?

10. 고객 이미지
    우리는 누구를 상대하고 있는가? 우리는 어떤 고객 이미지를 원하는가?

지, 어디에서 그 에너지를 얻는지, 그 브랜드의 배후에 있는 빅 프로젝트가 무엇인지를 나타낸다. 이것은 브랜드 아이덴티티 프리즘과 브랜드 포지셔닝이 정의되기 전에, 브랜드 사고 과정의 한 단계로서 유용하다.

많은 브랜드들은 그들이 왜 존재하는지 알지 못하며, 그렇기 때문에 브랜드 프로그램을 정의하는 표 7.1에 있는 것과 같은 질문들에 대답할 수 없다. 그런 질문들은 니치 전술의 정반대 편에 있는 철학을 반영한다. 오로지 내부의 거대한 프로젝트에 의해 주도되는 브랜드만이 브랜드 구축의 긴 여정을 실질적으로 시작할 수 있다.

물론 이러한 브랜드 프로젝트는 '전략적인 이미지 특성들strategic image traits'로 변환되어야 한다. 자동차 산업에서 푸조Peugeot는 역동성, 신뢰성, 미학 같은 몇몇 특징들로 단순히 정의될 수 없다. 이런 이미지 특성이 푸조를 신뢰성과 편

안함의 측면에서 포지션된 폭스바겐Volkswagen과 차별화하는 데 도움을 주는 것은 사실이다. 그러나 각각의 브랜드는 자신의 기본적인 자동차 프로젝트와 철학을 반영한다. 결과적으로 폭스바겐은 '타는 것car'을 이야기하고, 푸조는 '스스로 움직이는 것automobile'을 이야기한다. 마지막으로 어떤 산업적, 마케팅적 또는 상업적 전문성이나 재무적 수단 없이는 프로젝트는 단순한 바람일 뿐이다.

브랜드 아이덴티티에 대한 정의는 기업 이름을 가진 브랜드에 대한 것과 자신의 이름을 가진 브랜드에 대한 것이 같지 않다. 현재 많은 기업들이 브랜드처럼 행동한다. 알카텔Alcatel은 기업 이름이자 브랜드 이름이기도 하다. 지멘스 Siemens, 도시바Toshiba, 듀퐁Du Pont, 필립스Philips, IBM 모두 마찬가지다. 반면에 아우디Audi는 폭스바겐의 브랜드들 가운데 하나이며, 퍼실Persil은 헨켈 Henkel의 브랜드들 가운데 하나이며, 대시Dash는 P&G의 여러 브랜드 가운데 하나이다. 기업들은 그들이 활동하는 시장의 재무 분석가만큼이나 구매자와 사용자가 중요하다는 점을 알아채는 순간 그들의 이름이 실제로 하나의 브랜드라는 사실을 알게 되었다.

운영의 차원에서, 기업에 관한 직접적인 언급 없이 브랜드를 창조하는 것은 더 큰 자유를 제공한다. 모든 것이 가능하기 때문이다. 물론 이는 모든 것이 타당하다거나 쉽다는 것을 자동적으로 의미하지는 않는다. 그것이 의미하는 것은 우리가 브랜드 아이덴티티를 무에서부터 전적으로 창조할 수 있다는 것이다.

기업 이름을 가진 브랜드company-named brands의 경우 브랜드는 기업의 주요 대변인이 된다. 그러므로 브랜드 아이덴티티와 기업의 아이덴티티 간에는 밀접한 관계가 있을 수밖에 없다. 브랜드 아이덴티티는 앞의 경우보다 덜 자유롭다. 기업 이름을 가진 브랜드는 실제로 기업의 외부적 진열품이 된다. 그 브랜드는 기업의 이야기를 더 많은 청중들에게 전달하는 메신저이다. 그러므로 기업으로서는 (CEO와 같은 제도적 대변인과는 다른) 이런 새로운 대변인을 전적으로 지지하는 것뿐만 아니라 이 브랜드를 자신과 동일시하는 것이 필수적이다. 이는 우리가 기업의 이름을 적용한 브랜드가 그들이 생겨난 기업과 같은 문화를 가지고 있는 것을 보게 되는 이유이다(그림 7.1 참조).

기업 자체는 다른 이해관계자들과 시장들이 있는 반면 브랜드는 바로 고객들

| 그림 7.1 | 기업과 브랜드의 네임이 같을 때 기업 아이덴티티로부터 브랜드 아이덴티티로의 전이

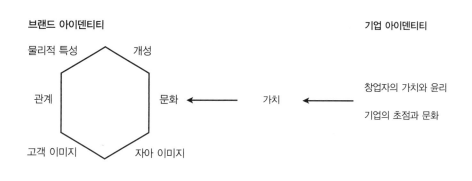

브랜드 아이덴티티   기업 아이덴티티

물리적 특성   개성

관계   문화   ←   가치   ←   창업자의 가치와 윤리

기업의 초점과 문화

고객 이미지   자아 이미지

에게 팔리기 위해 존재한다. 이는 동일한 이름을 가지고 있고, 그래서 서로 강하게 영향을 미친다 해도, 예를 들어 기업 브랜드corporate brand로서의 네슬레Nestle와 상업적 브랜드로서의 네슬레Nestle를 구별하는 것이 중요한 이유이다. 이 2가지 원천을 구별하기 위해 네슬레는 2가지 측면 각각을 위한 서로 다른 시각적 심벌을 창조했다. 이는 다농Danone의 경우도 마찬가지이다. 다농은 다농 브랜드 로고의 기하학적인 형태와는 다른, 기업으로서의 다농을 위한 (하늘에 떠 있는 별을 바라보는 작은 아이라는) 특정한 심벌을 창조했다. (쉘Shell, BP, 토탈Total 처럼) 그들이 같은 그래픽 아이덴티티를 공유했다 하더라도 차이는 있어야 한다. 기업이 브랜드는 아니지만 브랜드에 의해 강화되는 것은 사실이다. 그 반대 역시 진실이다.

브랜드로서의 네슬레는 재미와 화려함 혹은 욕심과 관대함의 아이덴티티를 주장할 수 없다. 왜냐하면 그것이 기업으로서 동일한 이름을 갖고 있고, 그것의 아이덴티티가 이런 것들과는 관계가 없기 때문이다. 일반인들이 이 기업을 모를지라도 네슬레 브랜드는 전체적인 네슬레 기업 아이덴티티에 의해 강한 영향을 받는다. 새로운 브랜드 아이덴티티에 대한 최종적 승인은 기업의 특권이다. 만약 기업이 새로운 브랜드를 자신과 동일시할 수 없다면, 그 브랜드 아이덴티티가 기업 아이덴티티와 맞추기 위해 수정될 것이다. 이는 브랜드 아이덴티티와 기업 아이덴티티를 완벽하게 일치시키는 것이 아니라 그들 사이에 다리를 놓는 것을 의미한다.

그런 다리는 보통 문화적 단면이라는 수단으로 더 쉽게 구축될 수 있다(그림 7.1 참조). 여기에는 이론적 근거가 있다. 기업은 한 가지나 2가지 주요 가치key value에 초점을 맞춰 자신의 아이덴티티를 주조한다(Schwebig, 1985). 이것들은 브랜드를 키우고, 브랜드에 세상에 대한 기업의 관점과 그 제품 카테고리를 변형시킬 동력을 제공하는 가치이다. 이런 '원천 가치source-value'는 브랜드에게 의미를 제공한다. 푸조Peugeot의 엄격함과 품질 이면에는 기능적인 제품 이상의 것을 제공하려는 기업의 결의가 항상 내재되어 있다. 바로 운전자가 진정으로 즐길 수 있는 자동차 말이다.

시간이 지나면서 브랜드와 기업의 이런 관계는 뒤집어진다. 기업의 외부 이미지는 내부에 반영되고, 오늘 다르고 내일 다른 '기업 프로젝트들' 보다 직원들을 동원하는 데 있어 훨씬 더 효과적이 된다.

이런 긍정적 피드백의 이점을 취하기 위해 많은 기업들은 자신들의 오래된 이름을 선도 브랜드의 이름으로 교체했다. 예를 들어 도쿄 츠신 코교Tokyo Tsushin Kogyo가 그렇게 해서 소니Sony 사가 되었다. 도쿄 덴키 카가쿠Tokyo Denki Kagaku는 자신의 유명 브랜드인 TDK의 이름을 채택했다. 마찬가지로 BSN은 다농Danone이 되었다.

강력한 브랜드의 아이덴티티는 아이덴티티가 단순한 기능적 속성의 문제만이 아니라는 사실을 상기시킨다. 그렇기 때문에 새로운 브랜드의 상징적 준거 reference를 선택하는 것은 제품의 준거를 선택하는 것만큼 중요하다. 애플은 캘리포니아의 첨단 산업과 '반문화counter-culture' 의 이미지에 집중했다. 도시바 Toshiba는 제품을 내세웠지만 결코 어떤 특정한 상징적 준거에도 자신을 얽어 넣지 않았다. 이 브랜드는 제품 카테고리나 마이크로컴퓨터 산업 전반에 관한 자신만의 열망과 비전도 갖지 못했다. 미쓰비시Mitsubishi는 자동차를 판매하지만 전체적으로 봐서 브랜드는 아니다. 우리는 그것의 가치, 영감의 원천, 프로젝트, 그것이 어디로 가고 있는지 그리고 우리를 어디로 데리고 갈지를 지각할 수 없다. 그것은 산업계의 수퍼 그룹, 미쓰비시의 규모에서 나오는 보증이 붙여진 자동차의 이름에 불과하다. 일본인이 아닌 사람에게 미쓰비시는 일본과 거대 기업 이상을 의미하지 못한다. 해외 시장에 수출된 한국 차들은 그들의 가격과 품질에만 의존할 뿐이다. 이들은 아직 유형과 무형의 가치를 모두 갖춘 완전한 브랜드가 아니다.

브랜드 포지셔닝의 과정

브랜드 플랫폼brand platform은 성공적인 브랜드 출시의 가능성을 최대화하는 어떤 실제적인 과정을 통해 정의될 수 있는가? 이것은 강력한 글로벌 아이덴티티와 글로벌 포지셔닝을 찾아야 하는 큰 과제를 안고 있는 글로벌 브랜드(그것이 아니라면 상이한 시장들에도 맞춤화될 수 있는 브랜드)만이 아니라 지역 브랜드와도 관련이 있다. 이 과정에는 5단계가 있다. 이해, 탐색, 시험, 전략적 평가와 선택 그리고 브랜드 이행 또는 활성화이다.

1. 이해 단계

브랜드의 현재 이미지뿐만 아니라 그것의 아이덴티티, 뿌리, 전통과 원형에 기초해, 브랜드를 위한 모든 잠재적 부가가치를 파악하는 단계이다. 이것은 자기중심적인 접근이다. 즉, 브랜드의 진실은 그 브랜드 안에 있다고 보는 것이다. 그러나 어떤 잠재 영역이 비즈니스에 가장 유리할 것인가를 알아내기 위해서는 고객과 경쟁자 분석이 요구된다. 시장 역시 이런 이유로 분석된다. 그리고 브랜드가 기반으로 삼을 수 있는 소비자의 열망이나 불만을 찾아 소비자들 사이에서의 발전 역시 분석된다. 마지막으로 경쟁자 분석의 목적은 기회, 차이, 탐색 가능성, 관심 분야를 파악하는 것이다. 이를 위한 도구는 지각도perceptual mapping이다. 마케팅에서 전투는 지각에 관한 것이기 때문이다. 지각도는 심리적인 전장인 소비자의 마음에 관한 놀라운 종합 모델synthetic model을 만들어낸다.

2. 탐색 단계

브랜드를 위한 시나리오를 제안하는 단계이다. 브랜드 플랫폼을 찾는 것은 단번에 이루어질 수 있는 일이 아니다. 반복적으로 삭제와 조정을 하는 반복 접근iterative approach이 필요하다. 예를 들어 아바나 클럽Havana Club 같은 브랜드를 위해 가능한 시나리오는 무엇이겠는가? 아바나 클럽은 품질 좋은 사탕수수로 유명한 쿠바에서 생산되는 유일한 럼주로, 그 품질을 전 세계적인 규모로 알릴 방법을 찾고 있다. 4가지 질문, 즉 누구에 대항해 against whom? 왜why? 언제for when? 누구를 위해for whom?로 돌아가, 우리는 4가지 주요 시나리오를 확인할 수 있다. 그 각각의 시나리오는 오랜 시간 동안 있는 그대로 변치 않았던 쿠바와 그 수도인 아바나가 자아내는 풍부한 이미지를 표현하는 그 자신의 접근법을 사용한다(표 7.2 참조). 이 4 가지 시나리오들이 동일한 제품에 의존하지 않는다는 사실에 유의하자. 많은 브랜드가 그러하듯이 선호도는 나라마다 다를 수 있다. 예를 들어 럼주의 경우 몇몇 국가에서는 화이트 럼white rum만을, 다른 국가들은 다크 럼 dark rum만을 소비한다. 같은 제품을 사용해 이 모든 국가들에 침투할 수 없음은 명백하다. 이런 사실은 포지셔닝에 강한 영향을 미친다. 왜냐하면 화이트 알콜이 직면하는 경쟁이 다크 럼이 직면하는 경쟁과 같지 않을 것이기 때문이다. 한편으로 아바나 클럽은 진gin이나 보드카vodca로부터 시장점유율을 가져오려 할 것이고, 또 다른 한편으로 위스키whiskies나 맥아주 malts, 브랜디brandies에 맞설 것이다. 화이트 알코올 영역 내에서도 경쟁과 관련하여 질문이 다시 던져질 필요가 있다. 즉, 리더를 목표로 하는가, 그렇지 않은가?

이 모든 것은 주관적인 카테고리와 목표로 설정된 경쟁자에 달려 있다. 자신을 럼으로 정의하는 것은 이미 경쟁의 본질을 명기한 것이다. 그러나 영국에는 바카디Bacardi가 많이 팔린다는 사실에도 불구하고 럼 시장은 없다. 그러나 바카디를 마시기 위해 그것이 럼이라는 사실을 알아야 할 필요가 있는가? 그것은 어쩌면 (쿠바 덕분에) 파티 칵테일 음료의 전형이다.

공격의 각도는 타깃이 혼합주이자 품질 좋은 럼인 바카디(세계적 리더)인가

| 표 7.2 | 포지셔닝 시나리오 비교: 새로운 쿠바 럼 브랜드를 위한 전형적인 포지셔닝 시나리오

| | 화이트 혼합주 | | 다크 스트레이트 | |
	A	B	C	D
	리더보다 더 좋은 맛을 가진 혼합주	쿠바 방식의 경험	'앱솔루트' 럼	오리지널 주류
누구에 대항해	리더	모든 혼합주	프리미엄 럼	위스키, 코냑
왜?	'맛'	'쿠바산 음료'	'베스트 럼'	'남다름'
언제?	칵테일/혼합	밤/혼합	가정/술집/ 스트레이트	가정/저녁 식사 후
누구를 위해?	25/40 스페인, 영국, 캐나다, 독일, 바카디 음주자	16/30 유럽과 캐나다의 비럼주 음주자 도시 거주	25/40 캐나다, 스페인, 이탈리아, 영국의 도시거주	30/45 캐나다,아시아 유럽의 도시거주 다량 음주자
제품 우선순위	화이트	화이트/ 3년산	아네호(다크)	7년산 (다크)
가격	-10% vs 리더	리더와 동위	프리미엄	위스키와 동위
커뮤니케이션	매스미디어	2단계 마케팅	2단계 마케팅	2단계 마케팅

또는 일반적인 짙은색의 주류(위스키, 브랜디 등)인가에 따라 달라진다.

3. 시험 단계

시나리오들이 정교화되거나 제거되는 시기이다. 이때는 각 시나리오에 대한 신뢰성과 감정적 반향을 평가하기 위해 소비자 조사가 요구된다. 이 단계에서 테스트되는 것은 아이디어와 공식이며, 전체 캠페인은 분명 아니다.

4. 전략적 평가와 선택 단계

전략적 평가는 기준에 근거한 시나리오들의 비교 형태를 취하며, 그런 다음 잠재적인 매출과 수익에 대한 경제적 평가가 이어진다. 경제적 평가는 각 해당 국가의 매출 합계를 통해 '상향bottom-up' 식으로 행해진다

포지셔닝을 평가하는 10가지 기준 가운데 몇 가지를 다시 살펴보도록 하자. 이 가운데 두 번째 기준은 포지셔닝이 기초하는 '소비자 통찰consumer insight'의 강도에 대해 의문을 제기한다. 여기에 진정한 비즈니스 기회가 존재하는가? 다섯 번째 기준은 모든 포지셔닝이 경쟁업체의 약점, 즉 장기적인 약점을 목표로 해야 한다는 것을 상기시킨다. 포지셔닝 자체는 오래 지속되는 결정이다. 그렇다면 한 가지 질문이 떠오를 것이다. 경쟁자의 장기적인 약점을 어떻게 찾는가? 역설적이지만 바로 그 강점을 통해서이다(Neyrinck, 2000). 예를 들어 세계적인 리더인 바카디Bacardi의 장기적인 약점은 무엇인가? 그것은 바로 세계적인 리더라는 사실이다. 그와 같이 많은 양을 팔기 위해서는 저가로 팔아야 하며, 따라서 모든 것을 지역적으로 생산하게 된다. 바카디는 쿠바에서 처음 생겨났을지는 모르지만 바카디의 럼은 상업적이고 경제적인 이유들로 해서 더 이상 쿠바에서 나오지 않는다.

포지셔닝을 평가하기 위해서는 언제나 유통 분야를 고려해야 한다. 예를 들어 샴푸 업계에서 '남성용' 형태의 포지셔닝이 훌륭한 포지셔닝이 될 수 있는가? 몇몇 전략적 평가 기준들로 판단하면 답이 '예'라고 생각될 수 있을 것이다. 그것은 차별화 요소를 갖고 있으며, '고객 통찰'(진정한 구매 동기)을 나타낸다. 그러나 소매업체의 철학을 기준으로 채택하면 다른 결론에 이르게 된다. 월마트Wal-Mart, 까르푸Carrefour, 아스다Asda 같은 소매업체들은 특별히 남성용 위생과 화장 용품 섹션을 마련해놓기도 한다. 이것은 즉각적으로 이런 포지셔닝을 주장하는 사람들에게 매력적으로 다가갈 것이다. 그러나 남성용품을 구입하는 것은 여성일 가능성이 크며, 이 여성들은 남성들을 위한 샴푸를 여성용 섹션에서 선택하려는 경향이 있다. 따라서 판매 잠재력의 측면에서 볼 때 제품을 그대로 일반 샴푸 섹션에 두는 것이 더욱 이치에 맞는다. 남성용 섹션에 둔다면 판매량이 50% 하락할 것이다. 이와 함께 그 브랜드가 남성용 섹션에 있다고 가정하더라도 '남성용'이라는 포지셔닝이 더 이상 차별화 요소가 되지 못하는 순간이 온다. 그 섹션 자체가 남성용 제품과 브랜드만을 취급하기 때문이다.

5. 이행 및 활성화 단계

일단 플랫폼이 선택되고 만들어지고 나면 이행 및 활성화implementation

| 그림 7.2 | 전략에서 활성화까지

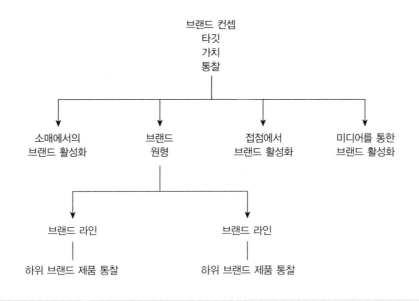

and activation 단계가 온다. 이 새로운 용어는 오늘날 브랜드 가치가 쉽게 감지할 수 있고 유형적이어야 한다는 사실을 분명하게 나타낸다. 따라서 브랜드는 그 가치들을 구체적인 행동으로 전환해야 한다.

이것은 브랜드 마케팅 전략, 기능적인 목표 그리고 캠페인 계획을 정의하는 일이다. 주로 매스미디어 광고가 될 것인가 아니면 근접 마케팅proximity marketing이 될 것인가? 브랜드는 어떻게 활성화될 것인가? 여기서 다시 한 번 선택들은 경쟁 환경에 따라 결정된다. 이탈리안 소스의 유럽 리더인 돌미오Dolmio를 예로 들면, 돌미오의 마케팅 전략은 영국과 아일랜드에서 같을 수 없다. 영국에서는 돌미오가 시장의 20%만을 차지하고 있는 반면, 아일랜드에서는 50%라는 안정적인 리더 자리에 있다. 더욱이 매우 큰 국가보다는 인구가 적은 국가에서는 근접 마케팅이 더 많이 이루어진다. 활성화 activation는 전략이 행동과 실제적인 조치들이 되는 단계로, 단순한 광고와 프로모션 그 이상의 것이다(그림 7.2 참조).

플래그십 제품의 결정

기업은 새로운 브랜드를 출시하면서 첫 캠페인에서 어떤 제품이나 서비스를 선보일지 그리고 그것을 어떻게 이야기할지를 결정하는 데 극도로 신중을 기해야 한다. 만약 브랜드가 특히 큰 야망을 갖고 있을 때에는 더욱 그렇다. 이 '스타 제품'은 브랜드의 의도를 가장 잘 대표할 수 있는 것이어야 한다. 즉 시장에 변화를 몰고 올 수 있는 브랜드 잠재력을 가장 잘 전달할 수 있는 그런 제품이어야 한다. 마찬가지로 이름의 측면에서, 전반적인 프로젝트를 가장 잘 뒷받침하는 제품들만이 눈에 띄게 그 브랜드 네임을 달아야 한다. 덜 전형적인 제품들에서는 브랜드 네임이 잘 드러나지 않아야 하며, 오직 제품을 보증하는 정도여야 한다.

모든 브랜드 제품이 동등하게 브랜드를 대표하고 있지는 않다. 진정으로 브랜드 아이덴티티의 전형인 제품만이 출시 캠페인에 투입되어야 한다. 이상적으로 이런 아이덴티티는 반드시 가시적이어야 한다. 주요 자동차 제조업체들은 이 사실을 잘 알고 있다. 자동차 디자인은 브랜드의 장기적 디자인의 외적 표현이 되어야 한다. 최고의 브랜드 전형exemplar의 선택이 단기적인 비즈니스 목표와 충돌할 수 있다. 가장 잘 팔리는 제품이라고 해서 반드시 강화되어야 하는 브랜드 아이덴티티의 대표자가 되어야 하는 것은 아니다. 이런 상황에서는 장기적인 것이 단기적인 것을 결정해야만 한다. 비즈니스 없이는 브랜드도 없다는 것은 분명한 사실이기 때문이다.

브랜드 캠페인인가, 제품 캠페인인가

폭스바겐Volkswagen은 제품 이외에 다른 어떤 것에 관해서도 커뮤니케이션을 한 적이 없다. 초기부터 폭스바겐 광고는 일관되게 순수함의 그래픽 스타일을 의도적으로 선택해 왔다. 그래서 광고는 항상 하얀색을 배경으로 하는 자동차를 모티브motif로 사용한다. 브랜드가 논리적인 주장을 냉담하게, 유머러스하게, 무례하게 혹은 역설적으로 처리한다 하더라도 그 자동차는 여전히 광고의 '영웅hero'

으로 남게 된다. 소니Sony는 종종 소위 '브랜드 캠페인brand campaigns' 이라는 것을 하는데 브랜드의 슬로건을 강화하는 것이 목적이다. 브랜드가 창조될 때마다 2가지 선택 가능한 전략이 있다. 브랜드의 의미를 직접적으로 전달하는 것과 어떤 특정 제품에 초점을 맞추는 것이다. 어떤 길을 따르는가는 기업이 브랜드의 의미를 완전하게 전달할 하나의 제품을 선택할 수 있느냐에 달려 있다. 폭스바겐이 두 번째 전략을 선택한 것은 놀랄 일이 아니다. 비틀Beetle은 독창적인 예술가, 아웃사이더의 천재성을 명백히 입증했으며 색다른 자동차 문화를 분명하게 나타냈다.

유럽에서 자신의 브랜드를 출시하면서 세계적인 백색 가전 리더인 월풀Whirlpool은 3년 동안 어떤 제품 광고도 하지 않기로 결정했다. 월풀은 매우 창의적이고 상징적인 캠페인을 통해 어떤 제품 광고 캠페인도 만들어낼 수 없는 그 이름과 관련된 흥분을 창조해내기를 원했다.

합리적인 은행이 브랜드 캠페인을 더 선호하는 이유는 매우 논리적이라 할 수 있다. 은행은 서비스 기업으로서 잠재 고객들에게 보여줄 아무런 유형의 것을 가지고 있지 않다. 그들은 오로지 자신들의 가치와 아이덴티티를 상징화할 수 있을 뿐이다. 은행은 또한 가시적 제품이 없기 때문에 슬로건에 자신들의 아이덴티티 핵심을 담아낸다.

브랜드 언어와 커뮤니케이션 영역

오늘날의 어휘vocabulary는 더 이상 단순한 말verbal이 아니다. 심지어 현저하게 시각적이라고 말해질 수도 있다. 잡지 광고에 아주 짧은 시간의 주목만이 이루어지는 지금의 멀티미디어 시대에 그림은 단어words보다 훨씬 더 중요하다.

커뮤니케이션의 영역은 무에서 갑자기 나타나는 것이 아니며, 브랜드에게 임의로 맡겨지는 것도 아니다. 브랜드 언어는 브랜드가 자신의 이념을 자유롭게 표현할 수 있게 한다. 어떤 언어로 이야기하는지 모르면, 우리는 단순히 똑같은 말이나 그림들을 되풀이하게 되며, 결국에는 전체 브랜드 메시지가 뒤엉키게 된다.

서로 다른 캠페인들 간에는 통일성, 유사성 그리고 공통의 정신을 창조하려는 경향이 존재하며, 결국에 모든 캠페인은 단지 서로를 반복하는 것처럼 보이게 된다. 따라서 각각의 특정한 캠페인 메시지는 잃어버린 브랜드 코드code를 찾으려는 과도한 관심에 의해 뒷전으로 밀려나고 만다!

브랜드 코드는 언제나 다소 인위적인데 반해 브랜드 언어는 자연스럽다. 언어는 발신자의 개성, 문화, 가치를 전달하면서, 발신자가 제품이나 서비스를 알리거나 소비자를 매료시키는 것을 돕는다.

마지막으로 브랜드 언어는 의사결정을 분산시키는 수단으로서 기능한다. 공통 용어 모음집glossary의 사용 덕분에 세계 각지에 있는 자회사들이 그들의 메시지를 로컬 시장과 제품 요건들에 맞게 각색하면서도 브랜드의 전체적 통일성과 개별적 특성들을 유지할 수 있다. 브랜드 아이덴티티는 일관성과 자유를 조화시켜야 하는데, 이는 표현 가이드(브랜드 차터brand chatter라고도 하는)가 촉진하고자 하는 과제이다. 표현 가이드는 페이지 상의 브랜드 네임의 위치 같은 문제들만을 다루어서는 안 된다. 그들은 다음과 같은 것을 구체적으로 제시해야 한다.

- 스타일의 주된 특징
- 제스처, 고객 얼굴의 클로즈업, 징글 등과 같은 청각적, 시각적 특징들
- 그래픽 레이아웃 또는 서사 구조narrative structue의 코드, 그리고 브랜드 컬러 코드
- 브랜드와 그 브랜드의 시그너처가 몇몇 상황에서 사용될 수 있는지, 그리고 어떻게 사용될 수 있는지를 결정하는 원칙

이런 경우들은 실제로 표현 가이드에서 예견되고 정의되어야 한다.

강력한 브랜드를 위한 이름의 선택

제조업체는 제품을 생산하고, 소비자는 브랜드를 구매한다. 제약 연구실에서는

화학적 혼합물을 만들지만 의사는 브랜드를 처방한다. 수요와 처방이 브랜드에 초점을 맞추는 경제 시스템에서 브랜드 네임은 자연히 두드러진 역할을 맡는다. 만약 브랜드 컨셉이 브랜드를 구별해주는 기호들(네임, 로고, 심벌, 컬러, 보증하는 특징들 그리고 슬로건까지) 모두를 포괄한다면, 이야기되고, 요구되고, 처방되는 것은 바로 브랜드 네임이다. 그러므로 우리가 브랜드 창조 과정의 이러한 단면, 즉 브랜드를 위한 네임을 선택하는 일에 특별한 관심을 보이는 것은 자연스러운 일이다.

강력한 브랜드를 구축하기 위해 선택하는 최고의 이름은 무엇일까? 그렇다면 브랜드 성공을 보장하는 특정 형태의 이름이 있을까? 소위 강력한 브랜드라 불리우는 브랜드들을 살펴보는 것은 우리가 이런 일반적 질문에 답할 수 있도록 도와줄 것이다. 코카콜라Coca-cola, IBM, 말보로Malboro, 페리에Perrier, 딤Dim, 코닥Kodak, 슈웹스Schweppes 등 이런 브랜드 네임이 공통적으로 가지고 있는 것은 무엇인가? 코카콜라는 제품이 처음 만들어졌을 당시 제품 성분을 일컫는 말이었다. IBM(International Business Machines)의 원래 의미는 사라졌다. 슈웹스는 발음하기 힘들다. 말보로는 지역 이름이다. 코닥은 의성어이다. 이런 잠깐 동안의 검토의 결론이 재차 확인시켜주는 사실이 있다. 즉 브랜드에 자신만의 의미를 부여하는 것과 같은 이름에 의미를 부여하는 지속적인 노력을 한다면 강력한 브랜드를 만들기 위해 어떤 이름(거의 모든 이름)도 사용될 수 있다.

그렇다면 이 말은 브랜드가 법적으로 등록될 수 있어야 한다는 단순한 문제를 제외하고, 브랜드 네임에 큰 신경을 쓰지 않아도 된다는 말인가? 전혀 그렇지 않다. 몇몇 기본적 선택 규칙을 준수하고 올바른 이름을 선택하고 노력하는 것은 어린 브랜드baby brand를 빅 브랜드big brand로 만드는 데 드는 시간을 몇 년은 줄여줄 수 있을 것이다. 시간의 문제는 매우 중요하다. 브랜드는 자신의 영역을 정복해야 한다. 그러므로 처음부터 모든 잠재적인 변화들을 예견해야 한다. 브랜드 네임은 브랜드 탄생 당시의 특정한 시장과 제품 상황에 관계없이, 브랜드의 미래와 운명에 대한 관점을 가지고 선택되어야 한다. 일반적으로 기업들은 그 반대로 하기 때문에 브랜드 네임을 선택할 때 피해야 하는 일반적인 함정에 관한 즉각적인 정보를 제공하고, 그 원칙들을 알려주는 것이 필수적이다.

브랜드 네임인가, 제품 이름인가?

이름의 선택은 브랜드의 운명에 달려 있다. 그러므로 시간, 공간적으로 매우 제한된 영역을 가진 제품 이름의 창조와 관련된 조사의 유형과 진정한 의미의 브랜드 네임, 즉 국제적으로 확장되고, 다양한 제품 라인을 커버하고, 다른 카테고리로 확장되고, 오래 지속될 운명을 지닌 이름의 창조와 관련된 조사의 유형은 구분할 필요가 있다. 강조점, 진행 시간과 재무적 투자는 두 경우에서 확실히 다르게 나타날 것이다.

서술적 이름의 위험성

제조업체들은 90%의 경우 브랜드가 보증하려고 하는 제품을 서술하는 브랜드 네임을 원한다. 그들은 제품이 무엇을 하는지(Headache라 불리는 아스피린aspirin) 또는 무엇인지(비스키토Biscuito라 불리는 비스킷 브랜드, 뱅크 다이렉트Bank Direct 라고 불리는 다이렉트 뱅킹 서비스)를 서술하는 이름을 선호한다. 이런 지시적인 이름denotative names에 대한 선호는 기업이 브랜드가 과연 무엇인지 그리고 그 진정한 목적이 무엇인지를 이해하지 못함을 보여준다. 기억하라. 브랜드는 제품을 서술하는 것이 아니라 제품을 구별해주는 것이다.

서술적 이름descriptive name을 선택하는 것은 또한 글로벌 커뮤니케이션의 모든 잠재력을 상실하는 것이나 다름 없다. 제품의 특징과 품질은 광고, 영업사원, 직접 마케팅, 전문 정기 간행물 기사들 그리고 소비자 협회의 비교 연구 등을 통해 목표 청중에게 제시될 것이다. 그러므로 브랜드 네임이 이런 모든 커뮤니케이션 수단들을 통해 훨씬 더 효율적이고 완벽하게 전달될 수 있는 동일한 메시지를 반복하는 것은 낭비일 뿐이다. 그와 반대로 브랜드 네임은 브랜드 정신을 전달하는 추가적 의미를 부가해야 한다. 왜냐하면 제품은 영원히 존재하지 않기 때문이다. 제품의 수명 주기는 실제로 한계가 있다. 브랜드 네임의 의미는 브랜드가 처음 창조될 때 제시하는 제품의 특성들과 섞여서는 안 된다. 애플Apple의 설립자는 이 사실을 잘 알고 있었다. 몇 주 안에 시장은 애플이 마이크로컴퓨터를 만들었다는 사실을 알게 될 것이다. 그러므로 마이크로컴퓨터 인터내셔널Micro-Computers International이나 컴퓨터 리서치 시스템Computer Research Systems 같은 이름의 함정에 빠질 필요가 없었다. 반면에 스스로를 애플이라고 부름으로써 그들은 브랜드의 (단지 일시적인 Apple-1의 특징들이 아니라) 지속적인 독특성 uniqueness을 직접적으로 전달할 수 있었다. 이런 독특성은 그 물리적 특성보다는 브랜드 아이덴티티의 다른 단면들과 더 많은 관련을 가지고 있다(예를 들면 문화, 관계, 개성 등).

브랜드는 제품이 아니다. 그러므로 브랜드 네임은 제품이 무엇을 하는지를 서술하는 것이 아니라 차이를 제시하고 보여주어야 한다.

모방 현상 고려하기

그 어떤 강력한 브랜드도 자신의 모방 제품이나 심지어 위조 제품을 갖고 있다. 여기에는 그 어떤 탈출구도 없다. 무엇보다 제조 특허는 어느 날 결국 대중적인 것이 되고 만다. 기업의 경쟁 우위를 지키고, 연구개발과 혁신을 위해 투자한 것에 대한 합법적인 보상을 제공하기 위해 남는 것은 무엇인가? 바로 브랜드 네임이다. 제약 산업은 그 완벽한 예이다. 오늘날 특허가 대중화되자마자 모든 연구실들이 연구개발 비용없이 해당 화합물을 생산할 수 있으며, 제네릭 제품generic product(복제약)들이 시장에 넘쳐나기 시작한다. 단순히 제품과 제품 기능만을 묘사하는 브랜드 네임은 그 브랜드를 시장에 진입하는 모방 제품이나 제네릭 제품(복제약)들과 차별화시키지 못할 것이다. 서술적인 이름을 선택하는 것은 결국 브랜드를 제네릭 제품(복제약)으로 만들어버리는 일이 될 것이다. 그것이 바로 처음에 나온 항생제antibiotics들이 빠졌던 함정이다. 이들에게는 바이브라마이신, 테라마이신 등처럼 페니실린으로 만들어졌음을 나타내는 이름이 주어졌다.

그러나 오늘날 제약 산업은 이름 자체가 모방 제품으로부터 브랜드를 지키는 특허임을 인식하게 되었다. 따라서 이 이름은 반드시 제네릭 제품(복제약)의 이름과는 달라야 한다. 뚜렷이 구별되고, 독특한 것이어야 하며, 흉내낼 수 없는 것이어야 한다. 예를 들어 글락소-로슈Glaxo-Roche 연구소는 '라니티딘ranitidine'이라고 부르는 항궤양 성분을 발견했다. 그러나 브랜드 네임은 '잔탁Zantac'이다. 그들의 경쟁자인 스미스, 클라인 앤 프렌치Smith, Kline and French 역시 '시메티딘cimetidine'이라고 부르는 항궤양 성분을 밝혀냈지만 타가메트Tagamet라는 브랜드 네임으로 제품을 판매했다. 이런 네이밍 정책은 모방 제품이나 위조 제품을 상대로 훌륭한 장벽이 된다. 의사들은 바이브라마이신과 테라마이신이 같은 것이라는 인상을 받는다. 그러나 타가메트는 독특한 것으로 여겨지며 잔탁 또한 마찬가지다. 결국 시메티딘이나 라니티딘 특허를 이용하게 될 제네릭 제품(복제약)들은 타가메트나 잔탁이라는 이름을 모방하지는 않을 것이다.

독창적인 이름은 그 모방들이 부정한 것이든 아니든 간에 상관없이 모든 모방들에 대항해 브랜드 방어력을 강화하기 때문에 브랜드를 보호할 수 있다. 예를 들어 커리어스Kerius라는 이름의 향수는 쿠로스Kouros의 모조품으로 여겨졌다. 소송에서, 법률 전문가들은 모조품 여부를 명칭상이나 완벽한 유사성similarity의 측면에서가 아니라 전반적인 유사성resemblance의 측면에서 판단을 내렸다. 그에 따라 커리어스는 제리어스Xerius가 되었고, 또 다른 화장품 기업은 미에바Mieva라는 이름으로 출시한 제품을 니베아Nivea 때문에 바로 철수시켜야 했다.

서술적인 이름들은 특허로서의 역할을 하는 데 실패한다. 비스키토Biscuito라고 불리는 브랜드는 크게 보호받지 못할 것이다. 누군가 제품 이름을 '비스키타Biscuita'로 짓는 것을 막으려고 할 때 고작 'o'만이 보호될 수 있다. 코카콜라Coca-Cola조차도 펩시콜라Pepsi-Cola라는 이름이 나오는 것을 막을 수 없었다. 퀵버거Quickburger, 러브 버거Love Burger, 버거킹Burger King은 모두 비슷한 이름을 갖는다. 그러나 맥도날드McDonald's라는 이름은 모방할 수 없다.

유통업체 자체 브랜드는 서술적인 브랜드의 불충분한 보호를 적극적으로 이용해 왔다. 선도 브랜드의 고객 일부를 빼앗으려는 계획 하에서, 유통업체들은 자체 브랜드 네임으로 그들이 참고하는 강력한 브랜드와 매우 흡사한 이름을 선택한다. 이런 방식으로 소비자들은 쉽게 한 제품을 다른 제품과 혼동하게 된다. 네슬레Nestle의 리코어Ricore는 인코어Incore가, 로레알L'Oreal의 스튜디어 라인Studio Line은 마이크로라인Microline이 모방했다. 그 패키지의 유사성(인코어는 리코어와 마찬가지로 노란색 캔에 들어가 있으며, 리코어와 같은 컵과 탁자가 있는 그림이다) 때문에 스토어 통로를 지나는 동안 보게 되는 시각적 표시들에만 의존하는 소비자들은 더욱 혼란을 겪게 된다. 실제로 최근 조사연구에서는 혼동율이 종종 40%를 웃도는 것으로 나타났다(Kapferer, 1995).

제약 산업이 모방 문제를 처리하는 방식은 모든 브랜드의 장기적인 생존이라는 측면에서 매우 유망하다. 제품 이름(특정한 화합물의 이름)과 브랜드 네임을 동시에 창조함으로써, 그들은 워크맨Walkman, 제록스Xerox, 스카치Scotch 신드롬을 비켜 왔다. 이런 고유명사들은 이제 단순히 제품을 가리키는 데 사용되는 일반적인 이름이 되는 경향이 있다. '일반화generism'와 같은 위험을 극복하기 위해서 기업들은 명사-브랜드(워크맨walkman)가 아니라 형용사-브랜드(워크맨 포켓 뮤직 플레이어Walkman pocket music player)를 만들어야 한다. 따라서 브랜드 네임을 만들 때는, 그 제품 자체를 위한 새로운 이름을 만들어내는 것 역시 필요할지 모른다(이 경우는 포켓 뮤직 플레이어가 된다).

시간 고려하기

많은 이름들이 너무 제한적이어서 결국 브랜드가 시간이 지나면서 자연스럽게 발전하는 것을 가로막게 된다.

- '유럽 어시스턴스Europ Assistance'는 이 브랜드의 지리적인 확장을 방해한다. 그리고 몬디얼 어시스턴스Mondial Assistance의 창조를 가져왔다.
- 칼로Calor(라틴어로 '열'을 의미)는 어의상 가열 가전 기술(다리미, 헤어드라이어)을 가리키며, 따라서 냉장고는 제외된다. 래디올라Radiola 브랜드는 스스로를 가전제품 부문에 위치시킬 수 없었다. 그 브랜드 네임이 한 가지 특정 분야를 너무 강하게 연상시키는 것이었기 때문이다.
- 시간이 지나면서 스포츠 제품 유통업체인 스포츠2000은 점점 더 현대적이고 미래적이지 않게 여겨진다.
- 저지방 요구르트 이름인 실루엣Silhouette은 소비자 혜택이라는 면에서 너무나 제한적이었다. 날씬함을 위한 날씬함이 더 이상 꼭 효과적인 것만은 아니다. 이는 요플레Yoplait가 1975년 이래로 이 첫 브랜드 네임에 2천만 달러 이상을 투자하고 난 후에야 요플레 팻-프리Yoplait fat-free로 이름을 바꾸기로 결정한 이유이다.

국제적으로 사고하기

어떤 브랜드든 언젠가 국제적 브랜드가 되기를 원하는 경우에 국제적인 브랜드가 될 수 있는 잠재력을 갖고 있어야 한다. 그러나 여전히 많은 브랜드가 그와 같은 것이 그들의 바람일 때 자신의 이름에 의해 제약을 받고 있음을 뒤늦게야 발견한다. 쓴맛 나는 프랑스 식전 와인aperitif wine, 수즈Suze는 독일에서는 사실상 달콤함을 의미한다. 나이키Nike는 몇몇 아랍 국가에서는 등록이 불가능하다. 컴퓨터 리서치 서비스Computer Research Services라는 브랜드 네임은 프랑스에서 문제를 일으키며, 도요타Toyota의 MR2 역시 마찬가지이다. 미국에서는 전지전능한 CGE라는 이름이 유명한 GE(General Electric) 브랜드에 맞서 보호될 수 없다. 브랜드를 국제화하기에 앞서 그 이름이 발음하기 쉬운 것인지를 확실히 해야 한다. 또한 안 좋은 의미를 내포하지 않고 아무 문제 없이 등록될 수 있는지를 확실히 해야 한다. 이 새로운 요구조건들은 유럽연합의 모든 7가지 주요 언어들이 공통적으로 갖고 있는 1,300개 단어에 그렇게 많은 관심이 쏠리는 이유를 설명한다. 이는 또한 이전에 어떤 의미도 지니지 않았고, 따라서 브랜드 자신만의 의미를 창조할 수 있는 추상적인 이름을 선택하는 최근 경향을 설명한다.

브랜드 인지도에서 식역* 넘어서기

브랜드 에쿼티는 부분적으로 브랜드 인지도에 의해 측정된다. 그 브랜드 네임만으로 전 세계 몇 명의 사람들이 그 브랜드를 아는가? 여기에는 이상할 게 하나도 없다. 브랜드는 하나의 표시sign이다. 브랜드 인지도는 브랜드가 나타내는 바를 알고, 이 표시가 노하우(어떤 제품, 어떤 서비스) 측면에서 어떤 약속을 해왔는지 인식하고 있는 사람들의 숫자를 측정한다. 인지도가 없는 브랜드는 그저 제품

---

* 식역threshold은 사람이 감지할 수 있는 지각의 경계점을 의미한다. 식역에는 사람이 감각에 의해 자극을 감지하는데 필요한 최소한의 자극량을 의미하는 절대 식역absolute threshold과 사람이 감각에 의해 두 자극의 차이를 감지하는데 필요한 최소한의 감각 역치점을 의미하는 차이 식역differential threshold이 있다. ─ 옮긴이

에 붙은 의미 없고 말 없는 무언가에 불과하다. 광고에 투자를 하는 목적은 브랜드의 의미를 드러내고 되도록 많은 사람들에게 그것을 전달하는 것이다. 사람들이 브랜드가 제시하는 제품을 써보고 싶은 충동을 느끼게 하는 것이다. 일반적으로 인지도는 3가지 유형으로 구분된다.

- 최초상기 인지도top of mind awareness는 그 브랜드가 주어진 제품 카테고리 브랜드들에 관해 질문을 받은 이들의 마음속에 가장 먼저 떠오르는 것인지를 측정하는 것이다.
- 비보조 인지도unaided awareness는 브랜드의 영향을 측정한다. 즉 주어진 제품 카테고리와 어느 정도까지 자발적으로 연결되는지를 측정한다.
- 보조 인지도aided awareness는 목표 청중에게 특정 브랜드에 관해 이미 들어서 알고 있는지 또는 적어도 그 이름만이라도 들어봤는지를 묻는 것이다.

우리가 알 수 있듯이, 조사 난이도는 인지도의 유형에 따라 달라지는데, '보조' 인지도가 가장 낮고, '최초상기' 인지도가 가장 높다. 이런 위계로부터 최초상기 인지도가 모든 브랜드의 목표가 되어야 한다는 결론이 도출되곤 한다. 이는 잘못이다. 각각의 인지도 유형은 각기 다른 목적과 특정한 함의를 갖고 있다. 시장에 따라 높은 비율의 '최초상기' 인지도에 도달하기 위해 투자하는 것이 적합할 수도, 그렇지 않을 수도 있다.

보조 인지도의 목적은 이미 들어서 알고 있는 브랜드라는 안심을 심어주는 것이다. 브랜드가 완전히 미지의 것이 아니라면 판매인들은 망설이는 고객에게 제품을 판매할 때 그 브랜드를 넌지시 언급할 수 있다. 비보조 인지도는 마음속에 즉시 떠오르는 소수의 브랜드들과 관련 있다. 비보조 인지도는 구매자들이 여러 브랜드들 중에서 선택하는 데 많은 시간을 쓰기보다는 즉각 떠오르는 기억에 의지하는 경우 이 브랜드들에 혜택을 줄 수 있다. 산업재 분야의 마케팅에서, 비보조 인지도율은 의사결정 과정의 첫 단계에서 빠르게 검토되는 이름들의 짧은 리스트를 가리키며, 시간이 지난 후 그것들 중 몇몇이 철저한 검토의 대상이 된다. '최초 상기' 인지도는 구매자가 (예를 들어 카페에서 음료를 주문을 할 때처럼) 빠른 결정을 해야 할 경우나 (그 과제에 대한 관여도가 낮기 때문에) 큰 수고 없이 결정을 내리고 싶어 하는 경우 언제나 브랜드에 혜택을 준다. 많은 수의 가정용 제품이 이런 경우에 해당한다(Kapferer and Laurent, 1995).

이런 차이의 결과로서, 특정 유형 인지도의 추구는 제품 구매자가 결정을 내리는 방식과 그들의 관여도 수준에 달려 있다는 것이 분명해진다. 강력한 비보조 인지도를 얻고 싶어 하는 브랜드에 의해 요구되는 재무적 투자는 언제나 정당화되는 것은 아니다. 즉 가전 브랜드의 비보조 인지도가 2배가 된다고 해서 단순히 그 브랜드의 시장 점유율이 2배가 되는 것은 아니다. 그러나 만족할 만한 수준의 보조 인지도를 갖고 있다면 백색 가전 브랜드는 그 판매점의 숫자를 늘리는 데 투자를 해야 한다.

실제로 오직 드물게 구매되는 내구재의 경우에는 고객들이 언제나 시장에 어떤 제품이 나와 있는지 또는 결정에 어떤 기준을 사용해야 하는지 미리 아는 것은 아니다. 고객들은 일반적으로 매장에서 판매 중인 다른 제품들과의 오랜 비교 끝에 그 현장에서 결정한다. 브랜드가 희미한 기억을 불러들이는 한, 고객들은 그것의 제품들을 평가하게 되어 있다. 그래서 유럽에서는 후버Hoover가 낮은 비보조 인지도를 갖는 반면 매우 높은 보조 인지도를 갖는다. 필립스Philips 브랜드 네임을 지우기에 앞서 월풀Whirlpool은 필립스 보조 인지도의 3분의 2에 도달하는 것을 목표로 했다.

구매자의 낮은 관여도를 요구하는 제품의 경우, 소비자가 그 어떤 위험도 지각하지 않거나 선택에 많은 시간을 소비하기를 원하지 않기 때문에 비보조 인지도 비율이 선택에 더 큰 영향을 끼친다. 그러나 몇몇 시장 상황에서는 그 어떤 비보조 인지도를 획득한다는 것 자체가 거의 불가능하다는 사실이 경험으로 파악된다. 브랜드의 보조 인지도율은 증가하는데 그 비보조 인지도율은 그렇지 않다? 그 이유는 무엇인가?

비보조 인지도는 냉정하고, 단순히 인지적인 척도가 아니다. 그것은 감성적인 차원을 갖고 있다. 이는 인지도와 선호도 또는 글로벌 평가 사이에 존재하는 상관관계에 의해 보여진다.(표 7.3 참조). 따라서 인지도는 강압적인 광고로부터 나오는 것이 아니다. 인지도는 사람들이 매력과 흥미를 느끼도록 만드는 데서 나온다.

| 표 7.3 | 호감은 어떻게 비보조 인지도를 촉진하는가

브랜드	비보조 인지도의 변동	같은 시기에 글로벌 이미지의 변동
닛산	+6	+0.4
도요타	+5	+0.5
시트로엥	+4	+0.1
르노	+3	+0.2
메르세데스	+2	=
아우디	+2	+0.2
폭스바겐	+1	+0.2
푸조	+1	+0.1
마즈다	+1	+0.2
오펠	=	+0.1
BMW	−1	=
포드	−1	+0.2
알파	−2	−0.3
피아트	−2	−0.2
볼보	−3	−0.2

그래서 비우호적인 브랜드의 경우 선택적 노출, 주의, 기억이라는 잘 알려진 메커니즘 때문에 주목을 받는 것이 더욱 어렵게 된다.

비보조 인지도는 언제나 또 다른 브랜드의 희생으로 얻어진다. 한 브랜드의 인지도가 상승하면 다른 브랜드의 인지도는 하락하기 마련이다. 이것은 대부분의 시장에서 통상적으로 관찰되는 사실에 의해 설명된다. 즉 인터뷰 대상자들은 일반적으로 3개나 4개의 브랜드를 인용한다. 그런 제한적인 숫자를 놓고 볼 때 그런 선택적인 클럽에 새로운 브랜드를 받아들이는 것은 필연적으로 다른 브랜드가 더 이상 인용되지 않는 것을 의미한다. 이는 다음과 같은 결과를 낳는다. 시장에서 3개의 브랜드가 비보조 인지도에서 강력한 등급을 갖는다고 할 때 다른 브랜드의 경우 인용될 기회를 거의 갖지 못한다(Laurent, Kapferer and Roussel 1995). 이런 시장에의 접근은 '봉쇄'된 것이다. 보조 인지도와 비보조 인지도 간의 관계는 그림 7.3(a)에서의 곡선 형태로 표현된다.

| 그림 7.3 | 브랜드 인지도의 역학관계

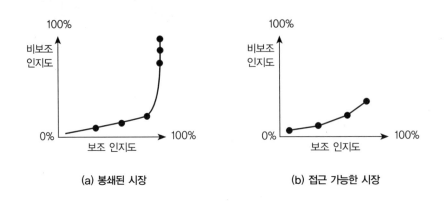

(a) 봉쇄된 시장　　　　　　　　(b) 접근 가능한 시장

　　새로운 시장, 즉 어떤 브랜드도 강력한 비보조 인지도를 갖지 못한 곳에서는 이런 선택적인 기억 현상이 존재하지 않는다. 비보조 인지도는 광고에 투자하고, 그에 따라 광고 점유율share of voice을 얻음으로써 추구될 수 있다. 경쟁 환경에서 비보조 인지도는 반드시 추구되어야 한다. 이는 위에서 묘사한 봉쇄 메커니즘 blocking mechanism에서 벗어나기 위한 것일 뿐만 아니라 선발 주자 또는 개척자 우위로부터 혜택을 얻기 위한 것이다(Carpenter and Nakamoto, 1990; Nedungadi and Hutchinson, 1985).

　　카테고리 라이프사이클의 시작 지점에 있는 젊은 시장에서는, 그 시장에 처음 진입해 적극적인 마케팅을 한 브랜드는 소위 '선발 주자의 우위점'을 갖는다. 즉, 시장을 창출한 대부분의 브랜드들은 몇 십 년이 지난 뒤에도 여전히 시장을 지배한다. 심지어 경쟁 우위가 기술적인 노하우, 학습곡선이나 생산성의 이득에 있지 않은 시장에서도 그러하다. 이에 관한 심리적인 설명은 시장이 처음 열릴 때 구매자들은 어떤 선호도나 고정된 결정 기준도 가지고 있지 않다는 것이다. 따라서 새로운 시장에서 처음 알려지게 된 브랜드는 그 시장의 원형prototype이 되고 주된 준거가 된다. 다시 말해 이 브랜드는 최초로 이상적인 브랜드를 정의하는 브랜드이다. 즉 소비자 만족을 일으키는 속성들을 정의하는 것이다. 이 브랜드는 그 가치를 정의하는 브랜드이다. 후발 주자들이 핸디캡을 갖는 이유가 여기에 있다. 이 후발 주자들은 일반적으로 '모방' 전략을 채택하고 선발 주자와 비슷하게 보이기를 원하기 때문에 스스로가 갖는 몇몇 차이점을 잃게 되고 덜 주목받게 된다.

브랜드를 위한 창조적인 광고

성숙한 국가들에서 광고는 도전이다. 많은 비용이 들며, 그 결과가 언제나 측정 가능한 것은 아니다. 그러나 브랜드 출시 시점에서는 측정 가능하다. 이 시기에는 대중의 요구와 태도가 변화했는지가 빠른 시일 내에 분명해진다.

비용 요인은 광고의 적절성에 관한 의문을 제기한다. 광고 없이는 그 출시를 생각할 수 없는 부문들이 존재한다. 일반소비재 분야를 예로 들 수 있다. 그러나 이 경우에도 그 정확한 카테고리에 따라 모든 것이 달라진다. 현재 영국 최고의 와인인 제이콥스 크릭Jacob's Creek(호주산 브랜드)은 1984년 영국에 출시되었다. 그리고 그 첫 번째 대규모 광고 캠페인은 2000년에 이루어졌다. 이 브랜드는 그 후로 광고를 멈추고, 지금은 TV 프로그램 〈프렌즈Friends〉를 스폰서한다. 브랜드의 성공은 여러 번 상을 탄 제품, 거래 지원, 홍보, 그리고 소비자들이 시음해보게 하는 현장 프로모션on-site promotions이나 매장 내 프로모션에 기초해 이루어졌다.

최고급 브랜드들은 또한 입소문을 이용하면서 오피니언 리더들의 장기적인 지지를 얻기 위해 노력한다. 인터넷 세계에서, 자신을 인터넷의 진정한 성공 스토리를 만들며 그 시작부터 수익을 낸 유일한 벤처 기업인 이베이ebay는 온라인 추천과 PR로만 운영된다.

판매와 비즈니스를 지원하기 위해 광고가 필요할 때 익숙한 오랜 격언이 떠오른다. '광고 예산의 절반은 쓸모없는 것이다. 그러나 어느 반쪽인지 알 수가 없다.' 실제로는 우리는 이 절반이 쉽게 확인될 수 있다고 믿는다. 쓸모없는 광고는 다음과 같은 광고이다.

- 충분히 창의적이지 않아서 주목 받지 못하는 광고.
- 타깃을 놓치고 있어서 목표로 하는 사람들이 보지 않는 광고.
- 매장이 없는 곳에서 보게 되는 광고.

이 3가지 사항들은 낭비의 진정한 원인들이다. 그리고 이들 가운데 첫 번째가 가장 중요하다. 이것이 제기하는 문제는 광고 에이전시의 질이라기보다는 클라이언트/광고주의 질이다. 광고주는 에이전시의 창의성에 주요한 공헌을 할 수 있으며, 그렇게 해서 캠페인의 질에도 영향을 미친다. 두 가지 방식이 있는데, 하나는 광고 브리프advertising brief의 질을 통해서이고, 다른 하나는 창의적인 위험을 감수하는 능력을 통해서이다.

광고에서의 창의적인 과정과 관련해, 모든 것은 크리에이티브 브리프creative brief로 시작되고 끝이 난다. 그리고 에이전시 크리에이티브 디렉터들은 그들이 브랜드에 공감할 수 있고, 목표 청중을 어느 방향으로 데리고 가야 하는지를 알 수 있다면 그들에게 무엇이 기대되는지를 더 잘 이해할 것이다. 문제는 전통적인 마케팅 도구가 아마 더 이상 좋은 브리프에 도움이 되지 않는다는 사실이다. 유니레버Unilever의 브랜드 키brand key(브랜드 차터brand charter)에서 그 어디에도 '포지셔닝'이라는 단어가 없다는 사실은 대단히 중요하다. 심지어 그 누구도 더 이상 약속에 관해 말하지 않는다.

실제로 제품 마케팅에서 파생되고 제품 차이에 기반을 둔 이런 컨셉들은 스스로가 성숙 시장의 경쟁 환경뿐만 아니라 많은 시장에 적합하지 않음을 보여주었다. 그들은 암묵적으로, 미묘하게 제품 자체의 중요한 차이나 핵심 우위점에 대한 추구를 강조한다. 이것은 센소다인Sensodyne, 로레알Loreal의 새로운 리바이탈리프트 크림이나 인텔의 펜티엄4를 위해서는 더할 나위 없이 좋다. 그러나 말보로Marlboro는 말할 것도 없고 네스카페Nescafe, 캘빈 클라인Calvin Klein, 베네통Benetton에 대해서는 얼마나 효과적인가?

네스카페의 '오픈 업Open up'이라는 빅 캠페인은 친절함과 다른 사람들을 향한 열린 태도를 강조한다. 이것은 무엇을 약속하는가? 캘빈 클라인의 옵세션Obsession, 이터니티Eternity, 트루스Truth 역시 아무것도 약속하지 않는다. 단지 제안을 할 뿐이다. 베네통(유나이티드 컬러 오브 베네통) 광고 또한 생각해보자. 마찬가지로 특별하게 무언가를 약속하지는 않았지만 젊음의 아이콘이 된 도전적이고 포괄적인 브랜드를 구축했다.

따라서 오늘날 우리는 여전히 기본적인 질문을 해야 한다, 즉 "브랜드가 무엇을 약속하는가?"가 아니라 "브랜드가 무엇에 관한 브랜드가 되길 원하는가? 무엇을 제안하는가?"라는 질문을 해야 한다. 마찬가지로 우리는 이제 "이 약속이 왜 사실인가?"가 아니라 "이 브랜드 제안을 믿는 이유가 무엇인가?"라는 질문을 해야 한다. 따라서 우리는 '포지셔닝'이라는 단어가 사용되느냐 사용되지 않느냐에 관계 없이 크리에이티브 브리프가 두 페이지로 한정될 것을 권한다. 이 중 한 페이지는 크리에이티브 디렉터가 브랜드의 육체와 정신, 특징과 가치에 관해 좋은 느낌을 얻을 수 있도로 브랜드 아이덴티티 프리즘을 보여주어야 한다. 다른 한 페이지는 다음과 같은 주요 항목들과 함께, 적절한 크리에이티브 브리프가 되어야 한다.

1. 왜 지금 이것을 커뮤니케이션 하는가?
2. 이 캠페인으로부터 무엇이 기대되는가?
3. 이 캠페인의 타깃
4. 소비자 통찰
5. 브랜드 제안
6. 믿음의 이유
7. 실행 가이드라인(브랜드의 소유 가능성, 실행을 위한 브랜드 코드, 미디어 등).

창의적인 도약, 즉 위대한 창의적인 아이디어를 성취하기 위해서는 브랜드 제안이 예리한 것이어야 하며, 진부한 것이어서는 안 된다. 창의적인 사람이 '브랜드 X가 최고다'와 같은 전형적인 맥킨지스타일McKinsey-style의 브랜드 컨설팅 산출물에서 나온 브랜드 제안을 가지고 무엇을 할 수 있을까? 아이디어는 만들지 못하면서 분석에만 뛰어난 컨설팅 회사들과 도구들에는 문제가 있다. 전략적 컨설팅 수요의 감소로 대부분의 빅 컨설팅 회사들은 직원들을 재교육해 왔다. 그들은 이제 실행 과정 내내 고객을 수행하기를 원한다. 그러나 데이터 처리 기술이 뛰어나 채용된 분석적인 사람들은 두껍고 장황한 보고서와 엄청난 양의 매트릭스를 만들지만 실질적인 아이디어를 만들지는 못한다.

에이전시에 의지해 진부한 제안을 훌륭하고 창의적인 컨셉으로 변화시킬 수 있다고 생각하는 것은 실수이다. 그런 일은 일어나지 않는다.

창의적인 도약을 위한 두 번째 조건은 광고의 타깃이 급진적이어야 함을 인식하는 것이다. 그것은 구매할 사람들에 대한 단순한 묘사가 아닌, 그들의 특정한 고객 이미지reflection를 제공해야 한다. 광고가 눈에 띄려면 평범한 인물들을 보여줘서는 안 된다. 버드와이저Budwiser의 광고 이야기인 'Wazzup'을 생각해보라. 매우 급진적인 캐릭터들을 광고에 출현시킴으로써 버드와이저 브랜드는 현대성, 재창조, 그리고 대중의 재관여reinvolvement의 강력한 사인sign을 보여주었다. 이는 인기 브랜드, 즉 거의 모든 미국인들이 태어나면서부터 알고 있는 브랜드에게는 도전이었다.

오피니언 리더를 통한 브랜드 기반의 구축

최고급의 니치niche에 브랜드를 포지션하고 싶어 하지 않는 한, 높은 시장 점유율과 매출은 대량 시장 포지셔닝으로부터 나온다. 그러나 역설적이게도, 시장의 대다수를 차지하는 사람들, 즉 브랜드에 대한 관여도가 낮은 사람들에게 영향을 미치기 위해서는 브랜드가 소규모 오피니언 리더 그룹을 통해 알려져야 한다. 소비자 행동은 사회적 진공 상태에서 의사결정을 내리는 개인의 패러다임을 사용하면서, 소비자 선택에 대한 개인적 접근에 크게 의존한다. 그러나 모든 사람들은 네트워크, 그룹, 부족에 속해 있다. 브랜드를 구축한다는 것은 영향력의 매개체로서 이런 그룹들에 더 가까이 다가가는 것을 의미한다.

오피니언 리더에 대한 근접성
모든 그룹에는 오피니언 리더라고도 불리는 여론 주도층이 존재한다. 오피니언 리더의 컨셉은 새로운 것이 아니다. 그러나 그 중요성은 광고에 대한 지나친 의존에 밀려 드러나지 않았다. 사실 브랜드를 구축하기 위한 첫 질문들 가운데 하나는 어떤 그룹이 브랜드를 전달할 것인가이다. 여기서 우리는 시장 세그먼트가 아닌, 시장 세그먼트에 영향을 미치는 그룹들에 관해 이야기하고 있다. 브랜드만으로는 확신을 줄 수 없다. 브랜드는 전달자, 헌신적인 전달자들을 필요로 한다. 현대의 유행을 만드는 사람들taste maker은 부족들에 속해 있다. 즉, 소수 인종적이고, 문화적이고, 지리적인 그룹들에 속해 있다. 이 그룹들은 적절한 일체감과, 지속적이고 직접적인 관계를 위한 프로그램을 필요로 한다. 이들은 브랜드와 그것의 가치를 경험해야 하며, 궁극적으로 브랜드와 상호작용을 해야 한다. 브랜드는 그들을 이해해야 하며, 공동의 가치를 공유하면서 그들의 편에 서 있는 그 자신을 제시해야 한다.

이러한 여론 주도층은 누구인가? 오피니언 리더는 누구인가? 이 2가지 개념은 구별될 필요가 있다. 최근 연구(Valette Florence, 2004)에 따르면 오피니언 리더들은 3가지 필수적인 특성들을 갖고 있다고 한다. 그들은 전문가로 지각되고, 카리스마를 타고나며, 다른 사람들과 다르고자 하는 욕망을 갖고 있고, 높은 사회적 가시성social visibility이 있다. 모든 전문가가 오피니언 리더는 아니다. 즉 오피니언 리더들은 여론을 주도하는 사람들이다.

여론을 주도하는 사람들은 전문 직업인일 수 있다. 캔슨Canson은 교사 커뮤니티와의 영구적이고 친밀한 유대 없이는 성공할 수 없었을 것이다. 페디그리Pedigree(애완동물 사료) 역시 전문가들에게 의존한다. 로레알Loreal은 미용사들에게 그리고 라 로슈 포제La Roche Posay는 피부과 전문의들에게 의존한다.

그들은 취미 생활자일 수 있다. 성공적인 요리를 위한 도구로 포지션된 테팔T-fal은 요리 학교와 높은 수준의 요리 기술을 개발하는 데 종사하는 모든 전문가들과의 유대를 발전시켜왔다.

그들은 카테고리에 대한 관여도가 가장 높은 사람들일 수 있다. 모든 소비자들의 관여도가 같을 수는 없다. 어떤 소비자들은 제품 자체가 아닌 니즈와 관계 있는 모든 것에 더 깊이 관여하며, 더 깊이 관심을 갖는다. 그들은 더 많이 읽고, 훨씬 더 많이 인터넷을 사용하며, 채팅과 포럼에 참여한다. 예를 들면 더 많은 아이들을 가진 엄마들이 여론을 주도하는 역할을 한다.

오피니언 리더들은 특정 커뮤니티 그룹에서 발견된다. '그룹'이라는 단어를 강조하는 것은 이제 트렌드를 창조하는 부족들trend-setting tribes에 관해 이야기 해야 하기 때문이다. 결과적으로 목표는 개개인의 합이 아닌 미리 조직화된 그룹들(공식적일 수도 비공식적일 수도 있다)과 상호작용하는 것이다. 이러한 그룹들은 특정 장소에서 만날 수 있다. 그룹들은 조직화되어 있고, 따라서 그들과 이벤트를 조직하는 것이 더 쉽다. 살로몬Salomon은 트렌드 창조자trend-setter인 전 세계 서퍼 그룹들surfer groups과의 상호작용 수준을 높이는 데 몰두하고 있다. 앱솔루트 보드카Absolut Vodka는 뉴욕 게이 커뮤니티의 파티라면 어디서나 볼 수 있게 됨으로써 성공을 거두었다. 봄베이 사파이어 진Bombay sapphire gin도 로스앤젤레스에서 같은 방식을 취했다.

이 그룹들에 도달하기 위해서는 직접적인 접촉이 필요하고, 인터넷 상에서 가상의 친밀함이 필수적이다. 멀리 떨어진 상태에서 강력한 유대를 창조할 수는 없다. 목표는 어떤 방법이든 브랜드와 그룹이 같은 가치를 공유하고 있음을 보여주는 기회들에 참가함으로써 브랜드가 그들 세계의 일부가 되고 있음을 보여주는 것이다. 결국에는 브랜드가 이런 기회를 만들어 가야 한다.

골수 지지자의 창출

브랜드가 출시되자마자 그 반사작용은 브랜드에 열중하는 골수 지지자들을 창출하는 것이어야 한다. 1954년, 에스티 로더Estee Lauder와 로레알L'Oreal 같은 거대 기업에 맞서 출범한, 작은 화장품 회사인 클라린스Clarins는 그런 점에서 매우 혁신적이었다. 하지만 시장 조사 결과가 그 경쟁자들에게 이 작은 브랜드가 점차 거대해지고 있고, 높은 충성도와 심지어 광적인 고객들을 얻고 있다는 것을 보여주기까지는 크게 주목받지 않았다. 각각의 제품에는 클라린스 사와 그 창립자인 쿠르텡Mr Courtin에게 보내지는 제안 엽서가 들어 있었다. 일대일 마케팅과 CRM이 경영의 '필수요건'이 되기 훨씬 전에 이미 거기에 있었다.

소비자들이 어떻게 브랜드에 대한 관계의 근접도closeness 차원에서 세분화될 수 있는지를 보여준 많은 개념틀들framework이 있다. 전형적인 세그먼트들은 행동과 감성적인 차원들의 혼합에 따라 지옥에서 천당까지 다양하다.

1. 브랜드를 좋아하지 않고, 심지어 싫어하는 소비자들. 이 브랜드는 실제로 그들 세계의 일부가 아니다.
2. 그들이 추구하는 속성 면에서 그 브랜드가 다른 것보다 떨어진다고 생각하기 때문에 소비자라고 볼 수 없는 세그먼트.
3. 특별한 이유 없이, 단순히 소비자가 아닌 세그먼트(단순히 브랜드가 전혀 두드러지지 않아서 시도해 볼 일이 없을 때).
4. 사고는 싶지만 살 수 없는 소비자 세그먼트(이용가능성과 접근가능성 없음, 가격 문제).
5. 때때로 브랜드들을 바꿔 가며 구매하는 소비자들.
6. 더 자주 구매를 하는 소비자들.
7. 브랜드에 열중하며 적극 관여하는 소비자들.

브랜드가 출시되자마자, 세그먼트 6과 7의 소비자들, 즉 다량 구매자들과 관여도가 높은 소비자들을 창출하고 파악하기 위한 모든 노력이 행해져야 한다. 개인 정보를 요청하는 것은 조직이 이들에게 VIP 대우를 할 수 있게 하는 데이터베이스를 구축하는 확실한 방법이다. VIP 대우에는 정보 제공, 특별 초대, 특별 제안, 홍보 행사 등이 있다.

골수 지지자들을 형성하는 또 다른 방법이 있다. 50년 전 폴 리카Paul Ricard가 만든 하나의 핵심 문구로 요약될 수 있다. 즉 매일 친구를 만들어라faites-vous un ami par jour. 물론 리카처럼 세계에서 세 번째 규모의 주류 그룹을 만든 사람이라면 그렇게 말할 수 있을 것이다. 그러나 문구를 더 자세히 들여다볼 필요가 있다. 그는 '매일 고객을 만들어라'라고 말하지 않고, '친구'를 만들라고 말했다. 서비스, 선물, 개인화된 관계, 정중함 그리고 크고 작은 모임에서의 열정의 공유는 모두 그 수단들이다.

입소문 형성하기

지위status는 스스로 부여하는 것이 아니다. 오피니언 리더, 전문가 그리고 언론에서 부여하는 것이다. 버진Virgin은 전 세계에 알려진 몇 안 되는 브랜드 가운데 하나이지만 광고에는 거의 돈을 쓰지 않는다. 그러나 모두가 버진에 관해 들어본 적이 있거나 듣게 될 것이다. 역설적이게도 버진 갤럭시Virgin galaxy의 창립자인 리차드 브랜슨Richard Branson은 사교적인 사람이 아니었다. 그러나 그는 널리 알려지는 방법을 통해 광고에 많은 돈을 쓰지 않을 수 있음을 알았다. 어쨌든 그의 수중에는 돈이 없었다. 브랜슨은 홍보의 달인이 되었다. 그는 널리 알려지고 버즈buzz를 확산시킬 이벤트를 만들어내는 방법을 알고 있다.

그러나 입소문이 광고의 대안으로 여겨져서는 안 된다. 광고는 분명 수명이 다한 것이 아니다. 브랜드는 두 개의 다리를 갖는다. 공유되는 감성과 새로워진 제품이다. 광고는 여전히 이런 일반적이고 공통되는 이미지들을 형성하거나 혁신의 즉각적인 인지를 창출하는 훌륭한 도구이다.

어떻게 하면 입소문 또는 긍정적인 루머를 뜻하는 이 버즈buzz를 창출할 수 있는가?(Kapferer, 1991, 2004)

그 첫 접근은 언론과 방송을 위해 많은 시간을 내는 것이다. 당연히 전문 에이전트를 고용하는 것이 좋은 아이디어가 될 수 있지만 저널리스트들은 관리자 당사자들에게 환대를 받는 것을 기쁘게 생각할 것이다. 친구를 만드는 일이 시작되어야 하는 지점이 여기이다. 저널리스트를 돕는 방법을 이해하는 것은 매우 중요한 일이다(모두가 알고 있듯이 저널리스트들에게 부족한 것이 시간이다). 또한 유명한 TV리포터부터 소규모 업계지의 프리랜서까지 모두가 고려될 자격이 있음을 기억해야 한다. 미래에 큰 영향력을 행사하게 될 편집자는 당신이 만나는 수십명의 프리랜서 가운데에 있을 것임이 분명한다.

두 번째 접근은 원칙discipline이 되어야 하는 것으로, 언론의 부정적 효과press fallout을 고려하지 않고는 아무것도 하지 않는 것이다. 속담에도 있듯이 홍보에 드는 모든 달러는 그 사실을 선전할 또 다른 달러를 필요로 한다. 버즈buzz는 촉진되고 활성화되어야 한다. 그리고 그것은 언제나 저절로 시작되지 않는다.

세 번째 접근은 항상 모든 것에서 차이와 단절disruption을 찾는 것이다(Dru, 2002). 홍보의 세계에서는 그 모든 것이 앞서서 행해진다고 말한다. 이것은 당신이 맡은 임무가 사람들을 놀라게 하는 것임을 의미한다. 놀람은 사람들이 이야기하게 하는 것이기 때문이다. 따라서 적절한 기회를 찾는 것은 언제나 다음의 3가지 주요 측면들을 포함해야 한다.

- 목표 청중의 관심분야
- 브랜드의 아이덴티티
- 단절

유통업체에 대한 고려

많은 소비자 관여도가 요구되지 않는 소비재 분야에서 새로운 브랜드의 성공과 실패에 전적으로 책임이 있는 것은 소비자가 아닌 유통업체들이다. 새로운 브랜드에 자리를 마련하고 안 하고를 결정하는 과정에서 이들은 그 브랜드가 실패하도록 만드는 원인이 될 수 있다. 유통업체들은 또한 자신들이 브랜드의 회전율이 너무 느리다고 판단할 때는 이 새로운 브랜드의 이른 하락을 야기할 수도 있다. 이런 이유로 뛰어난 컨셉과 양질의 제품을 바탕으로 하는 많은 프로젝트들이 살아남지 못하고 있다. 새로운 브랜드들은 이제 더 높은 마진을 이유로 밀려드는 유통업체 자체 브랜드와 싸워야 한다. 이 높은 마진은 새로운 브랜드가 더 이상 쉽게 유통업체들에게 받아들여지지 않는 이유이기도 하다.

문제는 유통율이 너무 느리게 증가할 때 광고 투자가 거의 또는 전혀 영향력을 갖지 못한다는 것이다. 이런 일들이 시간이 지나도 해결되지 않고 지체된다면 시장에 나온 신제품은 충분히 빠른 속도로 회전하지 않을 것이며, 결국 몇 달 후에는 판매진열대에서 철수될 것이다. 유통업체들이 그런 파워를 가짐에 따라 브랜드의 성공 가능성을 점칠 때 그들의 반응을 고려하는 것이 필수적인 일이 되었다. 그 좋은 예가 시로니모Sironimo이다.

이 새로운 과일 맛 농축 음료 브랜드는 진정한 부가가치를 제공하는 혁신이었다. 이 인기 음료는 매우 독특한 포장에 담겨 6~11세 아이들 용으로 출시되었다. 음료가 담긴 병은 재미있고 수집할 가치가 있는 것으로 손에 쥐기에도 편했다. 그리고 로컬 시장의 리더인 떼세르Teisseire의 큰 원통형 캔이나 유통업체 자체 브랜드의 캔과는 다르게 특별히 아이들을 위한 디자인과 형태를 갖추고 있었다. 같은 라인에 있는 6가지 맛의 음료 모두는 볼링 핀 형태의 용기에 담겨져 나왔고, 각각은 서로 다른 종류의 동물들을 나타냈다.

　테스트에서는 프랑스와 다른 나라들, 특히 영국에서 소비자들이 만장일치로 이 혁신에 찬사를 보냈다. 매우 창의적이고, 매력적이며, 타깃을 잘 맞춘 광고 캠페인은 곧 시로니모Sironimo를 6~11세 사이에서의 비보조 인지도 면에서 선도 브랜드로 만들었다. 그러나 불행히도 시로니모는 충분한 유통업체들에 의해 팔리지 않았다. 시로니모 브랜드는 많은 판매진열이 요구되는 컨셉(6가지 볼링 핀 콜렉션)을 기반으로 하는 것이었다. 이는 오직 리더 브랜드인 떼세르Teisseire와 유통업체 자체 브랜드의 판매진열을 줄임으로써만 가능한 일이었는데, 그러한 판매진열은 유통업체 수익의 주요한 원천이었다. 이런 결정적인 판매진열 없이는 시로니모 제품 라인 컨셉의 출시는 성공할 수 없었다. 더욱이 6가지 제품 가운데 몇몇은 다른 것보다 더 빠르게 회전되었으며, 그에 따라 판매 사원들이 항상 주의를 기울이지 않으면 더 쉽게 재고가 떨어질 수 있었다. 이런 모든 요인들은 시로니모 출시에 심각한 핸디캡이 되었다. 결국 시로니모 브랜드 소유주는 브랜드를 이 음료 시장의 리더에게 매각하기로 결정했다.

The Challenge of Growth in Mature Markets

성숙 시장에서 성장의 도전

성숙 시장에서의 브랜드 관리는 어려운 과제이다. 소비자들이 자신들의 니즈를 충분히 충족시키고 있고, 상당한 선택권을 갖고 있으며, 가격에 민감해져 있고 그리고 브랜드가 창조하는 부가가치 중 많은 몫을 요구하는 복합 소매업체들과 동맹을 맺고 있는 곳에서 어떻게 비즈니스를 구축할 수 있는가?

다수의 사례와 모델들로부터, 성장이 없는 시장에서 성장을 찾기 위한 주요 전략들을 살펴보자.

첫 번째, 단기 전략은 기존 고객을 기반으로 해서 수행되는 것이다. 강력한 이유 없이는 고객 관계 관리CRM, 데이터베이스 관리, 관계 마케팅이 현대 브랜드 관리라는 옷을 입고 그렇게 힘있게 등장하지는 않았을 것이다. 너무 많은 선택들에 직면하고 있는 소비자, 즉 브랜드 자신의 소비자에게 좀 더 가까이 다가가는 것이 필요하다. 새로운 고객들을 유혹하는 일은 너무 많은 비용이 드는 것처럼 보인다(Reichheld, 1996).

두 번째 전략은 더 많은 조사를 수행하는 것이다. 어떤 니즈나 만족의 결핍 또는 미개발된 용도가 더 잘 충족될 수 있는가? 예를 들어 포장과 디자인 혁신은 비록 그것이 눈부시지 않아도 점유율 증가의 원천을 제공할 수 있다. 특히 유통

경로에 따라 차별화된다면 더욱 그러하다.

그러나 장기적으로 볼 때, 2가지 주요한 옵션은 해외 시장을 개척하는 것과 혁신을 이루는 것이다. 지금부터 이러한 전략들에 관해 이야기하고자 한다.

기존 고객들을 통한 성장

성장의 첫 번째 원천은 브랜드의 기존 고객들에서 찾을 수 있다. 거기에는 찾고 평가되고 이용되어야 하는 성장 기회들이 존재한다. 이는 인기 있는 브랜드 확장으로 빠르게 이동하기를 바라는 관리자들이 흔히 간과하는 것이다.

1인당 소비량 늘리기

장기적인 브랜드 관리란 결국 성장의 영원한 추구이다. 이를 성취하는 한 가지 방법은 소량 사용 패턴에서 잠재적인 대량 사용 패턴으로 옮겨가는 것이다. 예를 들어 1974년 탄생한 세계적인 주류 브랜드인 베일리스 아이리시 크림Bailey's Irish Cream은 성장의 심각한 제약을 경험하였다. 제품 소비가 계절에 크게 좌우되었고, 판매의 대부분이 크리스마스와 신년 선물의 형태였다. 주로 약간 나이 든 여성들이 단맛을 즐기기 위해 혼자서 마셨는데, 그 단맛 때문에 한 번에 마시는 양이 많지 않았다. 그 규모가 성장하기 위해서는 무언가 변화가 필요했다.

이 브랜드의 미래는 또한 (아이리시 크림 리큐어로 좁게 정의되는) 브랜드 카테고리 밖에서도 경쟁할 수 있는 능력에 달려 있었다. 그래서 주요 캠페인은 베일리스 온 아이스Bailey's on ice라는 컨셉을 중심으로 시작되었다. 창의적인 아이디어는 어떻게 베일리스의 감각적인 특성이 소비자들로 하여금 그들의 친구와 가족들과 연결되게 하는지를 전달하는 것이었다. 의도는 여럿이 모인 자리에서 베일리스 온 더 락스Bailey's on the rocks을 마시도록 유도하는 것이었다. (사실상 이는 또 한 잔을 마시고 싶은 욕구desire를 증가시킨다). 창의적인 미디어 캠페인은 미디어에서 브랜드를 주요 감각적 순간들key sensual moments과 연결시키는 방법을 탐색하면서 이런 새로운 포지셔닝을 지원했다. 예를 들어 베일리스는 〈섹스 앤 더 시티

Sex and the City〉를 스폰서했다.

그러나 가장 중요한 것은 캠페인이 업소들on-premise에게 갖는 의미였다. 베일리스 온 아이스를 마시기 위해서는 이전의 리큐어 잔이 아닌 일반 크기의 잔이 필요했다. 마케터들은 업소들이 캠페인을 진지하게 받아들이도록 설득해야 했다. 마케터들은 바bar 체인들을 위한 새로운 베일리스 잔, 6,000개의 아이스 소비자 키트ice consumer kits, 4,000개의 대용량 POS 키트 그리고 얼음 위에 적정량의 베일리스를 넣기 위한 16,000개의 분량기를 디자인했다. 그 결과, 업소 판매가 1989년 12/1월의 46,000건에서 1996년 12/1월의 107,000건으로 증가했다. 베일리스 온 아이스를 마시는 것은 더욱 멋지고, 젊고, 최신 유행을 따르는 것이 되었다.

미국에서 전형적인 '마초적macho' 이미지로 어려움을 겪어온 잭 다니엘Jack Daniel's은 1인당 소비량을 늘리기 위한 시도를 했다. 이를 위해 브랜드는 파티(소비량을 높이는 효과가 있는 소비 상황)와의 관련성을 창조해내는 것이 필요했다. 이 브랜드는 특별히 이 목적을 이루기 위해 '잭 다니엘의 날The Jack Daniel's occasion'이라는 마이크로마케팅 계획을 마련했다. 그 전형적인 모습은 사람들이 스포츠 행사가 있기 몇 시간 전에 미리 도착해 차 뒤에 모여 바비큐를 즐기는 것이다. 그 브랜드는 이런 식으로 이용을 장려하기 위한 특정 도구와 광고를 개발했으며, 이는 스포츠 잡지들에 게재되었다.

코카콜라는 1인당 소비량을 증가시키는 것에 있어 가장 훌륭한 사례이다. 코카콜라의 목표는 전 세계 소비자들을 1년 동안 1인당 118리터를 마시는 미국 소비자의 소비율에 가깝게 끌어올리는 것이다. 그 첫 주요 전략 레버는 원가 가산 가격 결정 방법을 사용하는 것이 아니라 각 국가에서 가장 흔히 마시는 음료 가격을 타깃으로 삼는 것이다. 예를 들어, 중국에서는 차tea 가격에 맞추는 것이다. 이는 로컬 보틀러들의 수익성에 큰 압박을 가하기 때문에, 그들의 목표는 빠른 판매량 증가를 성취하는 것이다. 코카콜라 기업 자체는 수익성을 보장받는다. 보틀러에 대한 재판매 가격이 콜라 시럽 제조비용보다 다섯 배나 높기 때문이다.

두 번째 핵심 레버는 지역 독점권을 획득하는 것이다. 여기서 '지역local'은 목마른 사람의 충동에 가능한 한 가까운 것을 의미한다. 이상적으로 그 제품은 손이 닿을 수 있는 곳에 있어야 한다. 호텔, 대학, 병원 그리고 바나 카페테리아 같은 업소 등 모든 곳의 자동판매기나 작은 냉장고를 통해서 말이다.

세 번째 레버는 소비 상황에 따라 가격을 맞추는 것이다. 따라서 같은 리터의 코크Coke는 언제, 어디서 판매되는가에 따라 가격이 달라진다.

마지막으로 특정 마케팅 계획들이 점심과 만찬, 아침과 저녁 같은 특정 상황에 대처하기 위해 마련된다. 많은 국가에서 소비자들은 수돗물, 생수 또는 미네랄워터를 마신다. 습관이거나 건강상의 이유 때문이다. 단 음료를 너무 많이 소비하는 것은 비만이나 다른 건강 문제를 일으키게 되며, 이는 현재 많은 미국인들이 처한 상황이기도 하다. 코카콜라의 계획은 아직 습관이 완전히 자리 잡지 않은 아이들이나 젊은이들부터 시작해서 현지의 관습을 변화시키는 것이다. 여기서 주요한 사회적 변화 요인이자 젊은층이 가장 많이 이용하는 체인인 맥도날드와의 글로벌 제휴가 생겨났다. 이와 비슷하게 코크Coke는 전 세계 주류 음료spirit drink의 선두 기업인 바카디Bacardi와도 또 다른 제휴alliance를 맺었다. 바카디 카르타 블랑카Bacardi Carta Blanca 광고가 럼과 코크로 만들어지는 '쿠바 리브레Cuba Libre' 칵테일을 보여주는 것은 주목할 만하다.

소비 장벽에 대처함으로써 규모 키우기

브랜딩은 이미지에 지나치게 몰두하고 있으며, 사용 용도에는 충분한 관심을 두지 않고 있다. 코카콜라가 훌륭한 브랜드 관리의 본보기로 제시되기는 하지만 솔직히 코카콜라 관리자들이 코카콜라 소비량이 늘지 않는 가장 중요한 이유를 해결하는 데는 거의 한 세기가 걸렸음을 인정해야 한다. 코카콜라는 너무 많은 당분을 포함한 건강에 해로운 음료로 지각되고 있다.

물론 코카콜라는 베이비 붐 세대들이 나이가 들어가는 국가들에서 건강이 주요한 구매 동기로 부상한 것을 인식하고 있다. 코카콜라는 다이어트 로열 크라운 콜라Diet Royal Crown Cola가 출시된 직후이자 다이어트 펩시Diet Pepsi가 출시되기 직전인 1963년, 탭Tab을 출시했다. 그러나 다이어트 코크Diet Coke는 1983년이 되어서야 출시되었다. 이 제품은 곧 해당 카테고리의 리더가 되었으며, 코카콜라가 '세계 두 번째 소프트 음료'라고 부르는 것이 되었다. 그 뒤로 무카페인

| 그림 8.1 | 1인당 소비량의 증가

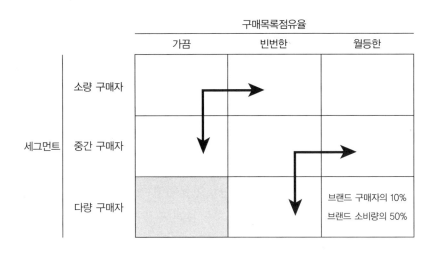

코크, 무카페인 다이어트 코크, 체리 코크, 바닐라 코크, 코크 앤 레몬이 나왔다. 각각의 제품들은 소비자가 가진 문제의 해답이 되었다. 몇몇 소비자들은 가능한 많은 양의 코크를 마시고 싶어도 그렇게 할 수 없었다. 몇몇은 과도하게 설탕을 섭취할 수 없었고, 또 몇몇은 카페인을 섭취할 수 없었다.

따라서 코크Coke의 자체 고객들 사이에서도 1인당 소비를 증가시키는 엄청난 기회들이 존재했다. 그들은 그런 사실들을 들었을 것임에도 주의를 기울이지는 않았다. 소비의 장벽을 규정하고 그것을 축소하는 것은 고객에 대한 서비스일 뿐만 아니라 수익성에도 도움이 된다. 아스파탐aspratame(다이어트 코크에 들어가는 단맛을 내는 성분) 은 설탕보다 더 적은 비용이 든다.

코크Coke의 예에서, 소비자의 제한된 소비의 이유는 알려졌으나 코카콜라는 귀를 기울이지 않았다. 코카콜라는 브랜드와 제품을 혼동했다. "Coke is it"이라고 주장함으로써 코카콜라는 코크를 오직 한 가지 제품만을 상징하도록 만들었으며, 그것으로 끝이었다.

더 높은 1인당 소비를 통해 소비량을 늘리는 과제에서 소비를 가로막는 것을 규명하는 것이 언제나 분명하지는 않다. 반드시 연구조사가 필요하다. 그 한 가지 방법은 그림 8.1에서 나타나는 전략적 매트릭스에 따라 고객들을 세그먼트하는 것이다.

이 매트릭스는 2가지 차원에 따라 고객들을 세그먼트하는데 이 차원들은 모두 행동과 관련이 있다. 첫 번째는 가구당 구매목록점유율share of requirements이고 (100가지 구매 건에서 특정 브랜드가 몇 번이나 구매되는가?), 두 번째는 가구당의 소비 수준이다(소량, 중간 또는 다량 구매자인가?).

이는 여덟 구역을 형성하며(그 가운데 하나는 이론적으로는 가능하나 경험적으로는 무의미한 것이므로 9개가 아니다), 각 가구는 이 구역들 가운데 하나에 배치될 수 있다. 물론 이 매트릭스는 B2B 시장의 회사들을 포함해 어떤 형태의 구매나 구매자에게도 활용될 수 있다. 각 구역은 총 가구 수의 백분율과 해당 카테고리와 브랜드의 판매된 총량의 백분율을 나타낸다. 이런 수치들은 그 자체로 중요하다. 핵심 세그먼트는 매트릭스의 오른쪽 하단으로, 그들 구매목록에서 가장 상위 부분을 해당 브랜드에 할당하는 고소비 가구들을 나타낸다. 예를 들어 유럽에서는 이 구역에 있는 가구들이 규모상으로 코크 라이트Coke loght의 70%, 코크Coke 의 48%를 소비한다. 이 2가지 수치는 하나의 혁신적인 제품이 어떻게 사람들이 더 많이 소비하는 것을 가로막는 장벽을 완화할 수 있는지를 강조한다.

브랜드 관리자의 임무는 점진적으로 가능한 한 많은 사람들을 이 오른쪽 하단 구역 쪽으로 이동시키는 것이다. 이는 다른 구역들에서 수직이나 수평으로 이동함으로써 이루어질 수 있다. 그러나 우선 각 구역에 속한 소비자들의 특정한 상황과 동기들을 이해하는 것이 필요하다. 특정 유형의 행동을 증가시키기 위해서는 행동의 세분화가 필요하며, 그런 다음 각각의 행동 세그먼트에 속해 있는 사람들에 대한 깊이 있는 이해가 필요하다. 그들은 누구인가? 그들은 왜 더 소비하지 않는가? 그것은 맛의 문제, 포만감의 문제, 가격의 문제, 포맷의 문제, 포장의 문제, 불충분한 수의 라인 확장, 유통의 문제인가? 이미지의 문제인 경우는 드물다. 여기에서 다루고 있는 사람들은 이미 고객이기 때문이다. 우리는 현대 시장에서는 충성 고객인 경우라도 브랜드 구매목록점유율SOR이 결코 100%가 될 수 없음을 패널 데이터를 통해 알고 있다. 때때로 40%를 넘지 않는 경우도 있다. 그러나 관리자들은 왜 이 소비자들이 그 60%의 시간에 다른 브랜드를 선택하는지에 관한 정보를 갖고 있지 않다.

그 결과는 종종 각각의 행동 세그먼트를 겨냥해 디자인된 특정한 제품 개선, 더 높은 경험적인 혜택, 계열 확장(포맷, 맛 등)을 포함하는 새로운 마케팅 믹스이다.

새로운 사용 상황을 통한 성장

좋아하든 좋아하지 않든, 모든 제품은 특정한 상황 안에서 소비된다. 이는 포지셔닝 다이아몬드positioning diamond의 4가지 측면 가운데 하나이다(그림 5.2 참조). 고객들은 매우 특정한 상황들과 관련된 문제들에 대한 해결책을 찾고 있다. 예를 들어 자동차가 주로 시내용인지, 시내용과 가까운 시외용인지, 꽤 먼 거리 운행용인지에 따라 기대되는 것이 각기 다르다. 따라서 브랜드의 성장은 종종 새로운 사용 상황들을 다루는 문제이다. 물론, 한 사람이 여러 다른 상황에서 같은 제품을 소비하는 일이 가능하기 때문에, 이런 상황들이 같은 고객들을 포함할 수 있다는 것을 알면서 말이다. 많은 기업들에게 사용 상황은 이제 사용자들의 특성들이라기보다는 실질적인 세분화의 기준 가운데 하나이다. 제품은 언제나 특정 상황에서 소비되며 그리고 브랜드의 경쟁군competitive set을 정의하는 것도 이 상황이다. 상황은 브랜드의 진정한 싸움터이다. 각각의 상황은 서로 다른 하위 경쟁 집단뿐만 아니라 기대, 니즈, 규모, 성장, 수익률과도 연결되어 있다.

브랜드의 속성들이 높은 수준의 타당성을 제공하는 고성장률의 소비 상황으로 침입해 들어감으로써 브랜드가 성장을 추구해야 한다는 것은 이해할 만한 일이다. 그런 움직임은 종종 새로운 제품의 출시나 라인 확장을 필요로 한다.

이는 마스Mars가 미니-마스 바mini-Mars bar를 출시한 이유이다. 이는 초콜릿 바의 소비를 줄이고 있는 35세 이상의 브랜드 소비자들을 위해 출시된 신제품이다. 이 신제품은 또한 마스의 포지셔닝을 바꾸어놓았다. 물리적 크기 측면에서 이 신제품은 '사탕'이라 할 수 있다. 이 신제품이 들어맞는 상황은 식사 대용이나 에너지 보충용이라기보다는 기호 식품이다.

미국에서 캡틴 모건Captain Morgan은 남성적 개성을 지닌 럼주 브랜드이다. '즐거움과 모험'을 나타내는 럼주라고 할 수 있다. 성장을 성취하기 위해 시장이 사용 상황에 따라 세분화되었다. 시끄러운 파티, 음주, 춤을 즐기는 거대한 친구

| 그림 8.2 | 상황에 의한 시장 세분화

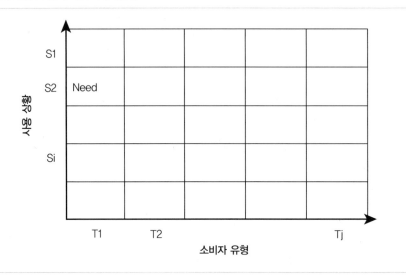

그룹, 이른바 '파티' 세분시장에서 기반을 마련하기 위해 회사는 캡틴 모건 스파이스Captain Morgan Spice를 출시했다.

그 다음으로는 이른바 '활발한 사교lively socializing' 세그먼트, 즉 모여서 칵테일을 즐기는 소수의 친구 그룹을 목표로 삼았으나 그 첫 시도는 실패로 돌아갔다. 캡틴 모건 코코넛 럼Captain Morgan Coconut Rum은 캡틴 모건 엄브렐러 네임과 캡틴 모건의 매우 특징적인 가치들로부터 너무 많은 불이익을 당했다. 후자의 사용 상황에서 열쇠는 일종의 마초적 의식macho ritual이 아니라 좀 더 여성적이고, 우아하고, 로맨틱한 일련의 가치들을 제시하는 것이다. 출시될 두 번째 시제품이 캡틴 모건의 보증만을 받는 제품, 패럿 베이Parrot Bay였던 이유가 여기에 있다.

고급화를 통한 성장

고전적인 성장 전략은 고급화trading up이다. 고객들은 브랜드로부터 고급화된 서비스와 제품을 얻기를 바랄 수 있다. 선물용Gift pack과 '스페셜 시리즈'는 수집가의 구매 동기를 자극한다. 더 큰 포맷 또한 고유의 매력을 갖고 있다.

계열 확장은 또한 수익성을 높이는 방법이 될 수 있다. 만약 쓰리스타 코냑 three-star cognac(3년 동안 숙성된 코냑)의 생산 비용이 1리터에 3유로이고, VSOP(4년에서 5년)는 4.5유로, XO(30-35년)는 15유로 그리고 엑스트라 비외 Extra Vieux는 21유로라면, 제품 고급화는 높은 수익성을 갖는다. 소비자 가격은 코냑의 유형에 따라 각각 15유로, 30유로, 60유로, 150유로가 나가기 때문이다.

라인 확장: 필요와 한계

오늘날 대부분의 신제품 출시는 계열 확장range extension이거나 라인 확장line extension이다. 판매 진열대는 라인 확장들로 가득 차 있다. 몇 가지 예를 통해 설명했듯이 계열을 확장하는 것은 시간에 따른 브랜드의 진화에서 꼭 필요한 단계이다. 마치 살아있는 생물체가 진화를 통해서 환경에 적응하고 생태학적 영역을 확장해야만 생존할 수 있는 것처럼 역사적으로 단일 제품(예를 들어 코카콜라나 맥케인 프렌치프라이McCain French fries)을 지칭하던 브랜드는 여러 개의 하위 종들 sub-species로 나누어진다. 라인이나 계열(2가지 컨셉의 차이는 나중에 언급하기로 한다)의 확장은 일반적으로 다음과 같은 형태를 띤다.

- 포맷과 크기들의 다양화(자동차에서 전형적이며, 음료에서도 나타난다).
- 맛과 향의 종류의 다양화.
- 성분 유형의 다양화(예를 들어 설탕이 첨가되거나 되지 않은 코카콜라, 카페인이 있거나 없는 것, 포드 에스코트Ford Escort의 엔진 유형).
- 의약품의 경우 제네릭 형태의 다양화.
- 파우더나 액체로 된 아리엘Ariel과 같은 물리적 형태의 다양화.
- 동일한 이름 하의 부가 품목들의 다양화. 비쉬Vichy의 베이직 옴므Basic Homme는 쉐이빙 폼, 수딩 앤 에너자이징 밤, 데오로란트, 샤워 젤을 포함한 욕실용품 라인들로 구성된다.
- 특정한 응용성을 가진 버전들의 다양화. 예들 들어, 존슨Johnson 사는 오랫

동안 단일 제품 브랜드였던 성공적인 스프레이 광택제인 플리즈Pliz를 표면 타입에 따라 특화된 제품을 제공하는 플리즈 '클래식Classic'으로 불리는 계열로 전환시켰다. 그렇게 하면서, 존슨 사는 브랜드 포트폴리오brand portfolio를 줄일 수 있는 기회 또한 잡았다. 약한 브랜드였던 페 이버Favor는 나무 전용의 밀랍beeswax이 있는 플리즈Pliz가 되었다. 샴푸 브랜드들은 다양한 타입의 모발과 두피 조건에 맞는 다양한 제품들로 끊임없이 다양화되고 있다.

계열 확장이나 라인 확장은 다른 고객과 다른 제품 카테고리를 대상으로 하는 실질적 다각화diversification인 브랜드 확장과는 구별되어야 한다. 그것은 상당히 민감하면서도 전략적인 선택으로서 다른 장에서 다루게 될 것이다. 왜 야마하Yamaha 브랜드는 오토바이와 피아노 두 가지 모두를 갖고 있는가? 계열 확장이나 라인 확장은 소비재 신제품 출시의 75%를 차지하며, 이 시장에서 가장 흔한 혁신의 형태이다.

계열 확장은 자연적으로 마케팅의 논리와 더 정교한 세분화 논리를 따르는데, 이는 계속 진화하는 소비자들의 특정한 니즈에 브랜드 제안을 더 잘 적응시키기 위한 것이다. 각 브랜드가 처음에는 독특한 제품이었음을 우리는 기억할 수 있다. 독특하다는 것은 그것이 다르고different 단 하나의 형태only one form만이 있음을 의미한다. 유명한 포드Ford의 경우를 예로 들면, 좋아하는 컬러가 검정색이기만 하다면 누구나 자신이 좋아하는 컬러의 포드 자동차를 가질 수 있었다. 이것은 코카콜라Coca-cola와 오랑지나Orangina 병의 경우도 마찬가지다.

시간이 지나면서 브랜드는 좀 더 관대해지고 다양한 기대들을 인정하면서 그것들에 반응하기로 결정한다. 미국에서 맥도날드McDonald's의 경쟁사인 버거킹Burger King의 미국 광고는 "(소스나 양파 등을 넣든 빼든) 당신만의 방식으로 먹어라Have it your way"라고 말한다. 다시 코카콜라의 예를 들면, 아이덴티티(어두운 색, 콜라 맛 그리고 브랜드의 다른 물리적이고 상징적인 속성)를 유지하면서도 브랜드는 그때까지 그것을 마시기 꺼려했던 사람들이 코크Coke에 빠져들게 함으로써 브랜드의 유인력을 확장할 수 있었다. 버전들의 다양화multiplication(설탕이 첨가된 것과 첨가되지 않은 것, 카페인이 첨가된 것과 첨가되지 않은 것)은 잠재적인 소비자층을 증가시켰다. 그러므로 우리는 계열 확장이 시장과 소비층을 확대함으로써 브랜드를 강화한다는 사실을 알 수 있다.

포맷의 다양성variety 역시 같은 효과를 갖는다. 소프트음료 시장에서 새로운 포맷의 도입은 새로운 제품을 출시하는 것과 같다고 할 수 있다. 실제로 각각의 새로운 포맷은 브랜드의 새로운 사용 방식usage mode을 가져온다.

그렇게 하면서 브랜드는 그 자신이 에너지와 민감성이 충만하다는 것을 입증한다. 브랜드는 대중의 상이한 기대들을 인식하고 그에 반응한다. 브랜드는 소비자의 진화를 따르고 그들과 함께 변화한다. 따라서 클럽메드Club Med는 가족 고객들, 그 다음엔 안락함을 추구하는 40대, 그리고 마지막으로 베이비붐에 태어난 더 나이 든 사람들을 끌어들이기 위해 단순한 로빈슨 크루소Robinson Crusoe 오두막을 넘어 그 제안을 확장시킬 수 있었다. 계열 확장은 브랜드의 사려 깊고 배려하는 캐릭터의 징표이다. 그래서 브랜드의 계열을 확장하는 것은 브랜드를 친숙하고, 재미있게 만들며, 이런 지속적인 작은 출시들을 통해 강력한 가시성을 유지한다. 이런 관점에서 본다면 코카콜라는 뉴 코크New Coke를 미국인들에게 강요하고 오리지널 코크 맛을 포기하게 만들기보다는 뉴 코크를 하나의 확장으로서 클래식 코크와 함께 선보이는 것이 더 효과적이었을 것이다.

계열 확장은 브랜드들이 오늘날 소비자들의 기대에 더 가깝게 부응할 수 있게 함으로써 쇠퇴하는 많은 브랜드를 재활성화하는 방법이다. 캄파리Campari를 구한 것은 캄파리 소다Campari Soda라는 '방패flanker' 제품을 시장에 출시한 것이었다. 마티니Martini도 새로운 알코올 소비 추세에 부합하는 마티니 비앙코Martini Bianco를 출시하지 않았더라면 소비자들에게 버림받았을 것이다. 스미노프Smirnoff는 스미노프 뮬Smirnoff Mule과 스미노프 아이스Smirnoff Ice를 작은 개별 병에 담아 출시함으로써 강한 보드카 맛에 익숙하지 않은 소비자들에게 한걸음 다가갔다.

이런 동기들은 칭찬받을 만하지만 현재 모든 소비재 시장에서 관찰되는 계열 확장의 확산은 치열한 경쟁과 새로운 조직 심리에 기인한 것이다.

이런 시장에서는 시장 점유율과 판매 진열대 점유율 간에 강한 관계가 있다. 이는 놀라운 사실이 아니다. 이런 제품에 대한 소비자 관여도는 낮지는 않더라도 평균 수준이다. 그리고 충동 구매자(그 자리에서 구매하는 행위)의 숫자는 갈수록 늘고 있는 추세이다. 그러므로 브랜드 관리자는 가능한 한 많은 진열 공간을 차지하는 데 관심을 갖는다. 왜냐하면 소비자들로부터 훨씬 더 많은 관심을 받을 것이고 특히, 진열 공간이 더 확장될 수 없는 상황이라면 경쟁자들을 밀어내는 효과가 있기 때문이다. 많은 시장에서 수요는 더 이상 늘지 않고 있고 유통업체 자체 브랜드들 또한 판매 진열 공간을 차지하고 있다. 그래서 브랜드 관리자들은 독특한 제안을 제시함으로써 자사 제품을 '카테고리의 우두머리captain of the category'로 포지셔닝시키고 그렇게 해서 내셔널 브랜드에 배정되어 있는 판매 진열대를 지배하려고 한다.

유통업체들은 계열 확장에 관해 이중적인 태도를 갖고 있다. 한편으로 그들은 현재 초세분화hypersegmentation로 여겨지는 계열 확장의 확산에는 반대한다. 그러나 각각의 브랜드들이 동일한 확장을 제공하려는 경향이 있기 때문에 이는 각각의 브랜드가 유통에 대한 최대한의 접근권을 얻어야 한다는 집착 때문에 병목 현상을 만들어낸다. 이렇게 줄어들기만 하는 판매 진열대 공간을 두고 벌이는 싸움은 유통업체들의 힘을 강화시키고, 입점 수수료의 계속적인 인상을 요구를 할 수 있는 위치에 서게 한다(Chinardet,1994).

문제는 확장 제품의 회전율이 그 새로움과 가격 프리미엄 때문에 종종 오리지널 제품보다 더 낮다는 것이다. 유통업체가 이것을 깨닫게 되면 그들은 확장 제품들을 철수시키고 다른 브랜드들로부터 입점 수수료를 포함한 다양한 종류의 제안을 기다릴 것이다.

계열 확장은 유통업체들에게는 비난을 받으면서 동시에 인기도 있지만 제품과 브랜드 관리자들에게는 그 가치를 인정받고 있다. 무엇보다 개발에 걸리는 시간이 새로운 제품을 출시하는 데 걸리는 시간보다 짧다. 새로운 브랜드를 출시하는 것보다 적은 비용이 들고(1/5 정도로 집계된다) 판매 예측도 훨씬 신뢰성이 높다. 적어도 단기적인 관점에서는 자동적으로 판매고를 올리는 방식으로 보이며, 상대적으로 짧은 시간 안에 관리자들의 공로로 돌려질 수 있는 가시적인 결과를 만들어낸다. 대부분의 관리자들은 위험을 감수하면서 신규 브랜드를 출시하기보다는 계열 확장을 선택한다.

제품 확장의 확산proliferation은 보이지 않는 부정적인 효과들을 만들어낸다. 이것들은 즉각 측정 가능하지도 또 측정되지도 않는다. 무엇보다 소규모 생산을 해야 하고 생산, 물류, 관리가 점점 복잡해지면서 확장 비용이 더욱 높아지고, 따라서 도매가와 소매가도 상승한다. 켈치와 케니Quelch and Kenny(1994)에 따르면 단일 제품의 생산 비용 지표를 100이라고 했을 때 그에 상응하는 한 계열 안의 차별화된 제품들의 생산 비용 지표는, 예를 들어 자동차 산업의 경우는 145, 양말은 135 그리고 식품 산업에서는 132이다. 더욱이 (원자재, 광고와 같은) 직접 비용을 계산에 넣지 않는 회사들의 경우에 많은 비용이 전체 계열에 대한 일반 비용으로 간주되어 이 비용이 매출액에 따라 다른 제품들에 분배된다. 결국 베스트셀러 제품이 계열 확장 제품보다 비용에서 더 많은 부담을 짐으로써 후자의 수익성이 허상임을 보여준다.

두 번째로, 통제되지 않는 확장은 계열의 논리를 약화시킨다. 이 문제를 가장 먼저 발견하게 되는 사람들은 판매사원이다. 스킵Skip에 대항해 아리엘Ariel이나 대시Dash브랜드를 판촉했던 판매사원들은 몇 개월 사이에 완전히 새로운 문화적 혁명을 경험해야 했다. 그들은 파우더, 액체 그리고 초미립 포뮬러 형태로 된 아리엘 제품들을 한 형태가 다른 것보다 우월하다거나, 한 형태가 다른 것들과 비교해 갖는 우위점이 무엇인지 설명하지 않은 채 다 같이 판촉해야 했다.

확장이 다양해질 수록 각각의 확장이 갖는 특정 포지셔닝은 더욱 희미해진다. 이런 현상은 기존의 버전들을 철수시키지 않은 채 확장이 계속된다는 사실로 강화된다. 조직은 언제나 그런 버전들을 포기하지 못하는데, 일부 고객을 놓치게 된다는 생각 때문이다. 그러나 이런 사고방식은 더 좋고, 새로운 제품으로 고객들을 자연스럽게 유도하기 위해서는 제품 철수가 관리되어야 한다는 사실을 간과하는 것이다.

계열의 논리는 또한 판매 진열대 위에서 실종된다. 실제로 유통업체는 전체 계열 제품을 모두 취급하려고 하지 않는다. 이것저것 살펴보고 나서 그 일부만을 취급한다. 그리고 이는 판매 진열대에서의 계열의 일관성을 약화시킨다.

마지막으로 브랜드 충성도가 확장의 확산으로 약화될 수 있다. 새로운 니즈들에 따른 샴푸의 초세분화hypersegemention는 소비자가 샴푸를 선택하는 과정에서 더 많은 니즈를 고려하게 만든다. 브랜드는 단지 더욱 길어지는 기준 목록 중 한 가지 특성에 불과하게 된다. 이 결과는 로빈슨(Rubinson, 1992)에 의해 경험적으로 입증되었다.

P&G는 확장의 확산에 대응해 18개월 내에 충분한 회전율을 보이지 못한 15~25%의 제품 확장을 제거했다. 클리닝cleaning 제품 분야에서 새로운 다기능 제품(올 인 원all-in-one)의 성장은 같은 단순화의 원리에 기반하고 있다. 그 제품은 전 세계 시장을 대상으로 디자인되므로 규모의 경제성이 더 크게 작용한다. 역세분화counter-segmentation라는 극단적인 전략은 하드디스카운트 스토어가 사용한다. 즉 소비자들은 절대적으로 선택권이 없으며, 대개 단일 버전의 제품만을 살 수 있다. 따라서 팸퍼스Pampers의 페이즈Phases(남아 또는 여아)와는 달리 아기의 몸무게나 성별과 관계없이 한 가지 종류의 기저귀만이 있게 되는 것이다. 다른 한편으로는 바로 이런 사실 때문에 말하자면 팸퍼스보다 40% 저렴한 제품이 되는 것이다.

켈치와 케니Quelch and Kenny(1994)는 더 나은 계열 확장의 관리를 위해 시급한 4가지 행동들을 제안했다.

- 비용 회계 시스템을 개선해 모든 가치 사슬에서 새로운 제품에 의해 발생하는 추가 비용을 산출할 수 있도록 한다. 이것은 각 제품의 실제 수익성이 측정될 수 있게 한다.
- 오직 상황적 구매자occasional buyer에게 어필하는 확장보다는 높은 마진을 내는 제품에 더 많은 자원을 할당한다.
- 모든 판매원들이 계열 내 각 제품의 역할을 몇 단어로 표현할 수 있게 한다.
- 제품의 단종이 받아들여질 뿐만 아니라 장려되는 새로운 철학을 시행한다. 몇몇 기업들은 낮은 회전율을 보이는 확장 제품을 중지한 이후에만 새로운 확장 제품을 출시한다. 제품 철수가 냉혹할 필요는 없으며, 대신에 점진적으로 고객들이 계열 내에 있는 다른 제품들로 옮겨갈 수 있게 한다.

혁신을 통한 성장

물리넥스Moulinex의 실적이 나쁜 이유에 대해 질문 받았을 때 그 중역들은 업계의 혁신 제품 비율이 평균이 26%인데 반해 물리넥스는 10%에 지나지 않는다고 대답했다.

성장과 경쟁의 원천인 혁신은 쉽게 나오지 않는다. 여기서도 기적이란 없다. P&G, 로레알Loreal, 질레트Gillette와 같이 혁신을 가장 많이 하는 기업들은 연구와 개발에 그들 매출액의 평균 3.2%를 투자한다. 유통업체 자체 브랜드와 가격선도 회사들에 맞서 경쟁하는 식품 회사가 그들에게 배워야 할 점이 있는가? 거대 식품업계 회사들은 상대적으로 연구개발에 더 적게 투자한다. 유니레버Unilever가 매출액의 1.8%, 네슬레Nestle가 1.2%, 크래프트 제너럴 푸드Kraft General Food가 0.8% 그리고 캐드버리-슈웹스Cadbury-Schweppes가 0.4%를 연구개발에 투자한다(Ramsay, 1992).

그 결과, 영국내 식품 시장과 음료 시장에서 출시된 신제품 4,600개 가운데 62%를 자체 라벨 제품이 차지한다. 냉동식품에서는 2,188개의 출시 제품 가운데 79%가 자체 라벨 제품이었다. 유통업체 브랜드가 실제 브랜드 역할을 하는 것이다.

혁신이 기술적으로 획기적일 필요는 없다. 질레트Gillette가 극단적인 예이다. 센서Sensor는 연구에 10년이 소요되었고, 22개의 특허를 갖게 되었다. 센서 엑셀Sensor Excel은 5년이 소요되었고 29개의 특허를, 센서 플러스 포 엘르Sensor Plus Pour Elle는 5년이 소요되었고 25개의 특허를 갖게 되었다. 많은 혁신들이 브랜드가 가져온 서비스들(예를 들면, 포장의 혁신)과 관련되어 있다.

과일 음료 시장에서 경쟁자들에 대한 오아시스Oasis의 리더십에 대해 공통적으로 설명하는 것은 그 기업의 광고 전략이다. 진실은 전혀 그런 것이 아니다. 오아시스는 처음으로 유리병을 포기한 회사이다. 경쟁사들은 그와 반대로 새로운 병 공장에 투자를 함으로써 첫발을 잘못 내디뎠고, 몇 달을 보내고 나서야 필요한 재평가를 할 수 있었다. 그러나 너무 늦은 일이었다. 유통업체들은 이미 결정을 내린 상태였고, 더 이상 무겁고 깨지기 쉬운 유리병을 원하지 않았다. 에비앙

Evian이 콘트렉스Contrex와 비텔Vittel을 따라잡게 된 계기는 처음으로 고객들에게 제공할 수 있었던 마이크로 서비스micro-services에 있다. 이 서비스는 비록 두드러지게 눈에 띄거나 광고와 연관이 없어도 시장 점유율을 0.5% 올렸으며, 이 정도는 물량을 감안할 때 막대한 것이었다. 그렇게 해서 에비앙은 소비자가 자주 손을 베곤 했던 금속 병마개를 없애버린 첫 주자가 되었다. 그리고 그 해 시장이 단지 7% 성장한 데 비해 에비앙 판매량은 12% 증가했다. 이 브랜드는 또한 운반이 용이한 6개의 휴대용 팩을 처음으로 선보이기도 했다.

저관여 제품에서는 서비스와 연관된 혜택이 소비자에게 매우 좋게 평가되며, 경쟁자들이 신속하게 대응하지 않으면 유통업체가 그것을 확대시킨다. 유통업체는 참신함novelty을 좋아한다.

우유를 덜 평범한 것으로 만들고 가격 리더들이 시장에 달려드는 것을 막기 위해 우유 브랜드 칸디아Candia는 혁신 제품의 수를 늘렸다. 그리고 차별화를 강조하고 강력한 광고 지원이 가능하도록 그 각각의 제품에 특정한 이름들을 부여했다. 비바Viva(비타민이 함유된 우유), 그랜드 밀크Grand Milk(성분 강화 우유), 그랜드 라이프 그로잉Grand Life Growing(유아용 우유), 그리고 퓨처 마더Future Mother(임산부용)가 그것이다. 이런 칸디아의 '자 브랜드daughter brand'들은 하드디스카운트 스토어 제품들의 약진을 저지했으며, 유통업체들이 높은 마진과 높은 회전율을 가진 제품들을 판매할 수 있게 했다.

이런 것들은 중대한 기술적 혁신이라고 할 수는 없었지만 비타민, 미네랄 등이 들어간 추가 제품들은 소비자들의 기대에 부응하는 것이었다. 그렇게 하면서 칸디아 사는 전체 카테고리를 앞으로 전진시켰다. 사실 오늘날 비바 우유는 함유된 비타민 때문이 아니라 브랜드와 브랜드가 의미하는 것들(활동적인 라이프스타일, 생기발랄함, 젊음) 때문에 팔리고 있다. 초창기에 고급이거나 프리미엄급이었던 이 제품은 우유의 기본, 즉 준거가 되었다. 칸디아는 이렇듯 우유의 준거 수준을 높이는 데 중요한 역할을 했다. 프리미엄이 표준이 된 것이다.

혁신: 영속적인 성공 요인
혁신은 브랜드의 산소이자 성장과 미래를 보장하는 열쇠이다. 이 사실은 이미 완전하게 인식되었어야 했다. 하지만 이상하게도 대부분의 브랜드 서적들은 마치 브랜드가 가장 먼저 등장하는 커뮤니케이션 이슈였던 냥 거의 혁신을 언급하지 않고 있다.

브랜드는 혁신에서 시작되었음을 기억하라. 브랜드는 성공을 거두고 시장을 정복한 혁신의 이름이다. 결국 어느 브랜드를 막론하고 인지도와 이미지가 부재한 초창기의 브랜드는 소매업체와 오피니언 리더들을 확신시킬 수 있는 한 가지가 있다. 바로 컨셉과 제품의 혁신적인 특성이다. 이는 이전에 존재하지 않았던 것일 뿐만 아니라 그 컨셉이나 제품이 그 당시까지 주의를 기울이지 않았던 실제적이고 강력한 기대를 충족시키는 것처럼 보인다. 그것은 제품이나 컨셉을 처음 보는 순간 분명해진다. 이런 사실은 네슬레Nestle, 코닥Kodak, 로레알L'Oreal, 나이키Nike, 소니Sony, 아마존Amazon, 델Dell, 캘빈 클라인Calvin Klein, 랄프 로렌Ralph Lauren, 아르마니Armani 그리고 사실상 모든 브랜드의 기원origins을 뒷받침한다. 혁신이 브랜드 라이프의 시작 부분에서만 필요하다고 단정하는 것은 큰 잘못이다.

브랜드가 처음에는 하나의 새로운 제품이나 서비스에 의해 전달되지만(즉, 유형의 아이템에 의해 전달되는 무형의 컨셉), 브랜드 자신을 이 제품에 국한시켜야 할 이유는 없다. 모든 제품은 그 한계를 가지며, 결국 니즈를 충족시키는 측면에서 낡고 무의미한 것이 되는 때가 온다. 따라서 그 계열을 새롭게 함으로써 가치를 지지하는 것은 브랜드의 의무이다. 이는 또한 회전율을 증가시키는 방법이기도 하다.

실제로 대량 소비 시장에서 성장하는 브랜드는 광고 지출에 대해 가장 큰 탄력성을 보이는 최신의 제품들에 투자하는 브랜드들이다. 큰 탄력성은 그들이 잠재적인(그러나 강력하고 널리 공감하는) 니즈를 자극했다는 표시이다. 사실 현대 기업 세계에서는 광고 투자가 판매 탄력성의 함수에 따라 배분된다.

혁신의 미덕virtues은 무엇인가? 무엇이 국제적인 기업들과 그들의 글로벌 브랜드들을 강력한 경쟁자로 바꾸는 능력과 함께 혁신을 성공의 필수적인 핵심 요소로 만드는가?

포화된 시장에서 욕망 창조하기

약간의 예외들(전화통신, 인터넷, 깨끗한 물에 대한 욕구, 안전, 엔터테인먼트 등)을 제외하고, 대부분의 시장에서 규모는 안정적이며 심지어 줄어들기도 한다. 하루에 2개의 요구르트를 먹는 사람들이 소비량을 늘려 4개~6개를 먹지는 않을 것이다. 사람들은 하루에 특정한 횟수만큼 머리를 감을 것이다. 어떤 국가에서든 감당할 수 있는 자동차의 숫자는 한계가 있다. 따라서 미래는 챙과 머번(Chang and Mauborne, 2000)이 만든 용어를 사용하면 '가치 혁신value innovation'에 달려 있다. 이것들은 시장 가치를 높이고 그럼으로써 공동의 풍요를 높이는 혁신들이다. 이 혁신들의 부가가치는 소비자와 산업 고객들에게 강력하다. 이런 경우 가격 문제는 부차적인 중요성을 갖는 것처럼 보인다.

전통적으로, 시장의 성장은 가격 인하와 유통 경로의 확장을 통해 성취된다. 유통 경로는 대량 시장이나 심지어 델Dell과 같은 직접 마케팅으로 이동한다. 일본, 한국 그리고 현재는 중국 브랜드들이 제시하는 인하된 가격들은 누구나 집에 텔레비전이나 커피메이커를 갖도록 했다. 대형 소매업체들은 이 과정을 대중화했는데, 낮은 마진의 제품들을 대량 판매함으로써 가능했다. 그러나 이제부터는 어디로 가야 하는가?

커피메이커의 평균 가격은 30유로이다. 이 제품들이 28유로에 팔린다면 좀 더 매력적인 것이 될 것인가? 25나 20은 어떤가? 많은 카테고리에서 성장의 원동력은 더 이상 가격이 아닌 욕망desire이다. 그리고 욕망은 가치의 혁신을 통해 창출된다.

일본 기업들이 혁신을 이루는 비율이 괄목할 만한 것이 아니었다면 그리고 기업들의 제품을 하나의 의무로서 소비하고 교체하는, 그럼으로써 경제에 집단적인 지원을 제공하는 일본 소비자들의 시민 의식이 없었다면 일본 경제의 위기는 더 악화되었을 것이다.

경쟁 우위의 원천

유럽과 미국에서는 어떤 혁신이 커피메이커 시장을 부활시켰는가? 네스프레소Nespresso가 그것이다. 네슬레Nestle와 크룹스Krups의 파트너십 덕분에 400유로 정도의 가격에 집에서 최고 품질의 커피를 마실 수 있게 하는 독창적인 컨셉이 실현될 수 있었다. 진공청소기에서는 어떤 혁신이 이와 같은 역할을 했는가? 먼지 봉투가 없는 진공청소기 다이슨Dyson은 영국 시장의 30%를 차지할 수 있도록 했다. 주요 기업들(후버Hoover, 일렉트로룩스Electrolux, 필립스Philips)이 장악하고 있어 이전에는 난공불락으로 여겨졌던 시장이다.

현재 폭스바겐Volkswagen 다음 가는 유럽의 두 번째 자동차 제조사는 어디인가? 그 답은 포드Ford, GM, 르노-닛산Renault-Nissan 그리고 피아트Fiat가 아니다. 바로 푸조Peugeot와 시트로엥Citroen 브랜드를 함께 운영하는 그룹인 PSA이다. 어떻게 이것이 가능한가? 1987부터 1997년까지 이 기업의 연평균 판매는 1,952,474대에서 2,077,965대로 늘어났으며, 10년간 6.4%의 성장을 보였다. 판매 수치는 1998년부터 2002년 사이에 치솟았다. 2,247,121대에서 3,262,146대로 오르며 4년 동안 38%의 성장을 이루었다. 신임 CEO, 폴츠J M Folz는 혁신의 부족을 그룹 침체의 핵심 요인으로 규정했다(Folz, 2003). 2000년에서 2004년 사이에 PSA는 25개의 신모델을 출시했는데, 이는 새롭게 정의된 브랜드 가치와 오늘날의 시장과 고객에 관한 새로운 이해 덕분이었다.

오직 혁신만이 비용 압력을 완화시킬 수 있다. 혁신은 욕망을 불러일으키고 일시적인 독점을 만들어낸다. 그러나 현대의 경쟁은 비지속적이지만 항상 반복되는 우위들에 관한 것이다. 그것은 때때로 혁신 기업이 시장의 표준이 되는 새로운 세그먼트의 창조로 이어진다. 이 사실은 대량 소매업체들에게 매우 중요하다.

대량 소매업체들이 원하는 것

대량 소매업체들은 단순히 한 브랜드에서 다른 브랜드로 시장 점유율을 옮기기보다는 가치를 창조하는 혁신을 주시한다. 그들은 판매와 마진을 활성화시킬 새로운 카테고리와 세그먼트의 창조를 기대한다.

장기적 생존을 위한 필요조건

브랜드는 지속적으로 진화하는 시장의 잠재적인 또는 드러난 니즈와 관련하여 그 적실성을 보여줄 수 있을 때에만 장기적으로 살아남을 수 있을 것이다. 이러

한 적실성이 반복적으로 보여지는 것은 새로운 제품들과 관련된 광고를 통해서
이다. 그 성공과 비즈니스 모델이 단일의 영속성을 가진 제품을 기반으로 하는
브랜드조차도 생존과 성장을 위해 변화하지 않으면 안 되었다. 전통적인 작고 파
란 용기의 니베아Nivea조차도 새로운 발전들에 의해 기대 수준이 높아지는 시장
에서 혁신의 길에 들어서야 했다.

라코스테Lacoste마저도, 1933년 이래로 스포츠의 우아함과 탁월함의 표시였던
전설적인 12x12 르네 라코스테 셔츠Rene Lacoste shirt와의 연관성에도 불구하
고, 이제 1년에 2번의 쇼를 열어 스포츠, 스포츠웨어, 간편한 금요일 복장이라는
세 가지 세그먼트에서의 새로운 컬렉션을 선보인다.

빅Bic 역시 마찬가지다. 빅의 전 세계적인 성공은 최근까지도 2가지 원칙(단일
브랜드, 단일 제품 공장) 위에 세워진 비즈니스 모델을 기초로 해왔다. 분명 모두가
빅의 크리스털 볼펜, 1회용 면도날과 라이터와 친숙하지 않은가? 그러나 이 모델
은 변경되어야 했다. 세상이 변한 것이다. 중국으로부터 들어온 더 싼 볼펜이라
는 형태로 경쟁자가 나타났다. 이뿐만이 아니다. 일본 미쓰비시 그룹Mitsubishi
group의 볼펜은 1유로를 웃도는 가격이지만 매력적이고, 혁신적이며, 실용적이
다. 그들은 가치를 창조한다. 빅 자신도 이제 창조적이 되어야만 한다는 사실을
깨달았다. 그리고 신제품들 중 일부를 아웃소싱하기 위해 비즈니스 모델을 수정
해야만 했다. 이는 지금까지는 생각하기 어려웠던 접근들이다.

혁신의 선순환

위에서 언급한 것들로부터 도출될 수 있는 경영상의 결론은 무엇인가? 그림
8.3에서 볼 수 있듯이 브랜드는 2가지 방식으로 관리될 수 있다.

브랜드 관리는 따라서 한편으로 원형prototype의 보존, 쇄신, 확장, 그리고 성
장 사이에서 균형을 잡는 것이고, 다른 한편으로 새로운 사용 환경과 새로운 고
객을 확보하고 새로운 세그먼트를 열기 위한 새로운 제품과 서비스를 창조하는
것이다. 첫 번째 부분은 브랜드의 토대를 유지하고, 육성하고, 강화하는 것이고,
두 번째 부분은 앞으로 브랜드의 새로운 원형이 될 어떤 것을 가지고 미래로 가
는 교두보를 여는 것이다.

| 그림 8.3 | 브랜드를 관리하는 2가지 방식

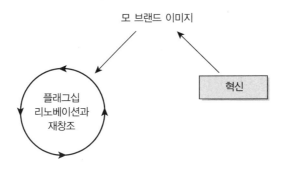

혁신이 판매에 미치는 효과

혁신은 단지 그 자체로만 효과적인 것은 아니다. 혁신은 이미지와 판매라는 두 가지 측면에서 브랜드에 혜택을 준다. 이것은 확산 효과spillover effect라고 알려진 것으로, 즉 한 가지 제품의 광고가 같은 브랜드의 또 다른 제품의 판매에 미치는 효과를 말한다. 기업들도 잘 알고 있는 이 효과는 마케팅 연구로 확인된 바 있다(Balachander and Ghose, 2003).

미국에서 다농Dannon의 매출을 조사하면서 저자들은 새로운 다농 제품 광고가 원형 플래그십 제품prototype flagship product의 매출에도 영향을 미친다는 점을 발견했다. 이 플래그십 제품은 다농과 거의 동일시되는 기존 제품이다(저자들은 '모 브랜드parent brand'라는 잘못된 이름을 사용한다. 엄밀히 말해, '모 브랜드parent brand'라는 용어는 브랜드의 제품이 아닌 다농 자체만을 가리키는 것이어야 한다). 가장 중요한 사실은, 이 영향이 원형 제품 자신의 광고가 그것의 매출에 미치는 영향보다 3배나 크다는 것이었다(신제품 광고 후에, 플래그십 제품을 선택할 확률이 14.4% 상승한 반면 자체 광고 후에는 단지 5.7% 상승하는 데 그쳤다).

이런 현상에 관한 몇 가지 설명이 존재한다. 첫 번째는 저자들이 제시하는 것으로, 추론reasoning에 의한 것이라는 설명이다. 원형/플래그십이 소비자 기억속에서 브랜드와 강하게 연관되어 있기 때문에 신제품 프로모션을 통한 브랜드 네임의 자극은 기본 제품, 즉 원형 제품으로 가는 길을 활성화하는 피드백 효과를 만들어낸다는 것이다.

우리는 또 다른 설명이 있다고 믿는다. 모든 신제품은 이미 기존 제품들을 소비하는 소비자들과는 다른 새로운 소비자들을 끌어들인다. 그러는 과정에서 새로운 소비자들은 자신들이 가진 브랜드에 관한 전반적인 인식을 재평가하고, 그 과정에서 지금까지 간과되거나 과소평가되어 온 브랜드의 다른 제품들, 특히 베스트셀러인 브랜드 플래그십 제품을 탐색하고 싶은 마음이 든다는 것이다.

혁신은 브랜드 이미지를 재구성하고, 브랜드에 이 혁신이 가져온 새로운 유형, 무형의 속성들을 제공한다. 이것은 자동차 분야에서 전형적으로 나타나는 현상이다. 2002년 유럽의 베스트셀러 카로 선정된 푸조 206은 새로운 소비자들을 브랜드로 끌어들였는데, 이들은 그 때까지만해도 푸조를 사려는 생각을 결코 해본 적이 없는 소비자들이었지만, 이제는 푸조 307, 407 또는 607 같은 더 고성능 모델을 사려는 생각까지 하고 있다. 혁신은 브랜드 이미지에 대한 장벽을 제거하는 원동력이다. 그리고 그 피드백 효과feedback effect가 이 이미지를 지속적으로 수정한다.

가치 혁신을 통해 시장을 뒤흔들기

제품 단가의 하락을 통해 시장이 성장한다는 것은 잘 알려져 있다. 이는 컴퓨터가 가정 필수품이 되고, 휴대폰 판매가 급등하는 등의 방법이다. 성숙 시장에서는 더 이상 그 목표가 규모 측면에서 시장을 증가시키는 것이 아닌 가치 측면에서 증가시키는 것이다. 대부분의 제품 사용에는 분명한 한계가 있다. 아무도 매일 4번 머리를 감고 싶어하지 않는다. 중요한 질문은 어떻게 소비자들이 기꺼이 더 지불하도록 만들 것인가이다. 그런 다음 이 부가가치는 유통업체와 생산자 간에 공유될 것이다.

모든 브랜드의 목표는 가치 혁신을 추구하는 것이다. 그리고 가치 혁신이란 소비자의 선호 함수를 바꾸는 전례 없는 속성들의 묶음이다(Chan and Mauborgne, 2000). '가치 혁신은 가치 있는 속성들을 전례 없던 수준으로 끌어올리기 위해 몇몇 속성들을 (억제함으로써) 희생시키는 것이다. 가장 훌륭한 예가 1985년에 생긴 아코르 포뮬 1(Accor Formule 1) 호텔 체인이다. 아코르Accor는 유럽에서 가장 빠르게 성장하는 호텔 체인이 되었다. 유럽의 손꼽히는 호텔 그룹, 아코르는 어떻게 이것을 이룬 것일까?

그 첫 요점은 '유전지대oilfield'의 파악에 있다. 그것은 누구도 이전에 생각하지 않았던, 또는 전에는 수익성을 가질 수 없었던 성장의 원천이다. 호텔에 가지 않는 많은 사람들이 있다. 그 비용을 감당할 수 없기 때문이다. 학생, 젊은 커플, 가족, 노동자들이 그런 경우인데, 이들은 큰 잠재력을 가진 시장이다. 이들은 여행할 때 주로 친구나 친지의 집에서 머문다.

이런 경우 이들의 가격 기대에 들어맞지만(이 경우는 공짜이다) 많은 불편함이 따른다(프라이버시의 결핍, 초대한 사람들과 같이 시간을 보내야 하는 부담, 자유의 결핍 등). 바로 이 경쟁자(친구나 부모 집에 머물기)의 가치 곡선value curve에 대한 분석은 어떤 속성들의 묶음이 소비자의 선호를 움직일지를 제시한다. 그 해답은 가격적인 면에서 접근 가능하면서 깨끗하고, 안전하며, 조용하고 실용적인 호텔이라는 보증을 제공하는 것이다.

이것을 수익을 내며 할 수 있는 방법은 무엇인가? 이 브랜드가 타당한 경제적 방정식에 기초하기 위한 방법은 무엇인가? 오직 한 속성을 희생함으로써 가능하다. 포뮬 1(Formule 1) 혁신의 획기적인 성격은 룸에 딸린 욕실처럼 이전의 모든 호텔 시장의 주자들이 필수적이라고 여겼던 특징들 가운데 몇몇을 억제하는 데 있다. 포뮬 1에는 개인 룸에 욕실이나 화장실이 없다. 그러나 각 층 복도 끝에 공동 화장실이 있고, 매번 사용이 끝난 후에는 자동 세척과 살균이 이루어진다.

포뮬 1은 잠재 니즈hidden need를 자극하는 데 성공했다. 또한 성공적인 발전 전략을 채택했다. 이 전략은 신속하게 전국(즉, 프랑스)을 커버할 수 있는 임계 규모(250 유닛)에 도달하는 데 있다. 고객의 인정은 충성 행동(이는 그들이 어디를 가든 포뮬 1 호텔을 찾을 수 있을 때에만 가능했다)으로 전환되었다. 그리고 이 브랜드가 TV광고에 접근하는 것이 가능해졌으며, 그럼으로써 전체 호텔 카테고리에서 최초상기 브랜드 리더top-of-mind brand leader의 지위에 도달하게 되었다.

이 브랜드가 모든 국가들에서 똑같은 성공을 이룬 것은 아니다. 예를 들어, 영국에서는 토지 비용과 좋은 호텔 위치를 찾는 어려움이 신속한 호텔 개발을 힘들게 했으며, 그에 따라 브랜드와 비즈니스 구축 모델에 필수적인 임계 규모에 도달하는 것을 어렵게 만들었다.

버진 애틀랜틱Virgin Atlantic의 획기적인 측면은 그 가격이나 로고에 있지 않았다. 이제는 널리 따라 하게 된 다수의 혁신들을 통해 색다른 비행 경험을 만들어내는 능력에 있었다. 뿐만 아니라 버진은 비즈니스클래스 여행객들에게 비행 전과 후에 풀 서비스를 제공하는 등 버진 경험에 새로운 혜택들을 덧붙였다. 볼보차 운전사가 비즈니스클래스 여행객의 사무실로 찾아가 차에 태우고 공항까지 데려다준다. 비행기에서 내린 후에는 그들의 업무를 하기에 앞서, 샤워장을 이용할 수 있게 했다. 이는 새로운 고객을 끌어당겼을 뿐만 아니라 모든 고객들 사이에서 더 높은 사용 빈도를 촉진했다.

또 다른 예가 가치 혁신의 컨셉을 설명한다. 바로 볼펜이다. 무엇이 1950년에 볼펜을 출시했던 빅Bic의 성공을 이끌었는가? 저가에 뛰어난 품질을 제공하는 것이다. 원형prototype은 최고의 베스트셀러인 크리스탈 모델Cristal model이다. 이것은 브랜드가 갖는 가치들을 요약한다. 그것은 바로 신뢰성, 뛰어난 품질/가격 비율, 그리고 내구성이다. 디스카운트 체인에서 또는 유통업체 브랜드로 팔리는 더 낮은 품질을 가진 더 낮은 가격의 펜들로부터 경쟁이 있는 것은 분명하다. 그러나 빅에게 진정한 도전은 파일럿Pilot과 스탠포드Stanford로부터 왔다. 이들은 수많은 가치 혁신들(잉크 젤, 잉크 포인트, 잉크 볼, 다양한 컬러, 더 좋은 그립감, 더욱 감각적인 새로운 재료)을 빅의 5배에 이르는 가격으로 선보였다. 이런 제품들은 전통적인 잉크 펜과의 간격을 줄이며 경험적인 부가가치를 제공했고, 다른 분야에서 스와치Swatch, 갭Gap, 자라Zara가 그러했듯이 종종 새로운 컬렉션을 선보이며 끊임 없는 스릴을 주었다. 그리고 소비자들은 그것들에 매혹당했다. 빅은 살아남기 위해 비즈니스 모델의 일부를 바꿔야 했다. 빅은 그때까지 빅 그룹Bic Group 내에서 금지되었던 아웃소싱 정책을 도입함으로써 매우 분화된 니즈들에 대응하는 다양함을 선보였다. 이제는 혁신 제품이 매년 매출의 25%를 차지한다.

경험적 혜택을 증가시키기

나이키 타운Nike Town을 방문한 사람이라면 누구나 그 경험을 잊을 수 없다. 이는 랄프 로렌 하우스House of Ralph Lauren, 이케아Ikea와 버진 메가스토어 Virgin Megastore를 방문했을 때에도 마찬가지이다. 이 장소들은 모든 브랜드 가치를 3D로 구현하고, 아울러 기억에 남을 감각적인 경험을 제공한다. 선진국에 사는 사람들은 이미 그들의 니즈를 충족시켰고, 이제는 흥미로운 경험을 추구한다. 이것은 새로운 성장의 원천을 창출하는데, 바로 경험적인 혜택을 증가시키는 것이다.

경험 마케팅experiential marketing의 컨셉은 지난 몇 년간에 걸쳐 우연히 나타난 것이 아니다(Schmitt, 1999; Hirschmann and Holbrook, 1982; Firat and Dholakia, 1998). 선진국과 성숙 시장의 소비자들은 그들 생활에서 스릴thrills을 만들어내기 위해 노력한다. 이는 예를 들어, 그들이 자주 테마가 있는 레스토랑과 놀이공원을 찾는 것을 즐기고, 신세계 와인New World wines을 발견하고 싶어하는 이유이다. 이런 소비들을 통해 그들의 정신과 감각은 자극을 받는다. 그들은 제품을 통해 삶을 다르게 사는 것이다.

스와치Swatch의 성공은 컬렉션, 디자인 그리고 일반적인 재미의 느낌을 통해 각 고객들에게 반복적인 경험적 혜택을 제공한 것에 기초하고 있다. 로레알 그룹 L'Oreal의 대량 시장 글로벌 브랜드 가운데 하나인 가르니에Garnier는 스스로를 완전한 체험 브랜드experiential brand로 정의했다. 이는 포장의 감촉과 컬러에서부터 인터넷 사이트와 그것의 브랜드 구축에 있어 거리 마케팅street marketing(가르니에 소유의 버스를 만들어 상하이와 독일에서 전국을 도는 것이다)의 중요성까지 모든 것에서 분명하게 드러난다. 이것은 또한 모든 것이 더 빠르게 바뀌고, 스릴을 유지해야 함을 의미한다. 여기에는 제품 라인, 광고, 프로모션, 인터넷 콘텐츠 등이 포함된다.

이런 관점에서 서비스는 더 큰 중요성을 지니며, 제품 브랜드라도 예외가 아니다. 이것은 브랜드가 매체를 적극적으로 활용하는 형태로 나타날 수 있는데, 소비자 매거진, 포럼과 채팅, FAQ 그리고 다른 커뮤니케이션 수단을 통해 가상 커뮤니티 구성원들 간의 커뮤니케이션을 장려하는 식이다. 그것은 또한 예컨대 아기들에 관한 특정 질문들에 답하기 위해 팸퍼스Pamper's와 네슬레 인펀트 푸드 Nestle Infant Food가 만든 콜센터 같은 서비스 차원을 통해 간단히 이루어질 수도 있다.

분화된 시장의 관리

고객맞춤화customisation 또한 더 이상 감동을 받지 않는 사람들 사이에서 욕구가 느슨해지는 것에 대한 대응이다. 매슬로Maslow 욕구 사슬에서 개별화 individualisation는 그 사다리의 높은 단계에 위치한다. 브랜드와 그 제품을 각 고객의 특성singularity과 개별적으로 연결하는 능력을 창출하는 모든 것이 물론, 경제적으로 타당한 방정식 내에서 추구되어야 한다. 할리데이비슨Harley-Davidson 총수입의 4분이 1이 액세서리에서 나온다. 그들은 오토바이를 모는 사람이나 몰지 않는 사람 모두의 경험을 강화하고, 이런 개별화에 대한 니즈를 충족시킨다.

맞춤화는 비용과 수익성 면에서 한계를 갖고 있다. 세분화segmentation는 이런 제약들을 피해갈 수 있다. 시장 분화market fragmentation의 문제를 중요하게 여기는 랄프 로렌 계열Ralph Lauren range을 분석하는 것은 매우 흥미롭다(표 8.1). 실제로 랄프 로렌 제국에는 계열이 10개나 된다. 매우 고가의 퍼플 컬렉션Purple Collection(자켓 가격이 2,000달러를 웃돈다)부터 그보다 비싸지 않은 폴로 진Polo Jeans과 RLX까지 다양하다. 각각의 라벨은 모든 범위의 제품과 라인 확장을 제공한다. 이러한 정책은 많은 이점을 갖고 있다.

- 유통업체가 지침 없이는 매치시킬 수 없는 고유의 일관성을 창출한다.
- 유통업체가 특정 라벨을 특정 매장과 장소에 배치할 수 있게 한다.
- 아침, 오후, 저녁에 다른 감정을 느끼는 소비자의 성향에 부응한다. 그 결과 언제나 랄프 로렌 의류를 입게 된다.
- 희귀성rarity 및 독점성exclusivity에 대한 지각을 증가시키는데, 이는 사실상 점점 더 확장되고 있는 브랜드에게 있어 대단한 일이다.

| 표 8.1 | 시장 분화에 대한 대응

'핵심 라이프스타일 테마를 표현하는' 랄프 로렌의 상황 브랜드들

랄프 로렌 컬렉션(퍼플 라벨 등)

랄프 로렌

폴로 랄프 로렌	폴로 스포츠 랄프 로렌	RLX 폴로 스포츠 랄프 로렌	폴로 골프 랄프 로렌	폴로 진스 폴로 로렌
랄프, 랄프 로렌	랄프 로렌 컬렉션	랄프 로렌 스포츠		

랄프, 랄프 로렌
로렌, 랄프 로렌
챕스, 랄프 로렌
랄프 로렌, 칠드런스 웨어
랄프 로렌, 홈

자동차 산업 역시 계열 분화range fragmentation의 장점들을 발견하고 있다. 소비자들이 완전하게 개인화된 자동차를 원할 것이라고는 장담할 수는 없다. 수많은 대안들의 존재는 선택을 귀찮은 일로 만들 것이다. 그러나 소비자들은 같은 모델의 변형들 중에서 선택할 수 있기를 기대한다. 이는 현대 자동차 메이커들이 매우 두드러진 특정 타깃이나 가치 있는 라이프스타일을 목표로 삼아 미리 라인 확장을 계획함으로써 그들의 차에 대한 소비자들의 관여 수준을 증가시키는 이유이다. 새로운 모델의 판매는 사실상 세분화된 오퍼의 추가에 의해 만들어진다.

메르세데스Mercedes는 니즈의 분화에 대응하기로 결정했다. 이 자동차 회사는 1995년에는 700,000대의 자동차를 팔았으며, 지금은 년간 1,250,000대에 이른다. 그 동안 모델 수가 급격히 증가해 2005년에는 23개에 이르렀다.

나이키의 성공도 같은 방식으로 설명될 수 있다(Bedbury, 2002). 나이키는 점점 더 광범위한 니치 제품들niche products(대량 맞춤화의 표시)을 선보이고, 그럼으로써 그 시장의 하위 그룹들과 관계를 형성하였다. 자신들에게 맞춤화된 제품에 점점 더 깊이 관여하게 됨에 따라 고객들은 더 많은 돈을 지불할 준비가 되어 있다. 나이키는 이제 단 하나의 스포츠 분야를 위해 수많은 컬렉션을 만들어낸다. 또한 스릴을 유지하기 위해 제품 라이프사이클은 1년에서 3개월로 짧아졌다.

전체적으로, 이런 모든 예들은 수요의 분화에 대응하려면 제품, 유통경로와 스토어에서 커뮤니케이션에 이르기까지 마케팅 믹스의 모든 측면에서 더 큰 혁신이 필요하다는 것을 보여준다.

브랜드간 교차 판매를 통한 성장

때때로 브랜드 관점perspective이 성장에 방해가 되는가? 이런 논란이 되는 질문은 유럽 최고의 호텔리어인 아코르 호텔Accor Hotels에게서 제기되었다. 비록 강력한 브랜드들의 포트폴리오를 구축했다 하더라도 아코르는 성장을 위해 소비자 관점을 채택할 때가 아닌지 고민했다. 영zero에서 사성급 브랜드들four-star brands에 이르는 완전한 포트폴리오(Formule 1, Motel 6, 에탑Etap, 아이비스Ibis, 노보텔Novotel, 머큐어Mercure, 소피텔Sofitel, 스윗호텔Suit' hotel)를 갖춘 아코르는 단일 체인 로열티 카드single-chain loyalty card가 고객들을 경쟁자에게로 돌아서도록 만든다는 것을 깨달았다.

주중에 사업차 여행을 하는 사람이라면 회사 경비로 하기 때문에 그가 가족들과 주말여행을 하는 경우에는 형편상 같은 급의 호텔에 묵기는 힘들다. 그 호텔들이 모두 아코르 호텔들임에도 노보텔(3성 브랜드)의 로열티 카드가 에탑이나 포뮬 1 호텔에서는 아무런 혜택을 주지 않았다. 고객 관점에서 문제를 바라보는 것은 로열티 도구로서, 제품 브랜드가 아닌 수평적 브랜드horizontal brand(아코르 호텔 자체)에 대한 기획으로 이어졌다. 이는 고객들이 그룹 브랜드 포트폴리오 내에 있는 호텔들을 계속 이용할 수 있게 했다.

니베아가 엄브렐러 브랜딩 구조umbrella branding architecture(모두가 니베아임) 때문에 높은 수준의 고객 충성도를 얻는 것을 보면서, 로레알 파리는 자 브랜드들daughter brand(엘세브Elseve, 플레니튀드Plenitude, 엘네트Elnett 등)보다 더 큰 중요성을 지닌 진정한 수평적 브랜드가 되기로 결정했다. 이러한 모 브랜드 mother brand의 목표는 자 브랜드들 간의 교차 충성도cross-loyalty를 높이는 것이었다.

유니레버Unilever는 자신의 고객 데이터베이스 분석을 통해 스킵Skip의 MVCs(most valuable consumers)의 78%가 일반적인 유니레버 제품들의 MVCs이기도 하다는 사실을 알아냈다. 이것은 선Sun의 MVCs의 76%, 도브Dove의 69%, 립톤 아이스티Lipton Ice Tea의 66%, 시그널Signal의 63%도 마찬가지이다. 궁극적으로 이것은 수평적인 유니레버 브랜드에 대한 문제를 제기했는데, '브랜드 하우스' 구조house of brands architecture에서 서로 관련 없는 다양한 제품 브랜드들에 기초한 조직이 갖는 까다로운 문제였다.

그러나 단기적으로는 이용될 수 있는 기회가 존재한다. 이를테면, 스킵Skip의 MVCs에게 그룹의 다른 제품들을 소개하는 것이다. 이런 이유에서뿐만 아니라 집단적으로 고정비용을 부담하는 방식으로서 그룹 CRM이 구축되고 있다.

CRM과 관련한 핵심 질문들은 단일 브랜드나 멀티 브랜드 접근에 관한 질문이다. 다노 앤 리빙 매거진Danoe and Living Magazine(유니레버) 같은 소비자 잡지들과 P&G에서 나오는 같은 종류의 잡지들은 멀티 브랜드 접근을 보여준다. 그리고 그것들은 어떤 쿠폰이나 신제품을 어느 고객에게 제안해야 하는지를 결정하는 등, 각각의 우편 발송을 상당한 정도로 맞춤화하고 있다. 이 잡지들은 교차 판매에 상당한 중점을 둔다. 이것은 각 브랜드가 자체의 관계 기반 프로그램을 실행하는 것을 막지는 않는다. 그런 프로그램은 예를 들어, 직접 대면이나 브랜드 웹사이트 포럼을 통해 고객과 관련된 문제들에 대해 논의하는 자리를 마련하는 것이다. 그런 접촉을 가능하게 하는 다른 채널 또한 존재한다. 그 예로 실제 소비자 서비스를 제공하는 콜센터를 들 수 있다.

국제화를 통한 성장

자국 시장이 성숙되었을 때 브랜드는 더 나은 시장을 찾아야 한다. 모든 브랜드들이 동쪽, 즉 동유럽 국가들과 러시아 그리고 인도와 중국을 바라보는 이유가 여기에 있다. 미래의 두 자리 성장 시장이 그곳에 있다. 이에 관한 문제들은 글로벌화에 관한 장에서 다룬다. 브라질과 아르헨티나 또한 남미의 경제 위기가 끝이

나면 성장 시장으로서 가치를 가질 수 있다. 마지막으로 세련된 니즈들을 충족시키는 브랜드들은 북미에서 성장 원천을 찾을 수 있다.

예를 들어, 에비앙 워터Evian water는 1991년 이래로 자국 시장에서 전례없는 도전을 받아 왔다. 저가 생수가 출현해 에비앙 가격의 3분의 1로 팔린다. 저가 생수들은 그 속에 일정량의 미네랄 성분이 있는 '미네랄 워터'가 아니라 '샘물 spring water'이다. (또다른 카테고리는 지금은 유명해진 코카콜라Coca-cola의 다사니 Dasani, 다농 워터Danone water와 네슬레 아쿼럴Nestle Aquarel 같은 '정제수purified water'이다. 이 브랜드들 대부분은 북미와 신흥 개발국에서 팔리며, 유럽에서는 거의 팔리지 않는다.) 에비앙Evian은 여전히 가치 점유율 면에서 리더임이 분명하지만 규모 점유율 리더는 저가 브랜드인 크리스탈린Cristaline이다.

상당한 가격 차이를 갑자기 정당화해야 하는 것이 얼마나 어려운지는 쉽게 알 수 있다. 1972년, 20억 리터 생수 시장의 80%를 4개의 브랜드가 차지했으며, 그 가운데 에비앙은 653백만 리터로 리더였다. 그 후로 17개의 주요 경쟁자들이 시장에 진입했으며, 2003년에는 4개의 주요 브랜드들이 70억 리터로 성장한 시장에서 오직 40%만을 차지한다. 에비앙의 연간 판매 규모는 현재 793백만 리터이다. 이 브랜드는 3가지 전략적 조치들을 통해 가치 면에서 매출을 증가시키는 데 성공했다.

- 포맷, 포장, 그리고 포장팩 처리에서의 계속적인 혁신. 명백히 아주 사소한 이런 개선이 물을 사야 하는 누군가에게는 큰 중요성을 가질 수 있다.
- 브랜드 아이덴티티를 벗어나지 않으면서, 일반적인 건강과 자연의 컨셉에서 균형의 컨셉으로, 그리고 지금은 영원한 젊음이라는 컨셉으로의 체계적인 브랜드 재포지셔닝.
- 브랜드 확장. 1962년 초, 에비앙은 브랜드 확장의 선구자였다. 병원의 요구에 대응해 에비앙은 환자와 아기 얼굴 위에 수분을 기화시키는 스프레이를 선보였다. 2001년, 또 다른 훼이셜 스프레이 브랜드인 에비앙 어피니티 Evian Affinity가 존슨 앤 존슨Johnson and Johnson과 제휴로 출시되었다. 출시 2년 후에는 대량 시장인 훼이셜 화장품 분야에서 매출 면에서 다섯 번째

| 표 8.2 | 국내 이미지와 국제적 이미지는 어떻게 다른가 : 에비앙 사례

나라	프랑스	독일	영국
에비앙에 대한 인식(퍼센티지)			
건강에 좋다	46	42	49
고품질이다	46	22	28
전통적이다	23	8	13
최신 유행이다	12	19	19
상류층 소비자용이다	3	15	11

브랜드가 되었다. 이런 확장은 물로서 보다는 건강과 미용의 원천으로서 에비앙에 대한 재포지셔닝과 일관된 것이다.

에비앙의 비즈니스를 훨씬 더 수익성 있게 만드는 것은, 1리터의 물이 영국, 독일, 미국, 캐나다, 일본과 같은 나라들에서는 프랑스에서 보다 2배의 가격으로 팔릴 수 있다는 사실이다. 소프트음료의 지나친 소비와 그것을 따라다니는 비만 신드롬에 대한 반작용으로 몸에 좋은 생수에 대한 요구가 커지고 있다. 실질적으로 콜라가 아닌 음료un-cola는 스프라이트sprite나 세븐업seven-up이 아니다. 바로 에비앙Evian이다. 그 운송비에도 불구하고 미국에서 에비앙을 판매하는 것은 높은 마진을 준다. 가장 큰 문제는 네슬레와 코카콜라 사가 이미 싼 정제수 브랜드를 구축한 시장에서 소비자들에게 접근하고 가격 프리미엄을 정당화시키는 일이다. 북미에서 모든 아울렛과 자동판매기에서 에비앙을 유통시키기 위해서 코카콜라와의 제휴가 필요한 이유가 여기에 있다.

오늘날 수출은 에비앙 매출의 50%를 차지한다. 각 나라에서의 그 브랜드의 역할은 미네랄워터 비즈니스를 구축하고 영향력 있는 준거 브랜드referent, 즉 최신 유행의 프리미엄 포지셔닝을 가진 브랜드가 되기 위해 (단순한 정제수가 아닌) 미네랄워터 시장을 창조하는 것이다(표 8.2 참조).

표에서 볼 수 있듯이 이러한 포지셔닝은 잘 지각되었지만 에비앙이 더 높은 품질의 물이라는 것을 대중에게 진정으로 확신시키는 데는 실패했다. 그 결과 고급스런 물luxury water이라는 최초의 포지셔닝은 에비앙 브랜드를 그 카테고리의 준거 브랜드로 만들기 위해 교체되어야 했다. 그래서 새로운 글로벌 광고 캠페인, '건강함을 느끼는 또 다른 날, 또 다른 기회Another day, another chance to feel healthy'가 나오게 되었다.

09 *Sustaining a Brand Long Term* 장기적인 브랜드 유지

외관상으로 현대적이고 최신인 많은 브랜드들이 오랫동안 우리 주위에 존재해 왔다. 그 가운데 몇몇을 들자면, 코카콜라는 1887년 5월 29일 태어났고, 아메리칸 익스프레스American express는 1850년, 미쉐린 비벤덤Michelin bibendum은 1898년, 월풀Whirlpool은 1911년, 카멜Camel은 1913년, 다농Dannon은 1919년, 알카-셀처Alka-Seltzer는 1931년, 말보로Marlboro는 1937년, 캘빈 클라인Calvin Klein은 1968년에 각각 태어났다. 이들은 다른 브랜드들이 희미한 기억만을 남긴 채 시장에서 사라지는 동안 살아남은 브랜드들이다.

여러 해 동안 변함없이 어필하는 몇몇 브랜드가 우리에게 상기시키는 사실이 있다. 제품들은 언제가는 사라져야 할 운명이고 미룰 순 있어도 피할 순 없는 다소 긴 라이프 사이클에 지배되는 반면에 브랜드는 시간의 영향을 피할 수 있다는 것이다.

많은 수의 뛰어나고 잘 알려진 브랜드들이 사라졌고, 몇몇 브랜드들은 여전히 사투 중이다. 몇몇 브랜드들은 시간이 지나도 살아남아 계속 젊음을 유지하는데, 몇몇 브랜드들은 그렇지 못한 이유는 무엇인가?

시간은 시장뿐만 아니라 사회에 영향을 미치는 변화의 편리한 지표로서 기술적이고 문화적인 이중의 전선에서 브랜드를 쇠퇴 위험에 직면하게 만든다. 시간이 지나면서 기술적인 진보는 널리 이용 가능하게 되고, 기존 브랜드들의 부가가치의 균형을 불안정하게 만들고, 그들을 지속적인 개선의 사이클로 밀어넣는 더 값싼 새로운 진입자가 등장한다.

시간이 지남에 따라 소비자들은 더 까다로워져서 맞춤화된 제품을 기대하거나 아니면 싫증이 나서 단순하고 더 싼 제품을 선호하게 된다. 시간은 또한 가치, 관행, 소비자 습관의 문화적 진화를 표시한다. 시간이 지나면 현재의 고객은 나이가 들고 새로운 세대가 등장하기 때문에 처음부터 다시 그들의 마음을 사로잡아야 한다. 마지막으로 시간은 또한 브랜드의 기호signs, 단어words, 심벌symbols 그리고 광고 캠페인을 조금씩 마멸시킨다.

소매 분야의 변화들은 훨씬 더 큰 파급력을 가진다. 독일에서 시작된, 유럽에서의 하드디스카운트 스토어의 부상을 예로 들면, 그것은 이미 소매업의 선도적인 형태가 되었으며, 현재 유럽에서 20%에 가까운 시장 점유율 차지하고 있다. 이에 대한 대응으로 하이퍼마켓들은 저가 제품 계열을 만들어내고, 그들의 스토어 브랜드에 해가 되는 일을 피하기 위해 빅 브랜드들과의 가격 차이를 벌려 왔다. 그래서 브랜드들로서는 갑자기 확대된 이런 가격 차이를 감당하기 위해 더욱더 강력해져야 했다.

일본에서도 소매 분야는 변화를 맞이하고 있다. 와인과 주류 시장에서 술집은 시장 점유율이 32%에서 30%로, 소규모 상점들은 14%에서 10%로 그리고 주류 판매 스토어liquor store는 34%에서 28%로 떨어졌다. 이들 모두는 그 점유율을 슈퍼마켓에게 빼앗겼으며, 슈퍼마켓의 점유율은 20%에서 32%로 증가했다. 선택의 폭은 작아도 추천을 해주는 처음 3가지 소매 유형과는 다르게 슈퍼마켓은 광범위한 선택의 폭을 제공하지만 권유를 해주지는 않는다. 이런 변화는 과거 스토어 내에서의 권유를 통한 푸시 전략push strategy에 의존했던 모든 와인에 큰 타격으로 다가왔다. 이는 전적으로 브랜드의 유명세에 의지해 온 호주나 미국 와인에게는 이점을 주었다.

따라서 특정 유통경로와 연관된 브랜드들은 그들이 매우 가깝게 연결되어 있는 유통경로의 예측 불가능한 변화에 쉽게 영향을 받는다. 위생과 미용의 측면에서 약국 유통경로는 계속해서 하이퍼마켓과 슈퍼마켓에게 그 기반을 빼앗기고 있다. 실제로 슈퍼마켓과 하이퍼마켓 브랜드는 그들의 제품 수준을 점차 향상시키고 있다. 폰즈Pond's, 올레이Olay, 비오레Biore, 로레알 파리L'Oreal Paris, 니베아Nivea 등등이 그것이다. 이는 그 유통경로를 점점 더 매력적으로 만들고 다른 유통경로들에 대한 압력을 증가시킨다. 이에 대처하는 2가지 가능한 방법이 있다.

그 첫 번째는 위기에 직면한 유통경로에 있는 브랜드들을 강화함으로써 그 매력도를 높이는 것이다. 이는 유세린Eucerin(니베아), 라로슈포제La Roche Posay, 비쉬Vichy 같은 브랜드들이 택한 접근이다. 다른 접근은 이중 경로twin channel라는 것이다. 약국에서 획득한 명성을 이용해 슈퍼마켓에서 제품을 파는 것이다. 이는 뉴트로지나Neutrogena의 옵션으로, 매출 성장 관점에서는 유혹적이지만 잠재적으로 브랜드 에쿼티brand equity에 위협이 되는 것이다. 결국 매출은 증가할지 모르지만 브랜드 명성brand reputation에는 무슨 일이 일어나겠는가?

영속하는 것으로 보이는 몇몇 브랜드들에 공통의 특징이 있는가? 편리한 대로, 누군가 이렇게 말할 수 있을 것이다. 앞 장에서 다룬, 브랜드 논리를 이해하는 것이 브랜드가 쇠퇴나 소멸의 길로 떨어지는 것을 막는 최선의 보루를 제공한다. 일반적인 정의는 그 공통의 특징을 이렇게 요약한다. '경쟁에 의해 끊임없이 훼손되는 부가가치를 방어하는 것'이다.

이 문제를 집약하는 다음 문장은 전임 다농 월드와이드 CEO, 앤트완 리보Antoine Riboud의 것이다. "나는 브랜드가 가진 압도적인 힘의 존재를 믿지 않는다. 내가 믿는 것은 일이다 do not believe in the overpowering might of brands, but I believe in work." 브랜드는 한번으로 끝나는 작업이 아니라 부가가치를 재구축하는 항시적인 노력의 목표이다. 현재의 제품은 변화하는 요구를 충족시키기 위해 계속해서 변화되어야 하며 동시에 브랜드의 성장을 유지하기 위해 미래의 새로운 컨셉들이 창조되어야 한다.

위기를 이겨내고 수 년간 지속된 수많은 브랜드들에 대한 분석은 이러한 선순환virtuous spiral의 핵심 성공 요인들을 알려줄 수 있을 것이다. 그리고 그것은 이장의 목적이기도 하다.

브랜드 라이프사이클은
존재하는가?

신기하게도, 브랜드 라이프사이클brand life cycle의 컨셉은 브랜딩에 관한 대부분의 책들에서 빠져 있다. 제품과는 달리 브랜드는 라이프사이클을 갖지 않는다는 의미인가? 그러나 실제로는 브랜드가 라이프사이클을 갖는지 여부에 관한 문제는 다수의 법적 분쟁에서 흔하게 마주치게 된다. 예를 들어, 2002년, 럭셔리 브랜드와 제품의 세계적인 선도 그룹인 LVMH는 유명한 컨설팅 그룹인 모건 스탠리Mogan Stanley가 (1854년 생겨난) 루이비통Louis Vuitton 브랜드가 이제는 '성숙 브랜드mature brand'라는 견해를 표현한 것에 대해 소송을 제기했다. 이러한 모건 스탠리의 판단은 애널리스트와 그 고객들, 주식 투자자들에게 묵시적이고 명시적인 결과들을 가져왔다. 성숙 단계는 제품의 라이프사이클의 전형적인 단계로, 출시와 성장에 이은 세 번째이고 쇠퇴 바로 전 단계이다. 브랜드를 성숙 단계로 묘사하는 것은 실제로 쇠퇴로부터 멀지 않았음을 암시하며, 따라서 그 성공에 손상을 입히고 LVMH의 주가에 나쁜 영향을 끼칠 수 있다.

제품 라이프사이클은 실제로 존재한다. 역사적 증거가 그것을 입증한다. 모든 제품(물리적인 속성들의 묶음을 의미한다)에는 끝이 있다. 문제는 제품 라이프사이클의 컨셉이 대부분 뒤늦게 개발된다는 것이다. 지금 나일론, 트랜지스터, 메인프레임 컴퓨터, 미니컴퓨터, 워드 프로세싱 기기 등의 제품 라이프사이클을 재구성하는 것은 쉬운 일이다. 이 제품들은 더 효율적인 솔루션들에 의해 대체되었다. 마이크로소프트Microsoft는 왕Wang을 소멸시켰다. 워드 프로세싱 소프트웨어는 전용 하드웨어보다 더 나은 솔루션이었다. 전체 나일론 산업의 총매출액을 살펴보면 전형적인 패턴을 발견하게 된다. 즉, 탄생과 출시 단계, 성장 단계, 성숙 단계, 그리고 쇠퇴 단계이다. 성숙 단계에서는 매출이 정체 상태를 보인다.

사후after-the-fact 컨셉으로서 제품 라이프사이클 모델은 언제나 옳다. 그러나 포퍼Popper가 과학철학에서 보여준 것처럼 반증될 수 없는 컨셉과 이론들은 그로 인해 올바르지 않다. 실제로 관리자들은 제품 라이프사이클에서 그들이 어느 위치에 있는지에 대해 결코 느긋해 할 수 없다. 매출의 정체를 성숙 단계에 도달한 증거로 해석한다면 그들은 적절한 마케팅 결정을 내려야 한다. 대신에 그들은 매출의 정체가 단지 약화된 마케팅 탓이며, 그 원인을 규명하고 바로잡음으로써 매출을 다시 증가시킬 수 있다고 주장할 수도 있다. 제품의 매출을 다시 증가시키는 길은 다양하다.

- 라인 확장line extension을 통해 단기의 새로운 시장 경향을 파악하고 브랜드 가시성brand visibility을 높인다.
- 유통 확장distribution extension을 통해 브랜드를 고객이 있는 곳이면 어디에서나 구매할 수 있도록 만든다.
- 잠재적인 더 값싼 대체품과의 가격 차이를 줄인다.
- 지속적인 '변경facelift'과 혁신을 통해 고객에게 더 많은 가치를 제공하고 지각된 차이를 재창조한다.
- 가치 제안을 현재의 경쟁 상황에 맞게 변화시키기 위해 재포지셔닝을 하고 광고나 커뮤니케이션을 쇄신한다.

브랜드는 제품이 아니다. 분명 그것은 제품이나 서비스에 기초를 두고 있다. 나이키Nike는 운동화로, 라코스테Lacoste는 셔츠로, 로레알L'Oreal은 염색제로 시작되었다. 그러나 이런 예들이 의미하듯이 브랜드는 한 가지 제품으로 시작해 다수의 제품들로 성장을 지속해나간다. 루이비통Louis Vuitton은 상류 계급을 위한 짐 가방 메이커로 시작했지만 그 이후로 많은 제품 카테고리를 커버하는 럭셔리 브랜드가 되었다. 최근 창의적인 디자이너 마크 제이콥스Mark Jacobs를 고용해 루이비통 최초의 의류 라인을 만들었다. 향수도 곧 출시될 것이다. 브랜드는 새로운 제품들과 그것들의 내재적인intrinsic 성장을 타고 나아간다. 이런 과정에 끝이 있는가? 이런 방식으로 관리되는 브랜드들은 정체 상태 단계에 도달해야 하는가?

한 가지는 분명하다. 이런 방식으로 관리되지 않고 한 가지 제품만을, 심지어 한 가지 버전의 제품만을 고수하는 브랜드는 제품 라이프사이클의 영향에서 벗어나기 힘들다. 사실 우리 모두는 매우 특정한 제품을 가리키는 브랜드들을 알고 있다. 마미트Marmite(영국 특유의 풍미를 가진 스프레드), 제록스Xerox(사진 복사기), 폴라로이드Polaroid(즉석 카메라), 원더브라Wonderbra 등이다.

분명 아리엘Ariel이나 스킵Skip 같은 브랜드는 강력하고 거품이 적은 세제 시장에서는 더 이상 성장을 못하고 있다. 이들의 시장 점유율은 11~12% 내외이다. 규칙적인 혁신을 통해 단절disruption을 창출하려고 하지만 이는 곧 모방되고 '참호전trench war의 양상으로 변한다. 이들의 성장은 2가지 원천에서 나올 것이다. 첫 번째는 지리적인 것이다. 러시아 시장과 이전의 사회주의 국가들이 모두 정복을 기다리고 있으며, 아시아도 마찬가지이다(비록 미국에서의 아리엘과 동등한 위치에 있는 타이드Tide에 의해 이루어지겠지만). 두 번째는 브랜드 확장brand extension이다. 아리엘을 왜 세제 시장의 공동 리더가 되는 것만으로 만족해야 하는가? 그 범위, 사명을 전반적인 섬유 탈취제fabric care로 재정의하지 않는가?

물론 전 세계 모든 국가들이 정복되고 모든 가능한 확장들이 이루어지고 나면 총매출에서의 안정화는 어김없이 일어나게 될 것이다. 이런 장기적인 예측은 "결국 우리 모두는 죽는다"는 케인즈J M Keynes의 유명한 언급만큼이나 확실한 것이다. 그러나 실제로는 단기와 중기의 관점에서 언제나 성장의 원천들이 발견될 수 있다. 그것은 오직 더 많은 노력을 요구한다.

어쨌든 브랜드 가치의 회계에 있어 최근 등장하는 중요한 규범은 이러한 브랜드 라이프사이클의 실질적인 존재에 관한 문제에 분명한 답은 주고 있다. 브랜드 가치는 단지 그것의 수명에 관한 분명한 예측이 어렵다는 이유만으로 일정하게 단순 상각되어서는 안 된다. 5년, 10년, 40년에 걸쳐 상각하려면 그런 예측이 있어야만 한다. 전 세계적으로 받아들여지고 있는 회계 기준이나 규범들은 (역사적 설명이 아닌) 실무적 컨셉으로서 브랜드 라이프사이클의 개념notion을 배제한다.

깨지기 쉬운 부가가치의 균형

근본적으로 제품 차별화와 연결되어 있기에, 브랜드는 시장에 부가가치를 가져온다. 부가가치는 유형적 토대(예를 들어, 더 우수한 '강화된augmented' 제품을 제공한다)와 무형적 또는 비물질적 토대를 가질 수 있다. 빅 맥Big Mac이 롯데리아Lotteria 햄버거(한국의 경쟁업체)보다 결코 품질이 월등하지 않음에도 불구하고 소비자들을 맥도날드McDonald's로 가게 하거나 리바이스Levi's가 항상 편하지는 않지만 자연스럽게 사입게 만드는 것은 바로 후자이다. 소비자들에게 가격 차이를 정당화시키는 것이 부가가치이다. 당신은 요구르트를 원하거나 아니면 다농Danone을 원한다! 거기에는 유형과 무형의 부가가치와 가격 간의 자연스런 균형equilibrium이 있다.

가장 전형적인 예가 치즈 회사인 본그레인Bongrain의 접근 방법이다. 이 회사는 10가지가 넘는 새로운 치즈 브랜드를 만들었는데, 각각의 경우에 체계적으로 제네릭 카테고리generic category를 선택해 그것에 유형적인 품질 우위점을 부가시켰다. 예를 들어 '카프리스Caprice des Dieux' 치즈는 항상 입안에서 살살 녹는 경험을 선사하는데, 이는 다른 카망베르camemberts 치즈는 품질이 너무 불안정해서 제공할 수 없는 것이다. 더 나아가, 이 회사는 자신의 독특한 제안의 기초로서, 그리고 그 매력을 극대화하기 위해 제품 이름, 포장, 광고를 통해 이미지의 측면에서 큰 가치big value를 부가한다. 이 두 요소는 높은 가격 프리미엄을 정당화하는데, 이것은 판매 규모에 의해 배가되었을 때 장기적인 수익율을 유지한다. 그리고 그 수익의 일부는 생산, 연구개발과 품질 혁신에, 또 다른 일부는 브랜드 광고에 재투자된다. 표 9.1은 일반 소비재FMCG 카테고리의 제조업체 브랜드에 전형적인 이런 접근방식을 요약한 것이다.

정상적인 브랜딩 논리에 따르면 광고의 역할은 이미 그것 없이도 잘 팔리는 제품의 확산을 가속화하는 것이다. 치즈의 경우, 품질 차이는 미각적이고, 영양과 관련 있고, 실용적이고 또는 미학적인 것이다. 그 이미지는 가시적인 것들, 예를 들어, 브랜드의 이름, 제품의 외관, 가격 수준, 그리고 광고로부터 나온다(표 9.2 참조). 본그레인의 경우 브랜드는 광고가 없더라도 팔릴 수 있어야 하는데, 이는 그 제품의 부가가치가 판매 진열대에서 지각가능하다는 표시이다. 동시에 광고는 눈에 보이지 않는 것, 즉 무형의 부가가치를 전달한다. 이것이 바로 이미지가 유형과 무형의 가치로부터 만들어지는 이유이다(표 9.1(a) 참조).

문제는 경쟁자가 언제까지나 소극적인 채로 머물러 있지는 않는다는 것이다.

| 그림 9.1 | 브랜드와 부가가치

(a) 위기 이전의 경사도

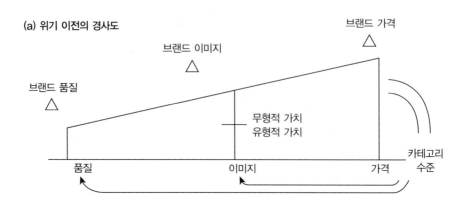

(b) 브랜드 위기

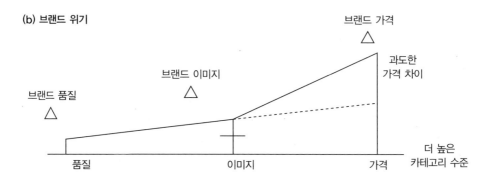

(c) 위기 이후

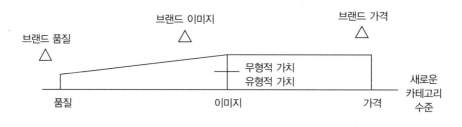

적어도 품질 면에서는 전체 제네릭 카테고리의 기본 수준이 향상되고 있다. 이런 점이 브랜드의 지각된 품질 차이를 침식하지만(표 9.1 b) 그 이미지 또한 깎아내린다. 그 이유는 예를 들어, 표현presentation의 측면에서 자체 라벨이 만들어낸 진보(때때로 비굴한 모방에 가까운) 때문이다.

불행히도 그 가격 차이는 그대로이기 때문에 부가가치의 균형이 깨지게 되며 수요 하락으로 이어진다. 그렇게 되면 회사는 광고비용을 대폭 줄여 그에 대응하게 되고 결국 이미지 차이도 감소된다. 브랜드의 가격 프리미엄은 존재하지만 더 이상 부가가치와 일치하지 않는다. 이것이 본그레인에게 불경기 동안 일어난 일이다. 이 회사는 많은 제품 브랜드 중 일부에 대한 광고 지원을 중단해야 했고, 엄브렐러 브랜드를 도입하는 등 자신의 브랜딩 모델을 다시 만들어야 했다.

어떤 전략이 그 하락을 멈추게 할 것인가? 우선 원래의 업vocation으로 돌아가는 것을 고려해야 한다. 제조업체 브랜드는 제조에 탁월해야 한다. 이는 생산, 제조 설비, 가치 분석을 완전히 재고하는 것을 의미한다. 고객 가치로 전환되지 않는 비용의 원천, 제품 가격을 인상시키는 모든 자원의 낭비가 밝혀져야 한다. 벤치마킹과 리엔지니어링 역시 고려할 가치가 있다. 또한 확장 라인에서 한계 제품들을 없애고, 그럼으로써 (물류, 복잡성, 관리 비용 측면에서) 과다한 프로모션으로 발생되는 비용을 삭감해 생산성 향상을 꾀할 수 있다.

P&G의 예가 이를 잘 보여준다. 1992년과 1993년에 P&G는 최초로 대대적인 생산성 프로그램에 착수했다.

- 먼저 일부 약한 브랜드들(시트러스 힐Citrus Hill 과일주스, 클라리온Clarion 화장품)은 철수시키고, 다른 브랜드들은 합병시켰다(퓨리탄Puritan오일은 크리스코Crisco에, 화이트 클라우드White Cloud 화장지는 더 강력한 이웃 브랜드인 차밍Charmin에 합병되었다). 여기에다 유명한 러브스Luvs 기저귀 17가지 가운데 7개를 폐기했고, 카메이Camay도 그 제품 라인 중 1/3을 없애버렸다.
- 두 번째로, P&G는 '매일 매일 저렴하게Every Day Low Price'라는 정책을 채택하였고, 그럼으로써 비용만 야기하고 관리는 더욱 복잡하게 만드는 수많은 판촉행사들보다는 연중 지속적으로 가격을 낮게 유지하는 것을 선호하게 되었다.
- 세 번째로, 직원 감축과 몇몇 공장의 폐쇄가 단행됐다(3년간 30개의 공장이 문을 닫았다).

| 그림 9.2 | 식품 브랜드의 부가가치 원천

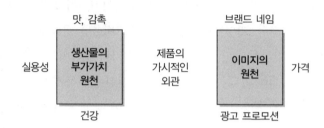

이로 인해 절감된 수억 달러가 소매가격을 극적으로 낮추는 데 사용되었다. 카메이Camay 비누는 33%, 러브스Luvs 기저귀는 26%, 팸퍼스Pampers는 16%가 낮아졌다. 그런 과정을 통해 그동안 가격차가 늘어나 점차 밀려났던 시장 중심부로 다시 복귀할 수 있었다. 켈로그Kellogg's 역시 1996년 가격 인하를 단행했다. 하지만 생산성에서의 모든 이득이 유통으로 넘겨졌다고 믿는 것은 실수이다. 가격 인하로 장기적인 브랜드 충성도를 구축할 수는 없다. 충성도는 부가가치를 창출하고 그것을 브랜드에 주입함으로써 성취된다. 생산성 이득의 주된 부분은 연구조사와 새로운 제품을 출시하는 데, 또는 광고를 통해 기존 제품의 매력도를 높임으로써 그것을 쇄신하는 데 사용되어야 한다. P&G는 1992년부터 1995년까지 신제품에 대한 투자를 30% 가량 증가시켰다. 본그레인Bongrain에서도 브랜드를 지원한다는 것은 생산성 이득의 대부분을 다시 브랜드에 재투자하는 것을 의미했다. 이런 비용 절감분을 유통업체에 제공해 소비자들에게 그것을 이전하게 하는 것은 실수일 수 있다. 왜냐하면 유통업체들은 종종 밑지고 팔거나 가격을 할인할 수밖에 상황에 놓이기 때문이다. 저가로 판매하는 것은 부가가치를 증가시킬 수단을 찾는 문제를 해결해 주지 않는다.

지각된 차이의 재창출

브랜드는 시장에 접근하기 위해 진보가 취하는 이름이다. 효소 첨가라는 세제 분야에서의 진보는 아리엘Ariel, 스킵Skip, 타이드Tide라 불리워진다. 인스턴트 커피에서의 진보는 네스카페Nescafe로 불리워진다. 그러나 진보는 중단되지 않는다. 품질이나 서비스의 가장 최신 수준이 시장에 의해 빠르게 통합되고 표준이 된다. 오래지 않아 유통업체 자체 브랜드 제품에서 그 정도 수준을 찾을 수 있게 된다. 지속적이면서 때로는 선택적인 혁신은 브랜드의 운명이다. 이는 또한 강력한 무형적 부가가치를 가진 제품에도 적용된다. 예를 들어, 향수 브랜드 오 쥰Eau Jeune(사전적 의미로 '젊은 물')은 오직 그 때마다 시대와 함께 움직일 수 있는 새로운 버전들을 출시할 때에만 살아남을 수 있다. 이는 끊임없이 그들의 예술이 아닌 그들의 제품을 쇄신해야 하는 럭셔리 브랜드만이 아니라 유행 브랜드와 패션 디자이너에게도 적용되는 것이다. 럭셔리 브랜드는 미이라가 되는 일이 없도록 시대와 함께 움직여야만 한다.

따라서 네스카페Nescafe가 시장에서 예외적으로 긴 수명과 리더십을 보여줬던 것은 이렇게 설명될 수 있다. 1945년에 만들어진 이 브랜드는 인스턴트 커피의 맛을 끊임 없이 개선시키는 미세한 노력들 또는 '커피 맛coffee taste'을 이루는 900가지 향의 일부를 재현해내는 주요한 기술적 혁신을 통해 결코 혁신을 중단하지 않았다. 이 제품은 그 맛이나 편의성(포장 용기를 철에서 유리로 대체) 또는 환경친화적 고려(리필의 도입)나 그 외양적인 측면에서 결코 발전을 멈추지 않았다. 기술적 혁신과 냉동건조 방식에 의한 진보를 나타내기 위해 네스카페는 '스페셜 필터Special Filter'라는 이름 아래 작은 알갱이들의 형태를 취했다.

1981년에는 더 많은 향을 재현해낼 수 있게 되었으며, 이는 실질적인 제품 계열(알타 리카Alta Rica, 캡 콜롬비아Cap Colombie)의 창조와 남미에 초점을 맞춘 새로운 광고를 통해 알려졌다. 그 후로 '풀 아로마full aroma'라고 불리는 새로운 제조방식이 갓 볶아낸 커피의 향을 더욱 잘 유지하게 만들었다. 혁신과 광고는 오랜 기간 성공하는 이 브랜드의 양대 축이다. 이 점증적인 과정은 결코 끝나지 않는다.

질레트Gillette의 리더십도 같은 패턴을 따른다. 이 다국적 기업의 매출에서 37%를 차지하는 것이 최근 5년간 출시된 제품들이었다. 이전 제품들이 완전히 자리를 잡기도 전에 새로운 제품들을 출시함으로써 질레트는 안정적인 가격 프

| 그림 9.3 | 혁신: 경쟁의 열쇠

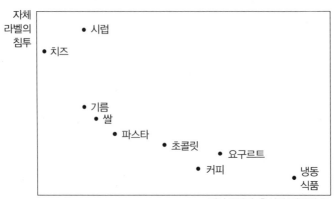

※ 출처: 맥킨지, 영국

리미엄을 정당화하고 유통업체 자체 브랜드에게는 작은 점유율만을 내주면서(일회용 제품 분야에서 18% 규모) 언제나 선두 자리를 유지한다. 그림 9.3은 이것을 잘 보여준다. 제품 카테고리에서의 혁신 비율과 유통업체 자체 브랜드의 침투 사이에는 엄격한 선형 관계linear relationship가 있다. 브랜드가 나태해지면 더 값싼 모방 제품들이 시장의 한 부분을 차지하게 된다. 이런 측면에서 매년 레고Lego 카탈로그에 실리는 250개 제품 가운데 80가지가 신제품이란 점은 주목할 만하다. 많은 분야에서 기업의 혁신율이 하락하자마자 그 기업은 곧 기반을 상실하기 시작한다.

유통에서 대규모로 노출되고 광고에 매일매일 오르내림으로써 브랜드는 더욱 친숙해지고, 가까워지며, 공감의 원천이 되고, 심지어는 충성도나 애착으로까지 발전된다. 브랜드의 강점을 계속 유지하기 위해서는 브랜드와의 관계를 형성하는 2개의 축을 강화하는 것이 필수적이다. 한 축은 인지적이고, 다른 축은 감성적이다. 혁신은 정확하게 바로 이 목적에 기여하는 것이다. 즉 브랜드가 스스로를 객관적으로 차별화하고, 다시 한 번 시장의 주목을 받을 수 있게 하는 것이다.

시간이 지남에 따라 지각된 차이가 감성적 관계보다 더 빠른 속도로 침식된다는 것은 주목할 만한 점이다. 호감은 더 이상 그 브랜드가 독점적인 지위를 갖고 있지 않은 경우에도 지속된다. 광고 에이전시인 영 앤 루비캄Young & Rubicam 의 연구는 이런 심리학적 사실을 상기시킨다. 전 세계 2,000개 브랜드를 대상으로 실시된 브랜드 자산 모니터Brand Asset Monitor라는 조사에서, 그들 관계의 2가지 단면(인지적인 축과 감성적인 축)에 비추어 그 브랜드들을 위치시켰다(브랜드가 성장하는 동안에는 인지적 단면이 감성적 단면을 앞선다는 사실을 유념하면서). 소비자는 브랜드의 차별성을 파악하기도 전에 커뮤니케이션이나 유통을 통해 그 존재에 대해 알게 된다. 그러면서 친근성familiarity과 호감esteem의 씨앗이 뿌려지는데, 이는 우리에게 즉각적 브랜드 인지도prompted brand awareness가 자발적 브랜드 인지도spontaneous brand awareness에 앞선다는 것과 자발적 브랜드 인지도는 감성적 평가와 상호연관되어 있다는 점을 상기시킨다. 자발적으로 떠오르는 브랜드들은 이 그룹에 속하기 때문에, 우리가 좋아하는 브랜드가 된다.

그러나 그림 9.4에서 보는 것처럼 브랜드의 쇠퇴는 자사 브랜드와 경쟁사 브랜드 간의 지각된 차이의 수준이(특히 그 제품 카테고리의 오피니언 리더들에게서) 저하되는 것에서 시작된다. 호감esteem과 감성적 유대emotional ties는 여전히 남아 있지만 소비자들은 그 브랜드와 경쟁자 간의 품질 차이가 거의 없어졌음 을 깨닫는다. 이제 소비자들은 그 브랜드를 좋아하지만 곧 등을 돌릴 수도 있다.

이 연구의 장점은 선호 점수liking score가 아무리 강하더라도 차별성의 저하는 브랜드 쇠퇴의 시작을 알린다는 점을 강조한 것이다. 불행하게도 많은 브랜드 리더들은 더 이상 자신들의 분야에서 품질의 준거로 여겨지지 않는다. 우리가 어릴 적부터 알고 있던 로터스Lotus, 크리넥스Kleenex 같은 브랜드를 좋아하지만 더 이상 그 브랜드들이 최상의 품질을 나타낸다고 생각하지는 않는다. 이 브랜드들이 리더십을 되찾기 위해서는 다시 제품에 초점을 맞춰야 할 것이다. 미국에서 벌어진 코크Coke와 펩시Pepsi의 결투는 좋은 예이다. 사람들은 종종 이 싸움을 두 거대 기업간의 광고비 싸움으로 축소시킨다. 그러나 실제로 코카콜라의 철학은 소위 3A 원칙, 즉 이용가능성Availability, 구매가능성Affordability, 인지도 Awareness에 있다. 코카콜라는 어디에서나 구할 수 있어야 하고, 저렴해야 하고, 항상 사람들의 마음속에 있어야 한다는 것이다. 또 다른 문구는 코카콜라의 야심을 이렇게 요약한다. '세상에서 가장 최고의, 가장 싼 소프트음료가 되는 것이다

| 그림 9.4 | 브랜드 성장과 쇠퇴 경로

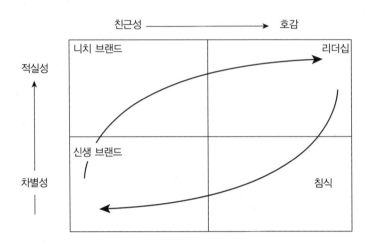

To be the best, cheapest soft drink in the world.'

　그러면 펩시콜라의 전략은 정확히 무엇인가? 코카콜라와 커뮤니케이션, 스폰서링 그리고 프로모션에서 경쟁할 수 없었기 때문에 펩시콜라는 제품과 가격에 초점을 맞추었다. 펩시콜라는 항상 미국 대중의 취향 변화에 맞춰 그 맛을 향상시키기는 데 노력을 기울여 왔다. 이것이 1975년 이후로 '펩시의 도전을 받아라 Take the Pepsi challenge' 같은 매우 공격적인 광고 캠페인을 벌이는 계기가 되었으며, 소비자들은 블라인드 테스트에서 자신들이 펩시의 맛을 더 선호한다는 것을 알고 놀라워했다. 더욱이 펩시는 항상 몇 센트 정도 코크보다 더 싸게 팔려고 노력한다. 이 전략은 효과적인 것으로 판명되었다. 우리는 그것이 1985년, 코카콜라로 하여금 맛에서 뒤지지 않기 위해 자신의 콜라 제조 공식을 바꾸게 했다는 사실을 알고 있다. 이것이 뉴 코크New Coke와 관련된 유명한 에피소드이다.

　당신은 브랜드의 우월한 이미지, 즉 지각된 차이라는 자본을 어떻게 지키는가?

・ 하나의 방법은 정기적으로 제품을 새롭게 바꾸고, 현재의 기대 수준에 맞게

업그레이드하는 것이다. 이것이 바로 폭스바겐Volkswagen이 골프Golf를 출시하고 나서, 골프Golf 2, 3, 4, 5를 출시한 이유이다. 세제 브랜드들도 2년 ~3년마다 한 번씩 제조 공법에 작은 변화를 주고, 5년마다 큰 변화를 준다. 이것이 아리엘Ariel과 스킵Skip이 품질의 리더십을 유지하며, 그들 자신을 가장 비싼 브랜드이자 시장 리더로 만드는 방법이다. 더욱이 유통업체 자체 브랜드 제품들은 재무적 수단의 부족으로 연구개발 경쟁을 따라갈 수 없다.

- 두 번째 방법은 같은 포지셔닝을 유지하면서 새롭게 부상하는 니즈들을 통합하는 것이다. 그렇게 함으로써 어떤 자동차 브랜드든 비록 볼보Volvo처럼 특별히 안전에 포지션되어 있지 않더라도 지금부터는 볼보만큼이나 안전과 환경까지도 염두에 두고 있다는 것을 보여주어야 한다.

- 세 번째 방법은 라인을 확장함으로써 계속해서 그 우월성을 확인시키는 것이다. 탈모를 치료하는 샴푸 브랜드는 크림, 로션 등으로 재빠르게 라인을 확장함으로써 이 문제로 고생하는 사람들의 다른 니즈를 커버할 수 있어야 한다. 이런 확장들은 브랜드가 중점을 두는 문제의 다른 측면들에 최선을 다해 대처하고 그 니즈와 관련된 준거가 됨으로써 그 리더십을 확고히 하려는 브랜드의 관심사를 보여준다.

- 네 번째 방법은 스스로 변화하고 더 노련해진 소비자들에게 적응하는 것이다. 라인 확장은 소비자들이 경쟁 제품을 써보는 일을 막기 위해 그들의 더 정교해진 니즈에 맞춰진 신제품을 제공해야 한다.

제이콥스 크릭Jacob's Creek은 그 좋은 예이다. 1984년부터 2004년에 이르기까지 20년에 걸쳐 영국은 와인을 마시는 국가가 되었다. 1인당 소비량이 1년에 7리터에 불과하던 것이 21리터 이상으로 증가했다. 이는 늘 그렇듯이 3가지 요소가 결합된 결과이다.

- 복합 상점multiple grocer들은 이 새로운 카테고리가 매우 매력적이라는 것을 깨달았다. 그들은 그것을 '목적지 카테고리destination category'로 만들고 싶어 했다.

- 유럽이나 호주를 여행하는 소비자들이 와인을 먹어보고 집에 돌아와서도 같은 경험을 하기를 원했다.
- 새로운 선수들은 기존 경쟁자들보다 영국 소비자들을 더 잘 이해했는데, 그 중에서도 신세계 와인 메이커들이 그들을 제일 잘 이해했다. 제이콥스 크릭은 1986년 처음으로 2가지 제품(드라이 레드와 드라이 화이트)을 선보였으며, 지금은 영국 최고의 와인 브랜드가 되었다.

새로운 음주자들은 빠른 학습자들이다. 와인의 마법에 힘입어 그들은 새롭게 획득한 와인 음미 기술을 사용하면서 그 카테고리를 탐험하고 싶어 한다. 그들은 곧 예전의 단순한 브랜드들을 버리고 새로운 경험을 찾길 원한다. 이런 소비자 성숙은 곧 제이콥스 크릭의 잠재적인 위험으로 인식되었다. 제이콥스 크릭은 점진적인 라인 확장으로 대응했다. 언제나 새롭게 변모하는 최고의 특별 한정 시리즈는 오피니언 리더의 기대(파커Parker의 와인 가이드, 와인 광, 레스토랑)에 부응하도록 디자인되었다. 그리고 좀 더 복잡한 포도 품종들에 기초한 다수의 하위 브랜드들은 진정한 리더가 그러하듯 고객을 유지하고 동시에 브랜드의 능력을 보여주도록 디자인되었다. 제이콥스 크릭은 자신의 라인을 위쪽으로 확장했다. 가격(2004)은 스파클링 와인sparkling wine이 4.59파운드에서 6.99파운드에 이르고, 진귀한 리저브 쉬라즈reserve shiraz는 8.99파운드에 이른다.

은행업 분야에서 신용 카드는 점차 부유해지고 더 높은 수준의 서비스와 보험 상품을 기대하는 고객층을 만족시키기 위해 끊임없이 확장을 시도한다. 비자Visa 다음엔 비자 프리미어Visa Premier가, 그 뒤를 이어 비자 인피니트Visa Infinite가 출시되었다. 매우 낮은 원가와 높은 수준의 지각된 가치를 통해 그 혁신은 중개인에서 은행에 이르기까지 모든 판매 체인들에 수입을 가져다준다. 아울러 혁신은 가장 값비싼 카드 소지자들 사이에서 독점성exclusivity의 느낌을 만들어내는데, 이러한 느낌은 이른바 '표준' 카드가 보급되면서 훼손되었던 것이다. 이것이 전형적인 아메리칸 익스프레스의 전략이다.

커뮤니케이션 투자

2002년, 다농 그룹Danone group은 주목할 만한 조치를 취했다. 다농의 가장 강력한 브랜드들의 광고 예산을 크게(20% 이상) 증가시키기로 결정한 것이다. 그 후로 다농의 광고점유율과 시장 리더십이 증가하게 되었다. 이와 마찬가지로 로 레알의 성공 스토리는 시장조사와 광고라는 2가지 축에 기초하고 있다.

커뮤니케이션은 브랜드의 무기이다. 커뮤니케이션은 눈에 보이지 않는 것들을 보이게 만들 수도 있고, 자사 제품이 경쟁사 제품 속에 파묻혀 보이지 않을 때, 특히 유통업체 자체 브랜드 제품이 소비자를 혼란시키기 위해 자사 제품과 유사함을 추구할 때 이들 경쟁자와의 차이점들을 두드러지게 보이게 할 수도 있다. 그것은 혼자서도 무형의 가치를 알림으로써 그 브랜드에 대한 애착을 유지할 수 있다. 비록 이러한 충성도가 매장 내 많은 프로모션들로 인해 침식된다 하더라도 말이다.

광고는 셀프 서비스 유통의 발달이나 판매 인력 감소의 결과이다. 또한 신속히 비용이 충당되어야 하고, 따라서 더 큰 규모의 시장을 필요로 하는 연구개발 투자의 결과물이기도 하다. 이 점이 반복적으로 말해져야 한다는 사실은 사람들의 마음속에, 심지어 마케팅팀 내에서조차 광고의 적법성에 관한 혼동이 존재한다는 것을 증명하는 것이다. 그리고 우리가 이런 진술을 뒷받침하기 위해 숫자들을 사용하는 이유이기도 하다.

그림 9.5가 보여주는 것처럼 유통업체 자체 브랜드의 시장 침투와 시장에서의 광고 지출의 정도(즉 광고에 지출된 매출의 퍼센티지로 측정된다) 사이에는 선형 관계가 존재한다. 광고는 진입 장벽이 된다. 그러나 제품 카테고리들을 조사해보면, 광고에 높은 투자를 보이는 카테고리는 또한 혁신과 리노베이션renovation에도 높은 투자를 하는 카테고리라는 점이 분명해진다. 그리고 혁신과 리노베이션은 대중의 의식 속에 브랜드의 현저성saliency을 재구축하기 위한 완벽한 기회이다. 부가가치를 만들어내는 것은 이 2가지 요소(혁신과 광고)의 결합이다.

표 9.1은 브랜드 자본을 지키고 유지하는 데 있어 광고의 역할을 보여준다. 여기서 잼jam은 예외인데, 이 제품은 주로 아이들이 소비하고 집에서 만든 것을 가

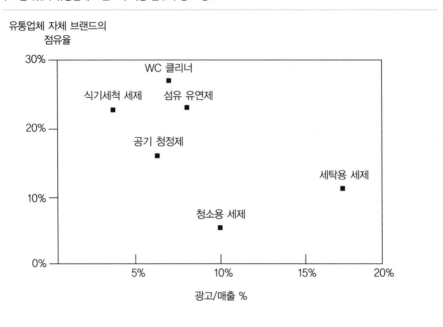

| 그림 9.5 | 유통업체 브랜드의 시장 침투와 광고 강도

※ 출처: 맥킨지, 영국

장 이상적으로 여기기 때문에 소규모 브랜드들이 더 선호된다. 이런 잼을 예외로 하면 광고가 매우 효과적인 것으로 나타난다. 아울러 광고에 큰 투자를 하는 카테고리들이 동시에 그들의 제품을 꾸준히 혁신하고 제품 차별화한다는 것을 알 수 있다.

누구도 가격 비교에서 자유로울 수 없다

혁신과 광고가 부가가치를 증가시킨다 할지라도 충성도가 반드시 따라오는 것은 아니다. 소비자들은 그 브랜드에 대해 민감하면서도 그것을 배신할 수 있다. 소비자들은 그 브랜드의 가격이 자신들이 제품 카테고리에 기꺼이 지불할 용의가 있는 가격 수준을 넘지 않는지 그리고 그 브랜드 프리미엄이 예상되는 부가적인 만족도를 고려할 때 적정한 수준인지를 따져본다. 유통업체도 역시 같은 태도

| 표 9.1 | 광고 비중과 자체 라벨 시장 침투

	광고/매출 율(%)	자체 라벨 시장 점유율(%)
시리얼	10	15
세제	8	11
커피	8	13
잼	7	47
버터	5	6
소프트음료	5	20
차	5	26
요구르트	2	39
사이다	2	36
생선	0.7	6
포도주	0.5	61

※ 출처: 맥킨지, 영국

를 갖고 있다.

경제적 성장의 시기에, 대형 브랜드들은 강한 프리미엄 가격과 넓은 충성 고객 층으로부터 얻어지는 전반적 수익을 극대화하기 위해 정기적으로 그들의 가격을 높여왔다. 지속적인 수익 증가를 보여줘야 하는 기업의 재무 담당자에게 제품 당 몇 페니 또는 몇 센트의 가격 인상이 의미하는 것은 무엇인가? 하지만 시장에 있어 그것은 지금 굉장한 중요성을 갖고 있다. 1993년 4월, 가장 유명한 브랜드 가운데 하나인 말보로Marlboro는 매출 부진을 타개하기 위해 미국 내 가격을 일방적으로 내림으로써 가격 인상 추세를 거스르는 최초의 기업이 되었다. 월스트리트Wall Street는 이 브랜드에 조종이 울렸다고 여기며 부정적인 반응을 보였다. 그리고 그날 모든 소비재 기업들의 주가가 큰 폭으로 하락했다.

그로부터 1년 남짓한 1994년 8월, 말보로의 시장 점유율은 전에 없이 큰 폭 (29.1%)으로 상승했는데, 이것은 1993년 3월, 그 유명한 '말보로의 금요일 Marlboro Friday' 직전보다 7포인트나 더 오른 것이었다. 10년전 프랑스에서도 필립 모리스Philip Morris가 '체스터필드Chesterfield' 가격을 11.6프랑에서 10프랑으로 낮추었는데, 당시 경쟁 기업들은 정부가 부과한 15% 세금 인상분을 소비자들에게 전가하려던 때였다. 두 달 사이에 '체스터필드'의 판매량은 300%가 뛰어올랐다. 시장 점유율도 2년 사이에 1991년의 1%에서 1994년에는 12.2%로 증가했다. 또한 1년 만에 젊은이들이 가장 선호하는 담배가 되었다(구매자의 71%가 25세 이하였다).

P&G 역시 브랜드 강화 프로그램에 따라 미국 내에서 브랜드 가격을 큰 폭으로 인하한 바 있다. 이는 산업 생산성, 마케팅, 판매를 증가시키기 위한 인상적인 프로그램에서 얻어진 절감분의 일부를 할당한 덕분이었다. 이 가격 인하는 무수한 미시적인 프로모션들에 종지부를 찍은 '매일 매일 낮은 가격으로Every Day Low Price' 정책의 일부였다.

이런 가격 인하는 브랜드가 계속 살아남길 원한다면 시장의 중심에 머물러 있어야 함을 보여준다. 이것은 초기 일본 그리고 지금은 한국의 침공을 받는 유럽 자동차 제조사들이 깨닫게 된 것이다. 그들은 모든 자동차 주문자 상표부착 생산 OEM 공급자들이 20%나 가격을 삭감하도록 만들었다. 휴대용 컴퓨터 제조사들도 혁신과 가격 인하를 동시에 단행해야 한다는 사실을 알고 있다. 실제로 월등한 부가가치에 대해 지불되는 가격 프리미엄은 차이를 나타내는 컨셉이다. 그것은 표준, 즉 비교 대상 브랜드의 준거 수준에 대해서 아무것도 말하지 않는다. 하지만 오늘날 많은 시장에서 이 표준은 절대적인 가치에 있어 하락하고 있다. 만약 독일에서와 같이 하드디스카운트 스토어가 유럽에 확산된다면, 그들은 특정 분야에서 그들 자신의 가격과 품질 수준을 브랜드 제품들이 가격 수준을 정할 때 고려해야 하는 표준으로 강요할 수 있다. 만약 브랜드가 자신의 가격 프리미엄을 조정하지 않는다면 그것은 시장에서 기반을 유지할 수 없게 된다.

이 주장은 가격 프리미엄이 브랜드의 지각된 부가가치보다 더 높은 경우에 더욱 더 타당하다. 그런 경우 브랜드는 시장의 최고급 세그먼트인 니치 시장으로 들어게 되며, 자신의 판매량이 떨어지는 것을 보게 된다. 그림 9.6에서 볼 수 있듯이 잠재적으로 가능한 비용절감은 비용의 30% 가까이 될 수 있다. 제품과 연결된 혜택의 일부가 때때로 고객들에게 높이 평가되지 않는다거나 생산 비용의 증가가 고객들의 눈에는 가치 없어 보이는 것이 사실이다. 이런 비용을 억제하고 새로운 가격 경쟁력을 되찾음으로써 얻게 되는 것이 더 많다. 게다가 '더 크고 더

| 그림 9.6 | 브랜드와 하드디스카운트 제품간 가격 차이의 원천

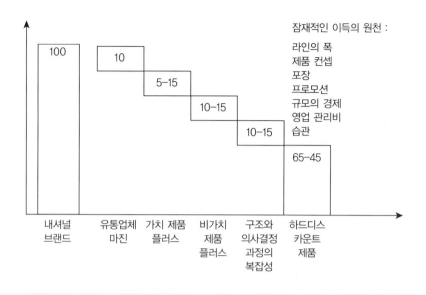

좋은 것'의 논리는 그것이 가격 인상을 수반하는 경우 비생산적counter-productive일 수 있다. 성능이 어떤 적정 수준을 넘어서면 효용은 그다지 증대되지 않는다. 또한 가격에 있어 수용 가능한 한계가 존재한다. 가정용 컴퓨터 분야에서 법칙은 소매가격이 2,000달러 벽을 넘지 않는 범위 내에서 소비자들에게 항상 더 많이 주는 것이다.

그러나 OC&C가 수행한 분석은 2가지 한계가 있다. 첫째는 대부분의 경제 분석이 그러하듯이 브랜드 명성과 이미지에 대한 지각된 가치를 간과한다는 것이다. 즉 브랜드는 제품 혜택만을 가져오는 것이 아니다. 둘째로, 소비자들이 가격을 비교할 때 준거가 될 표준 가격을 가격 리더들이 정한다는 사실이 분명하지 않다. 이 모든 것은 소비자 관여도와 지각된 차이의 수준에 달려 있다! 오랫동안 저가 콜라들이 존재했지만 소비자들을 끌어당기지는 못했다. 최근에 와서야 세인즈버리Sainsbury와 버진Virgin 콜라가 코카콜라를 위협할 수 있게 되었다. 가격 리더 세제에 더 넓은 판매진열 공간을 제공하는 것이 그 자체로 현저하게 판매 규모를 늘리지는 않을 것이다. 세제 분야의 품질 준거는 스킵Skip과 아리엘Ariel

이 정한다. 고객들은 구매력 부족으로 2차 브랜드들이나 알려지지 않은 브랜드들로 후퇴하게 될 때 같은 품질을 얻지 못하리라는 것을 안다. 한편 프리미엄 제품으로 지각되는 것과는 거리가 먼, 칸디아Candia의 비바Viva 우유는 현대적이고 진보적인 우유의 표준으로서 모든 우유가 따라야 하는 우유가 되었다. 실제로 다른 가격 리더 우유들이 있지만 그들은 평범하고 특징이 없는 것으로 여겨진다.

그 어떤 가격 인하라도 그것이 행해질 때는 해당 카테고리에서 가장 가격이 싼 제품과의 비교가 아니라, 같은 니즈를 목표로 하는 같은 세그먼트 제품과의 비교를 통해 행해져야 한다. 이른바 '3중 고리 분석trammel-hook analysis' (Degon, 1994)은 경험적으로 성공적인 브랜드는 대부분이 자신의 세그먼트 안에서 가장 낮은 가격을 가진 브랜드들이라는 사실을 설명한다.

프랑스 체스터필드Chesterfield 사례로 돌아가면, 이 브랜드는 1998년 초에 내리막길의 고급 버지니아Virginia 담배(말보로Marlboro, 스타이브센트Stuyvesant, 로스먼스Rothmans) 세그먼트로부터 발을 빼고 그 아래, 즉 대중적인 버지니아Virginia 담배(럭키 스트라이크Lucky Strike, 골로와즈 블론즈Gauloises Blondes) 세그먼트로 포지셔닝한다. 체스터필드는 한 갑 가격을 1.5유로로 책정함으로써 가장 가격이 싼 대체 제품이 되었으며 빠르게 리더가 되었다. 그 이후로 체스터필드 브랜드는 정부로부터의 예산상의 제약 때문에 가격을 올려야 했지만 그 가격 포지셔닝을 유지했다.

결론적으로 가격 인하는 그 자체로 브랜드 존속을 확실히 하는 문제를 결코 해결할 수 없다. 가격 인하는 부가가치를 높이지도 않는다. 더욱이 리더 브랜드의 입장에서 가격 인하는 장기적으로 중요한 결과를 갖게 된다. 즉 향후 20년동안 전 분야의 수익성을 위태롭게 만들 수 있다. 따라서 리더 브랜드는 가격 인하보다는 고객들이 그보다 더 싼 제품을 선택하는 것은 곧 그 자신이 뒤처지는 것임을 아는 품질 표준을 되찾거나 또는 그 시장을 확장하는 것을 목표로 해야 한다. 그러나 이것을 하기 위해서는 기업의 투자가 있어야 하는데, 지나친 가격 인하는 이런 노력에 대한 재정 지원을 불가능하게 할 것이다.

소매에서의 이미지 관리

마케팅에 관한 한 최종 사용자와 접촉하는 사람은 종종 결정적인 우위를 갖는다. 이것은 그들의 유통망에 대한 통제권이 없는 제조업체들에게는 주요한 핸디캡이다. 슈퍼마켓을 통하지 않고 주요 식품 브랜드들을 판매할 수 있다고 여기는 것은 착각일 수 있다. 그러나 모든 아울렛의 상황이 그런 것은 아니다. 선택적 유통이 그러한 예들 중 하나이다.

리바이스Levi's의 경우에, 브랜드는 그 유통에 있어서 매우 선택적이다. 슈퍼마켓에서의 제품 판매를 허용하지 않으면서 리바이스는 소매업체들이 5가지 기준을 따를 것을 요구한다.

- 첫 번째 기준은 제품 계열과 관련 있다. 제품 계열은 고품질 의류와 고객에게 진jeans과 관련이 있는 것으로 인식되는 브랜드로만 구성되어야 한다(따라서 가격 리더나 이름이 없는 진jeans은 들어갈 수 없다).
- 환경 또한 제품과 마찬가지로 수준이 높아야 한다.
- 리바이스의 이미지를 바꿀 수 있는 제품 계열은 인접한 곳에 두어서는 안 된다.
- 서비스는 브랜드와 조화를 이루어야 하며, 직원은 의류 분야에 필요한 자질을 갖춘 사람이어야 한다.
- 마지막으로 매장shop은 고정된 건물의 일부로서, 진을 위한 충분한 공간을 갖추고 있어야 하고, 15세~25세의 젊은이들을 유인할 수 있어야 한다.

리바이스는 유통경로에 대한 지배력을 통해 그 이미지를 통제하고 브랜드 자본을 지키고 있다. 브랜드는 광고와 제품으로 한정될 수 없다. 브랜드는 구매 행동 중인 고객 그리고 심지어 구매 후의 고객까지 포함한다. 이는 또한 베네통Benetton, 이케아IKea, 하겐다즈Haagen Daz 그리고 루이비통Louis Vuitton이 가진 강점이다. 코카콜라Coca-cola 역시도 슈퍼마켓에서 경쟁자들과 싸워야 하며, 심지어 유통업체들의 모방 제품들과도 싸워야 한다. 그러나 그 소프트 음료의 명성은 카페, 호텔, 레스토랑, 나이트클럽에서의 유통에 의해 강화된다. 더욱이 코카콜라는 판매점에서 자신을 독점적인 공급업체가 될 수 있게 하는 광범위한 비콜라non-cola 제품들을 제공한다. 그에 따라 코카콜라가 있는 곳에는 일반적으로 펩시콜라나 캐드버리 슈웹스Cadbury Schweppes 제품들이 눈에 띄지 않는다.

진입 장벽의 구축

앞서 언급한 코카콜라의 예는 견실한 브랜드 관리에 있어 진입 장벽의 중요성에 주목하게 한다. 완전한 브랜드 포트폴리오brand portfolio를 제공하는 것은 코카콜라가 아울렛마다 그 지배력을 확장하는 것을 돕는다. 술집 소유주나 레스토랑 운영 회사들은 만족한다. 유명한 소프트 음료 브랜드의 계열을 고객들에게 제공할 수 있으며, 여기에다 종종 전체 코카콜라 포트폴리오에 완전한 독점권을 부여함으로써 코카콜라 사로부터 보너스를 받기도 하기 때문이다. (이는 유럽에서 다른 소프트 음료 제조사들이 소송을 제기하는 이유이다.)

오직 소비자의 심리에만 초점을 맞춤으로써 브랜드 분석은 오퍼offer 자체에 대한 관리의 중요한 역할을 간과해 왔다. 이는 경쟁자들이 시장에 진입하는 것을 불가능하게 만들 수 있다. 이것은 브랜드의 재무적 가치, 즉 미래 수익의 현재 가치에 대한 분석에서 핵심 사항 가운데 하나이다. 다른 브랜드들이 시장에 진입할 수 없게 만드는 것은 브랜드 미래 수익의 현재 가치에 대한 최고의 보증이다. 블랙 앤 데커Black & Decker의 예는 이를 잘 보여준다.

왜 드릴링머신 시장에서는 유통업체 자체 브랜드 제품들이 거의 존재하지 않는가? 블랙 앤 데커가 이들이 시장에 진입하는 것을 경제적으로 불가능하게 만들기 때문이다. 유통업체 자체 브랜드 제품들은 다음 조건들 가운데 하나 이상이 충족될 때 성장하기 시작한다.

• 큰 규모의 시장이 존재한다.
• 제품 혁신이 거의 없다.

- 브랜드들이 고가이다.
- 고객들이 위험을 거의 지각하지 않는다.
- 고객들이 본질적으로 제품의 가시적인 특징을 보고 선택을 한다.
- 기술이 낮은 비용으로 획득 가능하다.

　이 조건들과는 반대로 드릴 시장은 매우 작고, 더욱이 많은 세그먼트로 나뉘어져 있다. 블랙 앤 데커는 이 시장을 주도하며, 기술적으로 매우 빠른 속도로 발전시키고 있다. 뿐만 아니라 블랙 앤 데커는 그 생산을 세계화했다. 각각의 공장들은 전 세계 시장으로 나가는 한 가지 제품을 생산한다. 따라서 생산비는 무적의 수준이 된다. 그리고 블랙 앤 데커가 그 소매가격을 올리는 데 열중하지 않기 때문에 모방자들이 활동할 여지가 크지 않다. 마지막으로 고객은 이런 잘 알려져 있는 유비쿼터스 브랜드ubiquitous brand를 구매할 때 안심한다.
　진입 장벽의 주된 원천은 무엇인가?

- 생산 요소들의 비용이 가장 중요하며, 이는 장기간 지속되는 경쟁 우위점으로 이어진다. 이는 델Dell의 전략이며, 세계에서 5번째 스포츠용품 소매업체이자 11번째 대형 스포츠용품 생산업체인 데카슬론Decathlon의 전략이기도 하다. 데카슬론은 유럽 차원에서 개발된 자신의 제품에서 오는 규모의 경제 덕분에 몇몇 스포츠 분야에서는 다른 업체들을 훨씬 앞지르는 유럽 제일의 제조업체가 될 수 있었다.
- 기술과 품질에 정통한 것은 P&G, 질레트, 로레알, 3M의 주요 성공 요인이다. 이 기업들은 유통업체 자체 브랜드들에게 그들이 가진 노하우를 아주 조금도 내주지 않으면서 자신의 주요 부가가치 레버리지를 지킨다. 이는 그들이 계속해서 혁신하고 품질 면에서 시장의 준거로 남아 있게 하는 것이다. 켈로그Kellogg's는 심지어 유통업체 자체 브랜드에 제품을 공급하지 않는다는 사실을 포장에 표시하기까지 한다.
- 코카콜라Coca-cola가 케이마트K-mart나 세인즈버리 브랜드 콜라Sainsbury brand cola가 코크Coke 특유의 표시들을 차용하고 더 싼 가격에 파는 것을

저지하지는 않지만 이미지와 커뮤니케이션을 통한 지배력은 코카콜라의 가장 중요한 버팀목이다. 힘든 시기에는 가격에 대한 민감성이 더욱 심해진다. 그러나 세계적인 브랜드로서 코카콜라는 올림픽게임의 공식 후원사로 참여함으로써 전 세계 보틀러들에게 그 혜택을 이전할 수 있었다. 이는 나이키Nike, 리복Reebok, 아디다스Adidas의 무기이기도 하다. 그들의 명성과 이미지의 결과로서 지배력은 단지 막대한 예산의 결과만은 아니다. 모든 커뮤니케이션을 이름 자체에 초점을 맞추고, 브랜드 확장의 논리를 최초 세그먼트를 넘어 적용함으로써, 많은 브랜드들은 브랜드 인지도에서 우위를 차지할 수 있다.

- 계열 확장을 통해 유망한 컨셉의 모든 측면들을 재빠르게 활용하는 것은 경쟁자들의 진입을 막는 방법이다. 미국과 유럽에서 스내플Snapple 브랜드는 이른바 '뉴 에이지New Age' 음료의 물결을 타고 차를 기본으로 하는 매우 다양한 소프트 음료를 판매한다. 이미 보았듯이 딤Dim은 하나의 양말 브랜드 네임 아래 유통업체들과 고객들의 기대를 만족시키는 광범위한 제품들을 빠르게 제공했다. 농업 시장에서는 식물의 유형에 따른 다양한 종류의 데시스Decis(살충제 브랜드)를 볼 수 있는데, 이는 이 브랜드의 전 세계적인 리더 지위를 강화한다.

- 제품 자체에 이름을 붙이는 것은 경쟁자들에게는 없는 제안의 독특함과 부가가치를 만들어낸다. 화학 업계의 모든 거대 기업들은 엘라스틴elastane을 생산한다. 엘라스틴은 스타킹과 여성용 속옷을 부드럽고 반짝이도록 만드는 섬유이다. 반면 오직 듀퐁 드 느무르Du Pont de Nemours만이 라이크라Lycra라는 이름을 갖는다. 실제로 라이크라는 듀퐁이 엘라스틴을 판매하기 위해 사용하는 트레이드마크trademark이다. 그 섬유에 가치를 더하는 것은 이름 자체가 아니다. 그것은 그 브랜드에 독점적인 매력을 부여했던 라이크라라는 이름과 연계된 장점에 관한 10년에 걸친 전 세계적인 커뮤니케이션이다. 같은 전략이 고어 텍스Gore-Tex나 쿨맥스Coolmax에도 적용된다.

- 오피니언 리더와의 관계를 관리하는 것은 브랜드의 주요 성공요인 가운데 하나이다. 아조마리-위긴스Arjomari-Wiggins 그룹의 학용품 브랜드, 캔손

Canson이 그 예를 제공한다. 학생들에게 한 장의 도화지보다 더 자연스러운 것이 무엇이 있을까? 그러나 유통업체 자체 브랜드에 주어진 슈퍼마켓 판매진열 공간 점유율에도 불구하고 오직 캔손 제품만이 팔린다. 캔손 브랜드는 20년 넘게 전국적인 수준에서 학급간 그림 그리기 대회를 개최하는 등 교사들과의 친밀한 관계를 발전시켜 왔다. 아이들의 학용품 구매목록에 오랫동안 남아 있는 캔손의 존재는 관계 마케팅이라 불리는 것의 탁월함 덕분이다. 캔손의 주된 자산은 학교 교육 시스템 내에 있는 충성스러운 교사들이다.

- 기존 브랜드에 의한 유통의 지배는 새로운 진입자들에게 상당한 진입 장벽이 된다. 맥도날드McDonald's는 곧 프랑스에 1,000개 레스토랑을 갖게 될 것이며, 두 번째 규모의 버거 체인인 퀵Quick은 350개 레스토랑을 갖게 될 것이다. 순전히 이 숫자가 햄버거 시장이 경쟁에 들어가는 것을 차단한다. 대량 유통 브랜드 또한 자유롭게 이 진입 장벽을 사용한다. 그들은 자신들의 자체 브랜드를 진열대에 올려놓음으로써 제조업체 브랜드를 배제시킨다. 아이스크림 메이커 하겐다즈Haagen Dazs가 고급 아이스크림 시장을 지배하는 것은 기본적으로 고품질 아이스크림과 잘 조직된 입소문 캠페인을 통해서이지만, 무엇보다도 모든 슈퍼마켓에 하겐다즈의 독점적인 냉장고가 놓여져 있기 때문이기도 하다.

- 마지막 진입 장벽은 합법성legality에 기초한다. 브랜드는 위조제품, 모델 또는 표시signs에 맞서 자신의 독점적인 이미지를 지켜야 한다. 복제품이나 유통업체의 모방 브랜드copycat brand에 맞서 그 표시들의 독점적인 특징을 지키는 데 망설임이 없어야 한다. 모방 브랜드들은 이것들이 그 카테고리의 표시라는 미명 아래 실제로 선도 브랜드leading brand가 개발한 표시의 가치들로부터 혜택을 얻으려 한다. 코카콜라 모방품들은 코카콜라가 오랜 시간 그 품질과 연관시켜왔던 붉은색과 가능한 가까워지기 위해 노력한다. 소비자들이 주의를 기울이지 않는다면 모방 제품을 오리지널 제품으로 착각하게 만드는 의도적인 혼동 이상으로, 그 표시들간의 유사성은 동등한 제품이라는 인식을 일으킨다(Kapferer, 1995). 디오르Dior, 샤넬Chanel, 까르띠

에Cartier가 위조자들을 상대로 하는 소송 건에 큰 돈을 들이는 것처럼 브랜드는 위조자를 상대로 소송을 제기해야 하며, 적어도 어떤 모방도 묵인하지 않을 것이라는 사실을 그들에게 밝혀야 한다. 이런 측면에서, 처음부터 비서술적인 표시들non-descriptive signs을 선택한 브랜드들은 시간의 시험과 모방을 더 잘 견디어낸다. 오랑지나 라벨은 파란색이다. 그것은 일반적인 컬러가 아니며, 이 오렌지 맛 소프트 음료 브랜드를 훌륭하게 보호한다.

브랜드 위조에 대한 대처

한 브랜드가 성공을 누리는 순간부터 그 브랜드는 모방된다. 모조품이 나타나며 증가한다. 혁신이 제공하는 경쟁 우위는 단기적일 뿐이며, 이는 오늘날의 브랜드가 지속적인 혁신의 흐름 위에 구축되는 이유이다. 아이디어, 컨셉, 제품은 모두 모방의 대상이 될 수 있다. 예를 들어, 최고급 시장을 목표로 하는 칼튼Carlton이라는 복숭아 맛의 저 알코올 음료가 출시되고 얼마 되지 않아 클라리지Claridge 같은 더 값싼 경쟁자들이 나타나기 시작했다. 경쟁은 지적 재산에 해당되는 영역에서 더욱 첨예하게 나타난다. 여기에는 특허와 디자인뿐만 아니라 상품외장trade dress, 심지어 상표trademark(브랜드의 이름이나 그림 이미지)까지 포함된다. 이런 모방은 리더를 모방하는 것이 스토어 브랜드store brand 구축을 향한 첫 단계인 생산자나 소매업체로부터 나온다.

그것은 또한 위조counterfeiting로부터 시작된다. 여러 럭셔리 브랜드들과 나이키Nike, 아디다스Adidas 같은 최고의 브랜드들은 직접적인 위조의 대상이 된다. 외국의 시장과 상점가bazaars에는 가짜 까르띠에Cartier 시계와 랄프 로렌 폴로Ralph Lauren polo 셔츠가 가득하다. 디오르Dior나 샤넬Chanel 패션쇼가 끝나자마자 아시아의 공장에서 그 디자인들을 복제하기 시작하며 그 브랜드가 제품을 내놓기도 전에 같은 종류의 유통 경로들에서 선보인다. 이보다 더 위험한 것은 약품이나 자동차 부품을 복제하는 관행으로, 종종 고객들을 속이고 잠재적으로 그들의 생명을 위협할 수 있다. 마지막으로 우리는 이미 브랜드 자신의 소매상

brand's own retailers에 의해 이루어지는 브랜드 모방에 대한 보호에 관해 논의한 바 있다.

지적 재산은 지켜지고 확장되어야 한다(예를 들어 할리 데이비슨Harley-Davidson은 그 엔진이 내는 특징적인 소리로 특허를 얻었으며, 포르쉐Porsche도 그와 같은 예이다). 여기서 상표법과 같이 중요하고 전략적인 주제를 단 몇 줄로 다루는 것은 우리의 의도가 아니다. 특히 세계화의 도래와 함께, 위조와 관련해 모든 국가들이 같은 민감성을 가진 것은 아니라는 사실이 분명해지고 있다. 중국, 동남아시아, 모로코, 이탈리아에서는 상당수의 영세 회사들이 이런 방식으로 생계를 이어간다. 그리고 암암리에 정부의 보호를 받기도 한다. 그런 상이한 태도는 서구(또는 지적 재산에 관한 법률을 지지하는 국가)에서는 법적으로 존재할 수 없는 브랜드들이 자리 잡을 수 있게 한다. 싱가포르, 홍콩, 상하이 사람이라면 누구나 크로커다일 스토어 체인Crocodile store chain에 친숙하다. 크로커다일은 1933년부터 그 유명한 악어를 심벌로 사용해 온 라코스테의 분명한 모방 브랜드이다. 아시아의 이 스토어 체인은 느슨한 지역 브랜드 법률을 이용해 스스로를 라코스테Lacoste의 슬립스트림slipstream(고속 주행 중인 자동차의 뒤에 생기는 저압 구역)에 포지셔닝한 것이다. 심지어 '전설이 되어라enter the legend' 라는 슬로건을 자랑스럽게 외치기까지 한다.

자신의 브랜드를 위한 보호 권리들을 잃지 않기 위해 취해야 하는 기본적인 예방 조치들은 잘 알려져 있다. 예를 들어 형용사가 아닌 명사로서 상표trademark를 사용해서는 안 된다. 다시 말해 우리는 단순히 버드와이저Budweiser가 아니라 버드와이저 맥주Budweiser beer라고 말해야 한다. 또한 브랜드 컬러가 보호받으려면 먼저 기업 내부에서 보호가 필요하다. 종종 브랜드 제품 라인들은 분리되어 있으며, 이는 각 세그먼트를 식별하기 위해 각기 다른 컬러의 사용으로 이어진다. 그 결과, 브랜드를 단 하나의 컬러로 특징지우는 것을 유지하기가 더 힘들어진다.

브랜드는 어떻게 위조와 모방에 대처해야 하는가? 먼저 2가지 유형의 공격간의 차이를 파악해야 한다. 위조는 브랜드와 그 브랜드를 식별하는 구성요소를 동일하게 속속들이 모방하는 것이다. 이는 거의 모든 면에서 불법적인 것으로 고객 혼동의 증거를 제공할 필요도 없다. 그저 위조가 확인되면 법적 조치가 취해진다. 단순히 묵인되는 수준을 넘어 종종 실질적으로 인정되기까지 하는 몇몇 국가에서는 장기적인 노력이 필요하다.

- 국제적 사법 공조. 이는 국가간 관계의 수준에서 이루어진다.
- 세계 무역 기구와 같은 곳에서 주도하는 지역 법률을 향상시키기 위한 공도의 정보 프로그램.
- 문제의 국가에서의 오리지널 브랜드 광고. 브랜드 관련 법률이 미비한 중국에서의 위조 혹은 모방 현상은 잘 알려져 있다. 중국 문화는 전통적으로 함께 나누는 사람을 칭송하며, 그렇게 하지 않는 사람들은 비난한다. 장인의 작품을 원작에 충실하게 복제하는 것은 전통적인 중국 교육에서는 덕이 된다. 마지막으로 50년 동안 중국인의 사고방식을 지배했던 공산주의 경제에서는 사유 재산 개념 자체가 존재하지 않았다. 그리고 중국 공장들이 같은 이름을 갖는 것은 흔한 일이다. 지역 소비자들에게는 위조품들만이 재정적으로 접근가능한 옵션이라는 사실도 덧붙여야 할 것이다. 수년간 소비 측면에서 궁핍함을 겪은 이런 국가들에서 사람들은 자신들의 이웃들에게 마침내 그들이 '성공했다'는 사실을 보여주는 데 여념이 없다. 서구 브랜드들은 모두에게 친숙하지만 실상은 첫 경험인 것이다. 중국인들은 자신들이 사고 있는 것이 위조품임을 알지 못한다. 연구자들은 이 점을 확실히 했다(Lai and Zaichkowsky, 1999). 위조품이나 모조품을 선택하는 지역 소비자들은 그들이 오리지널 제품에 관한 지식이 없기 때문에 그렇게 하는 것이다.
- 여행객들의 본국에서의 위조 관련 광고. 서구 소비자들은 어떤 제품이 진품인지 잘 알고 있다. 위조품이나 모조품 구입은 그들에게는 하나의 놀이이다. 이 현상에 관한 질적 조사는 그들이 위조품을 사는 5가지 잠재적인 동기를 밝히고 있다.

1. 싸게 물건을 구입했다는 느낌. 결국 모두가 럭셔리 제품들이나 나이키 제품이 제3세계의 공장들에서 만들어진다는 사실을 알고 있다. 그런 소비자들은

진품과 모조품 사이에 어떤 질적인 차이가 있다는 것도 부정한다. 따라서 그들은 싼값에 물건을 사는 것이다. 이것이 그들을 식별력 있는 구매자로 만든다. 그들은 진품과 '똑같은' 루이비통 가방의 모조품만을 살 것이며, 모조품의 품질에 찬사를 보낸다. 이 품질이 가격과 결합되어 이 모조품을 '진정한 절약real saving'으로 만들고, 그 구매자들이 매일 입고 들고 다닐 수 있게 한다. 심지어 친구들과 다녀도 그들은 차이를 알아채지 못할 것이다. 가짜 불가리Bulgari 시계를 구매한 사람은 자신이 착용한 진품과 비교해 손색이 없는 품질을 가진 이것을 아들에게 15번째 생일 선물로 주는 데 주저하지 않을 것이다. 그리고 이런 구매자들 스스로가 종종 오리지널 제품을 소유한다. 이는 그들에게 전문가의 자격을 부여하는 것이고, 품질의 유사성으로 선택된 모조품에 지위를 더해준다. 그들은 자신들이 무엇을 말하고 있는지 알고 있다.

2. 일상의 삶에 약간의 생기를 주려는 욕구. 가짜 랄프 로렌 폴로 셔츠가 단지 흡사한 정도의 모조품일 수도 있다. 그러나 이 제품들은 집안 일, 정원 가꾸기나 세차 같은 일을 하면서 입기에는 충분히 훌륭하다.

3. 독특한 선물. 태국에 가서 곧장 서랍 속으로 들어갈 값싼 장식품들을 선물로 가져오는 대신 여행자들은 오늘날 그 나라의 전형적인 아이템을 친구들에게 사준다. 즉 오리지널 제품과 거의 구별하기 힘든 뛰어난 이미테이션, 모조품이다. 그것은 항상 받는 사람을 놀라게 할 것이며, 그 모조품이 얼마나 잘 만들어졌는지 (혹은 그렇지 않은지) 대화를 나누게 할 것이다. 더욱이 그것을 사용하게 되어 있다.

4. 몇몇 소비자들은 자진해서 모조품을 산다. 그들은 진품의 가격을 지불할 수 없거나 지불하려 하지 않기 때문이다. 이들은 랄프 로렌 폴로셔츠에 50유로를 지불하는 것은 바보 같고 무의미한 짓이라고 여긴다. 그들은 관여도가 충분히 높지 않기 때문이다.

5. 마지막으로 몇몇 모조품 구매자들은 '도덕적인' 고려들에서 동기를 얻는다. 그들은 오리지널 제품의 가격이 부도덕하리 만큼 높다고 믿는다. 그 제품이 동남아시아에서 만들어진다는 것을 고려할 때 제품 원가가 실제로는 극히 미미한

수준이기 때문이다. 그들은 자신들의 행동이 단순한 보복에 불과하다고 여긴다. 브랜드 스스로가 그 원가를 훨씬 웃도는 가격으로 판매함으로써 절도를 저지르는 상황에서 그 답례로 그것을 훔치는 것은 정당한 것이다.

원산지 국가의 소비자들을 대상으로 하는 예방 조치는 교육의 형태를 취한다. 위조는 마피아 스타일Mafia-style의 네트워크와 마약 자금의 세탁과 연계되어 있음을 지적할 필요가 있다. 법적인 측면 또한 존재한다. 모조품을 가지고 돌아오는 소비자들은 공범이며, 따라서 법으로 처벌을 받을 수 있는 범죄를 저지르고 있는 것이다.

브랜드 에쿼티에서 고객 에쿼티로

브랜드의 재무적 가치는 미래의 기대 수익과 이 수익들에 대한 위험 수준의 총합의 함수이다. 브랜드는 강력한 충성 고객층을 가지고 있을 때에만 강력해질 수 있다. 이런 사실이 마케팅 관행에 있어 큰 발전으로 이어졌고, 1980년대 초 이래로 계속되고 있다. 주요 관심사는 충성도와 그 관련 요인인 고객 만족이다. 경쟁자로부터 고객들을 빼앗아 오는 데 집중하는 접근 방법을 뒤로 하고 이제 기업들은 기존 고객을 유지하기 위해 할 수 있는 모든 일을 한다. 이는 제품들이 시장에 넘쳐남에 따라 구매자들이 한 브랜드에서 다른 브랜드로, 한 제조업체에서 다른 제조업체로 옮겨가는 경향이 있는 시기에 요구되는 것이다. 목표는 무결점zero default보다는 무이탈zero defection에 있다.

브리티시항공British Airways의 평생 고객은 총수입으로 평균 48,000파운드를 가져다준다. 따라서 어떤 상황에서도 한 사람의 고객도 잃어서는 안 된다. 그것은 한 충성 고객이 연평균 매출로 3,550파운드를 가져다주는 까르푸Carrefour에게도 마찬가지이다. 더욱이 충성 고객은 수익성이 더 높다. 경영 컨설팅사, 베인앤컴퍼니Bain&Company에서 실시한 연구에 따르면 한 가정이 가장 빈번히 가는 슈퍼마켓에서 한 달에 소비하는 돈은 330유로이다. 두 번째로 자주 가는 곳에서는 85유로, 가끔 찾는 곳에서는 22유로를 쓴다. 충성 고객은 더 많은 돈을 쓰는 것뿐만 아니라 그들의 지출 또한 시간이 지남에 따라 늘어난다. 그들은 점점 가격에 둔감해지고, 그들이 선호하는 슈퍼마켓이나 브랜드에 관한 긍정적인 입소문을 퍼뜨리는 출처가 된다. 더욱이 이 충성 고객들은 비고객보다 접촉 비용이 5분의 1로 훨씬 적게 든다. 또한 이는 베인앤컴퍼니에 따르면 고객 이탈율을 5% 줄임으로써 이익이 25%에서 85%로 증가하는 이유이다. 카날 플뤼Canal Plus의 예는 주목할 만한 것이다. 이 유료 TV 채널은 전례 없는 충성도로부터 혜택을 얻고 있다. 6백만 고객 가운데 97%가 충성 고객이다. 1년 시청료가 310유로인 것을 감안할 때 충성도가 1%만 떨어져도, 이는 연간 수입에서 1천1백만 유로의 손실을 의미한다.

모든 강력한 브랜드들은 근래에 들어 로열티 프로그램loyalty program을 구축하고 있다. 하지만 이런 종류의 그 어떤 프로그램도 적합하지 않거나 불충분한 서비스를 보충하지는 못한다. 충성 고객을 지키기 위해 요구되는 조치는 2 가지 목표를 가진다. 하나는 방어적인 것으로, 고객들이 브랜드나 기업을 떠날 이유를 주지 않는 것이다. 다른 하나는 공격적인 것으로, 고객과 개인화된 관계를 형성하는 것이다. 더욱 친밀하고intimate, 그래서 더욱 끈끈한 유대bond가 기초가 되는 것으로 미국인들은 이를 '고객 유대customer bonding'라고 부른다(Cross and Smith, 1994).

방어 측면에서 필수적인 부분은 고객들의 충성도 약화와 불만족의 원인을 파악하는 것이다. 항공기내에서 제공되는 음식과 관련된 불만족은 충성도 약화를 초래해 브리티시 항공British Airways에 5백만 파운드에 이르는 수익의 손실을 야기한다. 불편한 좌석과 관련된 불만족은 2천만 파운드에 가까운 손실을 야기한다. 매우 역설적이지만 기업은 가능한 한 많은 불만의 소리를 들으려고 한다. 실제로 가장 나쁜 경우는 침묵하는 불만 고객으로, 기업의 직원들에게는 아무 말도 하지 않고 그의 친척, 동료, 친구들에게 부정적인 소문을 퍼뜨린다. 그리고 기업이 잘 응대하는 경우 불만족한 고객은 진정한 전향자가 되고, 심지어 여기에 더해 더 충성하게 된다는 것을 증명하는 통계자료가 있다. 다시 브리티시 항공을 이용할 것인지를 질문 받을 때, 고객 불만처리부서와 전혀 접촉하지 않았던 사람들 가운데 '예'라고 대답한 사람은 64%이다. 그러나 고객 불만처리부서에 접촉한 사람들 가운데서는 84%이다. 성실함과 배려심을 갖고 불만에 응대하는 것이 고객 충성도의 핵심 레버가 된다.

고객 만족을 추구하는 것은 정복의 정신만이 지배하는 곳에 관리 정신을 가미하는 것을 의미한다. 이는 로레알 쿼퓨어L'Oreal Coiffure가 혁신적이고 기업가적인 정신뿐만 아니라 정복의 정신을 가진 회사인 이유이다. 이 회사는 신제품을 계속 선보인다. 헤어드레서들은 로레알 제품을 좋아하고, 로레알은 그들 제품에 대한 니즈가 있음을 안다. 그러나 불행히도 이런 사실이 회사가 관리 정신을 다소 간과하도록 만들었다. 배달이 잘못되기도 했고, 재고가 떨어지기도 했으며, 할인이 다르게 주어지기도 했다. 이 회사는 까다로운 니즈에는 잘 대처했지만 더 실제적인 니즈들은 일부 간과하기도 했다. 금요일에 오는 고객을 위해 밝은 금갈색 컬러링 튜브tube를 화요일에 주문한 헤어드레서는 그 제품이 제때에 도착하리라고 확신할 수 없었다. 그는 회사를 전적으로 믿고 의지할 수 없었다. 이는 제품 출시들이 성공적이었고, 고객들이 제품에 매력을 느꼈음에도 로레알 쿼퓨어의 매출이 한 동안 정체되었던 이유이다. 고객 만족에 초점을 맞출 때, 만약 기본적인 서비스가 결여되어 있다면 제품만으로는 불충분하다.

더 나아가, 브랜드는 개인적 관심의 지표landmark가 되어야 한다. 좀더 단호하게 랩과 콜린스Rapp and Collins(1994)는 고객이 아니라 사람에 관심을 갖는 '사랑받는 기업loving company'이 되어야 한다고 말한다. 이것은 익명의 마케팅의 종말을 의미한다. 관심이 효율적이고자 한다면 그것은 맞춤화되어야 한다. 그러나 시장조사 용어상에서 고객을 빅big, 미디엄medium, 스몰small로 구분하긴 해도 최근까지도 가장 충성도 높은 빅 고객들을 위해 특별히 설계된 프로그램을 개발한 회사는 거의 없다.

하지만 충성 고객은 자신을 알아주기를 원한다. 따라서 그들에게 특별한 관심의 초점이 맞춰져야 하고 그들과의 직접적인 유대가 구축되어야 한다. 이는 흔히 관계 마케팅Relationship Marketing(McKenna, 1991 ; Marconi, 1994)이라 불리우는 것이 데이터베이스, 고객 클럽, 그리고 고객 행사 등을 통해 브랜드의 최고 고객들을 결속시키는 이유이다 더욱이 고객들과의 직접적인 접촉 수단이 없는 브랜드는 고객들과 점점 더 멀어질 수밖에 없음을 깨달으면서, 많은 브랜드들이 단순한 TV 광고와 판매 진열대에서 나와 고객들과의 직접적인 관계를 구축하고 있다. 네슬레Nestle는 고객들에게 영양사와 전화로 연결될 수 있는 서비스를 제공한다. 닌텐도Nintendo는 1주일에 6일은 비디오 게임에 빠져 있는 10,000명의 어린이들을 돕는다. 훨씬 오래 전인 1992년, IBM 프랑스는 1 년 내내 24시간 운영하는 전화 상담 서비스를 운영하였다. 고객을 거래 관계에 있는 사람이 아닌 친구로 대하는 것은 오래 지속되는 관계의 기초이다.

브랜드 충성도를 높이기 위해 노력하는 가운데, 브랜드 기업brand company들은 고객 에쿼티customer equity나 시장 점유율에 신경써야 한다는 사실을 깨닫고 있다. 다시 말해 이 기업들은 정신적 태도로서 브랜드 선호도를 증가시키는 것뿐만 아니라 브랜드 사용, 특히 최고의 고객인 다량 구매자들의 브랜드 사용을 증가시키는 데 초점을 맞추어야 한다. 예를 들어 최근의 연구 결과는 대량 시장 브랜드의 수익은 대량 시장이 아니라 카테고리 구매자 중 상위 3분의 1에서 나온다는 것을 인정한다. 더 나아가, 부가 수익을 위한 브랜드의 가장 큰 잠재력은 이 고수익, 대량 구매자 카테고리에서의 점유율을 높이는 능력에 있다(Hallberg, 1995).

불행히도 광고는 이런 가장 중요한 가망 고객들에게 적중되지 않는다. 그 대신에 광고는 대부분 비구매자나 소량 구매자에게 도달한다. 반면 프로모션은 고수익 세그먼트에 직접 접근한다. 즉 자주 구매하는 구매자들은 가격 프로모션, 쿠폰, 리베이트 등을 접할 가능성이 높다. 그러나 프로모션은 소비자들을 지나치게 가격에 민감하게 만들고, 고 잠재력, 고 수익의 세그먼트에서 브랜드 충성도를 감소시키는 경향이 있다.

그 결과, 대부분의 메가브랜드들mege-brands이 현재 거대 규모로 데이터베이스 마케팅을 실험하고 있다. 데이터베이스 마케팅 컨셉은 두 부분으로 되어 있다.

- 모든 마케팅 행동들은 더 효과적으로 프라임 세그먼트prime segment를 목표로 삼아야 한다. 목표는 이 세그먼트의 브랜드 사용율을 높이는 것이다.

| 그림 9.7 | 브랜드 충성도의 3가지 단면

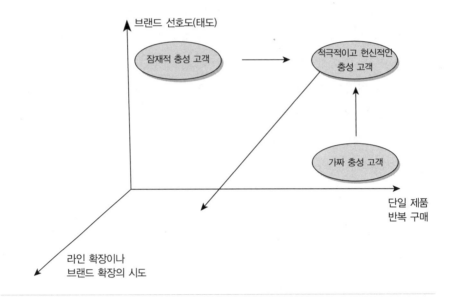

- 효과적인 타깃팅을 위해서는 이런 고객들 각각을 파악하는 것이 필요하다. 그 결과, 모든 프로모션 활동의 부산물로 궁극적으로 100%의 고수익 고객들로 이루어진 데이터베이스가 구축되어야 한다.

현재 미국에 있는 P&G의 데이터베이스에는 4천8백만명 이상의 명단이 들어가 있다. 프랑스 다농Danone의 데이터베이스에는 2백만명의 명단이 포함되어 있다. 네슬레Nestle는 각각의 주요 국가에서 데이터베이스를 구축하고 있으며, 유니레버Unilever도 마찬가지이다. 여기에는 더 작은 기업들에게 빌려주기 위해 브로커가 만든 모든 데이터베이스들은 제외되어 있다.

이런 선택적인 데이터베이스의 기능은 특정 타깃에게 맞춤 제안을 제공하고, 매장 진열대를 집으로 가져오고(그럼으로써 충동구매와 유통업체들이 지닌 힘을 줄이고), 그리고 충성도가 높은 다량 사용 고객들에게 '개인적인 이미지private image'를 심어주는 것이다. 일반적으로 이들 고객은 브랜드에 더욱 깊이 관여되어 있으며, 따라서 인정과 특별한 대우를 받을 자격을 갖고 있다. 이들은 또한 브

| 그림 9.8 | 브랜드 자본과 고객 자본: 선호도와 구매 행동 연결하기

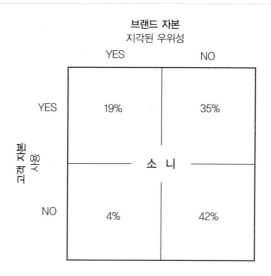

브랜드 자본
지각된 우위성

※ 출처: Sofres, Megabrand system

랜드 이미지brand image와 에쿼티brand equity를 강화하는 특정한 정보를 얻을 자격이 있다. 이런 조치들은 더 광범위하고 일반적인 대중적 이미지와 반대되는 '개인적인 이미지'를 촉진하는 것이다.

그림 9.7는 고객 에쿼티 관리*에 관한 최근의 관심을 설명한다. 많은 소비자들이 특정 브랜드에 관해 매우 호의적인 태도를 가지고 있다. 그럼에도 불구하고 그들의 충성도는 브랜드들의 레퍼토리repertoire 내에서 옮겨 다니는 것을 막는 데는 불충분하다. 이런 고객들은 특정 브랜드 구매율을 높일 수 있도록 맞춤 형

---

* 러스팀, 자이템, 레먼 교수는 『고객가치관리와 고객마케팅전략』, 지식공작소, 2006.에서 고객 에쿼티 Customer Equity를 "모든 고객의 생애 가치를 할인한 값의 총합"이라고 정의하고, 가치 에쿼티Value Equity, 브랜드 에쿼티Brand Equity, 고객관계 에쿼티Relationship Equity라는 3가지 요소로 개념화 했다. 가치 에쿼티는 고객이 인지적, 주관적으로 제품 및 서비스의 브랜드 혜택에 관한 평가에 의거 한다. 브랜드 에쿼티는 기업의 마케팅 활동에 의해 형성되며, 고객의 경험과 브랜드 연상에 의해 영 향을 받는다. 고객관계 에쿼티는 기업이 고객과의 관계를 형성하고 유지하기 위한 마케팅 활동프로 그램으로 구축되며, 높은 고객 유지율 구축을 목표로 한다. Lemon, Katherine N., Rust Roland T., Valarie A. Zeithaml(2001), "What Drives Customer Equity," Marketing Management, Spring, .21-25.— 옮긴이

태의 프로그램이 고안될 때만 잠재적인 충성도를 높일 수 있다. 한편 몇몇 반복 구매자들은 실제로는 가짜 충성도pseudo-loyal를 가진 사람들이다. 그들은 브랜드에 대한 확고한 태도를 지니고 있지 않다. 예를 들어 그들은 브랜드를 가격이나 이용 가능성 때문에 사는 것일 수 있다. 브랜드 선호도를 높이기 위해서 가짜 충성도를 가진 구매자들에게는 그들의 선택에 대한 강화와 브랜드 우위성에 대한 지각의 증대가 필요하다. 마지막으로 적극적이고 헌신적인 충성 고객들이 라인 확장이든 브랜드 확장이든, 더 많은 신제품을 사용해 보도록 해야 한다. 그림 9.8은 헌신적인 충성 고객이 소니Sony 전체 고객의 19%를 구성하는 상황을 설명한다. 잠재적인 충성 고객은 4%, 가짜 충성 고객은 35%를 차지한다. 각각의 충성 고객 그룹은 특정한 마케팅 제안을 필요로 한다.

고객들은 대화를 요구한다

비록 대부분의 브랜드들이 고객의 니즈를 최우선시 한다고 주장하지만 이것이 고객들과 대화를 하는 데까지 나아가지는 않는다. 광고는 대화로 간주되지는 않는다. 분명한 마케팅 의도를 가진 판매자와의 관계 역시 대화가 아니며, 만족도 설문 조사 역시 대화가 아니다. 이것들은 지각된 품질에 관한 피드백을 얻는 데는 유용할 수 있지만 일련의 질문들이 대화를 구성하지는 않는다. 소비자 잡지들은 대화를 제공하는가? 역시 아니다. 신제품을 보거나 사용해 보라고 소비자들을 초대하는 다이렉트 마케팅 메일 역시도 마찬가지이다.

우리는 왜 '고객 요구'를 이야기하는가? 왜냐하면 고객들은 자신들이 중요하게 여겨지고, 그들의 말이 경청되고 그리고 단순히 시장 세그먼트에서 평균을 낸 통계치가 아닌 개인으로서 취급받기를 원하기 때문이다. 더욱이 '지능적' 정보를 축적해 미래의 접촉 과정에서 사용하는 능력을 가진 새로운 인터넷 기업들은 고객에 대응하고 경청하는 데 익숙하다.

브랜드와의 관계는 자동적으로 이런 종류의 니즈를 형성한다. 은행과 보험사들을 예로 들어보자. 일단 고객을 끌어들이고 난 후에는 브랜드-고객 관계는 몇 년간 지속될 것이다. 그 과정에서 문제들이 있겠지만 이 문제들이 잘 처리되기만 한다면 그 결과는 지속적인 충성도일 수 있다. 문제는 그것들이 종종 잘 처리되지 않고, 무시당하거나 모욕적인 취급을 받는다고 느끼는 고객들이 유일한 보복 수단으로서 부정적인 입소문을 선택할 수 있다는 것이다. 실제로 소매업체는 일이 잘 될 때는 브랜드에게 최고의 동맹자일 수 있지만 그들에게 문제가 생겼을 때는 최악의 적이 될 수도 있다. 소비자들이 소매업체를 적으로 지각한다면, 그것은 브랜드의 적이 되는 것이다. 우리는 그런 때에 고객이 브랜드 자체에 직접 접근할 수 있도록 해야 한다고 믿는다.

GM이 미국에서 일본 자동차에 대한 대응으로서 만든 브랜드인 새턴Saturn은 고객 관계 관리의 선구자였다. 새턴의 모든 신규 구매자들은 전담 직원 한 명의 이름과 전화번호를 전달 받는다. 문제가 생겼을 때 그 직원에게 직접 연락할 수 있도록 한 것이다. 이는 진정한 일대일 관계로, 고객들이 문제가 발생할 때 무엇보다도 기대하는 것이다. 브랜드는 위기 관리를 제3자에게 위임할 수 없다.

브랜드는 '모든 책임은 내가 진다the buck stops here' 라는 태도를 가져야 하고 고객을 위한 솔루션을 찾는 데 열성적이어야 한다. 결국 소비자는 브랜드를 사는 것이지, 소매업체를 사는 것이 아니다. 더욱이 실제 니즈가 제시되는 순간 브랜드가 고객의 요청에 응답하는 데 실패한다면 고객 밀착 경영과 홍보 활동을 하는 것이 무슨 소용이 있는가? '부메랑' 효과boomerang effect가 여기에서 유일하게 가능한 결과이다.

진정한 대화에 대한 즉각적인 니즈를 창출하고 브랜드의 첫째 의무(보장)을 환기시키는 이러한 위기 상황들 이외에는, 대화에 대한 니즈는 고객 세분화와 매우 밀접하게 연결되어 있다. 두 말할 나위 없이 모든 고객들이 동일한 기대를 갖는 것은 아니다.

모든 고객들이 다음의 것들을 원하는가?

- 자신의 말에 경청해주기를 원하는가?
- 자신을 알아봐주기를 원하는가?
- 자신을 기쁘게해 주기를 원하는가?
- 자신을 관여시켜 주기를 원하는가?
- 자신에게 알려주기를 원하는가?

이것들 중 일부는 모든 고객들에게 진실이지만 전부가 그런 것은 아니다. 따라서 우리는 위에서 설명한 접근법(크거나 작거나 모든 고객은 관심을 받을 가치가 있다는 것)과 특정 세그먼트를 목표로 하는 다른 접근법을 구분해야 한다. 예를 들어 자동차 시장에서는, 다음과 같은 그룹들이 정의될 수 있다.

- 브랜드의 과거, 현재, 미래에 관해 모든 것을 알고 싶어 하는 자동차 광들. 이들은 실제로든 미디어 중계를 통해서든 이벤트들에 참여하고 싶어 한다. 브랜드 광들은 또한 브랜드의 후원 아래 그들 스스로 커뮤니티를 형성하기를 원한다. 브랜드는 미디어를 잘 알고 있어야 하며, 이들 열광적인 고객들 간의 관계 구축을 지원해야 한다.
- 자동차 광이 아닌 충성 고객들은 그 충성심을 인정받는 것에 잘 반응한다. 그래서 그들이 브랜드로부터 받아야 하는 관심을 받았을 때 기뻐한다. 그들은 고도로 개인화되어 있으며, 따라서 일대일로 편입시켜야 한다.
- 새로운 고객들은 라이프스타일에 의해서나 가족 라이프사이클에서의 단계에 의해서 세분화될 수 있다. 그리고 그들에게는 그들의 라이프스타일과 관련이 있는 새로운 소식이 제공될 수 있다. 예를 들어, 아이가 있는 여성들은 아이들의 안전과 관련된 어떤 것이든 관심을 가질 것이다.
- 모든 (비세분화된) 고객들은 예를 들어 콜센터를 통해 자기 의사를 전달하고 정보를 얻을 수 있어야 한다. 그리고 일정 시간 내에 개인화된 응답을 들을 수 있어야 한다.

그런 다음 그 고객은 데이터베이스에 들어가게 되고 세분화된 관계 활동의 목표대상이 된다.

관계의 컨셉은 제품 기반의 모든 기업들이 서비스의 컨셉을 향해 이동하고, '단골 고객clientele'이라는 개념이 커뮤니티로 재정의되는 방식을 설명한다.

관계 마케팅은 이익이 되는가?

고객 관계는 분명 훌륭한 아이디어이지만 이익이 되는가? 우리는 여기서 다시 한번 브랜드(가치의 창조)와 경제적 방정식을 조화시켜야 한다. 충성 고객들의 수익성에 관해서는 설득력 있는 많은 통계 자료가 있다. 그러나 연구들은 또한 브랜드에 충성하지 않게 된 대다수 고객들이 이전에는 매우 브랜드에 만족했던 사람들이라는 사실을 보여준다. 즉, 그들의 요구사항이 단순히 변한 것이다. 이런 수치들을 바라보는 또 다른 방식은 고객들의 애착, 즉 브랜드와 함께하려는 니즈가 처음부터 특별히 높지 않았다고 결론짓는 것이다. 관계 마케팅relational marketing이 개입되는 지점이 여기이다.

브랜드에 대한 애착은 브랜드와 지속적인 관계를 유지하고 싶다는 고객 욕구의 증거이다. 이 애착은 충성도로 규정지워질 수 있으며, 이는 반복 구매의 행동 척도이다. 충성도가 애착의 결과일 수 있지만 보너스와 '로열티 카드loyalty cards'라는 수단으로도 만들어질 수 있다. 브랜드에 대한 애착은 다양한 강도를 가진 1차원적 컨셉이다. 애착의 반대 상태는 이탈, 무관심, 비관여이다.

애착은 만족과는 전적으로 다른 것이다. 이는 애착이 주로 이성적일 수 있는 이유이다(비록 어떤 실제적인 감성적 관여를 일으키지 않을지라도 구매자의 묵시적인 요구사항을 충족시키기 때문에 브랜드와 관계를 계속 이어나가려는 욕구). 거꾸로, 몇몇 고객들은 제품이나 서비스에 대한 적지 않은 불만족에도 불구하고 여전히 애착을 갖는다(할리-데이비슨/재규어 신드롬).

연구에 의하면 애착에는 6가지 원천이 있다. 이 원천들 각각은 관리 조치를 위한 특정한 레버들lever을 가리킨다.

- 제품의 사용이나 브랜드의 대변인(네트워크, 콜센터 등)과의 상호작용의 질에 의해 주어진 쾌락주의적 만족에 기반한 애착.
- 브랜드가 구축한 관계의 질에 기반한 애착. 즉 그 개인과 그의 특별함에 대한 이해, 개인적 인정, 윤리적 행동.
- 소비자에게 영향을 미치는 공유 가치에 기초한 애착. 비전의 공유.
- 브랜드 이미지, 광고, 대회, 행동 등을 통해 브랜드에 의해 만들어진 자아 이미지에 기반한 애착.
- 지속적인 관계의 즐거움에 기반한 애착. 브랜드는 종종 개인과 그 가족, 아

이들의 발전에서 일정한 역할을 수행한다. 어떤 의미에서 브랜드는 개인과 그 '일족clan'의 삶의 일부가 되어왔다.

- 고객이 감성적으로 연결되어 있는 인물과 브랜드의 관계에 기반한 애착. 관리자들이 이런 특정 요인에 영향을 줄 힘은 거의 없지만 그럼에도 그것은 진실이다(프로스트Proust의 마들렌 신드롬madeleine syndrome)(Heibrunn, 2003).

여러 다양한 유형의 행동들이 애착에서 비롯된다. 관계적인 브랜드relational brand는 애착을 높이기 위해 그것들에 반응해야 한다.

- 하나의 커뮤니티처럼, 의식ritual과 거기에 참여하려는 욕구.
- 정보에 대한 욕구.
- 브랜드와 기업의 삶에 참여하려는 욕구.
- 신제품을 창조하는 과정에 참여하고 관여하려는 욕구.
- 뭔가를 말하려는 욕구.
- 커뮤니티에 대한 욕구.
- 친밀함에 대한 욕구.
- 브랜드에 대한 관여의 욕구. 브랜드 앰배서더brand ambassador로서 전도하고, 처방하고, 행동한다.
- 습관적인 반복 구매(가장 엄밀한 의미에서 충성도를 나타낸다).

고객 관계는 브랜드 프로모션의 효과성을 증가시킨다. 적시에 도달하는 제안은 결코 '판매 권유'로 지각되지 않는다. 고객들의 최신 요구 사항에 대한 인지에서 나오는 고객 관계와 깊은 이해만이 상업적 추행commercial harassment으로 지각되는 것을 진정한 서비스라는 인상으로 바꿀 수 있다. 요컨대 고객 수익성을 증가시키는 것과 관계를 키워나가는 것 사이에 실질적인 모순이란 없다. 브랜드에 관한 역사적인 광고를 다운로드할 수 있다는 사실에 팬은 기뻐할 것이다. 젊은 엄마들은 부모와 아이들을 타깃으로 하는 브랜드들로부터 아이와 관련 있는 아이디어, 서비스, 제품들을 제공받는 것에 즐거워할 것이다. 그 모든 것은 결국 제안의 시기적절함으로 요약된다.

만약 정보가 없다면, 고객과의 지속적인 관계가 없다면, 고객의 니즈를 듣고 다양한 미디어(이메일, 문자 메시지, 전화, 팩스, 우편)를 통해 받는 정보를 저장하고 업데이트할 수 있는 수단이 없다면 어떻게 이런 시너지가 이루어질 수 있을까? 우리가 알 수 있듯이 적시에 오는, 잘 타깃팅된 적절한 판매 권유는 만족을 창출한다. 그들이 제공하는 서비스와 그들이 보여주는 고객의 니즈에 대한 이해 때문이다. 따라서 그것들은 애착을 창출하는 주요 방식 가운데 하나이다.

이렇게 말하면서도 우리는 충성도와 반복 구매를 창출하는 데 있어 서비스의 힘을 부인할 수 없다. 예를 들어, 유럽의 고품질 패스트푸드 레스토랑 체인인 쿠르트빠이유Courtepaille는 어떤 로열티 프로그램도 갖고 있지 않다. 하지만 10유로가 안 되는 가격에 그만큼 친절한 서비스를 하는 다른 레스토랑을 거의 찾을 수 없을 것이다. 그러나 마진이 매우 적은 편이어서 로열티 카드의 혜택은 기대하기 어렵다. 어쨌든 만족한 고객이라면 다시 올 것이다.

그런 예들은 드물다. 성숙한 국가에서는 더 이상 나쁜 브랜드들이 거의 존재하지 않는다. 경쟁은 매우 좋은 브랜드와 그저 좋은 브랜드로 나뉘어져 있다. 기업 내의 엔지니어는 자신의 제품이 최고라고 말할 것이지만 고객과 소매업체는 그런 식으로 보지 않을 것이다. 그러나 브랜드가 고객들 곁에서 감성적인 관여의 원천인 서비스, 커뮤니케이션, 커뮤니티에 기반한 관계를 촉진할 수 있다면 선호도에 영향을 주는 데 효과적인 역할을 수행할 수 있을 것이다.

로열티 프로그램 세분화하기

이는 충성도 컨셉이 진부한 것임을 의미하는가? 앞에서의 개념적 설명은 충성 행동(습관적인 반복 구매)이 여전히 타당하다는 것을 보여준다. 왜냐하면 그것은 기업에게 결정적으로 중요한 정보와 관계 있기 때문이다. 그것은 관찰에 기초하고 있다. 그렇다하더라도 충성도의 부족 뒤에는 많은 이유가 있을 수 있으며, 이는 만족의 수준과 연결되어 있다.

행동의 차원에서 충성도(반복 구매)를 증가시키는 전략들을 무시하지 않는 것이 중요하다. 이 전략들은 즉각적인 효과를 보인다. 즉 항공사 마일리지 프로그램에서 볼 수 있듯이, 그것은 브랜드의 구매목록점유율share of requirements을 높이고 퇴출을 방지하는 장벽을 형성한다. 범용 제품 판매 영역에서는 유통업체 자체 브랜드와 같은 저원가 경쟁자들을 고려할 때 로열티 카드가 서비스와 함께 경제적 방정식의 필수적인 구성요소이다. 주유소를 예로 들면, 판매되는 휘발유의 40% 가까이가 로열티 카드를 가진 고객들에게 팔린다.

그러나 진정한 목표는 고객들을 행동에서 태도로 전환시키는 것이다. AIDA(주의attention, 관심interest, 욕구desire, 행동action) 모델로 상징되는, 전통적인 마케팅에서 구매는 욕구를 따르고, 그럼으로써 태도를 따르게 된다. 경쟁 제품들이 서로 유사한 정도를 생각할 때 이제 무리에서 두드러지는 것이 급선무이다. 감성적인 영향력을 가진, 잘 알려진 큰 주목을 받는 브랜드를 창조하는 것이 이를 행하는 하나의 방식이다. 또 다른 방식은 놀랍고 유혹적인 혁신을 내놓는 것이다. 세 번째 방식은 직접 구매와 반복 구매 인센티브를 제공하는 것이다. 그러나 이 마지막 접근은 오직 장기적인 가치를 창출할 때에만 의미를 갖는다. 다시 말해 처음에 인센티브의 유혹에 동기를 부여받은 행동이 결과적으로 브랜드와 그 제품이나 서비스로 전이되는 것이다. 반복 구매는 브랜드에게 그 자신을 입증할 특별한 기회를 주는 소비자의 방식이다.

충성도 관리의 측면에서 유럽 호텔업의 리더인 아코르Accor는 흥미롭고 보기 드문 예를 제공한다. 호텔 체인의 수익성은 자사 호텔들에서의 객실 점유율에 기초한다. 특히 중저가 호텔처럼 저렴한 가격대인 경우에는 더욱 그렇다. 모든 세그먼트를 커버하는 브랜드 포트폴리오brand portfolio를 가진 아코르는 이 영역에서 강한 면모를 보인다. 아코르의 포트폴리오는 무성zero-star(모텔 6, 포뮬 1), 1성(이탭Etap 호텔), 2성(아이비스), 3성(노보텔, 머큐어), 4성(소피텔)으로 구성되어 있으며, 새로운 최고급 스윗호텔Suit' Hotel 세그먼트도 빼놓을 수 없다. 그러나 고객의 가격에 대한 민감성에도 불구하고 아코르는 자체 로열티 카드들에 회비를 부과한다.

아코르는 전 계열의 카드들을 만들었는데, 각각은 서로 다른 고객 세그먼트를 다루고, 자체적인 사용 조건을 갖고 있다. 고객들에게 제공되는 부가적인 서비스는 그들의 희망 사항, 예산, 상황에 따라서 그룹의 다양한 브랜드들을 자유로이 오갈 수 있도록 했다. 이것이 브랜드 포트폴리오를 갖는 것의 경쟁 우위이다.

으뜸 카드premier card는 아코르 호텔 페이버릿 게스트Accor Hotel Favourite Guest로 1년 회비가 270유로인 개인 카드이다. 이 카드는 고객들에게 상당히 많은 혜택들을 제공하며, 따라서 호텔에서 1년에 20일 이상을 보내는 '장기 투숙객'을 겨냥한다. 투숙 3일전까지는 예약을 보장하며, 즉시 할인과 로열티 포인트를 제공한다. 그것은 아이비스Ibis, 머큐어Mercure, 노보텔Novotel, 소피텔Sofitel 호텔에서 사용할 수 있다.

두 번째 카드는 1년에 호텔에서 평균 13일 정도를 보내는, 상대적으로 투숙일이 많지 않은 사람들을 목표로 하며, 1년에 회비가 45유로이다. 포인트의 측면에서 그것을 매력적으로 만들기 위해, 아멕스Amex와의 파트너십을 통해 지불 기능이 결합된 로열티 카드가 되었다.

이제는 이용 빈도가 낮은 고객small user들의 충성도를 확보하는 일만을 남겨 놓았다. 잠시 계산해 보기만으로도 호텔에서 1년에 3일 밤을 보내는 고객이 하룻밤을 공짜로 보내는 데 필요한 포인트를 얻기 위해서는 15년이 걸리기 때문에 무료 연회비 카드free caed는 아무런 의미가 없을 것이다. 한 가지 옵션은 고객이 다양한 판매점들(백화점, 하이퍼마켓, 슈퍼마켓, 델헤즈Delheze와 카우프호프Kaufhof 같은 전문 스토어 등)에서 구매를 할 때마다 포인트를 쌓을 수 있게 하는 카드이다. 그러나 그런 프로그램이 실제로 개별 브랜드에게 가져다주는 혜택은 얼마나 되는가? 없다. 당연히 충성도의 목적은 브랜드의 구매목록점유율SOR을 높이는 것일 뿐만 아니라 브랜드 자체의 가치를 강화하는 것이다.

아코르Accor가 이른바 '소량 이용자' 고객을 염두에 두고, 같은 고객 철학을 공유하고 같은 비즈니스 분야(여행)에서 활동하는 수많은 파트너들과 협력해 아코르 컴플라이먼츠 모방고 카드Accor Compliments Mouvango card를 만든 것은 바로 그런 이유이다. 이 카드는 고객들에게 제공되는 서비스를 향상시켰으며, 고객들이 1년에 5~6일을 호텔에서 보내는 경우보다 포인트가 더 빠르게 적립될 수 있게 했다.

이 파트너십은 자체 브랜드인 모방고Mouvango를 가지고 있으며, 이는 파트너들이 이 카드를 받는다는 것을 보여주는 사인 역할을 한다. 여기에는 레스토랑, 토털 서비스 스테이션, 칼슨-왜건스 리츠Carlson-Wagons Lits, 여행사 등이 포함되어 있다. 토털 서비스 스테이션의 버전은 클럽 토탈 모방고Club Total Mouvango 카드라고 불리는데, 이 브랜드가 모든 파트너들 가운데서 가장 두각을 보이고 있다. 왜냐하면 고객들과의 접촉과 관계가 가장 많은 곳이기 때문이다. 모방고Mouvango는 이런 관계를 달콤하게 만드는 독점적인 부가 서비스이다.

제품에서 관심으로: 고객에서 VIP로

세분화는 모든 고객들이 같은 매출 잠재력을 갖고 있지 않는다는 깨달음으로 빠르게 귀결된다. 또한 모든 고객들이 브랜드에 관여하고 브랜드 앰배서더brand ambassador가 되는 것에 동일한 관심을 갖지 않는다는 것 역시도 사실이다. 브랜드는 충성 고객들과 브랜드 앰배서더들 없이는 살아남을 수 없는데, 특히 그 브랜드가 해당 세그먼트에서 프리미엄 포지셔닝을 갖고 있을 때는 더욱 그러하다. 즉, 비싼 타이드Tide나 아리엘Ariel 브랜드 이외의 모든 분말 세제들을 퇴짜 놓을 여성들이 있다. 이 같은 사실은 자동차나 화장품 같은 고관여 시장에서는 훨씬 더 진실이다.

이런 시장은 전통적으로 제품 지향적인 접근에 의해 주도되어 왔다. 세계적인 리더인 로레알L'Oreal이 전적으로 연구개발에 의존하는 것도 이 때문이다. 로레알의 1,000명에 이르는 박사학위를 소지한 연구원들의 목표는 전 세계 모든 연령대의 여성들 사이에서 아름다움과 젊음이라는 꿈을 고취할 신제품을 발명하는 것이다. 로레알 그룹의 플래그십 브랜드인 로레알 파리L'Oreal Paris는 2002년에서야 관계 마케팅을 발견했다. 그 날 로레알 파리는 여성들에게 서비스를 제공하기 위한 관계 데이터베이스 구축을 목표로 하는 첫 광고 캠페인을 시작했다.

럭셔리 브랜드 랑콤Lancome도 사정은 마찬가지이다. 랑콤은 당시 혹독한 경기침체 하에 있던 남미에서 이 방향으로 첫 발을 내딛었다. 기존 고객을 유지하고 그럼으로써 기업이 살아남을 수 있게 하는 것이 무엇보다 중요했다. 단순히 제품자체의 장점들을 상세히 알리는 것으로는 불충분했다. 이는 랑콤의 로컬 팀들이 신제품이 아닌 고객에게 기울이는 관심에 있어 혁신을 시도한 이유이다. 이 혁신

사례는 랑콤이 소매점들을 포함시켰고, 그럼으로써 유통업체를 활용한 관계 도구를 만들어냈다는 점에서 훨씬 더 의미가 있다.

랑콤Lancome은 판매 대리점들로 하여금 스마트카드smart card(랑콤의 뷰티 카드)를 고객들에게 배포하고, 고객 카드를 받을 때 고객의 거래 내역을 저장하는 장치를 사용하게 했다. 소매업체들이 고객 기록을 자신들의 자산이라고 믿었다는 점을 고려할 때 이것은 혁명적인 접근이었다. 이 스마트 카드를 얻기 위해 고객은 첫 구매로 100달러를 써야 했다. 이후의 모든 구매는 전자 기록기가 있는 곳이라면 어느 매장에서든 포인트를 얻을 수 있었다. 이 포인트들은 랑콤 제품, 란제리, 쥬얼리, 명품 가방 등으로 교환될 수 있었다. 카드는 저널리스트와 탑 패션모델에게도 주어졌다. 일단 데이터베이스가 구축되고 나자 VIP를 타깃으로 하는 캠페인이 가능해졌다. 이들은 일반적으로 자신들이 위치한 지역의 판매점을 반복 방문하면서 많은 돈을 쓰는 사람들이다.

랑콤의 첫 조치는 스마트 카드 고객들에게 여성 뷰티 매거진을 제작해 발송하는 것이었다. 그 비용은 (항공, 쥬얼리, 란제리 기업들) 광고로 충당되었다. 또한 전용 웹사이트(MyLancome.Vip)에 접속할 수 있는 권한과 함께 특정한 샘플들이 제공되었다. VIP 카드는 엄선된 레스토랑과 상점에서만 사용할 수 있었다. 마지막으로 주요 인사와의 만남을 제공하는 홍보 행사와 패션쇼 초대권이 정기적으로 발송되었다.

또한 이 데이터베이스는 브랜드와 판매점 간의 관계를 구축하고, 신제품의 프로모션을 조율하며, 고객들에게 생일날과 같은 중요한 날짜들을 상기시켜 주는 수단이 되었다. 그리고 그것은 구매 후 전화를 촉진시켰는데, 이것의 목표는 고객들이 판매점을 다시 방문하도록 만드는 것뿐만 아니라 고객들이 특별한 존재로 인정받을 수 있게 하는 것이다. 즉 개인화된 관심을 받음으로써 매장을 찾는 즐거움을 높이는 것이다. VIP 고객들은 그렇게 인정받기를 원한다.

여론 주도자와의 근접성 유지

오늘날 매스 타깃mass target은 사라지고 없다. 통계학은 환상을 만들어내서는 안 된다. 매스·타깃으로 보이는 것은 사실 더 작은 마이크로 타깃micro target들의 합으로 구성되어 있다. 비록 대량 광고 캠페인이 여전히 사용되지만 브랜드에게 필요한 것은 공유된 이미지, 즉 사회 내에서 집단적인 유대의 도구이다. 지속적으로 브랜드를 발전시키는 것은 각각의 전략적인 마이크로 타깃과의 관계를 향상시키는 것이다. 이 전략적 타깃들은 관여도가 더 높은 고객들, 또는 현재는 고객이 아니지만 관여도 높은 고객이 될 잠재력을 가진 사람들로 구성된다. 그들이 일단 관련을 맺게 되면 여론 주도자로서 역할을 할 수 있다. 그들은 시간이 지나면서 약해진 브랜드 이미지를 다시 활성화할 수 있다.

이것은 새로운 진입자들에 직면하고 있는 성숙 브랜드들mature brands의 에쿼티를 유지하기 위해 필수적이다. 이런 성숙 브랜드들은 사회의 트렌드를 선도하는 그룹들과의 접촉을 잃을 위험에 처한다. 그 위험은 그 그룹들에게 어제의 브랜드로 인식되는 것이다. 트렌드를 선도하는 '부족tribe' 들이나 마이크로 그룹과의 접촉을 다시 만들어내는 것은 패션과 전혀 관계 없는 브랜드라 할지라도 가장 중요한 문제이다. 그렇지 않으면 그들은 단지 또 하나의 슈퍼마켓 브랜드로 전락할 수 있다.

리카Ricard는 주요 소비자 그룹들과의 잃어버린 유대를 재창조하기 위한 장기적인 노력에 관한 훌륭한 예를 제공한다. 리카는 아니스 열매aniseed가 주성분인 알코올음료 분야에서 역사적인 리더이다. 리카는 세 그룹을 겨냥한 관계 프로그램을 선보였다. 이 세 그룹은 여성, 높은 사회경제적 지위를 가진 사람들, 젊은 층이었다. 리카는 위스키, 보드카, 진, 럼, 데킬라 같은 주류(조니 워커Johnny Walker, J&B, 앱솔루트Absolut, 바카디Bacardi, 캐시크Cacique와 같은 유명 브랜드들)는 물론이고 최신 유행의 현대적인 맥주 브랜드와도 경쟁한다. 마지막으로 리카는 유통업체 자체 브랜드와 다른 저원가의 아니스 열매 알콜음료 브랜드들보다 40%가량 더 비싸다. 이런 거대한 공격에 대해 리카가 취한 저항의 일부는 핵심 고객과 가까운 관계를 유지하는 것과 트렌드를 선도하는 그룹들과의 근접성을 재탈환하는 데 투자하는 것이었다. 이 트렌드를 선도하는 그룹들은 국제적인 경쟁 브랜드들에 가장 크게 매료되고 유혹을 받는 사람들이다.

여성들은 리카의 맛을 좋아할 수는 있어도 그 이미지를 좋아하진 않았다. 여성들은 리카를 남성적이고 대중적인 브랜드로 인식했으며, 훌륭한 매너의 상징과는 거리가 멀었다. 그에 대한 대응으로 리카는 첨단 유행의 여성 잡지들에 특정한 광고들을 게재하고, 여성 행사들을 후원하였다. 리카는 신인 여성 작가를 발굴하는 문학 이벤트들을 후원했고 전국 디자인 학교들의 홍보 행사인 성 카타리나의 날St Catherine's Day를 주관했다. 리카는 젊은 층이 주로 이용하는 미용 프랜차이즈인 모즈 헤어Mod's Hair와의 협력과 같은 특정한 관계 구축 활동을 계계속 시도했다. 이는 전형적으로, 그 미용실 고객들에게 기다리면서 마실 수 있도록 리카를 제공하는 것이었다. 새로운 형태의 RTD(ready to drink)가 이런 목적에 매우 유용했다.

높은 사회경제적 지위를 가진 사람들에게는 아트 갤러리인 에스파스 리카 Espace Ricard를 통한 접근이 시도되었다. 이곳은 최신 스타일의 그림들에 문을 열어놓았고, 그럼으로써 신진 예술가들이나 예술 애호가들과의 밀접한 관계를 구축했다. 아울러 일류 디자이너들에게는 리카 알콜음료와 관련된 병이나 재떨이의 재디자인을 정기적으로 요청했다. 세계적으로 유명한 디자이너 가루스트 & 보네티Garouste and Bonetti가 가장 최근 버전을 디자인했다.

음악과 스포츠에 관심 있는 젊은 층과의 밀접한 관계를 구축하기 위해, 리카는 특별 예산이 소요되는 3가지 장기적인 조치들을 취했다. 그 하나는 폴 리카Paul Ricard 자동차 경주 서킷circuit를 만드는 것이었다. 그것은 F1 인터내셔널 레이싱 규격에 적합할 뿐 아니라 현재 프랑스에서 가장 현대적이고 안전한 자동차 서킷으로 알려져 있다. 에스파스 리카는 알코올음료 브랜드의 스포츠 스폰서십을 제한하는 법이 나오기 전까지는 주요 국제 자동차 경주 대회들을 주최했다. 이미 그것은 매각되었지만 그 이름은 계속 유지되고 있다.

두 번째 혁신은 유명한 록 스타들이 출연하는 유럽에서 가장 큰 무료 음악 이벤트를 제공하는 리카 라이브 뮤직 투어Ricard Live Music Tour이다. 이 행사는 매년 100만 명 이상의 사람들을 끌어 모았으며, 그 이름은 수준 높은 음악 콘서트와 동의어가 되었다. 리카는 주요 도시의 한가운데에서 오픈 콘서트들을 조직하고, 동시에 시너지를 극대화하기 위해 그 주변에서 판촉 행사를 여는 독특한 노하우를 개발했다. 각 콘서트에는 엄청난 관객들이 모여들었다.

세 번째 젊은 층 지향의 노력은 매년 1,000개의 통합 파티(곧 대학에 입학하는 학생들)와 졸업 파티를 조직하는 것이다. 여기서 타깃은 미래의 엘리트가 될 최고의 경영 대학과 공학 대학 학생들이다.

물론 기존 대량 구매자인 핵심 소비자들과의 긴밀한 관계를 유지함이 없이 대중적인 브랜드로 남는 것은 불가능하다. 지역적으로 미시적 차원에서 페탕크 콘테스트petanque contest가 여전히 프로방스(브랜드 발생지)와 기타 지역에서 브랜드의 후원을 받는다. 여름에는 주요 해변에서 리카 '파이어 걸fire girl' 조가 운영되고, 일광욕을 하는 사람들에게 무료 음료가 제공된다. 이미지 관리라는 목적을 위해 각 브랜드는 많은 브랜드 홍보 활동들 가운데 어느 것이 주목을 받아야 하는지 결정할 필요가 있다.

이와 같은 예로부터 9가지 교훈을 얻을 수 있다.

- 변화는 영구적이고, 항상 새로운 경쟁자가 나타나고 매우 매력적일 수 있으므로 브랜드 프로필brand profile은 항상 시간이 지남에 따라 위협을 받는다. 따라서 그것은 강화되어야 하고 근접성은 재정복되어야 한다.
- 어떤 브랜드도 그 분야의 트렌드를 선도하는 부족들과 떨어져 있어서는 안 된다.
- 근접성과 강력한 관계는 오직 직접적인 접촉을 통해 구축될 수 있다.
- 강력한 관계는 지속적이어야 한다. 이것은 '불시의coup' 정책이 아니라 지속적인 결정이다.
- 이런 활동은 강력한 투자에 의해 지원을 받아야 한다.
- 그것은 대담한 사람들에 의해 수행되어야 한다. 트렌드를 선도하는 그룹들은 현재 유행에 뒤쳐진 브랜드가 접근하는 것을 원치 않는다, 그리고 때때로 이들은 해당 브랜드의 프로모션 담당자들을 무시할 것이다.
- 다시 한 번 타깃을 정하는 것이 열쇠이다.

- 다시 한 번 창조성과 단절disruption이 놀라움을 주고 버즈buzz를 형성하는 데 있어 가장 큰 중요성을 지닌다.
- 마지막으로, 이러한 관계들 가운데 어느 것에 가장 중점을 둘지를 결정하고 선택적인 홍보를 해야 한다.

이중 관리의 필요성

또 다시 동일한 질문이 제기된다. 브랜드는 기존 고객들을 겨냥해야 하는가? 아니면 미래 구매자를 겨냥해야 하는가? 브랜드는 현재의 고객 만족을 극대화해야 하는가? 아니면 새로운 세대를 생각해야 하는가?

분명 오늘날 관리에 관한 세계적 만트라(진언)mantra는 기존 고객들에게 초점을 맞추는 것이다. 기존 고객들은 가장 수익성 있는 현금 흐름의 원천이다. 이는 모든 기업과 브랜드들이 거대한 고객 데이터베이스, CRM 소프트웨어를 구축하는 데 투자하고, 제품이나 서비스에 대한 고객 만족에 관한 깊이 있는 조사를 수행하는 이유이다. 이는 필연적인 향상으로 이어지며, 이론적으로 그것은 고객 충성도를 높인다. 여기서 '이론적'이라는 말을 쓴 것은 모든 자동차 설문조사에서 그들의 다음 구매에서 같은 브랜드를 구매하지 않은 소비자 가운데 60%가 자신들의 예전 브랜드에 매우 만족했던 것으로 나타나기 때문이다. 그렇다면 그들이 변한 이유는 무엇인가? 왜냐하면 소비는 상황적이기 때문이다. 새로운 상황들은 새로운 기대들을 낳는다. 이것을 '가치 이동value migration'*이라고 부른다. 새로운 세대들 역시 새로운 가치와 기대들을 발전시킨다.

기존 고객들은 단기적이고 중기적인 성장과 수익성을 위해서는 필수적이지만 기족 고객에게 너무 많이 귀 기울이는 것은 기업들이 충분히 혁신하지 않는 주요

---

* 가치 이동value migration은 에이드리언 슬라이워츠키Adrian Slywotzky에 의해 제안된 개념으로, 그는 적은 가치를 생산하는 공급자부터 더 많은 가치를 생산하는 공급자로 가치가 이동한다고 하였다. Adrian J. Slywotzky, 『Value Migration: How to Think Several Moves Ahead of the Competition』, Harvard Business School Press, 1996. — 옮긴이

한 이유가 된다. 크리스텐슨Christensen 교수는 기업들이 사라지는 주요한 이유가 파괴적 혁신disruptive innovation이 시장을 변화시키고, 그 제품과 서비스들을 빠르게 진부한 것으로 만드는 것임을 보여주었다.

무엇이 종종 뛰어난 것으로 여겨졌던 이런 기업들이 혁신을 이루는 것을 가로막는가? 아마도 그들이 너무 잘 관리된다는 것이다(Christensen, 1997). 잘 관리되는 기업들은 고객들을 기쁘게 하고, 높은 확실성으로 뛰어난 수익성 예측을 제공하는 혁신들을 선택한다. 파괴적 혁신들은 정반대이다. 파괴적 혁신들은 현재의 고객들에게 훌륭하게 인식되지 않으며, 수익성에 관해 확실성을 갖고 그 어떤 것도 말해질 수 없다. 그러나 시장을 뒤흔드는 것은 소형컴퓨터가 메인프레임 기업들을 진부한 것으로 만들고, 개인용컴퓨터가 소형컴퓨터를 그와 똑같이 진부하게 만든 방식이다.

콜린스와 포라스Collins and Porras(1994)는 우리에게 'and'가 가진 파워를 상기시켰다. 우리 대부분은 계속해서 대안에 관한 질문들을 던진다. 브랜드가 이것을 해야 하는가, 아니면 저것을 해야 하는가? 그러나 그것은 실수이다. 우리는 2가지 모두를 해야 한다. 브랜드들은 즉각적인 성장의 원천으로서 현재 고객들을 생각해야 할 뿐만 아니라 미래 세대 또한 바라보아야 한다.

현재 스미노프Smirnoff는 영국 보드카 시장의 60%를 차지한다. 대부분의 경영자들에게는 이것이 만족해도 되는 좋은 이유일 것이다. 하지만 스미노프의 경영진은 앱솔루트Absolute나 핀란디아Finlandia 같은 새로운 진입자들에게 대응하기 위해 혁신을 계속했다. 가장 중요한 것으로, 스미노프는 새로운 세대를 위한 보드카를 개발했다. 이들이 그 부모들만큼 보드카를 마시는 데 흥미를 갖고 있지는 않아도 술집에서 글라스가 아니라 맥주처럼 병째로 마시도록 설득했다. 이것을 이중 관리dual management라고 부른다. 즉, 새롭게 떠오르는 트렌드, 새로운 행동들 그리고 미래에 우위를 점하게 될 고객들에 대해 미리 대비하는 것이다.

다음 장에 분석하게 되겠지만 살로몬Salomon 또한 이중적인 접근을 따라야 했다. 둘 중 어느 하나만을 선택하는 것은 자멸하는 것일 수 있다. 가까운 미래에 성공적인 브랜드로 남아 있으려 한다면 모든 브랜드가 이와 같이 해야 한다.

니베아Nivea는 이른바 이중 전략dual srategy의 훌륭한 예를 제공한다. 이 전

| 그림 9.9 | 니베아 확장 은하계

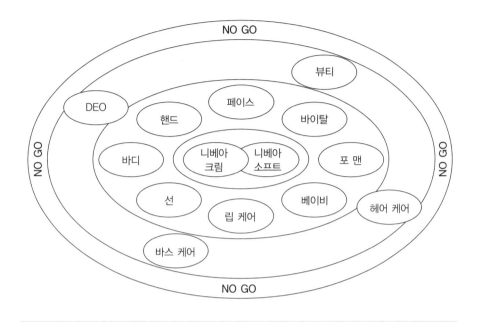

세계적인 스킨케어 브랜드의 수명과 성장은 2가지 주요 요인으로 설명될 수 있다. 그 둥글고 파란 용기에 담긴 원형 제품인 니베아 크림Nivea cream의 현대화와 (니베아가 '하위 브랜드sub-band'라고 부르는) 자 브랜드daughter brand들을 통한 체계적인 브랜드 확장brand extension이다.

이 작고 둥근 용기는 니베아의 원형prototype으로 브랜드 가치brand value를 전달한다. 모든 국가에서 가장 먼저 소개되고, 모든 판매점에서 구입 가능하도록 만들어진다. 이는 그것이 모든 사회 환경들로 침투하는 것을 설명한다. 그 다음에는 미리 정해진 순서대로 확장 제품들이 제시된다. 처음에는 케어 제품, 다음으로는 위생 제품, 그 다음으로는 헤어 제품, 마지막으로 메이크업 제품이 온다. 자 브랜드들daughter brand은 나이(니베아 베이비), 용도(니베아 선), 성별(니베아 포 맨) 등에 기초한 전문화로 이런 카테고리들을 확장한다.

그러나 브랜드가 스스로를 유지하려면 부단히 브랜드의 적실성relevance을 재포착하기 위한 노력을 기울여야 하며, 이는 브랜드가 혁신해야만 하는 이유이다.

각각의 니베아 자 브랜드daughter brand 광고는 현재 혁신에 강조점을 두고 있다. 그러나 원형 또한 업데이트가 필요하다. 현대의 세대들이 유분기가 덜하고 피부에 좀 더 빨리 흡수되는 크림을 찾고 있기 때문에 이것은 하얀 용기에 담긴 니베아 소프트Nivea Soft의 역할이 되었다. 니베아 소프트는 브랜드의 토대를 현대적으로 만들고 있다.

10 시장 적응: 아이덴티티와 변화

브랜드가 성장할 수 있는 유일한 방법은 변화를 통해서이다. 성장과 변화의 결핍을 함께 기대할 수는 없다. 브랜드는 자신이 준거가 될 수 있는 그리고 무엇보다도 시장 리더가 될 수 있는 새로운 시장, 새로운 세그먼트들을 계속해서 찾는다. 사람들은 예를 들어 트윙고Twingo에 대해, 르노Renault가 '기존에 존재하지 않았던 자동차'를 발명했다고 말한다(Midler, 1995). 브랜드 이미지는 그 환경과 마찬가지로 끊임없이 진화한다. 진화에 실패하는 것은 현재에 속박되는 것으로 보이고 시대에 뒤떨어진 이미지를 갖게 된다.

메르세데스Mercedes는 그 유명한 세단들을 꾸준히 향상시키면서 그것들을 무한정 반복할 수도 있었을 것이다. 왜냐하면 그것들은 일본의 렉서스Lexus가 그들의 외양contours을 똑같이 복제한 시점까지는 고급 승용차가 어떻게 보여야 하는지에 대한 글로벌 이미지였기 때문이다. 하지만 고객들이 변하고 있었다. 나머지 90%의 의견에 영향을 끼치는 선도적인 오피니언의 그룹에 속해있는 이들은 자신들의 라이프스타일과 판단 기준을 변화시켜 왔다. 그들은 더 이상 세단에 집착하지 않았으며, 그들에게 어울리는 전혀 새로운 자동차 디자인들을 찾고 있었다. 결국 그 브랜드의 희망은 '작은 메르세데스little Mercedes'인 클래스 A로 모아졌다. 이는 자신의 고객들과의 브랜드 계약brand contract이었던 것의 파기였다. 그 것은 단절을 나타내는 것이었지만 일관되지 않거나 모순된 것은 아니었다. 메르세데스는 소수의 취향에 어울리는 개념의 자동차로 스스로를 제한할 수는 없었다. 세계에서 가장 신뢰할 수 있는 자동차를 제공하겠다는 메르세데스의 사명은 전 세계의 요구에 맞춰 스스로를 변화시킬 필요가 있었다.

오직 급진적인 변화만이 눈에 보인다. 급진적이지 않다면 '지각적 동화 perceptual assimilation'라는 심리학 원리에 따라 우리가 보는 것은 우리의 선입견에 기초하게 된다. 따라서 브랜드는 그들의 최초 원형으로부터 멀리 경계를 확장하는 것을 주저해서는 안 된다. 브랜드 영역의 경계는 언제나 제품, 지리, 의미의 측면에서 뒤로 밀리게 되어 있다. 만약 브랜드를 중단기적(3년에서 5년)으로 관리하기 위해 그 한계를 정하는 도구들(예를 들어, 아이덴티티 프리즘identity prism)이 필요하다면, 그것들을 정기적으로 점검하고, 변화하는 상황에 적응시키고 그리고 실제로 변화를 촉진할 필요가 있다. 계속해서 움직이는 세계에서 브랜드의 균형은 정적인 상태로 머물러 있는 것이 아니라 변화와 끊임없는 전투들의 연속으로 이루어져 있다.

미국의 럭셔리 브랜드들은 우리를 놀라게 한다. 그 브랜드들은 모순되는 분위기를 가지고 있기 때문이다. 캘빈 클라인Calvin Klein은 옵세션Obsession의 도발로부터 이터니티Eternity의 이상주의로 나아갔다. 랄프 로렌Ralph Lauren은 폴로Polo의 보스턴 와스프WASP 이미지로부터 사파리Safari의 '아웃 오브 아프리카Out of Africa' 분위기로 이동했다. 현실적으로 하나의 제품은 이전 제품을 완전하게 뒤따르는 것이 아니다. 만약 그렇다면, 그것은 필연적으로 브랜드를 쇠퇴의 길에 이르게 한다. 이런 제품들은 변화하는 브랜드의 표시이다. 캘빈 클라인은 옵세션도 이터니티도 아니다. 둘 다이며, 다른 이들이 상상했던 것보다 좀 더 복잡하고 열린 브랜드이다. 르노Renault는 메간Megane과 에스파스Espace 모두를 의미한다. 미래는 이런 '그리고' 유형을 다룰 수 있으면서 '또는'이라는 이분법적 선택을 버릴 수 있는 브랜드에게 있다.

이것은 콜린스와 포라스Collins and Porras가 자신들의 저서인 『성공하는 기업들의 8가지 습관Built to Last』(1994)에서 전했던 메시지이기도 하다. 샤넬Chanel

은 코코Coco를 출시하면서 그것을 바네사 빠라디Vanessa Paradis와 연결시킴으로써 우리를 놀라게 했다. 거기에는 비일관성, 즉 샤넬의 이전 얼굴인 캐롤 부케Carole Bouquet를 통해 전달했던 이미지와의 단절이 있었다. 그러나 이런 종류의 급진적인 움직임은 브랜드가 젊은 층을 유혹하는 방법을 아는 미국이나 이탈리아 디자이너들과의 경쟁에 직면하고 있는 시기에 브랜드의 장기적인 생존을 보장하는 데 큰 역할을 한다.

역설적인 것은, 동시에 브랜드가 오직 어떤 불변성 내지는 영속성을 기반으로 발전한다는 사실이다. 브랜드 아이덴티티의 핵심 컨셉은 그 자체 내에 브랜드의 의미들과 표현들의 필수적인 연속성을 담고 있다. 우리는 브랜드가 준거점point of reference이라는 사실을 잊어서는 안 된다. 즉, 그것은 제안, 어떤 가치들을 나타낸다. 이것이 브랜드의 첫 번째 기능이다. 준거점을 창조하고 구축하기 위해서 브랜드는 스스로에 대한 분명한 감각, 즉 방향성을 가질 필요가 있다. 어느 정도의 연속성은 또한 브랜드가 구축되고 시간이 지나면서 발전하는 데 있어 필수적이다.

이런 2가지 요구사항(아이덴티티와 변화)을 동시에 병행적으로 추구하는 것은 브랜드를 두 가지 관점에서 바라보게 만든다. 그 기본 의미와 아이덴티티라는 시간을 초월한 관점과 새로운 발전이라는 공격적이고 파괴적인 관점이다. 이것이 이번 장의 주제이다.

변화의 필요성

장기간에 걸쳐 브랜드가 성장하려면 일관성이 있어야 한다고 알려져 있다. 아이덴티티의 컨셉은 브랜드의 몇몇 속성이 시간의 흐름과 관계없이 변하지 않는다는 것을 의미하는데 그 이유는 연속성continuity이 브랜드의 형성formation과 장수longevity에서 필수불가결한 요소이기 때문이다.

그럼에도 불구하고 시대 조류에 적응해 변화하지 않는 브랜드는 도태되고 적실성을 잃는다. 시간은 단지 라이프스타일, 소비 성향, 기술 그리고 경쟁 포지션의 변화를 나타내는 지표이다. 따라서 시간이라는 요소의 관리 문제는 다음과 같은 것이 된다. 어떻게 아이덴티티를 유지하면서 이런 새로운 조건에 적응할 것인가? 무엇을 변화시키고, 또 무엇을 그대로 두어야 하는가? 브랜드는 오직 그것의 제품(또는 서비스)과 커뮤니케이션 전략이라는 수단에 의해서만 존재하기 때문에 시간 요소를 관리한다는 것은 진화와 연속성이라는 2가지 요소를 포함할 수밖에 없다.

1964년에 고독한 카우보이 이미지를 광고하기 시작한 말보로Marlboro는 커뮤니케이션 측면에서 보기드문 예이다. 특정 시간과 공간에 뿌리를 둔 그런 신화에 깊이 빠진 브랜드는 많지 않다. 또 다른 예로 잭다니엘Jack Daniel을 들 수 있다. 코카콜라Coca-cola, 폭스바겐Volkswagen, 네슬레Nestle, 필립스Philips 그리고 아디다스Adidas는 사회적 변화에 맞게 그들의 광고와 제품을 변화시켜 왔다. 이들처럼 브랜드들은 시대와 보조를 맞추기 위해 제품과 스타일을 변화시킬 줄 알아야 한다. 브랜드가 시간의 시험에서 살아남기 위해서는 최신 흐름을 따라잡아야 한다.

기술적 발전과 연구는 브랜드의 지속적인 혁신을 보장함으로써 쇠퇴와 하락을 막는다. 제품이 변화하지 않으면 브랜드도 사라지게 된다. 그 예로 폭스바겐 Volkswagen의 경우 비틀 자동차의 단종과 함께 회사가 사라질 위기에 놓이기도 했다. 하나의 단일 제품에 브랜드의 운명을 연계시키는 것은 그 제품이 라이프사이클의 마지막 단계에 있는 경우, 회사로서는 많은 위험을 감수하는 것이다. 브랜드는 계속적인 제품과 서비스의 리뉴얼, 끊임없는 관심 없이는 쇠퇴할 수밖에 없다. 새로운 제품과 혁신은 브랜드에게 목적과 방향을 제시하고, 일관되고 구체적인 이미지를 형성하는 기회를 제공한다.

이것은 비단 경쟁자가 많은 컴퓨터 시장의 IBM과 컴팩만의 관심사가 아니며, 코카콜라의 관심사이기도 하다. 물론 기본적인 코카콜라 제조 공식은 전세계적으로 변하지 않았다. 그러나 형식이나 원료는 생활방식의 변화와 함께 진화했다. 슈퍼마켓에서의 주 1회 쇼핑에 맞춘 패밀리 팩, 집에 가져가거나 밖에 가지고 나갈 때 편리한 알루미늄 캔, 카페인이나 설탕이 들어가지 않은 제품 등이 그 예이다. 구매자의 기본적인 니즈를 파악하는 것이 브랜드의 최우선 과제이며, 그를 위해서는 계속적인 노력이 필요하다.

가치, 관습 그리고 행동 패턴은 시간의 변화와 함께 계속적으로 변한다. 1995년에는 파격적으로 느껴졌던 것이 2000년에는 보잘 것 없는 것이 될 수 있다. 그러므로 한 가지 특징에 자신의 운명을 맡기는 브랜드는 사라질 위험에 처한다. 핀더스Findus는 새로운 생활방식을 정당화하면서 냉동식품에 신뢰를 부여한 브랜드이다. 당시 냉동식품의 등장은 여성의 자리가 주방에 있다는 전통적인 여성역할의 개념을 타파하는 데 기여했다. 그리고 핀더스의 명성과 TV 광고는 여성들이 오랫동안 바라던 변화에 정당성을 부여했다. 시대는 변해서 지금은 전업 주부들이 직장 여성들로 바뀌었다. 핀더스가 주장했던 것은 이제는 '여성해방'이라는 구호만큼이나 진부한 것이 되었다.

일반적으로 말해서, 그와 같은 초상effigy은 사회가 진화함에 따라 변하기 쉬운 상징성으로 브랜드를 포장함으로써 그것을 수렁에 빠뜨릴 수 있다. 이는 엑슨Exxon이 공격적으로 보일 수 있다는 이유로 한때 자신의 타이거Tiger를 이용한 커뮤니케이션을 그만두었던 이유이다. 비벤덤Bibendum은 다른 암시prior connotation가 없는 독창적인 심벌이기 때문에 이런 위험이 존재하지 않는다. 오직 미쉐린Michelin만이 심벌에 의미를 부여하고, 그 심벌 역시 브랜드에 의미를 부여한다.

살아 있는 인물을 중심으로 창조된 브랜드 또한 의미 변화에 대처할 필요가 있다. 이런 인물은 자신만의 삶을 가지고 있고 브랜드의 전략적 이해에 부합하지 않는 측면과 상징성을 획득하기 때문이다. 펩시콜라Pepsi-Cola는 마이클 잭슨Michael Jackson과의 관계에서 그런 면을 발견하게 되었다. 랑콤Lancome은 이자벨라 로셀리니Isabella Rossellini가 너무 늙었다는 판단을 하고 좀 더 세계적인 톱모델로 교체했다.

브랜드 아이덴티티 vs 브랜드 다양성

현대 시장이 가진 주요 특성은 무엇인가? 이것은 매우 어려운 질문이고, 아마도 한 가지로 답할 수 없을 것이다. 어쨌든 우리에게 가장 중요한 것은 니즈들은 충족된다는 사실이다. 이것은 2가지 중요한 결과를 낳는다.

첫째, 소비 자체가 촉진될 수 있을 때에만 경제 성장이 지속적인 소비에 의존할 것이라는 점이다. 이것은 브랜드가 욕망을 촉진해야 한다는 것을 의미한다. 이는 브랜드 관리에 매우 중요한 의미를 갖는다. 이제 브랜드는 경험들을 제공해야 하며, 그 첫 시도 가운데 하나가 그들의 소비자들에게 놀라움을 주는 것이다.

현대 시장의 또 다른 핵심 요인은 더 나은 소비를 하고자 하는 바람이다. 글로벌화는 이제 소비자들에게는 현실이다. 소비자들은 세계 일류기업들이 자사의 제품을 중국이나 브라질에서 만든다는 것, 저개발국은 오직 좀 더 공정한 거래가 이루어질 때에만 발전할 수 있으리라는 것, 몇몇 기업들은 다른 기업들보다 더 자연 환경을 생각한다는 것 등을 알고 있다. 이런 고려들은 소비자들의 주된 문제가 그들의 기본적인 필요를 충족시키는 것일 때는 그들에게 아무런 영향도 끼치지 않는다. 매슬로Maslow는 낮은 단계의 욕구들이 충족될 때는 더 높은 단계의 욕구들이 중요해진다는 것을 일깨웠다. 이는 현대의 소비자들이 더 큰 브랜드가 아닌 더 좋은 브랜드를 원한다는 것을 의미한다. 여기서 지속가능한 개발이라는 과제가 대두된다. 그리고 이것은 일시적 유행이 아니다. 현재 많은 기업들이 그들의 연례 보고서에 지속가능한 개발을 언급한다. 그것도 순전히 경쟁자들이 그렇게 하거나 어쩔 수 없이 그렇게 할 수밖에 없다고 느끼기 때문이다. 그 사이 다른 경쟁자들은 지속가능한 개발과 공정 거래가 경쟁 우위의 요소가 된다는 것을 깨닫는 동안 말이다. 오늘날 지능은 도덕적 지능이다.

전통적인 브랜드 컨셉들이 이런 새로운 상황을 다루지 못하는 것이 사실이다. 브랜드 관리의 핵심 컨셉이 아이덴티티인 것은 분명하다. 우리는 이 책의 초판이 출판되었던 시기부터 계속 이 점을 강조해 왔다. '아이덴티티Identity'는 브랜드가 그 핵심 가치와 기본 속성들을 존중해야 함을 의미한다. 그러나 같은 것이 너무 많이 반복되다 보면 지루함을 낳게 된다. 너무 큰 예측 가능성은 현대 시장에서는 걸림돌이 된다.

이는 현대 브랜드의 역할이 소비자가 새로운 경험을 하도록 자극하는 것인 이유다. 확신을 주고 신뢰를 만들어내는 브랜드의 역할이 사라지는 일은 결코 없

| 표 10.1 | 위험에서 욕망까지: 현대 브랜딩의 딜레마

브랜드 = 자본	브랜드 = 충동
자본화하다	놀라게 하다
반복하다	다각화하다
동일성	다양성
아이덴티티	변화

다. 그러나 브랜드는 소비자가 더 많은 위험을 무릅쓰고, 새로운 행동들을 탐험하고, 뜻밖의 새로운 제품들을 시도하도록 자극하는 데 사용될 필요가 있다. 그렇게 하기 위해서는 파괴적 혁신이 매우 중요하다. 브랜드가 아이덴티티를 지키면서 시간의 흐름과 함께 성장하기 위해서는 다르게 계속되어야 한다.

이를 위해 새로운 리서치 도구들이 필요하다. 왜 현재 모든 기업들이 미래 예측 컨설턴트, 트렌드 스포터trend spotter들의 말에 귀를 기울이는가? 기업들은 소비자들이 오늘 생각하고 있지 않지만 내일이 되면 생각하게 될 것을 지금 생각해야 하기 때문이다. 전통적인 마케팅 연구는 제품이나 서비스, 브랜드에 갖는 만족과 불만족 요인들을 분석한다. 그 결과는 즉각적이고 지속적인 개선을 촉진하는 데 사용될 수 있다. 그러나 단절disruption이 이런 유형의 마케팅 리서치로부터 나올 수 있을까? 만족은 언제나 고객의 기존 가치 및 목표와 연결되어 있다. 리서치는 이런 가치와 목표들이 어떻게 바뀔지 포착하고 새로운 통찰을 얻기 위해서도 필요하다.

브랜드 관리는 일정한 경계가 필요한데, 이는 브랜드 아이덴티티라고 불린다. 브랜드 아이덴티티는 그 자신, 그것의 가치, 사명, 노하우, 개성 등을 정의하는 방법을 포함한다. 브랜드 의미가 반복을 통해 강화되기 위해서는 분명한 의미의 아이덴티티가 필요하다. 다른 한편으로 시장 분화market fragmentation, 경쟁적 역동성 그리고 놀라움의 필요성은 강화reinforcement가 아니라 다각화diversification를 요구한다. 항상 그랬던 것처럼, 브랜드 관리는 과도한 동일성sameness과 과도한 다양성diversity 사이를 진자처럼 움직일 것이다. 여기에 잘못된 것은 없다. 로컬 vs 글로벌 딜레마, 윤리 vs 비즈니스 딜레마도 마찬가지이다.

| 그림 10.1 | 아이덴티티 vs 다양성의 딜레마

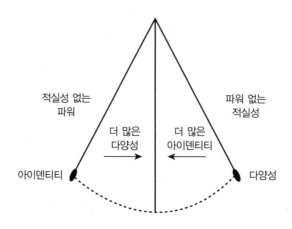

적실성 없는
파워

파워 없는
적실성

더 많은
다양성 →

← 더 많은
아이덴티티

아이덴티티

다양성

또 다른 결과는 브랜드 아이덴티티에 대해 알아야 할 필요성이다. 좀 더 정확하게는, 브랜드의 정수kernel, 즉 브랜드가 변함없이 브랜드로 있기 위해 필요한 특성trait들은 무엇이고, 어느 정도 융통성을 보일 수 있는 특성들은 무엇인가? 만약 모든 브랜드 특성들이 그 핵심에 속한다면, 다시 말해 모든 특성이 그 아이덴티티에 필수적인 것이라면 브랜드의 변화 능력은 방해를 받을 것이다. 만약 브랜드가 지나칠 정도로 정확하게 정의된다면 어떻게 고객들에게 놀라움을 주고, 진화하고, 새로운 용도, 상황, 시장에 적응할 수 있겠는가?

주변적인 특성들은 변할 수 있고, 어떤 제품들에는 존재하지만 어떤 제품들에는 존재하지 않을 수 있다. 결국 혁신은 새로운 주변적 특성들을 소개하고, 이 특성들은 어느 시점에 가서 브랜드의 핵심에 편입될 수도 있다. 이것은 브랜드가 시간이 지나면서 진화하는 방법이자, 혁신이 브랜드 아이덴티티에 영향을 끼치는 방법이기도 하다. 주변적인 특성들은 브랜드 내에서 핵심 장기 변화 관리자change agent로서의 역할을 수행한다(Abric, 1994; Mischel, 2000). 한 브랜드의 핵심 특성으로 소비자들에 의해 간주되는 특성들을 규명하는 도구들은 알려져 있지만 그러한 도구의 사용은 그다지 확산되어 있지 않다.

궁극적으로 존속하는 브랜드는 그 고객들, 특히 미래의 고객들에게 놀라움을

| 그림 10.2 | 브랜드가 변화를 통합하는 방법: 정수와 주변적 특성

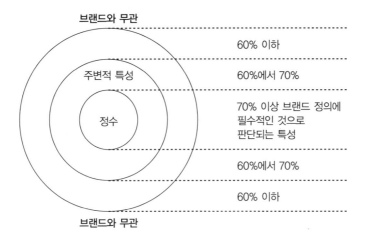

질문: 브랜드에 필수적인 특성들은 무엇인가?

브랜드와 무관

브랜드와 무관

주변적 특성

정수

60% 이하

60%에서 70%

70% 이상 브랜드 정의에
필수적인 것으로
판단되는 특성

60%에서 70%

60% 이하

줄 수 있는 브랜드이다. 이는 한마디로 현대 브랜드 관리가 직면한 도전으로 요약할 수 있다. 브랜드는 자신의 과거를 활용하고, 그럼으로써 과거를 반복하는 것으로부터 벗어나, 놀라움을 주고 변화를 촉진할 수 있어야 한다. 이것은 '탐색적 기능exploratory function'이라고 이름붙여진 것으로, 브랜드를 위한 인식적 역할epistemic role을 수행한다(Heilbrunn, 2003). 그러나 미래의 고객들에게 놀라움을 주는 것이 무엇인지를 어떻게 알 수 있는가?

시장 연구는 오늘날 고객들에 관한 뛰어난 이해를 제공한다. 적어도 그들이 표현하는 기대에 대해 잘 알 수 있다. 고객 만족을 높이기 위해서는 많은 일들을 해야 한다. 이 책을 읽는 독자들은 마지막으로 언제 거래 은행으로부터 만족도 설문지를 받았는가? 자동차 딜러로부터는? 전화 회사로부터는?

고객들에게 놀라움을 주기 위해서는 장기적인 관점을 가질 필요가 있다. 그래서 브랜드 관리에서 트렌드의 활용이 늘고 있다. 트렌드는 우리 사회 작은 그룹들 안에서 발생하지만 잠재적으로 일반 대중 사이에서 해일을 일으킬 수 있는 변화에 관한 가설이다. 이런 트렌드는 우리 사회의 인구통계학적이고, 기술적이며,

사회적이고, 문화적인 미래에 관한 결합된 정보에 기초해 구축된다.

따라서 우리는 장기, 중기, 단기라는 비전의 3차원을 정의할 필요가 있다. 예를 들어, 자동차 분야에서 차의 컨셉은 장기적인 고려의 지배를 받는다. 7년에 걸친 생산 계획의 일부인 자동차 모델에 관한 결정은 중기적인 것으로 여겨진다.

일관성은 단순한 반복이 아니다

브랜드 메시지와 슬로건들은 진화하게 되어 있다. 이런 관점에서 에비앙Evian을 본다면 처음에는 '아기들의 물'에서 시작해 '알프스의 물', '균형의 물'로 변했고, 후에 '균형 잡힌 힘의 물'로, 현재는 '젊음의 원천'으로 선전되고 있다. 이런 포지셔닝 변화는 오랜 시간을 두고 일어나는 것이다. 이런 변화는 물에 대한 소비자의 태도와 시장의 성숙도 그리고 경쟁사의 포지션 변화를 반영한다고 할 수 있다. 물이 갖는 기능과 의미는 고정되어 있지 않다. 이들은 도시화, 산업화, 자연의 재발견, 공해의 발견, 새로운 신체의 의미, 건강 그리고 식품위생과 연결되어 있는 외적 요소들의 영향을 받는다. 포지셔닝positioning은 하나의 브랜드 단면을 소비자의 기대, 욕구 그리고 욕망에 연결시키는 작업이다. 시간의 변화에 따라 이런 것들이 변한다면 브랜드도 필연적으로 따라가야 한다. 에비앙의 아이덴티티는 이런 재포지셔닝repositioning을 통해 일관성을 유지했다.

브랜드의 라이프타임 동안에 이런 포지셔닝의 변화가 너무 자주 있어서는 안 되고, 4년~5년에 한 번 정도가 적당하다. 그러나 브랜드의 표현 방식은 새로운 말하기 방식speech modes, 현대성의 새로운 표시signs, 새로운 룩new look 같은 유행의 진화를 따라잡기 위해 더 빨리 변화할 수 있다. 비록 이런 변화가 브랜드로 하여금 자신의 아이덴티티를 잃게 만드는 위험이 있지만 브랜드는 반드시 최신의 것으로 인식될 필요가 있다.

변화를 하면서도 아이덴티티를 유지하기 위해 브랜드는 종종 그들의 커뮤니케이션 코드communication codes, 즉 고정된 시각적이고 청각적인 심벌을 고수한다. 이것은 분명히 브랜드와 그것이 나타내는 것이 인식되도록 하는 데 기여하는 요소이다. 굳이 이름이 나오지 않더라도 코크Coke의 광고를 알아보는 것은 어렵지 않다. 그 음악과 스타일이 독특하기 때문이다. 그러나 스타일 자체는 쉽게 진부해질 수 있다. 스타일을 계속 유지하는 것은 브랜드에게 치명적일 수 있다.

불행히도 브랜드가 자신의 커뮤니케이션 코드를 바꿔야 한다고 느끼는 때조차도 그것을 바꾸는 것이 쉽지는 않다는 사실을 인정해야 한다. 이는 예측할 수 있는 것이다. 브랜드들은 커뮤니케이션 코드를 바꿈으로써 자신의 아이덴티티를 잃을까 두려워한다. 그러나 변화를 주저하는 가장 큰 이유는 브랜드 관리 컨셉들이 필연적으로 정적static이라는 데 있다. 시장에서 핵심 매개변수parameter인 시간이 고려되지 않는 것이다. 그런 면에서, '커뮤니케이션 영역'이라는 컨셉은 브랜드가 자신의 정의definition와 자신이 나타내고자 하는 바를 전달하기 위해 사용하는 모든 가시적 신호들visible signals과 관련 있다. 그러나 표시sign들을 통해서만 자신을 정의하는 아이덴티티는 의미의 변화를 겪기 쉽다. 그 브랜드는 인식되기는 하지만 더 이상 자신의 의미를 통제하지 못한다.

브랜드의 3가지 층위 : 정수, 코드, 약속

브랜드의 진화는 방향을 필요로 한다. 제품 카테고리에 관한 비전으로서 브랜드를 고려한다면, 브랜드가 향하는 방향을 아는 것이 중요하다. 브랜드란 우리가 미래를 관리하도록 돕는 유전자 기억이므로, 우리는 브랜드의 원동력이 무엇이며, 브랜드의 가장 중요한 존재 이유가 무엇인지 알아야 한다.

이 모든 개념들(영감의 원천, 주장, 코드와 커뮤니케이션 주제)은 3개 층의 피라미드에서 함께 작용하며, 이 피라미드는 변화와 아이덴티티간의 균형을 관리하는 데 유용하다.

- 피라미드의 꼭대기는 브랜드 아이덴티티의 근원인 '브랜드 정수Brand kernel'이다. 그것은 통일성coherence과 일관성consistency을 부여하는 것이므로 알려져야 한다.

| 그림 10.3 | 아이덴티티와 피라미드 모델

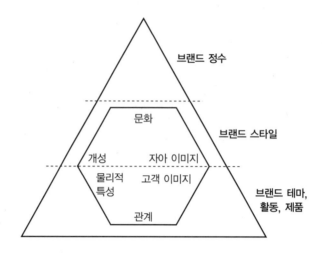

- 피라미드의 바닥 부분은 테마들themes이다. 이것은 커뮤니케이션 개념과 제품 포지셔닝, 포지셔닝과 연결된 약속들의 층이다.
- 중간층은 브랜드의 스타일 코드stylistic code, 즉 브랜드가 어떻게 말하고, 어떤 이미지를 사용하는가와 관련 있다. 저자(브랜드)가 테마를 쓰고 스스로를 브랜드로 묘사하는 것은 스타일style을 통해서이다. 표시mark를 남기는 것은 스타일이다.

물론 브랜드의 아이덴티티 프리즘identity prism의 단면들과 3개의 층으로 이루어진 브랜드 피라미드는 밀접한 관련이 있다. 광고의 테마들에 대한 조사는 테마들이 제품의 물리적 속성이나 고객의 태도 또는 마지막으로 둘 사이의 관계(특히 서비스 브랜드일 경우)와 관련 있다는 것을 보여준다. 테마들은 아이덴티티의 외적 단면들로, 가시적인 것이고 유형적인 어떤 것으로 귀결되는 것이다. 스타일은 개인의 필체와 마찬가지로 브랜드 내적 단면과 개성, 문화, 브랜드가 제공하는 자아 개념을 드러낸다. 마지막으로 브랜드의 근원인 유전자 코드genetic code는 브랜드 전체 구조에 영감을 불어넣고 브랜드의 문화를 양성한다. 그것은 브랜드의 동력이다. 그러므로 브랜드의 스타일 코드stylistic code와 아이덴티티 사이에는 밀접한 관계가 있다. 폭스바겐Volkswagen의 경우 그것의 유머 감각은 연대감solidarity의 결과이다. 왜냐하면 폭스바겐은 자동자 운전자들에 대해 등급을 매기고 결국 서로를 향한 적대감을 유발하는 자동차 우상화에 대한 거부감을 보여주기 때문이다.

브랜드 내의 이런 레벨이나 층이라는 아이디어는 브랜드가 더 이상 동일한 테마들themes을 반복함으로써 스스로를 제한할 필요가 없다는 의미에서 브랜드에 자유를 허용하는 도구를 제공한다. 테마의 선택은 그 시대의 요구들을 통합해야 한다. 그것은 제품과 서비스의 현실에 기초한다. 그것은 특정 시장 세그먼트의 관심사나 욕망에 상응하는 것이다. 이러한 기준들과 함께, 우리는 브랜드의 아이덴티티를 고려해야 한다.

따라서 브랜드 커뮤니케이션은 그 단면들마다 다를 수 있다. 시간의 흐름에 따라 그것은 물리적 특성에서 시작해 고객 이미지reflected Image를 지나 문화적 단면에서 끝나는 것처럼 보인다. 베네통Benetton은 처음에 다채로운 컬러의 스웨터를 출시하였고, 그런 다음엔 더 역동적으로 보이도록 현대화했으며, 그 다음엔 일련의 보편적인 가치들(우정, 인종적 관용, 지구촌)과 행동을 같이 했다. 이런 진화는 전형적인 것이다. 브랜드는 유형적인 것에서 무형적인 것으로 향해 간다. 신제품의 이름, 즉 혁신에서 출발하여 나중에는 다른 의미와 독립성을 얻게 된다. 이제 베네통Benetton은 문화 브랜드cultural brand로 광범위한 윤리적 문제들을 다룬다. 나이키Nike는 제품 커뮤니케이션에서 행동적 가치로(Just Do It!) 방향을 바꾸었다.

피라미드 모델pyramid model은 변화에 대한 차별화된 관리로 이어진다. 브랜드의 테마brand's themes(브랜드의 포지셔닝)는 그것이 더 이상 동기를 부여하지 못한다면 진화해야 한다. 에비앙Evian이 균형에서 젊음으로 이동해야 했다는 것은 명백하다. 모든 테마는 퇴색하기 마련이고, 경쟁자들은 가만히 있지 않는다. 브랜드의 개성과 문화의 표현인 스타일 코드stylistic code는 더 안정적이어야 한다. 브랜드가 별다른 혼란 없이 테마를 이동할 수 있게 하기 때문이다. 마지막으로 유전자 코드genetic code는 고정된 것이다. 이것을 변화시킨다는 것은 처음 것과 이름만 같은 또 다른 브랜드를 구축한다는 것을 의미한다.

이는 비록 에비앙Evian의 포지셔닝이 시간이 지남에 따라 '아기들을 위한 물'에서 '알프스의 물' 그리고 '균형 잡힌 힘의 물'로 변하면서도 여전히 그 기본적인 아이덴티티는 유지된다는 느낌이 강한 이유를 설명한다. 에비앙은 어떤 것에 맞서는 물이었던 적이 없었으며, 언제나 어떤 것을 위한 물이었다. 자연스럽고 사랑스런 어떤 것, 생명의 근원을 위한 물이었다. 그 라벨이 항상 핑크색이었던 것도 아무 의미가 없는 것이 아니다. 이 컬러는 브랜드의 정수brand's kernel, 본질적 아이덴티티essential identity, 브랜드에 없어서는 안 될 특성들과 연결되어 있다. 이런 것들이 없다면 에비앙은 전혀 다른 브랜드가 될 것이다.

마지막으로 브랜드 내에 각기 다른 층들이 있다는 아이디어는 많은 제품들을 포함하는 브랜드들에게 특별한 유연성을 제공한다. 이런 제품들을 관리하는 데 있어 우리는 각 제품 시장에서의 그들의 개별적인 포지션을 존중해야 한다. 공통된 영감의 원천으로부터 나오는 것으로 보이기만 한다면, 그것들은 각각의 제품을 위한 각기 다른 약속을 전달할 수 있다. 이런 점에서 브랜드는 상부구조로서 작용한다.

유전자 코드genetic code의 중요성을 감안할 때 우리는 이것을 어떻게 인식할 수 있을까? 모든 브랜드들이 이런 아이덴티티 기반을 가지는 것은 아니다. 어떤 브랜드들은 커뮤니케이션 코드 또는 스타일만을 가진다. 누군가 까샤렐Cacharel이 로맨틱하다고 말한다면 이것은 아나이스-아나이스Anais-Anais, 에덴Eden, 글로리아Gloria 사이의 공통된 스타일과 일관성의 원천에 관해 말하는 것이다. 이브랜드 제품들은 그 안에 매우 정확하고 숨겨진 기본 원칙driving principle을 담고 있다.

소비자, 고객 그리고 심지어 매니저들도 브랜드의 안내자로서의 충추적인 힘pivotal guiding force을 거의 알지 못한다. 그들은 쉽게 브랜드의 가시적인 단면들과 코드에 대해 이야기하지만 브랜드의 프로그램을 꿰뚫지는 못한다. 브랜드 창시자 역시 그것을 알지 못한다. 하지만 창시자는 무의식적으로 그것을 전달한다. 창시자들은 그것을 그들의 행동이나 선택들을 통해 전달한다.

로버트 리치Robert Ricci가 1988년 여름 사망했을 때 그의 후임자는 세계적인 베스트셀러 향수인 레흐뒤땅L'Air du Temps과 함께 니나 리치 하우스Nina Ricci house의 아이덴티티 분석을 의뢰했다. 창시자의 죽음은 브랜드의 탄생을 알린다. 브랜드에 대한 경의respect는 이해를 요구한다. 아이덴티티에 대한 분석은 설문 조사보다는 브랜드 역사에서 더 많은 것을 얻을 수 있다. 브랜드의 가장 전형적인 제품들은 긴 시간 동안 자세히 검토된다. 그것들은 어떤 무의식적인 프로그램으로부터 나오는 것처럼 보이는가? 니나 리치 오뜨 쿠튀르Nina Ricci haute couture가 그 눈부신 이브닝드레스들로 빛을 발하는 이유는 무엇인가? 로버트 리치가 데이비드 해밀턴David Hamilton의 '퍼지' 스타일fuzzy style 사진 속에서 일종의 계시를 발견하고, 그와 장기적인 독점 계약을 맺은 이유는 무엇인가? 드레스dresses, 레흐뒤땅L'Air du Temps 그리고 해밀턴Hamilton을 연결하는 것은 무엇인가? 일단 니나 리치 피라미드pyramid의 최정점을 알게 되면 해밀턴 스타일을 대체하는 문제는 덜 심각해진다. 우리는 그가 무엇을 표현하고 있었는지를 알게 된다. 다른 표현 수단은 가짜 해밀턴을 사용함이 없이 이것을 성취할 수 있을 것이다. 장기간 구축되어 온 브랜드들이 스스로를 재정비하고자overhaul 할 때는 미래로 자신을 투사하기에 앞서 자기 내부에 대한 고찰을 해야 한다.

브랜드 계약의 존중

각각의 브랜드는 하나의 계약contract으로 보아야 한다. 그것은 기업과 고객을 결합시키고 신뢰하게 하며 연결시켜 준다. 브랜드는 고객으로부터 충성도를 기대하지만 브랜드 역시 고객에게 충성스러워야 한다. 시간의 흐름과 함께 브랜드가 다른 제품과 서비스를 제공함으로써 고객층을 넓히려고 하는 것은 자연스런 일이다. 그러는 과정에서, 브랜드는 자신의 주변적인 것들에 대해 점점 더 많이 전달하고 자신의 핵심, 즉 기본 계약에 대해 점점 덜 전달하게 된다.

현재 자신의 아이덴티티를 상실했다고 느끼는 클럽 메드Club Med가 가진 문제의 근원은 브랜드 탄생 당시의 원칙을 져버린 데 있을 수 있다. 그러나 특별한 시장 세분화에 맞추어 제품 계열이 차별화되었던 것은 이유가 없는 것이 아니다.

고객들이 나이가 들면서 방에서의 안락함을 기대하고, 때때로 다른 사람들과 떨어져 있길 원하고, 식사시간에 8인용 테이블에 앉고 싶어하지 않았기 때문이다. 클럽 메드의 제안에서 낡은 부분은 광고에서 그려지는 가치 체계value system로, 그것은 인구의 일부, 특히 오피니언 리더들이 더 이상 공감하기 어려운 것이었다. 집단 속에서의 행복이란 컨셉은 상투적인 표현으로, 우리 사회가 표현하는 의미를 향한 강렬한 욕구에 더 이상 부합하지 않는다.

클럽 메디테라니Club Méditerranée에 영감 넘치는 힘을 주었던 것은 그 브랜드가 자신을 국제적으로 만들기 위해 그 이름을 클럽 메드로 바꾸면서 잊혀졌다. 실제로 지중해Mediterranean Sea는 어떤 이들이 생각하듯 단지 휴양지들이 위치한 곳이나 몇몇 수상 스포츠의 장소를 지칭하지 않는다. 그것은 상징적인 차원에서 삶의 근원을 의미한다. 클럽 메디테라니Club Mediterranee를 강력히 필요로 하는 이유는 그것의 브랜드 정수brand kernel인 삶의 재충전, 자아의 재발견 때문이다. FCA 에이전시가 창조해낸 유명한 광고 캠페인(사랑, 삶, 즐거움, 대화…)을 통해 그 시대에 맞게 표현되었던 이러한 동력drive은 클럽 메드가 단지 조금 더 비쌀 뿐, 다른 것들과 다를 바 없는 휴가 클럽이 되고, 더 이상 특별한 비전을 불러일으키지 못하면서 사라져버렸고, 더 이상 지금의 브랜드에 영감을 주지 못하고 있는 것처럼 보인다.

슬쩍 건드리는 것만으로도 브랜드를 최초의 계약으로부터 멀어지게 하는 압력들이 무수히 많으며, 그것은 아이덴티티 상실이라는 위험을 야기한다. 팔로마 피카소Paloma Picasso 향수 브랜드의 관리는 그 좋은 예이다. 브랜드의 근원과 제품에 포함된 창시자의 이름을 통해 이 브랜드는 정열적인 라틴 캐릭터, 남쪽, 교만함 그리고 자기 확신적인 자존심을 상징한다. 이 향수의 빨강색과 검정색 코드는 라틴 코드, 즉 강한 캐릭터의 표시이지만 그런 아이덴티티는 브랜드의 지역적인 경계를 설정한다. 이 향수는 남미, 미국 선벨트(플로리다, 텍사스, 캘리포니아) 그리고 스페인이 매력을 발휘하는 모든 유럽 국가들(독일, 영국, 프랑스)에서는 강세를 보인다. 반면 (파스텔, 친절함, 부드러움을 선호하는) 아시아 시장, 오세아니아, 호주 그리고 스칸디나비아 국가들에 침투할 수는 없었다. 이렇게 해서 3번째 향수 출시에 앞서 의문이 제기되었다. 이제까지 성공의 기반이 되었던 브랜드 계약을 존중해야 하는가 아니면 좀 더 부드러운 버전을 내놓아야 하는가이다.

브랜드를 재활성화하는 것revitalising brands은 또한 그 근원에 대한 재발견을 의미한다. 우리는 시간이 지나는 동안 타협을 거듭하면서 브랜드의 창립 원칙들을 잊어버리는 경향이 있다. 노보텔Novotel 경영진은 브랜드의 지향성orientation을 새롭게 정의한 프로그램을 '미래로의 회귀return to the future'라고 명명했다. 이 프로그램의 목표는 옛날 좋았던 시절의 노보텔을 재건하는 것이 아니고, 그 브랜드의 역사적 사명을 2000년대의 고객 욕구에 맞게 업데이트하는 것이다. 자동차 업계에서, C5와 C2의 성공은 수년 동안 혼란 상태에 있던 시트로엥Citroen의 재생을 알리는 징후이다. 그것은 시트로엥의 정수kernel, 유전자 프로그램을 다시 활성화하고 시트로엥을 현대화시켰다.

2단계 브랜딩의 관리

변화와 아이덴티티 모두를 관리하는 데는 2단계의 브랜드 아키텍처double levels of brand architecture가 유용하다. 이는 캘빈 클라인, 샤넬, 폭스바겐이 자신의 브랜드를 조직화하는 방법이다. 어떻게 우리는 그런 브랜드들을 일관되게 관리할 수 있는가? 이 브랜드들은 자신의 개별 아이덴티티individual identity와 브랜드 네임brand name을 가진 제품들을 포함한다는 점에서 소스 브랜드source brand라고 불린다. 같은 맥락에서 우리는 모 브랜드mother brand와 자 브랜드 daughter brand 또는 퍼스트 네임 브랜드first name brand에 대해 이야기한다.

그래서, 르노Renault가 존재하지만 각자의 아이덴티티를 지닌 클리오Clio, 트윙고Twingo, 메간Megane, 발사티스Val Satis의 개성 또한 존재한다. 12장에서 살펴보게 되겠지만 르노 브랜드는 다른 브랜드를 보증하는 것만으로 만족하지 못하고, 스스로 가치들을 추가하고 일관된 환경을 만들어낸다. 르노는 더 이상 엄브렐러 브랜드가 아니다. 그 브랜드에는 2단계가 있기 때문이다(패밀리 네임과 퍼스트 네임). 반면에 엄브렐러 브랜드는 (필립스 TV, 필립스 면도기, 필립스 커피머신 등) 퍼스트 네임이 없는 제품들을 포함한다. 표면화되는 문제점은 일관성

coherence과 자유freedom, 패밀리 유사성family resemblance과 개별성 individuality 사이의 균형의 문제이다. 이것은 여기서 언급한 예들 말고도 기업 브랜드의 강한 아이덴티티를 유지하고 있고, 단순히 지주 회사holding company 정도로 여겨지는 것을 원하지 않는 모든 산업 그룹들과 관련 있다. 열쇠는 소스 브랜드source brand에 대해 체계적으로 접근하면서 각각의 자 브랜드daughter brand가 전체(모 브랜드나 하우스 브랜드)로부터 무엇을 가져가고 또 가져오는지를 분석하는 데 있다.

우리는 언제나 전체를 이해하고, 이것이 그 제품에 어떤 영향을 미치는지를 이해하는 데서 출발해야 한다.

1986년, 가르니에Garnier 브랜드의 경영진은 브랜드의 근원brand's roots, 즉 브랜드의 유전자 코드genetic code를 이해하는 일에 착수했다. 브랜드 최초의 창립 제품은 (브랜드가 위협에 처해 로레알L'Oreal에게 매각되기 전) 가르니에 자신이 만든 허벌 샴푸였다. 누군가는 이미 그것에서 브랜드의 핵심 속성들 즉, 자연스러움, 아름다움, 케어를 통한 미(어떤 의학적 혜택), 협소한 USP가 아닌 광범위한 약속과 약국을 통한 유통을 발견했을 수도 있을 것이다.

나중에 모엘르 가르니에Moelle Garnier는 두 번째로 성공한 샴푸가 되었다. 그 것은 머리카락에 영양을 공급했고 동시에 케어를 통한 아름다움과 윤기를 주었다. 가르니에는 약국뿐만 아니라 미용실, 마지막으로 당시 대량 유통을 의미하는 곳까지 유통망을 확장시키면서 혁신을 일으켰다. 그 후 로레알이 가르니에 Garnier와 로자Roja를 함께 인수해 로자-가르니에RojaGarnier를 만들었다. 그러나 이 계획은 브랜드 자본을 완전히 희석시키는 결과를 낳아서 1976년에서 1986년 사이에 브랜드를 완전히 소멸시키는 결과를 가져왔다.

1986년, 라보와뜨와 가르니에Laboratoires Garnier의 일관된 재출시가 결정되었다. 소비자들에게 예전 가르니에에 관한 기억이 완전히 사라졌는지, 반만 사라졌는지 또는 계속 남아 있는지를 알아보기 위해 유럽지역에서 조사가 이루어졌다. 이 조사는 아직도 풍부하고 활발한 기반이 남아 있으며, 그리고 브랜드의 각 제품 라인들 광고에서의 차이들을 넘어 여전히 일관되고, 사려 깊고, 실제적인 목표에 의해 유지되는 라보와뜨와 가르니에Laboratoires Garnier 브랜드가 존재함을 밝혀냈다.

그 브랜드를 구성하는 특징들은 가르니에 모 브랜드mother house의 근원과 가까웠는데, 이는 활동적인(지나치게 활동적이 아닌) 여성을 목표로 한 광범위한 혜택들(단순한 피부 과학이 아닌 케어를 통한 아름다움)에 대한 취향이었다. 브랜드는 샴푸에 한정되지 않았을 것이고, 11개의 다른 제품 라인으로 확장되었을 것이다. 앞으로 생산될 제품과 자 브랜드daughter brand를 관리하기 위해 생산 철학을 정의하는 것이 무엇보다 중요했다. 결국 브랜드가 당시에 연구소laboratory로서 자신을 정의했다면 모든 기본 원칙을 확고히 하고 이를 제품을 만드는 데 적용시켜야 했다.

조사 프로세스는 브랜드의 진실이 브랜드 자체 내에 있다는 브랜드 관리의 핵심 원칙에서 비롯되었다. 가르니에Garnier 브랜드의 가장 전형적인 제품이자 브랜드 제조자를 가장 잘 대표하는 제품으로 11개를 선택하여, 브랜드 노하우를 정의하는 과학적 원리가 무엇인지를 조사했다. 그렇게 해서 모든 것들이 브랜드 차터charter of brand를 만들기 위해 합쳐졌다. 이런 식으로 이 브랜드는 다른 브랜드를 보증하는 엄브렐러 브랜드umbrella brand의 차원을 넘어 자신만의 가치 체계와 사명, 과학적인 원칙들과 제품을 사용하는 여성들을 정확하게 반영하는 철학을 가진 실질적인 소스 브랜드source brand가 되었다. 브랜드 차터는 시각 및 청각적 수단을 통해 의도적인 방식으로 자회사들, 유통망 그리고 기자들에게 전달되었고, 그럼으로써 로자-가르니에Roja-Garnier와 관련해 연상되는 모든 암시들에 종지부를 찍었다. 가르니에는 보증 브랜드endorsing brand 이상의 것이 됨으로써 이제 진정한 기업 문화의 기반을 구축하게 되었다. 이것은 현재와 미래에 만들어질 모든 라인에서 발견될 수 있어야 한다. 이는 심지어 외모에 관심을 갖는 젊은 소년, 소녀 고객들에게 브랜드의 문을 여는 것이 그 목표인 그래픽Graphic 같은 제품 라인에도 해당하는 것이다. 이를 염두에 둘 때, 그래픽Graphic이 라보와뜨와 가르니에Laboratoires Garnier가 영국에서 선보인 첫 번째 라인이라는 점은 상당히 주목할만 하다. 단순히 그래픽을 출시하는 것이 아니라 실제로는 라보와뜨와 가르니에Laboratoires Garnier라는 소스 브랜드source brand를 출시하는 것임을 인식하면서, 커뮤니케이션은 그 브랜드의 철학을 강조하였고,

그래픽Graphic을 그것에 영감을 받은 제품으로 묘사했다. 브랜드를 창조하는 데 있어 첫 번째 조치가 장기적인 이미지의 모델이 된다는 것은 잘 알려진 사실이다. 즉, 첫 제품이 브랜드 의미의 원형prototype of brand meaning으로서 역할을 하는 것이다.

2000년, 글로벌화의 목적을 위해 라보와뜨와 가르니에Laboratoires Garnier는 가르니에Garnier가 되었고, 동일한 브랜드 정수brand kernel를 둘러싼 그 속성들의 또 다른 재활성화revitalisation에 착수했다. 변화하는 시장 조건들에 대한 브랜드 아이덴티티의 적응 정도는 정기적으로 평가되어야 한다.

아이덴티티 가치에 대한 검토

시간이 지나면서 브랜드는 정기적으로 자신의 가치가 여전히 적실성을 갖는지 의문을 제기해야 한다. 브랜드가 여전히 '가치' 있게 여겨지는가? 다른 방식으로 표현하면, 브랜드의 가치들이 오늘날의 고객들에게 여전히 가치를 갖는가? 그렇지 않으면 단순히 당연하게 받아들여지는 진부한 것, 즉 브랜드라기보다는 카테고리 자체의 속성이 되었는가? 몇몇 브랜드는 아이콘 내지 명물institutions이 되었다. 왜냐하면 그들 삶의 어떤 단계에서 브랜드들이 사회에서 점차 중요해지는 가치들을 지지했고, 사실상 그 가치들의 대변인이 되는 정도까지 이르렀기 때문이다. 이들은 엠블렘 브랜드emblem brands이고, 널리 알려져 있다. 리바이스 Levi'는 젊음의 반항 아이콘이고, 베네통Benetton은 문화적 용광로의 아이콘이며, 물리넥스Moulinex는 슬로건에서 '여성 해방'을 주창하고, 갭Gap은 안티 패션으로 칭찬 받는다.

일단 그들의 사명이 더 이상 오늘날의 중요한 문제가 아니게 되면 이런 브랜드들은 당혹스런 상황에 처한다. 여성들은 이미 해방되었고, 젊은 사람들은 이제 아르마니 진Armani jeans에 열광하며, 베네통Benetton은 자라Zara에게, 갭Gap은 애버크롬비 앤 피치Abercrombie & Fitch에게 자리를 내주었다. 가치는 브랜드의 공유 에너지의 원천을 구성하므로, 이런 가치와 브랜드를 차별화하는 능력이 약해지는 때를 인식하는 것이 매우 중요하다.

장기적인 생존은 브랜드 가치의 재발견에 달려 있다. 즉, 그 가치를 버리는 것이 아니라 재창조하는 것이다. 여기서 던져야 할 질문은 오늘날의 가치가 되는 것은 무엇인가이다. 물리넥스는 여성 해방과 연관되어 있었다. 100여개 국가에 알려지고 유통된 이 가전제품 브랜드는 여성에게 집안일 외에 뭔가 다른 것을 할 시간을 줄 것을 주장했다. 그것은 여성들의 친구였고, 그녀들이 집에 머물기보다는 마음껏 즐기도록 격려했다. 이제 이 메시지는 현대 젊은 여성들에게는 진부한 것으로 들린다. 따라서 브랜드도 진부해졌다. 그렇다면 오늘날 중요한 것은 무엇인가? 그것은 여전히 '여성해방운동'에서 말하는 여성의 해방인가? 오늘날 모든 커플이 남녀 평등을 이야기하지만 진정으로 모든 가사 일에 남성과 여성이 공동으로 책임지는가? 이것이 물리넥스Moulinex 아이덴티티 프리즘identity prism의 문화적 단면이 개발해야 하는 방향이다.

시간이 지나도 살아남는 두 번째 방법은 하나의 가치가 동일하게 유지되더라도 그 단어 자체의 의미는 변한다는 사실을 깨닫는 것이다. 그것들의 중요성은 20년전과 다르다. 소비자 인사이트가 변하기 때문이다. 예를 들어, 역동성dynamism은 '사자ion'를 심벌로 갖고 있는 자동차 브랜드 푸조Peugeot의 핵심 가치이다. 1983년, 휴지 상태에 있던 브랜드인 205는 작은 205이자 특히 그 시대를 정의했던 버전인 205 GTi에 의해 폭발적인 방식으로 재출시되었다. 비록 그것이 가장 잘 팔리는 205는 아니었지만 205 브랜드 전체에 그것의 개성을 각인시켰다. 205 GTi는 수천명의 유럽 젊은이들에게 자동차를 운전하는 강렬한 경험을 할 수 있도록 해주었다. 골프 GTi에서처럼 GTi 접미사는 1980년대와 연결되어 있다.

문제는 오늘날 자동차의 역동성을 표현하는 방법이다. 열쇠는 더 이상 엔진 파워에 있지 않으며, 더 넓은 공간, 더 나은 디자인 등과 같은 다른 속성들에 있다.

브랜드의 재창조: 살로몬

시간 흐름에 따른 브랜드 관리의 문제는 어떻게 변화를 다루는가이다. 고객들이 변하고, 사회 가치가 변하고, 경쟁자들 역시 변한다. 살로몬Salomon의 경우만큼 변화의 도전들을 잘 보여주는 사례는 거의 없다. 살로몬은 세계적인 겨울 스포츠 리더로 일본, 유럽, 북미에서 각각 30%의 매출을 올리고 있다.

1995년, 이사회의 장기 계획 회의에서는 미래에 대한 시나리오 수립으로 이어진 하나의 가설이 제기되었다. 이 가설은 스키를 그만두고 스노보드를 타는 10대들이 결코 다시 스키나 다른 전통적인 겨울 스포츠(살로몬뿐만 아니라 로시뇰Rossignol, 크나이슬Kneissl, 다이나믹Dynamic 등의 명성을 구축했던)로 돌아가지 않을 가능성이 있다는 것이었다. 이런 예측을 기반으로 다가오는 프로페셔널 겨울 스포츠 세계 전람회에 온갖 종류의 스노보드를 선보이기로 결정했다. 그러나 전람회 내내 스탠드를 방문하는 사람이 거의 없었다. (모두가 소매업자인) 방문자들은 잠시 멈추지도 않은 채 그냥 지나쳤다. 기술 혁신이 가장 중시되는 기업에게 그것은 커다란 충격이었다. 그러는 사이 살로몬의 총매출은 1993/4년 442백만 유로에서 1994/5년 437백만 유로로 떨어졌으며, 1995/6년 396백만 유로, 1996/7년 365백만 유로로, 1992/3보다 낮은 수치를 보였다. 반면 1994/5년과 1995/6년 사이에 세계 스노보드 판매는 스키 판매가 16% 떨어지는 동안 2배로 뛰어올랐다.

진단 결과 또한 충격이었다. 살로몬은 반순응적인 새로운 세대, 전 세계의 반항적인 '스노우 서퍼snow surfer'들에게 안티 모델로 인식되었다. 이들은 알파인 스키와 일반 스포츠 시스템에서 지배적인 가치들에 반대했다. 결국, 브랜드는 언제나 단순한 이름 이상이다. 그것은 카테고리, 비전, 일련의 가치들에 관한 관점이다. 올림픽의 이상과 동계 올림픽게임의 기둥으로서 그리고 세계 최고 스키팀들이 1순위로 선택하는 브랜드로서 살로몬Salomon은 스노보딩 커뮤니티가 그것의 가치들에 전적으로 반대하면서, 거리를 두고 싶어 하는 세계의 심벌이 되었다. 모든 참가자들이 잘 포장된 넓은 눈길을 스키를 타고 달리는 전통적인 겨울 스포츠에서 전형적인 가치들은 무엇인가? 개별성, 경쟁, 경쟁자 물리치기, 백분의 몇 초 줄이기, 질서와 위계구조가 아니라면 올림픽의 가치들은 무엇인가? 이와 반대로 결국 서핑의 직계 후손이라고 할 수 있는 스노보드는 그룹으로 한데 어울리는 것, 활강 코스에서 벗어나는 것off-piste 그리고 재미, 그룹, 우정, 무질서, 자유, 즐거움, 경쟁의 경멸과 같은 가치들에 모아진 특별한 눈snow의 느낌들을 즐기는 것과 관련 있다.

스노보더들은 전통적인 가치들과 결별하면서, 피스트 스키어들의 전통적인 옷차림과는 뚜렷이 다른 복장 규정dress code을 가진 부족을 형성한다. 일반적으로 서프보더들은 전통적인 스키 복장의 빨강, 하양, 파랑을 멀리하며, 티모시 리어리Timothy Leary의 사이키델릭 무브먼트psychedelic movement에서 온 휘황찬란한 컬러를 선호한다. 더욱이 스노보드는 스포츠와 음악의 결합이다. 참가자들은 언제나 슬로프에서 개인용 스테레오를 착용한다. 이는 스노보드를 단순한 스포츠 이상으로 만든다. 그것은 하나의 종파sect이다.

살로몬의 미래는 위험에 처해 있었다. 진단 결과는 의심할 바 없이 새로운 스노보드 전용 브랜드를 만드는 것이었다. 하지만 그렇게 하는 것은 궁극적으로 살로몬의 파멸을 자초하고 어제의 관행속에 브랜드를 매장하는 것이 될 것이다. 브랜드 아이덴티티에 근본적인 변화를 가져오기 위해서는 브랜드 자체에 대한 수술이 요구되었다. 겨울 스포츠는 하나의 세그먼트나 행위가 아니라, 서구 사회의 근본적인 전환을 나타낸다. 그러므로 어떤 겨울 스포츠 브랜드도 일정한 역할을 담당하지 않을 수 없다. 그렇게 해서 브랜드 아이덴티티의 총점검이 시작되었다.

진단의 두 번째 부분은 살로몬이 스키와 스노보드 시장에 계속 남아 있어야 한다는 것이었다. 스키 시장은 브랜드의 현재 수입원이었고, 스노보드 시장은 미래 수입원이었다. 이로써 브랜드는 선택의 여지없이 이중 마케팅dual marketing 접근이 필요하게 되었다. 하지만 한 브랜드 내에서 정신 분열증schizophrenia은 허용되지 않는다. 해당 이름에 속하는 하나의 가치 체계만이 허용될 뿐이다. 가치에 관해 말하면 브랜드는 두 주인을 섬길 수는 없다. 따라서 해답은 스키와 스노보드간의 가치 격차를 줄이는 것이었다. 즉 스키를 점차적으로 재미, 감각, 즐거움이라는 서핑의 가치들 가까이로 접근시키는 것이다.

바로 이 지점에서 컨셉과 제품 혁신이 등장한다. 살로몬은 파라볼릭 스키

parabolic skis, 프리라이드 스키freeride skis, 엑스스크림 스키X-scream skis를 개발했고, 미니 스키mini-ski 기술을 향상시켰다. 이 모든 신제품들은 새로운 감각을 제공하고 스노보드 없이도 스노보드를 타는 느낌을 전달했다. 살로몬은 이런 혁신들을 통해 스키와 스노보드 또는 스노블레이드 간의 거리를 효과적으로 줄일 수 있었다. 그렇게 해서 살로몬은 그 전통적인 틀 밖으로 스키를 끌어냈는데, 이는 그 생존을 위한 열쇠로서 카테고리와 함께 변화하는 카테고리 리더의 사례라고 할 수 있다.

그러나 여전히 가장 어려운 일이 남아 있었다. 회사는 어떻게 여론을 주도하는 10대 타깃 시장에서 그 잃어버린 기반을 되찾을 것인가? 그들에게 살로몬 브랜드는 여전히 안티 모델이자 전통의 축소판으로 남아 있었다. 물론 그것은 이미 스노보드와 스노블레이드의 대중화에 기댈 수 있었다. 이런 과정이 계속된다면 덜 급진적인 사람들의 숫자가 늘어나게 되고, 그 후로는 살로몬 브랜드가 가진 자산들이 확신을 제공할 수 있을 것이다. 그러나 스포츠 세계는 유행에 의해 그리고 퀵실버Quiksilver 같은 브랜드들을 진정한 스타라고 여기는 오피니언 리더들에 의해 지배되고 있다.

브랜드를 그 과묵한 (심지어 적대적인) 타깃에게 더 가까이 접근시키기 위한 3가지 급진적인 의사결정이 행해졌다. 그것은 바로 고객들에게 귀 기울이고, 살로몬 스테이션Salomon Station을 만들고, 롤러스케이팅으로 전략적인 확장을 하는 것이었다.

고객들에게 귀 기울이는 것은 살로몬이 시장 조사를 수행하는 주된 방법이 되었다. 젊은 직원들이 미국 서부 해안의 서퍼들이나 10대들과 함께 시간을 보내면서 그들을 이해하는 법을 배우기 위해 파견되었다. 이들은 참여 관찰이라는 민족지학적 방법ethnographic method을 사용해 다가올 트렌드, 기대, 키워드 등에 관한 정보를 계속해서 피드백 받을 수 있었다.

또 다른 조치는 겨울 스포츠 타운들의 중심부에 친근한 장소인 살로몬 스테이션Salomon stations을 만드는 것이었다. 이것의 목표는 제품 판매가 아니라, 편안한 분위기에서 대화를 자극하고 그럼으로써 가치와 스포츠의 관행을 촉진하는 것이었다. 그러나 상당한 설치 비용과 시간을 감안할 때, 또 다른 접근이 요구되었다. 이것은 롤러스케이트와 인라인 스케이트 시장으로의 브랜드 스트레칭 brand stretching이라는 형태를 취했다.

이 전략적 확장은 젊은 층이 오직 1년에 1개월 정도만 겨울 스포츠를 즐기는 데 보낸다는 단순한 관찰에서 비롯되었다. 만약 살로몬이 그들의 브랜드가 되고 자 한다면 앞선 11개월 동안에도 그들이 다가갈 수 있어야 한다. 그리고 스노보 더들은 전 세계 마을과 도시 거리에서 발견되는 골수 롤러스케이터들과 하나이 고 동일한 그룹이다. 더욱이 실제 롤러스케이트와 관련해 살로몬의 전문적 기술은 편안함과 안전이라는 두 가지 핵심 측면에서 기존 롤러스케이트들의 성능에 있 어 중대한 진보를 제공할 수 있었다. 세계적인 산악 신발과 세이프티 바인딩 리 더로서 살로몬 단독으로도 혁신을 통한 중대한 전진을 이루어낼 수 있는 수단을 가지고 있었다. 이는 1999년에 성능에 있어 널리 정평이 난 새로운 롤러스케이트 계열의 출시로 이어졌다.

세 번째 전략적 결정은 스노보딩에서 '소프트웨어'는 하드웨어만큼이나 중요 하다는 관찰을 기반으로 한 것이었다. 기술적으로 뛰어나지만, 단순히 제품의 제 조업체가 되는 것만으로는 충분하지 않았다. 필요한 것은 태그 그라피티tag graffiti와 만화책의 문화 속에서 자란 젊은 사람들을 유혹할 수 있는 디자인, 컬 러, 하이퍼모던 코드hyper-modern codes를 도입하는 것이었다. 무엇보다도 '소 프트웨어', 즉 브랜드 내 변화들을 반영할 수 있는 지극히 현대적인 의류 계열들 을 마케팅하기 위한 계획이 필요했다.

그래서 서퍼들 사이에서 잘 알려져 있던 섬유 브랜드 본파이어Bonfire를 인수 했고, 더욱 중요한 것으로, 이런 변화들을 지원하기 위해 1997년에 아디다스 Adidas의 도움을 받았다. 결국 하이테크와 섬유 그리고 (젊은 층과 그리 젊지 않은 층이 다같이 입는) 스포츠웨어 간에 조화를 이루고, 그들을 스포츠 숭배의(그럼으 로써 육체까지 숭배하는) 도가니에 빠뜨리는 일에 아디다스보다 더 나은 브랜드가 누가 있겠는가? 더욱이 스포츠에서 파생된 섬유 부문에는 큰 수익성이 존재한 다. 당시 조르주 살로몬Georges Salomon이 창립한 가족 회사였던 살로몬은 아디 다스에게서 브랜드 아이덴티티와 비즈니스 모델의 변형을 지원할 재정적 자원과 전문 지식을 발견했다.

오늘날에도 같은 전략이 계속된다. 해양으로 방향을 전환해 이제 살로몬은 서 핑 시장에 진입하고 있다. 이는 살로몬이 아이덴티티와 비즈니스를 재정의한 결과이다. 이 브랜드는 제품에 기반한 정의(산악 신발과 스키용 세이프티 바인딩)에서 활동 자체(겨울 스포츠)와 가치(감각과 즐거움)에 기반을 둔 아이덴티티로 이동했다. 살로몬은 예측불허의 기후 변화('올해는 눈이 올 것인가?')에 위협받는 주기적 인cyclical 비즈니스에서 뉴욕과 오슬로의 포장 도로에 기반한 영속적인 비즈니스로 발전했다. 내일이면 호주, 캘리포니아, 프랑스 남부 해안의 물결 속에 있게 될지도 모른다.

이런 제품 확장은 또한 수익성이라는 목표를 만족시킨다. 즉 그것은 보완적인 섬유 계열의 후속 출시를 가능하게 할 것이다. 결국 이 영역에서 섬유 계열은 정당성을 필요로 하는데, 그것은 생산설비에 의해 부여되는 것이다. 서핑으로의 확장은 다름 아닌 이 정당성을 제공하는 데 그 목적이 있다.

마지막으로 살로몬은 커뮤니케이션에서 관계 마케팅 체계를 발전시키고 커뮤니티들을 형성했다. 살로몬은 유럽, 미국, 일본에서는 X-어드벤처 스키 트렉X-Adventure ski trek을 시작했으며, '프리-라이드' 스테이지free-ride stages를 만들고 인라인 스케이터들과 스노블레이더들을 위한 다수의 '챌린지'들을 제공했다. 또한 무의미한 후원을 그만두었다. 이제 챔피언들과 젊은 10대들의 오피니언 리더들은 단순한 브랜드의 전달자vehicle 이상이다. 그들은 살로몬과 함께 공동 창조자들이다.

여기에서 무엇을 배울 수 있는가? 브랜드는 자신이 거의 이해하지 못했을 수도 있는 목표 그룹들 사이에서 자신의 적실성을 지속적으로 재획득할 때에만 변화에도 살아남을 수 있다. 역설적으로 크리스텐슨Christensen(1997) 교수가 보여주었던 것처럼, 기업들은 '훌륭한good' 경영을 추구하는 과정에서 종종 그들의 기존 고객층을 이해하는 데 맹목적으로 전념한다. 그들의 고객들을 더 잘 만족시키는 과정에서 브랜드는 이 고객들의 볼모가 되고, 사회나 기술적 변화의 미미한 징후들을 간과한다. 일반적으로 이런 변화가 기존의 습관이나 제품들과 단절되는 형태를 취한다는 것을 고려한다면 브랜드는 기존 고객층에게도 거부된다. 그렇게 되면 브랜드는 미래를 대표하지 않는 단골 고객들을 기쁘게 하기 위해 더욱 더 열심히 노력하고, 결국 혁신자들과 내일의 고객들에게는 안티 모델이 된다.

고객들을 다시 획득하는 데 필요한 과정은 많은 시간이 소요되고, 기업의 모든 영역을 포함하는 체계적이고, 조율되고, 집중화된 접근을 요구한다. 그것은 관리, 조직, 아이덴티티 수준에서의 내부적인 변혁을 의미한다.

이 내부적인 변혁은 아이덴티티의 재정의로부터 시작된다. 낡은 아이덴티티에서 유지해야 하는 부분은 무엇인가? 사회 변화와 10년 전만 해도 알려지지 않았던 모든 새로운 스포츠들의 부상에 대처하기 위해 무엇을 변화시키는가?

자신의 비즈니스와 경쟁 분야를 정의하는 살로몬의 슬로건은 이제 '자유 액션 스포츠freedom action sports'로 산과 도시에 똑같이 적용되며, 미래에는 바다에도 적용될 것이다. 이는 브랜드가 시간의 흐름과 함께 지나왔던 길을 보여준다.

- 1950년, 살로몬의 아이덴티티는 핵심 부품인 '바인딩' 세이프티 잠금 장치라는 제품을 기반으로 했다.
- 1980년, 브랜드의 전체 아이덴티티, 기술, 가치 체계는 스키로 요약될 수 있었다.
- 1990년, 살로몬의 아이덴티티는 등산화 등의 도입과 함께 산에 초점이 맞춰졌다.
- 2000년, 브랜드는 자신의 타깃과 경쟁 분야를 특정 영역, 즉 개념화된 스포츠인 '자유 액션 스포츠'로 확장했다. 살로몬은 전문가용 멀티스포츠 브랜드가 되어 이런 컨셉과 기본 가치들을 충족시킨다. 이 가치들은 무엇인가? 자유는 무제한의 감각들과 '내 스타일my style'을 의미한다. 액션은 에너지, 중력 그리고 놀이터로서의 환경을 의미한다. 그리고 스포츠는 글라이딩, 어드벤처, 라이딩 등을 제시한다.

경쟁자들과 소비자, 유통 경로, 경쟁에서의 변화들에 대처하기 위해 살로몬은 계속해서 자신의 역사적 기술들을 이용한다. 그 기술은 바로 순수하고, 단순하며, 독특하고, 혁신적인 제품들을 디자인하기 위해 전문가들과 함께 일하는 브랜드 고유의 노하우이다.

살로몬은 전 세계의 젊은 스포츠 광들이라는 새로운 세대와 커뮤니케이션하기 위해 그리고 실제로 이들과 진정한 관계를 맺기 위해 새로운 기술들을 습득할 필요가 있었다. 그래서 살로몬은 자신의 타깃을 내일의 트렌드 리더인 젊은 층과 10대들로 넓혔다. 이런 아이덴티티를 활성화하는 것은 장기간의 헌신과 상당한 인적 자원과 재정적 자원이 다음의 것들에 바쳐지는 것을 의미한다.

1. 제품 혁신(여기서는 브랜드 확장이 전략적 역할을 담당한다). 살로몬은 이 목적을 위해 브랜드 총매출의 7%를 조사연구에 배정하고, 매년 80개의 특허를 신청한다. 또한 제품 개발에서 출시까지 걸리는 기간을 복합적인 제품은 1년으로, 기계적인 제품(바인딩)은 2년으로 줄였다. 이와 함께 오피니언 리더들이 개발 과정의 초기단계에 참여하고, 서퍼들은 인터넷을 통해 신제품에 대한 연구조사에 영향을 미칠 수 있다. 더 나아가, 살로몬의 제품 계열 마케팅은 더 이상 단순히 나이, 성별, 스키 능력이라는 예전의 3가지 카테고리로 나뉘지 않는다. 이제 4번째 카테고리(추구하는 감각의 유형)가 추가되었다.

2. 새로운 감각 기반의 제품을 통해 진부하지만 여전히 대다수가 하는 활동들(예를 들어, 스키)을 좀 더 현대적으로 바꾸는 엔진으로서의 브랜드의 역할. 그렇게 하면서 브랜드와 전체로서의 겨울 스포츠 양자의 내부에 존재하는 차이를 좁힐 수 있었다. 더욱이, 스노보딩은 올림픽 이벤트가 되었고, 살로몬은 겨울 스포츠의 대표적인 인물인 에드가 그로스피롱Edgar Grospiron과의 관계를 강화할 수 있었다.

3. 도전, 경쟁, 스키 트렉 등을 통해 그리고 또한 스포츠웨어 계열들을 통해 완전한 경험의 영역을 제공하는 것.

4. 마침내 더 쌍방향적이고, 게릴라 스타일이며, 길거리 위주가 된 커뮤니케이션.

5. 고객에 대한 근접성. 이벤트 등을 하는 동안에 브랜드 전용 장소에서의 직접적인 관계 형성.

상업적이고 재무적인 결과들은 이런 변화에 적응하기 위해 들인 급진적인 노력을 반영했다. 매출은 1997년에 390백만 유로에서 1998년에 435백만 유로로, 1999년에 500백만 유로로 증가했다. 살로먼 회사는 1997년의 적자를 1998년 흑자로 돌려놓았다. 아디다스Adidas에 의해 12억 달러에 인수된 후에도 – 평균 배수average multiple가 20인 이 분야에서 그 수익의 40배에 이르는 액수 – 살로먼 그룹은 여전히 자신의 약속들을 지켜가고 있다.

11

브랜드 확장을 통한 성장

브랜드 확장Brand Extension이 증가 추세에 있다. 아무런 연관이 없는 시장에 진출할 때 점점 더 많은 기업들이 그 목적을 위해 만들어진 새로운 브랜드 네임보다는 기존 브랜드 네임을 쓰고 있다. 그러나 브랜드 확장이 근래에 나타난 현상은 아니다(Gamble,1967). 럭셔리 제품 분야에서는 본래부터 있었던 것이다. 럭셔리 제품은 그 근원을 오트 쿠튀르haute couture에서 찾을 수 있으며 액세서리, 고급 가죽제품, 보석, 시계 제조, 심지어 식기류나 화장품으로 확장되었다.

같은 방식으로 최초의 유통업체 브랜드들(스위스의 미그로스Migors, 영국의 세인트 마이클St. Michael)은 여러 개의 다른 제품 카테고리들을 커버했다. 산업 브랜드들도 같은 이름 아래 다각화된 활동 영역들을 커버하기 위해 최초의 제품 유형을 넘어 확장했다. 즉 지멘스Siemens, 필립스Philips, 미쓰비시Mitsubishi도 오래 전부터 브랜드 확장을 사용해 왔다. 실제로 브랜드 확장은 일본 대기업들에 의해 체계적으로 사용되어 왔다. 미쓰비시Mitsubishi는 3개의 다이아몬드 브랜드(미쓰비시의 시각적 상징) 하에 선착장, 핵발전소, 자동차, 고성능 수신기 시스템, 은행 심지어 식품 분야까지 계열사로 포함하고 있다.

브랜드 확장은 관행이 되었다. 럭셔리 제품에 국한되었던 것이 이제는 일반적인 운영관리 절차가 되었다. 마스Mars의 경우 유명한 초콜릿 바일 뿐만 아니라 아이스크림이자 초콜릿 음료이기도 하다. 버진Virgin은 항공기부터 소프트음료까지 모든 것을 포괄한다. 맥케인McCain은 프렌치프라이, 피자, 빵 그리고 아이스 티를 포함한다. 에비앙Evian은 이제 화장품을 보증한다.

하나의 브랜드가 오직 하나의 제품과 연관성을 가져야 한다는 신성불가침의 프록테리언Procterian적 독단론에 익숙한 모든 회사 중역들에게 현재의 상황은 그런 사고에 대한 심각한 재고를 요구한다. 이제까지 제품 브랜드의 전형적인 예가 되었던 마스Mars도 엄브렐러 브랜드umbrella brand가 되어 다양한 세그먼트 와 제품들을 포함한다. 이런 발전은 브랜드가 기업의 진정한 자본이자 경쟁 우위의 원천이라는 인식의 직접적인 결과이다.

브랜드 확장은 브랜드 관리에서 가장 뜨거운 논쟁거리 가운데 하나이다. 이는 풍부하고 격렬한 연구결과를 낳았다. 몇몇 전문가들은 꾸준히 브랜드 확장은 피해야 하는 것이라고 주장한다(Trout and Ries, 1981, 2000). 그러나 오늘날 기업들 대부분은 문화적으로 브랜드 확장에 참여하는 데 가장 소극적이었던 기업들조차 도 그들의 브랜드를 확장하고 있다. 사실 앞으로 설명하겠지만, 브랜드 확장은 브랜드 수명의 어떤 시점에 도달하면 필요한 전략적 활동이다. 다른 접근들이 시도되고 나면, 브랜드 확장이 브랜드 성장을 유지하는 필수적인 방법이 된다. 성장은 다음과 같은 방법으로 구축되어야 함을 기억하자.

- 먼저, 제품의 소비자 1인당 구매량을 늘린다(8장 참조).
- 그런 다음, 신제품 개발과 라인 확장으로 브랜드 적실성을 높이고 더 특정한 타깃이나 상황의 니즈에 대처한다. 실제로 라인 확장line extensions은 슈퍼마켓들에서 확산되고 있다.
- 높은 성장 기회들을 제공하는 국가들에서 비즈니스 글로벌화를 꾀한다.
- 혁신을 통해 경쟁 상황을 바꾸고 새로운 경쟁 우위를 창조하거나 새로운 시장을 열고, 그럼으로써 개척자 우위로부터 혜택을 얻는다. 바로 이 때 혁신의 네이밍이 중요한 문제로 부각된다. 새로운 브랜드를 추가함으로써 (코카콜라 사가 탭Tab을 자사 포트폴리오에 포함시켰을 때처럼) 브랜드 포트폴리오를

확장해야 하는가? 아니면 그 대신에 기존 브랜드의 이름으로(다이어트 코크처럼) 불러야 하는가?

혁신이 브랜드의 핵심 시장 밖에서 일어날 때 혁신은 브랜드가 이 핵심 밖으로 확장되는 것을 의미하며, 그 과정은 브랜드 스트레칭brand stretching이라고 불리운다. 이는 브랜드 확장brand extension이 그렇게 중요한 주제인 이유이다. 즉, 그것은 브랜드 의미brand meaning의 재정의에 관한 것이다. 브랜드의 몇몇 단면들을 변화시키지 않은 채 무한정 비즈니스를 성장시키는 것은 불가능하다. 여기서 몇 가지 질문들이 제기된다. 브랜드의 본질essence of brand은 그대로인가? 확장이 브랜드의 정수kernel를 유지하는가? 또한 확장이 비즈니스 성장을 넘어 브랜드 에쿼티brand equity, 브랜드 이미지brand image에 미치는 영향은 무엇인가? 이것들은 실제로 전략적 질문들이다.

브랜딩branding 자체를 넘어, 확장은 종종 다각화, 즉 예전의 것과는 다른 제품으로 미지의 시장에 진입하는 것이다(표 11.1 참조). 그것들은 전략적인 움직임이라 할 수 있다.

브랜드 확장에 관해 새로운 것은 무엇인가?

브랜드 확장이 그렇게 중요한 주제가 된 이유는 무엇인가? 사실 대부분의 기업들은 브랜드 확장의 장점들을 최근에 와서야 발견했다. 분명 몇몇 럭셔리 브랜드luxury brands는 확장을 통해 번창해 왔으며, 그것은 일본 브랜드들 그리고 네슬레Nestle도 마찬가지이다. 그러나 북미, 유럽에서 대다수 마케터들은 프록테리안Procterian적인 마케팅 교육을 받았다. P&G는 그 창립 당시부터 하나의 브랜드는 하나의 혜택을 가진 단일 제품이었다. 그 결과 신제품은 새로운 브랜드를 형성해야 한다는 규칙이 적용되었다. (미국에서 타이드Tide로 알려진) P&G의 아리엘Ariel은 특수 저거품 세제이다. 다른 세제들은 대시Dash와 비질Vizir 같은 다른 브랜드 네임을 갖는다. 이러한 관행은 철저하게 제품 위주이다.

| 표 11.1 | 확장과 전략의 연결

시장	제품	
	기존 제품	신제품
기존 시장	집중적인 성장	시장 개발
신규 시장	시장 확장	다각화

브랜드 확장의 시각은 2가지 근본적인 수정을 가져온다. 첫째, 그것은 브랜드가 단일의 지속적인 약속이지만 이 약속이 상이한 제품, 결국에는 상이한 카테고리로 표현되고 구현될 수 있고 또는 그래야만 한다고 주장한다. '팜올리브 Palmolive'는 부드러움을 나타낸다. 그리고 이런 시각으로부터 팜올리브 핸드 비누, 주방 세제, 면도 크림, 샴푸 등이 나올 수 있는 것이다.

둘째, 그것은 브랜드에 더 높은 수준의 가치를 부여함으로써 우리가 역사적인 브랜드의 혜택을 재정의하도록 요구한다. 브랜드 확장은 유형의 가치에서 무형의 가치로, 단일 제품 기반의 혜택에서 더 큰 혜택으로의 이동의 본보기를 보여주고, 그럼으로써 브랜드가 더 넓은 계열의 제품들을 커버할 수 있게 만든다. 질레트Gillette는 단순히 가장 좋은 면도 제품인가? 아니면 광고에서 말하듯 '남자가 가질 수 있는 최고의 것The best a man can get'인가? 이 두 번째 정의는 계속적으로 남성 면도의 품질을 향상시키는 것을 목표로 하는 질레트 센서Gillette Sensor나 마하3를 쉽게 뒷받침한다. 그것은 또한 이 브랜드가 수익성 있는 성장 시장인 남성 세면용품 라인을 선보이기 위해 자신의 명성과 신뢰를 지렛대로 활용함으로써 성장할 수 있게 한다.

브랜드 확장은 감성적 주제라고 할 수 있다. 왜냐하면 그것이 브랜드의 아이덴티티가 재정의되는 첫 번째 계기, 즉 브랜드에 관해 기업 내부에서 수십 년 동안 고수되어온 모든 가정들에 의문이 제기되는 순간이기 때문이다. 더욱이 단순한 라인 확장line extensions과는 다르게 브랜드 확장은 다각화diversification와 연결되어 있으며, 따라서 기업 전체에 상당한 영향을 미친다. 브랜드 확장에 관한 연구는 브랜드 자체에 집착해 왔으며, 이는 마케팅계의 터널 비전tunnel vision을 강화하는 경향이 있었다. 그런 연구의 유일한 초점은 특정 브랜드에서 여러 가지 다양한 확장들에 대한 소비자의 태도들을 결정하는 것이었다(Aaker and Keller, 1990). 이 때문에 너무도 많은 기업들이 단지 소비자들이 그렇게 할 수 있다고 말했다는 이유로 그들의 브랜드를 모든 방향으로 확장하는 국면을 경험했다. 이런 국면은 끝이 났다. 이런 초기 연구들에서는 기업을 무시했다. 그것은 오직 브랜드에만 초점을 맞추는 터널 비전의 형태이다. 다각화diversification는 전략적 컨셉으로 기업 전체에 대해 함의를 가지고 있다. 새로운 시장에서 경쟁하는 데 필요한 모든 새로운 역량들을 배울 수 있을 것인가? 얼마의 가격에? 얼마의 비용에? 그만한 가치가 있는가? 지속 가능한가? 본서에서 강조하는 브랜드와 비즈니스 관점은 기업 전략이라는 맥락속에 브랜드 확장 이슈를 다시 끼워 넣을 것을 요구한다.

마지막으로, 브랜드 확장은 무언가를 수반하는involving 주제이다. 그것은 일반적으로 신제품 출시와 연결되어 있고, 모든 신제품은 시간, 에너지, 자원의 배분을 요구하고, 위험 상황을 만들어내기 때문이다. 이런 위험은 라인 확장과는 다르게 브랜드 확장이 브랜드를 강력한 경쟁자들에 의해 지배되고 있을지도 모르는 새로운 미지의 시장에 이르게 한다는 사실에 의해 증가한다. 확장이 실패하는 경우 직접적인 재무적 위험뿐만 아니라 유통 경로 그리고 업계와 최종 사용자 사이에서 브랜드 이미지에 잠재적인 타격을 입힐 위험이 존재한다.

메르세데스Mercedes가 시장이 있는 곳이면 어디든 들어가 폭스바겐Volkswagen과 경쟁하기로 결정한 후, 급진적인 하향 확장downward extension인 새로운 클래스를 출시했을 때 메르세데스가 겪은 문제들이 좋은 예가 된다. 이 자동차는 '엘란 테스트elan test'를 통과할 수 없었고, 이는 세계에서 가장 안전한 자동차 가운데 하나라는 메르세데스의 신성불가침의 이미지를 파괴하는 것이었다. 메르세데스 자동차의 전체 개념whole conception이 재정의되어야 했다. 높은 역사적 경쟁력을 가진 후륜 구동의 대형 세단 제조에서 전륜 구동의 소형차 제조로 이동하는 것은 쉬운 일이 아니다. 또한 이는 최초로 새로운 메르세데스를 20,000유로 정도에 구입할 수 있게 하는 것이다.

이 예는 브랜드 확장의 의사결정을 오직 소비자 조사를 통해서만 살펴보아서는 안 된다는 사실을 설명한다. 일반적으로 고가 브랜드가 하향으로 확장할 때 그들의 기존 고객들은 좌절감을 느낀다. 그들은 독점적이라는 느낌을 덜 받게 되고 따라서 확장에 대한 그들의 태도는 부정적이다(Kirmani, Sood and Bridges, 1999). 하지만 소비자들은 그런 점에서 매우 보수적이다. 그들은 메르세데스의 상황에 관한 전체 그림full picture을 가지고 있지 않으며, 결국 장기적인 관점을 갖고 있지 않다.

예를 들어, 그 당시 메르세데스의 엔트리 카인 클래스 C 구매자의 평균 나이가 51세였다는 것을 아는 사람들은 거의 없다. 또한 이 기업이 신속하게 100만대 이상의 차를 생산하지 못한다면 그 생산비가 너무 높아 프리미엄 세그먼트에서조차 경쟁력을 유지하지 못했을 것이라는 사실을 아는 사람들도 거의 없다. 높은 생산비는 소비자들에게 가치를 제공하지 않는다.

브랜드 확장을 관리하는 것은 곧 성장 기회들을 파악하는 것이다. 브랜드 확장은 또한 신제품 출시의 성공 가능성을 극대화하고, 동시에 모 브랜드parent brand의 가치를 증가시키는 것을 목표로 한다. 이것은 전체 제품 계열을 관리하는 것을 의미한다. 다시 말해, 그 에쿼티equity를 유지하는 것이다. 메르세데스는 새로운 클래스 S 그리고 현재는 최고급 모델을 통해 시장의 최고급 세그먼트에서 혁신을 이루는 데 재투자했다. 그리고 이 경우에 네이밍 문제가 제기되었다. 최고급 모델은 '클래스 Y'라고 불리지 않았고 '메이택Maytag'이라는 이름, 즉 브랜드를 부여받았다.

1991년에 이 책의 초판이 나온 이래 브랜드 확장 분야는 변화를 겪어 왔다. 기업들은 모두 자신들의 브랜드를 확장하는 경험을 얻었다. 몇몇은 소심하지만 성공적인 확장(마스Mars 아이스크림)을 했고, 몇몇 기업들은 적어도 10개의 확장을 시도하고도 베셀Becel의 확장이나 유니레버Unilever의 안티콜레스테롤 마가린처럼 모두 실패했다(Kapferer, 2001 : p 222). 모두가 확장 과정에 더 큰 집중과 더 많은 기업 매개변수parameter들을 재도입할 필요성을 인정한다. 브랜드 확장 결정은 전략적인 것으로, 확장이 가능한지에 대해 소비자 태도에 의존하는 것은 이제 심각하게 불충분한 것으로 여겨진다. 의사결정 그리드Decision grids에는 다른 차원들이 포함되어야 한다. 간단히 말해, 브랜드가 확장을 할 수 있다고 해서 확장을 해야 하는 것은 아니다. 말해지거나 쓰여진 것 그 이상으로, 확장과 그 뒤에 있는 기업의 경쟁적인 지위를 평가할 필요가 있다. 확장이 진정으로 기업과 브랜드에 무엇을 가져다주는가의 문제 또한 더 중요해졌다.

학문적인 수준에서 최근의 연구는 브랜드 확장에 관한 초기 연구의 한계들을 드러내고 있다. 선구적인 연구들에서 제시되었던 몇몇 모델과 법칙들이 아직 잊혀지지 않았다면 의문을 제기해야 한다.

브랜드 확장인가, 라인 확장인가?

언제 라인 확장line extension이나 브랜드 확장brand extension에 대해 이야기해야 하는가? 우리는 8장에서 라인 확장의 사례를 개발했다. 라인 확장은 브랜드를 성장시키는 데 필요한 단계이다.

- (잼jam 브랜드나 미닛 메이드Minute Maid 같은 과즙 브랜드에서 새로운 맛, 새로운 향을 제공하는 것처럼) 다양성을 통해 기본 약속을 풍부하게 하는 라인의 확장.
- (모발 타입, 고객의 나이, 두피 문제의 유형에 따른 각 샴푸 브랜드의 많은 변형 제품들처럼) 욕구의 더 세밀한 세분화
- 보완 제품의 제공. 라인 브랜드 아키텍처line brand architecture에 관한 논의에서 언급되었듯이 브랜드는 특정 소비자 문제를 해결하는 데 관련되는 모든 제품들을 제공할 수도 있다. 탈모와 싸우는 브랜드는 최초 제품, 예를 들어 샴푸에 스스로를 제한하지 않고 젤이나 염색약 역시 제공할 것이다.

주목할 만한 것은 이런 라인 확장들을 통해 브랜드가 집약적 성장을 목표로 한다는 것이다. 브랜드는 대체로 같은 고객들을 대상으로, 같은 욕구와 소비 상황에 대한 문제 해결 능력을 심화한다. 이것은 (다른 고객들과 다른 제품들을 포함하는) 다각화로 여겨지지 않는다.

이와는 정반대로, 버진 항공Virgin Airlines, HP의 디지털 사진 비즈니스로의

진출, 메르세데스Mercedes 클래스A, (4륜구동 시장으로 진출한) 포르쉐 카이엔 Porsche Cayenne, (처음에 악기로 알려진 기업) 야마하Yamaha의 오토바이, 캐터필러Caterpillar의 패션 라인, 살로몬Salomon의 (하와이와 호주 해변을 위한) 새로운 서프보드, 랄프 로렌Ralph Lauren 가정용 페인트, 에비앙Evian 화장품, 전기 개폐기에서 전력 배전으로 이동한 멀린 게린Merlin Gerin, 전기에서 금융투자로 확장한 GE를 라인 확장보다는 브랜드 확장으로 묘사하는 것에 아무도 이의를 제기하지 않을 것이다. 전형적으로 그런 브랜드 확장에서는 브랜드가 거리가 먼 또 다른 카테고리remote category로 이동하는데, 그 카테고리에서도 그 브랜드가 같은 혜택을 줄 능력을 갖고 있는지 의문의 여지가 있다. 구매자는 다를 수도, 같을 수도 있다. 즉, 맨 처음 포르쉐 카이엔을 구매한 이들은 기존 포르쉐 소유자들로, 그들은 이제 2대의 포르쉐 자동차를 갖게 된다.

사실 브랜드 확장에 관한 초기 연구 대부분은 그 원형 제품과 거리가 먼 확장 remote extensions에 초점을 두었다. 이런 브랜드 확장 가운데 일부는 단순한 브랜드 확장 이상이다. 즉, 그것들은 진정한 다각화이다. 기업은 미래의 매출에서 중요한 몫을 차지하게 될 새로운 카테고리에서 자신을 발전시키고 싶어 한다. 분명 이것은 캐터필러에게 해당되는 것은 아니지만 핵심 영역에서 델Dell과 IBM 사이에 끼어 꼼짝하지 못하는 HP에게 해당되는 것일 수는 있다. 냉동식품의 대명사인 핀더스Findus가 그것의 최초 핵심 비즈니스인 'Fruit Industry과일 산업'에서 유래한 것이라는 사실을 기억하는 사람은 거의 없을 것이다.

어디에서 라인 확장이 끝나고, 어디에서 브랜드 확장이 시작되는가? 페리에 Perrier는 그 적절한 예이다. 페리에 브랜드는 매출을 올리기 위해 3년 동안 3가지 신제품을 출시했다.

- 2001년, 페리에는 특별한 형태 때문에 '로켓rocket' 이라는 별명을 갖게 된, 첫 번째 '페트병 제품을 출시했다. 유리가 아닌 재질의 병이 만들어진 것은 (1847년의) 브랜드 설립 이후로 처음 있는 일이었다. 이 제품은 이동이 많은 소비자들과 (경기장과 사무실 같은) 집밖에서의 소비 상황을 목표로 했다.
- 2002년, 페리에 플로Perrier Fluo가 만들어졌다. 형광색의 작은 플라스틱 병

에 담긴 향이 첨가된 물이다. 이 제품은 젊은 층을 대상으로 하며 소프트음료 시장에서 경쟁한다.

- 2003년, 오드페리에Eau de Perrier가 식탁용 광천수 시장에서 더 나은 시장 침투를 도모하기 위해 출시되었다. 브랜드의 본질essence이 되는 페리에의 거품bubble은 식사 중 거품이 적은 물을 마시길 좋아하는 이들에게 브랜드가 어필하지 못하게 만든다. 이 확장 제품은 (산 펠레그리노San Pellegrino처럼) 더 작은 거품과 더 품위있는 병을 가졌다.

이런 확장들은 어떻게 기술되어야 할까? 페리에Perrier의 소유주인 네슬레 워터Nestle Water에서는, 단순함을 위해 그것들을 라인 확장으로 부른다. 그러나 이 모든 신제품들이 기본적으로 물이라는 사실에도 불구하고, 소프트음료로의 진입은 브랜드 확장으로서의 자격을 부여한다. 브랜드 확장은 다른 경쟁자들이 지배하는 시장을 목표로 하는데, 그 시장은 다른 성공 요인에 영향을 받으며 다른 소비자들이 타깃이다.

페리에Perrier 이름이 주어진 어떤 제품에게서 소프트음료 시장의 요구를 충족시킬 능력을 확실히 기대하기는 어렵다. 여기서 프로모션과 장소는 필수적이다. 또한 이 브랜드는 다른 어떤 소프트음료 브랜드보다 재미를 덜 불러일으킨다. 페리에는 오직 제품을 보증하기만 하고, 병에는 '플로Fluo'라는 이름이 크게 들어가는 결정이 내려진 것도 이 때문이다. 이 이름은 매우 이상한 병 컬러와 어둠속에서 형광색을 띤다는 사실, 즉 디스코텍과 늦은 밤 술집의 전형적인 상황을 가리킨다. 그러나 주된 문제는 이런 새로운 유통과 소비 지대에 제품을 공급하는 네슬레 워터의 능력일 것이다.

아커와 켈러Aaker and Keller(1990)에게 브랜드 확장은 브랜드 네임을 다른 제품 카테고리에 사용하는 것을 가리킨다. 이것은 빅Bic이 전 세계적으로 볼펜에서 일회용 라이터, 일회용 면도기 그리고 중부 유럽에서 스타킹과 양말류까지 진출했을 때의 경우였다. 그렇다면 브랜드가 같은 카테고리에서 신제품을 출시했을 때는 라인 확장이라고 말해야 할 것이다. 따라서 다이어트 코크는 라인 확장으로 불려야 한다. 흥미롭게도 코카콜라 사에서 다이어트 코크는 기업의 두 번째 '브랜드'로 불리우며, 코카콜라 사는 2개의 세계적인 선도 브랜드가 있다고 말한다. 즉 코크Coke와 다이어트 코크Diet Coke가 그것이다. 이런 인식 차이들은 학문적인 문제가 아니다. 이 차이들은 비록 제품은 같더라도 시장, 즉 '카테고리'는 다를 수 있음을 암시한다.

'카테고리 관리category management'가 출현한 이후로 우리는 카테고리가 제품을 의미하지 않음을 안다(Nielsen, 1992). 따라서 페리에 플로Perrier Fluo는 모브랜드parent brand 핵심 제품과의 물리적 유사성, 즉 기본적으로 같은 물이라는 점에 초점을 두는 사람들에게는 라인 확장으로 생각될 것이다. 우리에게는 그것이 다른 니즈, 사용 상황, 사용자, 경쟁자 카테고리를 목표로 하는 것이므로 진정한 브랜드 확장으로서의 자격을 갖는다. 얼굴에 수분을 공급하는 에비앙 스프레이의 경우는 더욱 더 그러하다. 1968년에 생겨난 이 제품은 다른 에비앙 병과 같은 물을 담고 있지만 그 니즈와 용도가 매우 다르다.

모든 컨셉에 있어, 최선의 전술은 그것이 상대적이고, 단순히 예/아니요로 잘라 말할 수 있는 것이 아니라는 점을 깨닫는 것이다. 우리는 (HP의 디지털 시장 진입처럼) 브랜드의 실질적이고 지각적인 노하우를 고도로 활용하는 연속적인 확장 continuous extensions이 있고, 이런 노하우가 아니라 모든 브랜드의 행동의 원동력이 되는 가치나 사명을 고도로 활용하는 불연속적인 확장discontinuous extensions도 있다는 사실을 인정해야 한다. 우리는 버진Virgin의 사례를 다음에 분석한다.

이런 불연속성의 정도는 많은 함의를 갖고 있다. 그것은 기업 자신이 감수하는 위험의 수준을 나타낸다. 현재의 브랜드 문헌들은 브랜드가 갖는 무형적 단면들 intangible facets에 초점을 맞춘다. 아마도 그것이 회계에서 무형 자산으로 다뤄지기 때문일 것이다. 그러나 이것은 의미의 혼동이다. 성과에 기반한performance-based 브랜드 또한 무형 자산이다. 브랜드의 성과 원천을 간과하는 것은 기업 능력들에서 그 비중을 과소평가하는 것으로 이어진다. 일부 기업들은 특정 카테고리로 브랜드를 확장하는 데 필요한 노하우나 자원을 갖고 있지 않다. 하지만 이들은 이 문제를 우회하는 방법으로 라이센싱을 이용할 수 있다. 예컨대 (화장품 라인) 에비앙 어피니티Evian Affinity를 존슨 앤 존슨Johnson & Johnson이 관리하는 것이다. 다른 가능성은 아웃소싱을 하는 것이다. 좀 더 신속하게 움직이고 낮은 수입 가격에서 오는 혜택을 얻는 전통적인 방식이다. 그러나 이것은 종종 대부분의 브랜드들이 동일한 주문자 상표부착 생산OEM 공급자로부터 아웃소싱을 할 경우 브랜드간의 지각된 차이를 줄이는 결과를 가져온다.

또 다른 함의는 브랜딩 전략 자체와 관련 있다. 브랜드는 확장에 자신의 브랜드 네임을 부여하고, 그럼으로써 2단계double-level 브랜딩 아키텍처(즉 보증 또는 소스 브랜드 아키텍처)로 이동해야 하는가? 모든 보증 브랜드가 그러하듯 페리에 Perrier가 플로Fluo에 대해 매우 신중한 것은 주목할 만하다. 실험적인 문헌이 보여주듯이 제품에 다른 이름을 부여하는 것은 모 브랜드 이미지의 희석을 막는다. 특히 (제품이 프리미엄 가격에서 일반 가격으로 내려가는) 하향 확장의 경우는 더욱 그러하다(Kirmani, Sood and Bridges, 1999). 따라서 (특정한 이름이 없는) '직접 확장direct extension'과 (모 브랜드와 함께 특정한 브랜드 네임을 갖는) '간접 확장 indirect extension'을 구별해야 한다(Farquhar et al, 1992).

브랜드에 대한 전통적인 사고의 한계

대부분의 브랜드 한계는 스스로 부과한 것이다. 이는 브랜드 확장이 브랜드 관리의 일반적인 관행이 되는 데 오랜 시간이 걸린 이유이다. 또한 몇몇 저자들이 확장을 여전히 악평하는 것도 이 때문이다. 이런 편견들은 브랜드에 대한 전통적인 사고conception, 즉 마케터들과 모든 비즈니스 스쿨들을 거의 한세기 동안 지배했던 사고를 기반으로 한다. 그러나 그것은 현대 시장의 조건들을 견뎌낼 수는 없다.

브랜딩에 대한 전통적인 사고는 아래의 등식에 기초를 두고 있다.

1 브랜드 = 1 제품 = 1 약속

예를 들어 P&G 전통에서는 모든 신제품은 다른 브랜드들과는 완전히 독립적인 개별 이름을 갖게 된다. 아리엘Ariel은 특정 약속에 부합하는 것이고, 대시 Dash는 다른 약속, 비질Vizir은 또 다른 약속에 부합하는 것이다. 미스터 프로퍼 Mr Proper는 가정용 세제일 뿐이다. 이 정책을 콜게이트 팜올리브Colgate-Palmolive의 정책과 비교해보자. 팜올리브는 치약, 비누, 면도 크림 그리고 주방 세제이다. 그리고 에이잭스Ajax는 스크러빙 파우더Scrubbing Powder, 가정용 세 제 그리고 유리 세척액이다.

브랜딩에 대한 전통적인 사고는 브랜드의 수적 증가로 이어진다. 만약 브랜드 하나가 단일의 물리적인 제품, 단일의 약속에 대응하는 것이라면 그 브랜드는 다 른 제품에는 사용할 수 없다. 이런 사고에서 브랜드는 아리스토텔레스Aristotle가 유명한 그리스 철학자의 이름인 것처럼, 하나의 제품 이름이자 고유 명사이다 (Cabat, 1998). 상업적 이름이 특정한 기업과 연결되어 있는 것처럼 그것은 특정 한 실체에 붙여진 이름이다.

브랜드에 대한 이런 사고 아래서는 확장이 거의 가능하지 않다. 브랜드는 사실 상 조리법recipe의 이름이다. 가능한 것은 계열 확장뿐으로, 그것은 다음과 같은 방법에 의한 중심적인 조리법의 변형이라 할 수 있다.

- 브랜드 성능의 질을 개선한다. 그런 다음 브랜드는 시리즈 번호를 받는다. 예를 들어, 대시1, 대시2, 대시3처럼 말이다.
- 변화하는 소비자의 관행에 맞춰 사이즈의 수를 늘린다(패킷, 통, 미니통).
- 변형 제품의 수를 증가시킨다.(울 세탁용 울라이트Woolite, 합성섬유 세탁용 울 라이트Woolite).

브랜딩에 대한 전통적인 사고는 실제로 제한적이다. 이것은 브랜드의 역사를 브랜드의 현실과 구분하지 않는다. 물론 브랜드는 기업의 노하우 덕분에 경쟁 제 품보다 더 나은 하나의 제품에서 시작되는 것이 사실이다.

시간이 흐르면서 그리고 커뮤니케이션, 패키지, 광고 등을 통해 브랜드는 브랜 드에 스타일을 부여하는 속성과 이미지, 표현들로 풍부해진다. 이렇게 해서 브랜 드는 노하우와 함께 개성을 갖게 된다.

출처origin(제조업체의 브랜드) 또는 판매 장소(상업적 네임)를 가리키고 난 뒤에 브랜드는 일정 시간이 지나면 비물질적 요소non-material elements의 표시signs를 전달하는데, 그러한 요소들은 물리적 생산물(제품)과 상징적인 생산물(광고 이미지, 로고, 시각적 아이덴티티 심벌)에 뿌리를 두고 있다. 그 결과 브랜드와 제품간 관계가 역전된다. 브랜드는 더 이상 제품 이름이 아니고 오히려 제품 자체가 내적 인상의 외적 표시들을 나타낸다는 점에서 브랜드를 지니고 있다고 할 수 있다. 브랜드는 제품을 변모시키고, 제품에 객관적이고 주관적인 특성 모두를 부여한다.

정반대의 관점에서 보면, 브랜드 확장에는 다른 어떤 한계도 없다. 새로운 제품 카테고리에 자신의 마크mark을 남기는 브랜드의 능력, 즉 그 자신의 속성들에 따라 카테고리를 세분화하는 능력의 한계 말고는 말이다. 빅Bic은 제품들 간의 차이점을 무시하고, 단순하고, 저렴하며, 효율적인 제품이라는 속성들이 가치 있는 곳이라면 어디든 그러한 제품의 하위 세그먼트를 창출함으로써 자신의 마크를 남겼다. 빅은 그런 속성들이 인정을 받지 못하는 곳, 즉 향수 세그먼트에서는 실패했다.

브랜딩에 대한 전통적인 사고는 명목적인nominal 것이다. 즉 브랜드는 어떤 대상의 이름인 것이다. 누군가 이 대상의 너머를 본다면, 그리고 그것이 어떤 프로젝트를 전달하고 어떤 소명을 구체화하는지 생각해본다면, 그는 핵심 가치(브랜드 에센스)를 대신하는 브랜드의 완전한 의미, 즉 그것의 어원적 의미etymological meaning를 이해할 수 있다는 것이다.

그래서 브랜드에 관한 전통적인 사고는 브랜드의 역사를 그것의 장기적인 실체reality로 간주한다. 그러나 브랜드가 제품에서 비롯된 것이라 하더라도 브랜드가 제품은 아니다. 브랜드는 제품의 의미이다.

제품은 스스로를 대변할 수 없다. 소비자는 브랜드 표시가 없는 냉동 라자냐 lasagna 깡통을 접하면 당황하게 된다. 그 소비자가 어떻게 이 깡통에서 나오게 될 만족을 예상할 수 있겠는가? 브랜드는 제조자의 의도를 드러낸다. 그는 이 깡통 안에 어떤 가치를 넣으려고 했는가? 그는 이 제품에서 무엇을 소개하려고 했는가? 전통에 대한 사랑, 완벽한 작업의 본보기, 현대적인 미각에 대한 존중, 고

열량 식품과 저열량 식품 사이의 절충점을 찾겠다는 의지?

확장은 모든 방향으로 이루어질 수 없다. 그 방향은 브랜드 자체가 정의한다. 브랜드는 유전자 프로그램으로서의 역할을 한다. 그것은 그 네임을 갖게 될 미래 제품들의 코드code를 지니고 있다.

이런 브랜딩에 대한 새로운 사고가 브랜드 확장을 위해 변화시킨 것은 무엇인가? 전통적인 개념에 따르면, 브랜드 확장은 매우 유사한 제품들의 범위를 거의 넘어서지 않는다. 그것들의 핵심 컨셉은 제품이나 용도의 유사성이다. 이것은 보석업체들인 반 클리프Van Cleef, 불가리Bulgari, 부셰론Boucheron에서 나온 향수가 어떻게 성공할 수 있는지를 설명하지 못한다. 그것은 브랜드 아이덴티티를 한 가지 단면, 즉 물리적 속성으로 축소시킨다. 이런 논리는 스와치 자동차Swatch car라는 아이디어를 불가능하게 할 것이다.

브랜딩에 대한 더 큰 사고는 최초의 카테고리를 벗어나는 확장으로 이어진다. 브랜드는 오리지널 제품과는 다른 것이 된다. 그것은 제품을 다루고, 변형시키고, 제품에 유형적이고 무형적인 공통의 부가가치들을 부여하는 방식이다. 그 결과, 스와치 자동차Swatch car가 가능해진다. 기술적 노하우를 가진 회사(예를 들어, 메르세데스Mercedes)와의 제휴라면 충분하다. 궁극적으로 공동 유통co-distribution을 통해 분명해지는 이런 제휴는 자동차의 품질과 자유로운 소비자의 욕구와 관련하여 확신을 줄 것이다.

라코스테Lacoste의 사례가 브랜딩에 관한 두 가지 사고의 운영상 결과를 비교하는 데 도움을 줄 것이다. 라코스테는 1933년 (12X12 라고 불리는) 니트웨어로 된 테니스 셔츠로 그 명성을 얻었다. 따라서 논리적으로 라코스테의 확장은 다른 니트웨어 제품뿐만 아니라 폴로셔츠, 티셔츠, 스포츠웨어 그리고 일반적인 섬유 제품으로도 가능하다. 이러한 사고 하에서는 (테니스 화를 제외하고) 섬유나 니트웨어와 같은 노하우를 사용하지 않는 신발이나 가죽 제품은 제외된다. 라코스테의 더 넓은 브랜드 사고 하에서는 악어 표시가 특유의 태도를 나타낸다. 즉 라코스테를 입으면 말쑥하게 옷을 입어도 편안하고, 편안하게 입어도 말쑥하다. 라코스테는 패션을 초월한다. 즉 클래식이다. 이런 관점에서 라코스테는 신발이나 가죽 제품이 브랜드의 독창성을 유지하는 한 그것들을 브랜드화할 수 있다. 그러나 이미 눈에 보이는 제품들을 브랜드화해서는 안 된다. 다른 조건은 브랜드 가치를 구현하는 제품만을 브랜드화해야 한다는 것이다. 그 가치들은 유연성, 자연스러움, 깔끔한 마무리, 내구성, 패션을 초월한 느낌, 남녀공용 등이다. 라코스테가 제품을 브랜드화할 수 있도록 하는 것은 물리적인 적합성이 아니라 그 제품이 라코스테 문화에 속하느냐이다.

새로운 관점은 브랜드 성장의 새로운 원천들에 문을 연다. 스스로를 제품 브랜드로 바라보는 대신 그것들은 단 하나의 예instance에 의해서가 아니라 일단의 가치들에 의해 정의되는 컨셉 브랜드concept brand가 된다(Rijkenberg, 2001). 실제로 브랜드 논리는 부가적이다. 브랜드는 그 속성들의 총합이다. 브랜드는 그것이 커버하는 제품들에 의해 나타내진다. 맥케인McCain의 경우가 전형적인 예이다.

이 브랜드는 일반적으로 냉동 감자튀김을 통해 새로운 국가들에 침투한다(실제로 맥도날드의 주요 공급자이다). 그런 다음 냉동 피자(미국의 생활 방식과 식습관의 전형인 '딥 팬deep pan')를 선보인다. 그리고 나서 간식 시장을 목표로 빵을 출시한다. 맥케인은 또한 아이스티를 출시해 이 높은 성장 시장에 침투했다. 유럽에서 맥케인의 아이덴티티는 '미국인의 즐겁고 푸짐한 음식'이다. 푸짐함generosity은 관계의 특성이자 물리적인 제품 특성이기도 하다. 맥케인이라는 이름이 들어갔을 때는 모든 부분이 더 커야 한다. 이렇게 해서 '왕 사이즈 피자deep pan pizza'라는 별명(미국에 대한 신화적 관점을 가리키기 위해 콜로라도Colorado라는 별명으로도 불리운다)이 생긴 것이다. 미래의 제품은 그것이 이런 확대된 브랜드 아이덴티티를 구현하고, 각각의 제품 출시를 통해 브랜드가 단계적으로 구축해온 합법성legitimacy의 영역을 벗어나지만 않는다면 어디서든 나올 수 있다.

역사가 미래를 결정해서는 안 된다. 또한 유행에 뒤떨어지지 않으려면 브랜드는 진화할 수 있어야 한다. 이것은 브랜드를 새로운 방향으로 이끌고 그 의미를 변화시키는 제품으로의 확장을 통해 성취된다. 건조식품으로 잘 알려진 네슬레Nestle(네슬레의 원형 제품은 인스턴트 우유와 초콜릿이다)가 단지 총매출을 올리기 위해 울트라 후레시ultra-fresh 요구르트 시장에 진입한 것은 아니다. 이런 조치는 자신의 전통적이고 고전적인 이미지 특성들을 갱신할 수 있는, 현대적인 세그먼트를 통해 브랜드 이미지를 강화하기 위한 것이었다.

왜 브랜드 확장이 필요한가?

브랜드 확장은 필요하다. 확장은 성숙 시장에서의 경쟁과 미디어 분화 fragmentation의 직접적인 결과이다. 브랜드 확장의 유일한 정당화는 성장과 수익성이다.

브랜드 확장은 새로운 것이 아니다. 그것은 럭셔리 브랜드luxury brands의 비즈니스 모델의 핵심이다. 그것은 브랜드 파워와 브랜드 수익성을 높일 수 있다. 기성복 프리미엄 시장에서 전형적인 마진은 53%이지만 가방은 평균 71%, 시계는 80%이다. 패션 브랜드들이 매우 빠르게 이 카테고리들로 확장하는 이유가 여기에 있다.

로레알L'Oreal, P&G, 유니레버Unilever에 의해 라이센스 하에서 팔리는 향수들의 경우, 그것들은 확장된 브랜드에 로열티royalties와 국제적인 가시성visibility의 상당한 제고를 제공한다. 이는 패션과 럭셔리 분야에서 확장이 전략적으로 이루어지는 이유이다. 그 어떤 이름도 확장 없이는 살아남을 수 없다. 투자 펀드가 브랜드를 가진 이름을 인수하고 난 후에 처음으로 하는 일이 그 브랜드를 확장하는 것이다. 아르마니Armani, 랄프 로렌Ralph Lauren, 캘빈 클라인Calvin Klein 같은 브랜드들이 라이센스와 확장이 없다면 어떻게 되겠는가?

종종 향수는 거기에 들어가는 높은 광고 예산 때문에 패션 브랜드에서는 가장 가시적인 부분이 된다. 향수는 브랜드 인지도와 꿈의 가치를 증가시키는데, 이는 다른 확장 전의 필요조건이다. 사실 향수 없이 디자이너 브랜드가 성공하고 수익을 낼 수 있을까? 현대 경쟁에서의 성공은 임계 규모와 가시성에 도달할 수 있는 능력을 의미한다. 항상 성공적이지는 않더라도 자신의 이름으로 향수를 출시하는 것은 하나의 고전이며, 유일한 것은 아닐지라도 브랜드와 기업을 구축하는 방법이다. 흥미롭게도 이것은 P&G가 아직 잘 알려지지 않은 한 디자이너 브랜드의 네임으로 향수를 출시하는 계획을 중단했을 때, 그 디자이너 브랜드가 P&G를 상대로 손해배상 소송을 제기하면서 사용한 주장이다. 이런 기대되는 상승 효과 없이도 브랜드가 성장과 수익성이라는 목적을 달성할 수 있을 것인가?

현재 고객들과 제품만으로 또는 이런 제품들과 그 혜택들의 작은 변형(라인 확장)만으로 성장과 수익성이 획득될 수 있다면 확장이 필요치 않다. 세계에서 새로운 소비 시장을 찾는 글로벌화 또한 자연스러운 루트이다. 그러나 글로벌화가 종종 포화 상태에 있는 국내 시장에서의 성장 문제를 해결해주지는 않는다. 브랜드 확장은 브랜드가 아직 포화 상태에 이르지 않은 시장에서 성장과 수익성의 관점을 갖고 경쟁할 수 있게 하는데, 브랜드 자산이 이런 시장들에서 자산일 때만 그렇다. 다시 말하면, 브랜드 이미지는 다른 시장에서 구매 원동력으로 작용할 수 있어야 한다.

브랜드 확장은 브랜드의 현재 카테고리들과는 다른 성장 카테고리에서 그 브랜드 네임이 가진 명성을 레버리징함으로써 경쟁 우위를 창출하는 능력에 달려 있다. 종종 확장 카테고리에 있는 경쟁자를 놀라게 하는 이 대담한 조치는 5가지 중대한 가정을 한다.

- 브랜드가 강력한 에쿼티strong equity(강력한 자산strong assets)를 갖고 있다. 그것은 많은 유무형의 고객 혜택과 강하게 연결되어 있으며, 높은 수준의 신뢰를 불어넣는다.
- 이런 자산들은 새롭고 매력적인 목적지 카테고리, 즉 확장 카테고리로 '이전가능한transferable' 것이다. 그 구매자들은 여전히 새로운 제품(즉, 확장)이 브랜드와 연관된 혜택을 부여받았다고 믿고 인정할 것이다.
- 이런 혜택들과 브랜드 가치들은 그 새로운 카테고리(확장)에 매우 적절하다. 사실 그것들은 이전에 생각하지 못한 방식으로 카테고리를 세그먼트하고, 경쟁자들이 신속히 반응할 수 없도록 해야 한다.
- 모 브랜드의 이름이 붙은 제품과 서비스(확장)는 경쟁자들에 대한 실제 지각된 우위를 소비자와 유통업체 모두에게 전달할 것이다.
- 브랜드와 그 뒤에 있는 기업은 장기적으로 이런 새로운 카테고리에서 경쟁력을 유지할 수 있어야 할 것이다. 이는 시장에서 수익성 있게 존속하기 위해 리더십을 획득하는 데 필요한 자원의 문제를 제기한다.

결과적으로 브랜드 확장 과정에서 가장 중요한 부분은 목적지 카테고리

destination category의 선택이다. 이것은 기업이 다양한 전략적 매개변수들을 평가할 것을 요구한다. 그런 매개변수는 새로운 카테고리의 고유한 매력, 그 카테고리에서 리더십을 획득할 수 있는 기업의 능력 그리고 카테고리를 수익성 있게 세그먼트할 수 있는 기업의 능력이다. 이런 요소들은 브랜드 이미지에서 뿐만 아니라 기업의 일반적인 능력이나 자원에서도 발견된다.

기업들이 그들의 브랜드를 확장하도록 만드는 두 번째 이유들은 더 방어적이거나, 효율성 및 생산성 요소들과 연관되어 있다.

- 높은 미디어 비용에 직면해 기업들은 이전 브랜드 아키텍처의 한계를 느끼고 이른바 메가 브랜드mega-brand라고 불리는 좀 더 포괄적인 브랜드를 창조하고 싶어 한다. 거기에는 더 큰 제품 포트폴리오가 자리 잡을 수 있다. 하나의 제품 브랜드 아키텍처로 시작한 대부분의 기업들은 각 제품이나 브랜드에 들어가는 점점 늘어나는 광고비를 감당할 수 없다는 것을 깨달았다. 기업들은 예전의 독립적인 제품이나 라인들의 일부를 보증자endorser(크래프트Kraft 또는 네슬레Nestle)나 소스 브랜드(로레알 파리L' Oreal Paris)의 역할을 하는 단일한 메가 브랜드로 이전시켰다. 이는 브랜드 이전brand transfer이 잦아진 이유이다. 그 목표는 단일한 이름을 활용하고 계속적인 혁신의 유입을 통해 그 이름을 강화하는 것이다.
- 스스로가 메가 브랜드이고 확장을 실천하고 있는 유통업체 브랜드(예를 들어 프레지던트 초이스President' s Choice)에 맞서는 싸움은 적은 수의 배너 브랜드banner brand 아래 제품과 혁신의 재조직화를 요구했다.
- 1995년, 네슬레는 요구르트 시장으로 자신의 이름을 확장하기로 결정했다. 그 당시까지 이 그룹은 유럽에서 챔버시Chambourcy 같은 지역적 브랜드들을 통해 이 시장에 존재해 왔다. 그러나 다농Danone과의 경쟁은 마케팅과 광고 투자의 증가로 이어졌다. 그 결과 네슬레는 자신의 이름을 레버리지하기로 결정했다. 그럼으로써 제품들이 네슬레라는 이름에 결부된 신뢰와 에쿼티로부터 그리고 네슬레라는 하우스 브랜드house brand 아래에서 이미 경쟁하고 있는 다른 제품 카테고리들에서의 광고 투자로부터 혜택을 얻을

수 있게 했다. 모든 제품들이 챔버시Chambourcy에서 네슬레Nestle로 이전되었다. 그 과정에서 이러한 확장은 그때까지 결핍되어 있던 중요한 단면들을 덧붙임으로써 브랜드 이미지를 강화하는 기회를 제공했다. 저장 식품에서 출발해 건조 식품 영역에 있는 네슬레 브랜드는 냉장 제품과 신선 식품들과는 연관성을 가지지 못했다. 이들은 현대 식품의 미래를 대표한다. 어떤 적실성과 에쿼티를 잃지 않으려면 브랜드를 이런 가치들과 다시 연관시키는 것이 필수적이었다.

- 일부 브랜드들은 쇠퇴하는 제품 카테고리 안에 있다. 그들의 제품과 함께 사라지지 않기 위해서는 또 다른 카테고리로 옮겨가야만 한다. 포르쉐 Porsche가 2003년에 4륜구동 자동차 시장에 진입한 이유는 무엇인가? 뒤에서 보게 되겠지만 계속해서 디자인 변경을 하고, 개선하고, 새롭게 만들더라도 항상 같은 제품에 머물러 있는 것은 위험하다. 전 세계에 걸쳐, 데이터들은 전체 자동차 시장에서 쿠페coupe의 점유율이 점차 줄고 있음을 보여준다. 만약 포르쉐가 이런 트렌드에 반응하지 않고 그 니치 시장에 머물러 있다면 줄어드는 시장에서 경쟁하게 될 것이다. 더욱이 포르쉐의 주요 제품인 911은 전 세계 엘리트와 니치 자동차 구매자들의 가치 트렌드와 불화를 보이기 시작했다. 새로워진 그들 가치들 중 일부가 4륜구동 자동차 카테고리에 의해 포착되었다. 적정 가격대의 '진정한' 포르쉐가 될 4륜구동 자동차를 만드는 일은 포르쉐의 몫이었다. 현실적인 비용으로 제품을 생산하는 유일한 방법은 폭스바겐 4륜구동 자동차의 플랫폼을 활용하는 것이었다. 또 다른 예는 브라운 타바코brown tobacco의 소비가 급격히 하락하고 있는 것으로, 다크 담배dark cigarettes의 원형인 골루아즈Gauloises에게는 분명한 위협이다. 블론드 타바코blond tobacco에 맞서 물러설 수 없는 전쟁으로 수십 년을 보낸 이 기업은 어려운 선택을 해야 했다. 자신의 배너 브랜드 banner brand가 죽도록 내버려 두어야 하는가? 기업은 블론드 카테고리로 확장하기로 결정하고, 골루아즈 블론즈Gauloises Blondes를 만들었다. 이것은 이제 기업 매출에서 가장 큰 부분을 차지하고 있다.

마지막으로 영국에서 화장지의 준거 브랜드reference brand는 앤드렉스

Andrex였다. 이 브랜드는 1987년에 가치 점유율의 39%를 차지했다. 1994년에 이것은 28%로 떨어졌는데, 그 시장이 범용제품 시장이 되고 (앤드렉스 반값으로 판매하는) 하드디스카운트 스토어가 증가한 결과였다. 다행히도 앤드렉스는 이미 광범위한 확장 정책을 시작했고, 현재 주방용 화장지, 티슈, 그리고 다양한 관련 제품들을 제공한다.

- B2B 시장에서, 계속적으로 증가하는 고객 가치의 논리는 그 자체가 브랜드 확장으로 이어진다. 서비스 공급자를 예로 들어보자. 그리고 이 회사가 병원에 청소 서비스를 제공한다고 해보자. 이 회사는 어떻게 그 핵심 고객들에게서 매출을 증가시킬 수 있겠는가? 방을 하루에 2번 또는 3번 청소할 수 있는 것도 아니다. 예를 들어 병실이나 로비, 사무실에 꽃을 공급하는 등의 확장된 서비스를 제안하는 것 외에는 다른 길이 없다. 이것은 또 다른 역량, 즉 확장이다.

  브리티시 가스British Gas는 규제 완화 후에 같은 문제에 직면했다. 이 회사는 어떻게 모든 새로운 가스 공급자들에 맞서 회사를 지킬 수 있었는가? 브리티시 가스는 자신의 강점이 고객과의 근접성이라는 것을 깨달았다. 실제로 그 회사 엔지니어들은 수백만 가정을 방문했다. 이제는 그러한 역량과 경쟁력을 지렛대로 삼아 고객들에게 보험과 재정 서비스를 비롯한 확장된 다수의 홈서비스를 제공해야 할 때였다. 이는 자연스럽게 소비자 수용성을 높이기 위한 이름의 변화를 수반했다.

- 라베리Labeyrie는 '푸아그라foie gras(거위 간)' 분야에서 시작된 브랜드이다. 매우 주기적인 시장으로, 매출의 대부분이 1년에 3개월 동안에 만들어진다. 라베리는 광고를 하고 경쟁 우위를 얻을 수 있기 위해 자신의 영역을 넓히고 훈제 연어와 캐비아caviar(철갑상어의 알젓) 같은 다른 고급 식품으로 확장하기로 결정했다. 그 결과로 생긴 매출 규모의 증가는 TV 광고를 현실적인 투자로 만들었다.

- 많은 회사들은 국내나 해외에서 두 브랜드를 유지할 자원이 없기 때문에 브랜드 확장을 한다. 이는 스페인에서 돈 시몬Don Simon이 같은 이름으로 와인, 가스파초gazpacho, 오렌지 주스를 파는 이유이다. 이 작은 회사는 그 모

든 자원을 생산성과 품질에 투자했다. 이 회사는 주스 분야에서 트로피카나 Tropicana와 정면으로 대결한다. 그리고 지금은 유럽 전체로 그 시장을 확장했다. 비록 그것이 부득이하게 일어난 것이라 해도 그런 결정들이 진정한 축복임이 나중에 가서 입증될 수도 있다.

- 몇몇 분야는 점점 더 광고 제약을 받는다. 담배, 주류, 맥주와 와인은 모두 광고와 후원 형태에 있어 법으로 규제를 받는다. 그들이 이런 제약을 회피하려면 브랜드 확장을 창조해야 한다. 그런 확장들은 실제로 대용 브랜드 surrogate brand의 역할을 한다. 가장 잘 알려진 성공 사례는 말보로 클래식 Marlboro Classics이다. 말보로에서 파생된 이 브랜드는 세계적인 외투 패션 브랜드가 되었다. 그것은 매우 독특한 디자인과 독점적인 매장을 가지고 있다. 이 브랜드는 성공적인 라이센싱 접근의 전형적인 예이다.

카멜 트로피Camel Trophy는 담배 브랜드와 스포츠 후원의 그 어떤 연관도 금지하는 법률의 제정으로 파산하고 말았다. 제약 연구소들은 핵심 제품이 단단히 압박을 받고 있더라도, 확장으로 경쟁력을 증가시키는 것이 가능한 또 다른 전형적인 사례이다. 모든 국가에서 제약 연구소들은 선택을 해야만 한다. 자유롭게 구할 수 있는 일반 판매의약품OTC을 생산할 것인지 아니면 의사의 처방이 있어야 구할 수 있는 의약품을 생산할 것인지 말이다. 일반 판매의약품은 광고가 허락된다. 그러나 이 제품들은 일반적으로 처방되지 않으며 가격이 비싼 경향이 있다. 처방약 비용의 일부는 보통 건강보험공단이나 건강보험회사 등을 통해 상환 받게 되므로 최종 사용자의 비용 부담은 줄어든다. 그러나 일반적으로 처방 의약품을 소비자들을 상대로 광고하는 것은 허락되지 않는다(몇 가지 예외가 있기는 하다. 예를 들어 천식 약은 종종 소비자에게 직접 호소하는 특정 유형의 광고가 허용된다). 프랑스에서 파라세타몰(paracetamol, 해열 진통제)의 시장 리더는 돌리프란Doliprane이다. 이약은 처방 의약품이어서 소비자들이 그 비용을 상환 받는 것이 가능하지만 아울러 처방 없이도 자유롭게 구입할 수 있다. 그러나 처방 의약품이기 때문에 돌리프란을 광고하는 것은 허락되지 않는다. 이 규제를 피하기 위한 방법으로 돌리프란은 두 가지 확장 제품, 돌리륌Doli' rhume과 돌리탭스Doli' tabs

를 출시했다('륌rhume'은 프랑스어로 감기에 걸린 것을 의미한다), 이 두 가지 변형 제품들은 광고가 가능했다. 이들은 일반 판매의약품 시장에서만 팔리는 제품이기 때문이다. 큰 규모의 광고 캠페인은 이 두 신제품의 매출을 촉진하는 것뿐만 아니라 핵심 제품에도 긍정적인 확산 효과spillover effect를 가져왔다.

젊은 층 시장을 목표로 하는 캐터필라Caterpillar의 신발과 의류 라인을 어떻게 생각해야 하는가? 트랙터 브랜드가 이런 방식으로 스스로를 확장하는 것이 필요했는가? 물론 아니다. 그렇다면 그 이유는 무엇인가라는 질문을 받았을 때 그 CEO는 브랜드 네임에 더 많은 가시성을 부여함으로써 주식가치share value를 높이려는 의도였다고 대답했다. 지금은 많은 소규모 투자자들이 주식을 사며, 익숙한 기업 이름은 일반 투자자에게 가치의 심벌 역할을 한다. 더불어 캐터필라의 의류와 신발은 트랙터 브랜드로서 알려진 캐터필라의 가치들을 표현할 수 있었다. 즉 힘든 작업, 신뢰, 안전 등이다.

이와 마찬가지로 미쉐린Michelin이 이미 한 세기전에 타이어tyres에서 가이드북으로 그 브랜드를 확장한 이유는 무엇인가? 최초의 레드 가이드Red Guide는 독자에게 자동차가 고장이 났을 때 어디서 수리 공장을 찾을 수 있는지를 알려주기 위해 만들어졌다. 곧 그것은 호텔이나 훌륭한 레스토랑에 관한 팁을 넣음으로써 자동차 소유자들의 이동이 더욱 잦아질 수 있도록 하는 데 목적을 두게 되었다. 이것은 관계 마케팅relational marketing이라는 말이 생겨나기도 전에 이루어졌던 관계 마케팅의 훌륭한 예이다.

최근 미쉐린은 파트너인 라이센싱 컴퍼니Licencing Company와 공동으로 런던을 본거지로 한 특수 기업, 미쉐린 라이프 스타일 리미티드Michelin Life Style Limited를 설립했다. 이 회사는 타이어와 마케팅 시너지를 갖는 제품인 자동차 스노 체인을 마케팅하고 있으며, 고무의 사용이 편안함과 안전성을 증가시킬 수 있는 분야인 스키 슈즈와 러닝슈즈 같은 스포츠 장비로 브랜드를 확장할 계획을 가지고 있다. 이 편안함과 안전성은 미쉐린 타이어의 두 가지 주요 혜택이다.

조금 다른 방식으로 마이 퍼스트 소니My First Sony와 마이 퍼스트 보쉬My First

Bosch는 전술적 확장이다. 이는 머지않아 고객이 될 이들 사이에서 브랜드에 대한 친밀감을 조기에 형성하기 위한 것이다.

체계적인 확장을 통한 브랜드 구축

2003년, 3개의 거대 기업인 P&G, 헨켈Henkel, 로레알L'Oreal은 니베아Nivea를 인수하기 위해 높은 액수를 제시하며 입찰을 시도했다. 니베아 기업과 브랜드의 성장 잠재성에 대한 그들의 높은 확신을 반영하는 것이다. 1912년, 함부르크에서 단일 제품을 가지고 설립된 이 독일 기업으로서는 놀랄 만한 성과였다. 작고 둥근, 피부 보습 크림이 담긴 파란색 금속 용기는 거의 약처럼 취급되었다.

그러나 기업과 그 브랜드는 2차 세계대전이 끝난 후 분할되었으며, 다른 독일 브랜드들(퍼실Persil 같은)처럼 그 자산들은 전쟁 배상금으로 전 세계의 다른 기업들에게 주어졌다. 이것은 이 브랜드가 가능한 한 언제, 어디서나 그 자산들을 다시 사들이면서 참을성 있게 재구축되어야 했던 이유이다. 2003년에 니베아는 25억 유로의 총매출을 올리고 연간 15%의 평균 성장률을 올리는 세계적인 스킨케어 브랜드가 되었다. 니베아 브랜드의 성장은 전적으로 각 나라마다 반복된, 점진적이고 신중하게 계획된 확장을 통해 얻어진 결과였다. 우리가 보게 되겠지만. 각각의 확장은 브랜드의 유산과 핵심 가치들에 대한 충실함을 유지한 채로 새로운 시장이나 새로운 니즈에 침투하면서 브랜드의 특정한 단면을 구축한다.

확장들은 매우 빠르게 니베아의 비즈니스 모델의 일부를 형성하게 되었다. 모든 국가들(미국에서부터 러시아, 중국까지)에서 이루어진 브랜드 출시를 분석한 결과는 고정되고 잘 계획된 발전 패턴을 보여준다. 브랜드는 스스로를 헬스 케어 브랜드로 묘사하며, 그 기초(기반, 원형) 제품을 이용해 각 나라에 출시된다. 그리고 장기적인 기업 발전에서 핵심이 되는 하위 브랜드sub-brand, 니베아 비사지 Nivea Visage가 그 뒤를 따른다. 니베아 비사지는 완벽한 케어의 심벌이다. 우리는 그것에 우리의 얼굴을 맡긴다.

그 뒤를 이어 각 나라별로 가장 연관성을 갖는다고 판단되는 자 브랜드

daughter brands들이 출시되어 이 브랜드의 역할과 사명을 심화시킨다. 니베아 핸드, 니베아 바디, 니베아 선, 니베아 립 케어 그리고 고객 유형에 따라 세그먼트된 3가지 브랜드, 니베아 포 맨, 니베아 바이탈(노인층 시장), 니베아 베이비가 그 브랜드들이다. 다음으로 오는 것은 니베아 데오와 니베아 바스 케어라는 자 브랜드daughter brand들을 통한 위생용 제품들이다. 마지막으로 니베아 헤어와 니베아 뷰티가 그 뒤를 따른다.

따라서 새로운 나라에서 그 진입 순서는 언제나 신중하게 계획된다. 케어 제품이 가장 우선이며, 다음으로 위생용 제품, 헤어 제품, 마지막으로 메이크업 제품 순이다. 이와 마찬가지로 여성 케어 제품이 남성 케어 제품보다 앞서 진입한다. 니베아 비사지는 언제나 니베아 포 맨에 앞서 출시된다. 니베아의 철학은 각 나라별 조직이 해당 시장에서의 잠재력에 따라 출시할 자 브랜드daughter brand를 자유롭게 선택할 수 있다는 것이다. 그러나 니베아 비사지가 가장 큰 중요성을 갖는다. 예를 들어 브라질에서는 케어 제품 시장이 위생용 제품 시장에 비해 규모가 작지만 브랜드 구축 순서는 그대로 유지된다. 결국 니베아Nivea는 도브 Dove가 아닌 것이다. 도브(유니레버Unilever)는 위생용 제품을 기반으로 하지만 지금은 성공적으로 전 세계 위생용 제품 시장 전반과 미용 제품 시장으로 확장하고 있다.자신들이 그 카테고리에 속한다는

그 브랜드 아키텍처는 각각의 자 브랜드에 서술적인 이름이 붙여지고, 그럼으로써 브랜드의 가치들에 대한 진술을 나타낸다는 점에서 엄브렐러이다. 그러나 자 브랜드들의 로고가 동일하지 않다는 사실에 주목하자. 이 작은 차이가 니베아 브랜드를 개방적이고, 살아있으며, 획일적이지 않은 것으로 만든다. 더욱이 각 로고는 그 자 브랜드 고유의 개성과 가치를 반영한다. 이런 관점에서 니베아 브랜드는 비록 모 브랜드가 지배적이지만, 분명한 두 개의 브랜드 단계를 가진 일종의 하우스 브랜드branded house(소스 브랜드source brand)이다.

실제로, 각각의 자 브랜드는 고유의 개성을 갖고 있는데, 이것은 의도적인 결정이다. 이와 함께 각 확장의 목적은 핵심 역량(피부에 대한 애정 어린 보살핌)의 심화와 해당 카테고리에 대한 더 큰 침투뿐만 아니라 전체 이미지의 특정한 구성요소들을 제공하는 것이다. 예컨대 니베아 선Nivea Sun에서는 가족과 보호라는 측

면이 커뮤니케이션되어야 한다. 그래서 니베아 선의 광고는 어머니와 자녀, 아버지와 자녀를 모두 보여준다.

그리고 마지막 확장, 즉 브랜드의 핵심으로부터 가장 멀리 떨어진 것은 니베아 뷰티Nivea Beauty이다. 이제 우리는 오래 지속되는 제품, 단순함, 조화로부터 멀리 떠나 왔다. 이 카테고리에서, 핵심 단어들은 빠른 계열 리뉴얼range renewal(1년에 4번), 게임, 재미, 유혹 등이다. 그러나 세련된 선진국들에서는 이런 확장이 필수적이다. 이 확장은 다른 방법으로는 니베아로 끌어들이지 못하고, 그 결과 같은 계열의 다른 제품들을 쓰게 될 어린 소녀들을 니베아로 불러들인다. 또한 브랜드 이미지에 필수적인 특징인 더 현대적인 느낌과 '패션'을 가미한다.

우리는 따라서 이러한 체계 하에서는 자 브랜드들이 반복적인 의미에서의 확장이 아님을 알 수 있다. 왜냐하면 이 확장들은 자신이 그 밖에 또 무엇을 할 수 있는지를 스스로에게 묻는 가설적 브랜드 X를 위해 존재하는 것이기 때문이다. 사실상 그 확장들은 그 브랜드의 '빅 플랜big plan'이 형태를 갖추게 하는 수단이다. 확장은 장기적인 비전의 존재를 전제로 한다. 강을 지나는 다리 기둥들을 박기 전에 먼저 강 반대편에 분명한 목표 지점을 정해야 한다. 이런 확장들은 전통적인 의미에서는 확장이 아니라 그것들을 통해 그 의미, 일관성, 규모를 축적하는 사전에 계획된 전체의 구성 요소이다.

어떤 신제품 출시에서도 핵심이 되는 질문은 기존 경쟁자와 다른 지각된 독특함이 있는가이다. 물론 브랜드는 자신만의 무형 자산과 이미지 에퀴티들image equities을 갖지만 그것만으로는 충분하지 않다. 차별화를 위한 물리적 기초가 필요하다. 따라서 이 지점에서 혁신이 개입된다.

- 니베아 비사지는 유럽에서 패치Patch를 출시했다(일본 기업 Kiaore와의 제휴 성과).
- 니베아 포맨은 면도 중에 더 많은 케어를 제공한다.
- 니베아 바이탈은 성숙한 피부라는 개념을 발전시키고 있다.

마지막으로 어떤 체계를 가지고서든 진입하지 말아야 할 영역들이 존재한다.

안티 셀룰라이트anti-cellulite 제품이 그 예이다. 이 시장이 존재하지 않아서가 아니다. 분명 시장이 존재하고, 번창하고 있는 시장이다. 하지만 기존 제품 중 어느 것도 제대로 된 효능을 갖추고 있지 못한 시장이다. 진정으로 자신의 약속을 지키지 못하는 또 다른 제품으로 이 영역에 진입하는 것은 니베아에 대한 소비자 신뢰의 연결을 끊는 일이다. 그리고 그 영역에 있는 어떤 다른 브랜드들보다도, 니베아는 신뢰를 주는 브랜드가 되길 원한다.

성공적인 확장을 중심으로 브랜드 의미를 구축한 많은 기업들의 사례가 있다. 예를 들어 캐나다 회사 맥케인McCain은 3가지 분야, 즉 냉동 프렌치프라이, 피자, 소프트음료를 가지고 있다. 높은 잠재력을 가진 국가들에서 맥케인은 프렌치프라이로 진입을 시도하고, 다음으로 3년 간의 피자 출시 기간을 거치며, 마지막으로 소프트음료(예를 들어 콜로라도 아이스 티Colorado iced tea)를 출시한다. 따라서 맥케인은 더 이상 프렌치프라이, 피자, 소프트음료 브랜드가 아니며, 아메리카인들이 아닌 소비자들에게 (풍부하고, 많고, 재미있고, 현대적이고, 편안한) 북아메리카 요리를 상징하는 것이다. 이런 범위 확대scope enlargement 과정은 오랜 시간을 요하며, 브랜드가 그것을 수행할 수 있다는 것을 전제로 한다.

국제화를 위한 브랜드 확장

세계적인 화장품 그리고 미용 기업인 로레알L' Oreal은 가장 주요한 위협의 원천, 즉 제약 연구소들을 상대로 진입 장벽을 형성해야 했다. 이들은 화장품 분야에서 혁신을 이룰 수 있는 잠재력을 갖고 있고, 따라서 로레알의 시장 점유율을 위태롭게 만들 수 있다. 존슨 앤 존슨이 (뉴트로지나Neutrogena와 록Roc 같은) 다수의 브랜드들에서 새로운 활성 성분 레티놀Retinol을 출시한 것이 이런 위협의 좋은 예이다.

로레알은 피부질환에 좋은 물과 스파로 잘 알려진 지역의 이름을 딴 라로슈포제(La Roche Posay, LRP)라는 니치 브랜드를 사들였다. 이 지역은 매년 10,000명 이상의 환자를 맞이하고, 여기에는 5개월된 아이들도 3,000명이나 포함된다.

LRP의 비즈니스 모델은 의학 전문가의 처방을 기반으로 한다. 그 어떤 신제품도 안전하게 약국 진열대에 소개될 수 있을 때까지 피부과 전문의들과의 작업에만 2~3년의 기간이 걸렸다. 그러나 이 브랜드는 성장 문제에 직면하게 되었다.

- 브랜드는 치료적인 니치niche에 갇히게 되었으며, 일반 대중이 아닌 환자들에게 한정되었다.
- 브랜드는 대중과는 거리가 멀었다. 어떤 제품 사용자가 한 제품의 성능(예를 들어 피부과 전문의가 처방하는 LRP 제품인 앤틸리오스 XL의 성능)에 만족할 수는 있다. 그러나 또 다른 처방없이 그 사용자가 다른 LRP 제품을 사지는 않을 것이다.
- 그 결과 브랜드는 최저 임계 규모에도 미치지 못하게 되었다. LRP는 1년에 적어도 백만 개의 제품을 팔아야 함에도 1998년 560,000개의 제품을 판매하는 데 그쳤다.

로레알의 전략은 진정한 글로벌 브랜드들을 바탕으로 성장을 이루는 것이며, 이를 위해서는 각 브랜드가 150백만 유로 수준의 최저 매출을 올려야 한다. LRP는 로레알 그룹의 11번째 글로벌 브랜드가 되려고 했지만 실제로는 쉽게 수출이 이루어지지 않았다. 현대 경쟁에서 성공을 거두기 위해서는 유망한 성장 잠재력을 가진 글로벌 시장으로 재빨리 움직이는 것이 필요하다. 로레알의 타깃 시장은 2000년에는 유럽, 브라질, 아르헨티나, 2001년에는 스칸디나비아와 아시아, 2002년에는 인도였다. 로레알은 브랜드가 4가지 시장 세그먼트에 존재하도록 하는 것이 필요했다. 즉 위생용 제품, 얼굴 케어 제품, 자외선 차단 제품, 메이크업 제품이다. 자외선 차단 제품과 메이크업 제품 카테고리의 목적은 브랜드 성장에 있어 위생용 제품과 얼굴 케어 제품이 가진 한계에서 벗어나 전 세계 약사들에게 브랜드를 진정으로 매력적이게 만드는 것이었다.

몇몇 시장에서는 약국이 적절한 아울렛이 아니었다. 여기에서의 전략은 전문 약사가 자리하고 있는 백화점 내 전용 약국 같은 또 다른 아울렛 형태를 만드는 것이었다.

LRP는 태양광선 차단과 메이크업 카테고리에 기존 제품이 없었으므로 이를 위한 전략적 확장이 계획되었다. 이것은 브랜드 이전brand transfer의 방법으로 이루어졌다. LRP는 파스Phas라는 또 다른 로레알 브랜드로 팔리던 제품들을 인계했는데, 파스Phas는 비알레르기 제품들에 포지션되어 있었다.

잠재적 확장의 파악

브랜드 확장을 하기 전에 그 브랜드를 잘 알아야 한다는 것은 두 말 할 나위가 없다. 브랜드가 가진 속성들은 무엇인가? 그 개성은 무엇인가? 브랜드가 그 구매자와 사용자들에게 전하는 아이덴티티는 무엇인가? 그 잠재적인 연상과 특성들은 무엇인가?

이런 질문들에 대한 답은 정량적 연구와 목표 대중에 대한 정성적인 인터뷰 모두를 기반으로 한다. 이미지 특성들을 단순히 나열하는 것은 브랜드의 전체 그림을 제공하지 않는다. 아이덴티티의 프리즘을 정의하는 것은 정성적 조사를 필요로 한다.

이런 정보를 갖추고 나면, 조사 절차의 두 번째 단계는 브랜드의 변별적 특성들에 대한 추론extrapolation을 하는 것이다. 만약 도브Dove가 부드러움으로 상징된다면 다른 어떤 제품들이 부드러울 필요가 있는가? 크리스토플Christofle이 나이프, 포크, 스푼을 위한 브랜드라면 그것이 글라스, 접시 또는 다른 일반적인 식기류로 확장될 수 있는가? 로시뇰Rossignol이 한 가지 스포츠 분야(스키)에서 활동 중이기 때문에 테니스 라켓이나 골프 클럽으로는 확장될 수 없는가?

럭셔리 제품 브랜드는 종종 그 자신의 역사에서 확장의 이유와 영감을 발견한다. 그래서 라리끄Lalique의 창립자인 르네 라리끄Rene Lalique는 보석과 스카프, 숄을 만들었다. 바카라Baccarat가 가구 소품과 보석류, 향수, 램프로 확장한 것 또한 미개척 영역의 재정복을 상징한다.

그 원천이 무엇이든, 브랜드 아이덴티티와 그에 기초한 추론들에 대한 성찰과 조사의 과정으로부터 긴 목록이 나온다. 그런 다음 그것은 내부적인 실행 가능성

feasibility 필터를 거치게 된다. 브랜드 확장은 생산, 노하우, 유통 경로, 커뮤니케이션, 기업 문화의 변화를 수반하는 전략적 선택이다. 이것들은 내부적으로 든 제휴를 통해서든 자금을 공급 받아야 한다. 그에 따라 부쉐론Boucheron은 자금을 확보하기 위해 그 주식의 22%를 매각했다. 하지만 핵심 비즈니스(하이패션 보석류)의 주식이 아니라 이른바 '일차 범주first circle'의 확장들(보석류, 시계, 안경테, 펜, 향수)을 관리하는 기업의 일부 주식을 매각한 것이다.

그런 다음 이 목록은 목표 대중에 의해 평가된다. 종종 이를 위해 여론 조사가 진행된다. 소비자들은 제시된 모든 확장에서 '매우 흥미롭다, 그저 그렇다, 흥미롭지 않다'와 같이 자신들에게 흥미로운 비율에 따라 제품을 평가한다. 이것은 가능한 확장들의 인기 등급이 된다.

이 방법은 단순하고 등급이 숫자로 매겨진다는 점에서 유리하다. 그것의 하나의 결점은 보수적이라는 것이다. 다수의 제품들에 관한 일련의 질문들이 쏟아지면, 질문을 받는 사람들은 그 브랜드의 가장 두드러진 특징들만을 토대로 진술하는 경향이 있다. 따라서 이 기법은 편향적이고 보수적이다. 따라서 빅Bic이 오직 볼펜만을 만들고 있을 때라면 이 전략은 문구류에서의 모든 가능성들을 철저히 찾아내고 빅이 면도기를 팔아야 한다는 아이디어를 완전히 거부하는 것으로 끝났을 것이다.

데이비슨(Davidson, 1987)은 내부 핵심을 중심으로 한 몇 개의 동심원 지대들 concentric zone을 구분했는데, 외부 핵심outer core, 확장 지대extension zone, 마지막으로 금지 영역no-go area이 그것들이다(그림 11.1 참조). 여론 조사에서 폐쇄형 질문들은 외부 핵심에 관한 정보를 제공한다. 심층적인 정성적 질문들은 먼 거리의 확장 지대를 탐색한다

다시 한번 브랜드의 잠재적인 가능성을 찾아내고 그것이 이런 각각의 확장들을 채택할 수 있는지 없는지를 알아보기 위해 정성적 조사를 진행할 필요가 있다. 우리는 또한 이같은 조사를 통해, 확장 가능성에 대한 거부 답변이 실제 상황과 연결된 보수적인 태도나 일부 인터뷰 대상자의 상상력 부족 때문인지 아니면 브랜드와 양립할 수 없기 때문인지를 말할 수 있다.

정성적 단계는 건설적인constructive 단계이다. 브랜드가 제품 카테고리에 다소

| 그림 11.1 | 브랜드 확장의 경계

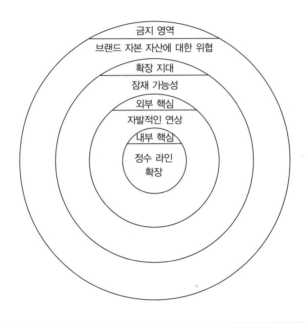

의 부가가치를 가져와야 한다는 것을 염두에 두면서, 우리는 어떤 조건 하에서 마음에 그린 제품이 그 브랜드에 합당할 것인지 알고 싶어질 것이다. 그 제품이 브랜드 네임을 가질 수 있으려면 어떤 주관적이고 객관적인 속성들이 필요할 것인가? 제품은 현재 시장에 나온 것들보다 어떻게 우수해야 하는가?

따라서 라코스테Lacoste가 재킷을 만들 수 있다고 말하는 것만으로는 충분하지 않다. 라코스테 재킷의 특징characteristics들이 무엇인지, 그리고 라코스테가 아닌 재킷의 특징은 무엇인지도 설명해야 한다. 라코스테의 아이덴티티 프리즘 identity prism은 니트, 끝마무리, 내구성, 신중함, 조화로움, 사회적 적절성 aptness, 순응성, 적응성과 같은 특징들을 모두 포함한다. 그 오리지널 라코스테 제품의 명성은 제2의 피부second skin라는 명성이다. 즉, 그것은 브랜드의 중심적 가치를 구성하는 패션과의 거리두기distancing effect를 유도한다. 그것은 개인적인 것과 사회적인 것, 즉 개인적인 편안함과 사회적인 편안함 사이의 유연한 전환의 이미지를 강화한다. 그 숨쉬는 니트aerated knit는 피부 및 그 모공과 유사하다. 이런 아이덴티티 프리즘identity prism은 라코스테가 아닌 영역과 브랜드 의미를 잃지 않기 위해 피해야 하는 영역들을 정의한다.

- 스포츠의 이상을 따르기 때문에 라코스테는 나이와 성별이라는 모든 장벽들을 초월한다. 따라서 라코스테의 이름이 지극히 여성적인 제품(라코스테 에어로빅 라인은 큰 실패였다)이나 지극히 남성적인 제품(예를 들어, 헌팅 웨어)에 붙여져서는 안 된다.
- 라코스테는 지나치게 화려한 컬러나 생명력이 짧은 속옷 제품 또한 판매하지 않는다.
- '제2의 피부'로서 라코스테는 무거운 니트웨어나 번쩍거리는 가죽 옷을 만들지 않는다.

이제 라코스테 가죽 재킷이 없는 이유를 이해할 수 있을 것이다. 가죽 옷은 매우 남성적이고, 강하며, 유행에 민감하나 오래가지는 못한다. 오직 스웨이드 재킷suede jacket만이 라코스테의 특성들을 보유할 수 있다.

정량적 단계는 또한 브랜드 사용자들을 위해 브랜드의 기능들을 이해할 수 있도록 한다. 브랜드는 그 자신을 위한 표시인가 아니면 다른 것들을 위한 표시인가? 소비자들은 브랜드가 어디에 표시된 것을 보고 싶어 하는가? 이 정보는 브랜딩을 위해 필수적인 것이다. 라코스테 블레이저blazer 주머니 위의 시그니처는 라코스테Lacoste, 악어crocodile 혹은 라코스테 클럽Lacoste Club이어야 하는가?

근본적으로, 테스트 단계는 확장 카테고리의 성공 요인이 브랜드와 일관되는지 여부뿐만 아니라 제품이 그 브랜드가 없을 때에도 경쟁자보다 뛰어난 것인지를 알아내야 한다. 이미지 실패에 관한 많은 설명들에도 불구하고, 많은 확장들은 단순히 기존 제품들에 비해 열등하고 더 비싸기 때문에 실패한다. 무엇보다도 확장은 혁신이며, 그 부가가치가 고려되어야 한다. 마지막으로 이런 투사 기법들 projection technique은 브랜드 자본에 대한 부메랑 효과boomerang effect라는 까다로운 문제에 대처할 수 있게 한다.

브랜드 확장의 경제학

기존 브랜드의 인지도awareness, 호감esteem, 품질qualities을 이용함으로써 브랜드 확장의 실행은 신제품의 성공 가능성을 높이고 출시 비용을 줄이는 데 도움이 될 수 있다. 이 두 가지 주장은 진실임이 확인되었다.

그림 11.2에 나와 있는 것처럼 새로운 브랜드의 30%만이 4년이상 존속했고, 그와 비교해서 브랜드 확장의 경우는 50%이상이다.

확장은 어떻게 생존 가능성을 높이는가? 첫째, 유통업체 스스로가 새로운 브랜드보다는 이미 잘 알려진 브랜드에 더 많은 공간을 할애해줄 것이다. 그러나 브랜드 확장은 또한 소비자들에게도 영향을 미친다(그림 11.3 참조).

- 더 높은 구매시도율trial rate을 기록한다. 123(확장) vs 100(신규 브랜드)
- 전환율conversion rate은 17%(확장) vs 13%(신규 브랜드)
- 충성도율loyalty rate은 161(확장) vs 100(신규 브랜드)

그래서 동등한 진열equal facing 및 동등한 비가중/가중 유통 비율의 상태에서, 제품이 기존 브랜드 네임을 지니고 있을 때 소비자는 더 높은 구매시도율, 전환율, 충성도율을 갖는다는 것이 이 두 번째 OC&C 분석에서 나타난다.

1969년도로 되돌아가서, 클레이캠프와 리디Claycamp and Liddy는 '패밀리 이름family name'(확장)이 신제품의 구매시도율에 미치는 영향을 측정했다. 아이어 모델Ayer's Model이라고 알려진 그들의 예측 모델은 32개 카테고리에서 출시된 60개 제품 데이터베이스에 근거한 것이다. 이 가운데 절반은 식품 분야였다. 이 모델의 기본 구조는 그림 11.4에 제시되어 있다.

이 모델의 매개변수들에 대한 평가는 '브랜드 확장' 변수들에 매우 긍정적인 힘을 실어주는 것으로 나타났다. 이미 알려진 이름은 직접적으로 그리고 강하게 소비자들이 제품을 사용하도록 유도한다는 것이다. 더 나아가 리디와 클레이캠프는 이런 변수는 광고 회상이나 유통 비중weighted distribution과도 상관 관계가 없다고 했다. 이 마지막 요점은 놀라운 것이다. 아마도 미국 유통업체들은 유럽

| 그림 11.2 | 신규 브랜드 vs 브랜드 확장의 성공비율(OC&C)

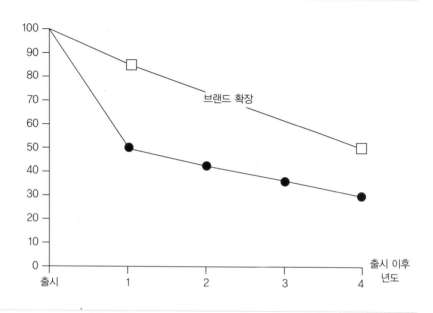

유통업체들만큼 진입장벽으로서의 역할을 하지 않는 것이 분명하다.

이러한 연구들로부터 어떤 결론들이 도출될 수 있는가? 모든 신제품이 알려진 브랜드로 출시되어야 한다고 생각하는 것은 잘못된 일이다. 이것은 시장 커버리지의 극대화에 있어 멀티 브랜드 포트폴리오multi-brand portfolios가 갖는 유용성을 망각하는 것을 의미한다. 더욱이 나중에 언급하게 되겠지만 일부 브랜드 확장은 신제품의 성공을 방해하거나 브랜드 자본brand capital에 치명적일 수 있다.

그래서 에르메스Hermes는 자신의 이름을 최고급의 휴양 서비스를 시작하려고 한 왜건 리츠 그룹Wagons-Lits Group에게 로열티를 받고 임대하는 것을 거절했다. 머나 먼 이국의 호텔들의 서비스 위험도는 에르메스가 기꺼이 자신의 이름과 그 모험 사업을 연관시키기에는 너무 높은 것이었다.

이런 수치들은 또한 일반적으로 제품에 대한 소비자의 관점이 그 경영자들보다 훨씬 덜 보수적이라는 것을 보여준다. 경영자들은 매우 종종 브랜드의 기원 origin of brand에 눈이 가려져 브랜드가 가진 제조의 역사를 마치 브랜드의 정의

| 그림 11.3 | 소비자의 채택 과정에 미치는 브랜드 확장의 영향 (OC&C)

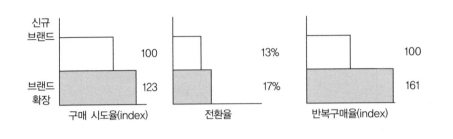

로 여긴다. 경영자들에게 마스Mars는 초콜릿 바 이상의 의미를 가질 수 없었다. 그럼에도 불구하고 마스 아이스크림은 성공을 거두었으며, 2003년에 출시된 마스 비스킷 또한 성공하였다. 이는 소비자가 브랜드와 제품을 꽤 잘 구분한다는 것을 증명하거나, 최소한 소비자가 이들의 관계를 변경할 수 없는 것으로 보지는 않는다는 것을 증명한다.

브랜드 확장을 정당화하기 위해 내놓은 두 번째 경제적 논점은 비용과 관계가 있다. 새로운 브랜드를 출시하는 것은 잘 알려진 브랜드로 신제품을 출시하는 것보다 더 많은 비용이 든다는 것이다. 실제로 소비재에 대해 추정한 바에 의하면, 미디어 광고에서 뿐만 아니라 (소비자와 무엇보다도 유통업체들을 대상으로 하는) 프로모션에서의 낮은 비용의 결과로, 브랜드 확장에 따른 절약 비용이 21%에 이르는 것으로 나타난다. 구매시도율이 더 높기 때문에 구매시도 당 비용에 관한 한 브랜드 확장 전략이 경제적임을 증명한다(표 11.2 참조).

그러나 115개 출시 제품을 바탕으로 하는 닐슨Nielsen의 또다른 연구는 명백히 상반된 결과를 보여준다. 새로운 이름으로 출시된 제품은 (2.7% vs 2.6%로 결과가 같은 건강과 뷰티 제품을 제외하고) 알려진 이름 아래 출시된 제품들보다 2배나 높은 시장 점유율을 가졌다(그림 11.5 참조). 이런 차이의 원인은 그림 11.5의 두번째 열에서 찾을 수 있다. 실제로 확장 전략이 덜 효과적인 것은 아니다. 낮은 시장 점유율은 브랜드 확장의 경우 관리자들이 더 적은 커뮤니케이션 예산을 사용함으로써 광고 노출 점유율이 낮아지는 데 이유가 있다. 같은 광고 노출 퍼센티

| 그림 11.4 | 아이어Ayer 모델: 패밀리 네임이 신제품 매출에 영향을 미치는 방식

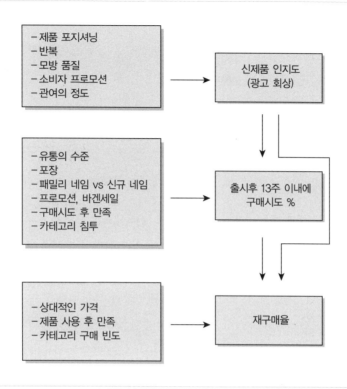

지로는 브랜드 확장이 건강과 뷰티 분야에서 비슷하거나 더 높은 시장 점유율을 갖는다. 이 분야에서는 소비자가 지각하는 위험이 높아서 알려진 브랜드를 선호하는 경향이 있다.

이 두 연구에서 추론될 수 있는 것은 무엇인가? 이들은 서로 상반되는가? 첫 번째 연구는 확장이 더 적은 예산으로도 더욱 효과적이라고 결론 내린다. 그 상반된 견해는 브랜드 확장의 생산성을 자신하는 많은 관리자들이 확장 출시에 들어가는 광고 예산을 줄인다는 사실을 고려함으로써 해결될 수 있다(따라서 그림 11.5의 첫 번째 열의 결과이다). 같은 예산으로는 확장 전략이 약간의 우위를 갖는다. 그 우위 정도는 세제 제품과 식품 분야에서는 그다지 크지 않지만 건강과 뷰티 분야에서는 비교적 큰 편이다(0.46 vs 0.39로). 이와 함께, OC&C 분석은 (브

| 표 11.2 | 브랜드 확장이 출시 비용에 미치는 영향

	신규 브랜드	브랜드 확장	%
출시 예산:			
–풀	100	78	–22
–푸시	30	24	–20
토탈	130	102	–21
구매시도율	100	123	+23
비용/구매시도	1.3	0.83	–36

※ 출처: OC&C

랜드 네임의 친근성과 매우 밀접한 관련이 있는) 구매시도율 측면에서의 효율성을 분석하는 반면, 닐슨Nielsen의 분석은 마케팅 믹스와 전반적인 제품 품질을 반영하는 24개월간의 시장 점유율에 기초한다는 사실을 고려할 필요가 있다. 마지막으로, 확장에 대한 낮은 출시 예산은 광고의 대부분을 브랜드의 핵심 제품에 집중시킴으로써 그 판매량을 유지하려는 욕구와 관련 있을 수 있다(이는 신제품 광고가 핵심 제품의 매출에 미치는 상호적인 확산 효과spillover effect를 간과한다는 점에서 실수가 아닐 수 없다(Balachander and Ghose, 2003)).

이 두 연구의 각각에서 숨겨진 요인은 시장 진입의 시점이다. 위험도가 높은, 새로운 시장에 성숙 단계에 있는 시장에서와 같은 방법으로 접근할 수는 없다. 11개 제품 카테고리에서 96개 출시 건에 대한 설리반의 분석(Sullivan, 1991)은 흥미로운 결과를 보여준다(표 11.3 참조).

먼저 이 분석은 기업들이 새로운 브랜드로 새로운 시장에 침투하는 것을 선호한다고 밝히고 있다. 신흥 시장에서의 조사된 48개 출시 가운데 13개만이 확장이었다. 그러나 성숙 시장에서는 48개 출시 가운데 40개가 브랜드 확장인 것으로 분석되었다. 또한 설리반은 초기 시장에 침투하기 위해 고유의 이름을 사용했던 브랜드들은 상대적으로 약한 브랜드였다는 점에 주목한다. 예를 들어 미국에서 로열 크라운 콜라Royal Crown Cola는 최초로 '다이어트 콜라' 세그먼트에 자사 이름을 걸고 침투한 기업이었다. 펩시콜라Pepsi-Cola가 다이어트 펩시로 그 뒤를 따랐다. 코카콜라Coca-Cola는 탭Tab을 출시해 자신의 브랜드 자본brand capital

| 그림 11.5 | 첫 2년 동안의 매출 실적 비교(닐슨)

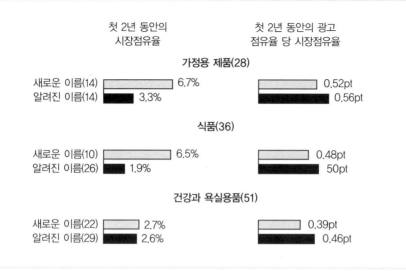

을 위험에 빠트리지 않는 쪽을 택했다. 코카콜라는 마지막에 다이어트 코크를 선보였다. 이 조사는 이런 시장에서 리더가 되는 브랜드는 거의 언제나 새로운 브랜드라는 것을 보여준다(다이어트 코크는 예외이다).

왜 강력한 브랜드들은 초기 시장 진출을 꺼리는가? 물론 그들이 이런 시장에 진출한다면 아직 경쟁자들이 없다는 사실에서 혜택을 볼 것이다. 그러나 새로운 시장을 개척한다는 것은 개척자 자신에게 더 큰 위험을 수반하고(Schnaars, 1995) 브랜드와 브랜드 자본에 부정적인 영향을 끼치기도 한다. 제대로 정의되지 않은 초기 시장에서 브랜드는 일단 최선의 포지션을 찾기 위해 유연성을 가져야 한다. 브랜드 확장은 그런 유연성을 허용하지 않는다. 브랜드의 속성들은 존중되어야 한다. 더 나아가, 새로운 시장에 적합한 브랜드를 출시하는 것은 해당 브랜드가 소위 '개척자 우위'로부터 혜택을 얻음으로써 그 시장의 준거가 될 수 있도록 한다(Carpenter and Nakamoto, 1991). 마지막으로, 많은 새로운 시장들은 기존의 오래된 시장들에 대한 반작용으로 형성된다. 예를 들어 스노 서핑 시장은 알파인 스키와 그 경쟁 지향적인 가치들에 대한 반 문화counter-culture이다. 이 지지자들은 자신들의 고유 브랜드를 가지며 기성 브랜드인 '로시뇰Rossignol'의 서프보드

| 표 11.3 | 2개의 다른 브랜딩 정책의 성공률

	시장 발전 단계	
	성장	성숙
신규 브랜드 출시	57%	43%
브랜드 확장 출시	46%	68%

※ 출처: 설리반(1991)

surfboards를 거부해 왔다.

새로운 시장을 지배하려고 하는 약한 브랜드weak brands의 경우를 제외하고, 아직 제품이나 유통이 완전히 확립되지 않고, 또 소비자가 높은 위험을 지각하는 시장에서 유일하게 알려진 확실한 준거가 된다는 것은 매력적일 수 있다. 소비자들은 비록 브랜드가 오리지널 시장과는 거리가 멀다 해도 유명 브랜드famous brand의 존재에 호의를 나타낼 것이다. 이 경우엔 오직 그 평판fame과 진지한 명성reputation만이 중요하다. 이는 테팔Tefal이 자신의 이름으로 그 걸음마 단계의 가전제품 시장에 침투한 이유이다.

마지막으로 시장 성숙도에 따른 두 가지 출시 전략의 성공률 분석은 신규 브랜드 전략이 시장 형성 단계에서는 약간의 우위를 갖는다는 사실을 밝히고 있다. 그러나 시간이 지남에 따라 브랜드 확장 전략이 더 성공적인 것으로 보인다(표 11.3 참조).

브랜드 확장에 관한 연구 결과가 말해주는 것

1990년 이래로 확장은 모든 마케팅 연구자들과 학자들의 관심을 받아 왔다. 이 불모의 땅은 유혹적이었으며 더불어 상당한 중요성을 지녔다. 주로 경험적이고 정량적인 이런 연구는 확장에 대한 소비자 태도의 결정 요인을 규명하는 데 초점이 맞춰졌다. 소비자들은 그 개념을 매력적으로 느끼는가, 그렇지 않은가? 또한 이런 연구는 브랜드 에쿼티가 확장에 의해 희석될 수 있는 조건들을 찾아

왔다. 이것은 일반적으로 확장이 '브랜드 계약brand contract'을 유지하지 못할 때 진실이다. 모 브랜드 이미지나 브랜드 핵심 제품의 매출에 미치는 영향은 무엇인가?

그에 따라 이 연구는 브랜드 확장 과정의 작은 부분에만 초점을 맞춰 왔다. 브랜드 확장 과정은 8가지 핵심 단계들을 포함된다.

1. 브랜드 에쿼티brand equities(브랜드 이미지, 또는 감성적 자산emotional assets, 인구의 다양한 세그먼트들 사이에서의 브랜드의 핵심 역량) 평가
2. 확장 가능한 카테고리들의 내재적 매력도 평가
3. 선택된 확장 카테고리에서 브랜드 자산의 이전 가능성transferability 평가
4. 자산들의 적실성 평가: 자산들이 이 카테고리에서 진정한 혜택이 되는가?
5. 브랜드 네임에 포함된 기대되는 혜택들을 전달하는 기업의 능력 평가
6. 기존 경쟁자에 대해 확장이 가지는 지각된 우월성 평가
7. 확장 카테고리에서 경쟁을 지탱하고 시간이 지나면서 리더십을 획득하는 기업 능력의 평가
8. 모 브랜드와 핵심 제품 판매에 미치는 피드백 효과feedback effect의 평가. 확장이 브랜드에 가져오는 것은 무엇인가(새로운 고객, 새로운 이미지 속성, 새로운 매출)?

학문적 연구는 주로 1, 3, 8번의 문제를 다룬다. 그것은 다음과 같은 질문에 답하는 데 목적을 둔다. 즉 브랜드 에쿼티는 언제 이전 가능한가? 확장 제안에 대한 소비자의 긍정적인 반응을 유발하는 것은 무엇인가? 언제 브랜드 에쿼티가 만족스럽지 못한 확장에 의해 손상을 입을 수 있는가? 그것의 주된 패러다임 dominant paradigm은 실험적 연구이며, 변수로서 소비자 평가(나는 좋아한다, 나는 좋아하지 않는다)를 이용한다. 단지 최근에 들어서야 연구자들은 과거 데이터와 시장 진입의 역사적 결과들을 분석하면서 판매와 세그먼트 리더십segment leadership에 초점을 맞추고 성공과 실패의 결정 요인을 이해하려고 한다(그림 11.6 참조).

| 그림 11.6 | 브랜드 확장 모델

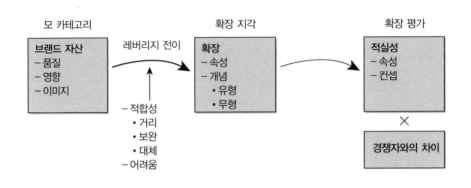

브랜드 확장에 관한 초기의 실험적 연구

최초 연구는 1987년에 미네소타 주립대에서 열렸던 브랜드 확장에 관한 심포지엄에서 발표되었다. 가상의 계산기 브랜드, 타코Tarco에 대한 태도는 6개의 타코Tarco 계산기에 대한 평가 테스트 결과를 제시함으로써 조작화되었다. 이 테스트들은 실험집단, 즉 6개 계산기 모두가 품질이 좋은 경우, 한 가지가 나쁜 경우, 두 가지가 나쁜 경우,⋯⋯6가지 모두가 나쁜 경우에 따라 결론이 내려졌다. 자연스럽게 타코Tarco에 대한 일반적인 선호도는 이러한 조작화에 상당한 영향을 받았다. 그런 다음 타코Tarco에 의해 출시될 신제품 목록이 제시되었다. 이 목록에는 새로운 계산기와 '가까운' 확장 제품(마이크로컴퓨터, 디지털시계, 금전 등록기 등등)부터 '거리가 먼' 확장 제품(자전거, 펜, 사무실용 의자)까지 포함되었다. 각 그룹에 속한 인터뷰 대상자들은 Tarco의 신제품들을 보기도 전에 그 제품들에 대한 자신들의 느낌을 서술하라는 요청을 받았다. 타코와 그 확장 제품에 관한 태도 사이의 상관관계가 측정되었다. 표 11.4에 나온 것처럼 상관관계는 제품이 '가까운' 확장일수록 강했다. 간단히 말해, 태도의 전이transfer는 기원 브랜드brand origin의 카테고리와 제품 확장의 카테고리간에 지각된 유사성perceived similarity이 높을수록 증가했다.

당연히, '지각된 유사성'의 기준은 개인마다 다르다. 또 다른 연구에서는 전문가와 비전문가가 각기 다른 지표를 사용해 두 제품 간의 유사성 정도를 평가한다

확장		상관관계
가까운 확장 제품	또 다른 계산기	0.85
	개인용 컴퓨터	0.76
	금전 등록기	0.75
	디지털시계	0.63
	비디오 레코더	0.62
	라디오	0.58
	컬러 TV	0.51
	사무용 의자	− 0.11
	자전거	− 0.11
거리가 먼 확장 제품	볼펜	− 0.17

※ 출처 : 소비자 행동 세미나 (1987)

는 것을 보여준다. 예를 들면 아래 2가지 유형의 확장을 비전문가와 전문가로 구
성된 개인 집단에게 보여주었다.

- 하나는 형식적인 확장superficial extension으로, 형식적인 유사성superficial
  similarity과 관련성을 가진다(테니스 신발에서 테니스 라켓까지)
- 다른 하나는 깊이 있는 확장deeper extension으로, 동일한 노하우를 사용한
  다(골프채 브랜드가 테니스 라켓을 선보일 수 있게 하는 탄소 섬유의 노하우).

시작 카테고리와 마지막 카테고리(테니스 라켓)간 유사성의 지각에 관한 질문
을 받았을 때 비전문가는 형식적인 확장을 매우 유사한 것으로 여겼지만 전문가
들은 그렇지 않았다. 한편 공정과 원재료에 대한 설명은 전문가들이 테니스 라켓
과 골프채가 가까운 제품이라는 사실을 확신하게 만들지만 비전문가는 전혀 유
사하다고 느끼지 않았다. 따라서 동일한 구조composition가 비전문가들에게는
지각된 유사성의 요인은 아니다. 이들은 자신들의 의견을 더 표면적인 표시sign
에 기초한다. 비전문가들은 '적합성'의 느낌을 창조하는 두 제품간의 보완성이나

대체 가능성의 관계에 기초한 확장에 민감하다.

- 엉클 벤스 소스Uncle Ben's sauce는 엉클 벤스 쌀의 보완재이다.
- 네스퀵Nesquik 시리얼은 네스퀵 밀크 초콜릿의 대체재이다.

전문가들은 이런 주변적인 단서들에 만족하지 않는다. 그들은 룩Look의 확장에서와 같이 더 강력한 근거를 필요로 한다. 스키 바인딩으로 유명한 이 브랜드는 상위 영역인 산악자전거 시장에 진출했는데, 이는 오토매틱 그립 페달과 신소재에 대한 자신의 전문 기술을 적용할 수 있었기 때문이었다.

첫 번째 연구에서, 타코Tarco가 가상 브랜드라는 사실은 의도적이었다. 이런 식으로, 그 브랜드는 어떤 자본, 즉 브랜드와 연관된 특정한 신뢰와 감정들을 갖지 않았다. 이는 태도 전이를 촉진하는 데 있어 제품 유사성에 대한 기준의 중요성을 설명한다. 일반적인 상황에서, 만약 브랜드가 강력하다면, 이 브랜드가 진출하고자 하는 제품 영역에서 그 핵심 가치의 적실성relevance은 제품들의 카테고리가 매우 다르다할지라도 확장의 매력을 결정하는 요소이다(Broniarczyky and Alba 1994). 펜, 면도기 그리고 라이터 분야에서 성공한 빅Bic의 사례가 위의 사실을 잘 설명한다.

제품으로부터 독립적이면서 브랜드 자체에서 연유하는 메커니즘에 대한 인식의 최초 신호는 1991년, 박충한 교수와 그의 동료 연구자들로부터 나왔다.* 2개의 제품 목록, 즉 기능적 제품들functional products과 표현적 제품들expressive products이 인터뷰 대상자들에게 주어졌다.

그리고 2개의 질문이 던져졌다.

---

* 브랜드 확장에 대한 소비자 평가와 관련하여 이 논문은 제품 특성의 유사성과 브랜드 컨셉의 일관성을 정의하고 실증적으로 밝힌 선구적인 연구이다. 미국 남가주대학교의 박충환 교수는 1991년에 그의 동료 연구자들과 "기존 연구들이 한 브랜드의 컨셉이나 이미지가 그 브랜드와 확장된 제품간의 적합성에 대한 소비자의 인식에 어떻게 영향을 주는지에 대해 충분히 숙고하지 못했다."는 문제 제기와 함께 "브랜드 확장에 대한 평가는 확장된 제품과 기존 브랜드간의 지각된 적합성의 정도에 달려있고, 이런 지각된 적합성은 제품 특성의 유사성과 브랜드 컨셉의 유사성 모두에 의해 영향을 받는다."고 강조하였다. C. Whan Park, Sandra Milberg, and Robert Lawson (1991), "Evaluation of brand extensions," Journal of Consumer Research, 18, Sep. 185-193 — 옮긴이

기능적 제품	표현적 제품
TV	향수
콤팩트디스크	신발
카세트 플레이어	지갑
라디오	셔츠
비디오테이프	가방
VCR	펜
워크맨	반지
자동차 라디오	시계
비디오카메라	벨트
녹음기	크리스털
헤드폰	넥타이

1. 각 열에 있는 제품들 간의 유사성의 정도에 관한 전통적인 질문.
2. 각 열에 있는 제품들이 서로 '적합한지fit'에 관한 질문.

연구자들은 위의 두 질문을 2가지 방식으로 던졌다.

- 위에 있는 그대로 질문했다.
- 브랜드를 사용해 질문했는데, 첫 번째 목록의 경우는 '소니Sony'를, 두번째 목록의 경우는 '구찌Gucci'를 사용했다.

결론은 어떠했는가?

- 상징적 제품들symbolic products의 경우, 브랜드 네임이 언급되었거나 언급되지 않았다는 사실이 제품들 간의 낮게 지각된 유사성에 대한 판단을 바꾸지 못했다. 그러나 구찌 브랜드 네임의 존재는 제품들 간에 상당한 적합성fit을 만들어냈다. 그 브랜드 없이는 적합하지 않다고 생각되던 제품들이 갑자기 서로 적합한 것이 되었다.

- 기능적 제품들functional products의 경우 브랜드의 존재나 부존재가 지각된 유사성이나 '적합성fit'에 대한 판단을 바꾸지 않았다.

간단히 말해, 연구자들은 소비자가 확장에 관한 의견을 구축하는 2가지 과정들을 암시했다.

- 브랜드가 주로 기능적이라면, 확장은 오리지널 제품의 카테고리와 확장된 제품의 카테고리 간의 고유한 연결고리를 따라 아래로부터 상향식으로 평가된다. 소비자 평가는 제품 카테고리들 간의 지각된 유사성 정도에 달려 있다.
- 브랜드가 상징적이라면, 브랜드 컨셉은 제품들 간의 연결고리를 창조한다. 이 경우, 확장에 대한 판단은 제품들의 물리적 특징들과는 무관하다. 각 확장은 그것이 그 브랜드 컨셉에 속하는지와 이 브랜드의 가치 체계와의 일관성에 따라 평가된다. 이 과정은 위로부터 하향식top-down으로 이루어진다.

어떤 확장들은 브랜드 희석brand dilution의 위험을 동반한다. 너무 많이 잡아당겨진 고무줄처럼 브랜드 역시 약해질 수 있다. 많은 요소들이 과도한 확장으로 인한 브랜드 약화를 설명한다. 이 위험을 평가하는 것은 하찮은 일이 아니다. 광천수가 투보르그Tuborg 브랜드로 출시된다면 이 브랜드에 미치는 영향은 무엇이겠는가?(그런 확장이 그리스에 존재한다)

한 연구가 이런 위험의 존재를 입증했다. 이 연구는 잘 알려진 건강과 뷰티 브랜드인 뉴트로지나Neutrogena를 대상으로 삼았다. 2가지 확장이 소비자들에게 제시되었는데, 하나는 뉴트로지나에게 이례적인 확장이었고, 다른 하나는 뉴트로지나에게 전형적인 확장이었다. 이 실험에서 소비자들은 두 확장 제품 모두가 뉴트로지나를 유명하게 만드는 두 가지 차원, 즉 부드러움과 품질 면에서 심각한 문제가 있다는 정보를 듣게 되었다. 이런 사실이 뉴트로지나 자체의 이미지에 미치는 영향은 무엇이겠는가?(Loken and Roedder, 1993) 전형적인 뉴트로지나 제품들이 가진 부드러움과 품질의 이미지 역시 영향을 받을 것인가? 이 연구는

83% 소비자가 뉴트로지나와 연관시키는 브랜드 원형 제품 A1, 61%가 연관시키는 제품 A2, 55%가 연관시키는 제품 A3, 39%가 연관시키는 제품 A4, 5%가 연관시키는 제품 A5를 대상으로 하였다. 결론은 다음과 같다.

- 제품 품질이 낮더라도 거리가 먼 확장remote extension은 브랜드 이미지나 브랜드의 다른 제품들 이미지를 훼손하지 않았다. 이 현상은 연구자들에게는 당연한 것으로 알려져 있다. 예외가 있더라도 규칙을 뒤집지는 않는다. 확장 자체가 전형적인 것과는 거리가 있으므로 브랜드의 중심부heart에는 영향을 주지 않는다.
- 뉴트로지나의 더 전형적인 확장의 경우는 상황이 다르다. 그것의 낮은 품질은 그 핵심 속성들에 있어 브랜드의 이미지와 그 브랜드와 자연스럽게 연관되는 제품들의 이미지 모두에 부정적 영향을 끼쳤다. (A1, A2, A3 모두 이 확장 제품에 노출되고 난 후 통계적으로 상당히 나빠진 부드러움의 이미지를 가졌다.) 실제로 브랜드와 가장 대표적인 브랜드 제품들에 부정적인 영향이 있었던 것이 사실이지만 이것은 오직 확장이 브랜드의 전형적인 경우에 한한다. 그 위험은 브랜드 확장보다는 라인 확장과 더 관련이 있다.

확장에 관한 태도는 어떻게 형성되는가

브랜드 확장에 관한 많은 연구가 수행되었다. 어떤 분야의 연구나 다 그러하듯 선구적인 논문들을 따라 그 주제에 관한 변형들이 계속해서 나온다. 이 변형들은 심층 분석(Leif Heim Egil, 2002), 요약 그리고 훨씬 후의 재분석 및 메타분석과 함께 다른 제품, 국가, 인터뷰 대상자 유형과 같은 맥락적인 측면들을 탐색한다. 그 사이 최초 연구의 결과들이 돌고 돌며 무형적 진실intangible truth의 지위를 차지한다. 그들의 한계점들이 분명하게 드러나는 것은 훨씬 나중의 일이다. 이것이 이 새로운 개정판에서야 이런 개략적인 분석과 비평 결과들을 자세히 살펴볼 수 있게 된 이유이다.

예를 들어 바텀리와 홀든bottomley and Holden(2001)은 확장에 관한 태도를 설명하는 데 있어 기본적인 아커-켈러의 패러다임Aaker-Keller paradigm(1990)을 충실히 고수하는 모든 연구의 데이터를 재분석했다. 이 선구적인 연구에서 소비자들은 확장에 관한 아이디어들을 평가하도록 요청을 받았다(좋은 아이디어다/좋은 아이디어가 아니다. 좋다/나쁘다). 그 목적은 수많은 변수들과 함께(변수들 간의 상호작용은 고려하지 않음), 품질에 대한 모 브랜드의 명성, 확장과 최초 카테고리 간의 지각된 적합성, 그리고 확장 구축의 지각된 어려움 같은 제시된 일련의 가치들 중에서 이런 평가의 배후에 있는 결정 요인들을 알아내는 것이었다. 지각된 적합성이 이런 선구적인 연구로부터 등장한 주요 변수이다. 그것은 확장과 브랜드의 전형적인 제품(원형 제품) 간의 심리적이고 주관적인 격차를 측정한다. 전통적으로 이 적합성은 3가지 차원에서 측정되었다. 즉 확장과 원형 간에 지각된 시너지의 정도, 지각된 대체가능성의 정도, 그리고 지각된 노하우의 전이가능성 정도가 그것이다.

바텀리와 홀든의 초기 연구의 재분석과 7번의 반복된 연구들은 최초 연구로부터 돌고 돌았던 것들과는 다른 결론들을 도출해냈다.

- 확장에 관한 소비자 평가는 처음에는 모 브랜드의 지각된 품질perceived quality과 지각된 적합성perceived fit 정도에 영향을 받는다. 분명 확장은 약한 브랜드를 구하는 방법이 아니다. 브랜드 스트레칭brand stretching 시도가 가능하려면 먼저 품질에 대한 명성이 있어야 한다. 적합성의 차원과 관련해서는 '시너지'와 '노하우의 전이가능성transferability'이 '대체가능성substitutability'보다 더 중요하다.
- 이런 평가들은 또한 브랜드의 지각된 품질, 시너지의 정도 그리고 노하우의 전이가능성 정도 간의 상호작용에 의해 영향을 받는다. 뿐만 아니라 브랜드의 지각된 품질과 확장 제품을 제조하는 것의 지각된 어려움 간의 상호작용에 의해서도 영향을 받는다. (간단히 말해, 브랜드의 지각된 품질이 갖는 중요성은 이 확장을 수행하는 것의 지각된 어려움과 함께 증가한다.)
- 마지막으로 확장을 제조하는 것에 대한 지각된 어려움이 만들어내는 약간의 직접적인 영향이 있다. 즉, 그 어려움이 높아질 때 평가가 올라간다. 소비자들은 아주 사소한 제품들에까지 그 이름을 넣는 브랜드를 좋아하지 않

는다. 그러나 이런 결과가 모든 경우에서 확인되는 것은 아니다. 아이들 사이에서 브랜드 라이센스brand licences가 성공한 것은 그것들이 이 변수에 영향을 받는 정도에 대한 의문을 제기하는 것이 사실이다. 즉, 해리 포터 Harry Potter 이름은 평범한 제품들(연습장, 지우개, 연필, 펜, 옷 등) 대부분에 등장했다. 그러나 그 효과는 아마도 그 라이센스 제품에 대한 거센 수요의 물결을 어쩔 수 없이 지켜보아야 하는 부모들에게는 적용되지 않을 것이다. 그것은 또한 기술 브랜드들technical brands에게도 적용될 수 있는데, 이는 그 브랜드들이 지극히 단순화된 제품들을 제조함으로써 하위 계열로 이동하는 것을 주저하는 이유를 설명한다.

아커-켈러 패러다임Aaker-Keller paradigm은 브랜드 이해에 있어 첫걸음을 제공했다. 그러나 쉽게 확인되듯이 이들의 패러다임은 그 기초를 브랜드 역량 compentence, 객관적인 속성objective attributes, 그리고 노하우에 의해 정의되는 브랜드에 대한 전통적이고 인식적인 관점에 뿌리를 두고 있다. 따라서 확장을 평가하기 위해 소비자들은 그들이 보기에 가장 정확히 브랜드를 대표하는 제품(원형 제품)에 대한 확장 제품의 근접성proximity을 분석하는 것으로 되어 있다. 이것은 상향식 접근이다. 소비자들의 출발점은 브랜드 확장을 평가하는 수단으로서 제품들간의 유사성이다. 이는 소위 '기능적' 브랜드들에게 잘 적용된다.

그러나 감자튀김과 피자 사이에 얼마만큼의 근접성이 존재하는가? 감자튀김과 빵 사이, 또는 감자튀김과 아이스티 사이는 어떠한가? 물리적 측면에서는 거의 존재하지 않는다고 볼 수 있지만 이들은 맥케인McCain 계열을 구성한다. 실제로 이 브랜드의 통일성과 그 제품들 사이의 적합성fit의 배후에 있는 공통 요인은 제품 자체가 아니라 브랜드 컨셉인 아메리칸 푸드American Food이다. 미래에는 맥케인이 브라우니brownie 혹은 아이스크림을 팔 수도 있다. 따라서 우리는 위에서 살펴본 3가지 차원 외에도 적합성을 평가하는 다른 방법이 있다는 것을 추측할 수 있다. 브랜드 자체의 무형적 컨셉intangible concept과의 적합성을 평가하는 것이다. 이 경우 소비자들은 하향식 접근을 사용할 것이다. 소비자들은 컨셉에서 시작해 제품 확장이 그 컨셉에 맞는지를 스스로에게 물을 것이다.

더욱이 확장은 브랜드가 제품 기반('맥케인은 뛰어난 냉동 감자튀김을 만든다')에서 컨셉 기반('맥케인은 맛있는 아메리칸 푸드 제품들을 만든다')으로 움직이게 하는데 기여한다. 컨셉 브랜드concept brand가 된다는 것은 다른 신제품의 소개를 통한 미래 확장의 준비를 가능하게 하며, 그럼으로써 브랜드의 시장 파워, 총매출, 그리고 가시성을 높인다. 즉 메가 브랜드mega-brand가 되는 것이다.

브랜드는 자신의 아이덴티티가 기초로 하고 있는 무형적 차원들을 획득하면서, 확장에 대한 접근권을 얻게 된다. 브랜드가 제품 브랜드로 남아 있는 한, 그것은 제품 세그먼트에 국한되게 된다. 만약 당신이 파는 것이 빅 볼펜Bic biros이라면 지우개, 마커 펜, 연필 이상으로 얼마나 더 나아갈 수 있겠는가? 그러나 '쿨하고, 단순하고, 실용적인 플라스틱 제품의 브랜드'로 인식될 때 빅Bic은 그 이름을 볼펜과 일회용 면도기에 넣을 수 있으며, 이 두 시장 모두와 일회용 라이터 시장에서도 세계적인 리더가 될 수 있다.

이 연구는 그림 11.7에서와 같이 요약될 수 있다.

초기 확장 연구의 한계

누가 겐니치 카와카미Genichi Kawakami를 아는가? 그는 52년 동안 야마하 Yamaha의 CEO였으며, 2002년 사망했다. 1950년, 그가 아버지 뒤를 이어 CEO가 되었을 때 야마하는 풍금과 피아노 제조회사였다. 1954년에 이 회사는 모터바이크로 급진적인 다각화를 이루었다. 동시에 신시사이저와 어쿠스틱 기타와 일렉트릭 기타를 만들어냈다. 그런 다음 스키, 테니스 라켓, 탄소 소재의 골프채로 활동 범위를 확장했다. 그 후에는 프리미엄 제품으로 포지션 된 하이파이 시장에 진출하게 되었으며, 그 뒤를 이어 비디오 시장과 현재는 멀티미디어 시장으로 확장하게 되었다. 이런 모든 전략적 움직임의 중심에는 제품 혁신만이 시장에 진입하고, 그 시장에서 계속 수익을 내는 유일한 방법이라는 믿음이 있다. 그것들은 또한 이 CEO의 진정한 비전, 즉 여가 사회leisure society의 비전에 의해 뒷받침되었다. 물론 겐니치 카와카미는 이런 혁신들 가운데 그 어느 것도 야마하 외에 다른 이름으로 부르겠다는 생각을 한 적이 없다.

문제는 초기 브랜드 확장 연구, 아커와 켈러(1990)*에 따르면 이런 확장들은

|그림 11.7 | 제품과 컨셉 적합성과 부적합성의 결과

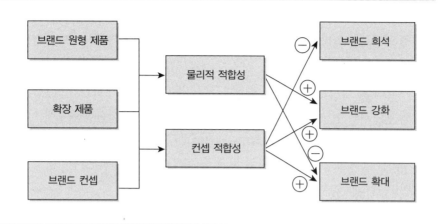

※ 출처: Mischel, 2000, Vuibert

모두 실패했어야 한다는 것이다.

이들 연구에 의하면, 소비자에게 있어 확장에 대한 수용의 가장 중요한 요인은 '적합성fit'으로, 이는 핵심 제품과 확장 간의 지각된 유사성perceived similarity의 느낌이다. 이런 결과는 후속 연구에 의해 충분히 확인되었다(Leif Heim Egil, 2002 ; Bottomley and Holden, 2001). 피아노와 모터바이크 사이에는 어떤 적합성이나 유사점이 있는가? 전혀 없다. 그러나 야마하Yamaha는 악기에서 세계적인 선두 브랜드이자 세계 2위의 모터바이크 제조업체이다. 볼펜과 라이터 또는 라이터와 일회용 면도기 사이에 어떤 적합성이 있는가? 전혀 없다. 그러나 빅Bic은 이 3가지 시장에서 세계적인 선두 브랜드이다. 빅은 성공적으로 같은 이름 아래 매우 다른 확장 제품들을 관리해왔다. 빅의 CEO에 따르면, 같은 이름을 가진 것이 바로 그 성공 요인 가운데 하나였다. 컨설턴트들이 그에게 1973년 (1950년 출

---

* 아커와 켈러는 브랜드 확장에 대한 소비자 평가 연구에서 기존 제품과 확장된 제품간의 지각된 적합성에 영향을 주는 3가지 요인으로, 보완성(확장된 제품들의 사용상황이 같은 정도), 대체성(동일한 니즈를 만족시키는 데 있어서 확장된 제품이 기존 제품을 대신하는 정도), 전이성(브랜드 확장에 요구되는 제조기술이 기존 제품과 중복되는 정도)를 제시하였다. Aaker, D and Keller, K L(1990), "Consumer evaluations of brand extensions," Journal of Marketing, Jan., 54(1), 27-41. ― 옮긴이

시된) 볼펜과 같은 이름으로 라이터를 출시하지 말라고 말했음이 분명하며, 1975년 출시된 일회용 면도기의 경우도 마찬가지이다. 그러나 경영진은 그와는 다른 비전을 가지고 있었다. 이 3가지 제품들은 현재 북아메리카와 중앙아메리카 매출의 53%를 차지한다.

초기 연구의 결과물들이 이런 현실과 거리가 먼 이유는 무엇인가? 사실 이런 종류의 선구적인 연구(Aaker and Keller, 1990)는 전적으로 실험실 연구에 의존했다. 이런 특별한 환경에서, 소비자들에게 확장에 관한 아이디어들이 제시되었으며, 그들은 즉각적인 평가를 내려야 했다. 현실 세계에서 확장은 그 고유의 가치에 관한 정보와, 홍보와 입소문으로 전해지는 신뢰와 함께 출시된다. 실험실 연구 환경에 놓인 인터뷰 대상자들은 이 가운데 어느 것도 가질 수 없으며, 이는 그들이 지각된 적합성fit이나 확장과 브랜드 간의 유사성에 의지했던 이유이다. 간단히 말해, 이 연구의 결론은 소비자들을 매우 보수적인 것으로 제시한다. 최근, 클링크와 스미스Klink and Smith(2001)는 연구 결과들이 그 방법론에 의해 결정적인 영향을 받은 것임을 확인했다. 인터뷰 대상자들은 너무 제한된 정보를 가지고 있고, 단 한번 그 컨셉에 노출되며(실제 출시 광고 캠페인에 다수 노출되는 것과는 대조적으로) 그리고 일반적으로 가장 먼저 신제품을 사용해보는 위험을 감수하는 혁신자들이 아니다. 클링크와 스미스는 적합성의 효과effect of fit가 소비자의 혁신성이 증가할수록 줄어든다는 것과 다수의 노출이 확장과 브랜드 간의 지각된 적합성을 증가시킨다는 것을 보여주었다.

10년 이상이 지난 지금, 우리는 연구로부터 나온 일반적인 믿음과 브랜드 및 비즈니스의 현실 사이에 존재하는 명백한 불일치들에 초점을 맞춘 모든 논문들이나 연구들에 대한 메타 분석을 할 수 있게 되었으므로, 이제는 다른 시각을 가진, 외적 타당성이 있는 연구를 살펴보아야 할 때이다. 이제 실험실 연구는 필연적으로 브랜드 확장에 관한 보수적인 주장을 만들어낸다는 것이 분명해 보인다. 실제 세계에 있는 소비자들은 정보를 더 많이 갖고 있고, 확장을 더 잘 평가할 수 있다.

전형성에 대한 새로운 관점

지금까지 우리는 '전형적인' 그리고 '비전형적인' 확장을 이야기했다. 이는 확장으로 인한 제품이 브랜드 영역의 핵심에 있는지, 경계에 있는지 아니면 바깥에 있는지를 어떻게 판단할지의 문제를 제기한다. 이 문제는 인지심리학 연구의 중심에 있는 더 일반적인 문제의 한 응용이다. 어떤 기준에 의해 대상이 카테고리의 일부로 간주되는 것인가?

실제로 카테고리에 의한 분류에 대한 심리학적 연구는 우리가 카테고리를 형성하고 어떤 대상을 특정 카테고리에 할당하는 과정을 규명하는 것을 목표로 한다. 그런 면에서 브랜드는 하나의 카테고리이다.

수십 년간 가장 지배적인 또는 가장 '전통적인' 이론들은 이 질문에 다음과 같이 답했다. "어떤 제품이나 대상은 하나의 카테고리에 속하게 되는데 이 카테고리에 필요하고 충분한 특성들을 가지고 있을 때이다." 이 대답은 다시 그 컨셉(또는 그 카테고리)의 정의, 즉 속하고 속하지 않고를 결정하는 이런 특성들의 성질에 관한 질문으로 이어진다. 이 모델은 어떤 카테고리들에 대해서는 효과적이지만 다른 카테고리들에 대해서는 그다지 신뢰하기 힘들다. BMW나 사브Saab 같은 스페셜리스트specialist 또는 니치 자동차 메이커들은 신차가 그 브랜드에 속하는지 속하지 않는지를 판단할 수 있게 하는 확실한 이미지나 물리적 특성들을 가지고 있다. 포드Ford, 오펠Opel, 복스홀Vauxhall 또는 닛산Nissan같은 제너럴리스트generalist 자동차 메이커들은 그런 경우에 해당되지 않는다. 브라운Braun VS 필립스Philips도 마찬가지이다.

실제로 이런 전통적인 모델에서는 카테고리의 모든 표본들이 동등한데, 이는 그들 모두가 필수적이고 충분한 특성들을 가지고 있기 때문이다. 2는 18이나 40과 마찬가지로 짝수이다. 모든 BMW들은 BMW이다.

경험은 많은 카테고리에서 상황이 달라질 수 있음을 증명한다. 한 예로 몇몇 새들은 다른 새들보다 더욱 '새다운birdlike' 모습을 하며, 어떤 면에서는 심지어 나비가 타조보다 더 새답다. 하나의 카테고리에 속하는 것은 분명한 2분법적 함수(예/아니오)가 아닌 확률적 함수인 것처럼 보인다. '새'와 '곤충' 카테고리 간의 경계는 불분명하다. 이 사실이 이 두 카테고리를 부정하는 것은 아니다. 실제로 우리 모두는 새와 곤충의 원형을 머릿속에 그리고 있으며, 이 두 가지 원형을 혼동하는 일은 없다. 그러나 각 카테고리의 경계들이 완전히 분리되어 있는 것은 아니다.

그에 따라 로쉬Rosch(1978)와 라코프Lakoff(1979)가 주도한 카테고리화 categorisation 연구의 새로운 경향은 카테고리들 또한 일련의 필수적이고 충분한 특성들로 정의되지 않은 불분명한 경계를 가진 그룹일 수 있다는 것을 인정한다. 브리지(카드 놀이), 돌차기 놀이, 인형을 연결하는 공통적인 특성들은 무엇인가? 모두가 게임의 원형들이지만 각기 다른 방식으로 게임을 한다. 이 사실은 위의 게임들이 모두에게 공통된 특정 특성들의 소유에 의해서가 아니라, 어디까지나 '패밀리 유사성family resemblance'에 의해 연결된 것이라는 중요한 사실을 말해 준다. 패밀리 유사성이란 A와 B가 닮았다면, B와 C는 다른 방식으로 닮았고, C 와 A는 훨씬 더 다른 방식으로 닮았다는 것을 의미한다. 이는 월풀Whirpool 또는 필립스Philips 같은 메가 브랜드에도 적용되는데, 이것들은 전형적인 이미지 특성 보다는 전형적인 제품에 의해 특징지워진다(표 11.5 참조).

비록 카테고리화의 이론이 진화했고, 그 저자들이 자연적 카테고리natural categories의 의미를 정의하는 특성들의 가능성('가장 전형적인 것'이라고 불리는)을 새롭게 제시했을지라도, 다양한 결과들이 이 새로운 접근에서 도출될 수 있다.

기본적으로, 확장은 소비자들이 '모 브랜드parent brand'에 대해 갖고 있는 생 각에 적합하다면 받아들여지게 된다. 이런 느낌은 브랜드의 가장 전형적인 제품 (중심 제품pivot products이라고도 불린다)과의 높은 지각된 유사성이나 확장과 브 랜드 계약(브랜드 컨셉 또는 아이덴티티라고도 불린다) 간의 일관성coherence에 기 초한다.

확장이 모 브랜드와 거리가 멀 때 모 브랜드의 어떤 속성이 확장 제품으로 전 이되고, 또 전이되지 않는가? 거리의 개념이 브랜드의 원형적 제품과의 비교와 밀접하게 연결되어 있으므로, 브랜드의 객관적인 특징들은 거리가 먼 확장들에 게 가장 적게 전이되는 것들이다. 이에 반해 무형적이고 상징적인 특징들은 거리 와 관계없이 모든 확장에 영향을 미친다. 필자가 감수한 갈리(Gali,1993)의 박사 학위 논문은 이를 보여준다(표 11.6). 소비자들은 밀레Miele 브랜드를 다양한 이 미지 차원에서 평가하도록 요청 받았고, 그런 다음 같은 이미지 차원에서 가장 전형적인 밀레 제품(세탁기)과 2가지 확장 제품, 즉 약간 전형적이지 않은 제품

| 표 11.5 | 브랜드는 어떻게 다른가: 브랜드 원형들은 같지 않다

	필립스	월풀
텔레비전	9.10	5.06
자기 검출기	8.65	4.97
하이파이	8.45	4.61
전기면도기	7.82	4.01
워크맨	7.73	3.44
비디오디스크	7.68	3.34
콤팩트디스크	7.64	3.49
진공청소기	7.57	5.85
비디오카세트	7.45	3.65
냉장고	7.40	8.69(1)
제모기(여성용)	7.21	4.19
커피 제조기	6.97	5.06
조리기	6.94	6.05
냉동기	6.86	8.57(3)
세탁기	6.83	8.69(1)
식기 세척기	6.81	6.37(4)
전자레인지	6.81	5.87
다리미	6.73	4.77
헤어 드라이어	6.67	7.83(7)
쿠커	6.60	8.12(6)
건조기	6.47	7.83
전기 오븐	6.38	8.16(5)

Base: 각 제품은 각 브랜드에 얼마나 전형적인가?
(답변은 0에서 10까지의 범위이다)

※ 출처: Kapferer and Laurent (1996)

(텔레비전)과 매우 전형적이지 않은 제품(컴퓨터)을 평가하도록 요청 받았다.

표 11.6은 몇 가지 사실을 나타낸다.

• 첫째, 매우 비전형적인 확장은 1열과 3열의 상관관계들의 비교에서 볼 수 있듯이 밀레의 기능적 가치에서 전달 받는 것이 거의 없다. 그 역할은 반대가 될 수 있다. 브랜드가 결여하고 있는 가치들을 밀레에 도입하는 것이다.

| 표 11.6 | 어떤 브랜드 속성들이 가깝거나 먼 확장으로 전이될 수 있는가? 밀레의 사례

이미지 속성	브랜드 이미지와 그 원형 제품 이미지간의 상관관계	브랜드 이미지와 가까운 확장 이미지간의 상관관계(TV)	브랜드 이미지와 먼 확장 이미지간의 상관관계(PC)
값비싼	0.89	0.70	0.40
고품질	0.75	0.45	0.30
혁신성	0.71	0.24	0.17
신뢰성	0.70	0.55	0.55
디자인	0.61	0.45	0.41
믿음이 가는	0.60	0.38	0.31
사용 용이성	0.36	0.31	0.25
현대인을 위한	0.87	0.78	0.63
과시용	0.84	0.65	0.71
젊은 가족용	0.89	0.73	0.68
전문가용	0.90	0.70	0.45

※ 출처: Gali / Kapferer (1993)

더 전형적인 확장(2열)은 브랜드로부터 더 많은 가치들을 전달 받는다.

- 일반적으로 말해서, 객관적인 특성들은 상징적인 특성들만큼 잘 전이되지 않는다. 따라서 밀레의 전형적인 물리적 특징, 즉 품질, 혁신성, 신뢰성은 2 개의 확장 이미지로 미약하게 전이된다. 반면 이 확장들은 '젊은이들을 위한 것, 과시를 위한 것, 혁신자들을 위한 것'과 같은 상징적인 특성들을 전달 받는다. 이런 이유로 다른 맥락에서 럭셔리 브랜드는 유사하지 않은 카테고리로 확장하는 데 큰 어려움을 겪지 않는다. 주로 상징적인 럭셔리 브랜드의 특성은 구체적인 대상 간의 거리를 무시한다.

확장이 브랜드에 영향을 미치는 방식
: 유형

브랜드 확장은 비즈니스를 성장시키기 위해 기원이 되는 카테고리로부터 도약하는 것이다. 여기서 우리는 다시 연속적 확장continuous extensions이라고도 불리우는 가까운 확장close extensions과 비연속적 확장discontinuous extensions 또는 거리가 먼 확장remote extensions 간의 차이를 살펴볼 필요가 있다. 자동차 점화 장치 브랜드는 '보쉬Bosch나 '발레오Valeo'의 경우처럼 자동차 부품들(배터리, 앞 유리, 와이퍼 등)로 가까운 확장을 실행할 수 있다. 또한 광학 관련 브랜드는 복사기 분야로 확장할 수 있다. 이는 캐논Canon, 미놀타Minolta, 리코Ricoh, 코닥Kodak, 아그파Agfa에 해당한다. 스포츠 브랜드는 다른 스포츠 제품들을 다룰 수 있다(아디다스Adidas, 살로몬Salomon). 비연속적 확장은 제품간의 기술적 시너지와 물리적 연결을 감소시킨다. 이들은 진정한 다각화 제품들이다. 예컨대 야마하Yamaha는 모터바이크와 클래식 피아노 모두를 판매한다. 까르푸Carrefour 유통업체 브랜드는 대량 소비 제품과 고품질 제품 전 분야를 다룬다.

따라서 브랜드의 오리지널 영역에서 멀리 떨어진 확장과 가까운 확장이 존재한다. 이것은 제품 스펙트럼이 좁은, 즉 전문적인 브랜드와 (필립스Philips나 GE와 같은) 스펙트럼이 넓은 브랜드로 나뉘게 된다. 그렇다면 스페셜리스트와 제너럴리스트 가운데 어느 쪽이 되는 것이 나은가? 두 전략 모두가 유효하다. 브랜드는 이론상 어느 방향으로도 갈 수 있다. 그 무엇도 빅Bic이 갑자기 윈드서핑 장비를 시작하기로 결정하는 것을 막을 수 없다. 만약 기업이 브랜드 인지도와 광고비 절약의 시너지를 추구한다면 광범위한 스펙트럼 전략을 채택할 것이다. 일반적으로, 브랜드 확장은 매출과 수익 증가 외에도 브랜드와 그 자본brand capital에 6가지 다른 방식으로 영향을 미친다고 말할 수 있다.

1. 어떤 확장들은 브랜드 자본을 착취한다. 즉 신제품이 브랜드의 이름 덕분에 팔리는 것이다. 이것은 브랜드를 부여받은 제품이 시장의 기존 경쟁자들과 차이가 없을 때 일어나는 일이다. 브랜드는 자신의 변형 역할transformation role을 전적으로 수행하지는 않지만 제품이 브랜드의 이미지로부터 혜택을 얻을 수 있게 한다. 이런 일을 너무 자주하면(예를 들면 느슨해진 라이센싱 정책을 통해) 브랜드가 이런 흔한 제품들과 그들의 공정치 못한 가격 프리미엄과 연관되면서 브랜드 자본이 닳아 없어진다.

2. 다른 확장들은 브랜드 자본을 파괴한다. 예를 들면 확장이 하향일 때이다. 포르쉐Porsche는 924 계열 모델의 생산을 중단했다. 이 모델은 오직 그 유명한 이름만으로 경쟁자들(Golf GTi)과의 상당한 가격 차이를 정당화했다. 924 모델에서는 포르쉐가 가진 그 어떤 객관적이거나 주관적인 가치를 찾아볼 수 없었다. 남성미는 물론이고 기술적 가치 또한 없었다. 이 모델은 포르쉐 신화의 종말을 고하는 듯했다. 그때부터 이 브랜드는 더 이상 포뮬러 1 레이싱에 참가하지 못했고, 24시간 지속되는 르망 레이스에서 패하기 시작했다. 결국 브랜드의 유일한 커뮤니케이션 요소는 광고였고, 그 상당 부분이 924 모델에게 배정되었다. 결국 포르쉐는 924 모델의 생산을 중지시키고, 911에 재투자했다.

3. 어떤 확장들은 브랜드 자본에 중립적인 영향을 미친다. 그 제품은 브랜드에게 기대되는 것들에 부합한다. 특히 가전제품 분야에서 몇몇 브랜드들은 종종 실제보다 훨씬 더 많은 유형의 제품들을 제공하는 것으로 여겨진다. 그러나 그 브랜드들이 이런 시장에 실제로 침투하기로 결정했다 해도 그 이미지가 손상을 입지는 않을 것이다. 이는 소비자들이 브랜드에 대해 그것을 제조하는 사람들과는 다른 지각을 갖고 있다는 것을 보여준다. 소비자들은 브랜드에 기존 제품에 국한되지 않는 그리고 그보다 더 큰 역량의 분야가 있다고 생각한다.

4. 어떤 확장은 브랜드의 의미에 영향을 미친다. 로시뇰Rossignol이 브랜드를 단 테니스 라켓을 추가했을 때 그 브랜드의 지위가 바뀌었다. 로시뇰은 전문적이라기보다는 폭넓은 관심을 가진 브랜드로 특징지워진다. 그러나 로시뇰이 커버하는 2가지 스포츠가 무작위로 선택된 것은 아니었다. 이 브랜드는 여전히 개인의 육체를 확장시켜 기쁨과 성취에 이르게 하는 장비들을 제공하고 있다. 네슬레Nestle는 자신의 이름으로 (예를 들어 요구르트 같은) 울트라 후레시ultra-fresh 시장에서 다농Danone과 정면으로 경쟁함으로써 브랜드의 현대성을 증가시켰다.

5. 어떤 확장은 브랜드를 재생시킨다regenerate. 이 확장은 브랜드와 그 핵심을 되살리고, 그 기본 가치들을 새롭고 더 강력한 방식으로 다시 표현한다. 고

전적인 그린 블레이저(코트)는 라코스테Lacoste를 재생시킨 제품이다. 그것은 라코스테 브랜드를 구성하는 특징들(순응성, 신중, 사교성, 패션과의 적당한 거리) 사이의 보기 드문 공생을 나타낸다. 그린 컬러와 관련하여, 그것은 파란색 블레이저(라코스테에게는 너무 획일적인)보다 더 캐주얼하며, 윔블던에 있는 최초 테니스코트의 녹색 잔디와 관련 있다. 그린 블레이저는 '라코스테'를 최신의 것으로 만들고 동시에 그 뿌리를 표현한다. '말보로 클래식 Marlboro Classics' 라인은 브랜드로 하여금 그 역사, 뿌리, 설립 가치를 재전달할 수 있게 한다.

6. 마지막으로, 어떤 확장은 브랜드에 크게 필요한 것은 아니지만 브랜드 자본을 방어하는 데 필수적이다. 이 확장의 목적은 무엇보다도 다른 기업이 다른 제품 카테고리에서 그 브랜드 네임을 사용하는 것을 막는 데 있다. 따라서 까르띠에Cartier는 이런 라인들을 개발하고 싶지 않을 수도 있지만 직물 카테고리에서 다른 기업이 까르띠에 브랜드 네임을 등록하는 것을 막기 위해 그렇게 해야만 한다.

희석의 위험 피하기

브랜드 확장에 대한 우리의 많은 컨설팅 임무에서 항상 제기되는 문제는 이미지 자본image capital의 희석 위험에 관한 것이다. 비즈니스 확장이 브랜드 자산 brand assets, 즉 그 명성과 브랜드 가치를 구성하는 특성trait들에 해를 끼칠 것인가? 예를 들어, 다농Danone이 다농 워터도 판매하기 시작한다면 다농 이미지에 미치는 장기적인 효과는 무엇이겠는가? 메르세데스Mercedes가 A-클래스 계열을 생산할 때 메르세데스 이미지에 미치는 장기적인 효과는 무엇이겠는가? 디스카운트 프랜차이즈 안경 체인인 애플로Afflelou에서 안경을 팔기로 한 샤넬Chanel의 결정이 장기적으로 어떤 효과를 미칠 것인가? 전문가들에게만 팔던 것을 일반 대중에게도 팔기 시작한 것이 브랜드 이미지에 미치는 장기적인 효과는 무엇이겠는가? 더 낮은 가격대로의 확장이 갖는 장기적인 효과는 무엇이겠는가? 펜

뿐만 아니라 담배 라이터와 면도기를 빅Bic 브랜드로 판매하는 것의 장기적인 효과는 무엇이겠는가?

이런 전형적인 질문에서 나타나듯이 문제는 장기적인 효과들을 판단하는 데 있다. 그 어떤 연구도 미래를 예측하지는 못한다. 둘째로 그 답은 상당 부분 확장을 성공적으로 훌륭히 수행하는 능력에 좌우될 것이다. 결국, 확장은 단순한 브랜드 확장 이상의 것이다. 더욱 중요한 것은 확장이 기존의 검증된 브랜드 역량의 영역으로부터의 이탈이라는 사실이다. 어떤 새로운 학습이 필요할 것이고, 이는 시간을 요하는 것이다. 예를 들어, A-클래스는 메르세데스가 엔진과 그 차체의 안정성 문제에 충분히 정통하지 못했음을 드러냈고, 따라서 브랜드의 전통적인 기본 계약과 3가지 핵심 속성들(신뢰성, 안전성, 견고성)을 지키지 못했다.

확장은 또한 단지 이미지 관련 위험뿐만 아니라 다른 위험들도 수반한다. 브랜드 확장은 일반적으로 목표 시장, 유통업체, 가격, 제조, 물류에서 변화들을 야기한다. 이런 변화는 브랜드의 역사적인 유통 경로, 오피니언 리더나 기존 고객들을 당혹스럽게 만드는 요인이 될 수 있다. 따라서 진정한 비즈니스 위험이 따르며, 이것은 주요한 매출 플랫폼sales platform을 구성하는 현재의 플래그십 제품의 매출에 영향을 끼칠 수 있다.

브랜드 희석 사례: 비쉬

비쉬Vichy는 그 역사에서 벗어나는 변화들이 아이덴티티와 가치의 상실로 이어진 브랜드의 사례이다. 비쉬는 스스로를 피부과학자로 선전하는 화장품 브랜드로 출발했다. 그러나 매출을 늘리려는 시도에서 비쉬는 이 라벨을 버리고 강력한 화장품 기반의 제품들을 개발하기 시작했다. 피부과학이라는 꼬리표로부터 자유로워진 브랜드는 TV에 광고를 내보내고, 훨씬 더 화장품에 기반한 더 큰 마진의 제품들을 개발할 수 있었다. 비쉬 브랜드는 매년 더 많은 신제품을 출시할 수 있었는데, 임상 실험 과정이 필요 없어졌기 때문이다. 비쉬는 몇 년이 지나지 않아 또 하나의 평범한 제약 제품이 되었다.

비쉬의 매출은 매우 빠르게 증가했으며, 마진 또한 증가했다. 그러나 동시에 비쉬의 이미지는 침식되기 시작했다. 이 정책은 단기적으로는 승리자일지 모르나, 이 브랜드만의 차별성과 부가가치를 더 이상 지각하지 못하게 된 소비자들의 눈에 아이덴티티의 상실을 초래했다. 약국 유통 경로가 이른바 '대체 의약품 para-pharmacy'에 대한 판매 권리를 주장하는 새로운 유통 경로들에 맞서 그 정당성을 재확립하려고 하던 시기에 비쉬는 더 이상 약사들이 원하는 브랜드도 아니었다.

비쉬 브랜드는 결국 처음의 비즈니스 모델과 브랜드 사명으로 다시 돌아갔다. 약사 전용 브랜드인 비쉬는 그 유통 경로를 보강할 필요가 있었다. 건강을 주제로 브랜드를 재포지션했으며, 그에 따라 브랜드 슬로건은 '건강은 중요하다. 당신의 피부에서 시작하라La sante passe aussi par la peau'가 되었다. 가장 중요하게는 이 철학과 맞지 않는 아이템들과 제품들이 모두 잘려나갔다.

이런 아이덴티티 상실은 흔한 일이다. 거대 그룹들은 종종 자신들이 인수한 브랜드들로부터 수익을 내는 방법을 찾게 되며, 강력한 아이덴티티를 가진 작은 브랜드들을 다른 유통 경로와 카테고리로 재빨리 이동시킨다. 예를 들어, 뉴트로지나Neutrogena가 이런 위협에 직면해 있다. 뉴트로지나는 전 세계 식품 유통 경로로 그 입지를 넓히고 있다. 그러나 진정으로 브랜드를 차별화하는 핵심 가치들을 잃을 위험에 처해 있다.

소비자는 확장을 브랜드에 전적으로 귀속시키는가, 예외적인 것으로 간주하는가?

학문적 연구는 이미지 희석 위험에 관한 중요한 정보를 제공한다. 그러나 불행히도 이미지 희석 위험과 관련한 연구는 오로지 브랜드 이미지와의 부적합성에만 초점을 맞춘다. 학문적 연구들은 확장이 대개 유통이나 타깃의 전략적 변화들을 수반한다는 사실로부터 생겨나는 위험들은 고려하지 않는다.

희석에 관한 연구에서 가장 중요한 상황은 확장이 브랜드의 기본 계약을 준수하는 데 실패하는 것이다. 브랜드 네임에서 기대되는 것들이 브랜드 확장에 의해 산산조각 날 때는 무슨 일이 일어나는가? 이런 실패 자체를 떠나 브랜드 이미지 또는 기존 제품들의 매출에 존재하는 위험은 없는가? 기초 연구(Loken and Roedder John, 1993)는 기본 계약에 대한 준수의 실패가 브랜드와 그것의 이미지에 부정적인 영향을 끼친다는 것을 보여준다. 브랜드는 소비자들의 기억 속에 축적된 모든 인상들의 총합으로 구성되는 것이다. 여기에서 유일한 예외는 고객들이 불만족스러운 확장이 브랜드에게 전형적인지 그렇지 않은지를 스스로 질문할 때이다. 확장이 전형적이지 않은 것으로 지각되면 브랜드 이미지는 무사하다. 그러나 상당히 전형적인 확장의 경우, 브랜드 계약에서 어긋났을 때 브랜드 이미지를 가장 크게 희석시킨다. 문제는 확장이 전형적인지 아닌지를 스스로 질문하는 소비자들이 많지 않다는 것이다. 앞서 언급한 연구에서는 연구자들이 표본 그룹의 절반에게 그 질문을 했다. 표본 그룹의 다른 절반은 그 질문을 자발적으로 떠올리지 않았다. 따라서 소비자들은 브랜드가 좋든 나쁘든 그것이 수행하는 모든 것에 책임이 있다는 접근 방식을 채택하는 것처럼 보인다.

두 번째로 더 최근에 이루어진 연구에서는 확장 과정에서 브랜드 계약을 깨는 것이 현재 플래그십 제품의 매출에 미치는 효과의 문제에 대해 고려했다(Roedder John, Loken, Joiner, 1998). 존슨 앤 존슨 브랜드 확장 제품의 성능에 대한 실망은 실제로 이 브랜드의 차별적인 가치, 즉 부드러움을 구성하는 속성과 관련해 브랜드 이미지를 손상시켰다. 그러나 원형 제품 또는 플래그십 제품의 매출은 거의 영향을 받지 않았다. 이것은 '경험 효과experience effect'에 의한 것이다. 이미 제품을 써 본 소비자들은 품질에 대해 확신을 갖고 있다. 따라서 이 소비자들이 브랜드 확장을 부정적으로 바라볼 수는 있지만, 이것이 플래그십 제품에 대한 확신을 바꾸지는 않을 것이다. 그러나 그 실망이 라인 확장(기본 제품의 단순한 변형)에서 비롯되었을 때는 플래그십 제품(베이비 샴푸)은 영향을 받았다. 그와 같이 매우 밀접하게 연결되어 있는 확장은 플래그십 제품의 매출에 가장 큰 2차적 피해를 야기한다.

하향 스트레치의 위험

가격이 품질의 지표이고, 그 자체로 높은 위상을 가진 제품 이미지를 창출할 수 있다는 사실은 잘 알려져 있다. 그들의 확장에서, 몇몇 최고 수준의 명품 브랜드들prestige brand은 수는 더 많지만 높은 가격을 지불하려고 하지 않는 고객층을 찾아 더 저렴한 제품을 팔기에 이르렀다. 이것은 A-클래스를 출시한 메르세데스Mercedes와 머스트 드 까르띠에Must de Cartier를 출시한 까르띠에Cartier에 같은 브랜드들이 취한 접근법이다. 그런 행동들이 브랜드의 기존 고객들에게는 어떤 효과를 미치는가?

고가의 브랜드는 그것이 그 구매자들이 값비싼 제품을 구매할 수 있는 재무적 능력을 갖고 있음을 나타낸다는 사실에서 그 가치의 일부를 이끌어낸다는 점을 고려할 때, 부정적인 반응이 있었다는 것은 전혀 놀라운 일이 아니다. 그들의 지위가 축소되기 때문이다. 이것은 '브랜드 스트레치brand stretches에 대한 소비자 반응에서 오너십의 효과ownership effect(Kirmani, Sood and Bridges, 1999)'에 관한 연구로 확인되었다.

명품 브랜드(이 연구에서는 BMW)를 구매하지 않는 사람들은 접근이 더 용이해진 가격 확장을 반기지만 기존 구매자들은 그다지 탐탁하게 여기지 않는다. 하지만 현재의 구매자들은 가격을 높이는 '상향 스트레치upward-stretch' 확장을 비구매자들보다 훨씬 더 높이 평가한다. 높은 위상을 갖지 않은 브랜드(예를 들어, 아큐라Accura 자동차)에서는 이런 종류의 효과는 존재하지 않는다. 이 연구는 또한 가격을 낮추는 '하향 스트레치downward-stretch' 확장에서는 하위 브랜드sub-brand를 사용하는 것이 최상위 브랜드top-of-the-range brand의 이미지가 희석되는 것을 막아준다는 것을 확인해준다. 이는 까르띠에Cartier가 더 폭넓은 고객들에게 접근하고 브랜드 인지도를 높이기 위해 대형 소매 매장에서 펜, 담배 라이터와 가죽 제품을 팔면서 머스트 드 까르띠에Must de Cartier라는 하위 브랜드를 사용한 이유이다.

또 다른 흥미로운 연구(Buchanan, Simmons and Bickart, 1999)는 명품 브랜드가 비명품 시장으로 진입하면서 덜 선택적인 경로를 채택했을 때의 평가절하 위험을 분석했다. 예를 들어 고급 헤어드레서 J 데상쥬 J Dessange는 로레알L'Oreal에게 슈퍼마켓에서 팔리는 샴푸에 그 이름을 사용할 수 있는 라이센스를 주었다. 이 연구의 결과는 그 모든 것이 머천다이징에 달려 있으며, 이 경우에는 특히 3가지 요인에 달려 있다는 것이었다. 브랜드의 상대적인 가시성visibility, 가격 차이, 그리고 덜 유명하거나 더 낮은 수준의 명품 브랜드와의 진열 거리는 어떠한가?

만약 상대적인 가시성, 경쟁자와의 진열 거리 그리고 가격 차이가 브랜드 위상에 대한 소비자 인상과 부합한다면 위험은 줄어든다. 만약 부합하지 않는다면 소비자는 마음속으로 브랜드 위상을 깎아내린다. 예를 들면 높은 위상을 지닌 브랜드는 경쟁자들과 분명하게 분리된 디스플레이display를 하는 것이 무엇보다 중요하다. 그렇지 않으면, 디스플레이가 섞이고 소비자들은 이를 (전문가로 생각되는) 소매업체의 신호signal로 해석한다. 즉, 높은 위상의 브랜드와 함께 놓인 더 낮은 위상의 브랜드가 그것만큼이나 좋다는 신호이다.

희석의 위험에 관한 이 연구에서 무엇을 끌어낼 수 있는가? 먼저 우리는 명품 브랜드의 고객들이 현 상태를 유지하는 것에 행복해한다고 결론내릴 수 있다. 즉, 고객들은 보수적인 압력 단체를 형성한다. 그렇게 함으로써 그들은 브랜드나 기업이 직면한 경제적 난제에 대한 인식 부족을 보여준다. 1998년, 다임러-벤츠Daimler-Benz의 CEO, 위르겐 슈렘프Jurgen Schremp가 언급한 것처럼, 메르세데스는 그대로 있다가 결국 롤스로이스Rolls-Royce처럼 파산하거나 아니면 변화를 해서 100만대 이상의 자동차를 팔 수 있었다. 브랜드는 기존 고객들의 애착을 잃을 위험을 의식하면서, 다음 사항에 주의를 기울여야 한다.

- 더 낮은 가격 확장에서도 브랜드 계약은 준수되어야 한다. 그리고 최우선 고려 사항은 품질이다.
- 브랜드는 하향 확장downward extension을 관리함과 동시에 브랜드의 높은 위상을 보증하는 전설을 계속 강화해야 한다. A-클래스를 출시한 후에 메르세데스는 S-클래스를 또 다시 출시했다. S-클래스는 전문가들로부터 세계에서 가장 뛰어난 자동차로 인정받았다. 그리고 훨씬 더 고급 모델인 메이택Maytag을 발표했다.
- 브랜드는 하향 스트레치에 하위 브랜드를 이용할 수 있다.
- 브랜드는 또한 유통경로를 세그먼트별로 쪼갤 수 있다. 샤넬 부티크Chanel boutiques는 최소 1,000유로인 제품들에 집중하는 반면에 샤넬 선글라스와 화장품은 더 광범위한 경로들을 통해 판매된다.
- 신용카드에 의해 구축된 모델은 더 높은 수준의 관심과 차별적인 인정의 표시를 가능하게 한다. 모두를 대상으로 하는 기본적인 카드가 있지만 훨씬 더 배타적인 골드와 플래티넘 카드 또한 존재한다. 이런 카드들은 다른 카

드 소지자들과의 차별화를 재구축하는 방법을 제공한다.

브랜드는 영향력 범위의 변화를 통해 성장하기 위해 확장된다. 모든 것을 그대로 유지한 채 변화를 주지 않으면서 성장하는 것은 불가능하다.

비명품 브랜드에 있어 희석 위험은 종종 내부적으로 과장될 수 있다. 예컨대 모든 주류 브랜드들은 그들이 RTD(혼합주류ready-to-drink) 프리믹스/알코팝(alcopop) 시장에 진출한다면 어떤 영향이 있을지 스스로에게 질문해 왔다. 그들의 기본 제품들(스미노프Smirnoff, 리카Ricard, 조니 워커Johnny Walker, 바카디Bacardi 등)의 구매자들 사이에서 브랜드 이미지에 영향을 미치지 않을 것인가? 사실상, 기업 연구들은 이것이 그런 경우가 아님을 보여준다. 다소 오래된 기성 브랜드들의 구매자들은 비록 매우 다른 방식이기는 하지만 그 브랜드가 오늘날의 젊은 사람들에게도 소비되는 사실을 즐겁게 받아들인다. 이는 그 젊은이들의 부모들을 기쁘게 한다. 이것이 그런 확장들이 전적으로 위험이 없다는 것을 의미하지는 않지만 그 위험은 비즈니스와 관련된 것이다.

그 첫 번째 위험은 신제품 출시가 실패할 거라는 것이다. 두 번째는 높은 구매 잠재력을 가진 나이 든 구매자들이 적어도 처음에는 더 적게 소비하게 될 더 젊은 구매자들에 의해 대체된다는 것이다. 그 대책은 훗날 이들이 RTD 형태의 제품에서 훨씬 더 수익성이 높은 '진짜real' 제품으로 이동하는 것이다. 바카디 브리자Bacardi Breezer가 스미노프 뮬Smirnoff Mule이나 아이스Ice처럼 전 세계적으로 성공을 거둔 것이 사실이고, 이 제품들이 사실상 낮은 알코올 함유(5%) 때문에 높은 마진이 있는 것도 사실이다. 그러나 주류 분야에 적합한 높은 수익성이 기대되는 주류 그룹은 여전히 더 낮은 수익을 내는 RTD 분야가 아니라 바카디-마티니Bacardi-Martini라는 사실에는 변함이 없다. 따라서 과제는 현재의 RTD 고객들을 미래에 순수한 스미노프와 바카디 제품으로 이동시키는 것이다. 우리는 진짜 위험이 제품, 소비 방식, 판매 및 소비 장소, 가격을 새로운 소비자들에 맞게 변화시키는 데 실패한 결과로 젊은 사람들이 그 브랜드를 저버릴 때 아무것도 하지 않고 바라보는 것이라는 사실을 덧붙여야 한다. 확장은 불가피한 것이다.

전문가들을 타깃으로 하는 브랜드들professional brands이 직면하는 전통적인 문제는 전문적이지 못한 일반 대중들 또한 상대하고자 하는 그들의 욕망이다. 현대의 관리 테크닉은 고객의 고객customer's customer에게 이야기하는 것을 옹호한다. 알루미늄 베란다의 이점을 선전하기 위해 일반 대중과 의사소통을 함으로써 당시 알칸Alcan의 자회사였던 테크날Technal은 실제 고객(그들의 고객들을 위해 알루미늄 베란다를 만드는 제작자와 업체)으로부터의 수요를 증가시켰다. 가정용 오토메이션 제품에 쓰이는 튜블러 모터tubular motor의 세계적인 제조업체인 솜피Somfy도 비슷한 일을 했다. 솜피의 실제 고객들은 블라인드 제조업체였음에도 불구하고 자동화된 블라인드를 위한 광고를 제작한 것이다. 그런 전략이 전문가들의 감정을 상하게 할 것인가? 그런 질문은 중요한 문제를 간과한다. 이러한 확장은 기업이 단순한 OEM, 즉 부품 제조업체이자 하도급자가 되지 않게 하면서 경로의 지배력을 유지하는 방법을 찾는 것이기 때문에 전략적인 것이다. 그런 확장 위험을 감수하지 않는 것은 대신 훨씬 더 심각한 중기적인 위험을 떠안는 것이다.

이것은 분명히 리더가 자신에 대한 인식을 제고하고, 그럼으로써 브랜드의 위상 또한 높이는 한 가지 방법이다. 또한 그것은 자신의 고객업체로부터의 수요에 아래로부터 직접적인 영향을 미침으로써 시장 규모를 키우는 방법이다. 이 고객들은 지난해에 잘 팔렸던 것은 무엇이든 계속 팔려고 하는 자연적인 성향을 갖고 있으며, 혁신 제품을 알아서 판촉하지는 않는다. 그러나 오직 혁신 제품만이 시장이 성장하게 만들 수 있다. 이것이 바로 혁신 제품들이 유통 경로에 의해 '푸시pushed' 되어야 하는 이유이다. 그렇지 않을 때는, 그 수요가 '견인pulled' 되어야 한다.

B2B 브랜드들은 스페셜리스트로 출발하여 통합을 통해 성장한다. 단일 제품의 스페셜리스트이기를 포기하고 계열을 확장해 다른 전문 분야를 포함할 때 까다로운 국면이 시작된다. 예를 들면 고전압 스위칭 기어 분야에서 명성이 나 있는 회사가 중전압이나 저전압 스위칭 기어 또한 제조할 수 있는가? 더 중요한 것으로, 그 지위를 잃지 않으면서 (플러그, 케이블, 도관 같은) 배전 하드웨어 또한 공급할 수 있는가? 결국, 스위칭 기어는 어떤 산업 설비에서나 핵심 구성요소이다. 즉, 안전이 최우선이고, 고전압 장비에서는 특히 더 그렇다. 배전 하드웨어의 경

우는 꼭 그런 것은 아니다. 그러나 우리가 오로지 브랜드 확장의 관점에서만 문제를 계속 바라보는 동안 사물을 잘못된 방식으로 보고 있다는 점 또한 분명해 보인다. 실질적인 문제는 리더십의 문제이다. 고객들과 유통업체들은 더 많은 통합을 원한다. 그것이 그들의 비즈니스 생활을 더 간편하게 만들기 때문이다. 더욱이 신흥 국가들에서는 임계 규모의 추구가 지극히 중요하다. 이것이 단일 제품 라인으로 획득될 수 있는가? 아니다.

그러나 이미지 자본image capital을 유지하는 것이 중요한데, 이는 2가지 상호 연결된 방법으로 성취될 수 있다. 첫 번째 방법은 새로운 시장(배전)에 진출하는 것인데, 이 시장에서의 성공을 위한 속성들에 기초한 차별화된 계열과, 보험으로서 부가적인 '플러스'(비록 이것이 새로운 시장에서 결정적인 기대치는 아니더라도)를 가지고 있어야 한다. 두 번째는 스위치 기어 분야에서 브랜드 리더십을 강화하기 위해 이 시장에서 혁신과 커뮤니케이션을 추구하는 것이다.

희석 위험에 관한 결론으로 모든 확장은 성장과 수익성 보장을 목표로 하는 변화의 한 형태라는 것을 기억하자. 변화 없는 성장을 기대하는 것은 불가능하다. 물론 브랜드 아이덴티티의 정수kernel가 지닌 기본적인 가치와 속성들은 지켜져야 한다. 그러나 확장은 분명 새로운 속성들을 부가하는 것이며, 이 속성들은 주변적인 것으로 시작하지만 언젠가 브랜드 정수의 일부가 될 수도 있다.

브랜드 일관성이
실제로 의미하는 것은 무엇인가?

희석 위험은 종종 브랜드가 예기치 않은 방식으로 혁신을 하면서 브랜드 계약을 문자 그대로 이행하지 않을 때 언급된다. 그러나 일관성coherence의 부족이 비일관성incoherence과 같은 것인가?

1990년, 샤퀴트리charcuterie(조리된 돼지고기)를 만드는 플러리 미숑Fleury Michon 사는 전략적 분석을 실시했다. 차별화가 점점 더 어려워지고 수입 제품 가격이 매우 낮아짐에 따라 카테고리에서 유통업체 브랜드들의 점유율은 계속

상승하는 것으로 나타났다. 플러리 미숑은 고급 '즉석 식품' 시장을 위한 미리 조리된 압축 포장 음식으로의 전략적 다각화를 결정했다. 목표는 냉동식품 기술로 할 수 있는 것보다 더 나은 제품을 제공하는 것이었다. 물론 애널리스트들은 플러리 미숑 브랜드를 사용하지 말라고 충고했다. 새로운 카테고리에서 기대되는 것들과는 반대되는 속성들을 가진 전통적인 샤퀴트리와 너무 많은 관련을 맺고 있었기 때문이다. 역동적이고, 실용적이며, 가족 경영의 이 중소기업은 두 번째 브랜드를 구축하는 데 투자하기보다는, 재무 자원들을 초현대적인 제조와 물류 수단에 투자하는 쪽을 선택했다. 이로써 진입 장벽을 부수고, 브랜드를 몇 달만에 카테고리 리더로 변모시켰다. 부족한 자원 때문에 취해진 이 반직관적인 확장은 결국 가능한 결정 가운데 최선의 것으로 드러났다.

오늘날 '레디 밀스ready meals' 부문은 이 브랜드의 이미지를 현대화했으며, 한편 샤퀴트리 부문은 레디 밀스 비즈니스에 미식적gastronomic 측면을 제공했다. 따라서 현대적인 고급 요리, 균형 그리고 영양이라는 컨셉들을 중심으로 시너지가 존재했다. 그러면서 플러리 미숑은 최고급 포장 제품에 집중하면서 샤퀴트리 라인에 변화를 꾀했다. 이 회사가 두 개의 브랜드를 만들라는 충고를 따랐다면 지금은 누구도 플러리 미숑에 관해 이야기하지 않게 되었을 것이다. 샤퀴트리만으로는 회사 이미지를 바꾸는 데 충분하지 않았을 것이고, 레디 밀스는 TV 광고에 투자할 수 있을 만큼 충분한 규모를 이루지 못했을 것이다. 그 개별 브랜드들은 여전히 약한 브랜드로 남아 있었을 것이다.

똑같은 일이 스페니쉬 돈 사이먼Spanish Don Simon 사에서도 일어났다. 이 회사는 이 브랜드 네임으로 과일주스, 상그리아, 식탁용 포도주를 팔고 있다. 처음에는 자금 부족 때문에 그런 결정이 내려진 것이지만 지금은 하나의 단일 브랜드와 카테고리 간 시너지를 이용하는 데 목적이 있다.

따라서 우리는 브랜드가 언제나 고도로 전문화된 어떤 것이고 단 한 가지만 하는 것을 고수해야 한다고 주장하는 극히 단순한 충고를 경계해야 한다(Trout and Ries, 1990). 이런 충고는 종종 이치에 닿지 않는 전략적 상황을 만들어낸다. 물론 소비자들은 전문 브랜드를 기대한다. 그러나 그들은 또한 일반적인 목적의 브랜드general-purpose brands, 즉 모든 것을 원하기도 하고 정반대의 것을 원하기도

| 그림 11.8 | 브랜드 일관성의 문제

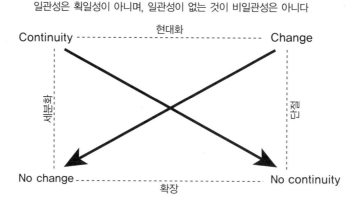

하는 소비자로서 그들 자신의 모순에 대처할 수 있게 하는 브랜드를 기대한다. 예를 들어 다농Danone은 매우 건강 지향적인 제품들(액티멜Actimel, 액티바/바이오Activa/Bio, 타이유핀느/비탈리네아Taillefine/Vitalinea)뿐만 아니라 높은 설탕과 열량을 함유한 다네트Danette와 같은 순전히 즐거움을 위한 제품의 본거지이다. 엄격한 일관성을 강조하는 브랜드 법칙brand rule은 그런 일을 실행하는 것을 금지할 것이다. 그러나 소비자들은 진지하고, 고품질이며, 철저히 종합적인 브랜드로서 다농이 확장을 통해 단맛이 나는 음식에 건강이라는 분칠을 하고 다이어트 제품에 즐거움의 차원을 더하는 것을 반갑게 바라본다. 이것이 없다면 다농 Danone은 웨이트왓처Weight Watchers나 캐드버리스Cadbury's 같은 브랜드가 될 것이다.

따라서 우리는 한편에 있는 비일관되고 모순적인 것과 다른 한편에 있는 단순히 비획일적인 것을 분명히 구별해야 한다(그림 11.8 참조). 심지어 다네트를 팔 때에도, 다농은 칼슘의 측면에서 이야기한다.

아이덴티티와 변화의 균형

브랜드 확장은 브랜드의 '자산들assets' 을 활용한다. 그것은 두 카테고리 사이의 지각된 주관적 근접성을 고려할 때 모 카테고리parent category와 확장 카테고리extension category 사이에 이런 '자산들' 의 전이가 있을 것이라고 기대한다. 따라서 그것은 아이덴티티 활용의 문제이고, 그 의도된 결과는 아이덴티티 기반의 브랜드이다.

그러나 확장의 성공은 고객에게 가치를 전달하는 그것의 능력에 달려 있다. 이런 자산들은 어떤 방식으로 적실성이 있는가? 그것들을 경쟁자에 비해 우월하게 만드는 것은 무엇인가? 이것은 자신의 시장에서의 진정한 기회나 실질적인 소비자 통찰력을 이용할 수 있는 확장 제품의 능력ability의 문제를 나타낸다.

따라서 언제나 이 두 요구사항 간에 균형이 맞추어져야 한다. 하나의 이름은 하나의 약속promise이기 때문에 브랜드는 각기 다른 제품들을 가지고 각기 다른 약속들을 할 수는 없다. 그러나 동시에 목표 시장에 대한 부적합성은 신제품이 실패하는 첫 번째 이유이다. 각 시장은 자신만의 '동인driver' 과 고객 선호 레버lever를 갖고 있기 때문이다.

이런 딜레마를 피하는 한 가지 방법은 시장 동인market drivers(선호 요인)과 브랜드의 에쿼티brand's equity가 일치하는 카테고리로만 확장하는 것이다. 이는 전기 장비와 제어판 분야의 슈나이더 일렉트릭Schneider Electric이 사용한 접근이다. 이 기업은 또한 잠재적인 확장 카테고리들에 대한 조사를 통해 자 브랜드daughter brands인 멀린 게린Merlin Gerin과 텔레메카니크Telemecanique를 위한 확장 기회를 분석한다. 그들의 성공에서 핵심 요인들은 무엇인가? 또한 어떤 방식으로 그것들은 그 브랜드들 자신의 핵심 요인들인가?

그러나 확장 카테고리는 미래 브랜드future brand 구축에 기여하기 위해 선택될 수도 있다. 예컨대, 니베아Nivea는 많은 자 브랜드daughter brands를 거느리고 있는데, 이 각각은 장기적인 니베아 브랜드 구축에서 고도로 특정한 역할을 가진 확장들에 포지션되어 있다(245쪽 참조). 위생과 뷰티 시장은 그 이름이 암시하듯 한 쪽에는 위생과 케어, 다른 쪽에는 메이크업으로 이루어진다. 스킨케어에 포지선되어 있고 전 세계에 모든 가능한 스킨케어 제품들을 성공적으로 제공해 온 니베아같은 브랜드가 왜 니베아 뷰티를 이용해 매혹, 유희, 외모의 세계로 진입하려 하는가? 이미 그 세계에는 메이블린Maybelline, 맥스 팩터Max Factor, 부르주아Bourjois 같은 거인들이 강한 기반을 구축하고 있다.

답은 언제나 성장, 이미지, 수익성이어야 한다. 결국 메이크업 시장은 두 자리 성장을 하는 풍요로운 곳이다. 더욱이 이 시장은 새로운 젊은 고객들을 끌어당긴다. 이런 패션 측면이 브랜드 이미지에 매우 현대적인 외양을 부여한다. 마지막으로 이 시장은 수익성이 높은 카테고리이다.

그러나 니베아는 여전히 이 예상치 못한 영역에서 정당성을 획득해야만 했다. 니베아 뷰티의 첫 번째 광고 캠페인은 실패였다. 확장을 하는 동안 브랜드는 때로 목표 시장의 고객들보다는 그들의 브랜드 아이덴티티에 더 몰두한다. 니베아는 잘못된 통찰력에 의존했다. 그 하위 브랜드의 포지셔닝은 '케어의 모든 컬러 All the colours of care' 였으나 대량 소매 경로에 있는 젊은 목표 청중에게 적실성 있는 약속이 아니었다. 약사에게는 이야기가 달랐을 것이다. 그래서 라로슈포제La Roche Posay와 록Roc 화장품이 존재하게 되었다. 니베아 브랜드는 그 뷰티 라인을 시장의 기대와 경쟁자의 장기적인 약점에 재포지션했다. 새로운 약속은 '가장 아름다운 나The most beautiful me' 였다.

이 약속이 더 이상 브랜드의 본질essence(피부에 대한 애정 어린 보살핌)을 직역한 것이 아님은 쉽게 알 수 있다. 그러나 그것이 브랜드의 에쿼티들equities과 모순되는 것도 아니다. 니베아 뷰티의 약속은 여성의 자연적인 아름다움을 지킨다는 것이다. 이는 니베아의 근본적인 무형 가치들, 즉 존중, 휴머니티, 사랑, 자연스러움, 단순함을 활용한다. 이 약속은 많은 메이크업, 화장품과 뷰티 제품 브랜드들이 여성들에게 톱모델이나 스타들처럼 보이도록 강요하는 전체주의적 라인 totalitarian line에 대한 반작용으로서 소비자 통찰에서 비롯되는 것이다. 당시의 재출시는 성공적이었다. 확장의 측면에서 도전은 시장 적합성과 브랜드의 아이덴티티에 대한 충실성 사이의 균형에 있으며, 그것은 계속적인 조정을 통해 이루어진다.

맥케인McCain은 브랜드 확장에 내재된 어려움에 관한 또 다른 실례를 제공한다. 맥케인은 캐나다 회사로 전 세계에서 운영되고 있으며, 냉동 감자튀김(전 세계 맥도날드에 공급한다), 냉동 피자 그리고 소프트음료의 세 부문을 가지고 있다. 1998년, 소프트음료 시장에서 차 음료의 인기가 점차 상승하는 것에 주목한 맥케인은 콜로라도Colorado 아이스티를 출시하기로 결정했다. 회사는 (이전 맥케인 감자튀김과 피자의 출시에 비해) '천연의raw' 제품 이미지에 대한 과도한 부각을 통해 보증 브랜드 아키텍처endorsing brand architecture의 선택을 정당화했다. 그렇게 해서 맥케인은 소비자들이 무형의 젊은 텍스 맥스Tex-Mex(중남미 특유의 매콤한 소스를 많이 사용하는 미국 텍사스의 음식 문화)의 암시와 함께 콜로라도 차 음료를 주문하도록 유도하고, 그럼으로써 그 제품을 전반적인 아메리칸 브랜드 아이덴티티에 맞추고자 했다.

마케팅 팀은 스스로를 이미지에 국한시키지 않았다. 시장의 경쟁적인 본질을 염두에 두면서 맥케인은 또한 핵심적인 맥케인 아이덴티티의 특성, 즉 넉넉함 generosity을 구현하는 아주 차별화된 제품을 만들었다. 즉, 경쟁자들이 캔에 보통 25cl를 넣는 데 반해 33cl의 차tea를 넣은 것이다. 이 결정은 흠잡을 데 없는 논리를 기반으로 했다. 그것은 무형적이고 유형적인 브랜드 에쿼티equities 측면에서 확장을 차별화한 것이었다. 유감스럽게도 이것은 또한 확장 실패의 원인 가운데 하나가 되었다. 현실에서, 넉넉함(전형적인 아메리카인에게 어울리는, 더 많은 양의 1인분)이라는 브랜드의 정신brand's spirit을 구현하는 이 차별화는 문제가 있는 것으로 입증되었다. 카테고리에 있는 다른 캔들보다 사이즈가 큰 이 캔은 다음과 같은 문제가 있었다.

- 가능한 한 간단하게 저장 문제를 처리하고 싶은 소매업체에게 불만족스러운 것이었다.
- 고객들이 음료를 다 마시는 일이 드물었으며, 너무 많은 양이 들어 있다고 생각하게 되었다.
- 리터 당 가격이 같음에도 불구하고 소매가격 면에서 더 비싸게 느껴졌다.

역설적이지만 이런 차별화는 장기적으로 불만족을 야기했으며, 이는 두 자리

수로 성장하는 이 경쟁적인 시장에서 근본적인 실수였다.

이 확장이 직면한 가장 심각한 문제는 그 확장이 립톤Lipton과 맞섰다는 사실일 것이다. 립톤은 차 제품에서는 세계 1위로, 이 시장을 장악하기 위해 공동 판촉 지출을 통해 두 가지 메가 브랜드들mega-brands(립톤 아이스티Lipton Ice Tea와 립토닉Liptonic)을 공격적으로 밀어붙였다. 네스티Nestea조차도 모든 코카콜라 자판기에서 음료 유통을 보장하는 코카콜라사와의 전략적 제휴에도 불구하고 립톤Lipton에게는 상대가 될 수 없었다. 하이퍼마켓 그리고 그에 따른 가정용 소비 시장에서 네스티는 립톤에서 무력했다.

이 시점에서 우리는 전략적 분석이 확장에 대한 마케팅 분석보다 더 우선 순위인 이유를 다시 한 번 생각해보아야 한다.

변하지 않아야 하는 것의 진단
: 브랜드 정수

모든 확장은 실제 제품이거나 서비스이고, 확장의 속성이나 특성과 관련해 실제적인 결정이 내려져야 한다. 전형적으로 최초의 확장은 매우 보수적이다. 성공에 의해 지지를 받게 되면 확장은 (그 원형으로부터) 어느 정도의 자유를 얻게 된다. 이때 무엇이 변화되지 않고 남아 있어야 하는지 그리고 무엇이 변화할 수 있는지의 문제가 제기된다.

확장과 물리적 아이덴티티의 존중

확장에서 제기되는 첫 질문들 가운데 하나는 그 물리적 기반으로부터 얼마나 멀리 갈 수 있는가이다. 이는 특히 브랜드 아이덴티티가 그 물리적 단면들에 큰 비중을 두는 것일 때 더 중요하게 제기된다. 예를 들어, 도브Dove 포지셔닝은 그 보습력에 기초하고 있으며, 25%의 보습 크림 함유를 주장한다. 이런 주장은 확장 전체에서 유지된다. 모든 오랑지나Orangina의 확장 제품들은 병이나 캔에서 10%의 진짜 과즙과 2%의 진짜 과육의 양을 지킨다.

전형적으로 첫 확장은 그 오리지널 제품과 매우 가깝다. 마스Mars는 마스 아이스크림 바를 선보였는데, 마스가 바bar처럼 보이기 때문이었다. 나중이 되어서야 다른 형식과 형태로 옮겨갈 수 있었다. 그러나 성장은 더 많은 자유를 얻음으로써만 발견될 수 있다. 자기 모방self-imitation으로는 충분하지 않다. 더불어 확장은 어떤 경우든 같은 혜택same benefit의 확장이다. 그것은 순수한 제품으로부터 컨셉으로, 즉 순수한 유형적 가치들로부터 무형적 가치들로의 브랜드의 이동을 강조한다. 타이유핀느/비탈리네아Taillefine/Vitalinea는 뛰어난 맛과 0% 지방에 바탕을 둔 선두 요구르트 브랜드이다. 이 브랜드는 '더 적은 지방less fat'이라는 약속을 가지고 비스킷 시장으로 성공적인 확장을 했다. 마지막으로 맛이 나지는 않지만 날씬함이라는 혜택이 있는 정제수purified water로 확장했다.

어느 순간에 이르면, 유형적 근원tangible root를 잊는 것이 가능하며 심지어 필요하기까지 하다. 스미노프Smirnoff는 보드카이다. 그러나 세계 1위의 기혼합 ready-mixed 음료인 스미노프 아이스Smirnoff Ice는 보드카가 아닌 몰트 위스키를 기본으로 한다. 스카이 블루Skyye Blue 또한 보드카가 아닌 위스키를 기본으로 한다. 물론 이것이 성공으로 가는 길을 보장하는 것은 아니다. 미국에서는 모두가 캡틴 모건Captain Morgan이 럼rum 브랜드라는 사실을 알고 있다. 이 브랜드 역시 기업을 성장시키기 위해 기혼합ready-mixed 음료인 캡틴 모건 골드 Captain Morgan Gold를 선보였다. 이 제품 또한 럼 대신에 위스키를 기본으로 사용한다. 이 성분 전환은 다수의 전략적 이점들을 창조했다.

- 더 낮은 세금.
- 럼주에서 가능한 것보다 더 큰 규모의 유통에 대한 접근. 예를 들어 맥주 유통업체들을 통한 유통.
- (미국에서 주류에는 허가되지 않는) TV 광고에 대한 접근

그러나 신제품은 실패했다. 소비자들은 그 맛을 그다지 좋아하지 않았다.

브랜드 관리에서 아이덴티티는 핵심적 역할을 하며, 이는 확장 관리에서는 더더욱 진실이다. 만약 소비자들이 확장 아이디어를 거부한다면 그것은 그 소비자

들이 경쟁 브랜드에서 제공하지 않는 그 브랜드만의 혜택을 알 수 없거나(확장 실패의 제1의 이유) 이 브랜드의 확장 논리를 알 수 없기 때문이다. 다른 말로 하면, 확장이 브랜드 에센스와 아이덴티티의 정수라는 컨셉, 즉 그것 없이는 브랜드가 그 브랜드로서 존재할 수 없는 소수의 속성들과 충돌하는 것이다. 그렇다면 우리는 어떻게 소비자에게 지각된 아이덴티티를 이해할 수 있는가?

잠시 기본적인 이론으로 돌아가면, 브랜드는 (어떤 컨셉처럼) 본질적이고 그리고 덜 본질적인 특성들로 정의된다. 본질적인 것들은 브랜드를 다른 브랜드와 구별해 주는 특성들이며 그만큼 결정적인 것들이다. 덜 본질적인 것들은 가변적이다. 그것들은 몇몇 브랜드에서는 현저하지만 다른 브랜드에서는 그렇지 않을 수 있다. 살로몬 애쉬Salomon Asch는 스테레오타입의 지각perception of streotypes에 관한 연구에서 몇몇 특성trait들은 전반적인 지각에 상당한 영향을 끼치는 반면, 몇몇은 전반적인 지각에 영향을 끼치지 않고 부재할(심지어 모순될) 수 있음을 보여주었다. 애브릭(Abric, 1994)은 이 이론을 확장시켜 사회적 지각을 포함시켰고, 미셀(Mischel)은 이를 브랜드로 확장시켰다(2000). 이 이론에 따르면 시간이 지나면서 브랜드는 단지 그 일부 제품의 특징에 불과했던 주변적인 특성들을 브랜드 정수속으로 통합함으로써 변화한다. 이런 특성들은 브랜드의 활력brand's vitality의 중심부, 즉 브랜드를 둘러싼 환경에 적응하는 브랜드 능력의 원천을 형성한다(그림 10.2 참조).

그렇다면 우리는 소비자의 관점에서 어떤 특성들이 아이덴티티identity(정수 kernel)에 결정적이고, 어떤 것이 주변적인 것인지 어떻게 알아내는가? 우리가 얻는 답변들이 유효하려면 직접적인 방식으로 소비자에게 그 질문을 던질 수 없음은 분명하다.

이미지 연구는 그것이 브랜드 연상brand association을 측정하는 것이므로 이런 목표를 만족시키지 않는다. 예를 들어 어떤 유형적이거나 무형적인 속성들이 맥케인 브랜드와 연관되어 있는가? 표 11.7의 첫 열이 그 결과를 보여준다. 그러나 맥케인과 가장 강력하게 연관되어 있는 특성들 가운데 어떤 특성들이 실제로 중심적인 특성인가?

그것을 알아내기 위해 우리는 간접적인 질문을 해야 한다. 어떤 것이 필요한지

| 표 11.7 | 브랜드의 중심적이고 주변적인 특성: 맥케인의 사례

브랜드 이미지 (지각된 전형성, 1~7까지의 등급)		브랜드 정수(아래의 특성을 갖지 않는 확장에 관한 반대 투표 퍼센티지)
아메리카적	6.70	92
감자튀김	6.31	61
피자	5.96	59
간편함	5.81	71
현대성	5.80	80
젊음	5.79	62
풍부함	5.35	74
재미	5.27	62
오리지널	5.20	60
친근함	5.16	58
가족 지향	5.07	55
역동성	5.01	61

※ 출처: based on Mischel, 2000, Vuibert

를 알아내는 유일한 방법은 그것을 제거하는 것이다. 이는 인터뷰 대상자들에게 그 브랜드가 감자튀김과 피자가 아닌 신제품, 아메리카적이지 않은 신제품, 넉넉한 크기가 아닌 신제품 등을 만들 수 있는지를 물어야 하는 이유이다. 브랜드가 이를 할 수 없다는 합의가 이루어지는 경우(90% 이상이 반대 투표) 그것은 언제나 브랜드의 정수brand's kernel에 속하는 특성의 표시이다. 표 11.7의 두 번째 열은 정수가 되는 특성들kernel traits과 주변적인 특성들peripheral traits을 보여준다.

이 예에 관한 2가지 관찰 결과가 나올 수 있다. 첫째는 이미지 순서가 아이덴티티 순서와 같지는 않다는 것이다. 감자튀김은 두 번째로 큰 연상이지만 브랜드의 정수가 되는 특성들kernel traits은 아니다(거의 40%에 이르는 인터뷰 대상자들이 감자튀김이 아닌 맥케인의 혁신 제품들을 받아들일 것이다). 둘째로, 이미지와 관련된 그 어떤 제품들도 정수kernel에 포함되지 않는다. 브랜드의 본질essence은 다른 곳, 즉, 그것의 무형적, 유형적 특성들(아메리카적, 현대성, 풍부함, 이용가능성)에 있다. 다른 특성들은 주변적이고, 따라서 가변적이다.

이 방법은 주어진 순간에 고객이나 비고객에 의해 지각된 것으로서, 정수kernel

를 구성하는 것에 대한 이해를 제공한다. 과거와 브랜드의 역사에 의해 큰 영향을 받는 것은 관점이다. 만약 장기적인 고려가 그것을 무시하도록 지시한다면 경영진은 그렇게 할 수 있다. 여기서 측정된 정수kernel는 가능한 저항의 영역들을 알려 줄 것이다.

먼 확장을 위한 브랜드 준비

모든 브랜드가 확장 기회를 갖는 것은 아니다. 어떤 브랜드들은 오직 그들의 전형적인 제품이나 노하우를 통해서만 정의된다. '클라린스Clarins', '록Roc' 또는 '비쉬Vichy' 같은 화장품 브랜드들이 이 경우에 속한다. 이들의 확장 분야는 과학과 미가 접목되는 적정한 경계 내로 국한된다.

다른 브랜드들은 거의 종파sect와 같으며 종교적 원리와 유사한 것을 가지고 있다. 막스 앤 스펜서Marks & Spencer가 소유한 브랜드인 '세인트 마이클St. Michael'의 경우 식료품에서 의류까지, 또 장난감에서 대체의약품, 가구까지 모든 것들을 취급한다. 그 시그너처signature를 통해 막스 앤 스펜서의 이데올로기와 일치하는 모든 것에 정당성을 부여한다. 수호성인처럼(어원상으로, 수호성인Patron saint의 Patron은 'Pattern', 즉 따라야 할 '모범model'을 의미한다) 브랜드는 자신이 축복을 내린 모든 제품들을 변화시키고 향상시킨다.

만약 브랜드가 소비자의 눈에 완전한 상태를 유지하고 단절된 단위들로 나눠지지 않으려면 거리가 먼 확장remote extension의 전제조건들이 고려되어야 한다. 하나의 브랜드가 거리가 먼 여러 카테고리로 확장하면서도 일관되게 보이려면 먼저 더 깊이 있는 브랜드 의미를 끌어내야 한다. 이것은 브랜드가 이미 그런 의미를 가지고 있거나 또는 이를 획득할 가능성을 가지고 있다고 가정한다. 스위스 브랜드인 카렌다쉬Caran d'Ache는 최고급 연필과 필기도구로 자신의 명성을 쌓았다. 하지만 스카프나 지갑, 가죽 제품으로의 브랜드 확장은 실패로 돌아갔다. 그 브랜드는 필수적인 깊이 있는 의미를 결여하고 있었다.

그림 11.9는 브랜드 확장으로 생겨나는 요구들을 보여준다. 제품의 비유사성

| 그림 11.9 | 브랜드의 유형과 확장 능력

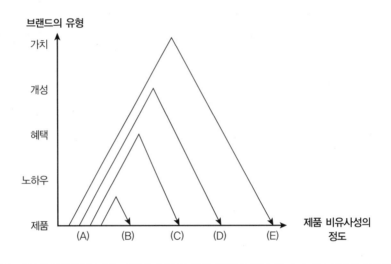

의 모든 정도는 브랜드의 의미와 위상을 변화시킨다. 가까운 확장close extension(B)은 제품이나 노하우 브랜드와 양립 가능하다. 하인즈Heinz는 케첩뿐만 아니라 머스터드 소스도 시장에 내놓을 수 있는 것이다. 한 단계 먼 확장(C)은 브랜드 혜택과 밀접한 관련을 갖고 있다. 팜올리브Palmolive는 그것이 포용하는 모든 것을 부드럽게 만들며, 빅Bic은 펜부터 면도기나 라이터까지 모든 것을 일회용으로 싸게 만들면서 간소화한다. 더 멀리 나가는 확장(D)은 최초 제품(A)과 일관성을 갖기 위해서, 그 개성에 의해 정의되는 브랜드의 형태를 취한다. 소니Sony는 하이파이 시스템만을 위한 브랜드였다. 그러나 몇 년 만에 텔레비전과 비디오 분야에서 명성을 얻었고, 이로써 브랜드의 이미지와 중요성을 변화시켰다. 그러나 그것의 핵심 가치들core values은 여전히 특유의 우아하고 세련된 개성을 지닌 기술, 정밀성, 혁신이다. 마지막 확장(E)은 깊이 있는 가치들에 의해 정의되는 브랜드의 형태를 취한다. 버진Virgin이 그 좋은 예이다.

따라서 브랜드가 확장들의 집합에 단일 의미를 부여하는 유일한 방법은 더 높은 견지viewpoint에서 그것들을 대하는 것이다. 거리가 먼 확장들을 적합하게 만들기 위해서는 브랜드 스스로가 물리적으로 거리를 두어야 하며, 각기 다른 제품

| 그림 11.10 | 브랜드 자본의 저이용과 과도 이용

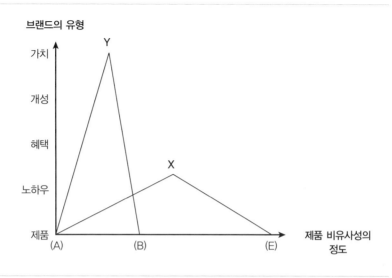

들에 스스로를 새길embed 수 있는 영감과 가치 체계의 원천으로서 기능해야 한다. 제품들의 스펙트럼이 넓은 브랜드인 네슬레Nestle가 여기에 해당된다. 거리distance는 브랜드와 그 자신을 각기 다른 제품들에 부여할 수 있는 능력 사이의 각도를 유지하는 데 도움이 된다. 이 각이 가파르면 가파를수록, 브랜드가 제품들에 행사할 수 있는 힘(A부터 E까지)은 더 커진다. 이 각도가 평평하면 할수록, 브랜드가 제품들을 통합하는 데 이용 가능한 힘은 적어진다. 과도하게 잡아 늘인 고무줄처럼 브랜드는 약해지고 그 장악력을 잃게 되며 결국 끊어진다.

더 구체적으로는, 오직 물리적 단면(제품, 방법)만을 가지고 있고 무형적 아이덴티티가 없는 브랜드는 자신을 거리가 먼 확장에 빌려줄 수 없다. 그것들은 희석되고 숫자에 지나지 않게 된다(그림 11.10의 X 참조). 미쓰비시Mitsubishi가 이런 예이다. 미쓰비시는 더 이상 통합 브랜드로 작용하지 않으며 단지 기업 이름이자 공장의 상표trademark일 뿐이다. 그것은 일본 기술의 일반적인 특성들과 그 그룹과 연관된 산업 파워의 이미지 외에는 별다른 중요성을 갖지 않는다. 미쓰비시 자동차는 그 어떤 특정한 이상도 구현하는 것처럼 보이지 않으며, 그것은 미쓰비시 텔레비전이나 장비도 마찬가지이다. 이는 또한 어느 정도 필립스Philips에게도 해당하는 것이다.

필립스는 원래 텔레비전, 비디오, 하이파이 시스템과 관련된 특정 노하우를 의미했다. 그러나 필립스 브랜드는 그 어떤 다른 의미도 전하지 못했다. 그에 따라 소형 가전제품과 백색 가전으로의 브랜드 확장은 브랜드 자본의 탄력성elasticity 면에서 너무 무리한 것이었다. 소비자 조사는 이런 사실을 증명한다. 인터뷰를 실시한 80%의 사람들이 필립스가 갈색 가전제품의 스페셜리스트라고 언급했는데 이 제품들이 브랜드의 세력 범위에 속하는 것으로 이 영역에서 브랜드가 능력을 갖추었음을 나타내는 것이었다. 응답자 가운데 오직 60%만이 가전제품에 관해 같은 생각을 가지고 있었고, 백색 가전의 경우에는 40%에 불과했다. 그에 따라 필립스는 세탁기와 냉장고에 관한 한 신뢰성의 반을 잃어버렸다. 이런 제품들에서는 필립스라는 이름이 소매업체의 이름이나 품질 인증quality seal과 마찬가지로 단순한 보증 이상이 될 수 없었다. 경제적 필요성으로 단일 브랜드 정책에 이르게 되었고, 각기 다른 제품들에 각기 다른 시그너처들이 사용되었다는 사실에서 그 한계가 드러났다. 그러나 브랜드 시그너처brand signature는 각기 다른 형태들로 존재해서는 안 된다. 브랜드란 결국 유일무이한 것이다. 슬로건의 증가는 헛되이 통합 요인을 찾고 있던 그 브랜드에 부과된 압력들을 반영했다. 그 후의 (그리고 예측되는) 국면은 브랜드의 핵심 비즈니스에 집중하는 것과 백색 가전 부문의 판매를 월풀Whirlpool에게 넘기는 것이었다.

스펙트럼의 다른 끝에는 저개발된 브랜드들underexploited brands이 있다. 이들은(그림 11.10의 Y 참조) 매우 좁은 제품 분야를 다루지만 그들을 더 광범위한 제품 계열들을 적법하게 만드는 내적 의미를 지니고 있다. 복합 소매업체인 까르푸Carrefour의 최초 목표는 식품 부문으로 한정되어 있었다. 그러나 곧 스스로를 표현할 수 있는 점점 더 많은 영역들을 찾게 되었다. 여기에는 직물, 가방, 은행 서비스가 포함된다. 막스 앤 스펜서Marks & Spencer의 사회적 목표는 그 브랜드 아이덴티티의 핵심이면서, 그것이 매우 넓은 확장 분야에서 활동할 수 있게 한다. 이 브랜드들은 기능을 약속하는 것이 아니라 그들 제품에 대한 선택 원칙을 약속한다. 막스 앤 스펜서나 까르푸 매장에는 오직 세인트 마이클St Michael이나 대부분의 까르푸 자체 제품들이 있다. 사람들은 선택의 자유를 잃을 수도 있지만

이 브랜드들은 그들에게 있어 거의 숭배 대상이기 때문에 자연스런 일이다.

브랜드 돌Dole은 저개발under-exploitation의 전형적인 예였다. 이 브랜드는 오랫동안 스스로의 성장 잠재성을 과소평가했다. 경영진은 브랜드를 제품 브랜드로 여기고 그것을 파인애플 주스에 한정했다. 그러나 소비자들에게 돌Dole은 더 많은 것을 의미했다. 브랜드 속성들(뛰어난 맛, 신선함과 천연)을 넘어 더 깊은 핵심, 즉 햇빛sunshine을 제시한다. 돌은 실제로 햇빛 브랜드sunshine brand였으며, 이런 수용력으로 다른 과일 주스들뿐만 아니라 다른 제품들, 예를 들어 아이스크림 등을 모두 다룰 수 있었다. 오랫동안 신발 브랜드로 크게 알려져 왔던 살바토레 페라가모Salvatore Ferragamo는 현재 성공적으로 여성용 가방, 카디건과 넥타이로 다각화되었다.

그림 11.9에서 볼 수 있듯이 브랜드가 그 기원으로부터 더 멀어지고자 하면 할수록 적실성 있는 유형적 의미를 획득할 필요성은 더 커진다. 노년층 브랜드인 다마트Damart는 방한 내의(Thermolacty1)에서 가벼운 여름용 기성복 그리고 수영복으로 한 단계 더 전진하지 못했다. 실질적으로 제품 브랜드라고 여겨질 정도로 방한 내의(Thermolacty1)에만 초점을 맞춘 집중적인 TV 커뮤니케이션으로 20년을 보낸 후 이 브랜드로 기성복을 제공하는 것은 전혀 받아들여지지 않았다. 더욱이 브랜드에 관한 모든 고려를 제쳐 두고도, 제품 측면에서조차 다마트 기성복 라인은 대형 DM(direct mail) 회사들의 카탈로그 이상의 어떤 것을 제공하지 않았다. 그 확장 과정은 서로를 강화하는 2가지 병행 행동parallel actions으로 이루어졌다.

- 브랜드 컨셉의 진화와 엄격히 물리적인 면과의 단절은 브랜드가 기성복 라인과 전통적인 겨울 내의를 똑같이 정당화하고 성장시킬 수 있도록 그것에 더 큰 유형적 의미를 부여함으로써 달성되었다. 결과적으로 브랜드는 그 시그너처까지도 바꿨다. '춥냐고요? 나요? 전혀!Cold? Me? Never!'라는 제품 슬로건은 '삶을 완전하게Living Fully'라는 브랜드 슬로건으로 바뀌게 되었다. 이는 노년층의 라이프스타일 니즈에 완벽하게 부합했다. 이 두 번째 슬로건은 겨울의 따뜻함에 대한 니즈와 여름의 활동적인 라이프스타일의 강

조에 바탕을 둔 것이다.

- 내의에서 시작해 계속적인 확장이 이루어졌다. 다마트는 제조업체 브랜드여서 더 많은 것을 제공하는 하나의 제품을 제안해야 했다. 그들은 먼저 더모락티1(Thermolacty1)을 코르셋과 스포츠용 속옷, 스타킹, 양말로 확장했다. 그런 다음 몸에 맞고 편안한 스너그 피팅snug-fitting 제품 라인을 개발했고, 마지막으로 기성복 라인에서 특수 소재를 활용한 의류를 개발했다.

이 과정의 점진적인 특성을 충분히 인식한 살로몬Salomon은 스노보드와 스노서핑 분야에서 료시뇰Rossignol이 겪은 실패를 반복하고 싶지 않았다. 전통적인 스키 환경에 대한 반발로 일어난 이 문화는 기존의 잘 알려진 브랜드를 지지하기를 거부한다. 그리고 그 자신의 컬트 브랜드들cult brands을 찾고 숭배한다. 그래서 혁신을 가지고 스노보드 시장에 진입하기에 앞서 살로몬은 진정한 가치가 부가된 제품이 제공될 수 있는 그들의 또 다른 스포츠를 통해 그들 세계에 침투하면서 그 젊은이들에게 수용되기까지 다소 시간을 들이기로 결정했다. 이 스포츠가 바로 롤러스케이트와 인라인 스케이트이다.

연구조사는 실제로 중간 확장들intermediate extensions이 이루어진 순서가 마지막 확장들final extensions에 대한 소비자 반응에 영향을 미친다는 것을 보여준다. 그에 따라 한 실험에서는 소비자들에게 다양한 브랜드들의 5가지 확장들이 순서대로 제시된다. 이 확장들은 다섯 단계의 브랜드와의 지각된 거리나 적합성을 나타내도록 선택되었다. 한 가지 사례에서 소비자들은 (가장 가까운 것으로부터 가장 먼 것까지) 잘 배열된 확장 순서를 보았으며, 두 번째 경우에서는 정돈되지 않은 확장 순서를 보았다(Dawar and Anderson, 1992). 이 실험실에서의 실험으로부터 2가지 결과가 나타났다.

예상했던 것처럼, 확장과 브랜드의 현 제품 간의 거리에 따라 지각된 일관성perceived coherence의 감소가 있었다. 그러나 소비자들이 거리가 점차 증가하는 순서로 일련의 확장들을 보고 난 후에 거리가 먼 확장을 보게 되었을 때는 거리에 따른 지각된 일관성의 감소세가 덜 가파랐다. 각각의 확장이 발판으로 작용하면서 '체이닝chaining'이라고 알려진 카테고리 (브랜드) 확장 메커니즘을 촉진시킨 것이다(Lakoff, 1987). 이는 확장에 대한 구매 가능성에 대해서도 동일하게 적용된다.

흥미롭게도, 가장 먼 확장이 배열순서의 끝에서 보는 것일 때, 그 확장과 브랜드와의 일관성을 평가하는 데 더 적은 시간이 소요된다(4 vs 4.34초). 실제로 배열된 순서 자체가 그것이 제품 브랜드가 아닌 더 광범위한 영역을 가진 더 큰 브랜드임을 분명히 하면서 브랜드 의미를 수정했다.

다시 한 번, 실제 세계에서 이런 과정을 보여주는 것이 맥케인McCain의 사례이다. 이 브랜드는 냉동 감자튀김으로 시장에 진출했다. 그리고 2년 후엔 대형 아메리칸 피자, 그 다음엔 둥근 빵 그리고 최근에는 빠르게 성장하는 아이스티 시장에 진출했다. 이제 맥케인 브랜드의 의미는 분명하다. 아메리칸 푸드, 단순한 제품, 후한 양, 먹는 즐거움, 그리고 카테고리에서의 혁신이다. 이 브랜드 영역은 맥케인의 미래 확장을 결정할 것이다.

두 번째 실험은 브랜드 확장의 또 다른 기본적인 원칙을 설명한다. 확장들 간의 일관성만이 브랜드 영역을 만들어낼 수 있다는 것이다. 두 가지 확장이 브랜드의 핵심으로부터 똑같은 거리만큼 떨어져 있을 수는 있지만 같은 방향으로는 아니다. 거리가 먼 확장이 같은 방향의 중간 확장이 있은 후에 소비자들에게 제시될 때 이 순서는 (중간 확장이 같은 방향이 아닌 경우와 비교해) 그 거리가 먼 확장의 지각된 일관성과 구매 가능성을 증가시킨다(Dawar and Anderson, 1992).

성공적인 브랜드 확장의 열쇠

브랜드 확장의 성공 가능성을 높이는 데 어떤 충고를 할 수 있는가? 연구조사와 컨설팅 모두를 기초할 때, 특별한 관심을 요하는 확장 과정에서의 핵심 단계와 문제들이 존재한다.

큰 계획을 먼저 생각하라

확장은 너무 많이 임시대응적 기반 위에서 관리되어 왔다. 모든 새로운 아이디어들이 선별되고 평가되었고, 그런 다음 결국 실행되었다. 이제 이런 시대는 끝이 났다. 브랜드 관리는 브랜드 자체에 대한 장기적인 비전을 요구한다. 브랜드를 이끌어가고자 하는 방향에 관한 경영진의 분명한 선언이 있어야 한다. 브랜드는 무엇의 리더가 되고자 하는가? 우리는 어떻게 그것의 리더십을 정의해야 하는가? 제품으로? 카테고리로? 니즈로? 타깃으로? 한 가지는 분명하다. 야망은 어떤 종류의 리더십을 구축하는 것이어야 한다.

이런 장기적인 비전은 계단에 비유될 수 있다. 비전은 그 계단의 방향과 바람직한 위치에 이르는 단계들을 보여준다. 그런 다음 각각의 제안은 이 목표와의 관계 속에서 평가된다. 브랜드가 단순히 모든 방향으로 스트레치stretch 할 수 있는 것은 아니지만 전략이 그것을 안내해야 한다. 예를 들어, 타이드Tide(아리엘 Ariel)가 저거품low-suds 세제 시장에서 선두가 되고 싶다고 말하는 것과 섬유류의 케어 문제를 갖고 있는 사람들을 위한 브랜드가 되고 싶다고 말하는 것에는 큰 차이가 있다.

확장 관리를 위한 소비자 조사의 한계

소비자 조사의 역할은 위험의 수준을 평가하는 것이다. 그것은 확장에 같은 이름을 사용할 때 어떤 어려움이 생길 수 있는지를 가리킨다. 그러나 조사가 관리는 아니다. 브랜드 관리는 결정의 모든 차원들을 통합할 필요가 있다. 이것이 이 책이 새로운 판으로 나오게 된 근본적인 이유이다. 확장에 관한 결정들은 소비자들의 즉각적인 반응 외에 생산, 재무, 전략적이고 경쟁적인 요인들을 고려하게 될 것이다. 관리는 위험이 따르는 것이고, 경쟁 우위의 원천이 된다. 브랜드 확장에 대한 소비자 반응이 과거의 반영이라는 사실을 기억해보자. 소비자들은 예전에 갖게 된 연상들에 의지한다. 또한 단기적인 것에 중점을 둔다. 브랜드 확장의 관리는 장기적인 비전을 기초로 한다. 어떤 확장이든 그에 앞서 한 가지 질문을 던져야 한다. 우리는 미래에 브랜드가 어떻게 보이기를 바라는가? 각각의 확장은 이런 목표에 이르는 계단의 단이다. 소비자들은 그 계단을 알지 못한다.

우리의 자산이 다른 곳에서도 진정으로 자산이 될 수 있는가?

많은 확장들이 확장 카테고리에서 브랜드 자산의 가치를 과대평가함으로써 실패한다. 자산들이 확장 카테고리에서도 진정으로 자산이 되는가? 그들은 진정으로 동기를 유발하는 가치를 지니는가? 그 자산들은 전례가 없던 혜택들을 전달하는가? 사람들은 브랜드 자산들이 적실성이 있다는 가정을 하면서 이 점을 너무 자주 과대평가한다. 예를 들어 대부분의 향수 브랜드는 화장품 라인 출시의 유혹을 받는다. 그러나 성공하는 경우는 극히 드물다. 화장품 시장에서 동인 driver은 연구에 대한 자신감과 희망에 초점이 맞춰지는데, 이것은 향수 브랜드가 제공할 수 있는 것이 아니다. 향수 브랜드는 어떤 자질도 갖추고 있지 않다.

두 번째 주요 질문은 경쟁과 관련 있다. 제안된 확장이 진정으로 그 경쟁자를 물리치는가? 확장에 관한 연구의 대다수는 컨셉 테스트이다. 즉 그것은 컨셉의 매력을 주장한다. 그러나 스토어에서 고객들은 나와 있는 물건들을 비교하고, 그들의 상대적인 매력을 평가한다. 분명 확장이 연구 과정에서는 환영받겠지만 그것이 구매 의사결정에서 승리할 것이라는 사실을 의미하지는 않는다. 고객들은 그들의 기존 구매 패턴을 새로운 브랜드와 제품으로 바꾸는 것을 꺼릴지도 모른다. 진실의 순간에서 호기심으로 충분한가? 거기에는 강력한 인센티브(지각된 차이)나 개척자 효과pioneer effect(첫 번째로 행동하기)가 있어야 한다.

아이스티 소프트음료 시장에 진출한 네슬레의 네스티Nestea가 코카콜라와의 전략적 제휴를 통해 그것이 관리하는 모든 자판기에서 제공됨에도 불구하고 유럽에서 성공적이지 못했다는 것은 주목할 만하다. 그러나 네스티가 리더인 국가가 하나 있다. 스페인이다. 오직 그곳에서만 네스티는 립톤 아이스티Lipton Ice Tea에 앞서 먼저 출시되었으며 개척자 우위로부터 혜택을 얻었다.

확장의 전체 마케팅 믹스를 생각하라

확장은 단순히 새로운 제품이나 서비스가 아니라, 완전하고 새로운 마케팅 믹스를 의미한다. 사실 확장은 기업이 브랜드보다는 소비자에 관해 더 많이 생각할 것을 요구한다. 나이키가 나이키 우먼Nike women으로 확장을 시도했을 때 경영진은 너무나 그 브랜드 자체에 열중한 나머지 소비자를 잊고 말았다. 이 확장이 실패로 끝난 것은 이 때문이다. 그 확장 제품들(신발과 의류)은 그 남성 제품들과 같은 디자인으로, 오직 사이즈만을 여성에게 맞춘 것이다. 나이키 우먼은 진정한 의미의 여성용 라인이 아니었다. 나이키는 곧 이 확장에서 성공하기 위해서는 먼저 적실성 있는 제품들을 만드는 것이 필요하다는 것을 발견하게 되었다. 여성 디자이너들이 고용되어 제품을 재고하도록 했다.

유럽에서 페리에Perrier는 언제나 강한 거품bubble이라는 브랜드의 가장 차별화된 속성에 의해 제약을 받아 왔다. 이는 (그 브랜드를 소유한) 네슬레Nestle가 2가지 혁신/확장을 통해 페리에를 새롭게 부활시킨 이유이다. 그 첫 번째 확장은 페리에 플로Perrier Fluo라고 불리는 것으로 페리에를 그들 부모들의 브랜드라고 여기는 젊은 층을 타깃으로 하는 것이다. 페리에 플로는 세련된 맛(예를 들어 페퍼민트)과 더 작은 입자의 거품을 제공해 오리지널 페리에보다 더 마시기 쉽다. 페리에 플로는 또한 더 낮은 생산 비용이 든다. 패키지 용기가 (유리가 아닌) 플라스틱이고, 사용된 물은 그 수원이 역사 깊은 브랜드 원천인 베르게즈Vergeze에서 나온 것이 아니기 때문이다. 두 번째 확장은 오드페리에Eau de Perrier로 성인의 식사용 음료를 타깃으로 하는 것이다. 이 목적을 위해 더 작은 입자의 더 부드러운 거품이 만들어졌고, 제품의 스파클sparkle은 더 약하게 조절되었다.

우리가 알 수 있듯이 확장은 종종 제품이나 전체 마케팅 믹스의 적응적 변화 adaptation의 형태를 취한다. (실제로는 때때로 급진적인 수정의 형태를 취하기도 한다.) 주요한 그리고 유일한 확장 이유는 성장이다. 브랜드는 종종 단순한 계열 확장range extension을 넘어 현저한 도약을 해야 할 필요가 있다. 그에 따라 세계 2위의 주류 제조업체인 스미노프Smirnoff는 미국에서 전통적인 경로(주류 판매점) 외에 복합 매장 경로에 진출하기로 결정했다. 스미노프는 이를 위해 알코올 함유량이 낮은 새로운 RTD(ready-to-drink) 제품인 스미노프 아이스Smirnoff Ice를 출시했다. 그리고 7천만 달러의 광고 투자로 이를 지원했다. 이 제품은 3천만 케이스 이상이 팔려나갔고 스미노프 이미지에 긍정적인 확산 효과를 생성했다. 그 확장은 또한 이 새로운 유통 경로에서 경쟁력을 획득하는 기회가 되었다.

리카Ricard가 그 핵심 제품으로 실패한 적이 있던 나이트클럽, 디스코텍 그리고 나이트 바에 침투하기 위해 자체 RTD 제품을 출시했을 때 리카 브랜드는 이런 장소들과 관련된 새로운 소비 상황에 대해 충분히 생각했는가? 자정 이후에 이 단순한 RTD는 모든 종류의 칵테일과 경쟁한다. 그러므로 그것이 그 상황의 니즈에 더 잘 대응하기 위해서는 향기가 가미되어야 했다. 이 확장은 특정 장소, 특정 시간에 소비되며, 이것은 제품 자체에 대해 함의를 가졌다. 유통에 대해서도 마찬가지이다. 확장은 종종 전통적인 유통 경로로부터 벗어나 대중의 니즈에 더 가까워지는 방법이다.

확장은 유통업계의 기대를 충족시켜야 한다

스미노프Smirnoff는 영국에서 그 지배적인 시장 점유율을 유지하는 방법으로서 이중 전략을 따르고 있다. 그 하나는 현재의 타깃 시장인 성인들을 목표로 예를 들어, 스미노프 블루, 스미노프 레몬, 스미노프 블랙을 투입해 앱솔루트 Absolut와 핀란디아Finlandia와 경쟁하는 것이었다. 다른 하나는 스미노프 뮬 Smirnoff Mule과 그 후의 스미노프 아이스Smirnoff ice, 즉 기혼합ready-mixed 음료를 통해 젊은 층 시장을 공략하는 것이었다. 이것은 큰 성공을 거두었고 곧 모방되었다. 스미노프 뮬의 성공은 모든 훌륭한 혁신은 유통업자와 소비자 모두에게 가치를 제공해야 한다는 것을 보여준다.

전략적 목표는 젊은이들 사이에서 이 신제품들이 자리잡아 업소 시장에서 소비되도록 하는 것이었다. 금요일이나 토요일 밤이 되면 많은 술집들이 사람들로 넘쳐난다. 스미노프 뮬은 바텐더들에게 더 나은 마진으로 생맥주보다 더 빠르게 고객들을 접대할 수 있는 방법을 제공한다. 바텐더들은 그저 고객들에게 유리잔 없이 병을 건네기만 하면 되는 것이다. 그와 함께 고도의 가시적인 브랜딩visible branding을 갖는 병은 일반적으로 브랜드 네임이 나타나지 않는 맥주잔과는 다르게 고객들을 위한 배지badge나 식별자identifier 역할을 한다. 이는 자신들의 이미지에 대해 확신을 갖지 못하는 18~24세 젊은이들에게 중요한 동기가 된다. 더욱이 광고는 새로운 음료의 현대적인 지위를 강화했다. 젊은 남성들을 상대로 스미노프 아이스를 출시하면서 450만 파운드 이상이 투자되었다(스미노프 뮬은 대부분 여성들 사이에서 선호되었다).

자원의 문제

확장 실패의 주된 원인은 출시에 필요한 자원의 부족이다. 기업들은 확장이 다른 시장을 겨냥한 것이라면 그 출시는 새로운 제품의 출시처럼 다루어져야 한다는 것을 기억해야 한다. 불행히도 많은 기업들은 확장이 새로운 브랜드를 출시하는 것과 비교할 때 돈을 절약하는 방법이며, 30초의 TV 광고 말미에 간단한 언급만으로 충분할 것이라고 생각하면서 그들 브랜드를 확장한다. 단순한 라인 확장, 즉 변형 제품에는 적용될 수 있으나 브랜드 확장에는 적용되지 않는다.

기업들은 또한 확장을 지원하기 위해 핵심 제품들로부터 투자를 돌리는 것을 주저한다. 기업들은 그렇게 함으로써 그들 핵심 제품을 경쟁 위험에 빠뜨리게 될 것이라고 느낀다. 그 결과, 기업들은 마지막 순간에 충분한 예산으로 확장을 지원하지 않기로 결정한다. 이런 판단은 상호적인 확산 효과를 과소평가하는 것이다. 신제품의 혜택을 커뮤니케이션하는 것은 핵심 제품의 매출에 영향을 끼친다. 이것은 다양한 제품을 커버하는 메가 브랜드가 가진 미덕 가운데 하나이다. 이 브랜드들은 그들의 신제품에 관한 커뮤니케이션을 통해 다시 활력을 얻는다.

확장을 실행할 수 있는가?

컨셉만 가지고 성공할 수는 없다. 성공은 완벽한 실행을 필요로 한다. 사람들은 너무 자주 확장 실패를 그것이 성공할 수 없었던 깊은 심리적인 이유들이 있다는 식으로 설명하려고 든다. 사실 그 진실은 훨씬 더 평범한 것이다. 예를 들어 대부분의 식품 확장은 그것이 좋은 맛을 내지 못하기 때문에 실패한다. 그리고 확장이 기업으로 하여금 여러 새로운 능력들을 동시에 마스터하도록 요구한다면, 기업은 그 가운데 몇 가지를 마스터하지 못할 수 있고, 이는 유통경로에서 실망을 초래할 수 있다. 이것이 많은 기업들이 제휴를 선호하는 이유이다.

확장 광고하기

아이덴티티와 다양성의 딜레마 문제는 확장을 광고하는 데 있어 가장 뚜렷이 나타난다. 브랜드는 이 균형을 관리하기 위한 단순하고 정확한 원칙들을 세워야 한다. 예를 들어 니베아Nivea는 이런 측면에 있어 매우 엄격한 브랜드 코드code

를 운영한다. 14개의 하위 브랜드들을 갖고 있음에도 전 세계의 모든 니베아 광고에서 브랜드의 전형적인 '니베아다움Niveaness'을 창조해내는 것은 그 덕분이다. 니베아 브랜드의 에센스essence는 '피부에 대한 애정 어린 보살핌loving care for the skin'이고, 따라서 그것을 친근한 브랜드로 만든다. 이는 시간 흐름에 맞서 실제적 측면에서 놀랄 만한 연속성과 '니베아다움'으로 전환된다.

- 과도한 약속은 없다.
- 니베아는 여성들과 관련 있는 사람들을 통해 각각의 여성에게 말을 한다. 요란하지 않은 금발 모델로 순수하고, 건강하며 활력을 갖지만 과도하게 포장되지 않은 사람들을 쓴다(즉 로레알 파리L'Oreal Paris와 다르게 스타나 톱모델을 쓰지 않는다).
- 니베아는 로레알 파리가 아름다움을 전투라고 보는 것과 달리 그것을 즐거움이라고 믿는다. 모든 광고에서 컬러 코드colour code는 파랑을 유지하며, 시원하고 차분하며, 편안한 분위기를 자아낸다.

그러나 하위 브랜드들은 그들이 커뮤니케이션하는 데 있어 분명하게 구별되는 특성들을 갖는다. 각각의 특성들은 브랜드에 무언가를 더하는데, 특정 고객 세그먼트와 주변적인 속성들뿐만 아니라 자체의 개별적인 개성을 더한다. 이는 통합적이지만 획일적이지는 않은 광고를 통해 구현된다. 브랜드는 그 다양성을 드러냄으로써 번창한다. 마지막으로 각 하위 브랜드가 자신만의 브랜드 디자인을 갖는다는 점이 중요하다. 표준적인 니베아 로고는 변하지 않을 수도 있지만 다양성이 우선한다.

예산의 관점에서, 기업들은 성공적인 확장이 소비자들에게 그 브랜드를 발견하거나 재발견하는 기회를 준다는 것을 하나씩 깨닫고 있다. 따라서 확장 출시에 필요한 모든 자원들이 할당되어야 한다. 만약 유사하지 않고, 거리가 먼 확장 distant extension을 출시하는 것이라면 중심적인 플래그십 제품에 대한 모든 투자를 그만두는 것은 잘못된 것이겠지만, 더 가까운 확장의 경우에는 플래그십 제품에 대한 투자가 중단될 수 있고, 실제로 중단되어야 한다. 상호적인 확산 효과가 이런 논리를 설명한다.

브랜드 확장을 확장하기

성공적인 라인이나 브랜드 확장이 만들어지고 난 후에 곧바로 생겨나는 한 가지 주요한 질문은 그것의 지리적인 확장geographical extension에 관한 것이다. 그것은 어떤 국가들에서 개발되어야 하는가? 그에 답하기에 앞서 종종 확장이 특정 시장 문제에 응답하기 위해 일어난다는 사실을 기억하는 것이 중요하다. 예를 들어 (레드 오렌지와 과라나 에너자이징 성분들이 들어간) 오랑지나 레드Orangina Red는 소프트음료를 마시는 주요 소비자들, 즉 10대들 사이에서 코크Coke의 호소력에 도전하기 위해 만들어졌다. 코크의 호소력은 스릴과 미스터리를 기반으로 한다. 코크는 (10대에게) 금지된 알코올과 섞일 수 있는 비밀 공식을 가진 검은 음료이다. 오랑지나 레드는 좀 더 스릴 있고 모험적인 오랑지나의 확장이 되도록 만들어졌다. 그러나 이 논리는 오직 오랑지나가 실제로 여러 맛들과 경쟁하고 있는 국가들에만 적용되는 것이다. 예컨대 미국에서 오랑지나는 오렌지 맛 음료들의 '뉴에이지new age' 세그먼트 내에 니치 포지션niche position을 갖고 있었다. 오랑지나 라이트Orangina Light가 통하는 반면 오랑지나 레드Orangina Red는 미국에서 통할 수 없는 것이었다.

니베아의 하위 브랜드들은 모든 국가들에서 동등하게 선보이지는 않는다. 예를 들어, 미국에서 최신 유행의 니베아 뷰티는 판매되지 않고 있다. 물론 이 경우에는 니베아의 하위 브랜드 확대 전략roll-out strategy이 이 지점에 아직 도달하지 않았기 때문이다.

국가들 간에 차이가 나는 또 다른 이유는 그 국가의 잠재력과 그 국가에서의 모 브랜드parent brand 지위와 관련 있다. 예를 들어, 에비앙Evian은 한국이나 일본에서 에비앙 어피니티Evian Affinity를 출시해야 하는가? 이 확장이 건강과 미학, 영원한 젊음에 기초한 최근의 에비앙 포지셔닝과 조화를 이루고 있고, 분명에비앙 워터가 한국과 일본에 알려져 있기는 하지만 매우 낮은 시장 점유율을 획득하고 있을 뿐이다.

브랜드 확장의 이름은?

화장품 시장에서 샤넬Chanel의 확장은 왜 프리시전Precision으로 불리우고, 비오텀Biotherm은 왜 남성 시장에서의 자신의 확장을 비오텀 옴므Biotherm Homme라고 부르는가? 분명 이름의 문제는 브랜드 아키텍처brand architecture 선택의 문제로부터 분리될 수 없다(12장 참조). 만약 그것이 엄브렐러 브랜드 아키텍처umbrella brand architecture를 따르기로 결정한다면 특정 이름이 필요치 않을 것이다. 하지만 소스 브랜드source brands나 보증 브랜드endorsing brands를 기반으로 하는 아키텍처에는 또 다른 이름이 올 수 있다.

이름 결정은 2가지 요구를 만족시켜야 한다. 첫째로 확장이 성공하는 것을 도울 수 있어야 한다. 이름 하나로 확장의 특정한 속성이나 혜택을 분명히 나타내거나 나올 수 있는 부정적인 생각들을 상쇄할 수 있다. 둘째로, 그 이름이 모 브랜드 에쿼티parent brand equity를 희석시켜서는 안 된다.

패션과 향수 브랜드는 매우 과학적인 화장품 시장에 적법한legitimate 것이 아니다. 이 시장에서 여성들은 단순한 꿈이나 패션이 아닌 혁신적인 성분을 찾기 때문이다. 샤넬Chanel이 프리시전Precision을 선택한 것은 향수와 꾸뛰리에 브랜드couturier brands의 이런 유형의 확장에 대한 부정적인 편견을 피하는 데 도움이 되었다.

오래 전 많은 남성들이 여전히 화장품에 대한 편견을 가지고 있었을 때 비쉬Vichy는 남성 라인에 베이직 옴므 드 비쉬Basic Homme de Vichy라는 이름을 붙이기로 결정했다. 하지만 남성들은 남성용 비쉬를 살 준비가 되어 있지 않았다. 사실 당시에 비쉬는 효능와 건강에 자신을 재포지션하지 않았고, 단지 보통의 화장품 라인이었다. 이제 비쉬는 건강이 피부 상태와 밀접히 연결되어 있다는 메시지를 전달한다. 이 메시지, 이 비전은 성별이 없으며 남성에게 곧바로 확장될 수 있다. 이와 함께 시장이 변했고, 남성들은 화장품을 사는 것에 더 개방적이 되었다. 베이직 옴므 드 비쉬라는 이름은 비쉬 옴므Vichy Homme로 바뀌었다.

이름이 모 브랜드 에쿼티parent brand equity를 희석시켜서는 안 된다. 너무나 흔하게 단지 모 브랜드parent brand가 오래되거나 혹은 여론 조사에서 그렇게 나타난다는 이유만으로 확장은 새로운 브랜드 네임을 부여받고 모 브랜드는 전형적인 보증 아키텍처endorsing architecture 형식으로 숨겨진다. 이는 자기실현적인 예언을 만들어내게 되는데, 숨겨진 모 브랜드parent brand가 대중의 지각 속에서 점점 더 나이들게 되는 것이다. 신제품과 브랜드 확장의 역할은 언제나 브랜드로부터 에쿼티brand equity를 가져오는 것이지만 브랜드에 에쿼티를 부여하는 것이기도 하다. 즉, 주고받음의 심한 불균형은 피해야 한다.

다동심원의 그림(그림11.1 참조)과 관련해 논의한 것처럼, 일반적으로 확장이 브랜드 핵심 가치들로부터 멀면 멀수록 그 확장은 더욱 더 보증 아키텍처 endorsing architecture를 가져야 하며, 결과적으로 자신만의 브랜드 네임을 갖게 된다. 확장이 핵심에 가까우면 가까울수록 그것은 더욱 더 엄브렐러 아키텍처 umbrella architecture를 채택해야 하며, 제네릭 이름generic name이나 서술적인 이름descriptive name을 갖게 된다.* 예를 들어, 선불 휴대전화 카드는 모비카드 Mobicard나 BT 노매드 카드BT Nomad Card가 될 수는 있어도, 노매드 바이 BT Nomad by BT가 될 수 없음은 분명하다.

확장이 브랜드에 가져오는 것 점검하기

확장은 브랜드 자본brand capital을 사용한다. 이는 놀라운 일이 아니다. 그것은 그렇게 하도록 만들어졌기 때문이다. 브랜드는 비즈니스 발전의 도구인 것이다. 따라서 새로운 성장 카테고리의 생산적인 사용에 투입함으로써 이런 자본을 이용할 방법을 찾아야 하는 것이 논리적이다. 그러나 또한 원원하는 결과를 얻어야만 한다. 결국 브랜드 확장이 진정으로 주는 것이 무엇인가? 매출만으로는 충분하지 않다. 이런 확장으로부터 브랜드가 끌어내야 할 혜택들이 분명하게 제시되어야 한다.

킨더Kinder 제과에서 나온 각각의 확장 제품은 특정 목표, 연령 세그먼트, 또는 사용 상황을 겨냥한다. 각각의 확장은 또한 브랜드에 광범위한 적실성을 부여하며, 한정된 이미지를 벗어나게 한다. 이는 미리 분명하게 제시되어야 하며 그

---

* Steve Rivkin and Fraser Sutherland, 『The Making of A Name』, Oxford University Press, 2004. 한국어판 『최고의 브랜드 네임은 어떻게 만들어지는가』, 김앤김북스, 2006. 제1장 브랜드 네임의 유형에서는 다양한 네이밍 기법들을 설명한다. — 옮긴이

런 후에 측정되어야 한다.

물론 우리는 확장 카테고리와 연관된 가치들이 브랜드의 가치들과 충돌할 때 또는 확장을 실행하는 것이 위험하다고 알려져 있을 때, 희석 위험을 피하기 위해 더 많은 신중을 기해야 한다. 결국 그 실행은 소비자가 보는 부분이다.

시장이 진정으로 매력적인가?

브랜드 확장에서 평가하는 첫 번째 것은 확장이 아니다. 그것은 카테고리의 시장 매력도이다. 브랜드 확장을 평가하는 일에서 핵심 문제는 해당 카테고리의 고유한 가치이다. 그 후에 우리는 이것을 비즈니스와 브랜드 관점에서 검토한다. 이는 우리가 카테고리의 현재뿐만 아니라 미래까지도 고려하고 있다는 사실을 전제로 한다. 확장은 하룻밤에 생기는 사건이 아니며 새로운 시장에 투자하려는 욕구의 시작을 나타낸다. 확장 자체는 단지 발판인 것이다. 따라서 기존 강점, 위협, 기회들을 실질적으로 분석하는 것이 필요하다. 이것은 분명하게 전통적인 SWOT 모델에 들어맞는 것이다.

기회들은 카테고리에서의 성공 요인들과 유형적인 그리고 무형적인 조직의 핵심 역량들 간의 관계로부터 비롯된다. 또한 그 가치들에 따라 카테고리를 세분화할 수 있는 브랜드의 능력, 또는 다른 말로 진정으로 적실성 있는 차별화를 창조하는 능력으로부터 비롯된다. 전략적 분석은 경쟁의 미래와 조직의 상대적인 강점 또한 분석한다. 시장으로의 진입이 경쟁적인 반발을 촉발할 것인가? 만약 그렇다면 얼마나 클 것인가? 이 질문에 대답하기 위해서는 경쟁자들에게 카테고리가 갖는 중요성을 평가하는 것이 필수적이다.

반복하면, 브랜드가 확장할 수 있다는 사실이 확장을 해야 한다는 것을 의미하지는 않는다. 미래의 경쟁과 그 카테고리에서 중요한 플레이어로 남아 있는 데 필요한 비용들(혁신율, 출시율, 마케팅과 판매 투자 등)을 고려해야 한다. 확장은 내부적인 행위가 아니다. 그것은 지속가능한 우위점을 제공해야 한다. 예를 들어 많은 식품 회사들이 냉동 피자를 출시할 생각을 해왔다. 그러나 그들이 뷔토니

Buitoni나 맥케인McCain으로부터 진열 공간을 빼앗아오거나 또는 그들 자신의 진열 공간을 지키기 위해 다음에 무엇을 할 것인가? 중기적으로, 누가 가장 자주 혁신을 하기에 가장 좋은 포지션에 있는가? 표 11.8은 다기준 전략 분석 평가를 제시한다.

자원의 문제

앞에서 언급한 것처럼 확장 실패의 주된 요인은 출시에 필요한 자원들의 결핍이다.

확장을 혼자서 실행해야 하는가? 파트너십과 라이센스

수많은 기업이 확장에 필요한 많은 새로운 역량들을 동시에 모두 갖춘다는 것은 어려운 일이다. 많은 기업들이 제휴alliance를 선호하는 것도 이 때문이다.

- 아메리칸 제너럴 밀즈American General Mills와의 기술적인 파트너십을 추구하기로 결정한 후 네슬레Nestle는 유럽에서 켈로그Kellogg's를 상대로 한 전쟁에서 승리했다.
- 웨이트 와처스Weight Watchers의 반조리 식품 카테고리로의 확장은 이 분야의 리더인 플러리 미숑Fleury Michon과의 공동 브랜딩에 합의함으로써 가능했다.
- 에비앙Evian은 코카콜라에게 미국에서 에비앙 제품의 유통을 요청했다. 에비앙의 핵심 브랜드는 시급히 이용가능성을 높여야 했다. 또한 에비앙은 존슨 앤 존슨에게는 전 세계적 차원에서 에비앙 어피니티Evian Affinity(화장품 라인)의 개발과 마케팅을 요청했다.

확장 평가를 위한 전략적 매트릭스에서 그 기준 가운데 하나는 이런 확장 제품을 생산할 수 있는 기업의 능력과 관련이 있다. 물론 확장을 기업이 스스로 생산할 수 있는 카테고리들로 제한해야 한다고 말하는 것은 아니다. 마스Mars는 아이스크림에 전문적 지식을 갖고 있지 않았고, 이 카테고리의 구매자에 관한 어떤

| 표 11.8 | 확장 전략 평가표

	확장 1	확장 2	확장 3
성장하는 시장인가?			
그 성공 요인들이 우리의 강점들과 밀접한 것인가?			
브랜드 자산이 전이될 수 있는가?			
브랜드 자산이 이 시장에서도 여전히 자산인가?			
확장이 브랜드 에쿼티에 긍정적인 영향을 줄 것인가?			
경쟁자들의 입지는 얼마나 견고한가?			
얼마나 빨리 모방될 수 있는가?			
제품이 분명한 차별성을 갖는가?			
그것은 동기를 불어넣는 차이인가?			
기업이 생산할 수 있는가?			
일반적인 비용으로 생산할 수 있는가?			
유통업체들이 받아들일 것인가?			
브랜드나 기업 아이덴티티와 일치하는가?			
브랜드나 기업의 현재 고객들을 이용하는가?			
브랜드나 기업의 포지셔닝과 일치하는가?			
다음에서 있어 기업의 전문성을 이용하는가?			
– 생산?			
– 광고?			
– 물류?			
– 판매 인력?			
– 소매 입지?			
– 가격 책정/프로모션?			
기업의 수익성 목표를 충족하는가?			
기업이 경쟁을 지탱할 수 있는가			
(경쟁하는 데 필요한 재무적 자원들을 갖고 있는가)?			

지식도 없었다. 그에 따라 마스는 마스 아이스크림의 생산을 하청주었고, 이것은 초콜릿 바 시장 밖으로의 첫 번째 주요 확장이었다. 모든 까샤렐Cacharel 확장들은 라이센스에 기초한다. 하이퍼마켓 란제리 부문의 플레이텍스Playtex, 향수 부문의 로레알L' Oreal, 아르놀포 디 캄비오Arnolfo di Cambio가 만든 가정용 아이템 등이 여기에 해당한다. 2004년 까샤렐의 총매출 3500만 유로 가운데 로열티(확장)가 차지하는 부분은 760만 유로였다.

라이센스는 확장이 생산, 물류, 유통에 전혀 경험이 없는 카테고리들로 신속하게 이동할 수 있도록 한다. 몇몇 유명한 브랜드들famous brands은 결코 브랜드 자신의 제품을 생산하거나 유통시키지 않는다. 하지만 그 대신에 지역적인 하위 라이센스sub-licences와 함께, 생산과 유통 라이센스를 토대로 해서 그들의 존재를 통해 운영된다. 그러면서 디자인, 크리에이션, 전략적 마케팅, 그리고 커뮤니케이션에 대한 통제권을 보유한다.

전통적인 실행 실수들

나중에 가서는 모든 확장의 성공이나 실패에 대해 쉽게 설명할 수 있다. 문제는 모든 결정이 불확실한 시기에 만들어진다는 것이다. 브랜드 확장은 신제품 출시와 매우 유사하고, 잘 알려진 것처럼 대부분의 제품 출시는 실패한다. 그러나 신제품을 출시하는 것은 경쟁 우위를 유지하는 데 필수적이다.

모든 관리자들은 브랜드 확장 과정에서 가장 어려운 문제가 브랜드를 얼마나 멀리 스트레치할stretch 수 있는가라는 점을 알고 있다. 이 점을 분명히 해두자. 멀리 나간다는 것이 그 자체로 끝이 아니다. 그러나 성장 시장에 속해 있어야 한다. 사실 역설적으로 브랜드의 한계를 드러내는 것은 브랜드 확장이다. 확장이 시도되기 전에 조사는 언제나 어느 정도 모호하다. 향수 비즈니스에서 실패했을 때 빅Bic은 자사의 한계점들을 알게 되었지만 동시에 강점들도 알게 되었다.

혁신적인 기업인 빅Bic은 언제나 파격적인 혁신들로 성공을 거두었다. 이전에 빅이 시원한 면도를 위한 일회용 면도기 세그먼트를 창조함으로써 질레트Gillette를 상대로 감히 싸움을 벌일 것이라는 생각을 그 누가 했겠는가? 빅의 경영진은 젊은 세대들 사이에서 적어도 10% 정도는 실제의 자연스러운 품질을 가진 향수를 높이 평가하는 신세대 유형이 있을 것이라고 생각했다. 그리고 유머스러운 저비용의 미니멀리스트적인 포장 덕분에 더 저렴하게 만들어졌다. 불행히도 그 제품은 이탈리아에서는 잘 팔렸지만 전 세계적으로 빅이 정한 수익 목표를 달성하지 못했다. 성공이나 실패는 오직 일련의 정해진 목표들에 따라 상대적인 것이다. 이 경험을 통해 빅의 경영진은 무형적 가치들이 향수 구매의 원동력이며 그리고 가장 중요하게는 그 브랜드에 감각적인 무형적 혜택들을 제공하도록 요구할 수는 없다는 것을 알게 되었다.

똑 같은 것이 유니레버Unilever의 베스트셀러인 마가린 비켈Becel에도 들어맞는다. 희망했던 만큼 광범위하게 브랜드를 확장하는 데 실패한 후(kapferer, 2001) 이 브랜드는 언제, 어떤 조건에서, 어떤 종류의 소비자들이 진정으로 콜레스테롤이 낮은 스프레드를 원하는지 알게 되었다. 다른 확장 시도들은 적실성이 있는 것처럼 보였지만 이런 확장 카테고리들에서 구매 동기들을 충분히 깊이 있게 파헤치지는 않았다. 비켈Becel 기반의 초콜릿은 이성적으로는 매력적으로 보이고 이치에 맞다. 그러나 현실에서는 구매되지 않았다. 초콜릿 구매는 탐닉이라는 동기의 지배를 받는다. 즉 자신의 건강을 걱정하는 사람들조차도 때때로 진정한 즐거움을 맛보기 위해 자신들의 문제를 잊는다는 것이다.

브랜드 확장은 브랜드의 미래와 브랜드 자본 모두를 다루는 전략적인 절차이다. 그것은 잠재력에 대한 믿을 만한 방법론과 연구가 왜 필요한지를 설명하는 매우 까다로운 활동이다. 확장의 길에는 함정이 있기 마련이며, 우리는 그 함정들을 지금 연구할 것이다.

브랜드의 제한된 비전

많은 기업들이 자사의 브랜드에 대해 매우 제한된 비전을 갖는다. 기업들은 브랜드를 서술적인 이름에 지나지 않는 것으로 여긴다. 그에 따라 브랜드 확장 프로그램은 주요 제품의 몇 가지 변형으로 제한될 수밖에 없다. 처음에 오랑지나Orangina가 포도grapefruit의 높아진 인기로부터 혜택을 얻는 것을 막은 것도 이런 브랜드의 개념이다. 오랑지나가 오직 오렌지만을 의미한다는 생각에 집착해 이 브랜드는 스스로를 이 성장하는 수요로부터 단절시켰다. 젊은 소비자들은 보수적인 성향이 훨씬 덜하다. 그들에게 오랑지나는 시원한 소프트음료를 나타낼 뿐이며, 그것을 오직 한 가지 맛으로 한정짓지 않는다. 팜올리브Palmolive는 비누, 셰이빙폼, 주방용 세제 어디에도 올리브 추출물을 함유하고 있지 않다. 사실 팜올리브 브랜드는 그것을 뒷받침하는 의미론적인 연상 단어들을 제거한다. 즉 팜올리브를 생각할 때 올리브를 떠올리지는 않는다.

이것이 '올리브olive'라는 단어의 존재가 완전히 중립화된다는 것을 의미하는가? 그 단어가 의미하는 것이 억제되는 것은 사실이지만 여전히 브랜드 깊은 곳에 잠재적인 가능성으로 남아 있다. 팜올리브는 그 이름에 올리브와 연결된 비전을 담고 있다. 올리브라는 브랜드는 그 이름이 들어간 제품들의 객관적이고 주관적인 특성들로 자신을 에워싸고 있다. 이러한 제품들에 올리브 추출물이 들어가 있을 필요는 없다. 브랜드를 위한 확장 프로그램을 형성하는 것은 올리브의 의미이지 그 물리적 존재가 아니다.

기회주의와 아이덴티티 비일관성

'라이트light' 식품 분야의 붐을 인식하면서, 많은 기업들이 그 분야로부터 수익을 얻기 위해 뛰어들었다. 그러나 상당수는 잘못된 움직임이었으며, '하이네켄 라이트Heineken Light'가 없는 것도 그 때문이다.

라이센싱 기회들이 많이 있는 럭셔리 제품 시장에서는 확장이 수없이 많다. 그에 따라 우리는 니나 리치 부티크Nina Ricci boutique에서 도자기와 수저류cutlery를 발견할 수 있다. 니나 리치는 그런 확장에 적절한 브랜드가 아니다. 에르메스 Hermes에게 올바른 것이 반드시 니나 리치에게 올바른 것은 아니다. 니나 리치의 아이덴티티는 처녀인 여성의 이미지에 기초하고 있는 데 반해 도자기는 안주인, 지위 높은 귀부인의 사회적 세계에 속하는 것이 때문이다. 그것은 사회적 지위에 바탕을 두는 에르메스Hermes나 디오르Dior 같은 브랜드 또는 유혹에 바탕을 두는 입생로랑Yves Saint Laurent 같은 브랜드와 맞는 것이다. 그것은 니나 리치의 아이덴티티와 그 세계와는 일관되지 않는다.

진부한 제품의 함정

매우 단순하고 평범한 제품 카테고리를 선택하는 것은 브랜드가 카테고리를 세분화하고 자신의 자취를 남기는 것을 가로막는다. 브랜드는 오직 상상의 후광 imaginary halo으로서 그 이름을 덧붙일 수는 있지만 어떤 특이한 방식으로 제품을 변화시킬 수는 없다. 단기적으로 이런 확장은 잘 알려진 브랜드 네임과 뛰어난 품질의 약속에 의해 유인된 소비자들로 인해 추가적인 매출 증가를 가져올 수 있다. 하지만 중기적으로 그것은 브랜드를 약화시킬 수 있다. 그 브랜드 네임이 들어간 결과로서 그 부가가치가 즉각적으로 명확하지 않은 제품에 브랜드를 덧붙이는 것은 브랜드 확장을 인위적이고 상업적인 행위로 만든다. 진정한 브랜드는 그 이미지가 제품의 특성들 속에 내장되어 있다.

진부한 제품의 카테고리는 질적인 차이의 구축을 허락하지 않는다. 그래서 빅 브랜드big brand는 그것의 모든 잠재력과 지식을 이용할 수 없다. 예를 들어 톰슨 Thomson이 가전제품들을 팔려고 했을 때 톰슨 인더스트리(레이더, 무기, 전자)의 이미지로부터 혜택을 보지 못했다.

럭셔리 제품의 사례: 라이센스 그리고 액세서리

샤넬Chanel 티셔츠와 가르뎅Cardin 담배도 이런 신드롬의 예가 되는가? 빅 시 그너처들big signatures은 라이센싱 협정을 통해 손수건, 양말, 담배 등과 같은 평범한 카테고리들로 확장한다. 다른 손수건과 가르뎅 손수건 사이의 유일한 차이는 브랜드 네임이다. 그 가르뎅 버전은 모티프motif를 통해 브랜드를 나타내고, 소비자들은 그것을 마치 사람들이 종교적인 심벌이나 선거 기간 동안 지지 후보자의 로고를 착용하는 것처럼 충성의 표시sign로서 착용한다. 그것은 어느 브랜드나 시계를 채택하는 이유이기도 하다. 시계는 시간을 보여주면서 브랜드를 나타내는 매개체로서 역할을 한다.

이미 말했듯이 브랜드는 부가적additive이다. 브랜드는 그 자신의 속성들의 총합이다. 샤넬Chanel에게 있어 장기적인 위험은 그들의 티셔츠가 샤넬의 속성으로 여겨지게 될지도 모른다는 것이다. 중국에서 생산되고, 범용적이지만 높은 가격에 팔리는 이 제품들이 럭셔리 브랜드들의 지나침을 일깨울지도 모른다. 그리고 그 티셔츠가 정확히 샤넬 룩Chanel look을 갖고 있지 않는 사람들이 입는 평범한 옷이라는 사실을 받아들여야 할 것이다. 매우 광범위한 옷의 유통은 이 브랜드 아이덴티티의 중추적인 특성 중 하나인 그 고상함의 보증에 해가 될 수 있다.

브랜드가 모든 방향이 아니라 담배, 손수건, 타이, 그 밖의 다양한 액세서리 같은 진부한 제품들로 확장할 때 브랜드의 자본 자산capital asset은 고갈된다. 가르뎅Cardin은 이런 현상의 전형이다. 이름이 모든 종류의 제품들에 붙여지면 오늘날 자동차에서 맥주에 이르기까지 모든 것에 사용되는 '디럭스de luxe'라는 단어처럼 중요하지 않은 것이 된다. 그렇지 않다면 모든 '기본적인cardinal' 방향으로 확장함으로써 브랜드를 소진시키는 것이 가르뎅이 가진 계획의 일부였는가?

보완성은 보증이 아니다

브랜드 확장의 묘지graveyard*에는 아무런 위험이 없다고 여겨졌던 확장들이 흩어져 있다. 판자니Panzani 토마토 소스를 판매하려던 판자니 파스타의 노력은 실패로 끝났다. 그러나 훌륭한 파스타 요리에 필수적으로 곁들여지는 소스를 팔려는 유혹은 쉽게 이해할 수 있다. 수프 브랜드인 캠벨Campbell은 스파게티 소스를 출시하는 것이 매우 자연스러운 일이라고 여겼다. 이는 그 선도 제품 중에 토마토 소스를 포함하고 있는 이 브랜드에게는 분명한 것처럼 보였다. 그러나 그 출시는 실패로 끝났으며 프레고Prego라는 이름으로 다시 출시되었다. 이와 비슷하게 비켈Becel 마가린은 결코 비켈 오일을 출시할 수 없었다.

따라서 확장의 가능성을 결정하는 것은 제품 자체가 아니라 브랜드의 핵심 아이덴티티와의 적합성이다. 바릴라Barilla는 판자니Panzani가 성공하지 못했던 곳에서 성공을 거두었다. 그리고 그것은 판자니의 경영진이 무능력했기 때문은 아니다. 바릴라가 지닌 순수한 이탈리아다움Italianness이 그 확장을 정당화했다. 이와 비슷하게 라코스테Lacoste는 테니스 라켓을 판매하지만 그 줄을 판매하지는 않는다. 줄은 언제나 매우 빨리 닳아서 못쓰게 되고 플레이어를 실망시킨다. 내구성을 내세우는 브랜드 가운데 어느 것도 그런 제품에 자신의 이름을 넣는 것을 원치 않을 것이다.

브랜드 위험 이해하기

어떤 확장들은 어쩔 수 없는 위험들을 포함하기도 한다. 최악의 시나리오는 언

---

* '묘지 모델graveyard model'은 영 앤 루비캄Young & Rubicam에 의해 개발된 브랜드 인지도에 대한 측정치로 재인도 대비 회상도를 구하여 좌표상에 표시한 모델이다. Aaker(1996)에 의하면 일반 소비재 브랜드의 인지도를 특정하여 좌표상에 표시할 경우 일정 지점까지는 x값이 증가할수록 y값이 증가하지만 그 이후에는 기울기가 급격히 감소하는 곡선을 나타낸다. 이 곡선에서 벗어나는 예외 집단 가운데 하나가 바로 묘지graveyard 집단이다. 즉, 이 집단에 속하는 브랜드들은 소비자가 알고는 있으나 구매고려 브랜드로 떠오르지 않는 것이다. David A. Aaker, 『Building Strong Brands』, The Free Press, 1996. — 옮긴이

제나 일어날 수 있다. 이는 피셔 프라이스Fisher-Price가 모든 유혹에도 불구하고 육아child-care 제품 시장으로 진출하지 않았던 이유이다. 이 제품 시장은 피셔 프라이스 브랜드와 일관성을 갖고 있었지만 이런 제품들에는 사고가 빈번하며, 그 결과로 인한 부정적인 이미지는 다른 브랜드 활동에 원하지 않는 영향을 줄 수 있었다.

왜건 리츠Wagons-Lits 그룹은 엘리트층을 타깃으로 하는 고급 여행 시장에 진출하기로 결정하면서 에르메스Hermes의 이름을 빌리려 했다. 하지만 결국 에르메스는 그 제안을 거절했다. 서비스 부문, 특히 여행 세계의 예측할 수 없는 요소들이 그 브랜드를 원치 않는 위험들에 노출시킬 것이기 때문이다. 포부르 쌩또노레Faubourg St Honore의 매장에서 일어나는 일은 효과적으로 통제할 수 있어도 티벳의 호텔에서 일어나는 문제에 대해서는 무기력할 것이다.

부정적인 환기를 예측하지 않는다

심리적인 수준에서 브랜드 확장은 3가지 가설을 가정한다. 첫째, 브랜드와 연결된 긍정적인 연상들은 신제품에 전이될 것이다. 둘째, 부정적인 연상은 전이되지 않을 것이다. 셋째, 브랜드의 긍정적인 특성들은 신제품들과 연결될 때 부정적으로 변하지 않을 것이다. 시장 조사의 목적은 이런 가설들을 입증하는 것이다. 커뮤니케이션의 역할은 둘째와 셋째 가설들이 계속 진실이 되도록 보장하는 것이다.

따라서 콜게이트Colgate나 시그널Signal 추잉검의 컨셉은 무의식적으로 의약품 같은 맛이라는 느낌을 환기시킬 것이다. 이 속성은 치약과 연결될 때는 긍정적이 될 수도 있다. 그러나 추잉검과 연결될 때는 부정적이 된다. 더욱이 치과 위생을 위주로 한 커뮤니케이션에 초점을 맞추는 것은 실수이다. 그것은 그 상상된 맛에서 나오는 부정적인 연상들을 강화하는 역할만을 할 것이기 때문이다. 그와 반대로 커뮤니케이션은 추잉검의 맛과 민트 맛의 즐거움을 강조하는 것이어야 한다. 따라서 커뮤니케이션은 브랜드의 부정적인 측면들의 전이 위험을 차단하는 것을 돕는다. 이는 다이어트 코크가 그 맛을 강조하는 이유이기도 하다.

불충분한 투자의 유혹

광고 비용은 너무 많은 브랜드에 지원될 수는 없으며, 따라서 브랜드 포트폴리오가 정비되어야 한다. 더욱이 브랜드가 이미 알려져 있기 때문에 새로운 브랜드 출시 비용과 비교해 확장 커뮤니케이션에 불충분한 투자를 하는 것이 정상인 것처럼 보인다. 피컴(Peckham, 1981)의 지도로 닐슨Nielsen이 수행한 분석은 소비재 시장에서 그런 태도가 지닌 위험을 설명한다(표11.5 참조).

닐슨Nielsen은 3가지 세그먼트, 바디 케어, 식품, 위생에서 115가지 신제품 출시를 조사했다. 그 결과는 2년 안에 자체 이름으로 출시된 신제품들은 기존 이름으로 출시된 제품들의 시장 점유율의 2배를 획득하는 것으로 나타났다(바디 케어에서는 6.7% vs 3.3%, 식품에서는 6.5 vs 1.9%). 브랜드 확장은 실수인 것인가?

더 깊이 있는 분석에서 이런 실적 차이의 진정한 이유가 나타난다. 자체 이름으로 출시된 제품들은 브랜드 확장에 쓰인 예산의 2배에 이르는 출시 예산을 가졌다. 이런 편향bias을 제거하기 위해 분석가들은 비례적 기초 위에서 획득된 시장 점유율을 다시 계산했다. 그리고 그 결과는 두 가지가 같은 것으로 나타났다.

광고가 신제품을 숨길 때

잘 알려진 브랜드는 고객 반응과 테스트 마켓 시뮬레이션에서 나오는 예상 매출 수치를 극도로 신중하게 다뤄야 한다. 이런 연구에서 소비자들은 그들이 신제품을 다루고 있다는 것을 잘 인식하고 있다. 그러나 국내에서 확장을 출시하는 경우 많은 목표 고객들은 그것이 신제품인지 모를 것이다. 광고는 잘 보이지만 제품은 보이지 않는다. 이런 위험은 브랜드가 너무 친숙한 심벌이나 사람을 사용할 때 증가한다. 그런 경우 대중들은 더 이상 그 어떤 정보를 주는 메시지를 기대하지(따라서 듣지도) 않는다. 대중들은 브랜드의 모든 출현이 친근함의 강화이지 신제품의 발표는 아니라고 믿는다. 사실 사람들은 종종 잘 알려진 브랜드의 경우 실제로는 그 브랜드에서 만들고 있지 않는 제품들이 그것에 속한다고 착각한다.

이는 바로 앤드렉스Andrex가 영국 화장지 시장에서 크리넥스Kleenex에게 도전하기로 결정했을 때 그들에게 일어난 일이다. 공격 전술은 앤드렉스 이름의 가치들과 결합된 패밀리 사이즈 포맷의 개발이었다(Yentis and Bond, 1995). 테스트 마켓 시뮬레이션을 바탕으로 1160만 개의 판매가 예상되었다. 하지만 첫 해에는 오직 1000만 개만 판매되었다. 그 이유는 출시전에도 앤드렉스 화장지가 6%의 자발적 인지도와 60%의 보조 인지도를 가지고 있었다는 것이다. 따라서 이제품 사용자들은 (시뮬레이션과 테스트 마케팅에 참여한 소비자들과는 다르게) 새로운 출시를 알아채지도 못했다. 그에 따라 앤드렉스와 시장 모두에게 제품의 진정한 새로움을 강조하기 위해 두 번째 광고가 나가야 했다. 이 문제는 출시를 위한 커뮤니케이션 수단으로 언론만을 이용할 수 있을 때 악화된다.

확장을 기반으로 하는 비즈니스 모델
: 버진

대부분의 브랜드들의 경우 그 이름을 들으면 하나의 제품이나 서비스 이미지가 떠오른다. 나이키Nike 하면 신발, 다농Danone 하면 요구르트, 빅Bic 하면 볼펜, 클럽 메드Club Med 하면 휴양지가 떠오르는 식이다. 이는 놀라운 것이 아니다. 이들이 브랜드가 되기 전에는 단순한 제품이나 서비스로서 시작되었다. 버진Virgin은 예외이다. 어느 누가 이 브랜드를 오직 하나의 제품이나 서비스와 연관시키겠는가? 실제로 버진은 현재 200개의 회사와 그 브랜드를 위해 일하는 전세계 25,000명의 사람들로 구성된다. 버진은 70억 유로가 넘는 총매출을 올리며, 전 세계 톱 50의 브랜드 가운데 하나가 되었다. 이 브랜드가 운영되지 않는 국가들에서조차 버진은 유명한 브랜드이다.

버진은 1969년, 리처드 브랜슨Richard Branson이 다이렉트 레코드 판매업에 발을 들여놓으면서 시작되었는데, '메이저major' 유통업체들의 손을 거치지 않고도 많은 음악 그룹들이 일반 대중에게 다가갈 수 있도록 하는 것이었다. 버진 브랜드Virgin Brand의 DNA는 이미 이러한 설립 행동에 뚜렷이 나타나 있다. 브랜슨은 '잘못된false' 경쟁에 질식된 시장에서 기회를 찾은 것이다. 그는 보통 자신들에게 유리하도록 시장을 고착화시켰던 시장 리더들과 다르게 운영할 수 있는 방법을 스스로에게 물었다. 버진Virgin이라는 이름은 그것이 친근하고 현대적이며, 단지 음악 이외의 분야에도 적용될 수 있다는 이유로 선택되었다. 이 마지막 고려 사항만으로도 뒤따라 나올 비즈니스 모델을 예감하게 된다.

버진의 독창성은 그것이 전적으로 하나의 무형적 '접착제glue'인 브랜드에 의해 결합된다는 사실에 있다. 이 브랜드 아키텍처가 엄브렐러 브랜딩umbrella branding인 이유도 여기에 있다. 매년 버진은 스스로 새로운 비즈니스에 뛰어들고 또 어떤 것에서는 손을 뗀다. 리처드 브랜슨은 다음에 나오는 분야들로 브랜드를 확장했다(그리고 이어서 몇몇 부문에서는 손을 뗐다).

- 최초 비즈니스: 우편 주문(1969).
- 레코드: 버진 레코드Virgin Records(1973년 라벨이 만들어졌고, 1992년 EMI에게 매각되었다).
- 라디오: 버진 라디오Virgin Radio.
- 비디오게임: 버진 게임Virgin Games (1983).
- 유통: 버진 비전Virgin Vision (1983), 버진 메가스토어Virgin Megastores (1988), 예비 신부들을 위한 버진 브라이드Virgin Bride (1996).
- 화장품: 버진 바이Virgin Vie.
- 음료: 버진 콜라Virgin Cola, 버진 보드카Virgin Vodka(1994).
- 컴퓨터: ICL 후지쯔ICL Fujitsu에서 제조된 PC(1996), 인터넷 어플라이언스 네트워크Internet Appliance Network에서 제조된 인터넷 단말기(2000).
- 항공 수송: 버진 애틀랜틱 항공Virgin Atlantic Airways (1984), 버진 카고 Virgin Cargo (1984), 버진 익스프레스Virgin Express.
- 철도 수송: 버진 레일웨이Virgin Railways (1997).
- 여행: 버진 홀리데이(Virgin Holidays (1995), 여행사, 버진 선Virgin Sun.
- 호텔과 펜션: 버진 호텔Virgin Hotels, (노년층을 위한) 버진 펜션Virgin Pensions.
- 재무 서비스: 버진 다이렉트 파이낸셜 서비스Virgin Direct Financial Services(전화 서비스, 1995), 버진 뱅크Virgin Bank.
- 인터넷: 버진 넷Virgin Net(1996).
- 유틸리티: 버진 파워 하우스Virgin Power House(2000): 수도, 가스, 전기.

| 그림 11.11 | 버진의 확장 모델

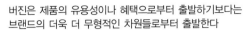

버진은 제품의 유용성이나 혜택으로부터 출발하기보다는
브랜드의 더욱 더 무형적인 차원들로부터 출발한다

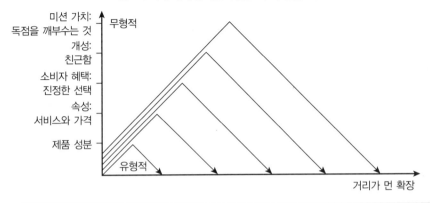

어떤 면에서 버진은 하나의 이름과 일련의 가치들을 공유하는 독립적인 회사들로 구성되는 수평적 구조의 거대 기업인 일본의 게이레츠keiretsus(계열)와 같다. 하나의 브랜드는 어떻게 특정한 경쟁력 없이 그리고 최소한의 투자로 수많은 방향으로 뻗어나갈 수 있는가? 물론 이 브랜드가 명백하게 유사성이 없는 확장들로 더 광범위하게 뻗어나가면 나갈수록 무형적 연결intangible link은 더욱 더 요구된다(그림 11.11 참조). 그리고 이런 연결은 버진 브랜드의 가치들로 이루어진다. 그것의 확장은 실제로 버진 브랜드의 가치들을 공유하는 독립적인 회사들로 이루어진 가족을 형성한다.

브랜슨은 그의 확장을 위한 자금을 조달하는 데 있어 보통 자신의 투자를 최소화하기 위해 적당한 파트너들의 지원을 받는다. 이것이 자신이 지배 주주가 되지 않는 것을 의미한다고 해도 말이다. 그에 따라 파트너는 그 부문의 노하우, 자금, 기업가적 에너지를 제공한다. 예를 들어 영국의 버진 메가스토어Virgin Megastores는 75%가 스미스 그룹W H Smith group 소유이다. 이와 유사하게 버진 보드카Virgin Vodka는 브랜슨과 50/50의 파트너십으로 윌리엄 그랜트William Grant가 제조하고 유통시킨다.

버진은 새로운 비즈니스들이 '탄생 선물birth gift' 로서 세계적인 브랜드로 시작할 수 있게 하면서 필요한 광고 지출을 현저하게 줄이고 있다. 이는 특히 브랜슨이 전 세계를 도는 기구 여행이나 버진 콜라Virgin Cola 출시를 축하하기 위해 패튼 탱크Patton tank를 타고 뉴욕시 5번가를 달리는 것과 같은 반복적인 홍보활동들이 주는 재무적 혜택을 잘 알고 있기 때문이다.

브랜슨은 또한 자신의 사업체들을 되팔고 있다. 그러나 오직 대중의 눈에 그것들을 가치 있게 만드는 것, 즉 그의 브랜드를 부가하고 난 후에 되팔고 있다. 예를 들어 프렌치 메가스토어French Megastores는 레가르데르Lagardere에게 팔렸으며; 버진 애틀랜틱 항공Virgin Atlantic Airways은 싱가포르 에어라인Singapore Airlines에게로 갔다. 물론 버진 브랜드는 그가 단독 소유인 버진 엔터프라이즈Virgin Enterprises의 재산으로 남아 있다.

버진의 확장은 그것이 진정으로 그 분야에 대한 전략적 분석을 기반으로 한다는 점에서 주목할 만하다. 그러나 더불어 다른 어떤 건전한 확장과 마찬가지로 버진의 확장은 고객들에게 단순한 이름 이상의 것을 전달한다. 즉 브랜드의 가치와 일관성을 유지하는 진정한 혁신을 나타내는 것이다. 그 이름이 매우 예언적으로 암시하는 것처럼 버진은 시장에 대해 새롭고 '혁신적인virgin' 접근을 취하고 '메이저' 들과는 다른 방식으로 운영하는 것을 목표로 한다. 버진은 반항적이며 외향적인 개성을 갖고 있다. 버진의 야심은 시장의 '빗장을 푸는' 것과 지배적인 시장 리더들 사이에서 무의미한 선택들을 하는 소비자들을 자유롭게 하는 것이다. 버진의 상업적 제안은 혁신, 품질, 재미이다. 그리고 그 결과는 모두 그 '열망적인 처녀 브랜드gis of an aspirational brand' 아래 더 젊은 대중과 가격 대비 더 나은 가치를 목표로 하는, 경쟁자들과는 전혀 다른 제품들이다.

결국 성공을 거두기 위해서는 모든 단계에서 혁신이 요구된다. 버진 애틀랜틱 항공은 사무실에서 출발하는 비즈니스 클래스 고객들을 위한 볼보 자가용 픽업 서비스, 그리고 도착 공항에서 욕실을 제공한 첫 번째 기업이다. 기내에서는 버진은 최초의 개인 비디오 스크린과 그 뒤를 이어 피로회복 마사지 등으로 혁신을 이루었다. 또 다른 예는 버진 콜라로, (1998년 버진이 인수한) 캐나다 회사 코트Cotts가 생산하는 뛰어난 맛의 콜라를 코크Coke보다 명목상 10~15% 낮은 가격으로 광범위한 유통을 통해 제공하는 것으로 혁신을 이루었다.

그러나 그 체계는 한계를 갖고 있다. 확장이 언제나 효과가 있는 것은 아니다 (이는 물론 버진뿐만 아니라 그 밖의 다른 회사들에게도 적용되는 사실이다). 영국의 영향권에서 벗어나면 벗어날수록 버진 브랜드는 더 약해지고 감동도 줄어든다. 이것은 뮤직과 엔터테인먼트 브랜드인 메가스토어Megastores와 연관된 높은 가시성visibility을 모든 나라의 젊은이들 사이에서 인지도와 공감을 창출하는 가장 주요한 도구로 만든다.

역설적으로, 버진의 실패가 그 비즈니스 모델에 손상을 준 것처럼 보이지는 않는다. 많은 브랜드들이 짐을 싸서 집으로 가는 상황에서 버진은 단순히 어디로든 확장을 계속한다. 결국 때때로 골리앗들에게 패배한다고 해서 다윗을 비판해야 하는가? 적어도 버진은 노력했다. 그러나 이 브랜드와 비즈니스 모델이 영원토록 지속될 수 있는가? 너무 빈번한 확장 실패를 겪는다면 그럴 수 없다. 실패들에 대한 분석은 확장이 부적절했던 경우를 보여준다.

- 단지 경쟁만을 더 부추기는 결과를 낳았을 때. 이는 2000년 문을 닫고만 버진 클로딩Virgin Clothing에게 일어난 일이다. 런던은 이미 창조자, 반역자, 반순응자anti-conformist들로 혼잡하다. 매우 광범위한 가격대의 제품들로 세분화된 시장에서 버진이 무엇을 덧붙일 수 있겠는가?
  버진 콜라Virgin Cola의 경우도 마찬가지이다. 유럽에서는 이미 펩시Pepsi가 코카콜라Coca-Cola의 지배에 맞서는 역할을 하고 있다. 더욱이 복합 매장들도 이 브랜드를 들여놓지 않기로 결정했고, 그에 따라 대중에게 접근하는 것이 힘들어졌다. 의문점은 버진 익스프레스Virgin Express에 대해서도 제기된다. 버진 애틀랜틱 항공Virgin Atlantic Airways과 그것이 영국 항공British Airways을 상대로 벌이는 전투가 상징적인 지위를 나타낸다는 사실에도 불구하고 또 다른 저가 항공으로 라이언에어Ryanair와 경쟁을 시작하는 행동은 브랜드의 사명brand's mission과 연결되는 데 실패했다. 이 분야에서는 우세한 리더가 존재하지 않으며, 고객들은 덫에 걸려 있다는 느낌을 받고 있지 않다.

- 필요한 투자 규모가 약속의 성취를 장기적인 미래의 일로 밀어낼 때. 이것은 버진 레일Virgin Rail에게 일어난 일이다. 영국에서 통근 철도 분야로의 이 브랜드 진입은 통근자들의 일상생활에 아무런 실질적인 차이를 주지 않았다. 즉 더 나은 경험을 제공할 수 없었던 것이다. 실제로, 낡은 철도 차량과 제반 시설은 '있는 그대로' 민영화 기업에 넘어갔으며, 기적이 일어날 수 없다는 것을 확인시켜 주었다. 네트워크는 그렇게 빨리 바뀔 수 없는 것이다. 마찬가지로 1995년에 버진이 인수한 MGM 시네마와 관련한 수익성 문제는 그것의 브랜드 계약 중 하나인 실질적인 가격 인하를 가로 막았다.

리처드 브랜슨 없이도 버진 그룹이 성공할 수 있었을까? 그 창립자의 아우라, 미디어의 관심을 모으고 자신의 주위로 에너지와 투자자들을 집중시킬 수 있는 능력을 생각할 때 버진은 브랜슨 자신이라는 결론을 내려야 함이 분명해 보인다. 이것은 브랜드 강점이자 동시에 약점이기도 하다. 럭셔리 브랜드에서와 마찬가지로 브랜드는 오직 그 창립자의 상실과 함께 진정으로 시작된다는 것을 기억해야 한다.

12

Brand Architecture: Managing Brand and Product Relationships

브랜드 아키텍처: 브랜드와 제품 관계의 관리

왜 로레알L' Oreal은 그 전문 라인을 '테크니아트 바이 로레알Tecniart by l' Oreal' 이라고 부르는 대신 '로레알 테크니아트' Oreal Tecniart' 로 부르게 되었는 가? 왜 일본 기업들은 기업 이름과 같은 이름의 브랜드로 제품들을 판매하는가? 왜 도미닉스Dominicks, 까르푸Carrefour, 세인즈버리Sainsbury같은 유통업체들은 자신들의 스토어 이름을 제품 브랜드 이름으로 사용하며, 반대로 크로저Korger 는 왜 (최근 하나의 단일 이름one single name으로 바뀌기 전까지) 완전히 다른 스토 어 라벨을 사용하는가?

이런 모든 이슈는 브랜드-제품 관계Brand-Product Relationship와 관련 있다. 모든 기업들은 그들이 한 가지 제품만을 생산하는 것을 그만두는 시점부터 이를 해결해야 한다.

문제 해결이 힘든 이유는 브랜드가 가진 이중적 기능dual function 때문이다. 세계산업소유권기구는 제품의 출처를 보증하고 한 회사의 제품 또는 서비스를 다른 회사의 것과 구별하는 역할을 하는 이름이나 심벌로 브랜드의 법률적 정의 를 내린다. 그러므로 브랜드는 세계적으로 다음과 같은 2가지 기능을 갖는다.

- 제품을 다른 것들과 구별해주는 기능.
- 제품의 출처origin를 증명certify하는 기능.

그러나 시간이 지나 기업이 성장하기 시작하면 이 두 가지 목표를 동시에 달성하는 것이 힘들어진다. 필립스Philips는 자신들이 만든 TV에 기업 이름을 붙인다(일반적으로 기업 브랜딩corporate branding이라고 불리는 것이다). 그렇다면 예전 것보다 품질과 가격이 낮은 필립스의 또 다른 TV는 무엇이라고 불러야 하는가? 이둘을 구별하기 위해 필립스는 후자를 라디올라Radiola라고 했고, 그렇게 하면서그들은 그 제품의 출처에 대한 단서를 숨겼다. 반면 홀리데이인Holiday Inn은 초기에는 높은 등급의 호텔이라는 출처를 강조하기 위해 홀리데이인 크라운 플라자Holiday Inn Crown Plaza라고 부르는 것을 선호했다.

누구나 짐작하듯이, 제품의 복합화를 위해서는 먼저 제품에 어떤 체계로 이름과 심벌(엠블렘, 컬러 등)을 부여할 것인지를 생각해야 한다. 이 체계는 예상 소비자들이 쉽게 이해할 수 있는 방식으로 전체 제안offer을 명확히 하고 그것을 구성해야 한다. 그것은 또한 논리적이어야 하고, 기업의 모든 부서들이 이해하고 적용할 수 있는 규칙을 따라야 한다. 이런 체계는 단기적으로 매출과 제품 프로모션을 돕고, 중기적으로는 브랜드 자본의 구축을 돕는다. 마지막으로 그것은 모든신제품에 적용가능하고 지속될 수 있도록 제품 라인과 계열에서의 가능한 진화와 미래를 예측할 수 있어야 한다.

브랜드-제품 관계에 관한 6가지 구조적인 모델이 있다. 우리는 지금 그것들의장단점을 알아볼 것이다. 이런 모델들은 기업 자체와 기업 브랜드corporate brand, 기업이 촉진하는 많은 브랜드에 적용될 수 있으며, 그에 따라 그림 12.1에서와 같은 더 많은 변형들을 만들어낸다. 두 번째로 그 많은 개념과 모델들을 두고서 왜 많은 기업들이 이것 아니면 저것 혹은 혼합 모델mixed model을 선택하는지를 알아볼 것이다. 세 번째로 브랜드-제품 관계 그리고 브랜드의 개발에서나타나는 근본적인 실패와 기능 장애를 규명할 것이다. 다음 장에서는 기업이나시장에 있어 유지해야 할 적정 브랜드의 수에 관해 다룰 것이다.

브랜딩 전략

기업 전략들에 대한 분석은 브랜드와 제품(서비스) 관계의 관리에 있어 6가지 모델이 있음을 알려준다. 각 모델은 브랜드와 그 제품들과의 관계뿐만 아니라 브랜드에게 맡겨진 특정한 역할, 즉 그것의 지위를 나타낸다.

- 제품 브랜드Product Brand
- 라인 브랜드Line Brand
- 계열 브랜드Range Brand
- 엄브렐러 브랜드Umbrella Brand
- 소스 브랜드Source Brand
- 보증 브랜드Endorsing Brand

| 그림 12.1 | 브랜딩 전략들의 포지셔닝

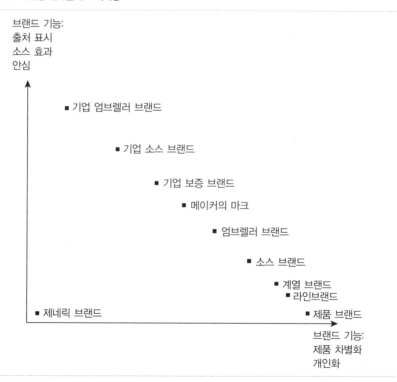

브랜드-제품 관계의 이 6가지 모델 각각에 대해 우리는 또다른 질문을 던질 수 있다. 브랜드 네임이 기업의 이름이어야 하는가? 아니면 그와 달라야 하는가?

이는 9개의 전형적인 아키텍처typical architecture를 만들어내는데, 브랜드의 2가지 필수 기능과 관련된 2차원 그래프(그림 12.1 참조)에 그 위치가 표시될 수 있다. 이 필수 기능은 출처(소스 효과)를 증명하거나 제품을 개인화하고 차별화하는 것이다.

브랜딩 전략과 브랜드 가치평가

브랜딩 전략은 형식적인 디자인 문제가 아니라 오히려 기업의 서로 다른 부문들과 제품 사이에서 창조되는 가치 흐름value flows을 결정하는 문제로 보아야 한다. 그러므로 중심 이슈는 브랜드offering에 대한 가치평가valuation이다.

비즈니스 앤젤business angels(개인 투자자)과 투자 펀드는 그것을 올바르게 이해해 왔다. 예를 들면 화장품 분야에서, 잘 알려진 브랜드들의 혼합된 바구니, 즉 '브랜드 하우스house of brands' 보다 '하우스 브랜드branded house' 의 매각 가치가 더 높다. 예를 들어, 가르니에Garnier는 '하우스 브랜드', 즉 가르니에 밑에 있는 브랜드들의 포지셔닝에 영향을 미치는 하우스만의 정신과 가치를 가진 하우스가 되었다. 사실상 가르니에는 그 자체로 특정한 아이덴티티를 가진 브랜드이다. 반면 SCAD는 도프Dop, 비벨Vivelle, 데상쥬Dessange 그리고 J L 데이비드J L David 같은 다양한 브랜드가 모인 '브랜드 하우스' 이다. SCAD는 단순히 상업적이고 마케팅적인 조직 구조이다.

화장품 분야에서 '브랜드 하우스' 는 수익의 6배 정도로 가치가 매겨지는 반면에 '하우스 브랜드' 는 주가수익률price earning ratio이 7이나 8이 되는 가치평가를 누린다. 마찬가지로 기업이 증권거래소에 상장되는 순간, 하위 브랜드 로고와 같은 모든 내부의 분리주의 경향들은 중단되어야 한다. 이전에 거의 문제가 되지 않던 것이 수용되기 어려운 것이 된다. 기업에 대한 시장의 평가는 기업이 그 계열 자회사와 하위 브랜드가 만드는 모든 가치의 원천들을 이용한다는 것을 전제로 하기 때문에 모든 가치 흐름은 주식 브랜드stock brand에 수렴되어야 한다. 브랜딩 전략을 포함해 기업 내부의 모든 것들은 이것에 기여한다.

| 그림 12.2 | 제품-브랜드 전략

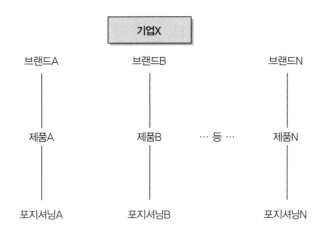

산업재 기업들은 이제사 그들의 수익성 측면에서 브랜드의 중요성을 높이 평가하기 시작했다.

제품 브랜드 전략

브랜드가 동시에 심벌symbol, 단어word, 대상object 그리고 컨셉concept이라는 것은 널리 알려진 사실이다. 브랜드가 심벌인 이유는 그것이 수많은 단면들을 지니고 있고 로고, 엠블렘, 컬러, 형태, 포장, 디자인 같은 비유적인 심벌들을 포함하기 때문이다. 브랜드가 단어인 이유는 제품에 관한 구두나 문자 정보를 제공하는 브랜드 네임이기 때문이다. 브랜드가 대상인 이유는 그것이 각각의 제품들을 다른 제품이나 서비스로부터 구별해주기 때문이다. 마지막으로 컨셉인 이유는 다른 심벌들과 마찬가지로 브랜드가 그 자신의 중요성, 다시 말해 의미를 전하기 때문이다.

제품 브랜드 전략product brand strategy은 오직 하나의 제품(또는 제품 라인)에 특정한 이름과 독점적인 포지셔닝을 부여하는 것이다. 이 전략의 결과는 각각의 신제품이 그에만 속하는 자체 브랜드 네임을 갖는 것이다. 그림 12.2에 묘사된 것처럼 기업들은 자신의 제품 포트폴리오와 일치하는 브랜드 포트폴리오brand portfolio를 갖게 된다.

이 전략의 사례는 아코르 그룹Accor Group이 정확하고 독점적인 포지션을 갖는 다수의 브랜드들multiple brands을 개발한 호텔 산업에서 찾을 수 있다. 여기에는 소피텔Sofitel, 노보텔Novotel, 스윗호텔Suit' hotel, 아이비스Ibis, 포뮬 1Formule 1, 모텔 6Motel 6가 있다. P&G도 이 전략을 자사의 브랜드 관리 철학의 상징으로 삼았다. 이 기업은 유럽 세제 시장에서 아리엘Ariel, 비질Vizir, 대시 Dash 같은 브랜드로, 비누 시장에서는 카메이Camay, 제스트Zest 같은 브랜드로 대표된다. 각 제품은 정확하고 잘 정의된 포지셔닝을 가지며, 특정 시장 세그먼트를 점유한다. 즉 카메이Camay는 매혹의 비누이고, 제스트Zest는 에너지의 비누이다. 아리엘Ariel은 스스로를 시장에서 가장 좋은 세제로 포지션하고, 대시 Dash는 중간 가격대에서 가격 대비 가장 좋은 품질을 가진 것으로 자신을 포지션한다. 2가지 모두 파우더, 액체, 조각형의 제품 라인을 개발했다.

식품 분야의 혁신 기업들은 새로운 전문 제품들을 만들어내며, 이 제품들은 개별적인 이름을 통해 구분된다. 그 결과 이 기업들은 대규모 브랜드 제품 포트폴리오brand product portfolio를 갖게 된다. 치즈회사인 봉그랑Bongrain은 생모레St Moret, 카프리스Caprice des Dieux 그리고 숌Chaumes 같은 10개가 넘는 브랜드를 갖고 있다. 미네랄워터 시장은 제품 브랜드로만 이루어져 있다. 비텔Vittel, 에비앙Evian 또는 콘트렉스Contrex를 찾는 소비자들은 이들 가운데 모호함이 없으며, 원하는 제품을 얻게 되리라는 것을 잘 알고 있다. 이런 경우 제품 이름인 브랜드는 아이덴티티의 엄격한 표시indication가 된다.

극단적인 예로 어떤 제품은 유사한 것이 없을 만큼 특별해서 제품이 더 이상 제품만으로 기능하는 것이 아니라 자신이 유일한 대표가 되는 제품 카테고리가 되기도 한다. 이런 현상은 브랜드 제품brand product의 약어인 '브랜덕트 Branduct(Swiner,1979)'로 묘사되었다. 그리고 실제로 이런 제품은 그들 브랜드 이름 외에는 어떤 방법으로도 지칭할 수 없다. 이런 예를 포스트-잇Post it, 베일리스 아이리쉬 크림Bailey's Irish Cream, 말리부 리큐르Malibu liqueur, 마스Mars, 바운티Bounty, 넛츠Nuts 등에서 찾을 수 있다.

그렇다면 어떻게 하나의 이름, 하나의 제품, 하나의 포지셔닝 간의 엄격한 관계가 오랜 기간 유지되는가? 첫째, 브랜드 확장을 이루는 유일한 방법은 제품을 새롭게 하는 것뿐이다. 제품이 그 위상과 포지셔닝을 유지하도록 하기 위해 아리엘Ariel의 제조법은 1969년 출시 이후 계속해서 발전해 왔다. 아리엘Ariel은 P&G로부터 최고의 기술적, 화학적 지원을 받았다(경쟁 제품인 스킵Skip이 유니레버Lever로부터 지원을 받은 것처럼)(Kapferer and Thoening, 1989). 이 기업은 종종 제품이 향상되었다는 것을 보여주기 위해 브랜드 네임에 숫자를 넣는다(대시Dash 1, 대시Dash 2, 대시Dash 3). 변화하는 소비자 습관을 따라잡기 위해 그 브랜드 네임은 다양한 포맷들(예를 들어, 패키지의 경우 패킷, 드럼, 파우더 또는 액체 형태)에 적용된다

그렇다면 기업들에게 제품 브랜드 전략의 이점들은 무엇인가? 하나의 시장에 집중하는 기업의 경우, 이 전략은 시장 전체를 차지하기 위한 공격적인 전략이다. 같은 시장에 다수의 브랜드를 투입함으로써(P&G는 4개의 세제 브랜드가 있다) 기업은 각기 다른 요구와 기대들을 지닌 많은 세그먼트를 점유하고, 그에 따라 더 큰 시장 점유율을 갖게 된다. 즉 카테고리 리더category leader가 되는 것이다. 그러나 이는 기업 이름이 숨겨진 것이 아니더라도 조심스럽게 유지되기 때문에 쉽게 드러나지 않는다.

몇몇 기업들은 배후에 그대로 남아 있기를 바라고, 오로지 그들의 브랜드에만 초점을 맞춘다. P&G, 유니레버Unilever, 마스터푸드Masterfoods, 베스트푸드Bestfoods는 잘 알려져 있지만 ITW의 경우는 그에 미치지 못한다. ITW는 일리노이 툴워크Illinois Toolwork를 의미한다. 10억 달러 규모의 이 기업은 인수합병을 통해 세계적으로 500개 이상의 회사를 소유하고 있다. 그것의 브랜드들은 건축 전문가들을 목표로 하고 있다. 목재 제품 브랜드는 파슬로드Paslode와 듀오 패스트Duo-Fast, 철강과 콘크리트 제품 브랜드는 스핏Spit과 뷰덱스Buidex로 불린다. 전문 작업자에게 매우 전문적인 도구를 제공하는 것이 목표이다. 세분화된 요구, 숙련공, 경로들을 상대하는 니치niche 브랜드 정책은 이 목표의 직접적인 결과이다. 목재를 다루는 사람들은 다른 재료로 일하는 사람들과 차별화되기를 바란다. ITW는 이런 욕구가 손상되는 것을 원치 않았다. 그리고 AS는 예를 들어, 보증자endorser로서 ITW 브랜드 자체를 성장시키려는 모든 유혹들을 뿌리쳤다. ITW의

성공은 정확히 그 반대편에 있다.

세그먼트들이 긴밀하게 연결되어 있을 때 제품마다 하나의 이름을 선택하는 것은 소비자가 다양한 브랜드들 사이의 차이를 더 쉽게 인식하도록 도와준다. 이는 제품 외형이 서로 닮아 있을 때에도 필요하다. 따라서 비록 모든 세제의 기본 원료가 같더라도 얼룩제거용, 합성섬유용, 색바램 방지용 또는 손빨래용 같은 그 제품의 주된 쓰임새에 따라 이 원료들의 비율은 다양할 수 있다. 니즈의 유형에 대한 특정 이름의 연상은 제품들 간의 물리적 차이를 강조한다.

제품 브랜드 전략은 포지셔닝을 선취하려는 혁신 기업들의 니즈에 맞춰진 것이다. 실제로 새로운 세그먼트에 가장 먼저 진출한 브랜드는 성공만 하면 시장에서 선점 우위를 누릴 수 있다. 그럼으로써 그 혁신 제품에 과난 명칭의 준거, 더나아가 절대적인 준거까지 될 수 있다. 그 브랜드 네임은 혁신에 특허권을 부여한다. 이는 성공이 모방을 촉진할 수 있는 시장에서 특히 중요하다. 제약 시장처럼 복제가 확실시되는 곳에서는 모든 신제품이 2개 이름으로 등록된다. 하나는 제품과 제조 공식, 다른 하나는 브랜드를 위한 것이다. 이로써 비록 같은 제조 공식을 가졌다 해도 미래의 복제 제품들은 다르게 보인다. 그 브랜드 이름(잔탁 Zantac, 타가메트Tagamet)의 정품성originality이 독점성과 법적 보호의 아우라를 제공하기 때문이다.

한편으로 법의 보호를 받기 어려운 곳에서는 위조품들과 복제품들이 가능한 비슷하게 이름을 모방함으로써 그 브랜드 네임의 잠재력을 이용한다. 이것이 거대 소매업체들이 자주 제품 브랜드, 더 정확히는 대응제품 브랜드counter-product brands를 사용하는 이유이다. 그렇게 포티니Fortini가 마티니Martini를 모방하고, 윕Whip이 스킵Skip을 모방한 것이다. 제조업체들은 자신의 다른 브랜드들이 판매진열대에서 추방되는 것을 두려워해 지금까지 유통업체들을 상대로 위조와 불법 모방에 대한 법적 대응을 주저해 왔다.

제품 브랜드 정책은 기업들이 새로운 시장에서 모험을 할 수 있게 한다. 액체 세제의 미래가 아직 불투명한 시기, P&G는 제품 브랜드, 즉 비질Vizir을 출시하는 쪽을 택했다. 아리엘 리퀴드Ariel liquid 이름으로 제품을 출시하는 것은 아리엘의 브랜드 이미지 자산brand image asset을 위태롭게 만들 수 있고, 대시Dash라는 이름으로 출시한다면 잠재적으로 강한 컨셉과 약한 브랜드를 연결하는 위험을 야기할 것이고, 그 때문에 제품이 빛을 잃고 마는 결과를 낳을 수 있었다. 코카콜라 역시 처음에는 다이어트 마켓을 시험하기 위해 탭Tab을 출시하는 쪽을 택했다.

제품 브랜드 정책은 브랜드 뒤에 있는 기업 이름이 사회에 알려지지 않기 때문에 결국 기업 이름과 브랜드 네임이 구별된다는 것을 의미한다. 이런 관행은 기업에게 상당한 운신의 자유를 주며, 특히 새로운 시장으로의 진입을 용이하게 한다. P&G는 1882년, 아이보리Ivory 비누를 시작으로 1911년, 감미료인 크리스코Crisco, 1926년, 칩소Chipso, 1933년, 세탁세제 드레프트Dreft, 1946년, 타이드Tide, 1950년, 주방세제 조이Joy와 1955년, 대시Dash, 1955년, 치약인 크레스트Crest, 1956년, 땅콩버터 지프jif, 1961년, 팸퍼스Pampers, 1963년, 커피 폴저스Folgers, 1965년, 가정용 휴지 바운스Bounce와 구강세정제 스코프Scope, 1968년, 프링글Pringle 감자칩, 1974년, 위생 냅킨 릴라이Rely 그리고 그 후의 올웨이즈Always(위스퍼Whisper)와 서니 딜라이트Sunny Delight로 확장해 갔다.

각 브랜드는 서로 독립되어 있기 때문에 그 중 하나가 실패를 한다 해도 다른 브랜드나 기업에 악영향을 끼칠 가능성은 없다(이는 기업 이름이 비교적 대중에게 알려져 있지 않고, 다른 브랜드 네임들과 확실히 구별될 경우이다).

마지막으로, 유통도 또한 이 전략에 매우 호의를 보인다. 소매업체가 기업에게 내주는 진열 공간은 기업이 가진 (강한) 브랜드들의 숫자에 달려 있다. 브랜드에 많은 제품이 속해 있을 때, 소매업체는 몇몇 제품은 들여놓고 몇몇은 들여놓지 않는다. 하지만 제품 브랜드의 경우는 한 브랜드에 한 가지 제품이나 제품 라인 밖에 존재하지 않는다.

제품 브랜드 전략의 단점들은 본질적으로 경제적인 것이다. 위험은 적지만 비용은 더 많이 드는 전략이다. 사실상 제품 브랜드 전략은 겁많은 이들을 위한 것이다.

실제로 신제품 출시는 종종 신규 브랜드의 출시이다. 오늘날의 미디어 비용을 고려할 때 이는 광고와 프로모션에 상당한 투자를 수반하는 것이다. 더불어 그 미래가 불투명한 신제품이 갖는 위험을 감수하려고 하지 않는 소매업체들이 제품을 들여놓는 경우는 높은 납품수수료listing fee를 보장받을 때 뿐이다.

점점 더 좁은 세분화로 인한, 시장에서의 제품 브랜드의 증가multiplication는 신속한 투자 회수의 가능성에 상당한 무게를 둔다. 그런 투자(연구개발, 기구, 판매와 마케팅 비용)를 정당화하는 데 필요한 규모는 제품 브랜드 전략을 성장 시장의 가장 이상적인 전략이 되게 한다. 성장 시장에서는 작은 시장 점유율이라도 큰 규모를 의미할 수 있다. 시장이 포화 상태일 때는 이러한 가능성은 사라진다. 다른 한편으로 안정된 시장에서는 가끔 혁신을 가지고 기존 브랜드를 강화하는 것이 자체 이름으로 출시함으로써 제품 브랜드의 지위를 갖게 하는 것보다 이로울 수 있다.

　　제품 브랜드 간의 방화벽 역할은 위기 상황에서는 매우 중요하지만 일반적인 상황에서 같은 이름으로 출시된 다른 제품들이 만들어내는 긍정적인 확산 효과로부터 혜택을 받는 것을 가로막는다. A 브랜드의 성공은 제품 B, C, D 등이 A와 이름이 다르고 어떤 연관성도 갖지 않기 때문에 이 제품들에 별 도움이 되지 않는다. 우리가 확인할 수 있듯이, 이 전략에서 기업은 브랜드에게 완전히 개별적이고 고유한 기능을 부여하면서 그 출처에 대해 어떤 힌트도 주지 않는다. 새로운 제품들은 기존 브랜드의 유명세나 그 브랜드로부터 얻을 수 있는 경제성으로부터 어떤 혜택도 누릴 수 없다. 반면 이런 이점은 그 브랜드 뒤에 있는 기업의 이름이나 성공이나 실패에 관한 그것의 명성을 잘 아는 유통업체들 사이에서 어떤 역할도 하지 않는다.

　　'브랜덕트Branduct'의 경우는 더 두드러진다. 이것들은 스스로 전체 제품 카테고리를 대표하기 때문에 2배의 광고비용을 투자해야 한다. 위스키 브랜드는 소비자가 사고 싶을 때 브랜드를 떠올릴 수 있도록 스스로를 위스키 제품 카테고리와 연관시키기만 하면 되지만 셰리던Sheridan, 말리부Malibu 또는 베일리스Baily's 같은 제품들은 제품 카테고리라는 안전장치에 의존할 수 없다. 그러므로 이런 제품들에는 지속적인 자발적 인지도가 필요하다. 결국 소비자는 베일리스를 생각할 수도, 생각하지 않을 수도 있다(생각하지 못할 때는 판매 가능성이 0이다). 더 나아가 브랜덕트들은 카테고리별 진열 공간의 부족으로 고립되고, 그 때문에 진열대에서 소비자들의 관심을 끌 수 없어 고전한다. 이런 현상은 브랜드 제품의 명성만이 그들의 유일한 강점이 되게 한다. 기업이 침체기를 맞게 되면 이 제품들은 기업의 예산 삭감 대상 1호가 된다.

라인 브랜드 전략

데그러드 라보와뜨와Deglaude Laboratories는 폴텐Foltene이라는 제품 브랜드를 출시했다. 모발 재생이라는 단일 혜택과 관련된 단일 제품이다. 강력한 TV 광고 캠페인은 시장에 일대 혁신을 몰고 왔고, 폴텐은 단일 제품으로 시장 리더가 되었고 시장 점유율도 55%에 이르렀다. 따라서 그들은 그런 상태를 유지해야 했지만 소비자 논리가 압도했다. 대머리인 사람들은 단일 제품을 찾지는 않았다. 그들은 토탈 케어 방식의 포괄적인 서비스를 요구했다. 그들은 폴텐 트리트먼트에 샴푸가 결합되어야 한다고 요구했다. 1982년, 데그러드Deglaude는 (후에는 모발 유형에 따라 나누어진) 마일드 샴푸를 출시했고, 그 뒤를 이어 매일 사용하는 로션을 출시했다. 이 모든 것이 소비자의 요구에 따라 이루어졌다.

크리스찬 디오르Christian Dior는 피부 노화를 방지하는 리포솜liposome 성분의 캡처Capture를 출시했다. 이 제품이 성공하자, 곧 이어서 최초의 파생 제품인 '캡처, 아이 쉐이퍼'가 출시되었고, 립 쉐이퍼와 다른 바디 제품들이 그 뒤를 이었다. 캡처 라인이 탄생한 것이다.

버튼과 케가라 Botton and Cegarra(1990)의 정의를 빌리자면, 라인line은 많은 보완적 제품들을 제안함으로써 단일 이름single name 아래 하나의 일관된 대응의 제공이라는 관심사에 반응하는 것이다. 이는 캡처의 경우처럼 애프터세이브 로션의 향기들을 가지고 제안을 변형하는 것에서부터, 폴텐의 경우처럼 한 가지 특정 효과 내에 다양한 제품들을 포함시키는 것까지 다양하다. 젤, 헤어스프레이, 스프레이 등을 생산하는 로레알L'Oreal의 스튜디오 라인Studio Line 모발 제품들도 이 경우에 속한다. 칼곤Calgon(벤키저 브랜드Benckiser brand)은 석회 때 방지제, 물 때 방지제와 함께 주방 세제 파우더를 판매한다. 이 제품들이 생산자 입장에서 완전히 다른 제품이라는 사실은 그것들을 연관된 제품으로 인식하는 소비자들에게는 별 의미가 없다.

분명히 해야 할 것은 그 라인이 최초 제품(캡처 리포솜 또는 폴텐 원리)과 가까운 거리를 유지함으로써가 아니라 그것을 확장함으로써 성공적인 컨셉을 이용한다는 것이다. 다른 경우에, 그 라인은 한 가지 중심 컨셉single central concept(스튜디오 라인의 경우, 젊은이들이 스스로 머리를 만지고 자신들에게 '룩look'을 부여할 수 있게 하는 것)에 의해 연결된 다양한 보완 제품들을 가진 완벽한 앙상블로서 출시된다. 궁극적으로 라인의 확장에는 소매업체에 대한 납품가 인하 및 포장과 관련된 추가적marginal 비용만이 들 것이다. 라인 확장은 광고를 필요로 하지 않는다. 따라서 그 비용은 그로 인해 늘어나는 소비자의 추가적marginal 숫자와 비교되어야 한다. 우리가 알 수 있듯이 라인 브랜드 전략은 다수의 이점을 제공한다.

- 브랜드의 판매력을 강화하고 강한 브랜드 이미지를 창출한다.
- 각 라인 확장의 유통을 촉진한다.
- 출시 비용을 줄인다.

라인 전략의 단점은 라인이 한계를 갖고 있다는 사실을 잊는 경향에 있다. 라인에는 기존 제품과 매우 가깝게 연결된 제품 혁신만을 포함시켜야 한다. 반면 강력한 혁신의 포함은 그것의 발전을 더디게 만들 수 있다. 캡처Capture가 파스퇴르 연구소Pasteur Institute와의 7년에 걸친 공동 연구의 결과이고, 3개의 특허를 받았고, 노화방지에 일대 혁신을 가져온 제품이었지만, 디오르Dior는 이 제품을 기존 노화 방지 라인에 포함시키기로 결정했다. 이는 캡처의 성공을 막지는 않았지만 초기에 그것을 불필요하게 지연시키는 결과를 낳았다.

계열 브랜드 전략

캠벨 수프Campbell's Soup, 크노르Knorr, 버즈 아이Bird's eye, 이글루Igloo는 모두 100개 이상의 냉동식품을 판매한다. 그러나 모든 계열 브랜드가 이처럼 광범위하지는 않다. 타이레놀Tylenol 계열은 각기 다른 수많은 제품들을 커버한다. 계열 브랜드는 단일의 브랜드 이름을 부여하고, 같은 역량 영역에 속하는 제품 계열을 단일의 약속을 통해 홍보한다. 계열 브랜드 아키텍처range brand architecture에서 제품들은 그들의 공동 이름common name을 수호한다(버즈 아이Bird's Eye의 경우 피시 알라 프로방살fish a la provencale, 머시룸 피자, 햄과 치즈가

| 그림 12.3 | 계열 브랜드의 구성

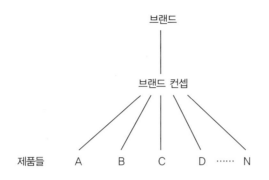

든 팬케이크). 클라란스Clarins 화장품 계열에서 제품들은 '퓨리파잉 플랜트 마스크', '프레시 셀즈' 추출물, 멀티 텐서 토닝 솔루션, 나이트 또는 데이 수딩 크림 등등의 이름이 붙여진다.

계열 브랜드 구조range brand structure는 식품 영역(그린 자이언트Green Giant, 캠벨Campbell, 하인즈Heinz, 위스카스Whiskas 등), 장비 영역(물리넥스Moulinex, 세브Seb, 로벤타Rowenta, 샘소나이트Samsonite), 산업재 영역(스틸케이스Steelcase, 파콤Facom)에서 발견된다. 그림 12.3에서 볼 수 있듯이 이 브랜드들은 그들의 제품 모두를 독특한 원리, 즉 브랜드 컨셉을 통해 결합시킨다. 이 구조의 장, 단점은 다음과 같다.

- 그것은 나의 단일 이름single name, 즉 브랜드 이름에 초점을 맞춤으로써 외적 커뮤니케이션의 임의적 확산을 피하고, 그럼으로써 다른 제품들과 공유할 수 있는 브랜드 자본을 창출한다. 더 나아가 이런 구조에서 브랜드는 그들만의 독특한 브랜드 컨셉을 개발해 일반적인 방식으로 커뮤니케이션한다. 그래서 애완동물 사료 계열 브랜드인 피도Fido는 많은 제품을 다루지만 그 광고에서는 제품에 발자국을 남겨 승낙을 표시하는 감정견taster dog만이 등장한다. 이 광고는 브랜드의 집중된 관심과 그것의 탁월성을 그 동물에게 전이시킨다. 또 다른 접근은 브랜드의 의미와 소비자 혜택을 가장 잘

표현할 수 있는 가장 대표적인 제품들 몇몇에 집중함으로써, 그 브랜드 컨셉을 커뮤니케이션하는 것이다. 이것은 그런 다음 직접적으로 언급되지 않는 계열의 다른 제품들에 의해 공유될 수 있다.

• 그 브랜드는 같은 카테고리에 속하고 그 사명과 일치하는 새로운 제품들을 쉽게 유통시킬 수 있다. 아울러 그런 신규 출시 비용은 매우 낮다.

브랜드가 확장함에 따라 자주 생기는 문제 가운데 하나는 브랜드 불명확성 brand opacity이다. 브랜드 네임 핀더스Findus는 다수의 우수한 냉동식품들을 커버한다. 그것은 냉동식품 분야에서 고품질의 현대적인 전문 브랜드이면서 또한 모든 종류의 요리를 만들기 때문에 일반 브랜드이다. 여러 해 동안 제품 이름은 요리법의 이름이기도 했다. 그러나 이 이름들은 진부하다. 어떤 브랜드라도 같은 요리법을 주장할 수 있기 때문이다. 한편으로 브랜드를 풍부하게 하고 그 개성을 표현하면서, 다른 한편으로 소비자가 많은 제품들 가운데 선택하는 것을 돕기 위해서는 각각의 실제 제품 이름과 브랜드 네임 사이에 중간 단계의 카테고리화가 이루어져야 한다. 이는 다음과 같은 특정 라인들의 역할이다.

• 하얀 포장에 의해 식별 가능한 18개의 요리들을 모아서 만든 린 퀴진Lean cuisine.
• 밤색 외관의 9개 요리들을 커버하는 트래디셔널Traditional.
• 파란 포장의 9가지 요리와 그에 어울리는 제품들(예전에는 단순히 헤이크 커틀렛hake cutlets, 화이트닝 필렛whiting fillets이라고 불렸던)로 구성된 '씨푸드 Seafoods'.

라인을 위한 이런 이름들은 제품들을 부각시키고, 또한 소매업체가 그들의 진열대에 제품을 배열하는 것과 같은 방식으로 계열range을 구조화할 수 있게 한다. 세분화와 제품 패밀리 구성의 기준은 브랜드에 달려 있다. 그렇다면 우리는 내용(정육점에서 가금류, 소고기, 돼지고기 등으로 구분하는 것 같이)에 따라 구분해야 하는가 아니면 소비자에게 돌아가는 혜택(가벼운, 전통적인, 이국적인, 가족 위주

| 그림 12.4 | 라인들로 구조화된 계열 브랜드

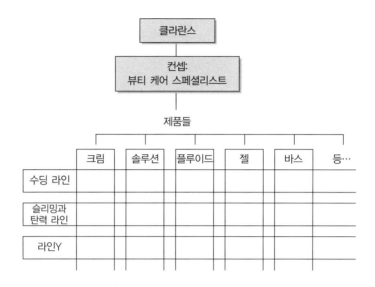

의…)을 기준으로 구분해야 하는가?

라인은 의심할 바 없이 이질적이만 모두 같은 기능을 가지고 있는 제품들을 합침으로써 그 제안offer을 구성한다. 그래서 클라란스Clarins 화장품 계열 브랜드에서 그 제안offer은 또한 라인 방식에 의해 더 명확해지고 구조화된다. 소비자들이 제품에 쓰인 과학 용어들을 해석하는 것을 돕기 위해 클라란스는 라인을 하나의 처방전처럼 제시한다.

- 민감성 피부를 위한 '수딩 라인soothing line'은 캡슐 형태의 리스트럭처링 플루이드restructuring fluid와 함께 마일드 데이 크림과 마일드 나이트 크림을 포함한다.
- '슬리밍 & 탄력 라인slimming and firmness line'은 엑스폴리에이팅 스크럽 exfoliating scrub, 슬리밍 배스slimming bath, '바이오 수퍼액티베이티드 리듀싱 크림bio-superactivated reducing cream, '안티 워터anti-water' 오일을 포함한다.

클라란스의 제안은 더 이상 크림, 세럼, 로션, 밤과 젤 등의 긴 나열이 아닌 그림 12.4에서 볼 수 있듯이 구조화되고 일관된 그룹을 형성한다.

엄브렐러 브랜드 전략

캐논Canon은 카메라, 복사기, 사무기기를 캐논 이름으로 판매한다. 야마하 Yamaha는 오토바이를 주로 판매하지만 피아노와 기타도 판다. 미쓰비시 Mitsubish는 은행을 운영하고, 자동차와 가전제품을 판다. 팜올리브Palmolive는 가정용 제품(주방 세제)과 위생 제품(가정용 비누, 샴푸와 함께 남성용 면도 크림)의 브랜드 네임이다. 이들은 엄브렐러 브랜드들이다. 동일 브랜드가 다른 시장에 있는 여러 제품들을 뒷받침하는 것이다. 이 경우 각각의 제품들은 자체 광고를 하고 자체 커뮤니케이션을 개발한다(어떤 경우에는 자체 광고회사까지 갖는다). 하지만 각 제품은 그 자신의 제네릭 네임generic name으로 불린다. 그래서 우리는 캐논 카메라, 캐논 팩스머신, 캐논 프린터에 대해 이야기한다. 그림 12.5가 이러한 구조를 설명한다(11장은 자신의 고유 활동 영역을 뛰어넘는 브랜드 확장에 관한 중요한 문제들을 중점적으로 다뤘다. 필립스Philips가 하이파이, TV, 전구, 컴퓨터, 전기면도기, 소형 전자제품에 같은 이름을 쓰는 것이 옳은 일인가?).

엄브렐러 브랜드 전략의 가장 큰 이점은 하나의 단일 이름의 활용capitalisation과 국제적 수준의 규모의 경제이다. 그들의 제품들이나 커뮤니케이션들 중 어느 하나라도 필립스Philips의 명성에 기여하지 않는 것이 없다. 가끔 발생하는 실패작들도 대중의 브랜드 인지도에 보탬이 된다. 그 결과, 이것은 이미 잘 알려진 브랜드를 활용할 수 있게 하고, 새로운 시장에 진입하기 위해 그 명성을 활용할 수 있게 한다. 인지도는 관련 유통업체와 대중들에게서 거의 즉각적인 호의goodwill를 발생시킨다.

그런 인지도를 즐기는 기업들은 적은 마케팅 투자가 요구되는 영역에 침투하는 데 엄브렐러 브랜드가 유용하다는 것을 발견한다. 작은 카테고리의 경우 어떤 특정 커뮤니케이션 없이도 성공할 수 있다. 이는 기업들이 새로운 전략 시장에 진입할 때도 상당한 비용을 아낄 수 있도록 해준다.

이 마지막 요점의 중요성은 특히 커뮤니케이션이 범람하는 오늘날에는 과소평

| 그림 12.5 | 엄브렐러 브랜드 전략

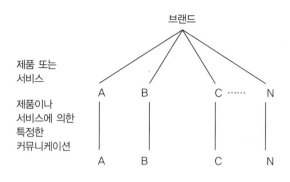

가되어서는 안 된다. 오늘날 많은 시장에서 브랜드 인지도의 추구는 시장의 기존 기업들의 광고비용을 감안하면 거의 불가능한 일이 되고 있다. 바로 이 점이 코모도어 마이크로컴퓨터Commodore microcomputers 사장이었던 잭 트래밀Jack Tramiel이 1984년에 당시 비디오게임으로 잘 알려진 브랜드인 아타리Atari를 인수한 이유이다. 이 결정은 다시 한 번 가정용, 사무용 컴퓨터 시장에 진출하기 위해 이루어진 것이었다. 트래밀Tramiel은 비록 다른 제품과 관련이 있다 해도 새로운 브랜드를 만들기보다는 이미 구축된 명성을 지닌 브랜드를 사기로 한 것이다. 이는 대중이 이름만을 기억할 뿐, 오리지널 제품이 무엇인지도 잊어버린 옛날 브랜드들ancient brands(예를 들어 코모도어Commodore, 썬실크Sunsilk, 탤벗Talbot)을 제품의 관련성 유무를 떠나 신제품을 지원하는 데 사용하는 이유이다. 소비자들 기억 속에 있는 희미한 기억을 이용하는 것이 완전히 새롭게 시작하는 것보다 낫기 때문이다. 기억력과 광고 캠페인의 영향에 관한 연구 결과는 이들에게 가장 결정적인 요인으로서 브랜드 인지도를 꼽는다. 즉 브랜드 인지도는 광고 회상을 촉진한다.

엄브렐러 브랜드 전략은 핵심 브랜드core brand가 예전에 아무런 관련이 없던 제품과의 연관성에 의해 강화될 수 있게 한다. 맥케인의 의미McCain's meaning 는 그 브랜드가 냉동 감자튀김뿐만 아니라 피자와 빵, 아이스티의 시그너처 signature가 됨에 따라 변화했다. 이는 버진Virgin도 마찬가지이다.

마지막으로 엄브렐러 브랜드는 그 제품들에 별다른 제약을 부과하지 않는다.(예외는 엄브렐러 브랜드가 매우 분명한 가치와 영역을 가진 진정한 '하우스 브랜드 branded house' 로서 관리되는 경우이다). 각각의 제품은 종종 세계적인 활동 범위와 자율권을 가진 하나의 사업 부문이거나 비즈니스 단위이다. 그것은 자신의 브랜드의 특정한 면들을 강조하고 시장 점유율을 증가시키기 위한 자체 커뮤니케이션 부서를 갖고 있다. 도시바Toshiba 하이파이High-fi 부문은 젊은 세대를 목표로 하며, 랩탑 부문은 비즈니스맨들을 대상으로 고성능의 실용적인 노트북 컴퓨터를 판다. 그리고 텔레비전 부문은 가족 시장을 겨냥한다. 그러나 이런 각각의 시장에서 제너럴 브랜드general brand는 다수의 스페셜리스트 브랜드들specialist brands과 경쟁하게 되는데, 이로 인해 그들은 자신들이 지배적인 포지션을 얻고자 하는 각 세그먼트들에서 그들 제품들의 적실성을 입증해야 하는 압력을 받는다. 브랜드 인지도가 자동적으로 구매자가 보기에 적법한 제품이라는 신호를 보내는 것은 아니며, 뛰어난 제품이라는 신호를 더 더욱 아니다. 오직 우수한 신제품을 출시할 수 있는 기업들만이 엄브렐러 브랜드 전략을 사용할 수 있다. 각각의 새로운 시장에서 제품은 그 브랜드 네임에 관계 없이 스스로의 장점으로 성공해야 할 것이다. 이는 일본 기업들에게 전형적이다.

엄브렐러 브랜드 관리에서 부딪치는 문제들은 그것의 필요를 올바로 이해하지 못하는 데서 비롯된다. 가끔 기업들은 엄브렐러 브랜드 아래 제품들을 다각화해 비용을 절약하려고 하면서, 브랜드 목적이 무엇보다 돈을 버는 것이라는 사실을 잊는다. 이런 측면에서 브랜드 인지도만으로는 충분하지 않다. 모든 부분이 재정과 인력 자원을 이용해 자신들의 제품과 서비스가 전문 브랜드만큼 훌륭하며, 분명이 나타나지는 않지만 심지어 우월하기까지 하다는 확신을 줄 수 있어야 한다. 브랜드의 핵심은 언제나 그것의 확장들보다 더 강하다.

엄브렐러 브랜드는 그림자를 드리워서는 안 된다. 빅Bic이 가진 이미지는 그들이 생산한 향수의 매력을 떨어뜨리는 결과를 낳았다. 나아가 엄브렐러 브랜드 내의 한 제품에 문제가 발생하면 그 파장이 다른 제품들에게 번질 수 있다(Sullivan, 1988).

고무줄을 너무 잡아당기면 약해진다. 이와 마찬가지로 너무 많은 수의 잡다한 제품이나 서비스를 같은 브랜드 밑에 놓는 것을 미국인들은 '고무 효과rubber effect'라고 부른다(Rise and Trout,1987). 브랜드가 많은 종류의 제품을 다루면 다룰수록 그것은 더 팽창되고 약해진다. 또 그래서 고무줄처럼 힘을 잃어버린다. 그 결과 브랜드는 제품의 단순한 보증자, 즉 출처의 지표가 되며, 그럼으로써 품질을 조금만 보장할 뿐이다. 이런 이유로 유통업체들은 엄브렐러 브랜드를 선호한다. 즉, 거대 엄브렐러 유통업체 브랜드는 그것의 모든 제품들이 이 유통업체에 의해 선택된 것이기 때문에 믿을 만하다는 신호를 보낸다.

명확한 의미를 가진 강력한 브랜드들 또한 이질적인 제품들을 포괄할 수 있는데, 이는 그들이 자신의 의미를 그 제품들에 부과할 수 있기 때문이다. 예를 들어 소니Sony는 뛰어나고 정교한 기술 혁신자이다. 소니 브랜드는 다양한 카테고리들을 커버할 수 있는데, 이는 소니 이미지에 포함된 그 요소들이 별 관련이 없는 제품 카테고리들에 대해서도 적실성 있고 매력적이기 때문이다. 팜올리브 Palmolive는 그에 접촉하는 어떤 것에도 부드러움을 더해줄 것 같은 이름이다. 이 요소는 주방 세제부터 비누에 이르기까지 제품이 피부와 접촉하는 모든 순간에 중요하다. 이 브랜드는 미용뿐만 아니라 위생까지 두루 포괄할 수 있으며, 남녀 모두에게 적실성을 갖는다.

브랜드의 수평적 확장horizontal extension은 브랜드가 모든 레벨의 품질과 지위들을 커버하려고 하는 수직적 확장vertical extension에 비해 덜 불리하다. 자동차 시장은 세분화된 시장이다. 즉 저가 계열lower-range, 중가 계열mid-range, 중고가 계열upper mid-range, 고가 계열high-range 그리고 고급 자동차와 스포츠카까지. 그렇지만 브랜드 프로그램이 모든 세그먼트에 똑같은 영향을 미칠 수 있다는 생각은 잘못일 것이다. 메르세데스가 가진 창의성의 강점은 고가 계열에서는 독보적이지만 클래스 A처럼 저가 자동차의 생산이라는 제약에 직면해서는 그 예리함을 잃는다.

엄브렐러 브랜드가 허용하는 자유는 가끔 패치워크 브랜드patchwork brand로 귀결된다. 각 사업 부문별 매니저들이 자신의 제품 커뮤니케이션을 담당하게 하는 것과 사업 부문들이나 제품들 간에 브랜드 포지셔닝에 있어 너무 많은 차이 variation를 인정하는 것은 별개이다. 매니저들은 특정 시장에 맞는 구체적인 약속을 자유롭게 할 수 있다. 그러나 각 제품이 개별 아이덴티티를 가진다 해도 표현 코드들은 모두가 통일성을 지녀야 한다.

소비자는 브랜드에 관해 고립된 시각을 가지고 있지 않다. 그들은 언제나 각자의 특정 메시지들을 가진 모든 제품들을 접하게 된다. 브랜드가 비록 상업적이고 산업적인 부문들로 이루어져 있다 하더라도 소비자들에게 그것은 분리될 수 없는 전체indivisible whole로서 보여져야 한다. 이것은 바로 엄브렐러 브랜드 전략을 채택하고 있는 기업들이 적어도, 최소한의 공식적인 커뮤니케이션 도구인 브랜드 아이덴티티 차터brand identity charter의 사용을 강제하려고 하는 이유이다. 나중에 그것들은 모든 제품들에 동일한 외관dress 이상의 것, 즉 공통된 정신, 비전, 아이덴티티를 부과하면서 대체로 소스 브랜드source brand나 '하우스 브랜드 branded house'가 되려는 경향이 있다. 버진Virgin과 니베아Nives는 이런 더 강력한 엄브렐러 접근의 전형적인 예이다.

그렇게 해서 니베아의 성장은 그 브랜드가 팔리는 각각의 새로운 나라들에서의 잘 계획되고 반복된, 점차적인 확장에 의해 성취되었다. 모두가 특정한 개성을 가지는 이 많은 확장에도 불구하고 니베아는 엄브렐러 브랜드로 남아 있다.

- 각 하위 브랜드는 서술적인 이름descriptive name을 갖는다(니베아 선, 니베아 바이탈, 니베아 포 맨).
- 모든 광고에는 주목할 만한 집행의 연속성이 있다. 이것은 '니베아다움 Niveaness'이라 불린다(친근한 어조, 많이 야하지 않으면서 자연스런 유형의 금발 모델 등). 메시지는 항상 전 범위에 걸쳐 동일하다(애정이 담긴 스킨케어).
- 핵심 컬러는 항상 파랑색이다.

소스 브랜드 전략

이것은 한 가지 중요한 요소, 즉 제품에 개별적인 이름이 붙는다는 점을 제외하고는 모든 것이 엄브렐러 브랜드와 동일하다. 그들은 더 이상 오드 뚜왈렛eau de toilette이나 오드 퍼퓸eau de parfum 같은 제네릭 네임으로 불리지 않고, 각각이 자신의 브랜드 네임을 가진다. 예를 들면 재즈Jazz, 포이즌Poison, 오피엄

| 그림 12.6 | 소스 브랜드 또는 모 브랜드 전략

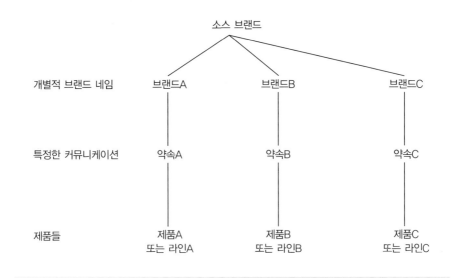

Opium, 니나Nina, 룰루Loulou 등이다. 이중 브랜딩double branding이라고 알려져 있는 이 2단계 브랜드 구조는 그림 12.6에서 보는 바와 같다.

이 전략은 종종 보증 브랜드 전략endorsing brand strategy과 혼동을 일으키기 때문에 처음부터 차이점을 구분하는 것이 매우 중요하다. 네슬레Nestle가 초콜릿인 크런치Crunch와 갈락Galak에, 초콜릿 바인 예스Yes, 넛츠Nuts, 킷캣Kit Kat에, 그리고 네스카페Nescafe, 네스퀵Nesquick 등에 그 이름을 붙일 때 기업 브랜드는 제품의 품질을 보증하며 시장의 마크로서 역할을 한다. 네슬레Nestle라는 이름은 제품의 불확실성을 없앤다. 네슬레 이름Nestle name은 특정 제품 뒷자리에 위치한다. 제품 자체가 소비자 선택의 동인이 된다. 크런치 고객 가운데 그것이 네슬레의 것이라고 생각하는 사람이 거의 없을 정도로 제품이 주인공이다.

그와 반대로 재즈Jazz 향수에 붙은 입생로랑Yves Saint Laurent이란 이름은 단순한 보증endorsement 이상의 의미를 갖는다. 이 경우 브랜드 네임은 힘을 가지면서 재즈에게 승인의 인증seal of approval을 부여하고 재즈를 다른 제품들과 차별화한다. 재즈가 아닌 입생로랑이 구매의 동인이 된다. 재즈는 입생로랑의 문화적 세계로 들어가는 또 다른 열쇠이다. 많은 브랜드들의 문제점은 그들이 소스 브랜드source brands에서 보증 브랜드endorsing brands로 전환했다는 것이다. 소스 브랜드 컨셉 내에서는 비록 그 자손들이 개별적인 이름을 가진다 해도 가문의 정신이 지배한다. 하지만 보증 브랜드의 경우 그 제품들은 완전히 자율적이고 보증 브랜드가 유일한 공통점이 된다. 오늘날 네슬레Nestle, 켈로그Kellogg's, 크래프트Kraft의 위치는 어디에 있는가? 그렇다면 듀퐁Du Pont 또는 바이엘Bayer, 그락소Glaxo 또는 머크Merck의 위치는 또 어디쯤인가?

소스 브랜드 전략의 이점은 그것이 차이와 깊이에 있어 중층적인 느낌을 제공한다는 데 있다. 개인화된 어휘 없이 고객에 대한 제안을 개인화하는 것은 힘들다. 모 브랜드parent brand는 자 브랜드daughter brand에 의해 수정되고 풍부해진 자신의 의미와 아이덴티티를 특정한 고객 세그먼트를 끌어들이기 위해 제공한다. '세례명Christian name'을 가지고 있는 계열들은 자신의 브랜드 이미지를 유지해야 하는 브랜드가 더 새로운 고객 카테고리들과 새로운 영역을 획득할 수 있게 한다.

소스 브랜드의 한계는 그 핵심, 즉 모 브랜드의 정신과 아이덴티티를 존중해야 한다는 것에 있다. 이것은 브랜드 확장과 제품 커뮤니케이션에 관한 한, 침범해서는 안 될 엄격한 경계선을 정의한다. 오직 모 브랜드의 활동 영역과 관련된 이름만이 모 브랜드와 연관되어야 한다. 모든 제품은 같은 정신을 공유해야 한다. 만약 더 큰 자유를 원한다면 보증 브랜드 전략을 사용하는 것이 적합하다.

예를 들어 가르니에Garnier는 소스 브랜드가 되어 이전의 보증 브랜드 전략을 버리기를 원했다. 이는 패치워크patchwork에서 단일체unity로 이동하는 것을 의미하기 때문에 까다로운 과정이다.

소스 브랜드의 창조: 패치워크에서 단일체로

기업들은 정기적으로 효율성을 향상시킬 필요가 있다. 그 한 가지 방법은 브랜드와 아이덴티티의 자연적인 분산을 종식시키고, 보증 이상의 기능을 이행하는 적절한 모 브랜드 아래에서 공급을 재조직하는 것이다. 이 모 브랜드는 모든 제품과 하위 브랜드들이 공유하는 강력하고, 차별화된 그리고 독특한 가치의 원천이 될 것이다. 그것은 또한 목표 그룹, 제품 영역, 그리고 특정 기능에 기반한 자신만의 특별한 개성을 갖는다. 현재 '소스 브랜드source brand'로 언급되는 것들은 부분적으로 몇몇 사람들이 ('패치워크' 또는 '브랜드 하우스house of brands'와 반대인) '하우스 브랜드branded house'라고 부르는 것과 일치한다. 엄브렐러 브랜드와는 달리 소스 브랜드는 중층의 브랜딩two layer of branding 전략이라는 것을 기억해야 한다.

그러면 기업은 어떻게 '패치워크patchwork'를 진정한 '하우스house'로 전환하는가? 첫 번째로 해야 할 일은 미래를 위한 브랜드 아이덴티티를 정의하는 것이다. 브랜드의 진정한 아이덴티티는 그 브랜드 자체 내에 있는 반면, 브랜드의 미래는 시장에 적응할 수 있는 능력에 있다. 따라서 브랜드의 핵심core과 주요 가치, 브랜드 영향력의 원천, 적법성을 분리해내기 위해서는 브랜드의 뿌리와 기원origin, 즉 초기 제품과 성과를 분석해야 한다. 그러나 이 분석은 내일의 시장과 소비자의 발전이라는 맥락 내에서 신중하게 고려되어야만 한다.

가르니에Garnier는 이 과정의 훌륭한 예를 제공한다. 2002년까지 이 국제적 명성을 가진 브랜드는 라보와뜨와 가르니에Laboratoires Garnier로 알려져 있었다. 그것의 과제는 같은 진열대에서 더 매혹적이고 비싼 제품으로 포지션된 로레알 파리L'Oreal Paris와 더불어 대량 시장 분야의 또 다른 국제적인 브랜드가 되는 것이었다. 이는 결국 이 브랜드가 긍정적이고 열망적이며, 내부적으로나 외부적으로 동기를 부여하고, 대중적으로 어필하는 가치를 찾는 문제였다.

역사적으로 라보와뜨와 가르니에Laboratoires Garnier의 기원은 가르니에M. Garnier가 처음 허벌herbal 헤어토닉을 만들었던 1904년으로 거슬러 올라간다. 이 오리지널 제품은 이미 브랜드 핵심 속성들 가운데 몇 가지(자연스러움과 뷰티 케어)를 지니고 있었다. 제2차 세계대전이 끝나고 얼마 지나지 않아 모엘르 가르니에Moelle Garnier라는 엄청나게 성공적이었던 샴푸가 브랜드의 '유전자genes'를 활성화했을 뿐만 아니라 비즈니스를 성장시켰다. 1986년에 재출시된 이 브랜드는 하위 브랜드들로 확장되었는데, 시너지Synergie(화장품), 앰브러 솔레이Ambra Solaire(썬 케어), 그래픽Graphic(헤어 케어), 울트라 두Ultra Doux(스킨케어), 루미아Lumia(헤어 칼라) 등이 그것이다.

이 브랜드는 국제적인 명성을 얻었고 몇몇 유럽 시장에서 강력한 위치를 확립했다. 그러나 그것의 하위 브랜드들은 인기가 줄어들었고 지역 브랜드로 남게 되었다. 이미 유럽 밖에서 크게 성공했고, 세계 여러 나라 젊은이들에게 어필한 프럭티스Fructis를 제외하고 모두 그렇다. 프럭티스Fructis는 활성 과일 농축액이 들어간 최초의 강화 샴푸이다. 프럭티스는 가르니에 라인의 직접적인 후속 제품이었지만 더 현대적인 이미지를 가졌다. 진정한 재창조는 프럭티스 스타일Fructis Style과 함께 왔다. 그것은 과일 왁스를 포함하는 혁신적인 스타일링 제품 계열로, 강한 촉감과 색깔, 농도, 과일 향으로 특징지을 수 있다. 프럭티스와 함께 새로운 감각적인 제품 세대가 태어났다.

그러나 세계 시장을 정복하기 위해 이 브랜드는 그 기원을 존중하면서도 그것을 세계의 현대 젊은이들이 열망하는 브랜드로 만드는 새로운 아이덴티티가 필요했다. 바로 프럭티스Fructis와 프럭티스 스타일Fructis Style이 브랜드의 새로운 원형이 되었고, 그것의 캐주얼하고 아이러닉한 톤은 재창조의 기반을 제공했다.

이것이 가르니에Garnier에게 가져온 결과는 무엇이었을까? 세계 젊은이들에게 매력적으로 다가가기 위해, 라보와뜨와 가르니에Laboratoires Garnier라는 이름을 단순하게 가르니에Garnier로 바꾸었다. 가르니에는 더 이상 과학적이거나 프랑스적인 브랜드가 아니었다. 그것은 접근 가능하고 국제적인 브랜드였다. 이와 함께 그것의 브랜드 계약, 가치들은 이제 영어로 표기되었다.

가르니에는 자신의 목표를 어떻게 정의하는가? '가르니에는 자연을 통한 아름다움을 믿는다. 과학적으로 개발되고 선택된 자연 성분으로 풍부해진 우리의 제품들은 당신이 건강하게 보이고 매일 좋은 기분을 느낄 수 있도록 도와준다.' 이 계약은 6가지 핵심 가치들로 요약된다.

- 자연적 하이테크(하이테크가 아닌 이브로쉐Yves Rocher, 자연적인 요소에 초점을 두지 않는 로레알 파리L'Oreal Paris와 구별된다)
- 건강한 아름다움: 가르니에는 건강한 브랜드로, 톱모델을 쓰지 않고 (옆집 소녀처럼) 기분 좋게 보이고 느껴지는 무명의 모델을 쓴다.
- 총체적인 경험: 가르니에는 단지 제품을 파는 것이 아니라 모든 오감에 호소하는 완전한 체험을 판다.

- 보편성: 가르니에는 다인종, 다민족, 다세대이다.
- 가격과 유통으로 입증되는 접근 가능성
- 긍정적인 불손함: 이는 모든 가르니에 광고에서 발견되는 뚜렷한 특징이다.

이 새로운 아이덴티티가 모든 가르니에의 자 브랜드daughter brands에 어떻게 투영되었는가?

- 첫째 단계는 아이덴티티 구축identification 단계이다. 이름을 바꾸는 것 외에도 새로운 로고가 과일 색이자 신호등 색인 녹색, 노란색, 빨간색으로 만들어졌다.
- 둘째 단계는 하위 브랜드 포트폴리오를 소스 브랜드와 조화시키는 것이다. 가르니에가 소스 브랜드이므로 하위 브랜드는 가르니에의 핵심 가치들을 반영해야만 한다. 그래서 뉴트레일리아Neutralia 하위 브랜드(샤워 젤)는 그 의학적 순수함이 가르니에 '하우스' 이미지와 더 이상 맞지 않기 때문에 포기되었다. 한편 울트라 두Ultra Doux 브랜드가 뉴트레일리아를 대신하기 위해 확장되었다. 비슷하게 시너지Synergie 하위 브랜드(화장품)는 가르니에 가치들과 훨씬 더 조화를 이루는 스킨 내추럴Skin Natural이 되었다.
- 셋째 단계는 성장 시장에 대한 공격을 조직해 비즈니스를 발전시키는 것이다. 즉 어떤 하위 브랜드가 어떤 나라, 어떤 세그먼트를 목표로 삼을지를 결정하는 것이다.
- 넷째 단계는 광고를 어떻게 다루어야 하는가를 정의하는 것이다. 무엇이 가르니에 광고를 차별화하는가? 그 광고들은 모두 문제를 가볍게 진술하는 것에서 시작한 다음 해결책을 내놓는다. 그리고 다양한 범위의 사람들을 포함시키는데 모두 선량하고 즐거워 보이는 사람들로 그 나라의 문화적, 인종적 다양성을 반영한다. 광고는 항상 시청자들에게 자신의 웹사이트인 GarnierBeautyBar.com을 언급한다.
- 다섯째 단계는 완전한 경험을 제공하는 접근 가능한 브랜드라는 프로모션 원칙을 확립하는 것이다. 가르니에는 다량의 샘플제공 정책과 모든 나라들

에서 소비자들과의 직접 접촉을 포함하는 거리 마케팅 정책을 개발했다.

웹사이트가 GarnierBeautyBar.com이라고 불린다는 것이 중요하다. 그것은 시각적으로 각각의 방을 방문해 가르니에 하위 브랜드 중 하나를 발견하고 개인적으로 실험할 수 있는 실제 '하우스house'처럼 제시된다. 이 '하우스 브랜드 branded house'는 '가상의 하우스virtual house'를 구축했는데, 거기에는 패밀리의 모든 브랜드들이 강력한 제품 경험을 제공하기 위해 모여 있다. 가르니에 고객들(남성과 여성)은 가르니에 홀을 통해 뷰티 라운지, 스타일 룸, 토닉 에어리어 또는 게임 존에 들어가 그들의 미래 모습을 시도해보고, 개인화된 진단 테스트를 받아보거나 단순히 고객 충성도를 실험하고 발전시킬 수 있다.

이것으로부터 소스 브랜드가 그것의 모든 부분들을 재구축하는 구조임을 알 수 있다. 많은 그룹들은 그들의 다양한 제품 계열에 더 큰 영향을 미치기 위해, 그것들을 공통의 이미지에 수렴하게 만드는 소스 브랜드 아키텍처를 사용한다. 예를 들어, 현재 모든 다농 제품과 브랜드들은 소스 브랜드의 핵심 가치인 건강에 초점을 맞추고 있다. 물론, 그러한 건강에는 7가지 유형이 있고, 따라서 그것을 제시하는 7가지 다른 방법이 있다. 다농은 또한 자신의 지위를 보증 브랜드에서 소스 브랜드로 변경했다.

보증 브랜드 전략

모든 사람들은 미국에서 폰티악Pontiac, 뷰익Buick, 시보레Chevrolet, 유럽에서 오펠Opel 같은 유명 자동차 브랜드들을 알아본다. 우리는 항상 이들 브랜드 로고 옆에 있는 GM이라는 두 글자를 보게 된다. 그것은 당연히 보증 브랜드endorsing brand인 제너럴 모터스General Motors이다. 그렇다면 청소기인 플레지Pledge, 위자드 에어 프레셔너Wizard Air Freshener, 토일렛 덕Toilet Duck 사이에는 무슨 연결 고리가 있을까? 이들은 모두 존슨Johnson의 제품이다. 보증 브랜드endorsing brand는 제품 브랜드product brands 또는 라인 브랜드line brands, 계열 브랜드 range brands 하에 모인 다양한 제품을 보증한다. 존슨은 이들의 높은 품질과 안전성의 보증자guarantor이다. 이것이 말해지고 나면, 그 다음엔 각 제품들이 자유

| 그림 12.7 | 보증 브랜드 전략

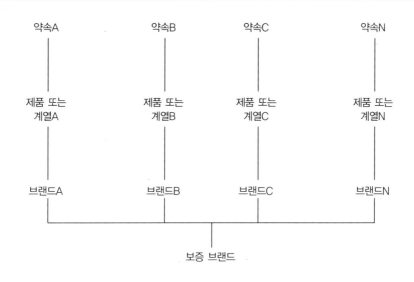

롭게 자신의 독창성originality을 표현한다. 그 계열에서 보여지는 각기 다른 이름들은 이렇게 해서 생겨난 것이다.

그림 12.7은 보증 브랜드 전략을 상징한다. 그림에서 볼 수 있듯이 보증 브랜드는 맨 아래에 놓여 있는데, 이는 그것이 기초 보장자로서 역할을 하기 때문이다. 더욱이, 소비자들이 구매하는 것은 폰티악Pontiac이거나 오펠Opel 이다. 즉 이들이 소비자의 선택에 주도적 영향을 미친다. GM과 존슨Johnson은 지원자이고, 부차적인 포지션secondary position을 차지한다.

브랜드의 보증은 보증자endorser의 엠블렘을 브랜드 네임 옆에 배치시키는 그래픽 방식으로 또는 단순히 보증자의 이름을 표시함으로써 나타낼 수 있다.

보증 브랜드의 장점은 더 많은 움직임의 자유를 제공한다는 데 있다. 소스 브랜드와 달리, 보증 브랜드는 그 제품들로부터 이익을 덜 얻는다. 각각의 특별한 제품 이름은 강한 이미지를 환기시키면서 소비자에 대한 회상력power of recall을 갖는다. 보증자에게 전이되는 이미지는 거의 없다.

보증 브랜드 전략은 기업의 이름에 실체substance를 부여하면서 그것이 명목적인 브랜드 지위를 갖게 하는 가장 비용이 덜 드는 방법 중 하나이다. 그에 따라 우리는 ICI(Imperial Chemical Industries)라는 이니셜이 발렌타인Valentine이나 듀럭스Dulux 페인트 통에, 바이엘Bayer이 정원용 제품에 들어가 있는 것을 볼 수 있다. 이 브랜드들의 높은 품질은 이런 주요 기업들의 이름으로 보장된다. 다른 한편으로 이런 기업들은 유럽의 ICI의 경우처럼, 사람들의 일상 속에 존재하면서 친숙해지고 가까워진다. 과학적, 기술적인 보증이 보증 브랜드에 의해 확실하게 보장됨에 따라 제품 브랜드는 그들 개성의 다른 단면들을 표현하는 데 더 많은 시간을 할애할 수 있다.

따라서 우리가 알 수 있듯이, 보증 브랜딩 계층구조branding hierarchy의 각 단계에는 역할 분담이 있다. 보증 브랜드에게는 모든 브랜드의 필수 기능인 보장의 책임이 주어진다. 그리고 오늘날 이런 보장에는 품질과 과학적 전문성뿐만이 아니라 공익적 책임과 윤리적, 환경적인 관심사까지도 포함된다. 구별distinction, 개인화personalization, 즐거움 같은 다른 브랜드 기능들은 특정하게 이름이 지어진 브랜드들이 떠맡는다(Kapferer and Laurent, 1992).

혼합 접근들

여기에서 제시하는 6개의 브랜딩 전략 모델은 브랜딩에 있어 전형적인 예이다. 현실에서 기업들은 제품에 따라 동일한 브랜드가 계열range, 엄브렐러 umbrella, 모 브랜드parent brand 또는 보증 브랜드endorsing brand가 될 수 있는 혼합적 구성을 채택한다. 예를 들어 로레알L'Oreal은 립스틱의 계열 브랜드이다. 그리고 로레알L'Oreal은 스튜디오 라인Studio Line, 엘세브Elseve 또는 플레니튀 드Plenitude에게는 소스 브랜드이다. 로레알 브랜드 활용과 채택된 전략들의 하이브리드 성격hybrid character은 각기 다른 하위 시장(헤어 케어 제품, 향수나 화장품)이나 유통 경로(즉, 셀프 서비스나 전문점)에 따라 소비자의 의사결정 과정에 적응하려는 의지를 반영한다. 어떤 경우에는 로레알은 신뢰와 기술적 능력을 보증한다. 다른 경우에는 그것은 스스로 인정을 받기를 원하고(예를 들어, 화장품 시장에서), 그래서 자신을 전면에 포진시켜야 한다. 마지막으로, 또 다른 경우에 로레알은 모습을 드러내지 않아야 하는데, 이는 저가 세그먼트와의 연관되는 것을 피

| 그림 12.8 | 브랜드 확산과 아이덴티티 희석의 예

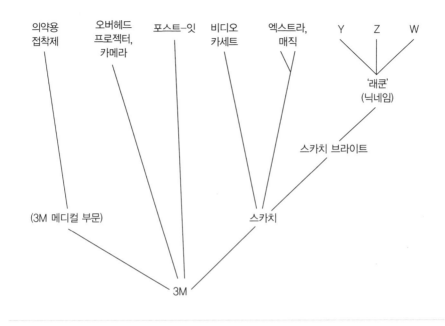

하거나 자신의 일류 제품들 중 하나에 해를 입히는 것을 피하기 위해서이다. 그럼에도 많은 하이브리드 상황들hybrid situations이 새로운 제품이 출시될 때 취해지는 일련의 작은 의사결정들에서 기인한다. 브랜드와 그 제품의 관계에 대한 전반적인 계획의 결여로 종종 수많은 비일관된 브랜딩 결정들이 나란히 존재한다.

3M은 개별적인 브랜딩 정책들의 누적에 관한 흥미로운 예를 제공한다. 그것은 많게는 5가지의 명명 단계denominational stages(5중 브랜딩quintuple branding)를 가지고 있는데, 그림 12.8에 나타나 있다. 3M은 산업용이나 가정용 접착제 응용 제품에 대한 첨단 기술 연구에 집중하는 기업이다. 이것은 당연히 접착제를 비롯해 필름, 카세트, 의류용 석고, 투명 슬라이드, OHP 관련 제품을 포함하는 다양한 제품 영역을 커버한다. 3M은 진지함, 파워 그리고 집중적인 연구 개발과 동의어synonymous처럼 쓰인다. 하지만 이것은 또한 냉정함이라는 이미지를 남기기도 한다. 따라서 일반 소비자와의 접촉에 인간적 느낌을 불어넣기 위해 엄브렐러 브랜드인 스카치Scotch가 만들어졌다. 비디오카세트, 접착제 그리고 셀로테이프

에는 모두 직접 스카치 브랜드가 붙여졌다. 그러나 다른 한편으로 수세미를 위해서는 스카치-브라이트Scotch-Brite라는 라인 브랜드가 만들어졌다. (단순히 그 제품을 수세미라고 부르는) 스폰텍스Spontex에서 나온 경쟁 제품의 도전에 대응하기 위해 스카치는 그 제네릭 네임을 좀 더 특별한 이름(폭스바겐의 비틀처럼)인 래쿤Raccoon으로 바꾸었다. 이것은 제품을 차별화했고, 제품의 우위점을 독특한 방식으로 설명했으며, 제품에 친밀한 이미지를 부여했다.

래쿤Raccoon은 그 모양과 쓰임에 따라 그린, 블루, 레드 등 여러 버전으로 확장되었다. 수세미와 접착제 같은 일반 소비재에서 3M은 보증 브랜드로서 제품에 작은 글씨로 표기되었다. 이상하게도 3M은 스카치 카세트Scotch cassettes에서는 뚜렷이 나타나지 않는다. 이것은 분명하고 독점적으로 3M이 표기되어 있고 전문가들을 목표로 하는 비디오 카세트와 좀 더 잘 구분되기 위해서인가? 실제로 3M은 일반 소비재를 위해 뛰어난 성능에 대한 보장과 보증 브랜드를 제공하면서, 전문 제품을 위해서는 엄브렐러 브랜드의 역할을 한다. 3M 이름이 가진 모든 파워와 중요성은 카메라, OHP, (3M의 건강 부문에서 생산하는) 치과용 시멘트 같은 제품들에서 반영된다. '메모지 역할을 하는 접착 노트'로 유명한 포스트 잇Post-it 또한 3M이 표시되어 있다. 이러한 발명품들에 더 나은 방식으로 특허권을 부여하고, 위에서 사용된 긴 설명보다 더 나은 방식으로 그것을 정의하기 위해서는 적절한 이름proper name이 붙여져야 한다.

따라서 제품의 전문적인 용도의 수준 또는 우수성이나 성능에 관한 최신 이미지의 필요성에 따라 3M은 현저하게 눈에 띄는 방식이나 독점적인 방법으로 표시된다.* 그렇지 않다면, 3M은 스카치Scotch 브랜드를 통해 존재한다. 아마도 이것은 셀로테이프인 스카치 매직Scotch Magic이 3M이라는 이름을 회상recall 수단으로만 사용했던 이유일 것이다. 반면 커뮤니케이션 전문가용 에어로졸aerosol 접착제에서는 스카치를 작게 표시하고, 대신 3M을 크게 표시한다. 또한 래쿤Racoon, 일반용 셀로테이프, 스카치 카세트 그리고 포스트-잇을 위한 차별화된

---

* 3M의 브랜드 정책에 관한 이야기는 Sam hill and Chris Lederer, 『The Infinite Asset: Managing Brand To Build New Value』, Harvard Business School Press, 2001. 한국어판 『힐과 레더러의 브랜드 포트폴리오 매니지먼트』, 김앤김북스, 2007.에 수록되어 있다. — 옮긴이

제품 광고가 있다. 거기에는 보증 브랜드를 제외하고는 형식와 의도에 있어 독립적으로 보이는 어떤 공통의 표현 코드가 없다.

적합한 브랜딩 전략의 선택

어느 것이 가장 좋은 브랜드 전략인가? P&G는 철저한 제품 브랜드 옹호자이다. 그렇다면 그들은 옳고, 그들보다 좀 더 융통성 있는 경쟁자 로레알L'Oreal은 틀린 것인가?

계속 언급한 것처럼 각각의 브랜드 전략 유형은 그 나름대로 장점과 단점을 가지고 있다. 그러나 단지 장점과 단점을 단순히 나열하는 것은 특정 시장과 특정 기업이 전략을 선택하는 결정 과정에 큰 도움을 주지 못한다. 브랜드 정책의 선택은 특정 스타일의 결정이 아니라 장기적으로 브랜드를 자본화하는 것뿐만 아니라 개별 제품과 계열을 촉진하는 것을 목표로 하는 전략적인 결정이다. 이것은 3가지 요소에 비추어 고려되어야 한다. 즉 제품 또는 서비스, 소비자 행동 그리고 기업의 경쟁적인 포지션이다. 브랜드 정책은 특정 상황에 있는 특정 기업이 선택한 전략의 반영이라고 볼 수 있다.

브랜딩 전략을 선택할 때 어떤 요소가 고려되어야 하는가? 첫 번째는 기업 전략이다. 사실 브랜딩 전략은 그러한 기업 전략의 상징이다. 예를 들어, 2003년에 배전과 산업용 제어기 분야의 리더인 슈나이더 일렉트릭Schneider Electric은 연구부서와 전기적분기로 유명한 멀린 게린Merlin Gerin과 텔레메카닉 Telemecanique 브랜드를 활성화하기로 결정했다. 그렇게 하면서 슈나이더는 개별 브랜드들을 하나의 단일한 그룹 브랜드group brand로 대체하려던 이전의 계획을 중단했다.

스틸케이스Steelcase 출신이었던 이 회사의 새로운 이사는 GE, ABB 그리고 지멘스Siemens에 대항하는 슈나이더의 전략적 포지셔닝 틀을 만들었다. 이러한 일반적인 전기전자의 거인들과 비교할 때, 슈나이더 일렉트릭은 작은 전기 회사는 아니지만 그보다는 스스로를 멀티 전문 기업multi-specialist company으로 보길 원했다. 사실 슈나이더가 중간재를 팔기 때문에 그 소비자들은 전문 회사를 찾는다. 반면 많은 단일 전문 경쟁업체들과 비교할 때 슈나이더 일렉트릭은 일반 전기 회사에 더 가깝다. 따라서 만약 슈나이더 일렉트릭이 스스로를 멀티 전문 기업으로 포지셔닝하고자 한다면 그 전문 제품이 그룹 브랜드group brand라는 단일 실체single entity에 의해 통합된 전문 브랜드들에 의해 제공되어야 한다. 이는 이 회사가 단일 브랜드 노선single-brand path를 따르지 않고 3개의 국제적 통합 브랜드들(즉 130개 국가에 있는 멀린 게린Merlin Gerin, 텔레메카닉Telemecanique 그리고 미국 기업 스퀘어D Square D) 아래에 50개 제품 브랜드들을 통합하기로 결정한 이유이다. 그에 따라 이슈나이더 일렉트릭 본부와 슈나이더 일렉트릭 영업 조직은 고객 유형에 따라 조직되었고, 고객들은 각기 다른 제품 브랜드들 아래에 있는 제품들을 구입하게 되었다.

또 다른 결과는 유통업체들이 과거처럼 자동적으로 두 브랜드들을 추천해야 하는 의무 없이 다시 한 번 멀린 게린이나 텔레메카닉의 공식 유통업체가 될 수 있게 된 것이다.

이와 비슷하게 소형 가전 분야의 세계적 리더인 그룹 세브Groupe SEB는 4개의 국제적인 브랜드인 물리넥스Moulinex, 테팔Tefal, 크룹스Krups 그리고 로벤타Rowenta를 가지고 자신을 멀티 브랜드 그룹으로 만들기로 결정했다. 왜 필립스Philips처럼 매력적인 단일 브랜드single-brand 노선을 따르지 않는가? 정확하게는 필립스 때문이다. 그 전략은 바로 필립스와 차별화되는 것이다. 만약에 필립스와 같은 단일 브랜드를 갖고 있다면 단일 브랜드가 유리할 것이다. 필립스는 그것이 전 세계적으로 유통된다는 사실에 기반한 명성을 가진 몇 안 되는 국제적인 브랜드 가운데 하나이다. 하지만 기본적으로 필립스를 모방하기에는 너무 늦었다. 오늘날의 분화된 시장에서, 공격적인 유통망과 세분 시장을 갖고 있다면 목표 고객들이 구매해 온 브랜드의 명성(제품과 가치의 측면에서)을 이용하는 것이 훨씬 더 좋다.

브랜딩 전략 선택에서 고려해야 할 두 번째 요소는 비즈니스 모델business model이다. 이런 점에서, 같은 분야의 기업들을 비교해보는 것이 흥미로울 수 있다. 왜냐하면 기업의 브랜드 정책은 종종 그들의 경쟁력과 수익성의 원동력인 비즈니스 모델을 반영하기 때문이다. 이는 유럽의 치즈 산업의 세 명의 거인들인 벨Bel, 봉그랑Bongrain, 락탈리스Lactalis를 비교함으로써 설명될 수 있다. 벨Bel 은 주요 혁신 제품을 중심으로 계열 브랜드range brands를 발전시킨다. 그에 따라 래핑 카우Laughing Cow, 키리Kiri 또는 미니 바비벨Mini babybel 시그너처를 가진 전체 제품 계열을 만들어냈다. 봉그랑Bongrain은 숌Chaumes, 뷰 페인Vieux Pane, 카프리스Caprices des Dieux 그리고 오 세귀Haut Segur 같은 제품 브랜드를 개발한다. 반면 락탈리스Lactalis는 모든 치즈와 버터를 위한 엄브렐러로서 하나의 단일 브랜드(프레지던트President)를 사용한다.

사실 이 기업들의 비즈니스 모델들은 같지 않고, 따라서 각기 다른 브랜드 전략을 갖게 된다. 벨은 스스로를 현대성의 창조자, 반전통주의, 접근가능성 그리고 일상의 가치로 바라보는 것을 좋아한다. 벨은 주말의 향응을 위해 구매되는 전문 치즈를 취급하지 않는다. 현대성의 창조자로서, 벨은 그들 자신만의 특별한 형태shape와 성격characteristics을 가진 브랜드들을 창조해야 하며, 이는 프로모션에 대한 투자를 활용하기 위해 다양한 형태로 제공될 수 있다.

봉그랑은 맛, 가격, 보존성, 그리고 용도 측면에서 더 접근 가능하도록 가공된 AOC(appellations d'origine controlees) 치즈를 개발하기로 결정했다. 뷰 페인은 '퐁 레베크Pont l'Eveque'라고 불리는 AOC 치즈 카테고리의 가공된 버전이다. 그러나 그것만으로 그 명칭을 사용할 권리를 갖지는 않는다. 따라서 봉그랑은 그것이 창조하는 각각의 전문 제품에 새로운 이름을 제공해야 하며, 여기서 제품 브랜드 정책이 나오게 되었다. 이것의 단점은 많은 작은 규모의 브랜드들을 광고를 통해 지원하면서 동시에 각각의 새로운 브랜드를 촉진해야 한다는 것이다.

락탈리스의 비즈니스 모델은 일반 카테고리들을 세분화해 그것들을 업데이트하고 일상생활 및 현대의 라이프스타일과 조화시키는 것이다. 이 모델은 엄브렐러 브랜드 정책으로 이어진다. 즉, 단일 브랜드(프레지던트) 하에 각각의 변형, 즉 각각의 다양한 형태에 대한 서술적 이름들(고품질 저지방 버터, 진정한 에멘탈 치즈 Emmental a real Emmental, 진정한 브리 치즈Brie a real Brie 등과 같은)이 있게 되는 것이다.

브랜드 아키텍처를 선택하는 세 번째 요소는 문화적인 것이다. 미국은 브랜드가 단 하나의 제품만을 생산하는 제품 브랜드의 문화를 발전시켰다. P&G의 창립 브랜드인 아이보리Ivory는 비누이고, 여전히 비누로 남아 있다. 그것은 P&G가 그 브랜드를 확장하는 데 주저하는 것과 지난 20년 동안 그들의 책들에서 브랜드 확장을 비판해 왔던 트라우트와 리스Trout and Ries 같은 저자들의 이념적인 반대까지도 설명한다. 그러나 미국 국내 시장은 이러한 제품 브랜드 정책을 선호했다.

다른 한편으로 그것은 또한 유럽과 일본이 엄브렐러 브랜드 정책의 주된 옹호자였던 이유를 설명한다. 니베아Nivea와 네슬레Nestle는 많은 유럽의 예들 중 2가지일 뿐이다. 일본에서는 기업이 다루는 제품과 사업부문이 많으면 많을수록 기업의 명성은 더 커진다는 측면에서 기업의 개념이 상당히 중요하다. 일본 기업의 중역에게는 다양한 브랜드 확장을 하면서 기업 이름을 사용하지 않는다는 것이 오히려 이해되지 않는다. 야마하Yamaha가 그 전형적인 예로 모터사이클과 피아노 같은 매우 다양한 제품들에 그 이름을 붙인다.

네 번째 요소는 혁신의 속도pace of innovation이다. 어떻게 1년 단위로 그 제안을 업데이트해야 하는 분야에서 제품 브랜드를 발전시킬 것인가? 이런 분야에서는 전체 계열을 포괄하는 단일 브랜드 정책이 선호된다. 노키아Nokia, 소니-에릭슨Sony-Ericssion, 알카텔Alcatel, 삼성Samsung, 심지어 월풀Whirlpool과 GE도 마찬가지이다.

다섯 번째 요소는 제품이 기초하고 있는 부가가치 레버added-value lever이다. 이 점은 그림 12.1에서 설명되고 있는데, 거기서는 각기 다른 브랜딩 전략들의 상대적인 포지셔닝을 제공한다. 특정 시장에서 부가가치가 안심, 명성, 규모와 관련 있을 때는 단일 브랜드 엄브렐러 전략이 추천된다(산업 세계에서는 이것이 종종 기업 브랜드이다). 비록 2단계의 브랜딩을 가진 소스 브랜드 전략, 즉 가르니에Garnier나 로레알 파리L'Oreal Paris와 같은 진정한 '하우스 브랜드branded house' 전략이 동일하게 효과적이라 해도 말이다. 그러나 시장이 더 세분화되면 될수록, 최고급 품질의 개인화된 제품들의 경우, 로레알 제품 브랜드들의 포트폴리오나 하위 브랜드를 허용하는(유제품에서 다농이나 네슬레의 논리) 보증 브랜드 전략 중 하나가 선호되어야 한다.

다음에는 자원resources의 문제가 있다. 충분한 자금이 부재한 상황에서는 특히 기업이 국제적이라면, 기업은 자신의 노력을 단일 브랜드에 집중해야만 한다. 가시성의 식역을 넘어서야 할 필요성은 모든 고려사항 앞에 온다. 그러나 공동 브랜딩co-branding 경우에 그렇게 하는 것이 불가능하다. 이는 필립스Philips와 도우 에그버트Douwe Egbert(선도 커피 회사)가 커피 기계에서 그들이 이룬 공동 혁신에 별도의 이름(센세오Senseo)을 만들어 붙인 이유이다.

마지막으로 브랜드 비전brand vision이 아키텍처architecture 선택에 영향을 준다. 화장품 시장에는 수천 개의 제품과 많은 과학적 용어들이 있고, 혁신은 필수적이다. 이것이 바로 시장에서 불명확성opacity을 가져오는 요인이다. 여기서 브랜드는 이정표의 역할을 한다. 그리고 어떤 네이밍 전략이 사용되어야 하는가라는 질문이 종종 제기된다. 그런 일반적인 질문에는 단 하나의 답이 존재하지 않는다. 그것은 상당 부분 브랜드에 대한 사고conception 그 자체에 달려 있다.

랑콤Lancome은 선도 제품에서 파생된 작은 계열만을 지닌 단일 제품 정책 mono-product policy을 선호한다(얼굴, 아이-라이너, 주름방지크림 등을 위한 프로그레스Progress). 그래서 최근에는 하나의 이름 아래 라인을 두는 대신 각각 그 자신의 브랜드를 가진, 바디 케어를 위한 단일 제품들을 출시하기로 결정했다. 이 제품들에는 바디를 위한 캐던스Cadence(모이스처), 엑스폴리앙스Exfoliance(스크럽), 스컬프처럴Sculptural(슬리머)이 있다. 랑콤은 보증 브랜드가 아니다. 랑콤은 소스 브랜드가 되길 원하며 그에 따라 정확한 비전, 즉 '프랑스적 우아함French elegance'을 창조하기를 원한다. 또한 다음을 표현하는 전달수단의 역할을 하기를 원한다.

• 제품의 기술 수준과 성능.
• 프랑스식으로 지각되는 명품, 다시 말해 자연스러운 세련됨. 랑콤은 라보아토레스laboratories를 매력적으로 보이게 만든다.

랑콤은 그 제품들과 그것을 둘러싼 서비스(영업 사원들의 대화와 조언)를 통해 스스로를 표현한다. 그들은 일관성을 갖고 있으며, 두 차원, 즉 소비자와 판매자 측면에서 쉽게 이해될 수 있는 브랜드 정책을 원한다. 그러나 소비자들은 실제로 이 분야의 브랜드 정책에 부정적으로 반응한다. 소비자들은 일반적으로 브랜드 네임을 외우지 않고, 그냥 매장에 가서 '랑콤에서 나온 수분 크림'을 달라고 할 것이다. 그러면 점원은 두 가지, 즉 하이드릭스Hydrix와 트랜스하이드릭스Transhydrix가 있다고 설명한다. 두 개의 이름은 점원이 다수의 제품이 존재한다는 사실을 말할 수 있게 한다. 이런 각기 다른 제품 이름을 통해 소비자는 각기 다른 제품들을 이해할 수 있고, 점원은 각 제품의 개별적인 기능, 쓰임 그리고 특성을 강조함으로써 각각의 제품을 홍보할 수 있다.

이렇게 해서 랑콤은 기능이나(뉴트릭스Nutrix는 피부에 영양을 공급하고, 하이드릭스Hydrix는 수분을 공급하고, 포르테-바이탈Forte-Vital은 탄력 있게 한다) 새롭고 혁신적인 주성분(예를 들어 니오좀Niosome은 니오좀을 함유하며, 올리고-메이저Oligo-Majors는 올리고 성분이 들어 있다)을 반영하기 위해 각 제품에 다른 이름을 부여하려고 한다. 이런 네이밍 정책은 그 제품들과 근접한 다른 제품들간의 차이점을 설명하기 때문에 판매 설득sales pitch을 더 분명하게 만들고, 그에 따라 같은 라인과 단일의 공동 이름 하에 있을 때 발생할 수 있는 혼동을 피한다.

이것은 최소한 화장품에 관해서는 제품 브랜드 정책의 손을 들어줌으로써 제품 브랜드와 라인 브랜드 사이의 논쟁을 명확히 종식시키는 것처럼 보일 것이다. 그러나 클라란스Clarins의 경우는 일반적으로 단일 브랜드 없으며, 70개나 되는 제품 모두가 몇 개의 라인으로 나뉘어진다. 클라란스는 랑콤이 아니므로 같은 이미지, 같은 아이덴티티 또는 자신에 대한 같은 사고conception를 갖고 있지 않다. 클라란스는 스스로를 뷰티 인스티튜트Beauty institute로 내세우며, 미용업profession of beautician은 그들에게 매우 중요하다. 이 컨셉은 같은 라인에 속하는 많은 제품들의 사용을 암시한다. 단일 제품mono-product으로는 모든 일을 할 수 없기 때문에 이런 이유로 시너지 효과를 갖는 제품 라인을 선호하게 된다. 클라란스는 자신의 브랜드 아이덴티티, 개성, 브랜드 문화와 조화를 이루고, 수년 동안 지속할 수 있는 안정된 라인을 만들기를 원한다.

마지막으로 클라란스는 현재 '노화에 대한 승리victory over ageing'라는 한 가지 요소만을 강조하는 단일 제품들의 과잉 슬로건들보다 객관적인 제품 약속을 선호한다. 이로부터 항상 미용beauty 영역에 있는 그들의 제품을 위한 이름들이 생겨난다. 그 이름들은 항상 제품의 효능을 설명하고, 크리스찬 디오르Christian Dior가 '캡처Capture'를 출시할 때 했던 것처럼 꿈이나 환상을 이용하지 않는다. 클라란스의 이름들은 두세 단어로 이루어져 있는데, '멀티-리페어 리스트럭처링 로션Multi-Repair Restructuring Lotion'이 그 예이다.

과거에 새로운 제품의 탄생은 대개 새로운 이름의 탄생과 함께였다. 새로운 제품에 세례명을 주면서 제품 매니저는 그것에 생명을 불어넣었다. 이름 없이는 제품은 진정으로 존재할 수 없었다. 그러나 일단 이름이 주어지면, 제품은 생명을 지니게 되었다. 1981년에 3M에서는 244개의 새로운 브랜드가 만들어지고 등록되었다. 1991년에는 4개의 새로운 브랜드만이 만들어졌다. 네슬레Nestle에서도 같은 일이 벌어졌다. 1991년, 101개의 제품을 만들었지만 새로운 브랜드는 단지 5개뿐이었다. 브랜드 증식brand multiplication의 시대는 끝이 났다. 이런 변화를 낳은 것은 무엇인가?

브랜드가 기업의 진정한 자본true capital이라는 깨달음이 이런 혁신을 가져왔다. 더 적은 브랜드만을 이용함으로써 기업들은 지속적인 혁신과 라인이나 계열 확장을 통해 자사의 에쿼티를 유지해야 한다. 따라서 '어떤 이름을 선택해야 하는가?'라는 질문은 '신제품 가운데 어떤 것을 이미 존재하는 브랜드 가운데 어떤 브랜드 아래에 둘 것인가?'로 바뀌었다.

브랜드 관리가 분권화되어 있는 기업들이 특히 많은 브랜드를 가질 가능성이 있다. 그래서 3M은 60,000개의 제품을 가지고 있고, 포춘 500대 기업 중 상위권에 있음에도 불구하고 상대적으로 잘 알려져 있지 않다. 그 한 가지 이유는 그것이 갖고 있는 1,500개가 넘는 과도한 수의 상표trademark들이다. 이 문제의 해결을 위해 3M은 과감하게 고위급 브랜딩 위원회branding committee(기업 브랜드 정책 위원회)를 만들어 브랜드 정책에 관해 명확한 원칙을 세우도록 했다. 어떤 새로운 브랜드를 창조하려면 먼저 위원회 허가가 필수적이었다. 3M을 진정한 기업 브랜드로 만들기 위해 그때부터 3M은 (화장품 라인을 제외한) 모든 제품을 표시하고 보증하는 데 사용되는 것으로 결정되었다.

두 번째 결정은 그림 12.8에서 볼 수 있듯이 브랜드 적체pileups를 없애기 위해

| 그림 12.9 | 3M 브랜딩 옵션들의 검토

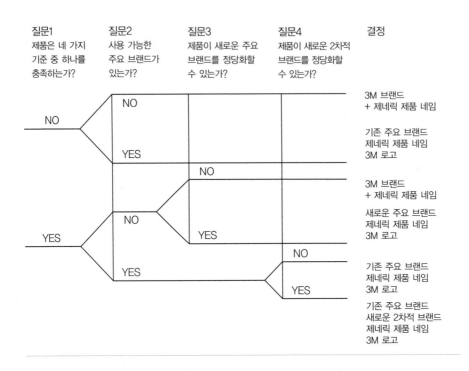

질문1
제품은 네 가지
기준 중 하나를
충족하는가?

질문2
사용 가능한
주요 브랜드가
있는가?

질문3
제품이 새로운 주요
브랜드를 정당화할
수 있는가?

질문4
제품이 새로운 2차적
브랜드를 정당화할
수 있는가?

결정

3M 브랜드
+ 제네릭 제품 네임

기존 주요 브랜드
제네릭 제품 네임
3M 로고

3M 브랜드
+ 제네릭 제품 네임

새로운 주요 브랜드
제네릭 제품 네임
3M 로고

기존 주요 브랜드
제네릭 제품 네임
3M 로고

기존 주요 브랜드
새로운 2차적 브랜드
제네릭 제품 네임
3M 로고

(스카치 매직Scotch Magic의 예처럼) 한 가지 제품에 2개 이상의 이름 사용을 금지하는 것이었다. 소수의 메가 브랜드(주요 브랜드primary brand 또는 파워 브랜드power brand라 불리기도 하는)를 활용하는 새로운 브랜드 정책의 통합을 촉진하기 위해 3M은 모든 자회사들에게 새로운 제품을 브랜딩할 때 따라야 하는 정책에 관한 지침을 배포했다. 이 지침은 모 브랜드(스카치Scotch 같은)와 자 브랜드(매직Magic 같은) 모두에서 새로운 브랜드 창조 요구의 뚜렷한 감소로 이어졌다.

그림 12.9에 나와 있는 의사결정 트리decision tree는 (포스트-잇처럼) 새로운 브랜드의 창조를 매우 특정한 상황으로 제한하는 필터 역할을 하는 4가지 질문들을 통해 각 혁신을 위치시킨다. 첫 필터 질문은 혁신이 다음의 4가지 기준 가운데 하나를 만족시키는지 묻는다. 최우선적으로 여겨지는 혁신인가? 새로운 종류의 가격/품질 관계를 만들어내는가? 이제까지 존재하지 않았던 새로운 제품 카테고리

를 만드는가? 합병의 결과인가?

두 번째 필터 질문은 3M의 주요한 브랜드 포트폴리오에 있는 기존 모 브랜드를 강화할 수 있는지 없는지를 묻는 것이다. 세 번째 필터 질문은 새로운 제품이 새로운 모 브랜드 창조를 위한 기회를 줄 수 있는가를 발견하고자 한다. 마지막 필터 질문은 새로운 2차적 브랜드(자 브랜드)의 창조를 정당화할 수 있는 신제품의 역량을 평가한다. 의사결정 트리로부터 측정 가능한 시장의 매개변수들에 기초한 6가지 브랜딩 가능성들이 남김없이 나타난다. 이들은 아주 단순한 것(slide for OHP from 3M)에서 다단계 브랜딩(Scotch Magic, the sellotape from 3M)으로까지 이어진다. 예상했던 대로, 새로운 브랜드(주요한 또는 2차적)의 창조는 규칙이라기보다는 예외가 되었다. 다수의 제한적 조건들이 먼저 충족되어야 했다. 무엇보다 혁신이 새로운 주요 수요를 창출해야 하고, 기존의 주요 브랜드들 가운데 어느 것도 그것에 적합하지 않아야 한다.

소매업체 브랜딩 전략

브랜드 아키텍처brand architecture의 전략적 측면을 같은 영역에서 경쟁하는 유사한 기업들 간의 비교보다 더 잘 설명하는 것은 없다. 소매 부문이 바로 이런 경우이다. 같은 잠재적 고객들을 상대로 그들은 개별적인 아이덴티티와 전략적 선호들을 반영하는 각기 다른 브랜딩 정책들을 선택한다.

소매업체 브랜드는 근래에 생겨난 현상이 아니다. 세인즈버리Sainsbury가 시작된 것은 1869년까지 거슬러 올라간다. 프랑스에서 브랜드를 공식적으로 등록한 최초의 소매업체는 1929년 쿠프Coop이다. 이것들은 엄브렐러 브랜드로, 그 소매업체만의 것이었고, 동일한 카테고리(식품 또는 가정용품 또는 화장품) 내의 다수 제품으로 구성되었다. 이 브랜드들의 주요 기능은 자신들에게 공급을 거부하는 공급자들에 맞서는 방어 수단이었다.

1976년, 까르푸Carrefour에 의해 '배너 브랜드banner brand'라고 알려진 새로운 유형의 소매업체 브랜드가 만들어졌다. 이 브랜드는 까르푸에서 '자유 제품들

free products'로 이름 붙여졌다.

그 밑에 많은 제품을 두는 배너 브랜드banner brand 역시 엄브렐러 브랜드 umbrella brand이다. 그것은 어떤 그림이나 장식도 없는 포장에 단색(흰색, 오렌지색)으로 소개되었다. 어떤 시그너처signature도 없이 엠블럼emblem이나 이니셜 initials이라는 시각적 형태의 보증만이 들어갔다.

그 이름에서 나타나듯이 배너 브랜드는 제조업체 브랜드들에 대한 공격적 전략을 나타낸다. 이는 하이퍼마켓 체인들의 커뮤니케이션 전략을 완전히 새롭게 하는 기회였다. 따라서 그들은 특정 제품들로부터의 지원을 통해 그들의 비전과 경쟁력을 홍보할 수 있었다. 까르푸Carrefour는 그렇게 해서 소비자들의 챔피언으로 스스로를 제시할 수 있었고, 그것의 새로운 제품 라인 이름은 '프리덤 freedom'으로 선택되었다. 그것의 포지셔닝은 간단했다. '내셔널 브랜드National Brand만큼 좋지만 더 싸게'(20% 더 싸게)였다. 이렇게 해서 배너 브랜드들은 소매업체에게 새로운 시야를 제공했으며, 몇몇 소매업체들에게는 아이덴티티의 시작을 의미하게 되었다. 소매업체들은 가격-선택-품질-서비스 형태의 커뮤니케이션에서 벗어나 그들의 문화, 동기, 주안점을 주장하기 시작했다.

배너 제품banner products은 또한 그것들이 유통업체들과 제조업체들 간의 불가피한 경쟁에서 중요한 요소인 우호적인 여론을 얻었다는 점에서 흥미로운 것이었다. 사실 동네의 작은 식료품점들의 잇따른 폐점으로 인해 그 원인 제공자인 대형 소매점들의 이미지가 크게 손상을 입는 상황에서도 까르푸의 '프리덤' 배너 제품은 다양한 매체를 통해 제조업체 브랜드들이 소비자를 억압하는 수단이고 이제 그들의 수중에서 벗어나야 할 때임을 광고했다. 사실 침묵은 동의를 뜻하는 것이었다. 집단행동에 익숙하지 못했던 제조업체들은 반응을 보이지 않음으로써 전투에서 패하게 되었다.

경쟁이 증가하면서 슈퍼마켓 진열대에는 많은 제네릭 제품 또는 브랜드가 없는 제품들unbranded products이 나타나게 되었다. 비록 내셔널 브랜드에 비해 품질이 낮은 것은 부정할 수 없었지만 30~40% 더 저렴했다. 이 제품들은 불필요한 장식 없이 보통은 단순한 흰 포장에 간단한 제품 소개(예를 들어, 설탕, 오일 등) 정도가 나와 있었다. 이것은 저가의 제네릭 제품과 배너 브랜드 간의 차이에 대한 소비자의 혼란을 가져왔다. 그 혼란은 역효과를 가져왔으며 소매업체의 이미지를 끌어내렸다. 그 결과 까르푸는 '프리덤' 라인의 판매를 중단하고 대신 기업 브랜딩 정책을 도입했다. 이 정책은 제품에 스토어의 자체 이름을 넣는 것이었다. 이는 새로운 것은 아니었다. 세인즈버리Sainsbury's, 스위스의 미그로스Swiss Migros 그리고 미국의 주얼Jewel은 오랫동안 이런 정책을 따라왔다.

소매업체 이름은 다양한 방식으로 사용될 수 있다.

- 자체 생산제품에 쓰인다. 이런 경우에는 엄브렐러 브랜드가 되며, 많은 수의 다양한 제품들을 커버한다. 따라서 까르푸 콘플레이크뿐만 아니라 까르푸 냉동 생선, 요구르트, 과일주스, 스포츠 가방, 자동차용 부동액 등이 존재하게 된다.
- 단독으로 제품들에 대해 라인 브랜드 역할을 한다. 단 이런 각기 다른 제품들은 어떤 공통의 혜택이나 컨셉에 의해 결합될 수 있어야 한다. 모노프릭스 피트니스Monoprix Fitness 또는 모노프릭스 바이오 라인Monoprix Bio Line이 이에 해당한다.
- 또 다른 이름과 함께 시그너처로 사용된다. 이런 경우에는 보증 브랜드가 된다. 까르푸는 델라쿠르 F. Delacour 샴페인의 우측 하단에 작은 활자로 그 이름을 표시한다. 같은 방법으로 쁘랭땅Printemps의 이름은 에센셜Essential 같은 기성복 브랜드에 나타나며 제품과 태그 모두에 표시된다.

세번째 유형의 소매업체 브랜드는 '자체 브랜드own brand' 또는 자체 라벨 private label로 불리며, 소매업체와는 다른 이름을 갖는다. 자체 라벨은 다음과 같이 사용될 수 있다.

- 제품 브랜드: 많은 맥주, 비스킷, 그리고 다른 식품류의 경우(세인즈버리의 크런치Crunch).
- 라인 브랜드: 오샹Auchan 하이퍼마켓의 마이크로 라인Micro Line 헤어 젤은 로레알 스튜디오 라인의 모방이다.

- 계열 브랜드: 까르푸의 섬유 제품을 위한 텍스Tex, 또는 시어스 로벅Sears Roebuck의 가전제품 브랜드인 켄모어Kenmore.
- 엄브렐러 브랜드: 세인트 마이클St Michael, 프레지던트 초이스President's Choice, 월드 클래식World Classics.

더 오래되고, 선구적인 자체 브랜드들과 비교해, 자체 라벨은 그들이 종종 제품 브랜드이거나 라인 브랜드라는 점, 그리고 타깃으로 삼는 제조업체 브랜드의 고객을 끌어들이려 한다는 점에서 다르다. 이들은 결국 카운터 브랜드counter brand 또는 모방 브랜드copycat brand가 된다. 예를 들어 아스다 퍼핀Asda Puffin은 펭귄 비스킷Penguin biscuit의 모방 제품이었다.

모방 브랜드의 기본적인 이점은 무한대로 늘어날 수 있는 가능성이다. 계속적으로 세분화되는 시장에 직면하여, 소매업체는 각 세그먼트에 모방 브랜드 1개씩을 배치시킬 수 있다. 이는 공동의 단일 라벨에서는 가능하지 않았던 것이다. 이 정책은 니치niches에 진입할 수 있는 상당한 유연성을 제공한다. 제품에 자신의 이름을 넣고 제조업체 브랜드를 단순히 입점 목록에서 제외시킴으로써 그 브랜드들을 거부하는 다른 소매업체들과 비교해 자체 브랜드는 똑같은 결과를 얻지만 좀 더 신중하다. 여기에서 소비자는 더 크고 다양한 선택의 폭을 갖게 되었다는 인상을 갖게 되어 빅 브랜드big brands가 사라지는 것에 대한 반응이 더 적다.

카운터 브랜드 전략counter-brand strategy은 판매량을 극대화하기 위해 타깃 브랜드와 최대한 비슷한 브랜드 네임, 포장, 디자인, 컬러를 선택하는 것이다. 이것은 소비자의 생각에 혼란을 가져온다. 제조업체 브랜드의 집중적인 연구 개발, 품질, 실적, 마케팅의 결과로 인한 고객의 유입을 본 유통업체들은 모조품을 만들어 오리지널 제품과 같은 방식으로 포장한다. 비용과 위험을 줄이는 가장 간단한 방법은 제조업체 브랜드가 채택한 마케팅 전략을 비슷하게 모방하는 것이다. 카운터 브랜드와 상표권 침해 사이에는 미묘한 차이가 존재하지만 몇몇 소매업체들은 이미 그 선을 넘었다. 그러나 법이 할 수 있는 것은 극히 제한적이다. 대부분의 제조업체들은 자신들의 제품이 진열대에서 사라지는 것이 두려워 소매업체들을 불공정 거래를 이유로 법정에 세우는 것을 꺼린다. 그러나 최근 펭귄

| 표12.1 | 소매업체와 제조업체 브랜드의 상대적 기능

브랜드의 주요 목적	브랜드 소유자	
	제조업체	소매업체
타깃 브랜드의 고객을 빼앗는 것		카운터 브랜드 모방 브랜드
제품을 개인화하는 것	제품 브랜드	자체 라벨
제품을 다른 제품들과 통합하는 것	라인 브랜드 계열 브랜드	자체 라벨
제품의 소스를 나타내는 것	엄브렐러 브랜드 소스 브랜드 보증 브랜드	(배너 브랜드) 소매업체 이름의 브랜드
제조업체를 표시하는 것	기업 브랜딩	

Penguin 비스킷의 제조업체는 아사다Asada가 생산한 모조품, 퍼핀Puffin을 상대로 승소했다.

비록 용어에 차이가 있다고 하더라도 제조업체들의 브랜딩 전략과 소매업체 브랜딩 컨셉 간의 연결을 구축하는 것이 가능하다(표 12.1 참조). 그러나 이들은 2가지 점에서 다르다. 제조업체들은 서로의 제품을 모방 브랜드가 하는 것만큼 많이 모방하는 것이 불가능하다. 위조가 불법이라는 점뿐만 아니라 제조업체들은 서로를 고소하는 데 주저함이 없기 때문이다. 둘째, 소매업체가 수직적으로 통합된 생산 과정을 갖고 있는 극히 예외적인 경우를 제외하고 자체 라벨의 실제 생산자의 이름은 언제나 숨겨져 있어서 확인될 수 없다. 이는 또한 소매업체 브랜드에 품질 인증을 주는 데 있어 문제가 된다. 생산자가 수시로 변할 수 있기 때문이다.

브랜드에 기대되는 주요 기능들 외에도, 소매업체들의 브랜딩 전략 선택은 많은 요인들에 좌우된다.

- 스토어 이름의 가치는 브랜딩 전략의 선택에 큰 영향을 미친다. 소매업체 브랜드가 스토어 이름을 사용한다면, 그것은 스토어 이름을 잠재적인 보장

자guarantor라고 간주하고 가까운 근접성과 친근성에서 혜택을 얻으려는 것이다.

- 전략은 제품의 관여 정도에 달려 있다. 모든 제품이 소비자에게 똑같이 중요하지 않다. 어떤 것들은 다른 것들보다 좀 더 중요하고, 어떤 것들은 완전히 뒷전일 수도 있다. 이 중요성의 요인은 매우 다양할 수 있다.

  - '필요한' 제품들은 필요성에 의해 구매된다. 우리는 그것들에게서 기능적인 효용성을 기대하며, 그것이 전부다. 이는 화장지(저관여)에서부터 진공청소기(고관여)에 이르기까지 다양하다.
  - '즐거움'의 제품들은 재미 기능을 가지며, 캐러멜 커스터드부터 하이파이 시스템에 이르기까지 다양하다.
  - 자아를 표현하는 제품들은 사회적인 기능을 가지며, 이 제품들을 통해 구매자들은 자신의 개성을 드러낸다. 이는 담배, 소프트음료, 맥주, 그리고 또한 기성복과 관련 있다.

당연히 브랜드는 하나 이상의 관여 요인을 가질 수 있지만, 소매업체 브랜드를 자아 표현적인 제품에 적용하기는 어렵다. 그 스토어가 큰 명성을 갖고 있지 않는 한(예를 들어 헤디아드Hediard, 포숑Fauchon, 해롯Harrod's 등) 그런 제품들은 나쁜 인상을 줄 수 있기 때문이다. 까르푸는 샴페인을 제공하면서 자신의 이름을 아주 작은 글자로 표기한다. 관여 요인이 철저히 기능적일 때는 엄브렐러 브랜드가 다른 많은 카테고리들을 커버할 수 있다. 이런 경우 그 브랜드는 뛰어난 가격-품질 관계를 나타내고 다양한 가격대를 수용할 수 있다.

- 유통업체의 동기 또한 중요한 결정 요소이다. 종종 잘못 알려져 있는 것처럼 소매업체에게 브랜드 관리는 그래픽과 창의성의 연습이 아니며, 이름이나 좋은 포장을 찾는 것에 국한된 것도 아니다. 이것은 소비자 지향적이 됨을 의미한다. 그리고 그것은 시장과 소비자 수요 분석을 위한 인적, 재정적 자원을 연구조사와 개발, 고객 확보와 유지, 완벽한 품질 관리 그리고 새로

운 제품 개발 능력에 투입하는 것을 의미한다.

이 3가지 요인들은 많은 소매업체들이 왜 자신의 이름을 제품에 넣는 것을 원하지 않는지를 설명한다. 반면 일부 소매업체들은 열정을 갖고 그것을 실행한다. 그 선택은 제약들에 대한 평가와 소매업체의 아이덴티티를 반영한다. 카지노 Casino는 처음 순간부터 스위스 미그로스Swiss Migros와 같이 스스로를 전통적인 유통 경로의 대안으로 여겼다. 이 소매업체는 자신의 비전vision을 따라야 한다. 그것은 사명mission을 갖고 있다. 이런 이유로 이 소매업체의 이름은 어디서든 엄브렐러 브랜드로 작용한다. 유일한 예외는 강력한 제품 브랜드를 필요로 하는 소위 지위를 갖는 제품들이다. 이런 경우 소매업체 이름은 그 자신을 단지 보증 브랜드의 이름으로서만 나타낸다.

까르푸Carrefour는 세계에서 고품질의 복합 소매업체가 되기를 원한다. 그것의 '프리덤 제품' 들 이후로, '협동 제품concerted product', 비교 설문조사, 그리고 다른 소비자 지향의 선언들이 있었다. 분명 까르푸는 그 이름을 많은 제품에 붙이는 것이 사실이지만 모두는 아니다. 그렇게 하는 것은 획일화와 선택의 자유가 박탈되는 느낌을 줄 것이다. 또 까르푸는 자신의 이름을 주로 역사적인 역량의 핵심이 되는 식료 잡화 부문에 사용한다. 까르푸 또한 혁신적인 제품에 그 이름을 붙이고, 이런 독점적인 제품을 통해 자신의 이미지를 향상시킨다. 동시에 섬유 제품들은 자체 엄브렐러 브랜드인 텍스Tex를 갖고 있다.

인터스포트Intersport는 그 무엇보다도 소매업체이다. 여기에는 거의 어떤 철학, 프로젝트나 비전이 존재하지 않는다. 그 체인은 실제로 아이덴티티를 가지고 있지 않다. 그러나 선택choice이라는 포지셔닝 컨셉을 가지고 있다. 이것이 바로 그들이 자체 브랜드own-brands를 갖는 이유이다. 의류는 에티렐Etirel, 테니스는 테크노 프로Techno Pro, 겨울 스포츠는 맥킨리McKinley, 자전거는 나까무라 Nakamura 등이다.

실증적인 연구는 브랜딩 정책의 효과성이 포장 형태(독창적인 것 또는 모조품), 스토어 네임의 명성, (시장의 리더와 비교 했을 때) 유통업체 제품의 객관적 품질 같은 다른 변수들과 상호작용한다는 것을 설명한다. 그에 따라 레위와 캐퍼러

Lewi and Kapferer(1996)의 실험은 다음과 같은 것을 보여준다.

- 만약 자체 라벨의 품질이 선두 브랜드에 뒤지지 않고 스토어 네임이 강한 이미지를 가지고 있다면, 시장 점유율을 극대화하는 가장 좋은 전략은 스토어 네임과 함께 매우 차별화된 포장을 사용하는 것이다. 간단히 말해, 유통업체 브랜드는 진짜 브랜드real brand처럼 행동해야 한다. 이 옵션은 똑같이 보이는 포장을 사용하거나 상표권 침해에 비해 훨씬 월등한 것이다.
- 그러나 만약 소매업체가 자신의 스토어 네임을 브랜드 네임으로 쓰기를 원치 않는다면 그 반대가 진실이다. 그렇다면 앞의 경우에 비해 열등할지라도 가장 좋은 전략은 모방 브랜딩copycat branding이다.

브랜딩 전략의 새로운 트렌드

기업들은 그들의 브랜딩 전략에 있어 진화하고 있다. 기업들의 국제적인 행동에 대한 분석은 중요한 트렌드를 드러낸다.

하우스 브랜드가 증가하는 이유는?

브랜딩 아키텍처의 흥미로운 분류는 '하우스 브랜드branded house' vs '브랜드 하우스house of brands'이다. 그 이름들이 가리키는 대로 '브랜드 하우스house of brands'는 잘 알려진 브랜드들을 통해 활동하면서 그 자신은 신중한 행보를 하는 기업을 가리킨다. 이는 파슬로드Paslode나 스핏Spit 같은 브랜드를 운영하고 있고, 전문가 집단에게 잘 알려진 ITW(Illinois Tool Works)의 경우이다. P&G나 조지아 퍼시픽Georgia Pacific 또한 이런 식으로 운영되고 있다.

하우스 브랜드branded house는 그 반대이다. 기업 그 자체가 하나의 단일 브랜드이며 배너banner와 연합력으로서 작용한다. 아커와 요컴스탈러Aaker and Joachimstahler(2000)에게는 그런 아키텍처의 모델이 GE(GE캐피털, GE메디컬 등)와 버진Virgin이다. 사실 하우스 브랜드를 이런 유형의 예에 비유하는 것은 지나

| 그림 12.10 | 전략적 대안

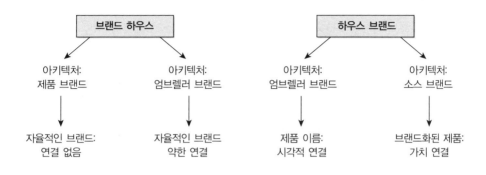

치게 제한적인 것이다. 하우스 브랜드branded house는 기업이 명성과 연합력의 원천이 되는 전략이다. 이는 이중 브랜딩 아키텍처two branding architectures에 의해 성취될 수 있다. 즉, 기업 엄브렐러 브랜드(소니, 필립스, GE, 버진이 예다)와 기업 소스 브랜드corporate source brand인데, 후자의 경우 하위 브랜드와 자회사 브랜드branded subsidiaries가 존재하지만 리더는 모 기업이다. 이는 HSBC가 따르는 전형적인 전략으로, 자회사들이 그들의 이름을 유지하는 한 모든 자회사 이름 앞에 HSBC의 이름이나 로고타입을 넣는다.

2가지 브랜드 아키텍처two brand architectures는 이른바 '브랜드 하우스house of brands'에 대응된다. 물론 제품 브랜드product brand 접근이나 보증 브랜드endorsing brand 접근으로도 불린다. 3M이 모든 제품의 바닥에 그 이름을 넣을 때 그것은 정말로 고객의 가치 인식을 일으키는가? 아니다. 비록 존재한다 할지라도 명백히 조심스러운 채로 남아있다. 이것은 '브랜드 하우스house of brands'의 표시이다. 이 포트폴리오의 브랜드들은 매우 독립적으로 활동한다.

역설적으로 몇몇 기업 엄브렐러들은 또한 유사 브랜드 하우스quasi house of brands에 매우 가깝다. 이는 조금 전까지 말했던 것과 모순처럼 보일지도 모른다. 사실 전체적인 문제는 힘과 조직organisation의 문제이다. 도시바Toshiba를 예로 들어보자. 이 대기업은 컴퓨터, 하이파이, 텔레비전, 조리도구 등의 사업 부서로 조직되어 있다. 사업 부서 담당자들이 완전히 독립적일 뿐만 아니라 국가 매니저들 또한 매우 독립적이다. 그들의 역할은 일본에서 온 제품들을 파는 것이다. 따라서 사업 부서들 간에 의사소통을 조정하려는 욕구가 존재하지 않는다. 그 결과, 비록 같은 이름을 사용하고 있더라도 도시바 하이파이 제품들은 도시바 컴퓨터, 도시바 텔레비전 세트 등과 같은 이미지를 갖고 있지 않다. 지금까지 도시바 기업은 스스로를 세계적으로 관리되어야 하는 브랜드로 생각한 적이 없다. 그런 목적을 가지고, 또 세계적인 책임과 권위를 가진 부사장이 임명된 것은 최근의 일이다. 부사장의 첫 임무는 도시바 브랜드 플랫폼Toshiba brand platform을 구축하고 세계의 어느 제품이든 모든 커뮤니케이션을 통해 그것을 강화하는 것이 될 것이다. 필립스Philips는 스스로 '하나의 필립스one philips'라는 내부 모토motto 하에 활동한다.

왜 수많은 조직들이 이 하우스 브랜드 아키텍처branded house architecture를 향해 나아가는가? 이는 패치워크patchwork는 아니라 할지라도 다양성, 즉 분화가 있는 곳에서 아이덴티티를 재창조하기 위해서다. 개발도상국 시장과는 달리 현대 선진 시장에서는 더 이상 알려지는 것만으로 충분하지 않다. 기업은 또한 끊임없이 가치를 불러일으키고 감성적인 반향을 촉진해야만 한다. 이는 약간의 훈련과 더 적은 자율성을 요구한다. 한국과 일본 기업들처럼 판매 중심의 조직들은 그들의 국가 매니저들에게 높은 판매 목표를 할당한다. 그 댓가로 그들은 많은 자유를 갖는다. 이것이 그들의 커뮤니케이션이 일반적으로 현지 수준에서 관리되는 이유이다. 하우스 브랜드branded house를 만드는 일은 자율성의 한 가지 원천인 광고의 자유가 영향을 받을 것이기 때문에 저항에 부딪히게 될 것이다. 그러나 하우스 브랜드가 자동적으로 글로벌 캠페인을 의미하지는 않는다. 브랜드의 정신spirit은 각기 다른 그리고 현지화된 커뮤니케이션을 통해 나타날 수도 있다.

충성도와 트랜스버스 브랜드의 부상

브랜드 전략을 바꾸는 또 다른 이유가 있다. 그것은 강조점이 제품 논리에서 고객 논리로, 새로운 시장을 정복하려는 욕구에서 고객 충성도를 발전시키는 것으로 바뀔 때이다. 유럽 호텔 산업의 리더인 아코르 호텔Accor Hotels은 브랜드 정책의 어떤 근본 원칙들에 의문을 갖고 수정할 수 있었던 기업의 좋은 예이다. 아코르의 성공은 호텔 부문에서 제품 브랜드를 만들었던 2명의 창업자의 창조적인 영리함 덕택이다. 그들의 첫 호텔 체인인 노보텔Novotel은 총체적 표준화의 컨셉에 기반을 두었다. 비즈니스맨들이 자신이 머무는 호텔이 어느 곳이든, 방의 배치나 장식에서까지 편안함을 느끼도록 하는 것이다. 그 다음엔 각기 다른 제품 브랜드들로 각기 다른 시장 세그먼트들을 커버했다. 즉 포뮬1Formule1, 이탭 호텔Etap Hotels, 아이비스Ibis, 머큐어Mercure, 노보텔Novotel, 소피텔Sofitel 그리고 유럽의 스윗호텔Suit' Hotel, 미국에서 Motel6가 그것이다.

최초의 논리에 따르면 지주 회사의 이름인 아코르Accor는 단 하나의 기능에 제한되었고 따라서 사람들의 눈에 띄지 않았다. 그런 뒤에 주가 관리의 관점에서 기업 브랜드를 좀 더 가시적으로 만들기로 결정이 내려졌다. 그래서 호텔 브로셔들에 작은 글자로 표기되기 시작했고, 나중에는 각 제품 브랜드의 실제 로고에 트레이드 네임trade name(Accor Hotels)으로 포함되었다.

이 그룹의 시장 점유율의 성장은 최근 또 다른 재평가로 이어졌다. 각 브랜드에 대한 개별적인 충성도 프로그램에서 기업 충성도 프로그램(아코르 호텔을 좋아하는 손님)으로 이동하기로 결정이 내려진 것이다.

로레알L' Oreal이 1995년에 그 역사적인 브랜드 전략을 버리도록 만든 것은 충성도를 발전시켜야 하는 이러한 동일한 필요성이었다. 이 결정은 니베아Nivea에 대한 대응으로 내려진 것이었다. 니베아의 단순한 전략은 로레알 그룹의 브랜드들과 직접적인 경쟁 관계에 있는 하위 브랜드들의 광범위한 포트폴리오 내에서 브랜드 충성도를 극대화했다. 로레알L' Oreal은 로레알 파리L' Oreal Paris가 단순히 독립적인 하위 브랜드들sub-brands, 즉 엘세브Elseve, 엘네트Elnet, 플레니튀드Plenitude 등을 보증하는 플래그십 브랜드 전략flagship-brand strategy의 한계를 깨달았다. 홍보 예산이 쪼개진다는 사실을 제외하고는, 효과적인 자본화capitalisation가 없었다. 그에 따라 그룹은 브랜드 하우스house of brands 논리(보증 브랜드로서 로레알 파리가 있는)에서 하우스 브랜드branded house의 논리, 즉 기본적인 통일성과 매우 구별되는 형태를 가진 소스 브랜드로 바뀌었다.

이와 동시에 국제적인 무대에는 소위 '드림 팀', 즉 동일한 크리에이티브 플랫폼과 홍보 문구(나는 소중하니까요)를 사용해 로레알 파리 하우스의 하위 브랜드를 각각 판촉하는 국제적인 명성의 톱모델과 스타들이 나타났다. 아울러 로레알 파리 브랜드 네임은 엘세브Elseve같은 하위 브랜드의 포장과 스토어내부 머천다이징에서 더 커지고, 잘 보이고, 눈에 띄게 되었다.

마지막으로 그 명명denominative의 논리가 아직 충분히 (헤어 제품과의 역사적 연관성 때문에) 그 브랜드에 속하지 못했던 브랜드 확장 카테고리들에 적용되었다. 당시 니베아Nivea와 경쟁 관계에 있던 플레니튀드Plenitude는 해당 분야에서 제품의 경쟁력을 즉시 연상시킬 수 있는 좀 더 설명적인 이름descriptive names인 더모 엑스퍼티즈Dermo EXpertise, 퓨어 존Pure Zone과 솔라 엑스퍼티즈Solar Expertise를 위해 포기되었다.

이렇게 해서 로레알 파리는 또한 브랜드의 각기 다른 영역들에 걸쳐 진정한 고객 충성도를 발전시키고, 그럼으로써 이런 측면에서 니베아에게 뒤진 시간을 보충하고자 했다. 2002년, 이런 고객 충성도 목표의 확장 차원에서, 로레알 파리는 관계 데이터베이스를 구축하려는 의도를 갖고 그 첫 광고 캠페인을 시작했다.

산업이 브랜딩의 중요성을 발견하다

브랜딩 정책을 생각할 때 산업재 분야는 즉시 떠오르지는 않는다. 역설적으로 이 분야에서 프로모션은 높은 비용의 홍보가 아닌 카탈로그, 판매 인력 그리고 전시회를 통해 이루어지기 때문에 기업들은 상표trademarks를 등록하는 데 주저함이 없다. 예를 들어 에어 리퀴드Air Liquide는 총 880개의 (사실상 브랜드 네임인) 상표를 등록해 왔다.

이런 상표는 상당한 비용이 들 뿐만 아니라, 라인 하부의 판매 팀과 카탈로그 차원까지 혼동confusion과 불명확성opacity을 만들어낸다. 문제는 이것들이 입소문이나 추천에 의해 전해질 것으로 기대되는 전문적인 이름이라는 것이다. '나는 어떤 X를 원해요.' 그러나 너무 많은 X가 존재하기 때문에 이것은 분명 불가능하다. 이는 산업 분야가 일련의 전문 제품들을 위한 엄브렐러를 창조하는 보증이나 소스 브랜드, 심지어 메가 브랜드의 컨셉을 수용하기 시작한 이유이다.

브랜드 아키텍처의 국제화

기업들은 브랜딩 아키텍처를 세계화해야 하는가? 기업들은 새로운 국가에 진입할 때 브랜딩 아키텍처를 복제해야 하는가? 대부분의 브랜딩 아키텍처는 국내시장에서 오랜 시간에 걸쳐 천천히 형성되어 온 것이 사실이다. 이들은 낮은 미디어 비용 그리고 더 낮은 경쟁으로부터 혜택을 누렸다. 이것이 우리가 매우 빈번하게 '제품 브랜드' 아키텍처product brand' architecture를 발견하게 되는 이유이다. 이런 아키텍처는 그 주요 경쟁사에 의한 기업 인수의 결과였다. 인수자는 시장 점유율을 잃게 되는 것을 피하기 위해 브랜드를 분리해서 유지하기로 결정했다. 같은 포트폴리오 아키텍처가 미국이나 러시아에 진입할 때에도 적용될 수 있을까?

예전의 많은 공산국가들처럼 러시아에는 서구의 경쟁자들이 존재하지 않고 미디어 비용이 낮은 한, 최대한 빠르게 그리고 많이 투자함으로써 우세한 위치를 쉽게 차지할 수 있는 특별한 기회가 있었다. 이는 프리토레이Frito Lay가 했던 것이다. 이것은 하나의 소스 브랜드나 보증 브랜드를 활용하고, 신제품들을 새로운 세그먼트로 빠르게 투입하는 것을 의미한다.

미국에서의 도전은 미디어와 유통 비용이다. 그 결과는 제품들을 엄브렐러 브랜드 아래에 두어야 하는 것이다. 결과적으로 우리는 브랜드 아키텍처의 '수직적 축소vertical crunch'라고 불릴 수 있는 것을 보게 된다. 사실 2가지 유형의 '수직적 축소'가 있다. 첫째는 상향 축소bottom-up crunch로, 단순한 기술어descriptor가 구매 동인driver이 될 때이다(소비자가 자신이 사는 것에 이름을 붙이는 방식이기도 하다). 예를 들어 유럽에서 로레알 파리의 전체 샴푸 라인은 엘세브Elseve 브랜드로 팔린다. 그것의 많은 제품들은 컬러 바이브Color Vive와 이너전스Energence 같은 이름을 갖고 있다. 미국에서는 엘세브가 출시되지 않았다. 3단계가 아니라 오직 2단계만 있는 것이다(로레알 파리와, 비타 바이브, 뉴트리 바이브, 하이드라 바이브, 컬 바이브, 컬러 바이브, 바디 바이브 같은 이름으로 이루어진 광범위한 계열).

다른 하나는 하향 축소top-down crunch로, 단순한 보증 브랜드가 구매 동인이 될 때이다. 예를 들어, 유럽에서 유명한 비스킷 특제품 핌스Pim's는 핌스 바이 루

Pim's by Lu로 불린다. 미국에서는 루 핌스Lu Pim's이다.

기업들은 또한 국제적 브랜드를 전달하기 위해 로컬 에쿼티local equities를 이용한다. 예컨대 모든 유니레버Unilever의 글로벌 아이스크림 컨셉(매그넘 Magnum, 솔레로Solero 등)은 지역 하우스 브랜드local house brand에 의해 보증을 받는다. 그 브랜드가 해당 국가에서 오랫동안 구축해 온 근접성과 친근성에 의해 재보증을 받는 것이다.

그룹과 기업 브랜드

1990년 이래로 기업 브랜드가 제품들 자체에서 가능한 한 가시적이 되게 하는 기본적 경향이 있었다. 예를 들어 퍼머수티컬 라보레토레스Pharmaceutical Laboratories는 이제 자신을 당연히 브랜드로 간주하며, 제약 브랜드 포장에 그들의 브랜드 네임이 분명하게 보이도록 하기 위해 훨씬 더 많은 신경을 쓴다. 전문 전자 장비 부문에서는 슈나이더 일렉트릭Schneider Electric이란 이름이 멀린 게린Merlin Gerin, 텔레메카닉Telemecanique, 미국에서는 스퀘어 D Square D 브랜드의 제품 포장 위에 나타난다. 모든 네슬레Nestle 제품 뒤에는 기업 브랜드 이름과 고객 서비스 전화번호가 있다. 그것은 다농Danone도 마찬가지이다. 다농은 냉장 제품과 아시아에서 생수와 비스킷에 사용된 다농 커머셜 브랜드와 구별되는 다농 기업 브랜드를 위한 로고를 만들기 위해 많은 신경을 썼다.

이런 경향은 책임감과 투명성을 요구하는 기본 트렌드 일부분이다. 다농 기업은 스스로를 궁극적인 보증자로 표현하고, 더 이상 브랜드 뒤에 숨지 않는다. 이것은 또한 그 가시성을 높이고 따라서 학생, 중역, 일반 고용자들을 대상으로 그 매력을 높이는 효과가 있다. 아시아에서 P&G와 유니레버Unilever 브랜드의 TV 광고는 기업 자체의 시그너처를 마지막 몇 초 동안 내보낸다. 이는 미국과 유럽에서의 경우는 아니다. 비록 이런 아시아에서의 경험에 영향을 받은 유니레버가 기업 브랜드 프로필profile을 부각시키기 위해 몇 가지 더 높은 대중적 가시성을 추구하고 있지만 말이다. 그러나 아시아에서 이 두 기업은 어떤 명성도 누리지 못하고 있는데, 시급히 구축될 필요가 있다.

마지막으로 일단 주식시장에 상장되면, 기업은 주가에 영향을 미치기 위해 노력해야 한다. 왜냐하면 시장의 예측은 정기적으로 공표되는 재무 결과 이상으로, 기업 이름과 명성에 영향을 받기 때문이다. 사람들을 조금이라도 꿈꾸게 하는 어떤 것이라도 그 영업권goodwill에 더해진다.

기업들은 정기적으로 그 이름을 바꾸고, 그들의 플래그십 커머셜 브랜드flagship commercial brand의 이름을 갖기도 한다. 예를 들어 예전에 BSN으로 알려졌던 기업은 그 이름을 다농 기업Danone Corp(거의 에비앙 기업Evian Corp이 되었다)로 바꾸었으며, 폭스바겐 그룹Volkswagen Group과 로레알 그룹L' Oreal Group은 그 플래그십 브랜드로부터 이름을 취했다. 반면 마스Mars는 자신 이름을 변경했고, 다른 기업들이 베스트푸드Bestfoods(유니레버Unilever)나 제너럴 푸드General Foods로 불리는 것처럼, 마스터푸드Masterfoods로 알려지게 되었다. 그러면 이 2가지 정반대의 태도가 나온 이유는 무엇인가?

플래그십 브랜드의 이름을 그룹 이름으로 사용하는 것은 비록 이것이 2가지 명확하게 구별되는 소스를 포함한다 할지라도 하나의 이미지가 다른 것의 지각에 영향을 주기 때문에 후광 효과를 이용할 수 있게 한다. 예를 들어 언론은 폭스바겐Volkswagen이 브랜드가 아닌 멀티 브랜드를 가진 그룹이었을 때 정기적으로 폭스바겐을 유럽의 넘버원 브랜드로 언급했다(폭스바겐은 각 브랜드들의 누적된 판매를 통해 그 타이틀을 얻었다). 사실 2003년초, 유럽의 넘버원 그룹은 PSA 푸조 시트로엥PSA Peugeot Citroen이었다.

로레알 그룹L' Oreal Group은 자신에 대한 광고를 많이 하지 않는다. 그러나 로레알 브랜드들은 그들의 주된 무기로 연구개발과 함께 막대한 양의 광고를 사용한다. 로레알 그룹은 그것의 멋진 브랜드(로레알 파리)의 이름을 공유함으로써, 주주들에게 확신을 불어넣고 그들이 무엇을 하는지를 정의하는 국제적인 이미지의 영향으로부터 혜택을 얻는다.

마스Mars가 마스터푸드Masterfoods라는 다소 불명확한 이름을 취한 것은 완전히 다른 이유였다. 명백히 마스가 마스 기업 이름으로 페디그리Pedigree와 위스카스Whiskas 같은 애완동물 사료 브랜드를 파는 것은 어렵다. 왜냐하면 마스가 극도로 세분화된 시장에서는 성장의 한계를 갖고 있는, 전설적인 초콜릿 바라는 단 하나의 제품 이미지를 그려내기 때이다. 또한 재무적 예측에 대한 부정적인 후광 효과의 위험이 있었다.

루이비통 모엣 헤네시Louis Vuitton Moet Hennessy의 이니셜인 LVMH는 두 전략 모두를 사용한다. 한편, 전문가들은 국제적으로 명성이 있는 럭셔리 브랜드들을 가리키는 그 두문자어acronym의 중요성에 대해 잘 알고 있다. 다른 한편으로 그 그룹은 두문자어 이름을 가짐으로써, 기업 차원보다는 브랜드 차원에 강조점을 두고 그리고 브랜드들이 그들 스스로의 창조성, 홍보, 유통의 질을 통해 발전하도록 내버려둠으로써 신중함을 유지하려는 자신의 의도를 보여준다. 이것으로부터, 자회사들과 관련한 기업 브랜드의 포지션이 사실 그룹 내부 조직의 반영이라는 사실을 알 수 있다.

그룹 전략의 이러한 핵심적인 부분은 아래에서 다루어진다.

그룹과 자회사 관계

인수합병을 통한 외적 성장이 기본으로 자리잡은 산업 분야에서, 획득된 기업 브랜드의 위상에 관한 문제가 다시 한 번 제기된다. 기업 브랜드들이 계속 독립적으로 남아 있어야 하는가? 사라져야만 하는가? 모 기업의 단순한 시각적 심벌visual symbol에 의해 보증되어야 하는가? 아니면 모 기업의 이름이 들어가야 하는가? 만약 그들이 단순한 지주 회사로서 행동한다면, 그 같은 회사들은 그들의 낮은 대중적 인지도에 놀라서는 안 된다. 예를 들어 1969년 창립되었고 세계에서 가장 큰 화학 기업 가운데 하나임에도 악조Akzo는 여전히 크게 알려져 있지 않다. 이는 당연한 것이다. 모든 기업들은 그들 자신의 기업 네임과 브랜드 네임을 획득하고 유지해 왔다(워너 램버트Warner Lambert, 스타우퍼Stauffer, 몬테디슨Montedison, 다이아몬드 솔트Diamond salt 등). 그래서 악조Akzo는 그 가시성visibility의 부족으로 인해 기술 측면에서 형편 없는 이미지를 얻게 되었다. 악조는 세계에서 가장 크게 알려지지 않은 기업이 되었다.

GE는 4개의 브랜드 정책을 정의하고, 그것들의 적용 조건들을 구체화했다. 이 정책들은 다음과 같다.

- GE가 엄브렐러 브랜드처럼 행동하고 인수된 기업 브랜드를(즉시 혹은 더블 브랜딩double branding의 과도기가 지난 후에) 대신하는 소위 일체적 접근 monolithic approach. GE 실리콘, GE 모터스, GE 에어크래프트 엔진 브랜드가 모두가 이러한 과정으로부터 나왔다.
- GE가 인수한 기업이나 제품 이름 옆에 나란히 GE 이름을 병기하는 보증 접근endorsement approach.
- GE가 지주 회사처럼 행동하고 오직 신중하게 언급되는 재무적 접근 financial approach(X, GE 그룹의 일원)
- 인수된 기업 또는 제품이 GE를 언급하지 않는 자율적 접근autonomous approach.

정책을 결정하기 위해 GE는 6개의 선택 기준을 사용한다.

1. GE는 그 회사를 통제하는가?
2. GE는 이 회사에 장기간 헌신을 했는가?
3. 제품 카테고리가 이미지 가치를 가지고 있는가? 역동적인가 아닌가?
4. 이 산업에서 GE의 품질에 대한 강한 요구가 있는가?
5. 인수된 기업 브랜드가 강한가?
6. GE에 결과적으로 미치는 영향은 무엇인가?

그룹 스타일과 브랜딩 전략

정기적으로 주요 산업 그룹들은 스스로 그들의 브랜딩 전략이 가장 효과적인 것인지 여부를 묻는다. 산업 그룹 안에서 이행될 수 있는 3가지 공식적인 전략 유형들이 있다. 비록 '자회사subsidiaries', '지주 회사holding companies', '기업 companies'이라는 용어들이 이런 맥락에서 사용되는 경향이 있지만, 정확히 말하자면, 이것들은 소스 브랜드source brand(A), 보증 브랜드endorsing brand(B), 엄브렐러 브랜드umbrella brand(C)라는 브랜딩 전략의 전형적인 모습을 나타낸다. 그러나 이런 용어들을 떠나서, 그 자회사(하위 브랜드)에 미치는 영향이 같지 않다는 것은 자명하다. 무엇보다도 각각의 브랜딩 아키텍처는 자회사subsidiaries 및 그 하위 자회사sub-subsidiaries와 관련해 그 그룹을 위한 각기 다른 역할을 수행하면서 조직적 영향을 미친다.

- 그룹이 소스 브랜드인 전략은 오케스트라 지휘자나 밴드 리더의 역할과 유사하다.
- 그룹이 엄브렐러 브랜드인 전략은 그룹을 통합자unifier로 만든다.
- 그룹이 보증 브랜드인 전략은 그룹을 조정자coordinator로 만든다.

특정한 그룹의 관리 스타일을 정하는 것은 명백히 브랜딩 결정에 달려 있는 것은 아니다(그 역할은 뒤바뀔 수 있다). 하지만 그것은 관리 스타일의 선택과 그 선택이 기초한 기준들을 설명해야 한다.

그룹/자회사 아키텍처의 국제화

세상은 복잡하다. 그룹Groups은 그들의 다양한 사업체들branches이 다양한 국가에서 매우 다양한 경쟁적 위상을 갖는다는 사실에 직면해야 한다. 더욱이 어떤 지역에서는 높은 에쿼티를 가진 브랜드/기업들이 유통 경로에 침투하는 수단으로서 인수된다. 이는 이런 브랜드의 수명longevity에 대한 문제를 제기한다.

아키텍처는 바람직하고, 정연하고, 고정된 어떤 것이라는 암시적 의미를 가진다. 유동적이고 분화된 현대 시장들에서는 기업 활동이 반생산적인 제약들 아래 운영되지 않도록 주의해야 한다. 이는 모든 제품/서비스와 지역에 걸쳐 동일한 브랜딩 아키텍처를 갖는 것이 이상적이지 않을 수 있는 이유이다.

라파즈Lafarge를 예로 분석해보자. 이 세계적인 기업은 핵심 비즈니스인 콘크리트와 시멘트로 알려져 있다. 라파즈가 이 외에도 지붕재 시스템, 석고, 그래뉼러 제품과 페인트 같은 다른 많은 사업 부문들을 가지고 있다는 사실은 덜 알려져 있다. 내부적으로는 그룹에 대한 소속감 창출이라는 목표가 정당화된다 할지라도, 브랜딩에 관한 한 그것이 반드시 진실은 아니다.

모든 브랜드에 대해 2가지 기준이 고려되어야 한다. 첫째, 활동이 핵심적 부분인가, 아닌가? 핵심적인 것이 아니라면 미래에 매각될 것이다. 예를 들어 석고 산업에서 BPB(British Plaster Board)가 크너프Knauf를 인수한다면 라파즈는 이 시장에서 3등의 위치에 있게 된다. 3등인 비즈니스에 머무를 이유는 없다. 자원들은 더 수익이 나는 다른 비즈니스에 투자될 수도 있다. 둘째, 포트폴리오에 강한 지역 브랜드들이 있는가? 이들은 고객 충성도에서 중요한 요소인가?

그 결과로서, 라파즈는 획일적이고 단일한 엄브렐러 브랜드 아키텍처를 선택하지 않았다. 라파즈는 핵심 활동들에 대해서는 분명히 엄브렐러이다. 한국의 한라 시멘트를 인수한 후, 이 지역 선도 기업은 곧 라파즈 한라 시멘트, 인도에서는 라파즈 타타 시멘트가 되었다. 비 핵심 활동에 대해서는, 라파즈는 주요 성숙 시장에 강력한 지역 이름이 존재할 때는 보증 브랜드로서 역할을 한다. 이는 영국의 레드랜드Redland, 독일의 브라스Braas, 클라우콜Klaukol의 경우이다.

레드랜드는 라파즈 루핑 UK가 되어야 했는가 아니면 라파즈 레드랜드가 되어야 했는가? 여기서 기업의 법적 이름legal name과 커머셜 브랜드commercial brand 간에 구분이 있어야 한다. 마케팅 리서치는 레즈랜드라는 이름이 지역의 전문 작업자들 사이에서 얼마나 많은 감성적 애착을 불러내는지를 보여준다. 그래서 그 기업은 2개의 이름을 갖게 되었고, 그 로컬 브랜드는 그 지역 사업체(라파즈 루핑)에 의해 보증되었다. 그러나 말레이시아에서 라파즈는 처음부터 라파즈 루핑 말레이시아를 만들었다.

기업 브랜드와 제품 브랜드

수년 동안 기업들은 자사의 브랜드 뒤에 숨어 있었다. 신중함과 브랜드가 실패할 경우 영향을 받게 될 두려움 때문에 기업 이름Company names은 브랜드 네임 brand names과 분리되었다. 그래서 P&G는 그 브랜드들(아리엘Ariel, 팸퍼스 Pampers)이 스타가 되는 동안에도 대중에게 알려지지 않았다. 한 종파와 관련이 있다는 루머가 미국 전역에 퍼졌을 때 P&G가 그 매출을 안정적으로 유지할 수 있었던 것은 이 때문이다. 기업으로부터 자율적인 브랜드는 그 영향을 받지 않는다. 그럼에도 불구하고 그런 예는 드물며, 커뮤니케이션의 의무 때문에 투명성으로 나아가는 경향이 있다. 또한 전보다 더 많은 대중들이 브랜드의 배후가 누구인지 알고 싶어 한다. 저널리스트들은 '브랜드 뒤에 브랜드brand behind the brand'가 누구인지 폭로하고 싶어 한다. 이는 또한 많은 기업들이 그들의 가장 유명한 브랜드의 이름을 자신의 이름으로 선택하는 이유를 설명한다(알카텔 알스톰Alcatel-Alsthom, 다농Danone). 그들은 더 많은 가시성과 인지도를 얻는다. 이는 충분한 정보를 갖고 있는 일반 주식 투자자들이 그가 사려고 하는 기업에 대해 더 잘 이해할 수 있도록 돕는다. 그것은 또한 브랜드에 유리한 혼동을 만들어 낼 수 있다. 아우디Audi, 세아트Seat, 스코다Skoda를 인수한 폭스바겐 그룹 Volkswagen Group은 현재 누적 판매 기준으로 유럽의 공동 리더이다. 그러나 많은 사람들이 폭스바겐을 유럽의 넘버원 브랜드로 잘못 알고 있다.

기업 이름의 더 큰 가시성greater visibility을 향한 트렌드는 또한 다른 원인들을 갖고 있다. 유통이 그 가운데 하나이다. 유통업체, 복합 소매업체, 하이퍼마켓 체인은 브랜드에 큰 관심이 없다. 그들은 브랜드가 아닌 기업들과 기본적인 관계를 맺는다. 이는 기업 대 기업 관계이다. 따라서 강력한 기업의 이름은 그 관계의 유력한 상기 요소이다.

오직 기업 이름만이 브랜드에게 위상, 즉 존경을 불러내는 추가적 차원을 부여할 수 있다. 아우디가 폭스바겐 그룹에 속한 것이 알려지지 않았더라도 놀라운 회복력을 갖고 성공할 수 있었겠는가? 세아트와 스코다도 마찬가지이다. 현재 르노 그룹Renault group의 일부가 된 닛산Nissan의 위상도 바뀔 것이다. 자동차 메이커가 오직 브랜드일 뿐이고, 더 크고 역동적인 기업의 일부가 아니라면 이들은 소비자들 사이에서 지각된 위험을 불러일으키고 장기적인 존속을 보장받지 못한다.

많은 기업들이 산업 시장과 상업 시장에서 동시에 영업을 한다. 여기에 제품들을 뒷받침하기 위해 제품 브랜드의 사용과 기업 명성의 사용 간에 선택을 해야 하는 문제가 있다. 이는 기업 보증의 질과 기업이 얻고자 하는 가시성visibility의 정도에 달려 있다. 실제로 제품 브랜드와 기업 브랜드의 상대적인 비중은 관련된 많은 타깃층들에 그들 각각이 가져다주는 수익에 대한 개별적인 분석에 달려 있

| 표 12.2 | 기업 브랜드와 제품 브랜드 공동의 역할

타깃	제품 브랜드	기업 브랜드
고객	+++++	+
협회	++++	+
종업원	+++	++
공급업체	+++	+++
언론	+++	+++
이슈 그룹	++	++++
지역 사회	++	++++
학계	++	++++
규제 기관	+	++++
정부 위원회	+	++++
금융 시장	+	+++++
주주	+	+++++

다. 표 12.2는 그런 분석의 요점을 제시한다.

ICI에서 3가지 종류의 브랜드 정책이 사용되었다(그림 12.11 참조).

- 첫 번째 정책은 제품이 제네릭 네임을 유지하면서 기업 이름이 표시되는 전통적인 엄브렐러 브랜드이다. 이것은 주로 원자재나 차별성이 없는 제품들과 관련 있다. 이 경우 기업이 일정한 품질을 보장하고 차별화는 본질적으로 거래적이다(즉, 고객들에게 사안별로 특별 조건이 제공된다). 그 한 예가 ICI 폴리우레탄이다.

- 두 번째 정책은 보증 브랜드endorsing brand이다. 기업은 제품 브랜드 옆에 자신의 이름을 놓으며, 이는 제품에 높은 기술과 신뢰성의 위상을 부여한다. 그래서 듈럭스Dulux 페인트에는 ICI 로고가 함께 표시된다.

- 세 번째 정책은 제품 브랜드만을 사용하는 것이다. 탁텔Tactel은 가장 널리 팔리는 섬유 가운데 하나이지만 결코 ICI를 언급하지 않는다. 그 제품은 섬유 업계와 패션계에서 팔리고 있고, 그것은 ICI 이름의 언급이 탁텔과 연결된 긍정적인 이미지를 바꾸지 않을까 두려워한다. 이와 비슷하게 전 세계에

| 그림 12.11 | ICI의 기업과 제품 브랜딩

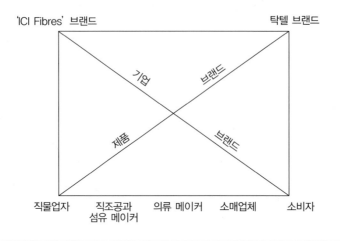

서 팔리는 살충제인 가라테Karate 또한 ICI를 전혀 언급하지 않는다. 이는 생태학적 문제를 건드리기를 원하지 않고 지하수에 미치는 살충제의 해로운 영향에 대한 비난 가능성을 피하려는 것과 관련 있는가? 이런 상황은 시간이 가면서도 변하지만 회사에 따라서도 변한다. 살충제 분야의 세계 리더인 데시스Decis는 포장에 루셀 우칼프Roussel Ucalf(아그레보 사업부Agrevo division)를 표시한다. 마찬가지로, 자신의 혁신에서 혜택을 얻기 위해 듀퐁 드느므르Du Pont de Nemours는 여성 란제리에 혁신을 가져온 섬유인 라이크라Lycra에 관한 모든 커뮤니케이션에서 '라이크라 바이 듀퐁Lycra by Du Pont'을 명확히 언급한다.

제품 혁신은 일반적으로 브랜딩 정책에 관해 근본적인 질문을 할 이상적인 상황ideal occasion를 제공한다. 이 혁신을 어떻게 이름지어야 하는가? 라파즈 루핑 Lafarge Roofing 사업부가 지붕 수리 및 개조 영역에서 10년 이상의 보증과 같은 급진적인 혁신을 출시하기로 결정한다고 가정해보자. 이는 기술이 아닌 서비스가 주가 된 '올인원all in one 접근'이다. 이를 어떻게 불러야 하는가? 라파즈 루핑 토털 솔루션Lafarge Roofing Total Solution 같은 이름이 새로운 특정한 국제적인 이름보다 나을까?

그것은 분명 핵심 상징 제품이자 스타star 제품(높은 성장과 수익성을 제공한다는 의미에서)인 시멘트 이상의 것을 제공할 수 있는 그룹의 능력을 입증해야 하는 상황이다. 그러나 지붕 수리는 관여도 높은 의사결정으로, 높은 지각된 위험과 감성의 차원을 갖고 있다. 기업 자신은 인정하기 힘들겠지만, 라파즈 이름이 현실적인 기간 내에 모든 진정한 브랜드들에서 요구되는 충분한 감성을 불러일으킬 수 있을까? 라파즈 이름을 보증으로 사용하고, 경쟁하게 될 소규모 로컬 회사들에 맞서 특정한 좋은 상업적 이름이 이 토털 솔루션의 무형적, 유형적인 혜택을 강화하게 하는 것이 더 좋지 않을까?

13 *Multi-Brand Portfolios*
멀티 브랜드 포트폴리오

브랜드 확장의 주요 기능이 성장이기는 하지만 단일 브랜드로 성취할 수 있는 것에는 한계가 있다. 기업이 성장하기 위해 남은 방법은 기존 브랜드로는 만족시킬 수 없는 고객 수요에 맞는 새로운 브랜드를 창조하는 것이다. 그러나 시장 지배를 위해 새로운 브랜드를 출시하고 포지셔닝하는 것에는 용기가 필요하다.

확장이 유행하는 시기에, 메가 브랜드mega-brand조차 한계를 갖고 있음을 인정하는 것은 어려운 일이므로 용기가 필요하다. 기업들은 실패의 원인을 생산 문제로 돌리곤 하는데, 그 때문에 실패를 반복할 수 있다. 예를 들어 마텔Mattel은 '트윈스tweens' (Lindstrom, 2003)라는 새로운 도전에 직면해 있다. 트윈스는 더 이상 어린아이도 아니지만 10대나 젊은이라고도 할 수 없는 세대이다. 업계에서는 흔히들 요즘 어린아이들이 점점 더 어른스러워진다는 말을 한다.

구체적으로 말해 1970년대, 1980년대, 1990년대 이 회사의 비즈니스 모델이 더 이상 효력을 발휘하지 못한다는 것을 의미한다. 과거 마텔은 4~10세 어린이 그룹을 동질 그룹으로 보고 똑같이 취급했다. 이는 비용 면(규모의 경제)에서 큰 장점이 있었다. 이들은 모두 같은 바비 인형Barbie doll을 구매했으며, 그것은 마텔 사 매출의 40%를 차지했다.

트윈스tweens라는 난관에 대한 마텔의 첫 대응은 타깃 그룹을 세분화하고 8~10세를 위한 특별한 바비, 즉 단일한 바비 시그너처Barbie signature를 가진 바비 제너레이션 걸Barbie Generation Girl을 탄생시키는 것이었다. 이어서 8~12세를 위한 MGA 브라츠 인형Bratz doll의 성공에 맞서기 위해 마텔은 마이 신 바비My Scene Barbie를 재출시켰는데, 바비 시그너처는 여전히 유지하되 크기를 작게 줄였다. 그러나 마텔 사는 결단을 내리고 브랜드 확장보다는 과감하게 진정으로 새로운 브랜드를 창조해야 했다. 그리고 2003년, 이 다국적 기업은 바비의 뒤를 잇는 플라버스Flavas를 출시했다. 결국 모든 소녀들에게는 더 이상 바비를 가지고 놀고 싶지 않은 때가 오는 것이다.

리바이스Levi's는 이미 처음에 단순한 브랜드 확장, 즉 리바이스 테일러드 클래식Levi's Tailored Classic을 시도한 후 다커스Dockers 출시라는 모험을 감행했다. 그러나 같은 브랜드가 동시에 반항적이면서 클래식할 수는 없다. 자동차 분야에서 브랜드들은 더 높은 사회적 지위로의 단계적 상승을 나타내는 듯 보인다. 따라서 전 세계 고객들이 자신의 자동차 브랜드를 바꾸는 것을 경제적 성공의 증거와 동일시하는 것처럼 보이기 때문에, 혼다Honda는 도요타Toyota가 렉서스Lexus를, 닛산Nissan이 인피니티Infinity를 만들어냈던 것처럼 미국에서 아큐라Accura를 만들어냈다. 이는 르노Renault가 자사 포트폴리오에 몇몇 최고급 브랜드를 추가하기 위해 볼보Volvo나 재규어Jaguar를 인수해야 하는 이유이다.

이러한 기본적인 논리가 유통망에도 적용된다. 예를 들어 세계에서 가장 큰 의류 브랜드인 헤인즈Hanes는 대형 백화점에서는 판매되지만 슈퍼마켓에서는 판매될 수 없으므로, 이 유통망을 위해 에그스Eggs가 만들어졌다.

따라서 근본적으로 멀티 브랜드 포트폴리오multi-brand portfolio의 목적은 세분화된 시장 요구에 더 잘 부합하는 것이며, 포트폴리오의 재평가는 유지되어야 하는 세그먼트에 관한 질문을 제기한다. 그에 따라 1999년, P&G가 유럽에서 많은 브랜드를 처분하기로 결정했던 것은 그 브랜드들이 프리미엄, 영리한 구매자, 저가격이라는 유럽에서의 P&G의 세분화에 적합하지 않았기 때문이다.

복잡한 포트폴리오의 형성

각 시장에서 몇 개의 브랜드가 유지되어야 하는가의 의문은 모든 고위 마케팅 관리자들의 주요 관심사가 되었다. 사실상 역사적인 이유로 대부분의 기업들은 대형의 브랜드 포트폴리오를 운영해야 한다. 기업이 성장하는 동안 새로운 시장 세그먼트나 새로운 유통 경로에 침투할 때마다 새로운 브랜드를 추가하는 것이 자연스러운 경향이 되어 왔다. 이는 기존 브랜드들을 위태롭게 할 수 있는 이전 세그먼트나 경로들과의 충동을 피하기 위한 것이었다. 기업 인수합병의 유행은 관리자들이 처분하거나 다른 브랜드들과 합병시키기를 꺼려하는 브랜드들이 추가되는 결과를 가져왔다. 그에 따라 브랜드 포트폴리오의 규모는 복잡성과 함께 점점 더 증가했다.

그러나 시대는 변했고, 현재의 트렌드는 최대한 빠르게 포트폴리오 규모를 줄이는 것이다. 이런 트렌드 변화에는 몇 가지 이유들이 있다.

- 비록 유통업자들과의 관계를 용이하게 하기 위해 때때로 동일한 제품에 각기 다른 브랜드들이 사용되는 산업재 시장에서는 몇몇 브랜드들을 동시에 유지하는 것이 쉬울지라도 소매 시장에서는 거의 불가능하다. 그 직접적인 결과로, 포트폴리오에 있는 몇몇 브랜드들만이 촉진되고 눈에 띄는 시장 점유율을 얻게 된다. 그리고 나머지 브랜드들은 버려진다.
- 유통업계의 집중화는 소매업체의 수를 큰 폭으로 줄였으며, 몇몇 소매 경로들과 중소기업들을 억압하기에 이르렀다. 이전에는 특정 유통 경로들을 통해서만 공급되고 일부 스토어들에서만 판매되던 브랜드들이 현재는 단일 도매업체나 판매 그룹들에서 찾을 수 있게 되었다. 이는 유통업체 숫자의 감소로 이어지는 경향이 있다. 유통업계는 또한 유통업체 자체 브랜드를 만드는 정책을 추구했다. 이것은 매장 진열 공간이 제한된 상황에서 다른 브랜드들에 배정되는 공간의 감소로 이어졌고, 준거 또는 브랜드 수 자체의 감소를 야기하는 또 다른 요인이 되고 있다.
- 산업 생산 역시 집중되어 왔다. 국제적 경쟁으로 인해 높은 생산성과 낮은

비용의 중요성이 대두되었으며, 생산 단위와 연구 개발 활동의 재편으로 이어졌다. 그 제품들이 다르고, 같은 공장, 심지어 같은 생산 라인에서 나오는 것이라도 거대한 브랜드 포트폴리오는 거의 정당화되지 않는다.

- 그러나 소비자들은 여전히 최종 결정권을 가지며, 브랜드의 목적이 시장을 명확히 하는 것이라는 사실에도 그들이 가장 빈번하게 불평하는 것은 증가하는 브랜드 수로 겪게 되는 혼란이다. 한 회사가 동일한 2가지 제품을 서로 다른 브랜드로 판매한다면 소비자를 기만하는 것이다. 제조업체들은 그들의 브랜드들을 합리화하는 것으로 반응한다.

- 마지막으로 살펴보아야 하는 점은 브랜드 국제화와 관련이 있다. 오늘날 많은 지역에서 국가 장벽은 더 이상 효력을 발휘하지 못한다. 예를 들어 유럽에서는 계층, 라이프스타일, 소비자 니즈는 더 이상 단 하나의 국가에 국한되지 않는다. 럭셔리 제품 산업은 오래전부터 세계 시장을 목표로 했으며, 이는 대부분의 산업 기업들도 마찬가지이다. 그러나 모든 브랜드들이 국제 무대에 적합한 것은 아니다. 주목할 만한 글로벌 존재감을 구축하는 데 필요한 투자는 기업이 소수의 브랜드나 필립스Philips, 지멘스Siemens, 알카텔Alcatel, 미쯔비시Mitsubishi, ABB와 같은 단일 브랜드 전략mono-brand strategy을 위한 단 하나의 브랜드만을 유지할 수 있는 것을 의미한다.

따라서 하나의 포트폴리오 안에 얼마만큼의 브랜드를 유지해야 하는가? 이 단계에서 그 어떤 마법의 공식이나 숫자가 존재하지 않는다는 것은 분명하다. 유지해야 하는 브랜드 숫자에 관한 질문은 브랜드들의 전략적 역할 및 지위와 밀접한 관계를 가진다. 단일 브랜드single brand만을 유지하는 데 있어서는, 우리는 엄브렐러 브랜드 정책umbrella brand policy이 시장에서 가능하고 실제로 적절하다고 가정하고 있다. 수십 년 동안 필립스 브랜드Philips brand는 갈색 가전과 백색 가전 모두를 포함하는 것이었지만 미국 회사 월풀Whirlpool에게 백색 가전을 매각함으로써 그와는 작별을 고했다. 따라서 유지해야 할 브랜드 숫자에 관한 결정은 각각의 시장에서 브랜드의 기능에 대한 분석과 밀접한 연관이 있다. 모든 시장은 제품, 고객 기대, 고객 유형에 따라 세분화될 수 있다. 이것은 예를 들어 시장이 여섯 세그먼트로 나뉘는 것을 의미하지는 않지만 6개의 브랜드를 필요로 하는 상황이 될 수는 있다. 이는 그들의 기능에 달려 있다(우리는 보증endorsing, 엄브렐러 umbrella, 계열range, 제품 브랜드product brands를 필요로 하는가?). 또한 장기적인 기업 목표, 경쟁의 정도, 기업의 자원에도 달려 있다. 적정한 브랜드 수는 다단계, 다기준의 의사결정 과정에서 비롯되는 것으로 다양한 시나리오들이 제시되고 평가된다. 이런 접근의 좋은 예가 미쉐린Michelin이다.

단일 브랜드에서 멀티 브랜드로
: 미쉐린

브랜드에 대한 기업들의 태도가 변하고 있다. 기업들은 단일 브랜드 정책 single-brand policy을 채택해야 하는가? 아니면 다른 여러 각도에서 시장에 침투해야 하는가? 몇몇 기업들은 소수의 국제적인 브랜드에 집중하기로 결정했는데, 이는 그들이 강력한 로컬 브랜드들을 그 원산지 국가에서 촉진하는 것을 가로막지 않는다(로레알L'Oreal이 돕Dop을 가지고 했던 것처럼). 몇몇은 단일 브랜드에 집중해 왔다(필립스Philips). 반면 다른 기업들은 세계 제일의 타이어 제조업체인 미쉐린Michelin의 경우처럼 단일 브랜드 전략에서 진정한 포트폴리오로 변화했다. 이 마지막 경우는 매우 흥미로운 것이다.

처음 미쉐린은 브랜드 포트폴리오의 필요성을 받아들이기가 어려웠다. 미쉐린 기업의 성공은 그것이 단일 이름 하에 품질을 위한 연구조사에 초점을 두었다는 사실에 바탕을 두었다. 그 이름은 장기적으로 타당한 정책을 성취하기 위한 일단의 가치와 수단들을 창조해낸 가문의 이름이었다. 문화적으로 말해, 미쉐린에서 모든 것은 미쉐린이라는 이름을 중심으로 회전한다. 물론 다른 브랜드들도 존재하지만, 지역 시장에 침투하기 위해 인수한 공장들에서 종종 발견되는 것들이었다. 전 세계 80곳에 이르는 미쉐린 공장이 있다. 이런 공장들은 어떤 형태의 혁신이나 마케팅 지원을 받지 않았다. 그들은 순수하게 전술적 브랜드들이었다.

여기서 문제가 되는 것은 시장이 세분화되어 있다는 것이다. 미국 자동차 시장을 예로 들면 세계 최고의 품질을 원하는 소비자가 있는 반면 가격 대비 우수한 가치를 제공하는 주요 브랜드를 찾는 소비자들도 있다. 이들은 타이어 한 세트를 사는 데 100달러만을 지불할 사람들이다. 또한 패션의 변화를 의식하면서 맞춤 타이어를 원하는 4륜구동과 픽업 운전자들도 있다. 이런 운전자들에게 미쉐린 브랜드는 너무 따분하다. 단일 브랜드로는 그런 다양한 수요를 충족시키지 못하지만 그룹으로서는 가능하다. 이는 BF 굿리치BF Goodrich가 가격에 거의 개의치 않는 번창하는 시장, 즉 4륜구동 시장에서 스포츠 브랜드로 포지션된 이유이다.

미국에서 유니로열Uniroyal은 가격에 민감한 고객을 목표로 하며 GM의 지원을 받는다. 이 시장 세그먼트의 경우 유럽에서는 클레버Kleber 브랜드가 서비스한다. 유럽에서는 일련의 합병과 그룹 구조조정이 있는 후 유니로열은 미쉐린의 독일 경쟁사인 콘티넨탈Continental에 의해 운영되고 있다. 중국에서는 이 역할을 로컬 브랜드인 워리어Warrior가 수행하며, 가장 큰 시장 점유율을 가지고 있다. 이제는 유통업체들 또한 자체 브랜드 네임을 단 품질 좋은 타이어를 요구하고 있기 때문에 유통업체들의 요구사항 또한 고려되어야 한다.

이런 측면에서 미쉐린은 2가지 정책을 가지고 있다. 첫번째는 유통업체의 요구 내역에 따라서 유통업체 브랜드 네임으로 타이어를 공급하는 것이다. 그에 따라 미쉐린은 미국 월마트에서만 판매되는 리버레이터Liberator 브랜드와 유럽의 노라토Norauto 브랜드를 위한 타이어를 제조한다. 두 번째는 미쉐린 자신의 브랜드들로 유통업체들에게 공급하는 것이다. 그에 따라 중국에서 중급의 브랜드로 포지션된 워리어Warrior가 미국과 유럽에서 저가 타이어를 위한 이름으로 사용된다. 일본 브랜드 리켄Riken, 헝가리 브랜드 타우러스Taurus, 체코 브랜드 코모란Kormoran도 그와 같은 경우이다.

미쉐린의 글로벌 전략의 목표는 각기 다른 브랜드들을 통해 고객들이 대량 생산 제품에서 중급과 고급 제품으로 옮겨가도록 유도하는 것이다. 둘째, 그것은 시장에 적응하는 것이다. 예를 들어 중국 시장은 최고급 자동차의 높은 비율 때문에 오랫동안 작고 엘리트주의적이었다. 이 시장에서 미쉐린의 큰 점유율은 브리지스톤-파이어스톤Bridgestone-Firestone 타이어의 품질 결함과 관련된 포뮬러 1 경주에서의 사고로 인해 형성된 반감의 도움을 받았다. 중국 자동차 시장이 점점 더 민주화됨에 따라, 새로운 바이어들에게 좋은 품질의 타이어를 공급할 필요성이 있다. 중국 현지에서 생산된 타이어들은 중국의 새 고속도로에서 도달 가능한 속도에서는 위험하기 때문이다. 따라서 미쉐린 그룹은 품질에 있어 세계 최고 브랜드라는 자신의 명성을 위태롭게 하지 않으면서 중급 및 저가 시장에 대응해야만 한다. 선두 로컬 브랜드인 워리어Warrior 인수가 이 세그먼트에서 미쉐린 브랜드 포트폴리오의 완성을 가능하게 했다. 일본과 한국에서는 '미국산 제품'을 요구하는 고객 세그먼트 또한 존재한다. 이런 수요는 미국 회사인 굿리치BF Goodrich를 인수함으로써 충족될 수 있었다.

전체적인 그림을 완성하는 데 필요한 미쉐린 글로벌 전략의 마지막 측면은 타이어가 상대적으로 운송에 많은 비용이 들지 않기 때문에 타이어 시장이 전적으로 글로벌하다는 것이다(자동차 시장과는 달리). 오늘날 중국 공장은 미국 유통업체 브랜드(자체 라벨)를 위한 타이어를 제조해 왔으며, 곧 미쉐린 북미 법인을 위한 유니로열Uniroyal과 굿리치BF Goodrich 타이어를 생산할 예정이다. 때가 되면 그들은 미쉐린 타이어 또한 생산할 것이다. 더욱이 생산의 글로벌화는 관세 장벽을 피할 수 있도록 한다. 예를 들어 일본의 자동차 제조업체는 미국에서 생산한 일정 비율의 부품을 사용하지 않고서는 미국에 자동차를 수출할 수 없다. 이는 일본 업체들이 미국 공장에서 생산된 미쉐린 타이어를 자사 자동차에 장착하는 이유이다. 이는 미쉐린이 이러한 조용한low-key 유통을 통해 국수주의적이고 폐쇄적으로 이름난 일본 시장에 침투하는 것을 가능하게 했다.

이 예는 유통업체 브랜드들을 통해 유통업체들과의 연결을 유지하면서, 브랜드 포트폴리오(로컬 브랜드에서 중급 브랜드, 그리고 라이프스타일과 최고급 브랜드까지)에 의해 가능해진 유연성과 적응성을 설명한다. 이 모든 것은 글로벌 세분화와 글로벌화된 제품 플랫폼의 논리로 귀결된다. 그렇다 하더라도 미쉐린 그룹에서 본 것처럼, 지역 사업체들branches은 완전히 독립적이고, 그 브랜드들의 포지셔닝은 항공, 농업, 트럭 부문, 자동차 산업에서 완전히 다르다.

멀티 브랜드 접근의 혜택

이번 장의 시작에서 왜 브랜드 수를 줄여야 하는지, 심지어 단일 브랜드single brand로 만들어야 하는지 그 실질적인 이유들을 살펴보았다. 그것들은 모두 저비용을 통한 지배와 경쟁 우위 전략에 상응한다. 시장 세분화를 인정하면서도, 그것은 브랜드 수준이 아닌 오직 제품 측면에서 고려하도록 결정되어 왔다.

반면에 멀티 브랜드multi-brand 접근은 차별화 전략의 논리적 결과로, 축소된 규모의 경제, 기술적 전문화, 특정한 판매망, 필수적인 광고 투자의 측면에서 저비용 정책과 공존할 수 없다. 그럼에도 불구하고 독점적인 럭셔리 브랜드를 제외하고는, 압력이 존재한다. 가능한 마지막 순간까지 차별화의 명분으로 생산 체인을 분화시키고, 그럼으로써 학습 곡선learning curve의 혜택을 활용하려는 경향이 존재한다. 즉, 분화와 전문화를 통해 생산성 이득을 얻으려는 것이다. 이는 식품 가공이나 자동차 산업뿐만 아니라 국내 가전 산업에서도 볼 수 있다. 일반 자동차 브랜드들을 갖는 정책은 생산과 기업 커뮤니케이션의 모든 가능한 시너지 작용synergism을 최대로 활용하고, 같은 제조사 내의 한 모델에서 다른 모델로 이동하는 소비자의 충성도를 강화한다.

단일 브랜드 정책mono-brand policy이 가진 모든 이점에도 불구하고 시장에서 동시에 여러 브랜드를 갖도록 만드는 것은 무엇인가?

먼저, 시장 성장이다. 단일 브랜드는 그 자신의 힘만으로 시장을 발전시킬 수 없다. 일단 브랜드가 시장을 창출하고 나면 그 발전에는 그들의 각자의 차이를 촉진하는 데 투자하는 플레이어들의 증가가 필요하다. 다수의 기여자가 공동으로 존재하는 것은 시장을 촉진하는 데 도움이 된다. 그들의 차이를 넘어, 그들의 연합된 광고는 제품 카테고리의 일반적인 장점들을 강조한다. 다수의 존재는 전체 시장을 지원하는 데 필요하다. 전기면도기 시장에서 경쟁사들이 사라지는 것을 보는 것이 필립스Philips의 입장은 아닐 것이다. 이것은 전기면도기의 장점들을 칭찬하는 메시지의 수만을 감소시킬 것이며, 오직 질레트Gillette와 윌킨슨 스워드Wilkinson Sword에게만 이득이 될 수 있다. 필립스는 브랜드를 획득하고 그것을 시장에서 활동적인 브랜드로 유지해야 한다. 제약 산업에서 새로운 처방을 발견한 연구소는 그 파급 효과를 높이기 위해 다른 연구소들과의 공동 마케팅으로 이득을 볼 수 있다. 이런 예는 아스파테임aspartame에서 찾을 수 있다.

다수의 브랜드들은 최상의 시장 커버리지를 가능하게 한다. 단일 브랜드만으로는 시장을 커버할 수 없다. 시장이 성장하면서 차별화의 요구가 생겨나고 좀 더 넓은 영역을 제공하는 것이 필요해진다. 즉 시장은 점점 세분화된다. 하나의 브랜드가 자신의 아이덴티티를 잃을 위험을 감수함이 없이 동시에 여러 다른 특성을 목표로 할 수는 없다. 어쨌든, 소비자와 소매업체들은 그 이상의 브랜드 지배brand ascendancy에 반대할 것이다. 이런 이중 과정은 료시뇰Rossignol의 경우로 설명된다. 료시뇰 사는 이중 브랜드 정책dual brand policy을 따른다.

- 단일 브랜드 멀티 제품 정책: 홀마크 료시뇰hallmark Rossignol은 스키와 스키복, 스키부츠를 커버한다(모두가 르 트래퍼Le Trappeur 브랜드를 인수하면서 흡수된 것이다. 그리고 그 브랜드는 사라졌다).
- 멀티 브랜드 단일 제품 정책으로, 스키에는 다이나스타Dynastar 브랜드, 스틱에는 커마Kerma 브랜드, 부츠에는 렌지lange 브랜드가 사용된다.

세계 스키 시장의 20%를 차지하는 료시뇰은 선두 제조업체이다. 로시뇰의 고급 스키 부문의 점유율은 약 40% 정도로, 그보다 훨씬 더 높다. 이 영역에서 로시뇰은 사람들이 머리부터 발끝까지 그들의 제품들을 착용할 것으로 기대함으로써 그들의 감정을 상하게 만들어서는 안 된다. 만약 세계 리더가 더욱 더 성장하기를 원한다면, 그 경쟁자들보다 선택의 폭을 넓혀야 한다. 이 시장에서 유통은 여전히 다수의 독립적인 소규모 소매업체들에 의해 이루어지며, 그들은 단일 공급자의 통제를 두려워한다. 이는 각각의 브랜드가 자체 판매 인력을 갖는 이유이다. 미국에서 로시뇰 사는 2개의 분리된 회사들, 즉 다이나스타Dynastar Inc.와 로시뇰Rossignol Inc.을 통해 존재한다. 산업 영역에서는 파콤Facom과 르그랑Legrand이라는 두 지배적인 리더들이 분명히 독립적이고 자율적인 브랜드들을 만들어냄으로써 시장에 대한 자신들의 장악력을 성공적으로 증가시켰다. 이는 그들이 새로운 유통업체들을 찾을 수 있게 했는데, 그 업체들은 거의 독점적인 브랜드를 마음대로 다룰 수 있다는 사실에 너무나 만족해했다.

멀티 브랜드는 경쟁사의 확장 영역을 제한할 수 있게 하는 전술적 유연성을 제공한다. 이런 방법으로 유럽의 선두 여행용가방 제조업체인 델시Delsey는 샘소나이트Samsonite를 견제할 수 있었다. 델시는 샘소나이트보다 저렴한 가격에 포지션된 새로운 브랜드 비자Visa를 만들었고, 그와 동시에 델시Delsey는 샘소나이트가 최고급 시장으로 이동하는 것을 제지했다.

멀티 브랜드 정책은 새로운 경쟁사들이 시장에 진입하는 것을 막을 수 있다. 강력한 시장 진입 장벽은 시장의 각 부문에 대한 브랜드 네임과 함께 소매업체들에게 전 범위의 제품들을 제공함으로써 구축될 수 있다. 이는 유럽의 업소 시장에서 소프트음료 회사들이 전 범위의 제품들을 제공함으로써 진입 장벽을 창출하는 이유이다(코크Coke, 환타Fanta, 스프라이트Sprite 등).

멀티 브랜드 정책은 메인 브랜드main brand의 이미지를 보호하기 위해 필요하다. 이것은 디즈니 사Disney Corporation가 영화 제작에 있어 부에나비스타Buena Vista와 터치스톤Touchstone 같은 많은 브랜드를 사용하는 이유를 일부 설명해준다. 이는 디즈니 사가 그 이름에 역행하는 위험 없이 모든 형태의 영화를 제작할 수 있게 한다. 이와 유사하게 혁신의 성공이 확실하지 않을 때 그것을 성공적인 브랜드와 결합시키는 것은 어리석은 행동이 될 수 있다. 이는 P&G가 그들의 첫 액체 세제를 아리엘Ariel이라는 시장 선도 브랜드가 아닌 비질Vizir이라는 브랜드 네임으로 출시한 이유이다.

그 반대의 정책도 있는데, 캐드버리 슈웹스 그룹Cadbury Schweppes group은 새로운 탄산음료를 웝스Wipps 대신에 드라이 드 슈웹스Dry de Schweppes라는 브랜드로 출시하기로 결정했다. 이는 슈웹스Schweppes라는 이름이 판매에 도움이 되어서만은 아니었다. 그보다는 새로운 브랜드 웝스Wipps가 슈웹스의 오래되고 거만한 이미지를 강화하고 장기적으로는 브랜드 가치를 위협할 것이라고 생각되었기 때문이었다.

그 선도 제품들의 가격을 인하해야 하는 것을 피하기 위해 3M은 자사가 지배적인 리더인 제품들만을 커버하는 하위 브랜드인 타탄Tartan을 만들었다. 이것은 원치 않는 자기잠식cannibalization의 위험을 최소화한다. 3M이 지배자가 아닌 도전자의 위치에 있는 영역에서는 소매업체들이 3M에서 더 낮은 가격의 업체로 이동하려는 유혹을 받을 수도 있다.

포트폴리오와 세분화의 연결

브랜드 포트폴리오는 차별화된 제품들뿐만 아니라 다양한 브랜드들과 그에 따른 다양한 아이덴티티를 통해 시장 수요를 더 잘 충족시키려는 회사의 욕망desire을 나타낸다. 브랜드 포트폴리오의 구성은 회사가 선택한 시장 세분화의 유형을 반영한다. 페레로Ferrero(킨더Kinder)는 시장 세분화를 연령 그룹과 사용자 지위에 기초를 둔다. 로레알L'Oreal은 유통 경로에, 르그랑Legrand은 소비자 동기 유형에, P&G와 폭스바겐Volkswagen은 가격대에, SEB는 소비자 인구와 가치 체계에, 에비앙Evian은 추구하는 물의 혜택에, 기네스Guinness는 상황에 기초를 둔다.

다음 부분은 포트폴리오 브랜드들과 세분화가 어떻게 연결되어 있는지를 설명한다.

사회—인구통계학적 세분화

비록 어떤 사람들은 사회 인구통계학적 세분화를 시대에 뒤진 개념으로 간주하지만 그것은 소비자 행동과 선호도를 이해하는 데 여전히 유용한 도구이며 따라서 브랜드 포트폴리오를 구축하는 데 사용될 수 있다. 페레로Ferrero(킨더Kinder)는 유럽의 제과류 선도 기업이다. 마스 바Mars bar와 달리 킨더Kinder는 매우 어린 아이들을 위한 킨더 에그Kinder eggs에서부터 청소년을 위한 스낵에 이르기까지 각 연령 그룹에 대응하는 니즈와 상황의 개발을 통해, 연령에 따른 세분화를 엄격하게 고수하는 포트폴리오를 발전시켜 왔다. 모든 잡지의 편집자들은 연령과 성별에 근거한 각기 다른 타이틀을 만들어낸다. 그들의 잡지는 매우 제한된 연령 그룹들을 목표로 하며, 학교에서의 진급이나 아이의 인지 발달을 반영하기도 한다. 레고Lego 또한 매우 어린 아이들부터 사춘기에 이르는 다양한 연령 그룹에 기초한 브랜드 포트폴리오를 가지고 있다.

혜택 세분화

세분화의 중요 기준은 소비자들이 기대하는 주요 혜택이다. 회사들은 물론 그 것이 수익성 있는 비즈니스이기만 하다면, 각각의 브랜드를 하나의 단일 동기/혜 택에 포지셔닝함으로써 브랜드 포트폴리오를 구성할 수 있다. 이것은 유럽에서 다농 워터Danone Waters 브랜드 포트폴리오의 토대이다. 최근의 마케팅 조사에 서는 다음과 같은 구매 동기들을 발표했다. 지위, 풍족한 생활(13%), 건강(57%), 가격(30%) 등이다. 건강이라는 가장 큰 동기는 다시 세분화될 필요가 있다. 16% 는 건강의 미학적 비전, 15%는 활력, 26%는 특정 문제들과 관련이 있다. 그 결 과, 다농 워터는 다음과 같이 자신의 무탄산수non-carbonated waters 브랜드 포 트폴리오를 재구성했다.

- 에비앙Evian은 29%의 소비자를 타깃으로 한다(이들은 지위와 미학적 건강을 추구한다).
- 볼빅Volvic은 네슬레의 비텔Nestle's Vittel에 대항해 활력vitality에 포지션되 어 있다(시장의 15%)
- 심리적인 니즈에 기초해 새로운 브랜드가 만들어졌다. 콘트렉스Contrex(네 슬레)에 맞서는 타이유핀느Taillefine(모두 날씬함을 유지하기 위한 것이다)와 또 다른 새로운 브랜드 탈리앙Talians이 있다.
- 저 원가 브랜드에 대한 유통업체의 기대를 충족시키기 위한 다수의 물 공급 원들이 있다.

이 포트폴리오에서 에비앙Evian의 역할은 시장의 준거가 되는 것이며, 최대한 물 가격을 안정시키는 것이다(이는 에비앙의 공급이 무한하지 않다는 사실과 일관된 것이다. 알프스가 이 물을 만들어내는 데는 시간이 걸린다). 그 결과 향이 첨가된 aromatised 물 분야와 같은 일부 브랜드 확장은 금지된다. 그룹의 2번째 브랜드이 자 에비앙보다 10% 저렴한 볼빅은 그와 같은 확장을 통해 시장을 활성화할 수 있는 능력을 갖고 있다. (다른 나라에서는 비탈리네아Vitalinea로 알려진) 타이유핀느는 실제로 무지방에 포지션된 유제품 브랜드의 생수 시장으로의 확장이다. 콘트렉스Contrex에 맞서 체중을 의식하는 세그먼트에서 경쟁하기 위해 (네슬레Nestle의 세그먼트 리더인) 새로운 브랜드를 출시하는 대신 이 글로벌 프랜차이즈를 생수 분야로 확장하기로 결정한 것이다.

태도 세분화

수직적 가격 라인virtical price line에 따라 자신의 포트폴리오를 구성하는 대부분의 자동차 제조회사들과 달리 PSA는 푸조Peugeot와 시트로엥Citroen이라는 2개의 대등한 제너럴리스트 브랜드를 개발하기로 결정했다. 2003년에 PSA는 두 번째로 큰 유럽 자동차 제조회사였다. 당시 그 세분화의 근거는 무엇인가?

푸조는 그 뿌리에 자신의 아이덴티티 즉, 주로 운전하길 좋아하고 그들의 차에 정통하고 싶어 하면서 그것으로부터 즐거움을 끌어내는 소비자들에게 제시하는 다수의 핵심 가치(신뢰성/품질뿐만 아니라 활력과 미학)가 있다. 시트로엥은 비록 푸조 모델들과 부품의 60%를 공유하면서도 완전히 다른 운전과 생활 경험을 제공한다. 한때 개성, 정교함, 혁신성을 가졌던 브랜드는 푸조에 인수되기 전, 두 번이나 파산했다. 시트로엥을 재창조하면서 PSA는 그것을 자신의 차가 라이프스타일의 진화를 보여주는 자동차이기를 기대하는 사람들을 위한 자동차 브랜드로 만들어냈다(Folz, 2003).

2개의 대등한 브랜드의 유지는 생산에 있어 동일한 플랫폼을 공유하는 것 이상의 강력한 이점이 있다. 같은 가격 세그먼트를 목표로 하면서 한쪽 브랜드 모델이 라이프사이클에서 쇠퇴에 접어들기 시작하면 다른 브랜드가 새 모델을 출시한다. 그 결과 각 가격 세그먼트 내에서 그룹의 혁신율은 다른 경쟁사와 비교해 유난히 높다. 그리고 이러한 혁신율은 현대 시장에서 중요한 성공 요인이다. 또한 2개의 브랜드만을 보유함으로써 여러 부분이 겹치는 4개의 브랜드를 가진 폭스바겐의 문제를 피한다. 이는 글로벌 포트폴리오의 수익성에 부정적인 영향을 미치는 요소이다. 영업 사원들은 스코다Skoda나 세아트Seat가 폭스바겐 자동차들과 본질적으로 동일하다는 사실을 강조함으로써 소비자들이 더 낮은 가격대의 차를 구매하도록 유도한다. 게다가 이 두 브랜드들은 현재 성장 문제에 직면해 있다. 스코다와 세아트는 어디로 가야 하는가? 최근에 구축된 브랜드 충성도를 활용하기 위해 그들은 고객들이 더 고가의 모델들을 구매하기를 원하지만 자기잠식 효과의 증가와 폭스바겐 저가 라인들과의 차별화 부족이라는 위험에 직면해 있다.

경로 세분화

경로 세분화의 이론적 근거는 경로들이 서로 싸운다는 것이다. 각 경로에 각기 다른 브랜드를 할당하는 것은 충돌, 즉 가격 조화의 문제를 피하고, 경로 고객의 동기에 대한 브랜드 적응성을 최대화한다. 더욱이, 소형 가전 산업을 예로 들면, 월마트Wal-mart와 독점적인 판매 계약을 맺은 브랜드는 미국 시장의 55% 이상을 차지하는 선택적인 유통 경로에서 판매될 수 없다. 이것은 포트폴리오가 브랜드들을 경로들에 할당하는 데 매우 유용한 이유이다.

이런 접근의 패러다임은 로레알L' Oreal이다. 로레알의 모든 브랜드들은 오직 하나의 경로로만 판매된다.

- 선택적인 프리미엄 유통과 백화점을 위한 브랜드들이 있다. 랑콤Lancome, 헬레나 루빈스타인Helena Rubinstein, 비오템Biotherm, 키엘Kiehl' s, 슈에무라Sue Emura.
- 대량 경로를 위한 브랜드들도 있다. 로레알 파리L' Oreal Paris, 가르니에Garnier, 메이블린Maybelline.
- 약국용 브랜드들이 있다. 라로슈포제La Roche와 비쉬Cichy.
- 우편 주문을 통한 직접 판매용 브랜드가 있다. CCB(Club des Createurs de Beaute).
- 전문 헤어드레서 경로용 브랜드들이 있다. 로레알 파리 프로페셔널L' Oreal Paris Professionnel, 레드켄Redken, 매트릭스Matrix, 케라스타즈Kerastase, 이네Inne.

첫 번째 세분화 기준은 경로이다. 이 경로가 존재하지 않는 시장에서는 그 경로에 둘 또는 그 이상의 브랜드가 존재하는 덕분에 그 경로 구축 비용이 분담될 수 있다. 예를 들어, 캐나다의 약국에서는 화장품을 판매하지 않는데, 이런 경우 백화점 내 특별 판매대를 만들어 약사들이 소비자들을 도우면서 라로슈포제와 비쉬를 판매하게 할 수 있다.

물론 또 다른 세분화 기준이 있는데, 그것은 바로 가격이다. 각 경로에는 프리미엄 브랜드premium brand와 주류 브랜드mainstream brand가 있다. 마지막으로 각 브랜드는 하나의 보편적인 미의 모델을 압축한다. 전 세계 모든 곳의 대량 경로에서 로레알 파리는 파리를 상징하고, 메이블린은 미국적 스타일의 미를 상징한다.

로레알의 수익성은 이런 경로 기반channel-based 브랜드 포트폴리오의 체계적인 구성에 크게 의존한다. 그것은 소비자들의 가격 민감성이 다양한 경로와 구매 상황들에서 같지 않다는 사실을 이용해, 동일한 제품에 대해 경로에 따라 다른 가격을 책정할 수 있게 한다. 예를 들어 미용실에서 테크니아트Tecniart(로레알 파리 프로페셔널) 브랜드로 고객들에게 9유로에 판매되는 헤어 젤은 미용사들에게는 그 절반 가격에 판매된다. 이 가격은 소비자들이 대형 유통매장에서 프럭티스Fructis(가르니에) 또는 스튜디오 라인Studio Line(로레알 파리)에 있는 그 제품을 만날 수 있는 가격이다. 케라스타즈Kerastase 샴푸는 미용실에서 고객들에게 8유로에 판매되지만 복합 소매업체에서는 엘세브Elseve 브랜드로 2.5유로에 판매된다.

생 고뱅Saint Gobain 같은 산업재 그룹 또한 마찬가지이다. 이 그룹은 건축 및 건설 분야를 타깃으로 하는 스토어들의 포트폴리오를 만들었다.

- 소규모 일반 도급업자를 위한 플랫폼 뒤 바티먼트Platform du Batiment
- 숙련공을 위한 대형 복합 소매점, 포인트 P(Point P)
- DIY 작업자들을 대상으로 하는 라페예르Lapeyre. 전문적인 도움 없이도 창문을 사서 설치할 수 있게 한다.
- 새로운 맞춤식 창을 판매하는 미니스토어 체인, K par K.

물론 마지막 옵션은 가장 비싸지만(모든 비용을 포함해서 창문 교체 비용은 1,000 유로이다), 대부분의 경우 교체가 필요한 창문들은 크기와 디자인이 규격화되어 있다. 따라서 구매되는 것은 (맞춤 창문이 아닌) 규격 창문으로, 그 몇 분의 일 가격으로 라페예르Lapeyre에서 살 수 있는 것과 본질적으로 동일한 제품이다. 다만 라페예르에서는 어떤 서비스도 제공되지 않는다.

상황 세분화

점차 많은 회사들이 상황 세분화의 중요성을 인식하게 되었다. 모든 제품들은 사실상 특정 상황에서 구매되거나 소비된다. 따라서 실질적인 이슈는 소비자들 자체보다는 소비와 관련된 상황에 영향을 미치는 것이다. 실제로 같은 사람이 몇 몇 차별화된 상황을 만나게 되면 같은 날이라도 다양한 방식으로 제품을 소비할 수 있다. 각 상황은 분명하게 차별화된 기대를 발생시키며, 따라서 브랜드를 위한 특별한 경쟁 형태를 가져온다. 각각의 상황에서 브랜드가 동일한 환경과 마주칠 수 없기 때문이다.

기네스Guinness의 경우, 상황은 브랜드 포트폴리오의 기초일 뿐만 아니라 판매와 마케팅 조직의 기초이다. 현재 기네스에는 브랜드 매니저가 있었던 것처럼 상황 매니저가 존재한다. 그에 따라 기네스는 술집 환경에 전형적인 이른바 '친밀한 유대affiliation' 상황에 포지션하며, 칼스버스Carlsberg는 나이트클럽에서의 '해방release' 상황에 해당하며, 그리고 버드와이저Budweiser는 '집에서의 휴식 relaxing at home' 상황을 목표로 한다.

상황 세분화를 다룰 때, 회사가 몇개의 새로운 브랜드를 개발하기 앞서 제일 먼저 해야 할 일은 라인 확장이 특정 브랜드가 지금까지 접근이 어려웠던 새로운 상황이나 장소에서 발판을 얻음으로써 확장하게 할 수 있는지 여부를 고려하는 것이다. 그러나 브랜드 포트폴리오가 개입하게 되는 이런 확장에는 한계가 있다.

가격 세분화

이것은 가장 고전적인 포트폴리오의 조직화이다. 저가의 스코다SKoda나 세아트Seat로부터 폭스바겐Volkswagen, 아우디Audi 그리고 롤스로이스Rolls-Royce

같은 럭셔리 브랜드에 이르는 전체 폭스바겐 그룹Group Volkswagen의 브랜드 포트폴리오는 가격에 기초를 두고 있다. 유럽의 선두 호텔 그룹인 아코르Accor는 특정 가격대에 포지션된 일련의 브랜드들을 출시함으로써 성공을 거뒀다. 샤넬 부르조아Chanel-Bourjois 사는 럭셔리 브랜드 샤넬Chanel과 대량 시장을 위한 부르조아Bourjois라는 2개의 브랜드를 갖고 있다.

건설 시장에서 벨룩스Velux는 가장 글로벌한 브랜드 가운데 하나이다. 이 브랜드는 전 세계 40개 국가에서 지붕 창문을 대표한다. 벨룩스는 가격에 민감한 시장 세그먼트를 목표로 하는 저가의 루프 라이트Roof Light를 출시했다. 벨룩스와의 가격 차이는 30%로, 20%의 가격 차이로 판매되는 벨룩스의 주요 경쟁자들(로토Roto와 패크로Fakro)보다도 저렴했다. 또한 이 브랜드는 DIY 시장에서 대형 복합 소매업체들의 자체 라벨로도 판매된다.

사실 실질적으로 상이한 가격 범위들을 커버하는 데 성공한 브랜드들은 많지 않다. 르노Renault 같은 제너럴리스트 자동차 제조업체는 트윙고Twingo에서 발 사티스Val Satis에 이르는 광범위한 자동차 브랜드들을 구축하고 있다. 그러나 그들은 자신의 브랜드 네임에 애본타임Avontime 같은 그럴듯한 확장을 추가했을 때조차도 진정으로 최고급 시장에는 진입하기 어려웠다. 이것은 또한 최고급 자동차와 더 쉽게 연결되는 브랜드인 볼보Volvo와의 제휴 목적 가운데 하나였다. 도요타Toyota는 독립적인 브랜드인 렉서스Lexus를 출시하는 접근법을 택했다.

브랜드 포트폴리오는 각 브랜드의 명성에 영향을 주지 않으면서 다양한 가격대를 커버하는 것을 가능하게 한다. 파카Parker, 워터맨Waterman, 페이퍼메이트 Paper Mate를 인수한 샌포드 그룹Sanford group은 그 브랜드들을 가격과 스타일 측면에서 특화시킬 수 있다. 파카는 그 명성에 의해 볼펜에서 만년필에 이르는 각 제품 세그먼트에서 최고의 계열을 나타낸다. 워터맨은 중간 계열을 나타낸다. 월풀 그룹은 각각의 브랜드에 가격대price bracket를 배분한다. 월풀 브랜드들의 평균 가격은 시장의 중간 가격대여야 한다. 레이든Laden 브랜드의 평균 가격은 시장 가격 범위의 1/4 이하에 해당하며, 바흐네트Bauknecht의 평균 가격은 3/4 이상에 해당한다(그림 13.1 참조).

멀티 브랜드 포트폴리오는 장기적으로 각 브랜드가 자신의 영역을 가질 때만

| 그림 13.1 | 가격 스펙트럼에 의한 브랜드 포트폴리오의 세분화

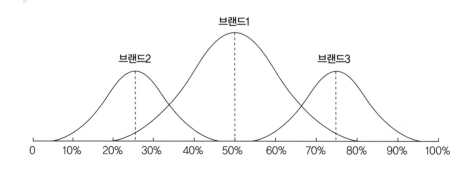

합당하다. 하지만 그 이미지들이 멀티 브랜드 정책의 경제성을 정당화할 만큼 충분히 다르지 않은 브랜드들을 유지하는 회사들도 있다.

브랜드 포트폴리오와 구매 영향자 세분화의 연결

B2B 분야에서 핵심 구매 영향자influencer의 유형은 세분화를 위한 전략적 기준을 구성한다. 시장은 사실 의사 결정 과정에 따라 세분화될 수 있다. 가치 배분 체인value distribution chain을 따라, 몇몇 참가자들은 핵심 역할을 수행하는데, 브랜드들은 그 핵심 역할이라는 것에 대해 서로 다른 생각들을 갖고 있다.

예를 들어, 주거와 서비스 부문을 위한 알루미늄 시스템 시장에서 유럽의 선도적인 회사인 HBS(Hydro Building Systems)는 3개의 브랜드를 갖고 있다. 독일의 위코나Wicona, 이탈리아의 도말Domal, 프랑스의 테크널Technal이 그것이다. 현실에서 각 브랜드는 각기 다른 구매 영향자를 타깃으로 한다.

- 위코나는 건축가, 연구 부서, 엔지니어링 회사들을 목표로 한다.
- 도말은 설치 회사들과, 건축 현장과 관계된 입찰을 따내는 일반 회사들을 목표로 한다. 그것은 자신의 소규모 공장에서 생산하는 비싸지 않은 압출 성형 알루미늄 시스템을 공급한다.
- 테크널은 텔레비전 광고와 등록된 설치업자들의 네트워크를 통해 직접 최

종 사용자를 목표로 한다.

유럽의 선두 전기 제품 회사인 르그랑Legrand은 이와 동일한 조직 유형을 갖고 있다. 르그랑의 확장주의적 정책은 외적 성장에 기반을 둔다. 전기 설비 부문에서 표준들은 타국 업체의 시장 접근을 막기 위해 각 나라마다 매우 다양하다. 로컬 시장 네트워크를 형성하는 조건들을 영구화하려는 업자들의 강력한 로비 또한 존재한다. 이 시장에 침투하는 유일한 방법은 선두 로컬 회사를 사는 것이며, 이는 르그랑이 이탈리아 회사인 비티치노Bticino를 인수한 이유이다. 그런 다음 르그랑은 자신의 브랜드들을 전문화했다. 비티치노Bticino를 엔지니어링 부서와 연구 부서를 위한 브랜드로 할당하고, 르그랑은 설치업자들을 위한 브랜드가 되어 그들에게 광범위하고 완전하게 통합된 제품 계열을 제공했다.

이런 브랜드 포트폴리오 조직 유형의 또 다른 예는 기업 및 전문가용 최고급 페이퍼 선두 업체인 영국의 아르조 위긴스Arjo Wiggins가 제공한다. 2002년부터 이 회사는 자신의 브랜드들을 재조직해 메가 브랜드들을 만들었는데, 이는 이전의 작은 제품 브랜드들을 각각의 엄브렐러 아래 통합한 것이었다. 새로운 조직은 다음과 같이 구성되었다.

- AW 큐리어스 컬렉션Curious Collection은 광고와 디자인 대행사의 크리에이터와 디자이너들을 목표로 했다. 그들이 혁신과 창조성이 크게 중요시되는 프로젝트와 창작에서 핵심 영향자이기 때문이다. 예를 들어, 큐리어스 컬렉션 계열들은 알루미늄 페이퍼와 스틸 페이퍼를 포함한다.
- AW 임프레션스Impressions는 기업들의 의뢰를 받은 다수의 작업들을 처리하는 인쇄업자들을 목표로 한다.
- 컨커러Conqueror는 일반 대중, 즉 자신들의 회사나 개인 이미지를 고려해 높은 품질의 종이를 찾는 최종 사용자들을 목표로 한다.

글로벌 포트폴리오 전략

지난 몇 년 동안 거대 그룹들은 인수나 제휴, 브랜드 확장을 통해 추가적인 브랜드들을 자신들의 포트폴리오에 채워 넣는 정책을 수행해 왔다. 네슬레는 미국의 카네이션Carnation과 스투퍼Stouffer, 영국의 로운트리Rowntree, 이탈리아의 뷔토니-페루지나Buitoni-Perugina, 프랑스의 페리에Perrier 인수에 힘입어 세계 최고의 식품제조회사가 되었다. 필립 모리스는 또 다른 분주한 회사이다. 그것의 식료품 부문은 크래프트Kraft(치즈), 제너럴 푸드General Foods(커피, 콘플레이크, 과자류, 초콜릿), 제이콥스-슈샤르Jacobs-Suchard(커피, 초콜릿)로 이루어져 있다.

미네랄워터 시장에서는 에비앙Evian과 바두와Badoit 외에도 이미 볼빅Volvic을 소유한 다농 그룹Danone Group이 스파클링 미네랄워터 샘물, 라 살브따La Salvetat을 사들였다. 크래프트 제너럴 푸드Kraft General Foods는 3가지 전략적으로 중요한 초콜릿 브랜드, 즉 밀카Milka, 슈샤르Suchard, 코뜨 도르Cote d'Or를 소유하고 있다.

이런 기업 규모의 성장을 향한 트렌드는 부분적으로 연구개발, 물류, 제조, 유통과 판매에서의 통합으로부터 나올 수 있는 이익들이 동기가 된다. 또 다른 이유는 현재 세계 시장에서 경쟁하는 데 필요한 재무와 인적 자원의 수준에 있다. 3번째 이유는 지배적인 포지션을 인수함으로써 시장을 복점duopoly이나 과점 oligopoly 체제로 만들려는 욕구이다. 마지막 이유는 유통의 집중화로 인해 높아지는 압력에 대항하기 위한 것이다.

이런 양적 측면을 떠나서, 포트폴리오라는 아이디어가 시장이나 카테고리에서의 경쟁에 대한 글로벌한 시각을 암시한다는 사실은 기억할 만한 가치가 있다. 포트폴리오는 또한 포트폴리오 내의 하나의 브랜드와 다른 브랜드들 간의 관계가 고려되도록 만든다. 이는 브랜드의 가치가 더 큰 포트폴리오에 속함으로써 강화될 수 있다는 아이디어이다. 몇 개의 의사결정 그리드들decision grids이 존재하며, 그 중 가장 유명한 것은 보스턴 컨설팅 그룹의 것이다. 따라서 페르노 리카 Pernod-Ricard에서 사람들은 성장 제품(예를 들어, 클렌 캠벨Clan Campbell), 공헌자contributors(리카Ricard, 파스티스 51, 오랑지나Orangina) 그리고 유명한 캐시 카우cashcow에 대해 이야기한다. 여기에 '전략적 브랜드strategic brand'의 컨셉이 더해질 수 있다. 즉 무알콜 아니스 열매 음료 퍼시픽Pacific은 재정적으로 흥미롭지 않을 수 있지만 미래 고객을 아니스 열매 맛에 길들인다는 점에서 장기적인 전망에 필수적이다.

위니사비Unisabi(마스Mars)는 론론Ronron, 킷어캣Kit-e-kat, 위스카스Whiskas, 쉬바Sheba 브랜드들로 이루어진 포트폴리오 덕분에 고양이 사료 시장의 반을 점유한다. 이들은 전략적 브랜드strategic brands, 가치 브랜드value brands 그리고 전술적 브랜드tactical brands로 분류될 수 있다. 위스카스는 가장 큰 범위, 큰 수익, 중심적인 소비자 혜택(최고의 영양), 그리고 가장 비싼 광고 캠페인을 통해 전략적으로 시장에서 무적의 브랜드가 되는 것을 목표로 한다. 쉬바는 가치 브랜드이다. 그것의 금액 기준 시장 점유율은 규모 기준 시장 점유율의 3배에 이른다. 고품질 제품인 쉬바는 가장 헌신적인 고객들을 목표로 한다. 론론은 완충 브랜드buffer brand로, 낮은 가격대이고 어떤 광고 지원도 주어지지 않는다. 그것은 유통업체 자체 브랜드에 반격하기 위해 존재한다. 전략적, 니치, 전술적 브랜드들은 또한 하이네켄의 맥주에서도 구분될 수 있다.

산업재 브랜드 포트폴리오

산업 세계에서 멀티 브랜드 전략들은 제약이 거의 없거나 또는 자주 경시되는 다수의 제약들이 있다.

첫 번째 경우는 농업 시장의 화학 산업에 의해 설명된다. 각 제초제 브랜드가 하나의 고유한 효능과 연관되어 있기 때문에 종종 한 회사가 500개 이상의 상표를 가지기도 한다.

브랜드가 전략적이고 포트폴리오가 최종 시장의 세분화와 일치할 때 브랜드는 제품의 이름이나 로고의 단순한 차이 이상의 것을 의미해야 한다. 이런 식으로 BASF는 글라슈리트Glasurit와 RM이라는 2가지 브랜드로 전 세계의 차체 제작업체들에게 페인트를 판매한다. 사실상 그것들은 동일한 제품이다. 자동차 업계에서는 2가지 다른 품질이라는 아이디어는 문제가 있다. 아무도 열등한 쪽을 사지 않을 것이기 때문이다.

글라슈리트Glasurit는 기술적인 면을 중시하는 차체 제작업체에 초점을 맞춘다. 그 국제적인 슬로건에서 나타나듯이 글라슈리트는 '선호되는 테크놀로지 파트너Preferred Technology Partner'이다. 그리고 슬로건 '당신의 성공 열쇠The key to your success'가 나타내듯 RM은 차체 제작업체들의 사려 깊은 파트너이다. RM은 적극적인 서비스를 기대하는 차체 제작업체 세그먼트를 겨냥한다. 그들은 스스로를 페인터라기보다는 컴퍼니 디렉터로 바라본다.

그들의 성공 기회들을 극대화하기 위해 BASF는 각 브랜드에 스스로를 방어하는 필수적인 수단을 부여한다. 누가 무엇을 할지를 지시하는 것은 두 브랜드 모두를 약화시키고, 그들의 경쟁자 아크조Akzo에게 이익이 될 뿐이다. 그 대신에 BASF는 다음과 같이 결정했다.

- 두 개의 나라에 각각 기반을 둔 2개의 독립적인 관리팀을 만든다.
- 내부로부터의 자기잠식 효과를 최소화하기 위해 유통을 담당하는 2개의 독립적인 판매팀을 둔다.
- 두 브랜드들 간의 지각된 차이를 증가시키기 위해 모기업 BASF에 대한 모든 언급을 피한다.
- 각 브랜드의 포지셔닝에 부합하는 서비스를 개발한다.
- 세계적인 규모로 각기 다른 광고 캠페인을 벌인다.

이는 BASF가 시장에 대한 자신의 커버를 극대화했던 방법이다. BASF는 자동차 끝마무리 시장의 전혀 다른 두 개의 세그먼트들에 그리고 차체 제작업체들의 심리에 스스로를 맞추었다. 예를 들어, 메르세데스는 자신의 페인트 공급업체가 라다Lada에게도 공급하는 것을 좋아하지 않을 것이다.

멀티 브랜드와 관련된 제약들은 종종 산업 세계에서 과소평가되곤 한다. 이 세계에서 브랜드는 종종 카탈로그에 나오는 단순한 이름이나 준거로 여겨진다. 브랜드가 전략적 세분화에 대응할 때 이런 과소평가는 전략을 훼손하거나 심지어 파괴할 수도 있다. 산업 전기기구 시장에서 제조업체들은 설비 회사, 도매업자/유통업체, 최종 사용자 가운데 누구에게 초점을 맞출지를 결정해야 한다. 동시에 셋 모두에게 호의를 보이는 것은 불가능하다. 유통업체들에 초점을 맞춘 멀린 게린Merlin-Gerin은 조립공fitter들과의 접촉을 잃어가고 있었다. 그래서 조립공들을 위한 새럴Sarel 브랜드가 만들어졌다. 이는 도달할 수 있는 시장 비율을 증가시켰다. 단, 멀린 게린과의 모든 연결이 감춰져야 했다. 실제로는 그들이 활동하고 있는 다양한 국가들에서 그들의 멀티 브랜드 전략의 제약은 비용 절감을 이유로 쉽게 잊혀졌다.

- 때때로 멀린 게린의 지역 본사 건물에 새럴이 입주해 있는 것이 발견되기도 했다.
- 인쇄된 조직도는 새럴-멀린 게린의 연결을 감추려는 어떤 노력도 하지 않았다. 올바른 경영진이라면 비록 규모가 작긴 하지만 새럴을 멀린 게린의 로컬 관리자가 아닌 그들 공동의 모기업인 슈나이더Schneider와 직접 연결되게 할 수 있었을 것이다.
- 때때로 전시회에서 비용 절약을 위해 새럴과 멀린 게린은 같은 부스를 사용했다.

B2B 부문에서 브랜드들의 조직은 그와 같이 다루어야 할 특정한 문제들을 제기한다. 예를 들어, 기업 인수를 통해 성장을 도모하는 산업 그룹들은 새로 인수한 회사의 브랜드 네임을 유지할 것인지, 그 회사에 얼마만큼의 독립성을 부여해야 하는지를 놓고 고심한다.

더욱이 엔지니어링 문화에서는 제품이 그룹이나 기업 아이덴티티의 중심인 반면, 브랜드는 부가물appendage에 지나지 않고, 종종 준거reference의 이름이다. 이는 전 세계에 등록된 준거의 수가 증가하는 것을 설명한다. 그러나 법률 용어로서 브랜드 네임이 있을 수는 있어도 이런 이름들이 진정한 시장 파워를 가진 실제 브랜드가 아니라는 것을 믿을 충분한 이유가 있다.

따라서 그것은 포트폴리오에서 브랜드 네임의 수를 줄이고, 그들을 엄브렐러,

umbrella, 즉 준거의 중심점 역할을 하는 소수의 타당한 메가 브랜드를 중심으로 재조직하는 문제이다. 이것으로부터, 브랜드 포트폴리오를 합리화하는 과제는 사실상 비즈니스를 재조직해야 할 필요성을 나타내는 것임을 알 수 있다. 메가 브랜드가 몇개의 비즈니스 단위들을 잘 커버할 수 있다는 것을 안다면, 어떻게 비즈니스 단위들의 구조 내에서 멀티 제품 메가 브랜드들을 관리할 것인가? 브랜드 개발의 일관성, 즉 제품과 서비스, 다양한 시장에서의 가격 포지셔닝, 광고와 카탈로그의 측면에서 일관성의 문제들에 관한 결정을 내리기 위해 브랜드 위원회를 만들 필요가 있는가? 이 단계에서 대형 산업 그룹은 대량 소비자 시장과 일반소비재 시장이 이런 유형의 문제를 해결해 온 방법들을 고려하기 시작한다.

포트폴리오 설계에서 판매팀의 역할

B2B 맥락에 있어, 브랜드에 관한 어떤 고려에서도 판매를 포함하는 것이 필수적이다. 궁극적으로 브랜드를 대표하는 것은 판매팀, 기술 및 광고 전문가 그리고 일선 사무실이기 때문이다. 따라서 브랜드의 4가지 유형을 구별하는 것이 중요하다.

1. 통합 브랜드integrating brand는 보통 단일 고객에게 글로벌 서비스를 판매할 때 사용되는 기업 브랜드이다. 이 목적을 위해 각기 다른 비즈니스 단위들의 기술과 시너지들을 한 데 모은다. 일선 사무실과 판매 인력은 그룹의 이름을 대표한다. 이것의 전형적인 예는 빈시Vinci와 수에즈 인더스트리얼 솔루션Suez Industrial Solutions이다.

   통합 브랜드(일반적으로 그룹)는 또한 카탈로그, 송장 그리고 공유 비전의 수준에서 제품 브랜드들의 횡단성transversality를 보증한다.

2. 통합된 브랜드integrated brand는 대개 인수된 회사의 이름이다. 특정한 용도, 니즈, 전문 영역에 있어 국제적으로 알려진 이름이다. 그러나 일선 사무실과 판매 인력은 그룹의 이름 하에서 움직인다.

3. 보증된 브랜드endorsed brand는 그룹 이름을 단지 보증endorsement으로서 사용하며, 자체 이름과 일선 사무실을 가진다. 이것은 브랜드가 그룹의 전

문 영역과 다른 비즈니스 모델을 사용할 때의 전형적인 예이다.

4. 독립 브랜드independent brand는 그룹과의 아무런 연결점 없이 완전하게 독립된 것으로 나타난다. 이론적으로 이것은 각기 다른 해당 국가들에 개별 사무실이 있음을 의미한다. 따라서 자체 이름과 일선 사무실을 가지며, 그룹과의 그 어떤 가시적인 관계도 보이지 않는다. 이런 브랜드 유형은 브랜드가 이미 지배적일 때 시장 커버리지를 확장하는 문제를 극복할 수 있게 한다. 따라서 그룹의 한 브랜드가 이미 특정 시장의 30% 이상을 점유할 때 첫 번째 브랜드와 일하기를 원하지 않는 이들을 위한 독립 브랜드를 출시하는 것이 논리적이다. 더욱이 독립 브랜드는 종종 그룹의 공식적인 정책과 모순되는 정책을 지지하는 데 사용되는데, 이는 그룹을 불안정한 포지션에 위치시키는 일이 없이 시장 커버리지를 늘리기 위한 것이다. 미국 그룹 록울Rockwool은 이런 포트폴리오 조직 유형의 전형적인 예이다.

브랜드 포트폴리오와 기업 전략의 연결

그러면 기업은 얼마나 많은 브랜드를 시장에 내놓는가? 그 기업은 단일 브랜드나 브랜드 포트폴리오 모델을 채택하는가? 이것은 현대 기업과 그룹 관리자들이 묻는 질문 유형이다. 그리고 이것은 그들의 시장 점유율의 발전에서 그리고 수익의 가능한 상한선upper limit에 대한 원인 진단에서 얻은 교훈들에 기초해, 그룹 정책들이 진화하는 방법이다.

이미 보았듯이 미쉐린Michelin은 포뮬러 1 버전을 포함한 미쉐린 타이어의 탁월성에도 불구하고 글로벌 시장 점유율이 상한선에 도달한 그룹의 전형적인 예이다. 사실상 몇 년간 단일 브랜드 모델을 사용한 후 미쉐린 그룹은 그 정책을 바꾸기로 결정했다. 여전히 플래그십을 유지하는 것은 분명했지만, 미쉐린은 더 이상 혁신적인 아이디어와 새로운 광고의 초점이 되는 유일한 브랜드가 아니다. 개인 자동차 시장에서 미쉐린은 이중 세분화double segmentation의 이점을 깨닫게 되었다. 첫 번째는 가격과 연계되었고, 두 번째는 지위를 상징하는 타이어의 유행과 연계되었다. 전 세계에는 가격에 상응하는 가치를 원하지만, 미쉐린 브랜드의 우수성을 인정하면서도 미쉐린 타이어를 구입하고 싶어 하지 않는 고객들도 있다. 그러나 이들을 단순히 과거처럼 브리지스톤Bridgestone이라는 경쟁자에게 돌아서도록 내버려두어야 하는가? 이 영리한 구매자 세그먼트의 요구는 충족되어야 했다. 그리고 이것은 유럽에서는 클레버Kleber(포트폴리오 내의 오래된 브랜드로, 펑크가 나지 않는 타이어 같은 혁신을 통해 재활성화되었다), 미국에서는 유니로열Uniroyal을 통해 이루어졌다.

그러나 타이어가 일종의 지위의 심벌인 운전자 세그먼트 또한 존재하는데, 일반적으로 이들은 미국과 유럽의 픽업과 4륜구동 운전자들이다. 이 운전자들은 타이어가 요란하고 화려하기를 원하며 미쉐린에는 매력을 느끼지 못한다. 그들 눈에는 안전, 성능, 장기적인 개발에 초점을 두는 브랜드는 너무 착실하며 충분히 패셔너블하지도 색다르지도 않기 때문이다. 미쉐린 그룹은 정기적으로 갱신되는 광범위한 맞춤 타이어들을 제공하는 정책과 함께 미국 브랜드인 굿리치Goodrich가 이 운전자들에 전념하기로 했다. 그러나 클레버Kleber가 미쉐린에 비해 저가인 반면에 굿리치는 같은 가격대에 포지션된다.

소형 가전 분야에서 세계적인 선두업체인 SEB는 세계 시장에서 필립스와 경쟁하기 위해 4가지 주요 브랜드(물리넥스Moulinex, 테팔Tefal, 로벤타Rowenta, 크룹스Krups)에 집중하기로 결정했다. 다른 한편 일단은 칼로Calor, SEB, 아르노Arno 같은 로컬 및 지역 브랜드들을 유지하기로 한다. 그러나 국내 시장에서는 필립스와 필립스의 단일 브랜드 정책을 흉내 내고자 하는 강한 유혹이 있었다. 그러나 작은 규모로, 그래서 덜 가시적이고 덜 성공적으로 시장 리더를 모방하는 것은 아무런 의미가 없으므로 이것은 잘못임이 분명했다.

주거와 서비스 영역을 위한 소형 전기 제품의 시장 리더인 르그랑Legrand의 성장은 전문 브랜드들의 인수를 통해 이루어졌다. 르그랑은 인수한 브랜드의 카탈로그에서 80%를 선택해 그것을 '르그랑화' 하면서, 설치 작업자와 전기기사들을 위해 단순하고, 인간공학적이며, 사용자 친화적으로 만들었고, 그리고 무엇보다도 나머지 카탈로그들과 호환되도록 만들었다. 르그랑은 그 부문의 준거 카탈로그, 즉 전 세계에서 반복되는 비즈니스 모델이 되었다.

그러면 르그랑은 자신이 인수한 브랜드들을 어떻게 처리하는가? 르그랑은 보호 장벽을 형성하기 위해 그 브랜드들을 유지하면서 자신의 시장 지배를 보장하기 위한 예방적 역량에 사용한다. 전기 설비 시장은 다른 시장들과 다르지 않다. 다른 시장 리더와 마찬가지로 르그랑 또한 차별화되고 싶은 욕망을 가진 고객들을 만들어내게 된다. 즉, 그 고객들은 자신들의 동료나 경쟁자들과 같은 브랜드를 갖기를 원하지 않는 것이다. 그래서 르그랑은 그 고객들을 경쟁자들에게 돌아서도록 내버려두기보다는 전문 브랜드들을 제공함으로써 그 고객들을 유지한다. 이미 언급했듯이 이 브랜드들은 또한 르그랑을 위한 보호 장벽을 형성한다. 즉, 시장에 침투하려고 노력하는 새로운 진입자가 도매업자의 눈에 르그랑을 대신할 수 없는 것으로 보이게 만든다. 따라서 그 진입자는 작은 전문 브랜드의 자리만을 제공받게 된다.

르노 트럭Renault Trucks을 인수한 볼보 트럭Volvo Truck 사업부가 르노라는 브랜드 네임을 그대로 유지한 이유를 설명하는 유통 전략과 연계된 요인들이 있다. 하지만 이것은 유럽 자동차와 트럭 시장의 자유화에 대응하는 제조업체들의 일반 전략을 고려함으로써만 이해될 수 있다. 대리점들은 이제 더 이상 단일 브랜드만을 거래하지 않아도 된다. 따라서 또 다른 제조업체가 그 자리를 채우는 것을 막고자 한다면 같은 그룹에 속하는 것이지만 매우 차별화된 2가지 브랜드를 제공하는 것이 좋다. 그리고 이것이 정확히 볼보가 했던 것이다. (폭스바겐 그룹에서 일어나고 있는 것과 같은) 더 저가의 모델들을 향한 흐름의 위험을 방지하기 위해 르노 트럭의 가격은 재평가되었고, 이는 이 사업부의 수익성을 크게 성장시키는 데 도움이 되었다.

로레알 그룹L'Oreal group은 새로운 브랜드를 계속해서 사들이며, 그럼으로써 자신의 포트폴리오를 확장한다. 사실상 로레알은 유럽 밖으로 이동하고 있고, 현재는 미국을 목표로 하고 있으며, 자신이 아직은 신중한 플레이어인 아시아에 대한 계획을 갖고 있다.

이런 확장주의적 전략을 수행하기 위해 로레알 그룹은 강력한 로컬 브랜드들을 인수하고 있는데, 그 브랜드들이 그들의 시장 세그먼트에서 리더이거나 미래의 트렌드를 보여주고 있기 때문이다. 이는 로레알이 미국의 주류 메이크업 브랜드인 메이블린Maybelline을 인수한 이유이며, 아프리카계 미국인들을 위한 헤어 케어를 전문으로 하는 소프트쉰 카슨Softsheen Carson을 인수한 이유이기도 하다. 또한 매우 패셔너블한 전문가용 헤어 케어 브랜드인 미국의 레드켄Redken을 인수했으며, 장기적인 발전 가능성이 있는 '니치niche' 화장품 브랜드인 키엘 Kiehl's을 사들였다. 일본에서는 슈에무라Sue Uemura를 인수했다. 글로벌화에 관한 장에서 살펴보게 될 한 가지 흥미로운 사실은 로레알이 그 후에 이 로컬 브랜드들을 글로벌화했다는 것이다.

멀티 브랜드 포트폴리오를 관리하는 주요 원칙

경쟁적인 시장에서 멀티 브랜드 활용에 따른 결과를 최적화하기 위해 따라야 하는 몇 가지 원칙들이 있다. 말하기는 단순하지만, 그것들은 브랜드 논리보다는 다른 원칙 위에 기반하고 조직화된 기업들에게 실행의 문제들을 제기한다.

포트폴리오는 조정이 필요하다

브랜드 포트폴리오는 스스로를 관리할 수 없으며, 어떤 조정 형태를 필요로 하고 심지어 브랜드의 차원을 넘어서는 조정자coordinator를 필요로 하기도 한다. 비록 무의식적이라 해도 같은 포트폴리오 안에서 브랜드들을 복제하는 경향이 존재한다. 혁신들을 배분하는 일 또한 다른 브랜드들보다 앞서 혁신을 원하는 각 브랜드들로 문제가 발생한다. 기업들이 이런 문제들을 처리하는 책임을 가진 브랜드 조정자나 브랜드 위원회를 갖는 것도 이 때문이다.

각 브랜드의 포지셔닝에 따라 혁신을 배분한다

혁신이 브랜드의 생명줄이라는 것은 잘 알려진 사실이다. 혁신이 브랜드의 적실성과 차별성을 새롭게 하기 때문이다. 이는 각 브랜드를 위한 분명하고 정확한 플랫폼plaforms(아이덴티티 차터identity charter)을 갖는 것이 필수적인 이유이기도 하다. 이 플랫폼은 브랜드 발전과 혁신의 핵심 라인들을 명확히 하는 도구이다. 이것은 각 브랜드가 동일한 대우를 받기를 바라는 판매팀의 압력을 받지 않고 브랜드 가치에 따라 혁신을 배분하는 일을 가능하게 한다. 브랜드가 그 아이덴티티를 드러내는 것은 혁신을 통해서이다. 따라서 독점적인 혁신들(푸조Peugeot의 쿠페Coupes와 같은)과 일정 기간에 걸쳐 소개될 혁신(단계적 혁신)들을 구별하고, 또한 혁신들을 브랜드들에 배분하는 순서를 정하는 것이 중요하다.

브랜드 가치 외에, 포지셔닝과 시장 점유율 또한 혁신의 배분에 영향을 끼친다. 예를 들어 (소수의 가정을 타깃으로 하는) 전문적인 혁신을 대량 시장 브랜드에 배분하는 것은 의미가 없다. 최고급 브랜드, 즉 정의상 더 제한적인 고객들을 타깃으로 하는 브랜드를 위해 독점적인 혁신을 남겨두는 것이 훨씬 나을 것이다. 이는 엘코브랜트Elcobrandt가 대량 시장 브랜드인 브랜트Brandt와 최고급 브랜드 톰슨Thomson 사이에서 혁신의 배분을 관리하는 방법이다.

그러나 브랜드 아이덴티티의 기능function으로서 혁신을 배분하는 원칙은 또 다른 논리, 즉 비용 절감의 논리와 충돌한다. 예를 들어 많은 부품들이 점점 더 여러 브랜드 모델들 간에 공유되고 있는 플랫폼의 논리는 브랜드 가치에 따라 혁신을 배분하는 원칙과 완전히 모순된다. 시트로엥Citroen의 하이드로뉴메틱 서스펜션hydro-pneumatic suspension보다 더 아이덴티티의 기능인 것은 없다. 이것은 운전자의 편안함을 증가시키기 위한 기술적 제약들의 극복이라는 브랜드의 아이덴티티와 본질을 반영한다. 그 역사적 속성이 유명한 DS 모델에서 유래한 이 서스펜션은 오직 시트로엥 계열의 가장 꼭대기에서만 발견된다. 그러나 만약 그것이 오늘날 발명되었다면 생산 플랫폼의 논리에 지배되는 어떤 산업 그룹이 그런 혁신을 단일 브랜드만을 위해 창조하고 개발하는 것에 동의할 것인가?

반대로, 푸조 607의 적실성을 높이기 위해서는 독일 최고급 모델들에서 전형적인 후륜 구동 옵션을 채택하는 것이 필수적인 일일 것이다. 607은 모두가 알고 있듯이 전륜 구동인 최고급 시트로엥 플랫폼 위에서 만들어진다. 디자인 문제와 후륜 구동 생산 라인의 비용을 감안할 때 왜 산업 그룹이 오직 단일 브랜드의 최고급 모델을 위해 이 옵션에 투자하기를 망설이는지를 이해하는 것은 어렵지 않다. 미래는 다른 제조업체와의 파트너십에 있다.

빚을 빚으로 갚지 마라

강력한 브랜드 포트폴리오를 만드는 것이 목적이므로 이런 실수를 하는 것은 피해야 한다. 목표가 되는 세그먼트에 대한 그들의 적절성을 극대화하기 위해 브랜드들을 사로간의 관계 속에서 분명하게 포지션하는 것이 표준 관행일지라도, 그것이 브랜드가 강해지는 데 방해가 되어서는 안 된다. 그래서 혁신은 PSA의 두 제너럴 브랜드인 푸조Peugeot와 시트로엥Citroen의 핵심 가치의 필수적 부분이다. 이 가치(혁신성)를 한 브랜드에만 한정하는 것은 다른 한쪽을 파괴하게 될 것이다. 자동차 시장에서 혁신적이지 않은 브랜드에게는 미래가 없다.

브랜드 포트폴리오는 독립적 브랜드들의 집합이 아니라 시장 지배를 위한 글로벌 전략의 반영이다

이것은 미 연방 당국과 유럽 집행 위원회의 절차들과 개입을 다소 역설적으로 만든다. 이런 기관들에게 있어, 충분한 경쟁 수준을 유지한다는 사실이 합병이나 인수에 대한 승인이나 거절에 필수적이기 때문이다. 그러나 드러난 진실을 숨기는 것은 아무런 의미가 없다. 기업 합병과 브랜드 인수는 주로 자원들을 통합함으로써 얻어지는 시너지와 비용 절감 이상으로, 시장의 지배라는 목적에 의해 결정된다. 코카콜라는 왜 오랑지나Orangina를 인수하기를 원하고 이 지배적인 로컬 브랜드에 10억 달러를 지불하려고 했겠는가? 아주 단순하게는 오랑지나가 코카콜라 그룹이 펩시콜라를 시장 밖으로 내몰 수 있게 할 것이기 때문이다. 펩시코Pepsico는 자신의 포트폴리오에 코카콜라의 환타Fanta를 상쇄할 탄산 오렌지 음료를 갖지 않았기 때문에 오랑지나와 전략적 유통 계약을 맺었다.

그러므로 포트폴리오는 경쟁의 체스판에서의 글로벌한 접근이며, 각각의 브랜드들에게는 정확한 역할이 배분된다. 따라서 브랜드 관리자들은 일단의 지시를 받아야 하며, 그럼으로써 그들은 자신들의 역할을 이해하고 오랫동안 독립적인 정책을 수행함으로써 글로벌 계획으로부터 벗어나지 않도록 해야 한다.

포트폴리오는 그저 역사의 예측 불가능한 변동의 결과로 우연히 나타나게 된 브랜드의 단순한 집합이 아니다. 그보다는 각 브랜드가 그 안에서 위치와 분명하게 정의된 역할을 갖는 잘 조직화되고 일관된 그룹이다.

- 예를 들어, 이것은 재무적 역할일 수 있는데, 브랜드가 또 다른 브랜드의 자금 조달에 기여하는 것이다. 이는 전형적으로, 그들의 시장에서 리더인 로컬 브랜드의 경우이다. 이 브랜드들은 포트폴리오가 전체로서 발전할 수 있도록 하는 중요한 공헌자이고, 그것으로서 남아있어야 한다.

- 브랜드 역할은 또한 브랜드 리더를 방어하는 것일 수 있다. 예를 들어, 콜게이트 팜올리브Colgate Palmolive는 자신의 선두 섬유 유연제인 수프라인Soupline에 대해 가격 전쟁이 선포될 것에 대비해 그 브랜드 리더의 가격 인하를 피하기 위해 방어 브랜드flanker brand인 둘랭쥬Doulinge의 가격을 인하할 준비가 되어 있었다.

  르그랑Legrand은 제너럴 브랜드와 자신이 인수한 전문 브랜드들(아르노Arnoult, 플래닛 왓섬Planet Watthom 등) 간의 정확한 역할 배분을 통해 성공적으로 시장을 장악했으며 그 제너럴 브랜드가 경쟁자들의 공격을 받지 않게 했다. 이 브랜드들은 외국의 경쟁자들이 시장에 진입하려는 경우 도매업자 차원에서 외부 장벽을 형성했다. 도매업자들이 르그랑에 대한 신의를 버리고 새로운 진입자newcomer를 추천한다 할지라도, 호위함escort ships들에게만 영향을 끼치고 플래그십에는 영향을 끼치지 않는다.

- 브랜드는 또한 그룹 배너 브랜드group banner brand의 역할을 이행할 수 있다. 그 브랜드가 그룹과 같은 이름을 가질 때는 더욱 그러하다.

- 이런 원리가 자 브랜드들daughter brands과, 모 브랜드의 구축과 강화, 방어에 있어 그것들의 역할에 대해서 똑같이 타당하다는 점은 기억할 가치가 있다. 이미 살펴 보았듯이, 니베아Nivea의 14개 자 브랜드들은 특정 니즈나 고객과 관련된 그들의 특정한 포지셔닝을 떠나, 각자가 수행해야 할 특정한 역할들을 가지고 있고, 혁신, 관능성, 패션의 주입input으로서 뿐만 아니라 전문화된 역량 영역의 측면에서 니베아 하우스Nivea house에 기여하고 있다. 그들 모두가 니베아 브랜드인 것은 분명하지만 그럼에도 각각의 브랜드가 개성적인 느낌personal touch을 더해준다는 데는 의문의 여지가 없다. 이는 매우 강력한 '니베아다움Nivea-ness'과 브랜드가 어떻게 제시되어야 하는지에 대한 정밀한 가이드라인에도 불구하고, 그것이 획일적monolithic으

로 보이지 않는 이유이다.

- 포트폴리오 논리의 결과는 브랜드 리더를 그것과 함께 하는 브랜드들 없이 인수하는 것이 위험하다는 것이다. 만약 슈나이더Schneider가 르그랑Legrand 과의 합병에 성공했다면, 스타 브랜드인 르그랑을 보호하는 효과적인 장벽을 형성하는 전문 브랜드들의 네트워크를 유지하는 것이 중요했을 것이다. 너무 나 자주 모든 기업 구조자rescuer들은 이런 장기적인 비전을 갖고 있지 않다. 그들은 소규모 브랜드들의 집합적인 역할을 고려하지 않은 채 그것들을 재판 매한다.

모든 거대 기업들 안에는 피할 수 없는 복제 경향이 있다

이는 브랜드의 경쟁력과 상상력을 파괴하기 때문에 단호히 맞서야 한다. 그것 은 가격에 기초한 경쟁에 일부 원인이 있다. 그룹의 기본적인 기능이 최대한 많 은 자원들을 한 데 모아 활용함으로써 비용을 절감하는 것이기 때문이다. 그룹의 주된 위험은 경제성을 위해, 감추어야 할 브랜드들 간의 공통 영역을 너무 많이 부각시키거나 브랜드 모델들이 같은 플랫폼에서 나온 사실에 관해 너무 많은 정 보를 밝힘으로써 포트폴리오 내에 있는 브랜드들의 아이덴티티를 침식하는 경향 이 있다는 것이다. 이러한 브랜드들의 모든 가시적인 부분들이 다르다는 것을 분 명히 하는 것이 결정적으로 중요하다. 이제는 '가시적인visible' 것이 단지 디자 인만을 가리키지 않는다. 트럭을 사는 기업들은 트럭의 엔진과 숨겨진 주요 기술 적 부분들을 살펴본다.

매우 특정하고 신중하게 타깃으로 정해진 외부 경쟁자에 초점을 맞춰라

이는 브랜드 위원회나 브랜드 조정자의 지속적인 감독 이외에, 포트폴리오 내 의 브랜드들이 서로를 복제하는 것을 막는 하나의 방법이다. 이것은 관리자들에 게 시장을 커버하는 가장 좋은 방법이 '초점을 좁히는 것'이 아니라 멀티 브랜드 포트폴리오의 논리를 통해서임을 상기시킨다. 각 브랜드의 타깃 경쟁자를 선택 하는 것은 이런 목표를 성취할 가능성을 높인다.

브랜드 포트폴리오의 전통적인 위험은 복잡성이다

과도한 분화는 각 브랜드가 임계 규모critical size를 획득하는 것을 어렵게 하기 때문에 이는 진실이다. 그러한 분화는 B2B 기업들이 추구하는 것인데, 왜냐하면 그들에게 브랜드는 단지 이름일 뿐이고 장기적인 홍보와 프로모션의 매개체가 아니기 때문이다. 이는 그들의 법무 부서가 점증하는 상표 등록과 모니터링 비용으로 무너져 내리고 있는 이유이다. 그리고 그것은 에어 리퀴드Air Liquide가 2003년에 700개 이상의 '브랜드'들로 이루어진 전체 포트폴리오를 재평가하도록 만든 것이기도 하다. 유통업체들 또한 유통업체 브랜드들(자체 라벨)로 이루어진 자신들의 포트폴리오를 재고할 때 같은 위험에 빠지기 쉽다. 데카슬론 Decathlon은 이런 함정을 피해나갈 수 있었다. 데카슬론이 단일 데카슬론 브랜드에서 이른바 '열정 브랜드passion brand' 포트폴리오로 변화할 때 13개가 넘는 기존 브랜드들이 7개로 정리되었다.

폭스바겐 그룹은 현재 이런 위험에 처해 있다. 이론상 세아트Seat와 스코다 Skoda는 지리적으로 떨어져야 함에도 불구하고 세아트Seat, 스코다Skoda, 폭스바겐, 아우디Audi 4개 브랜드가 여전히 몇몇 국가들에서 각자 자체 대리점을 가진 채 발견되고 있다. 독립적인 판매망을 유지하는 일은 광범위한 제품 계열과 고객 충성도를 창출하는 능력을 요구한다. 이는 세아트와 스코다가 상급 시장으로 이동해야 한다는 것을 의미하지만, 그들은 어디에서 멈추어야 하고 어떻게 폴스크바겐과 아우디의 유사한 신차들과 차별화되어야 하는가? 가격이 한 가지 해결책이지만 이 4개 브랜드들이 같은 공장과 심지어 같은 플랫폼에서 나온다는 사실에 근거를 둔 홍보는 내부적인 자기잠식의 이상적인 조건을 만들어내고 있다. 세아트와 스코다를 파는 대리점들은 그러한 사실을 판매에 적극 활용한다.

디자인과 포트폴리오 관리

디자인은 차별화를 위한 전쟁에서 중요한 역할을 한다. 고객의 기대를 구성하는 것이 바로 디자인이다. 즉, 디자인은 브랜드 가치를 일깨우고, 가시적인 차이를 창조하며, 성숙 시장에서 새로운 인기 제품를 개발한다. 이는 디자인이 몇몇 핵심 원칙들을 지켜야 하는 이유이다.

- 급진화의 원칙principle of radicalization. 디자인은 모호할 수 없다. 전략은 소수의 브랜드들로 시장을 공략하는 것이므로 그것들은 특정 디자인으로 분명하게 정의되어야 한다. 조직은 선명한 차이를 완화하려는 자연적인 경향을 가지고 있고, 이는 결국 지각된 차이에 대한 극적인 효과를 갖는 진열대에서의 유사성으로 이어지므로 더 그러하다. 급진적 디자인은 또한 산업적인 플랫폼 논리에 따라 증가하는 차별화의 결핍을 보상해야 한다. 오늘날의 성숙 시장에는 무관심한 디자인이 있을 자리는 없다. 브랜드 아이덴티티가 있다면 그것은 분명하게 가시적인 것이어야 한다.
- 외부화의 원칙principle of externalization. 기업이 각 브랜드가 전달해야 할 이야기를 정의할 책임이 있다면, 다시 말해 그 아이덴티티를 창조할 책임이 있다면 각 브랜드마다 그 브랜드에 전적으로 전념하는 디자이너를 임명함으로써 디자인에 대한 외부 도움을 구하는 것이 중요하다. 톰슨Thomson은 그와 반대로 했으며, 4개 브랜드, 즉 톰슨Thomson, 사바Saba, 텔레풍켄 Telefunken, 브랜트Brandt의 디자인을 그 자신이 하나의 브랜드였던 필립 스탁Philippe Starck이라는 한 명의 디자이너에게 맡겼다. 이런 이유로 조직 내에서 디자인은 기업 차원이 아닌 브랜드 차원에서 포지셔널 필요가 있다. 비록 이것이 브랜드간 복제를 피하기 위한 어려운 조정을 필요로 할지라도 말이다. 그러나 이런 위험은 회사가 각각 브랜드에 그것의 전략적 플랫폼에 의해 영감을 받는 외부 디자이너를 임명한다면 피할 수 있다.
- 비즈니스의 원칙principle of business. 디자인의 기능은 예술이 아닌 비즈니스를 촉진하고 발전시키는 것이다. 디자인은 자신만의 아이디어에 골몰해서는 안 된다. 예를 들어, 커피포트를 디자인하는 목적은 소비자들이 그들의 친구들을 초대해 자신의 커피포트를 찬미하도록 만드는 것이 아니라 그 친구들에게 훌륭한 커피를 대접하기 위한 것이다. 간단히 말해 디자인의 목적은 브랜드가 단순히 훌륭하게 보이도록 하는 것이 아니라 효율적으로 기

능할 수 있도록 하는 것이다.

- 용기의 원칙principle of courage. 디자인에서 주요 질문은 디자인이 제대로 테스트될 수 있는가이다. 제품의 인간공학ergonomics과 기능성functionality 은 언제나 사용자의 지위에서 테스트되어야 한다. 그러나 몇 달 또는 몇 년 후에 출시될 제품의 디자인에 대한 몇몇 개인들(인터뷰 대상자)의 의견이 과연 타당성을 갖는가? 디자인은 위험risk이다. 예를 들어, 자동차 분야에서 어떤 디자인이 앞으로 4년 후 전위적avantgarde으로 지각될 수 있을지 어떻게 예측할 수 있는가? 르노Renault는 대담한 혹은 지나치게 대담한 디자인으로 그 위험을 감수했다. 그러나 4년 전에 어느 정도의 정확성을 갖고 그 지각들을 예측하기란 어려운 일이다.

브랜드 포트폴리오가 조직과 조화되는가?

브랜드는 그것의 산출을 관리하는 요인들이 자발적이고 조율된 방식으로 협력할 때만 성공적이다. 그룹 논리와 브랜드 포트폴리오의 성공은 그것의 발전의 조건, 그리고 무엇보다도 조직의 유형을 분석하지 않고는 평가될 수 없다. 이것이 널리 알려져 있지 않거나 심지어 의도적으로 경시되어 왔기 때문에 브랜드 포트폴리오 정책의 성공을 위한 핵심 요소로서 간과되는 경향이 있다.

브랜드 포트폴리오의 주된 위험은 점진적인 브랜드의 활력 감소de-energising, 즉 점점 더 차별화되지 않는, 단지 홍보 수단에 지나지 않는 '겉포장outer casings' 상태로 전락하는 것이다. 이는 언론들이 그룹의 측면에서만 이야기하고, 따라서 한때 소속이 달랐던 브랜드들이 이제 같은 그룹에서 만들어진다는 사실을 널리 알리는 것 때문에 악화된다.

종종 오피니언 리더인 그 독자들이 다음과 같은 질문들을 하는 것도 당연하다. 브랜드 아이덴티티로 무엇이 남아 있는가? 재규어Jaguars가 여전히 재규어 엔진을 갖는가 아니면 포드Ford 엔진을 갖는가? 사브Saab의 특이성이 GM 그룹으로의 통합으로 인해 사라질 것인가?

브랜드의 에센스essence는 차별화이다. 이것에 손상을 가하는 것은 무엇이든 위협이다.

어느 정도까지는 과도한 집중화에 차별화 상실의 책임이 있다. 피아트Fiat에서는 각기 다른 브랜드들이 같은 부서에서 관리된다. 즉, 알파 로메오Alfa Romeo가 란시아Lancia와 피아트와 나란히 있다. 이는 이 기업이 여전히 그 브랜드들을 신뢰하는지를 의심하게 만드는 조직 유형이다. 반대로 유럽에서 두 번째로 큰 자동차 제조업체이자 폭스바겐Volkswagen과 거의 대등한 위치에 있는 PSA는 같은 공장들을 이용할 수는 있어도 푸조Peugeot와 시트로엥Citroen은 자체 제품 계획, 마케팅, 디자인, 홍보, 스폰서십 그리고 유통망을 가진 별개의 조직으로 남아 있다(Folz, 2003). 폭스바겐은 VAG(폭스바겐 아우디Volkswagen Audi) 유통망을 폐지하고 각 브랜드에 자체 유통망을 제공했다. VAG 유통망의 판매 팀들은 아우디 모델들보다 10%가 더 싼 동급의 폭스바겐 모델들을 미는 강한 경향이 있었다는 점이 언급되어야 한다.

시그램Seagram 문제의 일부는 그 국제 브랜드들의 지나치게 집중화된 조직으로 설명될 수 있다. 모든 가격 수준에서의 국제적인 캠페인의 개발은 집중화된 조직에서 나타나는 전통적인 경향이다. 시그램의 인수자가 처음 한 일이 브랜드 포트폴리오 조직을 분산시키는 일이었다는 것은 주목할 만하다. 그에 따라 세계적인 코냑 플래그십인 마르텔Martel의 관리는 유명한 브랜디가 생산되는 코냑 Cognac으로 재배치되었고, 시바스Chivas는 런던으로 돌아갔다.

크리스찬 디오르Christian Dior, 크리스찬 라크르Christian Lacroix, 비통Vuitton, 모엣Moet, 헤네시Hennessy 그리고 태그호이어Tag Heuer 같은 유명 브랜드를 가진, 럭셔리 시장의 세계적인 리더인 LVMH는 흥미로운 비즈니스 모델을 갖고 있다. 이 그룹은 45개의 국제적인 럭셔리 브랜드들을 관리하고 있다. 그런 포트폴리오에서 브랜드 숫자의 상한선에 관해 물었을 때 그룹 CEO인 아르노Arnault는 그런 것은 없다고 대답했다. 사실 럭셔리 부문에서의 성공은 디자인, 관리, 마케팅에서 함께 일할 수 있는 세 유형의 사람들에 달려 있다. 그러나 이는 집중화된 수준에서는 성취하는 것이 불가능하다. 하지만 LVMH에서는 각 브랜드가 하나의 미니 회사인 '하우스house'이며, 이것은 디자인, 관리, 마케팅이라는 3가지 역량 분야의 매우 재능 있는 사람들이 함께 일할 수 있는 최적의 조건들을 형성하는 것을 가능하게 한다. 자신들의 '브랜드 회사'의 우두머리로서 그들은 더 큰 동기를 부여받고 그들의 급료는 재무적 결과들과 브랜드의 국제적인 명성에 직접적으로 비례한다.

비록 널리 알려져 있는 것과는 다르지만 로레알L'Oreal도 같은 방식으로 기능한다. 로레알 그룹 내에서 가르니에Garnier '하우스house', 랑콤Lancome '하우스house' 등으로 일컬어진다는 것은 주목할 만하다. 이 '하우스house'들은 국제적인 접근을 가지고 그들의 비즈니스를 관리하는 자율적인 운영 단위이다.

유통업체 브랜드의 영역에서 단일 브랜드(대개는 스토어 브랜드)에서 자체 라벨private labels로의 변화 또한 조직에 영향을 미친다. (세계 5번째의 스포츠 의류와 장비 소매업체인) 데카슬론Decathlon이 데카슬론 브랜드에서 이른바 '열정 브랜드passion brands' 포트폴리오로 전환한 것은 그 조직에 광범위한 영향을 미쳤다. 집중적인 구조 안에서 '열정 브랜드'를 개발하는 것이 사실상 가능한가? 이 열정에 제일 먼저 고취되어야 하는 사람들은 조직 내에 있는 관리자와 팀들이며, 그 다음엔 공동 디자이너, 팬들 그리고 오피니언 리더들이다. 공식적인 자율성을 재창조할 필요가 있다.

포트폴리오의 전략적 진단

기업들은 정기적으로 브랜드 포트폴리오의 적실성을 재평가한다. 수많은 매트릭스들이 그들의 이런 재평가에 도움이 되도록 고안되었다. 이 모두는 보스턴 컨설팅 그룹Boston Consulting Group, 맥킨지Mckinsey, 머서Mercer 같은 전문 컨설팅사들이 만들어낸, 활동 포트폴리오activity portfolio의 평가에 사용된 매트릭스들에서 비롯된 것이다. 이런 매트릭스들은 수익성, 경쟁 상황, 성장 잠재력을 포함하고 있다. 그러나 활동 포트폴리오 분석을 위한 매트릭스들이 단순하게 브랜드 포트폴리오 평가를 위한 매트릭스로 전환될 수 있는가?

분석에는 2가지 수준이 있다. 첫 번째는 내부 브랜드 수준intra-brand level으로, 위에서 언급된 기준들에 따라 브랜드 제품들의 포트폴리오(하위 브랜드나 자 브랜드daughter brand)를 평가한다. 그들은 쇠퇴하거나 현금을 만들어내지 않는 세그먼트에 있는가? 미래를 위한 성장 벡터들vectors에는 무엇이 있는가? 두 번째 수준은 멀티 브랜드 수준, 즉 실질적이고 예측 가능한 경쟁의 글로벌 체스판 위에서 같은 질문들을 던진다. 매트릭스의 행과 열은 성장과 수익성이다. 그런 다음 시장들이 원으로 보여지는데, 그 원의 크기는 실제 시장의 크기를 반영한다. 브랜드들은 이 원(시장)들의 일부분으로 나타내지며, 그 크기는 시장 점유율을 반영한다.

포트폴리오를 구성하는 가장 고전적인 방법은 브랜드들을 매력도와 기능에 따라 그룹들로 나누는 것이다.

- 글로벌 브랜드. 성장의 가장 큰 원천이고, 따라서 광고와 프로모션 투자의 가장 큰 몫을 받는다.
- 로컬 또는 지역적 성장 브랜드. 언젠가 글로벌 브랜드가 될 잠재력을 갖고 있다.
- '요새 브랜드fortress brands'로서의 자격을 가질 수 있는 로컬 또는 지역적 브랜드. 종종 역사적인 시장 리더이고, '난공불락이며', 따라서 수익성이 매우 높다. 따라서 이런 '요새 브랜드'들을 유지하는 데 전략적 이해가 있다. 왜냐하면 그들은 사실상 그 자신의 나라에서 글로벌 브랜드의 발전에 자금을 대기 때문이다. 그들은 종종 주류 세그먼트 내의 브랜드들이다.
- 로컬 또는 지역적 '캐시카우 브랜드cash-cow brands'. 성장률은 낮지만 강력한 공헌 이익contribution margin을 갖고 있다.

진단의 또 다른 형태는 현 포트폴리오의 능력을 정기적으로 평가함으로써 미래 시장의 수익성 있는 성장 기회들을 포착하는 것이다. 현 포트폴리오가 시장 발전과 경쟁 논리에 대한 올바른 대응인가?

보험 분야에서는 사람들이 전화와 인터넷 같은 새로운 유통 방식에 익숙해져 있다. 이제 보험 회사들도 이런 방식을 피할 수 없게 되었다. 그러나 제공 조건이 일반 에이전트나 브로커들과는 매우 다르기 때문에, 그것들은 전문 브랜드에 의해 대표될 필요가 있다. 이것이 영국의 보험사 아비바Aviva가 자신의 브랜드 포트폴리오를 구성한 방법이다. 유로필Eurofil은 아비바의 다른 보험 유통망과의 충돌을 피하면서 성장세에 있는 저 비용의 자동차 보험 세그먼트를 커버하기 위해 만들어졌다.

사용자 지위에 의한 시장 세분화 또한 현재의 포트폴리오에서 이용되지 않은 성장의 주머니들을 파악할 수 있게 한다. 첫 번째 던져야 할 질문은 계열 확장 range extension이 이러한 영역에서 발판을 얻을 기회를 제공할 것인가이다. 이런 측면에서 니베아의 모든 하위 브랜드들은 단일의 니베아 브랜드single Nivea brand를 활용함으로써 뷰티 케어 시장에서의 모든 잠재적인 성장 원천들을 이용하려는 결의를 반영한다.

이것이 이루어질 수 없을 땐 회사는 새로운 브랜드를 출시할 용기를 가져야 한다. 예를 들어, 2003년, 글로벌 바비 브랜드Barbie brand 아래 모든 것을 시도한 후 마텔Mattel은 결국 새로운 플라버스Flavas 브랜드를 출시하기로 결정했다.

포트폴리오를 진단하는 것은 또한 그것이 시장에 진입하는 경쟁자들을 막아낼 장벽이나 그들이 떠나게 할 수 있는 유인들로 충분히 갖고 있지 않다는 것을 드러낼 수 있다. 예를 들어 오랑지나가 프랑스에서 두 번째로 큰 소프트음료 브랜드일지라도, 프랑스 TGV 네트워크나 많은 공항과 역에서 그것을 발견하기란 불가능하다. 카페-호텔-레스토랑 체인 운영자들의 논리는 콜라음료Cola에서부터 라임과 과일 주스에 이르기까지 완전한 포트폴리오를 제공하는 소프트음료 유통업체 하나를 선택해 거래하는 것이다. 그래서 코카콜라 사의 고객 업소들은 환타 Fanta(탄산 오렌지 음료)와 미닛 메이드Minute Maid(후레시 오렌지주스)는 받아도 오랑지나Orangina는 받지 않는다. 따라서 이는 지역 독점을 형성하고 최종 소비자들의 자유로운 선택을 막는다.

로컬과 글로벌 포트폴리오
: 네슬레

다국적기업들은 어떻게 자사 브랜드들의 효율성을 동시에 향상시키는 브랜드 포트폴리오를 조직하는가? 네슬레는 여기에 해당하는 흥미로운 예이다.

8,500개 브랜드로 이루어진 네슬레 포트폴리오Nestle portfolio는 지리적 지위와 역할에 의해 조직된다. 이와 함께, 그들은 각각의 제품이 계층구조의 각기 다른 수준에 있는 적어도 2개의 브랜드와 연관 되는 '브랜드의 계층구조hierarchy'를 창조한다. 지리적 기준은 국제, 지역, 로컬 브랜드라는 3개의 브랜드 그룹들이 구별될 수 있게 한다.

이들 브랜드들은 고객들에 따라 각기 다른 기능과 역할을 이행하며, 브랜드 아키텍처의 주요 패밀리들을 나타낸다. 여기에는 '패밀리 브랜드family brands'(또는 소스 브랜드source brands), 계열 브랜드range brands, 제품 브랜드product brands 그리고 보증 브랜드endorsing brands가 있다. 네슬레 그룹 활동의 80%는 6개 전략적 기업 브랜드, 즉 네슬레Nestle, 네스카페Nescafe, 네스티Nestea, 마기 Maggi, 뷔토니Buitoni, 퓨리나Purina 하에서 이루어진다. 계열이나 제품을 가리키는 70개의 전략적 국제 브랜드들이 이 6개 기업 브랜드의 엄브렐러 아래나 심지어 바깥에 온다. 여기에는 네스퀵Nesquick(광범위한 초콜릿 밀크 제품 계열)뿐만 아니라 킷캣Kit Kat, 라이온Lion, 프리스키즈Friskies와 미네랄워터인 페리에Perrier, 산 펠리그리노San Pellegrino, 비텔Vittel과 네슬레 퓨어 라이프Nestle Pure Life 같은 제품 브랜드도 있다.

세 번째 브랜드 카테고리는 '전략적 지역 브랜드'로 알려진 83개의 브랜드들을 포함한다. 이들은 아쿼럴Aquarel과 콘트렉스Contrex 같은 미네랄워터, 넛츠 Nuts 바, 헤르타Herta 냉육과 같이 국제적이기보다는 지역적인 것들이다. 마지막으로, 오직 그 원산지 국가에서만 팔리는 로컬 브랜드들의 네 번째 카테고리가 있다.

이렇게 해서, 네슬레 브랜드는 몇 개의 수준과 역할들을 가리킨다.

- 그것은 기업 브랜드이고, 그러한 자격으로 그룹 내 모든 제품과 브랜드를 보증하는 역할을 한다. 이런 보증 기능은 기업 브랜드가 일반적으로 포장의 한쪽 면이나 뒷면의 라벨링에 나타나는 것을 의미한다.
- 네슬레 브랜드는 또한 6가지 전략적 기업 브랜드 가운데 하나로, 패밀리 브랜드나 소스 브랜드의 지위를 갖고 있다. 그것은 유아 제품, 어린이 제품, 초콜릿, 아이스크림, 초콜릿 바와 신선 유제품과 같은 다양한 카테고리들을 커버한다.
- 네슬레 브랜드는 때때로 단순히 제품이나 계열 브랜드이다. 네슬레 초콜릿이나 네슬레 연유를 예로 들 수 있다. 이들은 글자 그대로나 비유적으로 모두 네슬레 은하의 중심에 있는 기본 제품이자 상징적인 제품이다.

카테고리에 따라, 상업적 브랜드 네슬레의 각기 다른 확장들을 식별하는 것을 돕기 위해 카테고리들은 각기 다른 심벌을 갖는다. 이는 통일성unity을 넘어, 요구르트로부터 고객들이 기대하는 것이 유아용 식품으로부터 기대하는 것과 같지 않다는 사실에 대한 인식이 있음을 의미한다. 마찬가지로 네슬레 기업, 즉 기업 브랜드를 위한 로고와 심벌 또한 있다.

네슬레 총매출의 20%는 6개의 유명한 '전략적 기업 브랜드들' 아래에서 생산되지 않는다는 것을 지적할 필요가 있다. 예를 들어, 미네랄워터가 그 경우이다. 성인들을 위한 기분전환 음료로 분류되는 페리에Perrier는 사실 네슬레 워터 부문에서 관리된다. 그러나 이 부문은 브랜드를 갖고 있지 않다. 전 세계 고객들에게 페리에는 페리에일 뿐이다.

네임 변경과 브랜드 전이의 관리

브랜드 관리에서 가장 중요한 측면이면서 동시에 가장 위험하기도 한 것은 브랜드 네임을 변경하는 것이다. 몇 가지 예들이 즉시 떠오른다. 필립스Philips-월풀Whirlpool, 레이더Raider-트윅스Twix, 앤더슨Andersen-액센추어Accenture, 팔Pal-페디그리Pedigree, 닷선Datsun-닛산 등을 들 수 있다. 산업 세계는 이제 기업 인수에 의한 외적 성장과, 노바티스Novartis, 제네카Zeneca, 알카텔Alcatel, 슈나이더Schneider와 같이 이전에 개별적이고 독립적이었던 아이덴티티들의 통합에 의한 대형 그룹의 형성에 익숙하다.

브랜드 전이brand transfers의 이러한 증가는 정상적인 것이다. 이것은 브랜드 자본화capitalisation의 결과이고, 현대 브랜드 관리의 핵심이기도 하다. 멀티 브랜드 포트폴리오의 재조직화와 브랜드 수의 감소는 사라지는 브랜드의 제품들이 남아 있는 브랜드 중 하나로 전이될 수밖에 없음을 의미한다. 이는 제품만이 아니라 기업들 자체도 마찬가지이다. 그러나 이런 접근은 다소 위험스런 부분이 있다. 브랜드의 포기는 시장이 그 벤치마크 중 하나, 그 선택 중 하나, 심지어 충성 고객이 선호하는 선택 중 하나를 잃게 되는 것을 의미하기 때문이다. 시장 점유율의 일부를 잃을 위험은 매우 높다. 이것이 브랜드 전이가 가볍게 다뤄져서는 안 되는 전략적 결정인 이유이다. 오늘날까지 이런 문제에 관한 실증 연구들은 거의 없거나(Riezeboos and Sneller, 1993), 있다 하더라도 대외비로 진행된다 (Greig and Poynter, 1994). 그렇지만 10여 가지 사례의 축적된 경험들을 통해 로컬이나 다국적 수준에서 브랜드 네임을 성공적으로 변경하는 데 필요한 조건들을 정의하는 것은 가능하다.

브랜드 전이는 이름 변경 이상의 것이다

브랜드 전이는 단순하게 이름 변경으로 생각할 수 있으나 사실상 이는 가장 위험한 변화의 단면이다. 고객에게 잘 알려진 이름은 심리적 연상, 감정이입 그리고 개인적 선호와 연결되어 있다. 그러나 브랜드는 그 이름 한가지로 함축될 수 없는 다양한 구성요소들로 이루어진다. 사실 유럽과 미국에서 발생한 수많은 사례를 보더라도 그 상황은 결코 단순하지 않다. 그것들 중 대다수는 마케팅 믹스에서 다른 변화들을 포함한다.

몇몇 브랜드 변경은 또한 제품 변경을 의미하기도 한다. 트릿츠Treets 팬들에게 좋아했던 제품을 잃어버린 것보다 더 혼란스러웠던 것은 엠앤엠즈M&Ms가 2가지 다른 제품을 내놓았다는 것이었다. 초콜릿을 씌운 땅콩과 스마티즈Smarties와 유사한 초콜릿이 그것이다. 이는 단순하고 익숙한 상황에서 모든 준거들이 바뀌고 제품 자체도 바뀌는 매우 혼란스러운 상황으로의 전환이었다. 쉘Shell은 자사 오일 이름을 피상스Puissance에서 헬릭스Helix로 바꾸면서 제품의 특성을 함께 변경했다. 그러나 이런 특성들은 감추어져 있었기 때문에 고객들이 지각할 수 없었고, 따라서 쉘에게 위험한 시도는 아니었다. 오일 제조법의 변화는 새로운 이름을 소개하기 위한 알리바이로 사용될 수 있었다.

이름 변경에 있어, 그 위험은 우리가 제품 브랜드, 엄브렐러 브랜드, 보증 브랜드, 또는 소스 브랜드 가운데 어떤 것을 다루고 있느냐에 따라 매우 다르게 나타난다. 처음 두 경우의 사례로서 각각 레이더Raider/트윅스Twix와 필립스Philips/월풀Whirlpool을 들 수 있다. 그 변경은 오직 제품이나 제품들의 이름을 표시하

| 표 14.1 | 브랜드 전이의 여러 가지 유형

어떤 브랜드 속성이 변화되었나?	전형적인 브랜드 전이				
	Treets M&Ms	Andersen Consulting Accenture	Shell Puissance/Helix	Philips Whirlpool	Chambourcy Nestle
네임:					
– 엄브렐러 네임		X		X	X
– 제품 네임			X		
– 제품–브랜드	X				
시각 아이덴티티					
– 컬러	X	X	X		
– 포장					
– 로고타입	X	X		X	X
– 시각적 심벌	X	X	X	X	
청각 아이덴티티				X	
브랜드 캐릭터					
물리적 제품	X		(X)		
고객 혜택		X		X	(X)
또는 브랜드 포지셔닝	X		X		

는 것에만 영향을 미친다. 반대로 피상스Puissance는 헬릭스Helix로 바뀌었지만 여전히 모 브랜드mother brand인 쉘Shell 아래 존재한다. 제품이 브랜드 네임의 계층구조hierarchy에 의해 정의될 때 그 이름을 변경하는 것은 훨씬 문제가 적다 (표 14.1 참조).

셀프 서비스로 인해, 시각 아이덴티티visual identity는 고객이 빠르게 브랜드를 선택하는 것을 돕는 매우 결정적인 요소가 되고 있다. 유통업체 자체 브랜드는 이 점을 이용한다. 고객에게 혼란을 주기 위한 모방에 있어 유사한 이름을 이용 하는 것은(예를 들어 페피토Pepito에 대한 사블리토Sablito) 점차 감소하고 있으며, 판매 진열대에 놓인 타깃 브랜드들의 컬러 코드를 거의 동일하게 복제한 제품을 만드는 데 점점 더 주력한다.(Kapferer and Thoenig, 1992; Kapferer, 1994). 이로 인해 영국에서는 코카콜라의 컬러, 즉 클래식 콜라의 빨간색, 무설탕 콜라의 하 얀색 그리고 무설탕·무카페인 콜라의 황금색을 그대로 모방한 소매업체 세인즈 버리Sainsbury와 코카콜라 간에 심각한 충돌이 일어났다.

반대로 몇몇 브랜드 변경은 근본적인 컬러 코드colour codes의 수정을 동반하기도 한다. 쉘Shell은 갈색의 피상스 5 오일캔을 노란색의 쉘 헬릭스 스탠다드 Shell Helix Standard 오일캔으로 바꾸었다. 팔Pal에서 페디그리Pedigree로의 장기적이고 점진적인 변경은 진열대에서 강력한 효과를 내기 위해 눈에 잘 띄는 새로운 컬러인 밝은 노란색을 전 세계적으로 도입하는 일과 함께 진행되었다. 셀프서비스 상황에서 컬러는 고객이 인지하는 첫 번째 요소이므로 컬러 변경이 얼마나 위험한가는 말할 필요가 없을 것이다.

포장의 형태는 두 번째로 중요한 시각적 인지 요소이다. 이런 이유로 쉘Shell은 유럽 고유의 오일캔을 사용하면 원가를 절감시킬 수 있음에도 불구하고 고객이 쉽게 인식할 수 있고 실용적이기도 한 '스파우트 캔Spout can(주둥이가 달린 것)'을 계속 사용했다. 이 캔은 쉘 브랜드의 부가가치를 높이는 데 일익을 담당했다. 마지막으로, 브랜드 전환brand transition은 시각적 심벌뿐 아니라 로고나 상표의 변경도 동반할 수 있다.

이 점과 관련해서 시각적 브랜드 심벌 소멸의 영향이 과소평가되어서는 안 된다. 네스퀵Nesquik이 몇몇 나라에서 국제적인 통일성을 이유로 점잖은 거인 그로퀵Groquick을 토끼로 교체한 것은 아이들이 네스퀵과 갖는 관계를 가볍게 다룬 것이다. 브랜드와 연관된 사람도 마찬가지이다. 상징적인 인물들이 사라지는 것은 브랜드에 큰 영향을 미칠 수 있다.

마지막으로, 현재 저작권 있는 문구나 음악으로 된 슬로건은 사람들이 기억하게 될 것이므로 그것들이 얼마나 중요한지 인식해야 한다. 레이더Raider를 트윅스Twix로 바꾸었을 때 마스Mars는 다소 주저하긴 했지만 브랜드 음악을 바꾸기로 결정했다. 음악은 브랜드 개성을 전달하는 하나의 도구이다. 슬로건 역시 장기적인 관점에서 보면 브랜드의 통합적 부분이고, 이제는 저작권으로 법적 보호를 받을 수 있다. '손에서 녹지 않고 입안에서 녹아요Melts in your mouth not in your hand'라는 유명한 슬로건은 트릿츠Treets가 엠앤엠즈M&Ms가 되면서 함께 사라졌다.

브랜드 전이의 이유

지금까지 우리가 확인한 수많은 브랜드 변경의 목적은 무엇인가? 이유들은 수없이 많다.

- 많은 브랜드들이 그것의 활동을 인수기업 자신의 브랜드own brand로 전이하려는 의도로 인수된다. 시장에 2개의 내셔널 브랜드만이 존재할 수 있을 때 세 번째 브랜드는 종종 두 번째 브랜드를 인수하기로 결정한다.

- 회사들은 그들의 활동의 한 부분을 중단하기 결정할 때 브랜드를 전이시키기로 결정한다. 그래서 GE가 소형 가전 시장에서 철수하고자 했을 때 블랙 앤 데커Black & Decker가 일정 기간 동안만 GE라는 이름을 사용한다는 합의 아래 소형 가전 비즈니스를 인수했다. 어떤 브랜드도 자신의 이미지 일부를 다른 회사가 통제하는 것을 원하지 않을 것이다. 이는 필립스Philips와 월풀Whirlpool도 마찬가지였다. 월풀이 필립스의 '백색 가전' 비즈니스를 인수했을 때에도 역시 제한된 기간 동안만 필립스 이름을 사용한다는 합의가 포함되었다. 필립스는 '갈색brown' 가전(TV, 오디오 등과 같이 주로 방과 거실에서 사용되는 가전 제품)과 소형 가전에 주력하기 위해 일시적으로만 월풀에게 그 이름을 빌려주었던 것이다. 월풀은 유럽 시장 점유율과 세계 최고의 가전 제조업체가 될 기회를 위해 필립스의 '백색 가전' 비즈니스를 인수했다.

- 임계 규모critical size의 추구 또한 브랜드 전이를 설명한다. 마스 그룹Mars group은 글로벌 브랜드인 엠앤엠즈M&Ms에 합병시키기 위해 자신의 유럽 브랜드인 트릿츠Treets와 보니토스Bonitos를 포기했다. 유럽의 퀵Quick은 맥도날드McDonald's와 경쟁하기 위해 프리타임Free Time을 인수해 그 트레이드 네임trade name을 바꿨다.

- 세계적인 기업들의 탄생 역시 같은 결과를 낳는다. 시바 가이기Ciba-Geigy 와 산도즈Sandoz는 노바티스Novartis라는 새로운 이름으로 합병했다. 알카텔Alcatel은 CGE와 ITT의 조인트 벤처로 탄생했다. 그 후 몇 년 안에 두 회

사의 기업 브랜드들과 몇몇 제품 브랜드(전화기 같은)까지 모두 알카텔 네임을 달았다.

- 브랜드 변화는 외국 시장 진출을 모색할 때 주로 사용되는 전술이다. 이는 기본적으로 '트로이의 목마Trojan Horse'와 같은 책략이다. 한 국가의 로컬 산업들은 종종 외국 제품의 침략을 막기 위한 모든 종류의 자국 법규들을 동원해 철저히 보호된다. 전기 설비 시장이 그 단적인 예이다. 세계적으로 성장하기 위한 필사적인 노력의 일환으로 영국 시장에 침투하기 위해 멀린 게린Merlin-Gerin은 유명한 요크셔 스위치기어Yorkshire Switchgear 사를 인수했다. 전이는 점진적으로 진행되었다. 요크셔 스위치기어는 멀린 게린의 보증을 받았고, 그런 다음 그 이름은 최종적으로 멀린 게린 UK로 대체되기까지 여러 번 바뀌었다.

- 국제 시장이 예전보다 훨씬 동질화되고 있는 것도 다수의 브랜드 전이를 설명한다. 글로벌 브랜드 정책을 선호하는 기업들은 그들의 모든 로컬 브랜드들을 글로벌 브랜드로 교체하고 있다. 이것이 바로 유럽 대륙의 레이더 Raider가 트윅스Twix로, 팔Pal이 페디그리Pedigree로 바뀐 이유이며, 페인트 브랜드인 발렌타인Valentine이 ICI의 세계적 브랜드인 듈럭스Dulux로 전이하게 되는 이유이다. 쉘Shell은 유럽 운전자들이 유럽 모든 나라에서 쉘 제품을 정확히 알아볼 수 있도록 그 윤활유에 헬릭스Helix라는 독자적인 네임을 붙이고, 가능한 한 모든 곳에서 동일한 컬러 코드를 적용했다.

- 시간이 지나면서 브랜드에 붙은 이름이 브랜드 발전에 장애가 되기도 한다. 예를 들면 새로운 비즈니스를 시작한다거나, 국제적 시장 진입을 꾀한다거나 혹은 단순히 브랜드 활성화를 하려고 하는 경우이다. 나쁜 감정bad will을 불러일으키는 기업 이름은 바뀌어야 한다. 필립 모리스Philip Morris는 알트리아 그룹Altria Group으로, 비켄디Vikendi는 비올릭Veolic이 되었다. BSN은 두문자어로는 오랜 시간이 걸리게 될 국제적 인지를 즉각적으로 얻기 위해 다농Danone으로 이름을 바꿨다.

- 브랜드 전이는 법적 소송에서 패하는 경우에 나타나는 현상이기도 하다. 예를 들면 입생로랑Yves Saint Laurent은 일부 국가에서 향수 브랜드 이름인

샴페인Champagne을 포기할 수밖에 없었고, 이를 이브레스Yvresse로 바꿨다. 스포츠웨어 브랜드인 베스트 몬타나Best Montana는 럭셔리 브랜드인 몬타나Montana와의 소송에서 패소해 브랜드를 베스트 마운틴Best Mountain으로 변경하지 않으면 안 되었다.

브랜드 전이의 도전

브랜드 전이는 어디에나 있다. 인수합병의 시대에 이것은 크게 놀라운 일이 아니다. 인수합병은 언제나 계열, 제품, 브랜드 포트폴리오의 합리화를 낳는다. 기업들은 지금까지 같은 종류의 계열들을 가지고 경쟁해 온 브랜드들 간에 선택을 해야 한다. 성숙한, 저 성장 시장에서 비용을 줄이고, 시너지를 형성하며, 효율성을 증가시켜야 할 필요성은 같은 결과를 낳는다. 이런 이유들로 브랜드 수를 줄이는 것이 유행이 되고 있다.

이러한 브랜드 수의 감소는 브랜드 전이로 이어진다. 예를 들어 세계 선두의 가전제품 제조사인 스웨덴 회사 일렉트로룩스Electrolux는 로컬 브랜드들, 즉 각 나라에서 인수한 시장의 역사적 리더들의 전이를 준비하고 있다. 일렉트로룩스는 이러한 로컬 브랜드들(영국의 재누시 일렉트로룩스Zanussi Electrolux, 프랑스의 아서 마틴 일렉트로룩스Arthur Martin Electrolux, 이탈리아의 렉스 일렉트로룩스Rex Electrolux)을 위한 보증 역할을 하게 될 것이다. 2003년, 매출의 15%만이 이 국제적인 그룹의 브랜드 네임 하에서 이루어졌다는 사실이 언급되어야 한다. 목표는 이 수치를 2007년까지 60~70%로 올리는 것이다. 즉, 55%의 소비자들이 '전자제품 스토어에 들어갈 때 마음에 둔 3가지 브랜드'에 일렉트로룩스를 포함하게 하는 것이다. 바로 '환기 제품군evoked set' 또는 '구매고려 제품군consideration set'으로 알려지는 것이다. 2001년에는 이런 소비자가 21%에 불과했다.

10억 달러 이상의 총매출을 가진 충분한 글로벌 브랜드를 보유하지 않은 것에 대해 세계 재무 분석가들의 비판을 받은 유니레버 그룹Unilever Group은 '성장으로 가는 길path to growth' 이라는 과정을 통해 자사 브랜드들의 수를 급격하게 줄이기로 결정했다. 유니레버 그룹의 엘리다 파버제Elida-Faberge 사업부는 선구적인 역할을 했다. 즉 브랜드 수를 13개에서 8개로 줄이고, 2%에서 11%로 성장한 것이다.

그러나 브랜드 포트폴리오 크기를 줄이는 이러한 목표는 몇몇 제품 카테고리에서 어려운 문제들을 만들어냈다. 이는 합병될 브랜드들이 훌륭하게 확립되어 있고 시장에서 같은 포지셔닝을 갖고 있지 않을 때 발생한다. 예를 들어, 세제 카테고리는 유통 비용이 상대적으로 높고 시장이 분화되어 있기 때문에 다른 카테고리들과 비교해 특별히 수익성이 높지 않다. 다수의 작은 브랜드들은 더 이상 프로모션 지원을 정당화하지 않는다. 유럽 전역에서 레버Lever는 3가지 가격 관련 세그먼트에서 자신의 포트폴리오를 구축했다. 프리미엄 세그먼트(P&G의 아리엘Ariel과 경쟁하는)에는 스킵Skip, 영리한 구매자 세그먼트smart buyer segment에는 오모Omo, 경제성 세그먼트economy segment에는 퍼실Persil(역사적인 이유로 퍼실이 스킵을 대신하는 영국을 제외하고)을 각각 배치했다. 따라서 시장 점유율과 강력한 브랜드를 중심으로 비즈니스를 집중화한다는 레버Lever의 의도를 고려할 때, 어떻게 경제성 세그먼트의 브랜드와 영리한 구매자 세그먼트의 브랜드를 통합할지에 대한 의문이 제기된다.

이 어려움은 많은 국가들에서 이들이 오랜 시간 그 대중들과 매우 구체적인 유대bond를 만들어 온 잘 확립된 브랜드이기 때문에 훨씬 더 명백해진다. 이 문제는 유럽의 유통업체들과도 관련이 있다. 이들은 유통업체 브랜드 바로 위에 포지션된 저가 세그먼트의 미래에 관해 궁금해 한다. 실제로 이 세그먼트가 생존하도록 해야 하는가?

브랜드 전이와 관련된 위험의 또 다른 실례는 2000년 합병된 로레알 그룹L'Oreal Group의 두 화장품 브랜드, 파스Phas와 라로슈포제La Roche Posay가 제공한다. 각 브랜드는 점차 위축되고 있는 약국 시장에서 약 15%의 시장 점유율을 보였다. 따라서 임계 규모critical mass를 갖고 하나의 단일 배너single banner 아래 브랜드들을 국제화하기 위해서는 브랜드 전이가 요구되었다. 피부 질환 치료에 사용되었던 온천의 이름을 딴 라로슈포제La Roche Posay는 피부 질환 치료의 입증된 효능에 대한 보장과 연관되어 있다. 그 비즈니스 모델은 피부과 의사의 추천에 기반을 두었다. 반면 파스Phase는 피부과의 보증이 없는 화장품 브랜드로, 일반적인 메이크업에 극도로 민감한 피부를 위한 것이었다. 그 강점은 효능보다는 오히려 저자극의 내성이었다. 라로슈포제의 시그너처를 이전에 파스 라벨Phas label 아래 있던 제품들에 넣는 것은 비록 필요하다 할지라도 라로슈포제 브랜드 자본brand capital을 약화시킬 위험을 갖고 있었다. 파스는 효능에 대한 어떤 보장도 없었다.

위험이 너무 클 때는 그 위험을 피하고 다른 전략을 선택하는 것이 더 낫다.

바꾸지 말아야 할 때는 언제인가?

기업의 국제화는 브랜드 포트폴리오의 글로벌화에 관한 문제를 제기한다. 여기에는 잘 알려지고 인기 있는 로컬 브랜드 제품이나 서비스의 이름을 덜 유명하고 덜 친숙한 국제 브랜드 제품이나 서비스로 바꾸는 것이 포함된다. 그러나 기업이 브랜드 전이를 시도하기 전에 마음에 새겨야 할 주의사항이 있다. 즉, 브랜드 전이가 비즈니스와 브랜드 자본에 너무 큰 위험이 된다면 그것이 이루어져서는 안 된다는 것이다. BP가 2003년에 독일 아랄Aral 주유소들을 인수했을 때, 이 회사는 캘리포니아에서 아코Arco를 인수했을 때 그랬던 것처럼 브랜드 네임을 변경하지 않기로 결정했다. 같은 해 쉘Shell은 독일의 다른 메이저 주유소 그룹, DEA를 인수했고 그것을 쉘 배너Shell banner 아래에 놓기로 결정했다. 그렇다면 누가 옳은가? BP? 쉘Shell?

사실 둘 다 옳았다. 아랄Aral은 유럽에서 생산되는 모든 메르세데스Mercedes에 장착되는 콘티넨탈Continental 타이어처럼 거의 국가적 심벌 수준인 매우 강력한 로컬 브랜드이다. 따라서 BP가 왜 이미 '범용화commoditization'의 위협을 받고 있는 부문에서 고객 충성도를 만들어내는 이 매우 보기 드문 유대bond를 약화시키는 위험을 감수할 것인가? 반대로 DEA가 훌륭한 고객 서비스 기록을 가지고 있다 해도 동일한 감성적 애착을 불러일으키지 않으며, 따라서 그 전이는 위험이 적은 것이었다. 고객 서비스 관계는 회사를 위해 일하는 사람들이 만들어낸다. 그래서 이 사람들이 원래 위치에 남아 있다면 만족은 계속 유지되고 고객 충성도는 보장된다.

브랜드 전이를 하지 말아야 하는 또 다른 경우가 있는데, 로컬 이름을 새로운 글로벌 브랜드로 바꾸는 것이 결코 이롭지 않을 때이다. 예를 들어 국제화된 이름의 의미가 다른 나라에서 문제가 될 때이다. P&G의 독일 경쟁사인 헨켈 Henkel은 유리 제품의 광을 내기 위해 고안된 자사의 제품 브랜드 '소마트 Somat'를 영국으로 확장할 수 없었다. 영국에서 'matt'라는 단어는 '빛나는'의 반대 의미이기 때문이다.

지역적으로는 아이콘icon으로 여겨지지만 외부인에게는 단지 과거의 유산 legacy처럼 보이는 많은 로컬 브랜드들이 있다. 이는 다국적 기업들이 동유럽의 선두 브랜드들을 글로벌, 즉 유럽이나 미국 브랜드로 교체하기로 결정했을 때 일어났던 일이다. 그러나 이 다국적기업들은 로컬 브랜드에 매우 감성적인 애착을 갖는 소비자들을 고려하지 않았다. 그들에게 로컬 브랜드는 일상생활과 지난 기억들의 일부이다. 다농 그룹Danone Group은 체코에서 내린 그런 결정을 번복해야 했다. 글로벌 다농 브랜드를 위해 오파비아Opavia 브랜드를 포기한 후 다농은 비스킷으로 유명하며 그 나라에서 사랑받는 식품 브랜드인 오파비아를 다시 시장에 내놓아야 했다. 오파비아는 국가적 심벌이었던 것이다.

이런 측면에서 벨 그룹Bel group은 가공 치즈 부분으로 유명한 독일 브랜드 아들러Adler를 국제적인 메가 브랜드이고 그 원형 제품 또한 가공 치즈인 래핑 카우Laughing Cow로 대체하는 브랜드 전이를 추구하지 않기로 했다. 모든 독일인들에게 친숙한 아들러 브랜드의 심벌은 오랫동안 독수리imperial eagle였다. 서로 어울리지 않는 동물 로고의 병치juxtaposition는 상상하기 어렵다.

로레알L'Oreal은 브랜드 전이에 관해서라면 실용적이다. 로레알의 17개 글로벌 브랜드를 중심으로 발전하고자 하는 의도에 따라 로레알 그룹은 미국 대량 시장에서 팔리는 메이크업 브랜드 메이블린Maybelline을 인수했다. 짧은 기간 동안 로레알은 메이블린 브랜드를 80개의 국가에서 출시했다. 하지만 그렇게 하기 위해서 주요 국가들에서 그 로컬 브랜드들을 전이시켜야 했다. 문제는 로레알의 로컬 브랜드들이 종종 유통업체와 고객들 모두에게 인기 있는 강력한 브랜드였다는 것이다. 즉, 독일의 제이드Jade, 브라질의 콜로라마Colorama, 아르헨티나의 미실랜드Missiland, 프랑스의 저메이Germay가 그것이다. 반면에 메이블린은 이 국가들에서 아무것도 의미하지 않는다. 결국 로레알 그룹은 지난 5년 간, 점점 더 많은 미국적 컨셉과 혁신들을 도입하면서 신중한 이중 브랜딩의 정책을 펼쳐오고 있다. 그러나 그렇다 해도 여전히 로컬 브랜드의 단계적 폐지 계획에는 의심의 여지가 없다. 주요 다국적 유통 그룹들과 관련해서 로레알은 각 나라에서 공동 브랜드 제품co-branded products의 판매를 증가시킴으로써 원하던 결과를 성취했다. 로레알 그룹은 메이블린이 대량 시장 영역에서 국제적인 선도 메이크업 브랜드라고 이야기할 수 있다.

브랜드 전이는 언제 실패하는가

스스로에 대해 자부심이 과도한 기업들은 종종 로컬 브랜드가 오랫동안 형성해온 감성적인 애착을 과소평가한다. 그러는 과정에서 그들은 어느 정도까지 브랜드 전이가 가치, 무엇보다도 시장 점유율 가치를 파괴할 수 있는지를 깨닫지 못한다. 이는 독일 페어리Fairy의 예로 설명된다. 2000년, P&G에서의 유행어 buzzword는 '글로벌화'였다. 유럽에서 이 그룹은 글로벌 세분화를 도입했고, 그 구조에 맞지 않는 모든 브랜드들이 사라졌다(Kapferer 2001, p 52). 더욱이 로컬 브랜드 이름은 각 세그먼트에 상응하는 글로벌 브랜드 네임으로 대체되었다.

독일에서 P&G는 수년 동안 페어리Fairy라는 이름으로 주방 세제를 성공적으로 마케팅해왔고, 가치 측면에서 12%의 시장 점유율에 육박했다. 2000년 중반 페어리 브랜드는 P&G의 국제적인 브랜드 네임인 던Dawn으로 알려지게 되었다. 이름 말고는 바뀐 것이 없었다. 하지만 사람들에게 페어리Fairy가 던Dawn으로 불린다는 것을 알리기 위한 어마어마한 투자에도 불구하고 시장 점유율은 폭락했다. 2001년, 마지막 분기에는 시장 점유율이 4.7%까지 내려왔다. 2001년에 P&G는 독일 총매출에서 800만 달러의 손실을 입은 것으로 추정되었다(Schroiff

| 그림 14.1 | 리브랜딩이 실패할 때: 페어리에서 던으로(P&G)

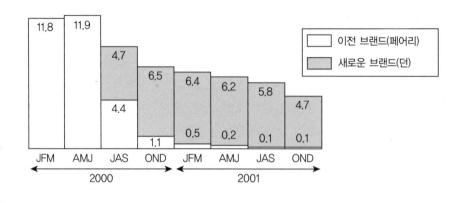

and Arnold 2003). 그룹은 오스트리아에서 볼드Bold를 대시Dash로 교체하려고
시도하면서 같은 실수를 했다. 결국 그룹은 두 번에 걸쳐 큰 손실을 입고 나서야
원래의 브랜드 네임으로 돌아가기로 결정했다.

이 2가지 브랜드 전이를 하기로 했던 논리적 근거는 무엇인가? P&G는 브랜
드 전이가 쉬울 것이라고 생각했다. 왜냐하면 페어리Fairy가 던Dawn과 같은 기
름기를 없애는 능력이라는 소비자 혜택을 사용했기 때문이다. 그러나 이 전이는
영국에서는 시도조차 되지 못했는데 페어리가 던과는 다른 소비자 혜택에 의해
포지셔닝되었기 때문이다. 그러나 브랜드는 이름 이상의 것이다. 즉, 그것은 어떤
제품에 대한 보장의 표시일 수 있다. 로컬 브랜드는 그들의 기원origin, 일상생활
의 한 부분이 되는 것, 근접성, 신뢰를 통해 고객 충성도를 불러일으킨다(Shuiling
and Kapgerer, 2003) 퍼니에(Fournier, 2001)가 보여주었듯이, 특정 브랜드에 대한
애착attachment에는 진정한 감성적 차원이 존재한다.

그러면 이 사례에서 얻을 수 있는 교훈은 무엇인가? 전이transfer는 무엇보다도
소비자 의견을 먼저 고려해야 한다. 전이는 어떤 형태로든 혜택을 제공하고 소비
자를 위한 가치를 만들어내야 한다. 이것이 성공적인 전이를 위한 열쇠이다.

두 번째로 다국적 기업 내부의 통합convergence 과정에서 생산성의 주요 원천
은 제품 플랫폼product platform이다. 그러나 사람들은 제품의 가시적인 부분

visible part, 즉 이름의 변화에 초점을 두는 경향이 있으나 이것은 실제로는 결코 중요한 문제가 아니다. 세계화에서 이름의 동질화homogenization는 마지막으로 풀어야 할 문제여야 한다. 또한 각기 다른 패키지, 비규격화된 부품 그리고 제품의 플랫폼의 수를 통합하고 줄임으로써 얻게 되는 수많은 부가 혜택들이 있다. 더욱이 생산성은 브랜드 플랫폼의 통합으로 크게 향상된다. 이는 단일 에이전시를 사용하고 최고의 디자이너들을 고용할 수 있게 한다. 제품이 각기 다른 지역에서 다른 이름을 사용해야 한다면 그것은 중요한 문제가 아니다. 3가지 예를 인용해 보면, 유럽에서 액스Axe로 알려진 남성 세면용품의 선두 라인은 영국에서는 링스Lynx로 알려져 있고, 유럽에서는 스킵Skip으로 알려진 가루비누 브랜드는 영국에서는 퍼실Persil로 알려져 있으며, 유럽에서의 오펠Opel 브랜드는 영국에서는 복스홀Vauxhall이다.

베스트 프랙티스 분석

브랜드 전이에 대한 학문적인 연구는 많지 않다. 그러나 성공적인 전이의 조건들을 명백하게 하기 위해 몇몇 브랜드와 비즈니스 모델들을 이용하는 것은 가능하다. 우리는 제품부터 서비스까지, 단순한 충동에 의한 구매 결정에서 매우 높은 위험을 감수하는 구매 결정까지 매우 다른 시장 상황과 브랜드 역할을 설명하는 다음의 사례들을 선택했다.

레이더에서 트윅스로
1991년 가을, 대대적인 광고 캠페인을 통해 유럽 대륙에서 초콜릿 바 레이더 Raider가 트윅스Twix로 불리기 시작하면서부터 트윅스란 브랜드 네임은 뉴욕에서부터 도쿄, 런던에서까지 널리 사용되기 시작했다. 제품을 포함해 모든 부분을 변경시켰던 과거 마스 그룹Mars group의 브랜드 전이 형태(트릿츠Treets에서 엠앤엠즈M&Ms)와는 달리 고객들의 혼란을 줄이기 위해 세심한 주의를 기울였다. 브랜드 네임 외에는 어떤 변경도 하지 않았고, 그것은 대성공이었다.

그렇다면 왜 브랜드 변경이 필요한가? 마스 그룹의 마케팅 이사인 필립 빌레무스Philippe Villemus는 마스가 각각 10억 달러 이상의 가치가 있는 브랜드를 6개나 가지고 있는 세계적인 그룹이라는 설명과 함께 다음과 같은 5가지 조건을 만족시키는 메가 브랜드를 추구한다고 밝혔다.

- 중요하고, 지속적이고, 글로벌한 니즈를 충족시킬 능력이 있다.
- 최고 수준의 품질을 나타낸다.
- 전 세계 어디에든 존재하고, 물리적으로나 경제적으로 모두 쉽게 접근 가능하다.
- 높은 수준의 대중적 신뢰를 창출한다.
- 해당 세그먼트에서 리더이다(만약 그렇지 않을 경우에는 트릿츠나 보니토스처럼 사라진다).

어떤 지역이나 국가에서는 법적인 이유로 상표 등록이 불가능한 경우가 발생한다. 유럽 대륙에서 트윅스 네임에 그런 일이 일어났다. 마스 그룹은 특정 국가들에서 법적인 문제가 해결되자마자 레이더의 이름을 변경하고 유럽에 새로운 글로벌 이름을 부여하기를 주저하지 않았다.

이런 브랜드의 변경 뒤에 있는 의도들은 무엇이었는가? 첫 번째로 시장 점유율을 높이고 판매를 증가시키기 위한 것이었다. 빌레무스에 따르면 그렇지 않을 땐 아무런 의미도 없는 일이었다. 브랜드 전이가 단순히 스타일 문제가 아니라 시장 점유율을 높이는 중요한 기회가 된다는 것을 기억해야 한다. 이것은 경쟁력을 얻기 위한 행동이다. 두 번째 목적은 글로벌 브랜드를 갖기 위한 것이었다. 세 번째는 생산, 포장과 광고에 들어가는 비용을 줄이기 위한 것이었고, 네 번째 목적은 브랜드 관리를 쉽게 하기 위한 것이었다. 마지막으로 아이스크림과 같은 새로운 부문으로의 브랜드 확장 준비를 쉽게 하기 위해서는 단일 브랜드 네임이 바람직했기 때문이었다.

레이더는 유럽에서 강력한 브랜드 에쿼티brand equity를 가지고 있었기 때문에 그 전이는 작은 문제가 아니었다. 레이더는 마스에 이어 두 번째로 인기 있는 초콜릿 바였고, 연간 12%의 성장률을 보였다. 이는 고객에게 주는 혜택뿐만 아니라 제품에 관한 실질적인 설명까지 담고 있는 특별한 컨셉과 슬로건 덕분이었다. 예를 들어 프랑스에서는 자발적 인지도가 43%, 보조 인지도가 96%였고 슬로건 인지도는 88%였다. 모든 청소년의 85%가 레이더를 먹어봤고, 44%는 정기적으로 레이더를 구매했다. 이런 점들을 고려해 트윅스는 15~25세 사이의 청소년과 젊은이들을 위한 이상적인 스낵으로 마케팅되었다.

비록 고객들은 브랜드 전이가 빠르게 일어났다고 생각하지만 사실상 1년이란 시간이 소요되었다. 1990년 10월부터 1991년 10월까지, 레이더의 포장에는 '세계적으로 트윅스로 알려져 있는known globally as Twix' 이라는 문구가 표시되었고, 브랜드 전이 후 6개월 동안은 '레이더의 새로운 이름Raider's new name' 이라는 문구가 쓰였다.

마케팅 중역들이 내건 캠페인의 커뮤니케이션 목표는 다음과 같다.

- 단지 이름만 변경되었다는 것을 명확하고 간결하게 전달한다.
- 레이더의 모든 가치를 트윅스로 전이시킨다.
- 타깃 그룹인 젊은 층에서 높은 브랜드 인지도를 획득한다(30%의 비보조, 80%의 보조 인지도).
- 트윅스가 전 세계의 젊은이들을 위한 글로벌 브랜드라는 사실을 이용해 브랜드 변경을 널리 알린다.

여기에서 주요 성공 요인들은 다음과 같은 전략의 완벽한 실천에 있었다.

- 매우 빠른 속도로 실행되었다. 한 나라에서 모든 것을 바꾸는 데 15일이 걸렸다(유럽 전체에서는 3개월이 소요되었다).
- 마스는 브랜드 가시성과 형성된 인지도를 극대화하는 큰 이벤트를 열었다.
- 판매 아울렛에서의 홍보 활동이 트윅스의 영향력과 시험 구매에 크게 공헌했다.
- 마지막으로 영업 현장과 원만한 협력 관계를 갖도록 많은 노력을 기울였다.

남아 있는 재고를 모두 구매해서라도 브랜드 전이 당일에 어떤 상점shop에
도 레이더의 재고가 남아 있지 않도록 했다.

브랜드 커뮤니케이션을 위해 사용된 다른 수단들을 좀 더 자세히 살펴보면 포
장이 그 첫 번째 방법이라는 것을 알 수 있다. 포장은 브랜드 전이 1년 전부터 고
객에게 새로운 이름을 알리고 고객이 새로운 이름과 친밀감을 느끼도록 하는 도
구로 사용되었다. 또한 브랜드 전이 이후 6개월 동안은 전이를 설명하는 데 사용
되었다. 커뮤니케이션 목적을 달성하기 위해 광고 캠페인은 다음과 같은 특징들
을 갖게 되었다.

- 인지를 극대화하기 위한 포장이나 라벨이 포함된 상태의 제품 이미지 강조.
- 레이더 브랜드의 인지도 저하를 가속화하기 위해 브랜드 전이 6개월 전부
  터 레이더의 모든 커뮤니케이션 중단.
- 데이비드 보위David Bowie가 출연한 강력한 효과의 유럽 광고.
- 수단들의 강력한 집중. 3주 간의 TV 광고에 2년 간의 총 광고비용 정도가
  투자되었다(이제 왜 모든 판매 아울렛에서 레이더를 수거하는 것이 절대적으로 중
  요했는지 쉽게 이해할 수 있을 것이다).

상점에서는 트윅스가 눈에 잘 띄는 위치에 진열되었다. 트윅스는 모든 영업 인
력들의 초점이 되었으며, 다른 브랜드들은 우선순위에서 밀려났다. 물론 슈퍼마
켓들에게도 미리 정보가 전달되었다. 즉 바코드를 그대로 유지함으로써 수퍼마
켓들이 트윅스를 신규 브랜드로 등록하지 않도록 했고, 그럼으로써 등록비용을
청구하지 않게 했다.

영업 6개월 후 트윅스는 과거 레이더가 점유했던 것과 같은 시장점유율을 차
지했다. 그러나 그때부터는 단일 브랜드 네임, 단일 공장만이 있었고, 복잡성은
훨씬 줄어들었다. 젊고 국제적인 지위 덕분에 트윅스의 이미지는 레이더보다 훨
씬 더 현대적이었다.

되돌아보면, 내려진 모든 결정들이 논리적인 것처럼 보인다. 성공적인 모든 활

동들이 매우 쉽게 이루어진 것처럼 보인다. 그러나 어떤 결정도 갈등 없이 이루어진 것은 없었다. 예를 들어, 일부 사람들은 제조 방법을 개선하고, '훨씬 더 좋은even better' 제품임을 선언하자고 했다. 결국, 트릿츠Treets/엠앤엠즈M&Ms의 사례를 숙고한 후 그와는 반대로 접근하기로 했다. 제품에는 가능한 한 변화를 주지 않기로 결정한 것이다. 트윅스 광고에서 기존 레이더의 음악을 그대로 사용하는 것도 역시 좋은 생각일 수 있었다. 수정이 필요했을까? 일부 고객들을 혼란에 빠트렸는데, 이는 브랜드의 음악이 브랜드 아이덴티티와 개성에 얼마나 중요한 위치를 차지하는가를 보여주는 것이다.

필립스에서 월풀로

1989년 1월 1일, 세계 최대의 가전제품 그룹을 만들기 위해 필립스Philips와 월풀Whirlpool이 손을 잡았다. 월풀 인터내셔널은 월풀과 필립스가 각각 53%와 47%의 지분을 소유했다. 이 파트너십은 장기적인 발전을 가능하게 하는 충분한 글로벌 규모를 갖추고자 하는 의도에서 이루어졌다. 더불어 필립스는 자사의 핵심 활동에 총력을 기울이고자 했다. 마지막으로 두 회사는 그들의 산업 능력과 혁신, 지리적인 시장 커버리지에 있어 상당히 상호 보완적이었다. 필립스는 유럽에서 가장 중요한 가전제품 브랜드이다. 월풀은 과거 미국, 멕시코와 브라질에서 1위를 달리던 브랜드였다. 필립스 월풀Philips Whirlpool은 시장 점유율 11.1%를 차지해, 일렉트로룩스Electrolux(9.6%)를 제치고 가전제품 시장에서 선두가 되었다. 1990년 필립스 월풀 브랜드Philips Whirlpool brand는 대규모의 광고 캠페인(미화 오천만 달러)을 통해 유럽에 진출했다.

1991년, 월풀은 필립스가 소유하고 있던 남은 47%의 지분을 인수했다. 1993년 1월, 필립스 월풀 브랜드는 모든 커뮤니케이션에 있어 월풀로 교체되었지만 그 제품들에는 아직 2개의 브랜드가 모두 남아 있었다. 1996년에 최종적인 교체가 이루어지면서 모든 제품에서 필립스라는 이름이 사라졌다. 이 브랜드 전이를 통해서 월풀은 세계 최고의 가전제품 브랜드가 되었다.

고위험 투자로 지각되는 내구재를 구입하면서 고객들이 브랜드에 부여하는 중요성을 볼 때 브랜드 전이 과정에 걸린 이해의 중요성과 위험들은 분명해진다.

랜도Landor의 연구 결과에 따르면 필립스는 모든 부문을 망라해 유럽에서 두 번째로 강력한 브랜드였다. 프랑스에서 행해진 다른 연구 결과에 따르면 분야에 상관없이 고객들의 머리에 가장 먼저 떠오르는 브랜드로 필립스가 르노Renault, 푸조Peugeot, 아디다스Adidas와 시트로엥Citroen에 이어 5위를 차지하는 것으로 나타났다(Kapferer,1996). 그럼에도 필립스의 시장 점유율과 대중의 브랜드 인지도가 나라마다 각각 다르다는 사실은 주목할 만한 가치가 있다. 이것이 바로 유럽 여러 나라들에서 동시에 변화를 일으키기가 불가능한 이유이다. 가전제품 시장에서 브랜드의 보증 역할은 레이더/트윅스의 경우처럼 갑작스럽고 급격한 전이를 불가능하게 했다.

1990년 1월, 유럽에는 월풀의 보조 브랜드 인지도가 존재하지 않았다. 이것이 바로 단계적이고 점진적인 접근이 필요했던 이유였다. 이런 이유로 필립스라는 이름을 완전히 버리기 전에 필립스 월풀을 사용하는 시간을 가졌던 것이다. 그러므로 이 사례는 미국에서 블랙 앤 데커Black & Decker가 GE의 가전제품 비즈니스를 인수한 사례와는 명백히 다른 것이다. 미국에서 블랙 앤 데커와 GE 두 이름 모두 이미 좋은 명성을 지니고 있었다.

단계적 접근을 이용한 데는 또 다른 이유가 있다. 전 세계적인 일관성global coherence을 확보하기 위해서는 레이더를 트윅스로 전이시킬 때처럼 스토어에 남아 있는 모든 필립스 제품을 수거해야만 했을 것이다. 그러나 이 방법은 실질적이고 금적적인 측면에서 볼 때 불가능했다.

그렇다면 월풀의 전이 전략transfer strategy은 무엇이었으며, 그 방법을 선택한 까닭은 무엇일까? 우선 첫째로, 초기 조사에서는 고객들이 필립스 월풀의 협력 관계를 긍정적으로 받아들이고 있음이 나타났다. 두 회사는 각기 매우 다른 이미지를 가지고 있었다. 월풀은 잠재력을 가지고 있었고, 변화, 유동성, 움직임과 역동성의 이미지를 불러일으켰다. 또한 브랜드 전이를 긍정적으로 받아들이기에 충분한 이상적인 품질을 가지고 있었다. 두 회사의 결합을 통해 필립스 월풀 브랜드는 역동성이란 이미지와 견고함이 어우러진 이상적인 이미지를 가질 수 있었던 것이다. 조사에 따르면 필립스 월풀 커플couple은 '확실하고 역동적인', '견고하고 정력적인', '고상하고 현대적인', '믿을 만하고 혁신적인' 이미지로

| 그림 14.2 | 유럽에 소개되기 전 월풀의 지각된 혁신(1990)

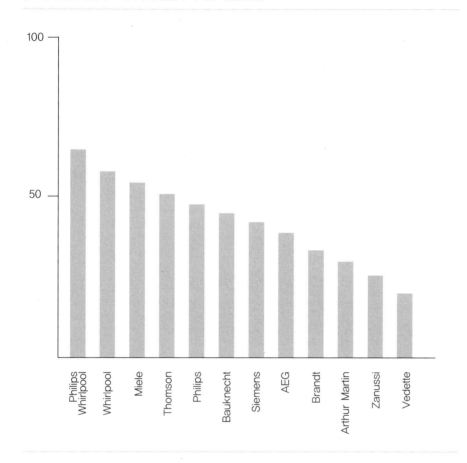

지각되었다. 월풀의 유럽 진출은 필립스에게 새로운 자극을 주고, 믿을 만하고 고전적인 브랜드에 하이테크 요소를 부여함과 동시에 고객들에게 경험으로 특징 지어지는 브랜드에 상상력을 더해주는 것으로 비춰졌다.

가장 먼저 생각해야 했던 부분은 이중 브랜드dual brand의 성격과 시각적 형태를 결정하는 것이었다. 먼저 이 브랜드를 월풀 필립스라고 부를 것인가 아니면 필립스 월풀이라고 부를 것인가이다. 테스트 결과 첫 번째 옵션(월풀 필립스)은 신뢰를 주지 못하고 혼란스러운 지각을 일으킬 수 있는 것으로 나타났다. 사람들이 이 이름에서 저쿠지jacuzzi나 그 밖의 '물 관련 설비water equipment'를 연상했기 때문이다. 반면 필립스 월풀은 비교적 건전하고 평등한 협력관계를 표현하는 것으로 나타났다. 단지 소수의 사람들만이 이 이름이 필립스 트레이서 레이저 Philips Tracer razors 같은 필립스의 제품 계열을 가리키는 것으로 생각했다.

두 번째 문제는 그래픽 상표graphic trademark에 관한 것이었다. 2개의 이름을 나란히 나열할 것인가 아니면 하나를 다른 하나의 위에 표시할 것인가? 협력 관계의 이미지를 나타내고, 더 보기 좋아 보인다는 이유로 첫 번째 옵션(수평적 나열)이 선택되었다. 그림 14.2는 필립스와 월풀과의 연계로 갖게 된 시너지를 보여준다. 이것은 프랑스에서 브랜드 전이 캠페인이 시작되기 전의 브랜드 이미지(혁신의 측면에서)를 나타낸다.

커뮤니케이션에서는 어떤 타깃에 초점을 맞추어야 할까? 물론 가장 우선순위가 되는 것은 유통업체들이었다. 가전제품 소비자들의 경우 겨우 20%만이 특정 브랜드를 마음에 두고 샵을 방문하고, 그 중 10%만이 실제로 그 브랜드 제품을 구매한다. 이는 이런 제품들의 판매에서 판매원들의 역할이 얼마나 중요한가를 나타낸다. 월풀은 1990년부터 소매업체들에 초점을 맞춘 커뮤니케이션에 많은 노력을 기울였다. 이는 잘 알려져 있지 않은 브랜드 전이의 단면이다. 물론 이것은 유럽의 대형 소매업체 책임자들을 주요 대상으로 했지만, 월풀의 영업 팀에 의해 소비자들에게 큰 영향을 미칠 수 있는 매장 주인들과 판매 점원들을 상대로도 이루어졌다. 고객에 대해서는 신속한 브랜드 인지도 획득과 품질과 혁신에 대한 강력한 이미지를 통해 최대한 빠르게 그들을 안심시키는 것이 그 계획이었다.

이러한 커뮤니케이션 목표들은 몇 가지 중요한 운영상의 결과들을 가졌다. 월풀을 고품질, 혁신의 이미지와 연관시키길 원하는 것은 제품에서의 브랜드 전이가 신제품 출시 및 필립스 구 계열의 재활성화에 맞춰 점진적으로 일어나야 한다는 것을 의미했다. 만약 그러한 경우가 아니라면, 그 프로젝트는, 변경된 것이라고는 오직 보닛 위의 이름뿐인 탤벗-크라이슬러 신드롬Talbot-Chrysler syndrome으로 어려움을 겪게 될 것이다.

월풀 브랜드는 단독으로 구 제품들에서 발견되지 않아야 했다. 새로운 브랜드를 출시하는 것은 그 브랜드가 유럽인들 사이에서 형성할 초기 인상에 특별한 관심을 기울여야 함을 의미한다. 월풀은 브랜드에 고품질 이미지를 부여하기 위해

| 그림 14.3 | 유럽 11개 국가에서 월풀 브랜드 인지도의 증가

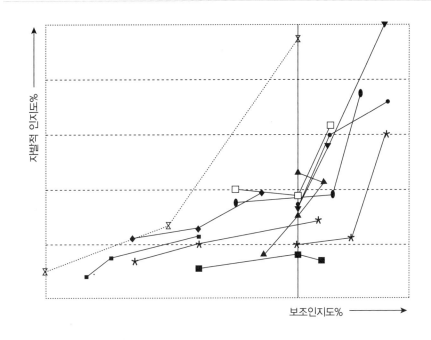

유럽에서 브랜드를 구축하는 첫 해에는 어떤 종류의 프로모션성 광고도 금지했다. 마지막으로, 이미지 목표와 인지도 목표를 동시에 추구하는 것은 불가능하기 때문에, 최종적인 브랜드 전이에 앞서 필요한 브랜드 인지도 수준(즉 필립스의 보조 인지도의 2/3)에 빠르게 도달하기 위해 전통적인 광고와 미디어 활동이 병행되어야 했다.

내구재의 경우 소비자의 관여도는 그들이 실제 구매 과정에 참여하지 않을 때(이것이 대부분의 시간을 차지한다)는 매우 낮다는 것은 분명한 사실이다. 소비자가 구매를 고려하지 않을 때에는 매우 특정한 설득 방법들이 채택되어야 한다. 고객의 주의가 분산되어 있을 때는 접촉을 최대한 늘리는 것이 무엇보다도 중요하다. 이것은 높은 수치의 광고 총도달율GRP(gross rating point)를 요구한다. 이 경우 접촉은 브랜드로의 감정적인 전이affective transfer를 촉진하는 데 도움이 될 수 있도록 기분 좋은 분위기에서 이루어져야 한다. 마지막으로 고객이 인지적인 노력을 기울일 준비가 되어 있지 않을 때는 특정 제품들 간의 차이를 지적하기보다는 브랜드의 소비자 혜택을 반복해야 한다.

이것이 바로 몇몇 나라에서 월풀이 황금 시청 시간대 TV 프로그램들을 스폰서하는 데 많은 돈을 투자한 이유이다. 이 결정은 사실 우연이 아니었다. 이 프로그램들은 가장 인기 있는 채널들에서 시청자가 가장 좋아하는 순간들을 의미하며, 종종 가족의 화목한 분위기와 연결되어 있다. 이 전략에 힘입어 브랜드 인지도는 그림 14.3에서 보는 것과 같이 급상승했다. 단순히 전통적 광고만을 이용한 나라에서는 인지도 상승률이 그리 크지 않았다.

그림 14.3은 또한 앞서 설명된 보조 인지도와 자발적 인지도 사이의 구조적 관계를 나타낸다 첫 분석으로는 내구재에는 오직 보조 인지도만이 중요하다고 생각될 수 있지만 품질 준거와 해당 분야의 리더로서 여겨지는 것을 목표로 하는 브랜드의 경우에는 그렇지 않다. 그러나 자발적 인지도를 증가시키기 위해서는 높은 수준의 보조 인지도가 선행되어야만 한다. 이것은 시장이 '닫힌' 것일 때, 즉 이미 높은 수준의 자발적 인지도를 가진 3개의 브랜드가 존재할 때는 더욱 더 그러하다. 이는 월풀이 가능한 한 빠르게 보조 인지도 70%라는 임계 범위critical zone에 도달하려고 한 이유이다. 이것을 달성하면 자발적 인지도와 연결되어 있는 시장 리더의 지위를 얻는 것이 가능해진다. 그렇게 되면 매장에 남아 있는 제품들 가운데 필립스 브랜드를 안전하게 제거하는 것도 가능해진다.

미디어와 판매점들에서 필립스 브랜드에 대한 취급을 분리하는 것도 중요한 일이었다. 미디어의 경우 되도록 빨리 브랜드에 관한 언급을 중단하는 것이 필요했다. 그렇지 않으면 자발적 인지도를 감소시키는 것이 목적임에도 브랜드를 강화하는 것이 되기 때문이다. 이중 브랜드dual brand가 존재했던 짧은 기간 동안 필립스 월풀 광고가 이중 브랜드로 끝을 맺었지만, 시그너처 음악signature tune은 월풀만을 내보냈던 이유가 이것이다. 이는 오직 월풀 브랜드만이 혁신과 연결되어 있다는 것을 확신시키기 위한 것이었다.

1993년 1월 초, 모든 TV 광고로부터 필립스라는 이름을 없애기로 결정했다. 이는 필립스 인지도의 그 어떤 강화도 없을 것임을 의미했다. 더욱이 이것은 시장 리더인 월풀이 더 이상 필립스의 보증을 필요로 하지 않으며, 전이 프로그램이 예정보다 앞서 가고 있음을 소매업체들에게 전달했다.

유럽 각 나라들의 다양성에는 어떻게 대처했을까? 필립스가 나라마다 갖고 있던 시장 점유율과 브랜드 에쿼티의 차이를 고려해 모든 획일적인 접근들은 배제되었다. 몇몇 국가들은 빨리 단일 브랜드인 월풀로 정착되는 것을 원했다. 반면 어떤 국가들에서는 좀 더 시간을 갖기를 원했다. 이는 필립스의 명성이 좋은 나라들의 경우로, 만약 전이의 목표가 시장 점유율을 유지하는 것만이 아니라 그것을 증가시키는 것이라면 필립스라는 이름을 하루아침에 없앨 수는 없었다. 각 나라들에서 월풀 브랜드 전이 순서는 다기준 분석을 사용해 결정되었다. 각 나라에서 다음과 같은 것들이 고려되었다.

- 필립스의 시장 점유율
- (특별 조사ad hoc survey에 근거해) 예측된 유통업체들의 반응
- 고객들의 눈에 비친 브랜드의 강도(브랜드 인지도, 환기 제품군, 선호도)
- 고객들의 결정에 미치는 소매업체들의 영향력
- 각 나라의 경영진들이 필립스 브랜드를 포기할 준비가 되어 있는지에 대한 생각

로컬 브랜드 리버텔Libertel에서 보다폰Vodafone으로의 전이에 관한 최근 연구는 이중 브랜딩 단계dual branding phase가 사실 전자에서 후자로 가치를 전이시키지 않는다는 것을 가리키는 것처럼 보인다. 실제로 브랜드 가치는 구축되어야 하는 것으로, 그것은 단순히 한 동안의 이중 네이밍dual naming 전술에 의해 전이되는 것은 아니다. 두 이름을 붙이는 것은 세 번째 이름을 만드는 것이다. 필립스-월풀의 경우 2개의 이름을 쓰는 것은 월풀을 부각시켰지만(브랜드 인지도) 필립스의 가치가 월풀로 전이되지는 않았다. 그것의 제일 목표는 전혀 알려져 있지 않은 미국의 새로운 진입자, 즉 월풀의 보증자endorser로서, 필립스라는 이름이 유지되지 않는다면 없어지고 말 소비자나 고객 충성도, 거래처 관계를 유지하는 것이었다.

챔버시에서 네슬레로

1985년, 네슬레는 유니레버의 유럽 냉장식품 비즈니스를 인수했다. 네슬레는 전 세계에서 우유와 동의어처럼 여겨졌지만 냉장 유제품에 관해서는 전문성이 별로 없었다.

10년 후인 1995년, 모든 챔버시Chambourcy의 제품들을 네슬레 브랜드로 전환하기로 결정되었다. 챔버시가 '울트라 신선ultra fresh' 유제품 시장의 여러 세그먼트들에서 위협 받는 것처럼 보였고, 자체 힘으로는 다농Danone과의 시장 점유율 차이(17.6% vs 33.6%)를 줄일 수 있는 방법이 없어 보였다. 챔버시 브랜드가 리더이거나 2위를 차지하는 제품들의 세그먼트에서 브랜드 이미지와 고객 선호도는 라 레띠에르La Laitiere, 비에누아Viennois, 요코Yoco, 크렘리Kremly, 스벨테스Sveltesse, 마론쉬스Marronsuiss 같은 그 자 브랜드들daughter brands이 갖고 있었다. 이 제품들의 고객들은 그 자 브랜드의 모 브랜드가 챔버시라는 것을 전혀 눈치채지 못했다.

광고 전쟁은 일방적이었다. 예를 들어 1994년, 프랑스에서 챔버시Chambourcy가 1천만 유로를 쓴 반면 요플레Yoplait는 1천 5백만, 다농Danone은 4천만 유로를 투자했다. 다농Danone의 힘은 자신의 전략적 제품들에 많은 돈을 투자하는 것을 가능하게 했다. 다네트Danette에 4백만 유로, 벨루테Veloute에 4백만 유로, 바이오Bio에 5백만 유로를 투자했다. 그러므로 시장 점유율의 정복은 챔버시 브랜드로서는 정당화하기 어려운 광고 예산의 증가를 동반했다. 사실상 네슬레Nestle 초콜릿 제품의 모든 광고는 일반적으로 모든 네슬레 제품에 긍정적인 연쇄 효과knock-on를 미쳤지만 챔버시 라벨이 붙은 '울트라 신선' 분야만큼은 예외였다. 브랜드 인지도의 시너지 효과를 기대할 수 없었다. 게다가, 네슬레 브랜드 네임으로의 전이는 광고에 다농만큼 투자를 하지 않고도 모든 '울트라 신선' 계열에 즉각적인 혜택을 가져다줄 수 있었다. 랜도Landor의 연구에 따르면 네슬레는 전 세계에서 코카콜라 다음으로 강력한 식품 브랜드였다.

어쨌든 결국 '울트라 신선' 식품들에 네슬레 브랜드처럼 가치있는 이름을 붙일 필요가 있어 보였다. 사실 지금까지 식품 분야의 진화는 건조 식품에서 출발해 건조 식료품, 냉동 식품 그리고 최종적으로 신선 식품에 이르렀다. 농업 가공

산업의 미래는 신선 식품에 달려 있다. 즉 가루로 만들거나, 캔에 넣거나, 냉동시키는 것과 같은 물리적 충격을 겪지 않아도 되는 제품들이다. 네슬레 브랜드가 이런 진화에 빠져 있다는 것은 현명하지 못한 일일 것이다. 그런 진화에 합류하지 않을 경우 네슬레는 건조 식품, 즉 찬장에 쌓아놓는 식품들의 생산자로서 '신선하지 못한' 그리고 현대 건강식품과는 거리가 먼 브랜드로 각인될 것이다. 몇몇 시장 세그먼트(체력과 건강, 디저트, 어린이 식품과 전통 특산품)에서 챔버시-네슬레 전이Chambourcy-Nestle transfer의 수용성 정도를 테스트하기 위해 고객들과 비고객들을 대상으로 수행된 정량적 조사 결과 네슬레가 이미 그런 이미지로 고통받기 시작했음이 드러났다.

실제로 대중이 브랜드 변경brand change을 어떻게 생각하고 있는지를 아는 것은 매우 바람직하다. 네슬레를 위해 챔버시를 없애고 '강력한 다국적 기업'의 면모로 업데이트하는 데 위험은 없는가? 자 브랜드daughter brands 위의 시그너처 signature로서 또는 직접적인 제품 브랜드로서 네슬레가 각각의 '울트라 신선' 세그먼트들에 침투하는 것의 신뢰성과 합법성 또한 평가되어야 했다. 사실 챔버시 제품들 일부는 네슬레 엄브렐러Nestle umbrella 아래서 불편할 것이고, 일부는 그로부터 혜택을 얻을 것이다. 한편 일부는 네슬레 브랜드에 '새로운 생명'을 불어넣을 것이다.

1996년의 브랜드 전이는 다음과 같은 여러 가지 전략적 질문들을 제기했다.

- 원래 건조 식품과 관련 있고 챔버시의 영역(자연적인, 미식가를 위한)과는 거리가 먼 네슬레가 '울트라 신선' 시장에 진입하는 것이 합법적임을 어떻게 고객들에게 설득시킬 것인가?
- 전이transfer의 시점에 그 변화change가 대대적인 커뮤니케이션을 통해 크게 주목받게 해야 하는가? 아니면 반대로 고객과 유통업체들이 혼란스럽지 않게 조용히 진행시켜야 할까?
- 글로벌한 '울트라 신선' 브랜드 커뮤니케이션이 채택되어야 하는가? 아니면 각 아이템의 시장 세그먼트에 따라 개별적인 제품들에 집중해야 하는가?
- 챔버시의 어떤 측면들을 유지시켜야 하는가? 희망과 기쁨이라는 주제를 담

| 표 14.2 | 새로운 브랜드와 이전 브랜드 간의 이미지 갭의 평가

브랜드	챔버시	네슬레	우위/열세
카테고리 성공 요인			
가장 중요한 속성			
−실제 맛	71%	74%	+3%
−식욕의 자극	88%	89%	+1%
−자연적임	75%	75%	=
−감각적임, 기쁨	89%	84%	−5%
중요헌 속성			
−신선한 우유	62%	54%	−8%
−신선함	92%	85%	−7%
−가벼움	69%	60%	−9%
중요치 않은 속성			
−쵸콜릿	44%	93%	+49%
−아이들을 위한 것	41%	89%	+48%
−어린 시절을 생각나게 하는 것	38%	74%	+36%

은 주제 음악? 기분 좋은 '오, 예스!Oh Yes!' 슬로건? 다농이 찰스 제르베 Ch. Gervais에 했던 것처럼 챔버시도 자 브랜드로 남아 있어야 하는가?

- 제품들에 나란히 두 브랜드가 존재하는 과도기가 있어야 하는가? 아니면 라이더/트윅스의 경우에서처럼 한 번에 챔버시로부터 네슬레로 바뀌는 빠른 전환이 있어야 하는가?

표 14.2에서의 정보 분석으로부터 나온 결과가 결론으로 채택되었다. 네슬레가 이 이름 변경name switch에서 브랜드로서 얻게 되는 것(신선함, 가벼움, 감각성, 기쁨과 같은 새로운 주변적 속성들)은 잘 이해되었다. 그러나 그것은 소비자에게 많은 가치를 창출하지 않았다. 네슬레는 그 카테고리의 핵심 성공 요인들에서 챔버시를 실제로 능가하지 못했다.

단기간에 적어도 제품은 진화하지 않는다는 것을 알기 때문에 이 이름 변경 name change을 이벤트로 만드는 것은 가능하지 않았다. 아무런 큰 캠페인도 계획되지 않았다. 각 제품을 위한 캠페인들이 있었고, 각 새로운 광고들이 감각성과 기쁨(네슬레의 주요 결점)을 증가시키는 몇몇 공식의 변화를 강조했다. 이와 비슷하게 챔버시 팬들에게 혼란을 주지 않으려는 바람으로 챔버시 커뮤니케이션 코드communication codes 가운데 일부는 유지되어야 했다.

- 네슬레 브랜드는 이전의 챔버시 로고를 채택했는데 각 제품에서 확실히 알아볼 수 있도록 했다.
- 새로운 광고 태그라인tag line은 내용 면에서 이전 것과 크게 다르지 않았다.
- 마지막으로 챔버시 자체는 완전히 사라지지 않았다. 그것은 단지 패밀리 네임에서 3가지 원형 제품들의 제품 이름으로 격하되었다.

파스에서 라로슈포제로

브랜드 전이는 브랜드가 글로벌 플레이어가 되기 위해 필요한 임계 규모critical size에 도달하게 하는 확실한 방법이다. 많은 나라에서 2개의 반쪽 브랜드half-brands를 출시하기보다는 글로벌한 자원들을 가진 단일의 완전한 브랜드를 만드는 것이 목표이다. 이미 살펴보았듯이 라로슈포제로LRP는 로레알 그룹의 11번째 글로벌 브랜드가 되어야 했다. 그러나 그렇게 하기 위해서는 그것의 제품 계열을 처방 제품prescription products을 넘어 확장시킬 필요가 있었다. 처방 제품들은 그것을 치료 브랜드therapeutic brand로 유명하게 만들었지만 처방 제품을 사용하지 않는, 아마도 사용해본 적도 없는 개인들을 위한 충동 제품으로 성장하는 것을 막았다. 이 충동 제품을 위한 제품 부문이 자외선 차단과 메이크업이었다.

로레알 그룹의 브랜드 포트폴리오에서 파스Phas는 경제적 방정식의 실행 가능성이 가장 문제시되는 브랜드였다. 이 브랜드는 크리니크Clinique(에스티 로더 Estee Lauder)와 록Roc(존슨 앤 존슨Johnson & Johnson)의 경쟁자였다. 브랜드 포트폴리오 진단brand pdrtfolio audit에서는 로레알 그룹이 중간 규모의 브랜드 (LRP와 파스Phase)를 가지고 있음이 밝혀졌다. 오늘날 중간 규모의 브랜드는 글로벌 시장에서 경쟁할 수 없다. 둘째 파스는 이중 약속double promise, 즉 안전과 아름다움으로 팔리고 있었다. 그러나 대개의 이중 약속들이 그러하듯 문제는 이 약속들 각각이 경쟁업체가 가지고 있는 것이라는 사실이다. 예를 들어 안전은

(LRP와 같은) 피부과 전문 브랜드가, 아름다움은 크리니크가 가진 것이다. 파스 모델은 불안정했고 성장 위협을 갖고 있었다.

파스Phase를 라로슈포제로에 합병하는 것이 결정되었다. 그러나 라로슈포제로의 역사적 에쿼티historical equity가 피부 질환 치료에 있어 입증된 효능에 기반을 두고 있었고, 파스는 메이크업 제품을 파는 항 알레르기 브랜드였기 때문에 이 브랜드 전이는 어려운 문제였다. 이전 파스 소비자들이 어떻게 라로슈포제로로 이동될 수 있을까? 그리고 라로슈포제로의 브랜드 자본brand capital과 명성 reputation을 희석시키는 것을 피하기 위해 무엇이 필요한가?

- 합병의 첫 단계는 내부적이어야 했다. 브랜드가 사람에 의해 관리되고 사람에 의해 대표된다는 사실이 너무 자주 망각된다. 그들은 그 합병과 새롭게 출현하는 브랜드를 이해할 필요가 있었다. 명백히 예전의 라로슈포제로와 이후의 라로슈포제로는 같지 않을 것이다. 확장은 브랜드를 예전 그대로 내버려두지 않는다. 사실 합병은 핵심 가치core values를 그대로 유지하면서 몇몇 주변적인 가치에서 브랜드를 수정하기 위해 이루어진다. 라로슈포제로의 판매 인력과 그 전 직원은 메이크업에 관해 배워야 했다. 그와 반대로 예전의 파스 사람들은 과학에 관해 배워야만 했다.
- 둘째 단계는 패키지에 이중 브랜딩double branding을 하는 것이었다.
- 셋째 단계는 2개의 브랜드 가치들의 상보성을 집약하는, 합병 후 새로운 제품들의 출시였다. 예를 들면 파스 노벌립Phas Novalip은 건조한 입술에 편안함과 수분을 공급하는 립스틱으로 판매되었다. 모든 라로슈포제로 제품들을 위한 핵심 질문은 소비자가 자신의 문제에 관해 피부 전문의에게 어떻게 말할 것인가이다. 새로운 립스틱 브랜드는 쓰라리고 건조한 입술을 치료하는 첫 립스틱으로 출시되었다. 그것은 또한 더 심각한 피부 질환을 가진 사람들이 사용할 수 있어야 했다. 이러한 예가 보여주듯이 이름을 바꾸는 것은 종종 계약을 바꾸는 것을 의미한다. 예전 파스 제품들은 라로슈포제로의 손에서 다시 만들어져야 했다. 다른 한편으로 라로슈포제로는 소비자에게 더 이해받고 더 접근할 수 있는 좀 더 인간적인 것이 되어야 했다.

서비스 브랜드의 전이

서비스는 개별적으로 분석될 필요가 있다. 한편으로 제품 브랜드와 달리 서비스 브랜드는 보여줄 것이 없다. 서비스 브랜드는 무형적인 것이다. 서비스 브랜드의 이름이 그들 존재의 증거이다. 브랜드 인지도와 현저성은 핵심적 중요성을 갖는다. 다른 한편으로 그들의 성질nature이 브랜드 전이를 더 쉽게 만들 수 있는데, 왜냐하면 그 서비스가 종종 한 장소place(서비스 제공의 특정한 지리적 위치)에 연결되어 있기 때문이다. 더욱이 충성도의 원동력은 판매 인력, 에이전트, 직원과의 직접적인 관계이다. 이것은 브랜드가 중요하지 않다는 의미는 아니다. BP와 쉘Shell이 2개의 독일 석유 유통망을 인수했을 때 그 상황을 다루는 데 많은 주의가 필요했다. 그들이 역사적으로 사용해온 주유소의 이름과 시각적 아이덴티티를 인정하지 않는 것은 많은 독일 소비자들의 구매를 단념하게 만든다.

그러나 글로벌 브랜드는 로컬 리더들을 글로벌 이름들로 대체함으로써 창조된다. 이것은 악사Axa가 세계적인 글로벌 브랜드를 구축하는 방법으로, 로컬 리더들을 인수하고, 그 즉시 악사Axa로 이동시키는 것이다. 이는 즉각적으로 그 전략이 무엇인지를 내부적으로 알리는 방법이다. 그 전략은 바로 세계 최고의 보험 브랜드의 지부가 되는 것이다. 서비스 비즈니스에서 망설임과 이중 브랜딩은 미래 전략에 관한 내부적 의구심을 만들어내고, 사람들이 새로운 미래를 생각하는 대신에 그들의 예전 아이덴티티를 옹호하게 만든다. 그 결과 내부적 단계가 서비스 브랜드 전이service brand transfers에서 가장 우선시 된다. 커뮤니케이션과 긴장의 완화를 위해 많은 토론 그룹들이 만들어져야 한다. 그렇게 함으로써 인수된 회사의 모든 부분들이 어떻게 그들이 미래를 보고, 구체적으로 새로운 글로벌 브랜드의 수준 높은 지부가 되는 길을 만들어낼지를 표현할 수 있다. 최근 2개의 사례, 액센추어Accenture와 오렌지Orange는 그런 면에서 흥미롭다.

액센추어 사례

2000년 8월 7일, 앤더슨 컨설팅Andersen Consulting과 아서 앤더슨Arthur Andersen, 앤더슨 월드와이드Andersen Worldwide 간의 소송건에서 국제 중재 법

원은 앤더슨 컨설팅은 2001년 1월 1일 이후로는 기존 이름을 사용할 수 없다고 판결했다. 그 지적이고, 기술적이며, 명성 높은 자본을 새로운 브랜드로 전이하는데 145일도 남지 않게 된 것이다.

이 과정에서 첫 단계는 새로운 브랜드로부터 기대되는 것에 관한 내부의 광범위하고 깊이 있는 조사였다.

- 그것은 어떤 새로운 가치들을 강화해야 하는가?
- 그것은 어떤 유형의 새로운 컨설턴트들을 끌어당겨야 하는가?
- 그것은 어떻게 비즈니스의 발전에 기여할 수 있는가?
- 그것은 어떻게 차별화를 강화할 수 있는가?
- 어떤 변화들이 제시될 수 있는가?

이름 선택의 과정은 또한 내부적으로 '브랜드스토밍brandstorming' 과정이라는 수단에 의해 관리되었다. 모든 내부 구성원들이 참여해야 했다. 2000년 9월 1일, 세계적으로 알려진 디자인 에이전시, 랜도Landor는 다양한 이름들을 제안했다. 9월 21일, 퓨처 크리에이션 그룹, 글로벌 올레디, 딥 쏘트, 마인드 로켓, 글로벌 커브와 같은 2,677가지 제안이 내부적으로 만들어졌다. 10월 5일, 68개 이름들이 법적 등록 가능성, 국제적 의미의 함축, 도메인 이름의 이용 가능성 등을 기준으로 가려졌다. 10월 12일 마지막 29개 이름이 회사의 마이애미 회의에서 투표에 부쳐졌다. 그리고 이들 중 10개는 10월 23일, 브랜드 운영 위원회에서 토론되었다. 마침내 10월 25일, 액센추어Accenture가 선택되었다. 이 이름은 미래에 강조점을 둔다는 것을 전달하기 위해 노르웨이인 간부가 제안했다. 사명(새로운 경제적 환경에서 성공하는 비즈니스의 재창조)을 이행하는 것을 돕기 위해 이 브랜드와 연결된 키워드는 '생기 있는agile', '비전을 추구하는visionary'. '잘 연결된well connected', 그리고 '열정 있는passionate'이었다.

대개 새로운 브랜드의 커뮤니케이션은 비보조 인지도의 즉각적인 상승을 창출하고 새로운 브랜드 가치들을 제안하는 것을 목표로 한다. 이 사례에서는 5개의 거대 회계/컨설팅 기업들의 폐쇄적 클럽 내에서 그 위상을 다시 얻기 위해 전격적인 커뮤니케이션 전략이 선택되었다. 1억 7500만 달러의 예산이 이 두 가지 목표를 달성하기 위해 배정되었고, 목표는 3개월 후 30%의 인지도를 달성하는 것이었다.

여기서 다시 한 번, 서비스 브랜드에서 강조해야 하는 것은 내부 구성원이다. 효과적인 브랜드 얼라인먼트brand alignment를 위해 137개 나라에서 이름 변경을 관리하는 50개의 작업 그룹이 만들어졌다. 여기에는 새로운 인터넷 사이트, 내부 커뮤니케이션 도구internal communication kits, 2만명의 고객 회사 매니저들과의 커뮤니케이션, 수천 명의 잠재적인 채용 후보자들과의 커뮤니케이션 그리고 물론 주식 시장에 그 이름을 알리기 위한 커뮤니케이션을 창조하는 것이 포함되었다. 그 글로벌 캠페인이 설명하듯이, 그 회사는 새로운 이름을 가졌고, 다시 정의되었으며, 다시 태어났다.

오렌지로의 이동

2000년 5월 30일, 영국에서 3번째로 큰 휴대폰 통신사인 오렌지Orange는 프랑스 내셔널 통신사인 프랑스 텔레콤France Telecom에게 인수되었다. 이전의 모든 독점업체들처럼 프랑스 텔레콤FT은 자사의 제안offer을 전달하고, 궁극적으로 그것을 다른 서비스들로 국제적으로 확장하기 위해 상업적 브랜드가 필요했다. 브리티시 가스British Gas는 전통적인 공익 서비스뿐만 아니라 보험과 재무 서비스를 포함해 가정에 서비스를 제공하기 위해 상업적 브랜드를 만드는 선례를 만들었다. 프랑스 텔레콤FT의 목표는 오렌지Orange를 보다폰Vodafone 다음으로 유럽에서 두 번째로 큰 통신사로 만드는 것이었다. 2005년, 그 목표는 50개 국가들에서 활동하는 것이었다.

각 나라에서 전략은 로컬 통신 회사들의 이름을 오렌지로 바꾸고, 그것을 통해 높은 소비율을 가진 젊은 소비자 세그먼트를 공략하는 것이었다. 그때까지 이전의 독점적 통신 회사들은 젊은이들에게 크게 매력적으로 보이지 않았다. 영국에서 오렌지의 성공은 그 이름의 단순함으로 집약되듯이 모바일 비즈니스에 대한 혁신적인 접근disruptive approach에 기반을 두고 있었다. 실제로 그것의 6개 브랜드 가치는 역동성, 현대성, 단순성, 투명성, 근접성 그리고 책임감이었다. 이런 가치들은 영국의 이전 독점 통신 회사인 BT의 가치들과 강하게 대조를 이루는 것이었다. 영국에서 오렌지는 도전자 브랜드가 되었고, 소비자와의 진정한 관계, 즉 하나의 혁신을 제안했다.

현재 오렌지가 활동을 시작한 국가들에서, 그 과제는 종종 여전히 시장 리더인 예전의 로컬 회사의 이름을 오렌지로 바꾸고 그 가치를 채택하게 만드는 것이다. 브랜드 전이는 무엇보다도 '오렌지 태도Orange attitude'를 이해시키는 것을 목표로 한다. 가장 어려운 점은 각 나라에서 회사 자체, 직원 그리고 브랜드 가치들을 서로 조화시키는 것이다. 이 과정은 3단계로 이루어지는데, '오렌지를 만들자 Let's build orange(브랜드 가치들을 정의하고, 그 가치들을 이해하는 것)', '오렌지를 실천하자Let's live Orange(이 가치들을 실행에 옮기는 방법을 이해하는 것)', '오렌지를 출시하자Let's launch Orange(커뮤니케이션의 시작)'가 그것이다.

두 번째 국면은 각 직원들이 개인적으로 그리고 부서 내에서 새로운 가치에 깊이 몰두하는 것이다. 수십 개의 포커스 그룹, 내부 회의, 글로벌 회의들이 1년 여에 걸쳐 천천히 그러한 이해를 확산시키기 위해 사용된다.

인사부서는 자연스럽게 '오렌지를 실천하자Let's live Orange' 과정의 한 부분이 된다. 그들은 브랜드 가치들을 성취하는 데 있어 각 참여자들이 어떤 태도를 보이는지를 측정하는 평가 그리드evaluation grid를 제공한다. 이 양식은 조직의 단결을 강화하기 위해 팀의 모든 멤버들의 평가 의견이 반영되도록 만들어진다.

'오렌지를 출시하자Let's launch Orange' 단계는 획기적인 제안이 현재 시장에 나왔다는 것을 강조하면서 강한 인상을 줄 기회를 제공하도록 디자인된다. 미디어는 이러한 인상을 전달하고 새로운 소비자들을 사로잡는 데 도움을 주는 열쇠이다. 직원들 또한 참여하며, 각 직원에게는 전 출시 과정을 설명하는 CD롬이 주어진다. 마지막으로 모든 기존 고객들에게 이름의 변경과 그것이 그들에게 무엇을 의미하는지를 알리기 위해 개인적인 접촉이 이루어진다.

합병 후 어떤 브랜드를 유지해야 하는가?

브랜드 포트폴리오 규모를 줄이는 것은 종종 브랜드 전이의 주요 원인이 된다. 하나의 브랜드가 약하다고 진단되면 자연스럽게 그 브랜드의 플래그십 제품들은 포트폴리오 내의 강한 브랜드로 전이되는 과정을 겪게 된다. 한 회사가 다른 회사에게 그들 비즈니스의 일부를 양도할 때, 양도 회사의 제품들을 물려받는 것은 인수 회사의 브랜드들이다. 우리는 이것을 블랙 앤 데커Black & Decker-GE, 필립스Philipsr-월풀Whirlpool의 경우에서 이미 확인할 수 있었다. 그러나 합병 뒤에 어떤 브랜드를 계속 유지할 것인가를 결정하는 문제는 결코 단순한 일이 아니다. 예를 들어 각기 다른 나라에서 사용되는 다음과 같은 이름들 가운데 존슨Johnson 사는 어떤 것을 유럽지역 브랜드 네임으로 계속 유지할 것인가? 플레지Pledge, 플리즈Pliz, 아니면 프론토Pronto?

이런 의사결정들이 합리적인 것은 아니다. 영국에서 페디그리Pedigree가 팔린 것보다 팔Pal이 유럽 대륙에서 더 많이 팔렸지만 지금까지 대륙에 알려지지 않았던 영국 브랜드 네임을 사용하기로 결정이 내려졌다.

이는 페디그리가 전 세계 모든 개들의 주인으로부터 공감을 받을 수 있는 국제적인 느낌을 주는 이름이고, 또한 이 이름이 순종 개pedigree dog 주인들이 선호하는 이름으로서 제품을 나타내는 창조적인 컨셉과 긴밀하게 연결되어 있기 때문일 것이다. 멜로니 그룹MerlonI group이 그들의 유럽 포트폴리오 브랜드로 아리스톤Ariston 대신 인데시트Indesit를 선택한 것 역시 현명한 결정이었다. 인데시트는 가장 싼 제품이라는 이미지를 가지고는 있었지만 유럽에서는 매우 잘 알려져 있었다. 반면 아리스톤은 그룹의 역사적인 브랜드이고 좋은 이미지를 가지긴 했지만 유럽에서는 거의 알려져 있지 않았다.

그와 같은 상황들에서 따를 만한 방법론적 접근의 훌륭한 예로 아코르 그룹Accor group이 풀만 인터내셔널호텔Pullman International Hotels을 인수한 것을 들 수 있다. 임계 규모에 도달할 방법을 찾던 그 그룹은 자신이 국제적인 명성의 두 호텔 체인 소피텔Sofitel과 풀만Pullman를 가진 것을 깨닫게 되었다. 자본화는 2개의 트레이드 네임trade name 가운데 하나를 버려야 한다는 것을 의미하는데,

무엇을 버려야 하는가? 그 결정을 내리기 위해 아코르Accor는 결정에 중요하다고 판단되는 12가지 기준들을 사용해 두 이름을 비교했다.

- 최고 경영진 사이에서 각 브랜드에 대한 자발적 인지도 정도.
- 각 브랜드에 대한 고객들의 선호도. 각 체인 고객들에게 새로운 이름이 소피텔을 쓰는 것이 좋은지, 아니면 풀만을 쓰는 것이 좋겠는지를 물어보았다.
- 각 체인의 서비스에 대한 고객 만족도 수준. 이는 '전반적인 풀만의 서비스에 만족한다'와 같은 식의 질문을 통해 측정되었다.
- 다른 이름으로 변경되었을 때 고객의 용인 정도. 그들이 평소에 이용하던 체인이 없어졌을 때 어떤 호텔을 찾겠냐는 질문에 풀만의 고객들은 첫째로 힐튼Hilton, 그 다음으로 소피텔Sofitel을 뽑았고, 소피텔의 고객들은 노보텔Novotel을 뽑았다.
- 각 호텔의 서비스 수준에 근거한 소비자 선호도. 이 기준은 '당신은 2개의 체인이 합병되어 생기는 새로운 체인이 풀만과 같은 수준의 서비스를 제공해 주기를 원하십니까, 아니면 소피텔과 같은 수준의 서비스를 제공해 주기를 원하십니까?'라는 질문을 이용해 측정했다.
- 이름과 제품 실상 간의 차이.
- 고급 체인과 비교한 각 체인의 지각된 포지셔닝.
- 지각된 고객 만족과 즐거움.
- 각 체인에 대한 직원들의 소속감.
- 각 이름을 선택했을 때의 금전적 결과와 그 포지셔닝이 요구하는 수준에서 동질적 네트워크를 구축해야 할 필요성.
- 트레이드 네임에서 오는 계약적 제약들(재협상상의 어려움이 예상됨).
- 이름 변경에 특별히 민감한 호텔의 경우, 그런 변경이 주는 위험성.

이런 분석을 통해 풀만Pullman의 이름은 포기되었다. 풀만의 호텔들은 각 위치와 서비스 수준에 따라 소피텔Sofitel 또는 머큐어Mercure로 전이되거나 또는 매각되었다.

오래된 브랜드 네임이 사라지게 되는 제품에 대한 새로운 브랜드 네임을 선택할 때 브랜드가 유통되는 조건들을 통합하는 것이 중요하다. 다른 말로 하면 스토어와 머천다이징이 고려되어야 한다. 이는 로레알이 로레알 프로그레스 포 맨L'Oreal Progress for Men 브랜드를 포기하고, 그 제품들을 로레알 엘세브 포 맨L'Oreal Elseve for Men의 엄브렐러 아래 놓도록 만든 것이다.

슈퍼마켓 체인 까르푸와 월마트는 남성 전용 그루밍grooming 제품을 위한 특별 섹션을 만들었다. 그러나 이 제품들을 분리시킨 것은 그것들을 사려는 사람들의 수와 총매출액에 악영향을 미쳤다. 그 제품들은 즉시 남편, 친구, 아이들을 위해 제품을 구입하는 여성들이 고객 대다수를 차지하는 표준적인 그리고 훨씬 더 분주한 헤어 케어 제품 섹션에 재배치되었다. 프로그레스 포 맨 아래 분리된 남성 섹션보다는 선두 유럽 헤어 케어 제품인 엘세브 브랜드 아래에서 이 제품들을 파는 것이 더 쉬운 것처럼 보였다.

변화에 대한 저항의 관리

브랜드 변경brand change은 때로는 시장 점유율에 위험한 영향을 미칠 수 있는 적개심을 야기하기도 한다. 이런 저항은 고객, 유통업체 그리고 회사 내부로부터 일어난다. 고객의 입장에서 브랜드 변경은 단순히 피상적 행위가 아니라 바로 제품의 아이덴티티에 영향을 미치는 것이다. 그러므로 거기에는 암묵적 계약을 변경시키는 것에 대한 지각된 위험이 존재한다. 이는 신흥 국가들에서 더욱 그러하다. 디자인의 변경은 위조 제품의 표시sign로 해석된다. 이는 또한 서비스 산업에도 해당된다. 보거나 만질 수 있는 유형적 요소tangible element가 부족할 때 브랜드는 모든 계약적 관계의 중심이 된다. 더욱이 우리는 이미 8장에서 브랜드는 그것이 합법적인 행동으로 보일 때만 새로운 제품 카테고리로의 확장에 성공할 수 있다는 것을 확인했다. 이것이 바로 블랙 앤 데커Black & Decker가 GE의 가전제품 비즈니스를 인수했을 때 당면한 주요한 도전이었다.

성공적인 브랜드 전이를 위해서는 유통업체들과의 관계도 고려해야 한다. 소매업체들은 그들이 지지하는 소수의 보완적인 브랜드complementary brands를 선택하는 경향이 있다. 소매업체들은 그 브랜드들을 촉진함으로써 필연적으로 자신들의 명성을 이 브랜드들과 연계시킨다. 그리고 그들의 고객 충성도는 그 브랜드들로부터 나오게 된다. 따라서 브랜드를 변경한다는 것은 10~15년간 유지해온 충성스런 서비스에 의문을 제기하는 것을 의미한다. 브랜드에 충성하는 소매업체들은 회사에게 무엇인가를 기대한다. 제품들이 동일하게 유지되는 경우라도, 브랜드 X를 브랜드 Y로 바꾸는 전략적인 이유를 설명하는 것만으로는 부족하다. 거기에는 보상이 뒤따라야 한다. 자체 브랜드를 제외하고 브랜드에 별 관심을 갖지 않는 슈퍼마켓을 상대할 경우 상황은 완전히 달라진다. 그들은 좀 더 현실적인 분석을 한다. 이것이 새로운 브랜드에 대한 입점비listing allowance를 받을 기회인가 아니면 일시적인 혼란을 겪어야 하는 일인가? 또한 유통업체들은 기업이 판매 진열대에서 더 돋보이도록 하기 위해 약한 브랜드를 강한 브랜드의 엄브렐러 아래에 두는 방식을 주저 없이 비난할 것이다.

마지막으로, 저항의 내부적이고 인간적인 요소를 고려해야 한다. 일반적으로 모든 브랜드 변경은 필연적으로 그들의 자체 브랜드에 애착을 갖게 되는 관리자들을 거쳐야 한다. 로레알이 앙브르 솔레르Ambre Solaire를 엄브렐러 브랜드 가르니에Garnier 아래 둠으로써 현대적인 기술의 차원을 부여하기로 결정했을 때 그 사업부는 유럽에서 많은 저항에 부딪혔다. 앙브르 솔레르가 좋은 이미지를 가지고 있고 가르니에는 잘 알려져 있지 않았던 영국의 경우 회사 내부 인사들은 새로 바뀌는 가르니에 브랜드의 인지도가 매우 낮다는 사실을 근거로 브랜드 변경에 반대했다. 프랑스에서는 그 반대였다. 가르니에 경영진들은 앙브르 솔레가 좋지 않은 명성으로 어려움을 겪고 있고, 변경이 자신들의 브랜드까지도 평가절하할지도 모른다는 사실을 근거로 브랜드 변경에 반대했다. 결국 시행 후 앙브르 솔레르의 매출은 4백만 유로에서 2천만 유로로 증가했다.

프랑스 시장에서 선두 페인트 브랜드인 발렌타인Valentine을 'ICI 듈럭스 발렌타인ICI Dulux Valentine'으로 전이하는 별로 중요해보이지 않는 브랜드 변경을 하면서 영국 그룹 ICI가 취한 예방조치들은 이러한 3가지 장애물들을 고려해야 하는 필요성을 설명한다.

전적으로 직원들을 목표로 하는 예방조치는 그들이 얼마나 깊이 브랜드에 관여되어 있는가를 보여주었다. 발렌타인 직원들은 그들의 브랜드에 강한 애착을 갖고 있었고, 스스로를 브랜드 수탁자로 여겼다. 이런 이유로 그들은 브랜드 변경을 감정적으로 받아들였다. 따라서 브랜드 변경 과정에서 내부 커뮤니케이션이 갖는 중요성은 아이덴티티 상실감을 피하고 소멸에 관한 생각들이 생겨나지 못하도록 하는 데 있어 결정적인 것이었다.

그 결과, 가장 먼저 해야할 일은 선택적인 정보 정책을 수립하는 것이었다. 오직 프로젝트에 깊이 참여하는 사람들만이 진행 과정을 알 수 있게 했다. 프로젝트 명칭에는 자칫 게임을 망쳐놓을 수 있는 제목보다는 코드명code name이 주어졌다. 모든 직원들에게는 기한이 임박했을 때 통보되었다. 또한 그러한 전이 작업은 발렌타인 회사의 종말로서가 아니라 한 단계 더 발전하는 것으로서 제시되었다.

판매 인력들을 모아놓고 유럽 시장의 변화, ICI, 그리고 그것의 듈럭스 브랜드에 대한 대규모 프레젠테이션을 가졌다. 듈럭스의 전 세계적인 중요성, 1930년 설립된 그것의 긴 역사, 공감을 일으키는 커뮤니케이션 전략, 그 내용, 그리고 기업의 가치corporate values에 특별한 관심이 주어졌다. 변경은 큰 사건이라기보다는 고객에게 현실적이고 중요한 혜택들을 가져다주는 자연스러운 진화로서 제시되었다.

이 회합은 브랜드 변경 6개월 전에 개최되었다. 이 날짜가 가진 주목할 만한 중요성은 적어도 큰 규모에 있어 모든 내부적인 루머들을 피했다는 데 있었다.

일부 유통업체들에게는 비교적 일찍 이름 변경이 통보되었다. 이는 그들 또한 유럽의 확장을 선호하고 따라서 유럽 브랜드를 원했기 때문에 그 변화 결정의 원인 일부는 그들에게 있음은 기억할 만한 가치가 있다. 그러므로 그들은 브랜드 변경 원칙에 반대할 수 없었다. 필요한 것은 오직 그들에게 모든 일이 자연스러운 전이를 위한 것임을 보여주는 일이었다.

일부 유통업체들에게는 변경 1년 전 발렌타인 관리자들이 직접 통보했다. 한편 소매상들에게는 오직 3달 전에 영업 사원들을 통해 통보되었다. 마지막으로 백화점이나 진열대 관리자들에게는 ICI 발렌타인이 ICI 듈럭스 발렌타인이 되는

1992년 3월 23일, 바로 직전에 서면으로 통보했다. 편지에는 발렌타인의 마스코트인 표범panther이 새겨진 고급스러운 뱃지가 무료로 동봉되었다. 그리고 발렌타인 판매 사원들이 들를 때마다 그들은 ICI 듈럭스 발렌타인 시계(파란색 바탕에 한 가운데 표범 그림이 있고 12개의 시침에는 노란별이 그려져 있는 시계)를 나누어주었는데 여전히 그 시계를 착용하는 사람이 있을 정도로 매우 성공적이었다.

사실 이 브랜드 전이가 아무 장애 없이 진행된 것이라면 그것은 소매업체들의 불만을 수용하고, 그럼으로써 혁명적인 브랜드 변경보다는 그들에게 더 많은 혜택을 주는 것으로 제시되었기 때문이다. 더욱이 새로운 포장은 유통업체들의 편의를 고려하고 제품이 소비자들에게 좀 더 분명히 이해될 수 있도록 했으며, 진열대에서 좀 더 동질적인 구성을 가능케 했다.

고객의 관점에서 브랜드에 따라 진열되기보다는 목적(바닥용, 천정용, 나무용, 스틸용 페인트 등)에 따라 진열되는 것이 더 실용적이라는 것은 이미 알려진 사실이었다. 새로운 포장 덕분에 고객들은 자신들이 필요한 모든 정보, 즉 부엌용, 침실용 페인트 등을 쉽게 찾을 수 있었다. 더 중요한 것은 발렌타인이 브랜드 변경이 진열 레이아웃에 어떤 혼란도 주지 않고, 유통업체들에게 추가적인 작업이 돌아가지 않을 것임을 확실히 했다는 것이다. 그들은 또한 어떤 경우에도 같은 판매 진열대에 2개의 다른 브랜드 네임이 올 수 없다고 결정했다. 이것이 바로 620개의 해당 상점들에서 전이가 진행될 때 180명의 사람들이 필수적인 라벨 교체 작업을 했던 이유이다. 또한 어떤 것이든 문제가 발생되면 유통업체들이 언제나 이용할 수 있는 무료 전화도 만들어졌다.

브랜드 변경 전 소비자들의 반응을 측정하는 테스트도 시행되었다. 타키토스코프 테스트Tachytoscope tests(예전 포장과 새로운 포장의 계속적인 프레젠테이션)는 2가지 포장 모두가 브랜드와 동일하게 잘 연계되어 있음을 보여주었다.

고객들이 받은 또 다른 혜택은 페인트 제품의 전체 계열을 주요 용도에 따라 부문별로 쉽게 재조직할 수 있게 한 것이었다. 일반적인 상황에서 이것은 3년은 걸렸을 일이다. 이는 고객들이 새로 페인팅하려는 방이나 표면에 어떤 페인트를 써야 하는지 잘 모를 때 선택을 훨씬 더 용이하게 한다.

성공적인 브랜드 전이를 위한 요인

비록 살펴보았던 사례들과 그들이 처한 상황들이 매우 다양하지만 이 영역의 주요한 경험들로부터 전체적인 교훈을 끌어내는 것은 가능한 일이다. 일반 소비재FMCG에 관해서는 마스Mars의 전임 마케팅 이사였던 필립 빌레무스Philippe Villemus가 다음과 같이 잘 요약해놓았다.

무엇보다 이와 같은 일을 진행시키는 데는 생산, 물류, 판매영업, 마케팅, 일반관리 등 회사의 모든 부서들의 협력이 필요하다. 모든 것이 관련될 것이고, 어떤 불협화음은 문제의 원인이 될 것이다.

둘째로, 이 일을 절대적으로 압박이 아닌 기회로 받아들여야 한다. 전이는 브랜드의 강점과 약점이 재고될 수 있는 재평가의 기회이고, 새로운 브랜드가 한동안 갖게 될 특별한 관심에 힘입어 새로운 시장 점유율을 획득할 기회이다. 이런 관점에서 전 직원, 유통업체들, 소비자들이 전이를 긍정적으로 바라보아야 하며, 따라서 새로운 브랜드가 그들 각각에게 가져올 혜택들이 명시되어야 한다.

브랜드 전이는 즉흥적이어서는 안 되고, 철저히 준비되어야 한다. 소매업체, 처방자들, 오피니언 리더 그리고 직원들 모두에게 사전에 미리 통보해야 한다. 시간이라는 요인은 매우 중요하다. 모든 고객들이 변경 사실을 알 때까지 기다려야만 한다. 만일 빠르게 실행되어야 하는 경우라면 고객들이 사실을 알 수 있도록 하는 데 필요한 커뮤니케이션 수단이 있어야 한다.

소매업체들에게 브랜드 변경을 강요할 수는 없다. 그들에게 사실을 알려야 하는 것뿐만 아니라 그들의 일을 용이하게 하는데 가능한 모든 지원을 아끼지 말아야 한다. 그것은 이중 재고가 발생하지 않도록 하는 것을 의미한다. 동일한 제품 코드들이 유지되어야 한다. 이런 접근은 입점비용에 대한 요구를 감소시킬 뿐 아니라 새로운 브랜드의 회전을 용이하게 한다. 새로운 코드가 도입되는 경우 새로운 조회코드가 아직 중앙이나 매장의 컴퓨터 시스템에도 등록되지 않았기 때문에 아마도 계산대에서는 그 코드를 읽을 수 없을 것이다.

전이가 실질적인 전도inversion가 이루어지기 전의 이중 브랜드 단계와 같은 전환기간을 갖더라도 여전히 가장 신속한 시간 틀을 선택해야 한다. 평균 구매 빈도가 고려되어야 한다는 것은 진실이다. 구매 빈도가 낮을수록 전환 기간은 짧아져야 한다.

너무 오래 꾸물거리는 것은 방향의 상실을 가져올 뿐이다. 이것이 바로 몇 년 이라는 기간이 소모된 팔Pal에서 페디그리Pedigree로의 전이 사례였다. 되돌 아보면 레이더Raider/트윅스Twix의 경우처럼 모든 과정이 좀 더 신속하게 진 행되었더라면 더 효과적이었을 것이다.

어떤 경고, 정보 또는 설명도 없이 강요되는 '기정사실fait accompli' 전략보다 고객들에게 큰 충격을 주는 것은 없다. 브랜드에 대한 충성도는 이런 갑작스런 불만이나 고려의 부족으로 약화된다. 트릿츠Treets/엠앤엠즈M&Ms의 실패를 통해 이 교훈을 확인할 수 있다.(Villemus, 1996)

'기정사실fait accompli'의 전형은 1985년 5월 8일, 코크Coke에서 뉴 코크New Coke로의 갑작스런 변화이다. 그 사건은 세기의 마케팅 대실수라고 불렸다. 사실 그 브랜드 변경은 미국에서 클래식 코카콜라classic Coca-Cola를 진열대로 돌아오 게 하고 뉴 코크New Coke를 사라지게 하는 대전환을 가져왔다. 1세기가 넘게 코 크Coke가 진짜real thing라고 광고한 후 소비자에게 아무런 경고도 없이 바꾸라 고 강요하는 것은 이상한 일이었다. 소비자들은 존중받을 필요가 있다. 소비자들 은 변화가 어떻게 그들을 위한 가치를 만들어낼 것인지를 이해하고 싶어 한다. 소비자의 선택의 자유를 유지하는 단순한 확장과는 달리 브랜드 전이는 언제나 폭력적 행위이다. 하나의 브랜드는 하나의 이름 그 이상이다. 그것은 감성적인 연결emotional link이다(Fournier, 2000). 누구나 친구를 잃으면 손해, 고통 심지 어 분노를 느낀다.

오늘날 대부분의 브랜드 전이는 고객이나 소비자에게 설명된다. 그들은 미리 예 고를 받고 다짐을 받는다. 그들은 새로운 브랜드가 그들에게 어떻게 더 많은 가치 를 제공할 것인지를 알게 된다. 또한 구매 시점에서 소비자들을 잃지 않기 위해 예 전 브랜드 인지 표시들이 한동안 유지된다. 마지막으로 전환 후 '이것은 ~의 새로운 이름'이라는 것을 상기시키는 태그라인이 패키지에 부가될 수 있다.

마지막으로 중요한 것은 성공적인 브랜드 전이를 이루기 위해 고객이 브랜드와 동일시하는 것이 무엇인지, 그 에퀴티equity가 어디에 존재하는지 아는 것이 중요하다. 쉘 헬릭스Shell Helix는 이런 측면을 잘 보여주는 사례이다. 자신의 모든 로컬 윤활유 브랜드들을 하나의 유럽 브랜드로 대체하기로 결정한 쉘은 그러한 전환의 조율을 자회사들에게 맡겼다. 프랑스가 특별히 문제가 되었는데, 셀프 서비스 슈퍼마켓들이 차지하는 시장 점유율이 높았기 때문이었다(50% 이상). 채택된 전략은 1992년 9월에 쉘 헬릭스 울트라Shell Helix Ultra라고 불리는 최고급 오일을 출시하는 것이었다. 그것은 로컬 피상스Puissance 제품 계열에 추가되었는데, 실용적인 주둥이spout를 가진 그것의 특징적인 캔은 유지되었지만 컬러는 회색으로 바뀌었다.

쉘 헬릭스 울트라의 광고는 자동차 잡지에 실렸고, 오직 쉘 주유소에서만 팔렸다. 헬릭스를 시장 준거로 만드는 것을 목표로 하는 인쇄 광고 캠페인의 슬로건은 '어느 날 모든 오일은 헬릭스처럼 될 것이다One day all oils will be like Helix.' 였다. 그러면서 헬릭스 플러스Helix Plus라는 이름은 작은 글씨로 피상스 7에, 헬릭스 스탠다드Helix Standard는 피상스 5에 추가되었다.

1993년 10월, 유럽 차원의 전환을 따르기 위해, 모든 피상스 브랜드들이 헬릭스로 대체되었다. 물론 몇 달 동안은 헬릭스 아래에 피상스가 작게 표시되었다. 피상스 7의 파란색 캔은 쉘 헬릭스 플러스의 파란색 캔이 되었지만 피상스 5의 갈색 캔은 쉘 헬릭스 스탠다드의 노란색 캔이 되었다. 광고 캠페인에서는 '이름은 바뀌었을지 몰라도 주둥이spout는 그대로입니다.' 라는 슬로건 아래 피상스 7의 캔과 새로운 헬릭스 플러스 캔을 나란히 위치시켰다. 문제는 광고 에이전시가 이름 변경에 초점을 맞춘 반면 고객들은 오일 캔의 컬러에 더 많은 관심을 기울였다는 것이었다. 그러나 광고 어디에서도 노란색 캔은 보이지 않았다. 고객들은 그들이 사용하던 갈색 캔을 찾았지만 찾지 못했고, 대신 그들이 한 번도 들어본 적 없는 이름이 붙은 노란색 캔만을 찾을 수 있었다. 사실 피상스라는 이름의 높은 브랜드 인지도에도 불구하고 이 브랜드의 힘은 이름이 아닌 컬러와 연결되어 있었던 것이다! 따라서 고객들은 피상스에서 헬릭스로 이름이 변경된 사실보다는 갈색이 노란색으로 바뀐 사실을 통보받았어야 했다.

내구재 부문과 서비스 부문, 즉 높은 지각된 위험이 있는 모든 부분에서 내부 커뮤니케이션의 역할을 강조하는 것은 중요하다. 브랜드는 추상적인 것이 아니다. 브랜드는 말 그대로 그 브랜드와 스스로를 동일시하는 사람들에 의해 전달되는 것이다. 브랜드를 변경하는 것은 그들의 일체감에 변화를 주는 것이다. 그것들은 고수되어야 한다. 이는 기업 브랜드 변경에서 최고로 중요한 것이다.

기업 브랜드의 변경

1991년 1월 1일, CGE는 알카텔Alcatel이 되었다. 그때까지는 GE와의 유사성 때문에 일어나는 혼동으로 불리한 입장에 있었다. 2000년, CGEA는 국제적 시장에서 발음되지 않는 그 이름이 확장과 모든 의사소통의 효율성을 방해했기 때문에 코넥스Connex가 되었다. 브랜드 네임을 바꿀 때의 주의 사항들에 덧붙여 회사 이름을 다룰 때에는 몇 가지가 더 추가될 수 있다. 이것들은 항상 강력한 내부 대중internal public과 다수의 외부 마이크로 대중micro-public이 존재한다는 사실에 근거한다.

주의해야 하는 첫 번째 문제는 루머rumours로, 이는 항상 실제와는 다른 변화의 모습picture을 그려낸다. 내부 대중은 특히 새로운 대주주가 왔을 때 초래될 어떤 심각한 문제의 측면에서 변화를 빠르게 해석한다. 따라서 상황을 이해시키는 데 상당한 노력이 요구된다.

외부 대중들은 일반적으로 내부 문제를 낮게 평가한다. 이름 변경이 그들에게 어떤 특정 이득도 가져다주지 않으며, 따라서 그들이 많은 관심을 기울일 이유가 없다. 그러나 만약 그들이 앞으로 그 결정과 함께 가야 한다는 것을 이해했다면 그 이름 변화는 그들에게 적실성 있는 것이어야 한다. 마지막으로 각각의 마이크로 대중은 특정한 조치를 요구한다. 코넥스Connex로의 전이의 경우, 해결해야 했던 첫 번째 문제는 주식 시장 거래자 문제였다. 그 회사는 전 세계적으로 약 10개 시장에 상장되어 있었다. 그래서 그들은 그날부터 바로 모든 투자자가 신문의 경제면에서 글자 C가 이나 A를 찾게 해야 했다.

1999년 7월에 작은 에너지 회사 토털Total이 더 큰 엘프 사Elf company를 인수했다. 그에 따라 세계에서 4번째로 큰 에너지 회사이자 그 기원이 앵글로색슨이 아닌 유일한 회사가 되었다. 이런 기업 합병의 성공은 이번 장의 주제를 훨씬 넘어서는 것이다. 그것을 이름 변경으로 축소하는 것은 터널tunnel을 통해 보는 것과 다르지 않다. 그러나 이름은 그런 합병에서 중요한 역할을 한다. 이 사례에서 회사 이름은 전체적인 작업의 성공 가능성을 높이기 위해 즉각적으로 바뀌지 않았다.

토털피나엘프TotalFinaElf의 경영진에 따르면 합병은 다음과 같은 요인들로 인해 성공적이었다.

- 인수하는 회사에 의해 훌륭하게 준비되었다. 예를 들어 그들은 이미 대상 회사의 모든 직원들을 파악했다. 인수 한 달 만에 새로운 조직도가 만들어졌다. 그에 따라 예전 엘프 회사의 모든 직원들이 그들이 이제 어디에 있어야 하는지 빠르게 배우게 되었다.

- 인수 회사는 모든 직위, 팀과 직원들에서 50대 50 균등을 존중하는 용기를 가졌고, 승리자처럼 행동하지 않았다.

- 수백 개의 위원회가 모든 유형의 주제를 토의하기 위해 만들어졌다. 그래서 어제의 적은 적대감이 적어졌고, 서로를 알아가고 결국 친구가 되었다.

- 인수 후 그 그룹은 토털피나엘프라는 이름을 갖게 되었고, 3년 동안 유지했다. 이 이름은 내부적인 목적을 위해 선택되었다. 그것은 아무도 패배하지 않았다는 것을 가리켰다. 인수된 회사의 이름을 유지하는 것은 존중의 표시였다. 외부적으로는 힘power의 표시였다.

- 2003년이 되어서야 그룹 이름은 심도 있는 내부 분위기 조사 후에 토털Total로 바뀌었다. 토털 로고logo도 이 때 바뀌었다. 새로운 토털은 예전 토털과는 달랐다. 새로운 로고는 이 선두 유럽 연료 회사의 새로운 가치를 전달했다. 합병은 도약을 이루는 특별한 기회이다. 그런데 왜 노바티스Novartis(이전의 시바 산도즈Ciba Sandoz)나 아벤티스Aventis(이전 훼스트 롱

프랑Hoechst Rhone Poulenc)가 했던 것처럼 백지 상태로 시작하지 않고 이전 이름으로 돌아갔는가? 노바티스와 같은 연구소들은 자산으로서 브랜드들, 즉 의학과 제약 제품 브랜드들을 갖는다. 그러나 에너지 회사의 자산assets은 그것이 보유한 석유 매장량에 있다. 그것은 회사가 그 이름 하에 모든 산유국에서 50년이 넘는 활동을 통해 쌓아온 명성에 크게 의존한다. 토털Total은 핵심 자산key asset이었다. 그것은 전 세계적으로 신뢰를 의미했다. 더욱이 국제적인 금융 커뮤니티는 토털의 재무 관리팀이 자리에 계속 있기를 기대했고, 그 계속성은 그들을 안심시키는 방법으로서 의도되었다.

15 *Ageing, Decline and Revitalisation*
브랜드 노화, 쇠퇴, 재활성화

브랜드는 자산assets이므로 기업들은 가능한 오래 브랜드가 수익을 만들어낼 수 있도록 노력한다. 그들은 브랜드 라이프사이클을 믿지 않는다. 이는 브랜드의 매출이 최소화되고 수년 동안 부진이 계속된 후에도 그러한 활동을 재출시하기 위한 노력을 종종 보게 되는 이유이다. 투자 기금과 비즈니스 엔젤(개인 투자자)들은 잠자는 미녀, 즉 이름 자체가 우리의 기억에 반향을 일으키는 브랜드를 좋아한다. 여기에는 이유가 있다. 이런 브랜드들은 자산으로서 여전히 브랜드 인지도, 속성, 신념들을 부여받는다. 처음부터 다시 시작하는 것보다 이런 전제로부터 출발하는 것이 비용이 적게 든다. 예를 들어 2003년, 유니레버Unilever가 유럽에서 세 번째로 선실크 샴푸를 재출시한 이유도 여기에 있다.

둘째, 오래된 브랜드들old brands은 감정을 불러일으키는 가치value, 향수nostalgia를 갖는다. 노령화 사회에서 많은 소비자들의 과거의 일부는 흘러간 삶과 과거의 좋은 시간을 떠올리게 만든다. 몇몇 소비자들은 시간의 흐름을 멈추는 상징적인 방법으로서 이러한 감정을 다시 갖기를 원할지도 모른다(Brown, Kozinets and Sherry, 2003).

많은 가깝고 연관된 컨셉들, 즉 오래된 제품의 재출시, 재창조, 오래된 제품의 변경, 브랜드 재활성화를 명확히 구별하는 것이 필요하다.

- 오래된 제품의 재출시old product relaunch는 과거의 제품을 되살려서 과거 상태 그대로 파는 것이다. 2001년, 월마트는 새롭고 알려져 있지 않은 브랜드 로리나Lorina를 등록했다. 이 브랜드는 레몬에이드를 파는 작은 회사로부터 온 것이다. 모든 유통업체들에게 레몬에이드는 일용품이다. 즉, 가장 싼 것이 가장 좋은 것이다. 1리터의 표준 레몬에이드는 약 0.25유로에 팔린다. 로리나는 4유로에 제품을 판다. 로리나는 고유의 유리병, 매우 특별한 뚜껑 그리고 당시의 제조법으로 1950년대 사람들이 마셨던 바로 그 레몬에이드를 다시 만들어냈다. 구매자는 누구인가? 50대 이상의 사람들이다.

- 오래된 제품의 재창조old product reinvention로는 새로운 폭스바겐 비틀VW Beetle이 있다. 수집가들을 제외하고 옛날 비틀을 몰 준비가 된 사람은 아무도 없을 것이다. 현대 기준으로 불안정하기도 하고 불편하기 때문이다. 이것이 폭스바겐이 그 차의 독창적인 디자인을 유지하면서 약간 외형을 바꾸고, 현대 소비자의 실리적인 기대에 맞춰 비틀 자동차의 모든 기능성들을 완전히 수정하기로 결정한 이유이다. 구매자는 누구인가? 나이 든 소비자와 기꺼이 브랜드 커뮤니티를 고수하려는 더 젊은 사람들이다.

- 좁은 의미에서 브랜드 재활성화brand revitalisation는 브랜드에 생명을 불어넣고 성장 곡선 위에 다시 갖다놓으면서 계속적인 판매 흐름을 재창조하는 것이다. 브랜드가 많은 제품들로 구성될 때, 이것은 전형적으로 2가지 조치를 동시에 수반하는 것을 볼 수 있다. 즉 (그 프랜차이즈를 유지하기 위해) 오랜 전형적인 제품을 있는 그대로 세계적으로 유지하는 것과 새롭고 더 젊은 소비자를 위해 제품을 재창조하는 것이다(다시 말해, 만약 현대 소비자들의 요구에 맞춰 처음부터 그것을 발명해야 한다면 이 제품은 오늘날 무엇이 되겠는가라는 질문을 하는 것이다).

- 브랜드 변경brand facelifts(Bontemps and Lehu, 2002)은 재활성화 과정의 일부이다. 변경은 경쟁사를 따라잡기 위해 브랜드 디자인이나 성능을 업그레이드하는 것을 말한다.

많은 사람들이 브랜드 재활성화에 관심을 갖고 있다.

- 브랜드를 재활성화한 후 몇 년 안에 되팔려는 목적으로 부진한 브랜드ailing brand, 종종 오래된 브랜드를 싼 가격에 사는 젊은 투자자나 벤처 자본가들.
- 자신의 브랜드를 만들 충분한 돈은 없지만 저렴한 가격에 예전에 활발했던 브랜드를 사려고 하는 소규모 기업들. 예를 들면 유럽의 요구르트 브랜드 챔버시Chambourcy가 판매를 멈춘 10년 후 네슬레Nestle는 그것을 팔 수 있다고 생각했다. 한 작은 회사가 그 브랜드를 샀지만 이름이 알려져 있다는 사실만으로 재활성화가 성공을 보장받지는 못했다. 그 회사는 파산하고 말았다. 실행 가능한 경제적 방정식 없이 브랜드 하나만으로는 소용이 없었다. 물론 네슬레가 그 브랜드 사용에 많은 제약을 두었다. 네슬레는 자사의 브랜드였던 것을 상대로 경쟁하게 되는 것을 원하지 않았기 때문이다. 더욱이 브랜드의 매출은 소비자에게 미치는 그 브랜드의 매력뿐만 아니라 브랜드를 운영하는 기업이 가진 힘의 결과이기도 하다. 또한 현대의 대형 소매업체들은 잘 알려져 있지만 오래된 브랜드를 보유한 것보다 경쟁을 유지하고 그들의 저장 시설에 효율적으로 납품하는 기업의 능력을 훨씬 더 가치 있게 여기는 경향이 있다.
- 거대 기업들 또한 오래된 브랜드를 재활성화하는 데 관심이 있다. 그러나 그 브랜드가 오래된 것으로 지각되지 않을 때, 즉 오로지 나이 든 사람들과 연관이 있을 뿐 오늘날에 적실성이 없는 브랜드로 지각되지 않을 때이다. 이는 포드Ford가 재규어Jaguar를 인수해서 그것을 고품질 차를 위한 브랜드로 사용할 수 있기 위해 많은 돈을 투자해야 했던 것을 설명한다.
- 글로벌 기업들이 그들의 국제적인 스타 제품들의 현지에서의 성장을 쉽게 하고 자금을 조달하기 위해 선두 로컬 기업을 살 수도 있다. 현지의 로컬 브랜드는 현지 유통의 문을 여는 도구이다. 그러나 종종 소위 이 로컬 리더들이 쇠락의 명확한 징후를 나타내는 것이 발견된다(혁신도 없고, 젊은 고객도 거의 없으며, 지난 관습에 대한 도전도 패키지, 디자인 그리고 커뮤니케이션의 체계적인 업그레이드도 없다).

브랜드 에쿼티의 쇠퇴

브랜드가 상업적 활동을 멈추었다 하더라도 즉시 그들의 자산을 잃지는 않는다. 오랜 시간에 걸쳐 습득된 브랜드 이미지는 소비자의 장기 기억에서 쉽게 지워지지 않는다. 꽤 오랜 시간이 흐른 뒤에도 브랜드는 많은 긍정적이거나 부정적인 연상을 불러일으킬 수 있다. 그러나 잃게 되는 것은 핵심 브랜드 자산key brand asset이다. 브랜드 현저성brand salience, 즉 그 제품 유형을 사고자 하는 니즈가 나타나자마자 동시에 소비자의 마음속에 환기되는 브랜드의 능력이다. 이는 소비자의 '환기군evoked set'(또는 구매고려 제품군)에 속하는 것이 브랜드 에쿼티brand equity의 주요 척도인 이유이며, 브랜드 존재brand presence와 그런 니즈에 대한 지각된 독특한 적실성relevance 모두를 나타낸다.

표 15.1은 브랜드 에쿼티가 시간에 따라 어떻게 쇠퇴하는지를 설명한다. 브랜드 X는 (거의 100% 침투의) 매우 인기 있는 카테고리의 일반소비재 식품 브랜드이다. 최근까지 이 브랜드는 시장에서 2인자였다. 그리고 시장의 3인자가 이 브랜드를 인수했는데, 그 회사는 즉시 브랜드 X의 모든 공장들을 팔았고, 브랜드 인수는 즉시 보상을 받았다. 가장 중요한 사실은 브랜드 X가 자신의 활동을 중단했고, 그리고 결과적으로 규모 면에서는 시장의 2인자가 되었고 가치 면에서는 일인자가 되었다는 것이다. 모든 종류의 광고 활동이 중단된 8년 후에도 브랜드 에쿼티는 사라지지 않았다. 최초 상기 인지도는 13%에서 5%로, 보조 인지도는 86%에서 55%로 떨어졌다. 흥미롭게도 앞선 12개월 동안 적어도 한 번 브랜드 X를 샀다고 말하는 13%의 소비자가 여전히 있었다. 이 13%라는 수치는 이 일반소비재 카테고리에서 그런 브랜드 에쿼티의 지표들이 갖는 타당성에 의문을 던진다. 그것은 자발적 인지도의 단순한 반영인 것처럼 보인다.

그 브랜드 소유주가 브랜드를 팔기로 결정했다면 그것은 얼마만큼의 가치를 가질 것인가? 0이나 다름 없을 것이다. 그 소유주는 그것을 팔지 않을 것이며, 그래서 브랜드는 자신의 시장에서 다시 살아날 수도 있을 것이다. 이 시장을 떠나서는 그것은 단지 가치 없는 이름일 뿐이다. 즉 구매자가 없을 것이란 말이다. 소유주 스스로 그 브랜드를 재활성화시킬 수 있을까? 아마도 특정 세그먼트나 니

| 표 15.1 | 브랜드 에쿼티는 시간이 지나면서 어떻게 쇠퇴하는가

	브랜드의 상업 활동 중단 이후의 기간							
	1	2	3	4	5	6	7	8
최초상기도(현저성)	13	12	7	7	6	3	1	5
전체 비보조 인지도	26	28	20	29	15	14	11	16
보조인지도	86	83	76	73	68	50	55	55
지난 12개월 동안의 구매	27	29	17	19	12	15	10	13

일반소비재 식품 브랜드: 표본크기 450/년, %

치에서는 가능할 것이다. 대형 소매점의 판매 진열대로 돌아오는 것은 불가능할 것이다. 판매 진열대는 현재 첫째 자체 라벨private labels, 둘째 메가 브랜드가 된 소수의 생산자 브랜드들로 넘쳐난다. 전형적으로 유통 경로의 전환은 가능할 것이다. 예를 들어, 음료 브랜드는 (매점이나 식당과 같은) 업소 시장을 통해 팔릴 수 있을 것이다. 단, 치열한 경쟁이 없어야 하고, 그 경로에 가치를 부가할 수 있어야 한다. 유통 경로와 용도 변화는 이런 이유로 재활성화의 고전적 형태이다.

이러한 예는 너무 자주 간과되어 왔던 사실을 설명한다. 한 브랜드의 가치는 그 브랜드의 자산에 있는 것이 아니라 이 자산으로 수익을 내는 기업의 능력에 있는 것이다. 활동이 없었던 8년이 흐르고 나면 전체 상업적 환경은 변하게 될 것이다. 자연은 진공을 싫어하며, 비즈니스도 마찬가지이다. 브랜드가 스토어에서 사라지자마자 진열대는 유통업체 자체 브랜드를 포함해 다른 브랜드의 제품들로 채워진다. 다시 제품을 팔기 위해서는 진열대 위에 놓인 그 제품들이 치워져야 한다. 현대 유통이 복귀를 위한 공간을 재할당하도록 하는 데는 많은 비용이 들며, 성공도 거의 보장되지 않는다. 복귀를 꾀하는 데는 브랜드만으로 충분하지 않으며, 혁신이 요구된다.

왜 쇠퇴를 막아야 하는지 그리고 브랜드가 활동을 하지 않는 기간 후에 어떻게 가치를 잃게 되는지는 분명하다. 그러나 쇠퇴의 요인들은 무엇인가?

브랜드 쇠퇴의 요인

9장에서의 브랜드 장수longevity 요인 분석에 의하면, 존중받지 못할 때 브랜드가 쇠퇴한다고 말할 수 있을 것이다. 사실 브랜드 쇠퇴는 항상 잘못된 관리에서 나온다. 생산자가 브랜드에 대한 관심을 멈추고 (그래서 혁신, 광고 또는 생산성의 결핍을 초래하면서) 소비자 또한 흥미를 잃게 됨을 예상할 수 있다. 그리고 브랜드가 역동성과 에너지를 잃고 점점 활력vitality을 잃어가는 모습을 보인다면 어떻게 그 브랜드가 열정passion과 개종proselytism을 일으키기를 바랄 수 있겠는가? 너무 기본적이어서 그것을 잊을 수 있다는 사실이 놀라운 이런 원칙들 외에도, 쇠퇴를 가속화하는 몇몇 요인들이 있다.

품질을 소홀히 할 때

쇠퇴로 가는 첫 번째이자 확실한 길은 제품 품질의 하락을 통해서이다. 브랜드가 품질의 상징이 되지 못하는 것이다. 기업들은 경제적 요인들로 사소하기는 하나, 불행히도 너무 자주 품질에 관련된 비용을 줄이게 된다. 예를 들면 로레알L'Oreal이 랑방Lanvin을 인수했을 때, 그것의 향수인 아르페쥬Arpege에는 예전 향수의 흔적만이 남아 있었다. 그 향은 원래 천연 오일로 만들어졌지만 그 후로 많은 양의 인공 성분이 들어갔다. 병은 그 둥근 형태마저도 잃어버렸다. 세계 소비자들은 아르페쥬가 너무 심하게 학대받아서 더 이상 높이 평가될 수 없다는 것을 깨달았다. 로레알이 취한 첫 단계는 이 향수가 가졌던 케이스, 병, 성분들을 돌려주는 것이었다. 극적이지는 않지만 많은 비용이 드는 이 임무는 절대적으로 필요했다. 이 조치는 아르페쥬를 외면했던 소비자와의 접촉을 다시 형성하는 것을 가능하게 했고, 브랜드에 대한 소비자의 수용 기반을 다시 구축할 수 있게 했다.

유의하지 않은 차이들을 인식하라

제품의 품질 수준의 변화는 제품의 이전 버전에 견주어 테스트된다. 만약 소비자들이 변화된 제품에 대해 안 좋은 의견을 갖더라도 통계 분석은 그 차이가 유의하지 않다고 제시할 수 있다. 이 경우 기업은 재무적인 절약의 기회를 제공하는 그 변화를 실행하는 데 주저하지 않을 것이다.

문제는 전적으로 '유의한 차이significant difference'란 표현에 달려 있다. 모든 결정은 소위 '알파 위험 식역alpha risk threshold'(일반적으로 5%)에 근거를 둔다. 즉, 샘플에서 관찰된 차이가 그 케이스들의 5%보다 적은 부분에 영향을 미치는 한, 유의하지 않다고 선언되는 것이다. 통계에서 이 고위험 식역high-risk threshold의 목적은 실제에서 존재하지 않는 현상을 실제로 받아들이는 것을 피하기 위한 것이다. 문제는 마케팅의 경우 그것이 고려되어야 하는 '베타 위험beta risk이고, 그것의 목적은 실제 진실인 가설을 거짓으로 여기는 일을 방지하는 것이라는 사실이다. 매번 유의하지 않다고 선언되는 아주 적은 양의 수정을 계속하다 보면 결국은 상당한 위험을 안게 된다.

소비자들은 어리석지 않다. 소비자들은 제품을 멀리하고, 포기하며, 때때로 입소문으로 부정적인 의견을 퍼트린다. 그때부터 비록 차이가 유의하지 않다고 말한다 해도 그 제품이 표준 제품 이하로 평가된다면 제품의 어떤 변경도 조심스럽게 접근되어야 한다.

트렌드에 뒤쳐짐

쇠퇴의 셋째 요인은 지속성 있는 변화를 즉시 따르지 않는 것이다. 그에 따라 오랫동안 골프채에서 세계적 기준이었던 테일러 메이드Taylor Made는 '빅 버사Big Bertha'라는 암시적인 이름suggestive name으로 캘러웨이Callaway 브랜드가 출시하는 거대한 헤드gigantic head가 유행하리라는 사실을 믿지 않았다. 시장의 다수를 차지하는 평균적인 선수들에게 더 많은 노력을 요구하는 다른 컨셉을 고수함으로써 테일러 메이드는 그 리더십을 잃었다. 마찬가지로, 시장이 그 리더인 오아시스Oasis를 따라 플라스틱으로 바뀔 때도 방가Banga 오렌지주스는 유리병을 고수했다.

2001년, 미국 전문 마케팅 연구회사인 잰들Zandl에 따르면 진jeans은 여전히 젊은이들 사이에서 가장 선호되는 옷이다. 그러나 이 젊은이들은 현재 선호하는 진 브랜드로 112개의 다른 브랜드를 인용한다. 시장은 분화되었으며, 그 이미지와 판매가 단일 제품mono-product인 501과 큰 연관성을 갖는 리바이스Levi's에게는 어려운 도전이 되었다.

　분화fragmentation는 부족tribes, 소그룹들이 새로운 관습과 새로운 브랜드에 더욱 알맞은 새로운 진jeans의 유형을 선호하도록 만들었다. 많은 경쟁자들이 니치 시장을 채웠다. 페페Pepe와 디젤Diesel은 '포 어스 바이 어스For us by us'라는 도시적 반항과 언더그라운드 거리 패션을 강조했다. 갭Gap 또한 주요 플레이어가 되었다. 리바이스는 거리 패션에 불신을 나타냈고, 실제로 젊은 층의 오피니언리더인 래퍼와 글라이더를 무시했다. 타이트한 501은 스케이트보드나 롤러스케이트에 전혀 맞지 않았다. 스케이터들은 무릎까지 말아 올라가는 아주 큰 사이즈를 원하고, 래퍼들은 주머니가 많은 바지를 좋아한다. 스펙트럼의 반대편에서 소녀들은 아르마니Armani나 베르사체Versace 진은 말할 것도 없이 토미 힐피거Tommy Hilfiger와 폴로Polo 진을 열망했다. 그것은 명백히 대량 시장의 종식이었다. 리바이스는 그것을 예측하지 못했고, 더욱이 눈앞에 있는 트렌드에도 반응하지 않았다.

단일 제품 신드롬

　제품 정책의 수준에서 여전히 단 하나의 제품과 연결된 브랜드는 더 취약하다. 그 브랜드는 제품 쇠퇴와 함께 없어질 위험을 갖는다. 다시 이것은 신화적인 501과 너무 오래 연관되었던 리바이스Levi's에게 일어난 일 중 일부이다. 원더브라Wonderbra는 단일 제품에 덫에 걸린 브랜드의 또 다른 분명한 예이다.

　원더브라에 관해 들어보지 못한 사람이 있겠는가? 여자든 남자든 거의 없을 것이다. 제품이 실제로는 상대적으로 오래되었다 해도(캐나다 캐내델Canadelle 사가 1953년 고안했다) 유럽에서 실제로 출시된 것은 꽤 최근이다(1994). 사라 리Sara Lee가 회사를 샀고 플레이텍스Playtex에게 유럽에서 원더브라를 출시하는 책임을 주었다. 환상적인 광고 캠페인('헬로 보이즈Hello boys'과 동반된 홍보는 이 혁신을 유명하게 만들었다. 이 브랜드는 작은 가슴을 가졌다고 느끼는 여성이 더 섹시하게 보이게 하고, 그 결과 자신감을 얻도록 도와주었다. 그것은 새로운 세그먼트를 창조했다. 1995년 유럽에서 5백만 세트가 팔렸고, 소비자 86%가 35세 이하였다.

현재 원더브라는 어디 있는가? 쇠퇴를 막는 데 급급하고 있지는 않지만, 여전히 성장으로 가는 길을 찾고 있다. 보조 인지도가 70%의 수준임에도 불구하고 원더브라의 영업권은 몇몇 국가들의 유통 경로들에서 악의bad will에 가까워졌다. 판매는 1995년 최고점에 오른 이후 계속 감소하기 시작했다. 유명한 브랜드를 가진 경쟁사들 또한 이 세그먼트에 진출했다.

문제는 원더브라가 하나의 브랜드가 아닌 하나의 제품과 관련되었다는 것이며, 그 브랜드 네임은 제네릭 네임이 되었다. 즉 사람들은 '원더브라wonderbra'에 관해 이야기한다. 이 고도의 기술 제품(42개 부분으로 나뉘고 특정 제조기술을 필요로 했다)은 회사 내에서 큰 사랑을 받았다. 모두가 원더브라를 자랑스러워했다. 다음은 어디로 가야만 하는가? 혁신이 시장 침투의 열쇠라면 하나의 브랜드는 하나의 제품 이름 그 이상의 것이 되어야 한다. 그러나 원더브라는 충분히 혁신하지 않았고 소비자들은 그 제품을 다시 구입하지 않았다. 오늘날 61%의 원더브라 소비자들은 단 하나의 원더브라만을 가지고 있다. 그들은 특별한 때에만 원더브라를 입고 평소에는 거의 입지 않는다. 원더브라는 섹시 포지셔닝을 이용하지만 다른 구매 이유에 기반을 둔 신제품을 제안할 수 있었을 것이다. 바로 그와 같은 혜택이 다른 재료와 모양을 사용해 표현될 수 있었을지 모른다. 그 대신에 원더브라는 편협한 상태를 유지하며, 소비자들이 브랜드 안에서 자유롭게 움직이는 것을 막았다.

또 다른 어려움은 브랜드의 글로벌 관리였다. 플레이텍스Playtex(사라 리Sala Lee)로의 과도한 집중화 때문에 새로운 모델들은 언제나 유럽의 선두 시장인 영국에 맞춰 디자인되었다. 경영진은 이탈리아, 프랑스, 스페인 여성들의 니즈나 취향이 영국 여성과 다르다는 것을 깨닫지 못했다. 그 결과 유럽에서의 판매는 단일 국가 판매가 되었다.

브랜드 쇠퇴와 유통 요인

브랜드가 유통 경로의 새로운 기대에 부응하지 못할 때, 유통 경로와의 관계는 쇠퇴 요인이 될 수 있다. 로레알L' Oreal 같은 기업들이 플레니튀드Plenitude 같은 슈퍼마켓 유통을 위한 특별한 화장품 브랜드를 만들었기 때문에 약국 유통 분야에서 비쉬Vichy의 위상은 위협을 받고 있다. 그런 연구소 브랜드의 제품을 사기 위해 약국을 찾는 소비자들은 제품으로부터 더 높은 수준의 품질을 기대한다. 그러나 시간이 지나면서 비쉬는 과학적 품질보다는 생활방식에 더 초점을 맞춘 제너럴리스트 브랜드generalist brand가 되었다. 1995년, 비쉬는 스스로가 더 이상 소비자들이 약국에서 사길 원하는 제품에 부합하지 않는 제품들을 팔고 있다는 것을 깨달았다. 비쉬의 생존은 모든 제품들의 질적인 향상과 더 나은 피부 건강의 혜택에 대한 재포지셔닝에 달려 있었다.

다른 브랜드들은 스스로가 쇠퇴하는 유통망의 덫에 걸림으로써 붕괴되었다. 최근 일본에서 큰 주류 스토어들liquor stores의 증가와 그에 따른 작은 편의점들을 희생은 충분한 수준의 대중적 인지도가 결여된 모든 브랜드의 즉각적인 쇠퇴를 야기했다. 작은 판매점에서는 대중적 인지도가 필요하지 않았다. 스토어 주인은 브랜드를 들여와서 그것을 고객들에게 팔았다. 하지만 현대 유통에서는 브랜드는 스스로를 팔아야만 하고, 시장 견인market pull이 필요하다.

약한 커뮤니케이션은 거리감을 창출한다

마지막으로 커뮤니케이션이 브랜드 쇠퇴를 가속화시킬 수 있다. 광고를 멈추는 것은 시장에서 존재하는 것을 멈추고 주요 행위자가 되는 것을 멈추는 것을 의미한다는 사실을 넘어, 신중한 커뮤니케이션 관리는 그 본질essence을 유지하면서 표시signs를 현대화하는 것이다.

자 브랜드가 너무 스포트라이트를 받으면 모 브랜드는 역으로 영향을 받아 쇠퇴하고 있다는 인상을 줄 수 있다. 이것이 사라 리Sala Lee의 속옷 브랜드인 딤Dim에게 일어났다. 딤이 속옷 시장에서 그리고 일반 섬유 시장에서조차 매우 주된 광고 주체였음에도 불구하고 점차 쇠퇴하며 덜 활동적인 것처럼 보였다. 실제적인 광고 점유율share of voice과 시장이 느끼는 에너지 상실감 사이의 불균형은 사라 리 그룹의 경영진을 걱정시켰다. 사실 진단은 명확하다. 자 브랜드의 프로모션 전술이 너무 멀리 진행되어서 그것이 딤의 이미지를 분산시키는 것이었다.

실제로 7장에서 보았듯이, 각기 다른 고객 혜택을 제안하는 각기 다른 제품들에 이름들을 부여해 딤Dim의 넓은 계열을 명확히 한 것은 적절했다. 그에 따라 수블림Sublim, 디암스Diam's 그리고 그밖의 다른 라인들이 출현했다. 다른 한편으로 이 조치는 딤 이미지의 분산, 심지어 자 브랜드의 혜택에 있어 딤의 소멸을 만들어냈다. 이런 상황의 첫 징후는 포장이었다. 각기 다른 포장들 사이에 더 이상 동질성을 찾을 수 없었고, 모 브랜드는 다양한 장소에서 중요치 않은 보증 역할로만 나타났다. 더욱이 조직적 변화의 맥락에서 더 많은 비즈니스 부문들이(타이츠, 란제리, 남성 품목) 도입되었다. 불행히도 비즈니스 부문 간의 일관성 coherence과 모 브랜드 자본capital의 방어를 책임지는 사람은 더 이상 없었다.

마지막으로, 딤Dim의 로고가 오직 하급 제품에만 나타나고 상급 제품에는 감춰져 있었기 때문에 이는 딤의 품질이 쇠퇴했다는 인식을 증가시켰다. 동시에 시장은 더 내구성 있고, 더 상급 제품인 불투명 타이츠로 이동하고 있었다. 이는 쉽게 딤을 오늘날 여성의 상징이 아닌 저급한 품질의 상징으로 만들 수 있었다.

이런 위험한 인식을 바로잡기 위해 딤은 기본 제품을 포함해 모든 제품의 부가가치를 증가시키는 일에 착수했다. 또한 모든 포장을 업그레이드했으며 소스 브랜드의 지위를 회복하기 위해 퍼스트 네임 브랜드들을 가시적인 엄브렐러 아래 재위치시켰다. 그리고 '이것은 딤이 만든 새로운 디암스입니다This is the new Diam's by Dim'가 아니라 '딤이 새로운 디암스를 소개합니다Dim presents the new Diam's'라고 분명하게 광고하기 시작했다. (이 예는 브랜드에게 치명적인 경향을 설명한다. 바로 최고의 신제품으로부터 체계적으로 거리를 둠으로써 브랜드를 정적이고 쓸모 없는 구식의 제안으로 제한하는 것이다.)

마지막으로, 자 브랜드의 과도한 표출과 병행하여 딤 브랜드Dim brand가 여가와 실내 옷 분야로 확장되었다는 사실 또한 언급되어야 한다. 이는 브랜드에 희석이라는 위험을 더했다. 경쟁력 있는 분야(몸 가까이 입는 모든 것)를 떠나서 일반 옷 분야로 진입함으로써 부가가치의 유형적인 면이 줄어들었다. 어떤 유형적인 부가가치도 없이 딤 라벨만이 들어간 옷의 존재는 새로운 시장뿐만 아니라 기본 시장인 타이츠와 란제리에서도 브랜드의 실제적인 기여도에 대한 의심을 부추길 수 있었다. 그래서 딤의 리뉴얼 계획에서는 브랜드 자본의 희석을 초래하는 이런 확장에 종지부를 찍었다. 우선순위는 딤이 전문적이라고 인식되는 분야로 되돌아오는 것이었다. 기성복의 역사에는 새로운 확장을 실험하기 위해 초기 컨셉을 포기하고 결국에는 그들의 아이덴티티를 상실한 수많은 브랜드들의 예가 있다. 전형적인 제품과 더 이상 연관될 수 없는 뉴먼Newman이나 초기 스타일에서 크게 벗어난 말보로 클래식Marlboro Classics 등이 그 경우이다.

브랜드가 제네릭이 되었을 때

가장 높은 정도의 브랜드 부가가치 희석은 브랜드가 제네릭generic이 되었을 때 일어난다. 그 브랜드는 차별적인 특징이 없는 일상 언어의 한 부분인 설명적인 단어로 여겨진다. 잘 알려진 고전적 예가 스카치Scotch, 크리넥스Kleenex, 제록스Xerox, 나일론Nylon, 벨룩스Velux이다. 무엇이 한 브랜드를 제네릭이 되는 지점까지 끌어내렸는가? 그 브랜드의 특정한 본질과 목적에 대한 커뮤니케이션 포기는 브랜드 쇠퇴를 일으킨다. 따라서 신제품의 우위를 점유한 브랜드는 무엇이든 일반 이름이 될 위험이 있다. 이는 다음과 같은 몇몇 예방 조치를 취함으로써 예방될 수 있다.

- 브랜드의 제품임을 나타내는 단어를 만들어라.
- 브랜드 네임만을 언급하지 않고 제품의 일반적인 호칭과 함께 언급하라.
- 브랜드를 동사(예를 들어 미국에서는 '제록스하다'가 '복사하다'를 의미한다)나 명사가 아닌 형용사로서 사용하라.
- 브랜드의 네임을 제3자나 미디어가 보통 명사로 사용할 때 체계적으로 항의하라. 예를 들어 오류가 알려지도록 요청하는 것이다. 강하게 대응하지 않은 듀퐁드느므르Du Pont de Nemours는 나일론Nylon과 테플론Teflon의 소유권을 잃어버렸다. 나일론과 테플론은 그 후 제네릭 용어가 되었다.
- 유형적 속성이든 무형적 가치든 자사 브랜드와 경쟁적인 제품들간의 지각된 차이를 만들어라. 어떤 경우든 새로운 제품을 소개하라.

브랜드의 노화

브랜드가 노화되고 있다거나 노화의 징후를 보이고 혹은 노화된 것처럼 보인다는 말들을 한다. 이런 인상은 브랜드와 그 경쟁자들 사이의 차이를 인식하는 고객, 비고객, 공급자, 유통업체 혹은 직원 스스로가 느낄 수 있는 것이다. 발렌타인Ballantines, 마티니Martini, 블랙 앤 화이트Black & White, 클럽 메드Club Med, 입생로랑Yves Saint Laurent 그리고 기라로쉬Guy Laroche는 모두 노화하는 것으로 묘사되어 왔다.

노화의 컨셉은 사실 2가지 다른 의미를 갖는다.

- 일반적 의미는 오랜 시간에 걸쳐 느리지만 체계적인 쇠퇴를 의미한다. 그 브랜드는 빠르게 끝날 운명은 아니지만 시간과 함께 어쩔 수 없이 사라지는 것처럼 보인다. 어제는 강하고 활동적이었다고 해도 오늘날에는 평범한 브랜드로 보인다. 마치 더 이상 시장에 말할 것도, 제안할 것도 없고 오로지 그 충성 고객으로만 살아가는 것처럼 보인다. 이런 노화의 한 징후는 점차 벌어지는 자발적 인지도와 보조 인지도 사이의 간격이다. 여전히 그 브랜드를 떠올리기는 하지만 시장에 충격을 주는 브랜드 가운데 하나는 아니다. 이 브랜드는 카테고리의 다른 브랜드들만큼 자주 신제품을 출시하지 않는다. 놀라움을 주지도 않고, 스스로를 반복하기만 한다. 반복과 지루함 사이에는 아주 작은 차이만이 있다.
- 두 번째 의미는 고객 이미지를 가리킨다. 모든 것이 그 전형적인 고객들이 나이 들어가고 있음을 나타낸다. 그리고 마케팅이 고의적으로 나이 든 고객을 목표로 하는 회사의 예에서도 브랜드 이미지가 나이 든 고객들에게 매우 밀접히 연관되는 것은 바람직하지 않다. 브랜드가 번성하는 나이든 고객 시장(보통 50이상의 고객)을 목표로 한다할지라도 다마트Damart는 60대~70대 고객들과 연관되지 않도록 해야 한다. 그 정도까지 가지는 않더라도 입생로랑Yves Saint Laurent 라벨은 젊은 사람들에게 디오르Dior나 샤넬Chanel의 고객보다 나이든 고객을 대표하는 것으로 보인다.

이런 노화의 인상들을 만들어내는 것은 무엇인가? 시간의 대부분이 이런 인상들을 만든다. 브랜드가 더 이상 그 시대에 속하는 것처럼 보이지 않고 자신의 내부 에너지를 잃는다. 많은 브랜드들이 스스로가 또 다른 세대age의 제품과 연관되도록 내버려둔다. 시간의 가속화와 함께 또 다른 시대era의 개념은 이제 가까운 과거를 가리킨다. 기술이 지배하는 모든 시장에서 노후는 빠르게 일어날 수 있다. 구식의 기술과 연결된 브랜드나 최신식의 진보나 인터넷에 보조를 맞추려 하지 않는 것처럼 보이는 브랜드에게는 할 수 있는 일이 거의 없다.

브랜드가 18살이면서 동시에 노화로 위협받을 수 있다. 슈퍼마켓 유통용으로 로레알L' Oreal이 출시한 오드 투왈렛 오 쥰eau de toilette Eau Jeune(즉, 젊은 워터)에게 있어 도전은 18~25세 이후의 세대, 하지만 너무도 다른 세대에게, 여전히 오 쥰Eau Jeune으로 여겨지는 것이다. 이 브랜드가 단일 제품으로 남아 있었다면 사라졌을 것이다. 1987년, 젊음을 상징하던 것이 1997년에는 더 이상 젊음을 상징하지 않는다.

자신의 시장에서 브랜드가 표현하는 관점은 또한 때때로 새로운 지배적 가치에 갑자기 뒤쳐지는 것처럼 보일 수 있다. 플레이텍스Playtex에 관한 유럽에서의 결정들은 미국으로 가기만 하면, 그 브랜드가 여성의 선택에서 여성성의 역할을 고려한 것처럼 보이지 않는다. 제품들이 높은 품질을 가졌다 해도, 그것들은 가슴을 받쳐주는 유형적 문제에 기초한 순전히 기능적인 것이었다. 미국에서 적실성을 갖는 것은 유럽 여성이 그들의 몸과 관계하는 방식과는 완전히 상반된 것이었다. 그 어조와 고지식함에서 플레이텍스는 딸이 아니라 어머니들에게 초점을 맞추는 것처럼 보였다.

살로몬Salomon이 신발과 스키 바인딩에서 세계적인 선도 브랜드라 할지라도 몇 년 안에 노화의 큰 위험에 직면하게 된다는 것을 최근 깨닫게 되었다. 사실 로시뇰Rossignol과 같은 방식으로 살로몬은 반세기 동안 알파인 스키의 가치를 대표해 왔다. 그것은 노력, 질서, 경쟁, 100분의 1초를 줄이는 것, 100만분의 1초로 다른 모든 사람들을 이기는 것이다. 새로운 세대들은 더 이상 이 가치들에 동의하지 않는다. 서핑에서 유래한 반체제 문화는 새로운 스포츠와 새로운 가치를 가져오면서 슬로프에서 우위를 점하고 있다. '글라이드 제너레이션glide generation' 으로 불리는 이들은 알파인 스키를 배우지 않았고, 앞으로도 그럴 것이다. 그들은 본능적으로 겨울에는 슬로프에서 스노보드를, 거리에서는 롤러스케이트나 롤러 블레이드를 한다. 또한 그들은 최고의 가치를 우정과 감성에 놓는다. 그들은 경쟁과 지난 시절과 연관된 브랜드들을 기피한다. 그들은 자신들만의 신gods을 선택했다. 바로 버튼Burton, 에어워크Airwalk, 퀵실버Quicksilver, 옥스보우Oxbow가 그들의 신이다. 이 모든 브랜드들은 새로우며, 스포츠의 또 다른 비전을 상징한다.

브랜드의 외적 표시에서 진화의 부족은 새로운 고객들을 끌어당기는 것에 있어 현재 그것의 관심이 부재하다는 사실을 가리킨다.

어떤 브랜드들은 같은 이미지들과 연관된 채로 계속 남아 있기 때문에 답보 상태에 이르게 되었다. 입생로랑Yves Saint Laurent이 디오르Dior나 샤넬Chanel보다 더 구식으로 보이는 것은 나이 들어가는 창설자 자신의 편재omnipresence와 까트린느 드뇌브Catherine Deneuve와의 연관과 관련 있다. 랑콤Lancome은 더 젊고 국제적인 스타를 기용할 만큼 분별이 있었다.

고객으로서 젊은 사람들과 직접적인 접촉을 잃는 것은 노화의 확실한 징후이다. 이는 조니 워커Johnny Walker와 잭 다니엘Jack Daniel, 마티니Martini와 바카디Bacardi를 구별 짓는 것이다.

브랜드는 항상 미래의 소비자에게 매력적이어야 한다. 지금 40대인 구매자가 50대가 되었을 때는 그들의 기능적 기대치들 또한 바뀔 것이다. 그러나 그들은 또한 자신들의 일상의 브랜드를 고수함으로써 자신들이 변하지 않았다는 것 또한 보여주고 싶어할 것이다. 그들은 자신들이 나이가 들었다는 신호가 되는 낡은 브랜드를 지지하지 않을 것이다.

이는 비록 다마트Damart의 마케팅이 55세 노년층에게 타깃이 맞추어져 있다 할지라도, 그것의 미래는 45세 남녀들 사이에서의 브랜드 이미지에 달려 있는 이유이다. 다마트는 목표 고객이 아닌 이미지의 진화에 주력해야 한다. 그를 위해 다마트는 마지막 개척자 브랜드last-frontier brand로 보이지 않도록 자신의 이미지를 향상시켜야 한다. 이는 다마트가 주력 제품인 속옷을 현대화하는 것 외에도 그들의 낡은 유통 방식을 버린 이유이다.

현재 몇몇 백화점에는 플레이텍스Playtex, 로지Rosy, 워너Warner 옆에 다마트

란제리가 놓여 있다. 다마트 스스로도 단순히 나이에 기반한 이미지와 결별하면서 세대 장벽을 뛰어넘는 제품들을 광고한다. 두껍고 컬러있는 타이츠는 짧은 스커트를 입은 소녀들이 스키를 타거나 가을 하이킹을 할 때만큼이나 모터바이크를 탈 때도 적당하다. 이런 중요한 행동을 통해 그들의 미래 소비자에게 말을 걸고 고객 침체에 종지부를 찍는다. 1990년, 다마트는 거의 새로운 소비자를 끌어들이지 못했지만 충성 고객들에게 더욱 더 많은 판매를 하게 되었다.

이미 밝혔듯이 젊은 사람들과 관계를 유지하는 것은 관리에 있어 문화적 혁명을 의미한다. 자신들의 준거점이 언제나 안전해 보이기 때문에 그들이 직면하는 위험을 종종 인식하지 못하는 나이 든 내부 팀에게는 그러한 노력이 거대해 보일지도 모른다. 마지막으로 소비자들이 더 오래 살아서 고객 노화의 영향이 드러나지 않은 채 지나가버릴지도 모른다. 쇠퇴는 느리고 눈에 잘 띄지 않는다. 그러나 불행히도 암과 마찬가지로 명백한 쇠퇴의 표시가 없어서, 징후가 분명해졌을 때에는 대응하기에는 이미 늦었을지도 모른다.

자신의 준거점과 함께 나이든 조직에 활력을 불어넣는 데 필요한 급진적인 내부 변화를 일으키기 위해서는, 더 젊은 사람들로 전체 경영진을 젊게 만드는 데 주저함이 없어야 한다. 브랜드의 재활성화revitalisation는 항상 내부를 젊게 만드는 작업rejuvenation과 함께 시작된다.

브랜드의 재활성화

어떻게 브랜드를 다시 젊게 만들 수 있을까? 어떻게 침체되거나 지나간 브랜드를 되살릴 수 있을까? 어떻게 오랫동안 쇠퇴해 온 브랜드가 다시 지속적인 성장을 하게 만들 수 있을까? 매우 다양한 상황이 존재한다 할지라도 목표는 같다. 바로 브랜드에 새로운 생명을 불어넣는 것이다. 이는 핵심적인 질문으로 이어진다. 어떤 삶인가? 누구의 삶인가? 보통은 거의 예전과 같지 않을 것이다.

그 뿌리를 존중하는 것respecting과 과거를 발전시키는 것cultivating 사이에는 큰 차이가 있다. 재활성화, 회생은 브랜드 아이덴티티의 일부에 충실하면서 전체

| 그림 15.1 | 오래된 브랜드의 잠재가능성 분석

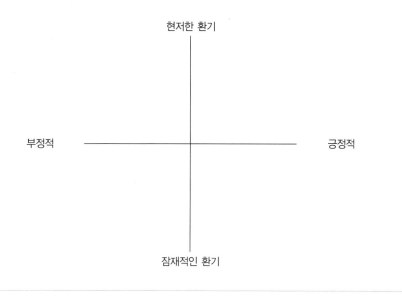

브랜드의 제안offer을 업그레이드하는 것에 기반을 둔다. 회생revival은 새로운 성장 시장을 목표로 하는 것을 의미한다. 브랜드는 새로운 적실성과 차별성을 찾아야만 한다. 브랜드의 '회생'이라는 용어는 그렇게 정확하지는 않다. 왜냐하면 그것은 항상 제품, 시장 또는 목표 시장의 변화를 의미하기 때문이다. 그것은 재출시이기는 하지만 예전과 같은 사람들, 같은 유통 경로, 같은 용도 등일 필요는 없다. 시간과 함께 소비자, 시장, 경쟁자는 변한다.

브랜드 에센스의 재정의

잊혀진 브랜드들조차도 내적 의미internal meaning, 즉 이용되어야 할 합법적 영역을 갖고 있다. 브랜드 재활성화revitalisation의 첫 임무는 브랜드의 어떤 가치가 아직도 높은 적실성을 갖고 어떤 것이 의미를 잃었는지를 이해하는 것이다. 오래된 브랜드old brands는 사람들의 기억에 연상의 파편들을 퍼뜨려왔다. 이런 약한 기억들은 일종의 '부식토humus'로 작용한다. 이런 부식토를 분석하는 것이 중요하다. 브랜드 에센스에 관해 남겨진 것은 무엇인가? 그로부터 나오는 잠재력은 무엇인가? 어떤 시장 기회들이 충족될 수 있을까? 그림 15.1에 나오는 것처럼 이를 분석하는 것이 유용하다.

대체로 쇠퇴하는 브랜드는 긍정적이고 두드러진 환기를 거의 갖고 있지 않으며, 이러한 환기는 일반적이고 차별성이 없다. 실질적인 잠재력은 드러나지 않는 연상에 있다. 이런 묻혀 있는 긍정적인 연상들에서 올바른 조합을 선택하는 것이 마케팅의 역할이다. 그런 다음 브랜드는 새로운 타깃을 목표로 한 새로운 제품이나 서비스, 경로들에서 이들을 구현해야 할 것이다.

새로운 상황을 통한 활성화

한 브랜드의 재활성화는 보통 그것의 최초의 성공에 이른 길과는 매우 다른 새로운 길을 따른다. 쇠퇴가 있었다면 그것은 이러한 길들이 새로운 수요나 성장 지대로 이어지지 못했기 때문이다.

재활성화는 브랜드를 위한 새로운 요소들을 구축하는 것이다. 브랜드의 최초 소비자들이 더 이상 브랜드의 성장을 보장할 수 없기 때문에 브랜드는 새로운 소비자들을 끌어들이고 새로운 사용자 상황, 새로운 유통 경로, 새로운 소비자 네트워크를 발전시켜야 한다.

브랜디brandy가 고전적인 예이다. 그것은 전형적으로 '애프터 디너after-dinner'와 '브랜디를 함께 즐기는 미식가들'이라는 상황과 연관되어 있는데, 이런 이미지와 상황은 전 세계적인 브랜디 판매량의 큰 하락에 책임이 있다. 훨씬 마시기 쉽고 트렌디한 화이트 주류(바카디Bacardi, 앱솔루트Absolut, 시그램 진 Seagram's Gin 등)와의 경쟁으로 인해 몇 년 간 쇠퇴를 겪은 후 브랜디의 판매는 최근 미국에서 다시 치솟기 시작했다. 중요한 차이가 있는데, 미국에서 현재 소비되는 브랜디 양의 50%는 미국 인구의 12%를 차지하는 흑인 공동체가 소비한다는 것이다. 브랜디는 지위 가치가 중시되는 사회적 상황의 맥락에서 아프리카계 미국 남성들이 좋아하는 음료가 되었다. 흑인들은 새커리Thackeray(진)와 크리스털 로드레Crystal Roederer(샴페인)뿐만 아니라 마르텔Martell이나 헤네시 Hennessy를 요구한다.

새로운 소비자 그룹을 목표로 삼으려면 기업은 전통적인 마케팅에 의문을 제기하고 새로운 타깃 그룹을 위한 최적의 마케팅 믹스를 정의할 준비가 되어 있어야 한다. 그 과정은 새로운 고객, 그들의 라이프스타일 그리고 제품이 소비되거나 구매되는 새로운 상황과 함께 시작된다. 그러므로 혁신은 오래된 브랜드의 재활성화에 있어 중심적이다.

유통 변화를 통한 활성화

사실 고전적인 재활성화 전략은 알려진 브랜드들을 다른 유통 경로에서 사용하는 것이다. 예를 들어 슈퍼마켓 식품 브랜드는 '풀pull' 마케팅보다는 '푸시 push' 마케팅에 의지하는 경로로 이동될 수 있다. 이는 예전의 많은 유명 브랜드들을 구내 매점이나 식당 등에서 보게 되는 이유이다. 이 브랜드는 (알려지지 않은 브랜드나 자체 라벨보다) 고객의 눈에 가치를 창조하며 잘 알려진 일류 브랜드보다 더 싸다. 그 반대 또한 진실이다. 한 회사는 100% 보조 인지도를 갖고 있지만 요즘에는 거의 처방되지 않는 오래된 의약품 브랜드들을 전문적으로 사들였다. 그들 가운데 몇몇은 제네릭 네임이 되어 있었다. 그 회사의 전략은 그 이름이 즉각적인 인식과 신뢰를 주는 슈퍼마켓의 진열대에서 그것들을 판매하는 것이다.

혁신을 통한 재활성화

거의 10년 전에 메르세데스Mercedes는 위협을 받고 있었다. 브랜드는 분명히 국제적인 찬사를 얻었지만 그럼에도 징후들은 걱정스러운 것이었다. 새로운 소비자 트렌드가 창조되는 캘리포니아에서 메르세데스는 더 이상 열망적인 브랜드 aspirational brand가 아니었다. 도요타Toyota에서 나온 최고의 브랜드 렉서스 Lexus가 메르세데스를 대신했다. 그리고 유럽에서 그 기간의 가장 작은 메르세데스 C-클래스의 평균 구매자는 51세였다.

분명히 메르세데스는 더 나이든 사람들을 위한 브랜드가 되었다. 그 기업 CEO는 냉혹하지만 정확한 진단을 내렸다. 그대로 브랜드를 유지해 기업을 파산시키거나(롤스로이스Rolls-Royce처럼), 진화시켜야 한다는 것이었다.

첫 단계는 유리한 경제적 방정식을 만들어낼 조건을 재구축하는 것이었다. 메르세데스는 수용 가능한 수준까지 생산 비용을 낮추기 위해 100만대의 차량을 만들어야 했다. 둘째는 더 젊은 소비자를 끌어들이는 것이었다. 소비자가 51살이 될 때까지 경쟁자들에게 넘어가게 할 수는 없었다. 이를 위해 기업은 지난 60동안의 모든 메르세데스 차들의 표준 디자인을 버려야만 했다.

이는 메르세데스를 재활성화했던 사건이 A-클래스의 출시인 이유이다. 폭스바겐 골프Volkswage Golf와 직접적인 경쟁에 있던 이 작은 차는 유럽에서 브랜드의 새로운 '원형prototype'이었다. 이 모델은 2가지 점에서 전통적인 메르세데스와 달랐다. 그것은 전륜구동이었고, 디자인도 완전히 달랐다. 그러나 여전히 C-클래스의 인테리어 공간과 E-클래스의 안전성을 가지고 있었다. 사실 A-클래스는 유럽 메르세데스 판매량의 30%를 차지한다. 무엇보다도 이 모델은 더 젊은 소비자(평균 37세), 더 많은 여성과 스타일을 중시하는 사람들을 끌어당겼다.

미국에서 새로운 메르세데스 원형은 고급 4륜구동 M-클래스로, 캘리포니아와 다른 지역의 트렌디한 집단trendy set과의 접촉을 재구축했다.

훨씬 더 젊은 소비자들을 목표로 하는, 아름다운 CLK 로드스터CLK Roadster는 의도적으로 매력적인 가격에 포지셔되었다. 그 아름다움, 감수성, 디자인은 현재 새로운 메르세데스 브랜드 계약의 일부이다. 물론 어떤 형태의 확장이든 오리지널 브랜드를 변형하는 것이고, 메르세데스는 더 이상 독점적인 최고급 브랜드가 아니다. 새로운 메르세데스의 관리는 더 세분화되었고, 소비자의 니즈와 라이프 스타일에 더욱 맞춰졌다. 이 브랜드는 정기적으로 최고 계열 모델들을 통해 세계 일류 자동차 제조사로서의 지위를 갱신한다. 그 중에서 S-클래스가 심볼이다.

미래로의 귀환

종종 브랜드 쇠퇴는 브랜드의 사명을 잊는 데서 비롯된다. 조금씩 작은 수정들이 전략에 더해지고, 이것이 누적되어 브랜드를 잘못된 길로 이끈다. 이는 하드디스카운트 스토어가 덜 할인을 하게 되고, 럭셔리 브랜드가 덜 럭셔리한 브랜드가 되고, 여성적인 브랜드가 그 여성성이 줄어드는 식이다. '중심으로의 회귀 Back to the core'는 고전적인 재활성화 전략이다. 이는 과거에 얽매이는 것을 의미하는 것이 아니다. 초기 비전vision과 사명mission이 여전히 유효하다면 제품 자체는 새롭게 업데이트될 필요가 있다는 것을 인식하면서 그 비전과 사명으로 돌아가려고 노력하는 것이다.

많은 그룹들은 정기적으로 그들 아이덴티티의 적실성과 운영이 실제로 이러한 전략과 일치하는지를 점검함으로써 예방적으로 행동한다. 예컨대 데카슬론 Decathlon에서는 운영 마진이 높아지면 바로 경고 벨이 울린다. 데카슬론의 뿌리 깊은 문화는 운동과 육체적인 활동으로 사람들을 행복하게 만드는 데 초점을 맞춘다. 이는 시장에서 최상의 성능/가격 비율을 가진 자신의 브랜드들을 제공하는 정책을 통해 성취된다. 더 높은 마진은 성능/가격 비율이 그래야만 하는 수준에 못 미치고 있음을 나타낸다.

이것은 또한 호텔 관리에서도 매우 전형적인 것이다. 정기적으로 아코르 호텔 Accor Hotels에서는 각 브랜드가 '미래로의 회귀Back to the future'라고 불리는 세미나를 연다. 목표는 전략이 잘 수행되고 있는지, 또는 사실상 미세하게 변화했는지를 평가하는 것이다. 만약 그 경우라면 다시 한번 브랜드 사명을 이행하기 위해 더해지거나 없애야 할 서비스는 무엇인가?

오피니언 리더와의 접촉을 통한 활성화

노화하는 브랜드는 일반적으로, 변화를 미리 보여주는 부족들tribes인 그들 카테고리의 트렌드세터trend setters와의 접촉을 상실한다. 광고와 제품 혁신은 이런 트렌드세팅 부족들의 적극적인 지지 없이는 전혀 유용하지 않다. 수년 동안 찾지도 않았고, 그 기간 동안 경쟁자들에 매료된 사람들과 친구가 되는 것은 쉽지 않다. 더욱이 노화하는 브랜드는 과거의 아이콘이라고 여겨지고, 호의 goodwill가 아닌 악의bad will를 불러낼 수도 있다.

직접 접촉과 공유된 감성적 경험을 통해 근접성을 다시 창조하는 일은 어려울 수는 있지만 그것은 제자리로 돌아오는 데 필수적인 부분이다. 브랜드의 미래 시장이었던 서퍼들surfers과의 접촉을 상실한 살로몬Salomon은 그 경영진을 교체해 잃어버린 연결을 재창조할 젊은 사람들을 고용함으로써 내부의 문화적 혁명을 창조해야 했다.

이전에 얼라이드 도멕Allied Domeq의 소유였던 발렌타인Ballantines도 최근에 자신이 젊은이들과의 모든 접촉을 잃어버렸다는 것을 깨달았다. 인수합병의 한 가운데에서 자신의 운명을 더 염려했던 매니저들은 미래 고객이 아닌 브랜드의 기존 핵심 고객들에게 집중했다. 그들은 브랜드 에쿼티brand equity를 유지하는 것이 현재와 미래 비즈니스를 똑같이 다루는 것을 의미한다는 사실을 잊고 말았다. 예를 들어 1995년의 브랜드 에쿼티 모니터링은 몇몇 유럽 국가들에서 18~24세 연령층의 자발적 브랜드 인지도가 7년 만에 47%에서 13%로 떨어졌다는 것을 보여주었다.

단지 브랜드 광고를 변화시켜서 이런 극적인 문제에서 빠져나오는 것은 불가능하다. 때때로 신제품을 만들어내는 것이 필요한데 그 사이에 소비자, 소비자 습관, 경쟁자, 소비 장소 등 모든 것이 변했기 때문이다.

하나의 브랜드는 하나의 이름을 가진 하나의 제품이 아니라 하나의 관계relationship이다. 무시까지는 아니더라도 무관심으로 일관한 몇 년이 지난 후 발렌타인Ballantines은 상실한 관계를 다시 정복해야 했다. 발렌타인은 여전히 몇몇 나라에서는 최고일 수는 있지만, 그것은 모두 나이가 들어가는 핵심 상용 구매자들 때문이었다. 페르노 리카Pernod-Ricard의 우수 사례를 벤치마킹하면서 발렌타인은 접촉을 통한 근접성을 재정복하기 위해 유럽뿐만 아니라 남미에도 큰 투자를 하기로 결정했다. 타깃을 정하는 것이 매우 중요하다. 핵심 부족key tribe은 누구인가? 경영진은 스노보딩을 새로운 세대의 핵심 가치를 표현하는 것과 동일시했다.

국제 스키 연맹과 대립관계였던 국제 스노보딩 연맹과 협력해 발렌타인은 모든 알파인 스노보드 경기를 후원했고, 디스코에서 야간 행사를 열었다. 그러나 오늘날 접촉을 다시 획득하는 데 있어 효과적이기 위해서는 후원을 하면서 브랜드를 내거는 것 이상이 되어야 한다. 브랜드가 행사의 중심에 있거나 핵심 동맹이어야 한다.

두 번째 단계는 도시 젊은이가 타깃이라는 인식에서 출발한다. 발렌타인은 '발렌타인 어번 하이Ballantines Urban High' 투어를 통해 스노보딩을 도시로 가져오기로 결정했다. 베를린에서 리우데자네이루까지 수도 한가운데에서, 또는 해변에서 발렌타인은 거대한 경사로를 만들고 인공 눈을 덮었다. 그리고 최고의 프리랜서 스노보더들을 찾기 위해 3일 간의 국가 대회를 열었다. 전국적인 지역 선발

이 대회에 앞서 개최되었으며, 엄청난 버즈buzz을 형성했다. 그 시리즈의 첫 대회는 1995년 10월 상징적으로 베를린 브란덴부르크 게이트(베를린 장벽에서 동독 사람들이 자유로운 서독으로 올 수 있는 유일한 문이었다)에서 개최되었다. 젊은이들 사이에서는 모든 것이 공유되었다. 대회 기간 내내 (그룹 프로디지Prodigy와 함께하는) 야외 콘서트와 그런지grunge 패션 쇼가 열렸고, 도시의 모든 디스코장에서는 스노보딩을 테마로 한 야간 프로모션이 진행되었다. 또한 움직이는 대형 천막을 만들고 스타일 리더들을 초대해 라이브 테크노 음악을 듣게 했다. 베를린 이후에도 투어는 계속되어 프라하, 모스코바, 리우데자네이루로 이어졌으며 여전히 계속되고 있다.

발렌타인의 예로부터 끌어낼 수 있는 교훈은 오늘날 근접성은 그 자리에 그냥 있는 것이 아니라 타깃 그룹의 삶과 부딪히는 것을 의미한다는 것이다. 패션, 운동, 음악, 춤, 오락, 비디오게임을 통합하고, 타깃 청중의 욕구에 대한 훌륭한 이해를 보여줌으로써 다차원적 행사가 만들어졌다. '발렌타인 어번 하이' 라는 특별 로고가 만들어졌고, 이는 결국 라이센스 제품(의류, 티셔츠, 음악 등)을 위한 라벨이 되었으며 웹사이트가 되었다. 미래에는 프랜차이즈 체인인들 생기지 않겠는가?

이벤트는 선발 단계와 전국적인 브랜드 노출brand presence을 통해 훌륭히 준비되었다. 많은 예산이 투입되었는데, 10만 명의 젊은이가 참여한 베를린 행사 비용이 약 60만 유로에 이르렀다(오래 지속되는 감정적 기억과 브랜드 관여도를 창조하는 접촉을 위해 한 사람 당 5유로의 비용이 들어간 것이다).

비즈니스 모델의 변경

이따금씩 모험적인 기업가들은 오래되고 침체된 브랜드를 인수해서 재활성화하기로 결정한다. 또한 거대 그룹들도 그와 같은 일을 한다. 종종 브랜드 재활성화로 제시되는 것은 실제로는 비즈니스 모델의 변화이다. 1장에서는 혜택을 제공할 수 없는 브랜드는 실제적 가치가 없는 것임을 강조했다. 혜택은 일단 자본 비용이 지불되고 난 후의 재무적 혜택, 경제적 부가가치EVA를 의미한다. 침체된 브랜드를 더 가치 있게 만드는 것은 그것이 의존할 새로운 비즈니스 모델이다.

수십 년 동안 허친슨Hutchinson의 예전 자회사인 레글' Aigle은 고무장화로 유명했다. 그 이름은 또한 그것의 상징이었다. 레글은 아메리칸 이글에서 바로 따온 말이었다. 이 브랜드는 어부, 사냥꾼, 자연을 사랑하는 사람, 시골 지주들 사이에서 숭배의 대상이었다. 그러나 중국 수입품과 현대 유통은 너무 많은 문제들을 만들었고, 기업은 파산해서 LBO에 인수되었다. 2004년에 세계 어디를 가나 에이글Aigle 스토어들이 있다. 브랜드가 변한 것인가? 이름 측면에서는 레글' Aigle에서 에이글Aigle로 한 자를 잃어버리고, 단순성과 국제성을 얻은 것이다. 가장 중요한 사실은 그것이 장화 브랜드에서 레저웨어 브랜드로 이동했으며, 그 원형(가장 상징적 제품)은 고무장화에서 브랜드를 주도하는 가치로서 파카라는 견고한 제품으로 이동했다는 것이다. 구식의 고무장화는 그 신화를 유지하기 위해 여전히 존재하지만 비즈니스는 새로운 원형을 통해 성장했다. 이런 비즈니스 모델의 변화에는 많은 혜택들이 존재한다.

- 단일 제품에 너무 많은 의존을 하는 브랜드는 판매 하락을 완화시킬 수 없으므로 항상 위험에 처해 있다. 장화는 기후가 건조해지면 판매량이 떨어진다. 또한 그 고무장화가 뛰어난 품질을 갖기 때문에 오래 간다. 브랜드 충성도는 높지만 구매 간격이 너무 길다.
- 레저웨어로의 확장은 현대 유통의 지배력으로부터 브랜드를 자유롭게 하고, 브랜드만의 선별적인 유통망을 만드는 것을 가능하게 했다. 확장된 라인은 각 매장을 채우는 것 이상을 가능하게 했다.
- 레저웨어는 패션에 민감하다. 사람들은 이미 비슷한 옷을 가지고 있어도 매년 새로운 옷을 산다. 또한 가격에 덜 민감한 분야이기도 하다.

이 예는 재활성화의 성공 요인이 '브랜드'에 있음을 상기시킨다. 왜냐하면 기업 자체나 전략에 대한 정보는 거의 없기 때문이다. 분명, 그 브랜드 명성은 매우 귀중한 자산이었다. 하지만 그 자산은 유효한 비즈니스 모델에 의해 뒷받침되지 않는 한 아무런 가치가 없었다.

오래되어도 노화하지 않기

재활성화를 이해하는 한 가지 방법은 '노화되지' 않는 브랜드를 고려하는 것이다. 어떻게 그것이 가능했을까? 전형적으로 시간의 경과를 무시한 브랜드들은 니베아Nivea와 라코스테Lacoste의 예에서 나타나는 것처럼 이중 논리dual logic를 채택했다. 그들의 예를 따라 젊음을 유지하려면, 브랜드는 제품에 대한 3가지 유형의 이니셔티브를 실행해야 한다. 이것들은 브랜드 재출시를 위한 모델로도 사용될 수 있다.

브랜드 변경하기, 재창조하기, 혁신하기

브랜드의 관리는 현재(현재의 브랜드 상태)를 유지하면서 동시에 미래를 준비하는 것이다. 수입의 원천을 구성하고 미래의 성장 제품을 개발할 수 있게 하는 것은 현재이다. 그림 15.2에서 보는 것처럼 젊음을 유지하기 위해 브랜드는 동시에 세 가지 형태의 이니셔티브를 실행해야 한다.

- 니베아Nivea가 유명한 파란색 금속 통에 담긴 기본 제품을 현대화하기 위해 니베아 소프트Nivea Soft를 도입한 것처럼, 브랜드는 계속 '원형prototype'을 현대화해야 한다. 니베아 소프트는 더 가볍고 유분이 적으며, 하얀 통에 담겨 시장에 나왔다. 라코스테Laxoste는 울의 품질, 컬러, 소매 등의 측면에서 그 유명한 12×12 폴로셔츠를 정기적으로 향상시킨다.

- 라코스테Lacoste가 라이크라Lycra로 오늘날 여성들이 입기 좋아하는 몸에 딱 붙는 셔츠를 만드는 것처럼 브랜드는 또한 그 '원형'을 재창조해야 한다. 그 제품은 즉각적으로 히트했다. 예를 들어, 기본 제품이 로션인 헤어케어 브랜드를 상상해보자. 그것은 분명 포장을 현대화하고, 성분을 새롭게 해야 한다. 그러나 무엇보다도 오늘날의 고객들이 그 제품을 바르고 싶어하는 방식을 고려해야 한다. 그 제품 자체는 매우 적실성 있다 하더라도 두피에 로션을 문지르는 것은 더 이상 선호하지 않는 방식일 수도 있다. 이런 경우 제품을 바르는 또 다른 방법은 분명 최고의 혁신이 될 것이다. 최초로

| 그림 15.2 | 장기적인 브랜드 에쿼티의 유지

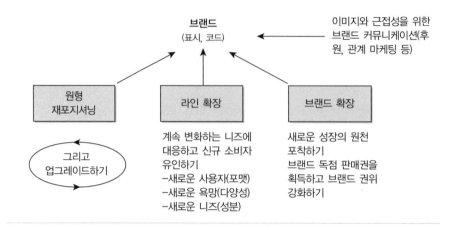

스프레이 방식의 선 로션을 발명한 니베아를 생각하면 된다.

• 마지막으로 브랜드는 현재 젊은 소비자 세그먼트를 지배하는 트렌드와 행동을 적극적으로 찾아냄으로써 혁신해야 한다. 이 세그먼트들이 미래에 고객 충성도를 생성할 세그먼트들이기 때문이다. 헤어 케어 브랜드의 예로 돌아가서, 그 브랜드는 새로운 제품(물론 브랜드 계약에 부합하는) 개발에 나서지 않을 수 없다. 젊은이들은 헤어 젤과 스타일링 제품, 헤어 컬러에 열광한다. 이런 시장은 분명 이미 존재하지만 브랜드는 이 시장 내에서 자신에게 유리한 새로운 세그먼트를 창조할 수 있다.

적극적으로 새로운 행동 유형을 찾는 것은 곧 새로운 유통 경로를 탐색하는 것을 의미한다. 왜냐하면 새로운 행동은 종종 새로운 장소와 상황에 연결되기 때문이다. 이런 혁신은 또한 기본적인 구조와 스타일의 측면에서 새롭고 놀라운 홍보 캠페인을 시작할 기회를 제공한다. 브랜드는 이런 식으로 스스로를 재창조하고 있다는 분명한 신호를 보낸다. 동시에 이러한 캠페인은 신제품에 대해 하듯이 이런 혁신의 비즈니스를 출시하는 것을 목표로 한다.

브랜드 노화의 징후 탐지하기

브랜드는 고객과의 접점에서 가치를 창조하는 모든 브랜드 행동의 총합으로 만들어진다. 이는 브랜드가 정기적으로 자신의 행동을 모니터해야 하는 이유이다. 브랜드 쇠퇴의 확실한 징후들이 많이 있다. 그리고 그 징후들은 7가지 주된 유형으로 나뉠 수 있다.

미래에 대한 불충분한 준비
- 1년간 판매에서 신제품의 불충분한 비율
- 낮은 특허 등록율
- 낮은 상표 등록율(새로운 제품과 서비스에 이름을 붙일 필요가 거의 없다는 표시)
- 연구개발, 시장 감지, 트렌드 포착에 대한 불충분한 투자
- 새로운 용도와 새롭게 나타나는 사용 상황들에 관한 불충분한 지식
- 이런 문제를 다루기 위한 중역 회의의 불충분한 횟수

불충분한 이중 관리
- 비소비자, 현대 소비자, 미래 소비자에 관한 불충분한 지식
- 시장 변화를 예상하지 않고 기존 고객 요구에 따르는 것
- 느리지만 꾸준한 고객 평균 연령의 증가

성장 주머니를 포착하기에 불충분한 능력
- 떠오르는 새로운 수요를 포착할 준비 없이 역사적인 제품을 통해서만 브랜드를 생각하는 것
- 브랜드 일관성의 과도한 견지로 브랜드의 확장 유형을 제한하는 것

불충분한 적실성
- 현재의 포지셔닝과 가치의 약화
- 가치가 실현되는 방식의 약화
- 마지막으로 실시한 고객 만족 설문조사 날짜

- 놓친 고객과의 마지막 인터뷰 날짜
- '적당히 만족했다'고 말하는 고객의 비율의 증가
- 마지막 블라인드 테스트 날짜
- 낮아지는 반복 구매 비율
- 자발적 인지도(현저성)의 감소
- 자발적 언론 인용 수의 감소

접촉에서의 불충분한 활력
- 브랜드 로고와 시각적 심벌의 정기적인 갱신의 부족
- 포장(디자인, 인간 공학)의 마지막 변경 날짜
- 스토어를 위한 정기적인 외양 변경의 부족
- 서비스 부족(콜 센터, 웹사이트 등)
- 브랜드 근접 마케팅의 부족
- 광고의 부족

불충분한 자기 자극
- 호기심 부족
- 놀라게 하려는 욕망의 부족
- PR 이벤트 부족
- 새로운 오피니언 리더, 언론과의 접촉 부족

불충분한 임직원
- 젊은 매니저의 부족
- 임원진들의 성비 불균형(100% 남성 또는 100% 여성)'

16 *Managing Global Brands*
글로벌 브랜드 관리

지리적 확장은 브랜드의 필수적인 운명이다. 브랜드의 성장, 혁신하고 규모와 생산성의 경제 측면에서 경쟁 우위를 유지하는 능력은 지리적 확장에 달려 있다. 그래서 마케팅 디렉터들은 더 이상 국제적인 확장 원리에는 의문을 갖지 않는다. 대신 이 확장이 성취될 수 있는 수단들에 집중한다. 그들은 스스로에게 묻는다. 우리는 어디로 가야 하는가? 우리는 언어와 국가의 경계를 거부하는 글로벌 브랜드와 지역적 요구사항과 상황에 대비하는 브랜드 사이에서 어떤 균형을 유지해야 하는가? 어떤 브랜드가 글로벌한 중요성을 갖는 운명이고 어떤 것이 한 국가적 기반 위에 남아 있어야 하는가? 마지막으로 어떻게 내셔널 브랜드들의 포트폴리오를 적은 수의 글로벌 브랜드로 합리화할 것인가? 이미 15장에서 본 것처럼 어떤 전환이라도 조심스럽게 관리되어야 한다.

브랜드 글로벌화의 옹호자와 지역 시장에 안전한 적응을 옹호하는 사람 사이의 논쟁은 레빗(Levitt, 1983), 켈치와 호프Quelch and Hoff(1986)의 논문들을 통해 1980년대 학문적 형식으로 시작되었다. 사람들은 거의 이데올로기적으로 한쪽 편을 선택해야 했다. 20년이 지난 지금, 우리는 다소 성공적이었던 과거 경험으로부터 배울 수 있다. 글로벌 차원에서 국가들과 문화들을 통합시키는 특정 요인들의 존재를 부인할 수 없을지라도 우리는 이런 통합의 속도가 계산되는 것보다 때때로 더 느리다는 사실을 잊어서는 안 된다.

더욱이 특정 수준의 보편성이나 사회문화적 트렌드에서 많은 국가의 소비자들이 같은 동기나 기대를 선언한다 해도 자세히 살펴보면 고려해야 하는 작은 차이들을 드러낸다. 이번 장은 우리에게 실용적인 접근을 할 것을 촉구한다. 말보로Marlboro와 코카콜라Coca-Cola는 특정한 역사적, 시간적 요인들로부터 혜택을 얻었기 때문에 그들이 세운 제국empires은 복제될 수 없을 것이다. 코카콜라의 국제적 확장은 두 번의 세계 대전과 유럽과 아시아에서 미군 병사의 존재로 상당 부분 촉진되었다. 말보로가 세계를 정복하는 데 35년이 걸렸고, 맥도날드McDonald's는 22년이 걸렸다! 아무리 이런 모델들의 검토가 동의할 만한 것이라 할지라도 예를 들면 각 나라에 진출한 제품들이 같을 수 없기 때문에 각 나라마다 브랜드 이미지가 모두 다른 다농Danone에게는 거의 유용하지 않은 것이다. 즉 독일은 크림이 들어간 후식, 프랑스는 플레인 요구르트, 영국은 과일 요구르트로 각기 달랐다. 그러면 구체적으로는 브랜드가 각 시장이나 나라에서 같은 제품들을 갖지 않는다면 어떻게 건강 개념을 중심으로 단일한 이미지를 만들 것인가? 이것은 오늘날 대부분 브랜드에 있어 현실이다. 새로운 카테고리(코크Coke, 아마존Amazon, IBM, 샤넬Chanel)를 창조했던 브랜드들의 모델들은 크게 도움이 되지 않는다. 그들은 대부분의 기업과 브랜드들이 직면하는 상황, 즉 이미 존재하는 카테고리에서 운영되고 있는 상황에 더 타당한 다른 모델들이 필요하다.

글로벌화의 최신 경향

2003년, G8 정상 회담의 마지막 회의는 주목받지 않고 지나간 한 기념일과 일치했다. 20년 전, 1983년 5월과 6월에 테오도 레빗Theodore Levitt 교수가 쓴 '시장의 글로벌화The globalization of market'이라는 제목의 논문이 〈하버드 비즈니스 리뷰Harvard Business Review〉에 실렸다. 그 주장의 직접적이고 간명한 본질이 그것을 경영학 분야에서 가장 많이 인용되고 영향을 주는 논문 가운데 하나로 만든 것이다. 레빗 교수에 따르면 국가의 차이나 선호들은 국제적인 제품이나 브랜드들과 연관된 진보와 비용 감소 앞에서는 어떤 영향력도 갖지 못한다. 세계의 모든 사람들이 직접 또는 많은 경우 위성 TV를 통해 여행하기 때문에 다른 국가들에서 팔리는 제품과 브랜드를 사려는 욕망 또한 크게 증가할 것이다.

간단히 말해, 세계가 참으로 둥글다는 것을 인정하면서도 기업들은 세계를 평평하게 여기고, 하나의 단일 시장single market으로 다루는 것에 강력한 이해를 가졌다. 이는 코카콜라, 맥도날드, 마이크로소프트와 그들을 따라 많은 다른 회사들이 채택된 전략이다. 시장의 글로벌화와 관련한 주된 장애물은 분권화된 조직과 그 심벌, 즉 본질적으로 자신의 위치를 정당화하는 반대 주장을 펼칠 수밖에 없었던 국내 마케팅 디렉터들이었다.

20년이 지난 지금, 이 글로벌화된 시장에 대한 예상이 얼마나 충족되었는가? 여행하는 사람이라면 누구나 전 세계 국가에서 같은 브랜드들이 발견된다는 것을 안다. 그것은 필립스Philips, 미쉐린Michelin, 소니Sony, 휴고 보스Hugo Boss, 나이키Nike, HSBC 또는 악사Axa가 될 수도 있다. 그것이 그들이 원하는 것일까? 여전히 그들의 이상일까?

무엇보다도 레빗 교수의 예측은 필수적으로 생산과 연관된 요인들과 규모의 경제에서 오는 경쟁 우위에 기반을 둔 것이란 점을 지적해야만 한다. 사실 대부분의 글로벌화는 생산 수준에서 취해지는데, 이는 반 글로벌화 단체들이 글로벌화를 비판하는 이유 중 하나이다. 나오미 클라인Naomi Klein은 매우 흥미로운 그녀의 책, 『노 로고No Logo』(1999)에서 공장을 가지고 있지 않고, 그 결과 아시아의 하청 공장들에서 벌어지는 일들에 대해 자신과 무관하다고 말하는 기업들을 비난했다. 나이키Nike가 좋은 예이다. 반대로 물리넥스Moulinex의 창업자 장 맨틀렛Jean Mantelet은 어퍼 노르망디Upper Normandy에서 생산과 고용을 계속 유지하려다가 결국 회사를 잃고 말았다. 그러므로 생산 측면에서 글로벌화를 향한 움직임은 피할 수 없다. 성공한 회사들은 그들의 시장에 더 가까이 가고, 낮은 비용을 이용하기 위해 자신의 공장들과 공급 체인을 글로벌화했다. 자동차 산업은 전형적인 예이다.

그러나 글로벌화는 서비스보다 제품에 더 많은 영향을 준 움직임이라는 것을 인식해야 한다. 돈과 정보의 흐름에는 어떠한 장애물도 없지만 재무 정보나 은행 데이터베이스 처리의 재배치를 향한 움직임은 이제 막 시작되었다. 영국 은행과 보험사들은 인도의 실리콘 밸리 방갈로르Bangalore에서 뛰어난 자격을 갖춘 싼 인력을 고용함으로써 이 분야에서 앞서 나가고 있다. 프랑스 고객들을 상대하는 콜 센터는 종종 모리셔스Mauritius 섬에 근거지를 두고 있다.

글로벌화된 시장에 대한 예상이 도전받을 수 있는 한 가지가 있다. 즉 브랜드와 제품의 표준화가 예상과는 많이 다르다는 점이다. 물론 세계 어디서나 포르쉐Porsche와 재규어Jaguar를 발견할 수는 있어도 이들은 수출된 브랜드이다. 이들은 특정 국가나 문화의 표준적인 전달자로서 국제적인 고객들에게 어필한다. 자동차 산업은 사실 글로벌 제품의 개념이 신화일 수밖에 없는 이유를 훌륭히 설명하는 것이다. 역설적으로 지금까지 자동차 분야에서 가장 글로벌한 제품은 포드Ford의 유명한 모델-T였다. 세계적으로 2000만대가 제조되고 판매되면서 완전히 표준화되었다. 비록 국내 시장이 단연코 포드의 주된 시장이었다 할지라도 모델-T는 진정으로 세계적인 제품이었다. 1981년, 미국과 유럽에서 포드 에스코트Ford Escort의 출시는 글로벌화의 신호처럼 보였다. 사실 미국과 유럽 모델은 오직 한 부문, 즉 라디에이터 캡이라는 공통점만 있었다. 글로벌화된 제품은 아니었던 것이다. 그 뒤에 포드 포커스Ford Focus가 유럽(1990)과 미국(2000)에서 출시되었는데, 이번에는 두 지역의 모델이 65%의 공통점을 가졌다. 그러나 포드는 그 이상 더 갈 수 있다고 생각하지 않았다. 그에 반하는 너무 많은 구조적이고 장기적인 요인들이 있기 때문이다. 그 요인들은 정확히 무엇인가?

- 첫째 요인으로 기름은 미국에서는 저렴하지만 유럽에서는 다시 저렴해지지 않을 것이다. 유럽에서는 진보적 가치를 갖는 저에너지 혁신은 미국에서는 관련이 없는 것으로 여겨진다. 이는 엔진 유형이 두 지역에서 같을 수 없는 이유이다.
- 둘째 요인은 차량 기준과 테스트는 국가마다 다르다. 따라서 제조업체들은 국가별 기준에 맞게 차량을 개조해야 한다. 미국의 안전 기준은 유럽과 아시아보다 덜 엄격하다.

- 셋째 요인은 도로 유형, 기후, 습도 그리고 운전 습관과 같은 구조적 차이들 과 관련이 있다. 이는 두 대륙의 운전자들의 선호가 매우 다르다는 것을 의 미한다.
- 마지막 요인은 고객들 자신들이다. 독일인들은 특정한 형태의 편안함을 좋 아하고, 영국인들과 프랑스인들은 또 다른 형태의 편안함을 좋아한다. 오늘 날 제조업체들은 곧 세계 자동차 시장 성장의 25%를 차지할 중국에 모여들 고 있다. 제조업체들은 공장을 세우거나 PSA 푸조 시트로엥PSA Peugeot Citroen처럼 합작 회사를 설립하고 있다. 그러나 맹목적으로 유럽의 모델을 복제하려는 목표를 가지고 있지 않다. 고객들 자체를 고려하지 않고서는 거 대한 잠재 수요를 가진 중국 시장에 어필하는 것은 불가능하다.

이제 사실 포스트 글로벌 브랜드를 인식할 때가 되었다. 이것은 더 이상 완전 한 글로벌화의 모델을 무조건적으로 고수하는 브랜드가 아니다. 물론 생산 단계 에서 글로벌화는 많은 영역들에서 중요한 부분으로 남아 있다. 생산 플랫폼을 공 유해 비용을 줄여 온 자동차 분야처럼, 기업들은 더 적은 수의 플랫폼에서 차별 화된 모델들을 생산함으로써 여전히 많은 돈을 절약할 수 있다.

그러나 고객에게 더 가까이 다가갈수록, 글로벌 컨셉이 로컬 컨셉으로 대체되 는 경향이 있다. 따라서 진정으로 글로벌한 자동차는 없으며, 미국에 맞는 미국 적인 스타일의 차, 그리고 유럽적이거나 중국적인 다른 유형의 차가 있을 뿐이 다. 이러한 현상은 이미 다른 대량 소비 시장에서 일어났다. 예를 들어 미국 기업 P&G의 전략은 지역화에 기초를 두고 있다. 미국 플래그십 브랜드인 타이드 Tide, 위스퍼Whisper, 클레이롤Clairol은 유럽에서는 아리엘Ariel, 올웨이즈 Allways, 웰라Wella가 된다. P&G 기업은 그 모든 세제 공장을 유럽에 갖고 있다.

기업들이 특정 지역을 위한 제품들을 개발하는 것이 더욱 일반적인 것이 되어 가고 있다. 헤네시Hennessy는 유럽 시장을 위해 퓨어 화이트Pure White를 만들 었다. 다농 USA는 유럽에서 저지방 요구르트 음료를 팔 수 없었는데, 현지의 입 맛을 맞추지 못했고 식품 표준 요구사항을 충족시키지 못했기 때문이다.

마지막으로 브랜드가 글로벌한 것처럼 보일 때조차도 자세히 들여다보면 종종 제품은 표준적인 것과 거리가 멀다. 그것은 혼합composite, 하이브리드hybrid, 또는 고도로 변형된 제품들이다. 예를 들어 로레알L' Oreal은 중국에서 자신의 글로벌 브랜드 화장품들을 피부 타입에 영향을 미치는 중국의 4가지 기후를 고려해 차별화한다.

글로벌 시장이라는 아이디어와 표준화는 모든 기업에서 기본적인 움직임을 시작하는 데 유용한 역할을 한다. 그러나 과도한 글로벌화는 1983년 이후 기업들이 종종 쓰라린 경험을 통해 배우게 된 교훈, 즉 적실성의 상실을 초래한다. 이것이 오늘날의 브랜드들이 포스트 글로벌한 이유이다. 오늘날에는 선별적인 글로벌화를 말하는 것이 더 적절하다.

이데올로기적으로 미국 브랜드가 더 글로벌하고 유럽 브랜드는 덜 글로벌한 이유는 무엇인가? 우리는 미국의 글로벌화된 브랜드들이 미국에서 자신의 최적의 기능과 포지셔닝을 찾는 데 수년이 걸린, 성공적인 브랜드를 수출한 것이라고 가정한다. 미국 자체가 비동질적인 시장이기 때문에 그 성공 방정식이 단순히 어느 곳에서나 적용될 수 있다는 생각이 당연하게 여겨진다. 한 예로 미국 밖인 멕시코에 월마트Wal-Mart의 첫 매장은 월마트가 창업한 지 30년 후에 세워졌다 (Bell, Lal and Salmon, 2003). 반면 월마트의 세계적 경쟁자 까르푸Carrefour는 자신의 첫 매장을 연지 6년 만인 1969년에 외국 시장에 진출했다.

월마트가 미국에서의 성공 법칙들을 적용한 것은 놀랄 일이 아니다. 그러나 몇몇 국가들, 특히 브라질처럼 멕시코보다 미국에서 좀 더 멀리 떨어진 국가들에서는 '매일매일 낮은 가격everyday low price'이라는 황금 법칙이 효과적이지 않은 것처럼 보인다. 대신 브라질 소비자들은 일반적으로 특별 할인에 열렬히 반응한다. 최적의 성공 공식에 대해 확신이 없었던 까르푸는 다른 국가들의 특수성에 더 열려 있었다.

이는 세계 최고의 식품회사인 네슬레Nestle도 마찬가지이다. 스위스 같은 작은 국가 출신으로 어떻게 모든 나라가 스위스와 상황이 같으리라고 자신할 수 있겠는가? 사실 네슬레는 첫 제품인 분유를 스위스에서 출시한 지 4개월 만에 4개 국가들로 국제화했다.

우리는 극단적인 것이 수사학적으로 더 자극적이기 때문에 극단적인 해결책

(글로벌화 할 것인가, 아닌가?)을 좋아하는 경향이 있다. 하지만 현실은 그 중간쯤에 있으며, 그것은 더 복잡하다.

브랜드 글로벌화의 패턴

앞으로 나아가기 전에 글로벌의 의미를 구체적으로 살펴보는 것이 중요하다. 대부분 매니저들에게는 세계 어느 곳에서나 팔릴 때 브랜드는 글로벌하다. 공항에서 노키아Nokia, 델Dell, IBM, 알카텔Alcatel 광고를 발견하는 것은 실제 글로벌화의 생생한 신호처럼 보인다. 그러나 이는 피상적인 시각일 수 있다.

우리는 1장에서 브랜드가 컨셉, 이름, 제품(또는 서비스)이라는 3가지 요인과 관련된 하나의 체계system라는 것을 살펴보았다. 그것은 삼각형triangle으로 그려질 수 있다. 따라서 우리가 글로벌화에 대해 이야기한다면, 구체적으로 무엇에 대해 언급해야 하는가?

우리는 제품이나 플랫폼을 글로벌화해야 할 강력한 경제적 이유가 있음을 보았다. 또한 단 하나의 이름을 자본화하고 글로벌한 지각이라는 특별한 가치extra value를 이용하기 위해 동일한 이름을 사용해야 하는 합당한 이유가 있다. 마지막으로 몇몇 컨셉들은 글로벌 세그먼트들의 존재를 반영하는 것이다. 실제로 이 3가지 축의 조합은 8가지 대안 전략들을 만들어낸다(표 16.1 참조).

느슨한 의미에서 글로벌화는 브랜드가 어디서나 알려져 있고, 보이고, 유통된다는 느낌이다. 우리가 해외여행을 할 때 몇몇 브랜드는 진정으로 글로벌한 것처럼 보인다. 우리는 공항에 내리자마자 광고판에서 그것들을 본다. 모든 상업적 중심지들은 전 세계적으로 같은 물건, 같은 브랜드를 판다. 국가들 간의 다양성은 지금 규모의 경제라는 법칙에 의해 위험한 수준까지 침식된 것처럼 보인다.

브랜드 체계brand system의 각 부분에 대한 2가지 가능한 대답들(글로벌/로컬)을 결합함으로써 얻어지는 8가지 구조적 유형은 무엇인가?

- 유형 1은 완전한 글로벌 모델이다. 여기서는 세부 사항들을 제외하고 로컬

| 표 16.1 | 글로벌부터 로컬까지: 글로벌화의 8가지 선택적 패턴들

(Yes = 글로벌, No = 로컬)								
유형	1	2	3	4	5	6	7	8
이름	Yes	Yes	Yes	Yes	No	No	No	No
포지셔닝	Yes	No	Yes	No	Yes	No	Yes	No
제품	Yes	Yes	No	No	Yes	Yes	No	No
사례:	Coke	Mars	Nescafe	Persil	Ariel/	Volks-	Cycl-	Pure
	Chanel	Martell	Garnier		Tide	wagen	europe	local
	Amex		Connex			(Group)	(Group)	
	Sony							

차원에서의 변형adaptation은 거의 없다.

- 유형 2는 각기 다른 포지셔닝 전략의 필요성을 인정한다. 마스Mars는 영국에서 식사 대용품이다(have a Mars a day). 그러나 유럽에서는 활력 식품 energiser이다. 자동차도 같은 접근을 따른다. 독일 시장에서 소형차인 것이 포르투칼에서는 패밀리카로 여겨진다.

- 유형 3은 제품 변형adaptation의 필요성을 인정한다. 각 나라들은 다른 커피 취향을 갖는다. 브라질 사람의 피부와 머리카락은 아르헨티나 사람들과 같지 않다. 로레알L' Oreal에 따르면 중국에서는 기후, 태양, 습도의 차이 때문에 4가지 피부 유형이 있다. 코넥스Connex는 세계적인 육로 교통 브랜드로, 당국이 대중교통 서비스에 대한 면허를 주는 곳이면 어디서나 철도, 버스, 지하철 시스템을 운영한다. 그러나 같은 컨셉인 '안전security'은 스톡홀름과 리우데자네이루에서 매우 다른 의미를 갖는다. 따라서 같은 브랜드 가치를 따르는 것이 어디서나 같은 안전 제품을 제공하는 것을 의미할 수 없다. 예를 들어, 안전에 대한 지역적 기대치나 지불 능력은 남미에서는 스칸디나비아에서 만큼 높지 않다.

- 유형 4는 기업들간의 브랜드 공유의 결과이다. 퍼실Persil이 그 예이다. 이 브랜드는 유니레버Unilever와 헨켈Henkel 모두에 의해 운영된다. 네슬레 Nestle에서는 아이스크림 브랜드이고, 다농Danone에서는 유제품 계열 브랜

드인 제르배Gervais도 마찬가지이다.

- 유형 5는 기업이 법적 이유로 모든 곳에서 같은 이름을 사용할 수 없을 때 생긴다. 예를 들어 영국의 복스홀Vauxhall은 유럽에서는 오펠Opel이다.
- 유형 6은 거의 유사한 제품이 각기 다른 가격 포지셔닝을 지닌 2개의 월드 브랜드 하에서 팔릴 때 생긴다. 이것은 현재 디자인조차 아우디Audi 모델들과 매우 유사한 폭스바겐Volkswagen의 고급차 계열에서 일어나는 일이다.
- 유형 7은 자전거 시장의 리더인 사이클유럽Cycleurope의 비즈니스 모델이다. 스웨덴 기업인 사이클유럽은 다른 국가들에서 높은 인지도와 근접성을 가진 로컬 자전거 브랜드들을 인수해 왔다. 독일, 스웨덴, 프랑스, 이탈리아에서 기대되는 자전거 표준들에는 상당한 차이가 있다. 즉, 바퀴 크기, 기어, 자전거 높이가 다르다. 표준화된 것은 오직 자전거 프레임뿐이다.
- 유형 8은 완전한 로컬 모델이다.

이런 변수들 중 2가지, 즉 브랜드 네임과 제품 플랫폼을 좀 더 특정하게 살펴보면, 거기에는 4가지 전략이 있다.

예를 들어, 다농Danone은 유니레버Unilever처럼 공동의 이름common name에 집착하지는 않지만 매년 매출액이 전 세계적으로 10억 유로에 이르는 제품/컨셉을 창출하려고 노력한다. CEO인 프랭크 리바우드Frank Riboud는 '우리의 야망은 세계에서 1등인 브랜드를 개발하는 것이 아니라 글로벌 월드 컨셉/제품을 가지고 지역적으로 1등인 브랜드를 개발하는 것이다'라고 말했다. 예를 들어, 국가마다 이름이 바뀌는 (날씬한 허리라는 뜻의) '타이유핀느taillefine' (미국의 Light' fit, 캐나다의 Silhouette, 브라질의 Corpus, 아르헨티나의 Ser, 스페인의 Vitalinea, 이탈리아의 Vitasnella, 그리스는 Vitaline)는 저지방 식을 유지하는 사람들을 목표로 한 맛있는 성인용 식품의 컨셉이다. 타이유핀느는 다농 그룹의 세 가지 사업부문인 유제품, 물, 비스킷에까지 확장하고 있다. 그래서 우리는 정제수로서, 루Lu 소스 브랜드 하의 비스킷으로서, 또는 다농Danone 소스 브랜드 하의 유제품으로서 이 컨셉의 제품들을 발견하게 된다. 그러나 아르헨티나에서 다농 그룹은 65%의 시장 점유율을 가진 보증 로컬 브랜드 세레니씨마Serenissima를 유지하고 있다. 아르헨티나에서 1등인 이 로컬 브랜드는 현재 그 글로벌 컨셉을 보증한다.

또 다른 글로벌 컨셉으로 몸의 자연적 방어능력을 강화하도록 고안된 특별한 요구르트인 액티멜Actimel이 있다. 이 제품은 22개국에 팔리고 있으며, 2002년, 5억 유로의 총매출을 올리며 40%의 판매 성장을 하였다. 월드 컨셉의 마지막 예는 향이 첨가된 물로 영국에서 다농 액티브에이로Activ' Aro, 프랑스에서 볼빅 매직Volvic Magic, 멕시코에서 보나폰트 리바이트Bonafont Levite로 판매되고 있다. 대체로 다농 그룹 매출의 60% 이상은 대부분의 국가들에서 시장 리더인 컨셉에 의해 만들어진다.

유니레버Unilever는 1,400개 이상의 브랜드들을 보유한 것에 대해 비판 받아 왔는데, 그 중 어느 것도 월드 메가 브랜드가 되기 위한 임계 규모(10억 달러)에 미치지 못한다. 유니레버는 지금 브랜드의 수를 줄이느라 바쁘다. 그러나 아이스 크림 비즈니스의 경우, 그것은 예전 로컬 시장 리더들(영국의 월즈Walls, 프랑스 마이코Miko 등)의 잘 알려진 이름의 보증 아래에서 운영된다. 그러나 그들의 판매는 실제 브랜드로서 세계적으로 팔리고 관리되는 강력한 제품들을 통해 만들어진다. 즉 매그넘Magnum, 솔레로Solero 등이 그것이다. 마가린 비즈니스에서 신뢰는 매우 중요하다. 로컬 이름들은 유지되어 왔지만 전체 기업 전체는 전 유럽 시장을 위한 4가지 전형적인 제품 플랫폼을 운영한다.

표 16.2의 매트릭스는 우리에게 대부분의 기업이 A 사분면에서 시작한다는 것을 상기시킨다. 기업들은 자신들이 브랜드라 불리는 자산을 가졌다는 생각을 갖기도 전에 그리고 자신들의 기업을 글로벌화해야 한다는 것을 깨닫기도 전에 판매에 있어 국제적이었다. 그들은 대부분 기존 카테고리들 내에서 활동하고 있으며, 코크Coke나 맥도날드McDonald's를 자신들에게 타당한 벤치마크로 여기지 않는다.

그 기업들은 A로부터 B나 C로 이동할 수 있다. B는 제품의 합리화를 수반한다. 그것은 수익과 시너지의 주된 원천이다. C는 브랜드 수를 줄이기 위해 브랜드 전이brand transfers를 창출하는 것을 의미한다. 그 산출물output은 덜 강력하고 위험은 더 높다. 그러나 액티멜Actimel 같이 모든 파괴적인disruptive 신제품들의 경우 D 사분면 전략이 채택되어야 한다.

| 표 16.2 | 글로벌화 매트릭스

	다른 브랜드들	어디서나 같은 브랜드들
같은 제품 또는 컨셉	다른 브랜드, 동일한 플랫폼 (유니레버, 다농) (B)	글로벌 브랜드 변형 안함(no adaption) (코카콜라, 샤넬, 소니) (D)
다른 제품 또는 컨셉	로컬 맛들의 합 프랜차이즈 (A)	네슬레(네스카페) 요플레 프레지던트 (C)

왜 글로벌화 하는가?

경제적 필요성

비즈니스를 국제화해야 하는 필요성에 이의를 제기하는 사람은 거의 없다. 대상caravan들이 아시아에서 유럽으로 향료를 가져온 이후로 세계 교역은 존재해왔다. 15세기와 16세기의 위대한 해양 탐험가들 역시 새로운 무역로를 연다는 전망에 고취되었다. 식민지화는 경제적 동기에 있었다. 바로 원료, 금, 밀, 기름을 향한 접근이었다.

생산은 탈지역화하는 첫 번째 비즈니스 기능이었다. 재무는 국제적이다. 이제 마케팅의 시대이다. 그러면 왜 글로벌 브랜드인가? 왜 단순히 국제적이거나 멀티-로컬 브랜드multi-local brands는 안 되는가?

경쟁 레이스에서 규모의 경제는 경쟁력 있는 가격 책정에 공헌한다는 점에서 전략적 레버strategic lever를 제공한다. 세계적인 시장 잠재력을 염두에 두고 자동차를 디자인하는 기업은 오직 지역적으로 시야를 고정시키는 제조업체에 비해 경쟁 우위를 가진다. 후자가 자국 운전자들의 취향tastes을 더 잘 반영한 자동차를 만들 수는 있겠지만, 시작부터 세계 시장을 염두에 두고 디자인된 일본이나 한국 자동차와의 가격 차이는 가장 애국적인 운전자들조차 주저하게 만들 것이다. 이는 르노Renault의 트윙고Twingo가 처음부터 전 유럽 대륙을 위해 디자인된 이유이기도 하다. 즉 그것은 유럽 어디서나 같은 제품이다. 그리고 그것의 낮은 가격은 '자동차로 편해진 삶' 이라는 포지셔닝의 핵심 요소이다.

로컬 기업은 그것이 니치에 포지션되었다고 해도, 혁신을 하면서 그 판로를 확장하는 것 외에는 가격 핸디캡을 극복할 다른 방법이 없다. 지리적 확장은 생존을 위한 경주에서 필수적인 조건이다.

브랜드가 경쟁력을 유지하려면 혁신이 가능한 가장 낮은 가격으로 즉시 모두에게 제공되어야 한다. 각각의 진보적인 특성의 한계 비용은 날마다 오른다. 혁신을 시도하는 데만도 수백 명의 연구자들이 필요하다. 브랜드는 자신이 획득한 인지도와 대중적 신뢰를 이용하여 기업이 점점 더 큰 규모로 판로에 접근할 수 있게 한다. 이것 없이는 혁신을 위한 연구개발 투자는 경제적으로 정당화될 수 없다. 제조업체의 브랜드는 진보의 길을 열고, 동시에 모두가 그것을 이용 가능하게 만든다.

지금까지의 내용을 요약하면, 글로벌화는 전반적인 비용 절감과 경험 곡선에서의 도약을 가능하게 함으로써 특별히 제품에 영향을 미친다. 그러나 글로벌 제품이 반드시 글로벌 이름을 의미하지는 않는다. 다시 말해 하나의 제품에서 하나의 브랜드로 이동하는 것은 표시signs와 심벌symbols의 경제라는 주제에 대한 더 깊은 논의를 필요로 한다.

글로벌 이름: 우위의 원천

특정 시장 영역에서는 글로벌 브랜드가 필수적이다. 반면 다른 많은 경우에 그것은 커뮤니케이션에서의 새로운 기회들을 활용하는 수단이다.

단일 브랜드는 그것의 고객이 전 세계적으로 이미 활동하고 있을 때 필수적인 것이 된다. 런던에서 IBM과 델Dell의 장비를 이용하는 회사들은 그들의 보고타나 콸라룸푸르 사무실에 다른 브랜드 네임을 가진 장비가 있는 것을 상식적이지 않은 일로 여길 것이다. 동일한 논리가 대부분의 기술 기업들에게도 적용된다. 캐터필러Caterpillar, 스미토모Sumitomo, 슐럼버거Schlumberger, 지멘스Siemens 그리고 액티멜Alcatel은 그들이 글로벌 기업이라는 사실을 떠나서 필연적으로 월드 브랜드이다.

또한 브랜드 자체가 그 창조자의 서명signature이나 그리페griffe와 일치 할 때는 단일 브랜드를 보유하는 것이 필수적이다. 럭셔리 업계를 예로 들어보자. 랄프 로렌Ralph Lauren이 랄프 로렌인 것처럼, 그 제품들이 발견되는 어느 곳에서나 피에르 가르뎅Pierre Cardin은 피에르 가르뎅이다. 그들의 시그너처는 그 창조자의 가치들을 증언하고 있기 때문에 그 창조품들은 전 세계에서 팔린다. 그 창조자가 실제로 살아 있든, 정신으로만 살아 있든 간에 그 규칙을 변화시키지 않는다. 즉, 단일 소스single source로부터 단일 이름이 나온다.

이런 예들과는 별개로 단일 브랜드는 새로운 국제적 기회들을 이용할 수 있게 한다.

- 예를 들어 여행이 발전함에 따라 특정 제품들이 다른 나라에서 다른 이름을 갖는 것은 불리하다. 그런 경우가 아니라면 여행객들은 그들의 브랜드를 찾을 수 있을 것이다. 퀵Quick이 아닌 맥도날드McDonald's 매장 앞에 모든 나라 출신의 여행객들이 편안하게 줄 선 모습을 보는 것은 모든 사람을 확신시키기에 충분하다. 그러나 이러한 주장은 다른 부문들보다 몇몇 부문들에서 더 많이 적용된다. 즉, 란제리보다는 음식에, 요리용 오일보다는 자동차 오일에 더 많이 적용된다. 그러나 주된 이점은 시너지와 관련이 있다. 브랜드가 국제적인 호소력을 갖고 있다는 것을 증명할 때 그것은 추가적인 신용 additional credibility을 얻는다. 이는 1989년, 아리엘Ariel이 각기 다른 유럽 국가 출신의 가정주부들이 증언하는 형식의 첫 광고를 내보낸 이유이다.
- 국제적인 미디어가 발전하면 할수록 단일 브랜드에게 더 큰 기회를 제공한다. 이는 전통적인 미디어에서도 오랫동안 마찬가지였다. 지금은 위성, 케이블, 인터넷과 관련 있다. 전 세계적인 홍보의 진정한 기회들이 그랜드 슬램 테니스 토너먼트, 투르 드 프랑스, 월드컵, 올림픽 게임. 포뮬러 1 모토 레이싱 등과 같은 이벤트들에 의해 제공한다. 롤랑 갸로Roland Garros 토너먼트 스폰서십을 통해 BNP 은행은 그 토너먼트를 'BNP 토너먼트'로 일컫는 멀리 떨어진 캘리포니아 같은 곳에까지 알려져 있다. 이 프로그램들은 국제적인 청중들에게 도달해 실질적인 면에서 현지의 로컬 브랜드들을 몰아냈다. 그 청중의 일부에게만 어필하는 데 들어가는 비용만도 엄청날 것이

기 때문이다. 오직 글로벌 브랜드만이 올림픽 게임이나 포뮬러 1 모터 레이싱 같은 세계적인 경기에서 자리를 차지할 수 있다. 오직 글로벌 브랜드만이 타이거 우즈나 미하엘 슈마허 같은 세계적인 스타를 후원하는 비용을 정당화할 수 있다.

단일 이름에서 글로벌 브랜드까지

우리는 얼마나 멀리 글로벌 아이디어를 확장하는가? 어느 정도까지 국가적 수준의 마케팅 의사결정을 계속하는가? 포지셔닝, 크리에이티브 컨셉 그리고 광고 자체를 글로벌화해야 하는가? 아무도 단일 이름이 종종 이점을 갖는다는 사실을 부정하지 않는다 해도 그 형태와 브랜드 전략을 둘러싼 몇몇 논쟁들이 있다.

각각의 논쟁을 다루기 전에 사용되는 용어를 정확히 하는 것이 중요하다. 글로벌 마케팅은 특정 지역(예를 들어 유럽이나 아시아) 또는 세계로 단일 마케팅 믹스를 확장하려는 바람을 나타낸다. 이는 또한 한 국가에서 한 기업의 경쟁적 포지션이 다른 국가들에서의 포지션에 크게 영향 받을 수 있는 상황을 나타낸다. 글로벌 접근은 개별 국가들의 역할을 더 광범위한 경쟁 행위의 일부로만 본다.

글로벌 접근은 확장된 경쟁 영역에서 국가들과 그 역할들을 고려한다. 각 국가에서 마케팅 목표는 더 이상 지역의 자회사가 아닌 글로벌 경쟁 시스템에 의해 결정된다.

- 일부 국가들은 다른 국가들로 확장하기 전에 신제품의 마케팅 믹스를 개발하고 자국 시장에서 그 역량을 시험하는 임무를 맡는다. 즉, 확장에 앞서 글로벌 마케팅 믹스를 시험하는 것이다. 따라서 오늘날에는 한 국가 내에서의 경쟁에 유의하는 것만으로는 충분치 않다. 모든 국가들이 포함되어야 한다.
- 어떤 국가들은 특정 브랜드나 제품 브랜드의 유형에 대한 노하우를 개발하고 그래서 다른 나라들에 대한 선구자나 조정자 역할을 하도록 임무가 주어진다.

글로벌 접근과 대조적으로 많은 다국적 기업들은 각 국가 시장의 특정 트렌드를 따르는 것을 선호하며, '멀티-로컬multi-local' 철학을 따른다. 같은 브랜드가 포지셔닝과 가격 수준에 있어 시장마다 다를 뿐만 아니라 자신만의 특정한 광고 캠페인의 지원을 받는 것이다. 코카콜라가 글로벌 마케팅 정책을 따르는 반면 네슬레Nestle는 멀티-로컬 마케팅을 선호한다. 마기Maggi 즉석 스낵은 그런 식으로 출시되었다.

- 독일에서는 '마기, 5분 요리Maggi, 5 Minuten Terrine'라는 이름으로 30대 ~40대 남녀를 위한 실용적인 영양 식품으로 포지션되었다.
- 프랑스에서 (작은 글자의 마기와 함께) 자체 이름인 '볼리노Bolino'로 그리고 혼자 사는 젊은 사람을 위한 인스턴트 스낵으로 포지션되었다.
- 스위스에서는 또 다른 이름인 '퀵 런치Quick Lunch'로 어머니들이 인정한 빠른 식사로 포지션되었다.

이 세 나라에서 제품은 그 판매 목표들을 달성하였다. 따라서 고객 평가나 판매의 관점에서 글로벌 정책과 멀티-로컬 정책 간에 이원론적인 비교가 있어서는 안 된다. 그러나 기업의 궁극적인 목표는 단순히 최대한의 판매를 올리는 것이 아니다. 마케팅의 글로벌화는 수익성을 제고한다.

- 맨 처음 그것은 중복된 작업들을 제거한다. 예를 들어 각 나라에 각기 다른 TV 광고를 내보내는 대신에 회사는 단 하나의 광고를 사용할 수 있다. 높은 광고 제작 비용을 생각한다면 절약할 수 있는 금액이 상당하다. 맥캔-에릭슨 에이전시McCann-Erickson agency는 세계적으로 어필하는 광고를 만든 덕분에 20년에 걸쳐 코카콜라가 9천만 달러를 절약하게 했다는 사실을 자랑스러워한다. 제작 비용이 미디어 자체에 투자하는 비용에 비해 낮다 할지라도 나라마다 하나의 광고를 만드는 것에 익숙한 중간급 브랜드에게는 여전히 가치가 있다.
- 동시에 여러 나라에서 제품을 출시함으로써 그것은 신제품이 국가마다 현지 상황에 따라 시차를 두고 선보일 때 일어나는 문제점들을 제거한다. 즉

경쟁자들이 다른 나라에서 보았던 특정 아이디어를 한 나라에서 선점할 수 있는 시간을 허용하지 않는다.

- 글로벌화는 기업이 좋은 아이디어를 세계 어디서나 발굴할 수 있게 한다. 좋은 아이디어는 많지 않기 때문에 그 아이디어는 최대로 이용되어야 한다. 몇 개 국가들의 담당자들이 특정한 문제에 집중하게 함으로써 글로벌 차원에서 사용될 수 있는 강력한 아이디어를 생각해낼 더 나은 가능성이 있다. 그런 식으로 글로벌 아이디어인 '당신의 탱크에 호랑이를 넣으세요Put a tiger in your tank'가 전 세계적으로 사용되게 되었다. 티모테이Timotei 샴푸는 핀란드에서 개발되었고 천연 제품 트렌드의 출현에 힘입어 다른 유럽 국가들로 퍼지게 되었다. 세계적인 음료 말리부Malibu는 남아프리카에서 만들어졌다.

- 글로벌 정책은 기업이 대형 소매업체들의 손아귀에서 벗어날 수 있게 한다. 이들의 상업적 요구는 생산자에게 제공되는 실제 서비스에 대한 지불이라기보다는 거의 사용세에 가깝다. 내셔널 브랜드는 스스로를 구할 수단을 거의 갖고 있지 않다. 강력한 유통 집중으로 인해, 내셔널 브랜드들은 고객에 도달하기 위해 소수의 대형 소매업체들을 이용할 수밖에 있다. 글로벌 브랜드는 다행스럽게도 지역 소매업체의 압력에 덜 취약하다.

- 브랜드가 국제적인 것이 될 때 국내의 주요 소매업체들의 국제화로부터 이익을 얻을 수 있다. 월마트Wal-mart가 많은 북미 브랜드들에게 교두보 역할을 하고, 까르푸Carrefour 역시 많은 유럽 브랜드들에게 그런 역할을 한다.

글로벌 세그먼트의 출현

모든 사회문화적 연구는 라이프스타일의 수렴 현상을 강조한다. 독일의 경영진과 근로자 사이보다는 일본 경영진들과 독일 경영진들 사이에 더 적은 차이가 있다. 더욱이 동일시 모델identification model은 세계적인 기반 위에서 작동한다. 일부 중국 여성들은 미국 여성들을 동일시하며, 다른 중국 여성들은 프랑스 여성들을 동일시한다. 현재 한국의 미적 스타일을 동일시하는 숫자도 늘고 있다. 이는 네덜란드와 뉴욕에서도 마찬가지이다. 로레알L' Oreal이 매우 다양한 글로벌 브랜드들을 개발한 것도 그런 이유에서다. 로레알 그룹은 획일성uniformity으로 나아가는 것과는 거리가 멀다. 오히려 이질성heterogeneity을 확산시킨다. 로레알은 하나의 단일한 미의 타입이 아닌, 모든 미의 타입을 상징하는 브랜드들(전 세계 흑인 커뮤니티를 위한 소프트쉰-카슨Softsheen Carson부터 슈에무라Sue Uemura나 메이블린Maybelline에 이르기까지)을 제공하는 데 많은 노력을 기울여왔다. 로레알 그룹은 브랜드의 특수성을 유지하기 위해 해당 브랜드의 본사를 그 출신 국가에 두는 정책이 펴고 있다. 그러나 그 브랜드들은 자신들의 컨셉과 제품, 커뮤니케이션을 글로벌화해야 한다. 글로벌 세그먼트들은 그 니즈에 부합하는 각각의 글로벌 브랜드를 가져야 한다.

가격 책정 문제

마지막으로 가격 요인이 미래에 브랜드 전략의 동질화에 핵심 구성요소가 될 것이다. 실제로 국가나 지역에 따라 동일한 브랜드가 달리할 수 있는 가격 범위 price span가 줄어들고 있다.

- 지역적이거나 국제적인 수준에서의 유통업체들의 집중화는 지역적으로 가격 정책을 최적화하는 브랜드들에게 주요한 위협이 되고 있다. 경쟁 수단으로서 가격을 낮추는 나라들에서는 유통업체들이 최저 가격을 요구하는 것을 막을 방법이 없다.
- 유사 시장parallel market의 출현은 피할 필요가 있다. 그런 시장들은 한 국가의 정상적인 유통 경로들을 불안정하게 만들고, 그럼으로써 브랜드와 유통업체들의 관계를 불안정하게 만들기 때문이다.

실제로 가격 포지셔닝과 시장 포지셔닝 간에는 밀접한 관계가 있다. 브랜드가 시장에서 가장 비싼 제품이면서 메인스트림mainstream에 있을 수는 없다. 가격 수준은 지각된 품질, 성능 그리고 위신의 측면에서 브랜드 위치를 정한다. 브랜드의 국제적 가격 차이를 줄이는 것은 동일한 포지셔닝을 촉진하고, 더 나아가 전체 브랜드 정책에 영향을 주는 요인이다.

지역에 따라 최적 가격을 책정하고 나라별로 상당한 가격 차이를 가능하게 하는 정책이 확립되어 있지 않는 한, 동일한 제품들은 각 나라에서 각기 다른 브랜드 네임으로 팔릴 필요가 있다. 이는 강력한 지역 브랜드들을 인수한 벤키저 Benckiser가 따르는 전략이다.

회색 시장과의 대결

경제적 이질성heterogeneity의 고전적인 결과는 회색 시장grey market이다. 대중이 접근 가능하도록 하기 위해 브랜드는 지역의 경제적 수준에 가격을 맞추어야 한다. 그러나 거리상으로 너무 멀리 떨어져 있지 않은 나라들 간에 가격 차이가 존재할 때는 병행 수입parallel imports으로 인한 회색 시장이 판매와 영업권 trade goodwill을 교란시키며 성장한다. 물론 럭셔리 브랜드의 경우 그 첫 대응은 자신의 지역 밖에서 재판매를 함으로써 유통 협정을 깨는 상업적 에이전트들을 추적하는 방법을 고안하는 것이다.

두 번째 접근은 브랜드를 변경하는 것이다. 북유럽에서 물때 제거제anti-limescaling인 비아칼Viakal은 안티칼Antikal로 브랜드를 변경함으로써 30% 낮은 가격에 팔렸던 이탈리아 비아칼 제품의 회색 시장을 저지했다. 헤네시Hennessy 코냑의 경우는 서유럽에서 자신의 VSOP 제품의 판매 중지를 결정했다. 그리고 이를 대신해 파인 드 코냑Fine de Cognac으로 불리는 맞춤화된 제품을 만들었다. 서유럽에서는 VSOP의 소비량이 점점 줄어들었지만, 그것은 러시아에서 회색 시장의 원천이 되었다. 사실 전 세계적으로 글로벌 브랜드들은 이런 상업적 이유로 더욱 더 많은 지역적 제품들을 개발하고 있다.

이 과정의 마지막 접근은 모든 국가에 적용되는 주요 가격대price corridor를 설정하는 것이다. 이것은 회색 시장이 성장하는 위험을 없애지만, 브랜드의 제품 가격이 국제적 가격대를 존중하기 위해 너무 비싸게 책정되는 시장에서는 판매를 불리하게 만든다. 한 예로, 유럽에서 앱솔루트 보드카Absolut vodka의 순거래가는 표 16.3에 나온 것처럼 평균 5.5유로 정도이다.

| 표 16.3 | 앱솔루트는 회색 시장에 어떻게 대처하는가: 가격대 설정

국가	독일	프랑스	스페인	이탈리아	UK	그리스	포르투갈
순 거래가격(유로)	5.21	5.81	5.16	5.35	5.97	5.66	5.77

글로벌 이미지의 혜택

글로벌 브랜드라는 주제에 관한 많은 글이 쓰였지만 우리는 그것에 관해 정확히 무엇을 아는가? 사실 최근에 아래에 개괄된 3가지 연구가 나오기 전까지는 우리가 그것에 대해 아는 것은 거의 없었다. 이 연구들 가운데 두 가지는 글로벌 이미지를 갖는 것의 혜택에 초점을 맞추고 있다. 그러나 어떻게 지각된 브랜드 글로벌성PBG(Perceived Brand Globalness)이 가치를 창조하는가?

글로벌 브랜드를 만드는 데에는 수많은 이유들이 있다. 즉 규모의 경제, 국가들 사이에서의 시너지, 전 세계적 차원의 혁신이 시장에 나올 수 있는 속도, 이용 가능한 글로벌 세그먼트의 존재 그리고 마지막으로 이미 제시한 것처럼 국제적 이미지의 혜택이다. 오늘날 문화적 통합의 시대에 현대성은 국제주의로 표현된다. 그러므로 글로벌성의 지각은 지각된 가치를 증가시킨다. 전 세계 국가들에서 젊은 층이 선호하는 브랜드는 일반적으로 국제적인 반면에 성인들이 좋아하는 브랜드는 그 반대라는 것이 그 징후이다.

연구들 중 하나는 이러한 가설을 입증하기 위해 시작되었다(Alden, Steenkamp and Batra, 1999). 미국과 한국에서 실시된 정량적 연구에서 연구자들은 지각된 글로벌성globalness(전 세계적으로 제품이 판매되는 것으로 지각되는 것)이 구매 결정에 강한 영향을 발휘한다는 것을 증명했다. 그러나 기대와는 달리 이런 영향은 지각된 글로벌성이 소비자들이 글로벌 문화에 참여하도록 하기 때문이 아니었다. 사실 지각된 글로벌성은 우선 지각된 품질quality에 영향을 주고, 다음으로 브랜드의 지각된 위신prestige에 영향을 주었다. 그러나 이런 영향들은 국가적 가치들을 중시하는 자민족 중심주의적ethnocentric 소비자들에게는 강하게 나타나지 않았다. 이런 연구 결과는 다른 국가들로 확장될 필요가 있었으며, 한국과 미국의 문화적 연결은 잘 알려져 있으므로 소비자 세분화를 위한 다른 기준들이 포함될 필요가 있었다.

이것은 12개 국가에서 1,800명 응답자 표본을 이용해 홀트, 켈치, 테일러Holt, Quelch, Taylor(2003)가 어떻게 글로벌 지각golobal perception이 가치를 주도하는지를 연구했을 때 완수되었다. 이 연구에 의하면 지각된 글로벌성은 5가지 레버를 통해 브랜드 선호도에 영향을 미친다.

- 품질(지각된 글로벌성에 따른 더 높은 품질)의 지표. 이 영향은 사실 가장 중요한 것으로 연구에서 관찰된 34%의 선호도 편차variance를 설명한다.
- 두 번째 영향은 지각된 글로벌성에 의해 브랜드에게 주어진 증가된 지위이다. 이는 12%의 편차를 설명했고, 선행 연구의 결과와 일치한다.
- 세 번째 레버는 개별 국가에 속하는 이미지 및 특성과 연결된다. 글로벌 브랜드들은 시계와 손목시계(스위스), TGV 고속철도(프랑스)와 같이 종종 원산지 국가 및 그 능력의 전형과 연결된다. 이는 편차의 10%를 설명한다.
- 지각된 브랜드 글로벌성에 의해 강화된 책임의 증가. 글로벌 브랜드는 세계 시장에 나오는 것이기 때문에 더 많은 주목을 받으며, 따라서 다른 브랜드들에 비해 환경적으로나 사회적으로 깨어 있어야 한다. 크다는 것은 곧 더 큰 책임이 따른다는 것을 의미한다. 이 영향은 오직 편차의 8%만을 설명한다. 그러나 이 그룹의 22% 응답자에게는 매우 중요한 것이었고, 41% 응답자에게는 중요한 것이었다.
- 마지막으로 미국의 이미지 또는 아메리칸 드림은 많은 수의 글로벌 브랜드들과 관련이 있다. 이 영향은 소비자들이 전체로서 고려될 때는 브랜드들 사이의 선호도 편차를 설명하지 않았다. 그러나 이 국제적인 소비자들이 세분화되자마자 미국 이미지는 39%에게는 꿈이었고, 이는 그것을 선호 요인으로 만들었다. 반면 29%에게는 아주 싫은 것이었고, 따라서 부정적인 요인이고 거부였다.

홀트, 켈치, 테일러는 자체적으로 그 소비자들을 세분화했다. '친 서구' 부터

'반 세계화'까지 7개 세그먼트에서 5개 레버의 계층구조는 완전히 달랐다. 사람들이 어떻게 글로벌 브랜드를 이해하고 가치를 두는가는 매우 세분화되어 있다. 국가들 또한 이질적이다. 예를 들면 중국은 미국의 가치에 찬성도 하고 반대도 한다. 즉, 중국은 두 그룹에 속하는 소비자들을 갖고 있다. 인도네시아, 터키, 이집트와 같은 이슬람 국가들은 글로벌성의 지각에 의해 큰 영향을 받았다. 그러나 인터뷰 대상자들이 일반 신도가 아니라, 아마도 서구화된 라이프스타일을 가진 부유한 사람들이었다는 점을 유의해야 한다. 인도, 브라질, 남아프리카 사람들은 글로벌성의 지각에 의해 큰 영향을 받지 않았다. 이는 그들이 자랑스러워하는 강력한 로컬 문화를 가지고 있기 때문일까? 마지막으로 브랜드 글로벌성의 지각에 의해 가장 적은 영향을 받는 사람들은 미국 소비자들이다.

이는 놀랄 만한 일이 아니다. 미국인들은 다른 국가들의 선택이 자신과 연관성이 있다고 여기지 않는다. 미국은 자민족중심주의 국가이다. 또한 소위 많은 글로벌 브랜드들은 미국에서 비롯된 것이기 때문에 그것들의 지위는 모호하다. 그 브랜드들은 세계 모든 곳에서 팔리고 있지만 뿌리 깊은 로컬 브랜드처럼 보인다.

쉴링과 캐퍼러Schuiling and Kapferer(2004)는 로컬 식품 브랜드와 국제적인 식품 브랜드의 차별적인 특성들을 비교했다. 그들의 데이터는 글로벌 브랜드가 정말로 로컬 브랜드와 어떻게 다른지 보여준다. 4개 나라 507개의 브랜드와 9,739명의 응답자들의 데이타베이스를 분석하면서, 쉴링과 캐퍼러는 각 브랜드 유형의 판별 특성을 지역적(즉 대중에게 어떻게 지각되든, 한 국가에서 팔리는 것)이냐 국제적(대중의 지각에 상관없이 모든 국가에서 팔리는 것)이냐로 한정하였다.

우선 연구자들은 전체적으로 그 국가에서 훨씬 오랫동안 존재했던 로컬 브랜드가 최근에 나온 국제적 브랜드보다 더 높은 브랜드 인지도 점수를 받는다는 사실을 발견했다. 브랜드 인지도는 이미지와 상호 연관된 것이므로, 소위 이미지의 차이라는 것은 이런 브랜드 인지도 격차의 결과물인가? 데이터를 인지도가 같아지도록 조정할 경우에도 표 16.4에서 나타나는 것처럼 부정적이거나 긍정적인 이미지 차이가 여전히 존재한다.

로컬 브랜드와 비교해 글로벌 브랜드는 다음 사항에서 유의한 열세를 보이고 있음을 알 수 있다.

- 건강 가치(-3.29%)
- 안전성(-3.05%)
- 신뢰(-1.88%)
- 편리성(-1.03%)

다른 한편으로 글로벌 브랜드는 다음 레버들levers에서는 로컬 브랜드를 능가하는 것으로 나타났다.

- 만족감(+5.82%)
- 혁신성(+5.42%)
- 독특성(+3.21%)
- 재미, 스릴(+3.14%)
- 고품질(+1.78%)
- 최신 유행(+1.46%)
- 공감(+1.45%)

글로벌 브랜드에 우호적인 조건들

특정 상황은 글로벌 커뮤니케이션과 브랜드 정책을 더 쉽게 만든다. 그 상황들은 제품, 시장, 브랜드 아이덴티티의 힘 그리고 기업 조직과도 연계되어 있다.

사회문화적 변화는 글로벌 브랜드에 호의적인 플랫폼을 제공한다. 이런 환경하에서 일부 고객층은 오랜 기간 구축된 지역 가치들과 스스로를 더 이상 동일시하지 않고 자신의 아이덴티티를 형성할 새로운 모델들을 찾는다. 국가적 가치에 등을 돌리고 해외로부터의 외부 영향을 받아들인다. 코카콜라를 마실 때 우리는 미국의 신화를 마신다. 즉 신선하고, 개방적이며, 젊고 역동적인, 전적으로 미국적인 이미지이다. 아이덴티티를 찾으려 하고 자신의 준거점을 필요로 하는 젊은 이들이 주요 타깃을 구성한다. 남들과 스스로를 구별짓기 위해 그들은 미디어를

| 표 16.4 | 글로벌 브랜드와 로컬 브랜드는 어떻게 다른가(브랜드 인지도 수준을 조정한 후의 퍼센티지에서)

	로컬 브랜드	글로벌 브랜드 (브랜드 인지도 = 85%)	글로벌– 로컬 (브랜드 인지도 = 85%)
고품질	25.29	27.07	+1.78
신뢰	22.11	20.23	−1.88
안전성	22.11	19.06	−3.05
최신 유행	14.04	15.50	+1.46
독창성	13.57	14.64	+1.07
차별성	12.56	13.70	+1.14
공감	11.74	13.19	+1.45
재미	9.76	12.90	+3.14
만족감	7.08	12.90	+5.82
건강 가치	15.56	12.27	−3.29
혁신성	6.08	11.50	+5.42
리더	8.07	9.33	+1.26
독특성	4.40	7.61	+3.21

(응답자 9,739명, 브랜드 507개)
※ 출처: Schuiling and Kapferer(2004)

통해 인격화된 문화적 모델로부터 그들 아이덴티티의 원천을 끌어낸다. 리바이스Levi's는 길고 외로운 길로 일탈하는 반항아의 신화적 이미지와 연결되어 있다. 나이키Nike는 인종과 문화라는 국가적 제약에 등을 돌리고 스스로를 초월하라고 부추긴다.

여성들 역시 새로운 모델들을 추구하는 주요 고객층이다. 에스티 로더Estee Lauder는 자유롭고 독립적이며 유혹적인 여성을 묘사하고, 이런 이미지를 자신의 글로벌화에 이용한다. 새로운 식습관에 부응하는 브랜드들 또한 변화를 추구하는 소비자들을 규합하려면 자신들의 세계관을 강하게 제시해야 한다. 이런 식으로 브랜드는 새로운 선동자로 비춰지게 된다.

새롭고, 탐험되지 않은 영역들은 그 정의상, 가치 체계를 물려받지 않았다. 성공을 위한 모든 것이 거기에 있으며, 그 성공은 브랜드에 달려 있다. 이는 하이테크, 컴퓨터, 인터넷, 사진, 전자 그리고 통신 또는 서비스 브랜드의 글로벌 마케팅을 막을 것이 아무것도 없는 이유이다. 브랜드 자체가 이 시장에서는 유일한 준거점이기 때문에 델Dell은 그 브랜드를 어느 곳에나 확산시킬 수 있고 또 확산시켜야 한다. 오직 캠페인의 주제만이 해당 국가의 경제 발전 수준을 고려해 바뀌게 된다. 글로벌화는 또한 새로운 서비스에 적용된다. 허츠Herts, 에이비스Avis 그리고 유럽카Europcar는 바쁜 사업가의 스테레오타입을 묘사함으로써 자신들의 캠페인을 글로벌화했다. 어찌됐든 이탈리아 사업가는 이탈리아 사람이라는 것보다는 사업가라는 것과 더 동일시되기를 원한다. 새로움novelty이라는 주제는 맥도날드McDonald's, 말리부Malibu, 또는 코로나Corona에게도 효과적이다.

일반적 관점에서 글로벌화는 이동성mobility을 중심으로 돌아가는 시장에서 가능하며, 실제로 바람직하다. 이는 멀티미디어, 호텔 산업, 자동차 렌탈, 항공사 그리고 사진과 소리의 전송에도 적용된다. 브랜드가 국제적인 것으로 지각될 때 그 권위와 전문성이 자동적으로 인정된다. 다시 한번, 브랜드들은 시간과 공간의 제약의 소멸을 상징하는 그런 시장 부문들을 조직하고 구조화할 수 있는 분명한 기회를 갖게 된다.

글로벌화는 브랜드가 전적으로 문화적 정형cultural stereotype으로 구축될 때 가능하다. AEG, 보쉬Bosch, 지멘스Siemend, 메르세데스Mercedes 그리고 BMW는 글로벌 시장의 문을 여는 '메이드 인 독일Made in Germany' 모델 속에 안전하게 자리한다. 왜냐하면 그 환기되는 정형이 국가적 차원을 뛰어넘는 공동의 심벌이기 때문이다. 그것은 어느 나라에서든 튼튼한 성능의 의미를 그려낸다. 바릴라Barilla 이름은 토마토소스, 파스타, 근심 없는 삶의 방식, 노래, 태양이라는 고전적인 이탈리아의 이미지 위에 구축된 또 다른 스테레오타입이다. 볼보Volvo, 에릭슨Ericson, ABB 그리고 사브Saab는 스웨덴을 압축한다epitomise.

마지막으로 잘트만Zaltman의 말을 빌리면 브랜드는 '보편적인 진실universal truths', 즉 원형archetype을 나타낸다(Wathieu, Zaltman and Liu, 2003). 스너글스Snuggles 섬유 유연제는 모든 나라에서 같은 개념, 즉 부드러움뿐만 아니라 어린 시절의 테디베어teddy bear로 상징되는 신뢰, 사랑, 안정감 같은 이미지를 불러일으킨다. 이는 '껴안고, 어루만지고, 어르는snuggling, caressing, cajoling' 개념을 표현하기 위해 브랜드 네임이 프랑스에서는 Cajoline, 독일에서는 Kuchelweib, 터키에서는 Yumos, 스페인에서는 Mimosin, 이탈리아에서는

Cocolino이 되었다. 말보로Marlboro는 고독하고 강인하면서도 미국 서부 개척의 무용담을 통해 전 세계적으로 대중화된 마초 남성의 원형을 구현한다. 메이블린 Maybelline은 미국의 아름다움을 표현한다. 랑콤Lancome은 프랑스 여성을 표현한다.

위에서 살펴본 요인들 가운데 몇 가지는 왜 럭셔리 브랜드와 그리페griffe가 세계적인 호소력을 지녔는지를 설명한다. 첫째, 그것들은 메시지를 지닌다(각 창조자creator는 그 자신만의 개인적 가치를 표현하고 있다). 그것들은 각 나라별 시장 조사나 소비자 분석을 통해 만들어진 것이 아니다. 세계 어느 곳이든 상관없이 브랜드 아이덴티티의 자동적 토대를 형성하는 것은 창조자 자신의 아이덴티티와 그 자신의 가치를 표현하려는 욕망이다. 둘째로 모든 럭셔리 브랜드 뒤에는 하나의 전형guiding standard(때때로 원형archetype)이 있다. 까사렐Cacharel과 니나리찌Nina Ricci는 여자다움의 시작, 수줍음과 조신함을 갖춘 시작을 나타낸다. 입생로랑Yves Saint Laurent은 여성의 독립, 심지어 반란을 나타낸다. 마지막으로 '메이드 인 프랑스Made in France' 라벨과 파리의 신화는 이 브랜드들에게 결정적인 문화적 요소를 불어넣는다. 어떤 종교와 마찬가지로, 브랜드는 자신의 메시지를 믿어야 하고 그것을 다수의 사람들에게 명확히 전파해야 한다.

대체로 아이덴티티가 제품과 그 근원에 초점을 맞추는 브랜드들은 더 쉽게 글로벌화될 수 있다. 잭 다니엘Jack Daniel 위스키는 자신의 증류주 양조장과 전통으로 브랜드 아이덴티티의 중심축을 형성한다. 이는 시간이 지나도 놀라울 만큼 안정적이면서 모든 나라에서 유사한 광고로 이어진다. 다른 에이전시들과 일한다 할지라도 모두가 전형적으로 잭 다니엘다운 광고를 만들게 된다.

특정한 조직적 요인들은 글로벌 브랜드로의 전환을 쉽게 한다. 아직 살아 있는 창조자의 이름을 지닌 기업이나 브랜드는 출발부터 더 세계적이다. 그 기업의 대표가 바로 랄프 로렌Ralph Lauren 자신이기 때문에 개별 국가들이 랄프 로렌의 아이덴티티를 지역적으로 변화시키는 어렵다. 빅Bic이나 팔로마 피카소Paloma Picasso도 마찬가지이다.

미국 기업들은 좀 더 글로벌화될 수 있는 준비가 되어 있다. 미국이 가진 사회적이고 문화적인 다양성을 생각할 때 그곳에서의 마케팅은 본질적으로 글로벌한 것이기 때문이다. 유럽으로 사업을 확장할 때 미국 기업들은 흔히 브뤼셀이나 런던에 유럽 본사를 만든다. 따라서 개별 국가들은 그들의 사업 결과를 이 유럽 본사에 보고하도록 되어 있다. 미국 입장에서는 유럽을 하나의 단일 지역으로 보기 때문에 매우 초기부터 '유럽 활동'을 위한 센터를 필요로 했다.

마지막으로 유럽이나 남미에서의 생산을 위한 단일 센터 또한 글로벌화의 강력한 요소이다. 유럽 전체에서 P&G 세제의 생산이 한 공장에 집중된다는 사실은 모든 국가에 표준 제품을 제공하고 기술적인 혁신이 확산되도록 만든다. 제품의 이점이 브랜드 포시셔닝의 열쇠가 되는 시장에서 이런 생산과 연구개발의 집중화는 지역 차원에서 차이의 여지를 거의 남기지 않는다.

단절 대 제품 최적화

시장이나 조직 자체와 연관된 요인들과는 별도로, 같은 기업이 제품의 위상에 따라 두 가지 다른 정책을 따라야 할 수도 있다. 관찰된 행동의 차이를 설명하는 한 가지 분석은 마케팅의 유형과 연결된다. 어떤 제품들은 기존 제안offer의 최적화이다. 다른 제품들은 기존 제안과의 완전한 단절, 즉 이전에 존재하지 않았던 새로운 세그먼트를 창조하는 혁신이다. 이런 구별은 글로벌화 정책의 선택에 영향을 미친다. 최적화 마케팅Optimisation marketing은 지역적 조건에 맞춰 변경될 필요가 있을 때 더 많은 유연성으로 이어진다. 그러나 새로운 비전을 전달하는 강력한 혁신은 모든 나라에 그 자신을 부과하는 경향이 있고, 그 어떤 변경도 거의 필요로 하지 않는다.

일반적으로 말해서, 강력한 새로운 컨셉은 규칙과 경계를 깰 수 있다. 예를 들어 알코올 음료는 대체로 지역적 전략을 통해 촉진된다. 술보다 더 문화적인 것이 무엇이 있는가? 더욱이 술은 성인이 마시는 것으로, 나이가 들어감에 따라 우리의 입맛과 선호도는 굳어진다(십대를 위한 소프트음료와는 다르다). 그러나 이 분야에서 매우 새로운 컨셉들은 전 세계적인 영향력을 가질 수 있다. 코로나Corona, 앱솔루트Absolut, 베일리스Bailey's, 말리부Malibu가 여기에 해당한다. 치즈의 경우도 마찬가지인데, 라 바쉬 퀴 리La Vache-Qui-Rit(The Laughing Cow)는 글로벌한 컨셉이다.

과도한 글로벌화

글로벌화에 대한 반대는 사실상 엄격하고 획일적인 국제 마케팅 정책에 대한 반대이다. 글로벌 마케팅 정책을 채택하는 과정에서 주의를 기울이지 않고, 과도하게 서두른 데 따른 많은 실패 사례가 있다. 기업들은 이 실패 사례들을 분석해 왔고, 그것으로부터 교훈을 얻었다.

글로벌화는 기업들의 무관심이나 무분별함과 연관되어 왔다. 나오미 클레인 (1999)은 일부 글로벌 브랜드가 생산 시설 없이 비즈니스를 한다는 사실과 관련하여 글로벌 브랜드에 대한 주의를 환기시켰다. 이 브랜드들은 모든 생산을 아웃소싱한다. 그러나 공장의 부재가 공급자의 공장에서 일어나는 일에 브랜드가 무관심할 수 있음을 의미하지는 않는다. 어린이 노동, 노동 착취 공장, 열악한 근로 환경 모두가 브랜드 이미지에 영향을 끼친다. 오늘날 크다는 것은 그만큼의 책임을 의미한다. 윤리는 금융 시장의 평가에서 한 부분이 되고 있다(17장 참조). 이 장에서 우리는 또 다른 문제, 즉 시장들 간의 차이에 대한 적응의 문제를 다룬다.

1984년 1월, P&G는 정확히 영국과 네덜란드에서 성공을 이끈 것과 같은 마케팅 믹스와 포지셔닝을 사용해 프랑스에서 비듬 방지 샴푸 헤드앤숄더를 출시했다. 1989년 말, 헤드 앤 숄더는 여전히 프랑스 시장의 1%만을 점유하고 있었다. 문제는 이 브랜드가 프랑스 시장의 특성들에 관해 충분히 고려하지 않았다는 것이다. 소비자들은 효능을 보장하는 약국에서 비듬 방지용 샴푸를 사거나 하이퍼마켓에서 일상 용도로 일반 브랜드의 라인 확장 제품을 고른다(팜올리브Palmolive 비듬 샴푸 등). 이 두 브랜드 그룹 사이에는 효능에 포지셔닝 되어 있으면서 하이퍼마켓에서 팔리는 일반 브랜드보다 훨씬 더 비싼 브랜드를 위한 자리가 거의 없다. 채택된 커뮤니케이션 믹스는 결코 이 샴푸의 상황을 개선하지 못했다.

- P&G는 네덜란드에서 헤드앤숄더라는 이름이 잘 받아들여지는 것을 보고 프랑스에서도 그대로 사용하기로 결정했다. 그러나 네덜란드는 영국을 제외하고 유럽 연합 국가들 가운데 영어를 가장 잘하는 나라이다. 그래서 네덜란드에서 테스트된 정책을 프랑스 같은 나라에 확장하는 데는 무시하지

못할 고유의 위험이 따른다.

- 출시를 위해 P&G는 제품 사용 결과를 눈으로 확인할 수 있도록 둘로 나뉜 얼굴을 보여주는 영국 광고를 사용했다. 광고의 핵심 문구는 '비듬은 당신 뒤에서 이야기합니다Dandruff talks behind your back'였다. 그러나 프랑스에서는 비듬을 사회적 문제로 여긴다. 이를 비난해서 손가락질해서는 안 되고, 그 문제에 동정을 표시해야 한다. 영국적 접근에서 채택된 어조는 아마도 네덜란드의 민감성 정도에는 맞았을지 모르지만 프랑스인들에게는 거의 적용할 수 없었다.

헤드앤숄더는 시장마다 민감성의 수준과 경쟁의 원동력이 상이하다는 것을 보여준다. 2가지 모두는 획일화된 글로벌 정책을 위험한 전략으로 만드는 것이다.

그런 실패가 그 자체로 글로벌 정책에 대한 반박은 것은 아니다. 우리는 델Dell, 소니Sony, 맥도날드McDonald's, 폭스바겐Volkswagen과 같은 보편적인 성공 사례들을 알고 있기 때문이다. 글로벌 마케팅이라는 아이디어는 비록 그 실행이 시장, 대중, 기업에 따라 속도에 있어 상당한 차이를 보이지만 강력한 매력을 갖고 있다.

글로벌화에 대한 장벽

글로벌화에 대한 가장 강한 장벽들은 무엇인가? 매니저의 입장에서 브랜드 글로벌화를 어렵고, 심지어 불가능하게 만드는 요인들은 무엇인가? 표 16.5는 특별히 이에 관해 보여주고 있다.

인터뷰 대상자들 대부분(55.2%)이 글로벌화 전략을 적용하지 않는 것이 정당하다고 주장하는 첫 번째 그리고 유일한 요인은 법적 차이이다. 예를 들어 제품의 정의, 판매 권리, 술 광고의 허가와 방식, 광고에 어린이를 이용하는 것 등을 다루는 법들은 상당히 다양한 것이 사실이다. 그러나 유럽통합법Single European Act이나 관세 및 무역에 관한 일반 협정GATT 때문에 이런 법률적 차이들은 바로

| 표 16.5 | 국가들 간의 어떤 차이가 브랜드의 마케팅 믹스를 변경하도록 강제하는가?

차이의 유형	필수적인 적용(%)
법적 차이	55
경쟁	47
소비 습관	41
유통 구조	39
브랜드 인지도	38
브랜드 유통 단계	37
미디어 청중	37
마케팅 프로그램 성공	34
소비자의 니즈	33
미디어 이용가능성	32
브랜드 이미지	30.5
제품 제조의 표준	27.5
브랜드 역사	25.2
라이프스타일 차이	25
문화적 차이	25
자회사 매출	23
소비자의 구매력	22
소비자의 연령대 차이	12

※ 출처: 캐퍼러/유로컴 범 유럽 조사

잡아져야 하며, 그로 인해 글로벌화를 막는 주요 장애들이 제거될 것이다. 두 번째 요인은 지역 경쟁 상황과 관련되어 있다(경쟁사의 수와 파워, 브랜드 인지도 수준, 유통의 유형과 수준, 제품 라이프사이클 단계). 한 번 더 오랑지나Orangina의 예를 들면, 탄산 오렌지 소프트음료의 프리미엄 세그먼트에서 니치niche를 점유하고 있고 환타Fanta, 선키스트Sunkist, 탱고Tango, 로컬 선두 브랜드 등과 경쟁하는 영국 시장에서와 같은 방식으로 오랑지나 자신이 코카콜라에 이어 2위를 차지하는 시장에 접근하는 것은 가능하지 않다. 이것은 마케팅 전략과 포지셔닝에 많은 영향을 주지만 그럼에도 오랑지나의 아이덴티티는 동일하다. 더욱이 그것들은 미리 알려져 있기 때문에 매우 다른 이런 시장 상황들은 광고를 만들 때 충분히 고려될 수 있다. 오랑지나가 잘 알려져 있지 않은 나라를 목표로 하는 광고들은 제품과 과육을 흔드는 것에 관한 더 긴 장면을 필요할 것이다. 이런 장면은 오랑지나가 잘 알려져 있는 나라들에서는 줄어들 수 있다. 지역의 경쟁 상황과 관련해 이런 요소의 중요성은 마스Mars, 질레트Gillette, 맥도날드McDonald's, 코크 Coke, 베일리스Bailey's, 델Dell, 이베이eBay, 라이언에어Ryanair, 솜피Somfy 등 과 같은 브랜드의 세계적인 성공을 어느 정도 설명한다. 그들은 실제로 시장에서 어떤 경쟁자도 가지지 않았고, 새로운 세그먼트를 창출하거나 잠재적인 초국가 적 수요의 시작을 나타내는 새로운 제품이었다. 그들은 자신들이 뛰어난 제품을 가지고 있고 자신들의 프로그램을 모든 국가에 확장한다는 생각에 강하게 이끌 렸다.

글로벌화를 가로막는 세 번째 요인은 소비자 습관의 차이이다. 이미 본 것처럼 이것은 특정 문화에 깊이 뿌리를 둔 리카Ricard 같은 제품에게는 매우 치명적이 다. 더욱이 진정으로 글로벌화하려면 브랜드는 민족적 요소를 억제해야만 한다. 베일리스Bailey's가 '아이리시 크림'인 한 잠재력은 제한적이다. 멀리서 온 이 '이국적exotic' 음료라는 그것의 '특이함strangeness'은 저녁에 화롯가에서 그 음 료를 홀짝이는 아일랜드 팬들이라는 작은 판매 규모로 스스로를 국한시켰다. 그 러나 전 세계에서 얼마나 많은 사람들이 아일랜드를 알까? 누가 여전히 리큐어 liqueur(향료가 첨가된 독한 술) 같은 알콜 음료를 마실까? 베일리스의 글로벌화는 리큐어와의 연관과 관광지로서 아일랜드 프로모션에서 벗어나서, 그 대신에 '베 일리스 온 아이스Baileys on ice'를 촉진하는 것이다.

표 16.6은 범유럽 브랜드pan-european brands에서 가장 쉽게 글로벌화된 단면 들을 나타낸다.

표에서 볼 수 있듯이 백분율은 10%에서 93%로 다양하다. 이 차이는 '브랜드 글로벌화'라는 말이 아이덴티티와 실행(마케팅 믹스) 모두를 언급한다는 사실과 연결된다. 가장 글로벌화된 것은 고정된 브랜드의 이미지(고정된 로고)로, 이미지 가 소리에 선행한다는 것을 나타낸다. 중요한 것은 '코카콜라Coca-Cola'라고 쓰 여 있지 않다 하더라도 코카콜라만의 독점적인 서체와 빨간색을 세계 곳곳에서 발견할 수 있다는 것이다. 유니레버Unilever는 모든 곳에서 모타Motta 아이스크 림이라는 브랜드 네임을 사용하지는 않지만 그에 해당하는 로컬 브랜드들은 동 일한 컬러와 시그널 코드signal codes를 사용한다. 브랜드 네임은 두 번째이다. 이탈리아에서 대쉬Dash로 불리는 것이 다른 유럽 지역에서는 아리엘Ariel로 불리

| 표 16.6 | 브랜드 믹스의 어떤 단면이 가장 빈번하게 글로벌화되는가?

	%
로고타입, 상표	93
브랜드 네임	81
제품 특성	67
포장	53
판매 후 서비스	48
유통경로	46
후원(예술)	32
후원(스포츠)	29
광고 포지셔닝	29
광고 집행	25
상대적 가격 책정	24
다이렉트 마케팅	18
세일즈 프로모션	10

는 것과 같은 특이한 상황들이 상당히 많이 존재하는 것이 사실이다. 브랜드 네임이 지역적 강점일 때 너무 빠르게 표준화하는 위험을 무릅쓰는 것은 좋은 생각이 아니다.

마케팅 믹스의 운영 측면은 자연히 지역 시장에 맞춰진다. BTL(below-the line)활동이나 가격 설정의 지역적 최적화에 접근할 때는 더욱 더 그러하다. TV와 멀티미디어 시대에 이미지는 말보다 앞선다. 문맹이 일반적인 제 3세계 국가들에서는 더욱 더 그러하다. 컬러 코드와 그래픽은 세계적이어야 한다. 즉 코크 Coke는 빨간색, 하이네켄Heineken은 녹색이다. 그러나 가장 강력한 브랜드들조차도 광대한 중국 시장에서 그 브랜드를 무엇으로 불러야 하는가라는 문제가 생기면 주저하게 된다.

이런 장애들이 브랜드의 국제화에 어떤 영향을 끼치는지 심도 있게 분석해보자.

지역적 다양성에 대한 대처

글로벌 브랜드들은 경제, 법률, 문화적인 측면에서 세계의 진정한 다양성을 어떻게 통합하는가? 어떻게 그들은 그와 같은 이질적인 조건 하에서 글로벌 브랜드를 구축하는가? 그 브랜드가 진정으로 세계적일 수 있는가?

경제적 이질성에 대한 대처

글로벌 브랜드는 크게 다른 시장 발전 수준이라는 현실에 어떻게 대처해야 하는가? 이는 분명 개발도상국들과 관련이 있지만 새로운 카테고리와 관련해서는 선진국들도 예외는 아니다.

첫 번째 접근은 물론 제품 라인을 시장에 맞추는 것이다. 중국과 유럽에 같은 차를 팔지 않는다. 자동차 제조업체들은 중국에서는 엔트리 카 수준의 모델들을 사용한다. 흥미롭게도 그들은 단지 글로벌한 이름만이 아닌 글로벌한 지각을 의미하는 글로벌 브랜드를 구축하길 원하기 때문에, 세계의 다른 곳에서 팔리는 상위 모델들과 같은 브랜드 가치 아래 이런 모델들을 출시하는 데 주의를 기울여야 한다. 이것은 동질적인 컨셉을 창조하는 데 있어 어려움을 발생시킨다.

예를 들어 (보드카의 고향인 폴란드에서 만들어진) 아마도 가장 훌륭한 보드카인 비보로바Wyborowa는 두 개의 매우 다른 시장으로 확장해야 한다. 먼저 스미노프Smirnoff는 말할 것도 없이 핀란디아Finlandia와 앱솔루트Absolut가 형성한 가격대보다 고가인 스카이Skyy, 벨베데레Belvedere, 그레이 구스Grey Goose와 케텔 원Ketel One 같은 매우 세련된 브랜드들로 구성된 프리미엄과 슈퍼 프리미엄 세그먼트가 이미 존재하는, 가장 발전된 거대 시장(미국)이 있다. 그리고 다른 하나는 이제 막 이 카테고리를 알기 시작하고 많은 소비자들이 보드카가 무엇인지, 왜 마셔야 하는지 모르는 유럽 시장이다. 분명히, 미국에서 성공하기 위해서는 브랜드는 브랜드 원형으로 사용되는 슈퍼 프리미엄 버전을 출시해야 한다. 그러나 유럽에서는 이것이 필요치 않다. 그러면 브랜드는 두 가지 다른 원형을 가지고 통일된 개념을 어떻게 표현할 수 있는가?

두 번째 접근은 제품 라인을 세분화하는 것이다. 예를 들어 유리 식기류에서 세계적인 선두 그룹인 아크 인터내셔널Arc International은 최근 유통 경로와 가격 수준에 의한 이중의 시장 세분화를 따라 4가지 브랜드에 집중하면서 브랜드 포트폴리오를 합리적으로 조정했다. 루미낙Luminarc은 독특한 대량 시장 브랜드이다. 전체 계열은 캐주얼, 모던, 포멀의 3가지 부분으로 나뉘며, 이 각각의 패밀리들은 긍정적인 이름을 갖고 있다. 선진국에서는 많은 사람들이 '캐주얼' 패밀리 제품을 사는 것을 고려하지 않을 것이다. 그러나 같은 제품이 많은 개발도상국들에서는 선물용으로 사용된다.

세 번째 접근은 단계적인 혁신의 도입이다. 그룹으로서 다농Danone은 전적으로 '좋은 건강good health'에 포지셔닝되어 있다. 그러나 이 컨셉은 광범위한 것이고, 인도와 스칸디나비아에서 동일한 것을 의미할 수는 없다. 사실상 다농은 3가지 수준의 시장 성숙도에 상응하는 3가지 발전 단계를 구분했다. 즉 품질/안전, 건강과 영양 그리고 활기찬 건강이다. 이 각 단계의 시장에서는 '건강'이라는 큰 컨셉의 의미에 상응하는 제품들의 출시를 보게 된다.

매우 집중화되어 있는 앱솔루트Absolut가 그 카테고리와 관련한 각 나라의 성숙도에 따라 광고를 달리하는 것은 매우 흥미롭다. 따라서 광고에 사용된 소비자 혜택은 시장의 발전과 세련됨의 정도에 따라 성장 단계에서의 순수함(앱솔루트 퍼펙션Absolut Perfection 광고)에서 친밀함, 화제성, 맛의 다양함(앱솔루트 레몬), 그리고 성숙 단계에서의 창조성/독창성까지 다양하다.

네 번째 단계는 각기 다른 수준의 운영을 통해 브랜드 가치를 확실히 고수하는 것이다. 그 최고의 예는 코넥스Connex이다. 이 대중 육상 교통수단의 세계적 브랜드는 2000년에 출시되었다. 그 시장은 대중교통 서비스 민영화의 증가에서 비롯되었다. 코넥스는 규칙성, 안전, 편안함 같은 많은 부가가치의 제공에 초점을 맞췄다. 그러나 경제 발전 수준과 비용 제약에서의 광범위한 차이 때문에 전 세계에서 같은 방식으로 각각의 가치들을 운용하는 것은 불가능했다. 예를 들어 서비스의 규칙성에 대해 기대하는 것들이 라고스(나이지리아)와 퍼스(호주)에서 같을 수 없다. 코넥스는 최고 수준의 서비스 전달 기준service delivery standards을 만족시키는 상황에 대해서만 그 이름을 사용하기로 결정했다. 그러나 이는 그것을 매우 엘리트주의적이고 제한적인 브랜드로 만들 수 있었고, 그 글로벌 전략과도 상반되는 것이었다. 코넥스의 미래 성장의 잠재력은 대중 서비스를 위탁 운영함으로써 그 만족 수준을 높이려는 국가들에서 발견된다.

결과적으로 브랜드 가치를 고수하면서도 운영 방법은 지역적으로 정의하기로 결정했다. 더욱이 브랜드가 부가가치의 영구적 추구를 의미하기 때문에 코넥스는 지역이나 도시마다 운영 기준들은 매년 업그레이드하고, 그 결과를 공표해야 한다.

법규와 규범의 차이에 대한 대처

베스트 프랙티스 세미나와 실용서적들에는 코카콜라Coca-Cola, 마스Mars, 마이크로소프트Microsoft 같은 글로벌화한 브랜드의 사례들로 넘쳐난다. 이들은 분명 흥미로운 예들이다. 그러나 그것들은 또한 특히 취향taste, 법규, 규범norms에서의 차이로 인한 한계점들을 갖는다. 다농 미국법인Danone USA에서 판매하는 요구르트 가운데 그 무엇도 EU에서는 요구르트로 묘사될 수 없었다. 너무 많은 녹말과 안정제stabilizing agent를 함유하고 있고, 그 맛 또한 유럽의 대중이 수용할 수 있을 만한 것이 아니었기 때문이다. 그 이유는 무엇인가? 1982년 설립된 이후로 다농 미국법인은 미국에서의 비즈니스를 구축하는 데 노력을 기울여 왔기 때문이다.

다농의 비즈니스가 시작되었을 때 네덜란드, 독일, 프랑스와는 달리 미국에는 요구르트를 먹는 습관이 없었다. 더욱이 숟가락으로 떠먹는다는 사실은 그 카테고리에 어린애 같은 개성마저 부여했다. 그 결과 전체 시장이 슬림패스트Slimfast와 같은 건강 혜택을 촉진하면서 주로 여성을 목표로 하는 니치 시장으로 시작되었다. 또한 유럽과는 달리 다농 요구르트는 실제로 스낵 시장에서 경쟁한다. 그리고 제품을 소비하는 동안 일반적으로 미국 소비자는 콜라(다이어트 또는 그 외 것들)를 마신다. 결과적으로 요구르트는 더 달콤하고 걸쭉해질 필요가 있었다.

카테고리 차이에 대한 대처

제품이 비록 같은 이름을 가지고 있다 할지라도 그 제품들이 나라마다 같은 것을 의미하지는 않는다. 그래서 명백히 같은 제품은 각기 다른 나라들에서 그 카테고리의 의미에 따라 포지셔닝될 필요가 있다.

요구르트의 예가 관련이 있다. 얼핏 보기에는 플레인 다농 요구르트Plain Danone yoghurt를 (그것이 맛이 첨가된 다농 키드Danone Kid이든, 다농 바이오

Danone Bio든 간에) 같은 방식으로 유럽의 모든 사람에게 파는 것이 가능해 보였다. 그러나 보기와는 다르게 요구르트가 처음 도입되었던 각 시장의 다른 상황들 때문에 같은 방식으로 팔 수가 없었다. 프랑스에서는 요구르트가 처음에 건강 제품으로 도입되었고, 따라서 약국에서만 팔렸다는 사실에 여전히 시장이 영향을 받고 있다. 더 이상 그렇지 않고 요구르트 소비자 대부분이 그것을 인식하지 않는다 할지라도 이것은 시장에서의 태도에 깊고 무의식적인 영향을 미친다. 그래서 프랑스에서는 건강의 상징인 플레인 요구르트가 제품 준거이고, 오랜 시간이 지나서야 과일과 향료가 더해졌다. 한편 프랑스와 같은 의미의 약국이 없는 앵글로색슨 국가들에서 요구르트는 즐거움을 위해 과일을 함유한 저지방 제품으로 처음 도입되었으며, 이런 면에서 성인들을 위한 제품이었다. 따라서 각 국가들에서 처음에 시장이 형성되는 방식 때문에 요구르트 시장에서의 구매 동기는 각 국가에서 각기 다른 충동으로부터 기인한다. 더욱이 이런 각기 다른 동기의 결과로서 같은 제품이라도 나라마다 각기 다른 관점에서 바라보게 된다.

예를 들면 영국에서 요구르트 시장의 기원은 그것이 즐거움을 위한 제품, 즉 즐거운 먹는 경험을 위한 것임을 의미한다. 맛이 첨가된 요구르트, 즉 과일이 들어 있지 않은 요구르트는 시시한 제품lesser product이고, 또한 어린이 시장에는 포지셔닝될 수 없다는 것을 의미한다. 더욱이 맛이 첨가되거나 과일이 들어가지도 않은 플레인 요구르트는 먹는 즐거움이 없는 것이므로, 다이어트하는 사람들을 위한 따분한 제품이 된다. 한편 과일이 풍부한 스페인과 포르투칼에서 과일 요구르트는 시장에서 제품 준거 포지션을 갖지 않는다. 실제로 다른 유럽 국가들보다 생활수준이 낮은 이들 국가에서는 맛이 첨가된 요구르트가 주요 세그먼트를 구성하고, 어른만큼이나 아이들의 수요가 높다. 따라서 가족 제품을 의미하며 (Kid와 같은) 수식어는 필요하지 않다.

다시 이탈리아에서는 각기 다른 씹히는 느낌을 가진 혼합 요구르트blended yoghurt가 준거가 되며, 맛이 첨가된 요구르트는 어린 아이들을 위한 것으로 포지셔닝된다. 그러나 프랑스에서는 맛이 첨가된 요구르트는 단순히 맛이 나는 플레인 요구르트Plain yoghurt로 여겨지고, 그래서 '우리는 조금씩 건강해진다Petit a petit on devient moins petit'라는 슬로건이 입증하듯 건강 혜택의 논리가 지배적이다. 이 약속을 강조하고 경쟁사와 차별화하기 위해 다농은 이런 유형의 요구르트에 '키드Kid'라는 이름을 붙이기로 하고, 성장의 후기 단계에 들어선 아이와 제품을 동일시했다.

이와 비슷하게 바이오Bio에 대한 반응도 나라마다 다르다. 프랑스에서는 바이오가 건강과 즐거움을 전하는 플레인 요구르트의 재탄생으로 여겨진다. 영국에서는 바이오가 시장에 제품의 건강 측면을 처음 도입한 것이었다. 한편 이탈리아에서는 음식의 맛에서 즐거움을 찾는 것에 난색을 표하며, 맛과 건강을 동시에 만족시키는 것이 가능하다고 생각하지 않는다. 이는 관련 광고에서도 반영된다. 프랑스에서는 나체의 여성이 선택된 것과 달리 영국 광고에서는 체내 시계body clock가 등장한다.

따라서 오랜 역사를 갖고 있지는 않지만 실질적인 산업 제품인 몇몇 식품 시장들 중 하나를 살펴봄으로써 우리는 각 나라에서 시장이 형성되었던 조건들이 특정 시장에서 그 제품에 대한 장기적인 지각을 결정짓는다는 사실을 분명히 알 수 있다.

세그먼트 차이에 대한 대처

같은 제품이 각기 다른 국가에서 각기 다른 세그먼트에 속할 수 있다. 그런 경우 다른 경쟁자와 직면하고 다른 타깃을 목표로 하게 된다. 자동차 산업에서 소형차 세그먼트는 유럽 평균 38%를 차지하지만 포르투칼에서는 59%, 오스트리아나 독일에서는 18%를 차지한다. 이탈리아에서는 전체 가족에게 꼭 맞는 소형 가정용 승용차가 그럼에도 메인 자동차가 된다. 이것은 소형차 세그먼트가 2번째나 3번째에 해당하는 프랑스와는 매우 다른 구조적 기대structural expectations(예를 들어 5도어 승용차)를 결정짓는다.

독일과 관련해서는 또 다른 문제가 발생한다. 독일에서는 그 세그먼트가 아예 존재하지 않는다. 독일에서는 다른 유럽에서 중간 계열 세그먼트에 속하는 골프Golf가 소형차로 여겨진다. 그러므로 예를 들어, 푸조 106을 모든 국가들에서 같은 방식으로 이야기하기는 어렵다. 프랑스에서 르노 클리오Renault Clio와 경쟁하기 위해 푸조 106은 작은 크기에도 불구하고 차량 내부 공간의 크기가 강조된다(슬로건도 '사이즈의 놀라움la surprise de taille'이다). 독일에서 106은 어스틴 미니Austin Mini처럼 포지션되었다. 세컨드 카, 작고 여성적인 도시형 차로, 그런 다음에는 가장 작다는 이유로 친환경적인 차로 포지션되었다. 남유럽 국가들에서는 다시 한 번 내부공간을 강조함으로써 훌륭한 첫 패밀리 카로 만들었다. 영국에서 106은 작지만, 편안하고 다이나믹한 측면을 통해 현실 도피를 가능하게 하는 여성용 자동차로 포지셔닝되었다.

의미 차이에 대한 대처

국제적인 커뮤니케이션에 존재하는 위험은 실제는 그렇지 않으면서도 단어에 대한 공통된 이해가 있는 것처럼 보일 수 있다는 사실이다. 'nature'와 'well-being' 같은 간단한 단어들도 모든 국가에서 같은 의미를 갖지 않는다. 같은 의미를 갖는다면 그 컨셉을 커뮤니케이션하는 최선의 방법은 국가들마다 비슷하다는 것이 증명되었을 것이다. 그러나 종종 그렇지 않다.

국가에 따라 같은 아이디어는 각기 다른 심벌들을 통해 표현되어야 한다. 이 사실은 최초의 브랜드 컨셉에 최대한 근접하는 것이 나라마다 같은 브랜드 네임을 사용하는 것이 아니라는 역설적 결과를 갖는다. 지프Jif의 컨셉은 독일에서는 비스Viss로, 프랑스에서는 시프Cif로 더 잘 표현된다. 로컬 이름이 고유한 의미를 거의 지니지 않고 그 이름이 제품의 컨셉을 정확히 내포할 때 로컬 이름을 글로벌 이름으로 바꿀 수 있다. 그렇지 않으면 아이덴티티의 기본적인 요소들은 흩어지고 만다. 이름의 다양성은 각 시장에서 제품이 소비자에게 더 가깝게 다가가게 만든다.

이는 플레이텍스Playtex가 모듈 정책modular ploicy을 적용하는 이유이다. 플레이텍스 이름은 세계적이다. 한편 기업은 개별 제품들의 이름을 그 시장에 맞게 변화시킨다. 실제로 플레이텍스는 국제적일 때에만 새로운 제품 컨셉을 출시한다. 마케팅 전략은 큰 지리적 지역(예를 들어 유럽) 안에서 동일하다. 그래서 '크로스 유어 하트Cross Your Heart' 계열은 모든 국가들에서 같은 포지셔닝, 같은 소비자 혜택, 같은 광고 주제, 같은 실행을 갖는다. 크로스 유어 하트 계열은 패브릭fabric(예를 들어 이탈리아에서 면)이나 (유통 경로의 차이를 고려해) 포장의 측면에서 로컬 시장에 맞게 변화된다. 이름에 있어서는 프랑스에서 (직역된) 'Coeur Croise' 이지만 스페인에서는 'Crusado Magico' 이다. 공동의 컨셉을 고수하고, 그것을 가장 잘 전달하기 위해서라면 플레이텍스는 제품 이름을 변경하길 주저하지 않는다.

- 언더와이어가 없는 브라 라인은 미국에서는 'WOW!('WithOut Wire')라고 불리지만 프랑스에서는 'Armagiques' 이다.
- 오래 지속되는 편안함을 특징으로 하는 거들 라인은 '18 hours' 으로 불리는데, 이는 각국에서 번역될 수 있다.
- 브라 라인은 번역이 필요하지 않는 이름인 '슈퍼룩SuperLook' 으로 불린다. 원더브라 역시 번역되지 않은 채 출시되었다.

글로벌화하려는 합리적인 의지에도 불구하고 실제 문화적 차이와 지각에서의 차이를 간과해서는 안 된다. 이는 P&G가 나라에 따라 각기 다른 버전의 미스터 클린Mr Clean 브랜드를 만들었지만, 그럼에도 불구하고 공통 전략(광택shine)의 한계 내에 머무르는 이유이다. '광택' 의 심벌은 문화와 함께 변한다. 프랑스에서는 거울이라는 아이디어로 표현된다('그 속에서 당신 자신을 볼 수 있습니다You can see yourself in it'). 반면 미국에서는 수면에 반사되는 것을 강조한다('물인가요? 아니, 광택shine이에요!Is it water? No it's the shine!'). 전. 세계적으로 카메이 Camay는 '유혹seduction' 을 암시하는 비누이다. 그러나 고객 습관과 기대가 전 세계 비누가 있는 곳에서는 어디나 같다고 할지라도 문화적 장벽들은 개인적인 순간들에 관해 여성에게 이야기할 때 다른 접근을 요구한다.

- 프랑스에서 유혹적인 힘은 남편을 위해 욕조에서 스스로를 아름답게 하는 여성에 의해 묘사되었다. 이 광고의 성공은 일본인들이 이를 그들 시장에 도입하도록 유혹했고, 광고가 나가자 큰 분노를 일으켰다. 일본에서는 아내가 목욕을 하는 욕실에 남자가 들어가는 것을 모욕이라고 여긴다.
- 이탈리아에서는 아양 떠는 부인과 그녀의 마초macho 남편을 보여주는 것을

선호했다.

- 오스트리아 사람들은 유혹을 나타내는 배경으로 파리Paris를 사용한다.
- 그리스에서는 소문난 요부를 등장시키고 좀 더 관능적인 문구를 덧붙인다.

크리에이티브 단계에서의 유연성은 로컬의 문화적 요구조건들을 만족시킬 뿐만 아니라 카메이가 각기 다른 국가들에서 자신의 위상을 확립할 수 있게 한다.

신흥 국가에서의 브랜드 구축

오늘날 모든 눈이 동쪽을 향한다. 한 때 소비에트 연방이었던 국가들에서 기업들은 앞 다퉈 경쟁한다. 그 너머로 아시아, 즉 5개 신흥 경제 국가들과 중국이 있다. 이들 지역으로 보내진 매니저들은 짧은 기간에 주요 판매 목표를 성취하는 임무를 띤다. 여기에는 예를 들어 크래프트Kraft, 뮬러Mueller 또는 캄피나 Campina 유제품 브랜드들 같은 플래그십 브랜드flagship brand의 국제화된 버전을 사용하려는 유혹이 존재한다. 사실 모든 것이 매니저들로 하여금 그렇게 하도록 부추긴다.

- 관리의 자율성. 이런 먼 국가에서는 본사의 제약을 덜 받는다고 느낀다.
- 자원 부족과 결합된 실적 압력.
- 시장 조사의 함정. 브랜드가 약하고 아직 원형을 중심으로 결정화되지 않았기 때문에 어디에서나 사용될 수 있는 것처럼 보인다.
- 그에 따라 실제로 그것을 어디서나 모든 제품에 사용하는 유혹을 느끼게 되며, 이런 유형의 이니셔티브가 판매 차원에서 효과적이라는 것이 증명되기 때문에 더욱 그러하다. 품질에 익숙하지 않은 국가들에서 품질의 심벌로서 브랜드는 안심을 제공하고 그것이 보증하는 것의 판매를 촉진한다. 새로운 이니셔티브는 무엇이든 효과적이다.

다국적 기업이 이런 나라에서 처음 하는 일이 생산을 합리화하는 것임은 잘 알려진 사실이다. 제조업체의 기술은 상당 부분 품질을 높이는 그들의 능력에 있다. 이는 지역 소비자들에게 그 이름에 걸 맞는 품질 수준과 만나도록 한다. 브랜드의 주요한 기능이 품질을 보장하는 것이 아닌가? 그러므로 브랜드는 생산을 보증하고 새로이 획득된 품질과 신뢰를 상징하는 역할을 한다. 이 논리를 채택함으로써 국제적 브랜드는 처음부터 명성과 파워의 원천인 강력한 엄브렐러 브랜드가 된다. 강력한 브랜드를 창조하는 방법이 명확히 그려진 것처럼 보인다.

영어권에서 출간된 경영관리 문헌에서 인용된 글로벌화의 사례는 대부분 맥도날드McDonald's, 마스Mars, 코카콜라Coca-Cola와 같이, 기원 국가로부터의 지리적 확장 모델에 기초한 '제품 글로벌화product globalisation'라는 사실을 지적해야 한다. 그러나 많은 경우 기업들이 다른 국가의 거주자들에게 특정한 기호를 강요하기보다는 지역 수준에서 그들의 브랜드(크래프트Craft, 뮬러Mueller, 프레지던트President)를 재창조하려고 하기 때문에 이 모델은 적용될 수 없다. 예를 들어 대부분의 러시아인들이 카망베르Camembert를 좋아하지 않는다고 해도 락탈리스Lactails가 자신의 플래그십 브랜드인 프레지던트President를 글로벌화하려는 것은 정당하다. 그러나 이것은 판매 규모가 큰 로컬 제품들을 통해서만이 이루어질 수 있다. 그렇지 않으면 판매 인력이나 광고에 투자할 가치가 없다.

첫 번째 문제는 새로운 국가에서 모든 세그먼트를 커버함으로써 브랜드가 예를 들어, 유럽이나 미국에서 정해진 전략(포지셔닝)으로부터 벗어날지도 모른다는 것이다. 처음부터 한 국가에서 모든 세그먼트를 커버하는 엄브렐러 브랜드를 만드는 것은 단기적으로 판매에는 좋을지 모르지만 진정으로 미래를 준비하는 것은 아니다.

두 번째 문제는 시작부터 급하게 엄브렐러 브랜드를 구축하는 것은 브랜드 카탈로그를 채울 수 있을지는 모르지만 미래를 위한 강력한 브랜드를 창조하지는 않는다. 그러면 정확히 어떤 일이 일어날 것인가?

그 브랜드의 모든 서구 경쟁자들 또한 그 나라에 들어오는 데는 얼마 걸리지 않을 것이다. 그러므로 이런 경쟁자들 사이의 품질 수준을 비교할 수 있을 것이다. 그러면 무엇이 브랜드를 다른 브랜드들과 차별화할 것인가? 진정한 아이덴티티, 원형prototype, 강력한 차별성이 없다면 그것은 제너럴 브랜드general brand일 것이다.

효과를 발휘하는 새로운 이니셔티브를 얼마나 오래 계속 도입할 수 있는가? 이런 성공 형태는 경쟁자 역시 혁신을 출시하기로 결정하면 단기적인 것이 될 수도 있다. 쉬운 옵션을 선택하는 것은 미래를 위한 토대를 마련하지 않는다. 단기적인 이니셔티브를 고려할 때는, 장기적인 목표에서 눈을 떼지 않고 중장기를 염두에 두는 것이 필수적이다.

그러므로 시작부터 기업의 토대를 단단히 하고 나중에 확장하는 것이 필수적이다. 이는 무분별한 확장의 유혹에도 불구하고 선택choices과 선별selections을 하는 것을 의미한다. 하지만 이것이 글로벌 브랜드가 구축되는 방식이다.

네이밍의 문제

성공적인 글로벌화의 궁극적인 상징은 전 세계에서 동일한 이름을 사용하는 능력이다. 그러나 종종 브랜드 네임은 글로벌화에서 문제를 일으킨다. 주요 문제들은 다음과 같은 것들이다.

- 무엇보다도 현지 회사가 먼저 등록하는 문제가 있다. 예를 들어 유로스타Eurostar라는 이름은 이미 한 서비스 회사가 등록한 상태였고, 그 회사로부터 사야만 했다. 이것은 항상 가능한 해결책은 아니다. 덜 직접적인 것으로는 크로커다일 브랜드Crocodile brand의 문제가 있다. 중국 회사가 등록해 글로벌 브랜드 라코스테Lacoste가 아시아 시장에 접근한 것처럼 크로커다일 숍Crocodile Shop으로 알려진 광대한 스토어 네트워크를 통해 빠르게 강화되었다. 라코스테의 로고는 크로커다일이다.
- 두 번째로, 이름이 특정 언어에서 갖는 의미 측면에서 문제가 생길 수 있다. 다른 국가들에서 성적인 함축성을 갖는 브랜드 네임에 관한 일화는 수없이 많다.

- 덜 일반적인 문제는 서술적인 이름descriptive name의 번역이다. 전통적으로 미국인들은 서술적인 브랜드 네임을 번역하지 않는다. 팸퍼스Pempers는 세계 어디서나 팸퍼스이다. 헤드앤숄더Head & Shoulders도 마찬가지이다. 라 바쉬 퀴 리La Vache Qui Rit(Laughing Cow) 같은 국제적인 치즈 브랜드에게는 이름이 그 메시지를 전달하고, 브랜드 심벌(소의 머리)의 정확한 해석을 가능하게 하기 때문에 중요하다. 그 이름 없이는 소는 바보 같고, 단순히 미소 짓거나 미친 것처럼 보인다. 이런 경우 브랜드 네임과 브랜드 심벌 사이에는 연결성이 있다. 그러므로 각 나라로 서술적인 브랜드 이름을 번역하느냐 안 하느냐와, 만약 한다면 프랑스어로 된 브랜드 네임을 언급할 것인가에 관한 질문이 제기된다. 언급된다면 이런 언급은 현지 번역 위나 아래에 와야 하는가? 마지막으로 이런 질문에 대한 답은 그것이 바라는 부가가치에 좌우되므로 각 지역에 따라 달라져야 하는가?

  특정 지역에서는 위조 상품counterfeited goods이라는 현실적인 문제와 그에 따라 제품이 진품이라는 것을 소비자에게 확신시켜야 하는 필요성이 있다. 몇몇 지역(사우디아라비아, 중동, 독일)에서는 프랑스를 언급하는 것으로부터 부가가치가 나온다. 반면 2003년, 미국에서와 같이 다른 지역에서는 '메이드 인 프랑스' 라벨이 변화하는 경제 상황 때문에 부정적인 요소일 수 있다.

- 마지막으로 중국은 매우 다른 지역 방언 때문에 특정한 문제를 제기한다.

중국에서의 네이밍

중국에서의 네이밍은 종종 매니저들을 선택의 기로에 서게 만든다. 의미적으로 아니면 음운론적으로 이름을 붙여야 하는가?(Schmitt and Zhang, 2001). 다음과 같은 딜레마가 따른다. 현지에서 아무런 의미를 가지지 않고, 그래서 발음하고 기억하기 어렵다 할지라도 이름의 소리를 존중해야 하는가? 아니면 국제적으로 발음되는 브랜드 네임과 멀어진다 할지라도 그 컨셉을 존중해야 하는가? 물론 이상적으로는 둘 다일 것이다.

중국어 소리가 국제적인 발음과 비슷해야 하지만 의미 또한 적절해야 한다. 마이크로소프트의 의미론적인 이름은 웨이-루-안Wei Jua이다. 이 이름은 미세한 유연함과 부드러움을 의미한다. 더욱이 중국인들이 듣기에 유쾌한 소리이다. 코카콜라Coca-Cola와 까르푸Carrefour는 의미적이고 음운론적인 면 모두에서 적절한 번역을 찾았다. 커-코우-컬-러Keu Ko Keu Leu는 '마시기에 좋고 행복하게 만든다.'를 의미한다. 찌아-러-푸Tia-Leu-Fu는 '행복의 집'과 비슷한 의미를 갖는다. 아벤티스Aventis에서 나온 살충제의 세계적인 브랜드인 데시스Decis는 운 좋게도 '죽음까지 그들에게at them until death'를 의미하는 띠-싸-쓰Di-Cha-Seu로 발음된다. 다른 이름들은 운이 좋지 않았다. 푸조Peugeot는 '피아오-제 또는 피아오-지Piao Je'로 불리우는 데 광둥어로 창녀를 연상시킨다. 오랑지나Orangina는 O로 시작한다. 중국어에는 O로 시작하는 좋은 단어가 없다.

그러나 중국에서 이름을 너무 지나치게 지역화하는 데는 위험이 따른다. 현재는 외국 브랜드가 로컬 브랜드보다 훨씬 더 가치 있게 여겨진다. 로컬 브랜드라는 지각을 강조하는 모든 표시는 장기적으로 브랜드 에쿼티를 깎아내릴 수 있다. 이 시장의 규모를 생각할 때 적절한 모든 예방 조치가 취해질 필요가 있다.

미묘한 로컬-글로벌 균형의 성취

각 기업들은 지역화(제품을 로컬 시장에 맞추는 것)와 글로벌화의 존재 이유 raison d'etre(비용 감소를 통한 경쟁 우위의 추구) 사이에서 자신만의 균형을 찾아야 한다. 이는 특정한 국가, 시장 세그먼트 그리고 심지어 인종 그룹, 커뮤니티나 개인에 맞춘 제품과 심벌의 변경adaptation을 통해 가치를 창조해야 할 필요성과 비용 절감이라는 경제적 요구 사이에 충돌이 있음을 의미한다. 여느 딜레마와 마찬가지로, 단 하나의 솔루션은 존재하지 않는다는 것을 모든 기업은 알고 있다. 오직 점진적인 적응과 지역화나 표준화를 너무 많이 강조했을 때 정책의 재검토가 있을 뿐이다.

(에스티 로더Estee Lauder, 시세이도Shiseido, 로레알L'Oreal 같은) 화장품 그룹들과 자동차 제조업체들은 이런 딜레마의 고뇌에 빠져 있다. 왜냐하면 그들은 '하

이테크high-tech'이자 '하이터치high-touch'이기 때문이다. 글로벌화가 기술로부터 태어났고, 그러한 기술 비용의 감소를 통해 연구의 확산을 돕는다는 것은 잘 알려진 사실이다. 그러나 화장품 브랜드는 개개 여성의 아름다움을 타깃으로 하기 때문에 그 브랜드들은 매우 민감해야 하고 그에 따라 '하이 터치'해야 한다. 따라서 전 세계 국가에서 여성의 기본적이고 문화적인 특성뿐만 아니라 특유의 생리학적 특성에 최대한 적응해야 한다.

이제 더 이상 미의 보편적인 컨셉이란 없다. 같은 국가 내에서 그리고 세대 간에 미의 유형이 갖는 다양성이 받아들여 지고 있다. 자동차가 단순히 낮은 가격의 차로 포지션되지 않을 때 자동차 산업에서의 딜레마도 똑같이 첨예한 양상을 띤다. 자동차는 개별 소비자에게 특별한 중요성을 갖는다. 그리고 각각의 소비자가 다르므로 브랜드 수준에서 다양성을 기대할 뿐만 아니라 모델, 라인 확장, 심지어 브랜드와의 관계의 개인화에 있어서도 다양성을 기대한다.

자신만의 균형 찾기

화장품 같은 하나의 카테고리를 예로 들면 '대량 시장'에 포지션된 브랜드는 엘리트 브랜드elitist brands보다도 훨씬 더 근접성을 발전시키는 것이 중요하다. 그로써 직접 접촉 마케팅direct-contact marketing을 더 많이 이용할 뿐만 아니라 한편으로는 잘 정의된 브랜드 아이덴티티의 틀과 다른 한편으로 브랜드의 경제적 방정식 내에서 제품과 홍보를 훨씬 더 지역에 맞추는 경향이 있다. 그래서 가르니에Garnier와 메이블린Maybelline은 랑콤Lancome보다 적응의 폭이 훨씬 더 크고, 가르니에의 경우 이러한 적응은 처음부터 내재된 것이다.

예를 들어 가르니에는 유럽과 미국에서 모든 피부와 모발 타입의 수요를 충족시키는 가장 광범위한 화장품 계열을 제공한다. 각 국가는 자체 시장을 발전시키기 때문에 가르니에 브랜드 자회사들은 국가에 따라 그들의 필요에 가장 잘 맞는 제품들을 고른다. 포장과 라벨 부착 형식에도 같은 원칙이 적용된다. 비록 지리적으로 가깝기는 하지만 한국, 타이완, 일본 같은 국가들의 여성들은 사실 매우 다른 기대를 가지기 때문에 지역적 수준이 아닌 국가적 수준에서 차별화가 이루어진다. 한편 랑콤 소비자들은 널리 여행하며, 같은 제품을 도쿄나 파리에서도 살 수 있기를 기대한다. 이런 제품들은 과도한 적응으로 그 지위를 잃을 수도 있다. 자연스럽게 랑콤은 이런 아시아 국가들의 여성들 사이에서의 강력한 요구를 충족시키는 특유의 피부 화이트닝 제품들을 개발한다.

그렇다면 기업들은 어떻게 이러한 미세 조정된 적응과 경제적 방정식을 조화시키는가? 경제적 방정식을 적응의 수용 기준으로 만듦으로써 그렇게 한다. 그에 따라 로레알L'Oreal의 경우 혁신은 종교religion의 지위를 가지며, 매년 500개 이상의 특허가 등록된다. 이 혁신은 3가지 원천 가운데 하나로부터 나올 수 있다.

- 4곳의 기본 연구 실험실 가운데 하나. 미국에 2곳, 유럽에 1곳 그리고 일본에 1곳.
- 전 세계 브랜드 마케팅 팀으로부터
- 다양한 내셔널 소매 유통 자회사들 가운데 하나로부터

때때로 특정 국가에서 강한 지역적 요구가 있기도 한다. 예를 들어 1997년, 브라질에서는 특정 헤어 케어 제품에 대한 요청이 제기되었다. 브라질 사람들의 모발이 인종적 용광로의 결과로 건조하고 잘 관리되지 않는 것이 특징이며 수분 컨디셔너를 필요로 하기 때문이다. 브라질 여성들은 얼굴 이상으로, 머리카락을 관능의 상징으로 여기며 자랑스러워한다. 그들은 곱슬곱슬하고 물결치는 머리카락이 길게 흘러내려 몸과 함께 움직이길 원한다. 그래서 유럽의 연구소는 독특한 공식을 만들어냈고, 그런 다음 로레알은 경제적 방정식을 고려했다. 이 신제품은 브라질은 물론이고 세계 여러 곳에 충분한 양이 팔릴 수 있는가? 제품 이름은 엘세브 하이드라맥스Elseve Hydramax였고, 다른 나라로 확장되기 전 곧 브라질에서 가장 인기 있는 헤어 케어 제품이 되었다.

메이블린Maybelline은 다른 예를 제공한다. 메이블린은 미국 브랜드이고 그 팀들은 뉴욕에 기반을 두었다. 그럼에도 불구하고 일본 연구소에서는 특정 립스틱 유형으로 도쿄 시부야 지역에서 전형적인, 매우 트렌디하고 최신 스타일의 젊은 일본 여성들의 특별한 요구를 충족시키는 혁신적인 성분을 발견했다. 이들은 작은 입을 가진 젊은 여성들이고, 일본에서는 진주색이 인기가 높다. 이 분자는 립

스틱에 '촉촉한 느낌wet look'을 주는 수분 효과를 만들어냈다. 신중한 경제 분석 후 제품은 메이블린 워터샤인 다이아몬드Maybelline Watershine Diamonds라는 이름으로 일본에서 개발되었다. 이 제품은 한 해 동안 메이블린을 일본에서 가장 많이 팔리는 대량 시장 메이크업 브랜드로 만들었다. 그리고 이어서 미국과 유럽에 확장되어 비슷하게 빠른 성공을 거두었다.

이러한 두 가지 예들에서 지역적 혁신은 오직 글로벌한 성공의 잠재력을 가지고 글로벌화될 수 있다고 여겨질 때 수용되었다. 그것은 '글로벌적으로 생각하고 지역적으로 행동하라think global, act local'라는 비즈니스 모델의 외침과는 거리가 먼 것이다. 이는 오히려 '지역적으로 생각하고 글로벌하게 행동하라think local, act global'의 사례이다.

적응을 통한 경쟁 우위

글로벌화에는 비용이 따르는데, 그것은 바로 실패이다. 한편으로 그렇게 많이 발표되지는 않았지만 몇몇 사례들은 시장 적응이 어떻게 수익성 있는 비즈니스를 개발하고 또 천천히 시장 리더십을 확보하는 데 도움이 되는지 보여준다.

매년 네슬레Nestle는 시리얼 시장에서 켈로그Kellogg's를 상대로 경쟁하기 위해 노력해 왔다. 이것은 흔한 일이다. 시리얼은 네슬레의 핵심 제품인 우유와 밀접하다. 그들은 동일한 타깃(어린이)과 동일한 혜택(성장)을 다룬다.

네슬레가 켈로그를 모방하는 동안에는 성공적이지 못했다. 더욱이 네슬레는 시리얼에 노하우가 없다. 네슬레는 제휴 관계가 필요했다. 미국의 제너럴 밀즈 General Mills는 켈로그Kellogg's, 퀘이커 오츠Quaker Oats 그리고 강력한 복합 소매업체의 프라이빗 라벨의 뒤를 이어 자체적으로 유럽에 진입할 방법을 찾고 있었다. 리더와 경쟁하기 위해 기업은 혁신을 필요로 한다. 네슬레의 분권화된 문화 때문에 지역의 자회사들은 자율권을 가지고 있다. 프랑스 자회사는 켈로그가 개발하지 않은 니즈, 즉 초콜릿을 좋아하는 아이들의 니즈를 찾아냈다. 아이들은 아침식사로 초콜릿을 먹기를 바란다. 왜 켈로그가 이런 필요를 알아채지 못했을까? 우선 그것은 지역적 필요이다. 그리고 집중화된 글로벌 회사들은 지역적 필요에 적응하는 데 적합하지 않다. 두 번째 초콜릿은 성장과 건강을 위한 시리얼의 이상과는 맞지 않는다. 마지막으로 리더들은 새로운 시장을 찾기 보다는 그들이 이미 획득한 포지션을 방어하는 경향이 있다(Christensen, 1997). 또한 네슬레는 초콜릿 브랜드로서 이 시장에 대해 더 큰 통찰력을 가진다. 그 결과 제너럴 밀즈의 노하우에 힘입어 네슬레가 마케팅과 유통을 맡은 지역 신제품인 최초의 초콜릿 시리얼 초카픽Chocapic이 출시되었다. 이 제품은 곧 11%의 점유율로 시장 리더가 되었다. 모든 복합 소매업체들이 이 제품을 유통해야만 했다. 이는 네슬레가 반격에 성공한 방법이다. 네슬레는 대량 판매 시장에서 혁신을 이루었고, 그 후 초카픽은 빠르게 다른 유럽과 세계 국가들로 확장되었다.

모든 사람들이 화이트 럼이자 코코넛 라이트 음료인 말리부Malibu에 관해 들어 알고 있다. 최근 규모와 가치 매출에서 말리부를 넘어선 소호Soho나 디타Ditta는 어떠한가? 소호와 디타는 여지lychee를 주원료로 하는 혼합 음료인 같은 제품의 2가지 이름이다. 왜 2가지 이름을 갖는가? (현재 그것이 넘버원 브랜드인) 일본과 유럽에서 같은 방식으로 여지 혼합 음료를 파는 것이 불가능하기 때문이다. 일본에서 디타Ditta는 고전적인 사교적 행동의 하나로, 전형적으로 담소를 나누러 바에 가는 젊은 여성을 목표로 한다. 커뮤니케이션 타깃은 상상의 새로운 칵테일을 만드는 바의 직원이었다. 유럽에서 소호 브랜드는 대부분 매장내 시음 캠페인에 힘입어 복합 소매업체에서 팔린다. 목표 시장은 (예를 들어 그레이프프루트와 함께) 칵테일의 소비층으로서 여성이다. 여기에서도 리더십은 적응에서 비롯되었다.

적응: 시간을 통한 성장의 필수요소

마지막 예는 바릴라Barilla이다. 주류의 인기 있는 파스타 브랜드로 이탈리아에서 선두를 달린다. 바릴라는 국내 포지셔닝과 매우 다른 포지셔닝을 사용해 유럽으로 지리적 확장을 하기로 결정했다. 즉 유럽에서 프리미엄 파스타 시장을 창출한 것이다. 바릴라는 럭셔리 브랜드에 가깝게 소개되었다(표 16.7 참조). 이는 특별한 디자인의 카톤carton 용기와 대부분의 국가들에서 알려지지 않은 형태의 파스타 컬렉션의 출시를 통해 실행되었다. 자연스럽게 가격은 지역 리더보다 25% 더 높았다. 지역 리더는 흔하게 이탈리아의 이름을 지니고 있었지만 이미 오래

전에 이탈리아와의 모든 연결을 잃어버리고, 이런 이미지 차원에서 역할을 하지 못했다.

바릴라의 목표는 모든 외국 국가들에서 니치 플레이어로 남는 것이 아니라 최고는 아니더라도 2위 기업이 되는 것이다. 이를 위해서는 엘리트 소비자가 아닌 평균적인 소비자의 지역 습관에 대처하는 것이 필수적이다. 결과적으로 이 브랜드는 아이들과 가족 소비에 맞게 새로운 라인들의 계열을 넓히고 가격을 낮추어야 한다. 비록 그것이 전형적인 이탈리아식이 아니라 (국수와 같이) 지역 소비의 큰 부분을 차지하는 제품을 생산하는 것을 의미하더라도 말이다. 이는 또한 이 라인 제품들을 (더 이상 카톤 용기와 같은) 프리미엄 스타일로 포장하지 않는 것을 의미한다.

마지막으로 광고는 브랜드를 시장에 더 가깝게 접근시켜야 한다. 즉, 브랜드가 이탈리아 브랜드로 지각되는 것을 중단시켜야 한다. 다른 나라의 시장에서 브랜드를 자국 소비자들이 선호하는 브랜드로서 포지셔닝하는 것은 이방인의 이미지를 강화하는 데 기여한다. 어떤 소비자들은 외국인의 선택을 모방하기를 좋아할지도 모르지만, 지역 리더가 되는 것은 이 시장의 필요들에 대처하고, 그 시장에 적실성 있는 제1의 브랜드가 되는 것을 의미한다.

로컬 브랜드로 인식되기
: 글로벌 브랜드의 새로운 이상

기이한 방향 전환이 발생하고 있는 것처럼 보인다. 전 세계 다국적 기업들의 CEO들은 그들의 브랜드가 '로컬'로 인식되고 있음을 입증하는 수치들을 자랑스럽게 제시하고 있다. 사실 얼마 동안 매우 성공적으로 글로벌화했던 브랜드들은 이제 로컬 브랜드로 인식된다. 이는 제약(아스프로Aspro와 레니스Rennies), 가루비누(아리엘Ariel과 오모Omo) 그리고 스웨덴 사람들이 그들의 내셔널 브랜드라고 굳건하게 믿는 쉘Shell에 이르는 브랜드들의 현상임과 동시에 니베아Nivea와 코닥Kodak에게도 해당하는 현상이다. 로컬로 보이려는 이러한 바람은 유행에 대한 양보인가 자본주의적 글로벌화에 대항하는 세계사회포럼World Social Forum에 대한 양보인가? 또는 더 깊은 인식의 반영인가?

먼저 이 트렌드가 모든 브랜드에 영향을 주는 것이 아니라 접근 가능하고, 전세계 국가들의 폭넓은 대중들에게 도달하길 원하는 브랜드들에게만 영향을 미친다는 것을 지적해야 한다. 정의에 따르면 '하이테크'는 지역적인 것이 아니다. 만약 지역적이라면 '로우 테크'로 지각된다. 세계를 통합하는 것은 기술이며, 이는 전 세계 소비자에게서 새로운 기기들에 대한 동일한 욕구를 창출함으로써 글로벌화와 표준화의 필수적인 요인이 된다. 그래서 큰 기술력을 가진 브랜드는 명확히 글로벌 브랜드로 지각되는데, 이러한 지각은 그들에게 부가적인 지각된 품질과 위신을 부여한다.

이와 마찬가지로 '하이터치' 브랜드들 또한 글로벌하다. 그들의 소비자들은 부분적으로 그들이 파리, 뉴욕 또는 도쿄를 여행한다면 그곳에서 정확히 같은 제품을 발견할 것이라는 생각에 기반한 가치를 사는 것이다. 이는 럭셔리 제품들과 최고급 화장품들이 지역적으로 보이려고 노력하지 않는 이유다. 그들의 부가가치는 글로벌 이미지와 그것이 외국산이라는 데서 나온다.

마지막으로 이러한 기본 트렌드는 그 부가가치가 특정 국가와의 연관으로부터 나오는 브랜드에는 영향을 주지 않는다. 예를 들어 라코스테Lacoste는 프랑스 스포츠의 우아함을 상징하는 반면 코카콜라와 리바이스는 미국의 보편적인 상징이다. 오늘날 혼합된 문화와 함께 자라난 전 세계 젊은 소비자들은 그들 자신의 특정 아이덴티티를 실험하게 하는 강한 국가적 아이덴티티national identity를 가진 브랜드를 선호하는 경향이 있다.

그러나 세계 시장에서 대중적인 성공의 추구는 기업들이 소비자 가까이 있는 것이 성공의 핵심 요인이라는 것을 인식하게 만든다. 로레알은 이를 깨닫는 데 빨랐다. 그리고 자신의 매우 다양한 브랜드 포트폴리오 내에서 전형적인 프랑스 브랜드 라보와뜨와 가르니에Laboratoires Garnier의 이름을 2001년에 가르니에 Garnier로 변경하였다. 이름의 변화는 우연한 것이 아니었다. 5개 대륙 전체 국가들에서 브랜드가 수용되는 것을 촉진하기 위해 계획되었다. 모든 국가에서 동일한 '브랜드 아이덴티티brand identity' 플랫폼에도 불구하고 가르니에는 지역의 모발과 피부 타입에 맞도록 제품과 성분을 변화시켰고, 지역의 관행(포르투갈에서 큰 형태, 한국에서는 작은 형태)에 맞게 포장을 바꾸었으며, 광고를 (지역 모델을 써서) 지역 소비자들에게 어필하도록 바꾸었다. 이 전략은 마케팅 믹스의 모든 면에서 매우 글로벌화되어 있는 그룹의 최고급 계열 브랜드인 랑콤Lancome의 전략과는 정반대이다. 따라서 브랜드 계열이 더 높아질수록 적응의 필요성은 더 작아진다고 할 수 있다.

브랜드들이 한 국가 내에서 통합을 극대화하려 하고 있다면, 이는 기업들이 글로벌 브랜드가 무엇보다도 규모의 경제와 경쟁 우위를 추구한 결과라는 사실을 깨달았기 때문이다. 사실 소비자들이 글로벌 브랜드를 요구하고 있는 것은 아니다. 더욱이 최근의 연구는 로컬 브랜드의 주요 자산은 신뢰confidence이고, 불신과 식품 스캔들, (엔론과 같은) 자본주의 위기 시대에 신뢰 요인이 뚜렷한 우위점이라는 것을 보여 주고 있다.

이것이 다농Danone 같은 그룹들이 그들의 '지역적인 글로벌 기업local global company'이 되기를 원한다고 말하는 이유이지만 다농의 경우는 실제로나 법적으로 몇몇 국가들에서 로컬 브랜드이다.

글로벌화되기 이전에 적실성 갖기

글로벌 브랜드는 시장으로부터의 요구보다는 그 관리를 합리화하려는 신중한 의지로부터 나온다. 전형적인 소비자는 본질적으로 글로벌 브랜드를 사는 것이 아니라 그와 반대로 소비자의 특정 니즈에 정확히 부합하는 개별 브랜드를 산다. 브랜드가 글로벌할 때조차 그것은 개인적인 방식으로 구매된다. 프랑스에서 미스터 클린Mr Clean의 구매자들은 그것을 에이잭스Ajax와 다른 로컬 경쟁 브랜드와 비교한다. 그 구매자들은 같은 포지셔닝과 같은 광택 약속을 가진, 또 다른 나라에 있는 미스터 클린의 존재에 대해서는 개념이 없다. 구매자들은 다른 나라들의 미스터 클린의 구매자들과 마찬가지로 브랜드의 약속과 개성에 민감하다. 그에 따라 몇몇 국가들에서 구매자 그룹들이 같은 이점에 민감한 것처럼 보이고, 같은 특성을 기대할 때 글로벌 브랜드를 위한 기회가 있다.

그러나 우리는 여기서 글로벌화를 이야기하면서, 글로벌화가 기업의 관점을 표현하는 반면 각 국가의 소비자 수준에서는 비슷한 니즈에도 불구하고 그들의 선택은 개인주의적이고 자기중심적(Buzzell and Quelch 1988)이라는 사실을 지적해야 한다.

따라서 브랜드는 종종 카멜레온이어야 하고 '단지 집으로 돌아온 것(just like back home)'처럼 보여야 한다. 이는 국제적인 하이테크, 서비스, 럭셔리 또는 알코올음료 브랜드에는 적용되지 않는다. 그러나 코닥Kodak과 필립스Philips는 빅Bic이 미국에서 미국 브랜드로 여겨지는 것처럼 프랑스 인구의 3분의 1이 프랑스 브랜드라고 여긴다.

통합 요인들

기업들은 어떻게 지각된 통합의 속도를 높이고, 한 국가에서 동화assimilation의 바람직한 수준을 획득할까? 이는 기업들이 차갑고, 거리감 있고, 대중의 관심에 무관심하고, 단지 파는 것에 만족하고, 따라서 약탈적인 다국적 기업의 상징으로 인식되길 원하지 않는다면, 하이테크 기업을 포함해 모든 기업이 관련된 문제이다. 첫째로 할 일은 지역의 요구에 귀를 기울이고, 지역 생활의 일부로서 거리나 스포츠 경기장에서 지역 마케팅 캠페인을 실행하는 것이다. 미디어 광고는 직접적인 접촉과 일상생활에의 관여를 통해 균형이 맞춰져야 한다. 가르니에 Garnier가 각 나라에서 100대 이상의 버스에 새로운 프럭티스 스타일Fructis Style 제품을 소개한 것은 우연이 아니다. 이 버스들은 마을과 도시들을 왔다 갔다 하며 일반 대중과 직접 접촉을 한다.

끝으로 중요한 것은 일반 대중의 눈에는 브랜드와 기업이 하나이고 같은 것이고 해당 국가들에서 공장을 세우고 제품을 만드는 것이 뚜렷한 우위점이 된다는 사실을 명심해야 한다. 이는 기업이 일자리를 제공하기 때문에 브랜드가 뿌리내리는 것을 도울 뿐만 아니라 브랜드 지위를 높여준다. 기업이 또한 발전된 사회 정책을 가진다면 사람들은 그것에 대해 말할 것이고 기업은 존경과 신뢰를 얻게 될 것이다. 브랜드가 자신의 성공을 공유하려고 하는 것처럼 보일 것이다. 멕시코에서 다농Danone(기업)의 사회적 이니셔티브들에 쏠린 지역 언론의 관심은 이 나라에서 브랜드의 동화 속도를 높이는 데 크게 도움이 되었다. 우리가 알 수 있듯이, 책임 있고 윤리적인 브랜드의 시대*에 기업들은 외국 시장에 침투하면서 더 이상 그들의 브랜드 뒤에 숨지 않는다.

로컬 브랜드가 돌아오다?

로컬 브랜드에 관한 비판은 지나치게 강조되어 왔고(Kapferer, 2001), 그 강점은 과소평가되어 왔다. P&G와 다농Danone은 너무 빨리 로컬 브랜드를 글로벌 브랜드로 바꾸려고 했기 때문에, 후퇴하지 않을 수 없었고 잃어버린 고객들을 다시 찾기 위해 노력했다. 친 글로벌적인 선전들은 일방도로였고 어떤 형태의 반대도 용인하지 않았다는 것을 기억해야 한다. 그러나 사실상 얼마나 많은 선두 브랜드들이 로컬이 아닌지를 고려할 가치가 있다. 다수의 시장, 즉 과일 주스, 맥주, 쿠킹 오일, 버터, 치즈 등에서 선두 브랜드는 모두 로컬 브랜드이다. 이들이 전통적인 제품이라는 것을 들어 반박할 수는 있지만 한국과 일본에서 넘버원 햄버거는 맥도날드McDonald's나 버거킹Berger King이 아닌 롯데리아Lotteria라는 것은 주목할 만하다. 이는 미국 거대 기업이 벨기에 시장에 침투한 지 10년 이상이 흐른 뒤에도 여전히 퀵Quick이 시장 리더인 벨기에에도 마찬가지이다. 역설은 '선발 주자 우위'로 설명된다. 이런 국가들에서 햄버거 레스토랑을 설립하고 그 시장의 준거 대상이 된 것은 로컬 브랜드였다. 이런 경쟁자들의 구조에는 차이가 없지만 어떤 레스토랑이든 핵심이 되는 성공 요인은 그 입지이다. 맥도날드가 한국과 벨기에에 도착했을 때 이미 최고의 장소들sites은 선점된 뒤였다.

오늘날 많은 글로벌 브랜드들은 그들이 세계적으로 보이지 않도록 노력한다고 단언한다. 이는 분명 다농Danone의 경우 사실이다. 이 기업은 사실 다른 4개 국가에서 법적으로 로컬 브랜드이다. 다농 브랜드는 혁신의 결과로 1919년, 스페인에서 이삭 카라소Issac Carasso에 의해 만들어졌다. 그 이름은 이삭 카라소의 아

---

* 마크 고베Marc Gobe는 『Citizen Brand: 10 Commandments for Transforming Brand Culture in a Consumer Democracy』, Allworth Press, 2002. 한국어판 『마크 고베의 공익적 브랜딩』, 김앤김북스, 2008.에서 기업들이 감성에 기반한 시민적 접근의 브랜드 활동을 해야 한다고 주장한다. ─ 옮긴이

들 이름에서 따온 것이다(다농Dannon은 다니엘Daniel의 카탈로니아어 애칭이다). 다농은 1929년 프랑스에서 등록되었으며, 한편 다농 유제품 사Dannon Milk Products, Inc는 1942년, 미국으로 이주한 다니엘 카라소Daniel Carasso에 의해 미국에서 세워졌다. 이어서 브랜드는 멕시코로 확장되었다. 이 4개 국가 각각에서 다농은 로컬 브랜드로 여겨진다. 매우 이상하지만 독일 브랜드 니베아Nivea 또한 세계에서 가장 널리 유통되는 브랜드 가운데 하나임에도 불구하고 로컬 브랜드로 지각되기를 열망한다는 것이다. 1위의 지붕 창 제조업체인 덴마크 브랜드 벨룩스Velux 그리고 빅Bic, 가르니에Garnier 등도 마찬가지이다.

1998년의 트렌드는 어떤 희생을 치르더라도 글로벌화를 이루는 것이었다. 체코 회사인 오파비아Opavia를 인수한 다농 그룹은 이 로컬 브랜드를 자신의 글로벌 브랜드로 대체하기로 결정했다. 그러나 다농은 심각하게 이 로컬 브랜드의 강점을 과소평가했고, 그 결정을 철회해야만 했다. 오파비아는 체코에서 70%의 시장 점유율을 가지고 있었다. 공산주의 시대에 체코인들에게 유일한 접대는 비스킷이었고, 오파비아는 그들에게 친구이자 동지였다. 마지막으로 중요한 점은 오파비아는 체코 마을의 이름이기도 했다. 이는 오파비아 브랜드를 애국적인 것으로 만들었다. 이런 모든 요인들은 멀리 떨어진 곳에서 결정을 내릴 때 인식하기 어렵다. 각 국가들은 그들만의 아이콘 브랜드icon brands를 가지고 있고, 글로벌화가 단순히 그 소비자들을 무시할 수는 없는 것이다.

앞서 언급한 국제적인 연구들(Schuiling and Kapferer, 2004)은 로컬 브랜드 특유의 레버들levers을 규명했다. 그것은 바로 신뢰confidence와 근접성proximity이다. 만약 로컬 브랜드가 제품을 효과적으로 마케팅하는 방법을 안다면 이것들은 성공의 핵심 요인들이 된다.

로컬 브랜드 개발

많은 브랜드가 지역적이고, 계속해서 지역적으로 남아 있을 것이므로 국제적인 경쟁에 맞서 어떻게 개발될 수 있을 것인가? 로컬 브랜드의 강도strength는 이미 입증되었고(Schuiling and Kapferer 2004) 그들의 강점은 글로벌 브랜드와 비교되어 왔다. 그러나 신뢰와 근접성이 막연하게 보호 작용을 하지는 않을 것이다. 이것들은 유지되어야 하며, 따라서 유지 전략이 특히 중요해진다. 그러나 로컬 브랜드의 약점, 즉 혁신, 재미, 유행의 부족에 대처하는 것 역시 중요하다. 지역 브랜드는 또한 관리 수준에서 많은 약점과 한계로 고통 받는다. 그것들은 다음과 같다.

- 첫째는 종종 보이는 타성inertia이다. 그 역사 때문에 단순히 그 자리에 있는 것에 익숙한 로컬 브랜드는 종종 야망이 없기 때문에 에너지가 부족하다. 그러므로 그 브랜드는 안으로부터 재활성화될revitalised 필요가 있으며, 목표, 사명 선언, 그리고 우위점이 명확히 재정의되어야 한다.
- 로컬 브랜드는 종종 너무 넓게 퍼져 있다. 그러므로 그들이 지배하거나 적어도 시장 리더 중 하나가 되길 원하는 특정 시장이나 시장 세그먼트에 자원을 재집중하는 것이 중요하다. 또한 지배 가능성이 있는 세그먼트에 집중하기 위해 몇몇 비즈니스를 버려야 하는 필요성을 받아들여야 한다. 대안으로서 그들은 다국적 기업들이 할 수 없는 방식으로 작지만 수익을 내는 니치niches 시장을 목표로 할 수 있다.
- 로컬 브랜드는 종종 혁신이 부족하다. 이들은 선호의 원동력으로서 충성도에 너무 크게 의존한다. 그에 따라 그들의 제품은 더 이상 충분히 현대적이지 않거나 오늘날의 니즈를 충족시키는 데 적합하지 않기 때문에 적실성을 잃고 있다. 혁신이 브랜드의 피life-blood라는 것은 아무리 강조해도 지나치지 않는다. 혁신에는 여러 유형이 있다. 몇몇 혁신은 막대한 연구개발 투자를 요구하고, 로컬 브랜드의 범위를 넘어선다. 반면 다른 혁신은 제품의 사용자 가치와 밀접하게 연관되어 있고 그럼으로써 접근 가능성이 높다. 세번째 유형의 혁신은 과학적인 기초 연구보다는 오히려 소비자 통찰과 연결된 새로운 컨셉의 추구와 관련이 있다.
- 로컬 브랜드는 고착된 관리 형태를 갖는 경향이 있다. 새로운 시장과 세그먼트와 관련 있으면서 그것을 이해하는 새로운 매니저를 영입할 필요가 있다. 그들은 소비자 통찰을 파악하고 그것을 아이디어로 바꿀 수 있다.
- 로컬 브랜드는 스스로를 너무 제한한다. 글로벌화를 찬양하는 시대에는 로

컬 브랜드를 지지하는 조언이나 언론 보도가 거의 없다(Kapferer, 2001). 그에 따라 자전거 부문에서 지역 리더인 노르웨이 기업 DBS의 경우처럼, 로컬 브랜드는 스스로를 너무 제한하는 위험을 무릅쓴다. DBS는 자이언트 Giant나 미국 기업 캐논데일Cannondale과의 경쟁에 직면해 자신의 이름으로 현대적인 산악자전거를 잘 팔 수 있을거라 생각하지 않았다. 하지만 사실상 그것은 큰 성공을 거두었다. 소비자들은 질 좋은 자국 브랜드 제품을 (브랜드의 확장된 유통 덕분에) 노르웨이 전역에서 살 수 있는 것에 기뻐했다. 물론 국제적인 브랜드만을 사려는 사람들이 항상 존재하지만 국제적인 브랜드만을 고집하지 않는 다수를 고려하는 것이 중요하다.

- 지리적인 자기 제한의 또 다른 형태가 있다. 로컬 브랜드가 종종 그 브랜드에 친숙하거나 브랜드 동화에 호의적인 문화적 유사성을 갖고 있는 이웃 국가들에서 성장 기회를 추구해서는 안 될 이유는 없다. 따라서 에스토니아 로컬 브랜드가 리투아니아와 라트비아에서 팔리거나 폴란드 브랜드가 헝가리와 체코에서 팔리는 것은 꽤나 자연스럽다. 그러나 지리적 영역은 더 멀리 확장될 수 있다. 소규모와 중간 규모 기업의 핵심 성공 요인 가운데 하나는 그들의 개발에서 매우 일찍부터 국제적인 수준에서 동화되는 것이다 (Simon, 2000). 세계적인 유통업체인 월마트Wal-Mart의 경우 그 개발 팀이 세계를 여행하며 자신의 스토어 계열들을 경쟁사와 차별화하고 고객들에게 놀라움을 주는 혁신적인 제품들을 찾아 다닌다. 그 덕분에 과거에 인기 있던 '오렌지 크러쉬orange crush' 음료를 재출시한 소 기업 로리나Lorina는 신제품 박람회에 참가하고 나서 설립 1년만에 미국에 진출할 수 있었다. 메가 유통업체와의 이런 제휴는 종종 브랜드의 국제적인 성장을 위한 지속성을 보장하는 독점적인 합의와 연결된다.

- 마지막으로 로컬 브랜드는 지역적으로 보여서는 안 된다. 특정 지역과 연결된 민족적이거나 전통적인 수공예품의 경우를 제외하고 현대화는 문화적 통합을 통해서 표현된다. 할리우드 추잉껌Hollywood chewing gum이 로컬 브랜드인지 아닌지 누가 알겠는가? 또는 저메이Gemey, 도프Dop, 탱고 Tango나 월Wall 아이스크림은 어떠한가? 규모 면에서 세계에서 가장 큰 스

카치위스키 시장(프랑스)에서 상위의 3개 브랜드는 모두 로컬 브랜드이다. 이런 위스키들이 스코틀랜드에서 온 것은 분명하지만 이 브랜드들은 와인과 주류 상인들에 의해 만들어졌다. 그것들은 유통업체 마케팅trade marketing에 기반을 둔 저가 브랜드(William Peel과 Label5) 두 개와 주류의 브랜드(Clan Campbell) 하나이다. 프랑스 시장이 15년 만에 2배 크기로 성장한 것은 대형의 국제적인 브랜드보다 저가의 이 브랜드들 덕분이다.

증가하는 국제적 경쟁에 대항해 로컬 브랜드를 관리하는 훌륭한 예로 아모레 퍼시픽Amore Pacific이 있다. 광범위한 브랜드 포트폴리오에 힘입어 강력한 시장 리더가 된 한국의 역동적인 선두 화장품 기업이다. 아모레 퍼시픽은 어떻게 적극적으로 브랜드를 강화했는가?

- 먼저 브랜드들은 '하나의 브랜드에 하나의 경로one brand one channel' 라는 유통 방식으로 할당되었다. 이것은 매우 지배적인 방문판매 경로를 포함하는데, 수입 브랜드들은 노하우와 자원이 없기 때문에 침투할 수 없는 경로이다.
- 둘째, 작은 브랜드들이 더 큰 브랜드로 통합됨으로써 과감한 마케팅 투자의 조건인 높은 임계 규모critical size에 도달했다.
- 셋째, 브랜드는 혁신을 통해 지속적으로 강화된다.
- 넷째, 로컬 브랜드들이 전혀 지역적으로 보이지 않는다. 예를 들어 라네즈La Neige는 프랑스의 것처럼 보이는 이름으로 젊은 시장을 목표로 하고, 프랑스 고객들에 대한 그것의 근접성을 이용한다. 헤라Hera(그리스 여신의 이름) 는 랑콤Lancome과 에스티 로더Estee Lauder와 직접 경쟁한다. 그에 따라 공항의 면세점이나 모든 프리미엄 백화점에서 확실하게 모습을 드러낸다.
- 마지막으로 아모레 퍼시픽Amore Pacific은 최고의 브랜드best brands를 다른 나라에 확장시켜 왔다. 라네즈는 홍콩과 상하이에서 성공적으로 출시되었으며, 헤라도 마찬가지이다. 아시아에서는 서구 수입 브랜드들보다 아시아 여성을 더욱 잘 이해하는 아시아 브랜드에 대한 수요가 증가하고 있다.

브랜드 글로벌화 과정

책, 논문이나 컨퍼런스에서 글로벌화의 예들은 부족함이 없지만 대부분은 코크Coke, 말보로Marlboro, 스타벅스Starbucks, 맥도날드McDonald's, 아마존Amazon, 이베이eBay, 인텔Intel과 같은 제품 브랜드에 초점을 맞춘다. 그러나 이 예들은 (세계 시장의 50%와 같은 국내 시장인) 미국에서 리더가 된 후 그 명성을 기반으로 수출될 수 있었던, 예측 불가능하고 급진적인 혁신radical innovations에 집중되어 있다. 이런 예들은 종종 원산지가 소국이며, 출발부터 글로벌이 되어야 하는 대부분의 그룹과 브랜드의 현실에 부합하지 않는다. 네슬레Nestle(스위스에서 기원한 세계 선두 식품 기업), 유니레버Unilever(네덜란드), 앱솔루트Absolut(스웨덴), 그레이 구스Grey Goose(네덜란드), 핀란디아Finlandia(핀란드) 그리고 벨룩스Velux(덴마크)가 그런 경우이다. 네슬레Nestle에서 최초로 만든 제품(아기 시리얼)은 출시 4개월 후 이미 5개 국가에서 팔리고 있었다. 네슬레는 처음부터 다양성diversity을 자신의 전략의 일부로 만들었고, 오늘날에도 여전히 계속 그렇게 하고 있다.

네슬레는 현재 유럽에서 32개의 각기 다른 커피 관련 제품들로 이루어진 계열을 제공한다. 이는 단일한 코크 스타일 제품single Coke-style product과는 거리가 멀다. 미국 브랜드가 '미국적인 생활 방식American way of life'을 촉진하지만, 이것은 전 세계에 있는 다른 브랜드와 그룹들에는 적용되지 않는다. 이 장과 실제로는 이 책의 전체의 목적은 어떤 균형을 재정립하고, 대안적이며 때때로 더 적실성 있는 모델을 제시하는 것이다.

브랜드 글로벌화의 과정에서 주요 단계들은 다음과 같다.

- 브랜드 아이덴티티 정의하기
- 지역과 국가 선택하기
- 시장에 접근하기
- 브랜드 아키텍처 선택하기
- 시장에 맞게 적응된 제품 선택하기

• 글로벌 캠페인 구축하기

브랜드 아이덴티티 정의하기

브랜드 글로벌화는 글로벌화될 브랜드의 정의를 전제로 한다. 즉 브랜드는 유형과 무형의 측면에서 글로벌화를 위한 매개체로서 역할을 할 아이덴티티를 가져야 한다. 그러므로 기업은 브랜드 아이덴티티의 요소들을 정의하고 기술하는 데서 시작해야 한다. 이는 일관성을 위해 필수적이며, 글로벌화가 브랜드의 원심성 brand's centrifugal을 크게 증가시킬 것이고 모두가 각자의 고유한 방식으로 브랜드를 해석하길 원하기 때문에 더욱 더 그러하다. 이러한 경향을 억제하기 위해서는 명확하고 간결한 플랫폼이 있어야 한다.

현대 브랜드는 더 이상 단순한 '제품 플러스product plus' ('충치를 예방하는 데 도움이 되는 최고의 치약' 처럼, 플러스 가치plus value를 가진 제품의 단순한 정의)가 아니라는 사실을 기억해야 한다. 브랜드는 정의되어야 하는 원천이다. 이해와 번역의 문제를 피하기 위해 글로벌화는 매우 자주 전 세계적으로 합의consensus를 이끌어낼 수 있는 이점을 가진 만능 단어all-purpose words를 선택하게 된다. 이런 단어는 '고품질', '고객 중심', '역동적인' 그리고 '능력 있는'과 같은 것들이다. 그러나 그러한 합의를 경계하는 것이 중요한데, 왜냐하면 그것은 일반적으로 브랜드 정의와 브랜드 아이덴티티에 있어 약점을 반영하는 것이기 때문이다.

브랜드는 차별화에 기반을 둔다. 브랜드는 캐릭터character, 즉 현저하고 독창적인 요소를 가져야 한다. 그러나 말보로Marlboro가 과연 오늘날에도 고독하고 마초적이며 거친 사나이 심벌을 사용해 자신의 브랜드를 출시할 수 있을까?

글로벌 브랜드와 보편적 진실

대체로 각 브랜드는 소비자나 고객 통찰에 기반을 두게 된다. 통찰은 말 그대로, 소비자나 고객에 대한 통찰, 즉 브랜드가 대응하려고 하는 마음의 상태나 기대, 태도를 포착하는 짧은 문장이다.

결과적으로 글로벌 브랜드는 보편적인 진리, 즉 글로벌 통찰을 다루는 경향이 있다. 알코올 시장을 예로 들면 알코올의 보편적인 진리는 무엇인가? 여기에서 소비는 과시적이다. 남성들은 술을 마심으로써 남성적 지위를 강화하려고 한다. 그 상징적인 캐릭터와 그것이 촉진하는 가치(계속 걷는 것, 즉 끈질기게 하는 것)를 통해 조니 워커Johnny Walker는 성인 남성의 성취를 나타낸다. 그것은 남성성, 즉 세계적으로 진짜 남성이 되는 것에 관한 것이다. J&B는 사회적 성공에 관한 것이다. 시바스Chivas는 즐거움과 과시적인 소비를 권한다. 바카디Bacardi는 낙원으로의 탈출이다.

아이덴티티에 실체를 부여하라

브랜드 아이덴티티의 두드러진 특징들이 글로벌화 과정에서 사라지게 되는 것을 방지하는 여러 방법들이 존재한다.

- 브랜드 아이덴티티의 단면들에 비유를 덧붙이면서 브랜드는 무엇이고 브랜드가 아닌 것은 무엇인지 이야기한다.
- 단어들에 이미지(브랜드 컨셉 보드brand concept board)를 덧붙인다.
- 이니셔티브 훈련과 지역적 브랜드 릴레이 주자local brand relays(성화flame 봉송자들)의 창출을 통해 그 단면들을 강화한다.
- 지역적 수준에 (광고와 같은) 전략적 실행을 위임하지 않는다.

이 시점에서 글로벌 브랜드global brand와 수출된 브랜드exported brand를 구별하는 것이 중요하다. 재규어Jaguar, 포르쉐Porsche 그리고 BMW는 수출된 브랜드이다. 재규어의 브랜드 가치는 글로벌화를 위해 다시 정의되지 않았다. 반면에 BMW와 포르쉐는 분명 그들 미래 제품의 요건을 정의하는 데 글로벌 시장(사실상 미국 시장)의 특징을 포함한다. 포르쉐 928은 미국의 넓은 고속도로와 운전 스타일에 맞춰 디자인되었으며, 최신 BMW 시리즈 5의 디자인은 전적으로 미국을 염두에 두고 개발되었다. 그러나 당신이 사고 있는 것은 컨벤트리Conventry, 슈투트가르트Stuttgart 또는 뮌헨Munich이다. 그 브랜드들은 아이덴티티와 핵심 가치의 측면에서 조금도 변하지 않았다. 샤넬도 마찬가지이다. 이들은 전 세계적으로 수출된 브랜드들이다.

글로벌화되는 브랜드는 자신의 아이덴티티에 관해 생각해야 한다. 그 원산지에서 성공을 보증했던 아이덴티티가 다른 국가들 또는 적어도 브랜드가 판매될 핵심 국가들에서 성공을 보장할까? 그러므로 브랜드 글로벌화의 첫 번째 단계(브랜드 아이덴티티의 정의)와 두 번째 단계(지역과 국가 선택) 사이에는 상호작용이 있다. 브랜드가 수출될 때 그것은 즉시 그 국제적인 지각과 관련한 부가가치를 획득하고, '국제적인 지각의 확산 효과'를 얻는다. 앱솔루트Absolut는 스웨덴에서 아주 고급 브랜드가 아니다. 그러나 미국에서는 스미노프Sminoff(지역 리더)가 미국에서 만들어지는 반면에 앱솔루트는 수입 보드카로 지각된다. 그것은 프리미엄 세그먼트를 창출했다.

국내와 국제적 포지셔닝을 분리하라

브랜드가 원산지를 떠날 때 브랜드는 변형되며 그 성격은 바뀐다. 예를 들어 바릴라Barilla는 이탈리아에서 가격 대비 훌륭한 가치를 제공하고, 신뢰confidence를 불러일으키는 인기 있는 '주류' 파스타 브랜드이다. 표 16.7에서 볼 수 있는 것처럼 다른 국가들에서 바릴라는 이탈리아의 '필수품must have', 고품질의 전통적이고 패셔너블한 브랜드로 포지션되지만 '가격 대비 훌륭한 가치'와 '신뢰'를 상실하게 된다.

일반적으로 수출된 브랜드는 운송비용과 관세를 감당해야만 하기 때문에 최고 계열로 포지션되어야 한다. 더 나아가, 그것은 지각된 브랜드 글로벌성globalness의 확산 효과를 이용하기 위한 기회이다. 이런 식으로 스웨덴 보드카 앱솔루트는 미국에서 최고 계열(프리미엄) 세그먼트를 형성했는데, 미국 전역에 공장이 흩어져 있는 지역 시장 리더(스미노프)보다 20% 더 많이 팔리고 있다.

지역과 국가 선택하기

소위 글로벌 브랜드에 대한 조사는 그것들이 우리가 믿게 되는 것처럼 세계 전역으로 넓게 유통되는 것과 거리가 멀다는 것을 보여준다. 물론 세계 시장을 정복하는 것은 점진적인 과정이고, 기업은 무엇보다도 국내 시장에서 리더로서의 위치를 확립해야 하기 때문에 그럴 수 있다. 예를 들어 맥도날드McDonald's가

| 표 16.7 | 바릴라(barila)의 국제적 이미지와 국내 이미지

브랜드에 대한 지각(퍼센티지)	이탈리아	프랑스	독일
고품질	34.9	56.9	40.6
신뢰할 만한	56.6	44.8	17.4
좋은 품질/가격	33.8	26.8	17.2
패셔너블	11.0	19.6	26.1
진정한	8.9	16.0	13.7

※ 출처: Kapferer and Schuiling(2004)

하나씩 점진적으로 다른 시장들에 접근한 반면에 월마트Wal-mart가 처음 미국 밖에 세워진 것은 1991년이 되어서이다. 이때는 월마트의 첫 번째 스토어가 만들어지고 30년이 흐른 뒤이다.

그러나 또 다른 설명이 있다. 모든 국가들이 해당 브랜드에게 잠재적인 고객이 되는 것은 아니다. 예를 들어 유제품은 아시아 문화의 일부가 아니며, 그것은 다농Danone에게는 핸디캡으로 작용한다. 이와 마찬가지로 요구르트는 미국 문화의 일부가 아니며 이것은 다농 USA에게 핸디캡이다. 일본인들은 그들의 향수가 타인에게 영향을 주는 것을 좋아하지 않는다. 이는 강한 향수를 만드는 모든 브랜드에게는 핸디캡이다. 이는 스페인적 가치와 강력한 에센스를 특징으로 하는 팔로마 피카소Paloma Picasso 같은 브랜드들이 텍사스, 캘리포니아 그리고 남부 유럽뿐만 아니라 그 관광객이 남부 유럽을 방문하는 (독일 같은) 나라에서 잘 팔리는 이유이다.

이 단계에서는 각 나라의 잠재력과 그 시장에 접근하는 데 있어 장벽들을 평가하기 위해 전략적 분석이 실행되어야 한다. 이런 분석은 다음을 포함해야 한다.

- 기존 시장의 크기.
- 시장의 성장과 잠재력 지표 그리고 그것의 '세분화 가능성' — 사회문화적 발전과 구매력의 성장.
- 발전 전망에 대한 소비자 통찰.
- 경쟁의 성격과 대응 능력 — 해당 브랜드가 강력한 차별화 또는 '플러스 가

치' 의 잠재력을 지니는가?

- 국가나 지역에서 초보적인 브랜드 에쿼티의 존재 여부(브랜드 이미지를 전 세계 가정으로 전달하는 국제적인 미디어나 관광을 통해 형성된)
- 브랜드 컨셉을 촉진할 수 있는 충분한 유통 경로의 존재.
- 미디어 네트워크의 존재.
- 지역 수준에서 충분한 상업적 파트너들의 존재.
- 시장 접근의 장벽, 즉 관세나 공식적이고 비공식적인 규제의 존재 여부.
- 브랜드 네임을 등록하거나 살 수 있는 가능성(이미 지역적으로 점유되지 않았는지 체크).

기업들을 매개로 한 일종의 신식민주의neo-colonialism를 두려워하는 인도 같은 국가들은 오랫동안 수입에 폐쇄적이었고, 그로 인해 무역장벽이 존재하고 있다. 그 국가들에서 메이저 자동차 브랜드를 제조하는 것은 이론적으로 가능할 수도 있지만 이는 생산 과정의 필수적인 부분인 모든 하청업체들을 필요로 한다. 하청업체와 충분한 파트너의 부재로, 그 국가에서는 브랜드 계약을 어길 위험이 있다. 그 자동차가 팔릴 수는 있지만 열등한 품질의 자동차가 될 것이다. 이는 오랫동안 브라질의 문제이기도 했다.

이미 언급한 것처럼 브랜드 네이밍에서 주요 이슈는 제품 플랫폼의 글로벌화이다. 예를 들어 유니레버Unilever는 마가린을 위한 5가지 플랫폼을 정의했다. 이 플랫폼 가운데 하나가 포르투칼에서는 비켈Becel이고, 다른 곳에서는 프로액티브ProActiv인 것은 중요한 문제가 아니다. 글로벌 경제와 시너지가 생산과 컨셉/포지셔닝 수준에서 성취되어야 하기 때문에 이름은 2차적인 문제이다. 언론의 관심 때문에 어디서나 같은 이름이 바람직하지만 그것이 수익성 증가의 주된 요인은 아니므로 중심적인 문제는 아니다.

해당 국가들에 대한 전략적 분석의 결과는 때때로 국제적인 브랜드의 판매 유통을 설명한다. 래핑 카우Laughing Cow 브랜드의 3개 핵심 국가는 그 원산지와 독일 그리고 사우디아라비아이다. 이 국가들은 온도가 매우 높아서 가공된 치즈가 어른과 어린이 모두 매일 우유를 섭취할 수 있도록 하는 유일한 방법이다. 모로코와 이집트에 공장을 세운 것은 또한 관세 장벽의 문제를 해결했다.

글로벌화의 맥락에서 국가, 지역, 대륙이 '정복되는' 순서도 전략적 문제가 된다. 예를 들어 아모레 퍼시픽Amore Pacific은 같은 이름을 가진 한국 기업의 국제적인 플래그십 브랜드international flagship brand이다. 이 브랜드는 그것의 노하우, 가치, 윤리를 구현한다. 또한 그 아시아적인 기원을 부인하지 않으면서 서구의 미 개념과의 결합을 추구하는 현대적 브랜드이다. 2003년, 아모레 퍼시픽이 미국이나 유럽 시장 가운데 어느 곳에 먼저 침투해야 하는가 하는 문제가 제기되었다. 위에서 다룬 문제들 외에도, 이 기업은 미국에서 유럽에서의 성공을 광고하는 것이 최선인지 혹은 그 반대가 최선인지에 관심을 가졌다. 지각된 브랜드 글로벌성은 미국에서 선호도의 원동력이 되지 않거나, 적어도 유럽에 비해 덜하다는 것을 감안해(Holt, Quelch and Taylor, 2003) 먼저 미국 시장에 침투하기로 결정했다. 더욱이 미국은 지역적으로, 사회적으로, 문화적으로 유럽보다 한국과 훨씬 가까워 보인다. 유럽은 거리가 멀고 나뉘어 있을 뿐만 아니라 강하게 확립된 브랜드들을 가지고 있다.

오늘날 모든 서구의 브랜드들이 동쪽을 바라보고 있다는 것은 전혀 놀랄 일이 아니다.

- 동유럽과 러시아는 포화 상태의 서구 시장에서 싸우고 있는 브랜드들에게는 오랫동안 기다려온 성장 지역이다. 이 지역은 또한 오랜 유대를 가진 스칸디나비아의 브랜드와 역사적으로 동유럽을 영향권 아래 두었던 독일의 브랜드에게 경쟁 이점을 제공한다. 그러나 현재의 낮은 구매력을 감안할 때 한국 브랜드인 LG, 삼성, 기아 같이 가격에 따라 포지션된 브랜드와 루마니아, 불가리아, 알바니아를 타깃으로 하는 터키 브랜드Turkish Brands를 위한 확장 지역이기도 하다.
- 중국은 또 다른 성장 지역이다. 오늘날 10억 명의 주민 가운데 3분이 1은 높은 신용도를 갖고 있다. 불과 2년전만해도 로레알L' Oreal은 서유럽에서 총매출의 49%, 미국에서는 32%, 그리고 나머지 국가들에서 19%를 얻었다. 하지만 아시아의 인구 규모와 생활수준 개선에 따른 니즈를 감안할 때,

이제 로레알의 우선순위가 아시아에 있다는 것은 쉽게 이해할 수 있다. 이는 로레알 그룹의 국제 연구 센터들 가운데 하나가 일본에 설립되었다는 사실과 롤레알 그룹이 일본 브랜드들을 인수한 것에서도 반영된다. 중국 여성들이 서구 브랜드들만을 바라보던 시절은 지나갔다. 오늘날 그들은 자신들의 아시아적 기원을 충분히 인식하고 있으며, 일본과 중국의 럭셔리 브랜드들과 최고급 브랜드들로 눈을 돌리고 있다. 홍콩과 상하이 백화점에서 한국 브랜드인 라네즈La Neige의 성공이 이를 증명한다. 로레알이 일본 브랜드인 슈에무라Sue Uemura를 인수한 것도 그 때문이다. 마지막으로, 로레알 포트폴리오에 있는 11개 글로벌 브랜드가 중국에서 출시되었다.

- 독립성을 지키려는 바람과 자신의 아이덴티티에 대한 보호주의적 국면에서 천천히 벗어나고 있는 인도는 미래의 다른 성장 지역이 될 것이다. 경쟁력 있는 포지션들은 이미 선점되고 있다. 브라질도 마찬가지이다.

시장에 접근하기

브랜드는 단순히 특정 제품 계열의 이름이 아니다. 그것은 제품들을 구별하는 것이고 목표 시장의 눈에 부가가치의 원천이다. 브랜드는 어느 정도의 시간이 지나 확립되는 것이고, 한 나라에서 브랜드의 최초 이니셔티브보다 더 중요한 것은 없다. 이 이니셔티브들이 브랜드의 장기적인 표현representation을 결정하기 때문이다. 이 표현의 기둥 또는 기초는 '원형prototype'인데, 이는 브랜드 아이덴티티를 구현하는 '최고의 본보기best exemplar'이다.

오늘날 합리화와 효율성의 요구에 대응해 많은 브랜드들이 모 브랜드와 자 브랜드라는 2단계의 브랜딩을 갖고 있다. 그 전형적인 브랜드 아키텍처는 소스 브랜드source brand, 즉 2단계의 브랜딩을 가진 하우스 브랜드branded house 아키텍처이다. 프리토레이Frito Lay, 가르니에Garnier, 다농Dannon, 뮬러Mueller, 캄피나Campina, 포드Ford, 도요타Toyota, 르노Renault는 모두 전형적인 소스 브랜드이다. 이 브랜드는 그 자체가 제품 계열을 커버하는 자 브랜드를 통해서만 글로벌화될 수 있다. 따라서 이들 모 브랜드들을 글로벌화하는 열쇠는 훌륭한 자 브랜드이다.

가르니에Garnier가 브랜드의 현대적 가치를 구현할 수 있는 적절한 원형을 갖게 되었을 때 비로소 글로벌화를 추진할 수 있었다는 사실은 주목할 만하다. 이 원형, 즉 2000년에 만들어진 프럭티스 스타일Fructis Style은 가르니에의 모든 자브랜드들 가운데 가장 최신이기도 했지만 가르니에가 미국, 남아프리카 공화국, 브라질, 중국에서 출시될 수 있게 만든 브랜드였다. 이 브랜드는 현재 이 모든 국가들에서 세그먼트 리더segment leader이다.

세계적으로 내셔널 시장에 접근하는 2가지 주요 전략이 있다. 새로운 카테고리를 창출하거나 기존 카테고리를 세분화하는 것이다.

새로운 카테고리 창출하기

가르니에Garnier는 새로운 카테고리 창출의 전형적인 예이다. 모 브랜드는 준거, 즉 새로운 카테고리의 선구자가 되는 자 브랜드를 출시함으로써 스스로를 구축한다. 이 카테고리는 '선발 주자의 이점'이라는 혜택을 갖는다. 경쟁자가 거의 없으며, 경쟁 브랜드들 간의 단순 교체보다는 창조적인 혁신을 고대하는 유통업체를 상대로 쉽게 협상할 수 있다. 이 전략의 부정적인 면은 마케팅과 광고에 더 큰 투자를 요구한다는 것이다. 그 성공은 또한 모 브랜드의 의미를 구축하는데, 이는 모 브랜드가 훗날 다른 자 브랜드들을 출시할 수 있게 한다.

니베아Nivea는 비록 '엄브렐러 브랜드' 아키텍처umbrella brand architecture를 가지고 있을지라도 같은 전략을 사용한다. 니베아는 얼굴과 바디 케어 부문에서 자신의 능력을 구축하는 라인들(장기적인 신뢰 관계를 창출하는 열쇠)에 앞서 니베아 크림Nivea Cream을 출시한다.

기존 카테고리 세분화하기

다른 전략alternative strategy은 큰 규모의 로컬 카테고리에서 차별화된 제품을 출시함으로써 즉각적으로 상당한 규모의 비즈니스를 구축하는 것이다. 예를 들어 레바논에서 요플레Yoplait는 2개의 전통적인 지역 유제품인 라반Laban과 라브네Labneh를 출시하면서 시작했다. 목표는 그 나라에 대형 기업만이 줄 수 있는 것, 즉 월등하고 일관된 품질, 더욱 위생적인 제품, 더욱 미묘한 맛, 오랜 저장 기간을 가진 제품, 더욱 실용적인 포장을 제공함으로써 신속하게 전통적인 신선 유제품을 위한 준거가 되는 것이었다.

치즈 산업의 국제적인 거대 기업, 락탈리스Lactalis는 같은 방식으로 엄브렐러 브랜드인 프레지던트President를 글로벌화했다. 프레지던트의 비즈니스 모델은 제네릭 카테고리들의 세분화이다.

1968년 만들어진 이 브랜드는 프랑스의 대표적인 치즈(카망베르Camembert)의 선두 브랜드, 그 다음엔 버터의 선두 브랜드가 되고 나서 브리Brie와 에멘탈 Emmental 같은 다른 제품들로 확장했다. 제네릭 카테고리를 세분화함으로써 프레지던트President는 현대적 품질, 실용성, 새로운 용도에 대한 융통성 등을 도입했다. 실수는 카망베르를 수출함으로써 프레지던트를 글로벌화하려 한 것이다. 왜 스페인, 러시아, 카자흐스탄 사람들이 카망베르 치즈를 먹으려 하겠는가? 그것은 기껏해야 극소수의 사람들(니치)에게 어필할 것이다. 이는 선두 브랜드가 재창조되는 방법이 아니다.

글로벌화되어야 하는 것은 브랜드의 비즈니스 모델이다. 프레지던트에게 이것은 규모가 큰 전통적인 지역 카테고리를 세분화함으로써 러시아, 카자흐스탄, 스페인, 그밖의 다른 나라에서, 오리지널 브랜드를 성공적으로 창조하는 데 사용되었던 이니셔티브를 재창조하는 것이다.

아시아에서 새로운 유제품 카테고리를 창출할 수 없었던 다농Danone이 그 핵심 가치인 건강을 구현하기 위해 기존 카테고리를 세분화함으로써 자신을 구축하기로 결정했다. 전 세계에서 다농은 요구르트와 미네랄워터로 유명하다. 아시아에서 다농은 프린스Prince와 페피토Pepito 같은 글로벌 자 브랜드를 통해, 또는 인도네시아, 태국, 싱가포르의 제이콥스Jacob's와 중국의 타이거Tiger같은 매우 인기 있는 선두 로컬 브랜드를 보증함으로써 비스켓에 자신의 이름을 넣는다. 즉, 부모와 아이들에게 건강(성장과 비타민)을 약속한다.

브랜드 아키텍처 선택하기

브랜드 아키텍처는 모든 나라에서 같아야만 하는가? 아마도 그래야만 하지만 사실 같을 수 있을까? (소스 브랜드source brand나 보증 브랜드endorsing brand를 포함해) 2단계의 브랜딩을 가진 브랜드의 점진적인 글로벌화는 자동적으로 이런 유형의 질문을 제기한다. 또한 적응adaptation은 실제적인 고려들에 의해 지배를 받는다. 즉 원산지나 다른 시장에서 시간과 수익성의 압력 없이 성취된 것을 재창조하는 것은 불가능하다. 국가에 따라, 사용된 브랜드 아키텍처의 유형은 수평적 크런치horizontal crunch나 수직적 크런치vertical crunch일 것이다.

'수평적 크런치'는 브랜드의 수평적 계열을 줄이고, 다른 브랜드 아래에 특정 브랜드를 끼워넣는 것nicheing'이다. 그래서 미국에서는 전체가 래핑 카우 Laughing Cow에 의해 보증되는, 본벨Bonbel 맛의 미니 바비벨Mini Babybel 치즈를 발견할 수 있다. 반면 프랑스와 독일에서는 이러한 3개의 이름은 3개의 각기 다른 브랜드들에 상응한다. 그러나 기업이 미국으로 진출할 때, 문제는 전문 제품 계열을 포함하는 포트폴리오로 더 큰 시장 커버리지를 보증하는 것이 아니라 자본화capitalising를 통해 살아남는 것이다. 독립적이었던 브랜드는 자 브랜드가 되거나 같은 브랜드 네임 아래 추가 항목(라인 확장)이 된다.

'수직적 크런치'는 반대의 효과를 갖는다. 3단계 브랜딩을 가진 수직적 브랜드 아키텍처는 효율성과 실용성을 이유로 2단계로 줄어든다. 수직적 크런치 유형은 '하향 크런치top-down crunch'와 '상향 크런치bottom-up crunch'로 나뉜다.

'상향 크런치'는 중간에서 하나를 누르고 아래에서 하나를 올림으로써 단계의 수를 줄인다. 유럽에서 로레알 파리L'Oreal Paris는 엘세브Elseve 브랜드로 샴푸 시장에서 대표되는데, 그 브랜드의 제품은 그 기능을 묘사하는 이름(컬러 바이브 Color Vive 같은)을 갖고 있다. 그러므로 그 제품들은 Elseve Color Vive by L'Oreal과 같이 언급된다. 로레알 파리가 보증의 역할을 하는 반면 주도자(소비자가 실제로 구매하는 것)는 엘세브가 된다.

미국에서는 엘세브를 없애고 모든 계열 제품에 접미어 '바이브Vive'를 부여하기로 결정했다. 즉 뉴트리Nutry 바이브, 비타Vita 바이브, 하이드라Hydra 바이브, 바디Body 바이브 등이다. 이는 로레알과 그 제품간의 관계를 더 강하고 직접적으로 만들었고, 상호적인 쇄신을 촉진했다. 현재 그 브랜드는 미국 소비자들이 로레알 샴푸나 컬러 바이브를 구매하는 것이 아니라 두 개의 결합, 로레알 컬러 바이브L'Oreal Color Vive를 구매하는 것이므로 공동 주도자이다. 이는 또한 매체 비용이 매우 높은 국가에서 홍보의 분산을 피하는 것이다.

'하향 크런치'는 보증 브랜드가 주도자가 되고 자 브랜드를 서술자descriptor의 역할로 격하시킬 때 발생한다. 유럽에서 유럽의 비스킷 브랜드 루Lu가 전문 브랜드로 팔린다는 것은 주목할 만하다. 포장에 따라 루Lu는 자 브랜드인 프린스Prince, 핌스Pim's, 미카도Mikado의 보호 아래 온다. 그 이름들 아래에서, 각 특정 제품은 예를 들어 '에너지 첨가' 비스킷과 같이 묘사될 수 있다.

(미국처럼) 브랜드에 의해 '정복되어야 하는' 국가들에서 루Lu는 보증 브랜드에서 계열 브랜드로 업그레이드되어 왔다. 반면 다른 이름들은 그 포장에서 잘 보이지 않게 되고 서술자descriptor가 되었다.

시장에 적합한 제품 선택하기

비즈니스의 성장과 브랜드 구축을 동시에 관리하는 것은 시장에 마케팅(그리고 따라서 제품 계열들)을 항시적으로 적용시키는 것을 의미한다. 그러나 이는 잘 정의되고 일관된 전략의 틀 안에서 이루어져야 한다. 이미 언급했듯이 '원형prototypes' 제품은 창조되어야 하는 이미지의 차원에서 선택되어야 한다. 수입업자들이 단순히 단기적 필요에 기초해 어떤 제품을 한 나라에서 판매할지를 결정하던 시절은 가버렸다. 이런 수입업자들은 기업의 주주가 아닌 중개업자였으며, 따라서 장기적인 목표를 갖지 않았다. 이는 많은 브랜드들이 그것의 원산지에서 상당히 가까운 국가들에서 다른 제품들을 통해 출시되었던 이유였다. 이는 몇 년 후 제품 이미지의 불일치와 그에 따른 가격 프리미엄의 현저한 불일치로 이어졌다.

제품은 빠른 성장의 원천이 되어야 하고 브랜드가 일정 기간에 걸쳐 구축하고자 하는 영향력의 범위를 존중해야 한다. 제품들이 각기 다른 국가, 영역, 지역에 적합하도록 적용되는 각기 다른 방식들은 지역화-글로벌화 딜레마의 일부로서 이미 살펴보았다.

글로벌 캠페인 구축하기

모든 브랜드가 그들의 커뮤니케이션을 글로벌화하기를 원하는 것은 아니다.

일본 기업들은 전형적으로 다른 나라에 있는 자회사들에게 지역 수준에서 상당한 자유를 허락한다. 물론 이것은 한 나라에 있는 다양한 자회사들이 표현하는 이미지가 매우 다른 경향이 있기 때문에 통일되지 않은 인상을 만들어낼 수 있다. 그러나 문화적 관점에서 일본, 최근엔 한국의 대형 그룹들은 그들의 글로벌 제품들의 극단적인 표준화(규모의 경제의 원천)를 지역 수준에서 이런 자유를 허락하는 것으로 상쇄하려 한다. 이러한 지역 자회사들은 주로 특정 국가에서 글로벌 제품들의 판매를 최적화하는 것을 목표로 한다. 그들의 지역 매니저들은 브랜드 에쿼티의 창출이 아니라 실적에 의해 평가받는다. 그들의 마케팅 구조는 다른 국가들에서 브랜드 컨셉을 발전시킨 소니와 미국에서의 도요타를 제외하고는 본질적으로 기능적이다.

지역적 접근에 호의적인 또 다른 브랜드는 놀라울 정도의 다양한 상황들과 직면하는 유럽 채소 시장의 선두 기업인 봉드엘Bonduelle이다. 예를 들어 스페인에서 이 브랜드는 냉동식품 부문을 통해 시장에 접근해야 했고, 러시아에서는 옥수수 통조림을 통해 접근해야 했다. 그것의 플래그십 제품인 콩은 나라마다 매우 다양하다. 독일과 네덜란드 사람들은 큰 녹색 콩을 좋아하고, 반면 프랑스 사람들은 작고 달콤한 콩을 좋아한다. 이탈리아, 독일, 네덜란드에서는 콩이 주로 (샐러드에서와 같이) 장식으로 사용되는데, 이는 봉드엘의 '크레아 샐러드Crea Salad'가 출시되는 계기가 되었다. 그런 다양성에 직면해, 봉드엘은 글로벌화 이니셔티브의 초점을 내부 가치와 대화에 맞추었다. 더욱이, 광고는 지역에 맡기더라도 이름, 로고, 포장은 모든 제품에 동일하게 들어갔다.

점점 더 많은 수의 브랜드들은 그들의 글로벌 이미지를 통제하기를 원한다. 브랜드 아이덴티티 플랫폼을 창출하면서 시작하는 것이 중요하지만, 그것이 전 세계에 일관되게 제시되지 않는다면 어떠한 목적에도 도움이 되지 않는다. 그래서 브랜드가 글로벌화 정책을 실행하기로 결정했다면, 브랜드는 글로벌 캠페인 구축을 위한 자신의 절차들을 발전시킬 필요가 있다. 가장 전형적인 것이 아래에 설명되어 있다.

커뮤니케이션의 글로벌화
: 과정과 문제들

비록 특정 상황에서는 가능하지 않을지 몰라도 오늘날 브랜드는 그들의 광고를 글로벌화하기를 원한다. 이 문제에 관한 질문들은 끝이 없다. 브랜드는 프로모션의 창조성을 손상시키지 않고 어떻게 글로벌 캠페인을 만드는가? 브랜드는 관련 국가들에서 동기를 상실하는 것을 어떻게 막는가? 브랜드는 어떻게 기업에 선순환positive spiral을 불어넣어 관련 국가들에서 NIH 신드롬not-invented-here syndrome를 제거하는가? 아래 분석에서는 무엇보다도 이런 광고 캠페인들이 브랜드를 하나로 만드는unite 요소들이 무엇인지를 보여준다는 점에 주목해야 할 것이다.

- 브랜드 정신, 즉 브랜드 아이덴티티의 요소
- 브랜드의 시각적 아이덴티티
- 전략적 제품(원형)
- 캠페인의 집행 코드

이러한 요소들은 동일 카피 전략identical copy strategy, 공통의 크리에이티브 컨셉common creative concept 또는 글로벌 캠페인에 조금이라도 더 다가서기 전에 파악되어야 한다.

겉보기와는 반대로 맥도날드McDonald's는 브랜드 광고에 관해서는 국가들마다 상당한 자율성을 갖는다. 물론 마케팅은 제품처럼 글로벌하다. 몇몇 예외가 있지만 맥도날드의 컨셉은 전 세계적으로 표준화되어 있기 때문에 강력하다. 광고와 관련해 기업 본부는 로날드 맥도날드 필름Ronald McDonald flim을 운영하고 있으며, 일반적인 가이드라인을 제공한다. 이는 맥도날드 비즈니스 모델로 설명된다. 광고의 표현 형식은 그 비용을 지불하는 사람들, 각 국가에서 그들의 프랜차이즈를 위해 총매출의 4%를 지불하는 가맹점들에게 강요될 수 없다. 한 달에 한 번, 향후 캠페인에 관한 투표가 각 국가의 집행 본부에서 열린다.

그렇다 할지라도 '공통성commonness'의 인상이 모든 프랜차이즈 국가들에서의 TV 광고에서 놀랄 정도로 나타난다. 그러나 이것은 그 어떤 제약에서 나온 결과가 아니다. 그것은 그룹에 있는 전 세계 광고 관리자들의 다음 요소들에 대한 높은 수준의 이해와 공유 덕분이다.

- 브랜드의 정신, 컨셉(음식, 가족과 재미, 단순한 인간적 진실) 그리고 브랜드의 에센스(우리 안의 아이the child within us).
- 속성, 기능, 보상, 가치, 개성의 순서에 따라 표현된 브랜드 약속.
- '모든 맥도날드 광고는 브랜드 광고이다' 또는 '인간 관계를 보여줘라', '현재의 흐름을 따라잡아라: 나와 고객을 이해하라' 또는 '지역이나 일상생활 속으로 스며들어라' 또는 '항상 광고에 감성을 넣어라'와 같은 광고의 황금률(위대한 맥도날드 광고Great McDonald's Advertising의 신조).

그 결과 베이스라인baselines은 나라마다 매우 다양하다. 그러나 광고가 '맥도날드를 즐겨라Mac your day'(호주), '언제나 좋은 시간Every time a good time'(독일), '웃어라Smile'(남미), '당신은 요람에서부터 우리 제품을 안다You know our products form the cradle'(폴란드)인 것에 상관없이 그들 모두는 같은 원천, 같은 아이덴티티를 나타낸다.

맥도날드의 비즈니스 모델을 파괴하지 않으면서 더 큰 표준화를 촉진하기 위해 전 세계의 맥도날드 광고들이 정기적인 크리에이티브 브랜드 세미나에서 상영된다. 이는 각국의 맥도날드가 다른 국가에서 만들어진 대단히 적실성 있고 창조적인 광고들을 이용하도록 유도한다. '우수 광고 사례'는 인터넷에 게시되고 맥도날드 햄버거 대학Hamburger University에서 다루어진다. 마지막으로 다른 국가들의 광고를 사용하는 것에는 인센티브가 제공된다. 오늘날 맥도날드 TV 광고의 50%는 이런 '우수 광고 사례'의 공유에 기초하고 있다.

자동차 제조 그룹 폭스바겐Volkswagen은 마케팅에 관한 한 매우 집중화되어 있다. 그러나 광고에 관해서는 강력한 브랜드 기본 틀framework 내에서 표현의 자유가 허락된다. 예를 들면 각 국가에서는 시장의 가장 인기 있는 모델을 위해

(동일한 전략과 광고 기획서에 기초해) 각기 다른 광고를 제작할 수 있다. 그러나 4 륜구동 투아렉Touareg이나 페이톤Phayton 같이 다소 '주류' 제품과는 거리가 있는 제품들을 위해서는 그룹 본부에서 단일 광고를 제작한다.

새로운 폴로Polo는 크리에이티브 프로세스의 훌륭한 예를 제공한다. 그것은 강력한 폭스바겐 브랜드 플랫폼에 기초한다. 과거에 폭스바겐의 브랜드 컨셉은 신뢰성과 유머스러운 어조tone에 초점이 맞춰졌지만 오늘날에는 스코타Skoda와 세아트Seat 브랜드의 존재 덕분에 브랜드 컨셉이 진화했다. 그것은 이제 탁월성의 대중화democratization of excellence에 기초한다. 그 다음엔 자 브랜드의 플랫폼, 그 모델의 포지셔닝 기본 틀 그리고 '폭스바겐 광고의 어조와 스타일' 기본 틀에서 모든 모델들에 대한 고려가 있다. 이 기본 틀은 폭스바겐 광고의 탁월한 독창성을 창조하고 브랜드에 특별한 개성을 부여했던 트라이벌 DDB 광고 에이전시가 1960년 이래 사용한 원칙들을 떠올리게 한다.

그 원칙들에는 이런 것들이 있다. '과대포장하지 마라: 스페이드는 스페이드로 불러라', '소리치지 마라; 사람들은 조리있게 말할 때만 네 말을 들을 수 있다', '진실하고, 정직하고, 인간답고, 개방적이며, 접근할 수 있도록 하라', '사람들이 생각하고 미소 짓게 만들어라', '애타게 만들고 애매함을 유지하라: 오직 뜻밖의 시점에서 이해되어야 한다'. 그리고 마지막으로 가장 중요한 것으로 '독창적이 되어라'가 있다. DDB 광고들에서는 폭스바겐 자동차가 움직이는 것을 거의 볼 수 없다.

전 세계적인 틀framework을 제공하는 폴로Polo의 포지셔닝은 '폴로는 자신의 클래스에서 유일하게 완벽한 차라는 확신을 갖게 만든다.'라는 것이었다. 그런 다음 광고 목표, 광고 타깃, 소비자 통찰('나는 세계를 차지할 수 있다고 느낀다), 제품 계열, 믿음의 근거 등을 요약한 크리에이티브 브리프creative brief가 만들어졌다. 이 브리프를 사용해 지역 DDB 에이전시는 크리에이티브 컨셉을 생각해냈다. '강하고 새로운 폴로, 우쭐대지 않도록 조심하라Tough new Polo, careful it doesn't go to your head).' 그런 다음 이 크리에이티브 컨셉을 바탕으로 한 광고들이 각 국가의 지역 팀들에서 만들어졌다.

필립스Philips는 글로벌 브랜드를 위한 집중화된 조직으로 재편성되었다. '특별한 경험unique experience' 이라는 새로운 브랜드 컨셉이 만들어졌는데, 3개의 시장 세그먼트(홈 엔터테인먼트, 개인적 표현 그리고 전문 비즈니스 제품) 모두에 타당한 것이었다. 이제는 경영진이 브랜드 홍보의 토대가 될 다국적 제품들을 선택하고 지역 디자인 팀과 함께 광고 캠페인을 개발한다.

니베아Nivea는 필립스와 유사한 모델을 사용하는데, 브랜드 아이덴티티와 각 하위 브랜드의 개성에 대한 매우 명시적인 가이드라인을 갖고 있다. 그리고 모든 브랜드 광고에서 너무도 전형적인 '니베아다움Niveaness'을 창조하는 홍보에 대해서도 마찬가지이다. 함부르크에 있는 니베아의 월드와이드 마케팅 이사가 TBWA 함부르크 광고 에이전시와 파트너십을 이루어 프로젝트에서 일할 3명의 로컬 마케팅 이사를 임명한다. 그들은 전 세계 국가들에서 선정되고, 크리에이티브 플랫폼creative plarform을 정의하는 임무를 맡는다. 이러한 크리에이티브 플랫폼은 마케팅 이사들의 지역 TBWA 에이전시로 보내지고, 여기에서 크리에이티브 아이디어와 캠페인이 만들어진다. 이 캠페인은 맞춤화를 위해 변경이 필요한 경우를 제외하고 모든 국가들에 강제된다.

이러한 변경은 실제로 니베아 소프트Nivea Sooft를 재출시하는 캠페인에서 일어났다. 니베아 소프트의 크리에이티브 아이디어는 '아침 비처럼 부드러운soft as the morning rain' 이었다. 그러나 이것은 3개 나라들에서는 수정되어야 했다. 비가 많이 오는 영국, 비가 거의 오지 않는 사우디아라비아 그리고 비가 장마의 피해를 연상시키는 인도네시아가 바로 그 나라들이다. 이들 3개 나라들에 맞게 수정된 아이디어는 다음과 같았다.

- 아름다운 피부를 위한 매우 가볍고 부드러운 느낌(영국).
- 나무 아래에 있는 것처럼 느껴진다(인도네시아).
- 여름비처럼 느껴진다(사우디아라비아).

이런 사례 연구는 그들의 광고를 글로벌화하기를 원하는 그룹들의 전형적인 과정을 설명한다. 그러나 글로벌화는 실용적이어야 하고, 강력한 지역적 차이(다른 경쟁자, 다른 소비자 요구)를 고려해야 한다는 것을 기억해야 한다. 따라서 다음

| 그림 16.1 | 글로벌화 과정의 관리

기능 브랜드 믹스	무시한다	알린다	설득한다	승인한다	결정한다	따른다
제품 컨셉 포지셔닝 가격 유통 CRM 웹 활동 활성화 프로모션 광고 –창조적 컨셉 –실행 가이드 –생산						
	분산			집중		

과 같은 조언이 있을 수 있다.

- 지역적 수준에서 글로벌화를 시작하라. 예를 들어 아시아에서 먼저 시작해서 미국과 유럽을 포함하거나 또는 그 반대로 한다.
- 공통의 브랜드 플랫폼(아이덴티티)을 구축하고 암묵적인 친근감을 형성하기 위해 브랜드 정신을 공유하라.
- 공격의 각도가 모든 시장에서 같을 수 없음을 인정하라(경쟁자에 대한 포지셔닝, 특별한 경쟁 우위점).
- 브랜딩의 목적은 돈을 절약하는 것이 아니라 비즈니스를 강화하는 것이라는 사실을 기억하라. 국제적인 수준에서 작업하는 것은 국제적인 구조의 창출과 많은 회의의 조직화가 필요하고 따라서 비용이 많이 든다.

결론적으로 관련 국가들과 어떤 관계를 구축해야 하는지를 정의하는 것이 중요하다. 공급자와 고객의 논리인가? 혹은 결정권자와 하급자 사이의 권위의 논리인가? 그 가능성에 따라 분권화된 관리와 집중화된 관리 사이에 선택이 존재한다. 그림 16.1에 요약된 것처럼 브랜드 마케팅의 모든 요소에 적용될 수 있는 6가지 유형의 관계 또는 각기 다른 관리 기능이 있다. 각 기업의 세계화 과정은 마케팅 믹스의 요소와 이 특정한 요소의 측면에서 관련 국가와의 관계 유형 간의 교차점을 표시함으로써 위와 같은 표grid에 나타낼 수 있다.

로컬 브랜드들의 수렴

글로벌화를 위한 전통적인 전략은 그룹의 성장 과정에서 물려받은 로컬 브랜드들을 통합하는 것이다. 역사적으로 큰 그룹들은 종종 강한 로컬 브랜드의 인수를 통한 외적 성장 전략을 선택했다. 산업재 부문은 전형적으로 이 전략을 사용한다. 예를 들어 슈나이더Schneider는 지역의 선두 전자제품 브랜드를 인수하는 것을 결코 멈추지 않았다. 이런 잘 구축된 명성을 인수함으로써 기업들은 지역 시장에 손쉽게 진입할 수 있었다. 이 접근은 또한 일반소비재와도 관련이 있다. 예전의 BSN은 루Lu의 지역 맞수인 유명한 벨기에 비스킷 브랜드, 뵈컬라르Beukelaer를 인수했다. 스웨덴 그룹 몰니케Molnycke는 프랑스에서 나나Nana를 인수하고, 이어 스칸디나비아 생리대 브랜드인 리브레세Libresse와 합병했다.

브랜드 포트폴리오가 표준화되어 있지 않은, 이러한 패치워크patchwork 형태의 상황이 주어지면, 기업들은 같은 포지셔닝을 가진 브랜드들을 재구성하게 된다. 이 때 2가지 시나리오가 가능하다.

* 기업은 로컬 브랜드의 이름을 자신의 브랜드의 이름으로 대체함으로써 변경한다.
* 두 번째 시나리오에서 기업은 브랜드 네임과 연결된 로컬 브랜드 에쿼티 local brand equity를 유지하기로 결정한다. GM의 유럽 지사는 영국에서는 복스홀Vauxhall로 알려진 반면 유럽에서는 오펠Opel로 불리운다. 그러나 이러한 브랜드들은 수렴될 필요가 있다.

브랜드 포트폴리오를 조화시키는 과정은 꽤 까다롭다. 그리고 그것은 항상 자발적으로 이루어져야 한다. 왜냐하면 각 개별 브랜드 네임의 처음 상황이 결코 같지 않기 때문이다. 스타일에 따른, 하지만 무엇보다도 제품에 따른 체계적인 통합 프로그램이 실행되어야 한다. 몰니케Molnycke의 예는 이런 측면에서 흥미롭다. 여성 위생용품 시장에서, 오랜 기간에 걸쳐 천천히 구축된 고객과의 친밀한 관계는 브랜드 자본의 핵심 요소로, 몰리케는 그것을 유지할 필요가 있었다. P&G가 올웨이즈Always로 그 시장에 진입한 것과 때를 같이해 몰니케Molnycke 그룹은 남부 유럽에서 나나Nana의 브랜드 자본과 북부 유럽에서 리브레세Libresse의 브랜드 자본을 보존할 필요가 있다고 판단하고, 다음과 같은 3단계로 대응했다.

첫 번째 단계는 이 두 브랜드의 특별한 포지셔닝이 무엇인지를 함께 결정하는 것이었다. 포지셔닝은 '내추럴natural' 이라는 컨셉에 초점을 두고 있었다. 심층 조사 결과 이 컨셉은 나라에 따라 다른 의미를 갖는 것으로 나타났다. 리브레세의 본토인 스칸디나비아 국가들에서는 엄격한 의미에서의 자연nature이 환기되었지만, 나나의 본고장에서는 자연natur이 자연스러움spontaneity를 의미했다.

두 번째 단계는 리브레세와 나나가 시작에서는 매우 달랐기 때문에 두 브랜드의 이미지를 더 가깝게 만드는 것이었다. 리브레세는 더욱 여성적인 이미지와 최초로 광고에 남자를 등장시킬 정도로 더 많은 유머를 개발해야 했다. 나나 우먼 Nana woman에 대해 이야기하자면, 광고 속에서 그녀는 좀 더 변화될 필요가 있었다. 즉, 가볍지 않으면서 더 자연스럽고, 핵심에 더 집중하고, 더 사려 깊어져야 했다.

이 두 번째 단계는 특정한 커뮤니케이션에 의해 달성되었으며, 그런 다음 브랜드를 위한 단일 컨셉을 얻게 되었다. 따라서 세 번째 단계는 같은 광고를 통해 두 브랜드가 공유하는 신제품을 출시하는 것이었다.

결론적으로, 이러한 국제화 전략의 분석은 유사한 제약 조건을 가진 모든 국가들에서 따를 수 있는 전형적인 진로에 대한 정의를 가능하게 했다. 그 과정은 7개의 기본 단계로 이루어져 있다(표 16.8 참조). 브랜드의 정수kernel에 대한 의견일치, 즉 모든 자회사들이 고수해야 하는 심층의 아이덴티티는 이러한 7단계의

| 표 16.8 | 로컬 브랜드들을 수렴시키는 방법

1단계	국제화가 필요한가? 브랜드들에 대한 글로벌화의 적절성
2단계	어떤 브랜드 단면들이 국제화되어야 하는가? 어떤 단면은 국제화되지 말아야 하는가?
3단계	공통의 정수, 브랜드 플랫폼, 아이덴티티 프리즘 그리고 포지셔닝의 연결 체계에 대한 합의된 기술서
4단계	공통의 시각적 단면들, 그래픽 처터, 포장 차터, 과고 표현의 차터에 대한 정의
5단계	공통의 광고문안 전략에 대한 정의
6단계	공통의 광고 집행에 대한 정의
7단계	공통 제품의 글로벌 출시

※ 출처: F. Bonnal /DDB

핵심적인 출발점이다. 그러한 아이덴티티에 대한 고수는 로고, 코드, 어조, 스타일과 같은 가시적인 표시들visible signs을 통해 드러난다. 궁극적인 단계는 단일 광고가 가능할 때까지, 광고들이 점점 더 서로를 닮아가는 것이다.

여기서 공통의 광고를 갖느냐 갖지 않느냐는 중요한 문제가 아니다. 글로벌화의 문제는 표준 광고를 제작하는 것이 가능한지 여부를 아는 것으로 격하될 수 없다. 훨씬 더 중요한 문제는, 하나의 공통된 보이지 않는 정수kernel, 경쟁력 있는 포지셔닝 그리고 생산 측면에서 규모의 경제가 존재하느냐이다.

4부

브랜드
가치평가

THE *NEW*
STRATEGIC
BRAND
MANAGEMENT

17 브랜드의 재무적 가치평가와 회계

Finantial Brand Valuation and Accounting for Brands

브랜드에 대한 재무적 가치평가와 회계 절차는 상당한 논쟁의 주제가 되어 왔다. 이는 그동안 그 주제와 관련해 발표된 수많은 글들과 회계 기관들이 설립한 특별 위원회의 수로도 확인할 수 있다. 이 주제에 관한 강도 높은 관심은 몇 가지 기술적, 경제적, 재무적 측면을 갖지만 특히 현대 기업에 있어서 무형적 투자의 중요성과 함께 특정한 상황에서 브랜드가 만들어낼 수 있는 성장의 중요성에 대한 발견을 반영한다. 논쟁들이 강력한 브랜드들을 가진 거대 다국적 기업의 재무정보를 다루면서 이 주제와 관련한 논쟁은 국제적이 되고 있다. 그러나 나라마다 브랜드 회계 절차와 대차대조표의 브랜드 위치에는 차이가 존재한다. 이것은 이들 기업들의 건강상태를 해석하는 데 매우 큰 영향을 줄 수 있다. 이뿐만 아니라 같은 국가 안에서도 회계 규정들은 모순될 수 있다. 이런 예들에서 관행이 규정에 앞서나가고 나중에 규정으로 발전하기도 했다.

1985년 이전에는 거의 언급되지 않았던 이런 주제에 대해 갑작스럽게 관심을 갖게 된 이유는 브랜드를 가진 기업들의 인수합병의 수가 크게 늘어났기 때문이다. 영업권goodwill에 의해 제기된 새로운 문제들의 재무적 함의는 상당했다.

한 기업이 다른 기업에게 팔릴 때 만약 강력한 브랜드들이 있고 긍정적인 성장

| 그림 17.1 | 공정한 브랜드 가치평가의 문제

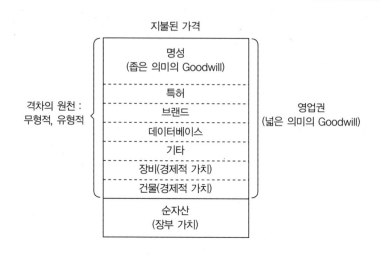

이 예상된다면 기업 자산의 장부 가치와 매매 가격 사이에는 종종 큰 차이가 있다. 이 차이는 영업권goodwill으로 불리운다. 그것은 기업의 미래에 대한 금융 시장의 긍정적인 태도를 반영하는 실제적인 척도이다. 회계 목적상, 그에 대한 인수 기업의 지불 부분이 실질적으로 구매된 것들(부채를 뺀 자산들)의 대차대조표에 포함되어야 한다. 그래야 이러한 요소들과 지불된 가격 간에 완벽한 일치를 얻을 수 있다(그림 17.1 참조).

현대의 모든 회계 시스템과 규정에서 영업권은 그것을 창출한 특정 항목들에 배분되어야 한다. 브랜드는 특허, 노하우, 데이터베이스와 마찬가지로 그 가운데 하나이다. 따라서 브랜드 가치평가의 문제는 대형 기업들major corporations이 매각될 때 종종 있는 거액의 영업권 지불을 설명해야 하는 필요성에서 비롯된다. 브랜드의 가치평가가 이루어져야 하는 다른 상황들이 존재한다. 예를 들어, 브랜드가 구매될 때 이 자산의 가치가 명확하게 제시되어야 한다.

회계는 신중의 원칙principle of prudence에 지배를 받는다. 브랜드의 가치평가는 타당하고, 일관되며, 재산출 가능하도록 제시되어야 한다. 이는 역설적으로 개별적으로 구매되거나 기업에 대해 지불된 가격에 포함된 브랜드들만이 인수한 기업의 대차대조표에 기재될 수 있는 이유이다. 지불된 총 가격은 브랜드들의 가치에 상한선을 부여한다. 지금까지 전 세계적으로 신중의 원칙은 국내 및 국제적인 회계 규범과 표준이 내부적으로 성장한 브랜드들의 대차대조표 기재를 금지하도록 만들었다. 물론 브랜드에 대한 가치평가를 제안하는 것이 가능하지만 브랜드가 매매되지 않는 한 이런 평가의 타당성에 관한 의구심은 클 수밖에 없다. 결국 브랜드는 시장을 통해 가치를 획득하게 된다.

브랜드의 회계 문제

브랜드가 인수된 것이든, 내부적으로 창조된 것이든 간에, 모든 브랜드를 대차대조표에 포함시켜야 하는지에 관한 논쟁은 회계의 본질essence of accounting에 관한 기초적 질문을 제기한다. 왜 대차대조표와 기업 회계가 존재하는가? 그것은 기업의 진정한 재무 가치(물론 매우 주관적인)에 대한 추정치를 제공하는 것인가? 아니면 그것은 회계에 있어 신중의 원칙에 따라 객관적인 데이터만을 포함하고 오직 과거의 거래만을 평가하기 위한 것인가? 지금까지는 후자가 모든 나라에서 선택되어 왔다. 따라서 외부 브랜드external brands를 포함하는 거래만이 기재되었다. 내부 브랜드들internal brands이 대차대조표에 기재된다면, 이는 신뢰도와 회계의 일관성을 대신해 현실성의 원칙을 존중하는 것이라 할 수 있다.

사실 우리는 한결 같지 않고, 때때로 주관적이기까지 한 평가 방법에 기초한 대차대조표에 관해 어떻게 생각하는가? 인수한 브랜드의 포함은 기본적인 회계 원리인 역사적 원가(취득 원가)주의를 위반하지 않는다. 그러면 내부 브랜드들의 가치는 어떻게 매겨질 수 있는가? 뒤에서 살펴보겠지만 역사적 원가나 대체 비용에 기초한 평가 방법은 충분히 만족스럽지 못하다. 최상의 방법은 매우 주관적인, 미래 수익에 대한 예측치에 기초한 평가 방법이다. 만약 이러한 예측치들이 대차대조표에 포함된다면, 신중의 원칙에 배치되는 일정한 불확실성과 이질성이 초래될 것이다.

그러나 내부적으로 개발되는 무형 자산의 형태로 축적된 기업의 상업적 지출을 파악하고 다루는 틀을 제시하는 것도 회계의 기능일 수 있다. 당장은 이러한 지출이 비용으로 처리되고 해당 기업의 년간 수익에서 공제된다. 이는 기업이 내야 하는 세금 액수를 줄여준다. 그러나 일부 세무 당국에서는 미납 세금 항목에 대한 징수에 나서기 시작했다. 예를 들어, 그들은 이제 광고 제작에 들어간 돈은 지출이 아니라 투자로 분류해야 하며, 따라서 더 이상 세금을 면제받을 수 없다고 여긴다.

과세와 마찬가지로 회계는 (지출이나 투자로서) 비용의 기재에 관심을 갖는다. 재무 분석은 발생 예정인 미래 수익에 대한 가능성의 함수function로서 특정 자산의 할인된 가치를 추정한다. 따라서 가치평가 방법이 가치평가의 목표에 달려 있기 때문에 브랜드에 오직 하나의 가치만 있는 것은 아니다. 회계 원칙은 이미 존재하고 있고, 몇 가지 조건 하에서 브랜드의 창출 과정에서 발생한 비용들을 통합할 수 있다. 그들 자신의 방법에 따라 이러한 자산들의 시장 가치를 측정하는 것은 재무 담당자들의 몫이다. 이 추론 방법은 이미 유형 자산tangible assets을 위해 존재하고 있고, 무형 자산인 브랜드에도 적용될 수 있다.

여기에서 브랜드의 화폐 가치와 관련하여 첫 번째 결론의 윤곽이 만들어진다. 즉, 이상적으로 가치평가 방법이 받아들여지기 위해서는 그것이 매수될 브랜드와 기업의 기존 브랜드들에게 똑같이 회계 목적은 물론 재무적 목적으로 잘 적용될 수 있어야 한다는 것이다. 그러나 이것은 불가능하다.

가치의 개념은 각자의 포지션에 크게 좌우된다. 론트리Rowntree는 그 주주들에게는 10억 파운드의 가치가 있고, 네슬레Nestle에게는 24억 파운드의 가치가 있다. 랑방Lanvin은 미들랜드 은행Midland Bank에게는 4억 파운드의 가치가 있고 헨리 라카미유Henri Racamier와 로레알L'Oreal에게는 5억 파운드의 가치가 있다. 더욱이 회계는 신중의 원칙, 객관성의 원칙 그리고 일관성의 원칙에 의해 통제된다. 기업 사냥꾼들은 그 정의상, 자체의 가치평가에 따라 매우 다르게 생각하고 행동한다. 그들은 신중해지려 하기보다는 오히려 주관적이다. 기업 인수 합병의 맥락에서 브랜드 가치평가는 일회성의 작업이다. 그것은 처음에는 인수 의도와 잠재 구매자에게 기대될 수 있는 시너지를 감안해 가격을 정하는 것을 목표로 한다.

브랜드의 회계는 브랜드 가치가 그것을 보는 관점에 따라 달라지기 때문에 각기 다른 규범norm을 따라야 한다. 관련 거래가 없을 때 내부 브랜드는 발생되는 비용의 함수나 그 일상적인 유용성의 함수로 가치가 매겨진다. 따라서 분명히 인수된 브랜드의 가치와 내부적으로 창조된 브랜드의 가치 사이에는 차이가 존재할 것이다. 더욱이 주관적인 방식으로 끊임없이 브랜드 가치를 재평가해야 할 필요성은 그 가치들이 적법하게 대차대조표에 기재되는 경우 기업 회계의 신뢰성을 손상시키는 가변성을 가져오게 된다.

우리는 브랜드 가치가 매년 회계 장부의 각주note에 표시되는 유럽에서는 이런 효과를 갖지 않는다고 대답할 수 있다. 우리는 대차대조표에 모든 브랜드를 포함하는 케이스를 연구해 온 런던 비즈니스 스쿨London Business School의 회계 전문가들이 내부적으로 성장한 브랜드에 대해 비우호적인 의견(Barwise, 1989)을 내놓은 이유를 납득할 수 있다.

브랜드 가치를 대차대조표에 기재하자는 주장을 가장 많이 지지하는 사람들이 마케팅 종사자들이라는 사실은 역설적이다. 아마도 그들은 회계사나 재무 담당자들이 수긍할 수 있는, 마케팅 의사결정의 장기적 효과에 대한 평가 방법을 찾을 수 있을 것으로 기대하는지도 모른다. 그러나 누구나 광고가 단기적이고 장기적인 효과 모두를 가진다는 것에 말로는 동의한다 할지라도 회계 책임자들은 단기적인 브랜드 성과만을 분석한다. 제품 매니저들이나 브랜드 매니저들은 매년 긍정적인 영업 계정, 긍정적인 손익 계정을 만들어내야 한다. 따라서 가치평가와 감독은 년간 단위로 이루어진다. 이런 행동 유형은 단기적으로 수익성 있는 모든 결정을 장려하게 된다. 마케팅 종사자들은 이러한 단기 편향성short-term bias에 대항할 방법을 찾고 싶어 한다. 그런 편향성은 수익을 증가시키는 효과가 있으나 결국에는 조급한 프로모션과 핵심 활동에서 벗어난 브랜드 확장을 통해 브랜드 에쿼티brand equity를 손상시키게 된다. 다른 한편으로, 어떤 비용을 치르고라도 인지도의 증가를 추구하는 것이 항상 비용을 들인 만큼 브랜드 에쿼티의 증가를 가져오지는 않는다. 그 돈은 더 나은 용도에 쓰일 필요가 있다.

더 일반적으로, 브랜드의 가치는 그 가치의 원천들을 찾을 수 있다면 측정될 수 있다. 다시 말해, 측정하는 것은 곧 이해하는 것이다. 따라서 마케팅 입장에서는 그 측정된 수치보다는 그것이 획득되는 과정, 즉 브랜드가 기능하는 방식, 브랜드의 성장, 브랜드 가치 증가나 손실에 대한 이해가 더 중요하다. 이러한 이해는 학습 경험이고, 마술적인 믿음이 지배했던 분야에 논리적이고 분석적인 요소들을 도입한다. 그것은 또한 마케팅, 회계, 재무, 세금과 법률 분야에서 일하는 사람들 사이의 진정한 의사소통을 위한 수단을 제공한다. 마지막으로 객관성 및 회계 일관성의 원리에 대한 존중 그리고 세금과 관련된 이유로 대차대조표에 내부 브랜드들을 포함하는 것이 여전히 추천되지 않을지라도, 브랜드 가치평가는 위에 언급된 모든 이유들로 인해 내부적으로 실행되어야 할 가치 있는 작업으로 남아 있다.

인수합병은 그것이 미디어의 관심을 끈다 할지라도 결국 예외적인 사건이다. 브랜드 가치평가는 단순히 인수합병에 제한되지 않아야 한다. 그것은 또한 관리 측면에서의 혜택들을 위해 필요한 것이다. 즉, 의사 결정 지원, 경영 통제, 정보 시스템, 마케팅 트레이닝, 제품과 브랜드 매니저 교육을 위해서 필요하다. 브랜드의 쇠퇴에 관해 많은 말들이 나오는 이때에 브랜드 인지도awareness, 이미지image 그리고 대중적 호감public esteem의 진정한 가치가 무엇인지 생각해보는 것은 바람직한 일이다. 브랜드 에쿼티는 소비자 관점에서 측정되는 심리적인 지표들psychological indicators에 기초하며, 그것이 추가적 수익을 가져올 때에만 가치가 있다. 기업 회계 발표와 주주와 투자자 정보를 위해 요구되는 브랜드 가치평가와 경영 관리 시스템을 위해 요구되는 브랜드 가치평가는 전혀 별개의 것이다. 이 둘은 같은 목표를 갖지도, 같은 제약에 직면하지도 않기 때문에 혼합되어서는 안 된다.

가치의 개념notion은 모호하고 여러 오해의 원천이 된다. 하나의 브랜드에 단일의 가치가 존재하지 않는다는 사실을 이해하는 것이 중요하다. 사실 몇 가지가 있는데, 가치평가가 그것의 목적에 따라 달라지기 때문이다.

- 어쩔 수 없이 매각해야 하는 상황에서의 유동성 가치.
- 기업 회계를 위한 장부 가치.
- 은행이 기업에 돈을 빌려주도록 확신을 주는 데 필요한 가치.

- 브랜드 가치worth의 손실이나 손해의 가치.
- 라이센스 가격을 평가하기 위한 가치.
- 관리 통제를 위한 가치.
- 자산의 부분적 판매를 위한 가치.
- 매수나 인수합병 상황에서의 가치.

마지막 경우에 매수자들은 오직 하나의 질문을 던진다. 강력한 브랜드를 가진 기업을 인수할 경우 실질적인 수익이 얼마나 증가할 것인가? 이 질문에 대답하기 위해 인수 기업은 자신과 피인수 기업 간에 존재할 수 있는 가능한 시너지들, 그로 인한 (생산, 물류, 유통, 마케팅에서의) 비용 절감, 자신의 결정을 유통업체에게 부과할 수 있는 능력 또는 브랜드 확장이나 국제화의 가능성 등을 평가할 것이다. 기업 인수를 위해 제시될 가격은 이런 질문들을 통해 결정될 것이다. 그러나 이 질문들 가운데 어느 것도 그 기업 브랜드들의 장부 가치book value에는 영향을 미치지 않는다.

이 단계에서 어떤 결론들이 내려져야 하는가? 재무적인 브랜드 가치평가는 마케팅, 감사, 재무, 생산, 세무 등, 기업의 모든 부서들이 참여하는 다부서간 회의가 열리도록 만든다. 궁극적으로 자본적 관점capitalistic perspective이 도입되는데, 이는 연간 가치평가 관점이 가진 논리에 맞서 균형을 잡기 위한 것이다. 자본적 관점은 기업의 부wealth가 더 이상 토지, 공장, 설비로부터만 나오는 것이 아니라 무형 자산(노하우, 특허, 브랜드 등)으로부터도 나온다는 사실을 상기시키는 역할을 한다.

다양한 가치평가 방법들에 관해 논의를 시작하기 앞서 가치평가의 실제 목적(인수를 위한 또는 기업 회계 발표를 위한 또는 관리를 위한 가치평가)은 평가 방법들에 대한 평가 기준을 수정한다는 점을 기억하는 것이 중요하다. 이러한 목적에 따라, 우리는 불행히도 양립불가능한 요구들 사이에서 선택을 해야만 할 것이다. 타당성인가, 신뢰성인가? 주관성인가, 객관성인가? 현재 가치인가, 역사적 원가인가?

재무적 브랜드 에쿼티란 무엇인가?

1990년대에는 브랜드 에쿼티의 컨셉이 번성했다(Aaker,1990). 명백히 마케팅 기반의 개념(브랜드)과 재무적 컨셉(에쿼티)의 결합은 브랜드의 재무적 가치에 대한 증가하는 인식의 표시이며, 이는 전반적인 경영에 영향을 미치는 주요 요인이 되기 위해 광고와 마케팅의 배타적 세계로부터 벗어난 것이다.

재무적 용어로 '에쿼티equity'가 의미하는 것과 그에 따라 '브랜드'와 '에쿼티'라는 용어의 결합으로부터 어떤 암시적 의미가 나오는지는 다시 언급할 가치가 있다. 말 그대로 에쿼티는 '비즈니스에 대한 소유주의 권리owner's claim on the business'이다. 이러한 에쿼티(에쿼티 증권equity security이라고 불림)는 채무 증권debt securities과는 반대되는 것이다(비록 2가지 모두 자금의 원천이고 대차대조표에서 부채에 해당되는 것일지라도). '에쿼티equity'란 용어의 사용은 브랜드와 결부되었을 때는 사실 부채가 아니라 브랜드 내의 비즈니스에 대한 투자 덕분에 오랜 기간에 걸쳐 구축된 자산asset*을 가리킨다. 정확히 말하자면, 사실 브랜드 에쿼티brand equity가 아닌 브랜드 자산brand asset을 이야기해야 한다.

'브랜드 에쿼티'라는 용어는 재무적 관점과 마케팅 관점의 결합을 의미한다. 하지만 전문가들 사이에서는 그 용어를 둘러싼 의견의 불일치disagreement가 존재한다. 이러한 브랜드 에쿼티의 측정과 무엇이 강력한 브랜드를 만드는가의 문제에 있어 '소비자 기반 브랜드 에쿼티consumer-based brand equity'로 불리우는 것과 '재무적 브랜드 에쿼티financial brand equity'로 언급되는 것 사이에 분열split이 있어 왔다.

전자에 해당하는 학파(소비자 기반 브랜드 에쿼티)는 소비자의 관점을 취함으로써 브랜드 가치의 문제에 접근한다. 이 학파는 몇 개의 다른 이론들에 도달한다.

---

* 대차대조표에서 자산assets은 크게 유동자산과 고정자산으로 나누어지고, 고정자산은 다시 투자자산, 유형자산, 무형자산으로 구분한다. 여기서 자산이란 기업의 영업활동을 수행하거나 기타의 목적을 달성하기 위하여 소유 또는 통제하고 있는 제반 경제적 자원을 말하며, 미래에 경제적 효익을 창출할 것으로 기대되는 자원을 말한다. 즉 자산에 내재된 경제적 효익은 특정 기업의 미래현금흐름 창출에 기여하는 잠재력을 의미한다. ─ 옮긴이

몇몇은 브랜드 가치는 브랜드에 대한 선호도가 제품이나 서비스 속성들의 효용성utility에 대한 단순한 평가보다 더 크다면 어디서나 존재한다고 믿는다. 우리는 이 접근이 브랜드를 잉여, 즉 제품만으로는 설명될 수 없는 선호도로 여긴다는 것을 알 수 있다. 이는 잔여적 방식residual method으로 측정된다.

브랜드 에쿼티 = 선언된 선호도 – 제품 효용성에 의해 예측되는 선호도

여기서 알 수 있듯이 이 이론은 브랜드를 제품 자체를 넘어 존재하는 영향력의 정도로 본다. 그에 따라 브랜드는 전적으로 무형적이고, 감성적인 차원으로 제한된다. 그러나 세계에서 가장 강력한 브랜드 가운데 하나인 BMW는 특별하고 독특한 성능을 지닌 제품만큼이나 그 브랜드가 전달하는 소유자의 이미지에 브랜드의 강점과 매력을 빚지고 있다.

어떤 이들은 브랜드 가치는 인지recognition, 지각된 품질perceived quality, 이미지imagery, 충성도loyalty, 특허 품질patent quality과 같은 다양한 변수들을 모두 포함한다는 주장을 견지한다(Aaker, 1990). 이 정의에 따르면 (이전의 정의와는 정반대로) 제품은 그것을 다르게 또는 훨씬 더 우월하게 만드는 특허 때문에 브랜드 에쿼티에 포함된다.

매우 인지적인 접근cognitive approach을 취하는 또 다른 이들은 브랜드를 그 브랜드에 대해 각기 다른 반응을 만들어내는 기억 연상의 집합collection of memory association으로 본다(Keller, 1998). 예를 들어 켈러Keller는 브랜드의 식별identification이 식별되지 않는 경우보다 더 호의적인 반응을 만들어낼 때 긍정적인 고객 기반 브랜드 에쿼티에 대해 말한다. 그는 또한 부정적인 고객 기반 브랜드 에쿼티를 그런 식별이 덜 호의적인 반응으로 이어지는 상황으로 정의한다.

하지만 에쿼티 개념notion of equity을 만들어낸 재무적 맥락에서는 부정적인 에쿼티와 같은 것은 없다. 재무적 브랜드 에쿼티 학파는 (무형 자산을 포함해) 자산을 평가하는 재무 분석가들이 대다수를 차지하고 있다. 그들의 관점에서 브랜드 에쿼티는 미래에 브랜드의 기여로 돌릴 수 있는imputable to the brand 수익의 현재 가치이다.

브랜드 에쿼티의 경제적 분석은 우리에게 '돌릴 수 있는imputable' 이라는 단어를 좀 더 면밀히 살펴보도록 요구한다. 문제는 누구가 그 돌리는 역할을 하는가이다. 고객 기반의 접근과는 반대로 경제적 분석은 단순하지만 근본적인 관찰을 촉구한다. 즉 브랜드는 조건적 자산conditional asset이다(Nussenbaum, 2003). 결국 제품(또는 서비스) 없이 브랜드는 없다. 수익이나 경제적 부가가치를 만들기 위해서는 이미 판매가 있어야 하고, 브랜드와 그 유통을 위한 유형적 기반이 있어야 한다. 즉, 받으려면receiving 먼저 지출spending과 지불paying이 있어야 하는 것이다. 이것은 우리에게 기본 방정식을 제공한다.

Value = -I + R

이 방정식을 좀 더 발전시키면 아래와 같이 된다. 하나의 자산asset은 고유한 미래 가치를 가진 요인이기 때문에 일단 최초 투자가 공제되고 나면 그것의 가치는 미래 기대 수익의 현재 총합으로 평가된다.

$$V = -I + \sum_{t=1}^{n} \frac{(Ri - Di)}{(1+r)^i}$$

조건적 자산인 브랜드에 부가가치를 돌리는 것은 다음 사항을 전제로 한다.

1. 분배될 가치가 이미 존재한다.
2. 가치의 생산을 위해 요구되는 유형적, 무형적 요인들이 고려되고 있다.
3. 생산과 유통을 가능하게 하는 선 자산advance asset에 대한 지불이 이루어진 후에도 잔여 또는 초과 수익이 남아 있다.

우리는 브랜드 에쿼티의 컨셉에 대한 2가지 접근을 통합할 때라고 믿는다. 결국 브랜드는 비즈니스를 성장시키기 위한 도구이다. 브랜드 가치는 이러한 목적과 연결되어 있고, 또 이러한 목적에 의해 좌우된다.

경제 분석가들은 우리에게 브랜드의 명성, 이미지, 선호 요인들 그리고 충성도와 상관없이 기업이 (유형과 무형의) 기존 자산에 대한 지불을 할 수 있는 초과 수익을 만들어내지 않는다면 브랜드는 가치가 없다고 우리에게 말한다. 명성과 이미지는 수익을 내는 제품이나 서비스로 전환되지 않는다면 그 자체만으로 가치를 구성하지 않는다.

이런 식으로 바라보면 단순히 브랜드가 '마법'을 가지고 있기 때문에 가치를 갖고 있다고 믿는 것은 환상이다. 많은 기업가들이 그런 기반 위에서 브랜드를 인수해 왔지만, 그 가치를 견고한 수익으로 전환할 수 있었던 적은 없었다. 수익을 창출하는 경제적 공식이 브랜드를 중심으로 만들어질 수 있을 때에만 브랜드는 가치 있는 것이 된다. 브랜드가 전적으로 소비자 기반 컨셉이라는 것을 고려할 때 이는 역설적인 것이 아닐 수 없다. 그러나 경제적 현실은 명백하다. 이름이 소비자에게 매력을 가진다 하더라도 그것이 미래 수익을 보장하지는 않는다.

이것은 사례로 설명될 수 있다. 지금은 사라진 리버렐Ribourel(부동산 개발) 브랜드는 이번 장의 주제에 관한 논쟁의 중심에 있다. 그것의 가치는 얼마나 되었을까? 그것은 아무런 가치가 없는 것으로 보였다. 그 브랜드의 이미지는 돈의 가치와 연관되어 있었지만 이를 수익으로 바꿀 수 있는 어떤 방법도 없었다. 리버렐의 컨셉은 강하고 매력적인 아이디어에 기초했지만 경제적으로는 성취될 수 없었다. 그 브랜드는 그런 상황에서 경제적 가치를 갖지 못했다.

독자들은 1유로라는 상징적 가격으로 톰슨Thomson 사를 인수하려고 제안했던 대우가 내놓은 간결하고, 충격적인 보고서를 기억할지도 모른다. 거기서 나온 요점은 이 브랜드가 아무런 가치가 없다는 것이었다. 혹자는 CEO인 티에리 브루통Thierry Breton이 경영을 맡은 뒤에는 그 반대의 것이 진실이라고 반박할지도 모른다. 그러나 사실 티에리 브루통이 했던 것은 그 기업을 부가가치 있게 만들기 위해 비즈니스 모델에 변화를 준 것이었다.

같은 논리를 사용해 브랜드가 소비자로 하여금 가격 프리미엄을 지불하도록 만들 수는 있지만 브랜드를 창조하는 비용이 가격 차액보다 더 크다면 그 브랜드는 아무런 가치가 없다.

그러므로 우리는 가치(강력한 브랜드 에쿼티)를 갖는 브랜드에 대한 통일된 정의를 제시해야 한다. 즉 강력한 브랜드는 그것이 제공하는 가치value를 통해 구매자에게 영향을 미치는 이름이자 수익을 창출하는 경제적 방정식에 의해 지지를 받는 이름이다.

이러한 정의에서, 몇 가지 요점에 유의해야 한다.

- 현대 경쟁은 컨셉과 아이디어를 중심으로 전개된다. 이름은 구매 영향력의 원천을 제공하는 매력적이고 독특한 가치와 관련 있다.
- 강도는 이런 아이디어와 브랜드를 연관짓는 사람의 수를 의미한다. 브랜드는 공유되는 강력한 아이디어인데, 예를 들어 모든 사람들이 BMW가 최고의 자동차라고 말한다.
- 이러한 아이디어는 경제적으로 수익을 내는 실체로 전환되어야 한다.

우리는 소비자 기반 접근과 경제적 접근 사이의 연결connection과 모호함ambiguity 모두를 분명히 알 수 있다. 양자 모두 2개의 각기 다른 의미를 갖는 공통의 단어인 '가치'를 사용한다. 마케터의 관점에서 볼 때 심리학자 로키치M Rokeach의 저작에서 단서를 얻자면, 가치는 도달해야 할 이상으로 우리의 에너지를 동원하고 우리의 선택을 지시한다. 그러나 경제학자에게 가치는 균형balance이다. 즉, V = -I + R이다.

따라서 강력한 브랜드는 마케팅과 광고에 의해 의미를 부여받는 제품이나 서비스의 소비를 통해 가치를 얻는 데 그 노력을 집중한다. 그러나 이러한 접근이 경제적 부가가치EVA를 가져오지 않는다면 이 브랜드는 경제적 가치를 갖지 않는다. 즉 쓸모 없는 것이다.

브랜드를 위한 경제적 공식은 존재한다. 이것은 브랜드 가치에 대한 2가지 열쇠 가운데 하나이다.

부가된 경제적 가치로부터 브랜드로
지난 10년 동안 브랜드의 가치평가에 대한 격렬한 회계 논쟁이 미국, 유럽 대류, 영국에서 일어났다. 이런 논쟁은 기업들과 그들의 손익 계정에 중요한 영향을 미치는 문제들을 중심으로 이루어졌다.

- 브랜드는 언제 활성화되고 대차대조표에 기재될 수 있을까? 브랜드는 매수된 것이어야 하는가? 만약 그렇다면 이것은 내부적으로 성장한 브랜드를 제외시킨다.
- 브랜드는 감가상각되어야 하는가? 만약 그렇다면 얼마 동안?
- 어떻게 브랜드 가치를 확실하게 평가할 것인가?

이러한 문제들은 학문적 관심으로만 인식되어서는 안 된다. 사실 이것들은 브랜드의 본질nature과 브랜드의 수명기간 동안 기업이 창출하는 부가가치에 미치는 브랜드의 영향에 대해 중요한 질문을 던진다. 따라서 이 마지막 요점은 다음과 같은 질문으로 발전한다. 즉 브랜드는 라이프사이클을 갖는가? 우리는 회고적으로 전형적인 출시, 성장, 성숙, 쇠퇴 단계를 갖는 제품의 라이프사이클을 재구성할 수 있다. 여기서 '회고적으로'라고 말하는 것은 제품의 일생에서 성숙 단계로 알고 있는 상황이 단순히 충분치 않은 노력(너무 적은 라인 확장, 너무 적은 국제적 확장 등)을 가리키는 것이라고 주장하는 것이 항상 가능하기 때문이다.

이제, 오래된 제품을 대신하는 신제품을 통해 브랜드는 제품 라이프사이클들을 '타고surf' 그것들로부터 명백히 무한한 수명을 얻는다. 그럼에도 불구하고 브랜드 가치 하락에 관한 논쟁은 브랜드가 라이프사이클을 갖는다(그리고 그에 따라 가치가 저하될 수밖에 없다)고 믿는지 여부에 따라 매우 다른 결론으로 이어진다. 만약 브랜드의 수명이 미리 결정될 수 없다면 가치 하락도 정당화될 수 없다.

그러나 우리는 처음부터 브랜드의 본질에 대한 의문을 갖고 시작해야 한다. 브랜드가 제품(또는 서비스) 없이 존재할 수 없다는 것을 기억하라. 제품이나 서비스는 브랜드가 경제적 역할(차별화의 창출과 부가가치의 약속을 통해 가치를 더하는 일)을 수행할 수 있으려면 먼저 존재해야 하는 것이다. 이런 측면에서 브랜드는 진정한 조건적 자산conditional assets이다. 브랜드의 가치는 기업이 이미 브랜드 플랫폼brand platform(제품이나 서비스)를 만들어내고 활용하는 데 자본 투자를 했을 때에만 유형적인 형태를 가질 수 있다. 이 점의 결과는 아주 중요하다. 브랜드는 부가가치이고, 따라서 브랜드로부터 재무적 이익을 얻고자 한다면, 일단 생산을 위해 요구되는 자본에 대한 지불(주어진 비율, t로) 후에도 수익이 남아 있어야 한다 (Nussenbaum, 2003). 즉, 기업이 이미 경제적 부가가치EVA를 만들어냈어야 한다. 경제적 부가가치 방정식은 다음과 같다.

경제적 부가가치 = 법인세 부과후 순이익 − t (유형 자산 + 운영 자본 소요액)

브랜드를 조건적 자산으로 보는 기본 이론을 따라 우리는 또한 비즈니스에 기여하는 그밖의 무형 자산들(예를 들어, 특허)의 비용을 고려해야 한다. 일단 직접적으로 평가할 수 있는 자산이 고려되고 나면, 잔여 부분에는 쉽게 직접적으로 평가될 수 없는 브랜드와 다른 무형적인 요소들의 경제적 가치만 남게 된다.

이것은 다시 한번 부가가치의 이러한 다른 원천들을 파악하는 문제를 제기한다. 그것은 전 세계적인 회계 관행의 기초를 형성하는 가정으로부터 나온다. 즉 제품과 서비스의 생산과 유통을 가능하게 하는 요인들(그것이 물리적이고 유형적이든 비물리적이고 무형적이든 상관 없이)을 고려하고 난 후에도 브랜드가 초과 수익을 만들어낼 수 없다면 그 브랜드는 가치가 없다는 것이다.

조건적 자산 이론은 연속적인 잔여 계정residual balances의 배분을 통한 점진적인 브랜드 평가 과정을 설명한다. 즉 법인세 차감전 이익EBIT, 법인세 부과후 순이익nett EBIT, 경제적 부가가치EVA, 특정한 무형 자산들에 대한 직접적인 확인 후의 경제적 부가가치EVA 순이다.

이론적으로 말하자면, 그 이후의 브랜드 가치평가 과정은 간단하다(그것은 일련의 연속적인 잔여 계정의 배분이다). 그러나 그것은 방법론보다는 기업의 정보 시스템과 관련된 이유로 인해 실제로 이행하기가 까다롭다. 브랜드의 가치를 정하려면 우리는 그 수익을 파악할 수 있어야 한다. 그러나 브랜드는 각기 다른 경제 메커니즘의 지배를 받는 시장들이나, 다른 자산들과 비교된 브랜드의 상대적인 가치와 같은 요인들이 같지 않은 시장들에 걸쳐 있을 수 있다. 예를 들어, 헤어 제품의 판매에서 브랜드의 상대적인 중요성은 모든 유통 경로에서 동일하지 않다. 현대적인 경로들(슈퍼마켓과 하이퍼마켓)에서 중요하지만 미용사가 직접 같은 제품을 파는 경우에는 브랜드의 중요성이 매우 약하다(미용사 추천의 영향력으로 인해). 이 아이디어를 좀 더 발전시켜 보면, 특정 경로에 있는 특정 브랜드의 경우 이 브랜드가 고객의 구매 결정에 영향을 주는 정도는 그 제품이 샴푸인지 헤어 염색 제품인지에 따라 달라질 것이다. 따라서 분석은 전반적인 수준에서 집합적으로가 아니라 적절한 수준에서 개별적으로 실시되어야 한다. 따라서 우리가 그런 분석이 요구하는 적절한 데이터를 갖고 있느냐가 문제가 된다.

브랜드: 식별 가능한 자산?

우리는 표준 회계 관행에 따라, 자산이 식별될 수 있고 명확한 미래의 경제적 혜택이 그것에 돌려질 수 있을 때에만 회계에 포함될 수 있다는 사실을 알고 있다. 현재 그와 같은 식별 가능성identifiability의 기준에 대한 국가들 간 논쟁이 한창이다.

몇몇 국가들은 전이가능성transferability이라는 까다로운 기준을 따른다. 자산이 전이될 수 있으려면 먼저 그에 대한 법적 권리가 있어야 하기 때문에 그것은 까다로운 조건이다. 이뿐만 아니라 시장 또한 존재해야 한다. 다른 기준은 좀 더 경제적인 기반을 갖고 있다. 그것은 이 자산에 돌릴 수 있는 특정 수익을 추적할 수 있다면 충분하다고 여긴다. 세계적인 관점에서는 이 문제를 어떻게 보는가?

현재의 국제 회계 기준IAS 하에서 자산은 우리가 그에 대한 권리를 가지고 있다면, 다시 말해 그 권리들이 보호될 수 있다면 식별될 수 있는 것으로 간주된다. 그러므로 논리적으로 이러한 컨셉에 따르면, 기업은 시장 점유율이나 고객 베이스에 대한 법적 권리를 행사할 수 없다. 국제 회계 기준의 관점에서 무형 자산은 다음과 같은 조건에서 기재될 수 있다.

- 기록자recorder가 앞에서 말한 법적 권리를 통제하고 유지할 때.
- 전이가능할 때(분리될 수 있을 때).
- 연간 회계 기간을 넘어 확장하는 특정한 미래 수익의 원천일 때.

프랑스와 같은 다른 국가들에서는 시장 점유율이 대차대조표에 기재될 수 있다. 미국의 입장은 실용적이다. 여기에서 일단 기업이 흡수되거나 인수되고 나서 무형 자산이 개별적으로 통합 회계에 들어갈 수 있으려면 어떤 조건들이 충족되어야 하는가? 이것들은 이중으로 되어 있다. 즉 분리가능성separability(기업의 나머지 부분과는 독립적으로 전이될 수 있다)과 특정 수익의 명확한 배분이다.

실용적으로, 모호함을 피하기 위해 미국 표준은 무형 자산 목록을 제공한다. 재무회계표준서Statement of Financial Accounting Standards에서 이 목록은 정확히 무엇이 배정될 수 있는지를 구체적으로 열거한다. 시장 점유율에 대해서는 어떤 언급도 없다. 노하우 또한 그것이 추상적인 컨셉이므로 (컴퓨터 소프트웨어의 형태를 제외하고) 포함되지 않는다. 그러나 고객 데이터베이스에 대한 가치평가는 포함된다

전 세계 증권 거래소에 상장된 기업들에 널리 퍼지게 될 새로운 국제 회계 기준IAS 초안은 미국 모델과 그 설계에 있어 유사하다.

그러나 브랜드가 대차대조표에 기재될 수 없는 예가 존재한다. 그것이 '내부 브랜드'일 때이다. 즉 기업 자체에서 만들어진 브랜드, 즉 인수된 것이 아닌 브랜드이거나, 인수되거나 합병된 기업 내부의 브랜드일 때이다. 회계는 신중의 원칙를 따른다. 무엇이 브랜드의 값worth인가? 회사를 인수하는 측이 지불하는 가격은 이미 일단 회사 내의 다른 모든 자산들이 그들의 경제적 가치대로 공제되고 난 후에 상위 임계점upper threshold의 형태로 지표를 제공한다. 그런 다음 브랜드가 시장에서 거래될 때 그 가치는 물리적 형태를 획득한다. 그때까지 그것은 단순히 가상의, 잠재적인 가치이다. 모든 나라에서, 회계에 신뢰할 수 없는 정보를 기재하는 것은 경제적 가치(브랜드)를 고려하는 데 실패하는 것보다 훨씬 더 큰 악evil으로 여겨진다.

가치는 평가의 목표에 달려 있다

모순되어 보일지라도 브랜드는 하나가 아닌 많은 가치를 포함한다. 그리고 모든 것이 평가의 목표에 달려 있다. 따라서 만약 그 목표가 무형 자산을 포함하는 공헌도를 평가하는 것이고, 회계 감독자auditor의 점검을 받는 것이라면 신중한

접근이 필요하다.

이와 비슷하게 가치가 보는 사람에 따라 달라진다는 것은 보편적인 진리이다. 예를 들면 오직 코카콜라만이 작고 둥근 오랑지나Orangina 병을 구입하는 데 미화 10억 달러를 제안할 수 있었다. 전 세계 모든 국가들에 퍼져 있는 자신의 보틀러 네트워크를 통해 코카콜라는 코크Coke와 같은 비즈니스 모델(보틀러에게 원액을 파는)에 기반한 그 제품의 판매를 10배까지 늘릴 수 있을 것이다. 펩시콜라Pepsi-Cola는 그보다 적게 제안했으며, 슈웹스Schweppes도 마찬가지였다. 그들의 브랜드 개발 계획이 코카콜라와 같은 규모가 아니기 때문으로, 그리 놀랄 일도 아니다.

마지막으로 우리는 추정치를 구하기 위해 가치평가를 할 때와 대차대조표 기재를 위해 가치평가를 할 때는 다른 수치들을 얻을 수밖에 없다. 추정치를 산출할 때는 미래 계획, 가동 예정인 새로운 생산 공장, 오픈 예정인 매장shops, 예정된 브랜드 확장을 포함하는 것이 허용될 수 있다. 이것은 브랜드의 미래 잠재력을 더 밝게 보이게 한다. 그러나 회계 목적의 기재를 위한 것이라면 신중함이 요구된다. 계획된 공장, 스토어 그리고 확장은 실제로 존재하는 것은 아니므로 그런 예측치를 이용하는 것은 불가능하며, 따라서 포함될 수도 없다. 유럽 회계법 아래에서는 실제로 존재하지 않는 것은 고려될 수 없다. 그러나 더 융통성 있는 미국 표준의 영향을 받은 국제 회계 기준IAS 아래에서는 그런 가능성이 고려될 수 있다.

그러므로 코카콜라/오랑지나 사례에서 우리는 매우 이상한 상황에 있는 우리 자신을 발견하게 된다. 브랜드의 가치는 우리가 어느 기업 관점에서 그 문제를 고려하는지에 따라 달라지는 것처럼 보인다. 미국에 있는 코카콜라의 통합 회계에서 오랑지나 브랜드의 가치는 자신의 새로운 유통을 통한 확장 잠재력을 고려했을 것이다. 오랑지나 브랜드를 원래 소유했던 기업인 페르노 리카Pernod-Ricard의 회계에서 그 브랜드는 이전 대상transfer operation의 일부로서 다른 가치를 가졌을 것이다.

브랜드 가치평가 방법들에 대한 평가

브랜드가 인수된 기업 자산의 일부일 때 대차대조표에 기재되는 가치를 정의하기 위해 제안된 수많은 방법들이 있다. 이 방법들은 2차원 지도 위에 나타낼 수 있다. 가로축은 시간을 가리킨다(그러나 우리는 과거, 현재 또는 미래에 기초해 분석하는가?). 이 축은 역사적 원가(브랜드 구축에 기여한 것들)에 기초한 가치평가와 현재 수익, 시장 가격 그리고 예측치(비즈니스 계획에 달려 있는 것들)에 기초한 가치평가를 구별한다. 수직 축은 실제/가상 차원이다. 몇몇 분석가들은 확정된 사실에 의지한다(현재 수익뿐만 아니라 역사적 회계는 사실이다). 그러나 몇몇 방법은 현재(대체원가 방식replacement costs method) 또는 미래(할인된 현금 흐름 방식 discounted cash-flow method)에 관한 추정치에 더 의존한다. 우리는 이제 이 방법들을 차례로 분석한다.

역사적 원가에 의한 가치평가

브랜드는 그 가치가 오랜 기간 동안의 투자(비록 회계사들은 이것을 엄격하게 진정한 투자의 형태로 여기지 않는다 할지라도)로부터 나오는 자산이다. 그러므로 논리적인 접근은 특정 기간과 연관된 모든 비용을 더하는 것이다. 이 비용에는 개발 비용, 마케팅 비용, 광고와 커뮤니케이션 비용 등이 있다. 이 비용들은 객관적으로 결정될 수 있으며, 과거의 손익 계산서에 존재할 것이다.*

우리가 알 수 있듯이 이러한 접근은 브랜드와 관련된 직접 비용을 별도로 분리시킴으로써 그리고 또한 그것에 판매 인력과 일반 경비 같은 간접 비용을 귀속시킴으로써 분리가능성separability의 까다로운 문제를 극복할 수 있게 한다. 이 방식이 단순하고 논리적이라고 할지라도 그럼에도 불구하고 어떤 주관성이 다시 개입하는 다음과 같은 실질적인 어려움들을 야기한다.

---

* 역사적 원가historical cost analysis 방식은 가치평가 대상이 되는 브랜드에 투입된 현재까지의 모든 비용을 계산하여 현재 가치를 산출한다. 이 방식이 가능하기 위해서는 가치평가 평가대상이 되는 브랜드에 투입된 현재까지의 모든 비용에 대한 객관적인 근거자료가 뒷받침되어야 한다. ― 옮긴이

- 어느 정도 기간 동안의 비용이 고려되어야 하는가? 수많은 브랜드는 우리가 보아 왔던 것처럼 매우 오래되었다. 코카콜라는 1887년, 다농Danone은 1919년, 라코스테Lacoste는 1933년, 입생 로랑Yves Saint Laurent은 1958년, 딤Dim은 1965년으로 거슬러 올라간다. 그들의 시작 직후 비용까지도 포함해야 하는가? 모두가 더 이상 존재하지 않는 오래된 브랜드들을 알고 있다. 기업들은 그 시대로 돌아가 그들 스스로에게 과거의 광고가 여전히 오늘날에도 효과를 갖는지 물어보아야 한다.
- 어떤 비용이 고려되어야만 하는가? 광고 투자는 이중의 마케팅 역할을 한다. 그 가운데 한 부분은 즉시 측정될 수 있는 추가적 판매extra sales를 발생시킨다. 반면에 다른 한 부분은 미래 판매를 촉진하는 브랜드 인지도와 이미지를 만든다. 실질적인 어려움은 매년 각 부분에서 기인하는 가중치를 평가하는 데 있다. 또한 우리가 미래 판매에 관해 말할 때 우리는 얼마나 멀리 앞을 바라보고 있는가? 이와 함께 우리는 주어진 일정 기간 동안의 광고 소모 곡선advertising wear-out curves을 보아야만 한다. 태도 변화의 지속에 관한 연구에서 볼 수 있듯이 그런 효과가 예를 들어 5년 동안 선형적 방식 linear manner으로 감소한다면 n-5년 동안 오직 그 20%를 포함해 이 기간에 발생하는 경비가 기재될 수 있을지도 모른다.
- 그것은 단순히 비용을 더하는 문제가 아니며, 계산되어야 하는 적절한 할인율을 고려해야 한다.

위 문제에 대한 답의 주관적인 성격 이외에, 원가에 의한 가치평가는 브랜드에 대한 불완전한 이해와 직접적으로 연결된 몇몇 기본 문제들을 야기한다.

- 브랜드를 만들 때 장기적인 투자의 많은 부분은 현금 지출을 포함하지 않으며, 따라서 회계에 기재될 수 없다. 여기에는 엄격한 품질 통제, 축적된 노하우, 특정한 전문 지식, 직원의 관여도 등이 포함된다. 이런 모든 것들은 재구매를 촉진하고 브랜드의 장기적인 명성과 입소문을 위해 필수적이다. 롤스로이스Rolls Royce 같은 브랜드의 회계에서는 브랜드 광고가 전혀 없었

| 그림 17.2 | 브랜드 가치평가 방법들의 포지셔닝

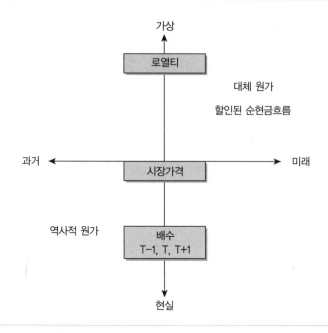

으로 아무런 흔적이 없게 된다.

- 강력한 브랜드를 만들기 위한 주요한 전략 가운데 하나는 제품이 업그레이드된다 할지라도 경쟁사들의 가격과 같은 수준의 경쟁력 있는 출시 가격을 선택하는 것이다. 스와치Swatch는 이러한 것의 이상적인 예이다. 스와치 제품들은 혁신과 제품을 업그레이드하는 비용을 충당하기 위해 얼마간의 가격 차이나 가격 프리미엄을 선택할 수 있었다. 그러나 그들은 경쟁자들의 가격과 같은 공격적인 가격을 정하기로 결심하고, 그에 따라 브랜드의 가격/품질 비율을 최대화하고 제품의 매력도를 향상시켰다. 이것은 핵심 성공 요인들 가운데 하나이다. 불행히도 이러한 투자는 오직 현금 지출만 등록되는 계정 시스템에서는 나타나지 않을 수 있다.

- 따라서 그 방법은 가치가 오직 광고와 마케팅에서 나오고, 중요한 가격 프리미엄을 갖는 브랜드들에게 유리할 수 있다. 이 방법은 거의 광고를 하지 않는 롤스로이스Rolls Royce나 세인트 마이클St Michael(막스 앤 스펜서

Marks&Spencer의 브랜드) 같은 브랜드에는 적용되지 않을 것이다. 또한 과거 지출이 현재 가치를 보장하지 않는다고 말할 수 있을 것이다. 엄청난 광고를 하지만 거의 가치를 갖지 못하고 그 생명이 다한 여러 브랜드들이 존재한다.

- 이 방법은 최근의 브랜드들에게 유리하며, 이미 보았듯이 창조되는 과정에 있는 내부 브랜드들에게는 더욱 더 유리하다.

대체 원가에 의한 가치평가

역사적 원가 접근historical cost approach에서 생겨나는 어려움들을 극복하기 위해서는 현재에 스스로를 위치시키고 전통적인 대안에 의지해 문제에 대처하는 것이 더 나을 것이다. 우리가 이 브랜드를 인수할 수 없다면 그것을 재창조하는 데는 비용이 얼마나 들 것인가? 그 다양한 특징(인지도, 시험 구매와 재구매의 비율, 절대적이고 상대적인 시장 점유율, 유통망, 이미지, 리더십 그리고 얼마나 많은 국가에서 존재하는지 여부)들을 고려함으로써 동등한 브랜드를 만들어내기 위해 우리는 얼마나 많은 비용을 써야 하고, 얼마만큼의 기간이 걸릴 것인가? 코카콜라, 슈웹스Schweppes, 마스Mars, 뷔토니Buitoni 또는 마르텔Martell을 다시 만드는 것은 가능한가? 아마도 불가능할 것이다. 베네통Benetton, 뱅앤올룹슨Bang & Olufsen, 사브 Saab 또는 엡손Epson은 어떠한가? 어쩌면 가능할 수도 있다. 일부 브랜드의 경우 그들을 다시 만드는 것이 불가능하기 때문에 그런 질문은 더 이상 나오지 않는다. 환경이 너무 많이 변화한 것이다.

- 이들은 광고 지출이 사소한 것이고 브랜드가 입소문으로 오랜 시간 동안 성장했던 시대에 창조되었다. 오늘날 1%의 광고 점유율share of voice을 얻는 데 너무 많은 비용이 들어서 비보조 인지도unaided awareness를 통해 선두 브랜드를 창조하는 것은 불가능하게 되었다. 어떤 경우에 비보조 인지도는 제한된 영역이어서 진입을 위해서는 먼저 경쟁 브랜드를 내보내야 한다. 이것은 기억 장애물memory block 때문이다. 하지만 오늘날 잘 알려진 브랜드들은 자신이 내버려지도록 놔두지 않는다.

- 브랜드 리더들의 성과 수준을 모방하는 것은 어렵다. 연구 개발과 무형적이지만 매우 실질적인 노하우에 의해 뒷받침되는 그들은 장기간 지속되는 경쟁 우위와 그로부터 나오는 안정성의 이미지를 갖는다. 어떤 도전자라도 위험을 무릅쓰게 된다. 그들이 핵심적인 기술을 확보하지 않는 한 그들이 재구매와 충성도를 촉진할 수 있는 기회는 사실상 제로이다.
- 주요 소매업체들은 현재 엄격한 게이트키퍼gate-keepers가 되었다. 그들은 미래에는 국제적이 될 하나 혹은 2개의 내셔널 브랜드만을 팔면서 그들 자체 브랜드own brands에 가장 좋은 진열 자리를 내준다.
- 마지막으로 신제품 출시의 높은 실패율을 고려할 때 장기적으로 투자되어야 하는 거액의 돈에 대한 회수의 불확실성을 쉽게 이해할 수 있다. 많은 돈을 지불할 것이라면 확실성을 사는 편이 낫다. 여기에서 이미 시장 리더인 강력한 브랜드들을 가진 기업에 대한 공개 매수takeover bid, 기습raid, 인수합병의 움직임들이 생겨난다.

다른 한편으로, 시장 진입을 방해하는 이런 요인들이 더 이상 존재하지 않을 때 시장은 더 접근 가능해진다. 비록 불확실성과 시간 요소가 여전히 존재한다 할지라도, 무에서부터 미래의 브랜드 리더를 창조할 가능성은 이제 더 이상 이론적인 것이 아니다. 따라서 미래의 베네통Benettons이 창조될 수도 있을 것이다. 프랜차이징franchising은 대형 소매업체들을 거치지 않고도 광범위한 시장 침투를 가능하게 한다. 더욱이 패션 산업은 새로운 아이디어에 열려 있다. 이 분야에서 스타일은 기술보다 중요하다. 대체로 컴퓨터 서비스와 하이테크 세계 역시도 혁신에 열려 있다. 일반적으로 말해 미래에는 각각 자체의 특정한 니치에 포지션된 새로운 국제적인 브랜드의 출현을 보게 될 것이다. 따라서 이 브랜드들은 글로벌 인지도를 추구하기보다는 특정 시장 세그먼트에서 리더가 되기를 열망할 것이다.

그럼에도 불구하고 대체 원가replacement cost에 의한 브랜드 가치평가*는 여전히 주관적이다. 그것은 전문가들의 의견 취합과 모호한 절차들을 요구한다. 더욱이 가치평가 과정의 목표는 그 자체로 가치에 도달하는 것이 아니라 해당 자산

asset(이 경우에는 브랜드)의 경제적 가치를 이해하는 것임을 기억해야 한다. 대체원가 방식은 투입에 집중하는 반면 경제적 가치는 산출, 즉 브랜드가 소비하는 것이 아닌 브랜드가 생산하는 것에 기초한다. 수익은 투자를 통해 생성되는 것이 아니라 시장 지배력과 리더십을 통해 생성된다.

시장 가격에 의한 가치평가

브랜드를 평가할 때 시장에 존재하는 유사한 브랜드들의 가치를 가지고 시작하는 것은 어떠한가? 이는 부동산과 중고차가 평가되는 방법이다. 각 아파트나 자동차는 검사를 받고서 유사한 제품의 평균 시장가격보다 높거나 동등한 가격, 또는 낮은 가격을 받는다.

이 방법이 매우 호소력이 있다고 할지라도 브랜드에 적용될 때는 2가지 주요한 문제를 일으킨다. 먼저 그런 시장이 존재하지 않는다. 그런 거래가 종종 신문의 경제면에서 언급된다 할지라도 브랜드 매수와 매각은 상대적으로 매우 드물다. 브랜드는 다시 팔기 위해 매수하는 것이 아니다. 이런 현실에도 불구하고 우리는 1983년 이후 이루어진 거래 건들의 수 덕분에 각 활동 영역에 적용할 수 있는 배수들(25부터 30까지)에 대한 아이디어를 얻을 수 있다. 따라서 그런 접근은 브랜드를 평가하고 싶은 바람을 부추길 수 있다.

그러나 부동산 시장과 상대적으로 작은 브랜드 시장 사이에는 주요한 차이가 있다. 부동산 시장에서 구매자는 가격 수용자이다. 다시 말해 가격은 시장에 의해 정해진다. 그 부동산을 이용하든 하지 않든 상관없이 가격은 동일한 채로 유지된다. 브랜드의 경우 구매자는 가격 설정자이다. 즉 그들이 브랜드의 가격을 정한다. 각 구매자는 가치평가를 하면서 그들만의 관점, 잠재적 시너지, 그들의 미래 전략에 기반을 둔다. 왜 유니레버Unilever는 잘 알려진 치즈 브랜드인 보르생Boursin에 100만 유로라는 가격을 지불했는가? 그것은 예전에는 없었던 대형 슈퍼마켓에서의 진열 공간을 얻으려는 유니레버 그룹의 절박한 필요로 설명될

---

* 대체원가replacement cost 방식은 현재 성공한 브랜드와 동일한 파워를 갖는 브랜드를 창조하기 위해 현재 시점에서 소요되는 비용에 기초하여 평가하는 방식을 말한다. — 옮긴이

수 있다. 1990년 4월에 장 루이스 셰러Jean-Louis Sherrer는 미스터 슈발리에Mr Chevalie가 두 달 전 발망Balmain에 지불했던 가격보다 3배 낮은 가격에 에르메스Hermes에 의해 인수되었다. 슈발리에에게 발망은 럭셔리 시장에 진입하기 위한 수단이었지만, 이미 이 시장에 있는 에르메스Hermes는 이 가격을 지불할 필요가 없었다(Melin, 1990).

추상적인 용어로, 구매 가격은 브랜드에 지불된 가격이 아니라 브랜드와 구매자 사이의 상호작용이다. 브랜드 구매 뒤에 있는 특정 이유는 알지 못한 채 유사한 브랜드에 지불된 가격을 준거로 사용하는 것은 가격의 핵심적인 부분이 해당 구매자의 시너지와 특정 목적들을 포함했을 수 있다는 사실을 무시한다. 각 구매자는 그들만의 의도와 아이디어를 가진다. 가치는 대리로at proxy로 결정될 수 없다.

이것은 근본적으로 브랜드 시장과 부동산 시장을 구별하는 것이다. 후자의 경우 구매자의 의도와는 독립적인 규범과 표준(순자산 + 매출 총이익의 50~70%)이 존재한다. 이것에도 불구하고 럭셔리 시장에서의 가치평가는 종종 최근의 거래를 고려하고 매출의 배수multiple를 사용한다(입생로랑의 경우 1.5, 랑방Lavin과 발망Balmain은 2, 마르텔Martell은 2).

가상hypothetical 시장에서의 원가 기반 방식이나 준거 방식referential methods에 내재하는 어려움들을 고려할 때, 구매자들은 오히려 브랜드 소유brand owership로부터 기대되는 수익을 살펴보는 경향이 있다. 세 번째 유형의 접근은 2가지 주요 철학에 의존하며, 우리는 그것에 별도의 섹션을 할애할 것이다.

로열티에 의한 가치평가

기업이 브랜드를 사용하는 권리에 대한 라이센스를 준다면 그 기업이 받기를 바라는 연간 로열티annual royalties는 얼마가 되겠는가? 이 질문에 대한 답은 그 브랜드의 재무적 공헌도를 직접적으로 측정하는 수단을 만들어내고, 분리가능성의 문제 또한 해결한다. 얻어진 수치는 결과적으로 몇 년에 걸쳐 할인된 현금 흐름discounted cash flow을 계산하기 위해 사용될 수 있다. 문제는 이것이 대부분의 시장에서 매우 일반적인 관행이 아니라는 것이다. 이들은 럭셔리 시장과 의류 시장에서 발견된다.*

개념적인 관점에서 이 방법이 브랜드의 가치를 적절히 분리한다는 것은 확실하지 않다(Barwise, 1989). 사실 기업들은 종종 그들의 브랜드가 아직 진출하지 않은 나라에 접근하기 위해 라이센스를 사용한다. 그러나 로열티 비용royalty fee은 브랜드 사용만을 포함하는 것이 아니다. 브랜드 소유주brand owner는 또한 브랜드를 라이센싱하는 측licensee이 적절한 품질 수준을 유지할 수 있도록 기본 재료, 노하우, 서비스 패키지를 제공할 책임이 있다.

미래 수익에 의한 가치평가

브랜드는 자산이 되기를 열망한다. 자산은 합리적인 확실성을 가진 미래 수익을 생성하게 될 요소이다. 가치평가 방법들은 브랜드 소유brand ownership의 기대 수익을 기초로 개발되어 왔다. 자연스럽게 이것은 구매자의 의도와 전적으로 관련되어 있다. 그들이 브랜드를 국제화하기를 바란다면 그 브랜드는 그것이 로컬 브랜드로 남아 있기 바라는 구매자보다 그들에게 더 가치가 있을 것이다. 기대 수익으로 측정된 가치는 구매자의 특성과 브랜드에 대한 그들의 전략과 분리될 수 없다. 이는 주식 시장 가치가 브랜드 기업에 대한 강제적 매수자의 가치predator's value에 비해 항상 구조적으로 더 낮은 이유를 설명한다. 주식 시장 가치는 현재의 비즈니스와 연결되어 있으며, 회사가 제공하는 현재 사실과 수치들을 고려한다. 강제적 매수자의 평가가치는 시너지의 전망, 보완적인 마케팅 과정, 전략적 시장 포지션의 획득으로 창조되는 초과 가치평가over-valuation로부터 나온다.

브랜드의 기대 수익을 평가하는 과정은 3개의 독립적인 단계로 나눌 수 있다(그림 17.3 참조).

1. 첫 번째 단계는 브랜드와 관련된 (기업과 관련된 것이 아닌) 순수입net incom

---

* 『우리회사 브랜드 가치는 얼마일까?』, 굿모닝미디어, 2003. 제3장 브랜드 자산의 평가 3.3. 재무적 측면에서의 연구 내용에 로열티를 이용한 브랜드 자산을 구하는 절차와 방법(pp222 ~ pp.223)를 담고 있다. — 옮긴이

을 분리해내는 것이다.

2. 두 번째 단계는 미래 현금 흐름을 추정하는 것이다. 이는 해당 시장에서 브랜드에 대한 전략적 분석을 요구한다.

3. 세 번째 단계는 전통적인 재무적 방법, 할인율, 기간을 사용해 선택을 하는 것이다.

이것은 유형적이든 무형적이든 모든 투자를 평가하는 고전적 방법이다. 분석가는 5년이나 10년의 기간 동안 브랜드에 귀속될 수 있는 예상 년간 수입income을 계산한다. 사용된 할인율은 가중평균자본비용weighted average cost of capital으로, 이는 필요하다면 약한 브랜드weak brand로부터 생기는 위험을 고려해 높아진다(현재 가치의 계산에서 미래 매출revenue의 비중을 줄이는 것이다). 이 기간 이후의 잔여가치는 수입이 일정하거나 일정 비율로 계속 증가한다는 것을 가정해 계산된다(Nussenbaum, 1990). 다음의 공식이 사용된다.

$$\text{브랜드의 가치} = \sum_{t=1}^{N} \frac{RB_t}{(1+r)^t} + \frac{\text{잔여 가치}}{(1+r)^N}$$

여기서

RB_t = 브랜드에 귀속될 수 있는 예상 년간 매출 t

r = 할인율

이 기간 이후의 잔여가치

$$N = \frac{RB_n}{r} \quad \text{또는} \quad \frac{RB_n}{r-g}$$

여기서

g = 매출 성장률

| 그림 17.3 | 브랜드 가치평가에 대한 다단계 접근

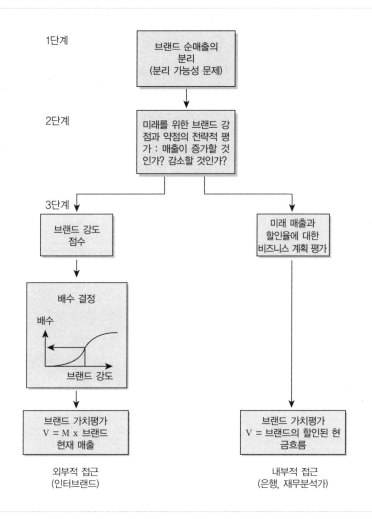

이것은 분석가들이 수많은 변형 모델을 제공한다 할지라도 할인된 현금 흐름 방식*에 의한 고전적인 가치평가 모델이다(Mauguere, 1990 ; Melin, 1990). 이 방법은 6.5%의 비율로 25년에 걸친 순수익의 자본화capitalisation에 기초해 코닥

---

* 할인된 현금 흐름 방식 또는 현금흐름 할인 분석법discounted cash flow method은 브랜드 또는 상표 권에서 기인하는 미래에 발생가능한 예상 수익을 현재 가치로 산출하는 방식이다. 이 방식에서 쟁점 이 되는 것은 할인율 혹은 순현금흐름net cash flow을 계산하는 방식의 타당성이다. ― 옮긴이

헤네시Cognac Hennessy를 69억 프랑으로 평가하는 데 사용되었다(Blanc and Hoffstetter, 1990).

이 방식은 또한 리스트럭처링 프로그램의 일환으로 칸디아Candia 우유 브랜드를 평가하기 위해 사용되었다. 약 18억 프랑이라는 최종 수치는 2가지 문제가 토의된 비즈니스 계획의 결과였다.

- 우유가 일용품이라는 것을 아는 상황에서, 칸디아Candia의 미래 매출의 몇 %가 집중적인 마케팅이 이루어지고, 차별화되고 그리고 가격 프리미엄을 정당화하는 강력한 아이덴티티strong identity를 가진 제품들에 의해 생성하게 될까?
- 더 일반적인 제품에 비하여 칸디아Candia가 요구할 수 있는 가격 프리미엄을 우리는 얼마로 추정하는가? 그런 시장에서는 작은 차이라도 큰 수익이 될 수 있다.

이 방식에 대한 회의론자들은(Murphy, 1990; Ward, 1989) 그것이 가진 3가지 불확실성의 원천을 비판한다. 그것은 현금 흐름의 예측, 기간의 선택 그리고 할인율이다. 하지만 그러한 비판이 반드시 타당한 것은 아니다.

- 정의상 어떤 예측도 불확실하다. 이것은 오직 브랜드에만 적용되는 것이 아니다. 위의 방법으로 계산되는 유형이나 무형의 어떤 투자 평가에도 적용된다. 브랜드의 경우 현금 흐름 예측은 경쟁자가 계산에 포함되지 않은 우월한 제품을 출시한다면 파괴될 수 있다. 이 주장은 이런 예측들이 (이전에 제시된 기준을 토대로) 브랜드의 강점과 약점에 대한 심층적인 분석 후에 만들어진다는 사실을 간과한다. 예상 현금 흐름이 계산될 때 이런 것들이 포함된다고 가정할 수 있다. 어떤 경우든 할인율은 예상 위험 요인을 고려한다.
- 두 번째 비판은 할인율 선택의 주관적인 성질에 있다. 그러나 한편으로 분석가들은 이 비율의 변동에 대비해 자신들의 연구 결과의 민감성을 테스트한다. 다른 한편으로 이 비율은 평균자본비용 같은 안정적인 기업 회계 데

이터를 고려해 정해진다. 유일한 주관적인 요인들은 위험 프리미엄risk premium과 미래의 인플레이션 비율이다. 게다가 종종 그 위험은 구매자의 관점에서 제로인데, 그가 성공이 확실한 것이라고 느끼기 때문이다.

• 마지막으로 현금 흐름을 계산하기 위한 기간의 선택을 비판하는 사람들이 있다. 왜 10년은 되고 15년은 안 되는가? 너무 앞서서 하는 예측의 가치는 무엇인가? 한편으로 브랜드는 몇 년 후에 사라질 수도 있고, 다른 한편으로 변동성이 큰 부문(예를 들면 노트북 컴퓨터)에서 3년은 이미 긴 시간이다.

이는 영국의 일부 평가자들의 관점에서 비롯된 것이다. 그들은 브랜드 가치가 확실한 것, 즉 바로 그 시점에서 브랜드의 순수입net income에 기반해야 한다고 믿는다. 이것이 배수 방식multiple method의 기초이다. 브랜드 가치는 3년에 걸쳐(t-2, t-1, t) 측정된 브랜드의 현재 수익에 배수를 적용해 계산된다. 이 접근은 내부 데이터를 필요로 하지 않는다.

현재 수익에 의한 가치평가

누가 미래를 예측할 수 있을까? 비즈니스 계획의 예측이 맞을 것이라고 어떻게 확신할 수 있는가? 사실 그렇게 많은 인터넷 브랜드가 크게 과대평가되었다는 이유 가운데 하나는 그들이 (이베이eBay를 제외하고) 조금이라도 수익을 창출하지 않았다는 것이다. 브랜드 가치평가 과정은 새로운 투자자들을 끌어들이기 위해 만들어진 예측과 비즈니스 계획에 전적으로 의존하는 것이었고, 따라서 창립자들은 환상이 붕괴되기 전에 다시 팔 수 있었다.

브랜드 가치평가 회사인 인터브랜드Interbrand는 이 문제를 피하기 위한 특정한 접근 방법을 강구했다. 즉, 비즈니스 없이는 브랜드도 없다no business, no brand고 보는 것이다. 인터브랜드의 가치평가는 오로지 작년, 금년, 내년의 3개 년을 토대로 한다. 비즈니스를 가능하게 하는 투자 자본과 다른 직접적인 무형 자산에 지불하기 위해 각 년도의 수익을 떼어낸 후엔 이 3개 년의 각각의 잔여 residue의 가중평균으로 이루어진 글로벌 잔여global residue가 남게 된다. 이 잔여는 그런 다음 '배수multiple'라고 불리우는 수치로 곱해지게 되며, 여기에서

'배수 방식multiple method'이라는 인터브랜드의 독점적인 방식의 이름이 만들어졌다. 비록 인터브랜드가 이제는 가장 정통적인 방식(할인된 현금 흐름)으로 이동하는 것처럼 보인다 할지라고 우리는 많은 브랜드 가치평가의 기반이 되었던 이 이전의 접근을 분석한다.

기업에 대한 재무적 가치평가에서는 주가/수익 비율price/earnings ratio로 알려진 것을 조사하는 것이 전형적이다. 이 주가/수익 비율은 회사의 시장 자본화market capitalisation를 그것의 순수익에 연결한다. 높은 비율은 높은 투자자 확신과 미래 수익 증가에 대한 낙관적인 신호이다. 브랜드가 기업은 아니지만 같은 추론이 적용될 수 있다.

$$\text{기업 : 주가/수익 비율} = \frac{\text{에쿼티의 시장 가치}}{\text{알려진 수익}}$$

$$\text{브랜드 : 배수} = \frac{\text{계산된 가치}}{\text{브랜드의 순수익}}$$

유일한 차이는 브랜드의 경우 주가/수익 비율이 존재하지 않기 때문에 시장 자본화에 대한 데이터가 존재하지 않는다는 사실에 있다. 따라서 그것은 우리가 계산하려고 시도하는 것이다. 에쿼티라는 추상적인notional 시장 가치는 브랜드에 지불되는 가격이다. 이것을 계산하기 위해서는 그 브랜드에 특정한 주가/수익 비율과 동등한 배수 M을 결정하는 것이 필수적이다.

이 방식에는 4가지 단계가 있다.

1. 적용 가능한 순수익을 계산한다. 인터브랜드는 과거 3년(t-2, t-1, t) 동안의 수익을 사용한다. 따라서 단 1년에 기반한 불규칙적인 평가가 되는 것을 피한다. 이 수익들은 인플레이션을 고려해 할인된다. 이 3개 년도 수치의 가중평균은 우리가 가장 중요한 년도와 가장 중요하지 않은 년도로 여기는 것에 따라 계산된다. 브랜드에 속하는 이 가중평균 순수익(세금을 뺀)은 모든 계

| 표 17.1 | 브랜드 강도의 평가 방법

가치평가의 요인	최대 점수	브랜드A	브랜드B	브랜드C
리더십	25	19	19	10
안정성	15	12	9	7
시장	10	7	6	8
국제성	25	18	5	2
트렌드	10	7	5	7
지원	10	8	7	8
보호	5	5	3	4
브랜드 강도	100	76	54	46

※ 출처: penrose/Interbrand(1990)

산의 기초가 된다.

2. 브랜드의 강도strength을 평가한다. 이 방법은 브랜드에 대한 전반적인 점수를 매기기 위해 마케팅 및 전략적 기준들을 사용한다. 인터브랜드는 표 17.1 (Penrose,1989)에서 볼 수 있듯이 이 요인들 중 7개만 사용하고, 전반적인 점수를 계산하기 위해 각 요인에 대한 개별 점수를 가중 총합한다.

3. 배수multiple를 추정한다. 배수(미래에 대한 확신의 지표)와 이러한 브랜드 강도의 점수 간에는 반드시 관계가 존재한다. 이러한 관계가 정확히 알려지고 나면 배수는 브랜드 강도의 점수에 의해 예측될 수 있을 것이다. 이를 위해 인터브랜드는 브랜드 강도에 대응하는 배수를 표시하는 'S-곡선'으로 알려진 모델을 개발했다.

이 모델은 조사 대상과 가까운 영역에서 최근 기간 동안 이루어진 다수의 브랜드 협상brand negotiations에 관련된 배수들에 대한 인터브랜드의 조사에 기초한다. 가장 가깝게 비교 가능한 브랜드를 가진 기업들의 주가/수익 비율이 사용된다. 그런 다음 인터브랜드는 기업 프로필과 브랜드 강도를 재구성한다. 재구성된 점수에 대응하는 배수(주가/수익 비율)들을 표시하면 S 모양의 곡선으로 나타난다(그림 17.4 참조).

4. 브랜드 가치를 계산한다. 이것은 적용 가능한 브랜드 순수익에 적절한 배수 multiple를 곱해 계산된다.

| 그림 17.4 | 인터브랜드 S곡선 - 브랜드 강도와 배수 간의 관계

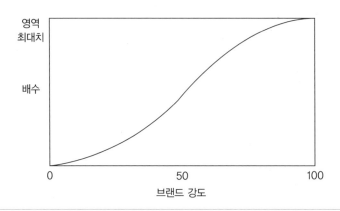

우리는 이 방법을 실제 사례로 설명할 수 있다. 1988년, 레킷 앤 콜맨Reckitt & Colman은 이런 방식으로 자신의 브랜드들을 평가했다. 레킷 앤 콜맨은 자신이 시장 리더였던 생활용품과 위생용품뿐만 아니라 역시 리더였던 식품(조미료), 마지막으로 그들이 평균적인 포지션을 가졌던 제약 제품을 평가했다.

첫 번째 그룹에 있는 브랜드들이 누렸던 특정 상황은 다음과 같다.

- 세계적인 리더십.
- 유통업체의 자체 브랜드를 제외하고 새로운 진입자들이 거의 없는 성장 시장.
- 비보조 브랜드 인지도(예를 들어 에어윅Airwick)가 영국과 앵글로-색슨 국가들에서는 높고 프랑스에서는 낮음.
- 고객의 브랜드 충성도.
- 강력한 브랜드 이미지와 품질 보증.
- 개개의 브랜드들의 경우 다각화의 가능성이 거의 없음.

레킷 앤 콜맨은 이 브랜드들의 수익profit의 5%는 유통업체 자체 브랜드로 판매되는 부분으로부터 나온다고 추정했다. 인터브랜드는 남은 95%는 그 브랜드의 총수익이라고 생각했다. 브랜드로 인해 발생한 수입income은 순자산의 기대 투자 수익ROI을 차감함으로써 계산될 수 있다. 순매출net revenue은 각 브랜드의 중요성에 따라 가중되었고 이전 3년 간에 대해 할인되었다. 다음의 결과들이 각 카테고리로부터 나왔다.

- 가정위생 제품: 5380만 프랑
- 식품 제품: 2470만 프랑
- 제약 제품: 1710만 프랑

어떤 배수가 적용되어야 하는가? 첫 번째 그룹에서는 래킷 앤 콜맨이 1985년에 에어웍을 살 때 사용된 배수가 적용되었다. 17 배수가 식품 제품에 사용되었고, 예를 들어 BSN-나비스코BSN-Nabisco 공개 매수처럼 지난 몇 년 동안 그 분야에서 이루어진 최근 거래들을 기반으로 했다. 마지막으로 20 배수는 제약 그룹에 사용되었다. 사실 제약 산업에서의 최근 거래는 30에 가까운 배수를 사용하고 있었다. 이 경우 그 분야에서 다소 약한 레킷 앤 콜맨의 포지션 때문에 더 낮은 배수가 선택되었다. 이 수치들을 각 카테고리의 순수익에 적용함으로써 다음과 같은 브랜드 가치들이 추정된다.

- 가정위생 제품: $53.8 \times 20 = 1{,}076$백만 프랑
- 식품 제품: $24.7 \times 17 = 420$백만 프랑
- 제약 제품: $17.1 \times 20 = 342$백만 프랑

현금 흐름과 배수 방식의 비교

영국에서 발전된 배수 방식multiple method은 고전이 되어가고 있다. 사실 그것은 랭크 호비스 맥도걸Rank Hovis McDougall과 그랜드 메트로폴리탄Grand Metropolitan 같은 기업들이 사용한 것이었다. 대차대조표에 브랜드 가치를 기재하기로 한 그들의 결정은 논쟁을 불러일으켰고, 여전히 해결되지 않고 있다. 그것은 또한 책, 기사, 세미나를 통해서 가장 많이 커뮤니케이션되는 방법이다. 사용된 방법의 단순성은 엄격한 재무적 분석의 세계에 전형적인 것이 아니었다. 이

모든 것에도 불구하고 그것은 타당한가?

첫째, 배수 방식은 할인된 현금 흐름의 고전적인 방법과 그다지 다르지 않다. 배수 방식은 할인된 현금 흐름의 특정한 예이다.

일정하고 무한한 연간 현금흐름이 예상될 때 브랜드의 현재 가치는 이렇게 정의된다.

$$\text{브랜드 가치} = \frac{RB}{(1+r)} + \frac{RB}{(1+r)^2} + \frac{RB}{(1+r)^3} + ... + \frac{RB}{(1+r)^\infty} = \frac{RB}{r}$$

우리가 알 수 있듯이 배수는 다름 아닌 바로 위험(1/r)을 감안한 자본 비용의 역inverse이다. 만약 연간 수익의 일정한 성장률(g)이 예상된다면 배수는 다음과 같다.

$$\text{브랜드 가치} = \frac{1}{r-g}$$

방정식을 떠나서, 기억해야 할 요점은 어떤 가정hypotheses을 한다는 이유로 우리가 할인된 현금 흐름 방식을 비난할 수 없다는 것이다. 왜냐하면 배수 접근 multiple approach 자체가 특정한 가정이면서 마찬가지로 명확하지 않고 의문시 되는 것이기 때문이다. 배수 접근은 모든 계산들이 다음에 기초한다는 사실로부터 자신의 명백한 타당성을 이끌어낸다.

- 지난 3년 사이에 브랜드에 귀속되는 알려진 순수익.
- 브랜드 강도에 관한 마케팅 데이터와 매니저의 주관적인 의견.
- 비슷한 기업들의 최근 거래에 기초한 배수.
- 브랜드 강도 점수에 대응하는 이러한 배수(또는 주가/수익 비율)를 표시하기 위해 데이터베이스의 정보를 사용하는 S 곡선.

그러나 표면적 타당성face validity이 그 자체로 타당성을 의미하는 것은 아니다. 현재의 인터브랜드의 가치평가 방식은 여러 문제점을 갖고 있다.

1. S 곡선의 매개변수로 사용된 시장 배수Market multiples는 그것이 이런 거래의 초석이었다할지라도 브랜드 강도의 타당한 지표가 아니다. 사실 최종 거래 가격은 브랜드의 추정 가치와 과잉 입찰가overbidding에 기인하는 일정한 금액 모두를 포함한다. 예를 들어 제이콥스 슈샤르Jacob Suchard와 네슬레Nestle 간의 싸움에서 최초 입찰가는 630펜스였지만 마지막 입찰가는 1,075펜스였다! 시장 가격은 이런 과잉 입찰가의 효과를 포함하고, 그래서 그 브랜드를 과대평가한다. 브랜드 강도의 가치와 시장 배수를 연결하려고 하는 것은 다소 이상한 일인데, 그런 가치는 과잉 입찰가의 효과를 무시하기 때문이다. 이런 이유로 획득되지 않고 내부적으로 만들어진 브랜드들을 평가하고 대차대조표에 기재하는 데 이 방법을 적용하는 것에 대해 의문이 생겨난다. 자산의 가치는 브랜드의 가치보다 더 크게 되는데, 그것이 과잉 입찰가의 결과인 불특정한 금액을 포함할 것이기 때문이다. 그럼에도 기업들이 자산으로서 그들의 브랜드를 나타내기 위해 이 방법을 사용해왔을 수 있다는 사실이 결코 이 접근을 정당화하지는 않는다.

2. 과잉 입찰가가 존재하지 않는 시장에서도 정해진 배수는 잠재 구매자의 관점에서 브랜드의 가치를 측정한다. 그것은 구매자의 비전, 전략, 그가 기대하는 시너지를 표현한다. 1985년, BSN이 뷔토니Buitoni에 합리적인 가격이 책정되었음에도 뷔토니를 사지 않았다는 사실은 뷔토니가 그보다 가치가 낮은 것이 아니라 BSN의 눈에 가치가 낮았음을 의미한다. 1988년에 네슬레Nestle는 뷔토니Buitoni에 몇 십억 스위스 프랑의 가치를 매겼다. 다시 한번 브랜드 구매자와 밀접하게 연결된 시장 배수를 외부자에 의해 계산되고 시너지 혜택을 포함하지 않는 브랜드 강도 점수에 연결하려고 하는 것은 이상하게 보인다. 이것은 내부적으로 육성된 브랜드가 대차대조표에 기재될 때 문제를 야기한다. 그 브랜드들은 그 소유 기업에 제공하는 그들의 현재 혜택에 따라 가치가 평가된다. 반면 시장에서 공급되는 배수들은 전혀 다른 차원에서 산정된다.

3. S 곡선을 둘러싼 편차variance에 대한 어떤 설명도 발표된 적이 없다. 이 편차는 배수와 브랜드 강도 점수 사이의 경험적 관계의 질에 대한 척도이다. 실제로 그 곡선은 편차가 제로라고 믿게 만드는데, 그것은 불가능한 일이다. 단 하나의 브랜드 강도 점수는 아마도 몇 개의 배수들에 상응한다. 현실에서 브랜드의 재무적 가치는 배수의 매우 작은 변화에도 민감하게 반응하기 때문에 그런 불확실성은 문제들을 야기한다. 레킷 앤 콜맨의 가정위생용품 브랜드로 돌아가서, 우리는 그 배수에서 1포인트의 변동이 브랜드 가치에 있어서는 5,380만 프랑의 증가나 감소를 일으킨다는 것을 알 수 있다. 이것은 회계 관행을 지배하는 신중성, 신뢰성, 합리적인 확실성의 원칙들과는 거리가 멀다.

4. S 곡선의 타당성 자체가 의문시된다. 인터브랜드는 다음과 같은 주장을 한다. 새로운 브랜드는 초기 단계에서 천천히 성장한다. 그런 다음 그 브랜드가 내셔널 브랜드에서 국제적인 브랜드로 이동하게 되면 성장은 기하급수적이 된다. 마지막으로 브랜드가 국제적 영역에서 전 세계적 영역으로 이동할 때는 성장이 다시 한번 느려진다. 예를 들어 뷔토니의 매수 가격과 재매각 가격 간의 차이는 내셔널 브랜드에서 유럽 차원의 브랜드로의 전환을 나타내는 것이다.

경험에 의하면 브랜드는 큰 식역 효과large threshold effect의 영향을 받기 쉽다. 고객 및 소매업체와의 브랜드 강도는 단계적으로 발전한다. 따라서 오늘날 적당히 알려진 브랜드는 실제로는 조금 알려진 브랜드와 같은 가치를 갖는다. 그러나 특정 식역threshold을 넘어서면 브랜드는 그 가치가 성장한다. 브랜드 인지도에 관한 연구는 집중적인 커뮤니케이션이 있는 시장에서 브랜드의 비보조 인지도가 증가하기 시작하는 것은 브랜드가 오직 특정수준의 보조 인지도에 도달했을 때뿐이라는 것을 보여준다. 이것은 기억 장애물memory block 때문이다. 이와 유사하게 주요 소매업체들은 중간급 브랜드들을 그들 자신의 브랜드들로 대체하고 있다. 이 브랜드들은 수요보다는 공급에 더 의존하고 있으며, 따라서 소매업체들이 자체 브랜드로 대체한다면 더 이상 팔리지 않게 될 것이다. 그래서 그들의 미래는 매우 불안정하

| 그림 17.5 | 브랜드 강도와 배수 간의 관계를 보여주는 계단형의 그래프

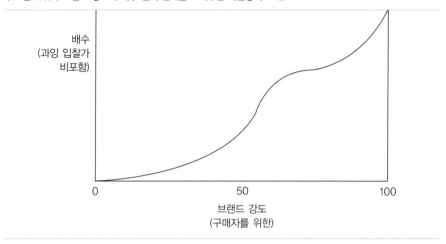

다. 이것은 우리로 하여금 브랜드 강도와 배수의 관계가 (양자 모두 동일한 잠재적인 구매자에 의해 평가된다고 할 때) 계단형 그래프로 더 잘 설명된다고 믿게 한다(그림 17.5 참조).

결론적으로 배수 방식이 널리 사용된다는 사실은 우리가 이미 보았듯이 타당성의 증거가 아니라 비전문가들을 위한 단순함과 편리성, 그리고 그것의 내부 교육적 가치를 입증하는 것이다. 선택된 배수의 작은 변동은 브랜드 가치에서 중대한 차이로 이어진다. 배수를 선택하는 현재 방식은 준거 배수와 브랜드 강도 점수brand strength scores의 측면에서 만족스럽지 못하다. 때때로 불필요한 또는 어떤 경우엔 상호 연관되어 있는 요인들에 대해 주관적인 가중치가 부여된 후 얻게 되는 전체 점수로 무엇을 할 수 있는가? 단순함에 대한 이런 소망은 그 방법의 타당성에 손상을 입힌다. 그것이 정확하다는 주장에도 불구하고 현재의 배수 방식은 할인된 현금 흐름 방법만큼이나 주관적이다. 7가지 대신에 100개의 기준을 사용한다 해도 아무것도 바꾸지 않을 것이다. 그렇게 함으로써 그 기준 사이에 일정 정도의 중복성redundancy을 초래하게 되며, 이는 몇 가지 요인에 더 많은 비중을 두는 결과를 가져온다. 그 방식이 주관적인 한, 그것은 투명한 상태로 있어야 한다. 다기준 방식multi-criteria method이 단일 점수로 요약되어서는 아무런 이득이 없다. 왜냐하면 그 가중치들에는 많은 암묵적 가정들이 존재하기 때문이다. 대신에 브랜드 프로필brand profile이 할인된 현금 흐름으로 구체화되는 현실적이고 타당한 비즈니스 계획을 만들기 위해 사용되어야 한다.

끝으로 배수 방식은 배수 그 자체의 작은 변동에도 매우 민감하다. 8억에 7이나 8을 곱하는 것은 많은 차이를 만들어낸다. 그런 민감성은 신중의 원칙과 어울리지 않는다. 브랜드 가치평가가 정확한 과학은 아니지만, 1단위만큼 배수를 변화시킴으로서 백만 파운드까지 달라지는 결과를 얻는 것은 받아들일 수 없다. 이것이 아마도 최근에 인터브랜드가 할인된 현금 흐름 접근이라는 고전적인 재무 방법론으로 조심스럽게 이동하고 있는 이유일 것이다.

브랜드 가치평가의 9단계

실제로 할인된 현금 흐름 방법을 사용해 어떻게 브랜드를 평가하는가? 기업 인수에 있어 타깃 기업이 그 매수자에게 넘어가자마자, 매수 기업의 통합 회계에 그것의 자산을 진정한 가치대로 기록하는 것이 필요하게 된다. 이 자산에는 유형 자산과 무형 자산이 모두 포함된다. 브랜드는 무형 자산의 카테고리에 해당한다.

한 기업의 매수 가격이 일반적으로 그 기업의 순수 회계 가치보다 높다는 것을 감안할 때, 그 차이(격차)는 영업권goodwill으로 알려져 있다. 매수 가격은 다양한 구성요소들, 즉 기업 자산들company assets에 배분되어야 하며, '공정한 가치 fair value'로 평가되어야 한다. 배분되지 않은 잔여 계정residual balance이 엄격한 의미에서 영업권이라고 할 수 있다. 그런 다음 우리는 각 자산의 가치, 특히 브랜드의 가치를 어떻게 결정하는가? 이것은 9단계의 절차를 밟는다.

1. 첫 번째 핵심 단계는 브랜드를 전략적 단위로 세분화하는 것이다. 브랜드에 돌릴 수 있는imputable 부가가치 부분을 분리해내기 위해 우리는 매출과 수익을 만들어내는 요인들(현금 창출 단위)에서 출발하여, 상향식으로 작업할 필요가 있다. 우리는 이러한 각각의 전략적 단위의 초과 수익을 파악해야

한다. 이는 그 초과 수익의 어떤 몫을 브랜드에 '돌릴 수 있는지'를 정할 수 있게 하고, 이 몫이 전략적 단위에 따라 다를 수 있다는 것을 상기시킨다. 더욱이 각 단위의 개별적인 수익성 구조와 성장 잠재력은 다를 수 있다.

위생과 미용 브랜드의 경우, 적절한 단위는 각 유통 경로를 위한 제품 수준에서 작동할 것이다. 각 제품은 자체의 개별적 수익성 구조를 갖는다. 그리고 소비자 의사결정 과정에서 브랜드의 상대적인 비중은 제품마다 다르다. 마지막으로, 판매와 성장잠재력 또한 제품마다, 경로마다 다르다.

2. 두 번째 단계는 비즈니스 계획을 사용해 예상 수익 계정을 만드는 것이 될 것이다. 여느 자산처럼 브랜드는 그것의 사용으로부터 나오는 미래 수익의 잠재력과 떨어져서는 가치를 갖지 않는다. 이 사용은 무엇이 될 것인가? 우리는 어떤 매출을 기대하는가? 어떤 가격에? 어떤 영업과 마케팅 지출을 통해?

이 두 번째 단계는 각각의 전략적 단위에 있어 예상되는 재무적 결과에서 무형 자산으로 돌릴 수 있는 전반적인 몫을 정의하는 것을 목표로 한다. 그리고 이것은 경제적 부가가치EVA로 알려져 있다. 경제적 부가가치는 제품이나 비즈니스의 거래 수익에서 기업 세금을 차감한 다음(이는 법인세 부과후 순이익nett EBIT을 나타낸다) 영구 투자 자본permanent invested capital과 운전 요구 자본working capital requirement의 몫을 공제해서 구한다. 이것은 다음과 같은 잔여 계정sidual balance의 수열sequence을 만들어낸다.

법인세 차감전 이익 − 세금 = t(유형 자산 + 가중자본비용) + t'(무형 자산)

법인세 부과후 순이익 − t(유형 자산 + 가중자본비용) = 경제적 부가가치 = t'(무형 자산)

이 계산들이 비즈니스 계획에 기초한다는 것을 기억하라. 그것들은 특정한 성장 가설 하에서의 미래 수익에 대한 예측이다.

3. 세번째 단계는 이 경제적 부가가치EVA에서 다른 무형 자산들의 공헌도를 차감하는 것이다. 예를 들면 특허에 이 분야에서 적용되는 통상 비율usual rates에 기초해 가치를 배정하는 것이다. 만약 브랜드가 라이센스를 통해 독

점적으로 운영된다면 그 공헌도는 직접적으로 평가될 수 있다. 비즈니스를 위해 요구되는 다른 무형 자산들을 계산에 넣기 위해 이루어진 이 차감은 브랜드가 실제로 조건적 자산임을 상기시킨다.

4. 그러면 이 잔여 계정residual balance은 브랜드에 귀속되는 수익의 몫인가? 반드시 그런 것은 아니다. 여기서는 브랜드와 그밖의 잠재적인 후보들에 대한 배분이 일어난다. 우리는 각 분석 단위(즉, 유통 경로에 있는 각 제품)에 대한 고객의 구매 결정에서 브랜드가 어느 정도의 비중을 가지는지를 자문해 보아야 한다. 이는 전문가 집단이 대답할 문제이다. 다른 방식들도 존재한다. 고객들 자신이 인터뷰 대상자가 될 수 있다. 전형적인 연구는 우선 모든 제품 선택 기준을 파악하고, 그 다음으로 각각의 기준이 고객 결정에 미치는 영향을 측정하는 것이다. 그리고 마지막으로 각 기준과 관련된 지각에서 브랜드의 몫brand's share을 평가하는 것이다. 예를 들어 우리는 브랜드가 취향taste의 지각에 강한 영향을 미친다는 사실을 안다. 블라인드 테스트를 실시했을 때 소비자들은 펩시를 코카콜라보다 선호했다. 그러나 브랜드가 밝혀지자마자 그들은 코카콜라 쪽을 선호해왔다고 주장한다. 반대로, 브랜드의 인지는 스토어에서 그것의 존재에 대한 지각에 영향을 주지 않는다. 이러한 기준들 각각의 상대적 영향력을 합계하고 그 영향력들을 브랜드가 수행하는 역할과 비교함으로써 우리는 구매시 브랜드의 총 영향력을 나타내는 전반적인 퍼센티지를 얻는다. 전형적인 주유소 브랜드는 30%의 비율을 기록할 것이며, 반면에 소프트음료 브랜드는 대략 70% 정도일 것이다.

5. 일단 이러한 퍼센티지로 무장하고 나면, 우리는 매년 비즈니스 계획에서 각각의 현금 창출 단위마다 브랜드에 돌릴 수 있는 초과 수익의 몫을 계산해 낼 수 있다.

6. 궁극적인 목표가 특정하게 브랜드에 돌릴 수 있는 이런 수익들의 할인된 총합을 산출하는 것임을 고려할 때, 우리는 먼저 할인율을 정해야 한다. 그것은 위험에 대한 이해에 좌우될 것이다. 다시 말해, 브랜드의 부가가치 레버들은 장기적으로 견고한 것인가? 시장은 어떻게 성장하고 있는가? 시장은 경쟁에 개방되어 있는가? 브랜드가 범용화되고 있는가? 브랜드가 가격과

유통업체 자체 브랜드에 민감해지고 있는가? 브랜드의 연구개발 잠재력은 무엇인가?

7. 이 7번째 단계의 목적은 다음 사항을 조사함으로써 브랜드에 대한 전략적 진단과 '위험과 기회'에 대한 진단을 수행하는 것이다(표 17.2 참조).

- 시장과 관련된 위험.
- 브랜드와, 그것의 차별화 특성들의 장기적 위상과 관련된 위험.
- 제품 자체와 관련된 위험.
- 기업, 임직원 그리고 브랜드 개발을 위한 재정과 관련된 위험.
- 지리적 확장을 위한 기회.
- 다른 제품 카테고리로의 브랜드 확장을 위한 기회.

이러한 전략적 분석은 위험 평가와 그에 따른 할인율을 산출한다.

8. 이 단계는 브랜드에 귀속될 수 있는 할인된 수익의 총합 단계로, 위에서 파악된 할인율에 근거한다. 그것은 브랜드 가치를 산출하는데, 이는 이론적으로는 영업권으로부터 차감된 것으로 간주되고 대차대조표에 기재된다. 이 단계에서 그 가치가 사용된 할인율에 특별히 민감한지 여부를 체크하는 것은 좋은 아이디어이다.

9. 마지막으로, 가치평가는 하나의 단일 방식으로 국한되어서는 안 된다. 믿을 수 있는 회계와 공정한 가치평가의 목표는 다른 평가 방법들과의 교차검토를 요구한다. 할인된 현금 흐름 방식만이 경제적으로 타당하고 공식적인 회계 감사 법인에게 받아들여지는 것은 사실이다. 그러나 다른 방법들이 존재한다는 것 또한 사실이다. 이 방법들이 같은 정도로 받아들여지지 않을 수 있지만 교차검토를 위해 사용될 수는 있다. 공정한 가치fair value는 범위를 좁히는 과정narrowing-down process을 통해 얻어져야 한다. 즉, 그것은 하나의 방식에 의해 직접적으로 계산될 수 없다.

이런 이유로 로열티 방식royalties method에 기반한 평가와 브랜드에 돌릴 수 있는 할인된 총매출로부터 얻어진 결과를 교차검토하는 것이 일반적이

| 표 17.2 | 브랜드 강도 평가하기: 전략적 진단

미래 시장과 관련된 위험	시장의 성장 시장의 수익성 경쟁자와 소매업체 브랜드의 중요성 기대되는 기술적 혁신들 소비자 기대의 변화 진입 장벽의 강도
브랜드 가치의 원천과 관련된 위험	과거 광고 지원의 질 이미지와 명성 상표와 상표 등록의 질 고객 로열티 유통업체 태도와 로열티 오피니언 리더의 태도 시장에서의 상대적인 포지션
제품과 관련된 위험	특허 기간 모방 브랜드의 존재와 제품 복제가능성 연구개발 관점
비즈니스와 관련된 위험	재무적 지원 전략적 일관성
잠재력	지리적 확장의 잠재력 라이센싱 잠재력 다른 제품 카테고리로의 확장 잠재력

다. 이를 위해 우리는 어떤 로열티율이 예상 총매출에 적용되었을 때 할인 후 동일한 현재 로열티 가치를 줄지를 계산한다. 이 로열티율이 해당 분야의 표준 수치와 일치하는지 재확인하는 것이다. 예를 들어, 헤어 케어 제품 분야에서 로레알L'Oreal은 쟈크데상쥬Jacques Dessange에게 그 라이센스 이름으로 팔린 제품에 대해 총매출의 3%를 지불할 것이다.

만약 이 2가지 접근으로 만들어진 결과들 사이의 격차gap가 너무 크다면 그 불일치의 요인들을 규명하고 바로잡기 위해 완전한 재검토가 필요하다. 예를 들어, 가치평가에서 직접적 계산이 어려운 무형적 요소의 가치는 거의 30%의 로열티율로 계산된다. 이것은 불가능하다. 분석 후에, 그것은 그 가치의 1/3은 브랜드에, 2/3는 시장 점유율에 돌리도록 결정된다.

위에서 언급한 절차에 대한 대안이 존재한다. 그것은 (4단계 동안) 모든 무형 자산들의 결합된 가치combined value의 할인된 총계를 구하는 것이다. 다시 말해 전체로서 경제적 부가가치를 구하는 것이다. 이러한 전반적인 무형 자산 가치는 그 이후에 각각의 무형 자산들로 배분된다. 우리가 알 수 있듯이, 이러한 변형 절차는 배분의 토대가 어떤 현금 창출 단위와 제품들이 관련되어 있는지에 관계없이 거의 동일하다고 가정한다.

복잡한 사례의 가치평가

지금까지 살펴본 방식은 대다수 브랜드에 효과적이고, 표준적인 접근이다. 그러나 특정 브랜드 또는 특이한 시장 상황에 있는 브랜드를 평가하기 위해서는 위에서 검토한 여러 방식들 중 하나만을 사용해야 하는 예들이 존재한다.

적자 기업의 경우

위에서 살펴본 절차는 브랜드는 조건적 자산이고, 따라서 브랜드의 가치는 생산에 투자된 자본에 대한 할당액을 공제한 후에 얻어진다는 이론에 기초한다. 이것은 적자 기업들이 소유한 브랜드의 가치를 평가하는 데 있어 문제를 야기한다.

수익을 내는 대차계정을 가정하는 위의 접근에 따르면, 수익이 없다면 브랜드는 그 현재 자신의 활동 영역에서 경제적 가치가 없게 된다. 그러한 브랜드가 가치를 획득하는 경우는, 매우 다른 비용 구조를 가진 새로운 비즈니스 계획이 회사가 수익을 만들어낼 수 있을 뿐만 아니라 제품이나 서비스의 생산과 유통에 필요한 유, 무형 자산에 대한 수익의 할당이 이루어진 후에도 초과 수익이 있을 것임을 입증할 수 있을 때이다.

재무적 가치평가는 브랜드를 둘러싼 그 어떤 신기루들mirages도 떨쳐낸다. 그 명성과 이미지에 상관없이 브랜드는 수익을 창출하는 비즈니스 계획에 의해 뒷받침될 때에만 가치를 획득한다. 많은 인수자들 스스로가 브랜드 인지도와 이미지 통계에 의해 유혹당하므로 '신기루'라는 용어는 적절한 것이다. 경제적 접근은 우리에게 명성과 이미지는 그것이 다른 자산들의 도움을 받아 수익을 만들어 내지 않는다면 어떤 가치도 없다는 사실을 상기시킨다.

포기되었다가 팔리는 브랜드의 경우

기업들은 정기적으로 브랜드를 없앤다. 메가 브랜드mega-brands가 창조되기 위해서 비즈니스 운영은 소수의 브랜드로 축소되어야만 하고, 그에 따라 많은 브랜드가 처분되어야 한다. 예를 들어 네슬레Nestle는 챔버시Chambourcy를 포기했고, PSA는 탤벗Talbot를 포기했다. 그렇지만 브랜드는 여러 해 동안 비활동 상태에 있다가도 팔릴 수 있다. 만약 경제적 활동이 없었고, 따라서 수익이나 손실 수치도 없다면 위에서 제시한 다단계 접근법을 어떻게 사용할 수 있는가? 예를 들어 탤벗Talbot, 심카Simca, 스튜드베이커Studebaker, 플리머스Plymouth와 같이 수년 동안 휴지 상태에 있던 브랜드의 가치를 어떻게 추정할 수 있는가?

연속적인 잔여적 접근residuals approach에 따라, 우리는 그 재활성화된 브랜드를 포함하는 새로운 비즈니스 계획의 일부로서 그것을 평가해야 한다. 어떤 경우에 이것은 매수자가 그와 같은 브랜드를 매수하기 전에 해야 하는 일이다.

또 다른 가치평가 방법은 새로운 사용자가 그동안 기능하지 않았던 브랜드를 사용함으로써 누릴 수 있는 추가적인 가격과 마진을 측정하는 것이다. 하지만 그 브랜드가 소매 수준에서 더 높은 가격을 매기는 것을 가능하게 할 수는 있지만 소매업체들이 이 상승분의 대부분을 차지하고, 브랜드의 인수자에게는 단지 그 일부만을 나눠줄 수도 있다. 사실 이것은 종종 일어나는 일이다. 브랜드가 약하고 오랫동안 휴지 상태에 있다가 시장으로 돌아왔을 때 소매업체들은 그러한 약점을 그들의 납품가를 대폭 낮추는 데 활용한다.

매각자의 경우는 다른 가치평가 방식을 사용하는 것이 유리하다. 훌륭한 후보는 대체 비용 방식replacement cost method(예를 들어, 전 세계적 차원의 저작권 등록 비용을 비롯해 그 브랜드와 그것의 잔여 명성residual reputation을 재구축하기 위해 지금 지출되어야 하는 금액)이다. 최후 수단으로는 경매에 의한 매각도 있다.

약한 브랜드는 어떻게 평가될 수 있는가?

몇몇 브랜드들은 법적인 의미legal sense로만 브랜드로 남아 있다. 그들은 단지 하나의 이름일 뿐이며, 더 이상 구매자들에게 영향을 미치지 않는다. 이런 브랜드들은 어떻게 평가되어야 하는가? 이것은 공통의 시나리오이다. 이런 브랜드에 돈이 지불된다는 것을 감안할 때, 대체 비용 방식이 적당하다고 할 수 있다. 예를 들어 현재 다음과 같은 일들을 하는 데 얼마를 지출해야 하는가?

- 이 분야에서 브랜드 창조하기. 즉, 이름 조사, 이름 테스트 등.
- 모든 관련 국가들에서 상표권 확보하기.
- 새로운 로고 등을 위한 그래픽 테마graphic theme 고안하기.

어린 브랜드는 어떻게 평가될 수 있는가?

이 경우는 앞서 말한 것과 유사하다. 일단 어린 브랜드가 수익을 낼 수 있다는 것을 입증하고 나면, 매매되는 것은 사실상 브랜드의 법적, 이미지적인 기초(브랜드 네임과 시각적 아이덴티티)을 구축하는 데 있어 절약되는 시간과 돈이다. 이 선을 넘어 지불하는 것은 과거 닷컴dot.com 브랜드들에 투자했던 이들이 겪었던 것과 같은 위험에 빠지는 것을 의미한다. 이 닷컴 브랜드들은 그들이 언젠가 돈을 벌 수 있다는 증거를 제공하지 못했다. 비즈니스도 없었고 수익도 없었기에 그 브랜드들은 어떤 신뢰할 수 있는 방식으로 평가될 수 없었다. 이것이 인터넷 붐 Internet boom의 원인이었다. 즉, 5년간의 비즈니스 계획들은 추정 매출을 만들어냈고, 거기에 3과 7 사이의 배수가 곱해졌을 때 터무니없는 가치평가로 귀결되었다.

모 브랜드는 어떻게 평가될 수 있는가?

오늘날 많은 브랜드들은 모 브랜드와 자 브랜드로 이루어진 2단계의 아키텍처 two-level architecture를 갖고 있다. 예를 들어 가르니에Garnier는 모 브랜드이다. 반면 프럭티스Fructis, 앙브르 솔레르Ambre Solaire, 페리아Feria, 그래픽Graphic 은 자 브랜드이다. 그렇다면 우리는 가르니에Garnier와 로레알L'Oreal 같은 모 브랜드의 가치를 어떻게 계산할 수 있을까?

이 과정에서 필수적인 첫 단계는 전략적 단위, 즉 현금 창출 단위로의 세분화임을 기억하라.

현금 창출 단위 수준에서 분석이 수행되어야 한다는 요건은 여러 개의 자 브랜드를 갖고 있는 모 브랜드를 평가하는 방법에 관한 설명을 제공한다. 전형적인 예가 샤넬Chanel과 디오르Dior이다. 예를 들어 샤넬 향수 같은 것은 어디에도 없다. 단지 샤넬 No 5와 샤넬 No 18 같은 브랜드를 가진 제품들이 있다. 이것들은 자 브랜드이다. 디오르 향수도 이와 마찬가지이다. 디오르가 파렌하이트 향수 Fahrenheit unit를 만들었던 이유는 가치가 이 지점에서 창조되기 때문이다. 개별 자 브랜드들에 대한 가치평가를 합계함으로써 우리는 그 브랜드들에 대한 전반적인 누적 가치cumulative value에 도달한다. 자신의 자 브랜드들과 분리된 디오르 자체의 가치는 따라서 잔여 가치이다.

인터브랜드의 브랜드 가치평가

모든 관련 정보에 대한 완전한 접근권을 가진 기업 자신에 의해 수행되는 무형자산의 가치평가에서 요구되는 엄격하고 힘든 작업을 감안할 때, 우리는 세계 최고 브랜드들에 새로운 가치들을 부여하며 매년 경제 간행물에 기사화되는 '인기순위hit parade' 차트를 무엇을 가지고 만들어야 하는가? 이를 위해 어떤 방법론이 사용되는가?

그런 데이터의 압도적인 주요 생산자인 인터브랜드Interbrand는 오랜 기간 동안 2가지 방법을 사용해 왔다. 역사적으로 이 기업은 주식 시장에 상장된 기업들의 연차 보고서와 다양한 공개 자료들로부터 브랜드 경제적 부가가치brand EVA를 위한 가치들을 이끌어냈다. 기업 계획의 기밀성confidentiality으로 인해 비즈니스 계획을 알 수 없었던 인터브랜드는 그 대신 지난 2년간의 데이터를 분석했다. 그렇다면 그것은 어떻게 경제적 부가가치EVA에서 브랜드 가치brand value로 도약을 하는가? 인터브랜드는 브랜드에 귀속될 수 있는 경제적 부가가치EVA의 몫에 대한 추정치를 구한 다음, 거기에 질레트Gillette와 같은 상장 기업의 주가/수익 비율 분석에 기초한 통계 모델로부터 나온 수치('배수')를 곱했다. 주가/수익 비율이 실제로 그 배수이다. 그것은 주식 가치를 그 주식과 연관된 수익과 비교한다. 이것은 이를테면, 주식이 그 배당 가격의 10배가 나간다는 것을 나타낼 것이다.

인터브랜드는 증권거래소에 상장된 기업들을 이용해 그 통계 모델을 구성했다. 인터브랜드는 각 기업의 배수(주가/수익 비율)을 파악한 상태에서 그 브랜드들에 대한 전략적 분석을 수행했다. 이때 우리가 브랜드의 전략적 감사를 위해 기술했던 것과 비슷한 방법을 따랐다. 인터브랜드의 전략적 브랜드 가치평가의 마지막 결과는 브랜드 강도('브랜드 강도 지수brand strength index')를 측정하는 전반적인 브랜드 점수이다. 이 점수는 개별적인 감사 기준들로부터 얻은 부분 점수들의 합이다(표 17.2 참조). 그 기준은 리더십, 안정성 등이다. 그러고 나면 재계산된 브랜드 강도와 증권 거래소에서의 주가/수익 비율에 의해 얻어진 가상의 배수virtual multiple 간의 통계적 관계를 파악하기가 쉬워진다. 이 통계적 관계가 공식적으로 발표된 적은 없지만, 그림 17.4에서 보는 것처럼 나타나고 있다.

각 브랜드에 대한 경제적 부가가치EVA의 외부 추정치를 산출해내면 인터브랜드가 브랜드 강도 지수brand strength index를 계산하는 것은 어렵지 않다. 브랜드 강도 지수는 통계적 모델의 요소가 되어 가상의 배수를 파악한다. 이제 남아 있는 것은 브랜드에 배분되는 추정 경제적 부가가치EVA의 몫으로서 이 가상 배수를 측정하는 것이다.

이런 외부적 절차는 글로벌 브랜드 가치의 '순위 일람표league table'를 만들기 위해 사용된다.

이 순위 일람표들은 (기업이 자신의 브랜드를 평가하기 위해 임명한 감사자와는 반대로) 그들이 모든 관련 정보를 갖고 있지 않다는 것을 제외하고는 이러한 논리에 기초한다. 그들은 따라서 증권 거래소에 상장된 기업들이 발표한 회계 계정에 기초한 외부 추정치를 얻어야만 한다. 그리고 그 수치들은 오차 범위가 넓기 마련이다. 더욱이 이 순위 일람표는 공식적인 수치public figures를 내놓지 않는 마스Mars, 리바이스Levi's 그리고 라코스테Lacoste 같은 가족 경영 기업들에 속한 브랜드들의 가치를 측정할 수 없다. 그것은 또한 브랜드로 나뉠 수 없는 통합 회계를 작성하는 기업에 속한 브랜드들도 포함할 수 없다. 마지막으로 그들은 판매가 순수 수요pure demand 이외의 요인들에서 기인하는 사례들도 배제한다. 예를 들어 항공사의 제휴 정책으로 인해 에어프랑스Air France 티켓을 사고도 결국 델타 에어라인Delta Airlines을 타게 되는 경우를 생각해보라. 또한 수요의 유의한 부분이 단골고객 우대 카드frequent flyer card같은 탈퇴 장벽exit barrier들의 영향을 받는다. 이것은 고객 선호도에서 비롯되는 순수 수요가 아니다.

이미 보았듯이 배수의 변동에 대한 민감성과 그래프의 타당성을 포함해 이러한 접근에 관해 다른 비판적인 언급이 가능할 것이다.

최근 인터브랜드는 '글로벌 브랜드 가치global brand value' 순위 일람표 산출 방식을 변경해 보다 전통적인 재무적 · 경제적 접근으로 이동하고 있다. 그 방법론이 명확히 발표되지는 않았지만, 우리가 제시한 브랜드 가치평가의 9단계 과정에 좀 더 부합하는 '미래 브랜드 수익의 순 현재 가치net present value of future brand earning'에 대한 준거reference가 만들어져 왔다. 그러나 해당 기업에 내부적으로 접근할 수 없는 상황에서 실질적인 비즈니스 계획이나 실제 재무 데이터에 대한 지식이 없는 전문가들에 의해 이런 미래 브랜드 수익을 추정하는 것이 타당한지에 대한 의문이 제기된다. 아직까지 〈비즈니스 위크Business Week〉가 발행하고 세계 경제 간행물들이 충실하게 재생산하는 연간 브랜드 일람표annual brand table가 기반으로 삼고 있는 것은 그런 빈약한 추정치들이다.

Aaker, D (1990) Brand extension: the good, the bad and the ugly, Sloan Management Review, Summer, pp 47-56

Aaker, D (1991) Managing Brand Equity, Free Press, New York

Aaker, J (1997) Dimensions of brand personality, Journal of Marketing Research, 24, Aug, pp 347-56

Aaker, D (1996) Building Strong Brands, Free Press, New York

Aaker, J (1995) Conceptualizing and measuring brand personality, Working Paper no 255, Anderson Graduate Scool of Management, UCLA

Aaker, D and Biel, A (1993) Brand Equity and Advertising, Lawrence Erlbaum, Hillsdale, New Jersey

Aaker, D and Joachimstahler E (2000) Brand Leadership, Free Press, New York

Aaker, D and Keller, K L (1990) Consumer evaluations of brand extensions, Journal of Marketing, Jan, 54 (1), pp 27-41

Abric, J-C (1994) Pratiques socials et representations, Presses Universitaires de France, Paris

Advertising Research Foundation (1995) Exploring Brand Equity, Advertising Research Foundation, New York

Agefi (1990) Le goodwill, objet de controverseen Europe, Agefi, 1 Feb

AhluWalia, R (2000) Examination of psychological processes underlying resistance to persuasion, Journal of Consumer Research, 27 (2), Sep, pp 217-32

Ailawadi, K and Harlam, B (2004) The determinants of retail margins: the role of store brand share, Journal of Marketing, 68 (1), Jan, pp 147-65

Ailawadi, K, Lehmann, D and Neslin, S (2003) Revenue premium as an outcome measure of brand equity, Journal of Marketing, 67 (4), Oct, pp 1-17

Alba, J W and Chattopadhyay, A (1986) Salience effects in brand recall, Journal of Marketing Research, 23, p 369

Alden, D, Steenkamp, and Batra, R (1999) Brand positioning through advertising in a global consumer culture, Journal of Marketing, 63

Alden, D, Steenkamp, J-B and Smith, R E (1999) Brand positioning in Asia, North America and Europe, Journal of Marketing, 63 (1), pp 75-87

Ambler, T and Styles, C (1996) Brand development versus new product development, Marketing Intelligence and Planning, 14 (7), pp 10-19

Arnault, B (2000) La Passion Creative, Plon: Pocket, Paris

Arnold, T (1989) Accounting for the value of brands, Accountant's Magazine, Feb, p 12

Azoulay, A and Kapferer, J-N (2003) Do brand personality scales really measure brand personality?, Journal of Brand Management, 11 (2), Nov, pp 143-55

Baillot, J (1990) La marque et l'automobile, Humanisme et Entreprise, 181, June, pp 5-8

Balachander, S (2003)

Balachander, S and Ghose, S (2003) Reciprocal spillover effects: a strategic benefit of brand extensions, Journal of Marketing, 67 (1), Jan, pp 4-14

Baldinger, A (1992) What CEOs are saying about brand equity, Journal of Advertising Research, Jul/Aug, 32(4), pp 6-12

Barwise, P (1989) Accounting for Brands, London Business School

Barwise, P (1993) Brand equity: snark or boojum, International Journal of Research in Marketing, 10 (2), pp 93-104

Batra, R (2002) How brand reputation affects the relationship of advertising and brand equity outcomes, Journal of Advertising Research

Bedbury, S (2002) A New Brand World, Viking, NewYork

Bell, D, Lai, R and Salmon, W (2003) Giobalization of retailing, Globalization of Markets Colloquium, Harvard Business School, May

Berard, C (1990) La marque: element du patrimoine de l' entreprise, Revue de l' ENA, 202, May, pp 24-25

Berry, N C (1988) Revitalizing brands, Journal of Consumer Marketing, 5 (Summer), pp 15-20

Birkigt, K and Stadler, M M (1980) Corporate Identity: Grundlagen, Funktionen, Fallbeispiele, Verlag Moderne Industrie, Munich

Birol, J and Kapferer, J-N (1991) Les campagnes collectives, Internal document, Agence Sicquier-Courcelles/HEC

Blackett, T (1985) The role of brand valuation in marketing strategy, Marketing and Research Today, Nov, pp 245-47

Blackston, M (1992) Building brand equity by managing the brand' s relationships, Journal of Advertising Research, May/Jun, 32 (3), pp 79-83

Blanc, C and Hoffstetter, P (1990) L' evaluation des marques, HEC Research paper, under the direction of J-N Kapferer, June, Jouy-en-Josas

Boddewyn, J, Soehl, R and Picard, J (1986) 'Standardization in international marketing: is Ted Levitt in fact right?, Business Horizons, pp 69-75

Bon, J, Michon, C and Ollivier, A (1981) Etude empirique de la demographie des marques: le role de la publicite, Fondation Jours de France pour la recherche en publicite, Paris

Bontemps, A and Lehu, J-M (2002) Lifting de marque, Editions d' Organisation, Paris

Bottomley, P P and Holden, S (2001) Do we really know how consumers evaluate brand extensions?, Journal of Marketing Research, 38, Nov, pp 494-501

Botton, M and Cegarra, J J (1990) Le nom de marque, McGraw-Hill, Paris

Boush, D (1993) Brands as categories, in Brand Equity and Advertising, ed D Aaker and A Biel, Lawrence Erlbaum, Hillsdale, NJ, pp 299-312

Brandenburger, A and Nalebuff, B (1996) Coopetition, Doubleday, New York

Broadbent, S (1983) Advertising Works 2, Holt, Rinehart and Winston, London

Brodbeck, D and Mongibeaux, J F (1990) Chic et Toe: le vrai livre des contrefacons, Balland, Paris

Broniarczyk, S and Alba, J (1994) The importance of the brand in brand extension, Journal of Marketing Research, 31, May, pp 214-28

Brown, S, Kozinets, R and Sherry, J F (2003) Teaching old brands new tricks, Journal of Marketing, 67 (3) Jul, pp 19-33

Brown, T and Dacin, P (1997) The company and the product: corporate associations and consumer product responses, Journal of Marketing, 61 (1), Jan, pp 68-84

Buchan, E and Brown, A (1989) Mergers and acquisitions, in Brand Valuation, ed J Murphy, Hutchinson Business Books, London, pp 81-94

Buchanan, W, Simmons, R and Bickart, S (1999) Brand equity dilution: retailer display and context brand effects, Journal of Marketing Research, Aug, 36, pp 345-55

Buck, S (1997) The continuing grocery revolution, Journal of Brand Management, 4 (4), pp 227-38

Burgaud, D and Mourier, P (1989) Europe: developpement d'une marque, MOCI, 889, pp 125-28

Buzzell, R D (1968) Can you standardize multinational marketing?, Harvard Business Review, Nov-Dec

Buzzell, R D and Gale, B T (1987) The PIMS Principles, Free Press, New York

Buzzell, R D, Gale, B T and Sultan, R G (1975) Market share - a key to profitability, Harvard Business Review, Jan-Feb, pp 97-106

Buzzell, R D and Quelch, J A (1988) Multinational Marketing Management, Addison

Wesley, New York

Buzzell, R D and Quelch, J A (1990) The Marketing Challenge of 1992, Addison
Wesley, New York

Cabat, O (1989) Archeologie de la marque moderne, in La marque, ed J-N Kapferer
and J C Thoenig, McGraw-Hill, Paris

Carpenter, G and Nakamoto, K (1990) Competitive strategies for late entry into
market with a dominant brand, Management Science

Carratu, V (1987) Commercial counterfeiting, in Branding: A key marketing tool, ed
J Murphy, McGraw-Hill, London

Carroll, J M (1985) What's in a Name? Freeman, New York

Cauzard, D, Perret, J and Ronin, Y (1989) Image de marque et marque d'image,
Ramsay, Paris

Chan, C and Mauborne, R (2000) Value innovation, Harvard Business Review

Channon, C (1987) Advertising Works 4, Cassell, London

Chanterac, V (1989) La marque a travers le droit, in La marque, ed J-N Kapferer and
J C Thoenig, McGraw-Hill, Paris

Charbonnier, C and Lombard, E (1998) Can multi-product brands support various
personalities? Esomar Annual Conference Proceedings, Vienna

Chateau, J (1972) Les sources de l'imaginaire, Editions Universitaires, Paris

Chaudhuri, A (2002) How brand reputation affects the advertising brand equity
link, Journal of Advertising Research, May-June

Chevalier, M (2003) Pro Logo, Editions d'Organisation, Paris

Chinardet, C (1994) Trade-Marketing, Editions d'Organisation, Paris

Chip, H, Bell, C and Sternberg, E (2001) Emotional selection in memes: the case of
urban legends, Journal of Personality and Social Psychology, 81, Dec, pp 1028-41

Christensen, C (1997) The Innovator's Dilemma, Harvard Business School Press,
Cambridge, MA

Clarke, D G (1976) Econometric measurement of the duration of advertising effect on sales, Journal of Marketing Research, 13, Nov, pp 345-50

Claycamp, H and Liddy, L (1969) Prediction of new product performance, Journal of Marketing Research, 6 (3), Nov, pp 414-20

Cohen, M, Eliashberg, J and Ho, T (1997) An anatomy of a decision support system for developing and launching line extensions, Journal of Marketing Research, 34 (1), Feb, pp 117-29

Collins, J and Porras, J (1994) Built to Last, Harper Business, London

Conseil National de la Comptabilite (1989) La formation du capital commercial dans l' entreprise, 27.A.89.16, Sep

Cooper, M (1989a) The basis of brand evaluation, Accountancy, Mar, p 32

Cooper, M (1989b) Brand valuation in the balance, Accountancy, Jul, p 28

Corstjens M and Lai, R (2000) Building store loyalty through store brands, Journal of Marketing Research, 37 (3)

Corstjens, J and Corstjens, M (1995) Store Wars: The battle for mindspace and shelfspace, Wiley, London Corstjens, M (1999) Store Wars, Wiley, Chichester

Crimmins, J (1992) Better measurement and management of brand value, Journal of Advertising Research, Jul/Aug, 32 (4), pp 11-19

Cross, R and Smith, J (1994) Customer Bonding, NTC Business Books

Crozier, M (1989) L' Entreprise a l' Ecoute: apprendre le management post-industriel, InterEditions, Paris

Dacin, P and Smith, D (1994) The effect of brand portfolio characteristics on consumer evaluations of brand extensions, Journal of Marketing Research, 31, May, pp 229-42

Darby, M and Kami, E (1973) Free competition and the optimal amount of fraud, Journal of Law and Economics, 16 (1), pp 67-88

Davidson, J H (1987) Offensive Marketing, Gower Press, London

Davis, S (2000) Brand Asset Management, Jossey-Bass, San Francisco, CA

Dawar, N (2002) How brand reputation affects the relationship of advertising and brand equity outcomes, Journal of Advertising Research

Dawar, N and Anderson, P (1992) Determining the order and direction of multiple brand extensions, Working Paper no 92/36/MKT, INSEAD

De Chernatony, L (1996) Integrated brand building using brand taxonomies, Marketing Intelligence and Planning, 14 (7), pp 40-45

De Chernatony, L and McDonald, M (1994) Creating Powerful Brands, Butterworth-Heinemann, Oxford

Defever, P (1989) L' utilisation de la communication electronique sur les lieux de vente, Revue francaise du marketing, 123 (3), pp 5-15

Degon, R (1994) La marque et le prix, Journee IREP La Marque, Sep, pp 28-38

Dhalla, N K (1978) Assessing the long term value of advertising, Business Review, 56, Jan-Feb, pp 87-95

Diefenbach, J (1987) The corporate identity as the brand, in Branding: A key marketing tool, ed J Murphy, McGraw-Hill, London

Dru, J-M (1996) Disruption, Wiley, New York

Dru, J-M (2002) Beyond Disruption, Wiley, New York

Dubois, B and Paternault, C (1995) Understanding the world of international luxury brands, Journal of Advertising Research, 35 (4), Jul-Aug, pp 69-76

Durand, G (1964) L' imagination symbolique, PUP, Paris

Durand, G (1969) Les Structures Anthropologiques de l' Imaginaire, Bordas, Paris

Duvillier, J P (1987) L' absence d' enregistrement a l' actif du fonds de commerce, Revue francaise de comptabilite, October, 183, p 36

Dyson, P, Farr, A and Hollis, N (1996) Understanding, measuring and using brand equity, Journal of Advertising Research, 36 (6), Nov-Dec, pp 9-21

East, R and Hammund, K (1996) The erosion of repeat-purchase loyalty, Marketing Letters, 7 (2), pp 163-71

Ehrenberg, A (1972) Repeat Buying, Edward Arnold, London

Ehrenberg, A, Barnard, N, Kennedy, R and Bloom, H (2002) Brand advertising as creative publicity, Journal of Advertising Research, 42 (4), Jul/Aug, pp 7-18

Eiglier, P and Langeard, E (1990) Servuction, Editions d' Organisation

Eliade, M (1952) Images et Symboles, Gallimard, Paris

Erdem, T, Zhao, Y and Valenzuela, A (2004) Performance of store brands: a cross country analysis of consumer store brand preferences, perceptions and risk, Journal of Marketing Research, 41, pp 86-100

Farquhar, P H (1989) Managing brand equity, Marketing Research, Sep, 1 (3), pp 24-33

Farquhar, P H (1994) Strategic challenges for branding, Marketing Management, 3 (2), pp 9-15

Farquhar, P H, Han, J, Herr, P and Ijiri, Y (1992) Strategies for leveraging master brands, Marketing Research, Sep, pp 32-39

Feldwick, P (1996) What is brand equity anyway and how do you measure it ?, Journal of the Market Research Society, 38, pp 85-104

Feldwick, P and Bonnal, F (1995) Reports of the death of brands have been greatly exaggerated, Marketing and Research Today, 23 (2), May, pp 86-95

Feral, F (1989) Les signes de qualite en France a la veille du grand marche communautaire et a la lumiere d' autres systemes, CERVAC, Universite d' Aix Marseille 3, October

Financial Times (1993) Accounting for Brands, London, FTBI Report

Firat, F and Dholakia, N (1998) Consuming People, Routledge, London

Folz, J-M (2003) Managing two brands for success: Peugeot and Citroen, in Marken Management in der Automobilindustrie, ed R Kalmbach and B Gottschalk, Auto Business Verlag, pp 341-62

Fombrun, C (2001) Corporate reputation, Thexis, 4, pp 23-27

Fombrun, C, Gardberg, J and Sever, J (2000) The reputation quotient, a multi stakeholder measure of corporate reputation, Journal of Brand Management (7), pp 241-55

Fourcade, A and Cabat, (1981) Anthropologie de la publicite, Fondation Jours de France pour la recherche en publicite

Fournier, S (1998) Consumers and their brands, Journal of Consumer Research, 24 (4), Mar, pp 343-73

Frey, J B (1989) Measuring corporate reputation and its value, Marketing Science Conference, Duke University, NC, USA, 17 March

Fry, J N (1967) Family branding and consumer brand choice, Journal of Marketing Research, 4, Aug, pp 237-47

Fry, J N, Shaw, D, Haehling, C and Dipchand, C (1973) Customer loyalty to banks: a longitudinal study, Journal of Business, 46, pp 517-25

Gali, J (1993) Does consumer involvement impact evaluations of brand extensions?, unpublished doctoral dissertation, HEC Graduate School of Management

Gamble, T (1967) Brand extension, in Plotting Marketing Strategy, ed L Adler, Interpublic Press Books, New York

Garbett, T (1981) Corporate Advertising, McGraw-Hill, New York

Geary, M (1990) Fusions et acquisitions: le probleme de goodwill, in Seminaire: Le traitement du goodwill, 1 February, PF Publications Conferences, Paris

Gelle, T (1990) La comptabilisation des marques, HEC research paper, under the direction of L Collins, May, Jouy-en-Josas

Glemer, F and Mira, R (1993) The brand leader's dilemma, McKinsey Quarterly, 2, pp 34-44

Greener, M (1989) The bomb in the balance sheet, Accountancy, August, p 30

Greig, I and Poynter, R (1994) Brand transfer: building the Whirlpool brand in Europe, Esomar Conference Proceedings, 26-29 October, Building Successful Brands, pp 65-78

Guest, L (1964) Brand loyalty revisited: a twenty years report, Journal of Applied Psychology, 48 (2), pp 93-97

Gurhan-Canli and Maheswaran (1998) The effects of extensions on brand name dilution enhancement, Journal of Consumer Research, 35, Nov, pp 464-73

Hague, P and Jackson, P (1994) The Power of Industrial Brands, McGraw-Hill, London

Hallberg, G (1995) All Consumers are not Created Equal, Wiley, New York

Hamel, G and Prahalad, C (1985) Do you really have a global strategy?, Harvard Business Review, Jul-Aug

Hamel, G and Prahalad, C K (1994) Competing for the Future, Harvard Business School Press, Boston, MA

Heather, E (1958) What's in a brand name, Management Review, Jun, pp 33-35

Heilbrunn, B (2003) The drivers of brand attachment, Working paper, EM Lyon

Heller, R (1986) On the awareness effects of mere distribution, Marketing Science, 5, Summer, p 273

Hem, L (2003) Context effects in brand extensions: implications for evaluations, Annual EMAC Conference Proceedings

Henderson, P and Cote, J (1998) Guidelines for selecting or modifying logos, Journal of Marketing, 62 (2), Apr, pp 14-30

Hill, S and Lederer, C (2001) The Infinite Asset, Harvard Business School Press, Boston, MA

Hirschmann, E and Holbrook, M (1982) Hedonic consumption, Journal of Marketing, 46 (2), pp 92-101

Hite, R and Fraser, C (1988) International advertising strategies of multinational corporations, Journal of Advertising Research, Aug/Sep, 28 (4), pp 9-17

Hoch, S (1996) How should national brands think about private labels?, Sloan Management Review, 37, Winter, pp 89-102

Hoch, S and Banerji, S (1993) When do private labels succeed?, Sloan Management Review, Summer, pp 57-67

Holbrook M, Hirschmann E (1982) The experiential aspects of consumption, Journal of Consumer Research, 9, 2, Sep, pp 132-40

Holt, D, Quelch, J and Taylor, E (2003) Managing the transnational brand: how global perceptions drive value, Globalization of Markets Colloquium,

Harvard Business School

Hout, T, Porter, M and Rudder, E (1982) How global companies win out, Harvard Business Review, Sep-Oct

Hussey, R and Ong, A (1997) Accounting for goodwill and intangible assets, Journal of Brand Management, 4 (4), pp 239-47

Ind, N (2001) Living the Brand, Kogan Page, London

Interbrand (1997) Brand Valuation, Premier Books, London

Interbrand (1998) Brands: The new wealth creators, Macmillan Business, Basingstoke

IREP (1994) La Marque, Seminar on Branding, September, Institut de Recherches et d' Etudes Publicitaires, Paris

Jacobson, R and Aaker, D (1985) Is market share all that it' s cracked up to be?, Journal of Marketing, 45 (4), Fall, pp 11-22

Jacoby, J and Chestnut, R (1978) Brand Loyalty and Measurement, Wiley, New York

Jaubert, M J (1985) Slogan, mon Amour, Bernard Barrault Editeur, Paris

Joachimsthaler, E and Aaker, D (1997) Building brands without mass media, Harvard Business Review, 75 (1), Jan-Feb, pp 39-52

Jones, J P (1986) What' s in a Name: Advertising and the concept of brands, Lexington Books, Lexington, KY

Kapferer, J-N (1986) Beyond positioning, retailer' s identity, Esomar Seminar Proceedings, Brussels, 4-6 June, pp 167-76

Kapferer, J-N (1991) Rumors: Uses, interpretations and images, Transactions, New Brunswick

Kapferer, J-N (1995a) Stealing brand equity: measuring perceptual confusion between national brands and copycat own-label products, Marketing and

Research Today, 23 (2), May, pp 96-103

Kapferer, J-N (1995b) Brand confusion: empirical study of a legal concept, Psychology and Marketing, 12 (6), pp 551-68

Kapferer, J-N (1996) Alternative methods for measuring brand confusion created by retailers imitation, HEC Research Report

Kapferer, J-N (1998) The role of branding in medical prescription, HEC Graduate School of Management, Research Paper Series

Kapferer, J-N (2001) Reinventing the Brand, Kogan Page, London

Kapferer, J-N (2003) Corporate and brand identity, in Corporate and Organizational Identities, ed B Moingeon, Routledge, London

Kapferer, J-N (2004) Building brands by rumors, in Rumours as Medium: Facetten der medienkultur (Vol 5), ed M Bruhn, V Kaufmann, W Wunderlich and A Haupt, Springer, Berlin

Kapferer, J-N and Laurent, G (1988) Consumers' brand sensitivity: a new concept for brand management, in Defining, Measuring and Managing Brand Equity, Marketing Science Institute: A conference summary, Report pp 88-104, MSI, Cambridge, MA

Kapferer, J-N and Laurent, G (1995) La Sensibilite aux Marques, Editions d' Organisation, Paris

Kapferer, J-N and Laurent, G (1996) How consumers build their perception of mega-brands, unpublished working paper, HEC Graduate School of Management

Kapferer, J-N and Laurent, G (2002) Identifying Brand Prototypes, HEC Research Report

Kapferer, J-N and Thoenig, J C (1989) La Marque, McGraw-Hill, Paris

Kapferer, J-N, Thoenig, J C et al (1991) Une analyse empirique des effets de l' imitation des marques par les contremarques: mesure des taux de confusion au tachystoscope, Revue francaise du marketing, Jan, 136, pp 53-68

Kapferer, J-N Thoenig, JC (1992) La Confusion des Marques, Prodimarques, Paris

Kapferer, P and Gaston Breton (2002) Lacoste: the legend, chen Church Ridir, Paris

Keller, K L (1992) Conceptualising, measuring and managing customer based brand equity, Journal of Marketing, Jan, pp 1-22

Keller, K L (1998) Strategic Brand Management, Prentice Hall

Keller, K (2003) Brand synthesis: the multidimensionality of brand knowledge, Journal of Consumer Research, 29 (4), pp 595-600

Keller, K L and Aaker, D (1992) The effects of sequential introduction of brand extensions, Journal of Marketing Research, 29 (1), Feb, pp 35-50

Keller, K, Heckler, S and Houston, M (1998) The effects of brand name suggestiveness on advertising recall, Journal of Marketing, 62 (1), pp 48-58

King, S (1973) Developing New Brands, Wiley, New York

Kirmani, A, Sood, S and Bridges, S (1999) The ownership effect in consumer responses to brand line stretches, Journal of Marketing, 63 (1), pp 88-101

Kleiber, G (1990) La Semantique du Prototype, Presses Universitaires de France, Paris

Klein, N (1999) No Logo, Picador, New York

Klink, R and Smith, D (2001) Threats to the external validity of extension research, Journal of Marketing Research, 38, Aug, pp 326-35

Knox, S (1996) The death of brand deference, Marketing Intelligence and Planning, 14 (7), pp 35-39

Kotler, P (1973)

Kotler, P (2002) Kotler on Marketing, Paris: Village Mondial

Kotler, P and Dubois, B (1991) Marketing Management, Publi-Union, Paris

Kotler, P and Gertner, D (2002) Country as a brand, product and beyond, Journal of Brand Management, 9 (4-5), Apr, pp 249-61

Kozinets, R (2002) Tribalized marketing: the strategic implications of virtual communities of consumption, European Management Journal, 17, June, pp 252-

64

Krief, Y (1986) L' entreprise, l' institution, la marque, Revue francaise du marketing, 109, pp 77-96

Krief, Y and Barjansky, M (1981) La marque: nature et fonction, Strategies, 261 and 262, pp 37-41, 32-36

Kripke, S (1980) Naming and Necessity, Harvard University Press, Cambridge, MA

Laforet, S and Saunders, J (1994) Managing brand portfolios: how the leaders do it, Journal of Advertising Research, 34 (5), pp 64-67

Lai, K and Zaichkowsky, J (1999) Brand imitation: do the Chinese have different views, Asia Pacific Journal of Management, 16 (2), pp 179-92

Lakoff, G (1987) Women, Fire and Dangerous Things, University of Chicago Press

Lane, V and Jacobson, R (1995) Stock market reactions to brand extension announcements, Journal of Marketing, 59 (1), pp 63-77

Laurent, G and Kapferer, J-N (1985) Measuring consumer involvement profiles, Journal of Marketing Research, 22, pp 41-53

Laurent, G, Kapferer, J-N and Roussel, F (1987) Thresholds in brand awareness, 40th Esomar Marketing Research Congress Proceedings, Montreux, Sep 13-17, pp 677-99

Laurent, G, Kapferer, J-N and Roussel, F (1995) The underlying structure of brand awareness scores, Marketing Science, 14 (3), pp 170-79

Leclerc, F, Schmitt, B H and Dube-Rioux, L (1989) Brand name a la francaise? Oui, but for the right product!, Advances in Consumer Research, 16, pp 253-57

Leif Heim Egil (2002) Variables moderating consumers' reactions to brand extensions, Association for Consumer Research, European Conference Proceedings

Leuthesser, L (1988) Defining, measuring and managing brand equity, Marketing Science Institute, Report no 88-104, Cambridge, MA

Levitt, T (1967) Market stretching, in Plotting Marketing Strategy, ed L Adler,

Interpublic Press Books, New York

Levitt, T (1969) The augmented product concept, in The Marketing Mode: Pathways to corporate growth, McGraw-Hill, New York

Levitt, T (1981) Marketing intangible products and product intangibles, Harvard Business Review, 59 (3), May/Jun, pp 94-102

Levitt, T (1983) The globalization of markets, Harvard Business Review, May/June

Levy, S (1999) Brands, Consumers, Symbols and Research, Sage, Thousand Oaks, CA

Lewi, C and Kapferer, J-N (1996) Consumers' preference for retailers' brands, Esomar Conference Proceedings - The Big Brand Challenge, Oct 9-11, pp 229-41

Lindsay, M (1990) Establish brand equity through advertising, Marketing News, 22 Jan, pp 16-17

Lindstrom, M (2003) BRANDchild, Kogan Page, London

Loden, D J (1 992) Mega Brands, Irwin

Loken, B and Roedder John, D (1993) Diluting brand beliefs: when do brand extensions have a negative impact?, Journal of Marketing, 57, July, pp 71-84

Maclnnis, D J and Nakamoto, P K (1990) Examining factors that influence the perceived goodness of brand extensions, Working Paper no 54, University of Arizona

Macrae, C (1991) World Class Brands, Addison-Wesley, England

Macrae, C (1996) The Brand Chartering Handbook, Addison-Wesley, Harlow, UK

Maffesoli, M (1996) The Time of the Tribes: The decline of individualism in mass societies, Sage, Thousand Oaks, CA

Magrath, A J (1990) Brands can either grow old gracefully or become dinosaurs, Marketing News, 22 Jan, pp 16-17

Marconi, J (1994) Beyond Branding, Probus, Chicago

Margolis, S E (1989) Monopolistic competition and multiproduct brand names, Journal of Business, 62 (2), pp 199-210

Marketing Mix (1987) Monter une gamme: un probleme majeur, Marketing Mix, 17, Nov, pp 40-6

Marion, G (1989) Les images de Ventreprise, Les Editions d' Organisation

Martin, D N (1989) Romancing the Brand, American Management Association, New York

Mauguere, H (1990) L' evaluation des entreprises non cotees, Dunod Entreprise, Paris

Maurice, A (1989) Enquete sur les contremarques: les apprentis sorciers, References, May, pp 16-20

Mazanec, J A and Schweiger, G C (1981) Improved marketing efficiency through multiproduct brand names? European Research, Jan, pp 32-44

McAlexander, J H, Schouten, J W and Koenig, H F (2002) Building brand community, Journal of Marketing, 66 (1), Jan, pp 38-54

McKenna, R (1991) Relationship Marketing, Addison-Wesley, Reading, MA

McKinsey Corp (1990) The Luxury Industry, McKinsey, Paris

McWilliam, G (1989) Managing the brand manager, in Brand Valuation, ed J

Murphy, Hutchinson Business Books, London, pp 154-65

Meffert, H and Bruhn, M (1984) Marken Strategien in Wettbewerb Gabler, Wiesbaden

Melin, B (1990) Comment evaluer les marques, Research paper, under the direction of J-N Kapferer, HEC, June, Jouy-en-Josas

Meyers-Levy, J (1989) Investigating dimensions of brand names that influence the perceived familiarity of brands, Advances in Consumer Research, 16, pp 258-63

Miniard, Sirdeshmukh and Innis (1992) Peripheral persuasion and brand choice, Journal of Consumer Research, 19, Sep, pp 226-39

Mischel, G (2000) L' Extension de Marque, Vuibert, Paris

Moingeon, B and Soenen, G (2003) Corporate and organizational identities, Routledge, London

Mongibeaux, J F (1990) Contrefacons et contremarques, Revue de l' ENA, Sep-Oct

Moore, E, Wilkie, W and Lutz, R (2002) Passing the torch: intergenerational influences as sources of brand equity, Journal of Marketing, 66 (2), Apr, pp 17-37

Moorhouse, M (1989) Brand accounting, in Brand Valuation, ed J Murphy, Hutchinson Business Books, London, pp 143-53

Muller, M and Mainz, A (1989) Brands, bids and balance sheets: putting a price on protected products, Acquisitions Monthly, Apr, 24, pp 26-27

Muniz, A and O' Guinn, T (2001) Brand community, Journal of Consumer Research, 27 (4), March, pp 412-32

Murphy, J (1989) Brand Valuation, Hutchinson Business Books, London

Murphy, J (1990) Brand Strategy, Director Books, London

Nedungadi, P and Hutchinson, J W (1985) The prototypicality of brands, in Advances in Consumer Research, 12, ed E Hirschman and M Holbrook, Association for Consumer Research, pp 498-503

Nelson, P (1970) Information and consumer behavior, Journal of Political Economy, 78 (2), pp 311-329

Neuhaus, C F and Taylor, J R (1972) Variables affecting sales of family-branded products, Journal of Marketing Research, 14, Nov, pp 419-22

Neyrinck, J (2000) Les paradoxes du marketing, Editions d' Organisation, Paris

Nielsen, (1992) Category Management, NTC Business Books

Nohria, N and Hansen, M (2003) Organising multinational companies, Harvard Business School Globalization Conference Proceedings

Nussenbaum, M (1990) Comment evaluer les marques, Option Finance, 7 May, 113, pp 20-2

Nussenbaum, M (2003) Juste valeur et actifs incorporels, Revue d' Economie Financiere, 71, pp 71-86

Olins, W (1978) The Corporate Personality, Mayflower, New York

Olins, W (1989) Corporate Identity, Thames and Hudson, London

Oliver, T (1987) The wide world of branding, in Branding: A key marketing tool, ed J Murphy, McGraw-Hill, London

Parameswaran, M G (2001) Brand Building Advertising, Tata McGraw-Hill, New Delhi

Pariente, S (1989) La concurrence dans les relations industrie-commerce, Institut du commerce et de la consommation, Paris

Park, C W, Javorskey, B J and MacInnis, D J (1986) Strategic brand concept-image management, Journal of Marketing, 50 (Oct) pp 135-45

Park, C W, Milberg, S and Lawson, R (1991) Evaluation of brand extensions, Journal of Consumer Research, 18, Sep, pp 185-93

Pastoureau, M (1992) Dictionnaire des couleurs de notre temps, Editions Bonneton

Pauwels, K and Srinivasan, S (2002) Who benefits from store brand entry, Working Paper, UCLA

Pearson, S (1996) Building Brands Directly, Macmillan, Basingstoke

Peckham, J O (1981) The Wheel of Marketing, Nielsen, Chicago

Pendergrast, M (1993) For God, Country and Coca-Cola, Maxwell MacMillan, New York

Penrose, N (1989) Valuation of brand names and trade marks, in Brand Valuation, ed J Murphy, Hutchinson Business Books, London, pp 32-45

Peppers, D and Rogers, M (1993) The One to One Future, Piatkus, London

Perrier, R (1989) Valuation and licensing, in Brand Valuation, ed J Murphy, Hutchinson Business Books, London, pp 104-12

Pettis, C (1995) Technobrands, Amacom, New York

Porter, M (1980) Choix strategiques et concurrence, Economica, Paris

Pourquery, D (1987) Mais ou est done passe Beatrice Foods? Le monde affaires, 7 November, pp 10-12

Publicis (1988) Advertising in Europe, Publicis, September, 1

Quelch, J and Harding, D (1996) Brands versus private labels, fighting to win,

Harvard Business Review, Jan-Feb, 74 (1), pp 99-111

Quelch, J and Hoff, E (1986) Customizing global marketing, Harvard Business Review, May/Jun

Quelch, J and Kenny, D (1994) Extend profits, not product lines, Harvard Business Review, Sep-Oct, 72 (4), pp 153-64

Ramsay, W (1992) The decline and fall of manufacturer branding, Esomar Conference Proceedings - The Challenge of Branding, 28-30 October, pp 233-52

Rangaswamy, A, Burke, R and Oliva, T (1993) Brand equity and the extendibility of brand names, International Journal of Research in Marketing, 10 (1), pp 61-75

Rao, V R, Mahajan, V and Varaiya, N (1990) A balance model for evaluating firms for acquisition, Working Paper, Graduate School of Management, Cornell University, NY, Jan

Rapp, S and Collins, L (1994) Beyond Maxi-Marketing, McGraw-Hill

Rastoin, N (1981) Sortez vos griffes, Cooperation - distribution - consommation, 5, pp 26-35

Reddy, S, Holak, S and Bhat, S (1994) To extend or not to extend, Journal of Marketing Research, 31, May, pp 243-62

Rege, P (1959) A vos marques, Favre, Lausanne

Regouby, C (1988) La Communication globale, Les Editions d' Organisation, Paris

Reichheld, F (1996) The Loyalty Effect, Harvard Business School Press, Boston, MA

Resnik, A, Turney, P and Mason, J (1979) Marketers turn to counter segmentation, Harvard Business Review, 57 (3), pp 115-29

Revue Francaise de Comptabilite (1989) Le debat sur les marques en Grande-Bretagne, Revue Francaise de Comptabilite, Oct, 205,p 19

Revue Francaise de Comptabilite (1990) Incorporels identifiables: le projet australien, Revue Francaise de Comptabilite, Jan, 208, p 11

Ridderstrale, J and Nordstrom, K (2000) Funky Business, FT Publishing, London

Ries, A (2000) Advertising is Dead, McGraw-Hill

Ries, A and Trout, J (1987) Positioning, McGraw-Hill, Paris

Ries, A and Trout, J (1990) Bottom Up Marketing, PLUME books

Riezebos, H (1994) Brand-Added Value, Eburon, Delft, Netherlands

Riezebos, H and Snellen, M (1993) Brand Names Changes, Erasmus, Management Report Series, no 149

Riezebos, R (2003) Brand Management, Prentice Hall, New York

Rijkenberg, J (2001) Concepting, Ware, New York

RISC (1991) Brand Value and Management in the Luxury Industry, Sep, International Research Institute on Social Charge, Paris

Roeder-John D, Loken, B and Joiner, C (1995) The negative impact of brand extensions: can you dilute flagship products, Research paper, University of Minnesota

Romaniuk, J and Ehrenberg, A (2003) Do brands lack personality?, Marketing Science Centre Research Report no 14, May, University of South Australia

Rosch, E (1978) Principles of categorization, in Cognition and Categorization, ed E Rosch and B Lloyd, Lawrence Erlbaum, Hillsdale, NJ, pp 27-48

Rosch, E and Lloyd, B (1978) Cognition and Categorization, Lawrence Erlbaum, Hillsdale, NJ

Rubinson, J (1992) Marketers need new research tools to manage the complex brand portfolios of the 90s, Marketing Research, 5 (3), pp 7-11

Russell, A (2002) Investigating the effectiveness of product placements in television shows: the role of modality and plot connection congruence on brand memory and attitude, Journal of Consumer Research, Dec, pp 306-18

Rutteman, P (1989) Mergers, acquisitions, brand and goodwill, Accountancy, September, p 27

Rutteman, P (1990) Boosting the profits of the brands industry, Accountancy, January, pp 26-27

Samways, A and Whittome, K (1994) UK brand strategies: facing the competitive challenge, a Financial Times Management Report, Financial Times, London

Santi, M (1996) The determinants of profitability among suppliers of

distributors' own brands, unpublished working paper, HEC Graduate School of Management

Saporito, B (1986) Has been brands go back to work, Fortune, 28 Apr, pp 123-24

Sattler, H (1994) Der Wert von Marken, Research Paper no 341, Institut fur Betriebswirtschaftslehre, Kiel University

Saunders, J and Guoqun, F (1996) Dual branding: how corporate names add value, Marketing Intelligence and Planning, 14 (7), pp 29-34

Saunders, J and Watters, R (1993) Branding financial services, International Journal of Bank Marketing, 11 (6), pp 32-38

Schechter, A (1993) Names changes increase, Marketing News, American Marketing Association, 1 March, p 1

Schlossberg, H (1990) Brand value can be worth more than physical assets, Marketing News, 5 Mar, p6

Schmitt, B (1999) Experiential Marketing, Free Press, New York

Schmitt, B (2003) Customer Experience Management, Wiley, New York

Schmitt, B and Zhang, S (2001) Creating local brands in multi lingual international markets, The Journal of Marketing Research, 38 (3)

Schnaars, D (1995) Imitation Strategies, Free Press, New York

Schroiff, H-W and Arnold, D (2003) Managing the brand-product continuum in global markets, Globalization of Markets Colloquium, Harvard Business School

Schuiling, I and Kapferer, J-N (2004) How global brands really differ from local brands, paper under review, Universite Catholique de Louvain, Belgium and HEC Paris, France

Schwebig, P (1985) L'identite de l'entreprise, McGraw Hill, Paris

Schwebig, P (1988) Les communications de l'entreprise, McGraw-Hill, Paris

Seguela, J (1982) Hollywood Lave Plus Blanc, Flammarion, Paris

Selame, E and Selame, J (1988) The Company Image, Wiley, New York

Sicard, M C (2003) Luxe, mensonge et marketing, Village Mondial, Paris

Silverstein, M and Fiske, N (2003) Trading Up, Portfolio Penguin

Simon, H (2000) Hidden Champions, Harvard Business School Press, Cambridge, MA

Simon, C J and Sullivan, M W (1989) The measurement and determinants of brand equity: a financial approach, Working Paper, Oct, University of Chicago

Smith, D and Park, C W (1992) The effects of brand extensions on market share and advertising efficiency, Journal of Marketing Research, 29, Aug, pp 296-313

Steenkamp, J B, Batra, R and Alden, D (2002) How perceived globalness creates brand value, Journal of International Business Studies, 0, pp 1-13

Stobart, P (1989) Brand valuation: a true and fair view, Accountancy, Oct, p 27

Stobart, P (1994) Brand Power, Macmillan, Basingstoke

Sudovar, B (1987) Branding in the pharmaceutical industry, in Branding: A key marketing tool, ed J Murphy, McGraw-Hill, London

Sullivan, M (1988) Measuring image spillovers in umbrella branded products, Working Paper, Graduate School of Business, University of Chicago

Sullivan, M (1991) Brand extension and order of entry, Marketing Science Institute, Report no 91-105, Cambridge, MA

Sullivan, M (1992) Brand extensions: when to use them, Management Science, 38, Jun, pp 793-806

Swaminathan, V, Fox, R and Reddy, S (2001) The impact of brand extension introduction on choice, Journal of Marketing, 65 (4), pp 1-15

Swiners, J L (1979) Bilan critique du role de la copy-strategie dans la pratique publicitaire actuelle, IREP, Jun, 19

Tauber, E (1988) Brand leverage: strategy for growth in a cost-control world, Journal of Advertising Research, Aug-Sep, 28 (4), pp 26-30

Taylor, R (1987) The branding of services, in Branding: A key marketing tool, ed J

Murphy, McGraw Hill, London

Tchakhotine, S (1952) La Propagande Politique, Gallimard, Paris

Thil, E and Baroux, C (1983) Un Pave dans la Marque, Flammarion, Paris

Thiolon, B (1990) La marque et la banque, Humanisme et Entreprise, 181, June, pp29-32

Thoenig, J C (1990) Les performances economiques de l' industrie de produits de marque et de la distribution, ILEC, Paris

Touche Ross Europe (1989) Accounting for Europe Success by A D 2000, Internal Report,

Touche Ross Europe, London

Trout, J and Rics, A (1981) Positioning: The battle for your mind, McGraw Hill

Trout, J and Rivkin, S (2000) Differentiate or die, Wiley

Tuvee, L (1987) L' histoire du marketing global: bibliographic commentee, Revue Francaise du Marketing, 114 (4), pp 19-48

Sapolsky, H M (1986) Consuming Fears: The politics of product risks, Basic Books, New York

Sappington, D and Wernerfelt, B (1985) To brand or not to brand? Journal of Business, 58, Jul, pp 279-93

University of Minnesota Consumer Behavior Seminar (1987) Affect generalization to similar and dissimilar brand extensions, Psychology and Marketing, 4 (Fall), pp 225-37

Upshaw, L (1995) Building Brand Identity, Wiley, New York

Valette Florence, P (2004) La personnalite de la marque, Recherches et Applications en Marketing

Van Gelder, S (2003) Global Brand Strategy, Kogan Page, London

Van Riel, C (2001) Corporate branding management, Thexis, 4, pp 5-12

Veblen, T (1889) The Theory of The Leisure Class, Macmillan, New York

Viale, F (1994) Faut-il inscrire les marques an bilan? Les Echos, 11 Nov

Viale, F and Lafay, F (1990) Les marques: un nouvel enjeu pour les enterprises, Revue Francaise de Comptabilite, 216, Oct, pp 92-99

Ville, G (1986) Maitriser et optimizer l' avenir d' une marque, Esomar Congress Proceedings, pp 527-41

Villemus, P (1996) La Deroute des Marques, Editions d' Organisation, Paris

Wansink, B and Ray, M (1996) Advertising strategies to increase usage frequency, Journal of Marketing, 60 (1), Jan, pp 31-47

Ward, K (1989) Can the cash flows of brands really be capitalized? in Brand Valuation, ed J Murphy, Hutchinson Business Books, London, pp 70-80

Warin, G and Tubiana, A (2003) Marques sous licence, Editions d' Organisation, Paris

Wathieu, L, Zaltman, G and Liu, Y (2003) Rooting marketing strategy in human universals, Globalization of Markets Colloquium, Harvard Business School

Watkins, T (1986) The Economics of the Brands: A marketing analysis, McGraw-Hill

Wentz, L (1989) How experts value brands, Advertising Age, 16 Jan, p 24

Wernerfelt, B (1988) Umbrella branding as a signal of new product quality, Rand Journal of Economics, 19 (Autumn), pp 458-66

Wernerfelt, B (1990) Advertising content when brand choice is a signal, Journal of Business, 63 (1), pp 91-98

Winram, S (1987) The opportunity for world brands, in Branding: A key marketing tool, ed J Murphy, McGraw-Hill, London

Yentis, A and Bond, J (1995) Andres comes out of the closet, Marketing and Research Today, 23 (2), May, pp 104-12

Yoshimori, M (1989) Concepts et strategies de marque au Japon, in La marque, ed J-N Kapferer and J C Thoenig, McGraw-Hill, Paris

Young, R (1967) Multibrand entries, in plotting Marketing Strategy, ed L Adler, Interpublic Press Books, New York

Young & Rubicam (1994) Brand Asset Valuator, Young & Rubicam, London

Yovovich, B G (1988) What is your brand really worth? Adweek's Marketing Week, 8 August, pp 18-24

Yovovich, B G (1995) New Marketing Imperatives, Prentice Hall, Englewood Cliffs, NJ

Zaichkowsky, J and Simpson, R (1996) The effect of experience with a brand imitator on the original brand, Marketing Letters, 7 (1), pp 31-39

Zareer, P (1987) De la valeur des marques de commerce, CA Magazine, Feb, p 72

Zhang, S and Schmitt, B (2001) Creating local brands in a multilingual international market, Journal of Marketing Research, 38, Aug, pp 313-25

Zyman, S (1999) The End of Marketing as We Know It, Harper Business

*United***Brand**
Global Branding Consultancy

유나이티드브랜드는 호주 시드니 오피스와 국내 서울 오피스를 운영하고 있는 글로벌 브랜드디자인 컴퍼니입니다. 형식적인 글로벌 포스트 개념이 아닌 실질적으로 시드니 오피스와의 프로젝트 공유를 통해 고객사에 맞춤형 브랜딩 솔루션을 제공하고 있습니다.

호주 시드니 오피스의 디렉터 안드레이Andrei와 테리Terry는 세계적인 브랜딩 전문사 랜도 어소시에이츠Landor Associates에서 근무한 경력을 바탕으로 CI, BI, 광고 디자인에 재능을 발휘하고 있습니다.

국내 서울 오피스의 주요 구성원들은 10년 이상의 경력을 지닌 김상률, 김익상, 손일권 디렉터들로 브랜드 네이밍, 브랜드 디자인, 브랜드 전략 컨설팅을 담당하고 있으며, 현업의 실무자들을 대상으로 브랜드 워크숍 강의와 교육 프로그램을 진행하고 있습니다.

유나이티드브랜드의 4가지 서비스 영역은 다음과 같습니다.

Brand Strategy Consulting

- 브랜드 자산 진단 컨설팅
- 브랜드 아이덴티티 컨설팅
- 내부 브랜드 매니지먼트 시스템 컨설팅
- 기업 문화 구축 컨설팅

Identity Design Consulting

- CI (기업 아이덴티티) 디자인 개발
- BI (브랜드 아이덴티티) 디자인 개발
- 기업과 브랜드의 시각 아이덴티티 시스템 개발과 매뉴얼 개발
- 캐릭터 디자인 개발
- 패키지 디자인 개발

Brand Naming

- 기업 브랜드 네임 개발
- 제품, 서비스 브랜드 네임 개발
- 글로벌 브랜드 네임 개발
- 슬로건 개발

Brand Academy

- 브랜드 네임 개발 워크숍 강의
- 브랜드 전략 수립 워크숍 강의
- 기업/브랜드 아이덴티티 전략 수립 강의
- 전략적 브랜드 관리 전문가 양성과정 강의
- 브랜드 네이미스트 양성과정 강의

www.unitedbrand.co.kr
spena@unitedbrand.co.kr
Tel : 02 3473 9829